Fritz Hartung

Korrespondenz eines Historikers
zwischen Kaiserreich und zweiter Nachkriegszeit

HISTORISCHE
KOMMISSION
BEI DER BAYERISCHEN
AKADEMIE DER
WISSENSCHAFTEN

MÜNCHEN

DEUTSCHE GESCHICHTSQUELLEN
DES 19. UND 20. JAHRHUNDERTS

HERAUSGEGEBEN
VON DER HISTORISCHEN KOMMISSION
BEI DER BAYERISCHEN AKADEMIE
DER WISSENSCHAFTEN
DURCH HANS-CHRISTOF KRAUS

BAND 76

Fritz Hartung

Korrespondenz eines Historikers zwischen Kaiserreich und zweiter Nachkriegszeit

Herausgegeben von
Hans-Christof Kraus

Duncker & Humblot · Berlin

Bibliografische Information der Deutschen Nationalbibliothek

Die Deutsche Nationalbibliothek verzeichnet diese Publikation in
der Deutschen Nationalbibliografie; detaillierte bibliografische Daten
sind im Internet über http://dnb.d-nb.de abrufbar.

Umschlagabbildung: Fritz Hartung, ca. 1957
(aus: Forschungen zu Staat und Verfassung.
Festgabe für Fritz Hartung, hrsg. von
Richard Dietrich / Gerhard Oestreich, Berlin 1958)

Alle Rechte vorbehalten
© 2019 Duncker & Humblot GmbH, Berlin
Satz: L101 Mediengestaltung, Fürstenwalde
Druck: CPI buchbücher.de gmbh, Birkach
Printed in Germany

ISSN 0344-1687
ISBN 978-3-428-15731-0

Gedruckt auf alterungsbeständigem (säurefreiem) Papier
entsprechend ISO 9706 ∞

Internet: http://www.duncker-humblot.de

WERNER SCHOCHOW

dankbar zugeeignet.

Vorwort

Die Edition der Korrespondenz Fritz Hartungs ist das Werk von eineinhalb Jahrzehnten. Die ersten Vorarbeiten begannen im Jahr 2004; der fertige Text ging Anfang 2019 an den Verlag. Dazwischen lagen nicht nur die Berufung des Bearbeiters und Herausgebers auf einen Universitätslehrstuhl, sondern auch mannigfache andere Aufgaben und Verpflichtungen, die notgedrungen immer wieder zu Unterbrechungen der Arbeit führten. Ermöglicht wurde das Projekt zuerst durch eine großzügige Finanzierung der Fritz Thyssen Stiftung, für die an dieser Stelle herzlich gedankt sei. Ein weiterer Dank gilt den Kollegen Klaus Neitmann/Potsdam und Wolfgang Neugebauer/Berlin, die seinerzeit die Projektförderung erfolgreich beantragten und die Arbeit an der Edition in deren Anfangsjahren stets mit Rat und Tat unterstützten. Klaus Hildebrand wiederum nahm das Projekt unter die seinerzeit von ihm verantworteten Vorhaben der „Deutschen Geschichtsquellen des 19. und 20. Jahrhunderts" auf – auch dafür danke ich. Werner Schochow schließlich, der letzte noch lebende Mitarbeiter Fritz Hartungs aus dessen Spätzeit an der Deutschen Akademie der Wissenschaften im damaligen Ost-Berlin bis 1958, unterstützte die Arbeit immer wieder durch ungezählte Auskünfte, wertvolle Hinweise und großzügige Überlassung von Büchern, Sonderdrucken und anderen Materialien zu seinem alten akademischen Lehrer sowie zur Berliner Gelehrten- und Wissenschaftsgeschichte. Sein nimmermüder Einsatz, auch sein gelegentliches, meist berechtigtes Drängen und kritisches Nachfragen, haben die Edition in starkem Maße gefördert. Aus diesem Grund soll sie ihm gewidmet sein.

Die nicht immer einfache Kommentierungsarbeit wurde durch Auskünfte und Hinweise von Kolleginnen und Kollegen sowie einer ganzen Reihe von Archivaren und Bibliothekaren unterstützt; zu nennen sind hier vor allem Claudius Geisler/Mainz, Klaus Hildebrand/Bonn, Jürgen Kloosterhuis/Berlin, Alexandra Kosubek/Koblenz, Sven Kriese/Berlin, Martin Kröger/Berlin, Thomas Maisel/Wien, Arno Mentzel-Reuters/München, Anne C. Nagel/Gießen, Klaus Neitmann/Potsdam, Wolfgang Neugebauer/Berlin, Rudolf Schieffer/Bonn (†), Werner Schochow/Berlin, Claudia Schülzky/Berlin, Rudolf Smend/Göttingen, Uwe Walter/Bielefeld, Dieter J. Weiß/München, Eike Wolgast/Heidelberg und Frank E. W. Zschaler/Eichstätt. An meinem Passauer Lehrstuhl unterstützten mich in unterschiedlichen Phasen der Erarbeitung des Kommentars sowie der Registererstellung Susanne Czech, Laura Pachtner, Sven Prietzel, Markus Schubert, Jonas Schuster und Florian Wieninger – ihnen allen habe ich ebenfalls sehr zu danken. Ein ganz besonderer Dank geht schließlich an Markus Gerstmeier, der mehrere Korrekturgänge mit großer Sorgfalt gelesen hat; seine kritischen Anmerkungen und ergänzenden Hinweise sind dem Kommentar an vielen Stellen sehr zugute gekommen.

Passau, im Juli 2019 *Hans-Christof Kraus*

Inhalt

Fritz Hartung – Persönlichkeit und Lebenswerk 1
   Einleitung von Hans-Christof Kraus

Vorbemerkung zur Edition 39

Verzeichnis der Dokumente 40

Briefe
1906–1964   51

Quellen und Literatur 755

Namensregister 823

Abkürzungsverzeichnis

AA	Auswärtiges Amt
Abhandl.	Abhandlungen
Absol.	Absolutismus
Abt.	Abteilung
ADB	Allgemeine Deutsche Biographie
ähnl.	ähnliches
Ak., Akad.	Akademie
allg.	allgemein
amerik., amerikan.	amerikanisch
Anm.	Anmerkung
ao., a. o.	außerordentlich
apl.	außerplanmäßig
Arch.	Archiv
archäol., archäolog.	archäologisch
Art.	Artikel
Aufl.	Auflage
Ausw. Amt	Auswärtiges Amt
auswärt.	auswärtig
BAK	Bundesarchiv, Abt. Koblenz
bayer., bayr.	bayerisch
Bd., Bde.	Band, Bände
betr.	betreffend
Bhf.	Bahnhof
Bibl.	Bibliographie
biograph.	biographisch
Bln.	Berlin
brand.	brandenburgisch
BVP	Bayerische Volkspartei
CDU	Christlich Demokratische Union
CSU	Christlich-Soziale Union in Bayern
d.	der, die, das
DA	Deutsches Archiv für Erforschung des Mittelalters
DAZ	Deutsche Allgemeine Zeitung
DDP	Deutsche Demokratische Partei

dergl.	dergleichen
Dez.	Dezember
DFG	Deutsche Forschungsgemeinschaft
d. Gr.	der/die Große
Diss.	Dissertation
d. J.	dieses Jahres
DLZ	Deutsche Literatur-Zeitung für Kritik der internationalen Wissenschaft
d. M.	dieses Monats
DM	Deutsche Mark
dt., dte.	deutsch, deutsche
DVP	Deutsche Volkspartei
ehem.	ehemalig
einschl.	einschließlich
elektr.	elektrisch
engl.	englisch
Ev.	evangelisch
f.	für
Fak., Fakult.	Fakultät
FDGB	Freier Deutscher Gewerkschaftsbund
FDJ	Freie Deutsche Jugend
Festschr.	Festschrift
Forsch.	Forschungen
Frankf.	Frankfurt, Frankfurter
franz./französ./frz.	französisch
Friedr.	Friedrich
Frl.	Fräulein
FU	Freie Universität Berlin
Geh.	Geheim
Ges.	Gesammelte
Gesch.	Geschichte
gesetzl.	gesetzlich
GG	Grundgesetz für die Bundesrepublik Deutschland
H.	Heft
Hist., Histor.	Historisch
HJ	Hitlerjugend
HO	Handelsorganisation (der SBZ/DDR)
Hr., Hrn.	Herr, Herrn
HRK	Historische Reichskommission
hrsg.	herausgegeben

Hs., hs.	Handschrift, handschriftlich
HZ, H. Z.	Historische Zeitschrift
Inf. Div.	Infanteriedivision
int., internat.	international
Jahresberr., JBerr., Jberr.	Jahresberichte für deutsche Geschichte
Jahrh., Jh.	Jahrhundert
kgl.	königlich
klass.	klassisch
Komm.	Kommission
kommunist.	kommunistisch
korr.	korrespondierend
KPD	Kommunistische Partei Deutschlands
KPdSU	Kommunistische Partei der Sowjetunion
Kult., kult.	Kultur, kulturell
Lat.	Latein
Lt.	Leutnant
M., M	Mark (Währung des Deutschen Reiches von 1871 bis 1923; seit 1924 Reichsmark (RM).
MA	Mittelalter
ma., ma.lich, mittelalterl.	mittelalterlich
märk.	märkisch
masch.	maschinenschriftlich
MGH, MG	Monumenta Germaniae Historica
Mgl., Mitgl.	Mitglied
Mill.	Million
Min.präs.	Ministerpräsident
Min.rat	Ministerialrat
mittl.	mittlere, mittelalterliche
MS, Ms/s.	Manuskript/e
N, Nl.	Nachlass
nat. soz., nationalsoz.	nationalsozialistisch
naturwiss.	naturwissenschaftlich
NDB	Neue Deutsche Biographie
N. F.	Neue Folge
NKWD	russisch: „Narodnyj kommissariat wnutrennich del", d. h. Volkskommissariat für innere Angelegenheiten der Sowjetunion (1934–1946)
nördl.	nördlich

Nov.	November
NSBO	Nationalsozialistische Betriebszellenorganisation
NSDAP	Nationalsozialistische Deutsche Arbeiterpartei
NSV	Nationalsozialistische Volkswohlfahrt
o.	ordentliche/-r
o. D.	ohne Datum
öff.	öffentlich
OHL	Oberste Heeresleitung (im Ersten Weltkrieg)
Okt.	Oktober
o. Nr.	ohne Nummer
ord.	ordentlich
OSS	Office of Strategic Services
päd., pädag., pädagog.	pädagogisch
Paprüko	Parteiamtlichen Prüfungskommission zum Schutze des NS-Schrifttums
Pd.	Privatdozent
Pg.	Parteigenosse (Mitglied der NSDAP)
philos.	philosophisch
PK	Propagandakompanie
pol.	politisch
Pol. Corr.	Politische Correspondenz Friedrichs des Großen
poln.	polnisch
pp.	perge, perge (lat.), fahre fort.
Präs.	Präsident
preuß.	preußisch
RA	Reichsarchiv
RIAS	Rundfunk im amerikanischen Sektor
RM	Reichsmark
röm.	römisch
russ.	russisch
SA, S. A.	Sturmabteilung (der NSDAP)
SBBPK	Staatsbibliothek Berlin Preußischer Kulturbesitz
SED	Sozialistische Einheitspartei Deutschlands
semestr.	semestrig
Sept.	September
Sitz.ber.	Sitzungsberichte
SMA	Sowjetische Militäradministration
s. o.	siehe oben
sog., sogen.	sogenannt
sowj.	sowjetisch

SPD	Sozialdemokratische Partei Deutschlands
SS	Schutzstaffel (der NSDAP)
SSD	Staatssicherheitsdienst der DDR
SSR	Sozialistische Sowjetrepublik
Staatsbibl.	Staatsbibliothek
Staatssekr.	Staatssekretär
stellv.	stellvertretend
Stud.	Student
s. Zt.	seinerzeit
Theol., theolog.	Theologie, theologisch
Thür.	Thüringen
TR	Tägliche Rundschau
TU	Technische Universität
u.	und
u. a.	unter anderem/und andere/und andernorts
u. d. T.	unter dem Titel
Univ.	Universität
Univ.bibl.	Universitätsbibliothek
Uno	United Nations Organization
USPD	Unabhängige Sozialdemokratische Partei Deutschlands
usw.	und so weiter
VB, V. B., Völk. Beob.	Völkischer Beobachter
VDA	Volksbund für das Deutschtum im Ausland
Vfg.	Verfassung
VHD	Verband der Historiker Deutschlands
v. J.	vorigen Jahres
v. M.	vorigen Monats
vorm.	vormittag(s)
Wiss., wiss.	Wissenschaft, wissenschaftlich
WS	Wintersemester
z. B.	zum Beispiel
ZD	Zentraldirektion der MGH
Zeitg.	Zeitung
Zeitschr.	Zeitschrift
ZfG	Zeitschrift für Geschichtswissenschaft
ZK	Zentralkomitee
Ztg.	Zeitung

Fritz Hartung – Persönlichkeit und Lebenswerk

I.

Die Historiographiegeschichte hat sich in den vergangenen Jahrzehnten endgültig zu einer wichtigen, letztlich unverzichtbaren Teildisziplin der Geschichtswissenschaft entwickelt. Und es dürfte mittlerweile unumstritten sein, dass die Auseinandersetzung mit den politischen und sozialen, den biographischen, aber auch wissenschaftsinternen und methodischen Voraussetzungen der Historiographie heute zur notwendigen Selbstreflexion der modernen historischen Wissenschaften gehört. Nach der Erkenntnis Friedrich Nietzsches zählt hierzu bekanntlich nicht nur die sammelnde und rekonstruierende *antiquarische* Historie, nicht nur die – das Andenken an bedeutende Vorbilder pflegende – *monumentalische* Historie, sondern eben auch die *kritische* Historie, deren Aufgabe darin besteht, mit früheren Fehlentwicklungen abzurechnen: „Denn da wir" – so der Philosoph in seinen Reflexionen über den „Nutzen und den Nachtheil der Historie für das Leben" – „nun einmal die Resultate früherer Geschlechter sind, sind wir auch die Resultate ihrer Verirrungen, Leidenschaften und Irrthümer"[1]. Insofern bleiben sowohl die sorgfältige Rekonstruktion als auch die kritische Sichtung der historiographischen Tradition – „Traditionskritik und Rekonstruktionsversuch" nach einer treffenden Formulierung Ernst Schulins[2] – zentrale Aufgaben einer zeitgemäßen Historiographiegeschichte. Bedenkt man die traditionell besonders enge Verbindung von Geschichtsschreibung und Politik, dann verdient die Entwicklung der deutschen akademischen Historiographie vor allem des 20. Jahrhunderts vor dem Hintergrund der politischen Entwicklungen und Zäsuren zwischen 1914 und 1990 besondere Aufmerksamkeit.

In genau diesen Kontext gehört auch die Beschäftigung mit Leben und Werk Fritz Hartungs[3]. Genau ein Vierteljahrhundert lang, von 1923 bis 1948, hat Hartung an der Berliner Friedrich-Wilhelms-Universität den Lehrstuhl seines hochangesehenen Lehrers Otto Hintze[4] für Verfassungs-, Verwaltungs-

---

[1] Friedrich Nietzsche: Unzeitgemäße Betrachtungen. Zweites Stück: Vom Nutzen und Nachtheil der Historie für das Leben [1874], in: derselbe: Sämtliche Werke. Kritische Studienausgabe, Bd. 1, München 1988, S. 243–334, hier S. 270.
[2] Ernst Schulin: Traditionskritik und Rekonstruktionsversuch – Studien zur Entwicklung von Geschichtswissenschaft und historischem Denken, Göttingen 1979.
[3] Diese Einleitung lehnt sich in einigen Textpassagen an eine frühere Veröffentlichung des Verfassers an: Hans-Christof Kraus: Fritz Hartung, in: derselbe (Hrsg.): Berlinische Lebensbilder, Bd. 10: Geisteswissenschaftler II, Berlin 2012, S. 307–327.
[4] Zu ihm siehe nunmehr die grundlegende Biographie von Wolfgang Neugebauer: Otto Hintze. Denkräume und Sozialwelten eines Historikers in der Globalisierung 1861–1940, Paderborn 2015.

und Wirtschaftsgeschichte bekleidet. Dieser herausgehobenen Stellung an der damals bedeutendsten Universität Deutschlands entsprach auch Hartungs Rang innerhalb der damaligen deutschen Geschichtswissenschaft. Tatsächlich wird man ihn als einen der bekanntesten und auch meistgelesenen akademischen Historiker im Deutschland der ersten Hälfte des 20. Jahrhunderts ansehen können, dazu als einen Gelehrten, der ebenso für die engere Fachwelt wie auch für Studierende, für Schullehrer und für ein breites, historisch interessiertes Publikum geschrieben hat. Hartung war ein Meister der Bewältigung großer Themen und Stoffmassen sowie der knapp resümierenden, gut zusammenfassenden, aber zugleich umfassend informierten Überblicksdarstellung, die in klarer, verständlicher und nüchtern-präziser Sprache die Dinge auf den Punkt zu bringen und die großen Linien des historischen Geschehens anschaulich herauszuarbeiten vermochte. Die gesamte neuere deutsche Geschichte von der Reformation bis zum Ende des Ersten Weltkrieges hat er auf diese Weise dargestellt, und sein eigentliches Hauptwerk, die immer wieder neu aufgelegte „Deutsche Verfassungsgeschichte der Neuzeit", ist bis in die 1980er Jahre hinein ein intensiv rezipiertes Standardwerk dieser Disziplin gewesen[5].

Als bemerkenswert an Hartungs Biographie[6] erscheint ebenfalls die Tatsache, dass er wohl der einzige deutsche Historiker von einiger Bedeutung gewesen ist, der in allen *fünf* politischen Regimen, die es seit dem Kaiserreich in Deutschland gegeben hat, wissenschaftlich aktiv gewesen ist: Noch während des Kaiserreichs habilitierte er sich und wurde im Ersten Weltkrieg zum Professor ernannt; seine beiden Rufe auf Lehrstühle an den Universitäten Kiel und Berlin erhielt er in der Weimarer Republik, während er in der Zeit des Nationalsozialismus an der Berliner Universität lehrte und (seit 1939) als angesehenes und einflussreiches Mitglied der Preußischen Akademie der Wissenschaften agierte. Nach dem verlorenen Zweiten Weltkrieg wiederum blieb er, der im Westen Berlins wohnte, der alten Universität Unter den Linden, wenigstens bis 1948, ebenso treu wie der nun gleichfalls im Osten beheimateten ehemals Preußischen, nunmehr Deutschen Akademie der Wissenschaften. Gleichzeitig aber war er ebenfalls in fast allen führenden wissenschaftspolitischen Gremien der jungen Bundesrepublik Deutschland tätig. Auf diese Weise erlangte er während der 1950er Jahre als Berliner „Grenzgänger zwischen West und Ost" wenigstens zeitweilig eine nahezu einzigartige Bedeutung für den Neuaufbau der historischen Wissenschaften diesseits wie jenseits des Eisernen Vorhangs[7].

Obwohl Fritz Hartung am 12. Januar 1883 in Saargemünd (heute: Sarreguemines) im damals deutschen Lothringen geboren wurde, entstammte er

---

[5] Fritz Hartung: Deutsche Verfassungsgeschichte vom 15. Jahrhundert bis zur Gegenwart, Leipzig/Berlin 1914 (acht weitere Auflagen bis 1969).

[6] Hierzu siehe vor allem, immer noch grundlegend: Werner Schochow: Ein Historiker in der Zeit – Versuch über Fritz Hartung (1883–1967), in: Jahrbuch für die Geschichte Mittel- und Ostdeutschlands 32 (1983), S. 219–250.

[7] Vgl. hierzu u. a. Winfried Schulze: Deutsche Geschichtswissenschaft nach 1945, München 1989, S. 183 ff. u. passim.

väterlicherseits einer Berliner Kaufmanns- und Beamtenfamilie. Sein Vater Paul Hartung übte den Beruf des Bauingenieurs in staatlichen Diensten aus; er war zumeist mit Festungs- und Kasernenbauten befasst und amtierte in späteren Jahren als Geheimer Baurat und Vortragender Rat im preußischen Kriegsministerium. Hartungs Mutter Marie, geb. Eckardt, stammte dagegen aus Baden; sie war eine Enkelin des berühmten Freiburger Historikers und Staatswissenschaftlers Karl von Rotteck, der als einer der großen Vorkämpfer des südwestdeutschen Liberalismus während des Vormärz gilt. Schon der junge Fritz Hartung, der zeitweilig das Berthold-Gymnasium in Freiburg i. Br. besuchte, hat die historischen Schriften des berühmten Urgroßvaters genau studiert und gelegentlich (so etwa in der „Verfassungsgeschichte") auch gerne zitiert. Die im Breisgau verbrachte Zeit zählte Hartung auch später noch zu den schönsten Lebenserinnerungen; seine Hoffnung, an der dortigen Universität einmal einen historischen Lehrstuhl bekleiden zu können, hat sich jedoch nicht erfüllt. Er war ein sehr guter Schüler, der außerordentlich viel las und schon früh seine philosophischen und zunehmend auch historischen Interessen pflegte; dies belegt eine Fülle im Nachlass erhaltener Lektüreexzerpte und Notizen.

Das Abitur legte Hartung allerdings nicht in Freiburg, sondern im Jahr 1901 am Prinz-Heinrich-Gymnasium in Charlottenburg ab. Infolge seiner vermutlich schon seit Geburt schwach ausgebildeten und lebenslang gesundheitlich angegriffenen, später von einer immer wieder einmal ausbrechenden Lungentuberkulose geschwächten Konstitution blieb er vom Militärdienst befreit und konnte deshalb bereits als Achtzehnjähriger die Universität beziehen; als Fächer wählte er neben der Mittleren und Neueren Geschichte auch Philosophie und Nationalökonomie. Seine Studienzeit verbrachte er in Berlin und Heidelberg, und zu seinen akademischen Lehrern gehörten einige der um 1900 bekanntesten und angesehensten deutschen Universitätsgelehrten, darunter Hans Delbrück, Gustav Schmoller, Adolph Wagner, Eduard Meyer, Dietrich Schäfer, Ulrich von Wilamowitz-Moellendorff, Wilhelm Dilthey, Friedrich Paulsen, Kuno Fischer und Henry Thode. Als seine wichtigsten und prägenden Lehrer im eigentlichen historischen Hauptfach sind indessen Erich Marcks, Max Lenz und vor allem Otto Hintze anzusehen; auch der stark historisch arbeitende Nationalökonom Schmoller – seinerseits Lehrer und Förderer Hintzes – ist in diesem Zusammenhang noch einmal zu nennen.

Im Alter von erst zweiundzwanzig Jahren promovierte der junge Hartung bereits Ende 1905 bei Otto Hintze mit der Arbeit „Hardenberg und die preußische Verwaltung in Ansbach-Bayreuth 1792 bis 1806", die alsbald – was seinerzeit noch ungewöhnlich war – nicht nur als knapper Dissertationsdruck, sondern als Buch bei einem angesehenen Tübinger Wissenschaftsverlag erschien. Die fast dreihundert Druckseiten umfassende Monographie zeigte bereits alle Stärken des jungen Gelehrten: die Fähigkeit zur präzisen Erfassung und Durchdringung, zur klar und übersichtlich aufgebauten Darstellung komplexer Gegenstände sowie zur einleuchtend durchstrukturierten Zusammenschau eines umfassenden und vielschichtigen Themas[8]. Die besondere Begabung Hartungs für die auf den ersten Blick eher spröde erscheinenden Gegenstände der Verfassungs- und Verwaltungsgeschichte tritt bereits hier sehr klar hervor. Doch merkwürdigerweise wurde der begabte junge Historiker von seinem „Doktorvater" Hintze jetzt und auch später nicht weiter gefördert[9], doch einer Empfehlung (vermutlich von Max Lenz) verdankte Hartung schließlich die Anstellung als wissenschaftlicher Mitarbeiter der Gesellschaft für fränkische Geschichte, für die er ab 1906, zuerst in Würzburg ansässig, die Geschichte des Fränkischen Reichskreises während der Reformationszeit erforschte. Diese Darstellung – seinerzeit als Pionierleistung sofort anerkannt – erschien bereits 1910[10].

Wichtiger noch als die Beschäftigung mit diesem – jedenfalls aus dem Blickwinkel der damaligen historischen Forschung – etwas abgelegenen Thema erwies sich die Tatsache, dass Hartung einen neuen akademischen Mentor kennenlernte, den seinerzeit an der Universität Erlangen lehrenden Richard Fester. Der damals bereits bekannte und angesehene Neuzeithistoriker hatte offenbar die besonderen wissenschaftlichen Fähigkeiten des jungen Mannes sogleich erkannt; er hielt fortan seine Hand über ihn, und auch wenn es ihm schließlich nicht gelang, für Hartung eine staatlich finanzierte Projektstelle zur Abfassung einer Geschichte der alten deutschen Reichskreise zu erwirken[11], so konnte er ihm doch die Habilitation ermöglichen – allerdings nicht mehr im Fränkischen, sondern in Halle, wohin Fester 1908 berufen worden war[12]. Bereits im Februar 1910 habilitierte sich Hartung an der dortigen Friedrichs-Universität mit einer Arbeit, die gewissermaßen als Nebenprodukt der Forschungen über die Reichskreise im 16. Jahrhundert entstanden war: „Karl V. und die deutschen Reichsstände von 1546 bis 1555"[13]; die obligatorische Antrittsvorlesung hielt er über das Thema: „Kaiser Maximilian I."

Seit 1910 also lebte und lehrte Hartung an der Universität Halle, und bald schon entwickelte er eine erstaunliche wissenschaftliche Produktivität. Eine Reihe grundlegender, zumeist verfassungshistorischer Einzelstudien konnte er

---

[8] Fritz Hartung: Hardenberg und die preußische Verwaltung in Ansbach-Bayreuth von 1792 bis 1806, Tübingen 1906.
[9] Aufschlussreich hierzu eine Bemerkung in einem Schreiben des alten Hartung an seinen Schüler Gerhard Oestreich vom 13.2.1964, unten, Brief Nr. 343: „Hintze [...] hat in mir, so ist mein Eindruck von Anfang an gewesen, nie mehr als den Schüler gesehen. Er hat z. B. nie mit mir über meine deutsche Verfassungsgeschichte gesprochen, weder zustimmend noch kritisch. Er hielt mich wohl, und damit hat er ja im Grunde Recht gehabt, nicht für philosophisch veranlagt genug. Deshalb hat er mit mir Fachprobleme nie besprochen".
[10] Fritz Hartung: Die Geschichte des fränkischen Kreises von 1521–1559, Leipzig 1910.
[11] Dazu Hans-Christof Kraus: Die alten Reichskreise als Forschungsthema im Kaiserreich. Richard Festers Bemühungen um eine Geschichte der Reichskreisverfassung (1907/08), in: Studien zur politischen Kultur Alteuropas. Festschrift für Helmut Neuhaus zum 65. Geburtstag, hrsg. v. Axel Gotthard/Andreas Jakob/Thomas Nicklas, Berlin 2009, S. 51-75.
[12] Über den Anfang 1945 verstorbenen Fester siehe Hartungs knappen Nachruf: Nekrolog Richard Fester, in: Historische Zeitschrift 169 (1949), S. 446f.
[13] Fritz Hartung: Karl V. und die deutschen Reichsstände von 1546 bis 1555, Halle 1910.

in diesen Jahren publizieren[14], darunter seinen ersten großen Aufsatz in der Historischen Zeitschrift über den Mainzer Kurfürsten Berthold von Henneberg, über die Wahlkapitulationen der deutschen Kaiser und Könige, die politischen Testamente der Hohenzollern – deren Bedeutung als große politische Texte erst er eigentlich entdeckt hat –, sodann über den deutschen Territorialstaat in der frühen Neuzeit und über die Reichsreform Kaiser Maximilians I. am Ende des 15. Jahrhunderts[15]. Doch das zentrale Problem aller von Hause aus nun einmal nicht vermögenden Privatdozenten, die Frage einer materiellen Fundierung der eigenen Existenz, machte sich recht bald schon auch bei Hartung bemerkbar, obwohl er fleißig Vorlesungen hielt und entsprechende Hörergelder bezog. Vermittelt durch einen seiner alten Lehrer, Erich Marcks, konnte Hartung 1913 auf Honorarbasis mit der Arbeit an einer Verfassungs- und Verwaltungsgeschichte des Großherzogtums Sachsen-Weimar-Eisenach in der Zeit Goethes und Carl Augusts beginnen; die fertige, bis heute grundlegende und wiederum fast ausschließlich aus den Akten gearbeitete Darstellung konnte allerdings erst nach dem Ersten Weltkrieg im Druck erscheinen[16].

Noch bedeutend wichtiger aber war eine andere Arbeit: Der Münsteraner Historiker Aloys Meister, der seinerzeit im Leipziger Verlag von B. G. Teubner einen umfassend angelegten „Grundriss der Geschichtswissenschaft" herausgab, hatte Hartung mit der Abfassung einer Darstellung der neuzeitlichen deutschen Verfassungsgeschichte beauftragt, der ersten Gesamtdarstellung dieser Art überhaupt. Schon 1914, kurz vor Kriegsausbruch, konnte Hartung das fertige Buch vorlegen: seine „Deutsche Verfassungsgeschichte vom 15. Jahrhundert bis zur Gegenwart", entsprechend den Vorgaben der Reihe zwar nur ein knapper, strikt durchgegliederter Grundriss von insgesamt 174 Druckseiten, dennoch ein fundierter, souverän entworfener und auf der Höhe der Forschung ausgeführter Überblick über ein komplexes und dazu zeitlich weit gespanntes, nämlich nicht weniger als fünf Jahrhunderte umfassendes Thema[17]. Das Werk des gerade einmal einunddreißig Jahre alten Verfassers, der inzwischen bereits vier Bücher aufzuweisen hatte, wurde von der Fachwelt mit großer Anerkennung aufgenommen[18]. Die wissenschaftliche Karriere des flei-

---

[14] Siehe hierzu, wie überhaupt zum Gesamtwerk Hartungs, die genaue Aufstellung von Werner Schochow: Bibliographie Fritz Hartung, in: Jahrbuch für die Geschichte Mittel- und Ostdeutschlands 3 (1954), S. 211–240; derselbe: Nachtrag zur Bibliographie Fritz Hartung, in: Richard Dietrich/Gerhard Oestreich (Hrsg.): Forschungen zu Staat und Verfassung – Festgabe für Fritz Hartung, Berlin 1958, S. 537–538; derselbe: Zweiter Nachtrag zur Bibliographie Fritz Hartung, in: Jahrbuch für die Geschichte Mittel- und Ostdeutschlands 16/17 (1968), S. 729–732.

[15] Die meisten dieser Studien sind erneut abgedruckt in: Fritz Hartung: Volk und Staat in der deutschen Geschichte. Gesammelte Abhandlungen, Leipzig 1940.

[16] Fritz Hartung: Das Großherzogtum Sachsen unter der Regierung Carl Augusts 1775 bis 1828, Weimar 1923.

[17] Fritz Hartung: Deutsche Verfassungsgeschichte vom 15. Jahrhundert bis zur Gegenwart, Leipzig–Berlin 1914; das Vorwort des Autors ist auf den 21. Mai 1914 datiert (ebenda, S. III).

[18] Vgl. hierzu und zum fachhistorischen Kontext auch Ewald Grothe: Zwischen Geschichte und Recht. Deutsche Verfassungsgeschichtsschreibung 1900–1970, München 2005, bes. S. 105 ff. u. passim.

ßigen jungen Historikers schien gesichert, und ein Ruf an die Universität Kiel schien sich im Sommer 1914 bereits anzudeuten.

II.

Das Attentat von Sarajevo und der Anfang August 1914 ausbrechende Erste Weltkrieg machten jedoch alle Erwartungen und Hoffnungen des jungen Gelehrten zunichte. Hartung selbst wurde als „Ungedienter" zwar nicht eingezogen, doch 1915 meldete er sich trotz seiner sehr schwachen Konstitution freiwillig zum Kriegsdienst. Warum tat er das? Hartung war ein ausgesprochen nüchterner Mensch, und von der anfangs weit verbreiteten patriotischen Aufwallung und von der noch einige Zeit anhaltenden allgemeinen Kriegsbegeisterung ließ er sich, wenn überhaupt, vermutlich nur sehr kurze Zeit mitreißen. Eher noch mag die Tatsache mitgespielt haben, dass sein Vater 1870/71 am Krieg gegen Frankreich teilgenommen hatte und hierauf lebenslang stolz gewesen war (die Kriegsbriefe Paul Hartungs wurden von der Familie aufbewahrt und befinden sich noch heute im Nachlass des Sohnes). Wie stark gerade auch die familiären Motive gewesen sein mögen, zeigt vielleicht auch eine Bemerkung Fritz Hartungs in einem Brief an seine Mutter vom 8. Mai 1915, in dem es heißt, der zwei Jahre zuvor verstorbene Vater hätte sich „doch auch noch gefreut, daß der einzige Sohn nicht ganz Reichskrüppel geworden ist"[19]. Fritz Hartung selbst hat seinen Entschluss seinerzeit auch damit begründet, dass ein Historiker – sofern er denn die Gelegenheit dazu habe – an einem Krieg teilnehmen solle, um sich „von dem stärksten Erlebnis, das er haben kann"[20], nicht fernzuhalten.

Der ungediente, nach durchaus beschwerlicher Ausbildung als einfacher Rekrut ins Heer eingerückte Gelehrte erfuhr anschließend eine recht eigenartige zweite „Erziehung" durch seine Kameraden. Denn der wohlbehütet und von seiner Mutter, die um ihn wegen seiner Gesundheitsprobleme stets sehr besorgt war, vermutlich auch stets nach außen abgeschirmte junge Mann, der zudem bis dahin wohl nur die Umgebung der von ihm besuchten Elitegymnasien und Universitäten kennengelernt hatte, kam jetzt plötzlich in engen Kontakt mit den „einfachen" Leuten, Angehörigen der Unterschichten der streng nach sozialen Klassen geschichteten wilhelminischen deutschen Gesellschaft. Die vielen, fast täglich verfassten Kriegsbriefe an seine Mutter (von denen in dieser Edition nur eine kleine Auswahl geboten werden kann), aber auch viele Schreiben an Richard Fester zeigen die Bedeutung gerade dieser Erfahrungen für den jungen Hartung. Als er Mitte 1916 ein abgelegenes Sanatorium im Harz aufsuchen musste, schrieb er an Fester, diese Örtlichkeit entspreche ungefähr „dem, was ich mir davon erwartet habe. Es ist eine Heilstätte für schwindsüch-

---

[19] Unten, Brief Nr. 23. – „Reichskrüppel" war im Kaiserreich die zeitgenössische Bezeichnung für die als militäruntauglich eingestuften erwachsenen Männer.
[20] Zitiert aus Nachlassaufzeichnungen Hartungs in: Schochow: Ein Historiker in der Zeit (wie Anm. 6), S. 223.

tige Ladenmädchen, Fabrikarbeiter und dergleichen und wahrt diesen Charakter auch jetzt, wo nur Soldaten anwesend sind. Zu besonderen Klagen gibt es keinen Anlaß. Aber daß ich mich in dieser proletarierhaften Umgebung wohl fühlte, kann ich nicht behaupten"[21]. Das Kriegserlebnis vermittelte dem jungen Hartung eine Erkenntnis, mit der er nicht hatte rechnen können: nämlich die unmittelbare Erfahrung der langsamen Erosion jener Klassengesellschaft, in der er groß geworden war. In dieser Hinsicht warfen die kommende Novemberrevolution und die mit ihr aufsteigenden sozialen Veränderungen ihre Schatten voraus.

Jedenfalls erwies sich die Kriegsteilnahme des schwächlichen, von Kindheit an gesundheitlich beeinträchtigten jungen Mannes schon bald als wirkliches Fiasko, denn seine angegriffene Konstitution hielt den enormen Strapazen des Dienstes schon bald nicht mehr stand, trotz der großen Willensanstrengung, die Hartung immer wieder aufzubringen versuchte. Immerhin gelangte er auf Umwegen noch zum Kampfeinsatz an der nordwestrussischen Front und das Erlebnis der fast grenzenlosen Weite dieses damals nicht sehr entwickelten Landes hat ihn auch nach dem Krieg noch geprägt. Seine fast drei Jahrzehnte später vollkommen illusionslose Sicht auf den kommenden Ausgang des Zweiten Weltkrieges, vor allem seit dem deutschen Angriff auf die Sowjetunion im Juni 1941, dürfte durch seine Erfahrungen im Ersten Weltkrieg maßgeblich beeinflusst gewesen sein. Schon im Sommer 1916 brach, verursacht durch die Anstrengungen des militärischen Dienstes, die Tuberkulose erneut aus. Hartung verbrachte, Ende 1916 endgültig aus dem Heer entlassen, anschließend fast vier Jahre in verschiedenen Lazaretten, Kliniken und Sanatorien; nur sehr langsam stellte sich seine Gesundheit wieder her.

Die vermeintliche „Nutzlosigkeit" seiner Existenz als Insasse von Heilanstalten in einer Zeit, in der Hunderttausende der eigenen Altersgenossen an der Front fielen, hat den jungen Hartung schon damals und auch in späterer Zeit erheblich belastet. Es sei wesentlich auf den Ersten Weltkrieg zurückzuführen, sollte er Jahrzehnte später einmal in einem Brief anmerken, dass er „weder aus der Schulzeit noch aus der Studentenzeit noch Freunde am Leben"[22] habe. Um nach seiner krankheitsbedingten Entlassung aus dem militärischen Dienst wenigstens einen geistigen Beitrag zum Sieg und zur inneren Erneuerung Deutschlands zu leisten, verlegte er sich jetzt auf die politische Publizistik. Er trat der freikonservativen Reichspartei bei und publizierte mehrere Jahre lang historisch-politische Artikel in einigen Zeitschriften, die dem Kurs dieser Partei nahestanden, wie etwa „Deutsche Politik" und „Das neue Deutschland", herausgegeben von Adolf Grabowsky[23]. In seinem ersten ausführlichen Aufsatz, erschienen im Mai 1917, nahm Hartung entschieden zur –

---

[21] Siehe: Fritz Hartung an Richard Fester, 4.8.1916, zitiert unten, in Anm. 3 zu Brief Nr. 41.
[22] Unten, Brief Nr. 288 (Fritz Hartung an Siegfried A. Kaehler, 20.3.1953).
[23] Zur Tätigkeit Grabowskys im Umfeld der Reichskonservativen und zur Partei im Ersten Weltkrieg vgl. Matthias Alexander: Die Freikonservative Partei 1890–1918. Gemäßigter Konservatismus in der konstitutionellen Monarchie, Düsseldorf 2000, S. 40f., 118ff., 362ff.

damals sehr umkämpften – preußischen Wahlrechtsfrage Stellung und forderte die Regierung zu einer raschen Reform des überholten preußischen Dreiklassenwahlrechts auf[24]. Noch bis in die frühe Nachkriegszeit hat er seine politisch-publizistischen Aktivitäten fortgeführt, vermutlich nicht zuletzt ebenfalls aus finanziellen Motiven.

Den in seinen Grundüberzeugungen national-konservativ eingestellten Historiker traf die deutsche Niederlage vom November 1918 schwer, obwohl er sie vermutlich hatte kommen sehen. Es entsprach seiner unbestechlichen Nüchternheit, dass er schon kurz nach dem Zusammenbruch eine Wiederkehr der Monarchie in Deutschland für nicht mehr möglich hielt. An seinen Mentor Fester schrieb er schon kurz nach dem Umsturz, am 20. November 1918: „Als Historiker, der die Gegenwart aus der Vergangenheit zu erklären bestrebt ist, stehe ich doch vor einem Trümmerfeld. Denn alles, was wir bisher für die feste Grundlage unseres staatlichen Lebens gehalten haben, liegt am Boden. Ich kann mich als Historiker nicht entschließen alles zu verbrennen, was ich bisher angebetet habe. Das Zeitalter Bismarcks erscheint mir auch jetzt noch als der Höhepunkt deutscher Geschichte, nicht als eine bedauerliche Verirrung in die Machtpolitik. [...] Als Politiker haben wir meiner Überzeugung nach keine andere Wahl als die Umwälzung anzuerkennen. Ich halte es nicht für möglich, die Monarchien wiederherzustellen, die sang- und klanglos zusammengebrochen sind. Der Nimbus des Gottesgnadentums ist endgültig dahin, u. den Glauben, daß die Monarchie die stärkste Staatsform für Deutschland darstelle, kann ich auch nicht mehr aufbringen. Es widerstrebt meinem Gefühl, daß ich [...] nun auf einmal Republikaner werden soll, aber ich weiß mir keinen Ausweg. Denn die Zukunft des ganzen Volkes muß höher stehen als die Frage der Staatsform"[25].

Jedenfalls fand Hartung eine andere Möglichkeit, um der Frage nach den Ursachen der deutschen Niederlage im Krieg nachzuspüren. Schon 1920 erschien in erster Auflage seine „Deutsche Geschichte von 1870–1914", eine nüchtern gehaltene, gut strukturierte und wohlinformierte Darstellung der jüngsten deutschen Zeitgeschichte, geschrieben freilich nicht nur in wissenschaftlicher, sondern vor allem auch in politischer Absicht. „Wir [...] müssen", heißt es im Vorwort, „schon jetzt in den Tagen der Not und der Schmach den Mut haben, uns zum deutschen Gedanken, wie er geschichtlich geworden ist, zu bekennen und ihm Anhänger zu werben. Auch wir wollen von dem Glauben nicht lassen, der einst vor mehr als hundert Jahren in Zeiten tiefer Erniedrigung unsere Vorfahren aufrecht erhalten hat: daß wir nicht die Sprößlinge eines faulen Stammes seien, sondern die Nachkommen eines tüchtigen, starken, edlen Geschlechts"[26]. Dieses für Fritz Hartung eher ungewohnte Pathos

---

[24] Fritz Hartung: Neuorientierung und auswärtige Politik, in: Deutsche Politik. Wochenschrift für Welt- und Kulturpolitik 2 (1917), S. 757–761; derselbe: Konservativer Fortschritt, in: Das neue Deutschland 6 (Juni) 1918, S. 420–423; siehe dazu auch Reinhard Patemann: Der Kampf um die preußische Wahlreform im Ersten Weltkrieg Düsseldorf 1964, S. 189.
[25] Unten, Brief Nr. 51 (Fritz Hartung an Richard Fester, 20.11.1918).
[26] Fritz Hartung: Deutsche Geschichte von 1871 bis 1914, Bonn 1920, S. V.

drückte dennoch die Überzeugung vieler damals lebender Deutscher aus und dürfte vermutlich mit dazu beigetragen haben, dass jenes Buch zu einem Erfolg wurde; schon 1924 erschien eine zweite Auflage, nun deutlich erweitert um eine Darstellung des Ersten Weltkrieges und der frühen Nachkriegszeit bis 1919. Das Buch, das später lange als Standardwerk über das deutsche Kaiserreich galt, hat schließend noch fünf weitere Auflagen erlebt und ist auch nach dem Zweiten Weltkrieg noch einmal – in erneut überarbeiteter Form – herausgekommen[27].

Auf die ersten Nachkriegsjahre an der Universität Halle hat Hartung später immer wieder mit einer gewissen Wehmut zurückgeblickt. Denn trotz der großen materiellen (und immateriellen) Not jener Zeit gehörte er einem Kreis junger Gelehrter an – Habilitanden, Privatdozenten, außerplanmäßigen Professoren wie er selbst –, den er als außerordentlich anregend und menschlich bereichernd empfunden hat[28]. Zu diesem Freundeskreis zählten neben den Neuzeithistorikern Siegfried August Kaehler und Adolf Hasenclever auch der Nationalökonom Gustav Aubin (zeitweilig ebenfalls dessen jüngerer Bruder, der Wirtschaftshistoriker Hermann Aubin), der junge Philosoph und Pädagoge Paul Menzer, der Staats- und Wirtschaftswissenschaftler Georg Brodnitz, der Jurist Leo Raape, der früh verstorbene Mediziner Karl Loening und andere. In persönlicher Hinsicht wohl etwas weniger eng, dafür aber beruflich desto wichtiger blieb der Kontakt zu Richard Fester, der immerhin dafür beitrug, dass der stets fleißig und durchaus mit Erfolg an der Universität lehrende Hartung wenigstens zeitweilig in den Genuss eines (freilich eher mager dotierten) „Privatdozentenstipendiums" kam; den Titel eines außerplanmäßigen Professors hatte Fester ihm bereits 1916 verschaffen können.

Trotz seiner Lehrerfolge und seiner Produktivität – Hartung hatte zu Anfang der 1920er Jahre bereits fünf gewichtige Monographien sowie eine Reihe bedeutender Aufsätze vorzuweisen – befürchtete er, nicht zuletzt angesichts der Not der Zeit, als außerplanmäßiger Professor, d.h. faktisch als schlecht bezahlte Lehrkraft in Halle sitzen zu bleiben, doch da tat sich im Jahr 1922 plötzlich die Möglichkeit einer Berufung auf. Sein Lehrer Otto Hintze musste sich aus gesundheitlichen Gründen vorzeitig emeritieren lassen, und tatsächlich passte auf den für Hintze seinerzeit *ad personam* geschaffenen Berliner Lehrstuhl für „Neuere Geschichte mit besonderer Berücksichtigung der Verfassungs-, Verwaltungs- und Wirtschaftsgeschichte" niemand besser als sein Schüler Hartung, dessen Forschungsprofil den Anforderungen dieses Lehrstuhls präzise entsprach. Er wäre vermutlich schon jetzt berufen worden, hätte er nicht Willy Andreas zum Konkurrenten gehabt, der über den doppelten Vorteil verfügte, bereits Lehrstuhlinhaber (in Rostock), vor allem aber Schwiegersohn des damals in Berlin lehrenden, höchst einflussreichen Erich Marcks zu sein. Gegen diese Konstellation kam Hartung nicht an, zumal der zweitplat-

---

[27] Fritz Hartung: Deutsche Geschichte 1871–1919, 6. neubearb. Aufl. Stuttgart 1952.
[28] Noch die letzte Auflage seiner „Deutschen Geschichte" von 1952 (wie Anm. 27) trägt die Widmung: „Dem Freundeskreis in Halle in dankbarer Erinnerung".

zierte Andreas auch noch von Friedrich Meinecke protegiert wurde[29]. Und trotzdem hatte Hartung Glück: Noch im gleichen Jahr wurde er als Nachfolger Arnold Oskar Meyers an die Christian-Albrechts-Universität Kiel berufen[30].

Damit hatte Hartung nach vielen, auch persönlich-menschlichen Entbehrungen und nach Jahren harter Arbeit sein so lange erstrebtes Ziel endlich erreicht. In Kiel angekommen, gründete er zudem eine Familie; seine Frau Anni, die Witwe eines im Ersten Weltkrieg gefallenen Marineoffiziers, brachte zwei Kinder mit in die Ehe, Hartung selbst blieb kinderlos. Jedenfalls war ihm seine Frau jahrzehntelang und besonders in schwieriger Zeit eine zuverlässige Gefährtin, auf deren Rückhalt, Unterstützung und vor allem Fürsorge der seit den Erfahrungen des Ersten Weltkrieges häufig kränkelnde Gelehrte sich zeitlebens verlassen konnte. Dass er trotz immer wieder auftretender schwerer gesundheitlicher Probleme und gefährlicher Erkrankungen, die ihn zuweilen für Monate arbeitsunfähig machten, schließlich doch das hohe Alter von 84 Jahren erreichen konnte, dürfte wesentlich ihr zu verdanken sein.

III.

Ausgerechnet im trüben Inflations- und Krisenjahr 1923 wendete sich noch einmal unerwartet Fritz Hartungs Schicksal: Nachdem Willy Andreas nach nur einem Jahr der Hauptstadtuniversität wieder den Rücken kehrte, um einem Ruf in seine badische Heimat, nach Heidelberg, zu folgen, wurde nun endlich Hartung auf den alten Hintze-Lehrstuhl berufen – und diesen Ruf nahm er selbstverständlich an[31]. Immer noch galt ein Lehrstuhl an der Berliner Friedrich-Wilhelms-Universität als die Krönung einer akademischen Karriere in Deutschland, und dieses Ziel hatte der soeben erst vierzig Jahre alt gewordene Gelehrte hiermit erreicht. Freilich hatte er sich hier von Anfang an neben mächtiger Konkurrenz zu behaupten; die beiden führenden Neuzeithistoriker Erich Marcks, sein alter Lehrer, sowie Friedrich Meinecke, Hauptvertreter der modernen Geistesgeschichte, behaupteten an der Friderica Guilelma nach dem Rückzug der älteren Berliner Historikergeneration (erwähnt seien hier nur Dietrich Schäfer und Otto Hintze) vorerst noch ihre Stellung als akademische Platzhirsche, und sie waren es, die in den Jahren nach dem Ersten Weltkrieg viele begabte Schüler um sich versammelten. Immerhin gelang es Hartung, im Laufe der Zeit ebenfalls einige interessierte und fähige Studierende an sich zu binden[32].

---

[29] Die Akten des Verfahrens sind neuerdings publiziert in: Hartwin Spenkuch: Wissenschaftspolitik in der Weimarer Republik. Dokumente zur Hochschulentwicklung im Freistaat Preußen und zu ausgewählten Professorenberufungen in sechs Disziplinen (1918–1933) (Acta Borussica N. F., 2. Reihe: Preußen als Kulturstaat, Abt. II, 9), Berlin/Boston 2016, S. 873–879.
[30] Vgl. Karl Jordan: Geschichtswissenschaft, in: Geschichte der Christian-Albrechts-Universität Kiel 1665–1965, Bd. V/2, Neumünster 1969, S. 7-101, hier S. 79.
[31] Siehe die Vorschlagsliste zur Nachfolge Willy Andreas, jetzt in: Spenkuch: Wissenschaftspolitik in der Weimarer Republik (wie Anm. 29), S. 879–881.
[32] Vgl. zum Zusammenhang der Berliner Geschichtswissenschaft dieser Zeit: Dieter Hertz-Eichenrode: Die „Neuere Geschichte" an der Berliner Universität. Historiker und Ge-

Der später wohl bekannteste von ihnen, der nach 1945 sehr einflussreiche Tübinger Politikwissenschaftler Theodor Eschenburg, erinnerte sich in der Rückschau daran, dass in Hartungs Vorlesungen „auch Attachés und regelmäßig Offiziere der Reichswehr" saßen, „die im Rahmen ihrer Generalstabsausbildung bei ihm hörten". Im Übrigen sei der schon damals angesehene Verfassungshistoriker „ein gemäßigter Konservativer und überzeugter Monarchist" gewesen, „ohne daß diese Einstellung seine nüchterne historische Sicht beeinträchtigt oder ihn dazu veranlasst hätte, das Katheder politisch zu mißbrauchen. In seinem preußischen Pflichtbewußtsein unterschied er streng zwischen *ex cathedra* und *ex confessione*, also zwischen den Äußerungen, die er in Ausübung seines Amtes machte, und jenen, denen er aus Überzeugung anhing"[33]. Eschenburg hat auch überliefert, dass Hartung – in deutlichem Gegensatz zu den älteren, teilweise immer noch lehrenden und viel auf ihre Reputation gebenden Geheimräten der Kaiserzeit – einen wesentlich anderen, nämlich sachlich-nüchternen und freundlichen Umgang mit den Studenten pflegte. Er lud seine Schüler zuweilen zum Bier ein und konnte mit ihnen bis in die Nacht hinein diskutieren, nicht nur über wissenschaftliche Fragen, sondern auch über aktuelle politische Probleme. Nach Eschenburg, der 1929 mit einer zeitgeschichtlichen Arbeit zur Geschichte des späten Kaiserreichs bei Hartung promovierte[34], gehörten in den 1930er und 1940er Jahren die beiden Brüder Wilhelm und Wolfgang Treue, Richard Dietrich, Gerhard Oestreich und Helmut Krausnick zu seinen wichtigsten Berliner Schülern.

Auch als Wissenschaftsorganisator begann Hartung seit den ersten Jahren seiner Berliner Zeit aktiv zu werden. Besonders eng arbeitete er mit dem Mediävisten und Staatsarchivdirektor Albert Brackmann zusammen. Gemeinsam mit ihm gab er seit 1927 im Auftrag der Preußischen Akademie der Wissenschaften die „Jahresberichte für deutsche Geschichte" heraus[35], die sehr viel mehr darstellten als eine bloße Bibliographie wissenschaftlicher Neuerscheinungen, denn die „Jahresberichte" enthielten umfassende Forschungsberichte

---

schichtsschreibung im 19./20. Jahrhundert, in: Reimer Hansen/Wolfgang Ribbe (Hrsg.): Geschichtswissenschaft in Berlin im 19. und 20. Jahrhundert. Persönlichkeiten und Institutionen, Berlin/New York 1992, S. 261–322, bes. S. 285 ff., und Wolfgang Hardtwig: Neuzeit-Geschichtswissenschaften 1918–1945, in: Geschichte der Universität Unter den Linden 1810–2010, Bd. 5: Transformation der Wissensordnung, hrsg. v. Heinz-Elmar Tenorth, Berlin 2010, S. 413–434.

[33] Theodor Eschenburg: Also hören Sie mal zu. Geschichte und Geschichten 1904 bis 1933, Berlin 1995, S. 194.

[34] Theodor Eschenburg: Das Kaiserreich am Scheideweg – Bassermann, Bülow und der Block. Nach unveröffentlichten Papieren aus dem Nachlass Ernst Bassermanns, Berlin 1929 (mit einer Einleitung von Gustav Stresemann); vgl. auch Udo Wengst: Theodor Eschenburg – Biographie einer politischen Leitfigur 1904–1999, Berlin – München – Boston 2015, S. 50 ff.

[35] Vgl. Friedrich Steinhoff: Albert Brackmann 1871–1952, in: Niedersächsische Lebensbilder, Bd. 2, hrsg. v. Otto Heinrich May, Hildesheim 1954, S. 20–36, hier S. 31; eine ausführliche wissenschaftliche Biographie Brackmanns, der bisher fast nur unter dem Aspekt seiner Beteiligung an der deutschen „Ostforschung" der Zwischenkriegszeit in den Blick genommen wurde, so etwa bei Michael Burleigh: Germany Turns Eastwards. A Study of Ostforschung in the Third Reich, London 2002, S. 37 ff., ist ein dringendes Desiderat.

zu den jeweiligen historischen Teilthemen und Subdisziplinen, die sämtlich von ausgewiesenen, oft jüngeren Fachleuten verfasst wurden und deshalb ein besonders wichtiges und gefragtes Hilfsinstrument für die wissenschaftliche Arbeit in dieser Zeit darstellten. Hartung hatte zwar – und das über Jahre hinweg – sehr viel Arbeitskraft in die „Jahresberichte" zu investieren, doch die Arbeit lohnte sich in mehrerlei Hinsicht: Er stieg dadurch nicht nur in eine wichtige Position innerhalb der damaligen deutschen Geschichtswissenschaft auf, sondern er lernte auch die im In- und Ausland (etwa in der Tschechoslowakei) mitarbeitenden Kollegen kennen, und zudem besaß er in dem etwas älteren Brackmann einen sehr erfahrenen, höchst versierten und besonders auch wissenschaftspolitisch einflussreichen Kollegen, mit dem er sich sowohl menschlich als auch wissenschaftlich und politisch hervorragend verstand und bald auch auf anderen Gebieten eng kooperierte.

Politisch gesehen stand Hartung in den Jahren der Weimarer Republik auf Seiten der gemäßigten Rechten. Er akzeptierte die Republik als solche – eben als die derzeitige Staatsform Deutschlands –, doch er konnte sich andererseits mit ihren Werten und Ideen nicht wirklich identifizieren. Wie viele andere während des Kaiserreichs aufgewachsene Zeitgenossen sah er in der Weimarer Reichsverfassung letztlich nicht mehr als das Ergebnis der Kriegsniederlage. Die 1919 in Kraft gesetzte Verfassungsurkunde biete, stellte er in der 1922 veröffentlichten 2. Auflage seiner „Deutschen Verfassungsgeschichte" fest, zwar einen „bunte[n] Strauß" von Grundrechten und Grundpflichten, der aber doch kaum mehr als „ein Katalog guter Vorsätze" sei; es bleibe abzuwarten, inwieweit die Weimarer Reichsverfassung zur „sittlichen Erneuerung des Volks" beitragen könne. Immerhin bleibe, auch darauf weist Hartung hin, der Zusammenhang mit dem Kaiserreich erhalten, denn „es wird kein neues Reich gegründet, sondern das alte Reich wird fortgesetzt", und es würden sogar einzelne zentrale Strukturelemente – etwa der im neuen Reichsrat fortlebende frühere Bundesrat – beibehalten. Und dennoch verstand sich Hartung selbst, im Gegensatz etwa zu Friedrich Meinecke, ausdrücklich nicht als überzeugter „Vernunftrepublikaner"[36], und die ihm angetragene Mitarbeit in der Organisation republiktreuer Hochschullehrer, dem „Weimarer Kreis", lehnte Hartung denn auch konsequenterweise ab[37], obwohl er sich gegenüber den Institutionen der Republik stets loyal und staatstreu verhielt.

Dennoch eckte er mit seiner kaum verleugneten national-konservativen Haltung während der Weimarer Zeit gelegentlich an. Ernst wurde es für ihn, als er Pfingsten 1929 in Kiel, im Rahmen einer Rede vor der „Studententagung des Vereins für das Deutschtum im Ausland" zum Thema „Deutsches Volk und deutscher Staat", einige despektierliche Bemerkungen über die Reichsverfassung, den republikanischen Reichstag und die Reichsfarben Schwarz-Rot-Gold

---

[36] Anders Gerhard A. Ritter: Hans Herzfeld – Persönlichkeit und Werk, in: Otto Büsch (Hrsg.): Hans Herzfeld – Persönlichkeit und Werk, Berlin 1983, S. 13–91, hier S. 24 f., Anm. 35.

[37] Vgl. Herbert Döring: Der Weimarer Kreis. Studien zum politischen Bewußtsein verfassungstreuer Hochschullehrer in der Weimarer Republik, Meisenheim a. Glan 1975, S. 82 ff. u. passim.

machte und dabei offenbar die Verfassung des vergangenen Bismarckreichs nostalgisch zu verklären versuchte. Es wäre fast zum Skandal gekommen, als der folgende Redner, der Schriftsteller Walter von Molo, eine weitere Beteiligung an der Versammlung zuerst verweigerte, anschließend aber doch das Wort ergriff, um Hartung sehr scharf zu widersprechen, während der Rektor der Kieler Universität, August Skalweit, seinerseits die Wogen zu glätten versuchte. Die Presse berichtete knapp über den Vorgang, und diese Nachricht gelangte an das damals sozialdemokratisch geführte Berliner Kultusministerium. Hartung wurde im Juli 1929 dorthin einbestellt und musste sich rechtfertigen: Er lieferte eine schriftliche Zusammenfassung seines Vortrags und betonte nachdrücklich, ihm habe „jeder Angriff auf den gegenwärtigen Staat [...] ferngelegen". Er selbst wurde anschließend vom zuständigen Ministerialbeamten (vermutlich seinem Historikerkollegen Wolfgang Windelband) eindringlich darauf hingewiesen, „welch ungeheurer Schaden durch solche ungeschickten Aeusserungen angerichtet werden können"; ihm wurde „die denkbar grösste Vorsicht in Zukunft nahegelegt". Damit war die Angelegenheit beendet[38].

Während der Weimarer Republik wurde Hartung jedenfalls nicht noch einmal politisch aktiv; seine publizistische Tätigkeit während der letzten Jahre des Kaiserreichs sollte eine Ausnahme bleiben und einer politischen Partei – in seinem Fall wäre es vermutlich die DNVP oder die DVP gewesen – trat er im Gegensatz zu vielen Kollegen ausdrücklich nicht bei. Wichtiger war ihm sein Einsatz für die Belange seiner Wissenschaft, die er auch außerhalb Deutschlands vertrat, so etwa im Rahmen des Internationalen Historikerkongresses 1928 in Oslo. Und nach dem Rückzug der beiden Berliner Großordinarien Erich Marcks und Friedrich Meinecke, die beide gegen Ende der 1920er Jahre emeritiert wurden, rückte Hartung neben dem soeben neu berufenen Hermann Oncken sehr bald schon in die erste Reihe der Historiker an der Hauptstadtuniversität vor.

Von der Ernennung Adolf Hitlers zum deutschen Reichskanzler am 30. Januar 1933 scheint Hartung wie viele seiner Zeitgenossen überrascht worden zu sein; gerechnet hatte er damit offensichtlich nicht. Im Wintersemester 1932/33 war er von seiner Fakultät zum neuen Dekan gewählt worden, und als das Sommersemester 1933 anbrach, gehörte er kraft Amtes zu denen, die an der von den neuen Herren verordneten „Säuberung" der Philosophischen Fakultät der Friedrich-Wilhelms-Universität mitwirken mussten[39]. Er hat sich nicht

---

[38] Die Rekonstruktion dieses Vorgangs und alle Zitate aus der entsprechenden Akte in: Geheimes Staatsarchiv Preußischer Kulturbesitz Berlin-Dahlem [GStPK], I. HA, Rep. 76 Va, Sekt. 2, Tit IV, Nr. 68 E, Bd. 5, Bll. 26r–31r.

[39] Vgl. hierzu besonders Schochow: Ein Historiker in der Zeit (wie Anm. 6), S. 228 ff.; zum Zusammenhang vor allem Christoph Jahr: Die nationalsozialistische Machtübernahme und ihre Folgen, in: Geschichte der Universität Unter den Linden, Bd. 2: Die Berliner Universität zwischen den Weltkriegen 1918–1945, hrsg. v. Heinz-Elmar Tenorth, Berlin 2012, S. 295–324; Sven Kinas: Massenentlassungen und Emigration, in: ebenda, S. 325–403; Konrad H. Jarausch: Die Vertreibung der jüdischen Studenten und Professoren von der Berliner Universität unter dem NS-Regime, in: Jahrbuch für Universitätsgeschichte 1

geweigert, den Anordnungen von oben zu folgen, er hat sich andererseits aber jetzt und später für nicht wenige von ihm geschätzte Kollegen und Mitarbeiter, die vom neuen Regime diskriminiert wurden, gemäß den ihm verbliebenen geringen Möglichkeiten nachdrücklich eingesetzt[40]. Wie es seinem Naturell entsprach, trat er, wenn möglich, zumeist für pragmatische Lösungen ein; so hat er etwa in dem Konflikt um den Philosophen und Pädagogen Eduard Spranger – dem man gegen den ausdrücklichen Willen der Fakultät den explizit nationalsozialistisch orientierten Philosophen Alfred Baeumler als neuen Professor für „politische Pädagogik" an die Seite gestellt hatte – vermittelnd gewirkt und endlich erreicht, dass der angesehene Spranger (ein Berliner Studienkollege Hartungs) der Fakultät und der Universität erhalten blieb[41].

Die ernüchternden Erfahrungen dieses Semesters hat er auch später nicht vergessen; in einem Brief an den Freund Kaehler vom 3. August 1933 heißt es denn auch: „Ich habe, wie Sie sich denken können, ein ziemlich hartes Semester hinter mir. Dekan zu sein unter den heutigen Verhältnissen, ist keine reine Freude, und der materielle Ertrag des Dekanats ist auch nicht mehr so, dass man sich für alle Mühe und Ärger entschädigt fühlt. [...] Lehrreich ist dieser Sommer immerhin für mich gewesen, ich habe die verschiedensten Menschen und Charaktere kennengelernt, seltsame Streber, die es nicht abwarten können, bis das Ministerium die jüdischen Kollegen entfernt, und die sich rechtzeitig für Lehraufträge und Professuren vormerken lassen, aber auch scharfe Kritiker des heutigen Rassekurses"[42]. Immerhin hat er an der Bedeutung wissenschaftlicher Standards und am Wahrheitsanspruch der Wissenschaft ebenso strikt wie kompromisslos festgehalten; in einer Rede anlässlich der Promotionsfeier am 14. Oktober 1933 hat er sie denn auch nachdrücklich gegen ideologische Vereinnahmungsversuche verteidigt: Die Pflicht eines Akademikers, so hieß es in der Rede, bestehe darin, in seiner Arbeit durch sorgfältigste Erforschung eines Gegenstandes zu einem „festbegründeten Urteil zu gelangen. Wer das gelernt hat, der wird auch den Aufgaben, die das Leben stellt, nicht hilflos gegenüberstehen, er wird nicht Schlagworten oder Parteiparolen ausgeliefert sein, sondern [...] ein selbständiges Urteil fällen können"[43].

(1998), S. 112–133; ausführlich zum Zusammenhang auch: Michael Grüttner/Sven Kinas: Die Vertreibung von Wissenschaftlern an den deutschen Universitäten 1933–1945, in: Vierteljahrshefte für Zeitgeschichte 55 (2007), S. 123–186.

[40] Dazu jetzt (mit aufschlussreichen Belegen) vor allem Kinas: Massenentlassungen und Emigration (wie Anm. 39), S. 376 f.

[41] Vgl. dazu den aus der Rückschau nach 1945 verfassten Bericht des Betroffenen: Eduard Spranger: Mein Konflikt mit der national-sozialistischen Regierung 1933, in: Universitas 10 (1955), S. 457–473; siehe dazu auch Heinz-Elmar Tenorth: Eduard Sprangers hochschulpolitischer Konflikt 1933. Politisches Handeln eines preußischen Gelehrten, in: Zeitschrift für Pädagogik 36 (1990), S. 573–596, und Takahiro Tashiro: Affinität und Distanz. Eduard Spranger und der Nationalsozialismus, in: Pädagogische Rundschau 53 (1999), S. 43-58.

[42] Unten, Brief Nr. 95.

[43] Staatsbibliothek zu Berlin – Preußischer Kulturbesitz [SBBPK], Nachlass Fritz Hartung, K 59/29; vgl. auch Schochow, Ein Historiker in der Zeit (wie Anm. 6), S. 229.

Wenn nach Hartungs Stellung zum NS-Regime gefragt wird, darf nicht unerwähnt bleiben, dass sich während des Ersten Weltkrieges sowie in den 1920er und frühen 1930er Jahren auch bei ihm – wie bei nicht wenigen deutschen Zeitgenossen aus dem bürgerlich-konservativen Spektrum – antisemitische Klischees und Vorurteile finden lassen, wie zumindest einigen seiner Briefe aus dieser Zeit zu entnehmen ist[44]. Gleichwohl hat er, wie ebenfalls betont werden muss, schon früh gegen Verunglimpfungen prominenter Gelehrter mit jüdischer Abstammung entschieden Stellung bezogen – so etwa im Jahr 1922 im Falle eines üblen antisemitischen Angriffs gegen Hugo Preuß[45]. Überhaupt fällt auf, dass sich Hartungs Invektiven nicht gegen einzelne jüdische Personen richten, sondern gegen vermeintliche, von ihm vermutete oder unterstellte jüdische Cliquen- und Netzwerkbildungen in der Wissenschaft. Das hinderte ihn jedoch nicht im Geringsten daran, mit jüdischen Kollegen befreundet zu sein oder mit ihnen beruflich eng zusammenzuarbeiten. Zu dem Hallischen Freundeskreis der Jahre 1918–1922 gehörten mindestens zwei Persönlichkeiten jüdischer Abstammung: der Staatswissenschaftler Georg Brodnitz, der vermutlich Ende 1941 im Ghetto Litzmannstadt umkam[46], und der schon 1926 früh verstorbene Mediziner Karl Loening.

Fritz Hartung war weder vor noch nach 1933 Nationalsozialist oder auch nur Sympathisant dieser Bewegung; er verweigerte einen ihm mehrfach, etwa von dem alten Theologen Reinhold Seeberg, dringend nahegelegten Eintritt in die NSDAP[47], und mit der nationalsozialistischen Ideologie, vor allem mit der Rassenlehre, konnte der nüchterne Gelehrte schon überhaupt nichts anfangen. Jedenfalls setzte sich Hartung während des Jahres 1933 als Dekan der Philosophischen Fakultät und als Mitglied verschiedener wissenschaftlicher Gremien sehr entschieden und couragiert, aber leider nur zu oft vergeblich für die vom neuen Regime aus „rassischen" oder politischen Gründen bedrängten und diskriminierten Kollegen ein. Das betraf etwa Hans Rothfels, Hans Herzfeld und Ernst Perels, aber auch einzelne Mitarbeiter und Beiträger der „Jahresberichte für deutsche Geschichte", die er, so lange es irgend möglich war, in ihren Positionen zu halten versuchte[48]. Auch in anderer Hinsicht ließ sich Hartung nicht einschüchtern: Unter seiner Mitwirkung wurde noch 1934 der junge kommunistische Historiker Ernst Engelberg, nach dem Zweiten Weltkrieg ei-

---

[44] Siehe unten die Briefe Nr. 44 (Fritz Hartung an Marie Hartung, 5.12.1916: „jüdische Gaunerei"), Nr. 64 (Fritz Hartung an Siegfried A. Kaehler, 18.2.1923: jüdische „Cliquenzusammenhänge"), Nr. 65 (Fritz Hartung an Siegfried A. Kaehler, 6.5.1923: Hans Rothfels „als Jude in unserer stark jüdischen Fakultät unmöglich"), Nr. 94 (Fritz Hartung an Gustav Aubin, 14.5.1933: „fast restlos verjudet[e]" Institute), Nr. 95 (Fritz Hartung an Siegfried A. Kaehler, 3.8.1933: „zu 90% verjudete Universitätsinstitute").
[45] Siehe unten, Brief Nr. 59 (Fritz Hartung an Siegfried A. Kaehler, 27.1.1922).
[46] Vgl. Friedemann Stengel: Georg Brodnitz, in: derselbe (Hrsg.): Ausgeschlossen. Zum Gedenken an die 1933–1945 entlassenen Hochschullehrer der Martin-Luther-Universität Halle-Wittenberg, Halle (Saale) 2013, S. 53-58, hier S. 56.
[47] Dazu unten, Brief Nr. 94 (Fritz Hartung an Gustav Aubin, 14.5.1933).
[48] Zu Hartungs Einsatz für Herzfeld siehe auch Yvonne Drost: Hans Herzfeld, in: Stengel (Hrsg.): Ausgeschlossen (wie Anm. 46), S. 193-202, hier S. 197.

ner der führenden Historiker der DDR, an der Universität Berlin zum Doktor promoviert[49]. Zusammen mit anderen angesehenen Kollegen wie Erich Marcks, Friedrich Meinecke, Hermann Oncken, Werner Sombart und Karl Stählin setzte er sich ebenfalls 1934 für den wegen seiner jüdischen Abstammung entlassenen Historiker der Arbeiterbewegung, Gustav Mayer, ein[50].

Zu einem regelrechten Skandal entwickelte sich im Jahr 1935 der Fall des jüdischen Doktoranden Abraham Heller[51], in den Hartung ebenfalls verwickelt war: Heller hatte noch im Februar 1934 bei dem angesehenen Berliner Osteuropahistoriker Otto Hoetzsch eine vermutlich von diesem angeregte Dissertation über „Die Lage der Juden in Russland von der Märzrevolution 1917 bis zur Gegenwart" eingereicht und war damit ordnungsgemäß zum Dr. phil. promoviert worden. Ein Jahr später reichte der bereits nach Palästina ausgewanderte Heller die gedruckte Fassung seiner Arbeit[52] ein und bat, mittlerweile in Tel Aviv ansässig, um die Übersendung des ihm zustehenden Doktordiploms. Das hätte er wohl auch erhalten, wenn nicht inzwischen ein von nationalsozialistischen Funktionären inszenierter Proteststurm losgebrochen wäre – ausgehend von der Behauptung, es sei ein Skandal, dass noch 1935 an der Berliner Universität ein Jude mit einer Dissertation, die den Thesen des „Führers" vom „jüdischen Bolschewismus" widersprach, habe promoviert werden können. Das Verfahren wurde umgehend gestoppt, Heller erhielt seine Urkunde nicht, Otto Hoetzsch verlor – auch aus anderen Gründen – seinen Berliner Lehrstuhl und alle am Verfahren Beteiligten, darunter der Zweitgutachter, der Slawist Max Vasmer, und eben auch Fritz Hartung, der Hellers Arbeit als Dekan angenommen hatte, wurden vom Reichswissenschaftsministerium scharf gemaßregelt. Für Hartung sollte es nicht die einzige Verwarnung dieser Art bleiben.

Die großen physischen und vielleicht mehr noch psychischen Belastungen des Dekanats führten Anfang 1934 bei Hartung zum Wiederausbrechen der alten Lungenerkrankung, was zur Folge hatte, dass er nicht nur das Dekanat abgeben, sondern auch seine Lehrtätigkeit gleich zwei Semester lang unterbrechen musste; die meiste Zeit – fast ein Jahr lang – verbrachte er zudem fern von Berlin in einem Heilsanatorium in St. Blasien im Schwarzwald. Hier be-

---

[49] Vgl. Mario Keßler: Exilerfahrung in Wissenschaft und Politik. Remigrierte Historiker in der frühen DDR, Köln/Weimar/Wien 2001, S. 224.

[50] Die Eingabe zugunsten Gustav Mayers von neun Berliner Professoren an den preußischen Minister für Wissenschaft, Erziehung und Volksbildung, Bernhard Rust, vom 25.1.1934 ist abgedruckt in: Friedrich Meinecke: Akademischer Lehrer und emigrierte Schüler. Briefe und Aufzeichnungen 1910–1977, eingel. u. bearb. von Gerhard A. Ritter, München 2006, S. 480 f.; vgl. auch Gottfried Niedhart: Einsam als Jude und Deutscher: Gustav Mayer 1871–1948, in: derselbe (Hrsg.): Gustav Mayer. Als deutsch-jüdischer Historiker in Krieg und Revolution 1914–1920. Tagebücher, Aufzeichnungen, Briefe München 2009, S. 17–82, hier S. 37.

[51] Hierzu ausführlich Ingo Loose: Verfemt und vergessen. Abraham Hellers Dissertation „Die Lage der Juden in Rußland von der Märzrevolution 1917 bis zur Gegenwart" an der Berliner Universität 1934–1992, in: Jahrbuch für Antisemitismusforschung 14 (2005), S. 219–241.

[52] Abraham Heller: Die Lage der Juden in Russland von der Märzrevolution 1917 bis zur Gegenwart, Breslau 1935.

schäftigte er sich, sobald ihm dies wieder möglich war, mit wissenschaftlicher Arbeit; der Berliner Seminarassistent musste ihm Bücher und Zeitschriften per Post zusenden. Die Hauptfrucht der auf diese Weise erzwungenen Auszeit in der akademischen Lehre war eine kleine, für den Reclam-Verlag verfasste Hindenburg-Biographie, die kurz nach dem Tod des Reichspräsidenten im August 1934 erschien und eine dementsprechende Beachtung erfuhr[53]. Das ohne Nachweise und ohne Literaturverzeichnis, also für einen größeren Leserkreis geschriebene Bändchen wertete und würdigte den verstorbenen Generalfeldmarschall des Ersten Weltkrieges und späteren deutschen Reichspräsidenten uneingeschränkt positiv; der Historiker sah in dem soeben Verstorbenen nicht in erster Linie eine – freilich durch die Ereignisse seit dem 30. Januar 1933 in den Hintergrund getretene – Gestalt von gestern, sondern ein Vorbild auch für Gegenwart und Zukunft.

Was im Rahmen der Hindenburg-Biographie nur in der Form vorsichtiger kritischer Zwischentöne erkennbar wurde, kam kurz darauf sehr viel deutlicher in Hartungs Auseinandersetzung mit Carl Schmitt zum Ausdruck. Der bekannte Jurist, inzwischen Professor an der Berliner Universität, der sich in den Jahren zwischen 1933 und 1936 als eifriger Nationalsozialist gerierte[54], hatte Anfang 1934 eine kleine Schrift mit dem Titel „Staatsgefüge und Zusammenbruch des zweiten Reiches – Der Sieg des Bürgers über den Soldaten" publiziert. Die in der Tat vollkommen überzogene These, die Schmitt hier verfocht: Der preußische „Soldatenstaat" habe, indem er in der Folge des Verfassungskonflikts der 1860er Jahre den endgültigen Übergang zum im Kern liberalen „Verfassungsstaat" vollzog, seine innere Kraft aufgegeben, was wiederum eine zentrale Ursache der deutschen Niederlage von 1918 gewesen sei[55], – diese aus durchsichtigen politischen Zwecken formulierte Deutung also konnte Hartung als Verfassungshistoriker nicht akzeptieren. In der „Historischen Zeitschrift" wies er die Unzulänglichkeit dieser Argumentation nach[56] und bekam dafür, wenn auch nur brieflich, allgemeine Zustimmung aus dem Kollegenkreis; sogar sein mit Lob überaus sparsam umgehender alter Lehrer Hintze bescheinigte Hartung, dass ihm „die schwere Aufgabe so gut gelungen ist, die schielende Dialektik des Herrn C. Schmitt mit dem Rüstzeug einer gesunden und vernünftigen historischen Kritik zu überwinden"[57].

---

[53] Fritz Hartung: Hindenburg, Leipzig 1934.
[54] Vgl. hierzu vor allem Reinhard Mehring: Carl Schmitt. Aufstieg und Fall. Eine Biographie, München 2009, S. 304–380 u. a.
[55] Vgl. Carl Schmitt: Staatsgefüge und Zusammenbruch des zweiten Reiches. Der Sieg des Bürgers über den Soldaten, Hamburg 1934.
[56] Fritz Hartung: Staatsgefüge und Zusammenbruch des Zweiten Reiches, in: derselbe: Staatsbildende Kräfte der Neuzeit. Gesammelte Aufsätze, Berlin 1961, S. 376–392 (zuerst in: Historische Zeitschrift 151 [1935], S. 528–544); vgl. zum Zusammenhang auch Hans-Christof Kraus: Soldatenstaat oder Verfassungsstaat? – Zur Kontroverse zwischen Carl Schmitt und Fritz Hartung über den preußisch-deutschen Konstitutionalismus (1934/35), in: Jahrbuch für die Geschichte Mittel- und Ostdeutschlands 45 (1999), S. 275–310.
[57] Otto Hintze an Fritz Hartung, 4.4.1935, abgedruckt in: Gerd Heinrich: Otto Hintze und sein Beitrag zur institutionalisierten Preußenforschung, in: Otto Büsch/Michael Erbe (Hrsg.): Otto Hintze und die moderne Geschichtswissenschaft, Berlin 1983, S. 43–59, hier S. 55 f.

Trotz seiner strikten Distanz zum Nationalsozialismus zählte sich Hartung ebenfalls nicht zu den expliziten Gegnern des neuen Regimes, sondern versuchte, so gut es eben ging, die wissenschaftlichen Standards aufrecht zu erhalten. Gleichwohl glaubte er – wohl auch, um sich Freiräume für eigene Arbeit sichern zu können –, dem Regime wenigstens einen Schritt entgegenkommen zu müssen, und so ließ er sich im Jahr 1935 von dem damals führenden nationalsozialistischen Historiker Walter Frank in den Sachverständigenbeirat des von diesem geleiteten, soeben neu begründeten „Reichsinstituts für Geschichte des neuen Deutschlands" berufen, dem im Übrigen auch sein Lehrer Erich Marcks sowie sein alter Förderer Richard Fester angehörten[58]. Außer einem knappen Gutachten hat er, wie man heute weiß, zur Arbeit dieses Instituts gar nichts beigetragen, und wie sich anhand seiner privaten Korrespondenz zeigen lässt, hat er sich gelegentlich sogar über die Aktivitäten Franks und seiner Mitarbeiter lustig gemacht[59]. Hartung gehörte lediglich, wie treffend gesagt worden ist, zu den „Konzessions-Gelehrten", bekannten und angesehenen Wissenschaftlern der mittleren und älteren Generation, deren einzige Funktion darin bestand, dieser Neugründung eine gewisse Seriosität zu verleihen[60].

Letztlich überwog bei Fritz Hartung jedoch, wie sich auch anhand weiterer Vorkommnisse belegen lässt, die Distanz zum Nationalsozialismus und zu den ideologischen Verzerrungen nationalsozialistisch gesinnter oder der neuen Ideologie zumindest entgegenkommender Wissenschaftler. So beteiligte er sich in den späteren 1930er Jahren an der Abwehr jener „gesamtdeutschen" Geschichtsauffassung, die von dem prominenten österreichischen Historiker Heinrich Ritter von Srbik vertreten wurde und mit deren Hilfe der einflussreiche Wiener Gelehrte versuchte, den „mitteleuropäischen" Führungsanspruch des neuen deutschen Staats und ebenfalls den weiter erhobenen Anspruch auf einen – im Jahr 1938 bekanntlich umgesetzten – „Anschluss" Österreichs an das Deutsche Reich historisch zu legitimieren, und zwar gerade unter Rückgriff auf den von der alten Habsburgermonarchie erhobenen Anspruch auf die politische Dominanz über den mitteleuropäischen Raum. Obwohl der aus altösterreichischer Tradition kommende Srbik durchaus keine explizit nationalsozialistischen Positionen vertrat und sich erst recht nicht als Exponent der damals aufsteigenden „Volksgeschichte" verstand, sondern in seinen Schriften in eher traditioneller Weise Politikgeschichte und Ideengeschichte miteinander verband[61], näherte er sich doch wenigstens in seiner Diktion einer nationalsozialistisch imprägnierten Geschichtsdeutung unübersehbar an; so etwa,

---

[58] Vgl. Helmut Heiber: Walter Frank und sein Reichsinstitut für Geschichte des neuen Deutschlands, Stuttgart 1966, S. 596 ff.
[59] Siehe etwa unten die Briefe Nr. 129 (Fritz Hartung an Richard Fester, 30.12.1937), Nr. 130 (Fritz Hartung an Siegfried A. Kaehler, 14.8.1938), Nr. 132 (Fritz Hartung an Siegfried A. Kaehler, 4.12.1938) u. a.
[60] Vgl. Heiber: Walter Frank und sein Reichsinstitut (wie Anm. 58), S. 597.
[61] Das gilt vor allem für sein Hauptwerk, dessen erste beide Bände in diesen Jahren erschienen: Heinrich Ritter von Srbik: Deutsche Einheit. Idee und Wirklichkeit vom Heiligen Reich bis Königgrätz, Bde. 1-2, München 1935.

wenn er die vermeintlichen „raumpolitischen [...] und die volkspolitischen Erfordernisse" der jüngeren deutsch-österreichischen Geschichte ebenso herauszustellen versuchte wie einen angeblichen „ganz engen deutschen Blutzusammenhang" oder auch ein von ihm behauptetes „geschichtliches Führerrecht" Alt-Österreichs[62].

Einige „reichsdeutsche" Historiker, darunter in erster Linie Fritz Hartung und Erich Brandenburg, vermochten diese – nach 1933 im „neuen Deutschland" aus politischen Motiven sehr erwünschte – Sichtweise nicht zu akzeptieren und traten ihr entschieden und in der Sache deutlich entgegen[63]. Denn wenn die (nicht nur von Srbik vorausgesetzte) Prämisse Gültigkeit besaß, dass „Gesamtdeutschlands" vornehmste Aufgabe historisch und aktuell in der Neuordnung und Beherrschung des mitteleuropäischen Raums bestand, dann musste der *historische* „Beruf" zur Erreichung dieses Ziels gerade nicht Preußen und dem durch Bismarck begründeten deutschen Nationalstaat, sondern im Grunde dem Habsburgerreich und der von diesem verkörperten „großdeutschen" Idee zukommen[64]. Eben diese Deutung Srbiks aber war für Hartung – einmal abgesehen von den Details des vom Berliner Historiker monierten verzerrenden Preußenbildes[65] – vollkommen inakzeptabel; er kehrt die Perspektive erneut um, indem er die österreichische Politik der Reichsgründungszeit als vergebliches Bemühen interpretiert, sich dem damals zeitgemäßen und modernen „nationalen Prinzip" zu widersetzen; gerade hieran habe „der auf Ideen der Vergangenheit aufgebaute Staat der Habsburger" mit Notwendigkeit scheitern müssen. Insofern sei Srbiks Grundgedanke, so Hartung weiter, als „Richtschnur für die Betrachtung der deutschen Geschichte während der letzten Jahrhunderte [...] nicht geeignet", und zwar vor allem deshalb, „weil er unserer geschichtlichen Entwicklung Gewalt antut. Es geht nun einmal nicht an, „die deutsche Geschichte der letzten Jahrhunderte auf eine einheitliche Formel zu bringen"[66].

Diese letzte Feststellung konnte durchaus mehrdeutig verstanden werden, denn die „einheitliche Formel", die Hartung hier ablehnte, konnte der sorgfältige Leser des Jahres 1937 – nach mehr als vier Jahren Diktatur mittlerweile im Lesen „zwischen den Zeilen" geübt – ebenso auf andere zeitgenössische „Formeln" mit scheinbar umfassendem Erklärungsanspruch beziehen, etwa solche

---

[62] Alle Zitate aus: Heinrich Ritter von Srbik: Österreich in der deutschen Geschichte, München 1936, S. 66; siehe zum Kontext auch derselbe: Mitteleuropa. Das Problem und die Versuche seiner Lösung in der deutschen Geschichte, Weimar 1937, 2. Aufl. 1938.

[63] Fritz Hartung: Preußen und die deutsche Einheit, in: Forschungen zur brandenburgischen und preußischen Geschichte 49 (1937), S. 1–21; Erich Brandenburg: Deutsche Einheit, in: Historische Vierteljahrschrift 30 (1935), S. 757–770; vgl. dazu ebenfalls Hans-Christof Kraus: Kleindeutsch – Großdeutsch – Gesamtdeutsch? Eine Historikerkontroverse der Zwischenkriegszeit, in: Deutsche Kontroversen. Festschrift für Eckhard Jesse, hrsg. v. Alexander Gallus/Thomas Schubert/Tom Thieme, Baden-Baden 2013, S. 71–86.

[64] Vor diesem Hintergrund interpretierte Srbik – eine Provokation für viele deutsche Historiker! – die Folgen der Entscheidung von 1866 als genuines historisches Verhängnis; vgl. derselbe: Österreich in der deutschen Geschichte (wie Anm. 62), S. 72 f.

[65] Vgl. dazu Hartung: Preußen und die deutsche Einheit (wie Anm. 63), S. 7 ff. u. passim.

[66] Die Zitate ebenda, S. 17, 20 f.

von Volk, „Blut" und „Rasse". Fritz Hartung musste nicht nur Srbiks Verzerrungen der preußischen Geschichte ablehnen, sondern auch dessen wenigstens als Tendenz sichtbar werdende, den Sprachregelungen des NS-Regimes allzu deutlich entgegenkommende Orientierung an zeittypischen politischen Leerformeln wie „Volksschicksal", „Blutgemeinschaft" und „Führertum"[67].

Als keineswegs ungefährlich konnte die 1938/39 geführte scharfe Auseinandersetzung Hartungs mit dem nationalsozialistischen Politiker und Wissenschaftsfunktionär Paul Schmitthenner, seit 1938 Rektor der Universität Heidelberg[68], angesehen werden, der 1937 ein fehlerhaftes und oberflächliches Buch mit dem Titel „Politik und Kriegführung in der neueren Geschichte" herausgebracht hatte. Hartung veröffentlichte einen Verriss im Hauptfachorgan, der Historischen Zeitschrift, worauf eine scharfe „Erwiderung" Schmitthenners und noch eine „Entgegnung" Hartungs folgten[69]. Da Schmitthenner bemüht war, die Kontroverse (um von der eigenen wissenschaftlichen Inkompetenz abzulenken) ins Politische zu ziehen und Hartung „liberalistische" Auffassungen zu unterstellen, hätte die Angelegenheit für den Berliner Historiker recht unangenehm enden können. Trotzdem eröffnete Hartung gleich noch einen weiteren Kriegsschauplatz: Während der Konflikt mit Schmitthenner noch im Gange war, Anfang 1939, wehrte sich Hartung entschieden, wenngleich am Ende vergeblich gegen die Berufung des hohen SS-Führers und SD-Angehörigen Franz Alfred Six an die Philosophische Fakultät der Friedrich-Wilhelms-Universität[70]; Hartungs mutiges Gegengutachten in dieser Angelegenheit[71] ist mit Recht als „ein bemerkenswerter Akt der Beharrung"[72] bezeichnet worden.

Für einen angesehenen Berliner Ordinarius vergleichsweise spät, erst sechzehn Jahre nach seiner Berufung an die Friedrich-Wilhelms-Universität, wurde Hartung im Frühjahr 1939 in die Preußische Akademie der Wissen-

---

[67] Ebenfalls sei in diesem Kontext noch erwähnt, dass Hartung zu denjenigen gehörte, die eine 1935 vom NS-Regime gewünschte Berufung Heinrich Ritter von Srbiks als Nachfolger Hermann Onckens auf den Lehrstuhl für Neuere Geschichte an der Universität Berlin ablehnten; vgl. unten, Brief Nr. 117 (Fritz Hartung an Albert Brackmann, 3.5.1935). Einem vom Wissenschaftsminister Bernhard Rust – ohne Beteiligung der Fakultät – im Sommer 1935 ausgesprochenen Ruf nach Berlin ist Srbik allerdings nicht gefolgt; vgl. dazu auch Heinrich Ritter von Srbik: Die wissenschaftliche Korrespondenz 1912–1945, hrsg. v. Jürgen Kämmerer, Boppard a. Rh. 1988, S. 414 ff.

[68] Vgl. Eike Wolgast: Schmitthenner, Ludwig Wilhelm Martin, in: Badische Biographien, N.F., Bd. 3, Stuttgart 1990, S. 239–243, neuerdings auch Frank Reichherzer: „Alles ist Front!" – Wehrwissenschaften in Deutschland und die Bellifizierung der Gesellschaft vom Ersten Weltkrieg bis den Kalten Krieg, Paderborn/München/Wien/Zürich 2012, S. 328–365.

[69] Fritz Hartung: Rez. von: Paul Schmitthenner: Politik und Kriegführung in der neueren Geschichte, Hamburg 1937, in: Historische Zeitschrift 158 (1938), S. 584–587; Paul Schmitthenner: Politik und Kriegführung als wehrpolitisches Problem. Eine grundsätzliche Erwiderung, in: ebenda, 159 (1939), S. 538–550; Fritz Hartung: Entgegnung, in: ebenda, 159 (1939), S. 550–552.

[70] Vgl. dazu Lutz Hachmeister: Der Gegnerforscher. Die Karriere des SS-Führers Franz Alfred Six, München 1998, S. 120 ff.

[71] Siehe unten, Brief Nr. 133 (Fritz Hartung an Dekan Franz Koch, 23.2.1939).

[72] Hachmeister: Der Gegnerforscher (wie Anm. 70), S. 121.

schaften berufen – im Zuge des „großen Verjüngungsprozesses" dieser Institution, wie Hartung es formulierte[73]. Seine Berufung war schon länger geplant, sollte er doch die Leitung spezifisch ‚preußischer' Akademievorhaben, vor allem der Acta Borussica, die bis 1938 noch sein alter Lehrer Otto Hintze betreut hatte, übernehmen[74]. Als Hartung dann am 6. Juli 1939, dem traditionellen Leibniztag der Akademie, seine Antrittsrede hielt[75], bekannte er sich ausdrücklich zu seinem – damals wegen „nichtarischer Versippung" in die Resignation gedrängten – wichtigsten akademischen Lehrer: Im Mittelpunkt seiner bisherigen wissenschaftlichen Arbeit habe, so Hartung, „von Anfang an die Verfassungsgeschichte gestanden. Es ist die eindrucksvolle Persönlichkeit von *O. Hintze* gewesen, die meinen Studien diese Richtung gewiesen und mir zugleich die methodische Schulung gegeben hat". An seinem schon früher gefassten Vorhaben einer „allgemeinen Verfassungsgeschichte" gedenke er, so Hartung weiter, indessen „auch heute noch festhalten zu sollen, wo der deutschen Geschichtswissenschaft die Beschäftigung mit dem Volke statt mit dem lange bevorzugten Staate als dringlichste Forderung gestellt ist" – besonders deshalb, weil „dem deutschen Volke, dem das rechte Verständnis für die Unentbehrlichkeit des Staates und staatlicher Machtpolitik lange Zeit gefehlt hat, eine geschichtlich begründete Kenntnis des Staates unbedingt" nottue; und außerdem befasse sich „die deutsche verfassungsgeschichtliche Wissenschaft seit *Schmoller* und *Hintze* ja nicht allein mit dem staatlichen Apparat und seinen Funktionen", sondern für sie sei eine „Verfassung" nichts weniger als „die Gesamtheit der den Bau des Staatskörpers ausmachenden und sein Leben ermöglichenden Kräfte und die Ordnung ihres gegenseitigen Verhältnisses". Insofern – diese rhetorische Schlusswendung hielt Hartung im Sommer 1939 wohl für unvermeidbar – schließe ein solches Verfassungsverständnis auch „die Erforschung der völkischen Kräfte keineswegs aus, sondern ausdrücklich ein"[76].

Es spricht ebenfalls für Hartung, dass er nach dem Beginn des Zweiten Weltkrieges, den er übrigens von Anfang an mit Sorgen und Zweifeln begleitete, zu keiner Zeit in politische Euphorie verfiel und sich auch nicht durch die deutschen militärischen Anfangserfolge des Jahres 1940 täuschen ließ. Während Friedrich Meinecke im Juli 1940 in einem Brief an seinen Schüler Siegfried A. Kaehler über „das Gewaltige, das wir erlebt haben"[77], räsonierte,

---

[73] Vgl. unten, Brief Nr. 135 (Fritz Hartung an Richard Fester, 26.5.1939); vgl. auch Peter Th[omas] Walther: „Arisierung", Nazifizierung und Militarisierung. Die Akademie im „Dritten Reich", in: Wolfram Fischer/Rainer Hohlfeld/Peter Nötzoldt (Hrsg.): Die Preußische Akademie der Wissenschaften zu Berlin 1914–1945, Berlin 2000, S. 87–118, hier S. 110 ff.

[74] Vgl. hierzu und zum Kontext von Hartungs Wahl Neugebauer: Otto Hintze (wie Anm. 4), S. 574 ff.

[75] Fritz Hartung: Antrittsrede, in: Jahrbuch der Preußischen Akademie der Wissenschaften, Jahrgang 1939, Berlin 1940, S. 136–138.

[76] Alle Zitate ebenda, S. 137 f.

[77] Friedrich Meinecke: Ausgewählter Briefwechsel, hrsg. v. Ludwig Dehio/Peter Classen, Stuttgart 1962, S. 363 (Friedrich Meinecke an Siegfried A. Kaehler, 4.7.1940).

gab sich Hartung zur gleichen Zeit, ebenfalls in einem Brief an Kaehler, ausgesprochen skeptisch: „Ihre Warnung vor Größenwahn kommt, wie ich fürchte, zu spät. Ich war gestern mit allerhand Kollegen zusammen und wunderte mich über die Unersättlichkeit. Der nächste Gegner ist Rußland [...] Es mag sein, daß in der Zeit der Motorisierung und der Flugzeuge ein Marsch nach Moskau leichter durchzuführen ist als 1812. Aber wo wir die Menschen hernehmen sollen um all unsere Protektorate usw. im Zaum zu halten, danach fragt anscheinend kein Mensch. [...] Freilich, wer sollte es wagen, jetzt schon die Zukunft zu deuten! Sind unsere Protektorate dauernde Schöpfungen oder Eintagsfliegen à la cisalpinische und parthenopäische Republik? Und wer kann die Rückwirkung der zweifellos gewaltigen Erschütterung des britischen Empires auf die Stellung Europas in der Welt ermessen [...] Werden wir neben der europäischen Aufgabe die Kraft und die Menschen haben, die ganze Welt zu unterjochen. Über die Vereinigten Staaten finde ich unsere Presse auffallend still. Das scheint mir kein gutes Zeichen zu sein"[78].

Auch während des Krieges blieben weitere kleinere Konflikte mit dem Regime nicht aus: Wegen einer vorsichtig-kritischen Rezension des zeitgeschichtlichen Buches eines in einschlägigen Kreisen hoch angesehenen „alten Kämpfers" der Partei, Ernst Graf zu Reventlow[79], wurde Hartung 1941 erneut im Auftrag des Wissenschaftsministers Bernhard Rust vom Rektor der Universität, dem brandenburgischen Landeshistoriker Willy Hoppe, verwarnt; es war Hartung fortan untersagt, zeitgeschichtliche Neuerscheinungen zu rezensieren[80]. Doch die vom Minister dringend gewünschte Zuwahl Hoppes – ebenfalls „alter Kämpfer" der NSDAP und seit 1937 amtierender Rektor der Friedrich-Wilhelms-Universität – in die Preußische Akademie der Wissenschaften konnte Hartung ebenfalls 1941/42 unter Nutzung seiner vielfältigen Verbindungen und seiner inzwischen sehr angesehenen Stellung im Fach am Ende verhindern[81] – eine Aktion, die man tatsächlich als einen zwar kleinen,

---

[78] Siehe unten, Brief Nr. 142 (Fritz Hartung an Siegfried A. Kaehler, 3.7.1940).
[79] Fritz Hartung: Rez. von: Graf Ernst zu Reventlow: Von Potsdam nach Doorn, Berlin 1940, in: Berliner Monatshefte 18 (1940), S. 814–818.
[80] Der Vorgang ist dokumentiert in: Archiv der Humboldt-Universität zu Berlin [Arch HU Berlin], Personalakte Fritz Hartung, Bd. II, Bll. 165r–165v; zu Hoppe vgl. Klaus Neitmann: Willy Hoppe (1884–1960). Brandenburgischer Landeshistoriker, Bibliothekar, in: Friedrich Beck/Klaus Neitmann (Hrsg.): Lebensbilder brandenburgischer Archivare und Landeshistoriker. Landes- und Kirchenarchivare, Landes-, Regional- und Kirchenhistoriker, Archäologen, Historische Geografen, Landes- und Volkskundler des 19. und 20. Jahrhunderts, Berlin 2013, S. 108–119.
[81] Siehe zu dieser Angelegenheit unten die Briefe Nrn. 150–153, 158, sowie Peter Th[omas] Walther: Zur Entwicklung der Geschichtswissenschaften in Berlin: Von der Weimarer Republik zur Vier-Sektoren-Stadt, in: Wolfram Fischer/Klaus Hierholzer/Michael Hubenstorf/Peter Th. Walther/Rolf Winau (Hrsg.): Exodus von Wissenschaften aus Berlin. Fragestellungen – Ergebnisse – Desiderate. Entwicklungen vor und nach 1933, Berlin/New York 1994, S. 153–183, hier S. 175; derselbe: „Arisierung", Nazifizierung und Militarisierung (wie Anm. 73), S. 112f., und Laetitia Boehm: Langzeitvorhaben als Akademieaufgabe. Geschichtswissenschaft in Berlin und München, in: Wolfram Fischer/Rainer Hohlfeld/Peter Nötzoldt (Hrsg.): Die Preußische Akademie der Wissenschaften zu Berlin 1914–1945, Berlin 2000, S. 391–434, hier S. 416f.

im Fach allerdings durchaus zur Kenntnis genommenen „Widerstandserfolg der Preußischen Akademie [...] buchen"[82] kann.

Zu einer regelrechten Zitterpartie entwickelte sich, ebenfalls während des Krieges, die äußerst mühselige Publikation der dreibändigen Sammlung von Aufsätzen Otto Hintzes, die Hartung nach dem Tod seines 1940 verstorbenen wichtigsten Lehrers und Doktorvaters unternahm. Der wegen seiner jüdischen Ehefrau Hedwig Hintze, geb. Guggenheimer, als „jüdisch versippt" geltende, deshalb aus der Berliner Akademie der Wissenschaften ausgetretene Hintze galt offiziell als Persona non grata, und Hartung musste den Forderungen der in diesem Fall besonders aufmerksamen „Parteiamtlichen Prüfungskommission" der NSDAP nachkommen, einzelne Aufsätze kürzen, andere (darunter die Abhandlungen über jüdische Autoren wie Max Scheler und Franz Oppenheimer) sogar fortlassen. Im Einvernehmen mit dem Verlag Koehler & Amelang fügte sich der Herausgeber, wenn auch nur äußerst ungern, diesen Vorgaben, um das weit verstreute Aufsatzwerk Hintzes für Gegenwart und Nachwelt präsent zu halten; es sei besser, bemerkte er in einem Brief an den Freund und Kollegen Siegfried A. Kaehler, „wir bringen das, was erlaubt wird, als dass das Ganze gefährdet wird"[83]. Diese besonders intensiven Bemühungen Hartungs um die weitere Präsenz des Werkes seines wichtigsten akademischen Lehrers sind nicht zuletzt auch als ein Versuch zu werten, die von Hintze etablierte, von ihm selbst fortgeführte moderne Verfassungsgeschichte gegen die Zumutungen einer nationalsozialistisch imprägnierten, rassisch grundierten „Volksgeschichte" zu verteidigen oder doch wenigstens zu stärken.

Von nationalsozialistischer Seite wurde Hartung im Übrigen als eine typische Gestalt einer im Grunde schon von der Entwicklung überholten und in absehbarer Zeit abtretenden Historikergeneration gesehen, als ein Mann ohne Sympathie oder auch nur Verständnis für die neuen politischen Ideen der Gegenwart. Ein schon 1937 von einem Angehörigen des NS-Dozentenbundes der Berliner Universität verfasstes Gutachten stellte fest, Hartung verwalte wissenschaftlich und geistig „das Erbe einer grossen preussischen Geschichtschreibung"; ihn kennzeichne zwar „unbestechliche Ehrenhaftigkeit", doch er habe ebenfalls „kein Hehl daraus gemacht, dass er als Angehöriger seiner Generation im Innersten niemals den Nationalsozialismus ganz in sich aufnehmen vermöge"[84] [sic].

Wesentlich deutlicher drückte sich da bereits Wissenschaftsminister Rust in einem im Kontext der Reventlow-Affäre von 1941 verfassten Schreiben an den Berliner Rektor Hoppe aus, wenn er anmerkte, Hartung gehöre nun einmal „zu der älteren Hochschullehrergeneration" und habe „vor der Machtübernahme etwa die politische Richtung der Deutschen Volkspartei vertreten". Da jedoch „politisch oder weltanschaulich Nachteiliges" gegen Hartung nicht vorliege, zwängen ihn, den Minister, „die gegebenen Umstände [...], den Pro-

---

[82] So Boehm: Langzeitvorhaben als Akademieaufgabe (wie Anm. 81), S. 416.
[83] Unten, Brief Nr. 157 (Fritz Hartung an Siegfried A. Kaehler, 6.4.1942).
[84] Arch HU Berlin, NS-Dozentenschaft, Nr. 110, Bl. 8-9 (Gutachten über Fritz Hartung, Berlin, 3.8.1937, unterzeichnet: Werner Reese), hier Bl. 8.

fessor Hartung so zu verbrauchen, wie er ist; an eine politisch durchschlagende Änderung seines Wesens und seiner Auffassung ist nicht zu denken"[85]. Und in einem geheimen Bericht eines SD-Historikers über eine „Arbeitssitzung des Kriegseinsatzes der neueren Historiker und Völkerrechtler vom 20.–23. Juli 1942 zu Weimar"[86] heißt es, dass Fritz Hartung, u. a. neben Gerhard Ritter, Siegfried A. Kaehler, Rudolf Stadelmann und Peter Rassow, zu denjenigen Teilnehmern gehört habe, die „als Gegner einer weltanschaulich-politisch ausgerichteten Geschichtswissenschaft [...] besonders auf[gefallen]"[87] seien.

Seit dem deutschen Angriff auf die Sowjetunion im Sommer 1941 gab sich Hartung, der die Weiten und das Klima des Landes aus der eigenen Kriegserfahrung der Jahre 1915/16 genau kannte, vermutlich keinen Illusionen über den weiteren Kriegsverlauf mehr hin. Vielleicht mag er zeitweilig – dann fraglos in Unkenntnis der schlimmsten Verbrechen des NS-Regimes – noch auf die Möglichkeit eines für Deutschland einigermaßen glimpflichen Friedensschlusses gehofft haben, doch bald schien auch diese Möglichkeit vorbei zu sein. Mit Rücksicht auf die Zeitumstände und auf die deutlichen Grenzen auch der halböffentlichen Meinungsäußerung drückte sich Hartung noch recht deutlich aus, wenn er im Februar 1943, kurz nach der Niederlage von Stalingrad, anmerkte, er müsse „offen gestehen, dass ich auf derartige Rückschläge an der Front, wie wir sie augenblicklich durchmachen, nicht gefasst gewesen bin, obwohl ich unseren Wehrmachtberichten immer starke Skepsis entgegengebracht habe"[88].

Etwas später wurde er noch vorsichtiger; explizit Politisches sprach er in seinen Briefen kaum noch an – von Sorgen über die allgemeine Kriegslage einmal abgesehen. „Vom 20. Juli habe ich in Berlin gar nichts bemerkt. Und was ich seither darüber erfahren habe, ist wenig u. eignet sich nicht zur schriftlichen Mitteilung", schreibt er im August 1944 an Richard Fester: „Aber wer wird es wagen, sich auf Grund der amtlichen Berichte u. einzelner Mitteilungen, die selbst wenn sie gut beglaubigt sind, doch immer nur Bruchstücke geben, ein Bild von den Vorgängen u. vor allem von den Hintergründen zu zeichnen? Ein Historiker jedenfalls nicht"[89]. Wenigstens einen der Verschwörer kannte Hartung übrigens persönlich: den noch im Februar 1945 hingerichteten preußischen Finanzminister Johannes Popitz, mit dessen aktiver Unterstützung er noch während des Krieges ein – später nicht mehr zustande gekommenes – biographisches Sammelwerk zur Geschichte des deutschen und preußi-

---

[85] Arch HU Berlin, Personalakte Fritz Hartung, Bd. II, Bl. 165r-165v (Minister Rust an Rektor Hoppe, 17.2.1942).

[86] Der von dem SD-Angehörigen Hans Schick verfasste Bericht ist abgedruckt in: Joachim Lerchenmueller: Die Geschichtswissenschaft in den Planungen des Sicherheitsdienstes der SS. Der SD-Historiker Hermann Löffler und seine Denkschrift „Entwicklung und Aufgaben der Geschichtswissenschaft in Deutschland", Bonn 2001, S. 262–269.

[87] Ebenda, S. 267.

[88] Unten, Brief Nr. 166 (Fritz Hartung an Siegfried A. Kaehler, 15.2.1943); vgl. auch die Briefe Nr. 164 (Fritz Hartung an Richard Fester, 4.2.1943) und Nr. 165 (Fritz Hartung an Willy Andreas, 14.2.1943).

[89] Unten, Brief Nr. 180 (Fritz Hartung an Richard Fester, 22.8.1944).

schen Beamtentums plante. Später erinnerte sich Hartung an Popitz als einen sehr gebildeten und sehr klugen Mann mit bedeutenden einschlägigen Kenntnissen: „In seinem Vorzimmer hatte er eine Ahnengalerie, Bilder aller preussischen Finanzminister seit dem 18. Jahrhundert; es war sehr interessant, mit ihm über die sich darin dokumentierende Entwicklung zu sprechen"[90].

Eine strikte Zurückhaltung ist kennzeichnend für Hartungs Verhalten während des Krieges; zu einer eindeutigen Stellungnahme zur politischen und militärischen Lage war er vermutlich, wenn überhaupt, nur im kleinsten, vertrautesten Kreis bereit, aber darüber ist nichts bekannt. Friedrich Meinecke jedenfalls zählte ihn, als er 1941 von einem dem Widerstand angehörigen Wehrmachtsoffizier, Hermann Kaiser, nach der Haltung der deutschen Historiker gegenüber dem Nationalsozialismus befragt wurde, zusammen mit Arnold Oskar Meyer zu denjenigen, die „lavieren"[91]. Als Hartung zehn Jahre später, im November 1951, von seinem damaligen Assistenten bei den von ihm herausgegebenen „Jahresberichten für deutsche Geschichte", Werner Schochow, über seine Haltung im Krieg befragt wurde, antwortete der alte Historiker: „Das war ja die Tragik, i[n] d[er] wir uns im Kriege befanden, daß wir einerseits diesem Regime den Sieg nicht wünschen konnten, doch auch wiederum unserem Vaterlande auch nicht d[ie] Niederlage. – Aus diesem Dilemma war kaum ein Ausweg zu finden"[92].

Seit der Jahreswende 1944/45 erwarteten Hartung und seine Frau in stoischer Haltung das bevorstehende Kriegsende: So schreibt er am 4. Februar 1945 an seinen Göttinger Freund und Kollegen Siegfried A. Kaehler von der „Galgenfrist" der Berliner Bevölkerung, und er fügt hinzu: „Von den Flüchtlingserlebnissen werden Schauerdinge berichtet. Vieles ist handgreiflich übertrieben und knüpft an die Kindermordgeschichten aus dem 1. Weltkrieg an. Aber was unsere Flüchtlinge im Haus erzählt und was ich selbst an den Bahnhöfen gesehen habe, genügt mir. Meine Frau und ich wollen deshalb – und das ist die Stimmung fast aller älteren Leute – hier bleiben. Aber vielleicht werden wir eines Tages kurzer Hand zwangsevakuiert. Wir haben schon entsprechend gepackt. Aber ich muß offen sagen, daß der Gedanke, für den Rest meiner Tage omnia mea mecum portare [meine gesamte Habe mit mir zu tragen] und aus einem Handkoffer und einem Rucksack zu leben, mir wenig verlockend erscheint. Vielleicht werden wir auch schon vorher aus der Luft erledigt. Der gestrige Angriff war ein besonders passender Auftakt dazu"[93].

Den deutschen Zusammenbruch erlebte Hartung vor Ort in Berlin in seinem Wohnviertel Schlachtensee als aufmerksamer Augenzeuge; während der

---

[90] Unten, Brief Nr. 225 (Fritz Hartung an Hans Rothfels, 12.11.1948), siehe auch Brief Nr. 172 (Fritz Hartung an Siegfried A. Kaehler, 12.9.1943); vgl. ebenfalls Anne C. Nagel: Johannes Popitz (1884–1945) – Görings Finanzminister und Verschwörer gegen Hitler. Eine Biographie, Köln/Weimar/Wien 2015.

[91] Peter M. Kaiser (Hrsg.): Mut zum Bekenntnis. Die geheimen Tagebücher des Hauptmanns Hermann Kaiser 1941/1943, Berlin 2010, S. 88 (12.1.1941).

[92] Aufzeichnung Werner Schochows, dat. 14.11.1951, im Besitz des Verfassers.

[93] Unten, Brief Nr. 182 (Fritz Hartung an Siegfried A. Kaehler, 4.2.1945).

kritischen Tage im April und Mai 1945 führte er Tagebuch und formulierte kritische – auch durchaus selbstkritische – Reflexionen über das Geschehene. Am 29. April, einen Tag vor Hitlers Selbstmord, stellte er fest: „Ich finde keine historische Parallele dafür, daß eine Führung ihr Volk bis aufs letzte hat verbluten lassen, ohne jede Aussicht auf eine Wendung. Untergang Karthagos 146 v. Chr.? Vernichtung der Ostgoten? [...] Wenn Ley das Wort Clemenceaus ‚Ich kämpfe vor Paris, ich kämpfe in Paris, ich kämpfe hinter Paris' auf Berlin anwandte [...], so vergaß er, daß hinter Clemenceau die Amerikaner als Bundesgenossen standen, hinter uns aber als Feinde. Vielleicht sind wir Historiker mitschuldig an solchen falschen historischen Parallelen. Wir haben uns nicht gewehrt gegen die politische Verfälschung der Geschichte, haben – davon weiß ich mich frei – sie sogar mitgemacht oder doch – das gilt auch von mir – nicht dagegen angekämpft; die Aussichtslosigkeit des Kampfes hat uns abgeschreckt, die Opfer haben wir gescheut"[94].

IV.

Der Neubeginn nach der Katastrophe gestaltete sich für Fritz Hartung, jedenfalls nachdem die schlimmsten Tage des Frühjahrs und Sommers 1945 vorübergegangen waren, ein wenig leichter als für viele andere Deutsche: Er hatte weder seine Heimat noch seine Wohnung oder seinen Besitz verloren. Zeitweise mussten er und seine Frau allerdings ihre Wohnräume in Berlin-Schlachtensee verlassen und in einem benachbarten Gebäude Zuflucht nehmen, weil die amerikanische Besatzungsmacht das Haus, in dem sie gewohnt hatten, vorübergehend für eigene Zwecke beschlagnahmte. Als einer der nur wenigen politisch unbelasteten Historiker in der ehemaligen Reichshauptstadt war Hartung von Anfang an am Neubeginn des akademischen Lebens – sowohl in der Akademie der Wissenschaften als auch in der jetzt vorübergehend namenlosen Universität – in führender Stellung beteiligt[95]. Ende 1945 bis Ende 1946 amtierte er als erster Nachkriegsdekan der Philosophischen Fakultät, und in der nun nicht mehr Preußischen, sondern Deutschen Akademie der Wissenschaften übernahm er schon im Sommer 1945 die wichtige Funktion des Sekretars der Philosophisch-Historischen Klasse (später: der Gesellschaftswissenschaftlichen Klasse), die er bis Ende 1952 innehaben sollte.

Seinen in den Jahren bis etwa 1949/50 unternommenen Versuchen, neue akademische Lehrer für die im sowjetischen Sektor der früheren Reichshauptstadt gelegene Universität und auch neue angesehene Mitglieder für die 1945 „gesäuberte", ebenfalls dort ansässige Akademie zu gewinnen, um die durch

---

[94] Fritz Hartung: Erlebnisse beim Kampf um Berlin, aufgezeichnet auf Grund von Tagebuchnotizen, in: SBBPK, Nachlass Fritz Hartung, K 29/1; vgl. auch Schochow, Ein Historiker in der Zeit (wie Anm. 6), S. 234.

[95] Vgl. Reimer Hansen: Von der Friedrich-Wilhelms- zur Humboldt-Universität zu Berlin, in: Geschichte der Universität Unter den Linden, Bd. 3: Sozialistisches Experiment und Erneuerung der Demokratie – die Humboldt-Universität zu Berlin 1945–2010, hrsg. v. Heinz-Elmar Tenorth, Berlin 2012, S. 17-123, zu Hartung S. 24, 29, 84, 98.

Tod, Flucht oder Amtsenthebung entstandenen Lücken zu füllen, waren indessen, wie zu erwarten, kaum Erfolg beschieden. Das betraf nicht nur die beiden seit dem Tod Arnold Oskar Meyers und der Entfernung Wilhelm Schüßlers verwaisten Professuren für neuzeitliche Geschichte[96], sondern ebenfalls die Philosophie, die mit dem Weggang Eduard Sprangers nach Tübingen und Nikolai Hartmanns nach Göttingen ebenfalls keinen Vertreter von Rang mehr aufzuweisen hatte. Für Hartung bedeutete dies u. a., dass er neben seinen anderen Verpflichtungen an der Akademie auch noch die Leitung der Arbeitsstelle für die Kant-Ausgabe zu übernehmen hatte[97].

Immerhin gab es noch einige der alten akademischen Größen, die mit ihm in der Hauptstadt ausharrten, darunter vor allem der bald nach Kriegsende nach Berlin-Dahlem zurückgekehrte Friedrich Meinecke[98]. Mit dessen Buch über „Die deutsche Katastrophe", 1945 geschrieben und ein Jahr später publiziert[99], hat sich Hartung eingehend auseinandergesetzt, so wie er überhaupt in diesen Jahren um eine gedankliche Klärung der Voraussetzungen der säkularen deutschen Niederlage des Jahres 1945 bemüht war. Dabei reflektierte er, der sich selbst immer als Preuße empfunden hat und von vielen Fachkollegen als solcher wahrgenommen wurde, auch immer wieder über die geschichtliche Rolle und die Verantwortung des preußischen Staates. Es sei die Schwäche Preußens gewesen, schrieb Hartung am 6. April 1946 an Meinecke, „daß es die Enge u[nd] Härte, die ihm von seiner Entstehung an anhaftete u[nd] die in dem Mißverhältnis zwischen den zur Verfügung stehenden materiellen Kräften u[nd] der selbst gewählten Aufgabe der Großmachtbildung begründet war, niemals hat überwinden können. Alle Anläufe, aus der Enge herauszukommen u[nd] wahrhaft deutsch zu werden, sind immer wieder gescheitert u[nd] haben das Junkerliche u[nd] Ungeistige nur immer stärker ausgeprägt, sodaß es jetzt wohl mit Preußen endgültig vorbei ist"[100]. Er sollte auch darin Recht behalten.

---

[96] Vgl. zur Lage nach 1945: Hertz-Eichenrode: Die „Neuere Geschichte" an der Berliner Universität (wie Anm. 32), S. 305 ff.; Wolfgang Hardtwig/Alexander Thomas: Forschungen und Parteilichkeit. Die Neuzeithistorie an der Berliner Universität nach 1945, in: Geschichte der Universität Unter den Linden 1810–2010, Bd. 6: Selbstbehauptung einer Vision, hrsg. v. Heinz-Elmar Tenorth, Berlin 2010, S. 333–359.

[97] Allgemein zum Neuanfang der Akademie nach 1945: Peter Nötzoldt: Die Deutsche Akademie der Wissenschaften zu Berlin in Gesellschaft und Politik. Gelehrtengesellschaft und Großorganisation außeruniversitärer Forschung 1946–1972, in: Jürgen Kocka/Peter Nötzoldt/Peter Th. Walther (Hrsg.): Die Berliner Akademien der Wissenschaften im geteilten Deutschland 1945–1990, Berlin 2002, S. 39-80. – Die neue innere Organisation der Akademie ist dokumentiert in: Jahrbuch der Deutschen Akademie der Wissenschaften zu Berlin 1946–1949, Berlin[-Ost] 1950.

[98] Dazu Friedrich Meinecke: Neue Briefe und Dokumente, hrsg. u. bearb. von Gisela Bock/ Gerhard A. Ritter in Zusammenarbeit mit Stefan Meineke/Volker Hunecke (Friedrich Meinecke: Werke, Bd. 10), München 2012, S. 449 ff.

[99] Friedrich Meinecke: Die deutsche Katastrophe. Betrachtungen und Erinnerungen, Wiesbaden 1946.

[100] Unten, Brief Nr. 191 (Fritz Hartung an Friedrich Meinecke, 6.4.1946).

Seit 1947 gestaltete sich die Entwicklung an der Universität Unter den Linden, wie sie jetzt genannt wurde, immer unerfreulicher für Hartung. Zuvor allerdings hatte er noch eine gewisse Aufbruchstimmung wahrgenommen: Im Rahmen der ersten, bereits im Mai 1946 in Ost-Berlin abgehaltenen deutschen Historikerkonferenz nach dem Krieg hatte er im Rahmen eines Vortrags über „Die Aufgaben der Geschichtswissenschaft in der heutigen Zeit" ein deutliches und überaus kritisches Resümee der deutschen Historiographie der Zwischenkriegsära formuliert: Es müsse mit Erschütterung seitens der Geschichtswissenschaft zur Kenntnis genommen werden, „daß das deutsche Volk aus dem Zusammenbruch von 1918 nichts gelernt hat. Hier liegt auch ein Verschulden der deutschen Historie vor. Sie hat [...] nicht energisch genug Stellung genommen gegen die aus politischen und militärischen Kreisen stammende Behauptung, daß wir den Krieg lediglich wegen der Schwäche unserer durch humanitäre Rücksichten allzu sehr gehemmten politischen Leitung verloren hätten"; immerhin mahnte er bereits jetzt ahnungsvoll an, dass den Irrtümern und Denkverboten der soeben überwundenen Epoche keine neuen folgen dürften, denn „Irrtümer werden nicht durch Verbote beseitigt, sondern durch bessere und tiefere Erkenntnisse, und diese erwächst [sic] allein aus der freien Aussprache und Kritik auf wissenschaftlicher Grundlage"[101].

Wie berechtigt diese genau ein Jahr nach der deutschen Kapitulation ausgesprochene Mahnung war, zeigten alsbald die Ereignisse an der Universität, an der die kommunistischen Kräfte – frei nach der an eine Äußerung Stalins anknüpfenden Parole „Stürmt die Festung Wissenschaft!" – nach und nach an Boden gewannen, massiv unterstützt durch die Deutsche Zentralverwaltung für Volksbildung in der Sowjetischen Besatzungszone[102]. Der Gründung einer neuen „Pädagogischen Fakultät", die vor allem für die weltanschauliche Schulung und Beeinflussung der Studierenden zuständig sein sollte, hat sich Hartung mit aller Kraft ebenso widersetzt wie der zunehmenden Tendenz zur Überwachung und Einschränkung der Meinungsfreiheit, von der er selbst in zunehmendem Maße betroffen war[103]. In einer persönlichen Notiz, wohl aus

---

[101] Anke Huschner: Deutsche Historiker 1946. Aus dem Protokoll der ersten Historiker-Tagung in der deutschen Nachkriegsgeschichte vom 21. bis 23. Mai 1946, in: Zeitschrift für Geschichtswissenschaft 41 (1993), S. 884–918, hier S. 899, 901. Zum Kontext der Tagung siehe bes. auch Ilko-Sascha Kowalczuk: Legitimation eines neuen Staates. Parteiarbeiter an der historischen Front – Geschichtswissenschaft in der SBZ/DDR 1945 bis 1961, Berlin 1997, S. 152 ff.

[102] Hierzu siehe u. a. Carlo Jordan: Kaderschmiede Humboldt-Universität zu Berlin. Aufbegehren, Säuberungen und Militarisierung 1945–1989, Berlin 2001, S. 13–38; Hansen: Von der Friedrich-Wilhelms- zur Humboldt-Universität (wie Anm. 95), S. 89 ff.; als zeitgenössische Darstellung immer noch aufschlussreich: Marianne und Egon Erwin Müller: „... stürmt die Festung Wissenschaft!". Die Sowjetisierung der mitteldeutschen Universitäten seit 1945, Berlin-Dahlem 1953, bes. S. 35–115 u. passim.

[103] Siehe unten, die Briefe Nr. 224 (Fritz Hartung an Otto Vossler, 11.11.1948), Nr. 225 (Fritz Hartung an Hans Rothfels, 12.11.1948), Nr. 226 (Fritz Hartung an Friedrich Baethgen, 16.11.1948), Nr. 227 (Fritz Hartung an Wilhelm Schüßler, 19.11.1948), Nr. 229 (Fritz Hartung an Gerhard Ritter, 16.12.1948). Zu den Auseinandersetzungen um die kurzlebige „Pädagogische Fakultät" vgl. auch Ilko-Sascha Kowalczuk: Geist im Dienste der Macht.

dem Sommer 1947, stellte er fest, er nehme für sich „das Recht einer Lehrfreiheit in Anspruch, wie ich sie mit meinem wissenschaftlichen Ruf und meinem Gewissen decken kann. [...] Ich bin entschlossen, Übergriffe seitens der SED mit aller Schärfe zurückzuweisen"[104]. Natürlich konnte ihm dies unter den gegebenen Bedingungen nicht mehr gelingen; bereits im Dezember 1948 hatte er nach üblen Erfahrungen resigniert. In einem Brief an Gerhard Ritter aus dieser Zeit beklagte er ganz offen „die planmässige Sowjetisierung der Hochschule"; im übrigen sei, so fügte er an, „die ganze Behandlung der Universität, zumal der Studenten, doch schlimmer als je nach 1933, und für mich ist nunmehr die Grenze erreicht, hinter die ich mich nicht zurückdrängen lasse. Es gibt natürlich Kollegen, die meinen, ich sollte aushalten und kämpfen, bis es wirklich zum offenen Konflikt kommt. Ich würde mich darauf vielleicht eingelassen haben, wenn ich nicht in der nat[ional]soz[ialistischen] Zeit gesehen hätte, wie leicht man auf der schiefen Ebene, die man den Boden der Tatsachen nennt, ins Bodenlose abrutscht"[105].

Hartung stellte seine Vorlesungen ein, beantragte noch Ende 1948 die vorzeitige Emeritierung und schied damit aus dem akademischen Lehrkörper der „Linden-Universität" aus[106]. Gleichzeitig hatte er einen Ruf an die sich soeben in Gründung befindende Freie Universität im Westteil der Stadt, in dem Hartung selbst lebte, erhalten[107], doch er lehnte den Ruf ab. Er vermochte in dieser Neugründung nur eine Totgeburt zu sehen – ein großer Irrtum, wie sich bald zeigen sollte. Die neue Universität sei, wie er meinte, lediglich von der amerikanischen Besatzungsmacht und den in West-Berlin regierenden politischen Parteien getragen, außerdem müsse sie wegen fehlenden Lehrpersonals und einem Mangel an Büchern als kaum lebensfähig angesehen werden[108]. Er selbst wurde nun hauptamtlich für die im Osten beheimatete Deutsche Akademie der Wissenschaften tätig, deren prominentes Mitglied er weiterhin war und blieb. Hartung amtierte nicht nur weiterhin (bis 1953) als Klassensekretar, sondern beaufsichtigte und leitete auch die neubegründete (allerdings kurzlebige) Historische Kommission der Akademie und darüber hinaus, zum Teil kommissarisch, verschiedene Akademieunternehmungen, darunter die Ausgabe der Werke Kants, etwas später, nach dem Tod Fritz Rörigs, die Berliner Arbeitsstelle der Monumenta Germaniae Historica und natürlich erneut – wie schon

---

Hochschulpolitik in der SBZ/DDR 1945 bis 1961, Berlin 2003, S. 175 ff.; knapp Heinz-Elmar Tenorth: Pädagogik seit 1945: Sozialistische Tradition, ideologisierter Alltag, forschende Sozialwissenschaft, in: derselbe (Hrsg.): Geschichte der Universität Unter den Linden 1810–2010, Bd. 6: Selbstbehauptung einer Vision, Berlin 2010, S. 209–231, hier S. 214 f.

[104] Hier zitiert nach: Schochow: Ein Historiker in der Zeit (wie Anm. 6), S. 236.
[105] Unten, Brief Nr. 229 (Fritz Hartung an Gerhard Ritter, 16.12.1948).
[106] Vgl. unten, Brief Nr. 226 (Fritz Hartung an Friedrich Baethgen, 16.11.1948).
[107] Den Ruf auf einen neuen Lehrstuhl an der noch in Gründung befindlichen Dahlemer Freien Universität hatte Hartung (vermutlich auf Anregung Friedrich Meineckes) im Oktober 1948 erhalten; vgl. Edwin Redslob an Fritz Hartung, 28.10.1948, in: Nl. F. Hartung, K 59/29.
[108] Vgl. Schochow: Ein Historiker in der Zeit (wie Anm. 6), S. 237 ff.

früher seit 1926 – die bald nach dem Krieg wieder ins Leben gerufenen, von der Akademie herausgegebenen „Jahresberichte für deutsche Geschichte"; seit 1952 war er auch Mitglied der im Mai dieses Jahres begründeten „Sektion für Geschichte"[109].

Daneben wirkte er allerdings ebenfalls eifrig in diversen westdeutschen Beiräten und Kommissionen mit, so u. a. in der Historischen Kommission bei der Bayerischen Akademie der Wissenschaften in München, im Beirat des Anfang der 1950er Jahre gegründeten Instituts für Zeitgeschichte[110] und nicht zuletzt in der Zentraldirektion der Monumenta Germaniae Historica. Auch an den in den Jahren 1956/57 stattfindenden Bonner Verhandlungen über die Gründung einer an die Tradition der „Historischen Reichskommission" anknüpfenden – später allerdings nicht zustande gekommenen – „Historischen Bundeskommission", die vor allem von Paul Egon Hübinger, damals Abteilungsleiter im Bundesinnenministerium, vorangetrieben wurden[111], war Hartung beteiligt, zumeist nicht nur als erfahrener Gelehrter und Wissenschaftsorganisator, sondern besonders auch in seiner Eigenschaft als von beiden Seiten sehr gefragter „Grenzgänger" und Vermittler zwischen den beiden sich auch im wissenschaftlichen Bereich immer stärker auseinander entwickelnden Teilen Deutschlands.

Hartungs Hauptanliegen, die Berliner Akademie – soweit es eben möglich war – von massiver politischer Beeinflussung frei zu halten und überhaupt der Spaltung der deutschen Wissenschaft entgegenzuarbeiten, waren anfangs noch gewisse Erfolge beschieden: So gelang ihm seit 1946 noch vereinzelt die Zuwahl bedeutender Gelehrter aus dem Westen in die Akademie wie etwa des Münchner Historikers Franz Schnabel (er wurde 1947 korrespondierendes Mitglied); auch konnte Hartung die Kooptation prominenter, aber wissenschaftlich nicht oder nicht hinreichend ausgewiesener Marxisten wie etwa des früheren Soziologen und seit 1946 als Professor für Geschichte an der Universität Berlin tätigen Alfred Meusel[112] noch im Jahr 1949 verhindern; gerade in

---

[109] Vgl. Jahrbuch der Deutschen Akademie der Wissenschaften zu Berlin 1946–1949 (wie Anm. 97), S. 41; Jahrbuch der Deutschen Akademie der Wissenschaften zu Berlin 1950–1951, Berlin[-Ost] 1951, S. 5, 12, 43; Jahrbuch der Deutschen Akademie der Wissenschaften 1952–1953, Berlin[-Ost] 1955, S. 34, 72f., 76f., 84, 89, 179, 181, 190. – Eine eher oberflächliche und teilweise fehlerhafte Skizze zu Hartungs Tätigkeit an der Akademie liefert Peter Th. Walther: Fritz Hartung und die Umgestaltung der historischen Forschung an der Deutschen Akademie der Wissenschaften zu Berlin, in: Martin Sabrow/Peter Th. Walther (Hrsg.): Historische Forschung und sozialistische Diktatur. Beiträge zur Geschichtswissenschaft der DDR, Leipzig 1995, S. 59-73.

[110] Vgl. Horst Möller: Das Institut für Zeitgeschichte 1949–2009, in: derselbe/Udo Wengst: 60 Jahre Institut für Zeitgeschichte München – Berlin. Geschichte – Veröffentlichungen – Personalien, München 2009, S. 9-100, hier S. 31ff., ebenfalls noch Hellmuth Auerbach: Die Gründung des Instituts für Zeitgeschichte, in: Vierteljahrshefte für Zeitgeschichte 18 (1970), S. 529–554.

[111] Vgl. Schulze: Deutsche Geschichtswissenschaft nach 1945 (wie Anm. 7), S. 254ff.

[112] Zu Meusel, einer Schlüsselgestalt der frühen DDR-Geschichtswissenschaft, siehe die Darstellung von Mario Keßler: Alfred Meusel. Soziologe und Historiker zwischen Bürgertum und Marxismus (1896–1960), Berlin 2016, bes. S. 75ff.

diesem Fall waren die Parallelen zur verhinderten Wahl Willy Hoppes im Jahr 1941 kaum zu übersehen[113].

Doch nach dem mit großem äußerem Aufwand gefeierten Akademiejubiläum von 1950 begann sich das Blatt langsam zu wenden; die Zuwahl Meusels und anderer prominenter SED-Funktionäre wie etwa des zeitweiligen Politbüromitglieds Fred Oelßner konnte Hartung nun nicht mehr verhindern, nachdem die altehrwürdige Institution direkt dem Ministerrat der DDR unterstellt worden war und bereits vorher vom SED-Politbüro die eindeutige Direktive erhalten hatte, „daß besonders fortschrittliche Wissenschaftler zu Mitgliedern der Akademie ernannt [!] werden sollen"[114], was denn auch alsbald geschah[115]. Im Sommer 1952, in dem Ulbricht den „planmäßigen Aufbau des Sozialismus" verkündete, charakterisierte Hartung seine eigene, immer prekärer werdende Lage mit einem Vergleich aus der militärischen Sphäre: „Wer hier geblieben ist, kann kaum mehr tun, als seine Position zu verteidigen in der Hoffnung, daß Entsatz kommt, bevor sie überrannt wird"[116].

Gelegentlich musste sich Hartung, der in der Berliner Akademie in einer immer feindlicher werdenden Umwelt verzweifelt um seine Selbstbehauptung kämpfte, auch Vorwürfe von Seiten westdeutscher Kollegen anhören. Im Oktober 1951 gehörte Hartung zu den Unterzeichnern einer sogleich überall publizierten ziemlich dubiosen „Friedensaktion" der Ost-Berliner Akademie, in der es u.a. hieß, „[a]ngesichts der Gefahr eines dritten Weltkrieges" erkläre die Akademieleitung „vor der deutschen Öffentlichkeit, daß die Forschung in den Instituten der Akademie nur dem friedlichen Leben der Menschen dient und daß die Akademie in ihrem Bereiche keinerlei Arbeiten dulden wird, die einem neuen Krieg förderlich sein könnten. Das Präsidium distanziert sich von den für die Zukunft des deutschen Volkes so gefährlichen Bestrebungen, die durch Wiedererrichtung einer Militärmacht und einer Kriegsindustrie die Voraussetzung für einen neuen unheilvollen Krieg schaffen"[117]. Das war natürlich gegen die geplante Wiederbewaffnung der jungen Bundesrepublik Deutschland gerichtet und wurde im Westen auch so verstanden.

Als Gerhard Ritter die Beteiligung Hartungs hieran kritisierte, verteidigte sich dieser mit der Bemerkung, ihm sei bei der Angelegenheit „auch nicht ganz wohl gewesen […]. Denn auch mir ist klar, dass es dabei nicht so sehr auf Frieden wie auf die Hintertreibung der Remilitarisierung der Bundesrepublik ankommt. Aber Friede ist ein sehr geschicktes Schlagwort, und für meinen

---

[113] Unten, Brief Nr. 238 (Fritz Hartung an Friedrich Baethgen, 17.6.1949), Nr. 241 (Fritz Hartung an Friedrich Lenz, 7.8.1949); siehe auch Jürgen Kocka/Peter Nötzoldt/Peter Th[omas] Walther: Die Berliner Akademien 1945–1990, in: dieselben (Hrsg.): Die Berliner Akademien der Wissenschaften im geteilten Deutschland 1945–1990, Berlin 2002, S. 365–453, hier S. 372 f. mit Anm. 20.
[114] Mitteilung Walter Ulbrichts an Paul Wandel, Fred Oelßner und Kurt Hager, 22.2.1951, hier (aus den ungedruckten Akten) zit. nach Kocka/Nötzoldt/Walther: Die Berliner Akademien 1945–1990 (wie Anm. 113), S. 374.
[115] Vgl. ebenda, S. 375 f.
[116] Unten, Brief Nr. 277 (Fritz Hartung an Eduard Spranger, 24.6.1952).
[117] Nachweis des Textes unten, Brief Nr. 270 (Fritz Hartung an Gerhard Ritter, 28.2.1952).

sonst konsequent festgehaltenen Standpunkt, dass es nicht Aufgabe der Akademie sei, politische Kundgebungen zu veranstalten, fand ich dieses Mal keinerlei Unterstützung, nachdem aus dem Wortlaut der Erklärung alle direkten Aufforderungen zur Gehorsamsverweigerung an die Studenten des Westens u. alle sonstigen Spitzen gestrichen worden waren". Er saß nun – dies wurde ihm offenbar jetzt immer deutlicher klar – in einer beruflichen Falle, in die er sich 1948 allerdings aus eigenem Willen begeben hatte und aus der es jetzt kein Entrinnen mehr gab: Er sei sich darüber völlig im Klaren, schreibt er im Februar 1952 an Ritter, „dass meine Situation allmählich immer schwieriger wird u[nd] dass ich hart an einem Abgrund entlang gehe. Ich habe deshalb Rothfels auf eine direkte Frage geantwortet, dass ich jede Stelle im Westen, bei der für mich eine Pension u[nd] auch für meine Witwe eine ausreichende Versorgung gesichert wäre, annehmen würde. Aber wo soll eine solche Stelle zu finden sein zumal angesichts meines Alters? Ich werde also versuchen, hier auszuhalten und werde mich Diskussionen mit marxistischen Historikern nicht entziehen. An die Freie Univ[ersität] zu gehen u[nd] eine direkte Kampfstellung gegen die Akademie zu beziehen [...] halte ich unter den augenblicklichen Verhältnissen nicht für richtig"[118].

Auch das war letzten Endes wohl ein Fehler des alten Gelehrten, der in seinen Briefen mehrfach die immer noch *gesamtdeutsche* Orientierung der Ost-Berliner Akademie der Wissenschaften hervorhob, die er teilte und trotz aller Widrigkeiten unterstützen wollte, um einem weiteren Riss zwischen den beiden Teilen Deutschlands wenigstens im Bereich der historischen Wissenschaften, so gut es ihm möglich war, entgegenzuarbeiten. Es mag sein, dass ihm diese Fehleinschätzung später bewusst geworden ist und dass er irgendwann um die Mitte der 1950er Jahre die Funktion erkannte, die er, ohne es zu wollen und zu wissen, im Wissenschaftssystem der frühen DDR eingenommen hatte: nämlich die eines „bürgerlichen Feigenblatts", das so lange die Dürftigkeit der historischen Lehre und Forschung in Ost-Berlin bedecken sollte, bis die ersten neu ausgebildeten marxistischen Nachwuchshistoriker in die entscheidenden Positionen des östlichen Wissenschaftsbetriebes einrücken konnten.

Hartung resignierte am Ende; er verweigerte ausdrücklich die Mitwirkung an der in Ost-Berlin neu etablierten „Zeitschrift für Geschichtswissenschaft"[119] und er hatte bereits vorher zur Kenntnis nehmen müssen, dass seine Bücher, vor allem die „Deutsche Verfassungsgeschichte" und die „Deutsche Geschichte 1871–1919", in der DDR nicht gedruckt und auch an den dortigen Universitäten nicht gelesen werden durften[120], aber harrte noch bis 1958 gegen vielerlei Widerstände und trotz zunehmend unangenehm werdender Erfahrungen an der Akademie aus. Erst als sein alter Widersacher Alfred Meusel nach einem jahrelang schwelenden Konflikt am Ende die Aufsicht über die „Jahresberichte für deutsche Geschichte" an sich reißen und Hartungs jungen Assistenten und

---

[118] Unten, Brief Nr. 270 (Fritz Hartung an Gerhard Ritter, 28.2.1952).
[119] Unten, Brief Nr. 393 (Fritz Hartung an Alfred Meusel, o. D., Oktober 1955).
[120] Siehe unten, Brief Nr. 247 (Fritz Hartung an Ludwig Dehio, 15.1.1950).

langjährigen Mitarbeiter Werner Schochow aus der Akademie vertreiben konnte[121], gab der inzwischen fünfundsiebzig Jahre alte und schon seit Jahren gesundheitlich stark geschwächte Gelehrte am Ende auf: Es sei eine Zumutung und spreche allen Grundsätzen der Wissenschaft Hohn, schrieb Hartung im Mai 1958 an den Präsidenten der Deutschen Akademie der Wissenschaften, Werner Hartke, dass die „Jahresberichte, die seit 1925 eine wissenschaftliche Bibliographie der deutschen Geschichte gewesen sind und als solche Anerkennung gefunden haben, eine Auswahl der zu verzeichnenden Literatur nach politischen Gesichtspunkten vornehmen sollen. Die Erfüllung dieser Forderung bedeutet den Tod einer ernsthaften wissenschaftlichen Bibliographie", und aus diesem Grund sei für ihn selbst in dieser Sache „eine Nachgiebigkeit ausgeschlossen"[122]. Hartung ging in den Ruhestand, die Kontakte nach Ost-Berlin wurden immer brüchiger[123], bevor sie nach dem Bau der Mauer im August 1961 fast vollständig zum Erliegen kamen. Freilich blieb er bis zuletzt ordentliches Mitglied der Akademie.

Sein Ruhegehalt bezog Hartung jetzt allerdings aus dem Westen. Obwohl er sich 1948/49 dem an ihn ergangenen Ruf an die neu gegründete Freie Universität Berlin verweigert hatte, wurden er und seine wissenschaftliche Arbeit in der Bundesrepublik bedeutend mehr geschätzt als in der SBZ und der frühen DDR. Eine keineswegs unwichtige Rolle spielte Hartung in den frühen 1950er Jahren vor allem im Beirat des 1949 in München gegründeten „Instituts zur Erforschung der Geschichte der nationalsozialistischen Zeit", des späteren Instituts für Zeitgeschichte[124]. Fast wäre es ihm sogar gelungen, einen seiner prominentesten Schüler, Theodor Eschenburg, dort als Gründungsdirektor zu installieren, doch der umtriebige Politiker und Wissenschaftler entschied sich am Ende für die Universität Tübingen. Ab 1952 leitete jedoch ein anderer Hartung-Schüler, Helmut Krausnick, zuerst als Generalsekretär und später als Direktor die Geschicke des bald zur führenden zeithistorischen Forschungsinstitution in der Bundesrepublik aufsteigenden Instituts. In dem schweren Konflikt zwischen dem ersten Geschäftsführer des Instituts, Gerhard Kroll, und dem prominenten Beiratsmitglied Gerhard Ritter stand Hartung entschieden auf Seiten des Freiburger Kollegen, der am Ende jedoch aus dem Beirat ausschied, nachdem vorher bereits der wissenschaftlich unausgewiesene, poli-

---

[121] Siehe hierzu die aufschlussreichen Unterlagen in: Archiv der Berlin-Brandenburgischen Akademie der Wissenschaften, Bestand Akademieleitung, Nr. 137.

[122] Die Zitate: ebenda, Nr. 137 (Fritz Hartung an den Präsidenten der Deutschen Akademie der Wissenschaften, Werner Hartke, 13.5.1958); siehe auch unten, Briefe Nr. 323 (Fritz Hartung an Alfred Meusel, 6.5.1958), Nr. 324 (Fritz Hartung an Max Volmer, 13.5.1958), Nr. 325 (Fritz Hartung an Hans Ertel, 8.6.1958), Nr. 327 (Fritz Hartung an Hermann Aubin, 14.9.1958). Vgl. auch Walther: Fritz Hartung und die Umgestaltung der historischen Forschung (wie Anm. 106), S. 69 f.; über diese Vorgänge leider nichts bei Keßler: Alfred Meusel (wie Anm. 112), obwohl in diesem Buch allerhand aufschlussreiche Informationen über die Hahnenkämpfe unter den frühen DDR-Historikern zu finden sind.

[123] Siehe unten, Brief Nr. 333 (Fritz Hartung an Gerhard Ritter, 2.3.1960): „Mit der Akademie habe ich so gut wie keine Verbindung mehr".

[124] Zur Frühgeschichte des Instituts für Zeitgeschichte grundlegend Möller: Das Institut für Zeitgeschichte 1949–2009 (wie Anm. 110), S. 9 ff.

tisch-weltanschaulich voreingenommene und in seinem Amt offensichtlich überforderte Kroll seine Funktion im Institut hatte niederlegen müssen[125].

Alljährlich fuhr Hartung – trotz der damals überaus beschwerlichen Umstände des Interzonenreiseverkehrs – auch von Berlin nach München, um dort an den Jahresversammlungen der Historischen Kommission bei der Bayerischen Akademie der Wissenschaften und der Monumenta Germaniae Historica teilzunehmen: „Die Monumenta leitet Baethgen elegant und zielbewusst, sodass man am Abend noch frisch ist. Die Historische Kommission lässt Schnabel dahinplätschern, zwei Tage lang jeweils von 9 oder 10 bis um 19 Uhr, mit einer Mittagspause, die aber bei den Münchener Entfernungen nicht ausreicht, um sein Hotelzimmer aufzusuchen. Ob der Ertrag der Sitzungen dem Aufwand an Zeit entspricht, ist mir zweifelhaft"[126]. In beiden angesehenen Gremien der deutschen Geschichtswissenschaft wirkte er nicht nur als gefragter Ratgeber, sondern ebenfalls als Mittler zwischen den beiden Teilen Deutschlands. Viel Mühe machte ihm der vor allem durch seine Präsenz in der Zentraldirektion der MGH aufrecht erhaltene Kontakt zwischen der Münchener Zentrale und der Arbeitsstelle an der Ost-Berliner Akademie der Wissenschaften. Im Verband der Historiker Deutschlands, in dem er in den ersten Jahren nach dem Krieg eng mit Gerhard Ritter zusammenarbeitete[127], nahm er ebenfalls – dies zeigen die Briefe aus den 1950er Jahren sehr deutlich – zwischen den sich bald auseinander entwickelnden Disziplinen in West und Ost eine Mittlerstellung ein, die jedoch spätestens im März 1958 mit der auf Anweisung der SED-Führung neu begründeten „Deutschen Historiker-Gesellschaft" der DDR endete[128]. Im Herbst 1959 erlitt Hartung in München einen – wohl auch durch die Reisestrapazen mit verursachten – schweren gesundheitlichen Zusammenbruch, der ihn für längere Zeit fast arbeitsunfähig machte und ihn in seinen letzten acht Lebensjahren von weiteren Reisen nach München abhielt[129].

Einer der letzten Höhepunkte seiner Laufbahn war davor noch die Teilnahme am 10. Internationalen Kongress für Geschichtswissenschaften im September 1955 in Rom gewesen, wo Hartung zusammen mit seinem französischen Kollegen Roland Mousnier ein gemeinsames Positionspapier zum Thema der vergleichenden Absolutismusforschung vorlegte[130] – auch ein Zeichen dafür,

---

[125] Vgl. die Darstellung ebenda, S. 21 ff.; siehe ebenfalls unten die Briefe Nr. 254 (Fritz Hartung an Hermann Aubin, 8.7.1950), Nr. 255 (Fritz Hartung an Gerhard Ritter, 14.7.1950), Nr. 263 (Fritz Hartung an Gerhard Ritter, 18.11.1951).

[126] Unten, Brief Nr. 306 (Fritz Hartung an Siegfried A. Kaehler, 17.4.1956).

[127] Vgl. Schulze: Deutsche Geschichtswissenschaft nach 1945 (wie Anm. 7), S. 183 ff.; Christoph Cornelißen: Gerhard Ritter – Geschichtswissenschaft und Politik im 20. Jahrhundert, Düsseldorf 2001, S. 438 ff.

[128] Vgl. Martin Sabrow: Das Diktat des Konsenses. Geschichtswissenschaft in der DDR 1949–1969, München 2001, S. 274 f.

[129] Siehe unten, Briefe Nr. 330 (Fritz Hartung an Heinrich Otto Meisner, 17.11.1959), Nr. 331 (Fritz Hartung an Siegfried A. Kaehler, 8.12.1959), Nr. 332 (Fritz Hartung an Hermann Aubin, 19.12.1959).

[130] Fritz Hartung/Roland Mousnier: Quelques problèmes concernant la monarchie absolue, in: Relazioni del X Congresso Internazionale di Scienze Storiche, Bd. 4: Storia Moderna, Firenze 1955, S. 1–55.

dass er jetzt „zur absoluten Spitzengruppe"[131] der deutschen historischen Zunft gehörte. Es war Hartungs letzte große Auslandsreise, die er nach all den Entbehrungen der Kriegs- und Nachkriegszeit offenkundig sehr genossen hat. Rom habe, bekannte Hartung freimütig in einem Brief an Kaehler, „für den, der wie ich zum ersten Mal dort war, viel zu viel zu bieten [...], als dass man 8 Tage lang vormittags und nachmittags sich in dem weit draussen liegenden Kongressgebäude hätte aufhalten mögen"; das Beste sei „eigentlich der Empfang auf dem Kapitol, zuerst im Museum, dann bei Sonnenuntergang und später bei Mondschein in den Gärten mit herrlichem Blick auf die ‚Ewige Stadt'"[132] gewesen.

In den letzten Lebensjahren allerdings wurde es langsam still um Fritz Hartung. Nachdem er zu seinem 75. Geburtstag im Januar 1958 nun endlich die verdiente Festschrift erhielt, einen opulenten Band von mehr als fünfhundert Druckseiten, in dem neben einigen in- und ausländischen Kollegen vor allem seine Schüler vertreten waren, darunter Günter Scheel, Richard Dietrich, Hans Haussherr, Helmuth Croon, Ernst Schraepler, Theodor Eschenburg, Gerhard Oestreich, Hermann Gackenholz und Helmut Krausnick[133]. Nach der Genesung von seiner schweren Erkrankung im Herbst 1959 publizierte Hartung, wohl auf Betreiben Gerhard Oestreichs und des Verlegers Johannes Broermann, noch eine weitere Aufsatzsammlung, für die er eine Auswahl seiner seit Anfang der 1940er Jahre erschienenen Abhandlungen noch einmal gründlich überarbeitete – doch, heißt es in einem Brief an Gerhard Ritter, die Arbeit daran gehe „viel langsamer als früher, und der Zweifel, ob die Sache überhaupt noch Sinn hat, lässt mich an manchen Tagen überhaupt nicht weiter kommen"[134]. Als der Band mit dem Titel „Staatsbildende Kräfte der Neuzeit" 1961 erschien, zeigte sich Hartung nach Ausweis seines knappen Vorworts nur mäßig zufrieden mit der eigenen Leistung: „Was ich jetzt vorlegen kann, bleibt hinter den Ansprüchen, die an eine Schlußbilanz gestellt werden, weit zurück, und ich darf mit 78 Jahren nicht hoffen, daß mir noch ein besserer Abschluß beschieden sein werde", doch er hoffe immerhin, dass die künftige Forschung seine Arbeiten „als brauchbare Grundlagen für das Studium der Verfassungsgeschichte anerkennen"[135] werde.

---

[131] So Heinz Duchhardt: Der römische Weltkongress und die Absolutismusdiskussion, in: La storiografia tra passato e futuro – Il X Congresso Internazionale di Scienze Storiche (Roma 1955) cinquant'anni dopo. Atti del convegno internazionale, Roma, 21-24 settembre 2005, Roma 2008, S. 121–129, hier S. 121; vgl. ebenfalls Karl-Dietrich Erdmann: Die Ökumene der Historiker. Geschichte der Internationalen Historikerkongresse und des Comité International des Sciences Historiques (Abhandlungen der Akademie der Wissenschaften in Göttingen, Philologisch-Historische Klasse, III, 158), Göttingen 1987, S. 321 f., und Winfried Schulze: Die deutschen Historiker und die Internationalen Historikerkongress in Rom 1955, in: Historie und Leben. Der Historiker als Wissenschaftler und Zeitgenosse – Festschrift für Lothar Gall zum 70. Geburtstag, hrsg. v. Dieter Hein/Klaus Hildebrand/Andreas Schulz, München 2006, S. 89–102, hier S. 98 f.
[132] Unten, Brief Nr. 306 (Fritz Hartung an Siegfried A. Kaehler, 17.4.1956).
[133] Richard Dietrich/Gerhard Oestreich (Hrsg.): Staat und Verfassung. Festgabe für Fritz Hartung, Berlin 1958.
[134] Unten, Brief Nr. 333 (Fritz Hartung an Gerhard Ritter, 2.3.1960).
[135] Fritz Hartung: Staatsbildende Kräfte der Neuzeit. Gesammelte Aufsätze, Berlin 1961, S. 5 (Vorwort).

Der einst von Gustav Schmoller begründeten, hoch angesehenen und nach dem Krieg im Jahr 1957 im Westen der alten Hauptstadt neu ins Leben gerufenen Staatswissenschaftlichen Gesellschaft zu Berlin gehörte Hartung ebenso erneut an, sogar als einer der Vorsitzenden[136], wie der 1959 gegründeten Historischen Kommission zu Berlin; zudem knüpfte er in seinen späteren Jahren Kontakte zum Friedrich-Meinecke-Institut an der Freien Universität in Berlin-Dahlem, an der immerhin zwei seiner Schüler, Richard Dietrich und Gerhard Oestreich, sowie ebenfalls zwei aus seinem engeren wissenschaftlichen Umfeld kommende Neuzeithistoriker, Hans Herzfeld und Carl Hinrichs, als Professoren lehrten.

Das Buch, an dem er in seinen letzten Lebensjahren arbeitete, eine international vergleichende Geschichte des Föderalismus, kam ebenso wenig mehr zustande wie die als eigentliches Hauptwerk geplante vergleichende „Allgemeine Verfassungsgeschichte der Neuzeit", über die er an der Universität Berlin immer wieder gelesen und an der er – immer wieder unterbrochen – bereits seit der zweiten Hälfte der 1920er Jahre gearbeitet hatte. Auch hier liegen zahlreiche Fragmente im Nachlass vor, doch die aus einem Guss geschaffene druckfertige Darstellung fehlt[137]. Merkwürdigerweise erging es Hartung hiermit ähnlich wie seinem berühmteren Lehrer Otto Hintze, dessen vergleichende Verfassungsgeschichte zwar in den 1930er Jahren fertiggestellt wurde, jedoch in ihren Hauptteilen durch Kriegseinwirkung verloren ging[138]. Hartung hat unmittelbar nach Kriegsende intensiv danach suchen lassen, doch das inzwischen legendäre Hintzesche Manuskript, von dem nur einzelne Fragmente erhalten geblieben sind, blieb verschollen. Vielleicht vermochte Hartung selbst eine innere, wohl nur psychologisch zu verstehende Hemmschwelle nicht zu überwinden und war deshalb unfähig, das verlorene Original seines Lehrers durch etwas Eigenes zu ersetzen.

Als wohl typischer Vertreter einer Generation, die noch in der Bismarckzeit geboren und in der wilhelminischen Ära sozialisiert worden war, die anschließend aktiv am Ersten Weltkrieg teilgenommen[139] und ihre wesentlichen Berufsjahre zwischen 1919 und 1945 absolviert hatte, konnte Fritz Hartung den politischen Veränderungen der Nachkriegszeit, auch der Gründung der Bundesrepublik Deutschland und damit der Konsolidierung eines neuen demokratischen Verfassungsstaates, letztlich nichts wirklich Positives mehr ab-

---

[136] Karl C. Thalheim: Die Staatswissenschaftliche Gesellschaft seit der Reaktivierung im Jahre 1957, in: Hundert Jahre Staatswissenschaftliche Gesellschaft zu Berlin 1883–1983, hrsg. v. Vorstand der Staatswissenschaftlichen Gesellschaft, Berlin 1983, S. 85–92, hier S. 85.

[137] Das geplante Buch sollte im Verlag Felix Meiner erscheinen, wurde jedoch niemals fertig gestellt. Aus einem Brief des Verlegers Meiner an Hartung vom 17.7.1944 geht hervor, dass Hartung im Juni 1944 um Auflösung des Verlagsvertrags gebeten hatte; der Verleger entsprach diesem Wunsch (SBBPK, Nl. F. Hartung, K 59/6).

[138] Vgl. Neugebauer: Otto Hintze (wie Anm. 4), S. 573 ff.

[139] Zur Kriegserfahrung siehe auch Ernst Schulin: Weltkriegserfahrung und Historikerreaktion, in: Wolfgang Küttler/Jörn Rüsen/Ernst Schulin (Hrsg.): Geschichtsdiskurs, Bd. 4: Krisenbewußtsein, Katastrophenerfahrungen und Innovationen 1880–1945, Frankfurt a. M. 1997, S. 165–188.

gewinnen – die spezifischen generationellen Prägungen und Erfahrungen des 1883 geborenen Historikers ließen sich nicht mehr abstreifen. Im Vorwort zur 1952 erschienenen 6. und letzten Auflage seiner „Deutschen Geschichte 1871– 1919" beanspruchte er, „eine Darstellung der Geschichte das Kaiserreichs zu geben, die sich sowohl von herabsetzender Kritik wie von romantischer Verherrlichung fern hält" und die deshalb bemüht sei, „sachlich und ruhig sowohl die positiven wie die negativen Seiten, sowohl die Leistungen wie die Unterlassungen und Fehler dieser Zeit zu schildern". Bezogen auf den Gesamtverlauf der deutschen Geschichte und auch angesichts des Schicksals, „das das deutsche Volk erlitten hat und noch erleidet" könne jene Ära „heute nicht mehr als Beginn einer neuen Periode, sondern nur noch als Abschluß einer großen, in der Reichsgründung gipfelnden Entwicklung aufgefaßt werden"[140].

Noch trüber beurteilte er die Lage Deutschlands in den späten Bearbeitungen seiner „Deutschen Verfassungsgeschichte vom 15. Jahrhundert bis zur Gegenwart". Mit der Teilung des Landes und vor allem mit dem Bau der Berliner Mauer (August 1961), heißt es in der 1964 erschienenen, damit der letzten von Hartung noch selbst bearbeiteten 8. Auflage seines Hauptwerkes, habe „die deutsche Verfassungsentwicklung wohl ihren tiefsten Punkt erreicht. Deutschland ist nicht nur in seinem Gebietsumfang wesentlich verkleinert, sondern es ist in Teile zerrissen, und die Teilung erstreckt sich auf immer weitere Gebiete des Lebens". Mancher Angehörige der älteren Generation – zu der sich Hartung zählte – möge sogar „daran zweifeln, ob dem deutschen Volk überhaupt noch eine Zukunft wird erblühen können". Und dennoch dürfe gerade der Historiker „Trost und Hoffnung schöpfen aus der Betrachtung der deutschen Geschichte. Unendlich viele und harte Schicksalsschläge hat das deutsche Volk bereits hinnehmen müssen [...]. Aber immer wieder hat es sich aufgerafft und in zäher Arbeit, unter schweren Entbehrungen sich ein neues Leben geschaffen. Nach der furchtbaren Katastrophe von 1945 ist uns erneut die Aufgabe gestellt, unser Leben auf allen Gebieten wieder aufzubauen", und ein wesentlicher Teil davon sei „die Neugestaltung unseres Staates, seiner Verfassung, seiner politischen Institutionen". Hierfür vermöge „die geschichtliche Betrachtung [...] gewiß keine Rezepte zu geben, sie kann nur den Blick schärfen für die Kräfte, die das geschichtliche Leben gestalten"[141]. In diesen Formulierungen wird man wohl das politische wie gleichzeitig auch das wissenschaftliche Testament des am Ende eines langen Lebens stehenden Historikers erkennen können. Fritz Hartung, dessen Kräfte seit den frühen 1960er Jahren im Abnehmen begriffen waren, starb am 24. November 1967 in West-Berlin.

Es bleibt die Erinnerung an eine bedeutende, für ihre Zeit typische deutsche Historikerpersönlichkeit, die man wohl am besten mit deren eigenen Worten charakterisieren kann: An seinem Studienfreund und langjährigen

---

[140] Fritz Hartung: Deutsche Geschichte 1871–1918, 6. neubearb. Aufl. Stuttgart 1952, S. 3 (Vorwort).
[141] Die Zitate: Fritz Hartung: Deutsche Verfassungsgeschichte vom 15. Jahrhundert bis zur Gegenwart, 8. Aufl. Stuttgart 1964, S. 379 f.; fast gleichlautend schon in der 5. Aufl. Stuttgart 1950, S. 370 f.

Berliner Fakultätskollegen Eduard Spranger rühmte Hartung einmal dessen „strenge Zucht" und „verhaltene innere Leidenschaft", die er anschließend als „ein ins Wissenschaftliche übersetztes Preußentum" charakterisierte. Werner Schochow folgend, darf man diese für Hartung sehr bezeichnende Formulierung auch auf ihn selbst beziehen[142].

---

[142] Vgl. Schochow: Ein Historiker in der Zeit (wie Anm. 6), S. 250.

Vorbemerkung zur Edition

Kürzere Auslassungen des Herausgebers, die in der Regel Privates oder unnötige Wiederholungen betreffen, werden durch „[…]" im laufenden Text angegeben, etwas umfangreichere Kürzungen durch „[…]" zwischen zwei Absätzen. Einfügungen bzw. Ergänzungen werden in eckige Klammern „[ ]" gesetzt. Unsichere Lesarten (sie kommen bei Hartung, der über eine in der Regel recht gut lesbare Handschrift verfügte, nur äußerst selten vor) werden mit einem nachgestellten eingeklammerten Fragezeichen „[?]" gekennzeichnet. Die von Hartung sehr häufig verwendeten Abkürzungen – von „Absol." (Absolutismus) bis „Ztg." (Zeitung) – werden sämtlich im Abkürzungsverzeichnis aufgelöst, zumeist sind sie jedoch schon bei der Lektüre für den Kenner leicht zu entziffern. Die bei Hartung eher selten vorkommenden Hervorhebungen im Brieftext durch <u>Unterstreichung</u> werden auch im Druck als solche wiedergegeben.

Ausdrücklich beibehalten werden bestimmte Eigenheiten der Hartungschen Orthographie (etwa „andern" statt „anderen" etc.), auch von Namen und Begriffen (etwa „Oesterreich" statt „Österreich"), sowie seiner ebenfalls etwas eigenwilligen, Kommata eher sparsam verwendenden Interpunktion. Daneben werden auch ältere Schreibweisen („Packet" statt „Paket", „Kompagnie" statt „Kompanie", „darnach" statt „danach" usw.), ebenfalls das häufige Verwenden von Ziffern im Text und nicht zuletzt die von ihm etwas frei gehandhabte Getrennt- und Zusammenschreibung (etwa „wenn gleich" statt „wenngleich", „irgend ein" statt „irgendein", „um so" statt „umso" etc.) beibehalten, ebenso die durchgängige Ersetzung des „ß" durch „ss" in den maschinenschriftlichen Briefen.

Stillschweigende Korrekturen wurden nur bei offensichtlichen Flüchtigkeitsfehlern vorgenommen; so sind etwa die in den maschinenschriftlichen Briefen seit Mitte der 1920er Jahre gelegentlich auftauchenden typischen „Buchstabendreher" (also „its" statt „ist", „dsa" statt „das" etc.) oder zwei versehentlich übereinander gedruckte Buchstaben im Drucktext ohne Korrekturnachweise verbessert worden; das Gleiche gilt auch für grammatikalische Versehen (etwa ein verdoppeltes Relativpronomen etc.).

Nachträgliche Einfügungen oder Korrekturen in seinen Brieftexten, die inhaltlich irgend bemerkenswert wären, hat Hartung zeitlebens so gut wie gar nicht vorgenommen; aus diesem Grund wurde im Drucktext darauf verzichtet, die wenigen (zumeist Flüchtigkeitsfehler korrigierenden) nachträglichen Verbesserungen des Briefschreibers eigens zu markieren.

Verzeichnis der Dokumente

Nr.	Empfänger	Ort	Datum	Seite
1	An Richard Fester	Berlin	20. Februar 1906	53
2	An Richard Fester	Bamberg	18. September 1906	54
3	An Richard Fester	Bamberg	18. März 1907	55
4	An Richard Fester	Nürnberg	27. April 1907	57
5	An Richard Fester	Wien	3. Dezember 1907	59
6	An Richard Fester	Wien	2. Januar 1908	61
7	An Richard Fester	Würzburg	4. April 1908	63
8	An Richard Fester	Würzburg	30. Juni 1908	65
9	An Richard Fester	Würzburg	28. Oktober 1908	67
10	An Richard Fester	Würzburg	4. Dezember 1908	70
11	An Richard Fester	Würzburg	10. Dezember 1908	72
12	An Richard Fester	Charlottenburg	29. Juni 1909	75
13	An Richard Fester	Charlottenburg	28. Oktober 1909	76
14	An Richard Fester	Charlottenburg	22. Januar 1910	79
15	An Gustav von Schmoller	Charlottenburg	6. März 1910	80
16	An Gustav von Schmoller	Charlottenburg	3. Januar 1913	81
17	An Richard Fester	Weimar	14. Oktober 1914	82
18	An Martha u. Ernst Cramer	Halle a. S.	18. Januar 1915	84
19	An Richard Fester	Weimar	21. Februar 1915	87
20	An Richard Fester	Weimar	9. März 1915	88
21	An Marie Hartung	Lahr (Baden)	5. April 1915	90
22	An Richard Fester	Lahr (Baden)	Mitte April 1915	93
23	An Marie Hartung	Lahr (Baden)	8. Mai 1915	96
24	An Richard Fester	Lahr (Baden)	10. Mai 1915	98
25	An Marie Hartung	Tretenhof bei Seelbach (Baden)	7. Juni 1915	99
26	An Marie Hartung	Lahr (Baden)	30. Juli 1915	100
27	An Richard Fester	Lahr (Baden)	10. August 1915	101
28	An Richard Fester	o. O. (Russland)	9. Oktober 1915	102

Nr.	*Empfänger*	*Ort*	*Datum*	*Seite*
29	An Richard Fester	Wilna	11. November 1915	104
30	An Richard Fester	Wilna	5. Dezember 1915	107
31	An Marie Hartung	Wilna	27. Dezember 1915	109
32	An Richard Fester	bei Ljeski (Russland)	25. Januar 1916	110
33	An Marie Hartung	o. O. (Russland)	13. Februar 1916	112
34	An Marie Hartung	o. O. (Russland)	26. März 1916	113
35	An Marie Hartung	Kyritz	18. April 1916	114
36	An Richard Fester	Kyritz	19. April 1916	115
37	An Richard Fester	Kyritz	23. April 1916	116
38	An Marie Hartung	Kyritz	24. April 1916	117
39	An Marie Hartung	Halle a. S.	19. Mai 1916	121
40	An Marie Hartung	Halle a. S.	29. Juni 1916	122
41	An Richard Fester	Schielo/Ostharz	17. August 1916	124
42	An Richard Fester	Badenweiler	23. Oktober 1916	126
43	An Marie Hartung	Halle a. S.	24. November 1916	127
44	An Marie Hartung.	Halle a. S.	5. Dezember 1916	129
45	An Richard Fester	Jugenheim	20. April 1917	132
46	An Richard Fester	Schömberg b. Wildbad	15. Mai 1917	133
47	An Richard Fester	Schömberg b. Wildbad	22. Juli 1917	135
48	An Rudolf Smend	Weimar	16. April 1918	137
49	An Richard Fester	Kassel-Wilhelmshöhe	19. August 1918	138
50	An Richard Fester	Kassel-Wilhelmshöhe	5. September 1918	140
51	An Richard Fester	Sülzhayn/Südharz	20. November 1918	142
52	An Richard Fester	Sülzhayn/Südharz	26. Mai 1919	144
53	An Max Lenz	Halle a. S.	11. Juni 1920	146
54	An Siegfried A. Kaehler	Braunlage	29. August 1920	147
55	An Siegfried A. Kaehler	Halle a. S.	25. Juni 1921	149
56	An Siegfried A. Kaehler	Halle a. S.	23. Oktober 1921	154
57	An Arnold Oskar Meyer	Berlin	29. Dezember 1921	155
58	An Arnold Oskar Meyer	Halle a. S.	16. Januar 1922	156

Verzeichnis der Dokumente

Nr.	Empfänger	Ort	Datum	Seite
59	An Siegfried A. Kaehler	Halle a. S.	27. Januar 1922	159
60	An Arnold Oskar Meyer	Kiel	27. Mai 1922	161
61	An Siegfried A. Kaehler	Kiel	4. September 1922	163
62	An Richard Fester	Kiel	3. Oktober 1922	166
63	An Richard Fester	Kiel	2. Dezember 1922	168
64	An Siegfried A. Kaehler	Kiel	18. Februar 1923	169
65	An Siegfried A. Kaehler	Kiel	6. Mai 1923	171
66	An Arnold Oskar Meyer	Kiel	8. Mai 1923	175
67	An Albert Brackmann	Kiel	4. Juli 1923	177
68	An Richard Fester	St. Blasien	22. August 1923	179
69	An Richard Fester	Berlin	19. Dezember 1923	181
70	An Richard Fester	Berlin	29. März 1925	184
71	An Arnold Oskar Meyer	Berlin	3. Juni 1925	186
72	An Siegfried A. Kaehler	Berlin	11. August 1925	188
73	An Richard Fester	Berlin	25. Juli 1926	190
74	An Albert Brackmann	Berlin	8. August 1926	193
75	An Siegfried A. Kaehler	Berlin	8. Dezember 1927	195
76	An Willy Andreas	Berlin	25. Dezember 1927	197
77	An Richard Fester	Berlin	28. Dezember 1927	199
78	An Willy Andreas	Berlin	6. Januar 1928	201
79	An Hermann Oncken	Berlin	4. Mai 1928	202
80	An Willy Andreas	Berlin	20. Juli 1928	203
81	An Richard Fester	Berlin	19. September 1928	204
82	An Richard Fester	Berlin	15. März 1929	207
83	An Richard Fester	Berlin	14. Dezember 1929	210
84	An Arnold Oskar Meyer	Berlin	28. Dezember 1929	212
85	An Richard Fester	Berlin	18. September 1930	215
86	An Richard Fester	Berlin	31. Dezember 1930	216
87	An Karl Brandi	Berlin	15. Juni 1931	218
88	An Richard Dietrich	Berlin	3. Juli 1931	219
89	An Albert Brackmann	Berlin	13. September 1931	221
90	An Siegfried A. Kaehler	Berlin	16. Juli 1932	222
91	An Richard Fester	Berlin	5. September 1932	224

Nr.	Empfänger	Ort	Datum	Seite
92	An Richard Fester	Berlin	22. Dezember 1932	228
93	An Eduard Spranger	Berlin	13. Mai 1933	232
94	An Gustav Aubin	Berlin	14. Mai 1933	233
95	An Siegfried A. Kaehler	Berlin	3. August 1933	238
96	An Richard Fester	Freudenstadt	23. August 1933	241
97	An Richard Fester	Freudenstadt	28. August 1933	244
98	An Wilhelm Schulze	Berlin	15. September 1933	246
99	An Gustav Aubin	Berlin	20. September 1933	247
100	An Albert Brackmann	Berlin	23. September 1933	250
101	An Wilhelm Schlenk	Berlin	26. September 1933	253
102	An Siegfried A. Kaehler	Berlin	12. Oktober 1933	254
103	An Siegfried A. Kaehler	Berlin	29. Oktober 1933	256
104	An Gustav Aubin	Berlin	22. Dezember 1933	257
105	An Gustav Aubin	Berlin	29. Januar 1934	260
106	An Richard Fester	Gardone	14. April 1934	264
107	An Albert Brackmann	St. Blasien	5. Juni 1934	266
108	An Richard Fester	St. Blasien	16. Juni 1934	267
109	An Julius Petersen	St. Blasien	26. Juni 1934	269
110	An Siegfried A. Kaehler	St. Blasien	16. September 1934	270
111	An Albert Brackmann	St. Blasien	3. November 1934	271
112	An Hermann Oncken	St. Blasien	21. November 1934	272
113	An Albert Brackmann	St. Blasien	31. Dezember 1934	275
114	An Siegfried A. Kaehler	St. Blasien	9. Februar 1935	277
115	An Hermann Oncken	St. Blasien	13. Februar 1935	279
116	An Willy Andreas	St. Blasien	27. Februar 1935	281
117	An Albert Brackmann	Berlin	3. Mai 1935	283
118	An Ernst Rudolf Huber	Berlin	5. Mai 1935	285
119	An Fritz Rörig	Berlin	27. Mai 1935	286
120	An Willy Andreas	Berlin	16. Juni 1935	288
121	An Richard Fester	Berlin	18. September 1935	289
122	An Siegfried A. Kaehler	Berlin	21. September 1935	291
123	An Siegfried A. Kaehler	Berlin	10. April 1936	293
124	An Willy Andreas	Berlin	8. Juni 1936	295

Verzeichnis der Dokumente

Nr.	Empfänger	Ort	Datum	Seite
125	An Richard Fester	Berlin	18. September 1936	298
126	An Siegfried A. Kaehler	Berlin	3. Januar 1937	299
127	An Gerhard Ritter	Berlin	5. Februar 1937	301
128	An Richard Fester	Berlin	29. März 1937	304
129	An Richard Fester	Berlin	30. Dezember 1937	305
130	An Siegfried A. Kaehler	Berlin	14. August 1938	307
131	An Richard Fester	Locarno	18. September 1938	310
132	An Siegfried A. Kaehler	Berlin	4. Dezember 1938	311
133	An Franz Koch	Berlin	23. Februar 1939	318
134	An Alexander Graf zu Dohna-Schlodien	Berlin	1. Mai 1939	320
135	An Richard Fester	Berlin	26. Mai 1939	323
136	An Albert Brackmann	Berlin	10. Juni 1939	326
137	An Siegfried A. Kaehler	Berlin	9. Juli 1939	328
138	An Ernst Rudolf Huber	Berlin	31. Juli 1939	330
139	An Siegfried A. Kaehler	Berlin	12. November 1939	333
140	An Hermann Oncken	Berlin	15. November 1939	336
141	An Richard Fester	Berlin	18. Februar 1940	337
142	An Siegfried A. Kaehler	Berlin	3. Juli 1940	339
143	An Richard Fester	Berlin	18. September 1940	343
144	An Willy Andreas	Berlin	21. Dezember 1940	345
145	An Richard Fester	Berlin	22. Dezember 1940	346
146	An Gerhard Ritter	Berlin	30. Dezember 1940	348
147	An Willy Andreas	Berlin	22. Januar 1941	349
148	An Gerhard Oestreich	Berlin	16. Februar 1941	351
149	An Richard Fester	Berlin	16. März 1941	353
150	An Albert Brackmann	Berlin	15. Juni 1941	355
151	An Gerhard Ritter	Berlin	26. Juni 1941	356
152	An Heinrich Ritter von Srbik/Karl Brandi	Berlin	27. Juni 1941	357
153	An Albert Brackmann	Badgastein	23. August 1941	359
154	An Friedrich Meinecke	Badgastein	14. September 1941	360
155	An Richard Fester	Igls bei Innsbruck	18. September 1941	362
156	An Richard Fester	Berlin	22. Februar 1942	363

Nr.	Empfänger	Ort	Datum	Seite
157	An Siegfried A. Kaehler	Berlin	6. April 1942	365
158	An Friedrich Meinecke	Berlin	21. Juni 1942	370
159	An Richard Fester	Berlin	18. September 1942	371
160	An Richard Fester	Berlin	22. November 1942	373
161	An Willy Andreas	Berlin	6. Dezember 1942	375
162	An Siegfried A. Kaehler	Berlin	20. Dezember 1942	377
163	An Alexander Rüstow	Berlin	20. Dezember 1942	380
164	An Richard Fester	Berlin	4. Februar 1943	382
165	An Willy Andreas	Berlin	14. Februar 1943	384
166	An Siegfried A. Kaehler	Berlin	15. Februar 1943	385
167	An Richard Fester	Berlin	18. März 1943	388
168	An Albert Brackmann	Berlin	13. Juni 1943	390
169	An Willy Andreas	Berlin	3. August 1943	392
170	An Albert Brackmann	Berlin	22. August 1943	394
171	An Albert Brackmann	Berlin	2. September 1943	395
172	An Siegfried A. Kaehler	Berlin	12. September 1943	397
173	An Siegfried A. Kaehler	Berlin	26. November 1943	399
174	An Richard Fester	Berlin	1. Januar 1944	402
175	An Willy Andreas	Berlin	2. Februar 1944	405
176	An Siegfried A. Kaehler	Berlin	7. April 1944	407
177	An Richard Fester	Berlin	23. April 1944	410
178	An Siegfried A. Kaehler	Berlin	7. Juni 1944	411
179	An Richard Fester	Berlin	16. Juli 1944	412
180	An Richard Fester	Marienbad	22. August 1944	414
181	An Richard Fester	Berlin	17. September 1944	415
182	An Siegfried A. Kaehler	Berlin	4. Februar 1945	417
183	An Siegfried A. Kaehler	Berlin	25. Februar 1945	420
184	An Siegfried A. Kaehler	Berlin	16. November 1945	421
185	An Heinrich Otto Meisner	Berlin	27. Dezember 1945	424
186	An Siegfried A. Kaehler	Berlin	25. Januar 1946	425
187	An Siegfried A. Kaehler	Berlin	11. März 1946	428
188	An Hermann Heimpel	Berlin	13. März 1946	432
189	An Fritz Rörig	Berlin	26. März 1946	434

Nr.	Empfänger	Ort	Datum	Seite
190	An Fritz Rörig	Berlin	1. April 1946	436
191	An Friedrich Meinecke	Berlin	6. April 1946	437
192	An Walter Goetz	Berlin	25. Mai 1946	439
193	An Siegfried A. Kaehler	Berlin	2. Juni 1946	442
194	An Franz Koch	Berlin	6. Juli 1946	445
195	An Albert Brackmann	Berlin	12. Juli 1946	447
196	An Max Dessoir	Berlin	7. August 1946	449
197	An Wilhelm Mommsen	Berlin	25. August 1946	451
198	An Hans Nabholz	Berlin	17. September 1946	453
199	An Gerhard Ritter	Berlin	30. September 1946	456
200	An Leo Raape	Berlin	10. November 1946	458
201	An Hellmut Kretzschmar	Berlin	17. November 1946	461
202	An Wilhelm Schüßler	Berlin	21. Dezember 1946	463
203	An Albert Brackmann	Berlin	9. März 1947	466
204	An Hans Nabholz	Berlin	30. März 1947	468
205	An Ernst Friedländer	Berlin	18. Mai 1947	471
206	An Albert Brackmann	Berlin	25. Mai 1947	474
207	An Wilhelm Mommsen	Berlin	22. Juni 1947	476
208	An Alexander Rüstow	Berlin	14. September 1947	477
209	An Otto Graf zu Stolberg-Wernigerode	Berlin	20. September 1947	479
210	An Anton Largiadèr	Berlin	28. September 1947	481
211	An Gerhard Ritter	Berlin	7. Dezember 1947	484
212	An Albert Brackmann	Berlin	1. Januar 1948	487
213	An Ludwig Dehio	Berlin	17. Januar 1948	489
214	An Gerhard Ritter	Berlin	17. Januar 1948	490
215	An Friedrich Meinecke	Berlin	18. Januar 1948	492
216	An Max Braubach	Berlin	20. Februar 1948	493
217	An Walter Goetz	Berlin	2. März 1948	495
218	An Theodor Eschenburg	Berlin	2. März 1948	497
219	An Ernst Friedlaender	Berlin	18. März 1948	499
220	An Anton Largiadèr	Berlin	2. Mai 1948	503
221	An Ludwig Dehio	Berlin	6. Mai 1948	505

Nr.	Empfänger	Ort	Datum	Seite
222	An Nicolai Hartmann	Berlin	30. Mai 1948	507
223	An Wilhelm Schüssler	Berlin	4. Juli 1948	509
224	An Otto Vossler	Berlin	11. November 1948	512
225	An Hans Rothfels	Berlin	12. November 1948	513
226	An Friedrich Baethgen	Berlin	16. November 1948	516
227	An Wilhelm Schüssler	Berlin	19. November 1948	520
228	An Wilhelm Mommsen	Berlin	20. November 1948	522
229	An Gerhard Ritter	Berlin	16. Dezember 1948	524
230	An Hermann Heimpel	Berlin	20. Dezember 1948	530
231	An Albert Brackmann	Berlin	27. Dezember 1948	533
232	An Fritz Valjavec	Berlin	6. Januar 1949	535
233	An Eduard Spranger	Berlin	18. Januar 1949	536
234	An Gerhard Ritter	Berlin	9. April 1949	538
235	An Friedrich Meinecke	Berlin	14. April 1949	541
236	An Albert Brackmann	Berlin	1. Juni 1949	542
237	An Gerhard Ritter	Berlin	3. Juni 1949	544
238	An Friedrich Baethgen	Berlin	17. Juni 1949	547
239	An Friedrich Baethgen	Berlin	30. Juni 1949	549
240	An Gerhard Ritter	Berlin	6. Juli 1949	552
241	An Friedrich Lenz	Berlin	7. August 1949	554
242	An Friedrich Baethgen	Berlin	18. August 1949	556
243	An Eduard Spranger	Berlin	28. Oktober 1949 (1. Brief)	558
244	An Eduard Spranger	Berlin	28. Oktober 1949 (2. Brief)	561
245	An Siegfried A. Kaehler	Berlin	13. November 1949	563
246	An Gerhard Ritter	Berlin	15. Januar 1950	566
247	An Ludwig Dehio	Berlin	15. Januar 1950	568
248	An Gerhard Ritter	Berlin	5. März 1950	569
249	An Wilhelm Treue	Berlin	23. April 1950	573
250	An Wilhelm Mommsen	Berlin	1. Mai 1950	575
251	An Friedrich Baethgen	Berlin	22. Mai 1950	577
252	An Siegfried A. Kaehler	Berlin	31. Mai 1950	580
253	An Carl Hinrichs	Berlin	7. Juli 1950	581

Verzeichnis der Dokumente

Nr.	Empfänger	Ort	Datum	Seite
254	An Hermann Aubin	Berlin	8. Juli 1950	583
255	An Gerhard Ritter	Berlin	14. Juli 1950	589
256	An Friedrich Baethgen	Berlin	21. August 1950	592
257	An Arnold Fratzscher	Berlin	30. November 1950	594
258	An Friedrich Baethgen	Berlin	2. Dezember 1950	596
259	An Erich Wende	Berlin	23. Dezember 1950	599
260	An Hans Rothfels	Berlin	3. März 1951	601
261	An Erwin Hölzle	Berlin	15. Mai 1951	602
262	An Hans Haussherr	Berlin	31. Oktober 1951	605
263	An Gerhard Ritter	Berlin	18. November 1951	606
264	An Gerhard Ritter	Berlin	26. November 1951	610
265	An Erich Wende	Berlin	5. Dezember 1951	614
266	An Gerhard Ritter	Berlin	9. Dezember 1951	616
267	An Friedrich Baethgen	Berlin	16. Dezember 1951	618
268	An Gerhard Ritter	Berlin	2. Januar 1952	620
269	An Richard Dietrich	Berlin	20. Februar 1952	622
270	An Gerhard Ritter	Berlin	28. Februar 1952	624
271	An Gerhard Ritter	Berlin	9. März 1952	626
272	An Siegfried A. Kaehler	Berlin	9. März 1952	629
273	An Gerhard Ritter	Berlin	25. März 1952	631
274	An Paul Menzer	Berlin	4. April 1952	633
275	An Gerhard Ritter	Berlin	16. April 1952	635
276	An Gerhard Ritter	Berlin	31. Mai 1952	637
277	An Eduard Spranger	Berlin	24. Juni 1952	640
278	An Gerhard Ritter	Berlin	19. Juli 1952	641
279	An Walter Goetz	Berlin	11. August 1952	642
280	An Gerhard Ritter	Berlin	31. August 1952	644
281	An Friedrich Baethgen	Berlin	14. Oktober 1952	645
282	An Gerhard Ritter	Berlin	14. Dezember 1952	648
283	An Hans Rothfels	Berlin	Januar 1953	649
284	An Hermann Aubin	Berlin	22. Februar 1953	651
285	An Willy Andreas	Berlin	8. März 1953	652
286	An Friedrich Baethgen	Berlin	9. März 1953	654
287	An Ludwig Dehio	Berlin	19. März 1953	657

Nr.	Empfänger	Ort	Datum	Seite
288	An Siegfried A. Kaehler	Berlin	20. März 1953	658
289	An Siegfried A. Kaehler	Berlin	20. Mai 1953	660
290	An Wilhelm Schüssler	Berlin	24. August 1953	663
291	An Siegfried A. Kaehler	Berlin	15. November 1953	666
292	An Gerhard Ritter	Berlin	15. November 1953	669
293	An Gerhard Ritter	Berlin	10. Januar 1954	671
294	An Antonie Meinecke	Berlin	12. Februar 1954	672
295	An Willy Andreas	Berlin	22. Februar 1954	673
296	An Georg Lenz	Berlin	19. April 1954	675
297	An Willy Andreas	Berlin	23. Mai 1954	677
298	An Gerhard Ritter	Berlin	23. Juni 1954	679
299	An Heinrich Otto Meisner	Berlin	24. August 1954	682
300	An Friedrich Baethgen	Berlin	7. November 1954	684
301	An Hans Rothfels	Berlin	28. Mai 1955	685
302	An Siegfried A. Kaehler	Berlin	2. Juni 1955	687
303	An Alfred Meusel	Berlin	o. D. (Oktober 1955)	689
304	An Hans Haussherr	Berlin	17. März 1956	690
305	An Friedrich Baethgen	Berlin	29. März 1956	691
306	An Siegfried A. Kaehler	Berlin	17. April 1956	693
307	An Hermann Aubin	Berlin	1. Mai 1956	696
308	An Hans Haussherr	Berlin	17. Juni 1956	698
309	An Hermann Aubin	Berlin	30. Juni 1956	700
310	An Hermann Aubin	Berlin	5. August 1956	701
311	An Hermann Aubin	Bad Teinach	6. September 1956	702
312	An Hermann Aubin	Berlin	16. Oktober 1956	704
313	An Friedrich Baethgen	Berlin	25. Januar 1957	705
314	An Hermann Aubin	Berlin	1. Februar 1957	706
315	An Hermann Aubin	Berlin	20. Februar 1957	707
316	An Peter Rassow	Berlin	21. Juli 1957	708
317	An Peter Rassow	Berlin	20. August 1957	710
318	An Siegfried A. Kaehler	Berlin	15. November 1957	711
319	An Heinrich Otto Meisner	Berlin	4. Dezember 1957	715
320	An Siegfried A. Kaehler	Berlin	Ende Januar 1958	716

Nr.	Empfänger	Ort	Datum	Seite
321	An Friedrich Baethgen	Berlin	14. Februar 1958	717
322	An Hermann Aubin	Berlin	24. März 1958	719
323	An Alfred Meusel	Berlin	6. Mai 1958	720
324	An Max Volmer	Berlin	13. Mai 1958	722
325	An Hans Ertel	Berlin	8. Juni 1958	723
326	An Siegfried A. Kaehler	Berlin	29. Juli 1958	724
327	An Hermann Aubin	Klobenstein b. Bozen	14. September 1958	726
328	An Hans Haussherr	Berlin	10. Juni 1959	727
329	An Hans Haussherr	Berlin	11. August 1959	729
330	An Heinrich Otto Meisner	Berlin	17. November 1959	730
331	An Siegfried A. Kaehler	Berlin	8. Dezember 1959	732
332	An Hermann Aubin	Berlin	19. Dezember 1959	734
333	An Gerhard Ritter	Berlin	2. März 1960	736
334	An Siegfried A. Kaehler	Berlin	6. Juni 1960	739
335	An Ludwig Dehio	Berlin	17. Dezember 1960	741
336	An Herbert Grundmann	Berlin	30. Oktober 1961	742
337	An Max Braubach	Berlin	17. Juni 1962	743
338	An Herbert Grundmann	Berlin	17. August/ 5. September 1962	744
339	An Siegfried A. Kaehler	Berlin	3. Dezember 1962	746
340	An Herbert Grundmann	Berlin	17./18. Dezember 1962	748
341	An Heinrich Otto Meisner	Berlin	10. März 1963	750
342	An Gerhard Ritter	Berlin	19. März 1963	751
343	An Gerhard Oestreich	Berlin	13. Februar 1964	752

**Briefe
1906–1964**

Nr. 1
An Richard Fester   Berlin, 20. Februar 1906

BAK N 1107, Nr. 104. – Hs. Original.

Hochzuehrender Herr Professor![1]

Vor etwa vierzehn Tagen richtete Herr Professor Lenz[2] die Frage an mich, ob ich bereit sei, die Stelle eines Mitarbeiters bei der Gesellschaft für fränkische Geschichte[3] zu übernehmen. Da ich mich bei den Vorarbeiten zu meiner, in kurzer Zeit als Buch erscheinenden Dissertation „Hardenberg und die preussische Verwaltung in Ansbach-Bayreuth von 1792 bis 1806" schon mit der Geschichte des fränkischen Kreises beschäftigt und die Unzulänglichkeit der vorhandenen Darstellungen erkannt habe[4], sagte ich zu, und Herr Professor Lenz erklärte, deswegen an Sie schreiben zu wollen. Persönliche Gründe – es handelt sich um die endgültige Regelung meiner Militärverhältnisse und um einen Wohnungswechsel meiner Eltern, bei denen ich zur Zeit wohne, – lassen es mir wünschenswert erscheinen zu erfahren, ob ich für den Fall, dass ich den von der Gesellschaft gestellten Anforderungen genüge, Aussicht habe, die erwähnte Stelle zu bekommen. Sie würden mich durch eine Benachrichtigung zu ergebenstem Dank verpflichten.

Mit der Versicherung der vorzüglichsten Hochachtung

                                            ganz ergebenst

                                            Hartung

                                            Dr. phil.

---

[1] Richard Fester (1860–1945), Historiker, 1893 Habilitation in München, a.o. Professor an der Universität Erlangen (1896–1899), o. Professor an den Universitäten Erlangen (1896–1907), Kiel (1907/08) und Halle (1908–1926), lebte anschließend als Ruheständler in München. Fester ermöglichte Hartung die Habilitation in Halle und förderte dessen akademische Karriere maßgeblich.

[2] Max Lenz (1850–1932), Historiker, Habilitation und a.o. Professor an der Universität Marburg (1876, 1876–1881), o. Professor an den Universitäten Marburg (1881–1890) und Berlin (1890–1914) sowie am Hamburgischen Kolonialinstitut (seit 1919 Universität, 1914–1922); Spezialist für das Reformationszeitalter und die Geschichte des 19. Jahrhunderts; einer der akademischen Lehrer Hartungs.

[3] Die 1904 (nach dem Vorbild der „Gesellschaft für rheinische Geschichtskunde") gegründete „Gesellschaft für fränkische Geschichte" verstand sich als außeruniversitäre Forschungsinstitution zur Erschließung ungedruckter Quellen und zur intensiveren Erforschung der fränkischen Landesgeschichte unter bewusster Betonung der fränkischen Besonderheit gegenüber den altbairischen Landesterritorien; vgl. Alfred Wendehorst: Hundert Jahre Gesellschaft für fränkische Geschichte, in: Nachdenken über fränkische Geschichte. Vorträge aus Anlass des 100. Gründungsjubiläums der Gesellschaft für fränkische Geschichte vom 16.–19. September 2004, Neustadt/Aisch 2005, S. 11–37; derselbe (Hrsg.): Dokumente zur Geschichte der Gesellschaft für fränkische Geschichte und ihres Umfeldes 1905–1961, Würzburg 2006.

[4] Fritz Hartung: Hardenberg und die preußische Verwaltung in Ansbach-Bayreuth von 1792 bis 1806, Tübingen 1906 (V, 295 S.). Die Kapitel 1 und 2 dieser Arbeit hatte Hartung 1905 als Dissertation bei der Philosophischen Fakultät der Universität Berlin eingereicht; die Referenten waren Otto Hintze und Max Lenz.

Nr. 2

An Richard Fester   Bamberg, 18. September 1906

BAK N 1107, Nr. 104. – Hs. Original.

Hochverehrter Herr Professor!

Seit Samstag Abend bin ich wieder hier und habe gestern meine Tätigkeit im Kreisarchiv wieder aufgenommen. Den Reisebericht und die Liquidation werde ich bald einsenden, vorläufig nur die Mitteilung, daß ich mich mit den Kosten an den Etat gehalten habe. Die Ergebnisse der Reise sind zum Teil negativ, z.B. habe ich aktenmäßig festgestellt, daß die Rothenburger Reichs- und Kreistagsakten auf Befehl eines k. Stadtkommissariats 1807 als Makulatur verkauft worden sind. In den fränkischen Archiven bin ich mit großer Liebenswürdigkeit aufgenommen worden und die ehrsamen Stadtschreiber haben sich ungeheuer angestrengt, alle meine Wünsche zu erfüllen. In Rothenburg fiel mir auf, daß der Bürgermeister sich noch durchaus als regierendes Haupt einer freien und Reichsstadt geriert; er würde sich sehr freuen, wenn die Tatsache des Verkaufs der Rothenburger Akten mit einigen boshaften Ausfällen Ihren Gespielen im römischen Sonnenschein Reigen tanzen können.

Mit unverhohlener Abneigung dagegen wurde ich in Meiningen begrüßt. Der hennebergische Archivar war froh, einen Menschen gefunden zu haben, an dem er all seinen Groll über die Gelehrtenwelt im allgemeinen und die bayerische im besonderen auslassen konnte. Zur letzteren Klasse rechnet er übrigens auch den Vorstand des hiesigen Archivs, mit dem er anscheinend einmal dienstlich in Konflikt gekommen ist. Er lachte laut Hohn über die Art, wie hier in Bamberg der Dienst getrieben werde, und Recht hat er darin auch. Der Grund zu der Mißstimmung des Hennebergers liegt, wie mir nach seinen Äußerungen scheint, darin, daß er nicht zum Beitritt zur Gesellschaft für fränkische Geschichte aufgefordert worden ist. Daß ich persönlich daran unschuldig wie ein Lämmlein bin, wollte er nicht recht glauben. Auch sein an Sie gerichteter Brief zeigt ja seine üble Laune gegen die bayerischen Gelehrten, die das hennebergische Archiv nicht kennen. Ich habe es vorgezogen, Ihnen privatim diesen meinen persönlichen Eindruck zu schildern, statt mich in dem Reisebericht offiziell darüber zu äußern[1].

[...]

---

[1] Im Rahmen seiner Arbeit an der „Geschichte des fränkischen Kreises" besuchte Fritz Hartung zwischen 1906 und 1908 insgesamt neun Archive in Deutschland und Österreich: Neben den „Kreisarchiven", d.h. den heutigen Staatsarchiven in Nürnberg, Würzburg und Bamberg waren dies das Geheime Staatsarchiv München, das Geheime Staatsarchiv Berlin, das Haus-, Hof- und Staatsarchiv in Wien sowie das Fürstlich Castell'sche Kanzleiarchiv, das Gemeinschaftlich Hennebergische Archiv in Meiningen und das Staatsfilialarchiv Ludwigsburg.

Bamberg hat sich unterdessen zur Großstadt entwickelt und ein eigenes Stadttheater erhalten. Morgen soll sogar die „Heimat" von Sudermann gegeben werden¹. Ich bin gespannt, ob auch erträglich gespielt wird.

In der Hoffnung, daß Sie sich während des schönen Nachsommers recht erholt haben, verbleibe ich mit den besten Empfehlungen für Sie und Ihre hochverehrte Frau Gemahlin²

Ihr aufrichtig ergebener
Hartung.

Nr. 3
An Richard Fester Bamberg, 18. März 1907

BAK N 1107, Nr. 104. – Hs. Original.

Hochverehrter Herr Professor!

Daß der Ausschuß am Samstag in den „schmeichelhaftesten Ausdrücken" und mit protokolliertem Bedauern Ihnen die Abteilung abgenommen hat, werden Sie jedenfalls offiziell noch erfahren³. Die Bedenken, die blau-weißen Pfähle zu überschreiten überwogen bei der Mehrheit derart, daß sogar Chrousts⁴ Vermittlungsvorschlag, Ihnen die Leitung provisorisch zu überlassen, abgelehnt wurde. Ob Chroust das ehrlich gemeint hat, scheint mir aber zweifelhaft. Beim Festessen erzählte in vorgerückter Weinlaune Schrötter⁵, daß Chroust beantragt habe, die Publikation der Kreisakten überhaupt einzustellen, damit aber doch nicht durchgedrungen sei. Näheres weiß ich über diesen dunklen Punkt nicht, denn Schrötter hielt in seinen Enthüllungen sofort ein, als ihm einfiel, daß diese Sache mich doch einigermaßen auch berühre. Jedenfalls ist die Ausschußsitzung sehr stürmisch gewesen; das wurde in den Festreden gestern mehrmals erwähnt. Und Baron v. Thüngen⁶ und Prof. Kolde⁷ haben mir aus-

---
¹ Hermann Sudermanns (1857–1928) Schauspiel „Heimat" (1893) galt allgemein als das populärste und auf der Bühne erfolgreichste Drama des ostpreußischen Dichters.
² Marie Fester, geb. Ruckdeschel (1871–?).
³ Richard Fester hatte Anfang 1907 einen Ruf an die Universität Kiel angenommen.
⁴ Anton Chroust (1864–1945), Historiker, a.o./o. Professor an der Universität Würzburg (1898/1902–1934); Mitinitiator und anschließend langjähriger wissenschaftlicher Leiter der Gesellschaft für fränkische Geschichte; vgl. dazu Peter Herde: Anton Chroust. Mitbegründer der Gesellschaft für fränkische Geschichte. Ein österreichischer Historiker im deutschen akademischen Umfeld von der Wilhelminischen Zeit bis zum Nationalsozialismus, in: Nachdenken über fränkische Geschichte. Vorträge aus Anlass des 100. Gründungsjubiläums der Gesellschaft für fränkische Geschichte vom 16.–19. September, Neustadt/Aisch 2005, S. 39–56.
⁵ Georg Schrötter (1870–1949), 1904–1912 Leiter des Kreisarchivs Nürnberg.
⁶ Rudolf Freiherr von Thüngen (1855–1929), königl. bayerischer Kämmerer und Oberstleutnant a.D., gehörte zu den Patronen und Mitgründern der Gesellschaft für fränkische Geschichte.
⁷ Theodor Kolde (seit 1910: Ritter von Kolde, 1850–1913), evangelischer Theologe und Kirchenhistoriker, seit 1881 o. Professor für Historische Theologie an der Universität Erlangen.

drücklich gesagt, es sei über mich sehr eingehend debattiert worden. Vielleicht sollte Chrousts Vorschlag mit dem langen Wiener Aufenthalt abschreckend wirken auf die Ausschußmitglieder.

Für das laufende Jahr sind für die Abteilung Kreisakten 2500 M. bewilligt worden. An Ihre Stelle tritt provisorisch Herr Professor Chroust in höchsteigner Person, hat sich auch bei mir in etwa 5stündigem Monolog schon vorteilhaft eingeführt (die 3 Stunden in Bamberg nicht eingerechnet). Ich habe meistens den Mund gehalten. Was er sagte, war ganz verständig. So hat er in Gnaden mir gestattet, wird es sogar gern sehen, wenn ich die persönlichen Beziehungen zu Ihnen nicht ganz abbreche; und da das ja nur von ihm abhängt, so bin ich in dieser Hinsicht ganz beruhigt. Auch will er sich in die Bearbeitung gar nicht einmischen, sondern sich ganz auf die Wahrung meiner materiellen Interessen beschränken. Nach Tische, d. h. einige Stunden später, las man schon etwas anders. Da rühmte er die Vorteile, die sich bei meinem späteren, ja nicht zu umgehenden Aufenthalt in Würzburg durch die Möglichkeit täglichen persönlichen Verkehrs herausstellen werden für die endgültige Gestaltung des Textes. Wir werden zunächst in Geduld abwarten, wie wir uns vertragen. Daß ich mit großen Hoffnungen der Gestaltung unserer persönlichen Beziehungen entgegensehe, kann ich nicht sagen. Denn in die vielen schönen Worte setze ich sehr viel Zweifel, umso mehr, als er in einer humoristischen Ansprache am Begrüßungsabend sagte, er habe keinen andern Beweis für seine Worte als sein ehrliches Gesicht.

Von meiner Habilitation sprach Chroust wiederum, als wollte ich noch zum Sommersemester Privatdozent werden. Ich habe ihm erklärt, vor Beendigung eines Bandes der Kreisakten nicht daran zu denken. Er hat sich beruhigt und nur zugestimmt; es sei besser, meinte er, wenn man sich nicht zu jung habilitiere. Seiner Jugend wegen habe er bei der Beförderung zum Ordinarius in München Schwierigkeiten gehabt. Meiner Erinnerung nach war es nicht bloß die geringe Zahl der Lebensjahre.

Doch nun genug davon. Sie werden froh sein, daß Sie nicht in der Ausschußsitzung gewesen sind. Der Fortgang der Publikation ist ja wenigstens gesichert, und so weit bin ich doch schon eingedrungen in den Stoff, daß ich sie allein fortführen kann. In Zweifelsfällen werde ich mir allerdings gestatten, Sie und nicht den stellvertretenden Abteilungsleiter um Rat zu bitten.
[...]
    In aufrichtiger Verehrung
     Ihr stets ergebener
      Hartung.

Nr. 4
An Richard Fester   Nürnberg, 27. April 1907

BAK N 1107, Nr. 104. – Hs. Original.

Hochverehrter Herr Professor!

Für Ihren ausführlichen Brief vom 23. danke ich Ihnen verbindlichst. Auf das Unerfreuliche, das er enthielt, den Abbruch Ihrer Beziehungen zur Gesellschaft für fränkische Geschichte, war ich gefaßt. Bei dem Schreiben von Exc. Welser[1] ist der Mangel an „schmeichelhaften" Ausdrücken allerdings auffallend, aber Sie werden auf diese wohl verzichten, denn der spiritus rector des Ganzen ist doch Chroust, und diesem wäre es mit den schönsten Worten nicht Ernst. Daß Welser und Chroust ganz ein Herz und eine Seele sind, zeigte sich mir erst vor einigen Tagen, als ich im Verein für Geschichte Nürnbergs mit Welser sprach. Er redete sehr viel von „guten Gedanken" Chrousts, für die Entstehung der Kreisverfassung auch auswärtige Archive heranzuziehen, und tat sehr erstaunt, als ich gegenüber den großen Verdiensten Chrousts auch Ihren und meinen Anteil hervorhob. Ich habe keinen Zweifel darüber gelassen, daß Chroust sich bisher um den Kreis überhaupt nicht gekümmert hat, daß vielmehr die Anregung zum Ganzen von Ihnen ausgegangen sei und die Ausarbeitung im Einzelnen meine Aufgabe sei, die ich mich auch allein auszuführen getraue, wenn mir nicht von anderer Seite hereingeredet werde. Welser hat ebenso wie schon vorher Kolde und Kreß[2] beteuert, daß kein Mensch daran denke, mir hereinzureden; aber für Chroust kann eben keiner garantieren. Bis jetzt ist es aber sehr gut gegangen. Chroust hat sich bisher gar nicht geregt, und seinen Wunsch, über den Fortgang auf dem Laufenden gehalten zu werden, habe ich bei der Einsendung der Gehaltsquittungen für März und April dadurch befriedigt, daß ich schrieb, die Arbeit gehe ruhig vorwärts, und besonderes sei nicht zu melden. Bedenklich wird die Sache erst, wenn einmal etwas zu melden ist. Auf alle Fälle ist das stete Mißtrauen kein allzu befriedigendes Gefühl, und ich bin doch auch in einjähriger Arbeit mit dem ganzen Stoff so verwachsen, daß ich es schmerzlich bedauern würde, wenn durch Chroust das geplante Werk scheitern oder doch nur halb vollendet werden würde.

Mit umso größerer Freude begrüße ich daher Ihren Plan oder „Traum", wie Sie es nennen, Verfassung und Entstehung sämtlicher Reichskreise bearbeiten zu lassen. Ich sehe dabei von persönlichen Neigungen und Abneigungen ganz ab, und ziehe nur die sachlichen Gründe in Erwägung, die für Ihren Plan sprechen. Ich widerstehe nur mit Mühe der Versuchung, Ihnen meine Ideen zu schildern über die Ausführung einer derartigen Arbeit; aber eine Skizze des Allgemeinen würde Ihnen nichts neues bringen, und eine eingehende Darle-

---

[1] Ludwig Freiherr von Welser (1841–1931), 1902–1909 Regierungspräsident von Mittelfranken, Mitgründer und erster Vorsitzender der Gesellschaft für fränkische Geschichte.
[2] Georg Kress von Kressenstein (1840–1911), Jurist und (nationalliberaler) Kommunalpolitiker in Nürnberg, Mitgründer und Patron des Vereins für fränkische Geschichte, Vorsitzendes des Vereins für Geschichte der Stadt Nürnberg.

Nr. 4. An Richard Fester, 27. April 1907

gung auf Grund der Ergebnisse meiner bisherigen Forschungen, die nicht nur vor 1521, sondern auch häufig in den folgenden Jahrzehnten (1524, 1526, 1530, 1535, 1542–1545, 1549, 1551, 1553–1555, 1559) auf die Bedeutung aller Kreise für die Reichsgeschichte hinweisen, eine derartige Darstellung würde schon erheblich den Rahmen eines Briefes überschreiten und den Umfang einer Denkschrift annehmen. Hoffentlich macht Ihnen Althoffs[1] Gesundheit keinen Strich durch die Rechnung.

Zu wünschen wäre auch, daß Ihr Plan[2] verwirklicht wird, bevor der erste Band der fränkischen Kreisakten druckfertig ist. Denn in ihm wird, ganz abgesehen von der allgemeinen Einleitung über die Entstehung der Kreisverfassung bis zu Maximilian, sehr viel von dem enthalten sein, was eigentlich in eine größere vom reichsgeschichtlichen Standpunkt ausgehende Bearbeitung, wie Sie sie planen, gehört. Denn ohne den stetigen Anstoß, den das Reich in seinen zahlreichen Münz-Moderations- und dergl. Ordnungen und in den Türkenhilfen gab, wäre der fränkische Kreis höchstwahrscheinlich lange vor Albrecht Alcibiades[3] gesprengt worden. Ich muß also diese Dinge auch bei Beschränkung auf Franken berühren und tue es gern, weil dadurch die fränkische Kreisverfassung auch in den Strom der allgemeinen deutschen Geschichte hineingestellt wird.

[…]

In Nürnberg gefällt es mir weit besser als in Bamberg. Es ist dort ein ganz anderer Zug im Leben, und vor allem empfinde ich es angenehm, daß man ab und zu Gelegenheit hat, interessantere Menschen als Sebert[4] zu sehen und zu sprechen. Das germanische Museum[5] wirkt in dieser Beziehung sehr veredelnd. Auch Schrötter ist im Vergleich zu Sebert ein Genuß, obwohl ich seinem Charakter nicht ganz traue. Während ich mich von Bamberg je länger je stärker fortgesehnt habe, bin ich entschlossen, hier solange zu bleiben, wie es die Rücksicht auf die Arbeit zuläßt. Nach Würzburg zieht es mich nicht, und je weiter ich in der Arbeit bin, desto schwerer kann Chroust noch einschnei-

---

[1] Friedrich Althoff (1839–1908), Jurist, einfluss- und erfolgreichster Wissenschaftspolitiker der Wilhelminischen Zeit; 1872/80 a. o. und o. Professor für französisches Zivilrecht an der Reichs-Universität (seit 1877: Kaiser-Wilhelm-Universität) Straßburg, seit 1882 Universitätsreferent im Preußischen Kultusministerium in Berlin, ebendort seit 1897 Ministerialdirektor; vgl. Arnold Sachse: Friedrich Althoff und sein Werk, Berlin 1928, S. 166–354.

[2] Richard Fester beabsichtigte, die bis dahin noch kaum erforschte Geschichte der Reichskreisverfassung umfassend und auf breiter Quellengrundlage im Rahmen eines wissenschaftlichen Forschungsprojekts bearbeiten zu lassen, als Bearbeiter war Hartung vorgesehen; siehe dazu Hans-Christof Kraus: Die alten Reichskreise als Forschungsthema im Kaiserreich. Richard Festers Bemühungen um eine Geschichte der Reichskreisverfassung (1907/08), in: Studien zur politischen Kultur Alteuropas. Festschrift für Helmut Neuhaus zum 65. Geburtstag, hrsg. v. Axel Gotthard/Andreas Jakob/Thomas Nicklas, Berlin 2009, S. 51–75.

[3] Albrecht II. Alcibiades (1522–1557), regierender Markgraf von Brandenburg-Kulmbach (1541–1554).

[4] Joseph Sebert, Archivar, Leiter des königl. bayerischen Kreisarchivs Bamberg.

[5] Gemeint ist das 1857 von fränkischen Adligen gegründete „Germanische Nationalmuseum" in Nürnberg.

dende Änderungen verlangen. Die Arbeit geht rasch vorwärts, gerade die Kreisakten bringen gegenüber Bamberg nicht allzu viel neues, weil viele Wiederholungen sich finden. Erfreulicherweise sind aber sowohl in den Ansbacher Kreisakten wie in den Nürnberger Ratsverlässen[1] zahlreiche Instruktionen erhalten, die das Leben und Treiben im Kreise in hellere Beleuchtung setzen als die längsten Kreisabschiede. Leider sind sie meist sehr lang, und jede Kürzung ist schwer, weil sie zugleich den Reiz der naiven Sprache zerstört.
[...]
              Ihr aufrichtig ergebener
                      Hartung.

Nr. 5

An Richard Fester   Wien, 3. Dezember 1907

              BAK N 1107, Nr. 104. – Hs. Original.

Hochverehrter Herr Professor!

[...]
Ihre Warnung vor gleichgültigen Details werde ich mir besonders einprägen. Ich habe schon vieles zusammengebracht, das statt in die Druckerei in den Papierkorb wandern soll; es liest sich vieles sehr nett inmitten trockener Akten, ohne daß es für die Sache von Belang ist.
Prof. Redlich[2] erwidert Ihre Grüße; ich treffe ihn häufig beim Kegelschieben. Ich soll auch sehr zart und diplomatisch andeuten, daß Sie die 2. Aufl. von Kosers König Friedrich[3] für die Mitteilungen des Instituts besprechen wollten[4]. Redlich rät dringend, die in Aussicht genommene Zahl von 5–6 Bänden Kreisakten nicht zu überschreiten. [...]
Mir geht es hier recht gut. Die archivalische Ausbeute ist vortrefflich; es ist überraschend, wie viel Material hier noch der Ausbeutung harrt, auch für die Reichsgeschichte. Von dem „Traktat über den Reichstag", den K. Rauch vor etwa 2 Jahren ohne eine Handschrift zu finden auf Grund der Drucke ediert

---

[1] Von den Stadtschreibern verfasste Protokollhefte über die Beschlüsse des inneren Rates der freien Reichsstadt Nürnberg; vgl. Eberhard Isenmann: Die deutsche Stadt im Mittelalter 1150–1550. Stadtgestalt, Recht, Verfassung, Stadtregiment, Kirche, Gesellschaft, Wirtschaft, 2. Aufl. Köln/Weimar/Wien 2014, S. 435 f.

[2] Oswald Redlich (1858–1944), Archivar und Historiker, Archivrat in Innsbruck (1882–1893), a.o./o. Professor an der Universität Wien (1893/97–1929), Rektor der Universität Wien (1911/12), Vorstand des Instituts für Österreichische Geschichtsforschung (1926–1929).

[3] Reinhold Koser (1852–1914), Archivar und Historiker, seit 1882 Archivar am Geheimen Staatsarchiv Berlin, a.o. Professor an der Universität Berlin (1884–1891), o. Professor an der Universität Bonn (1891–1896), seit 1896 Direktor des Geheimen Staatsarchivs Berlin. Bekannt wurde er durch seine grundlegende, erst zwei-, später dreibändige Biographie Friedrichs des Großen, deren 2. Aufl. 1901–1904 erschienen war.

[4] Eine Rezension Festers ist nicht erschienen.

Nr. 5. An Richard Fester, 3. Dezember 1907

hat[1], habe ich ganz en passant bis jetzt nicht weniger als drei Handschriften entdeckt. Mit den Bibliotheken lebe ich auch allmählich auf besserem Fuß. Man glaubt mir sogar schon, daß mir „gänzliche Planlosigkeit und bloßes Tändeln mit Büchern", wie es in den Bestimmungen heißt, fern liegt, und leiht mir auch Bücher, die vor 1800 erschienen sind, aus. Es gehören allerdings sehr bescheidene Ansprüche dazu, um darin ein großes Entgegenkommen zu sehen. Als Student würde ich mich hier wohl nicht recht wohlfühlen. Die „Commilitonen" sind in der Mehrzahl recht rauhe Brüder, die mit ihren dicken Knotenstöcken mehr nach Handwerksburschen als nach Studenten aussehen. Ihr Benehmen ist ja ähnlich. Der Knotenstock ist die Waffe der deutschen Studenten, die welschen und slavischen ziehen Steine und den reichlich vorhandenen Straßenschmutz vor. Sie werden sich vorstellen können, wie herrlich die Universität nach einer solchen Schlacht für das Vaterland aussieht. Bewunderungswürdig ist die Ruhe, mit der die k. k. Schutzmänner den Straßenkämpfen der Studenten zusehen. Selbst der Straßenbahnverkehr wird, um Störungen der streitbaren Studenten zu vermeiden, unterbrochen, so lange der Kampf auf der Straße ist. Erst wenn es gegen die Fensterscheiben von Privathäusern geht, schreitet die Polizei ein[2]. Ich glaube, das akademische Leben ist in Deutschland, im „Reich" wie man hier noch immer sagt, doch viel angenehmer, für Professoren und Studenten. Zum vorübergehenden Aufenthalt dagegen ist Wien, vorausgesetzt daß man das nötige Geld für die unheimlich hohen Preise hat, recht angenehm. Ich glaube, wenn ich etwas mehr Talent zum Leichtsinn hätte, würde mein hiesiger Aufenthalt mit einem großen Katzenjammer enden; denn es gibt viele Gelegenheiten zu verbummeln. Berlin, das doch auch keinen guten Ruf hat, ist tugendreich im Vergleich zu Wien. Wie still und harmlos war es dagegen in Bamberg!
    Mit den besten Empfehlungen
        Ihr aufrichtig ergebener
            Hartung.

---

[1] Karl Rauch (1880–1953), Jurist, Rechtshistoriker, Politiker und Verleger, o. Professor an den Universitäten Jena (1912–1918), Kiel (1932–1942) und Graz (1942–1948). Bei dem erwähnten Traktat handelt es sich um den „Ausführliche[n] Bericht/ Wie es uff Reichß Tägen pflegt gehalten zu werden" von 1569. Die nämliche Edition ist: Karl Rauch (Hrsg.): Traktat über den Reichstag im 16. Jahrhundert. Eine offiziöse Darstellung aus der Kurmainzischen Kanzlei (Quellen und Studien zur Verfassungsgeschichte des Deutschen Reiches in Mittelalter und Neuzeit, Bd. 1, H. 1), Weimar 1905.

[2] Die schweren Wiener Studentenkonflikte des Jahres 1907 standen im Zusammenhang mit der Forderung italienischer Studenten nach Errichtung einer italienischen Universität im Habsburgerreich (vorzugsweise in Triest) und der österreichischen Anerkennung der an italienischen Universitäten abgelegten Prüfungen. Diese „italienische Universitätsfrage" provozierte gewalttätige Auseinandersetzungen nicht nur in Wien, sondern auch an den Universitäten in Graz und Innsbruck (freundliche Mitteilung von Mag. Thomas Maisel, Leiter des Archivs der Universität Wien, 24.4.2013).

Nr. 6
An Richard Fester   Wien, 2. Januar 1908

BAK N 1107, Nr. 104. – Hs. Original.

Hochverehrter Herr Professor!

Zum neuen Jahre gestatte ich mir, Ihnen und Ihrer hochverehrten Frau Gemahlin meine aufrichtigsten Wünsche auszusprechen. Mögen Sie im hohen Norden Deutschlands einen befriedigenden Wirkungskreis finden und heimisch werden, soweit dies an einem Übergangsposten – und daß Kiel für Sie nicht mehr bedeutet, bezweifelt kein Mensch – möglich ist. Gar zu gern hätte ich das Jahr 1908 mit der Aussicht angetreten, daß ich wieder unter Ihre in jeder Hinsicht angenehme Leitung treten werde. Aber es soll anscheinend nichts daraus werden. Ob eine unserer Akademien sich zu Ihrem Plan[1] hergeben wird? Wenn bis Ende 1908 eine günstige Lösung zustandekommt, ist noch nichts verloren. Bis dahin werde ich unter allen Umständen mit der Herstellung des Manuskripts zu tun haben, auch wenn Chroust nicht störend eingreift. Bis jetzt hat er sich durchaus zurückgehalten und nur im Gespräch – er hat mich einmal in Nürnberg aufgesucht – seine große Erfahrung in der Edition von Akten rühmend hervorgehoben. In Würzburg werde ich, Ihrem Rat gemäß, mich möglichst ruhig verhalten und Sie völlig aus dem Spiel lassen. Ich will, fleißiger als im vergangenen Jahr, Sie von den Schicksalen der Arbeit unterrichten und hoffe, daß Sie mir Ihren Rat und Belehrung auch künftig nicht versagen werden, damit, wenn alle andern Auswege versperrt sind, doch noch etwas zustande kommt, das Ihren ursprünglichen Absichten entspricht.

Eine deutsche Geschichte von 1870 an halte ich für eine höchst dringende Sache. Bei Marcks' Kaiser Wilhelm[2] und Lenz' Geschichte Bismarcks[3] kommt diese Epoche gegenüber den 50er und 60er Jahren doch zu kurz; ob die große Biographie Bismarcks, an der Marcks arbeiten soll[4], diesem Mangel abhelfen wird, weiß ich nicht. So fehlt wenigstens uns jungen Leuten, für die die 70er bis 90er Jahre schon zur Geschichte, nicht zu lebendiger Erinnerung gehören, der rechte Anschluß für das Verständnis der jetzigen politischen Lage. Allerdings werden Sie an die Akten kaum gelassen werden. Für das preußische

---

[1] Festers Plan einer Geschichte der Reichskreisverfassung; siehe dazu oben, Brief Nr. 4.
[2] Erich Marcks (1861–1938), Historiker, o. Professor an den Universitäten Freiburg i.Br. (1893–1894), Leipzig (1894–1901), Heidelberg (1901–1907), an der Hamburgischen Wissenschaftlichen Stiftung (1907–1913) sowie an den Universitäten München (1913–1922) und Berlin (1922–1928); Marcks gehörte zu den akademischen Lehrern Hartungs, der in Heidelberg bei ihm studiert hatte; die erwähnte Biographie ist: Erich Marcks: Kaiser Wilhelm I., Leipzig 1897.
[3] Max Lenz: Geschichte Bismarcks, Leipzig 1902.
[4] Von dieser großangelegten, als „offiziöse" Biographie gedachten Lebensdarstellung erschien nur der erste Band: Erich Marcks: Bismarck – Eine Biographie, Bd. 1: Bismarcks Jugend 1815–1848, Stuttgart – Berlin 1909; aus Marcks' Nachlass wurde von seinem Schwiegersohn Willy Andreas herausgegeben: Erich Marcks: Bismarck und die deutsche Revolution 1848–1851, Stuttgart – Berlin 1939.

Nr. 6. An Richard Fester, 2. Januar 1908

Staatsarchiv ist das Jahr 1840 in der Regel die äußerste Grenze, und ein deutsches Reichsarchiv haben wir überhaupt noch nicht. Aber es kommt ja auch weniger darauf an, Einzelforschung zu treiben, als die wirkenden Kräfte und Gegenkräfte klarzulegen, die Entfaltung der während der Zersplitterung gebundenen Kräfte, Reichsgedanke und Partikularismus, die auswärtigen Beziehungen verständlich zu machen. Es ist vielleicht ein jugendlich vorschnelles Urteil, aber mir scheint, daß die Entwicklung des Reichs überraschend schnell auf allen Gebieten vor sich gegangen sei; daß in mancher Hinsicht auch Stillstand geherrscht hat, bestreite ich nicht. Aber wenn ich hier in Wien im 60. Regierungsjahre von Franz Joseph mir klar mache, welche Wandlungen er als regierender Kaiser und also mit vollem Bewußtsein miterlebt hat[1], wie er z. B. Bismarcks politische Laufbahn fast von ihren Anfängen an begleitet und ihr Ende noch um ein halbes Menschenalter überdauert hat, und damit vergleiche, was für das Reich heute die Bismarckische Epoche noch bedeutet, nämlich doch nur die Grundlage, nicht die Richtschnur, dann glaube ich doch zu meinem Urteil berechtigt zu sein. Eine historische Betrachtung wird daher wohl am Platze sein. Leicht wird die Aufgabe keinesfalls sein und Sie würden mit Enthüllungen nach Art der Denkwürdigkeiten Hohenlohes[2] wohl mehr Erfolg haben, als wenn Sie in Ihrer, ernste Mitarbeit des Lesenden fordernden Art die Geschichte des neuen Reiches schreiben.
[...]
          Ihr ergebener
          Hartung.

---

[1] Kaiser Franz Joseph von Österreich (1830–1916) war im Jahr 1848 auf den Thron gelangt.
[2] Chlodwig Fürst zu Hohenlohe-Schillingsfürst (1819–1901) amtierte in den Jahren 1894–1900 als dritter deutscher Reichskanzler. – Hartung spielt hier an auf dessen Memoiren: Chlodwig zu Hohenlohe-Schillingsfürst: Denkwürdigkeiten. Im Auftrage des Prinzen Alexander zu Hohenlohe-Schillingsfürst hrsg. v. Friedrich Curtius, Bde. 1–2, Stuttgart – Leipzig 1906. Diese vom Sohn des verstorbenen Reichskanzlers verantwortete Ausgabe, die dessen vertrauliche Urteile über die Umstände von Bismarcks Sturz und über den regierenden Kaiser enthielten, stieß auf stärksten Unwillen Wilhelms II. und mündete in einen öffentlichen Skandal. Der Herausgeber Curtius entging nur knapp einem Prozess wegen des von ihm beförderten vermeintlichen Verrats von Staatsgeheimnissen, und Prinz Alexander von Hohenlohe-Schillingsfürst fiel in allerhöchste Ungnade. Vgl. dazu Hans-Christof Kraus: Von Hohenlohe zu Papen. Bemerkungen zu den Memoiren deutscher Reichskanzler zwischen der wilhelminischen Ära und dem Ende der Weimarer Republik, in: Franz Bosbach/Magnus Brechtken (Hrsg.): Politische Memoiren in deutscher und britischer Perspektive, München 2005, S. 87–112, hier S. 90 f.

Nr. 7
An Richard Fester   Würzburg, 4. April 1908

BAK N 1107, Nr. 104. – Hs. Original.

Hochverehrter Herr Professor!

Ihr Brief, der mich noch rechtzeitig in Wien erreicht hat, war für mich, um in der mir durch meinen theologischen Wiener Bekanntenkreis[1] vertrauten Bibelsprache zu bleiben, ein Trostgedicht in schwerer Zeit. Ich habe mit Chroust einen, rein persönlichen Zusammenstoß gehabt[2], bei dem Chroust zwar schließlich einem sehr deutlichen „Berichte" von mir gegenüber zurückwich; aber die ganze Lage ist so, daß ich dem Zusammenleben hier mit Grauen entgegensehe. [V]iel[3] fehlte nicht, und ich hätte ihm die ganze Geschichte vor die Füße geworfen. Nun hat mich Chroust kürzlich – natürlich unangemeldet, aber ich hatte es von anderer Seite erfahren – in Wien heimgesucht und herzerhebende Töne geredet über die Notwendigkeit, die persönlichen Beziehungen wieder zu knüpfen; aber das ist ganz ausgeschlossen. Umso mehr begrüße ich die neuen Aussichten, die Ihr Brief zeigt, und werde einstweilen mit möglichster Stille hier weiterarbeiten.

Weit besser als persönlich habe ich mich sachlich mit Chroust auseinandergesetzt. In den Äußerlichkeiten wie Orthographie und dergleichen waren wir sehr schnell einig, seiner Ansicht, dass alle Aktenauszüge recht ausführlich sein müssen, habe ich laut beigestimmt mit der reservatio mentalis, mich in praxi doch der Kürze zu befleißigen. Den Akten eine darstellende Einleitung vorauszuschicken, hält Chroust seit meiner Begründung für durchaus notwendig; die heikle Frage, in welchem Verhältnis der Umfang der Einleitung zu dem des Aktenteils stehen soll, ist noch nicht berührt worden, und ich werde sie auch nicht anschneiden.

Abgesehen von dem Konflikt mit Chroust, unter dem ich auch körperlich weit mehr als er es verdient gelitten habe, ist es mir in Wien recht gut ergangen. Ich habe zum ersten Male in meinem Leben viel Verkehr gehabt und viel Anregung davon empfangen. Besonders stimmungsvoll war der aus Weltkindern und Geistlichen beider Konfessionen zusammengesetzte Mittagstisch. Und die Stadt mit ihrer Fülle von Bauten und Kunstschätzen hat doch auch in meiner Seele ästhetische Regungen geweckt. Zum Schluß bin ich noch einige Tage in Budapest gewesen, das als Stadt sich mit Wien nicht messen kann; die

---

[1] Weiter unten im selben Brief konkretisiert Hartung diese Bemerkung mit seinen Worten über den „aus Weltkindern und Geistlichen beider Konfessionen zusammengesetzte[n] Mittagstisch." – Es dürfte sich dabei um Benutzer des Wiener HHStA handeln, zu denen vermutlich auch Absolventen des Instituts für Österreichische Geschichtsforschung gehörten, das damals sehr stark von katholischen Kirchenhistorikern, die zugleich Priester waren, besucht wurde.
[2] Anton Chroust war bekannt wegen seines schwierigen Charakters und einer den damaligen akademischen Gepflogenheiten nicht entsprechenden Rücksichtslosigkeit im Umgang mit anderen Menschen; vgl. Herde: Anton Chroust, S. 39.
[3] Hartung schreibt hier „Fiel", was vermutlich der momentanen Aufregung geschuldet ist.

Nr. 7. An Richard Fester, 4. April 1908

Lage an der Donau, namentlich die Berge von Ofen in Abendbeleuchtung, sind dagegen unvergleichlich schön. Sehr interessant, aber nur für Herren, ist das Nachtleben, dem gegenüber selbst der Sündenpfuhl Wien bescheiden erscheint; in Budapest fühlt man die Nähe des Orients. Meine deutschen Sprachkenntnisse haben vollständig ausgereicht; nur Straßenbahn und Eisenbahn reden ausschließlich ungarisch. [...] Auffallend war mir die starke Hoffnung der Siebenbürger Sachsen auf ein Eingreifen des Reichs in die ungarischen Verhältnisse; viele warten darauf wie die Juden auf den Messias. Die Einsichtigeren begnügen sich mit dem Wunsch eines baldigen seeligen Todes von Franz Joseph, weil der Thronfolger[1] als energisch gilt. So weit ich sie kennen gelernt habe – ich wurde durch Zufall mit mehreren siebenbürgischen Abgeordneten bekannt – sind sie recht phlegmatische Leute; namentlich gilt das von dem Führer und ungekrönten König der Siebenbürger Sachsen, Melzer[2].

Neulich hielt Lamprecht[3] einen Vortrag in Wien über die Friedhöfe des Völkerverkehrs[4]. Was er über das Thema sagte, war nichts eben Bedeutendes; das hätte jeder sagen können. Sehr interessant aber war der Schluß, in dem er, anscheinend ohne es gewollt zu haben, auf die Amerikaner von heute zu sprechen kam und seine derzeitige Weltanschauung und Geschichtsauffassung vortrug. Er ist zur Zeit Idealist von jugendlichem Schwung; vom wirtschaftlichen und sozialen Moment war ebenso wenig die Rede als von Massenerscheinungen; die sittliche, glaubensfeste, religiöse Persönlichkeit ist zur Zeit der Grundpfeiler der Lamprechtschen Anschauung. Aber trotz dieses Widerspruchs hatte nicht nur ich, sondern auch ein Freund von mir[5], der als Schüler Belows[6] gewiß kein unbedingter Verehrer Lamprechts ist[7], den Eindruck, eine

---

[1] Erzherzog Franz Ferdinand von Österreich-Este (1863–1914). Die Ermordung des österreichisch-ungarischen Thronfolgers und seiner Gemahlin am 28.6.1914 durch serbische Terroristen in Sarajevo löste mittelbar den Ersten Weltkrieg aus.

[2] Wilhelm Melzer, Abgeordneter der Siebenbürger Sachsen im ungarischen Reichstag.

[3] Karl Lamprecht (1856–1915), Historiker, a. o. Professor an der Universität Bonn (1885–1890), o. Professor an den Universitäten Marburg (1890/91) und Leipzig (1891–1915). Der von ihm vertretene, allerdings nur mangelhaft umgesetzte Anspruch, eine neue Kulturgeschichte zu etablieren, stieß früh auf den Widerstand der Mehrheit der deutschen Historiker; seit dem „Methodenstreit" über Lamprechts „Deutsche Geschichte" (12 Bde. und 3 Ergänzungsbde., Berlin 1891–1911) sowie über seine frühen theoretischen Äußerungen (1893–1899) galt er innerhalb der deutschen – nicht der internationalen – Geschichtswissenschaft als weitgehend isoliert; vgl. Gerhard Oestreich: Die Fachhistorie und die Anfänge der sozialgeschichtlichen Forschung in Deutschland, in: derselbe: Strukturprobleme der frühen Neuzeit. Ausgewählte Aufsätze, hrsg. v. Brigitta Oestreich, Berlin 1980, S. 57–95, hier S. 78 ff.

[4] Der Vortrag blieb offenbar unpubliziert; Lamprecht beschäftigte sich in dieser Zeit intensiv mit Fragen des internationalen Wissenschafts- und Kulturaustauschs; wenige Jahre später veröffentlichte er einen Artikel mit dem Titel: Entwicklungen des geistigen Weltverkehrs, in: Vossische Zeitung, 21.6.1912.

[5] Johannes Lahusen, siehe unten, Brief Nr. 327.

[6] Georg von Below (1858–1927), Historiker, lehrte als a. o. Professor an der Universität Königsberg (1889–1891) und als o. Professor an der Akademie Münster (1891–1897) und an den Universitäten Marburg (1897–1901), Tübingen (1901–1905) und Freiburg i. Br. (1905–1924).

[7] Im Methodenstreit agierte Below als einer der schärfsten Kritiker Lamprechts.

starke, lebendige, jugendliche Persönlichkeit vor uns zu haben, die immer neu lernt und jederzeit den Mut hat, ihre Ansichten auszusprechen. Für Aktenmenschen wie mich ist es manchmal recht gut, so etwas zu finden.

Seit gestern bin ich hier in der Höhle des Löwen. Einstweilen, bis Ostern, habe ich noch eine Gnadenfrist, dann kommt Chroust von seiner Reise nach Hause. [...]

Mit Illusionen bin ich jedenfalls nicht hierhergegangen. Ich werde jeden Abend mit besonderer Beziehung die Bitte des Vaterunsers sprechen „Erlöse mich von dem Übel!" und hoffen, daß es Ihnen gelingen wird, die Bedenklichkeiten der Akademiemitglieder zu überwinden und Ihr Projekt auszuführen[1].

Mit den besten Wünschen für Ihrer und Ihrer Frau Gemahlin Erholung

Ihr ergebenster
Hartung.

Nr. 8

An Richard Fester Würzburg, 30. Juni 1908

BAK N 1107, Nr. 104. – Hs. Original.

Hochverehrter Herr Professor!

Ich bin verwegen genug, Ihrem Ruf zu folgen und die Geschichte der Kreisverfassung unter den von Ihnen angegebenen Bedingungen zu übernehmen[2]. Der Schwierigkeiten, vor allem der, das Riesenmaterial zu bewältigen, bin ich, seit zwei Jahren in den Kreisakten lebend, mir wohl bewußt. Aber sie schrecken mich nicht. Gerade in der Aufgabe, des Aktenwustes Herr zu werden und aus der Fülle von gleichgültigen und oft recht langweiligen Einzelheiten das Wesentliche herauszufinden, liegt der Reiz. Und den leitenden Gedanken für das Ganze glaube ich schon einigermaßen erfaßt zu haben. Das gibt bereits einen Maßstab für die Beurteilung von Wesentlichem und Unwesentlichem und nimmt auch der zweiten Schwierigkeit, in bestimmter Frist die Aktenberge abzutragen, ein[en] Teil der Bedenklichkeit ab. Die Befristung kann sogar heilsam wirken, indem sie von Anfang an zur Beschränkung zwingt und das Bewußtsein wachhält, daß das Sammeln von Material nicht Selbstzweck sein darf. Ebenso ist es mit der Beschränkung auf eine bestimmte Bogenzahl. Da das Hauptgewicht auf die Darstellung fallen soll, halte ich den in Aussicht genommenen Umfang für ausreichend. Die größere Freiheit, die der Darstellende vor dem Editor von Auszügen hat, ermöglicht die notwendige Pressung des Stoffs.

---

[1] Die Berliner Akademie der Wissenschaften war aufgefordert worden, über den von Fester gestellten Projektantrag einer vom preußischen Staat zu finanzierenden Geschichte der Reichskreisverfassung ein Gutachten abzugeben; das Votum fiel positiv aus. Vgl. Kraus: Die alten Reichskreise als Forschungsthema im Kaiserreich, S. 60ff.

[2] Hartung war als Bearbeiter des von Fester beantragten Forschungsprojekts zur Reichskreisverfassung vorgesehen.

Nr. 8. An Richard Fester, 30. Juni 1908

Ich übernehme den Auftrag daher rückhaltlos und danke Ihnen aufs wärmste für das rege Interesse, das Sie in dieser Sache für mich bewiesen haben. Das legt mir Ihnen gegenüber eine schwere Verantwortung auf. So sorg- und harmlos, wie ich vor 2 ¼ Jahren in Bamberg anfing, übernehme ich die neue Aufgabe nicht. Sie übergeben mir damit die Ausführung eines Lieblingsplanes, um dessen Verwirklichung Sie mit rastlosem Eifer sich bemüht haben. Gerade weil Sie mich kennen und weil ich weiß, welche Mühen und Anstrengungen Sie trotz mancher Enttäuschung es sich haben kosten lassen, bis Sie jetzt die Ausführung Ihres Gedankens unternehmen können, fühle ich mich doppelt verpflichtet, Sie nicht zu enttäuschen. Aber ich leugne nicht, daß die Aufgabe mich lockt und daß ich hoffe, sie unter ihrer Leitung durchführen zu können.

Daß der Finanzminister, „der Vater aller Hindernisse" ein Veto einlegen wird, befürchte ich nach Überwindung so vieler Fährlichkeiten nicht mehr. 5 Jahre lang wird der Staat Preußen wohl je 4500 M. zahlen können, von denen er einen Teil zudem durch Eisenbahnfahrten wieder bekommt. Schwierig wird aber die Auseinandersetzung mit der fränkischen Gesellschaft, d.h. Chroust werden. Ich habe ihn heute bei Überreichung der Gehaltsquittung gesprochen; er war eben aus Bayreuth von der Versammlung gekommen. Dort hat er – ich nehme an durch Heigel[1], der in Bayreuth war – davon erfahren, daß Sie ein Gutachten über eine generelle Geschichte aller Kreise bei der Berliner Akademie eingereicht haben. Seine Frage, ob ich das wüßte, setzte mich in Verlegenheit; ich habe sie wahrheitsgemäß mit ja beantwortet. Glücklicherweise ist er der Ansicht, die Akademie habe endgültig abgelehnt, und fragte nicht weiter. Er hält Ihren Plan für aussichtslos, meint aber, er müsse uns ein Ansporn sein, uns rechtzeitig auf die Hinterbeine zu stellen. „Wir" sind Chroust, der von sich mit Vorliebe im Pluralis Majestatis spricht.

[...]

Ich stehe Ihnen auf alle Fälle, mag die Auseinandersetzung mit Chroust enden wie sie will, zur Verfügung. Der erste Band der „Geschichte der Kreisverfassung", umfassend die Zeit bis 1555 (oder 1559) könnte verhältnismäßig bald abgeschlossen werden und erscheinen. Der Umfang wird nicht sehr groß werden; ich nehme für ihn einschließlich der Inventare etwa 30 Bogen in Aussicht. Dann könnte ein starker Band (eventuell in 2 geteilt) von 50 Bogen den Hauptteil von 1555 bis 1715 umfassen. Für das letzte Jahrhundert blieben dann noch 20 Bogen, die für die der Kürzung besonders bedürftige Zeit der Erstarrung der Kreisverfassung ausreichen.

Alles andere ergibt sich später. Ich sehne mich jetzt besonders stark von hier fort; aber vorläufig gilt es still und rein „Briefe und Akten" zu edieren. Nun ich werde jetzt keine Schwierigkeiten mehr machen. Von Ende Juli bis Anfang November wird Chroust abwesend sein. Bis zum Ende des Jahres wird ja wohl auch der Bescheid des Finanzministers da sein und die Entscheidung

---

[1] Karl Theodor (von) Heigel (1842–1915), Historiker, o. Professor an der Technischen Hochschule München (1883–1885), anschließend bis zu seinem Tod an der Ludwig-Maximilians-Universität; 1897 in den Adelsstand erhoben, Präsident der Bayerischen Akademie der Wissenschaften (1904–1915).

zwischen Chroust und der Akademie fallen. Ich werde mich jedenfalls so einrichten, daß ich Ende des Jahres der fränkischen Gesellschaft ein druckfertiges Manuskript des ersten, ganz fränkischen Bandes vorlegen kann. Angenehm wäre es mir ja, wenn die Auseinandersetzung mit Chroust schon früher erfolgte. Bei seiner Art, wie ein Zirkuspferd immer im Kreis sich zu bewegen, wird er sicher mehrfach auf Ihren Plan zu sprechen kommen, und da ist es für mich nicht leicht, die Rücksichten der Diplomatie mit denen der Wahrheit zu vereinigen. Schon jetzt habe ich Chroust gegenüber – nicht nur Ihres Planes wegen – das schlechte Gewissen, mit Jesuitentücke zwar nicht zu lügen, aber doch die Wahrheit zu verschweigen. Ein merkwürdiges Verhältnis, zwischen dem Leiter und dem Mitarbeiter, wobei mindestens auf einer Seite das Vertrauen ganz fehlt. Auf der andern Seite fehlt es, glaube ich auch; eine Lücke in Chrousts Herz würde mein Weggang jedenfalls nicht reißen.

Doch nicht mit Chroust will ich diesen Brief schließen. Möge die letzte Entscheidung bald in günstigem Sinne fallen! Wie wird die Erinnerung an die Erlanger Zeit verblassen, wenn Ihnen in Halle auch noch die Genugtuung wird, diesen Plan durchgesetzt zu haben! Zu Ihrem Ruf nach Kiel habe ich Ihnen mit einem lachenden und einem weinenden Auge gratuliert, zur Berufung nach Halle konnte ich Ihnen ohne jede egoistische Regung ganz aufrichtig gratulieren[1]. Wenn Sie nun noch mit Ihrem Projekt durchdringen, werde ich bescheiden schweigen müssen als der, der am meisten und unmittelbarsten daraus Nutzen zieht. Aber ich hoffe, Sie werden der Aufrichtigkeit meiner Gefühle für Sie vertrauen und glauben, daß ich Ihnen, auch wenn mein Egoismus nicht beteiligt ist, reichen Erfolg und volle Befriedigung in der Wissenschaft wünsche. Mögen die Hallenser Studenten Ihren Anforderungen nicht nur quantitativ sondern vor allem qualitativ entsprechen!

In aufrichtiger Verehrung
Ihr ergebenster
Hartung.

Nr. 9
An Richard Fester　　　　　　　　　　　　　　　　Würzburg, 28. Oktober 1908

BAK N 1107, Nr. 104. – Hs. Original.

Hochverehrter Herr Professor!

Ganz überraschend kam mir der Bescheid des Kultusministers nicht[2]. Selbst ein Optimist wie ich mußte bei den steten Mahnungen des Finanzministers zur Sparsamkeit stutzig werden. Wie sollte auch ein preußischer Bürokrat un-

---

[1] Richard Fester war im Juni 1908 an die Universität Halle berufen worden.
[2] Festers Projektantrag zur Finanzierung der von Hartung zu bearbeitenden Geschichte der Reichskreisverfassung wurde vom Preußischen Finanzministerium am 19.10.1908 abgelehnt; vgl. Kraus: Die alten Reichskreise als Forschungsthema im Kaiserreich, S. 67.

Nr. 9. An Richard Fester, 28. Oktober 1908

ter „sparen" etwas anderes verstehen als strikte Ablehnung alles neuen? Daß trotzdem der amtliche Bescheid eine schmerzliche Enttäuschung für mich ist, brauche ich wohl nicht erst zu versichern. Auf künftige bessere Zeiten hoffe ich nicht. Und daß sich ein privater Maecen findet, glaube ich bei der Verständnislosigkeit, die ich in den Kreisen einiger Berliner Millionäre gegenüber einer so „unrentablen" Wissenschaft wie der Historie gefunden habe, auch nicht.

Aber sollen wir deswegen, weil im deutschen Reich keine 20 000 M. aufzubringen sind, auf den ganzen großen Plan verzichten? Zur stummen Resignation sind wir beide noch zu jung. Und daß ich nunmehr mit fliegenden Fahnen in das Lager des finanziell anscheinend erfolgreicheren Chroust übergehe, trauen Sie mir hoffentlich nicht zu. Allerdings bin ich nicht in der Lage, ohne finanzielle Unterstützung den ganzen Plan auszuführen; aber eine Vorarbeit kann meiner Ansicht nach doch geleistet werden. Vielleicht haben wir dann, wenn wir einen Torso vorlegen und drohen können, daß er ewig Torso bleibt, mehr Glück als jetzt. Als eine solche Vorarbeit, die ich in etwa 2 Jahren glaube erledigen zu können, sehe ich eine Geschichte der Reichsverfassung im Zeitalter Maximilians und Karls V. an[1].

Das ist, wie Sie selbst sagen, eine innerlich zusammenhängende Epoche, die Zeit der Auseinandersetzung zwischen Kaiser und Ständen, der Begründung der Verfassung, die bis 1806 das Reich zusammengehalten hat. Meine Einleitung zu den Kreisakten bricht 1521 ohne rechten Abschluß ab; denn die Kämpfe zwischen Max und den Ständen enden ohne klare Entscheidung, und das Reichsregiment fängt 1521 gerade da an, wo auch das von 1500 hätte anfangen sollen[2]. Die Entwicklung wird nun durch die religiösen Wirren gestört. (Dabei scheint mir aber auch die Frage der Untersuchung wert, ob nicht die Verschärfung der Gegensätze auch zu klarerer Formulierung streitiger Verfassungsfragen geführt hat.) Diese Wirren sind zwar nur „ein neuer Einschlag in den genossenschaftlichen Zettel", aber doch ein neuer Einschlag[3]. Die Schmalkaldener sind zwar in vielem die bloße Fortsetzung der alten reichsständischen Opposition gegen den Kaiser, aber sie sind auch der organisierte Widerstand gegen die Reichsverfassung überhaupt[4].

---

[1] Maximilian I. (1459–1519) übte sein Herrscheramt als römisch-deutscher König zwischen 1486 und 1519 aus und nannte sich seit 1508 „Erwählter Römischer Kaiser"; Karl V. (1500–1558) regierte von 1519 bis 1530 als Erwählter Römischer Kaiser, nach der Krönung (1530 bis 1556) als „Römischer Kaiser".

[2] Das „Reichsregiment" stellte ein spezifisches, zeitlich begrenztes Sonderphänomen der Reichsverfassung dar. Der erste Versuch einer solchen ständisch dominierten, in Nürnberg situierten Zentralregierung des Reiches in Ergänzung zu den ebenfalls neu institutionalisierten Reichstagen, Reichskreisen und Reichsgerichten scheiterte 1502/03 ebenso wie der zweite Anlauf von 1521–1531. Vgl. Christine Roll: Das zweite Reichsregiment 1521–1530 (Forschungen zur deutschen Rechtsgeschichte, 15), Köln/Weimar/Wien 1996.

[3] Begriffe aus dem Weberhandwerk: Als „Zettel" werden die längsgespannten Fäden bezeichnet, während der „Einschlag" aus den nach und nach eingewobenen Querfäden besteht. Goethe hat das Gleichnis von „Zettel" und „Einschlag" häufiger verwendet.

[4] Hartung skizziert hier und im Folgenden bereits Thema und Inhalt seiner 1910 abgeschlossenen Habilitationsschrift.

Karl V. hat 1546/47 diese Opposition – aus der dem Reich eine ähnliche Gefahr der Spaltung drohte wie im 14. Jahrhundert aus den Städtebünden und andern Standesgenossenschaften – so gründlich geschlagen, daß der Gedanke des konfessionellen Bunds auf Jahrzehnte verschwindet. Darauf versucht Karl eine monarchische Restauration, die freilich scheitert und eine einheitliche interkonfessionelle Opposition weckt. Dieser fehlt jedoch anfangs (Fürstenrevolution 1552) ein positives Ziel in Bezug auf die Verfassung. Erst als der Kaiser, nachdem die Niederlage vor Metz die Ausführung seiner zweifellos vorhandenen Pläne einer erneuten monarchischen Reaktion vereitelt hat, sich ganz aus dem Reich zurückzieht und dieses in der höchst unklaren Lage des Markgrafenkriegs sich selbst überläßt, erwachen die alten reichsständischen Reformbestrebungen von neuem. Eine zentralistische Reform mit einem Reichsregiment an der Spitze ist nun freilich nicht mehr möglich; dafür wird aber in der Exekutionsordnung von 1555 eine Sicherung des Landfriedens ermöglicht, überhaupt eine dezentralisierte, ständische Reichsverwaltung in den Kreisen geschaffen.

Eine Vorarbeit für die zu erhoffende Geschichte der Reichskreisverfassung wäre diese Arbeit insofern, als die Kreise erst von 1555 an einen eigenen Wirkungskreis gehabt haben. Vorher traten sie – von der Wahl der Kammergerichtsassessoren abgesehen – fast nur auf Veranlassung der Reichstage zur Durchführung von Reichsschlüssen in Tätigkeit. (Beispiele bringt der 1. Band der fränkischen Akten.)[1] Maximilians Versuche, die Kreise zu monarchischen Institutionen umzugestalten, haben die Stände wohl veranlaßt, sich dem Ausbau der Kreisverfassung zu widersetzen. Erst 1555, nachdem der aristokratische Charakter der Reichsverfassung sicher gestellt war, ist die Exekutionsordnung ins Leben getreten; die von 1512 und 22 sind bloß schätzbares Material für den Historiker, aber nie praktisch angewendet worden.

So würde in dem hier skizzierten Rahmen das Wichtigste von dem enthalten sein, was der 1. Band des größeren Werkes enthalten sollte: die allmähliche Entwicklung der Kreise bis zur Erlangung der Selbständigkeit. Und ich glaube, dem größeren Plan wäre, wenn später einmal ein günstigeres Geschick ihm beschieden wäre, nichts verdorben. Die Geschichte der Reichskreisverfassung würde eben statt 1521 erst 1555 mit einem Rückblick beginnen.

Ich habe diesen Plan nicht erst seit Sonntag gefaßt, sondern schon vorher in eventum gründlich erwogen. Vorbedingung ist für die Ausführung Ihr Einverständnis. Er soll kein Einbruch in Ihre größeren Pläne sein, sondern ein Versuch, sich den Umständen anzupassen. Den Rahmen halte ich nicht für zu weit gesteckt, da für wichtige Epochen schon Vorarbeiten gemacht sind: bis 1521 meine Einleitung, 1521–24 Reichstagsakten, 1547–55 Druffel-Brandi und Ernst[2]. Die Durchführung erscheint mir also möglich, wenn gleich der Mensch

---

[1] Gemeint ist hier der von Hartung in dieser Zeit noch erarbeitete und ebenfalls 1910 veröffentliche erste Band der Geschichte des Fränkischen Kreises.
[2] Deutsche Reichstagsakten unter Karl V. (Deutsche Reichstagsakten, Jüngere Reihe), Bde. 2–4, hrsg. v. Adolf Wrede, Gotha 1900–1905; Briefe und Akten zur Geschichte des 16. Jahrhunderts mit besonderer Rücksicht auf Bayerns Fürstenhaus, Bde. 1–4, hrsg. v.

bloß von Exzerpten leider nicht leben kann. Aber da der Finanzminister es will, muß ich eben die vielgerühmte preußische Tugend des Sichgroßhungerns nachahmen.

Das Scheitern unserer Pläne nötigt mich auch, an die Habilitation allmählich zu denken, um das Ersitzen eines Extraordinariats möglichst früh anzufangen. Aber wo? Ein dringendes Bedürfnis nach Vermehrung der Privatdozentenanzahl scheint mir nirgends zu bestehen. Bonn lockt mich sehr; aber kann ich als Mitarbeiter von Chroust – und das bin ich doch wenigstens äußerlich – so schlankweg zu Mori[z] Ritter[1] übergehen? Jedenfalls werde ich nicht in Bayern bleiben.

[...]

Daß ich Chroust nichts von unserem Mißgeschick erzähle, ist gewiß. Das wäre ja nur Wasser auf seine Mühle mit dem steten Geklapper, daß nur er „klug und weise"[2] ist. Vielleicht weiß er es aber schon. Er ist, nach seinem Anschlag am schwarzen Brett, Mitte Oktober in Berlin gewesen. Vielleicht hat er da etwas erschnüffelt. In dem Verdacht, daß er hinten herum schnüffelt, habe ich ihn nämlich seit Nürnberg. Meine Beziehungen zur Gesellschaft werde ich mit dem Abschluß des 1. Bandes lösen. Ich kann auf die Dauer nicht unter einem Oberleiter stehen, dem ich persönlich mißtraue und dessen sachliches Eingreifen ich für schädlich halte.

Wenn Sie also meinem Vorschlag zustimmen, werde ich mich an die Geschichte der Reichsverfassung machen und so wenigstens ideell Ihr Mitarbeiter wieder werden. Formell hat es ja leider nicht sein sollen!

In aufrichtiger Ergebenheit
Ihr
F. Hartung.

Nr. 10

An Richard Fester   Würzburg, 4. Dezember 1908

BAK N 1107, Nr. 104. – Hs. Original.

Hochverehrter Herr Professor!

[...]
Die Veranlassung meines heutigen Schreibens ist rein persönlich, und es würde ganz unterbleiben, wenn nicht das Interesse, das Sie stets mir gegen-

---

August von Druffel/Karl Brandi, München 1873–1896; Briefwechsel des Herzogs Christoph von Wirtemberg, hrsg. v. Viktor Ernst, Bde. 1–3, Stuttgart 1899–1902.

[1] Moriz Ritter (1840–1923), Historiker, a. o. Professor an der Universität München (1873) und o. Professor an der Universität Bonn (1873–1911); Präsident der Historischen Kommission bei der Bayerischen Akademie der Wissenschaften (1908–1923). – Hartung schreibt hier fälschlicherweise „Moritz".

[2] „O ich bin klug und weise, und mich betrügt man nicht"; Zitat aus der Komischen Oper „Zar und Zimmermann" von Albert Lortzing (1801–1851), I. Akt, 6. Auftritt.

über bewiesen haben, mich ermutigte, an Sie in einer solchen Angelegenheit mich zu wenden. Es handelt sich um die Frage, was ich nach dem Abschluß des 1. Bandes Kreisakten anfangen soll. Als ich vor etwa 3 Wochen das druckfertige Manuskript der Einleitung (bis 1521 etwa 10 Bogen) Chroust überreichte, fand sich günstige Gelegenheit zu der Erklärung, daß ich den 2. Band nicht mehr bearbeiten wolle. Nun hat mir Chroust aber erwidert, die Gesellschaft wolle mich nicht ziehen lassen, um die Publikation nicht abreißen zu lassen. Er versprach mir außer einer namhaften Gehaltserhöhung eine goldene Zukunft in Erlangen als Privatdozent mit sicherer Professur, würde aber mich auch nach Preußen ziehen lassen, wenn ich wenigstens von dort aus den 2. Band bearbeiten würde.

Daß der Zug meines Herzens weder nach Erlangen noch zu Chroust geht, wissen Sie selbst. Und doch kann ich nicht leugnen, daß ich den Gedanken, unter günstigen Bedingungen auch noch ferner die Kreisakten zu bearbeiten, nicht ganz ablehne. Freilich ist das <u>eine</u> Bedenken immer wach: es wäre schließlich doch eine innere Unwahrheit, wenn ich um der materiellen Sicherung wegen mich jetzt auf einmal unter Chrousts Fittiche stellte.

So lebte ich in innerem Zweifel: soll ich mich an Chroust binden oder allein ins freie Weltmeer mein Lebensschifflein hinaussteuern? Dazu kommt nun in diesen Tagen ein neuer Zweifel. Einer meiner Studienfreunde in Berlin[1] schrieb mir dieser Tage, er wolle mich der Familie v. Schön vorschlagen als Bearbeiter einer Biographie Theodors v. Schön[2], welche die Familie jetzt geschrieben haben wolle. Näheres weiß ich noch nicht; die offizielle Anfrage soll erst Mitte des Monats erfolgen. Jedenfalls muß ich mich bald entscheiden. Die äußeren Umstände bei der Schönbiographie haben ja manches Verlockende. Aber Sie wissen, daß ich den Gedanken an eine Geschichte der Reichskreisverfassung noch nicht aufgegeben habe; und davon müßte ich Abschied nehmen auf lange Jahre, während die Kreisakten Bd. 2 als Vorarbeit des größeren Werks doch wieder einen gewissen Reiz bekämen.

Nun kennen Sie die beiden Stühle, Chroust und Schön, die sich mir darbieten. Sie werden sich in meine Lage hineindenken können, in die Gewissensfrage, ob ich mich auf einen setzen oder ob ich den Sprung ins Dunkle wagen soll, der vielleicht – zwischen beiden Stühlen endet. Daß ich bei den vielen Unbekannten, mit denen ich operieren muß – eine solche ist auch die Lebensdauer meines Vaters[3], von dessen Tasche ich leben muß – ich zu einer alle Zweifel lösenden Entscheidung komme, glaube ich nicht. Nehme ich einen Auftrag, ob Chrousts oder Schöns, an, so werde ich das Gefühl sicherlich nicht

---

[1] Nicht zu ermitteln; Brief nicht überliefert.
[2] Theodor von Schön (1773–1856), preußischer Verwaltungsbeamter und Politiker; 1807/08 als Geheimer Staatsrat Mitarbeiter des Freiherrn vom Stein, beteiligt an der Konzeption und Vorbereitung wichtiger Reformvorhaben, 1809 Regierungspräsident in Gumbinnen, seit 1815 Oberpräsident von Westpreußen, 1824–1842 Oberpräsident der neu geschaffenen Provinz Preußen (West- und Ostpreußen), Burggraf von Marienburg.
[3] Paul Hartung (1847–1913), Geh. Oberbaurat und Vortragender Rat im preußischen Kriegsministerium.

Nr. 11. An Richard Fester, 10. Dezember 1908

los werden, daß ich den Mut zur freien Tätigkeit hätte haben müssen; und umgekehrt werde ich mir wohl häufig, und je länger der Erfolg der Arbeit auf sich warten läßt, desto häufiger vorwerfen, allzu leichtsinnig gewesen zu sein.

Unter diesen Umständen erlaube ich mir daher die Frage: wie denken Sie über die Sache, vor allem über die gemeinsamen Pläne einer Reichskreisverfassungsgeschichte? Wenn Sie den Mut dazu haben, dann finde ich ihn, glaube ich, auch; und wenn Sie noch auf eine bessere Zukunft dieser Pläne rechnen, dann will ich mich nicht vorher anderwärts festlegen. Denn im Grunde bin ich doch der Ansicht, daß man etwas wagen soll und nicht aus Sorge für den kommenden Tag die ganze Zukunft verlieren soll.

[...]

In meinen Mußestunden höre ich zur Zeit theologische Publica[1], Kiefl[2] über das Christusproblem, Kneib[3] über das Leben Jesu, lehrreich, aber sehr sonderbar. Heute nur kurz Kiefls Beweis der Jungfrauengeburt: alle Mittel historischer Kritik haben nicht beweisen können, daß diese Stelle des Lukasevangeliums eingeschoben sei.

    Mit den besten Empfehlungen
        Ihr aufrichtig ergebener
            F. Hartung.

Nr. 11

An Richard Fester   **Würzburg, 10. Dezember 1908**

BAK N 1107, Nr. 104

Hochverehrter Herr Professor!

Für Ihren ausführlichen Brief[4] danke ich Ihnen herzlichst. Was Sie gegen die Schönbiographie[5] sagen, leuchtet mir vollkommen ein, gerade bei einem Manne wie Theodor v. Schön, der an starker Selbstüberschätzung litt. Und die rechte Stimmung hatte ich von vornherein nicht für die Sache. Schließlich bin ich doch kein Commis[6], der seine Arbeitskraft an den Meistbietenden vergibt.

---

[1] Öffentliche Vorlesungen.
[2] Franz Xaver Kiefl (1869–1928), katholischer Theologe, Professor für Neutestamentliche Exegese an den Lyzeen Dillingen an der Donau (1900–1903) und Passau (1903–1905), o. Professor für Dogmatik und Dogmengeschichte an der Universität Würzburg (1905–1911), seit 1911 Domkapitular in Regensburg, ab 1914 als Domdekan. Kiefl, der als profunder Kenner frühneuzeithistorischer Quellen u. a. auch als Lutherforscher hervortrat, stand zur nämlichen Zeit im Zentrum des in Würzburg besonders heftig ausgetragenen so genannten „Modernismusstreits"; vgl. Karl Hausberger: Franz Xaver Kiefl (1869–1928). Schell-Verteidiger, Antimodernist und Rechtskatholik, Regensburg 2003, S. 31–122.
[3] Philipp Kneib (1870–1915), katholischer Theologe, o. Professor für Moraltheologie an der Universität Würzburg (1906–1915).
[4] Nicht überliefert.
[5] Siehe Brief Nr. 10.
[6] Ältere Bezeichnung für einen kaufmännischen Handlungsgehilfen.

Nr. 11. An Richard Fester, 10. Dezember 1908

Auch mit den Kreisakten bin ich fertig. Es wäre erbärmlich und dumm, wenn ich mich durch ein paar gute Worte dazu verführen ließe, sie fortzusetzen. Erbärmlich nicht nur Ihnen gegenüber, da ich mich moralisch Ihnen umso fester verpflichtet fühle, je weniger Aussicht besteht, daß ich unter Ihre formelle Leitung wieder treten kann, sondern auch mir gegenüber; meine Stellung zu Chroust war nur solange haltbar, wie ich innerlich von ihm unabhängig war; wenn ich aber weiter mit ihm kapitulierte, dann hätte das ein Ende. Denn er ist ein so geschickter Taktiker, daß ich nicht etwa für die Weiterarbeit Bedingungen stellen, sondern nur sein Entgegenkommen dankbar annehmen könnte. Und für all diese Jämmerlichkeit gäbe es keinerlei Entschuldigung. Und es wäre zudem noch dumm; ich müßte auf Jahre hinaus auf alle Betätigung, die die fränkischen Grenzen überschreitet, verzichten. Die Arbeitskraft, neben den Kreisakten noch etwas nennenswertes zu schaffen, traue ich mir nicht zu, besonders jetzt nicht, wo ich wieder einmal allen Anlaß zu guten Vorsätzen über Schonung der Arbeitsfähigkeit habe.

Das alles hätte ich mir schon vor 8 Tagen sagen können, und ich habe es mir auch oft genug gesagt; aber es fehlten Kraft und Mut zum Entschluß, zumal bei der einseitigen Bearbeitung durch Chroust. Aber wenn ich sage, daß erst Ihr Brief den Anstoß zur klaren Entscheidung gegeben hat, so fassen Sie das, bitte, nicht dahin auf, als wollte ich Sie sozusagen dafür verantwortlich machen und mir eine reservatio mentalis[1] offen halten, für den Fall daß nicht alle Blütenträume reifen[2]. Gerade weil ich so lange geschwankt und an mir selbst gezweifelt habe, weiß ich jetzt, was ich tue und warum ich es tue, und Sie können überzeugt sein, daß <u>jetzt</u> das Schwanken ein Ende hat. Denn selbst in diesen müden Tagen, wo die geistige Spannkraft bei der reizlosen Arbeit der letzten Revision der für den Druck bestimmten Aktenstücke zu erlahmen droht, kann ich mich zum freiwilligen Verzicht auf alle Hoffnungen und Pläne, zum Selbstbegraben in Erlangen nicht bescheiden.

Materiell bin ich, wie mein Vater versichert, solange er lebt, in der Hauptsache versorgt. Von einem Privatdozentenstipendium weiß ich so gut wie nichts; erst kürzlich machte Chroust mir in tendenziöser Absicht einige Andeutungen; er stellte es natürlich als eine Art entwürdigenden Almosens hin.

Von Ihrer Erlaubnis, Sie bei Gelegenheit der Weihnachtsreise in Halle aufzusuchen, mache ich sehr gern Gebrauch. Da ich erst am 20. Dezember hier abreise, wird die Rückreise, die nicht vor dem 6. oder 7. Januar erfolgen, dazu Gelegenheit bieten. Den genauen Termin werde ich rechtzeitig mitteilen, mich selbstverständlich auch ganz nach Ihren Wünschen richten. Gegen eine Habilitation in Halle habe <u>ich</u> natürlich gar nichts einzuwenden, und nur mädchenhafte Schüchternheit hat mich gehindert, mich ohne weiteres selbst anzubieten. Ich glaube aber, damit noch warten und statt in Eile irgend ein Thema herauszureißen und als Habilitationsschrift auszuarbeiten lieber die Reichsge-

---
[1] Lat.: geheimer Willensvorbehalt.
[2] Indirektes Zitat aus Goethes Hymne „Prometheus" (1789), Vers 50, in: Goethe: Sämtliche Werke, Bd. I, S. 321.

Nr. 11. An Richard Fester, 10. Dezember 1908

schichte gründlich pflegen zu sollen. Dann brächte ich wenigstens ein ordentliches Aktivum mit. Wenn ich mich 1911, d. h. mit 28 Jahren habilitierte, wäre das wohl noch früh genug. Bei meiner mangelhaften Kenntnis akademischer Verhältnisse stelle ich das aber vertrauensvoll Ihrem Urteil anheim.

Ihren Vortrag[1] habe ich mit großem Interesse gelesen. Er stellt ziemlich hohe Anforderungen an den Leser sogar, an den Hörer vielleicht zu hohe. Aber er belohnt ein gründliches Studium reichlich. Ihre These, daß in der Schule die Säkularisation noch nicht durchgedrungen ist, kann ich aus meiner Freiburger und Berliner Erfahrung bestätigen. Als Freiburger (Breisgau) Untersekundaner hörte ich zwar von Fritz Baumgarten[2] (jetzt Privatdozent) etwas vom alten Orient, aber es blieb bei leeren Namen, und Israel und Juda wurden ganz übergangen. Als Obersekundaner in Berlin genoß ich dagegen nach dem üblichen Schema die alte Geschichte in zwei zusammenhanglosen Stücken, Sommersemester griechische, Wintersemester römische Geschichte. Erst Eduard Meyer[3] öffnete mir hier eine neue Welt, die Geschichte des Altertums.

Den Hauptreiz Ihres Vortrags aber bilden die großen Zusammenhänge, in die Sie unsere Wissenschaft hineinstellen. Wenn Sie (S. 454) Goethe, Alexander v. Humboldt, und Ranke in einem Atem nennen, dann wird man sich bewußt – oder vielmehr man wird daran gemahnt, daß nicht das Aktenedieren der letzte Zweck unseres Strebens ist, sondern unsere Wissenschaft ein Teil des geistigen Lebens ist oder wenigstens sein sollte[4]. Wenn es übrigens wahr ist, was Chroust behauptet, daß wir eine Geschichte der Historiographie von Ihnen nicht erwarten dürfen, so würde ich das gerade nach diesem Vortrag sehr bedauern. Eine Betrachtung von dem hohen Standpunkt über allen schematischen Periodisierungen, den Sie einnehmen, tut uns nicht nur für die Historiographie not. Empfangen Sie meinen besten Dank dafür, daß Sie durch die Übersendung des Vortrags mich instand gesetzt haben, ihn mit der Ruhe und Aufmerksamkeit zu lesen, die er beansprucht, aber auch verdient. Sie stellen hohe Anforderungen an den Menschen. Ich will es in meinem Interesse hoffen, daß Sie nicht an mir eine Enttäuschung erleben. Vorläufig aber will ich das beste hoffen.

In dankbarer Ergebenheit
F. Hartung.

---

[1] Richard Fester: Die Säkularisation der Historie, in: Historische Vierteljahrsschrift 11 (1908), S. 441–459; als Vortrag gehalten am 11.8.1908 auf dem Vierten Internationalen Kongress für historische Wissenschaften in Berlin.

[2] Fritz Baumgarten (1856–1913), Gymnasiallehrer, Klassischer Archäologe und Kunsthistoriker; unterrichtete ab 1893 am Berthold-Gymnasium in Freiburg i.Br., wo Hartung sein Schüler war. Baumgarten habilitierte sich 1903 an der Freiburger Universität für Kunstgeschichte, wo er 1911 zum Honorarprofessor ernannt wurde.

[3] Eduard Meyer (1855–1930), Althistoriker und Altertumswissenschaftler, a. o. Professor an der Universität Leipzig (1885), o. Professor an den Universitäten Breslau (1885–1889), Halle (1889–1902) und Berlin (1902–1923); Meyer galt nach Theodor Mommsens Tod (1903) als national wie international bedeutendster Vertreter seines Faches.

[4] Fester: Die Säkularisation der Historie, S. 454: „Aus der Verbrüderung und Selbstvergötterung des ancien régime und der Revolution löst sich die bescheidenere Humanität Herders los und ermöglicht den Übergang zu der von allem Dogmatismus befreiten rein gegenständlichen Betrachtungsweise Goethes, Alexander von Humboldts und Rankes".

Nr. 12
An Richard Fester   Charlottenburg, 29. Juni 1909

BAK N 1107, Nr. 104. – Hs. Original.

Hochverehrter Herr Professor!

Mein langes Schweigen hat einen recht natürlichen Grund; ich habe nämlich nichts zu schreiben. Das ist eben die Kehrseite der sonst ja sehr erfreulichen Verpflanzung von Würzburg nach Berlin, daß ich hier bei der Fülle von Bekanntschaften, Beziehungen und Umständlichkeiten des ganzen Betriebes zu nichts rechtem komme. Auch meine Verfassungsstudien sind noch nicht weit gediehen. Ein kleiner Aufsatz über Berthold von Henneberg[1] ist das Einzige, was ich bis jetzt fertig gemacht habe. Ich habe ihn, auf Zureden von Hintze[2], der Historischen Zeitschrift angeboten; ob ich damit Erfolg habe, muß ich abwarten, sehr großes Vertrauen habe ich nicht[3]. Für den Spätsommer plane ich eine Archivreise nach Weimar, Dresden, Wien, eventuell München. Das hiesige Archiv bietet sehr wenig.

[...]

Die Historie steht hier zur Zeit sehr in Blüte, weit mehr als in meiner Studentenzeit. Lenz hält sich freilich sehr zurück und hat den Seminarbetrieb für den Sommer wegen der Universitätsgeschichte[4] ganz eingestellt. Dagegen entfaltet Schäfer[5] eine sehr große Wirksamkeit und hat Mühe, sein Seminar auf eine noch eben übersehbare Mitgliederzahl zu reduzieren. Selbst die Privatdozenten, von denen einige aber nicht lesen, sind ganz zufrieden mit den Hörerzahlen. Der Aufschwung ist auch dem historischen Seminar zugute gekommen, das jetzt in der ehemaligen Bauakademie am Schinkelplatz würdige Räume gefunden hat. Ich bin auch ein eifriger Benutzer, da es eine sehr gute Praesenzbibliothek besitzt. Die königliche Bibliothek mit ihrer Leihfrist von 3 Wochen ist daneben zwar nicht zu entbehren, aber sehr unbequem zu benutzen.

---

[1] Berthold von Henneberg (1441–1504), seit 1484 Erzbischof und Kurfürst von Mainz, Erzkanzler des Heiligen Römischen Reiches Deutscher Nation, einflussreicher Reichspolitiker in der Zeit Maximilians I.
[2] Otto Hintze (1861–1940), Historiker, a.o./o. Professor für Verfassungs-, Wirtschafts-, Verwaltungsgeschichte und Politik an der Universität Berlin (1899/1902–1920); Hintze war der wichtigste akademische Lehrer Hartungs, er hatte auch dessen Dissertation über „Hardenberg und die preußische Verwaltung in Ansbach-Bayreuth" betreut und vermutlich angeregt.
[3] Der Aufsatz wurde von Friedrich Meinecke in das von ihm betreute Fachorgan aufgenommen und erschien noch im selben Jahr: Fritz Hartung: Berthold von Henneberg, Kurfürst von Mainz, in: Historische Zeitschrift 103 (1909), S. 527–551.
[4] Max Lenz verfasste zum einhundertjährigen Berliner Universitätsjubiläum des Jahres 1910 die offizielle Universitätsgeschichte: Max Lenz: Geschichte der Königlichen Friedrich-Wilhelms-Universität zu Berlin, Bde. 1–4, Halle a. S. 1910–1918.
[5] Dietrich Schäfer (1845–1929), Historiker, a.o. Professor an der Universität Jena (1877–1883), o. Professor an den Universitäten Jena (1883–1885), Breslau (1885–1888), Tübingen (1888–1896), Heidelberg (1896–1903) und Berlin (1903–1921).

Unter der Voraussetzung, daß unsere größeren Entwürfe sich vorerst nicht realisieren lassen, habe ich jetzt einen Plan für mein künftiges Leben entworfen. Ich will die Bundes- und Verfassungsprojekte der Jahre 1547–1555 und ihren Abschluß in der Exekutionsordnung von 1555 in einer Habilitationsschrift gesondert behandeln. Da von der Einreichung der Habilitationsschrift bis zur Habilitation wohl viel Zeit vergehen wird, so könnte ich die einheitliche Verarbeitung der verschiedenen Vorstudien zur Verfassungsgeschichte des Reichs unter Maximilian I. und Karl V. noch erheblich fördern, wenn nicht gar abschließen. Eine besondere Habilitationsschrift ist doch vermutlich in Halle vorgeschrieben.

Wegen meiner Reisepläne wäre es mir erwünscht, über die Aussichten der Reichskreisgeschichte etwas zu erfahren. Je nachdem könnte ich dann meine Reise gleich zur vorläufigen Orientierung für die Zukunft benutzen. Als Reisezeit habe ich Ende August und September in Aussicht genommen.

Mit besten Empfehlungen
Ihr aufrichtig ergebener
F. Hartung.

Nr. 13
An Richard Fester Charlottenburg, 28. Oktober 1909

BAK N 1107, Nr. 249. – Hs. Original.

Hochverehrter Herr Professor!

Für Ihre eingehende und lehrreiche Kritik meines Berthold von Henneberg[1] bin ich Ihnen sehr dankbar[2]. Die Erinnerung an die Marckssche Vorsicht ist meinem jugendlichen Ungestüm gegenüber sehr angebracht gewesen; und ich hoffe, daß bei der Neubearbeitung, die die Charakteristik Bertholds in der Reichsverfassungsgeschichte erfahren wird, Ihre Bemerkungen über die Nuancierung des Urteils Frucht tragen werden. Bei der biographischen Betrachtung schob sich mir, der ich noch dazu von der durch Berthold zweifellos verpfuschten und erst 1555 reparierten Kreisverfassung herkam, der Gesichtspunkt in den Vordergrund, daß sein ganzes Wirken doch nur eine Leimerei war; wenn man dagegen von der Reichsverfassung herkommt, dann ist Berthold doch einer der wenigen, die geleimt haben.

Band I der Kreisakten ist beinahe fertig. Gesetzt ist alles; die beiden letzten Bogen etwa sind noch umzubrechen, dann kommt noch das Register an die Reihe. Wann das Opus ausgegeben wird, ahne ich aber noch nicht. Der Umfang wird mit Register 450 Seiten nicht übersteigen. Mir ist die Freude an der Arbeit durch den ewigen Zank mit Chroust in den letzten Monaten ganz vergan-

---

[1] Siehe Brief Nr. 12.
[2] Brief nicht überliefert.

gen. Alle Augenblicke wollte er Erweiterungen und Ergänzungen; alles sollte überall gesagt werden, damit ja niemals ein Mensch was denken muß. Ich finde dagegen, daß im Aktenanhang, der nicht ganz die Hälfte des Buches ausmacht, manches hätte wegfallen können[1].

Meine Reichsverfassungsstudien sind inzwischen sehr gediehen, und der Schluß für die Zeit von 1546 bis 1555 liegt fast fertig vor. Ich habe mir daher für die Zukunft folgenden Plan gebaut, den ich Ihnen mit der Bitte um rückhaltlose Mitteilung Ihrer Ansicht über Möglichkeit und Zweckmäßigkeit der Ausführung unterbreite. Ich wollte den Schluß als selbständige Arbeit Ihnen im Lauf des nächsten Monats (November) vorlegen und je nach Ihrem Gutbefinden auch an die Fakultät bringen und meine Habilitation möglichst rasch zum Abschluß bringen, wenn es geht noch im Wintersemester oder doch spätestens im nächsten Sommer[2]. Ich hatte ja ursprünglich nicht die Absicht gehabt, so zu eilen. Aber allerlei persönliche Gründe kommen zu dem angeborenen Ehrgeiz, den ich nicht ableugne, hinzu und treiben zur Beschleunigung. Ich fühle mich hier zu Hause nicht wohl; ich gelte so halb als verkrachte Existenz, seitdem ich von Würzburg gekommen bin und wieder ganz auf die Geldmittel des Vaters angewiesen bin; aber gerade weil ich keine eigenen Einkünfte habe, komme ich aus Berlin nicht fort, wenn nicht ein triftiger Grund, etwa eine Habilitation, vorliegt. Ich glaube auch, daß es für die ganze Arbeit, d.h. die Reichsgeschichte von 1495–1555, vorteilhaft ist, wenn sie jetzt einmal unterbrochen wird und in Ruhe ausreifen kann, was sie hier zumal bei den erwähnten Verhältnissen, nie tun kann.

Wenn Sie einverstanden sind, werde ich den fertigen Teil meiner Arbeit, der ein in sich geschlossenes Ganzes ist, säuberlich abschreiben und Ihnen übersenden. Wenn Sie es zugleich für ratsam halten, daß ich mich für kürzere oder längere Zeit nach Halle begebe, um durch das Gewicht meiner Persön-

---

[1] Die Ausgabe lag Anfang des folgenden Jahres im Druck vor: Geschichte des fränkischen Kreises. Darstellung und Akten, Bd. 1: Die Geschichte des fränkischen Kreises von 1521–1559, bearb. v. Fritz Hartung, Leipzig 1910. – Der Band enthält die sehr ausführliche – eigentlich eine kleine Monographie darstellende – Einleitung Hartungs unter dem Titel „Die Entstehung der Kreisverfassung bis 1521" (S. 1–233), es folgen im zweiten Teil die Akten von 1515–1559 (S. 235–441). Anton Chroust steuerte als eigentlicher Herausgeber des Bandes und als wissenschaftlicher Leiter des Projekts eine Vorrede bei (S. XVII–XXIII), in der er seinem Vorgänger Fester „für seine erfolgreichen Bemühungen, dies wichtige Unternehmen ins Leben einzuführen", den Dank der Gesellschaft aussprach und fortfuhr: „Unter meiner Leitung hat Dr. Hartung die Arbeiten an dem nun vorliegenden ersten Band fortgesetzt und vollendet, im wesentlichen selbständig, sowohl was den darstellenden Teil als die Auswahl der mitgeteilten Akten betrifft. Mein eigener Anteil beschränkte sich darauf, einzelne verfassungsgeschichtliche Ausführungen der Darstellung präziser zu fassen und Unebenheiten der äusseren Form zu beseitigen". Immerhin fügte er hinzu: „Auch Dr. Hartung, der nach Vollendung dieses Bandes sich anderen Aufgaben ausserhalb der Kreisgeschichte zuwenden will, hat durch seinen Eifer und seinen unermüdlichen Fleiss während der drei Jahre seiner Tätigkeit im Dienste unserer Gesellschaft sich deren Dank und Anerkennung im reichen Mass verdient" (S. XXII).

[2] Die Habilitationsschrift erschien bereits im folgenden Jahr: Fritz Hartung: Karl V. und die deutschen Reichsstände von 1546 bis 1555, Halle a. S. 1910.

Nr. 13. An Richard Fester, 28. Oktober 1909

lichkeit für mich Stimmung zu machen und Lindner[1] kennen zu lernen, so werde ich natürlich sehr gerne kommen. Wenn Sie aber den ganzen Plan als verfrühte Zukunftsträume eines unerfahrenen Menschen verwerfen, so werde ich mich auch bescheiden.

Von hier weiß ich eigentlich nichts zu berichten. Die Ordinarien sind kaum zu sehen, Lenz ist immer noch sehr beschäftigt und hält kein Seminar[2]. Die Zahl der Privatdozenten wächst zusehends, und die Zahl der Anwärter ist geradezu unübersehbar. Es wird augenblicklich versucht, einen gewissen Zusammenhang zwischen den jüngeren Historikern herzustellen und sich monatlich einmal zu treffen. Aber bei dem starken Sektengeist ist nicht viel davon zu erwarten.

[...]

Von Schmollers[3] Plan einer Geschichte Karl Augusts[4] habe ich nichts weiter gehört; ich schrieb Ihnen wohl schon davon. Ich habe mich im Zusammenhang damit einmal mit dem Fürstenbund[5] beschäftigt und will, wenn ich mehr Zeit habe, diese Verbindung der preußischen Machtpolitik mit dem in der erstorbenen Kreisverfassung nicht mehr befriedigten Anlehnungs- und Bündnisdrang der Kleinstaaten noch genauer untersuchen. Überhaupt scheint es mir ratsam, das Ende des alten Reichs noch besser kennen zu lernen. Das gibt erst der Reichsreform den rechten Inhalt, daß das Reich noch bis in die Stürme der französischen Revolution bestanden hat.

Für heute genug. In aufrichtiger Verehrung
Ihr ergebenster
F. Hartung.

---

[1] Theodor Lindner (1843–1919), Historiker, Professor an der Akademie Münster (1876–1888) und an der Universität Halle (1888–1919).
[2] Siehe Brief Nr. 12.
[3] Gustav von Schmoller (1838–1917), Nationalökonom, Staatswissenschaftler und Wissenschaftsorganisator, o. Professor an den Universitäten Halle (1864–1872), Straßburg (1872–1882) und Berlin (ab 1882); Ende der 1880er Jahre begründete er die große Quellenedition zur neueren preußischen Geschichte, die Acta Borussica. Schmoller war akademischer Lehrer Otto Hintzes und Fritz Hartungs.
[4] Karl August (1757–1828), Herzog und (seit 1815) Großherzog von Sachsen-Weimar-Eisenach, Freund und Förderer Goethes. Hartungs Bemerkung über Schmollers „Plan" bezieht sich anscheinend bereits auf das sog. „Carl-August-Werk"; dazu siehe Brief Nr. 15.
[5] Der deutsche Fürstenbund entstand 1785 als Zusammenschluss der mächtigsten Reichsfürsten (ausgenommen Habsburg), um unter Führung Friedrichs II. von Preußen den Bestrebungen Kaiser Josephs II. erfolgreich entgegenzutreten; dieser hatte die Absicht verfolgt, die habsburgischen Niederlande gegen Bayern zu tauschen und damit den Machtbereich Habsburgs auf weite Teile Süddeutschlands auszudehnen.

Nr. 14
An Richard Fester   Charlottenburg, 22. Januar 1910

BAK N 1107, Nr. 249. – Hs. Original.

Hochverehrter Herr Professor!

Ich danke Ihnen bestens nicht nur für die liebenswürdige Benachrichtigung über das bevorstehende Colloquium sondern auch ganz besonders für Ihre erfolgreichen Bemühungen um die rasche Erledigung meiner Habilitationsangelegenheit. Ich werde voraussichtlich am Donnerstag nach Halle kommen.

Meinen Probevortrag habe ich, unbekannt mit den Vorschriften und Anforderungen, auf etwa ¾ Stunden eingerichtet; er läßt sich aber ohne Mühe wesentlich verlängern und wenn es sein muß auch noch verkürzen.

Als 1. Thema zur Probevorlesung werde ich, wie ich schon neulich in Halle ankündigte, „Friedrich II. und der Fürstenbund" vorschlagen. Ich glaube, daß sich darüber auch nach Ranke[1] noch manches neue sagen läßt. Zweitens denke ich an die politischen Testamente des großen Kurfürsten, Friedrich Wilhelms I. und Friedrichs des Großen, deren zusammenfassende Betrachtung einen interessanten Überblick über die innere Entwicklung des Absolutismus gibt. Und wenn es erlaubt ist, über ein mit meinen bisherigen Studien enger zusammenhängendes Thema zu sprechen, würde ich als 3. Thema vorschlagen „Kaiser Maximilian I.", über den ich schon viel Material gesammelt habe, ohne daß ich es – abgesehen von den kurzen Bemerkungen in der Geschichte des fränkischen Kreises S. 77 f. – bisher zusammenfassend hätte verwerten können[2].

Über diese 3 Themata könnte ich ohne besondere Anstrengung meine Probevorlesung halten. Über etwas ganz allgemeines möchte ich nicht gern sprechen. Für den Fall, daß das 3. Thema abgelehnt wird, habe ich noch einige „olle Kamellen" als Reserve: „Hardenberg und die Verfassung des deutschen Reichs 1805–1815" und „Die geistlichen Staaten am Ausgang des 18. Jahrhunderts". Doch halte ich diese Vorschläge lieber im Hintergrunde.

[...]

---

[1] Leopold von Ranke (1795–1886), führender und einflussreichster deutscher Historiker des 19. Jahrhunderts, seit 1825 a.o., 1834–1871 o. Professor an der Universität Berlin. Ranke veröffentlichte zuerst 1871/72 das erste Standardwerk zum Fürstenbund; vgl. Leopold von Ranke: Sämmtliche Werke, Bd. 31/32: Die deutschen Mächte und der Fürstenbund. Deutsche Geschichte von 1780–1790, Leipzig 1875.

[2] Hartung entwirft in seiner Einleitung zur Geschichte des fränkischen Kreises, S. 77 f., ein knappes, aber sehr konzises Charakterbild Maximilians, in dem es u. a. heißt, der Kaiser habe alle Misserfolge immer wieder überwunden „dank der schier unerschöpflichen Lebenskraft seiner reichen Natur. Doch gerade diese Fülle von Anlagen und Talenten, diese Frische und Kraft der Persönlichkeit bilden, so anziehend sie auch den Menschen Maximilian machen, die Hauptursache aller seiner Misserfolge. Ihm fehlte die unentbehrliche Einseitigkeit des Staatsmannes, der geradewegs auf sein Ziel losgeht, ohne sich bald nach rechts und bald nach links in die Irre führen zu lassen, der auf wünschenswertes verzichtet, um das erreichbare wirklich zu erreichen, die Fähigkeit, [...] einen Entschluss zu fassen und konsequent durchzuführen" (ebenda, S. 77).

Im Vertrauen auf die von Ihnen heilig versprochene Diskretion teile ich noch mit, daß mein Lebendgewicht – ohne Winterpaletot! – immerhin 52 Kilogramm beträgt. Vor 3 ½ Jahren waren es noch 52 ½; danach kann ich nun mathematisch berechnen, wann ich der Auszehrung zum Opfer fallen werde. Im allgemeinen fühle ich mich aber ganz wohl, wovon sie sich demnächst selbst überzeugen können. Bis dahin verbleibe ich

Ihr dankbar ergebener
F. Hartung.

Nr. 15
An Gustav von Schmoller   Charlottenburg, 6. März 1910

GStA PK, VI. HA Nl. Schmoller, Nr. 202, Bl. 65r-65v. – Hs. Original.

Hochverehrter Herr Professor!

Für Ihre Bemühungen, mir Klarheit über den Stand der Weimarer Aufgabe[1] zu verschaffen, bin ich Ihnen zu verbindlichstem Danke verpflichtet. Daß die Aussichten für mich günstig sind, ist mir natürlich besonders angenehm, und ich glaube, daß ich es daraufhin schon wagen kann, an das Material heranzugehen; selbst im ungünstigsten Fall wäre ja die an die Weimarische Geschichte im Zeitalter Karl Augusts gewendete Zeit und Mühe für mich nicht verloren. Während des bevorstehenden Sommersemesters, in dem ich über die deutsche Geschichte von 1815 bis 1871 zu lesen gedenke, werde ich allerdings die neue Arbeit schwerlich angreifen können; ich hoffe aber auf die Herbstferien.

---

[1] Gemeint ist das sog. „Carl-August-Werk", ein großes Forschungsprojekt, das kurz vor Beginn des Ersten Weltkrieges (1912/13) von der Regierung des Großherzogtums Sachsen-Weimar-Eisenach zum einhundertjährigen Jubiläum der Erhebung des Landes zum Großherzogtum (1815) initiiert wurde; die wissenschaftliche Leitung wurde Erich Marcks anvertraut. Erforscht werden sollten vor allem das Leben und politische Wirken des ersten Großherzogs Karl August sowie die Bedeutung Goethes für die Entwicklung des Kleinstaates. Vorgesehen waren eine Edition von Karl Augusts Briefwechsel, die Erarbeitung einer Biographie des Monarchen sowie eine Darstellung der inneren, vor allem verfassungs- und verwaltungsgeschichtlichen Entwicklung des Herzog- bzw. Großherzogtums unter der Regierung Karl Augusts zwischen 1775 und 1828. Diese letztere Aufgabe übernahm Fritz Hartung, empfohlen vermutlich von seinen akademischen Lehrern Schmoller und Marcks. – Vgl. Erich Marcks: Vorwort zum Gesamtwerke, in: Briefwechsel des Herzog-Großherzogs Carl August mit Goethe, hrsg. v. Hans Wahl, Bd. 1: 1775–1806, Berlin 1915, S. V–X, der hier nachdrücklich die gegenwartspolitischen Aspekte des Werks akzentuiert, sowie den knappen Überblick in: [Thüringisches Volksbildungsministerium, Weimar]: Das Carl-August-Werk, in: Zeitschrift des Vereins für Thüringische Geschichte und Altertumskunde 38 (1932), S. 720–722. Kritisch zum Carl-August-Werk W. Daniel Wilson: Das Goethe-Tabu. Protest und Menschenrechte im klassischen Weimar, 2. Aufl. München 1999, S. 30 ff., der den damaligen Bearbeitern, darunter auch Fritz Hartung, eine Tendenz zur Verschleierung und Harmonisierung der politischen und sozialen Verhältnisse im Herzogtum bzw. Großherzogtum Sachsen-Weimar(-Eisenach) vorwirft.

Wenn ich mir bei dieser Gelegenheit erlaube, Ihnen meine Habilitationsschrift[1] zu überreichen, so bitte ich das nicht als Zudringlichkeit aufzufassen, sondern darin nur einen Ausdruck der aufrichtigen Verehrung und des wärmsten Dankes zu erblicken, die ich Ihnen als einem meiner akademischen Lehrer und einem teilnehmenden Förderer meiner Studien schulde und vor meiner Übersiedelung nach Halle auch noch persönlich aussprechen zu können hoffe.

In ausgezeichneter Hochachtung
Ihr ergebenster
F. Hartung.

Nr. 16

An Gustav von Schmoller   Charlottenburg, 3. Januar 1913

GStA PK, VI. HA Nl. Schmoller, Nr. 205a, Bl. 17r-18r. – Hs. Original.

Exzellenz!

Mit der Beantwortung Ihres Briefes vom 22. Dezember[2] habe ich bisher gewartet, weil gerade in den letzten Tagen die Verhandlungen zwischen Herrn Prof. Marcks und mir über die Bearbeitung der Weimarischen Verwaltungsgeschichte lebhaft gewesen sind und ich gern über ein positives Ergebnis berichtet hätte. Dazu ist es aber noch nicht gekommen. In allen wissenschaftlichen Fragen ist eine vollständige Einigung erzielt worden; trotz der Beschränkung, die die Einordnung in ein Sammelwerk naturgemäß mit sich bringt, soll die Verwaltungsgeschichte im wesentlichen nach den Plänen, die Exzellenz vor mehreren Jahren mit mir besprochen haben, als ein Stück vergleichender Verfassungs- und Verwaltungsgeschichte bearbeitet werden. Auch an der vollen wissenschaftlichen Freiheit des Bearbeiters soll kein Zweifel bestehen. Dagegen sind mir die Absichten in materieller Beziehung noch nicht bekannt; aber ich hoffe, daß sich die Mittel finden werden, die es mir erlauben, mit ganzer Kraft an der Aufgabe zu arbeiten.

Es bedarf wohl keiner Versicherung, daß ich es unendlich bedaure, diese Aufgabe nicht unter der Leitung und mit der Unterstützung Euer [sic] Exzellenz zu übernehmen. Ich bin zu Anfang des Dezembers 1912 durch eine vorläufige Anfrage von Prof. Marcks völlig überrascht worden; daß ein Zusammenwirken sich nicht hat ermöglichen lassen, ist mir besonders schmerzlich. Euer Exzellenz mögen aber überzeugt sein, daß ich nicht allein – falls meine Verhandlungen mit Weimar und Jena zu einem günstigen Ergebnis führen[3] –

---

[1] Siehe Brief Nr. 13.
[2] Nicht überliefert.
[3] Die Verhandlungen führten tatsächlich zum Erfolg: Im Oktober 1914 begann Hartung in den Weimarer Archiven mit den Vorarbeiten für seine Darstellung der Geschichte des Großherzogtums unter Karl August. Das Ergebnis, eine fast 500 Druckseiten umfassende Monographie, sollte infolge der Ungunst der Verhältnisse allerdings erst fünf Jahre nach

bestrebt sein werde, die Aufgabe in Ihrem Sinne durchzuführen, sondern auch des Wohlwollens, das Sie mir von Anfang an in dieser Angelegenheit entgegengebracht haben, stets dankbar eingedenk sein werde.

In ausgezeichneter Hochachtung
Euer Exzellenz ergebenster
F. Hartung

Nr. 17

An Richard Fester   Weimar, 14. Oktober 1914

BAK N 1107, Nr. 249. – Hs. Original.

Hochverehrter Herr Professor!

Nachdem ich fast wie der Dieb in der Nacht aus Halle abgereist bin, hätte ich Ihnen längst schreiben sollen. Aber mein Dasein hier ist so seltsam, daß ich nichts rechtes zu schreiben weiß. Während draußen die Welt in Flammen steht, sitze ich im Archiv und lese die Geh. Canzleyacta betr. die Besetzung der Stellen im Weimarischen Regiment um 1780 mit interessanten Eingaben eines 70jährigen Leutnants, der vor seinem Tode es noch zum Kapitän bringen wollte, und was dergleichen bedeutende Angelegenheiten mehr sind. Dabei sind die Archivstunden noch meine besten Stunden hier, denn ich komme ein gutes Stück vorwärts und die Ausbeute ist nicht immer so ärmlich wie eben angedeutet. Das Thema „Goethe als Minister" glaube ich schon ziemlich erforscht zu haben und ich kann schon jetzt ziemlich gut verfolgen, wie in der Kleinlichkeit der Verhältnisse die Arbeitsfreudigkeit Goethes allmählich erstickt ist, bis er alles liegen ließ und nach Italien reiste[1]. Darüber soll das nächste Goethejahrbuch einen Aufsatz von mir bringen, vorausgesetzt, daß ich in dieser Kriegszeit die nötige Muße dazu finde, mich in eine ganz andere Welt so zu versenken, daß ich nicht nur Akten exzerpieren sondern auch darüber etwas Verständiges schreiben kann[2].

Vom Archiv abgesehen, lebe ich recht unerfreulich. Da ich einen Onkel hier zu wohnen habe, nehme ich das Mittag- und Abendessen bei ihm ein, was besser und billiger ist als im Wirtshaus, dessen Namen „Jungbrunnen" freilich auch seine Reize hat. Solange mein kriegsfreiwilliger Vetter da war und von

---

    dem Ersten Weltkrieg erscheinen: Fritz Hartung: Das Großherzogtum Sachsen unter der Regierung Carl Augusts 1775–1828 (Carl August. Darstellungen und Briefe zur Geschichte des Weimarischen Fürstenhauses und Landes. Im Auftrage der Weimarischen Gebietsregierung hrsg. v. Erich Marcks, II. Abt., Bd. 2), Weimar 1923.

[1] Goethe brach am 3. September 1786 von Karlsbad heimlich nach Italien auf.
[2] Fritz Hartung: Das erste Jahrzehnt der Regierung Carl Augusts, in: Jahrbuch der Goethe-Gesellschaft 2 (1915), S. 59–139; einige Jahre später folgte noch als weiterer Beitrag: Fritz Hartung: Goethe als Staatsmann. Festvortrag, gehalten am 10. Juni 1922, in Jahrbuch der Goethe-Gesellschaft 9 (1922), S. 295–314.

seiner Ausbildung erzählte, war das Essen auch ganz unterhaltend. Aber dieser ist jetzt mit seinem neugebildeten Regiment 224 in Metz und die Tischunterhaltung beschränkt sich seither auf die Arterienverkalkung des Onkels und die Gallensteine der Tante.

Entfliehe ich dieser häuslichen Misere, so falle ich in die Hände von Georg Mentz aus Jena[1], den Biographen des dicken Johann Friedrich von Sachsen[2], zur Zeit beschäftigt, die Geschichte der weimarischen Serenissimi vor Carl August zu erforschen[3]. Ich weiß nicht, ob Sie Mentz kennen; ich weiß aber, daß ich mich mit ihm nicht unterhalten kann, nicht einmal über die weimarische Geschichte.

Die Archivare, von denen einer im Krieg ist, sind ausnahmslos Sachsen, und damit ist wohl hinlänglich gesagt, daß mit ihnen kein verständiges Gespräch zu führen ist. Es ist mir überhaupt hier aufgefallen, wie wenig Interesse auch der gebildete Mittelstand, z.B. die Oberlehrer, am Krieg nehmen. Und dabei entschädigen die Brüder nicht einmal wie Goethe anno 13 durch ihr Interesse an der Welt. Selbst neulich am Tage von Antwerpen[4] beherrschte der weimarische Zwiebelmarkt die Unterhaltung am Stammtisch so sehr, daß ich mir geschworen habe, nie wieder hinzugehen.

So bleibt mir nichts anderes übrig, als einsam im Café zu sitzen und, nachdem ich alle interessanten Blätter gelesen habe, still nach Hause zu gehen. Ich habe zwar früher auch so gelebt, z.B. in Bamberg und Würzburg, aber ich glaube, daß ich damals auch nicht zufrieden damit war, und dann weckt der Krieg das Bedürfnis nach Aussprache.

Trotzdem habe ich vor, den Winter über hierzubleiben. Über Kiel schweigen alle Wälder[5]; das wird wohl den Winter über unbesetzt bleiben, obwohl ich mir Rodenberg[6] als einzigen Vertreter der Geschichte nicht recht vorstellen kann. In Halle zu lesen, stelle ich mir wenig erfolgreich vor, und meine hiesige Arbeit muß doch einmal gemacht werden. Ich hoffe, daß das Ministerium mir das Stipendium für das nächste Jahr doch bewilligen wird.

[...]

Mit den besten Empfehlungen für Ihre Frau Gemahlin und Sie
    Ihr aufrichtig ergebener
        F. Hartung.

---

[1] Georg Hugo Mentz (1870–1943), Historiker, ab 1910 a.o. und später o. Professor (1923–1935) an der Universität Jena.
[2] Georg Mentz: Johann Friedrich der Großmütige 1503–1554, Bde. 1–3, Jena 1903–1908.
[3] Zwei Jahrzehnte später erschien: Georg Mentz: Weimarische Staats- und Regentengeschichte vom Westfälischen Frieden bis zum Regierungsantritt Carl Augusts, Jena 1936.
[4] Antwerpen wurde am 10. Oktober 1914 nach knapp zweimonatiger Belagerung von deutschen Truppen eingenommen.
[5] Hartung hoffte um 1914/15 auf eine Berufung auf einen Lehrstuhl an der Universität Kiel.
[6] Carl Rodenberg (1854–1926), Historiker, Privatdozent an der Universität Berlin (1885–1892), a.o. Professor und o. Professor an der Universität Kiel (1892/99–1926).

Nr. 18
An Martha und Ernst Cramer Halle, 18. Januar 1915

SBB PK, Nl. F. Hartung, K 20/4. – Hs. Original.

Liebe Martha und lieber Ernst![1]

Für Eure freundlichen Glückwünsche zu meinem Geburtstag danke ich Euch herzlich. Glück kann der Mensch immer brauchen, auch der, der sich im Weltkrieg recht ungefährlich betätigt. Und da ich weiß, daß Eure Wünsche ehrlich und gut gemeint sind, so nehme ich sie um so lieber an.

Daß ich meinen Dank nicht mit der in der Familie Hartung sonst üblichen Promptheit abgestattet habe, liegt an meiner starken Betätigung. Am 15. sollte ich eigentlich meinen Aufsatz für das Goethejahrbuch abliefern[2], an dem mir viel lag, weniger weil ich ihn versprochen hatte, als weil er mir das Geld zu einer hoffentlich im Frieden verlaufenden Sommerreise verschaffen soll, das sonst die Sommervorlesung zu erbringen hatte. Etwa 100 Blätter eng beschriebenen Papiers habe ich auch, wenn auch erst vorgestern, fertig gestellt; den Rest, etwa 20, kann ich in dieser Woche in Ruhe erledigen, soweit der Mensch jetzt für Dinge Ruhe hat, die vom Kriege gänzlich fern liegen. Meine 2. Betätigung ist das Rote Kreuz, für das ich mir sogar Nächte um die Ohren schlage. Ich bin jetzt ziemlich informiert und werde in meinen Anordnungen immer unabhängiger von den Ratschlägen der beiden Putzfrauen, auf die ich mich sonst in den Frühstunden, wo niemand anderes zu erreichen war, verlassen mußte. Eine der Frauen trägt ernsthaft den schönen Namen Gottbehüt, während ich bisher angenommen hatte, das sei ein Ausruf des Erstaunens, den ihr Anblick unwillkürlich jedem entlockte. Der Reiz der Tätigkeit ist sehr verschieden, manchmal habe ich wirklich den Eindruck, daß es ganz gut ist, wenn ein verständiger Mann mit Takt und Bildung (wie ich und andere Kollegen, die sich daran beteiligen) im Zimmer sitzt; manchmal ist es aber auch sehr langweilig und man findet, daß ein Telefonfräulein auch genügen würde. Aber das läßt sich nie vorher sagen. Schwierigkeiten macht es mir nur, in zwei Telefonapparate gleichzeitig hinein zu sprechen, da ich nur einen Mund habe; das wollte heute eine aufgeregte Dame gar nicht begreifen. Die psychologischen Studien, die ich mache, sind eigentlich das Interessanteste an der Sache. Über die Frau als freiwillige Helferin ist so ziemlich alles entsetzt, alle Herren und alle Frauen außer der einen, die gerade der Anlaß des Entsetzens ist. Heute wollte z. B. wieder eine unbedingt die Erlaubnis haben, an Kriegsgefangene Liebesgaben (<u>nur</u> Kaffee und Butterbrote) zu verteilen. Selbst wenn ich wollte, dürfte ich das natürlich gar nicht erlauben, denn es ist allgemein verboten. Daß es für Leute, die südliches Klima gewöhnt sind, kein Vergnügen ist, stundenlang beim jetzigen Wetter in der Eisenbahn zu fahren, glaube ich gern. Aber im Schützengraben ist es auch für unsere Leute kein Vergnügen, und was die Ge-

---

[1] Martha Cramer, geb. Hartung, und Ernst Cramer, Schwester und Schwager Hartungs.
[2] Siehe oben, Brief Nr. 17.

fangenen brauchen, bekommen sie auch so. Um nicht am Hungertode der Gefangenen Schuld zu sein, fragte ich bei der zuständigen Militärstelle an, ob die mir sehr übertrieben scheinenden Angaben der Dame zuträfen; möglich wäre es ja immerhin, daß ein kleiner Transport einmal mit der Verpflegung zu kurz käme. Die Antwort war, daß die Brüder in Halle gespeist worden waren; von Hungern usw. konnte also keine Rede sein.

Übrigens sind die Männer auch schnurrig. Was die Frauen durch mangelnde Unterordnung unter die Bestimmungen verderben, das machen die Männer durch zu peinliche Einhaltung. Es gibt Männer, richtige gebildete Herren, die bei der harmlosesten Anfrage sofort dienstlich werden und sich streng und grob an ihre Pflicht halten. Z.B. erlebte ich neulich, als ich einen Assessor im Büro gerade ablöste, folgendes: das Telefon klingelt, der Assessor wird gefragt von irgend einer Militärbehörde nach der Telefonnummer eines Lazaretts; statt auf die neben dem Telefon hängende Liste aller hiesigen Lazarette zu sehen und die Nummer zu nennen, antwortet er, er sei keine Auskunftsstelle, woraus sich eine gereizte Unterhaltung und zum Schluß schriftliche Beschwerden ergaben. Solche Sachen, die wirklich der Rede nicht wert sind, passieren fast alle Tage. Merkwürdig ist auch die Hartnäckigkeit, mit der selbst Universitätsprofessoren dem Telefon gegenüber stehen. Ich meine nicht das Nichthörenkönnen; ich glaube gern, daß es Ohren geben kann, die sonst normal hören, aber am Telefon versagen. Aber wie man in 5 ½ Monaten nicht begreifen kann, daß bei unserm Apparat, mit dem 2 Nebenanschlüsse verbunden sind, A Amt, I eben die Nebenstelle I, II die Stelle II (was diese Stellen sind, steht auf einem Plakat über dem Apparat) bedeutet und daß man auf den Knopf der Stelle drückt, mit der man sprechen will, das ist mir unklar. Dabei hat der Mann, der das nicht begreift, sondern sich jedesmal von neuem erklären läßt, zu Hause selbst Telefon. Übrigens werde ich mir nie einen Nebenanschluß nehmen, denn nach meinen hier gemachten Erfahrungen kann die Hauptstelle jedes Gespräch mitanhören.

Heute Nachmittag war ich bei Frau Hasenclever, wo sich ein rührendes Bild entwickelte, indem sich die drei ältesten Töchter feldgrau für den Papa[1] strickend um uns herum setzten. Mama wurde durch Aufsuchen der gefallenen Maschen fast ebenso stark in Anspruch genommen wie die Töchter. Meine Braut Ilse trug die ganze Zeit ihr Weihnachtsgeschenk, einen Schulranzen, auf dem Rücken, so stolz ist sie über diesen ersten Schritt ins Schulleben. Als ich wegging, gab mir der Hund gegen meinen Willen das Geleit, wie in der guten alten Zeit, wo ich mit Hasenclever spazieren ging; da ich mir die Gunst nicht dauernd verscherzen wollte, mußte ich das Biest noch zurückbringen.

Zu Deiner Frage nach dem Begriff Mittelstand bemerke ich, daß ich uns noch sehr kräftig zu ihm rechne. Man kann natürlich nach verschiedenen Prinzipien einteilen, z.B. nach dem Rang in hohe, mittlere und niedere Beamte, oder nach der Bildung nach Hoch-, Mittel- und Volksschulbildung; aber ohne

---

[1] Adolf Hasenclever (1875–1938), Historiker, 1905 Habilitation in Halle, 1913 a.o. Professor in Halle, 1929–1938 o. Professor in Göttingen, mit Hartung befreundet.

Nr. 18. An Martha und Ernst Cramer, 18. Januar 1915

besonderen Zusatz nimmt man doch wohl das Einkommen zur Grundlage und rechnet nach reichen Leuten, Mittelstand und armen Leuten. Diese früher ziemlich einfache Einteilung liegt auch noch dem preußischen Wahlrecht zugrunde[1]. Aber durch die Kompliziertheit der modernen Verhältnisse ist die Scheidung ebenso verzwickt geworden wie das ganze preußische Wahlrecht. Für Berlin gelten andere Grenzen als z.B. für Weimar und Konstanz. In Berlin gehört doch schon ein Einkommen von 20 000 Mark dazu, um über Mittel leben zu können, in andern Städten sicher nicht mehr als 15–12 000. Nach unten würde ich aber die Grenze des Mittelstands nicht zahlen- sondern begriffsmäßig ziehen. Wer z.B. als Beamter oder in einer sicheren Lebensstellung ein ständiges festes Gehalt vielleicht sogar mit Pensionsberechtigung hat, gehört meiner Ansicht nach zum Mittelstand, während der von jeder Konjunktur abhängige Arbeiter selbst bei höherem Einkommen doch noch zur unteren Klasse gehört. Daß alle diese Grenzen fließend sind, erschwert natürlich die Begriffsbestimmung, ist aber als Erscheinung im Volksleben sehr erfreulich; gerade in den gehobenen Arbeitern, Vorarbeitern, Werkmeistern erwächst ein neuer Mittelstand.

[...]

Was sagt Ihr zum Kriege? Ich hoffe, daß die Kälte noch einige Zeit anhält, sowohl wegen Polen wie wegen des Westens. Das können wir jetzt wohl schon ziemlich sicher sagen: besiegt werden wir nicht mehr werden; ob wir so glänzend siegen werden, wie man zu Anfang hoffte, das steht ja noch dahin. Aber schon jetzt haben wir Belgien und einen Teil von Frankreich und Polen als wertvolle Faustpfänder. An Italiens Eingreifen gegen uns glaube ich kaum noch[2]. Und wenn es in Polen noch einen großen Erfolg gibt, dann hat wohl auch Rumänien genug.

Meine Bibliothek wird immer bunter. Ich habe jetzt das deutsche Weiß- das englische Blau-, das belgische Grau-, das französische Gelb- und das russische Orangebuch und erwarte noch das österreichische Rotbuch. Später wird wohl auch noch ein italienisches Grünbuch dazu kommen[3]. Die genaue Lektüre habe ich mir auf Weimar aufgespart. Später, so in 1–2 Jahren, will ich einmal historische Übungen darüber abhalten. Dadurch, daß so viele Mächte

---

[1] Gemeint ist das zwischen 1849 und 1918 in Preußen geltende, im späten Kaiserreich politisch äußerst umstrittene Dreiklassenwahlrecht, das alle Wahlberechtigten je nach ihrer Steuerleistung in drei Wahlklassen einteilte – mit starker Bevorzugung der Wohlhabenden.
[2] Italien trat, obwohl noch immer mit den Mittelmächten verbündet, am 23. Mai 1915 in den Krieg auf Seiten der alliierten Mächte ein.
[3] Gemeint sind die sog. „Farbbücher", d.h. die kurz nach Beginn des Ersten Weltkriegs erschienenen amtlichen Dokumentensammlungen der am Krieg beteiligten Mächte, die nicht zuletzt propagandistischen Zielsetzungen dienen sollten. Vgl. Sacha Zala: Geschichte unter der Schere politischer Zensur. Amtliche Aktensammlungen im internationalen Vergleich, München 2001, S. 23–47; Zala definiert die Farbbücher als „ad hoc erscheinende amtliche Druckschriften, limitierte Sammlungen diplomatischer Aktenstücke zu bestimmten (vornehmlich außen-)politischen Fragen. Sie werden von einer Regierung – häufig während oder nach einer internationalen Krise – veröffentlicht, um die (parlamentarische) Öffentlichkeit zu informieren sowie die eigene Politik zu legitimieren oder die eines fremden Staates zu kritisieren" (ebenda, S. 23 f.).

im Krieg sind und die sonst übliche Rücksicht nirgends mehr genommen zu werden braucht, wissen wir heute über den Ursprung des Krieges 1914 schon mehr amtliches als über den von 1870. Ich glaube, wenn wir neueren Historiker die Zeichen der Zeit verstehen, so können wir es wieder zu einer Bedeutung für das geistige Leben der Nation bringen, wie wir sie vor 1870 gehabt haben. Auch die Hörer werden kommen, sobald die Depression durch den Krieg aufgehört haben wird.

Drum soll es mit frischen Kräften in das neue Lebensjahr hineingehen. Und so fortan! pflegte der alte Goethe zu sagen. Möge es auch zwischen uns fortan immer so sein wie bisher.

Mit herzlichen Grüßen
Euer Fritz.

Nr. 19
An Richard Fester Weimar, 21. Februar 1915

BAK N 1107, Nr. 249. – Hs. Original.

Hochverehrter Herr Professor!

Für Ihre liebenswürdige Mitteilung danke ich Ihnen bestens. Von Frau Hasenclever hatte ich nur kurz die Tatsache, aber ohne Adresse erfahren. Nun habe ich doch gleich an Hasenclever schreiben können, das ist leider das Einzige, was man dabei tun kann[1]. Hoffentlich hat Hasenclever noch den gewaltigen Sieg mit auf dem Schlachtfeld erleben können; das muß doch ein gewaltiger Eindruck sein. Man spürt es deutlich heraus aus den Nachrichten vom Westen, wie die Leute unter der Eintönigkeit leiden. Zum Teil werden sie auch eifersüchtig auf die Ostarmee und fühlen sich zu wenig geehrt [...]

Die Entscheidung in Kiel[2] war für mich nach der gütigen Ankündigung Elsters[3] keine Enttäuschung mehr. Was den Ausschlag für A. O. Meyer[4] gegeben hat, ahne ich nicht; aber es ist ja schließlich nicht zu verwundern, wenn an manchen Stellen meine Persönlichkeit und meine Werke nicht ganz die Schätzung finden, die ich für sie hege.

---

[1] Adolf Hasenclever war an der Front schwer verwundet worden; seine rechte Hand blieb verstümmelt. Siehe auch unten, Brief Nr. 23.
[2] Nicht Hartung, sondern Arnold Oskar Meyer wurde Anfang 1915 auf den vakanten Lehrstuhl für Geschichte an die Universität Kiel berufen.
[3] Ludwig Elster (1856–1935), Nationalökonom, Dozent und Professor an der Technischen Hochschule Aachen (1883), a. o. Professor an der Universität Königsberg (1883–1887) und o. Professor an der Universität Breslau (1887–1897). Anschließend als Nachfolger Althoffs Wechsel als Vortragender Rat für Hochschulfragen ins Preußische Kultusministerium in Berlin (1897–1916); nach Ausscheiden aus dem Kultusministerium ab 1916 Honorarprofessor an der Universität Jena.
[4] Arnold Oskar Meyer (1877–1944), Historiker, a. o. Professor an der Universität Rostock (1913–1915), o. Professor an den Universitäten Kiel (1915–1922), Göttingen (1922–1929), München (1929–1936) und Berlin (1936–1944).

Immerhin war es mir gerade unter diesen Umständen ein Trost, daß aus dem Allgäu, wo ich nur Käse vermutete, ein Schulmeister[1] mich um die Erlaubnis bat, aus meiner Habilitationsschrift die Charakteristik Karls V. in ein Schullesebuch, das Auszüge aus den Werken der bedeutendsten und maßgebendsten Forscher enthalten soll, aufnehmen zu dürfen[2]. Vielleicht komme ich auf diese Weise noch einmal an eine katholische Universität.

Meine Neigung, die akademische Laufbahn freiwillig aufzugeben, Archivar zu werden und den Rest meines Lebens als verkanntes Talent schimpfend und grollend zuzubringen, wird durch den erneuten Aufenthalt in Weimar wieder gründlich abgekühlt. In Friedenszeiten für kurze Zeit ist es ja sehr schön hier, namentlich wenn irgend eine Tagung mit vielen Fremden hier ist. Aber jetzt ist es hier sehr öde, und das Urteil über die Kollegen in Halle wird wesentlich milder. Ich wohne wie ein Student höchst ungemütlich, bei meinen Verwandten bin ich auch nicht im richtigen Element, die Leute, die ich kenne, sind sächsische Oberlehrer und Archivare, da bleibt wirklich nichts anderes als zu arbeiten.

Übrigens darf ich zur Zeit eigentlich gar nicht daran denken, daß es sich in Halle angeregter lebt als in Weimar, denn wenn ich nicht seit dem September Landsturminfanterist in Weimar wäre mit der Pflicht, binnen 48 Stunden zum Dienst bereit zu sein, dann stünde ich jetzt mit den Hallischen Altersgenossen „im Schrappnellfeuer" in Polen oder sonst irgendwo als Arbeitssoldat. Ich bin im allgemeinen kein Anhänger des Sich-Drückens in wichtigen Dingen; aber daß ich vorläufig diese Seite des Kriegsdienstes nicht kennen lerne, das ist mir doch ganz angenehm. Wenn schon, dann doch lieber richtiger Soldat. Ob aber meine Altersklasse zum Dienst mit der Waffe herangezogen wird, das ist noch sehr zweifelhaft.

[...]

Mit besten Grüßen und Empfehlungen an Ihre Frau Gemahlin
Ihr sehr ergebener
F. Hartung

Nr. 20
An Richard Fester **Weimar, 9. März 1915**

BAK N 1107, Nr. 249. – Hs. Original.

Hochverehrter Herr Professor!

Für die freundliche Benachrichtigung von dem Rostocker Vorschlag[3] danke ich Ihnen bestens. Ich habe von anderer Seite bis jetzt gar nichts darüber

---

[1] Nicht zu ermitteln.
[2] Das Buch ist nicht erschienen.
[3] Der Brief Festers ist nicht überliefert. Vermutlich wurde daran gedacht, Hartung auf ein Rostocker Extraordinariat für Geschichte zu berufen, das Arnold Oskar Meyer bis zu seiner Berufung nach Kiel innegehabt hatte.

gehört und warte nun geduldig die weitere Entwicklung der Dinge ab. Wie die Entscheidung auch ausfallen mag, darüber bin ich mir schon heute klar, daß ich auf alle Fälle unzufrieden sein werde. Denn daß ein Extraordinarius in Rostock eine befriedigende Lehrtätigkeit finden wird, scheint mir fast unmöglich; und ich fürchte, es gibt in Rostock nicht einmal genug Junggesellen, um mit Humor das Junggesellenleben zu ertragen. Aber andererseits habe ich auch wenig Neigung, die etwas prekäre Privatdozentenexistenz ad infinitum fortzusetzen, würde also in Ermangelung eines besseren Schicksals auch ein Extraordinariat in Rostock annehmen und jedenfalls ärgerlich sein, wenn es einem andern zu Teil wird.

Ich entfalte hier eine sehr eifrige Tätigkeit und verschlinge Akten, als ob ich vor dem 1. April noch fertig werden müßte. Außer dem Archiv benutze ich jetzt auch das Kultusministerium, wo ich mit einigen Kanzleibeamten zusammen in einem etwas an Fausts Arbeitszimmer erinnernden Raum hause[1]. So dringe ich nicht nur durch Aktenstudium in den Geist der Kleinstaaterei ein, sondern auch durch das Miterleben der gegenwärtigen Regierung. In den Nachmittagsstunden werden nämlich die im Lauf des Vormittags angefertigten Reinschriften durch lautes Vorlesen mit den Konzepten verglichen; so erfahre ich, außer manchem, das besser geheim bliebe vor den Ohren eines nicht auf das Dienstgeheimnis Vereidigten, täglich die Namen derjenigen, die ihren Dank für den Weißen Falkenorden[2] bei der Allerhöchsten Stelle niederlegen wollen und sich dazu der Vermittlung des Kultusministeriums (Hausdepartement) bedienen. Ein anderer Geschäftszweig, der gut gedeiht, ist es, den zu Reserveleutnants beförderten Volksschullehrern das Zivilgehalt zu sperren.

Meine Ausbeute an Anekdoten ist dieses Mal gering. Dagegen finde ich wissenschaftlich immer mehr, je mehr ich ins 19. Jahrhundert vordringe. Ich glaube schon jetzt versichern zu können, daß nicht die Zeit wo Goethe regelmäßig im Conseil saß, sondern die Zeit Voigts[3] und Gersdorffs[4], überhaupt der Übergang aus der guten alten Zeit zum modernen Staat der interessante Teil meiner Arbeit ist.

---

[1] Die Studierzimmer-Szenen im „Faust" spielen nach Goethes Regieanweisung für den Beginn der „Nacht"-Szene des ersten Teils „[i]n einem hochgewölbten, engen gotischen Zimmer"; Johann Wolfgang Goethe, Sämtliche Werke, Artemis-Gedenkausgabe, hrsg. v. Ernst Beutler, Zürich 1977, Bd. 5, S. 155.

[2] Hausorden der in Sachsen-Weimarer-Eisenach regierenden Fürstendynastie der ernestinischen Wettiner (auch: Hausorden der Wachsamkeit oder vom weißen Falken); gestiftet 1732 von Herzog Ernst August I., erneuert 1815 durch Großherzog Carl August.

[3] Christian Gottlob von Voigt (1743–1819), Geheimer Rat der Sachsen-Weimar-Eisenachischen Staatsregierung, 1807–1815 Oberkammerpräsident, 1815–1819 Präsident des Staatsministeriums.

[4] Ernst Christian August Freiherr von Gersdorff (1781–1852), 1811–1819 Präsident des Kammerkollegiums, 1819–1848 Präsident des Staatsministeriums im Großherzogtum Sachsen-Weimar-Eisenach.

Demnächst soll der Briefwechsel Carl Augusts mit Goethe als erster Teil des „Carl-August-Werks" herauskommen[1]. Marcks soll ein Vorwort schreiben[2]. Die ersten Verhandlungen darüber haben hier allenthalben laute Klagen über seine Unentschlossenheit hervorgerufen; man wisse nie, ob er ja oder nein meine. Marcks wie er leibt und lebt. Mich hat seine Art bis jetzt nicht gestört, wenigstens nicht, seitdem ich meinen Vertrag abgeschlossen habe. Und Sie werden sich auch nicht darüber wundern, daß Marcks hier nicht als der große Organisator auftritt.

Angeblich soll ich hier noch Soldat werden. Wenn das nicht der Fall ist, komme ich auf Ostern nach Halle zurück. Sie werden dann vermutlich verreist sein, denn ich nehme an, daß Sie die Erholung außerhalb von Halle suchen werden.

Mit besten Empfehlungen, auch an Ihre verehrte Frau Gemahlin

Ihr sehr ergebener

F. Hartung.

Nr. 21

An Marie Hartung [Lahr (Baden)], 5. April 1915

SBB PK, Nl. F. Hartung, K 20/1. – Hs. Original.

Meine liebe Mama![3]

[...]

Ich tue wohl am besten, wenn ich, selbst auf Gefahr der Wiederholung geistreicher Witze, meinen militärischen Lebenslauf von Anfang an erzähle. Am 24. III. schlief ich zum letzten Mal wie ein Kavalier in einem guten Bett und bis zu einer bürgerlichen Zeit. Dann setzte ich eine Hornbrille und eine Reisemütze auf, nahm meinen Handkoffer, dessen Schlüssel ich hier beilege, in die Hand und ging nach dem Versammlungsort. Unterwegs fanden sich außer vielen Kameraden auch Soldaten vom Regiment 171 (Friedensstandort Colmar, nicht <u>14</u>. Armeekorps, überhaupt vorläufig kein Korps oder Division) ein, worauf mir klar wurde, daß die Reise nach Süden gehe. Dann begann das Militärische mit 3stündigem Herumstehen, Verlesen von Listen usw. Um 12 Uhr stiefelten wir in Marschkolonne zu 4 Mann in der Reihe nach der Bahn und wurden verladen, 10 Mann im Abteil 3. Klasse. Essen hatten wir mit, trinken mitzubringen hatten wir vergessen, kaufen konnten wir nichts. So war die Stimmung zunächst wenig heiter, auch war den Familienvätern der Gedanke einer Trennung von Familie u. Geschäft nicht angenhm. In Erfurt kam noch ein neuer Transport, sodaß wir etwa 900 Mann wurden. In meinem Abteil

---

[1] Briefwechsel des Herzogs-Großherzogs Carl August mit Goethe, hrsg. v. Hans Wahl, Bde. 1–3, Berlin 1915–1918.

[2] Siehe oben, Brief Nr. 15, Anm. 82.

[3] Marie Hartung, geb. Eckardt (1856–1938).

saß zunächst noch ein Mann mit Brille, Lehrer seines Zeichens und mit all den unerfreulichen Erscheinungen des Halbgebildeten. Ferner war ein Nachbar aus Halle da, ein uneheliches Kind vom Advokatenweg. Das Übrige war nichts auffallendes, außer einem munteren Malermeister aus der Jenaer Gegend, der für Unterhaltung sorgte. Der Zug fuhr blödsinnig langsam, um 6 Uhr waren wir in Bebra zur Kriegsverpflegung. Es klappte alles sehr gut, und man konnte es ganz gut genießen. Dort in Bebra tat ich auch den ersten schaudernden Blick in eine Militärlatrine, inzwischen habe ich mich an die Benutzung des hier freilich besser gebauten Instruments ganz gut gewöhnt. Dann fuhren wir weiter in die Nacht hinein. In Frankfurt a. M. Trompetensignale, Aussteigen, Liebeskaffee[1], aber ohne Organisation, sodaß die wenigsten Leute etwas bekamen. Dann wieder weiter in die Nacht, bei strömendem Regen in Durmersheim wieder Kriegsverpflegung mit militärischer Organisation: Antreten in Reihen, dann im nächtlichen Dunkel Empfang eines sich feucht anfassenden Stücks, das sich als Schwartenmagen herausstellte, dazu Kaffee und Brot. In Offenburg bekam ich die letzte Zeitung für mehrere Tage. Um 10 Uhr in Lahr, der Regen hatte glücklicher Weise aufgehört. Köfferchen in die Hand, Marsch nach der Infanteriekaserne, alles wie in Weimar sehr wenig festlich. In der von Vater gebauten Kaserne wieder Antreten in langen Reihen, ein Teil kam in die Baracken, wir haben das bessere Los gefunden und sind in die neu gebaute, noch nicht überall fertige Artilleriekaserne gekommen. Dort provisorisches Einrichten, danach ohne Mittagessen Antreten zur Untersuchung. Diese verlief sehr oberflächlich. Man trat in voller Mannesschönheit vor den Stabsarzt; wer Gebrechen hatte, gab sie an und wurde je nach der Schwere des Falles Arbeitssoldat (was ich nicht für gesünder halte) oder Garnisondienstfähiger (zum „Wache schieben"). Oder der Gebrechliche wurde genau untersucht und als gesund befunden und mit heftigen Worten als felddienstfähig erklärt; hätte ich einen brauchbaren Beruf, so wäre ich wohl Arbeitssoldat geworden.

Dann ging es zum „Verpassen" der Sachen. Verpassen ist wohl so aufzufassen wie „versetzen, versingen usw.", also nicht passen. Immerhin fand ich einen Waffenrock von einer solchen Schöne, wie ich es nie geglaubt hätte. Er schlottert weder um die Brust noch sind die Ärmel zu kurz, also tipp topp. Weniger schön ist die Hose, die stark geflickt, dafür aber zu kurz ist. Auch mit der Halsbinde bin ich nicht zufrieden, und ich habe mir schon eine eigene bestellt. Sonst werfe ich dem Kommiß kein Geld nach und laufe so herum, wie er mich ausstattet.

Nachdem wir also zu Soldaten geworden waren, ging es wieder in die Artilleriekaserne und man richtete sich so häuslich ein wie es ging. Wir sind unserer 16, darunter ein entschieden geistig Minderwertiger, der Arbeitssoldat[2] ist, ferner eine etwas dunkle Existenz, die schon viel erlebt hat, aber sehr

---

[1] Gehörte zu den sog. „Liebesgaben", d. h. freiwillige Lebensmittelspenden der Bevölkerung für die Soldaten.
[2] Arbeitssoldaten, organisiert in militärischen „Arbeiterabteilungen", durften als Vorbestrafte oder wegen Aberkennung der bürgerlichen Ehrenrechte nicht in der Truppe dienen; sie waren beschäftigt mit Arbeiten aller Art für militärische Zwecke.

Nr. 21. An Marie Hartung, 5. April 1915

amüsant ist; die wenigsten verdienen eine besondere Charakteristik. Wir vertragen uns – mit einer Ausnahme, die sich zu vornehm dünkt – sehr gut, und der Geist, der unter uns herrscht, ist sehr erfreulich. Fast alle sind der Ansicht, daß wir alten Leute über die üblichen Rekrutenpäße des Sachenversteckens usw. hinaus sind und daß wir uns nichts zu Schulden kommen lassen sollen. So haben wir bei allen Stubenrevisionen sehr gut abgeschnitten.

Mit dem Dienst bin ich, wie ich immer wieder versichern muß, sehr zufrieden, und er bekommt mir ausgezeichnet. Daß ich nicht mit 20jährigen Kriegsfreiwilligen sondern mit 32–35jährigen Landstürmern konkurriere, ist für mich entschieden ein Vorteil, ich bin weder der Schwächste noch der Ungeschickteste, und bin überzeugt, daß ich gut durchhalten werde. Meine warmen Sachen genügen vollkommen, sodaß ich mich trotz der wenig freundlichen Witterung noch nicht erkältet habe. Besondere Erlebnisse waren noch nicht. Daß ich mit dem Gewehrkolben weniger gut umzugehen weiß als mit der Feder, ist bis jetzt noch nicht anders geworden. Dagegen glaube ich für Felddienst Neigung und Verständnis zu besitzen; der bis jetzt einzige Marsch hat mir sehr viel Freude gemacht.

Besondere Reize hat die Instruktionsstunde. Das Unterrichten und das Fragen ist eine Kunst, die nicht ohne weiteres mit militärischer Rangerhöhung erworben wird. Weder der Unteroffizier, noch der Vizefeldwebel, noch der Leutnant besitzen sie. Was unterrichtet wird, ist für unsereinen auch nicht immer interessant. Aber für manchen Kameraden ist der Unterricht in körperlicher Reinlichkeit nicht ganz unnötig.

Für mich hat der Dienst manches Gute. Abgesehen von der geistigen Ausspannung und der vielen körperlichen Bewegung ist auch für meinen Charakter die Sache sehr nützlich. Zwar zum Mundhalten beim Angeschnauztwerden usw. habe ich noch keine rechte Gelegenheit gehabt und die Redeform des Haben Herr Feldwebel ist mir ja geläufig genug. Aber wer sich schon als alten Junggesellen mit unverrückbar festen Lebensgewohnheiten und einer Neigung zur Einsamkeit zu fühlen begann, für den ist eine Umkrempelung der ganzen Lebensweise ganz gesund. Hätte ich geheiratet, so würde ich mich über sehr vieles ärgern, was ich anders machen müßte als ich gewohnt war. Nun ist es verfluchte Pflicht und Schuldigkeit und geht großartig.

[...]

Herzliche Grüße
Fritz.

Nr. 22

An Richard Fester   Lahr (Baden), o. D. [Mitte April 1915]

BAK N 1107, Nr. 249. – Hs. Original[1].

Hochverehrter Herr Geheimrat!

Wenn die dienstfreie Zeit nicht so verflucht knapp wäre, so hätte ich Ihnen längst über mein militärisches Leben berichtet. Aber gleich nach Ostern kam der Ernst des Lebens an uns heran. Spreu und Weizen wurden geschieden. Wer nicht felddiensttauglich war, wurde zur Standort-Kompagnie versetzt und muß dort Arbeits- und Garnisondienste tun. Der felddiensttaugliche Rest, etwa 2/3 des alten Bestandes, wird jetzt kräftig herangenommen. Wir haben doppelt so viele Unteroffiziere als zu Anfang, und um auch in unseren Mußestunden militärischen Geist um uns zu haben, ist uns ein Reservist als Stubenältester zugeteilt worden. Ferner haben wir Tornister usw. empfangen und sehen wie richtige Soldaten aus.

Ich will zwar nicht behaupten, daß ich besondere kriegerische Talente besitze. Aber ich darf doch versichern, daß ich mich in das Soldatenleben sehr gut hineingefunden habe. Mein Körper hält alles, was ihm zugemutet wird, ohne besondere Anstrengung aus; freilich ist das Kriechen mit Tornister und das Sprung auf, Laufschritt Marsch, Marsch! auch für Leute ohne Embonpoint kein Kinderspiel. Auch geistig bin ich dem Militär durchaus gewachsen, nicht bloß den Anforderungen, die es an den Geist stellt, sondern auch den Entbehrungen, die es unsereinem auferlegt. Ich habe überhaupt den Eindruck, daß sich die Gebildeten leichter in die militärische Unterordnung hineinfinden als die Halbgebildeten. Namentlich Kaufleute und Volksschullehrer haben andauernd zu klagen über die Kränkung Ihrer vermeintlichen Individualitäten, und deshalb fallen sie ständig auf. Ich bin dagegen allem Unteroffiziersschimpfen gegenüber kühl bis ins Herz. Freilich kann ich auch noch über niemand klagen; es ist bis jetzt alles gut gegangen.

Da ich zu den Optimisten gehöre und hoffe, dereinst wieder nach Halle heimzukehren, so begnüge ich mich mit kurzen Andeutungen meines Dienstlebens und behalte mir vor, Einzelnes später mündlich ausführlicher zu erzählen. Ich lebe das neue Leben mit vollem Bewußtsein durch und führe so gut Tagebuch, daß manchem Stubenkameraden schon die Hoffnung auf ewigen Nachruhm erwächst. Aber Individualitäten, die Anspruch auf Einzelschilderung haben, sind es eigentlich nicht, bloß Typen, der Kaufmann [...], der sich mehr dünkt als seine Brüder, die einfachen Bauern usw. Etwas, was mir erst jetzt klar wird, ist der Begriff des Pechvogels. Es ist unglaublich, wie viel wirkliches und unverschuldetes Pech gerade die Leute haben, die durch Dummheit und Ungeschick auch sonst schon genug auffallen.

---

[1] Mit Bleistift ist (augenscheinlich vom Empfänger) oben auf dem Brief das Datum vermerkt: 20.4.15, wobei es sich um das Empfangsdatum handeln dürfte; der Brief ist also auf Mitte April zu datieren.

Nr. 22. An Richard Fester, o. D. [Mitte April 1915]

Aus einer schönen Photographie, die ich an Hasenclever geschickt habe, ist zu ersehen, wie hervorragend ich zum Kommiß passe. Manches von dem üblichen Kasernenleben findet freilich nicht ganz meinen Beifall, so z. B. das Essen, das überdies nicht einmal reichlich ist, auch das intime Zusammenleben mit 13 Leuten, die einem fast keinen Augenblick zum eigenen Leben u. Treiben lassen, wäre ich gerne los, aber im Ganzen wundere ich mich selbst, wie wenig ich unter der Kaserne leide. Freilich hausen wir in einem ungezieferfreien Neubau, und für die sehr nötige, aber den Kameraden meist unsympathische Lüftung sorgt der Fiskus, indem er uns beharrlich eine Fensterscheibe verweigert. Die geistige Absperrung, die in den ersten Tagen recht empfindlich war, hat jetzt aufgehört, indem ich regelmäßig die Vossische Zeitung bekomme und gelegentlich auch Abends zum Essen und Lesen in die Stadt gehen kann.

Unser Dienst läßt an Ausdehnung nichts zu wünschen übrig. Auch der Sonntag wird kräftig herangezogen. In der Regel fangen wir um 7 Uhr an und hören um 7 Uhr auf mit 1 ½-2 Stunden Mittagspause; seit einigen Tagen ist der Anfang auf 6 Uhr oder auch 5 ½ Uhr verlegt, dafür hören wir aber auch erst um 7 ½ Uhr auf. Als Lohn winkt uns angeblich zu Ende dieser Woche der Abschluß des Rekrutenlebens, der Übergang zum Bataillon, der schlechtere Quartiere, aber besseres Essen und mit der feldgrauen Uniform weniger Putzerei bringen soll. Für das andauernde Putzen (wir haben weiße Patten) habe ich mich nämlich auch nicht begeistern können.

Der Dienst ist ganz verständig, wenigstens im Prinzip. Eigentlicher Drill kommt kaum in stärkrem Maße vor, als für Leute meines Alters mit oft erstaunlich geringem Verständnis für das Militärische notwendig ist. Hauptsache ist Schützendienst, sowohl Schießen wie Bewegung in der Schützenlinie. Die Ausführung der verständig erdachten Ausbildungspläne leidet freilich in der Praxis unter dem geringen Lehrtalent, das viele Unteroffiziere auszeichnet. Mancher von ihnen würde sich fast zum akademischen Lehrer eignen, so sehr kann er einfache Dinge unklar ausdrücken. Am komischsten wirkt die pädagogische Unbehilflichkeit im „Unterricht", der Instruktionsstunde der Fremdwörterzeit. Die Unteroffiziere benutzen ihn meist zur Erzählung eigener Erlebnisse; der Vizefeldwebel (im Zivil Theaterregisseur) ist meist auch nach ½ Stunde mit seinem Thema durch und läßt dann nach mehrmaligem Seufzen Griffe kloppen[1].

Besonderer Wert wird auf Befehl des Hauptmanns auf den Gesang gelegt. Ich habe deshalb auf meine alten Tage noch Gesangsstunden. Sie bestehen darin, daß das ganze Depot (etwa 200 Mann) im Kreis um einen kleinen Platz herumläuft und Lieder singt (in Marschkolonne). Als sich neulich wenig Lust und Liebe für diesen Unterricht zeigte, wurde uns die Wahl gestellt, entweder mit Liebe zu singen oder durch Laufschritt uns erst in die nötige Stimmung zu versetzen. Darauf sangen wir mit der vorgeschriebenen Begeisterung.

---

[1] Gemeint ist: mit dem Gewehr exerzieren, Gewehrgriffe üben.

Durch Gesang verschönern wir uns auch die verschiedenen Arten von Putzstunden, unter denen sich das Stiefelschmieren besonderer Beliebtheit erfreut. Der Stiefel wird eingefettet und etwa ½ Stunde lang mit der Hand geknetet, bis er ordentlich weich ist. Wenn man hinterher das nötige warme Wasser hätte, um die Hände zu reinigen, wäre es ganz hübsch. So betrachte ich mit wachsendem Kummer meine Hände, die ihre frühere Zartheit anscheinend für immer verlieren. Über das erste Stadium, wo ich sie mir am Gewehr und ähnlichen ungewohnten Instrumenten blutig riß, bin ich schon heraus; alle Wunden heilen und die Haut wird dick, rot, rauh und schwielig.

Zu einer Einzelphotographie werde ich mich wohl erst in Feldgrau entschließen, da ich mir jetzt noch nicht hübsch genug vorkomme. Aber ich bin doch erstaunt, daß ich mich in die Uniform überhaupt hineingefunden habe. Der Waffenrock sitzt fast elegant, Ärmel normal lang, Brust nicht zu weit. Nur die Hose bildet für den Zugführer, den Kammerunteroffizier und mich ein Schmerzenskind. Die erste saß oben, war aber unten viel zu kurz und mußte auf Befehl des Zugführers umgetauscht werden. Nun bekam ich eine, die unten lang genug ist, aber oben eine Weite hat, in die ich in Jahren kaum hineinwachsen werde. Infolgedessen ist der durch den Stoffüberfluß betroffene Körperteil auch neulich beim Kriechen im Gelände aufgefallen und es wurden ihm in der etwas rauhen Militärsprache für den Ernstfall erhebliche Verletzungen prophezeit.

Ein Raum zu psychologischen Studien ist die Kantine. Die Geschmacklosigkeit der Ansichtskarten ist kaum zu glauben; aber sie finden allgemeinen Anklang beim normalen Landsturmmann[1]. Wenn ich das nötige Geld hätte, würde ich ganze Serien ankaufen. Überhaupt ist es interessant, in das Seelenleben der Leute hineinzublicken, ihre innere Stimmung zum Dienst wie ihr Verhalten außer Dienst zu beobachten. Die Abendunterhaltungen sind für mich eine Art sexueller Aufklärung; dabei sind die meisten schon seit Jahren verheiratet.

Damit sei für heute Schluß. Nur als Stubendiensttuer, der bis zum Abfragen durch den Unteroffizier vom Dienst aufbleiben muß und darf, habe ich überhaupt Zeit gehabt, so viel zu schreiben. Sonst tut man gut, um 9 Uhr im Bett zu liegen und sich schlafend zu stellen, sonst wird man leicht „angekotzt".

Empfehlen Sie mich Ihrer verehrten Frau Gemahlin und seien Sie selbst bestens gegrüßt

von Ihrem ergebensten
F. Hartung.

---

[1] Der Landsturm umfasste nach der Wehrverfassung des Deutschen Kaiserreichs bis 1888 alle Wehrfähigen zwischen dem 17. und dem 42. Lebensjahr, die nicht im Heer oder in der Marine dienten: Seit einer Gesetzesnovelle im Jahr 1888 wurde der Landsturm I (er erfasste alle Wehrfähigen von 17–39 Jahren) vom Landsturm II (alle 40–45 Jährigen) unterschieden.

Nr. 23
An Marie Hartung Lahr (Baden), 8. Mai 1915

SBB PK, N. Fritz Hartung, K 20/1. – Hs. Original.

Meine liebe Mama!

[...]

Zunächst möchte ich Dich bitten, zum 12. Mai auch für mich einen Kranz für Vaters Grab zu besorgen[1]. Ich glaube, er hätte sich doch auch noch gefreut, daß der einzige Sohn nicht ganz Reichskrüppel[2] geworden ist.

[...] gestern Abend beim Revierreinigen empfand ich es als angenehm, daß unser Unteroffizier für mich keine Arbeit fand. Der „Doktor" imponiert überhaupt viel mehr, als ich alter Akademiker, der weiß, wie leicht man Doktor werden kann, gedacht hätte.

An Menschen habe ich allerhand kennen gelernt. Von dem Studenten[3], Schüler von Hintze und Dietrich Schäfer und dem Grundrißonkel Meister[4], schrieb ich wohl schon. Dann ein Sanitätsunteroffizier, im Zivilleben Schauspieler; ein ganz verständiger Lehrer. Da unser Regiment keinen festen Ersatzbezirk hat, so findet man allerhand Landschaften vertreten. Wir Landstürmer sind Thüringer, die, die vor uns gekommen sind, sind Rheinländer; unter den Reservisten und Unteroffizieren findet man viele Elsässer, unter den Unteroffizieren auch manche Berliner.

Sehr interessant ist es auch, die Stimmungen zu beachten. Die Unteroffiziere, die am lautesten schreien, sind meist aktiv, aber noch nie im Feld gewesen und ohne jede Absicht ins Feld zu gehen; eine Menschenklasse, für die ich wenig Sympathie habe. Dagegen sind die Reserve- und Landwehrunteroffiziere in der Regel höflicher, aber so weit sie nicht im Feld waren, verstehen sie meist nichts. Gerade die, die den besten Eindruck machen, gehen rasch wieder ins Feld, um aus dem strengen Drill herauszukommen. Unter den Mannschaften muß ich von uns Thüringern bekennen, daß die Kriegslust sehr gering ist; das nehme ich keinem Familienvater übel, zumal von dem ungedienten Landsturm meines Alters, der nie ernsthaft mit der Einziehung gerechnet hat. Aber bei manchem wundere ich mich doch über den Mangel an Verständnis, selbst primitiver Art, für Vaterland und Vaterlandsverteidigung. Alle die, die schon im Felde waren und jetzt sich wieder an den Garnisondienst gewöhnen sollen, sind dagegen sehr drauf aus, wieder hinaus zu kommen.

---

[1] Paul Hartung war am 12. Mai 1913 gestorben; sein Grab befindet sich auf dem Alten Garnisonfriedhof in Berlin-Mitte.
[2] Zeitgenössische Bezeichnung für die als militäruntauglich eingestuften erwachsenen Männer.
[3] Nicht zu ermitteln.
[4] Aloys Meister (1866–1925), Historiker, seit 1899 Professor an der 1902 zur Universität hochgestuften Akademie Münster. Meister gab ab 1906 im Verlag B. G. Teubner den „Grundriß der Geschichtswissenschaft" heraus, in dessen Rahmen zwischen 1914 und 1933 die ersten vier Auflagen von Hartungs „Deutsche[r] Verfassungsgeschichte vom 15. Jahrhundert bis zur Gegenwart" erschienen.

Wenn Italien eingreift, wird aber wohl ohne Rücksicht auf persönliche Wünsche auch der Landsturm ausrücken. Aber vielleicht hat die elende Nation doch wieder die richtige Stunde verpaßt. Dieser Sieg am Dunajetz[1] kam uns entschieden sehr gelegen, und Ypern auch[2], und ich hoffe, daß auch das Kränzchen darüber sich zufrieden äußern wird. Das ist jedenfalls vernünftiger als zu klagen über die unschöne Art, wie dieser Krieg geführt wird. Das Kriegführen war immer eine unschöne Sache. Und die unschuldige Zivilperson mußte auch stets leiden. Oder war das Bombardement von Straßburg und das Aushungern von Paris nur gegen Soldaten gerichtet? Und wenn man uns die Tuchhalle von Ypern vorwirft, so können wir getrost das Heidelberger Schloß dagegen halten[3].

[...]

Aus Halle erfahre ich wenig. Hasenclever hat angefangen selbst zu schreiben, aber man merkt der Schrift die Verstümmelung der Hand deutlich an, und wenn er das Schreiben nicht wieder besser lernt, so wird er sich wohl zur Schreibmaschine entschließen müssen. [...] Das Schmerzenskind der Universität Halle, Bremer[4] (Du erinnerst Dich vielleicht des Namens), hat sein Konto wieder belastet, indem er Hasenclever ins Gesicht sagte, er habe dem Vaterland nur wenig geleistet. Das stimmt zwar, aber erstens ist das doch nicht Hasenclevers Schuld, so wenig wie ich etwas dafür kann, wenn ich überhaupt nicht ins Feld komme; und zweitens sagt man das doch nicht. Von Fester fehlt mir jede Nachricht; vielleicht will er mich mit seiner Vaterschaft überraschen. Zachariae[5] schreibt resigniert, das Semester habe angeblich angefangen, aber er merke nichts davon. Mit den Hörerzahlen wird es überall schwach bestellt sein. Die Todesfälle usw. hast Du selbst gelesen.

Jetzt ist mein Stoff erschöpft, deshalb mache ich mit den herzlichsten Grüßen und vielem Dank für alle Spenden der letzten Woche Schluß.

Dein Fritz

---

[1] Am Dunajec, einem Nebenfluss der Weichsel, gelang seit Anfang Mai 1915 nach einem deutsch-österreichischen Großangriff zwischen Tarnow und Gorlice der entscheidende Durchbruch an der russischen Front, der bis zum Ende des Jahres zur Rückeroberung Galiziens und zur Einnahme Kurlands, Litauens und Russisch-Polens führte; vgl. Der Weltkrieg 1914 bis 1918, bearb. im Reichsarchiv, Bd. 8: Die Operationen des Jahres 1915, Berlin 1932, S. 139–263.

[2] Zwischen dem 21.4. und dem 9.5.1915 fand der erste große Gasangriff der deutschen Armee bei Ypern (Belgien) statt; der Angriff erreichte sein Ziel nicht und kam über leichte Anfangserfolge und knappe Gebietsgewinne nicht hinaus; vgl. Der Weltkrieg 1914 bis 1918, Bd. 8, S. 38–49.

[3] Die historischen Tuchhallen von Ypern, ein Gebäudekomplex aus dem Mittelalter, wurden infolge der deutschen Angriffe auf die Stadt (Oktober/November 1914) zerstört, jedoch nach dem Krieg originalgetreu wieder aufgebaut. Das Heidelberger Schloss wurde 1689 und noch einmal 1693 während des Pfälzischen Erbfolgekrieges von französischen Truppen zerstört.

[4] Otto Bremer (1862–1936), Germanist, a. o. Professor (1899–1928), o. Professor (1928–1934) an der Universität Halle.

[5] Theodor Zachariae (1851–1934), Indologe, Volkskundler und Sprachwissenschaftler, apl. Professor an der Universität Greifwald (1883–1890), a. o. Professor (1890–1921), o. Professor (1921) an der Universität Halle.

Nr. 24
An Richard Fester **Lahr (Baden), 10. Mai 1915**

BAK N 1107, Nr. 249. – Hs. Original.

Sehr verehrter Herr Professor!

Die wenigen Minuten, die wir bei der sogenannten Zirkuskompagnie frei haben, will ich gleich benutzen, um Ihren freundlichen Brief zu beantworten. Was zunächst die Vorlesung für das Wintersemester betrifft, so habe ich Verfassungsgeschichte des 19. Jahrhunderts angekündigt. Ich denke, daß die Ankündigung nicht allzu bindend ist und je nach Krieg und Frieden geändert werden kann.

[...]

Mit den Kameraden komme ich auch ganz gut aus. Auch bei Ihnen gibt der Doktortitel mir ein gewisses Ansehen, als ob ich für alle schwierigen Herzensangelegenheiten der zuständige Berater sein müßte. Man erlebt da so allerhand, wie denn überhaupt schon der Kasernendienst eine wesentliche Erweiterung meines Gesichtskreises bedeutet.

Wann wir ins Feld hinauskommen, läßt sich auch nicht annähernd sagen. Wenn Italien eingreifen sollte, werden wohl die meisten von uns noch ins Feld kommen, auch die, die dazu keine Neigung haben und sogar behaupten, daß der Landsturm gesetzlich gar nicht im Feld verwendet werden darf. Ich hoffe aber, daß ich auch noch den wirklichen Feldzug, nicht bloß die Gefechte auf dem Dinglinger Platz[1], kennen lernen werde; denn nachdem ich so lange Zeit Soldat mit allen Freuden und Leiden des Soldatenlebens gewesen bin, möchte ich auch noch den Krieg miterleben. Und ich halte meine Aussichten nicht für schlecht, weil ich bisher allen Dienst ausgehalten habe und mich zu einem ganz leidlichen Schützen entwickelt habe. Durch gutes Schießen habe ich mir neulich sogar eine Zigarette verdient; der Vorgesetzte überreichte sie mir als Anerkennung und ich rauchte sie unter hörbarem Zusammenschlagen der Hacken ohne schlimme Folgen, aber auch ohne besondere Freude daran zu finden.

[...]

Von allem Geistigen bin ich ziemlich abgesperrt; über das Zeitunglesen reicht in der Regel weder die Zeit noch das Interesse hinaus. Unsere Kompagnie verdankt ihren ehrenvollen Namen Zirkus dem Talent des Feldwebels, die freie Zeit dauernd zu zerstückeln und durch viele unnötige Appelle zu verkürzen. [...] Wenn ich alle die Zeit wieder bekäme, die ich beim Kommiß durch Herumstehen und Warten unnötig vertan habe, so könnte ich bequem ein Buch mehr schreiben.

Das allgemeine Gespräch, soweit es sich über das Sexuelle erhebt, dreht sich zur Zeit um Italien, dessen Haltung von vielen weniger von allgemeinen Gesichtspunkten als von der besonderen Frage des Mitausrückens ins Feld

---
[1] Platz in Lahr (Baden).

beurteilt wird. Nach allem, was wir hier in den Zeitungen zu lesen bekommen, ist die Lage ja sehr gespannt. Aber ich kann nicht begreifen, wie die Italiener gerade jetzt den Augenblick für gekommen halten können[1].
[...]
Ihr sehr ergebener
F. Hartung.

Nr. 25

An Marie Hartung   Genesungsheim Tretenhof bei Seelbach (Baden), 7. Juni 1915

SBB PK, Nl. F. Hartung, K 20/1. – Hs. Original.

Meine liebe Mama!

[...]
Da auf einen Urlaub nach Berlin zur Zeit keine Aussicht ist[2], andererseits aber Zeit und Tinte genug bei mir vorhanden ist, so will ich wieder einmal wie in der guten alten Zeit, wo ich noch Zivil trug, Dir wegen Miesmacherei den Kopf waschen. Das Seltsame Deiner Miesmacherei ist, daß sie nicht eigenen Erwägungen entspringt, sondern sich auf das Geschwätz anderer stützt, die sich den Anschein geben, als wüßten sie was. Heute ist es die Haackin[3], deren Verstand uns ja stets imponiert hat. Und was ihre Söhne erfahren, das ist natürlich auch stets das Allerneueste; die Generäle teilen es ihnen immer dazu mit, daß sie es schnell ihrer Mutter schreiben.
Wer die Kriegslage beurteilen will, der muß von diesen einfachen und einleuchtenden Sätzen ausgehen: Deutschland und Oesterreich haben auf mehreren, weit ausgedehnten Schauplätzen gegen einen an Zahl überlegenen Feind zu kämpfen. Da ist es ganz ausgeschlossen, überall gleichzeitig zu siegen. Entscheidende Erfolge können nur auf <u>einem</u> Kriegsschauplatz auf einmal erzielt werden; auf den übrigen muß man zufrieden sein, wenn der Gegner nicht siegt. Und so ist [es] jetzt. Gegenüber den Erfolgen in Galizien kommen die Kämpfe um die Zuckerfabrik Souchez[4] und wo sonst noch gestritten wird solange nicht in Betracht, wie dem Feind kein wirklicher Durchbruch gelingt. Und daß das nirgends der Fall ist, das zeigen auch die feindlichen Berichte. Die Dardanellen sahen die Miesmacher vor Monaten schon erobert[5]. Kein

---

[1] Gemeint ist der Kriegseintritt Italiens auf Seiten der alliierten Mächte am 23.5.1915.
[2] Hartung hatte seit Mitte Mai 1915, an einer Lungenentzündung erkrankt, im Garnisonlazarett in Lahr gelegen und befand sich jetzt auf dem Weg der Genesung.
[3] Nicht zu ermitteln.
[4] Hartung spielt hier auf die sog. „Lorettoschlacht" zwischen deutschen und alliierten Verbänden an der Westfront bei Arras an – ein seit dem 9. Mai 1915 tobender, wochenlanger Stellungskampf im Artois mit zehntausenden Gefallenen. Besonders umkämpft war hierbei die Ruine einer Zuckerfabrik am Ortsrand der Gemeinde Souchez.
[5] Mitte März 1915 hatte die Dardanellen-Offensive der alliierten Mächte begonnen. Die Eroberung der strategisch entscheidenden Halbinsel Gallipoli scheiterte allerdings – nach

Miesmacher getraute sich überhaupt noch ein Wort zu sagen, wenn man nicht all den Quatsch, den er vorbringt, so rasch vergäße. Wer glaubt jetzt noch an eine englische Landung in Schleswig-Holstein. Selbst wenn nicht alles wahr ist, was die Zeitungen aus England von geschlossenen Fleischerläden usw. berichten, und wenn die privaten Nachrichten über Englands Erschöpfung [...] übertrieben sind, selbst dann bleibt die Tatsache bestehen, daß der englische Ministerwechsel ein Zeichen der Schwäche ist[1]. Wer zu siegen hofft, läßt nicht die Opposition ins Ministerium ein, sondern siegt allein und zeigt der Opposition, was er kann.

[...]

jetzt mache ich Schluß wegen Stoffmangels. Mit herzlichen Grüßen

Dein Fritz

Nr. 26

An Marie Hartung Lahr (Baden), 30. Juli 1915

SBB PK, Nl. F. Hartung, K 20/1. – Hs. Original.

Meine liebe Mama!

Wir sitzen in der Erwartung der Dinge, die da kommen sollen und vermutlich wohl auch kommen werden, haben wenig zu tun, aber auch wenig Gelegenheit zum Ausgehen, daß ich auf Briefbogen der Kantine schreibe[2]. Daß es allmählich Ernst wird mit dem Ausrücken, beweist der heutige Nachmittagsdienst, Kirchgang, wohl auch Abendmahl. Es wird wohl in der nächsten Woche losgehen und zwar, da wir Rekruten besonders eingeteilt sind, für uns zunächst in ein Rekrutendepot zum höheren Schliff. Deshalb genieße Deine Sommerfrische noch ohne mich jeden Tag als Leiche zu vermuten.

[...]

Ich begreife Deine Sorge um mich vollkommen; denn daß der Krieg etwas besonders gesundheitsförderndes sei, kann man gewiß nicht behaupten. Aber zu ändern ist daran nichts mehr, und ich hoffe, daß Du allmählich auch – vielleicht nicht sorgloser, aber ruhiger, fatalistischer wirst. Ich bin bis jetzt immer gut davon gekommen, so wollen wir hoffen, daß es auch jetzt gut geht. Vielleicht glückt es mir auch, vom Felde aus zu einem Offizierskurs zu kommen.

---

hohen Verlusten der Angreifer – am äußerst heftigen Widerstand der Verteidiger im Dezember 1915; die Dardanellen blieben bis Kriegsende in osmanischer Hand; vgl. John Keegan: Der Erste Weltkrieg, Reinbek b. Hamburg 2001, S. 336 ff.

[1] Im Mai 1915 kam es in Großbritannien, auch angesichts des nicht zufriedenstellenden Verlaufs der Dardanellen-Offensive, zu einer Regierungskrise. Der liberale Premierminister Herbert Henry Asquith (1852–1928) bildete jetzt eine Koalitionsregierung, in die er auch Angehörige der bisher oppositionellen Konservativen aufnahm; sein wichtigster innerparteilicher Konkurrent David Lloyd George (1863–1945) wurde Minister für Bewaffnung und Munition.

[2] Hartung war am 7.7.1915 aus dem Genesungsheim Tretenhof entlassen worden und an seinen Standort in Lahr zurückgekehrt.

Daß ich das Soldatenleben ohne besondere Klagen aushalte, verdient bei mir gewiß kein Lob. Wer wie ich bisher stets den altpreußischen Geist der unbedingten Unterordnung des Einzelnen unter den Staat als etwas Besonderes und Großartiges gerühmt hat, wäre ein leerer Schwätzer, wenn er sich nicht selbst in die Gesamtorganisation einfügen könnte. Es leidet sicher vieles Not, wenn das Militärische alles beherrscht; ich habe auch nie bestritten, daß das alte Preußen einseitig gewesen ist. Aber es gibt Zeiten, wo eine solche Einseitigkeit notwendig ist; das gilt für das Preußen Friedrichs des Großen und ebenso jetzt für unsere Tage.

[...]

Ich begreife die Angst vor Amerika nicht. Der einzige Schade, den uns Amerika tun kann, ist die Wegnahme unserer Handelsschiffe. Soldaten hat Amerika nicht, seine Kriegsflotte wird es auch nicht opfern, und Material liefert es unsern Feinden zur Genüge. Der Krieg wird sicher auf den Schlachtfeldern Europas entschieden, und daß wir da die stärkeren sind, das ist doch offenbar. An einen Vorstoß nach Rußland glaube ich nicht, halte also auch die Furcht vor einer Wiederholung von 1812 nicht für begründet. Wollte man vorstoßen wie Napoleon, so würde der Stoß wohl in der Richtung Riga-Petersburg angesetzt worden sein. Daß man gegen die Festungen vorgeht, halte ich für einen Beweis, daß wir im Osten eine feste Stellung haben wollen, in der wir die etwaigen russischen Angriffe abwehren können. Denn England und Frankreich müssen erst recht besiegt werden, wenn wir Frieden haben wollen. Was gäbe ich drum, wenn ich eine siegreiche Offensive miterleben könnte! Denn das ist mein persönlicher Wunsch, das Erleben als Historiker. Persönlichen Heroismus empfinde ich nicht, wenn ich auch glaube, jederzeit meine Pflicht zu tun.

[...]

Mit herzlichen Grüßen, auch an Gertrud[1]

Dein Fritz.

Nr. 27
An Richard Fester   **Lahr (Baden), 10. August 1915**

BAK N 1107, Nr. 249. – Hs. Original.

Sehr verehrter Herr Professor!

Die unmittelbare Ausrückbereitschaft, in der wir uns seit fast 14 Tagen befinden, hat mir den Entschluss abgerungen, mich „abnehmen" zu lassen, wie der Soldat sagt; das Ergebnis erhalten Sie in dem beiliegenden Bild, das ich nicht ansehen kann, ohne zu lächeln. Aber ich finde gerade dadurch, daß das Bild wie eine Karikatur wirkt, ist es charakteristisch für meine hiesige Soldatenexistenz.

[...]

---

[1] Schwester Fritz Hartungs.

Nr. 28. An Richard Fester, 9. Oktober 1915

Für Ihren großen Brief[1] danke ich Ihnen herzlich. Ich bin durchaus Ihrer Ansicht, daß meine Talente beim Kommiß nicht in der richtigen Weise ausgenützt werden. Aber ich glaube nicht, daß man während des Krieges das System, das mich zum einfachen Musketier macht und – nach den neuesten Bestimmungen – auch in dieser Charge festhält, bis ich mich im Felde bewährt habe, ändern kann. Und da ich nun einmal Soldat bin, so gehe ich doch lieber ins Feld, wo man als verständiger und ruhiger Mann vermutlich ganz gut zu brauchen ist und als Historiker viel erleben kann, als daß ich hier in Lahr Wache schiebe und Kartoffeln schäle. Daß ich ein hervorragender Musketier sei, will ich nicht behaupten; namentlich das Griffekloppen fällt meinen Händen und Armen schwer. Aber wir haben jetzt so viele Krumme und Schiefe in der Front, daß ich nicht auffalle, und ich habe mich jetzt wieder vollständig an die Anstrengungen gewöhnt, denen der Soldat ausgesetzt wird. Auch einige Wolkenbrüche habe ich schon ohne Schaden überstanden.

Für Ihre akademischen Nachrichten danke ich Ihnen bestens. Über Rostock habe ich nichts gehört[2]. Überhaupt lebe ich jetzt ganz außerhalb der gelehrten Welt. Wir sind in der Kaserne so eng zusammengepfercht, daß es ganz unmöglich ist, irgend etwas in Ruhe zu lesen. Auch das Schreiben ist schwierig; dieser Brief ist z.B. in der Kantine geschrieben. In der Stube findet man nur selten Platz zum Schreiben, und wenn, dann sehen alle Kameraden voll Interesse, das sich in vielen Fragen äußert, meinen Fingern zu. Und ich mag die Leute, die mir z.B. beim Rollen von Mantel und Zeltbahn unentbehrlich sind, nicht durch Grobheit vor den Kopf stoßen. In der Kantine dagegen sitzt man unter Fremden.

[...]

Ihr aufrichtig ergebener
F. Hartung.

Nr. 28

An Richard Fester Im Schützengraben [Russland], 9. Oktober 1915

BAK N 1107, Nr. 249. – Hs. Original.

Sehr verehrter Herr Professor!

Von Lahr bis etwa 80 km östlich Wilna ist ein ganz hübsches Ende zu reisen[3]. Zuerst ging es behaglich mit guter Verpflegung durch Deutschland, dessen Osten ich auf der Strecke Leipzig–Posen–Thorn–Tilsit zum ersten Mal sah. In Ostpreußen sind nur noch wenige Spuren der Russenzeit von der Bahn aus bemerkbar, in Tilsit, wo wir einen Tag auf Schiffe warten mußten, ist sogar

---

[1] Nicht überliefert.
[2] Siehe oben, Brief Nr. 20.
[3] Am 7.10.1915 war Hartung als Angehöriger des 2. Ober-Elsässischen Infanterieregiments Nr. 171 zum Einsatz an die Ostfront aufgebrochen.

alles ganz unversehrt geblieben. Von Tilsit aus wurden wir in großen Apfelkähnen, die zur Beförderung von Menschen gewiß nicht gebaut waren, langsam nach Kowno geschleppt. Viel gesehen habe ich von Kowno nicht, namentlich nicht die von den 42 cm Geschützen zerstörten Forts. [...]

In Kowno begann für uns das Kriegserleben. Wir packten uns die durch die Winterausrüstung unheimlich schweren Tornister auf u. marschierten los, um in etwa 5 Tagen unser Regiment zu erreichen, das vor Wilna stand. Aber inzwischen fiel Wilna, das Regiment wurde weit nach Osten bis Wileika[1] vorgeschoben, u. wir liefen ihm statt 5 fast 14 Tage ruhelos nach. Das war für die Füße sehr anstrengend, aber für den Magen auch, denn die Lebensmittel wurden knapp, und die letzten 8 Tage lebten wir fast ausschließlich von dem, was wir im Lande auftrieben, magerem Vieh, Kartoffeln, Rüben, die wir oft genug aus Ermüdung ungekocht aufaßen. Denn das Land, durch das wir marschierten, ist unglaublich dürftig, ich glaube, daß es dem Zaren nicht schwer fiel, es zu räumen. Wir haben gründlich gehungert, aber beim Biwakfeuer, im Notquartier, beim [...][2] auch ein Stück Kriegsromantik erlebt.

Daß wir die Division u. unser Regiment noch erreicht haben, ist aber nicht nur das Verdienst unserer Beine, sondern auch der Russen, die am 23. Sept. bei Wileika unsere Truppen zum Rückzug zwangen. So nahm weniger das Regiment uns, als vielmehr wir das Regiment auf. Da wir von Gott, der Welt u. den Zeitungen ziemlich abgeschnitten sind u. nicht ahnen, was rechts u. links von uns geschieht, so kann ich nicht sagen, ob Wileika der entscheidende Wendepunkt für die deutsche Offensive in Rußland ist. Aber das ist sicher, daß der Vormarsch zum Stehen gekommen ist[3]. Wir stehen jetzt etwa halbwegs Wilna u. Wileika u. bauen eine feste Winterstellung. Die Russen stören uns dabei gar nicht. Sie haben ohne jede Artillerie ein paar Vorstöße unternommen, die wohl nur feststellen sollten, ob der deutsche Rückzug fortgesetzt werde. Seitdem sie sich dabei blutige Köpfe geholt haben, ist alles ganz ruhig, und wenn nicht aufgeregte Gemüter gelegentlich einen Baum oder einen deutschen Horchposten für Russen halten u. beschießen würden, wäre hier das reinste Idyll.

[...]

Von der Welt und den Menschen habe ich seit dem Auszug aus Lahr nichts mehr gehört. Aber auch hier geht jetzt alles besser, da die Feldpost in Betrieb gekommen ist. Heute gab es bereits Zeitungen von Ende September. Sie haben

---

[1] Kreisstadt im russischen Gouvernement Wilna.
[2] Nicht zu entziffern.
[3] Im Rahmen der großen deutschen Ostoffensive seit Anfang Mai 1915 (siehe oben, Brief Nr. 23) war es den Mittelmächten gelungen, die gesamte russische Front im Laufe eines halben Jahres weit nach Osten zu verschieben. Der deutsche Angriff kam erst im Spätherbst ins Stocken, als die deutschen Truppen die Pripjetsümpfe erreicht hatten. Da die meisten Eisenbahnlinien an der Weichsel endeten, hatte sich der Vormarsch bereits vorher deutlich verlangsamt. Am 22.9.1915 begann im Norden ein russischer Gegenangriff, dem die deutschen Truppenspitzen bei Wilejka weichen mussten; vgl. hierzu allgemein: Der Weltkrieg 1914 bis 1918, Bd. 8, S. 264 ff. u. passim; speziell zu den Vorgängen bei Wilejka S. 520 f.

die tollsten Gerüchte über Kriegsereignisse, die hier an der Front massenhaft gedeihen, widerlegt.

Hoffentlich ist bei Ihnen im Hause alles wohl. Mit besten Grüßen

Ihr sehr ergebener
F. Hartung.

Nr. 29
An Richard Fester Wilna, 11. November 1915

BAK N 1107, Nr. 249. – Hs. Original.

Sehr verehrter Herr Professor!

[...]

Das Hin- und Hermarschieren hat unsere postalische Lage nochmals verschlechtert. Die ganze Post für uns wurde in Wilna festgehalten, und wir fanden es auch zweckmäßiger, erst von Wilna aus zu schreiben. So ist eine Lücke in meiner Berichterstattung an meine Mutter eingetreten, und ich habe bis Anfang November auf Brief und Packete aus Deutschland, auch auf den Professortitel[1], warten müssen.

Da hier niemand, auch der den Kursus[2] leitende Hauptmann nicht, die innere Hohlheit dieses Titels ahnt, so mache ich als „Universitätsprofessor", wie ich dreist und gottesfürchtig sage, einen ganz hervorragenden Eindruck. Ich bin gerade für meine Militärzeit sehr froh um den Titel, obwohl mir auch der einfache Dozent und Doktor in Verbindung mit meinem grauen Haar schon ganz gut geholfen und die niedrigsten Funktionen wie Latrinereinigen u. ähnl. erspart haben, mich auch überall schnell mit den Offizieren und Ärzten bekannt gemacht haben. Auch die Mannschaften fanden es – so hatte ich wenigstens den Eindruck – mit wenigen Ausnahmen durchaus berechtigt, daß der „Doktor" beim Arbeitsdienst geschont wurde; dagegen konnten sich die Volksschullehrer bei ihnen diesen Anspruch nicht erwerben. Da wirken wohl Schulerinnerungen mit, daß der Lehrer beim gemeinen Mann unbeliebt ist; übrigens habe ich von Anfang an den Eindruck gehabt, daß die Lehrer sich auch sehr schwer in das Kommißleben hineinfinden, sehr viel schwerer z. B. als unsereiner, der über vieles eben einfach lacht.

Die Sorgen der Universität Halle um meine Gesundheit, die aus Ihrem Briefe[3] wie aus dem von Frau Veit[4] sprechen, werden sich jetzt hoffentlich et-

---

[1] Hartung war auf Betreiben Richard Festers zu Beginn des Wintersemesters 1915/16 durch die Universität Halle der Titel eines außerplanmäßigen außerordentlichen Professors verliehen worden.
[2] Hartung war am 31.10.1915 nach Wilna zur Teilnahme an einem Kurs für Offiziersanwärter versetzt worden (vgl. Fritz Hartung an Marie Hartung, 31.10.1915, in: Nl. F. Hartung, K 9/7).
[3] Nicht überliefert.
[4] Vermutlich handelt es sich um die Gattin des seit 1904 an der Universität Halle tätigen Mediziners und Gynäkologen Johann Veit (1852–1917).

was beruhigen. Ich habe mich ja offen gestanden oft selbst gewundert, was der Mensch, sobald er Uniform trägt, seiner Gesundheit zumuten darf, ohne Schaden zu nehmen. Welche Belastungsproben habe ich schon hinter mir, z. B. Horchposten bei etwa 10° Kälte nachts von 1 bis 3 Uhr, Schlafen in zugiger Scheune bei einer Kälte, daß der Schnee von den Tornistern nicht schmolz u. ähnl. Was mich aber noch viel mehr wundert, ist die geringe Rücksicht, die die Offiziere auf das Ergehen ihrer Leute nehmen. Ich denke dabei weniger an die großen Vormärsche, die eben gewaltige Anforderungen stellen, als an die Zeiten, wo wir in Stellung oder gar in Ruhe waren. Trotz der sehr mangelhaften Ernährung mußten wir ohne jeden ernsthaften militärischen Grund auch noch auf einen großen Teil der Ruhe verzichten, und die Quartiere sind meistens erbärmlich, weil sich kein Offizier darum kümmert. Darüber sind natürlich die Leute verstimmt, und die körperliche und geistige Widerstandskraft der Leute ermattet. Ein fester Verlaß ist auf die Truppen, mit denen ich enger in Berührung gekommen bin, nicht mehr; die reißen bei wirklicher Gefahr aus, wie die 115. Inf. Div. bei Wileika auch gezeigt hat[1]. Wenn die Offiziere wirklich geeignete Erzieher wären, ließe sich in der winterlichen Ruhe sicher viel bessern; aber ich zweifle stark an dem Erfolg der erbarmungs- wahl- und unterschiedslos dauernd verhängten 3 Tage strengen Arrests. Alles in allem kann man sagen, daß unsere Soldaten deutlich kundgeben, daß wir bereits im 2. Kriegsjahr stecken.

Vom Kriege habe ich im Felde so gut wie nichts erfahren. Wüste Gerüchte (Eroberung von Dünkirchen, Ypern usw.) laufen in Massen in der Front um; aber ich war ihnen gegenüber stets skeptisch; durch Kompagniebefehl wurde uns nur die Einnahme Belgrads mitgeteilt[2]. Sonst blieben wir auf Fragmente angewiesen, die mir aber doch ein ganz gutes Bild der gescheiterten französ.-engl. Offensive im Westen gaben[3]. Für den Krieg in Serbien dagegen versagte die geographische Kenntnis. Erst hier, wo wir Karten und etwa 45 Stunden nach Erscheinen die Berliner Zeitungen haben können, fange ich wieder an, den Krieg geistig mitzuerleben. Ihr Brief war dafür sehr geeignet, indem er die beschränkte Schützengrabenperspektive wieder zurecht rückte. Denn als 171er stand ich bei der Nachricht von der Offensive in Serbien doch zu sehr unter dem Eindruck des für das Regiment verlorenen und sehr verlustreichen russischen Herbstfeldzugs. Die wenigen Leute, mit denen man sich draußen unterhalten konnte, urteilten fast alle so: im Westen ist nichts zu erreichen, im Osten ist der Hauptplan auch mißglückt, die russische Armee ist nicht gefangen, jetzt kommt eben ein neuer Versuch, der wohl ebenso enden wird. Sie ahnen ja nicht, wie sehr die Unabsehbarkeit des Krieges die allgemeine Stim-

---

[1] Siehe oben, Brief Nr. 28.
[2] Anfang Oktober 1915 begann der Serbienfeldzug der Mittelmächte zusammen mit ihrem neuen Verbündeten Bulgarien; die serbische Hauptstadt Belgrad wurde am 9. Oktober erobert; vgl. Keegan: Der Erste Weltkrieg, S. 351 ff.
[3] Die neue britisch-französische Herbstoffensive an der Westfront war am 25.9.1915 begonnen worden, hatte aber trotz größter Verluste an Menschenleben nur zu minimalen Geländegewinnen geführt; sie wurde bereits Mitte Oktober ergebnislos abgebrochen; vgl. ebenda, S. 284 ff.

Nr. 29. An Richard Fester, 11. November 1915

mung der Soldaten lähmt. Ihr Brief hat mir die Orientlage dann vom Standpunkt der Weltpolitik, nicht des Schützengrabens vor Bojarowitschi[1] gezeigt, und der weitere Verlauf des Feldzugs verspricht ja auch mehr als eine rasch verpuffende Offensive.

Die Stadt Wilna liegt ganz malerisch. In den ersten Tagen herrschte hier noch ein gewaltiges Leben und Treiben, da die Bahn hier endete und eine Unzahl von Kolonnen von hier aus zur Front ging. Jetzt geht die Bahn bis Swenziany[2], und der Verkehr hat stark nachgelassen. Immerhin ist er auch jetzt noch sehr großstädtisch, ja fast großstädtischer als zuerst, wo er mehr kriegerischer Natur war. Jetzt ahnt man vom Kriege nicht mehr sehr viel, neben dem Militär macht sich die überwiegend jüdische Zivilbevölkerung sehr breit, und wenn man unter den begeisternden Klängen „Es war in Schöneberg" im Café Parisiana sitzt und Kuchen ißt, muß man sich wirklich überlegen, ob man in Wilna oder in Berlin W ist[3].

[...]

Da der geistige Verkehr mit Deutschland noch nicht wieder hergestellt ist, fehlt mir zur Zeit jede Verbindung mit dem akademischen Leben. Dankbar wäre ich Ihnen für eine gelegentliche Notiz über Rostock[4]. Ist etwa der Professortitel eine Entschädigung für eine dort getäuschte Hoffnung oder bleiben Rostock und Breslau[5] bis auf weiteres noch offen. Für das nächste Semester werde ich vorläufig keine Vorlesung ankündigen; es ist ja alles noch zu unberechenbar.

[...]

Ihr sehr ergebener
F. Hartung.

---

[1] Stadt in Nordwestrussland zwischen Moskau und St. Petersburg.
[2] Ort in Litauen, nordöstlich von Wilna, südlich von Dünaburg.
[3] Die von deutschen Truppen besetzte Stadt Wilna ist von Hartung, wie diese Bemerkungen belegen, keineswegs als so „fremdartig" empfunden worden, wie dies offenbar bei manchen anderen deutschen Soldaten der Fall war; siehe hierzu Vejas Gabriel Liulevicius: Kriegsland im Osten. Eroberung, Kolonisierung und Militärherrschaft im Ersten Weltkrieg, Hamburg 2002, S. 65–68.
[4] Siehe oben, Brief Nr. 20.
[5] An der Universität Breslau war durch den Kriegstod des Historikers Georg Friedrich Preuß im November 1914 (siehe unten, Brief Nr. 41) einer der dortigen Lehrstühle für Geschichte der Neuzeit neu zu besetzen.

Nr. 30

An Richard Fester Wilna, 5. Dezember 1915

BAK N 1107, Nr. 249. – Hs. Original.

Hochverehrter Herr Professor!

[...]

Unser Aspirantenkursus[1] darf mit den großen Kursen in Deutschland nicht verglichen werden. Er hat ihnen gegenüber Vorteile und Nachteile. Vorteilhaft ist, daß er schon für die Aufnahme nicht so strenge Bedingungen stellt, wie sie jetzt in Deutschland gestellt werden, nämlich 3 Monate Aufenthalt im Feld; sonst stünde ich heute noch draußen im Schützengraben. Und angenehm ist es ferner, daß der Dienst überaus leicht ist; ich genieße die Zeit hier wie Ferien und erhole mich entsprechend. Aber dafür sind auch die Aussichten auf Beförderung gering. Beim Kursus selbst wird niemand befördert, auch die zahlreichen Musketiere werden noch ohne Knöpfe zur Front zurückkehren; wir erhalten nur Qualifikationen und werden draußen, soweit Stellen da sind, befördert. Es läuft übrigens das Gerücht um, daß zum Vizefeldwebel der Besuch eines zweiten Kurses notwendig sei.

Der den Kursus leitende Hauptmann hat allerdings das Gegenteil bestimmt versichert. So kann ich mir das Aufkommen dieses Gerüchts nur daraus erklären, daß jeder von uns die hier genossene Ausbildung für unzulänglich hält. Gelernt habe ich hier sozusagen nichts. Die „praktischen Übungen" bestehen eher in der Wiederholung der Rekrutenausbildung, wobei wir uns zugleich abwechselnd im Kommandieren üben. Da alles sehr einfach ist und da bei unserer geringen Anzahl (40 Mann, von denen fast stets einige fehlen) ein Kompagnieexerzieren im Skelett[2] auch nicht recht möglich ist, so findet unser Feldwebelleutnant daran keinen Spaß und verkürzt diesen Dienst, so gut er kann. Sein Steckenpferd ist allein der Paradmarsch; wenn der klappt, ist oft schon nach ½ Stunde Schluß. Und da wir uns, seitdem wir das Steckenpferd kennen, beim Paradmarsch anstrengen, so klappt er jetzt immer. Damit ist der Vormittagsdienst beendet.

Nachmittags ist Unterricht, d. h. es werden die dem Thema entsprechenden Abschnitte der Felddienstordnung und des Exerzierreglements vorgelesen. In den ersten 3 Wochen wurde überhaupt nichts getan; der Feldwebelleutnant benutzte die erste Gelegenheit, um die Sache mit den üblichen Unteroffiziersspäßen ins Lächerliche zu ziehen und nach ¼ bis ½ Stunde den Unterricht für beendet zu erklären, worauf wir das „Gelernte" an der Hand der Vorschriften noch zu Papier brachten. Die drohende Besichtigung hat den Hauptmann zum Eingreifen veranlaßt, sodaß wir jetzt 2 Stunden Unterricht und 1 Stunde Ar-

---

[1] Gemeint ist der Offiziersanwärterkurs, an dem Hartung seit Oktober 1915 in Wilna teilnahm. Siehe oben, Brief Nr. 29.
[2] Unter dem sog. „Skelett-Exerzieren" verstand man in der deutschen Armee das Einüben bestimmter taktischer Formationen und Bewegungen durch einzelne Offiziere oder Unteroffiziere zur Veranschaulichung und zur Vorbereitung der Soldaten.

Nr. 30. An Richard Fester, 5. Dezember 1915

beitszeit 4 mal in der Woche haben. Aber wir lernen doch nichts, denn die Vorschriften sind so allgemein, daß man sie noch so gut auswendig lernen kann, ohne ein Feldherr zu werden, und vieles paßt auf den modernen Schützengrabenkrieg auch nicht mehr. Praktische Anwendung der Theorie, z. B. selbständige Aufstellung von Vorposten, Auswahl einer Stellung zum Gefecht usw. wird nicht geübt.

Nun sind ja die Aufgaben, die unsereiner selbst als Zugführer im Ernstfall zu lösen hat, nicht so groß, daß ein verständiger Mann sie nicht mit Hilfe eines altgedienten Unteroffiziers erfüllen könnte. Aber es wäre doch zu wünschen, daß die Trennung der Verständigen von den Unverständigen schon hier vorbereitet werden könnte. In dieser Beziehung geschieht aber so gut wie nichts, überhaupt kümmert sich kein Vorgesetzter darum, wer von den Aspiranten etwa als Mensch zum Führer, namentlich zum Offizier ungeeignet sei.

Was ich in meinem letzten Brief über die Offiziere geschrieben habe, gründet sich auf meine eignen Erfahrungen. Diese habe ich allerdings hauptsächlich an Reserveoffizieren gemacht oder an „aktiven", die erst während des Krieges eingetreten sind und von der preußischen Offizierserziehung noch nichts gespürt haben. Andere aktive Offiziere sind in den Stellungen bis zum Kompagnieführer nicht zu finden. Der einfache Musketier schätzt übrigens in richtiger Erkenntnis der Sachlage den aktiven Offizier weit mehr als den Reserveleutnant und hat namentlich ein feines Gefühl dafür, ob einer sich um seine Leute kümmert oder nicht.

Selbst ein brutales äußeres Auftreten, wie es z. B. mein erster Kompagnieführer im Felde zu meinem Erstaunen an sich hatte, schadet nichts, wenn der Soldat den Eindruck hat, daß der Offizier doch auch für die berechtigten Ansprüche seiner Leute sorgt. Aber gerade die ungebildeten Reserveleutnants glauben, sie brauchten sich um ihre Leute überhaupt nicht mehr zu kümmern.

Daß mein Urteil über den Geist der 115. Division[1] nicht für die ganze Armee gilt, ist glücklicherweise durch den serbischen Feldzug bewiesen. Wahrscheinlich würde sich auch die Division besser schlagen, als sie selbst in den müßigen Gesprächen des Schützengrabens zugeben will. Wenigstens zeigten wir Soldaten wesentlich mehr Spannkraft wie gewöhnlich, als wir um die Mitte des Oktober verlegt werden sollten und mit unbekannter Bestimmung nach Westen marschierten. Es ist ja auch ganz klar, daß in den von aller, selbst primitiven Kultur abgeschnittenen Schützengräben an der russischen Front, wo es kein Wasser zum Waschen und keinen Tabak oder sonst etwas außer der täglichen Kohlsuppe gab, daß da ein gewisser Mißmut entstand. Auch daß wir von der Kriegslage nichts erfuhren, verstärkte die Mißstimmung. Was Sie in Ihrem letzten Briefe[2] über den Gesamterfolg des russischen Feldzugs schreiben, ist sicher sehr wohl begründet; aber wir wußten eben nichts anderes, als daß die 115. Division bei Wileika von den Russen schwer geschlagen worden war und erhebliche Verluste an Gefangenen und Material, auch Geschützen

---

[1] Siehe oben, Brief Nr. 29.
[2] Nicht überliefert.

erlitten hatte. Soweit unsere Division in Betracht kam, war es kein Ausweichen mehr, sondern eine regelrechte Niederlage, der mancher nur durch Preisgabe seines ganzen Gepäcks, ein Offizier der 171er z.B. nur in Pantoffeln, sich hat entziehen können.

Jetzt sind diese Eindrücke natürlich verwischt, dafür herrscht auch in den Kreisen der Offiziersaspiranten eine sehr merkwürdige Friedensstimmung, merkwürdig insofern, als außer Altweiberprophezeihungen doch keinerlei Anhaltspunkt für einen baldigen Frieden gegeben ist. Daß sich jeder vor einem neuen Winterfeldzug graut, ist ja begreiflich; auch mir ist es trotz meinen kurzen Kriegserfahrungen ein sehr ungemütlicher Gedanke, von Ende Dezember ab wieder im Graben stehen zu sollen. Aber deswegen einen faulen Frieden vorzuziehen, scheint mir doch ein Verbrechen; ich bin ja auch überzeugt, daß die, die jetzt selbst auf die Gefahr gewaltiger Steuerlasten für den Frieden um jeden Preis eintreten, über die Steuern dereinst sehr laut schreien würden.
[...]
Ihr sehr ergebener
F. Hartung.

Nr. 31
An Marie Hartung Wilna, 27. Dezember 1915

SBB PK, Nl. F. Hartung, K 20/2. – Hs. Original.

Meine liebe Mama!

[...]

[I]ch habe doch den Eindruck, daß man in Deutschland weniger unter wirklicher Not als unter den Unbequemlichkeiten leidet. Hierzulande ist die Not der armen Leute zweifellos größer, zumal da es keine Unterstützungen gibt. Ich glaube, die ganze Zaghaftigkeit unserer Regierung und ihre vielen Halbheiten in der Nahrungsfrage kommen – neben der sie auch in Friedenszeiten kennzeichnenden unfruchtbaren Entschlußlosigkeit – vor allem davon her, daß sie an die vielgerühmte Opferwilligkeit des Volkes selbst nicht glaubt. Sie traut der großen Masse das Durchhalten bei Teuerung nicht zu, sie glaubt aber auch nicht, daß die Landwirtschaft aus bloßer Opferbereitschaft ihre Lebensmittelerzeugung bei niedrigen Preisen fortsetzen würde. Und dieser Zweifel an der Opferwilligkeit ist meiner Ansicht nach berechtigt; während die allgemeine Wehrpflicht mit ihren großen Opfern an Blut uns allen in Fleisch und Blut übergegangen ist, gilt in allen finanziellen Dingen die private Selbstsucht noch als durchaus erlaubt. Auch in Friedenszeiten wird ja die Steuerhinterziehung nicht als ehrenrührig, sondern eher als Beweis von Schlauheit angesehen, namentlich ihre beliebte Form, der Schmuggel. Auf diesem Gebiet wird der Staat wie eine fremde Person betrachtet, die man getrost bemogeln darf; daß man die Allgemeinheit betrügt, die durch höhere Steuern jene Ausfälle decken muß, das ist noch keineswegs allgemeine Auffassung.

Nr. 32. An Richard Fester, 25. Januar 1916

Über die Weiterentwicklung des Krieges wage ich keine Vermutung. Hier im Osten werden wir uns wohl dauernd auf die Verteidigung beschränken, denn außer allenfalls Riga und Dünaburg gibt es hier kein Landstück und keine Festung mehr, deren Eroberung die Mühen und Gefahren lohnen würde[1]; jedes Vorgehen ist durch die Weite des bahnarmen, sumpfreichen Gebiets, das sich östlich unserer gegenwärtigen Stellungen erstreckt, sehr bedenklich. Über Dünaburg wird allerhand geredet; bald soll der Sturm bevorstehen, bald heißt es, daß die schwere Artillerie wieder abgezogen sei und nach dem Westen komme. Wir wissen aber nichts. Ganz sicher aber ist mir, daß man trockenes Frostwetter abwarten wird, wenn überhaupt beabsichtigt wird, Dünaburg zu erobern.

Ich würde gar zu gerne wissen, welchen Eindruck die verschiedenen Niederlagen der Engländer, bei Bagdad, bei Gallipoli und in Serbien, im Orient machen[2]. Auf alle Fälle werden diese Niederlagen ein Vorgehen gegen Ägypten erleichtern. Vielleicht würde schon eine ernstliche Bedrohung Ägyptens genügen, um England etwas friedensgeneigter zu machen. Aber wir müssen mit der gewaltigen Energie Englands rechnen; es wird aushalten, solange es an einen Erfolg glaubt. Dagegen kann bei Italien und Frankreich jeden Tag ein völliger Stimmungswechsel eintreten, z. B. bei einer erfolgreichen deutschen Offensive im Westen.

[...]
Mit vielen herzlichen Grüßen und Wünschen an Euch alle

Dein Fritz.

Nr. 32

An Richard Fester **In Ruhestellung vor Ljeski, 25. Januar 1916**

BAK N 1107, Nr. 249. – Hs. Original.

Sehr verehrter Herr Professor!

[...] Seit dem 4. bin ich an der Front, wo ich am 10. zum Unteroffizier befördert worden bin.

---

[1] Riga war als Großstadt, Bahnknotenpunkt und wichtiger Ostseehafen von besonderer strategischer Bedeutung; in Dünaburg befand sich eine der größten militärischen Festungen im Nordwesten des Zarenreichs, die von der deutschen Armee jedoch bis 1917 nicht mehr erobert wurde.

[2] Der britische Vormarsch im Zweistromland gegen Bagdad wurde von den Türken im Dezember 1915 erfolgreich zurückgeschlagen; ebenfalls entwickelte sich die alliierte Landung auf der Halbinsel Gallipoli bei den Dardanellen seit April 1915 zu einem verheerenden Desaster für die vornehmlich britischen und australischen Verbände, die sich von dort nach großen Verlusten Ende 1915 wieder zurückziehen mussten; der britische Versuch, das im Herbst 1915 von den Mittelmächten und Bulgarien angegriffene Serbien durch eine Offensive in Mazedonien zu entlasten, war Mitte Dezember durch die bulgarische Armee erfolgreich abgewehrt worden; vgl. Keegan: Der Erste Weltkrieg, S. 418f., 336ff., 357.

Seither bin ich mit meinen dienstlichen Verhältnissen sehr zufrieden und warte mit Ruhe auf die mir zugesicherte weitere Beförderung. Es ist doch viel angenehmer, Posten zu kontrollieren als selber Posten zu stehen, und die Arbeit den anderen einzuteilen als selber alle Arbeit verrichten zu müssen. Dazu kommt, daß, seitdem ein Akademiker (Lt. Smend[1]) mein Zugführer ist, ich schon fast als Offizier behandelt werde und oft mit den Offizieren zusammen bin und mich im Offiziersunterstand aufhalten darf.

Der besondere Vorteil dieser Behandlung wird freilich nur dem klar, der unsere Stellung hier kennt. Graben und Unterstände sind für einen russischen Winter angelegt, wie man ihn sich bei uns denkt, nämlich für beständige Kälte. Aber da wir hier abwechselnd Schneestürme und Tauwetter haben, so standen und saßen wir in der letzten Zeit tief im Wasser, dem wir auch durch dauerndes Pumpen nicht recht Herr wurden. Die Unterstände fingen gerade an, sich in einen lehmigen Brei aufzulösen, als wir aus der Stellung in eine ganz behagliche Ruhe zurückgezogen wurden. Hier hause ich jetzt mit 2 Gruppen in einem geräumigen und trockenen Unterstand und lasse meine Sachen trocknen.

Trotz der sehr ungünstigen äußeren Verhältnisse ist die Stimmung der Soldaten weit besser als im Herbst. Die Verpflegung ist so reichlich, daß die Leute gar nicht mehr alles annehmen, was sie haben könnten. Auch mit warmen Sachen werden wir gut versorgt, jeder hat jetzt mindestens 2 Wollsocken und eine wollene Unterjacke. Außerdem behandelt der jetzige Kompagnieführer die Leute sehr viel verständiger als der frühere, er verlangt nur notwendige Arbeiten, wofür die Leute ein sehr gutes Verständnis haben, und kann, da er sich selbst um die Leute kümmert, auch deren Leistungsfähigkeit beurteilen. Infolgedessen herrscht allgemeine Zufriedenheit, und das Leben hier entspricht mehr als je zuvor den poetischen Schilderungen unserer Kriegsberichterstatter.

Militärisch ist das Leben hier interessanter als in meiner ersten Stellung, es sind viele Patrouillen zu gehen, weil im Sumpfgebiet die Stellungen nicht ganz durchgehen. Es ist ganz spannend, auf dem Bauch im Schnee zu kriechen, aber besondere Erfolge habe ich noch nicht gehabt.
[...]
    Mit besten Grüßen
        Ihr sehr ergebener
           F. Hartung.

---

[1] Leopold Smend (1890–1987), Jurist, später Rechtsanwalt und Notar in Göttingen; Bruder des Hartung ebenfalls persönlich bekannten und späteren Berliner Kollegen, des Staats- und Kirchenrechtlers Rudolf Smend (1882–1975), a. o. Professor an der Universität Greifswald (1909–1911), o. Professor an den Universitäten Tübingen (1911–1915), Bonn (1915–1922), Berlin (1922–1935) und Göttingen (1935–1951).

Nr. 33
An Marie Hartung o. O. [Rußland], **13. Februar 1916**

SBB PK; Nl. F. Hartung, K 9/7. – Hs. Original.

Meine liebe Mama!

[...]

Was ich in den letzten Tagen getan habe, besagt zur Genüge das anliegende Blatt[1]. Es führt meine Erlebnisse bis zu dem vom ganzen Bataillon mit Spannung erwarteten 12., wo ich zum Brigadegeneral eingeladen war.

Die Einladung verdanke ich einem Zufall. Noch in unserer letzten Stellung wurde ich eines Tages von einem besichtigenden General[2] angesprochen. Zunächst nach meinen Militärverhältnissen, dann auch nach dem Zivil, welches ihn wie sich gehört in Erstaunen setzte. Er hatte [...] nämlich, wie er gestern verriet, in mir einen Komiker oder Charakterdarsteller vermutet. Ich legte der Begegnung keinerlei Bedeutung bei, war deshalb ganz besonders erstaunt, als am 9. Abends der Befehl eintraf, ich sollte am 12. im Brigadestabsquartier mich melden.

So machte ich mich also nach langen Vorbereitungen namentlich reinigender Natur gestern auf in dem Anzug, der in Feindesland zu solchen Dingen nötig ist, Helm, Gewehr, Patronentaschen. Da ich einen Schlitten benutze konnte, kam ich viel zu früh an und begab mich zum Warten auf das Geschäftszimmer. Aber bevor ich den Mantel abgelegt und den richtigen Meldeanzug angezogen hatte, kamen auch schon die beiden Adjutanten und begrüßten mich, nicht etwa wie einen Unteroffizier, sondern wie einen Gelehrten von Weltruf. In der gleichen Weise behandelte mich auch der General, ein trefflicher Herr von etwa 60 Jahren. Er meinte, daß gerade unsereiner von Zeit zu Zeit einen schützengrabenfreien Tag mit anderer Verpflegung wohl zu würdigen wisse und gut brauchen könne; deshalb habe er mich eingeladen. Ich mußte ihm darin durchaus Recht geben. Es war wirklich eine angenehme Ausspannung, die mir wohltat. Außer dem General und seinen beiden Adjutanten war nur noch ein jovialer katholischer Diakonus da, der als katholischer Divisionsgeistlicher fungiert. Essen war gut und reichlich, namentlich gab es, was ich seit Nowoswenziany[3] nicht mehr genossen habe, eine Menge Kartoffeln. Die Unterhaltung bezog sich natürlich vor allem auf den Krieg und das Kommißleben, dessen Details dem General natürlich größtenteils verborgen bleiben. Auch Familiäres wurde erörtert, die Klage der Frau General, daß man auch Professoren als Musketiere verwende, ferner die Zukunftsabsichten des

---

[1] Nicht überliefert.
[2] Vermutlich Friedrich von Scholtz (1851–1927), seit August 1914 kommandierender General des XX. deutschen Armeekorps, seit Ende Oktober 1915 Befehlshaber der neu gebildeten „Armeegruppe Scholtz" zwischen Wilna und Dünaburg; vgl.: Der Weltkrieg 1914 bis 1918, Bd. 8, S. 547.
[3] Novo-Svenziany, deutscher Stützpunkt südlich von Dünaburg.

Generalssohns, der sich für Philosophie habilitieren will[1]. Zum Schluß verabschiedete ich mich und wurde mit Schlitten nach Hause gebracht. Aber ich sollte, so meinte der General, nicht mit leeren Händen zurück kehren, deshalb hatten er und der Pfarrer Päckchen für die Truppe hergerichtet, mit denen ich mir hier natürlich große Beliebtheit erwerbe.
[...]
    Mit herzlichen Grüßen
      Dein Fritz.

Nr. 34
An Marie Hartung   o. O. (Russland), 26. März 1916

 SBB PK, Nl. F. Hartung, K 20/3. – Hs. Original.

Meine liebe Mama!

Auf einem dem Lt. Smend abgeborgten Bogen will ich Dir heute mein fortdauerndes Leben und Wohlbefinden, letzteres heute besonders erhöht durch Bad, Entlausung und saubere Wäsche, mitteilen[2]. [...] Da wegen der Munitionstransporte die Päckchenpost für uns auf 10 Tage gesperrt ist muß ich einstweilen Geduld haben. Die habe ich auch reichlich in dankbarer Anerkennung meines ungewöhnlichen Glücks, das mich bis jetzt begleitet hat. Ich bekam nämlich in meinen Unterstand am 18. einen Volltreffer, der einen Insassen tötete, einen andern schwer verletzte und mich gänzlich verschonte. Die geringe Einbuße an Gepäck läßt sich da leicht verschmerzen. Daß wir hier wegkommen, ist augenblicklich sehr unwahrscheinlich, denn die Russen geben sich fast an der ganzen Front Mühe, uns zurückzudrängen. So werden wir hier wohl in Reserve bleiben. Mit Lebensmittelsendungen halte es daher bitte, bis auf weiteres so, wie wir es vereinbart haben. Bis Dich dieser Brief erreicht, wird ja die Postsperre aufgehoben sein. Mir ist, im Gegensatz zu manchem andern, der Appetit selbst im Granatfeuer nicht vergangen; ich glaube, dem verdanke ich die guten Nerven. [...].

So wollen wir auch ferner in die Zukunft mit Mut und Zuversicht blicken. Mit vielen herzlichen Grüßen an Euch Alle
        Dein Fritz.

---

[1] Vermutlich: Rudolf von Scholtz (1890–1956), studierter Philosoph und Philologe, nach 1918 zeitweilig als Diplomat, später als Rundfunkjournalist, freier Autor und Übersetzer tätig.

[2] Seit Anfang März 1916 befand sich Hartung in einer neuen Stellung, in der Festung Berrer am Miadziolsee.

Nr. 35

An Marie Hartung   **(Reservelazarett) Kyritz, 18. April 1916**

SBB PK, Nl. F. Hartung, K 20/3. – Hs. Original.

Meine liebe Mama!

[...]

Ein [...] Wunder ist, daß ich durch all den Schlamm und Morast so gut, ja im Grunde mit steigender Gesundheit fortgekommen bin[1]. Die Erkältung, an der ich leide, habe ich mir natürlich in den Tagen der russischen Offensive vom 18. III. ab geholt[2]; denn gleichzeitig setzte das Tauwetter ein. Aber da alles hustete und rotzte, Krankmelden bei Gefahr auch stets komisch wirkt [...], so wartete ich ab, bis die Sache wirklich objektiv als krankhaft festzustellen war, d. h. bis ich Fieber hatte. Da ich schon seit dem 18. III. Offiziersdienste tat, was der Kompagnie bei 2 Portepéeträgern dringend nottat, so wollte mein Freund Smend meine Krankmeldung nicht annehmen, sondern mich mit Schonung und Aufenthalt in einem hinter der Front gelegenen Erholungsheim solange hinhalten, bis meine Beförderung zum Vizefeldwebel da sei. Ich bin aber darauf schon so oft vergeblich vertröstet worden und finde, daß der Kommiß schon lange genug Zeit zu meiner Beförderung gehabt hat; also erklärte ich Smend, daß ich krank sei und als Kranker behandelt werden wolle, ohne Rücksicht auf die jetzt natürlich ausbleibende Beförderung.

So kam ich also am 2. IV. zur Krankenstube des Bataillons. Da ich stockheiser war und zum guten Teil noch bin, so erklärte mein Freund u. Gönner, der Stabsarzt, ohne jede Untersuchung, ich hätte Kehlkopfkatarrh, und da ich außerdem schlecht aussähe, so sollte ich ins Lazarett. Nun kommt aber erst der schwierigste Teil – der Weg ins Lazarett, im Gegensatz zum Westen und zur Garnison, wo es am schwierigsten ist, krank geschrieben zu werden. Ich wartete zunächst bis zum Abend und fuhr dann auf dem offenen Küchenbeiwagen nach Ljeski[3], wo ich die Nacht über u. den andern Vormittag in der Schreib-

---

[1] Hartung war Ende März/Anfang April 1916 an einem schweren Bronchialkatarrh mit Fieber erkrankt, der sich an seinem Standort nicht kurieren ließ; er musste am 3.4. ein Feldlazarett aufsuchen und wurde – schwerer erkrankt, als zuerst vermutet – wenige Tage später nach Deutschland zurückgeschickt (dazu die Feldpostkarten Hartungs an seine Mutter vom 3.4. und 5.4.1916, Nl. F. Hartung, K 9/7). Am 9.4. schreibt er an seine Mutter: „Das Fieber ist fast vorbei [...] Aber der Brustkasten und der ganze Mensch sind so mitgenommen, daß etwas Gründliches für sie geschehen soll. Ich halte meine kriegerische Laufbahn für beendet, werde mich auch keinesfalls mehr ins Feld melden, denn der Kommiß weiß mit unsereinem doch nichts Rechtes anzufangen" (ebenda).

[2] An diesem Tag begann die russische Märzoffensive im Befehlsgebiet des deutschen Oberbefehlshabers Ost. Im Zuge des Ende April 1916 einsetzenden deutschen Gegenangriffs konnte das Ende März verlorene Gebiet zurückerobert werden; die russische Seite hatte schwere Verluste von etwa 110.000 Soldaten zu verzeichnen; vgl. Der Weltkrieg 1914–1918, bearb. u. hrsg. v. d. Forschungsanstalt für Kriegs- und Heeresgeschichte, Bd. 10, Berlin 1936, S. 424–439.

[3] Deutscher Militärstützpunkt zwischen Miadziolsee und Kobylnik.

stube ein gutes Lager und gute Behandlung fand. Nachmittags ging es auf einem ebenfalls offenen Wagen durch Sumpf, Bäche u. allerhand Fährlichkeiten etwa 3 Stunden weit, dann wurde ich abgesetzt u. es wurde mir der Weg zur Sanitätskompagnie gezeigt. Angeblich sollte es ½ Stunde sein, ich brauchte aber mit Tornister, Gewehr und Patronen bei dem tiefen Schlamm u. meinem hohen Fieber etwa 2 Stunden. Erst in tiefer Nacht, gegen 9 Uhr, sah ich auf einmal Licht, das sich erfreulicher Weise als das Licht der von mir gesuchten Sanitätskompagnie herausstellte. Hier fand ich auf einer Tragbahre mit reichlich Decken neben einem warmen Ofen eine angenehme Unterkunft für die Nacht.

Am 4. IV. besah mich der Arzt und schickte mich ohne Untersuchung weiter, denn mit Rücksicht auf die Kämpfe wollte jeder Arzt nahe der Front seine Lagerstätten für Verwundete freihalten. So wurde ich mit allerhand Leuten in einen Krankenwagen verpackt u. nach Kobylnik[1] geschickt. Der Wagen war tadellos eingerichtet, aber viel zu schwer für russische Wege, wir schwankten sehr bedenklich hin u. her, kamen aber doch heil an.

[...]

Mit der Schilderung meiner Erlebnisse will ich erst das nächste Mal fortfahren. [...] Den Gedanken an eine Übersiedlung nach Berlin habe ich vorläufig fallen lassen u. mich jetzt nach Halle gewendet. Es liegt mir nämlich viel an guter ärztlicher Behandlung, namentlich für meinen heiseren Kehlkopf. [...]

Was mir eigentlich fehlt, darüber sind die Ärzte sehr uneins, der eine meint Lunge, der andere Kehlkopf. Ich finde – obwohl ich mich ganz wohl fühle u. dauernd fieberfrei bin – daß beides der Erholung bedarf. Die werde ich wohl noch in einem Genesungsheim für den ganzen Körper vervollständigen, dann geht es nach Lahr zur Genesungskompagnie, von dort auf Heimaturlaub, dann erst wieder zum Ersatzbataillon. Bis dahin ist vielleicht der Krieg zu Ende.

Herzlichen Dank für den Brief und viele innige Grüße Euch Allen
Dein Fritz.

Nr. 36

An Richard Fester   **(Reservelazarett) Kyritz, 19. April 1916**

BAK N 1107, Nr. 249. – Hs. Original.

Sehr verehrter Herr Professor!

Das freundliche Städtchen Kyritz hätte ich wohl nie im Leben kennen gelernt, wenn mich nicht am letzten Samstag Abend ein Lazarettzug hier abgesetzt hätte. Einstweilen habe ich keinen Grund, mit diesem Schicksal unzufrieden zu sein. Ich bin hier ganz gut untergebracht, werde durchaus als Professor

---

[1] Ort in Weißrussland, westlich des Miadziolsees.

u. nicht als gewöhnlicher Unteroffizier behandelt und heute soll auch die für schwache Patienten verordnete bessere Kost anfangen. Auch der Arzt macht einen verständigen u. zuverlässigen Eindruck; freilich fehlt es ganz an der Möglichkeit spezialärztlicher Behandlung. Darunter leiden besonders die vielen Augenverletzten, die der Lazarettzug hierher gebracht hat. Aber auch ich würde, wenn sich meine Stimme nicht bald bessert, gern einmal einen Kehlkopfverständigen aufsuchen.

[...]

Über mein Leiden waren die Ärzte recht verschiedener Meinung. Nahe der Front genügte meist ein Blick auf mein Aussehen, um mich ohne jede Untersuchung zur nächsten Station zu schicken. Im ersten Lazarett wollte aber ein Assistenzarzt trotz 39,6° Fieber nichts als einen starken Schnupfen finden, bis ein verständiger Oberstabsarzt eingriff u. die Lunge untersuchte. Die meisten Ansichten gehen jetzt dahin, daß ich außer dem Kehlkopfkatarrh auch einen Lungenspitzenkatarrh auf der linken Seite habe. Ich nehme die Dinge aber nicht tragisch, denn wer den Weg von der Front bis zur Hauptbahn (Nowoswenziany) ausgehalten hat, wird auch mit einiger Vorsicht seine Lungenspitze wieder heil kriegen.

Mit meiner militärischen Laufbahn wird es freilich vorbei sein. Wenigstens hält der hiesige Arzt eine Wiederherstellung bis zur Felddienstfähigkeit für sehr unwahrscheinlich, u. ich finde, der Kommiß hat bisher so wenig verstanden, meine Talente zu verwerten, daß ich mir kein Bein ausreißen werde, um wieder ins Feld zu kommen. Sehr amüsant denke ich es mir freilich auch nicht, in Lahr Garnisondienst zu tun.

[...]

    Mit besten Grüßen
    Ihr sehr ergebener
    F. Hartung.

Nr. 37

An Richard Fester   (Reservelazarett) Kyritz, 23. April 1916

BAK N 1107, Nr. 249. – Hs. Original.

Sehr verehrter Herr Professor!

[...] Ich konnte gleich gestern mit dem hiesigen Arzt sprechen, der sich durchaus für eine Verlegung nach Halle ausspricht und außerdem meint, daß sie noch reichlich lohne, weil ich noch lange Zeit ärztliche Behandlung brauchen werde. Dann soll es ja noch in eine Lungenheilstätte gehen. So habe ich denn gestern bereits den Antrag auf Überweisung gestellt, begründet mit meiner Zugehörigkeit zur Universität und mit der Notwendigkeit spezialärztlicher Behandlung. Daß ich während meiner Militärzeit den Professortitel maßlos ausgenutzt habe, als ob hinter ihm bereits ein realer Lehrstuhl stehe, wird mir die Universität mit Rücksicht auf die außergewöhnlichen Verhältnisse wohl verzeihen.

Mit meinem Befinden steht es übrigens nicht schlecht. Die Heiserkeit will freilich nicht besser werden, und der Lungenspitzenkatarrh wird auch nicht von heute auf morgen verschwinden. Aber da ich fast dauernd fieberfrei bin und nur dann noch mäßig erhöhte Temperatur habe, wenn ich mich zulange außer Bett und zumal im Freien aufhalte, so halte ich die Sache für harmlos. Auf alle Fälle glaube ich einstweilen nicht an eine tuberkulöse Grundlage meiner Krankheit, sondern halte mich für gesund, wenn auch einem russischen Frühjahr nicht gewachsen.

Die letzten 14 Tage, die ich draußen war, waren durch die russische Offensive recht schwer für uns[1], und doch haben wir wenig dabei leisten können. Zu großen Angriffen ist es an unserer Front nicht gekommen, weil das Gelände ungünstig für beide Parteien war. Die Stellungen verliefen beiderseits auf Anhöhen, dazwischen lag eine tiefe Mulde, die sich allmählich immer mehr mit Wasser füllte. Am 18. früh hat die russische Infanterie bei uns angegriffen, kam aber gegen unsere Maschinengewehre nicht an und kehrte bald um. Sie hat den Angriff auch kaum ernst gemeint, sondern wohl nur unsere (an dieser Stelle nicht vorhandenen) Reserven festhalten wollen. Dann kam vom 18. früh ab eine wüste Beschießung, die unsere Gräben u. Unterstände vollständig zerstörte. Aber ein Angriff hat bis zum 2. IV. nicht mehr stattgefunden. Noch weniger griffen wir an. Nur einmal haben wir uns mit markierter Angriffslust in unserm Graben recht sichtbar aufgebaut. Die Russen feuerten wie toll und schrieben sich das Unterbleiben des Angriffs in ihrem Tagesbericht vom 21. als Erfolg zu.

Mit besten Grüßen, auch an die verehrte Frau Gemahlin und das Töchterchen

Ihr sehr ergebener
F. Hartung.

Nr. 38

An Marie Hartung (Reservelazarett) Kyritz, 24. April 1916

SBB PK, Nl. F. Hartung, K 20/3. – Hs. Original.

Meine liebe Mama!

[...]

Die Note Amerikas[2] hat mich nicht mehr überrascht, nachdem die Amerikaner auf jedes Entgegenkommen unsererseits nur immer frecher geworden

---

[1] Siehe oben, Brief Nr. 35.
[2] Im Februar 1916 war die deutsche militärische Führung im Nordatlantik zur Taktik des „verschärften" U-Bootkriegs zurückgekehrt, dem in den folgenden beiden Monaten eine

waren. Auch mag die Lage in Mexiko[1] Wilson[2] eine Ablenkung der amerik. Aufmerksamkeit auf Europa wünschenswert gemacht haben. Die Dummen sind nur wir, denn wir haben aus Rücksicht auf Amerika den Engländern noch die Zeit gelassen, die südamerikanische Getreideernte hereinzubekommen. Ob Amerika es bis zum Kriege kommen lassen wird, ist mir noch nicht sicher; denn da hat der Kongreß noch mitzusprechen. Aber selbst wenn, so kann es uns nicht mehr schaden, wie neutral. Seine Armee wird es schon nicht schikken; und Freiwillige brauchen erst eine höchst unamerikanisch stramme Ausbildung, bis sie im jetzigen Stadium des Krieges brauchbar sind. Die Flotte wird Amerika ebenso wenig riskieren wie England. Mehr Munition usw. kann es unsern Feinden auch nicht liefern als bisher. Daß Amerika unsere Schiffe, die dort langsam verfaulen, beschlagnahmen kann, schreckt mich nicht. Wenn ein rücksichtsloser U-Bootkrieg den Krieg auch nur um 1 Monat abkürzt, so sparen wir so viel Geld (von Menschen gar nicht zu reden), daß die Schiffe sicherlich reichlich bezahlt sind.

Als Nachteile erscheinen mir nur 2: 1) das Aufhören jeder amerikanischen Zufuhr, die lange Zeit doch nicht unbeträchtlich gewesen sein muß, in den letzten Wochen freilich, wie ich aus dem Rückgang des Wechselkurses schließe, erheblich abgenommen hat. 2) die Wirkung auf die Neutralen; es ist denkbar, daß Amerika durch die Drohung der vollen Sperrung jeder Zufuhr Holland, Dänemark usw. zum Kriege gegen uns zu zwingen versuchen wird.

Dagegen haben wir die volle Freiheit des Ubootkrieges. Es ist nur dem Fachmann möglich zu beurteilen, ob sie eine diesen Nachteilen entsprechende Waffe ist, ob wir mit U. Booten den englischen Handel tatsächlich in erhebli-

---

Reihe von feindlichen, aber auch neutralen Handels- und Passagierschiffen zum Opfer fielen. Nach der Versenkung des britischen Dampfers „Sussex" (24.3.1916), bei der auch mehrere US-Bürger umgekommen waren, richtete die US-amerikanische Regierung am 20.4.1916 eine scharfe diplomatische Note an die Reichsregierung, in der mit dem sofortigen Abbruch der diplomatischen Beziehungen für den Fall gedroht wurde, dass die deutsche Seekriegsführung nicht unverzüglich den U-Bootkrieg gegen Fracht- und Passagierschiffe abbreche. Nach ergebnislos gebliebenen Verhandlungen mit dem US-amerikanischen Botschafter in Berlin und einem heftigen Konflikt mit der Seekriegsleitung setzte Reichskanzler Bethmann Hollweg einen Befehl zum Abbruch des verschärften U-Bootkriegs (24.4.1916) durch, um der drohenden Gefahr eines Kriegseintritts der USA zu entgehen; es gelang ihm in diesem Fall, den zögerlichen Kaiser auf seine Seite zu bringen. Von großen Teilen der nationalistisch orientierten deutschen Öffentlichkeit – so auch von Hartung – wurde dieses Vorgehen als eine Politik der Schwäche und des Nachgebens interpretiert. Zur „Sussex"-Affäre und deren außen- wie innenpolitischen Folgen vgl. vor allem Gerhard Ritter: Staatskunst und Kriegshandwerk. Das Problem des „Militarismus" in Deutschland, Bd. 3, München 1964, S. 208 ff.

[1] Die 1910 in Mexiko ausgebrochene Revolution hatte sich inzwischen zu einem mehrjährigen Bürgerkrieg entwickelt, in dessen Verlauf die miteinander verfeindeten Revolutionsführer sich gegenseitig bekämpften. Einer von ihnen, Pancho Villa (1878–1923), griff im März 1916 mit seinen Truppen die Stadt Columbus im US-Bundesstaat New Mexiko an; die Aktion kostete etwa zwei Dutzend US-amerikanischer Bürger das Leben. Schon im folgenden Monat beantwortete Präsident Woodrow Wilson, der unter starken öffentlichen Druck geraten war, diesen Vorfall mit einer militärischen Strafexpedition nach Mexiko.

[2] Woodrow Wilson (1856–1924), 28. Präsident der Vereinigten Staaten (1913–1921).

chem Maße beschränken können. Wenn ja, dann halte ich den Krieg mit Amerika für ganz unbedenklich; dann haben wir auch ein ausreichendes Mittel zum Gegendruck auf die oben genannten Neutralen. Wenn nein, wenn wir mit den U. Booten nicht mehr erreichen können wie mit den Zeppelinen, nämlich einzelne, mehr aufreizende als deprimierende Schädigungen, dann hätten wir uns gar nicht erst so weit einlassen dürfen. Aber ich halte Tirpitz[1] für einen nüchternen Mann, und er wird wissen, warum er gegangen ist.

Mit den Türken bin ich auch sehr unzufrieden, namentlich da sie dabei noch so großmäulig sind. Die Dardanellenkämpfe[2] sind wohl hauptsächlich ein Verdienst der deutschen Artillerie. Allerdings ist anzunehmen, daß die Türken ähnlich wie die Oesterreicher in Galizien stark unter der verräterischen Bevölkerung zu leiden haben.

[...]

An einen Sonderfrieden mit Rußland glaube ich nicht, nachdem der Reichskanzler als unser Kriegsziel die Befreiung von Polen usw. bezeichnet hat[3]. Sehr glücklich fand ich seine Ausdrucksweise nicht. Ob Rußland reaktionär ist oder nicht, kann uns ganz gleichgültig sein. Ich glaube sogar, daß wir uns mit einem reaktionären Rußland leichter vertragen können als mit einem liberalen, weil der russische Liberalismus ganz französischen Ursprungs ist und gerade in den gebildeten und industriellen Kreisen verbreitet ist, für die Deutschland wirklich eine Konkurrenz ist. Dann ist mir auch die „Befreiung" nicht recht. Was wir Deutsche wollen und brauchen, ist eine militärisch haltbare Grenze gegen Rußland. Daß wir dabei auf allerhand Völkerschaften stoßen wie Polen, Letten, Ukrainer, läßt sich nicht ändern und wir müssen irgend eine Form finden, um unser Interesse mit dem Dasein dieser Völkerschaften zu vereinigen. Ich denke z.B. an lokale oder besser provinzielle Selbstverwaltung Polens mit eigener Sprache; aber alles Militärische u. die Wirtschaftspolitik muß ausschließlich in deutscher Hand liegen, eventuell für die südlichen Teile in oesterreichischer. Beim „Befreien" fürchte ich aber, daß man diese Völkerschaften, die doch noch gar nicht bewiesen haben, ob sie sich selbst regieren können, allzu selbständig läßt u. alles, was unser Interesse verlangt, von ihrer Dankbarkeit erwartet, statt es sich von Anfang an gebührend zu sichern. Und wer im Völkerleben auf Dankbarkeit rechnet, fällt schwer herein; so ist es uns mit Elsaß-Lothringen u. den Russen mit den Balkanstaaten gegangen.

---

[1] Alfred von Tirpitz (1849–1930), Großadmiral, Begründer der deutschen Hochseeflotte, leitete zwischen 1897 und 1916 das Reichsmarineamt; er war am 17.3.1916 von seinem Amt zurückgetreten.

[2] Siehe oben, Brief Nr. 25.

[3] Bethmann Hollweg hatte am 9.12.1915 in einer Reichstagsrede von der deutschen „Befreiung" Polens und Litauens gesprochen; vgl. Abba Strazhas: Deutsche Ostpolitik im Ersten Weltkrieg. Der Fall Ober-Ost 1915–1917, Wiesbaden 1993, S. 89. – Hartung hat sich später mit der deutschen Polenpolitik im Ersten Weltkrieg auch wissenschaftlich befasst: Fritz Hartung: Deutschland und Polen während des Weltkrieges, in: Albert Brackmann (Hrsg.): Deutschland und Polen. Beiträge zu ihren geschichtlichen Beziehungen, München/Berlin 1933, S. 244–258.

Nr. 38. An Marie Hartung, 24. April 1916

Noch weniger als im Auswärtigen habe ich zu Bethmann Hollweg[1] in der inneren Politik Zutrauen. Denn im Auswärtigen gibt es wenigstens Gegengewichte wie Falkenhayn[2]. In der innern Politik aber muß das Neue gerade gegen die in der kaiserlichen Umgebung maßgebenden Kreise durchgesetzt werden. Daß es hier an der rechten Energie fehlt, beweist die Lebensmittelfrage jeden Tag. Kein Mensch wird glauben, daß infolge der Festsetzung von Höchstpreisen auch nur ein Rindvieh in Deutschland krepiert ist. Da steckt nur agrarische u. kommerzielle Spekulation dahinter, und gegen die hätte die Regierung längst einschreiten müssen. Daß zu Anfang Fehler gemacht wurden, wird keinen Menschen wundern; der Übergang von einem freien zum gebundenen Wirtschaftsleben war zu schwierig. Aber für das mit der Ernte 1915 beginnende 2. Kriegswirtschaftsjahr hätte die Regierung in jeder Beziehung vorbereitet sein müssen, statt mit allem nachzuhinken. Was Hardenberg[3] über die nach Jena führende preußische Politik gesagt hat: alle Maßregeln seien zu spät u. nicht kräftig genug gewesen[4], das gilt auch von unserer heutigen Lebensmittelpolitik. Wie unverantwortlich ist mit dem Zucker gehaust worden, von dem wir in Friedenszeiten in schwerer Konkurrenz gegen Rußland Unmengen nach England ausführen.
[...]
Mit herzlichen Grüßen
Dein Fritz.

---

[1] Theobald von Bethmann Hollweg (1856–1921), Politiker, preußischer Innenminister (1905–1907), Staatssekretär im Reichsamt des Innern (1907–1919), deutscher Reichskanzler (1909–1917).

[2] Erich von Falkenhayn (1961–1922), General, preußischer Kriegsminister (1913–1915) und Chef des deutschen Generalstabs (1914–1916).

[3] Karl August Fürst von Hardenberg (1750–1822), preußischer Politiker, während der Reform- und Befreiungszeit Staatskanzler (1810–1822). Die frühe Beamtenkarriere Hardenbergs in Ansbach-Bayreuth war Thema von Hartungs Dissertation (siehe oben, Brief Nr. 1).

[4] Hartung bezieht sich hier auf eine briefliche Äußerung Hardenbergs in einem Schreiben an den Staatsminister Friedrich Leopold von Schroetter (31.5.1807) angesichts der Katastrophe des preußischen Staates: „*Zu spät* und *nicht kräftig genug* – in diesen wenigen Worten liegt die Geschichte unsers Unglücks, liegen die Haupt-Ursachen desselben in allen Fächern", in: Leopold von Ranke: Denkwürdigkeiten des Staatskanzlers Fürsten von Hardenberg, Bd. 3, Leipzig 1877, S. 426. – Hartung hat diese Formulierung mehrfach zitiert, so in seiner Dissertation: Hartung: Hardenberg und die preußische Verwaltung in Ansbach-Bayreuth, S. 290 f., und: Fritz Hartung: Deutschlands Zusammenbruch und Erhebung im Zeitalter der französischen Revolution 1792 bis 1815, Bielefeld/Leipzig 1922, S. 46.

Nr. 39

An Marie Hartung   (Ohrenklinik) Halle, 19. Mai 1916

SBB PK, Nl. F. Hartung, K 20/3. – Hs. Original.

Meine liebe Mama!

[...]

Heute am Spätnachmittag von 6½–7¾ war Fester zu meiner großen Überraschung hier[1]; außer seinem Kommen wundert mich namentlich sein Bleiben trotz dem Zimmergenossen. [...] Fester erzählte sehr viel und sehr interessant, er hat eine Unmenge gelesen an auswärtigen Blättern, neutralen und feindlichen, die er mit Hilfe privater Spenden für das Seminar sammelt und wegen des wissenschaftlichen Zwecks unzensiert bekommt. Er ist wegen Bethmann und Jagow[2] sehr besorgt, er nennt sie nur noch die „Eunuchen". Ich traue ihnen ja auch nicht[3]. In der U-Bootfrage haben wir uns vollständig in eine Sackgasse verlaufen: 1) kommen wir mit Amerika doch nicht zur Ruhe, bevor wir nicht ganz auf die U-Boote verzichten, denn schon jetzt schwebt wieder ein „Fall" (Cymric)[4], u. solche Fälle werden nie aufhören. 2) hat Amerika unsere Bedingung, daß es England zum Aufgeben des Hungerkriegs veranlasse, mehrmals glatt und schroff abgelehnt. Werden wir nun, wie angekündigt, die Amerika zugestandene Einschränkung des U-Bootkrieges fallen lassen, d. h. uns dem Abbruch der diplomatischen Beziehungen durch Amerika aussetzen oder werden wir die amerikanische Behandlung ruhig einstecken? Übrigens haben sich der österreichische Botschafter und unser Militärattaché in Amerika durch Papiere, die sie unchiffriert auf einem von den Engländern durchsuchten Dampfer nach Europa schicken wollten, schwer kompromittiert[5]. Die Eng-

---

[1] Nachdem Hartung in Kyritz sich von einem erneuten schweren Fieberanfall etwas erholt hatte, wurde er am 9.5.1916 auf eigenen Wunsch nach Halle verlegt (vgl. Fritz Hartung an Marie Hartung, 10.5.1917, Nl. F. Hartung, K 20/3).

[2] Gottlieb von Jagow (1863–1935), deutscher Diplomat und Politiker, Botschafter in Italien (1909–1913), Staatssekretär im Auswärtigen Amt (1913–1916).

[3] Diese Bemerkung bezieht sich auf Bethmann Hollwegs und Jagows Versuch, durch Zurückweichen in der U-Bootfrage einen Kriegseintritt der USA auf Seiten der Gegner Deutschlands zu verhindern; siehe oben, Brief Nr. 38.

[4] Das britische Passagierschiff „Cymric" wurde am 8.5.1916 vor der irischen Südküste von einem deutschen U-Boot torpediert und versenkt, dabei kamen fünf Besatzungsmitglieder ums Leben.

[5] Der Botschafter Österreich-Ungarns in Washington, Konstantin Dumba (1856–1947), hatte in einem abgefangenen Schreiben an das Wiener Außenministerium angeregt, Streiks in amerikanischen Munitionsfabriken organisieren zu lassen; ihm war nach Bekanntwerden dieses Briefes von der US-Regierung die diplomatische Akkreditierung entzogen worden; er musste im November 1915 das Land verlassen; vgl. Erwin Matsch: Der Auswärtige Dienst von Österreich(-Ungarn) 1720–1920, Wien /Köln/Graz 1986, S. 147. – Der aus den USA wegen vermeintlicher Spionagetätigkeit ebenfalls ausgewiesene Militärattaché an der deutschen Botschaft in Washington, der spätere Reichskanzler Franz von Papen (1879–1969), hatte – obwohl vorher gewarnt – auf seiner Rückreise nach Deutschland als Passagier eines amerikanischen Schiffs geheime Papiere bei sich, die während eines kurzen Schiffsaufenthalts im englischen Hafen Falmouth von den dortigen Behörden, die Papens

länder haben das alles veröffentlicht. Fester besitzt diese Dinge alle in seiner Sammlung; darnach sind die gelegentlichen englischen Zeitungsmeldungen, daß Fabrikbrände und dergleichen in Amerika von deutschen Agenten angestiftet seien, keineswegs übertrieben.
[...]
In der Lebensmittelversorgung hat meine geliebte Stadt Halle sich wieder einmal einen Schildbürgerstreich geleistet; sie verteilt die Butter statt nach der Kopfzahl nach Haushaltungen. Jeder Haushalt, ob er nun wie der meine aus 1 oder wie der Hasencleversche aus (mindestens) 10 Personen besteht, bekommt wöchentlich ¼ Pfund Butter. Dafür ist hier auch der Sitz des so überaus zeitgemäßen Verbandes zur Hebung des Zuckerverbrauchs; er hat neulich wieder eine Sitzung gehabt, sonst wüßte ich nichts von ihm. Zeigt Ihr auch pflichtgemäß an, was Martha[1] mit der Post an Butter bekommt? Ich fürchte, daß die Lebensmittelversorgung, gerade weil sie trotz unserm vielgerühmten Organisationstalent so gänzlich verpfuscht ist, noch zu einem fürchterlichen Denunziantentum führen wird. Jetzt geht es gegen die Schlächterläden [sic]; bald werden die entlassenen Dienstmädchen gegen ihre „hamsternden" Herrschaften losziehen.
[...]
    Mit den herzlichsten Grüßen und Wünschen
                              Dein Fritz.

Nr. 40

An Marie Hartung   (Medizinische Klinik) Halle a. S., 29. Juni 1916

SBB PK, Nl. F. Hartung, K 20/3. – Hs. Original.

Meine liebe Mama!

[...]
Die Lebensmittelunruhen haben hier zu dem höchst bedenklichen Befehl geführt, daß die Garnison, nach Ausscheidung der geborenen Hallenser, in erhöhter Bereitschaft zu stehen habe[2]. Glücklicherweise ist es zu einem Ausrük-

---

    diplomatische Immunität missachteten, beschlagnahmt wurden. Anschließend wurden kompromittierende Stücke daraus in einem britischen Weißbuch veröffentlicht: Selection from the Papers Found in the Possession of Captain Von Papen, Late German Military Attaché at Washington, Falmouth, January 2&3, 1916, London 1916; vgl. Johannes Reiling: Deutschland: Safe for democracy? Deutsch-amerikanische Beziehungen aus dem Tätigkeitsbereich Heinrich F. Alberts, kaiserlicher Geheimrat in Amerika, erster Staatssekretär der Reichskanzlei der Weimarer Republik, Reichsminister, Betreuer der Ford-Gesellschaften im Herrschaftsgebiet des Dritten Reiches 1914 bis 1945, Stuttgart 1997, S. 241 f.
[1] Hartungs Schwester Martha Cramer.
[2] Schon seit 1915 kam es wegen der mangelhaften Versorgung der Bevölkerung mit Lebensmitteln, vor allem mit Brot und Kartoffeln, in verschiedenen deutschen Großstädten zu Unruhen; vgl. hierzu Martin H. Geyer: Teuerungsprotest und Teuerungsunruhen 1914–

ken des Militärs nicht gekommen, denn das hätte böse Folgen haben können, namentlich jetzt, wo die Leute ihr Gewehr noch nicht recht handhaben können u. ohne Befehl aus Versehen losknallen. Ich frage mich aber erstaunt, wie kommen wir Deutsche in den Ruf, Organisationstalent zu haben, wie kommt unsere städtische freisinnige Selbstverwaltung in den Ruf, leistungsfähiger zu sein als die Bürokratie, wenn die Stadt Halle für ihre 190.000 Einwohner eine einzige Stelle für den Kartoffelverkauf hat? Daß da die Frauen lange warten müssen, herumstehen, zusammen sprechen, schimpfen u. laut schimpfen, und daß gedrängelt wird, ist doch klar; und das nennt man dann Unruhen. Übrigens hat der Jahrmarkt nicht erkennen lassen, daß Zuckernot besteht u. daß das „Volk" kein Geld mehr hat.

Am Dienstag Nachmittag hat mich der Pfarrer[1] wieder besucht. Er ist ein ehrlicher Christ und leidet deshalb durch den Krieg seelisch Not. Sein Glaube an die „Menschheit", an die christliche Gemeinschaft hat Schiffbruch erlitten, für ihn ist der Krieg etwas heidnisches. Christliche Völker müßten sich einer unparteiischen Instanz friedlich unterordnen. Wie man Garantien für die Unparteilichkeit finden könne, wußte er aber auch nicht zu sagen. Außerdem kommt die „Instanz" ohne Zwangsmittel, d.h. Krieg, doch nicht aus, sobald sich ein Staat dem Schiedsspruch nicht unterwirft. Und das würde sehr oft vorkommen, denn auch bei uns fügen sich die wenigsten, die einen Prozeß in letzter Instanz verloren haben, der Unparteilichkeit des Gerichts, sie weichen vielmehr der staatlichen Macht, die hinter dem Gericht steht.

[...]

In der letzten Zeit habe ich die belgischen Gesandtenberichte gelesen, die wir in Brüssel gefunden haben[2]. Sie sind sehr interessant; besonders hübsch finde ich den Skeptizismus, mit dem die belgischen Gesandten alle deutsch-englischen Verbrüderungsversuche vor 1914 betrachtet haben. Sie halten alles für vergeblich, denn England werde die Entwicklung der deutschen Industrie u. des deutschen Handels nicht verzeihen. Bethmann Hollweg hat aber wirklich an die Ehrlichkeit der englischen Reden geglaubt. Und jetzt spielt er den starken Mann wie Bismarck und wird gegen seine Gegner persönlich. Ich finde die Nichtbestätigung Kapps nicht gerechtfertigt, zumal da Kapp sich durch

---

1923. Selbsthilfegesellschaft und Geldentwertung, in: Manfred Gailus/Heinrich Volkmann (Hrsg.): Der Kampf um das tägliche Brot. Nahrungsmangel, Versorgungspolitik und Protest 1770–1990, Opladen 1994, S. 319–345, hier S. 325ff.

[1] Nicht zu ermitteln.

[2] Belgische Aktenstücke 1905–1914. Berichte der belgischen Vertreter in Berlin, London und Paris an den Minister des Äußeren in Brüssel. Hrsg. v. Auswärtigen Amt, Berlin o.J. [1915]. Diese Ausgabe präsentierte eine Auswahl der 1914 in Brüssel erbeuteten belgischen Vorkriegsakten; sie diente propagandistischen Zwecken, um die von der deutschen Regierung damals offiziell vertretene These einer „Einkreisung" Deutschlands durch die feindlichen Mächte vor Kriegsausbruch zu belegen; siehe dazu Winfried Baumgart: Quellenkunde zur deutschen Geschichte der Neuzeit von 1500 bis zur Gegenwart, Bd. 5/1: Das Zeitalter des Imperialismus und des Ersten Weltkrieges (1871–1918), 2. Aufl. Darmstadt 1991, S. 50f.

seine Mensurforderung doch in weitesten Kreisen (freilich nicht der Täglichen Rundschau¹) lächerlich gemacht hat².

Ich mache Schluß, damit der Brief heute noch fortkommt. Mit herzlichen Grüßen

Dein Fritz.

Nr. 41

An Richard Fester (Reservelazarett) Schielo (Ostharz), 17. August 1916

BAK N 1107, Nr. 249. – Hs. Original.

Sehr verehrter Herr Professor!

[...]

Von mir ist nichts Neues zu berichten³. Ich habe meine Lage etwas verbessert, indem ich eines Tages streikte und im Bett blieb. So bin ich nicht nur von

---

[1] Die in Berlin erscheinende Tageszeitung „Tägliche Rundschau" stand der konservativen „Reichspartei" nahe und entwickelte sich während des Ersten Weltkriegs zu einem Organ des extremen Nationalismus. Hartung hat diese Zeitung (neben anderen) regelmäßig gelesen; in seinem Nachlass findet sich eine Ausschnittsammlung aus den Jahren 1915 bis 1918/19.

[2] Diese Bemerkung bezieht sich auf einen im Frühsommer 1916 großes Aufsehen erregenden Konflikt zwischen Reichskanzler Theobald von Bethmann Hollweg und dem Generallandschaftsdirektor von Ostpreußen, Wolfgang Kapp (1858–1922). Der radikale Nationalist Kapp hatte Anfang Juni 1916 eine privat gedruckte Denkschrift mit dem Titel „Die nationalen Kreise und der Reichskanzler" an dreihundert ausgewählte Persönlichkeiten der politischen, militärischen und wirtschaftlichen Führung des Reichs verschickt, in der er schärfste Kritik an der Politik des Kanzlers übte und diesem die „Unzulänglichkeit seines staatsmännischen Könnens" vorwarf. Bethmann Hollweg rechnete daraufhin in einer Reichstagsrede am 5. Juni 1916 mit seinem Kontrahenten ab, indem er ihn als „politischen Piraten" bezeichnete und ihm u. a. vorwarf, mit seinen gegen die politische Führung des Reiches gerichteten Schmähungen die Stimmung in der Heimat zu vergiften. Kapp antwortete daraufhin mit einer Duellforderung, die der Kanzler zurückwies. Kapp, dem bereits am 7. Juni 1916 von seinem Amtsvorgesetzten, dem preußischen Landwirtschaftsminister, ein amtlicher Verweis erteilt worden war, wurde – obwohl ihn der ostpreußische Generallandtag Ende Juni 1916 erneut wählte – vom preußischen Staatsministerium nicht bestätigt und musste zum 1. Juli 1916 aus seinem Amt ausscheiden. Ein Jahr später, im September 1917, gründete er die Deutsche Vaterlandspartei. Zur Affäre Bethmann-Kapp siehe Heinz Hagenlücke: Deutsche Vaterlandspartei. Die nationale Rechte am Ende des Kaiserreiches, Düsseldorf 1997, S. 124–132.

[3] Hartung – zu diesem Zeitpunkt trotz seiner schweren Erkrankung noch immer Soldat – war am 25. Juli 1916 von der Medizinischen Klinik in Halle in das Reservelazarett in Schielo am Ostharz verlegt worden (vgl. Fritz Hartung an Marie Hartung, 27.6.1916, Nl. F. Hartung, K 20/3). Zu seinem neuen, von ihm wenig geschätzten Aufenthaltsort hatte Hartung bereits am 4.8.1916 in einer Karte an Fester (BAK, N 1107, Nr. 249) bemerkt: „Schielo entspricht ungefähr dem, was ich mir davon erwartet habe. Es ist eine Heilstätte für schwindsüchtige Ladenmädchen, Fabrikarbeiter und dergleichen und wahrt diesen Charakter auch jetzt, wo nur Soldaten anwesend sind. Zu besonderen Klagen gibt es keinen Anlaß. Aber daß ich mich in dieser proletarierhaften Umgebung wohl fühlte, kann ich nicht behaupten. Ich bin froh, daß ich hier wohl die letzte Station meines militärischen

dem sehr blödsinnigen Dienst befreit worden, der hier zur Hebung der Gesundheit verlangt wird wie Aufsicht bei der Hofreinigung, Kleiderappell u. dergl., sondern habe auch durchgesetzt, daß das Zimmer, das ich gemeinsam mit einem andern Unteroffizier bewohne, vom Wärter sauber gemacht wird, und esse allein auf dem Zimmer. Das letztere ist auch ein Vorzug, den nur der Kenner zu schätzen weiß; der ständige Anblick von messerschluckenden Fakiren wirkt nicht appetitanregend.

Daß ich mich schon erholt hätte, kann ich nicht behaupten. Ich erwarte auch von Schielo nichts, denn weder die Luft noch das Essen kann gut und kräftig genannt werden. Meine Dienstentlassung wird jetzt eingeleitet, wird aber schwerlich vor Oktober ausgesprochen werden. Jedenfalls werde ich erst im Winter zu einer gründlichen Kur gelangen, aber Winterkuren sind, wie mir schon in Halle zum Trost versichert wurde, besonders wirksam. Ich glaube nicht daß Schmidt[1], selbst wenn er sich mehr als bisher für mich interessierte, eine Beschleunigung meiner Entlassung durchsetzen wird.

Überhaupt möchte ich Sie bitten, weder sich selbst noch die Universität für mich zu bemühen. Denn es bleibt mir doch nichts anderes übrig, als über kurz oder lang die akademische Tätigkeit aufzugeben. Übers Jahr hört für mich das Privatdozentenstipendium auf. Auf allzu viele Hörer werden wir auch in den ersten Friedenssemestern noch nicht rechnen dürfen. Meine Vergütung von der Weimarischen Regierung ist auch zeitlich begrenzt; ich habe sie im ganzen noch auf 2 Jahre, zur Zeit ruht sie, da ich nichts arbeiten kann. Nach den Enttäuschungen, die die neuere Historie in den letzten Jahren bei der Besetzung von Professuren erlebt hat, z. B. beim Ordinariat von Preuß[2], und nach meinen eigenen Erfahrungen halte ich die Hoffnung, daß ich in zwei Jahren es bis zum besoldeten Extraordinarius gebracht haben könnte, für zu gewagt, um darauf irgendwelche Pläne aufzubauen. Darum halte ich es für besser, schon jetzt den notwendigen Schritt zu tun und eine Existenz zu suchen, in der ich leben kann, ohne ganz von der Wissenschaft Abschied nehmen zu müssen. Ich will es zuerst in Weimar versuchen, wo durch den Krieg eine Archivarstelle frei geworden ist. Wird daraus nichts, so denke ich an die Militärverwaltung, die für die Verwertung der von den Mineralogieprofessoren gesammelten Kriegsnachrichten schließlich doch auch einen Historiker braucht. Ich will

---

Passionswegs erreicht habe. Der Abschluß, die Dienstentlassung, wird aber wohl noch einige Wochen auf sich warten lassen. Darnach werde ich mich aber wohl noch einer zivilen Kur in besserer, kräftigerer Luft und in standesgemäßer Aufmachung unterziehen. Im Wintersemester werde ich auf keinen Fall lesen".

[1] Adolf Schmidt (1865–1918), Mediziner (Internist), ab 1907 o. Professor für Innere Medizin an der Universität Halle und Leiter der dortigen Medizinischen Poliklinik; er amtierte 1916/17 als Rektor der Universität.

[2] Georg Friedrich Preuß (1867–1914), Historiker, seit 1907 o. Professor an der Universität Breslau, starb im November 1914 an den Folgen einer Kriegsverwundung. Sein Lehrstuhl wurde – hierauf spielt Hartung vermutlich an – vorerst nicht wieder besetzt, was auch damit zusammenhängen mag, dass in Breslau seit 1912 die Neuere Geschichte ebenfalls durch den a. o. Prof. Johannes Ziekursch (1876–1945) vertreten war, der 1917 dort ein persönliches Ordinariat erhielt.

nichts überstürzen, aber ich fürchte, wenn ich nicht jetzt als Kriegsbeschädigter einen Posten suche, wird es hinterher zu spät.
[...]
Vom Kriege erfahre ich hier sehr wenig. Die Post braucht reichlich 24 Stunden, bis eine Berliner Zeitung uns erreicht, und sie arbeitet so unregelmäßig, daß ich neulich drei Tage ohne Zeitung blieb. Die Defensive im Westen ist glänzend. Aber wer hätte gedacht, daß die Karpathen noch einmal Kampfgebiet werden. Das ist doch namentlich wegen der Wirkung auf Rumänien bedenklich[1]. Ich hoffe aber, daß Hindenburg nicht ohne ausreichende Verstärkungen den Oberbefehl übernommen hat; fraglich bleibt aber immer noch, ob die Bundesbrüder unter seiner Leitung besser aushalten als unter ihren eigenen Generälen.

    Mit bestem Gruß
        Ihr sehr ergebener
            F. Hartung.

Nr. 42

An Richard Fester   (Reservelazarett) Badenweiler, 23. Oktober 1916

BAK N 1107, Nr. 249. – Hs. Original.

Sehr verehrter Herr Professor!

Badenweiler entspricht durchaus meinen Erwartungen[2]. Die Gegend ist sehr schön, das Klima ist mild, obwohl auch hier bereits der erste Schnee gefallen ist, aber im übrigen bleibt Kommiß eben Kommiß und der badische Bauer ist kein angenehmerer Schlafkamerad als der thüringisch-sächsische Fabrikarbeiter. So bin ich sehr froh, daß der hiesige Chefarzt mit mir nichts anzufangen wußte. Ich habe nämlich nur noch auf 3 Wochen Aufenthalt in einer Militärheilstätte Anspruch und da mein Befinden gut genug ist, um mich ins Zivilleben zu entlassen, eine Wiederherstellung der Dienstfähigkeit aber auch vom hiesigen Arzt nicht erwartet wird, so liegt kein Grund für ein außerordentliches Heilverfahren von weiteren 13 Wochen vor. Wir sind uns daher einig geworden, daß ich gleich entlassen und bis zur Erledigung der Förmlichkeiten in die Heimat beurlaubt werde. Ich werde also in kurzer Zeit nach Halle kommen, meinen Übergang ins Zivilleben bewerkstelligen, um dann ein richtiges Sanatorium aufzusuchen.

---

[1] Unter dem Eindruck der Verhandlungen der rumänischen Regierung mit den alliierten Mächten wurden seit Mitte Juni 1916 die militärischen Stellungen der Mittelmächte an der rumänischen Grenze verstärkt; die rumänische Kriegserklärung an Österreich-Ungarn erfolgte allerdings erst am 23. August 1916; vgl. Der Weltkrieg 1914 bis 1918, Bd. 10, S. 598–603.

[2] Hartung war am 5. Oktober 1916 überraschend nach Badenweiler verlegt worden; er blieb dort bis zum 11. November.

Dem Kriege sind wir hier erheblich näher als in Schielo. Die schweren Geschütze aus den Vogesen sind hier deutlich zu hören, und die Fliegerabwehr läßt einem auch den Krieg stets zum Bewußtsein kommen. [...]
Den Aufenthalt in Freiburg habe ich auch dazu benutzt, um Below[1] kennen zu lernen. Auf seine äußere Erscheinung war ich vorbereitet[2]. Aber auch sein Inneres macht einen etwas verrenkten Eindruck. Ich meine wenigstens, daß es zur Zeit noch anderen Gesprächsstoff geben müßte als das Kritisieren von Kollegen. Selbst der alte Schmoller mußte noch einmal herhalten[3]. Ich selbst bin kaum zum Reden gekommen und habe die Variationen über das Lied „ich bin klug und weise"[4] ruhig über mich ergehen lassen. In Gießen soll Vigener[5] an 1. Stelle, Heldmann[6] aber gar nicht vorgeschlagen sein.
Hoffentlich ist bei Ihnen zu Hause alles wohl.
Mit besten Grüßen
Ihr sehr ergebener
F. Hartung.

Nr. 43

An Marie Hartung   (Diakonissenhaus), Halle a. S., 24. November 1916

SBB PK, Nl. F. Hartung, K 20/3. – Hs. Original.

Meine liebe Mama!

[...]

Zwischen der gewaltigen Anspannung der ganzen Bevölkerung und den bescheidenen Zielen, die sich Bethmann Hollweg steckt, klafft für mein Empfinden ein Widerspruch. Diese großen Opfer dürfen doch eigentlich nur einer großen Zukunft gebracht werden, nicht einer kümmerlichen Existenz zwischen England und Rußland und mit dem allgemeinen Urteil, daß wir zwar stark, aber dumm seien. Solange Bethmann bleibt, habe ich trotz Jagows Rücktritt[7] kein Zutrauen zur Politik.

---

[1] Georg von Below (1858–1927), Historiker, a. o. Professor an der Universität Königsberg (1889–1891), o. Professor an der Akademie Münster (1891–1897) und an den Universitäten Marburg (1897–1901), Tübingen (1901–1905) und Freiburg i. Br. (1905–1924).

[2] Infolge einer frühen Erkrankung an Kinderlähmung blieb Belows linker Arm zeitlebens gelähmt; auch der infolge eines späteren Reitunfalls mehrfach gebrochene rechte Arm war offenbar nicht in vollem Maße funktionstüchtig; vgl. Hans Cymorek: Georg von Below und die deutsche Geschichtswissenschaft um 1900, Stuttgart 1998, S. 26.

[3] Der äußerst streitbare Georg von Below hatte sich schon früh – das war den damaligen deutschen Historikern wohlbekannt – als einer der entschiedensten wissenschaftlichen Gegner Gustav Schmollers profiliert; dies kostete ihn vermutlich die lebenslang angestrebte Berufung an die Universität Berlin; vgl. dazu Cymorek: Georg von Below, S. 52ff., 158ff.

[4] Siehe oben, Brief Nr. 9.

[5] Fritz Vigener (1879–1925), Historiker, o. Professor für Mittelalterliche Geschichte in Gießen (1918–1925), seit 1909 Mitherausgeber der Historischen Zeitschrift.

[6] Karl Heldmann (1869–1943), Historiker, a. o. Professor an der Universität Halle (1903–1933).

[7] Gottlieb von Jagow war am 22. November 1916 von seinem Amt als Staatssekretär des Äußeren zurückgetreten.

Nr. 43. An Marie Hartung, 24. November 1916

Der alte Franz Joseph ist vielleicht doch zu günstiger Stunde gestorben[1]. Denn jetzt fühlen es alle k. k. Nationen, daß sie zusammenhalten müssen, und es vollzieht sich der Übergang ohne Erschütterung. Kennst Du übrigens den Scherz von dem fehlenden Kreuz auf dem Stephansdom?[2]

Die Haltung der Konservativen in der Polenfrage[3] verstehe ich nicht recht. Eine befriedigende Lösung der Polenfrage ist überhaupt ausgeschlossen, weil die geographische Lage Polens für uns unbefriedigend ist; aber daran ist nichts zu ändern. Aber mit den nötigen Vorsichtsmaßregeln und mit der klaren Einsicht, daß wir uns auf Dankbarkeit und ähnliche romantisch-edle, aber unpraktische Gefühle der Polen nicht verlassen dürfen, sehe ich auch in einem selbständigen Polen keine Gefahr. Eines aber wird den Ostelbiern unangenehm sein: ein konstitutionelles Polen mit demokratischem Wahlrecht macht natürlich das preußische Dreiklassenwahlrecht auch äußerlich unmöglich. Meiner Absicht nach ist es das freilich auch innerlich, mag der Krieg ausgehen wie er will. Gewiß ist das allgemeine gleiche Wahlrecht, wie es für die Reichstagswahlen besteht, kein Ideal; aber ich halte es für unvermeidlich nach dem Kriege und auch für unbedenklich. Denn wenn die oberen Stände ihre Pflicht tun und sich bewußt bleiben, daß noblesse und richesse obligent[4], dann hält sich auch das Volk vernünftig, wie auch unsere Soldaten im wüstesten Granatfeuer aushalten, wenn ihre Offiziere da bleiben. Ich war früher auch anderer Ansicht, aber seit den schweren Tagen im März habe ich mehr Zutrauen zum gemeinen Mann, und das ist auch durch die weniger gute Haltung, die der gemeine Mann im Lazarett zu haben pflegt, nicht erschüttert worden.

[...]

Dieser Brief wird meiner Berechnung nach noch zum Totensonntag ankommen. Ich denke oft, daß für unsern Vater es vielleicht besser ist, daß er diese Zeit nicht mehr erlebt hat. Man muß doch noch jünger sein und Glauben an die Zukunft haben, auch den Glauben, daß man sie erleben wird; sonst spürt man wohl nur die Plage.

    Mit herzlichen Grüßen
    Dein Fritz.

---

[1] Kaiser Franz Joseph von Österreich war am 21. November 1916 im Alter von 86 Jahren gestorben.
[2] Siehe unten, Brief Nr. 44.
[3] Am 5. November 1916 hatten der deutsche und der österreichische Kaiser im besetzten Gebiet Russlands gemeinsam das neue Königreich Polen proklamiert; es sollte nach Kriegsende innerhalb später festzulegender Grenzen als deutscher Satellitenstaat fungieren (unter einem von den Polen zu wählenden deutschen Monarchen), mit eingeschränkter Souveränität. Diese Maßnahme war innerhalb Deutschlands allerdings höchst umstritten, da sie die Möglichkeit eines – vorher eventuell noch erreichbaren – Sonderfriedens mit dem Zarenreich fortan ausschloss. Vor allem von den Konservativen wurde die Proklamation des Königreichs Polen als den nationalen Interessen des Reiches und Preußens widersprechend scharf kritisiert.
[4] Frz.: Adel und Reichtum verpflichten.

Nr. 44

An Marie Hartung   (Diakonissenhaus), Halle a. S., 5. Dezember 1916

SBB PK, Nl. F. Hartung, K 20/3. – Hs. Original.

Meine liebe Mama!

[...]

Kaffee gibt es auch hier nicht mehr. Wer aus alter Gewohnheit dazu einlädt, verabreicht eine als Tee bezeichnete Flüssigkeit. Die Milchversorgung scheint hier gut zu klappen. Wenigstens bekommen die kleinen Kinder ihren Anteil, gelegentlich sogar die mittleren, von 6–10 Jahren; alle andern erhalten natürlich auch nichts, auch hier im Diakonissenhaus gibt es nur noch Magermilch, richtige Milch bleibt für die Schwerkranken, die nichts anderes vertragen.

Die Kohlennot verstehe ich; anscheinend sind viele Bergleute und Eisenbahner eingezogen. An der Heizung zu sparen wird eine zweischneidige Sache sein; denn viele werden ohne Gewissensbedenken dafür Gas verbrennen. Übrigens soll hier noch große Lichtverschwendung, namentlich in den Kientöppen[1], herrschen. Dafür hat Halle einen ganz originellen Mangel, nämlich an Wasser. Jetzt ist sogar das Baden verboten worden. Woran das liegt, ist nicht ganz klar. Jedenfalls sind die Engländer, Batocki[2] und das Wetter unschuldig.

Die Nachricht, daß alle Familien unter 4 Personen ihr Dienstmädchen entlassen müssen, halte ich für – militärisch gesprochen – ein Latrinengerücht. 1) ist für Frauen überhaupt keine Dienstpflicht vorgesehen, 2) ist es auch praktisch gar nicht möglich, so viele weibliche Arbeitskräfte, die z. B. zu schwerer Arbeit gar nicht zu verwenden sind, sofort in Munitionsfabriken zu verwenden; 3) traue ich der Regierung einen derartigen Blödsinn auch nicht zu. Denkbar wäre allenfalls eine Beschränkung der Dienstbotenzahl in großen Häusern. Aber schon da ergeben sich Schwierigkeiten. Soll ein kinderloses Kommerzienratsehepaar, das eine Villa im Grunewald hat, diese samt Garten mit 1 Mädchen instand halten? Wollte man aber alle Mädchen abschaffen, wo käme man dann hin, z. B. Festers mit ihrem kleinen Kind und 8 Zimmern. [...]

Vorläufig werden die Behörden auch genug damit zu tun haben, die Männer zweckentsprechend zu verwenden. Ich bin im Prinzip für den Arbeitszwang, aber ich traue der Ausführung nicht recht. Doch muß man abwarten. Die Universität ist sehr gespannt. Werden die Studenten geholt, so sind auch die Professoren zwecklos und müssen arbeiten.

Ich schreibe sehr ungern Witze, aber die Geschichte vom Stefansdom ist zu nett. Ein Reichsdeutscher fragt eines Tages einen Wiener, warum auf der

---

[1] Lichtspielhäuser.
[2] Adolf Tortilowicz von Batocki-Friebe (1868–1944), Verwaltungsbeamter und Politiker, Oberpräsident der Provinz Ostpreußen (1914–1916, 1918–1919), Hartung spielt hier auf Batockis kurzfristige Tätigkeit als Staatssekretär im Reichsernährungsamt (1916–1917) an.

Spitze des Doms nicht wie üblich ein Kreuz sondern ein Adler sei. Darauf sagt der Wiener: Wir haben immer ein Viech an der Spitze, das ist unser Kreuz.

Weihnachtsgeschenke finde ich in diesem Jahr etwas höchst Überflüssiges. Die wenigsten Leute haben Geld, und was soll man sich denn schenken. Ich schlage ernsthaft vor, daß wir es gegenseitig bleiben lassen wollen. Wir sind ja keine kleinen Kinder, hat Fester ja schon vor Jahren festgestellt. Das Diakonissenhaus hat [...] schon den ersten Adventssonntag benutzt, um sich mit Tannen und Papierrosen zu schmücken. Den schönen Gesang habe ich freilich versäumt, da ich den Nachmittag über bei Hasenclevers war. Die Frömmigkeit wird überhaupt etwas stark aufgetragen, wenigstens von der Stationsschwester, während die Zimmerschwester mit der „überfrommen" Methode weniger übereinstimmt. Doch sind mir die Diakonissen lieber als die liebebedürftigen Roten-Kreuz-Schwestern, die sich zu einem aufs Bett setzen und versichern, RK bedeute Reizender Käfer oder Ruhig Küssen. Das habe ich selbst erlebt, in Schielo. Mein Zimmergenosse, der noch nicht so viel geprüft ist wie ich, verträgt sich dagegen mit den hiesigen Schwestern weniger gut. Mit den katholischen Schwestern sind alle Evangelischen sehr zufrieden; die werden als Ketzer religiös in Ruhe gelassen. Dagegen habe ich mehrere katholische, aber unkirchliche Soldaten über die katholischen Schwestern sehr klagen hören. Freilich allen Leuten kann man es nicht recht machen.

Mein Leben verläuft im allgemeinen recht ruhig. Das Wetter ist in der Regel für Spaziergänge zu neblig, nur selten gehe ich in die Lesehalle oder sonst aus. Dort las ich vor einigen Tagen in der Deutschen Tageszeitung[1] den Küchenzettel der Kantine der ZEG[2], die für 90 Pfennig ein Mittagessen, Suppe, Kalbsbraten, grüne Erbsen, Reisspeise, liefert. So geht das für 8 Tage fort. Hoffentlich fährt da ein Donnerwetter dazwischen. Mit Vergnügen habe ich auch den Brief des Prof. Abel aus Jena über seinen Austritt aus dem Kriegsernährungsamt gelesen[3], in dem er die Unfähigkeit des Amtes, mit der jüdischen Gaunerei u. agrarischen Habsucht fertig zu werden, energisch betont. Besser

---

[1] Die in Berlin erscheinende „Deutsche Tageszeitung" fungierte als offizielles Organ des „Bundes der Landwirte" und stand der Deutschkonservativen Partei nahe.

[2] Um während des Krieges die möglichst gleichmäßige und flächendeckende Versorgung der deutschen Zivilbevölkerung mit Lebensmitteln zu gewährleisten, wurde 1915 in Berlin als eine der die Versorgung organisierenden sog. Kriegsgesellschaften die „Zentral-Einkaufs-Gesellschaft" (ZEG) gegründet, der es oblag, die von der Landwirtschaft produzierten Lebensmittel zu einheitlich festgelegten Preisen anzukaufen, gegebenenfalls aber auch zu beschlagnahmen; ebenfalls sollte sie, soweit möglich, Lebensmittel aus dem Ausland importieren und deren Verteilung organisieren helfen. Hierbei kam es immer wieder zu Pannen und zur Fehl- bzw. Unterversorgung bestimmter Regionen, was innerhalb der Bevölkerung zu Protesten, gelegentlich auch zu Lebensmittelunruhen führte. Vgl. hierzu neben dem gut zusammenfassenden Überblick bei Gunther Mai: Das Ende des Kaiserreichs. Politik und Kriegführung im Ersten Weltkrieg, München 1987, S. 88–116, auch Regina Roth: Staat und Wirtschaft im Ersten Weltkrieg. Kriegsgesellschaften als kriegswirtschaftliche Steuerungselemente, Berlin 1997, bes. S. 103ff. u. passim.

[3] Rudolf Abel (1868–1942), Mediziner (Bakteriologe und Hygieniker), o. Professor an der Universität Jena (1915–1935); zeitweilig als Referent in dem im Mai 1916 aus dem Reichsamt des Innern ausgegliederten Kriegsernährungsamt tätig.

wird es ja dadurch nicht, aber spätestens nach dem Kriege wird man sich doch wohl diese Einrichtungen vornehmen dürfen.

Ein Glück ist es nur, daß diese Bande in die Kriegführung nicht hineinpfuschen kann. In Rumänien geht es so glänzend vorwärts, daß man meiner Ansicht nach mit dem Glockenläuten getrost noch bis zum Fall von Budapest hätte warten können. Aber der Kaiser wollte wohl auch einmal wieder etwas tun, während er im übrigen ganz hinter Hindenburg zurücktreten muß. Eine Genfer Zeitung[1] sprach dieser Tage von der deutschen Republik unter dem Präsidium Hindenburgs[2]. Diktatur wäre vielleicht richtiger.

Hast Du das Bethmann-Bild in der neuesten Woche gesehen? Ich fürchte, es ist ähnlich. Aber mein Trost ist, daß die andern Staaten mit ihren leitenden Staatsmännern auch nicht besser daran sind. In England verlangt man anscheinend auch mehr Energie.

Der Fall Valentin[3] ist zu Ende gegangen, wie zu erwarten war. Valentin hat mit seiner hämischen Art, mit der er über den alten Mann mit dem großen Bart sprach, mir recht wenig gefallen. Tirpitz ist immerhin, selbst wenn er die technischen Möglichkeiten des U-Bootkrieges überschätzt haben sollte, der Schöpfer unserer Marine, und daß das eine gewaltige Leistung ist, sieht man an dem Verhalten der englischen Flotte[4]. Marcks hat wieder recht erbärmlich abgeschnitten; ich habe mich gefreut, daß der Vorsitzende die klare, beschworene,

---

[1] Nicht zu ermitteln.
[2] Am 27.11.1916 erschien auf der ersten Seite des Genfer „Le Journale" ein Artikel „Hindenburg eclipse le kaiser", mitsamt einer Karikatur „Le dictateur", „die Hindenburgs Vormachtstellung gegenüber dem Kaiser darstellte": vgl. Seppo Zetterberg: Die Liga der Fremdvölker Russlands 1916–1918. Ein Beitrag zu Deutschlands antirussischem Propagandakrieg unter den Fremdvölkern Russlands im ersten Weltkrieg, Helsinki 1978, S. 198.
[3] Der Historiker Veit Valentin (1885–1947), Generationsgenosse Hartungs und äußerst selbstbewusster Lieblingsschüler von Erich Marcks, war im Frühjahr 1916 von der Freiburger Philosophischen Fakultät zum a. o. Professor ernannt worden; schon seit Dezember 1915 arbeitete er, da nicht kriegsdienstfähig, zusätzlich für das Auswärtige Amt. Im August 1916 startete er eine Pressepolemik gegen den prominenten Alldeutschen Ernst Graf zu Reventlow, zudem wurden kurz darauf vom Herausgeber der „Süddeutschen Monatshefte", Paul Nikolaus Cossmann (1869–1942), private Äußerungen von Valentin publik gemacht, in denen er Tirpitz scharf angegriffen und dem im März 1916 zurückgetretenen Großadmiral vorgeworfen hatte, mit gefälschten Zahlen die deutschen U-Boote und deren Versenkungsziffern betreffend, gearbeitet zu haben. Im folgenden Beleidigungsprozess Cossmann gegen Valentin (er hatte Cossmann als „Lügner" bezeichnet), der am 30.11.1916 in München mit einem Vergleich endete, hatte Erich Marcks, Zeuge des hier verhandelten vertraulichen Gesprächs zwischen Valentin und Cossmann, ausgesagt, sich an Inhalte und einzelne Formulierungen nicht mehr erinnern zu können. Für Valentin endete der von ihm verursachte Skandal damit, dass er – vor allem auf Betreiben des alldeutsch gesinnten Freiburger Prorektors Georg von Below – gezwungen wurde, im Dezember 1916 auf seine Venia legendi zu verzichten; kurz vorher hatte er aus seiner Stellung im Auswärtigen Amt ausscheiden müssen. Vgl. Cymorek: Georg von Below, S. 263–267; Der Fall Valentin. Die amtlichen Urkunden, im Auftrage der Philosophischen Fakultät zu Freiburg i. Br. hrsg. und eingeleitet v. Felix Rachfahl, München/Leipzig 1920.
[4] Hiermit deutet Hartung vermutlich an, dass nach der abgebrochenen deutsch-britischen Seeschlacht am Skagerrak (31.5.1916) keine weitere Aktion der britischen Seestreitkräfte gegen die deutsche Hochseeflotte erfolgt war; die Seeblockade gegen Deutschland blieb allerdings unverändert bestehen.

Eindruck machende Aussage des einen Zeugen scharf hervorhob, „während der Zeuge der Gegenpartei, Marcks, sich an nichts erinnert". Tirpitz soll übrigens das Auswärtige Amt (A A) als Asylum Asinorum (Asyl der Esel) bezeichnen, und bis jetzt hat es auch noch nichts getan, um diese Bezeichnung zu entkräften. Vielleicht wird es unter dem ersten bürgerlichen Staatssekretär besser[1]. Das Bürgerliche allein macht es freilich nicht; wenigstens hat Herr Helfferich sich noch nicht als der große Mann gezeigt[2].
[...]
Da mir sonst nichts weiter einfällt, schließe ich mit herzlichen Grüßen an Euch Alle.

Dein Fritz

Nr. 45

An Richard Fester   (Kurhaus Odenwaldheim) Jugenheim, 20. April 1917

BAK N 1107, Nr. 249. – Hs. Original.

Sehr verehrter Herr Professor!

[...]
Von der großen Welt weiß ich gar nichts mehr, als was in der Frankfurter Zeitung steht. Sollten wir uns tatsächlich bloß noch defensiv verhalten und alles dem lieben Gott, den U-Booten und der russischen Revolution anheimstellen?[3] Wenn auch im Westen kein Durchbruch geglückt ist, so haben wir doch erhebliche Verluste an Menschen und Material wie an Prestige; den Engländern und Franzosen wird der Kamm erheblich geschwollen sein, und wer weiß, ob die Engländer nicht schließlich doch noch Mittel gegen die U-Boote finden, wie sie sie gegen die Zeppeline auch gefunden haben.

Die Osterbotschaft des Kaisers[4] hat mich etwas erschreckt, denn ich fasse sie als ein Zeichen dafür auf, daß man in Berlin Angst vor der großen Masse

---

[1] Am 25. November 1916 hatte Arthur Zimmermann (1864–1940) die Nachfolge Gottlieb von Jagows als Staatssekretär im Auswärtigen Amt angetreten.

[2] Karl Helfferich (1872–1924), Nationalökonom, 1899 Habilitation an der Universität Berlin, seit 1908 Mitglied des Präsidiums der Deutschen Bank, leitete das Reichsschatzamt (1915–1916) und übernahm anschließend die Funktionen des Staatssekretärs im Reichsamt des Innern und des Vizekanzlers (1916–1917).

[3] Die im Februar 1917 ausgebrochene Revolution in Russland hatte bereits am 15. März zur Abdankung des Zaren geführt.

[4] In seiner Osterbotschaft an Reichskanzler Bethmann Hollweg hatte Kaiser Wilhelm II. am 7. April 1917 eine Wahlrechtsreform für Preußen angekündigt. Zur Enttäuschung vieler projektierte er jedoch nicht die Einführung des gleichen, sondern nur des direkten und geheimen Wahlrechts für das Abgeordnetenhaus sowie geringe Veränderungen in der Zusammensetzung des Herrenhauses. Abdruck der Osterbotschaft in: Ursachen und Folgen. Vom deutschen Zusammenbruch 1918 und 1945 bis zur staatlichen Neuordnung Deutschlands in der Gegenwart. Eine Urkunden- und Dokumentensammlung zur Zeitgeschichte, hrsg. v. Herbert Michaelis/Ernst Schraepler, Bd. 1, Berlin 1958, S. 318–320.

hat; und das ist immer die schlechteste Richtschnur für die Politik. Wenn man aber einmal auf der schiefen Ebene zu rutschen anfängt, dann soll man meiner Ansicht nach mutig bis zu Ende rutschen. Ich hätte deshalb gleich von vornherein das allgemeine gleiche Wahlrecht versprochen. Denn bevor das durchgedrückt ist, wird doch keine Ruhe. Die Leute aus dem Felde werden sich nicht schlechter behandeln lassen als die reich gewordenen Kriegslieferanten. Die Gefahr besteht meiner Überzeugung nach nicht im gleichen Wahlrecht, sondern in der Ziel- und Planlosigkeit der Regierung und in dem kurzsichtigen Egoismus der Konservativen.

Daß Ziekursch in Breslau Ordinarius[1], wohl als Nachfolger Kaufmanns[2] geworden ist, haben Sie wohl gelesen. Mein Entschluß, zum Archiv überzugehen, erweist sich immer mehr als richtig. Ich habe vor kurzem darüber nochmals mit Kehr[3] korrespondiert[4] und wollte ihn auch in Berlin besuchen. Aber die Ernährungsschwierigkeiten und die Zentralheizungsnot sind in Berlin so groß, daß ich meine Mutter nicht zu belästigen wagte. Übrigens eilt es mir auch nicht allzu sehr, denn vorläufig kann ich noch ganz gut existieren und meine Weimarische Arbeit würde ich auch ganz gern noch abschließen.
[...]
Ihr sehr ergebener
F. Hartung.

Nr. 46

An Richard Fester   (Sanatorium) Schömberg bei Wildbad, 15. Mai 1917

BAK N 1107, Nr. 249. – Hs. Original.

Sehr verehrter Herr Professor!

[...]
Übereinstimmend mit Loening[5] ist der hiesige Arzt der Ansicht, daß meine Tuberkulose im Vertrocknen begriffen sei. Und da es für einen Gelehrten kein höheres Ziel gibt, als zu vertrocknen u. zu verkalken, so sehe ich jetzt wieder

---

[1] Siehe oben, Brief Nr. 41.
[2] Georg Kaufmann (1842–1929), Historiker, o. Professor an der Akademie Münster (1888–1891) und an der Universität Breslau (1891–1921).
[3] Paul Fridolin Kehr (1866–1944), Historiker und Wissenschaftsorganisator, a. o. Professor für Mittelalterliche Geschichte an der Universität Marburg (1893–1895), o. Professor an der Universität Göttingen (1895–15), gleichzeitig Leiter des Preußischen Historischen Instituts in Rom (1903–1915, 1924–1936), anschließend Generaldirektor der preußischen Staatsarchive in Berlin (1915–1929), seit 1917 ebenfalls Direktor des neu gegründeten Kaiser Wilhelm-Instituts für deutsche Geschichte, 1919–1935 Vorsitzender der Zentraldirektion der Monumenta Germaniae Historica.
[4] Korrespondenz nicht überliefert; zum Kontakt mit Kehr siehe unten, Brief Nr. 46.
[5] Karl Loening (1877–1926), Mediziner (Internist), 1907 Habilitation an der Universität Halle, seit 1911 Leiter der Inneren Abteilung des evangelischen Diakonissenhauses in Halle, a. o. Professor an der Universität Halle (1921–1926).

Nr. 46. An Richard Fester, 15. Mai 1917

mit Zuversicht in die Zukunft. Ich fühle mich auch ganz wohl; die Zeiten, wo ich mit Rucksack im Hochgebirge herumspazierte, werden freilich nicht wiederkommen.
[...]
An Zeitungen liefert die Anstalt die Frankfurter und das Berliner Tageblatt[1]. Die stark konservative Richtung, die an dem Ende des Tisches herrscht, wo ich sitze – ich gelte da für einen roten Demokraten – hat erfreulicher Weise die Anschaffung einer anders gerichteten Zeitung beantragt; nach vielen Erwägungen ist man auf die Kölnische Zeitung[2] verfallen, die aber den Konservativen wohl manche Enttäuschung bringen wird.

Ich gelte als Demokrat, weil ich mich unbedingt für die Neuorientierung ausgesprochen habe und sogar behaupte, daß die Regierung möglichst rasch die Führung dabei ergreifen müsse. Die echt preußischen Leute haben bei jeder Reform den Untergang des alten Preußen geweissagt, und doch hat es sich immer ganz gut gehalten. Die Gefahr besteht meiner Ansicht nach nicht in Wahlreformen und Verfassungsänderungen[3], sondern in der Planlosigkeit der Regierung, die zaudert, widersteht und zum Schluß doch nachgibt. Dadurch entsteht Mißtrauen und ein wachsender Radikalismus. Hätte die Regierung ein Programm, wie es Bismarck bei den liberalen Reformen 1867 ff. gehabt hat, so könnte sie die Neuorientierung leiten und damit in den Grenzen halten, die unsere, durch keinen noch so günstigen Frieden ganz zu beseitigende geographische Lage und die daraus entspringenden militärischen Aufgaben bedingen.

Über die Kriegsziele schreibe ich nicht, da heute Bethmann sich dazu äußern will. Die Kriegslage ist günstiger als vor vier Wochen; mit einem feindlichen Durchbruch ist kaum mehr zu rechnen. Unsere Verluste sind allerdings wohl sehr groß; überall hört man von Einziehungen [...]. Der hiesige Arzt klagt auch darüber, daß viele Patienten, die er als gebessert entlassen habe, inzwischen eingezogen worden sind. Ich bin gespannt, wann ich wieder an die Reihe komme.

Die Nachricht von dem Kaiser-Wilhelms-Institut für deutsche Geschichte, das laut Frankf. Zeitg. auch Arbeiten über Karl V. plant[4], hat mich interessiert,

---

[1] Die Frankfurter Zeitung und das Berliner Tageblatt vertraten zumeist liberale bis linksliberale Positionen.

[2] Die Kölnische Zeitung gehörte während des Kaiserreichs zu den auflagenstärksten überregionalen Tageszeitungen; politisch stand sie den Nationalliberalen nahe.

[3] Hartung trat privat und auch öffentlich für eine Abschaffung des seit 1849 geltenden preußischen Dreiklassenwahlrechts ein, so etwa in seinem Artikel: Konservative Politik, in: Deutsche Politik 2 (1917), S. 929–934, hier S. 932.

[4] Zu den ersten Forschungsaufgaben des auf Initiative von Kehr im Herbst 1917 ins Leben getretenen Kaiser-Wilhelm-Instituts für deutsche Geschichte sollte neben der „Germania Sacra" und einer Sammlung der Briefe Kaiser Wilhelms I. auch ein Projekt zur Geschichte Kaiser Karls V. und seiner Zeit gehören, wobei Kehr in diesem Fall eine mögliche Kooperation mit dem im Ersten Weltkrieg neutralen Spanien im Blick hatte; als dessen Bearbeiter war Hartung offenbar vorgesehen. Vgl. Wolfgang Neugebauer: Das Kaiser-Wilhelm-Institut für Deutsche Geschichte im Zeitalter der Weltkriege, in: Historisches Jahrbuch 113 (1993), S. 60–97, hier S. 76.

denn dadurch ist mir ein Licht aufgegangen über eine Anfrage Kehrs bei mir, in der er Nachrichten über meine wissenschaftlichen Arbeiten, besonders auch über Pläne betr. Karl V. erbat[1]. Ob etwas daraus wird, weiß ich noch nicht. In mancher Beziehung wäre es ja besser als Archiv[2].

Hoffentlich hilft Ihnen eine ungestörte Gesundheit in ihrer Familie über die Lasten des Semesters und über den Druck der Zeit hinweg.

    Mit besten Grüßen
        Ihr sehr ergebener
            F. Hartung.

Nr. 47

An Richard Fester   (Sanatorium) Schömberg bei Wildbad, 22. Juli 1917

    BAK N 1107, Nr. 249. – Hs. Original.

Sehr verehrter Herr Professor!

[...] Mit meiner Heilung geht es so langsam vorwärts, daß ich die Zeit zur Heimreise immer mehr hinausschieben muß und wahrscheinlich bis Anfang September hierbleiben werde. Das Wintersemester will ich nämlich auf alle Fälle lesen; ich verspreche mir zwar keine goldenen Berge davon, aber etwas wird schließlich doch zusammen kommen und es liegt mir auch daran, wieder einmal ernsthaft an meiner Weimarischen Geschichte zu arbeiten, damit diese Verpflichtung mich bei meinen Zukunftsplänen nicht allzu sehr stört.

Hier, wo man den größten Teil seiner Zeit auf dem Rücken liegt, ist an ernsthafte Arbeit nicht zu denken. Zwar schickt mir die Universitätsbibliothek gelegentlich Bücher und ich lese sie auch – 6 Bände menschliches Elend aus dem 18. Jahrh. habe ich jetzt hinter mir mit der schließlichen Einsicht, daß wir es auch noch nicht viel weiter gebracht haben – aber ohne eigene Bücher und ohne Schreibtisch ist es mit dem Arbeiten nichts. Drum habe ich mich der Politik ergeben[3], zwei kleine Artikel der „Deutschen Politik" sind das Ergebnis der Schömberger Monate[4]. Ich hätte sie Ihnen geschickt, wenn ich nicht annähme, daß Sie die Deutsche Politik so wie so lesen.

---

[1] Siehe oben, Brief Nr. 45.
[2] Eine Anstellung Hartungs an dem neu gegründeten und von Kehr geleiteten Kaiser Wilhelm-Institut für deutsche Geschichte scheiterte im Sommer des folgenden Jahres an Hartungs schlechtem Gesundheitszustand; vgl. Hartung an Richard Fester, 8.7.1918 (BAK N 1107, Nr. 249): „Da ich im Lauf dieses Monats mein Gesuch an Kehr einzureichen hatte, jetzt aber kein ausreichendes Gesundheitszeugnis beibringen kann, schrieb ich an ihn und erhielt prompt die Antwort, daß ich zuerst gesund werden müßte. So bleibe ich also der Universität Halle vorläufig auf alle Fälle erhalten".
[3] Anspielung auf Goethe: Faust I, v. 377: „Drum hab ich mich der Magie ergeben".
[4] Fritz Hartung: Neuorientierung und auswärtige Politik, in: Deutsche Politik 2 (1917), S. 757–761; derselbe: Konservative Politik, in: Deutsche Politik 2 (1917), S. 929–934.

Nr. 47. An Richard Fester, 22. Juli 1917

Mein Hauptwunsch ist Gott sei Dank in Erfüllung gegangen. Wir sind das zum Ereignis gewordene Unzulängliche[1], Bethmann, losgeworden[2]. Ich gehöre auch zu den Leuten, die eine Demokratisierung Preußens – um es kurz zu sagen, benutze ich dieses Schlagwort – für unerläßlich halten[3]. Aber wenn sie in der bisher beliebten Art weiter betrieben wird ohne jeden festen Plan und bloß in einzelnen der kläffenden Meute hingeworfenen Zugeständnissen, bei denen ein Ende überhaupt nicht abzusehen ist, dann befürchte ich auch Unheil. Die Regierung hätte längst die Führung übernehmen müssen.

Von der auswärtigen Politik schweige ich. Die Reichstagsresolution[4] klingt, als ob sie die Männer von 1848 geschrieben hätten, als ob wir seither nicht gesehen hätten, daß Geschichte mit Blut und Eisen gemacht wird. Aber ich glaube, daran, daß die müde Stimmung so um sich greifen konnte, trägt auch Bethmann die Schuld. Solange ich die Stimmung unter den Soldaten kennen lernen konnte, ging sie immer mindestens auf Festhaltung Belgiens, weil dort so viele deutsche Soldaten begraben liegen. Warum nützen wir diese Sentimentalität nicht aus, um den Wert dieses Kompensationsobjekts – wenn es nicht mehr sein soll – zu erhöhen. Und wie leicht wäre es, Stimmung für eine Kriegsentschädigung zu machen. Jetzt ist natürlich schon viel verfahren. Aber verloren ist meiner Ansicht nach noch nichts, wenn wir beim Friedensschluß wissen, was wir unserer Zukunft schuldig sind, und tatsächlich alle Sentimentalität von Frieden ohne Stachel usw. verlernt haben. Die Offensive gegen die Russen ist hoffentlich eine erfreuliche Einleitung eines neuen Systems[5]. Freilich, daran zweifle ich immer mehr, daß der Krieg durch militärischen Erfolg entschieden wird; der Sieg wird doch wohl von der größten politischen Energie im Durchhalten abhängen. Hier zu Lande sind die Ernteaussichten dank häufiger Gewitterregen ziemlich gut. Aber mit der Verpflegung hapert es doch selbst in den Sanatorien. In den Großstädten mag es dann gut aussehen!

Hoffentlich geht es Ihnen und Ihrer Familie trotz allen Schwierigkeiten gut. Mit besten Grüßen
                Ihr sehr ergebener
                F. Hartung.

---

[1] Anspielung auf die Schlussverse des „Chorus mysticus" in: Goethe: Faust II, v. 12106–12107: „Das Unzulängliche, / Hier wird's Ereignis".
[2] Reichskanzler Theobald von Bethmann Hollweg war am 13. Juli 1917 von seinem Amt zurückgetreten.
[3] Siehe oben, Brief Nr. 47.
[4] Die sich aus den Fraktionen des Zentrums, der Fortschrittlichen Volkspartei und der SPD zusammensetzende Reichstagsmehrheit verabschiedete am 19. Juli 1917 eine Friedensresolution, in der ein Frieden ohne Sieg, d. h. ohne Gebietsabtretungen und mit baldiger Wiederherstellung des internationalen „Wirtschaftsfriedens" sowie der Errichtung „internationaler Rechtsorganisationen" gefordert wurde, um „einem freundschaftlichen Zusammenleben der Völker den Boden [zu] bereiten". Die Resolution ist abgedruckt u. a. in: Ursachen und Folgen, Bd. 2, S. 37 f. (Nr. 241).
[5] Seit Mitte Juli 1917 hatte im Osten, vornehmlich im Baltikum und in Galizien, eine neue Offensive der Mittelmächte gegen Russland begonnen; Anfang September wurde Riga erobert.

Nr. 48
An Rudolf Smend   **Weimar, 16. April 1918**

NStUB Göttingen, Cod. Ms. R. Smend A 303. – Hs. Original.

Sehr geehrter Herr Professor!

Das Vertrauen, das Sie mit dem Angebot[1], für die politische Bücherei eine Darstellung der süddeutschen Wahlrechtsentwicklung zu schreiben, meiner körperlichen und geistigen Frische entgegenbringen, ist mir sehr schmeichelhaft, und ich freue mich, wenigstens für die körperliche Seite garantieren zu können. Es lohnt sich jetzt, daß ich die Geduld nicht verloren, sondern 18 Monate in Lazaretten und Sanatorien ausgehalten habe. Ich darf mir also schon zutrauen, die gewünschte Arbeit in der gesetzten Zeit fertig zu stellen[2].

Ich erlaube mir aber, auf einen Punkt aufmerksam zu machen, der zwar mehr die Herausgeber des Ganzen als den Bearbeiter eines einzelnen Abschnitts angeht, nämlich die innere Harmonie zwischen den verschiedenen Teilen. Daß Ihnen meine gelegentliche politische Schriftstellerei bekannt sei, nehme ich nicht an; ich lege selbst kein Gewicht auf diese Artikel, die zum größten Teil der Muße der Liegekuren ihren Ursprung verdanken. Darum will ich meinen Standpunkt in der Wahlrechtsfrage kurz u. offen dahin kennzeichnen, daß ich, so wenig ich auch für die Demokratisierung oder Parlamentarisierung im Sinne der heutigen Reichstagsmehrheit schwärme, doch der Überzeugung bin, daß auch das Wahlrecht und die ganze innere Verfassung mit der Zeit fortschreiten und sich den veränderten Umständen anpassen müssen. Ich kann mit der Auffassung, wie sie Kaufmann[3] in „Bismarcks Erbe in der Reichsverfassung" vertreten hat, nicht übereinstimmen[4]. Das hindert mich, unter der Voraussetzung, daß mir volle Freiheit gelassen wird, nicht, den Abschnitt über die süddeutsche Wahlrechtsentwicklung zu übernehmen, um so weniger, als

---

[1] Der Brief Smends ist nicht überliefert.
[2] Hartung hat ein Manuskript zur Entwicklung des Wahlrechts in Süddeutschland noch fertig gestellt (vgl. die Karte Hartungs an Smend, 15.6.1918, NStUB Göttingen, Cod. Ms. R. Smend A 303), doch eine Publikation kam aus unbekannten Gründen, vermutlich infolge des Kriegsendes im Herbst 1918, nicht mehr zustande.
[3] Erich Kaufmann (1880–1972), Jurist, Staats- und Völkerrechtler, Habilitation und a. o. Professor an der Universität Kiel (1908, 1912–1913), o. Professor an den Universitäten Königsberg (1913–1917), Berlin (1917–1920) und Bonn (1920–1927), als Berater des Auswärtigen Amtes Honorarprofessor und o. Professor an der Universität Berlin (1927–1934, 1933/34); emigrierte als rassisch Verfolgter in die Niederlande (1938–1946); nach der Rückkehr o. Professor an der Universität München (1947–1950) und Honorarprofessor in Bonn (1950–1958).
[4] Erich Kaufmann: Bismarcks Erbe in der Reichsverfassung, Berlin 1917; der Verfasser kritisierte in dieser damals viel beachteten Schrift (u. a. auch von Max Weber) kritisierten Schrift „das Zentralisierende und Gleichmachende des Parlamentarismus" (ebenda, S. 103) und sprach sich, im Anschluss an die von ihm positiv hervorgehobenen berufsständischen Bestrebungen des späten Bismarck, für eine Weiterentwicklung der Bismarckschen Reichsverfassung durch Einfügung „genossenschaftliche[r] Organisationen in unseren Verfassungsbau" (ebenda, S. 105) aus.

diese ja vorläufig abgeschlossen zu sein scheint, also eine rein historische Behandlung, die nichts de lege ferenda zu sagen hat, erlaubt.

Eine weitere Voraussetzung, ohne deren Erfüllung für mich eine Beteiligung zur Zeit nicht möglich wäre, ist eine angemessene Honorierung. Das im einzelnen zu vereinbaren wird ja, wie Sie schreiben, unmittelbarer Verhandlung mit der Verlagsanstalt zu überlassen sein. Aber ich wollte auch hier Ihnen gegenüber keinen Zweifel lassen. Sie werden das verstehen, wenn ich Ihnen mitteile, daß meine finanzielle Lage mich zwingt, zum Herbst die akademische Laufbahn aufzugeben u. in den preußischen Archivdienst einzutreten. Ich kann deshalb eine mich von meiner Hauptaufgabe, der weimarischen Geschichte unter Carl August, ablenkende akademische Nebenarbeit nur dann übernehmen, wenn die Geldentschädigung dem Zeitaufwand einigermaßen entspricht. [...]

In ausgezeichneter Hochachtung
Ihr sehr ergebener
F. Hartung.

Nr. 49

An Richard Fester   (Sanatorium) Kassel-Wilhelmshöhe[1], 19. August 1918

BAK N 1107, Nr. 249. – Hs. Original.

Hochverehrter Herr Professor!
[...]
Daß ein Friedensangebot nicht das geeignete Mittel ist, einen Fehlbetrag an Brot u. Kartoffeln zu decken, werden wir hoffentlich seit 1916 gelernt haben[2]. Ich bin auch unbedingt dafür, daß wir weiter kämpfen. Aber Ihren Optimismus kann ich doch nicht teilen. Der ganze Verlauf des diesjährigen Feldzugs scheint mir darauf hinzudeuten, daß ein zum Frieden zwingender Sieg nicht erfochten werden kann. U. unter dem Eindruck der jetzigen Erfolge wird bei den Franzosen kaum ein Stimmungsumschwung eintreten[3]. In allem nicht

---

[1] Ende Juni 1918 hatte Hartung kurz nach Abschluss seiner Archivarbeiten in Weimar einen gesundheitlichen Rückschlag erlitten und in Halle erneut das Krankenhaus aufsuchen müssen. Anschließend suchte er zur weiteren Genesung und zur Erholung ein Sanatorium in Kassel-Wilhelmshöhe auf.

[2] Gemeint ist hier das Friedensangebot der Mittelmächte an die Alliierten vom 12. Dezember 1916, das von den Gegnern in einer Antwortnote am 30. Dezember 1916 mit höhnischen Formulierungen abgelehnt worden war; Abdruck der beiden Texte in: Ursachen und Folgen, Bd. 1, S. 68 f. (Nr. 40), S. 80–82 (Nr. 49).

[3] Anspielung auf die letzte deutsche Großoffensive an der Westfront seit Ende März 1918, die spätestens seit dem Mitte Juli beginnenden britisch-französischen Gegenstoß als gescheitert gelten musste. Nach dem mit Tanks geführten britischen Großangriff vom 8. August war Erich Ludendorff (1865–1937) zu der Überzeugung gelangt, dass der Krieg für Deutschland letztlich verloren, daher möglichst bald zu beenden sei (vgl. Erich Ludendorff: Meine Kriegserinnerungen 1914–1918, Berlin 1919, S. 551). Die deutsche Öffentlich-

Nr. 49. An Richard Fester, 19. August 1918

Militärischen ist uns aber die Entente weit über, in Bundesgenossen, in Staatsmännern, in politischer Energie. Ob Sie Ihren Satz: daß Sie in inneren Reformen keine Entschädigung für unsre weltpolitische Niederlage sehen würden, auf mich gemünzt haben, weiß ich nicht; ich kann aber nur sagen, daß ich ganz Ihrer Ansicht bin. Ich halte innenpolitische Reformen für notwendig nicht um uns als demokratisches Volk im Ausland beliebt zu machen oder um uns in einem parlamentarisch regierten Binnenstaat über unsere verlorene Stellung in der Welt zu trösten, sondern lediglich um unserer weltpolitischen Stellung eine breitere Grundlage bei der Bevölkerung zu geben. Ich kann leider immer weniger finden, daß ein monarchisches Regiment, wie wir es haben, nach außen konsequenter und im Innern unabhängiger u. kräftiger als ein parlamentarisches auftritt. England, Amerika u. Frankreich entwickeln doch eine ganz andere Energie im Innern gegen alles, was sich dem Kriege widersetzt, als unsere Regierung, die immer nur bittet und Konzessionen macht und die sich auch im Ausland dauernd entschuldigt, statt sich als die berufene Vertreterin von 70 Millionen Deutschen auf ihr gutes Recht zu berufen. Ich will um Gottes Willen nicht die auswärtige Politik von der innern abhängig machen, meine vielmehr umgekehrt, daß wir im Innern mehr Rücksicht auf die Bedürfnisse der auswärtigen Politik nehmen müßten. Ich sehe z. B. nicht ein, wie eine planmäßige Besiedlung der baltischen Provinzen mit deutschen Bauern, die kommen muß, wenn wir diese Provinzen wirklich deutsch machen wollen, sich mit der preußischen großgrundbesitzfreundlichen Agrarpolitik vertragen sollte, und mir ist kein Zweifel, wer da nachzugeben hat. Im Ziele glaube ich mit Ihnen ganz einig zu sein: ein möglichst starkes Reich; über die Wege gehen unsere Ansichten auseinander. Daß die inneren Reformen auch ihre Bedenken haben u. daß wir eine ganz andere historisch-politische Schulung des Volkes brauchen, das verkenne ich nicht. Ich bin kein Optimist, der vom gleichen Wahlrecht in Preußen das goldene Zeitalter erwartet, in welchem jeder Tüchtige freie Bahn finden werde. Aber ich meine, da die große Masse der Industriearbeiter – denn um die handelt es sich doch – nun einmal da ist u. nicht beseitigt werden kann, müssen wir mit allen Mitteln darauf hinarbeiten, daß sie ein Verhältnis zum Staat gewinnen. Einen dauernden Gegensatz können wir nicht aushalten ohne bedenkliche Schwächung unserer Stellung in der Welt. Wir müssen sehen, ob wir diese Kreise nicht auch an den Gedanken staatlicher Pflicht gewöhnen können. Ein Mittel dazu scheint mir der Geschichtsunterricht, wenn er nicht wie bisher meist sich darauf beschränkt zu zeigen, wie herrlich weit wir es bis jetzt gebracht[1], sondern vor allem die Aufgaben betont, die wir noch zu lösen haben.

---

keit erfuhr hiervon, wie auch Hartungs Brief zeigt, überhaupt nichts, sondern blieb in dem Glauben, dass Deutschland den Krieg noch mindestens bis 1919 fortführen und anschließend einen mindestens erträglichen Friedensschluss erreichen könne.

[1] Anspielung auf die Worte des Famulus Wagner in: Goethe: Faust I, v. 570–573: „Verzeiht! es ist ein groß Ergetzen, / Sich in den Geist der Zeiten zu versetzen, / Zu schauen, wie vor uns ein weiser Mann gedacht / Und wie wirs dann zuletzt so herrlich weit gebracht".

Für Ihre belgische Frage danke ich bestens[1]. Ich habe bis jetzt nur das Nachwort gelesen, mit dem ich ganz übereinstimme, wenn ich auch Belgien ebenso wie Polen für lästige Pfähle in unserm Fleisch und für einen keineswegs ganz erfreulichen Besitz halte.
[...]

Ihr ergebenster
F. Hartung

Nr. 50
An Richard Fester   (Sanatorium) Kassel-Wilhelmshöhe, 5. September 1918

BAK N 1107, Nr. 249. – Hs. Original.

Sehr verehrter Herr Professor!

[...]
Ihrer Ansicht, daß wir in Deutschland einen gemäßigten Absolutismus brauchen, wenn auch schamhaft verhüllt unter konstitutionellen Formen, stimme ich von Herzen bei. Gerade in dieser Hinsicht könnten wir von England u. Amerika lernen, wie man unter volkstümlichen Formen und mit vielen schönen Reden recht absolut regiert. Wir haben leider das Gegenteil, eine ängstliche Regierung, die dabei noch den falschen Schein des Absolutismus an sich hat. Freilich, jeder Absolutismus setzt eine zur Führung befähigte Persönlichkeit voraus, u. wenn wir die gehabt hätten nach Bismarck, dann würden wir wohl anders in der Welt dastehen. Sie werden begreifen, daß ich dieses Thema nicht weiter ausspinne. Daß jedes Volk sich selbst seine eigene Regierungsform schaffen muß, daß jedes die allgemeinen Strömungen seinen besonderen Verhältnissen gemäß leiten muß, ist stets meine Überzeugung gewesen und bildet auch die Quintessenz meiner verfassungsgeschichtlichen Vorlesungen. Daß wir nicht von heute auf morgen nachholen können, was wir an weltpolitischer Bildung nicht nur in Arbeiterkreisen in unserer Vorgeschichte versäumt haben, ist mir durchaus klar. Aber ich meine, wir sollten nicht bloß diesen Mangel historisch erklären, sondern als Politiker darin eine Aufgabe erblicken, die uns gestellt ist u. an der wir uns abmühen müssen. Daß das gleiche Wahlrecht kein ideales Bildungsmittel ist, gebe ich gern zu. Ich sehe darin auch nichts anderes als eine üble Suppe, die uns der Starrsinn der preußischen Konservativen u. zuletzt die haltlose Angst Bethmann Hollwegs eingebrockt haben u. die wir auslöffeln müssen. Und ich hoffe auch, daß wir sie in Preußen verdauen werden, wie wir es im Reiche ja auch können. Wir können meiner Ansicht nach auch darum das gleiche Wahlrecht in Preußen nicht länger entbehren, weil eine Enttäuschung der Massen sich im mildesten Fall bei den Reichstagswahlen äußern würde, also gerade auf unsere weltpolitische Stellung ungünstig einwirken würde. Sie sehen, daß ich die innere Reform

---
[1] Richard Fester: Die Wandlungen der belgischen Frage, Halle a. S. 1918.

keineswegs als Ding an sich, sondern lediglich in ihrer Beziehung zur auswärtigen Politik betrachte. Über Einzelheiten lasse ich auch gern mit mir reden. Aber darüber bin ich mir klar, daß die Haltung der preußischen Konservativen, die auch jetzt noch jede Reform ablehnen, eine Gefahr für den Staat ist[1].

Denn mit einem weiteren Kriegswinter müssen wir doch unbedingt rechnen, u. wenn wir jetzt die militärische Bilanz dieses Jahres ziehen, kommt doch nichts anderes heraus, als daß keiner etwas erreicht hat. Unser konsequenter Rückzug an all den Stellen, die wir uns als Ausgangspunkte für weitere Angriffe gedacht hatten, deutet ja auch darauf hin, daß wir im Westen vorläufig defensiv bleiben wollen. Ob die Uboote bis zum nächsten Jahr die Lage wirklich so zu unsern Gunsten verändern, daß wir dann mit mehr Aussicht auf einen endgültigen Sieg in den Kampf eintreten können, ist mir zweifelhaft. Doch man muß eben abwarten. Ich finde auch, daß unsere offiziellen Kundgebungen (z. B. Hertlings Rede[2]) jetzt viel gedämpfter sind als vor der feindlichen Offensive; man spricht kaum mehr vom Sieg, nur vom Aushalten in der Verteidigung. Da auch die bisher sehr optimistische Tägliche Rundschau[3] immer resignierter wird, nehme ich an, daß von oben her die Weisung ergangen ist, etwas stiller zu werden.

Vom kaiserlichen Hoflager merkt man hier wenig. Am Sonntag habe ich den Kaiser gesehen, er fuhr im Auto langsam vorbei und sah ganz gut aus. Ob wirklich das ganze Hauptquartier hier ist, habe ich noch nicht ergründen können; gesehen habe ich weder Hindenburg noch Ludendorff, und ich kann es mir auch nicht recht denken, daß man das ganze Hauptquartier hierher bringt, wo doch die Kaiserin Ruhe haben soll. Sie soll, so wird behauptet, einen Schlaganfall erlitten haben[4].

[...]

        Mit besten Grüßen
            Ihr ergebenster
              F. Hartung.

---

[1] Im September 1918 erreichten die innenpolitischen Auseinandersetzungen um die Reform bzw. die Abschaffung des Dreiklassenwahlrechts in Preußen unter dem Eindruck der außenpolitischen Krise ihren Höhepunkt; siehe zu den Einzelheiten: Reinhard Patemann: Der Kampf um die preußische Wahlreform im Ersten Weltkrieg, Düsseldorf 1964, S. 206 ff.

[2] Georg Graf von Hertling (1843–1919), deutscher Reichskanzler vom 1.11.1917 bis 3.10.1918. – Gemeint ist hier vermutlich Hertlings Ansprache in der Sitzung des Preußischen Staatsministeriums am 3. September 1918, in der er einem Bericht zufolge u. a. bemerkte: „Auch bei uns im Lande sei die Stimmung gegenwärtig zweifellos schlecht, und deshalb müßten auch wir ernstlich den Versuch machen, mit Ehren aus dem Kriege herauszukommen", nach dem Abdruck in: Ursachen und Folgen, Bd. 2, S. 299 (Nr. 355).

[3] Die „Tägliche Rundschau" erschien als liberal-konservative Tageszeitung seit 1881 in Berlin; sie wurde von Hartung, wie zahlreiche in seinem Nachlass erhaltene Zeitungsausschnitte belegen, zwischen 1917 und 1920 regelmäßig gelesen.

[4] Seit Ende August 1918 hielt sich das Kaiserpaar, nachdem Kaiserin Auguste Viktoria einen Herzinfarkt erlitten hatte, in Schloss Wilhelmshöhe auf, „in äußerster Isolation von den militärischen und politischen Entwicklungen und Stimmungen", John C. G. Röhl: Wilhelm II. Bd. 3: Der Weg in den Abgrund 1900–1941, München 2009, S. 1234. Das Große Hauptquartier blieb weiterhin in Spa und wurde erst nach dem Waffenstillstand offiziell nach Kassel-Wilhelmshöhe verlegt.

Nr. 51

An Richard Fester   (Sanatorium Waldhaus), Sülzhayn/Südharz,
                                                  20. November 1918

BAK N 1107, Nr. 249. – Hs. Original.

Hochverehrter Herr Professor!

[...] Heute sind es 14 Tage, daß ich hierher gereist bin[1]. Hätte ich geahnt, wie fabelhaft rasch sich die Dinge bei uns zur Krisis zuspitzen werden, so hätte ich mich kaum zur Abreise in ein so gottverlassenes Nest, wo es außer meiner biederen Täglichen Rundschau keine Zeitung zu lesen gibt, entschlossen. Für meine Gesundheit ist es ja ganz gut, daß ich nichts geahnt habe u. gereist bin. Denn der Arzt meint, es wäre bei mir nicht viel Zeit mehr zu verlieren gewesen, u. ich bin hier recht gut aufgehoben, zwar nicht glänzend, aber doch recht auskömmlich verpflegt. Aber es ist doch eine Zumutung, eine solche bewegte Zeit fern von aller Welt u. aller Anregung auf dem Liegestuhl zu verleben. An politisch interessierten Leuten fehlt es hier ganz, recht im Gegensatz zu Schömberg, wo ich in einen so konservativen Kreis hineingeriet, daß ich mir wie ein roter Demokrat erschien[2]. [...]

Wie hat sich die Welt gewandelt in den wenigen Tagen, die ich hier bin. Als Historiker, der die Gegenwart aus der Vergangenheit zu erklären bestrebt ist, stehe ich doch vor einem Trümmerfeld. Denn alles, was wir bisher für die feste Grundlage unseres staatlichen Lebens gehalten haben, liegt am Boden. Ich kann mich als Historiker nicht entschließen alles zu verbrennen, was ich bisher angebetet habe. Das Zeitalter Bismarcks erscheint mir auch jetzt noch als der Höhepunkt deutscher Geschichte, nicht als eine bedauerliche Verirrung in die Machtpolitik. Gewiß war Bismarck einseitiger Machtpolitiker. Aber Einseitigkeit gehört nun einmal zum erfolgreichen Handeln; wer allen gerecht werden will, kommt nie zum Entschluß. Auch liegt der Fehler weniger an ihm, der doch stets auf die Imponderabilien hingewiesen hat[3], als an den Nachfolgern.

---

[1] Hartung hatte aufgrund eines schweren gesundheitlichen Rückschlags seine Lehrveranstaltungen im Wintersemester 1918/19 schon nach kurzer Zeit abbrechen müssen; er hatte sich zuerst in Halle ins Krankenhaus und anschließend, am 6. November, zu einer längeren Kur in den Harz begeben müssen. Hier, in der Abgeschiedenheit des Ostharzes, erlebte er das Ende des Krieges und des Kaiserreichs.

[2] Siehe oben, Brief Nr. 46.

[3] Bismarck gebrauchte diesen Begriff gelegentlich, um auf die Bedeutung der Kontingenz in der Politik, also auf die Unwägbarkeiten, die unvorhersehbaren Aspekte, mit denen sich jeder aktive Politiker konfrontiert sieht, hinzuweisen. Die Einflüsse der „Imponderabilien in der Politik" seien, bemerkte er etwa in einer Rede vor dem Preußischen Landtag am 1. Februar 1868, „oft mächtiger [...] als die der Heere und der Gelder". Ähnlich sprach er in einer Rede im Reichstag am 6. Februar 1888, in der er feststellte, „das ganze Gewicht der Imponderabilien" wiege im Endergebnis „viel schwerer [...] als die materiellen Gewichte"; Otto Fürst von Bismarck: Die politischen Reden. Kritische Ausgabe, hrsg. v. Horst Kohl, Bde. 1–14, Stuttgart 1892–1905, hier Bd. 3, S. 432, und Bd. 12, S. 471.

Nr. 51. An Richard Fester, 20. November 1918

Als Politiker haben wir meiner Überzeugung nach keine andere Wahl als die Umwälzung anzuerkennen. Ich halte es nicht für möglich, die Monarchien wieder herzustellen, die sang- und klanglos zusammengebrochen sind. Der Nimbus des Gottesgnadentums ist endgültig dahin, u. den Glauben, daß die Monarchie die stärkste Staatsform für Deutschland darstelle, kann ich auch nicht mehr aufbringen. Es widerstrebt meinem Gefühl, daß ich, der ich so viel innere Sympathie mit dem Staate Friedrichs des Großen u. Bismarcks gehabt habe, nun auf einmal Republikaner werden soll, aber ich weiß mir keinen andern Ausweg. Denn die Zukunft des ganzen Volkes muß höher stehen als die Frage der Staatsform. Aber wenn ich die Monarchie kampflos preisgebe, so meine ich doch, daß wir Bürgerlichen uns nicht ohne äußersten Kampf ausschalten lassen dürfen. Es ist mir äußerst schmerzlich, daß ich an all diesen großen Auseinandersetzungen mich gar nicht beteiligen kann. Vorläufig tröste ich mich damit, daß ich wenigstens im nächsten Semester wieder tätig sein kann u. daß wir dann wieder Studenten haben werden. Freilich, selbst der Gesunde kann heute keine Zukunftspläne machen, denn daß für unsereinen auf die Dauer unter dem Zehngebote-Hoffmann[1] die Möglichkeit akademischer Tätigkeit besteht, kann ich mir einstweilen nicht recht vorstellen.

Aber selbst im günstigsten Fall, wenn wir eine ideale bürgerliche Republik bekommen, glaube ich, daß wir den Fortschritt im Innern mit dem Verlust unserer weltpolitischen Stellung zu teuer bezahlt haben. Deutschösterreich – vorausgesetzt, daß ihm das Selbstbestimmungsrecht gelassen wird – ist doch kein Ausgleich für die uns bevorstehenden Verluste; denn es ist mit seinem weichlichen u. katholischen Einschlag doch zugleich eine starke Belastung unserer inneren Zustände. Unser altes Regime hat sicherlich eine Unmenge Fehler begangen, in der Vorbereitung u. in der Führung des Krieges. Aber der schwerste u. verhängnisvollste, weil unheilbare Fehler ist von denen gemacht worden, die aus parteipolitischer Engherzigkeit und Verblendung oder aus ideologischem Glauben an Internationale u. an Weltgewissen bei uns in der Heimat u. im Felde die Stimmung systematisch untergraben haben; von denen ganz zu schweigen, die aus schlimmeren Gründen agitiert haben. Denn daß die Amerikaner, die an Zahl den Russen bei weitem nicht gleich kommen, den Ausschlag nicht hätten geben können, wenn unsere Armee noch mit gleicher Festigkeit wie 1916 an der Somme, 1917 in Flandern standgehalten hätte, das ist mir zweifellos. Ich habe für Wilhelm II. persönlich nie Sympathie gehabt u. weine ihm keine Träne nach. Aber ich meine, wir sollten nicht auf ihn alle Steine werfen, denn ein großer Teil müßte auf die geworfen werden, die sich heute als die großen Männer spreizen, die es immer gesagt haben, daß wir den Krieg verlieren müssen. Wir hätten ihn nicht so verloren, wenn man diese

---

[1] Gemeint ist hier der sozialdemokratische Politiker Adolph Hoffmann (1858–1930), der 1891 eine scharf antiklerikale Broschüre mit dem Titel „Die Zehn Gebote und die besitzende Klasse" veröffentlich hatte, seitdem in der deutschen Öffentlichkeit als entschiedener Kirchenfeind galt und allgemein als „Zehn-Gebote-Hoffmann" bekannt war. Nach der Novemberrevolution amtierte er, der 1917 die USPD mitbegründet hatte, für kurze Zeit als preußischer Kultusminister (November 1918 bis Januar 1919).

Agitation nicht hätte groß werden lassen. Ehrliche Leute gestehen das auch angesichts der Waffenstillstandsbedingungen ein; in der Nordhäuser Zeitung hat Gothein[1] Weh u. Ach darüber geschrieen, daß von der Völkerverbrüderung so wenig zu spüren sei. Aber ich finde, daß die meisten, z. B. Erzberger[2], jetzt sich stillschweigend um die Verantwortung drücken.

All das Gerede hilft freilich gar nichts mehr u. ich kann Ihnen auch nichts Neues sagen. Aber bei meiner Abgeschiedenheit muß ich zeitweise meinem Herzen Luft machen u. geistige Anknüpfung suchen.

[...]
   Mit vielen Grüßen
     Ihr sehr ergebener
       F. Hartung

Nr. 52

An Richard Fester   (Sanatorium Waldhaus), Sülzhayn/Südharz,
              26. Mai 1919

BAK N 1107, Nr. 246. – Hs. Original.

Sehr verehrter Herr Professor!

Daß ich trotz allen Ankündigungen nicht nach Halle gekommen bin, werden Sie bereits erfahren und aus der Unterlassung eines Besuchs geschlossen haben. Vielleicht haben Sie auch schon durch den getreuen Chronisten Hasenclever vernommen, was ich für weitere Zukunftspläne habe. Aber ich möchte Ihnen darüber doch auch selber Nachricht geben. Mit meiner Gesundheit steht es jetzt ganz gut. Zwar meinte der Arzt, daß ich noch mindestens den Juni hier bleiben sollte, schon der Verpflegung wegen; aber an meiner Arbeitsfähigkeit zweifelt er nicht. Doch die Kraft traue ich mir nicht zu, als Dozent lediglich vom Dozieren und Schriftstellern zu leben; wollte ich das für längere Zeit versuchen, so würde ich mich bei der jetzigen Teuerung sicher wieder krank arbeiten. Drum habe ich wieder mit Kehr verhandelt[3], u. da dieser mich anstellen will, sobald ich ein ärztliches Zeugnis beibringen kann, so werde ich

---

[1] Eberhard Gothein (1853–1923), Nationalökonom, Wirtschafts- und Kulturhistoriker, o. Professor an der Technischen Hochschule Karlsruhe (1885–1890) sowie an den Universitäten Bonn (1890–1904) und Heidelberg (1904–1923). Ein Artikel Gotheins in der „Nordhäuser Zeitung" ist in der Bibliographie seiner Schriften nicht enthalten, vgl. Michael Maurer: Eberhard Gothein (1853–1923). Leben und Werk zwischen Kulturgeschichte und Nationalökonomie, Köln/Weimar/Wien 2007, S. 372–378, hier S. 377; zu Gotheins umfangreicher Kriegspublizistik siehe ebenda, S. 291–305.

[2] Matthias Erzberger (1875–1921), Politiker, Angehöriger der Zentrumspartei, seit 1903 Mitglied des Reichstags, im November 1918 Leiter der deutschen Waffenstillstandskommission und Reichsminister ohne Geschäftsbereich, anschließend Reichsfinanzminister (Juni 1919 bis März 1920), am 26.8.1921 von politischen Extremisten ermordet.

[3] Siehe oben, Briefe Nr. 45, 46.

zum 1. Juli oder zum 1. Oktober nach Berlin gehen[1]. Ich hätte gern noch ein Semester gelesen, um noch einmal ein volles Auditorium zu sehen. Aber diese Genugtuung ist mir doch mit zu viel Risiko verbunden. Und daran, daß ich mich mehr zum Professor als zum Archivar eigne, zweifle ich auch ohne diese Probe nicht. Drum unterlasse ich diesen Versuch und werde wohl nur noch einen ganz kurzen Abschiedsbesuch in Halle machen.

Der Verzicht auf die akademische Laufbahn wird mir nicht leicht. Ich habe das Gefühl, als ob ich mich im Archiv bei lebendigem Leibe begraben wollte. Aber der ewige Privatdozent ist doch, selbst wenn er Geld hat, eine gescheiterte Existenz, und wenn man nicht Hasenclevers bescheidenes Naturell hat, wirkt das Mißverhältnis zwischen dem, was man mit seiner Habilitation hat erreichen wollen, u. dem, was man wirklich ist, leicht komisch auf die andern u. verbitternd auf einen selbst. Wäre ich 1913 nach dem Tode meines Vaters an das damals unbesetzte Staatsarchiv nach Weimar gegangen, so wäre ich heute besser daran, aber ich würde das Gefühl nicht loswerden, die Flinte zu früh weggeworfen zu haben. Jetzt kann ich mir getrost sagen, daß ich lange genug gewartet habe. Trotzdem würde ich auch heute noch den Kampf ums akademische Dasein aufnehmen, wenn ich nicht Rücksicht auf meine Angehörigen nehmen müßte. Ein Ende mit Schrecken will ich diesen ersparen.

Sonst ist aus meinem Leben nichts Besonderes zu erzählen. Es fließt seit Monaten ganz gleichmäßig dahin, kaum daß man es merkt, ob Sonntag oder Werktag ist. Die einzige Abwechslung war ein kurzer Besuch Hasenclevers, durch den ich auch so einigermaßen mit Hallischen Nachrichten versorgt worden bin. So erzählte er mir ohne Schadenfreude von Menzers[2] vierter Tochter. Aber bei der Gleichberechtigung des weiblichen Geschlechts ist es jetzt ja nicht mehr so wichtig, ob man einen Sohn oder eine Tochter hat.

Zumal die Hauptfrage noch ganz ungeklärt ist, ob denn diese Jugend in eine lebenswerte Zukunft hineinwachsen wird. Vorläufig sieht es mir gar nicht so aus. Zwischen dem Friedensentwurf von Versailles und unserm Existenzminimum klafft ein Spalt, den auch die gewiegtesten [sic] Unterhändler kaum überbrücken können[3]. U. selbst Erzbergers Wortfülle dürfte kaum ausreichen, um ihn in den von ihm einstens geforderten zwei Stunden mündlicher Verhandlung ganz auszufüllen.

Und selbst wenn wir einen möglichen Frieden erlangen würden, wo würden wir dann die Männer finden, die unsere innere Zukunft zu gestalten vermögen?

---

[1] Die geplante Anstellung Hartungs am neu errichteten und von Paul Kehr geleiteten Kaiser-Wilhelm-Institut für deutsche Geschichte kam aus unbekannten Gründen nicht zustande.
[2] Paul Menzer (1873–1960), Philosoph, Habilitation in Berlin (1900), a. o. Professor an der Universität Marburg (1906–1908), o. Professor an der Universität Halle (1908–1938, 1945–1948), 1920/21 Rektor der Universität Halle.
[3] Am 7. Mai 1919 war der deutschen Friedensdelegation in Versailles der alliierte Entwurf des Friedensvertrags im Rahmen einer demütigenden Zeremonie übergeben worden; er übertraf die schlimmsten Befürchtungen der deutschen Bevollmächtigten und der Reichsregierung; vgl. Klaus Schwabe (Hrsg.): Quellen zum Friedensschluss von Versailles, Darmstadt 1997, S. 22 f., 242 ff.

[...]
Hoffentlich steht es bei Ihnen zu Hause gut, damit Sie da die Freude erleben, die der Mensch nun doch einmal zu Leben braucht.

    Mit vielen Empfehlungen
                Ihr sehr ergebener
                        F. Hartung.

Nr. 53

An Max Lenz   **Halle a. S., 11. Juni 1920**

    SBBPK, Nl. Max Lenz, K 2. – Hs. Original.

Hochverehrter Herr Geheimrat!

    Es ist eine gute alte Sitte, sich zum 70. Geburtstag glückwünschend einzustellen. An ihr festzuhalten, scheint mir in unsern revolutionären Tagen doppelt Pflicht. Denn es gilt nicht allein, für noch recht viele weitere Jahre Gesundheit und Arbeitskraft zu wünschen, sondern für uns Jüngere gilt es bei solcher Gelegenheit auch die Treue zu bekunden, die wir unserer Vergangenheit und den Männern, die uns in ihr geschichtliches Verständnis eingeführt haben, wahren. Und in diesem Sinne möchte ich Ihnen heute meine herzlichen und aufrichtigen Glückwünsche aussprechen, Ihnen als einem meiner akademischen Lehrer, denen ich mich tief zu Dank verpflichtet fühle, mag auch meine wissenschaftliche Arbeit nicht unmittelbar zur „Schule" gehören, zugleich aber auch als dem Geschichtschreiber Bismarcks, der uns das Werk Bismarcks verstehen gelehrt hat[1]. Wohl glaube ich nicht, daß wir das Geschehene rückgängig machen können; wir werden wohl über das heutige Elend hinaus vorwärts gehen müssen, und meine Generation wird sich von der Mitarbeit nicht ausschließen dürfen. Um so mehr sei betont, daß wir die Verpflichtung fühlen, das Erbe der Vergangenheit lebendig zu erhalten und über den Bruch der Revolution eine Brücke geschichtlichen Verständnisses unserer großen Vorzeit zu schlagen. In diesem Sinne will ich mich bemühen, der Generation der Reichsgründung, der Sie als Mitkämpfer wie als Gelehrter angehören, den Dank abzustatten.

    In aufrichtiger Verehrung
                Ihr ergebenster
                        F. Hartung

---

[1] Gemeint ist: Max Lenz: Geschichte Bismarcks, Leipzig 1902.

Nr. 54
An Siegfried A. Kaehler   Braunlage, 29. August 1920

NStUB Göttingen, Cod. Ms. S. A. Kaehler, 1,59. – Hs. Original.

Sehr geehrter Herr Doktor![1]

Wenn ich mir die Ehre gebe, Sie zur Mitarbeit an meiner Sammlung einzuladen und Ihnen die Weltgeschichte der letzten 100 Jahre oder sonst etwas zur gefälligen Auswahl anheimzustellen, so soll das nur die Verwendung des Briefbogens rechtfertigen; einen andern habe ich nicht mehr hier[2]. Zwar rechne ich sehr auf Ihre geschätzte Mitwirkung, aber heute, an meinem letzten Feriensonntag, habe ich keine Lust darüber viel zu schreiben.

Vielmehr will ich heute vor allem mein Bedauern aussprechen, daß Sie, lieber Kaehler, nicht hier sind. Ich suche nämlich eine mitfühlende Seele, die mit mir ins Deutsche Haus geht u. eine oder zwei Flaschen Wein mit Begleitung guter u. diskreter Musik trinkt. Vielleicht läßt sich die junge Witwe, die seit ein paar Tagen hier ist, noch dafür gewinnen. Aber das rechte Verständnis für das zu begießende Ereignis wird sie nicht haben. Denn ich habe einen großen u. dicken Geheimrat zur Strecke gebracht. Aloys Meister ist nach Empfang meines Briefes glatt auf den Hintern gefallen u. hat den Kampf mit mir aufgegeben. An seiner Stelle hat Teubner die Friedensverhandlungen eingeleitet mit der Versicherung, man habe mich keineswegs kränken wollen, das Honorar würde erhöht werden – Meister habe das nur vergessen mitzuteilen – und ich möchte auf Teubners Kosten zur mündlichen Aussprache nach Leipzig kommen, sobald ich wieder in Halle sei[3]. Nun zweifle ich zwar nicht, daß der alte Jesuiter Aloys sich mit dem alten Spruche trösten wird: wer zuletzt lacht usw.; sobald ich wieder einmal Aussicht haben sollte auf einer Berufungsliste

---
[1] Siegfried A. Kaehler (1885–1963), Historiker, Habilitation und a. o. Professor an der Universität Marburg (1921, 1927–1928), o. Professor an den Universitäten Breslau (1928–1932), Halle (1932–1936), Jena (1936) und Göttingen (1936–1953); mit Hartung seit dessen Privatdozentenzeit in Halle befreundet.
[2] Der Briefbogen im Kleinformat trägt den Aufdruck: „Jedermanns Bücherei. – Natur aller Länder – Religion und Kultur aller Völker – Wissen und Technik aller Zeiten (Verlag von Ferdinand Hirt in Breslau) Abteilung Geschichte – Herausgeber: Prof. Dr. Fritz Hartung, Privatdozent a. d. Universität Halle a.S." – Auch einen vorherigen Brief an Kaehler vom 24.7.1920 (NStUB Göttingen, Cod. Ms. S. A. Kaehler, 1,59) hatte Hartung bereits auf diesem Briefpapier geschrieben und hierzu angemerkt: „Das bedeutende Unternehmen, dessen Briefpapier ich hier verbrauche, hatte wochenlang nichts von sich hören lassen, sodaß ich schon hoffte, es wäre an irgend einem zeitgemäßen Leiden eingegangen. Heute erhielt ich zu meinem großen Kummer einen Brief des Verlages; aber ich werde mir mit der Antwort auch Zeit lassen. Zum Herausgeber eigne ich mich nämlich wie der Igel zum Kopfkissen. Wenn ich damals, ich mich dazu hergab, schon einen Lehrauftrag gehabt hätte, wäre ich niemals auf den Leim gekrochen".
[3] Es handelt sich hierbei vermutlich um die von Hartung erarbeitete verbesserte 2. Auflage seiner „Deutschen Verfassungsgeschichte vom 15. Jahrhundert bis zur Gegenwart", die im Rahmen des von Aloys Meister herausgegebenen Grundrisses der Geschichtswissenschaft im Verlag B. G. Teubner, Leipzig, erschien. Die 2. Auflage trägt die Jahreszahl 1922; Hartungs darin enthaltenes Vorwort zur 2. Aufl. ist datiert auf „September 1921".

Nr. 54. An Siegfried A. Kaehler, 29. August 1920

zu erscheinen wird er sicherlich über meine anmaßliche Unverträglichkeit laut lachen. Aber um so mehr empfinde ich das Bedürfnis, wenigstens zum Anfang auch meinerseits zu lachen. Aber es fehlt mir dafür die würdige Gesellschaft u. der stille Suff behagt mir noch nicht recht.

[...]

Von Lord Acton[1] habe ich in der Zeit, wo ich noch nicht selbst Dozent war und deshalb glaubte, man müsse, um Dozent zu werden, eine gründliche Fachmit ausgebreiteter Allgemeinbildung verbinden, irgend etwas gelesen. Aber boshaft wie ich schon damals war habe ich nur ein boshaftes Urteil über Wegeles Historiographie[2] behalten. [...]

Daß ich seiner Zeit diese hohe Auffassung vom Dozentenberuf gehabt habe ist verzeihlich. Denn ich hatte nie Gelegenheit gehabt, hinter die Kulissen zu sehen u. hatte lange Zeit A. Chroust als abschreckendes Beispiel vor Augen[3]. Sie hätten dagegen längst bei mir lernen können, daß man auch mit Wasser kochen kann. Wenigstens hoffe ich, auf Sie weniger abschreckend als geduldbildend gewirkt zu haben. Drum nehmen Sie die Don Quixoterie der Habilitation getrost auf sich. Humboldt als Rosinante ist gewiß nicht zu verachten[4], zumal wenn Sie ihren Andeutungen zufolge seine Erotik noch mit soliden wissenschaftlichen Beinen unterbauen[5]. Vergessen Sie aber nicht, daß auch der wissenschaftliche Körper durch fortdauerndes Dozieren allmählich stirbt. Und allzu viel Spiritus ist nicht mehr trinkbar.

---

[1] Lord John Emerich Edward Dalberg-Acton (1834–1902), englischer Schriftsteller, Historiker und Politiker, Parlamentarier, seit 1869 erbliches Mitglied des Oberhauses, seit 1896 Regius Professor of Modern History an der Universität Cambridge.

[2] Franz Xaver von Wegele (1823–1897), Historiker, a. o. Professor an der Universität Jena (1851–1857), o. Professor an der Universität Würzburg (1857–1897), veröffentlichte u. a.: Geschichte der deutschen Historiographie seit dem Auftreten des Humanismus, München/Leipzig 1885. – Lord Acton hatte in seinem Essay „German Schools of History" (1886), erneut abgedruckt in: John Emerich Edward Acton-Dalberg: Historical Essays and Studies, edited by John Neville Figgis/Reginald Vere Laurence, London 1907, S. 344–392, über Wegeles „Geschichte der deutschen Historiographie" bemerkt (ebenda, S. 344): „Nine tenths of his volume are devoted to the brave men who lived before Agamemnon, and the chapter on the rise of historical science, the only one which is meant for mankind, begins at page 975, and is the last".

[3] Siehe oben, Briefe Nr. 3 ff.

[4] Siegfried A. Kaehler, der bereits 1914 als Schüler Friedrich Meineckes mit einer Arbeit über Wilhelm von Humboldt promoviert worden war (Beiträge zur Würdigung von Wilhelm von Humboldts Entwurf einer ständischen Verfassung für Preußen vom Jahre 1819, Freiburg i. Br. 1914), habilitierte sich im Januar 1921 in Marburg ebenfalls mit einer Humboldt-Studie, die allerdings erst Jahre später in stark erweiterter Fassung als Buch erschien: Wilhelm von Humboldt und der Staat. Ein Beitrag zur Geschichte deutscher Lebensgestaltung um 1800, München/Berlin 1927. – Rosinante ist der Name des Pferdes von Don Quijote in Miguel de Cervantes' Roman von 1605/15.

[5] Zur späteren großen Verärgerung Meineckes hatte Kaehler diesen speziellen Aspekt der Biographie Humboldts besonders hervorgehoben; in der Druckfassung des Buches findet sich ein umfängliches Kapitel mit dem Titel „Der erotische Bereich in Humboldts Lebensgestaltung", siehe Kaehler: Wilhelm von Humboldt und der Staat, S. 59–107. Zur Kontroverse mit Meinecke, die allerdings nicht zum Bruch zwischen Lehrer und Schüler führte, siehe die Briefe in: Friedrich Meinecke: Ausgewählter Briefwechsel, hrsg. v. Ludwig Dehio/Peter Classen (Friedrich Meinecke: Werke, Bd. 6), Stuttgart 1962, S. 338–340.

[...]
Was macht die Gesundheit? Ich bin sehr müde u. denke nicht ohne Sorge daran, daß jetzt wieder ein paar Arbeitsmonate kommen sollen. Sobald Carl August beendet ist[1], werden alle Ferien zur gründlichen Erholung verwendet werden. Hoffentlich erlebe ich das.

      Mit herzlichen Grüßen
          Ihr F. Hartung.

Nr. 55
An Siegfried A. Kaehler   **Halle a. S., 25. Juni 1921**

NStUB Göttingen, Cod. Ms. S. A. Kaehler, 1,59. – Hs. Original[2].

Lieber Kaehler!

Verdient haben Sie es ja nicht, daß ich beinahe postwendend Ihren Brief beantworte. Ich täte es auch nicht, wenn ich noch Lust zum Arbeiten hätte. Aber nachdem ich heute als am kollegfreien Tag den § 56 der Verfassungsgeschichte „Weltkrieg u. Zusammenbruch des Kaiserreichs" geschrieben habe, fehlt mir diesen Abend die Neigung das nunmehr folgende Schlußkapitel „Das Deutsche Reich als Republik" noch anzufangen[3]. Sie sehen, ich gehöre immer entschiedener zu den Leuten, die Schiller meinte, als er vom kurzen Gedärm schrieb[4].
[...]
Für die Miszelle besten Dank![5] Ich habe sie obwohl sie mir in der Hauptsache schon bekannt war mit schmunzelndem Behagen gelesen. Mit der Formulierung für Altenstein bin ich aber noch nicht ganz einverstanden. Er war wohl fränkischer Reichsritter, aber der Eintritt in den ansbachischen Staatsdienst war bei diesen Tradition, u. da Ansbach dazumal preußisch war, ging Altenstein eben in preußischen Dienst[6]. Von Anziehungskraft des frideriziani-

---

[1] Gemeint ist hier die noch andauernde Arbeit Hartungs an seinem Weimar-Buch im Rahmen des Carl-August-Werks; siehe oben, Briefe Nr. 15, 16.
[2] Hartung gebrauchte auch für diesen Brief noch einmal das Briefpapier des Hirt-Verlages in Breslau für die „Jedermanns Bücherei" (siehe oben, Brief, Nr. 54), nur die Zeilen mit den Angaben über den Herausgeber änderte er handschriftlich ab, es heißt hier: „Dienstbezeichnung: nichtbeamteter außerord. Prof. Dr. Fritz Hartung, Halle a. S.".
[3] Diese Abschnitte in: Hartung: Deutsche Verfassungsgeschichte, 2. Aufl., Leipzig/Berlin 1922, S. 185–190, 190–202.
[4] Anspielung Hartungs auf Schillers Xenie 330: „Geschwindschreiber", in: Friedrich Schiller: Sämtliche Werke, hrsg. v. Herbert G. Göpfert, Bd. 1, 8. Aufl. München 1987, S. 293: „Was sie gestern gelernt, das wollen sie heute schon lehren, / Ach! was haben die Herrn doch für ein kurzes Gedärm!".
[5] Siegfried A. Kaehler: Randglossen zur Beamtengeschichte im Neueren Preußen. Miszelle, in: Historische Zeitschrift 124 (1921), S. 63–74 (Besprechung von: Richard Lüdicke: Die preußischen Kultusminister und ihre Beamten im ersten Jahrhundert des Ministeriums 1817–1917, Stuttgart/Berlin 1918).
[6] Karl Sigmund Freiherr vom Stein zum Altenstein (1770–1840), preußischer Staatsmann fränkischer Herkunft, Mitarbeiter Hardenbergs, 1808–1810 Finanzminister, 1817–1838 ers-

Nr. 55. An Siegfried A. Kaehler, 25. Juni 1921

schen Staates ist dabei kaum die Rede (für den Fall, daß Sie eine Sammlung Ihrer Aufsätze veranstalten).

Auf Ihre Antrittsvorlesung[1] bin ich um so mehr gespannt, als ich selbst in einem der nächsten Grenzbotenhefte einen Aufsatz über Preußen u. das Deutsche Reich (1871–1921) erscheinen lasse[2]. Er stellt das politisch frisierte Schema meiner Ausführungen in der neuen Auflage der Verfassungsgeschichte dar. Quellenstudien liegen ihm auch nicht sehr viele zugrunde. Den 1848er Vortrag mit dem Nachweis des Nesselrodezitats werden Sie inzwischen bekommen haben[3]; ich wüßte die Quelle von Hiltebrandt[4] auch gern, habe sie aber nicht entdeckt[5]. Vielleicht ist es Stern, Geschichte Europas[6].

Mein Lehrauftrag bringt ein 2000 M + 4800 M Teuerungszulage, beides jederzeit widerruflich. Ich bemerke aber, daß nach den neuesten Mitteilungen der Privatdozentenvereinigung der Finanzminister[7] gegen weitere Verleihung

---

ter preußischer Kultusminister. – Die beiden reichsunmittelbaren Fürstentümer Brandenburg-Ansbach und Brandenburg-Bayreuth waren 1790/91 in einem unter Hardenbergs Leitung ausgehandelten Geheimvertrag vom letzten regierenden fränkischen Hohenzollernmarkgrafen Karl Alexander (1736–1806, regierte seit 1757 in Ansbach und in Personalunion seit 1769 auch in Bayreuth), der kinderlos geblieben ist, an Preußen abgetreten worden.

[1] Kaehler hielt seine (von Hartung hier gemeinte) Probevorlesung über das Thema: Das preußisch-deutsche Problem seit der Reichsgründung, in: Preußische Jahrbücher 185 (1921), S. 26–45; erneut in: derselbe: Studien zur deutschen Geschichte des 19. und 20. Jahrhunderts. Aufsätze und Vorträge, hrsg. v. Walter Bußmann, Göttingen 1961, S. 204–219, 390.

[2] Fritz Hartung: Preußen und das Deutsche Reich, in: Die Grenzboten 80/3 (1921), S. 52–60.

[3] Fritz Hartung: Die deutsche Revolution von 1848, in: Die großen Revolutionen als Entwicklungserscheinungen im Leben der Völker, hrsg. v. Heinrich Waentig, Bonn/Leipzig 1920, S. 52–73; Hartung bemerkt ebenda, S. 72: „Schon im Sommer 1848 betonte der russische Staatskanzler Nesselrode die vollkommene Interessensolidarität, die in der deutschen Einheitsfrage zwischen Rußland und Frankreich bestehe; das Gleichgewicht Europas werde durch den Zusammenschluß einer festgefügten Macht von 45 Millionen Einwohnern im Zentrum Europas verletzt". Karl Robert Graf von Nesselrode (1780–1862), ein deutschbaltischer Adliger in russischen Diensten, agierte als führender russischer Diplomat auf dem Wiener Kongress, amtierte von 1816–1845 als Außenminister und 1845–1856 als Staatskanzler des Russischen Reiches.

[4] Philipp Hiltebrandt (1879–1958), Historiker und Schriftsteller, 1906–1918 wissenschaftlicher Mitarbeiter am Preußischen Historischen Institut in Rom, seit 1919 als freier Schriftsteller sowie als Journalist und Korrespondent für verschiedene Zeitungen tätig, u. a. für die „Kölnische Zeitung" und die „Deutsche Allgemeine Zeitung". Die von Hartung zitierte Feststellung Nesselrodes findet sich (ohne Quellenangabe) in: Philipp Hiltebrandt: Das europäische Verhängnis. Die Politik der Großmächte, ihr Wesen und ihre Folgen, Berlin 1919, S. 91.

[5] Vermutlich: Hans Übersberger: Rußland und der Panslawismus, in: Deutschland und der Weltkrieg, hrsg. v. Otto Hintze/Friedrich Meinecke/Hermann Oncken/Hermann Schumacher, Leipzig/Berlin 1915, S. 393–434; das Nesselrode-Zitat auf S. 394. Als Quelle gibt Übersberger (ebenda) an: Martens, Recueil des Traités et conventions, 15, S. 237.

[6] Alfred Stern (1846–1936), Historiker, a.o./o. Professor an der Universität Bern (1873/78–1887) und an der Eidgenössischen Technischen Hochschule Zürich (1887–1928); sein hier erwähntes Hauptwerk ist: Geschichte Europas seit den Verträgen von 1815 bis zum Frankfurter Frieden von 1871, Bde. 1–10, Stuttgart/Berlin 1894–1925.

[7] Friedrich Saemisch (1869–1945), Jurist und Politiker, preußischer Finanzminister (April bis November 1921), Präsident des Reichsrechnungshofes (1922–1938) und Reichssparkommissar (1922–1934).

Nr. 55. An Siegfried A. Kaehler, 25. Juni 1921

von Teuerungszulagen Einspruch erhebt u. daß die Neigung des Kultusministers[1], etwas für die Privatdozenten zu tun, geradezu minimal ist. Er hat es (wie ich vertraulich gehört habe und unter dem gleichen Siegel weitererzähle – es kann übrigens auch Wende[2] gewesen sein, jedenfalls einer der Großkopfeten im Ministerium) für überflüssig erklärt, die Dozenten zu unterstützen, da sich sehr viele habilitierten. Warum Geld ausgeben, wenn für jeden verhungerten Dozenten zwei neue kommen?

[...]

Daß es mit meiner Berufung irgendwie hapert, habe ich auch bereits gemerkt, sehe aber keine Möglichkeit, etwas daran zu ändern. Ich bin ohne allen akademischen Anhang, habe auch im Ministerium niemand, den ich in Bewegung setzen könnte. Hintze wäre dazu selbst bei voller Gesundheit ungeeignet. Wenn das Ministerium Brinkmann[3] ernennt, so gönne ich ihn den Berlinern. Seine Gesellschaftswissenschaft[4] ist, worauf mich Brodnitz[5] aufmerksam gemacht hat, eben erst in einer neuen Zeitschrift für Sozialwissenschaften von L. v. Wiese[6] als übereilt u. unklar energisch abgelehnt. Es sei „nicht leicht, ihn nicht mißzuverstehen", es sei völlig unverständlich, wie er diese „Randglossen-Causerie" einen Versuch einer Gesellschaftswissenschaft nennen könne etc.[7] Von meinen Sachen behaupten die Rezensenten meist, sie seien überaus klar; die damit zusammenhängende mangelnde Tiefe und Geistlosigkeit macht mich wohl bei Meinecke[8] unmöglich[9]. Die Sache mit Hobohm habe ich auch

---

[1] Carl Heinrich Becker (1876–1931), Orientalist und Bildungspolitiker, Habilitation und a. o. Professor an der Universität Heidelberg (1902, 1906–1908), o. Professor am Hamburger Kolonialinstitut (1908–1913) und an den Universitäten Bonn (1913–1916) und Berlin (ab 1916). Seit 1916 gleichzeitig Referent im Berliner Kultusministerium; preußischer Kultusminister (April bis November 1921 und Februar 1925 bis Januar 1930).
[2] Erich Wende (1884–1966), Jurist und Verwaltungsbeamter, 1917–1923 und 1927–1933 tätig im preußischen Kultusministerium, enger Mitarbeiter Carl Heinrich Beckers, später Leiter der Kulturabteilung im Bundesinnenministerium (1950–1953).
[3] Carl Brinkmann (1885–1954), Nationalökonom, Wirtschaftshistoriker und Soziologe, Schüler Gustav von Schmollers und Otto Hintzes, a. o. Professor an der Universität Berlin (1921–1923), o. Professor an den Universitäten Heidelberg (1923–1942), Berlin (1942–1946) und Tübingen (1947–1954).
[4] Carl Brinkmann: Versuch einer Gesellschaftswissenschaft, München/Leipzig 1919.
[5] Georg Brodnitz (1876–1941), Nationalökonom und Wirtschaftshistoriker, Schüler Gustav von Schmollers und Otto Hintzes, a. o. Professor an der Universität Halle (1909–1933), Herausgeber der „Zeitschrift für die gesamte Staatswissenschaft" (1924–1934).
[6] Leopold von Wiese und Kaiserswaldau (1876–1969), Nationalökonom und Soziologe, Professor an der Akademie Posen (1906–1908), o. Professor an der Technischen Hochschule Hannover (1908–1912), an der Verwaltungsakademie in Düsseldorf (1912–1915) und an der Handelshochschule sowie an der Universität Köln (1915–1949).
[7] L[eopold] v[on] W[iese]: Rezension von: Carl Brinkmann: Versuch einer Gesellschaftswissenschaft, München/Leipzig 1919, in: Kölner Vierteljahreshefte für Sozialwissenschaften 1921, S. 71–73; die von Hartung gebrachten Zitate auf S. 71.
[8] Friedrich Meinecke (1862–1954), Historiker, o. Professor an den Universitäten Straßburg (1901–1906), Freiburg i. Br. (1906–1914) und Berlin (1914–1932).
[9] Friedrich Meinecke äußerte sich 1923 brieflich einmal folgendermaßen: „Hartung ist nicht schlecht, gehört aber zur zweiten Klasse der Talente", Friedrich Meinecke: Neue Briefe und Dokumente, hrsg. v. Gisela Bock/Gerhard A. Ritter (Friedrich Meinecke: Werke, Bd. 10), München 2012, S. 257 (Meinecke an Karl Hampe, 3.1.1923).

Nr. 55. An Siegfried A. Kaehler, 25. Juni 1921

schon gehört¹. Vielleicht kann ich sein Nachfolger am RA werden. Denn vom Akademischen habe ich nachgerade genug. Nach Berlin zu reisen, hat meiner Ansicht nach keinen Zweck. Soll ich etwa ins Ministerium oder zu Meinecke oder gar zu Brinkmann? Einstweilen habe ich mir Luft gemacht, indem ich in meinem Grenzbotenaufsatz Meinecke eines auswische, allerdings ohne Namensnennung²; Hübner³ ist auch darunter gemeint. Dagegen hat die Zensur, ausgeübt von Aubin⁴, Hasenclever und Brodnitz meinen Ausfall gegen Belows Deutschen Staat⁵ (einseitig und unfruchtbar) als zu scharf abgelehnt; er soll etwas gemildert werden, etwa: nicht eben fördernd⁶. Im nächsten Heft der Hi-

---

[1] Martin Hobohm (1883–1942), Historiker und Archivar, Schüler Hans Delbrücks, Habilitation an der Universität Berlin (1913), Tätigkeit im Dienst des Auswärtigen Amts (1915–1918), Archivar im Reichsarchiv (1920–1933) und a. o. Professor für Geschichte des Kriegswesens an der Universität Berlin (1923–1933), seit 1920 zudem Sachverständiger für den Parlamentarischen Untersuchungsausschuss zur Klärung der Ursachen des deutschen Zusammenbruchs 1918. – Hartung spielt mit der folgenden Bemerkung vermutlich auf den Konflikt Hobohms mit den am Reichsarchiv tätigen Offizieren an, die damals an einer umfassenden Gesamtdarstellung des Ersten Weltkriegs arbeiteten; vgl. Hans Schleier: Die bürgerliche deutsche Geschichtsschreibung der Weimarer Republik, Berlin[-Ost] 1975, S. 558.

[2] In seinem Aufsatz „Preußen und das Deutsche Reich", S. 57ff., hatte Hartung die u. a. von Meinecke im Jahr 1919 erhobene Forderung nach einer Auflösung des preußischen Staates zugunsten einer neuen, stärker unitarischen Reichsverfassung kritisiert; er merkt hier ebenfalls an, dass neuerdings „selbst die schärfsten Anhänger der Auflösung Preußens ihren Standpunkt von 1919 aufgegeben haben und zugeben, daß wir zum mindesten vorläufig den preußischen Gesamtstaat nicht entbehren können" (ebenda, S. 59); in einer Fußnote verweist Hartung auf zwei Artikel von Meinecke und Preuß in der ‚Deutschen Nation' vom März 1921 (ebenda).

[3] Rudolf Hübner (1864–1945), Jurist und Rechtshistoriker, a. o. Professor an der Universität Bonn (1895–1904), o. Professor an den Universitäten Rostock (1904–1913), Gießen (1913–1917), Halle (1917–1921) und Jena (1921–1934). Hartung spielt hier offenkundig an auf eine Flugschrift von Rudolf Hübner: Was verlangt Deutschlands Zukunft von der neuen Reichsverfassung?, Halle (Saale) 1919.

[4] Gustav Aubin (1881–1938), Staatswissenschaftler, Nationalökonom und Wirtschaftshistoriker, o. Professor an den Universitäten Halle (1912–1933) und – von den Nationalsozialisten zwangsversetzt – Göttingen (1934–1938); mit Hartung befreundeter Bruder des Historikers Hermann Aubin (1885–1969).

[5] Georg von Below: Der deutsche Staat des Mittelalters. Ein Grundriß der deutschen Verfassungsgeschichte, Bd. 1: Die allgemeinen Fragen, Leipzig 1914; das Buch stieß bereits kurz nach Erscheinen auf die Kritik der Fachwelt; vgl. dazu Cymorek: Georg von Below, S. 120ff.

[6] Die Bemerkung bezieht sich vermutlich auf die (von den hier genannten Kollegen wohl im Manuskript gelesene) Neubearbeitung und erweiterte 2. Aufl. von Hartungs „Deutsche[r] Verfassungsgeschichte" (Leipzig/Berlin 1922), wo es über Belows „Deutschen Staat des Mittelalters" heißt (ebenda, S. 3), der Verfasser habe zwar „mit kritischer Schärfe vieles Einzelne richtiggestellt", aber „für die allgemeinen Fragen der deutschen Vfg. wird durch diese Betrachtungsweise doch nur wenig gewonnen. Namentlich die Festlegung auf einen allgemein gültigen formalen Staatsbegriff, der für das ganze MA. und noch darüber hinaus maßgebend sein soll, läßt die eigentlichen Probleme nicht recht zur Geltung kommen, die für die Reichsvfg. mit dem Aufkommen der Territorien als neuer Mittelpunkte staatlichen Lebens gegeben sind".

storischen Zeitschrift ziehe ich dann gegen A. Walther[1] in Göttingen zu Felde[2].
Bald weiß ich wenigstens, warum ich akademisch sitzen geblieben bin.

Augenblicklich lese ich beim Morgensüppchen u. Abendbrot Büchers[3] Erinnerungen. Sie gefallen mir recht gut als kulturhistorische Schilderung[4]. Er überliefert auch ein Münchener Privatdozentenlied mit dem Refrain: Hunger ist auch eine Macht. Nur ärgert es mich, daß er mir meinen original auf meinem Boden gewachsenen Vergleich des Privatdozenten mit der alten Jungfer vorweggenommen hat[5].

Im übrigen lebe ich mein stilles u. geruhsames Leben hier weiter. Besonderes ist nicht zu berichten aus unserm geliebten Halle.

Nur etwas Erschütterndes ist mir passiert. Ein Schulmeister schickt mir gestern seine „Einführung in die deutsche Reichsverfassung" zu, ein populäres Ding, wohl für die Schüler bestimmt[6]. Ich fange an es zu lesen, höre aber auf, nachdem ich auf der ersten halben Seite schon vier grobe Schnitzer entdeckt habe. Heute schreibt mir nun der Verfasser: „Sie werden in der Einleitung Ihre Darstellung erkennen". Besuchen will er mich nächstens auch noch. Er wohnt sonst in Cassel.

Schreiben Sie drum keine Bücher; man erlebt nur Enttäuschungen.

Gute Besserung, grüßen Sie Herre[7] u. seien Sie selbst herzlich gegrüßt.

Ihr Hartung.

---

[1] Andreas Walther (1879–1960), Historiker und Soziologe, seit 1911 Privatdozent für Geschichte an der Universität Berlin, a. o. Professor für Soziologie an der Universität Göttingen (1921–1927), o. Professor für Soziologie an der Universität Hamburg (1927–1944).
[2] Walther hatte die These vertreten, dass die von Maximilian I. vorgenommenen Verbesserungen der Behördenorganisation in seinen habsburgischen Erblanden beeinflusst worden seien durch entsprechende burgundische Institutionen; gegen diese These hatte Felix Rachfahl (1867–1925) scharfen Widerspruch eingelegt. Hartung klärte die Frage, auch aufgrund neuerer Forschungsergebnisse, dahingehend, dass konkrete und direkte Einflüsse nicht nachzuweisen seien, wohl aber „die Übernahme gewisser leitender Grundsätze und allgemeiner Geschichtspunkte"; Fritz Hartung: Zur Frage nach den burgundischen Einflüssen auf die Behördenorganisation in Österreich, in: Historische Zeitschrift 124 (1921), S. 258–264, hier S. 263.
[3] Karl Bücher (1847–1930), Nationalökonom, Wirtschaftshistoriker und Zeitungswissenschaftler, Redakteur der „Frankfurter Zeitung", später o. Professor an den Universitäten Dorpat (1882–1883), Basel (1883–1890), an der Technischen Hochschule Karlsruhe (1890–1892) und an der Universität Leipzig (1892–1917).
[4] Karl Bücher: Lebenserinnerungen, Bd. 1: 1847–1890, Tübingen 1919.
[5] Das von Hartung erwähnte Lied findet sich ebenda, S. 268 f., der Vergleich S. 271: „Was für die Jungfrauen Heiratsanträge – erwartete und wirkliche –, das sind für den deutschen Dozenten *Berufungsaussichten*".
[6] Friedrich Ehringhaus: Einführung in die Deutsche Reichsverfassung und das Reichstagswahlrecht von 1920. Kurze übersichtliche Zusammenstellung der wichtigsten Bestimmungen für Jedermann, insbesondere für Beamte, Lehrer und Schüler, Göttingen 1920. – Friedrich (Fritz) Ehringhaus (1875–1936), evangelischer Theologe, Oberlehrer (1908–1931) und Studienrat (seit 1931) in Kassel, Schulbuchautor und Publizist.
[7] Paul Herre (1876–1962), Historiker, a. o. Professor an der Universität Leipzig (1912–1920), später Tätigkeit im Auswärtigen Amt (1919–1921) und als Direktor im Reichsarchiv Potsdam (1921–1923), anschließend als freier Publizist tätig. Hartung wirkte u. a. mit an dem von Herre hrsg. Politischen Handwörterbuch, Bde. 1–2, Leipzig 1923.

Nr. 56
An Siegfried A. Kaehler   **Halle a. S., 23. Oktober 1921**

NStUB Göttingen, Cod. Ms. S. A. Kaehler, 1,59. – Postkarte, hs. Original.

Lieber Kaehler!

Ich benutze die Gelegenheit, die mir die Anfrage des Zeitgeschichtlichen Archivs wegen Ludwig, Bismarck[1] – die ich mit ja beantworte – gibt[2], um Sie ernstlich zu ermahnen, mit Ihren Freunden nicht bloß auf dem Wege der Drucksache zu verkehren. So oft ich mit Aubin zusammen komme, fragen wir uns: wissen Sie etwas von K.? Aber keiner weiß etwas. [...]
So habe ich mich also entschlossen, noch einmal einen Frontangriff zu machen. Lassen Sie einmal von sich hören. Ich komme zu Weihnachten nicht mehr nach Berlin, u. dann werden Sie wohl gerade hier sein. Von Berufungsaussichten ist es ja ganz still geworden. So habe ich mich für den Winter mit Kohlen u. elektr. Licht eingedeckt, arbeite wie ein Pferd, halte Vorträge in Volks- u. Handelshochschule, um mir Margarine aufs Brot zu verdienen, und führe im übrigen das gewohnte Leben mit Freunden u. Bekannten zwischen Aubin, Hasenclever, Loening, Menzer samt Schwiegermutter[3].
Daß Leuze[4] uns verläßt, um in Königsberg die Kultur des Altertums zu vertreten, werden Sie gelesen haben. Ich glaube, er braucht dort einen Dolmetscher.
Was sagen Sie zur Politik. Allmählich sieht wohl der blödeste ein, welches Schicksal einer Nation ohne Macht beschieden ist. Für mich ist die neueste Entscheidung über Oberschlesien nur weltpolitisch bedeutsam. Der Völkerbund bescheinigt damit den Franzosen, daß auf dem Kontinent nur noch sie etwas zu sagen haben[5]. England hat das Nachsehen. Nur glaube ich, daß die Engländer das nicht so tragisch nehmen, wie wir annehmen; denn ihr Weltreich gibt ihnen doch genug zu tun.
[...]
Mit herzlichen Grüßen
Ihr F. Hartung.

---

[1] Emil Ludwig: Bismarck: ein psychologischer Versuch. Erw[eiterte] Ausg[abe], Stuttgart 1921. – Der Schriftsteller Emil Ludwig (1881–1948) verfasste mit großem Erfolg eine Reihe rasch zusammengeschriebener, vordergründig psychologisierender Biographien historischer Persönlichkeiten.
[2] Eine entsprechende Rezension ist nicht erschienen.
[3] Marianne Hallmann (1856–1932), geb. Reuschle.
[4] Oskar Leuze (1874–1934), Althistoriker, Privatdozent an der Universität Halle (1912–1914, 1919–1921), a. o. Professor an der Universität Czernowitz (1914–1918), o. Professor an der Universität Königsberg (1921–1934).
[5] Der Völkerbundrat hatte am 12.10.1921 die mehr oder weniger verbindliche Empfehlung ausgesprochen, Oberschlesien zwischen Deutschland und Polen zu teilen, obwohl sich die Bewohner in der vorangegangenen Volksabstimmung mehrheitlich zugunsten Deutschlands ausgesprochen hatten; vgl. Hans-Christof Kraus: Versailles und die Folgen. Außenpolitik zwischen Revisionismus und Verständigung 1919–1933, Berlin 2013, S. 46 f.

Nr. 57

An Arnold Oskar Meyer   Berlin, 29. Dezember 1921

NStUB Göttingen, Cod. Ms. A. O. Meyer, 175, Nr. 1. – Hs. Original.

Hochgeehrter Herr Professor!

Für Ihren freundlichen Brief, der mich hier erreicht hat, danke ich Ihnen verbindlichst[1]. Je weniger sich anscheinend meine Berliner Aussichten verwirklichen werden[2], desto wertvoller ist es mir, daß sich die Kieler Fakultät entschlossen hat, mich an 1. Stelle vorzuschlagen. Ja, ich gestehe offen, daß ich nicht recht weiß, was ich mir mehr wünschen soll, Berlin oder Kiel. Ich kenne Berlin ja sehr gut, da meine Eltern 20 Jahre lang hier gewohnt haben u. mein Schwager[3] auch jetzt noch hier wohnt; aber ich finde es je länger je mehr eine Menschenmühle, die alle Arbeitskraft vor der Zeit aufreibt u. das persönliche Leben ertötet. Dagegen habe ich das Leben an einer mittleren Universität sehr schätzen gelernt, u. meine lange Privatdozentenzeit ist mir durch den freundschaftlichen Verkehr mit den hallischen Kollegen wesentlich angenehmer gestaltet worden. Die Entscheidung hängt freilich nicht von mir allein ab. Wie sie fallen wird, darüber fehlen mir alle Anhaltspunkte. Denn ich habe keinerlei Verbindungen zum Ministerium u. beschränke meinen Weihnachtsaufenthalt hier ganz auf das Familiäre. Selbst Hintze habe ich noch nicht gesehen, doch will ich ihn in den nächsten Tagen noch aufsuchen. Von Marcks, mit dem ich seit Jahren wegen gemeinsamer Arbeiten zur Geschichte des Großherzogs Carl August von Weimar in Verbindung stehe[4], erfuhr ich vor kurzem, daß seine Entscheidung im wesentlichen von der Wohnungsfrage abhänge[5]. Zu wünschen wäre es, daß die verschiedenen Berufungen endlich erfolgten. Denn die lange Wartezeit ist bei den gegenwärtigen wirtschaftlichen Verhältnissen für die Wissenschaft gänzlich verloren. So habe ich in den letzten Monaten überhaupt nichts mehr arbeiten können, was ich für halbwegs brauchbar hielte, sondern habe mich ganz auf Gelderwerb beschränken müssen. Doch hoffe ich Ihnen die neue Auflage meiner Verfassungsgeschichte nächstens zusenden zu können.
[...]
Mit nochmaligem Dank und besten Wünschen für das kommende Jahr
Ihr ganz ergebener
F. Hartung.

---

[1] Nicht überliefert.
[2] Hartung galt als aussichtsreicher Kandidat für eine Nachfolge auf dem Berliner Lehrstuhl für Verfassungs-, Verwaltungs- und Wirtschaftsgeschichte seines aus gesundheitlichen Gründen vorzeitig aus dem Lehramt ausscheidenden Lehrers Otto Hintze.
[3] Ernst Cramer, Gatte von Hartungs Schwester Martha.
[4] Siehe oben, Briefe Nr. 15, 16.
[5] Erich Marcks hatte 1921 einen Ruf an die Universität Berlin erhalten; 1922 begann er dort seine Lehrtätigkeit; vgl. Jens Nordalm: Historismus und moderne Welt. Erich Marcks (1861–1938) in der deutschen Geschichtswissenschaft, Berlin 2003, S. 17.

Nr. 58

An Arnold Oskar Meyer   Halle a. S., 16. Januar 1922

NStUB Göttingen, Cod. Ms. A. O. Meyer, 175, Nr. 2. – Hs. Original.

Hochgeehrter Herr Professor!

Ihr freundlicher Brief[1] u. Ihr Cromwell[2], für die ich Ihnen bestens danke, sind meiner durch eine leichte Grippe verzögerten Absicht zuvorgekommen, meiner Verfassungsgeschichte ein paar Begleitworte zugleich als Dank für Ihre früheren Zusendungen beizugeben. Ihre Zustimmung zu den letzen Abschnitten meiner Verfassungsgeschichte, in denen ich den Versuch gemacht habe, unsere jüngste Vergangenheit als Historiker zu schildern, ist mir überaus wertvoll. Ich habe mich zu diesem Versuch entschlossen auch aus der Erwägung heraus, daß der Historiker diese Aufgabe nicht einfach der tendenziösen Parteigeschichtschreibung überlassen dürfe. Und die Möglichkeit zu objektiver Darstellung, soweit diese überhaupt denkbar ist, ergab sich mir sowohl aus der Anlegung der Maßstäbe, die für andere Revolutionen üblich sind, wie aus dem Widerspruch gegen die grobe Einseitigkeit der Parteidarstellungen. Nicht bloß mein Herz, das mit dem alten Staat verwachsen war u. ist, blieb unbefriedigt, ja wurde zum Widerspruch gereizt angesichts der Schmähungen auf das schuldbeladene System, das an seiner eigenen Schwäche zugrunde gegangen sein soll, sondern auch der Kopf verlangte tieferes Eindringen in die Probleme, als die oberflächliche Publizistik zu geben vermochte. Und dieses Moment stimmte mich auch kritisch gegen die Darstellungen der andern Seite, die je länger je mehr jede Schwäche des alten Systems leugnen u. den ganzen Zusammenbruch auf einen allzu einfachen Dolchstoß zurückführen möchte. Ich bin mir bewußt, daß dieses Streben nach Objektivität namentlich heute, wo wir noch keinen rechten Abstand von den Dingen haben u. in die inneren Zusammenhänge noch nicht eindringen können, wo wir uns also damit begnügen müssen, nur äußerlich Bekanntes aneinanderzureihen, der Darstellung leicht etwas Schillerndes verleiht. Es bleibt ein historischer Relativismus, eine Problematik übrig, mit der, wie ich wohl weiß, gerade die heutige akademische Jugend nichts Rechtes anzufangen weiß, weil sie nach absoluten u. festen Werten strebt. Aber ich glaube, daß wir dieser Zeitströmung, die mir auch in der Volkshochschule hier entgegen getreten ist, nicht nachgeben dürfen. Denn in ihr steckt doch letzten Endes nichts anderes als der jugendliche Überschwang der Baccalaurei, die alles, was über 30 Jahre alt ist, am liebsten totschlügen[3]. Jedenfalls halte ich an der alten Methode fest, den Studenten durch Erwek-

---

[1] Nicht überliefert.
[2] Arnold Oskar Meyer: Cromwell, in: Meister der Politik. Eine weltgeschichtliche Reihe von Bildnissen, hrsg. v. Erich Marcks/Karl Alexander von Müller, Bd. 1, Stuttgart/Berlin 1922, S. 665–704.
[3] Anspielung auf das Gespräch des Baccalaureus mit Mephistopheles in: Goethe, Faust II, v. 6785–6789: „Gewiß, das Alter ist ein kaltes Fieber / Im Frost von grillenhafter Not. / Hat einer dreißig Jahr vorüber, / So ist er schon so gut wie tot. / Am besten wärs, euch zeitig

kung des kritischen Sinnes zur Erkenntnis anzuleiten. Darüber braucht ja das Positive nicht verloren zu gehen. Auch dem „Volk" gegenüber, das uns in den Volkshochschulen nahekommt, sehe ich meine Aufgabe vor allem darin, die parteipolitische Einseitigkeit, in der die meisten befangen sind, dadurch auszugleichen, daß ich die Dinge von mehreren Seiten beleuchte.

Meinungsverschiedenheiten im Einzelnen bleiben natürlich auch bei allgemeiner Übereinstimmung über die Grundsätze immer möglich. Sie heben selbst einen Satz (auf S. 185 unten) hervor, den Sie bemängeln. Ich bin Ihnen sehr dankbar dafür, daß Sie mich darauf aufmerksam machen. Was Sie über das Verhältnis von Nation und Staatsform sagen, erkenne ich vollkommen an, u. es hat mir auch gänzlich fern gelegen, etwa die Nation, d.h. das Volk, von aller Verantwortung frei zu sprechen u. die Schuld den Trägern des Staates zuzuschreiben. Ich wollte lediglich die für die deutsche Geschichte leider nicht selbstverständliche Tatsache hervorheben, daß wir unsere mühsam errungene Einheit während des Krieges behauptet haben. Der Satz: die Nation hat die Kraftprobe glänzend bestanden, soll nur insoweit gelten, wie die unmittelbar folgende Erläuterung (die deutsche Einheit usw.) besagt[1]. Falls ich noch eine weitere Auflage der Verfassungsgeschichte erleben sollte, so werde ich versuchen, die Sätze besser zu formulieren. Die Hauptschwierigkeit liegt freilich darin, wie Sie selbst in Ihrem Brief hervorheben und wie ich zum Schluß des § 56 angedeutet habe, daß es sich letzten Endes gar nicht um ein verfassungsgeschichtliches, sondern um ein allgemeines Problem handelt[2].

---

totzuschlagen"; Johann Wolfgang von Goethe: Sämtliche Werke (Artemis-Ausgabe), Bd. 5, München 1977, S. 356f.

[1] Die Formulierungen lauten im Zusammenhang: Fritz Hartung: Deutsche Verfassungsgeschichte vom 15. Jahrhundert bis zur Gegenwart, 2. verb. Aufl., Leipzig/Berlin 1922, S. 185f.: „Der im August 1914 ausgebrochene Weltkrieg bedeutete für Deutschland eine Kraftprobe, wie sie schwerer einem Volke wohl noch nie gestellt worden ist. Die Nation hat sie glänzend bestanden. Die deutsche Einheit, die Bismarck in den Jahren von 1866–1871 durchgesetzt hatte, hielt bis zuletzt stand. Es war seit Jahrhunderten der erste Krieg, an dem alle Deutschen, auch die Deutschösterreicher, auf einer Seite gefochten haben; und kein Abfall, kein Sonderfriede hat diese Einheitlichkeit zerbrochen. – Die Staatsform dagegen war dem gewaltigen Druck nicht gewachsen. Wohl hat das Reich glänzende Leistungen aufzuweisen, nicht nur dank der Hingabe der Bevölkerung, sondern auch dank seiner staatlichen Organisation, der Tüchtigkeit von Offizierskorps und Beamtentum; die militärische Vorbereitung war, nach den Maßen eines normalen Krieges berechnet, ausgezeichnet gewesen. Die Fähigkeit, sich rechtzeitig auf Neues einzustellen, die den Staatsmann vom Bureaukraten unterscheidet, hatte freilich allenthalben gefehlt: eine wirtschaftliche Vorbereitung auf den Krieg gab es gar nicht, und die militärische Verwendung der unausgebildeten und mindertauglichen Wehrpflichtigen war nicht geregelt. Und die Führung versagte während des ganzen Krieges und auf allen Gebieten, hinkte in ihren Maßnahmen den Ereignissen nach, statt sich vorher auf den ungeheuern und immer zunehmenden Maßstab des Krieges einzurichten. Daß seit dem Herbst 1916 eine einheitliche und tatkräftige militärische Oberleitung bestand, konnte den Mangel an einer politischen Führung nicht ersetzen".

[2] Vgl. ebenda, S. 190: „In diesem erschütternden Zusammenbruch des Reiches rächten sich die Unterlassungen und Fehler der Vergangenheit. Das Kanzleramt, das für Bismarck geschaffen worden war, war für seine schwächeren Nachfolger eine erdrückende Last geworden. Weder aus dem Beamtentum noch aus den Parteien wuchs ein Mann heraus, der ihn hätte ersetzen können. Unter diesen Umständen aber wurde das monarchische System zu

Nr. 58. An Arnold Oskar Meyer, 16. Januar 1922

Von Ihren literarischen Gaben habe ich den Cromwell noch nicht lesen können. Ihren Ausführungen über Kant u. den preuß[ischen] Staat stimme ich ganz bei[1]. Auch ich reihe in meinen verfassungsgeschichtlichen Vorlesungen Kant unter die Begründer des neuen Staatsgedankens, als Gegner des Polizeistaats ein. Der Zusammenhang zwischen der verfluchten Pflicht und Schuldigkeit des altpreußischen Staats und dem kategorischen Imperativ ist doch nur äußerlich. Es ist mir sehr interessant gewesen, aus Ihrer Darstellung zu ersehen, daß Kant nirgends auf den Pflichtgedanken des Beamtentums verweist. Aber vielleicht ist Kant die Ursache dafür, daß wir heutzutage auch den altpreußischen Pflichtgedanken mit verklärender Bewunderung betrachten; freilich auch mit dem leichten Schauer, mit dem man in klarer Winternacht zu dem gestirnten Himmel aufblickt[2].

Auch Ihr Vortrag über die Universität Kiel und Schleswig-Holstein hat mich sehr interessiert[3], weniger aus lokalhistorischem Interesse – denn ich bin nachgerade Pessimist geworden u. sehe voraus, daß ich mich hier als Privatdozent allmählich aufreiben werde – als weil er eine für mich ganz neue Betrachtung enthält. Ich habe mich ja bei meinen Studien über die Regierung Carl Augusts von Weimar auch mit den Schicksalen Jenas viel beschäftigt, aber dabei mehr das Verhältnis der Universität zum Staate als das zum Lande ins Auge gefaßt[4]. Es ist wohl die am wenigsten erfreuliche Seite der Universitätsgeschichte, wenn man die Beziehungen zur Regierung betrachtet, u. man gewinnt dabei Verständnis für die Menschenverachtung, die eigentlich alle Referenten für Universitätsangelegenheiten, auch Goethe und W. v. Humboldt, erfaßt hat. Es scheint uralte Regierungstradition zu sein, die Gelehrten durch finanzielle Not mürbe u. dann durch besondere Zulagen abhängig zu machen. Für die Ordinarien sind die Verhältnisse jetzt wohl besser geregelt. Wir Dozen-

---

einer Gefahr. [...] Bedenken wir freilich, wie Großes das Reich in diesen schweren Kriegsjahren geleistet und wie willig das Volk lange Zeit die harten Entbehrungen des englischen Hungerkrieges getragen hat, so erhebt sich die Frage, ob überhaupt eine Verfassung denkbar sei, die einen Staat von der Größe des Deutschen Reiches zum Widerstand gegen die Koalition der stärksten Weltmächte befähigen könnte, ob nicht vielmehr das Verschulden der Epigonen statt auf dem Boden der Verfassung in der auswärtigen Politik zu suchen sei. Mit der Aufwerfung dieser Frage endet die Aufgabe der Verfassungsgeschichte. Zu ihrer Beantwortung ist sie von ihrem begrenzten Standpunkt aus nicht imstande".

[1] Arnold Oskar Meyer: Kants Ethik und der preußische Staat, in: Vom staatlichen Werden und Wesen. Erich Marcks zum 60. Geburtstage dargebracht, Stuttgart/Berlin 1921, S. 1–23.

[2] Es handelt sich hier um ein (indirektes) Zitat aus dem „Beschluß" von Immanuel Kants „Kritik der praktischen Vernunft" (1788): „Zwei Dinge erfüllen das Gemüth mit immer neuer und zunehmender Bewunderung und Ehrfurcht, je öfter und anhaltender sich das Nachdenken damit beschäftigt: Der bestirnte Himmel über mir, und das moralische Gesetz in mir." Zit. nach: Kant's Gesammelte Schriften, hrsg. v. der Königlich Preußischen Akademie der Wissenschaften, Bd. 5, Berlin 1908, S. 161f.

[3] Arnold Oskar Meyer: Die Universität Kiel und Schleswig-Holstein in Vergangenheit und Gegenwart. Vortrag, gehalten in der ersten Mitgliederversammlung der Schleswig-Holsteinischen Universitäts-Gesellschaft, Sonnabend, den 25. Oktober 1919 in der Aula der Universität, Kiel 1919.

[4] Vgl. Fritz Hartung: Das Großherzogtum Sachsen unter der Regierung Carl Augusts 1775 bis 1828, Weimar 1923, S. 137–188, 404–442.

ten aber schweben völlig in der Luft, was man Idealismus nennt, u. sind unter den jetzigen Umständen gezwungen, Lohnschreiber zu werden, statt wissenschaftlich zu arbeiten. Die Erbitterung darüber, daß infolge der Gleichgültigkeit des Ministeriums die wissenschaftliche Arbeit notleidet, ist gerade bei den tüchtigen Kollegen sehr weit verbreitet; und nur daraus erklärt sich meiner Ansicht nach die Energie, mit der man jetzt versucht, in Senat und Fakultäten Vertreter zu entsenden[1]. Daß der Geist der Zeit, der allenthalben Vertretungen und Räte schafft, dabei auch mitspricht, will ich aber nicht bestreiten.

Mit nochmaligem Dank für Ihre Sendungen und Ihren freundlichen Brief
Ihr sehr ergebener
F. Hartung.

Nr. 59
An Siegfried A. Kaehler   Halle a. S., 27. Januar 1922

NStUB Göttingen, Cod. Ms. S. A. Kaehler, 1,59. – Hs. Original.

Sehr werter Freund u. Herr!

Mit dieser wunderschönen Anrede, die ich aus Goethes Briefen an seinen ehemaligen Zögling Fritz v. Stein[2] gelernt habe, überreiche ich Ihnen meine Anzeige von Bornhak. Sie ist vernichtend ausgefallen[3], wie ich Ihnen schon mündlich anzudeuten Gelegenheit hatte. Aber ich hoffe, mein Urteil ausreichend begründet zu haben. Wenn Sie oder die hohe Redaktion nicht damit

---

[1] Die Eingliederung der Nichtordinarien (beamtete und nicht beamtete Extraordinarien, Honorarprofessoren, Privatdozenten) in die Fakultäten sowie deren angemessene Vertretung gehörte zu den besonderen Anliegen der Hochschulreformpolitik Carl Heinrich Beckers; vgl. Erich Wende: C. H. Becker – Mensch und Politiker. Ein Beitrag zur Kulturgeschichte der Weimarer Republik, Stuttgart 1959, S. 112 ff.
[2] Gottlob Friedrich von Stein (1772–1844), genannt Fritz, Sohn der Charlotte von Stein und zeitweiliger Ziehsohn Goethes, seit 1798 als hoher preußischer Staatsbeamter in verschiedenen Funktionen in Breslau tätig.
[3] Ende 1921 hatte Kaehler bei Hartung wegen der Rezension eines soeben erschienenen Buches des Juristen Conrad Bornhak: Deutsche Geschichte unter Kaiser Wilhelm II., Leipzig/Erlangen 1921, angefragt; Hartung hatte geantwortet: „Ich muß mir auch noch sehr überlegen, ob der Bornhak überhaupt eine wissenschaftliche Besprechung lohnt. Ein Buch, daß den Vater der Reichsverfassung Preuß im Personenverzeichnis ausläßt, ihn dafür als ‚Jude Preuß' im Sachregister unter J bringt, scheint mir doch unter dem Niveau zu liegen, das für die Wissenschaft maßgebend sein muß" (Hartung an Kaehler, 6.12.1921, in: NStUB Göttingen, Cod. Ms. S. A. Kaehler, 1,59). Das genannte Buch Bornhaks enthält die von Hartung erwähnte Diskriminierung von Preuß auf S. 358. – Conrad Bornhak (1861–1944), Jurist und Rechtshistoriker, Amtsrichter in Prenzlau (1893–1900), a. o. Professor an der Universität Berlin (1897–1924, 1931–1940), nach Suspendierung wegen republik- und verfassungsfeindlicher Äußerungen in Berlin Dozent an der Universität Kairo (1928–1931); Hugo Preuß (1860–1925), Jurist, Publizist und Politiker (DDP), Privatdozent an der Universität Berlin (1889–1906), o. Professor an der Handelshochschule Berlin (1906–1925), Staatssekretär im Reichsamt des Innern (November 1918 bis Februar 1919), Reichsinnenminister (Februar bis Juni 1919), Schöpfer der Weimarer Reichsverfassung.

Nr. 59. An Siegfried A. Kaehler, 27. Januar 1922

einverstanden sein sollten, so ziehe ich sie bescheiden zurück. Zu kleinen Milderungen sollen Sie ohne weiteres Vollmacht erhalten; aber sie dürfen sich nur auf etwaige Ausdrücke wie „sehr" usw. beziehen, den Ton des Ganzen bitte ich zu lassen, weil ich das Buch schlimm finde, oder eben ganz darauf zu verzichten.

Ich habe neulich Ihren Besuch versäumt, nachdem ich lange auf ihn gewartet hatte; ich mußte aber noch zum Bäcker. Dann habe ich einige Tage an Grippe gelegen, bin jetzt aber wieder körperlich munter. Meine Verfassungsgeschichte sollte Ihnen eigentlich ein Echo entlocken. Auch warte ich seit einigen Tagen auf ein Kondolenzschreiben wegen meines entgangenen (in früheren Zeiten hieß es euphemistisch: abgelehnten) Rufs nach Berlin[1]. Daß Schwiegervater u. Schwiegersohn gleichzeitig für das gleiche Fach in die gleiche Fakultät berufen werden, ist mindestens eigenartig[2]. Mein ohnehin nicht mehr sehr großer Respekt vor den Universitäten ist dadurch nicht gerade gesteigert worden.

So bleibe ich denn weiter Halle erhalten, werde meine Sonntage auch künftig bei Menzer u. seiner Schwiegermutter zubringen u. auf die allmählich heranwachsende Welt den Eindruck machen, den Sommerlad[3] einst vor 12 Jahren auf mich machte: ein komisches Fossil mit der Unterschrift: noch am Grabe pflanzt er die Hoffnung auf[4].

Dieses tue ich nun zwar nicht mehr, aber solange ich keine ausreichende Nahrungsquelle habe, muß ich hier bleiben u. die Wissenschaft weiter kultivieren[5]. Dabei ist es lausig kalt u. mein Schnaps schon fast alle.

Herzliche Grüße
Ihr Hartung.

---

[1] Siehe oben, Brief Nr. 57.
[2] Obwohl der wissenschaftlich für die Verfassungsgeschichte einschlägig ausgewiesene Hintze-Schüler Hartung zuerst für die 1922 anstehende Nachfolge Otto Hintzes favorisiert worden war, setzten Erich Marcks und Friedrich Meinecke die Berufung von Marcks' Schwiegersohn Willy Andreas (1884–1967) durch, der bereits ein Jahr später einem weiteren Ruf nach Heidelberg folgte; Andreas amtierte als a.o. Professor an der Technischen Hochschule Karlsruhe (1914–1919) und als o. Professor an den Universitäten Rostock (1919–1922), Berlin (1922–1923) und Heidelberg (1923–1945).
[3] Theo Sommerlad (1869–1940), Historiker, seit 1893 Privatdozent für Mittelalterliche Geschichte und Wirtschaftsgeschichte an der Universität Halle, 1908–1935 dort Honorarprofessor und Lehrbeauftragter.
[4] Wörtliches Zitat aus Friedrich Schillers Gedicht „Hoffnung" von 1797, v. 12, in: Schiller: Sämtliche Werke, Bd. 1, S. 217.
[5] Hartung erhielt den Ruf auf einen historischen Lehrstuhl an der Universität Kiel am 5. März 1922; vgl. Hartung an Arnold Oskar Meyer, 5.3.1922 (NStUB Göttingen, Cod. Ms. A. O. Meyer, 175, Nr. 3).

Nr. 60
An Arnold Oskar Meyer   Kiel, 27. Mai 1922

NStUB Göttingen, Cod. Ms. A. O. Meyer, 175, Nr. 5. – Hs. Original.

Lieber Herr Kollege!

Nun habe ich mich allmählich in Kiel eingelebt, seit es wärmer ist, auch klimatisiert, habe auch allerhand erlebt, sodaß ich Ihnen schreiben kann, ja sogar im dienstlichen Interesse schreiben muß u. wohl unbedenklich Dienstmarken verwenden kann.

[...]

Schwere Sorgen macht mir augenblicklich die Agitation für eine besondere landesgeschichtliche Professur. An u. für sich würde ich eine solche sehr begrüßen, weil sie mich entlasten würde. Aber ich weiß zur Zeit niemand, dem man diesen bei den jetzigen politischen Verhältnissen heikeln Posten mit Gemütsruhe anvertrauen könnte. Brandt[1] hat wohl eine gute Lehrtätigkeit, aber er hat noch nichts veröffentlicht u. dann halte ich ihn, offen u. im Vertrauen gestanden, nicht für den <u>Mann</u>, für den Charakter, der dieser Stelle jetzt schon gewachsen ist. Man wird doch erst abwarten müssen, ob er seiner dänischen Frau[2] u. Hedemann[3] gegenüber innerlich selbständig bleibt. Pauls[4] gilt als Kandidat des Schleswig-Holsteiner-Bundes[5]; aber ich halte es für bedenklich, einen Mann zum Professor zu machen, der doch anscheinend nicht die Energie gehabt hat, sich zu habilitieren, und dem das Lehrtalent wohl versagt ist. Ich darf Sie wohl bitten, mir Ihre Ansicht über beide Persönlichkeiten und ihre Eignung für eine solche Professur bald einmal mitzuteilen; wenn Sie andere Kandidaten zu nennen wissen, ist es mir sehr erwünscht.

Wir haben nämlich bereits eine Kommission zur Vorberatung dieser Angelegenheit eingesetzt. Im Interesse an Diskretion besteht sie nur aus vier Leuten. Den Anstoß dazu habe ich gegeben, sobald ich durch Jacob[6] erfuhr, daß er als Rektor amtlich mit der Sache befaßt ist. Denn diesem Heißsporn können wir die Angelegenheit nur mit Sorge anvertrauen. Der Anstoß geht, wie Sie wohl

---

[1] Otto Brandt (1892–1935), Historiker, Privatdozent an der Universität Kiel (1920–1928), a.o./o. Professor an der Universität Erlangen (1928/34–1935).
[2] Ebba Brandt (1887–1975), geb. von Bartholin, Übersetzerin.
[3] Paul von Hedemann-Heespen (1869–1937), Gutsbesitzer, Verwaltungsjurist und schleswig-holsteinischer Landeshistoriker.
[4] Volquart Pauls (1884–1954), seit 1919 Bibliothekar an der schleswig-holsteinischen Landesbibliothek in Kiel, Honorarprofessor an der Universität Kiel (1939–1948), Sekretär der Gesellschaft für Schleswig-Holsteinische Geschichte (1921–1951).
[5] Schleswig-Holsteiner-Bund (1919–1944), gegründet 1919 als Reaktion auf die Grenzregelungen des Versailler Friedensvertrags; trat für die Revision der deutschen Nordgrenze und für die Rückgewinnung Nordschleswigs an Deutschland ein; vgl. Broder Schwensen: Der Schleswig-Holsteiner-Bund 1919–1933. Ein Beitrag zur Geschichte der nationalpolitischen Verbände im deutsch-dänischen Grenzland, Frankfurt a. M. u.a. 1993.
[6] Georg Jacob (1862–1937), Orientalist, a.o./o. Professor an der Universität Erlangen (1896/1910–1911) und o. Professor für Islamische und Semitische Philologie an der Universität Kiel (1911–1937), Rektor der Universität Kiel (1922/23).

wissen, vom Lande aus, u. das Geld soll aus dem 100 Mill. Fonds genommen werden[1]. Jacob hat nun weder für Brandt noch für Schleswig-Holstein etwas übrig u. erklärt überall, wo man es hören u. nicht hören will, daß „wir" für eine landesgeschichtliche Professur gar kein Interesse hätten. Ich halte das für einen groben Fehler. Wir können überhaupt keine Professur, die man uns anbietet, ablehnen, am allerwenigsten eine, die das Land haben will u. von der es sich Unterstützung in seinem geistigen Abwehrkampf gegen die Dänen erwartet. Deshalb habe ich eine Kommission vorgeschlagen, u. ich will versuchen, ungefähr auf folgende Weise zwischen der Scylla einer Kränkung des Landes u. der Charybdis eines ungeeigneten Professors – den wir dann bis zu seinem 68. Lebensjahr behalten, weil er ja keine Aussicht auf einen Ruf hat – hindurchzusteuern, daß wir erklären: wir begrüßen die beabsichtigte landesgeschichtliche Professur, haben aber zur Zeit keinen geeigneten Anwärter u. wollen es einstweilen bei dem Lehrauftrag bewenden lassen; die verfügbaren Mittel werden vorläufig zweckmäßiger zu Lehraufträgen für Vorgeschichte, Landeskunde usw. (dafür muß ein verlockendes Programm mit den geeigneten Leuten verabredet werden) verwendet. So zeigen wir guten Willen u. gewinnen Zeit, bis Brandt sich als Mensch u. Geschichtschreiber weiter bewährt hat u. zur Professur vorgeschlagen werden kann. Ich bitte Sie herzlich, mir Ihre Ansicht darüber recht offen auszusprechen. Ich fühle mich noch fremd hier und empfinde sehr die Verantwortung, die wir hier in Kiel für die Nordmark haben.

[...]

Allmählich muß ich mich auf meinen Weimarer Pfingstvortrag über Goethe als Staatsmann vorbereiten[2]. Meine große Geschichte der Regierung Carl Augusts ist jetzt auch im Druck[3]. Damit bin ich natürlich sehr in Anspruch genommen u. komme zu anderer wissenschaftlicher Arbeit überhaupt nicht. Nächstens werde ich Ihnen wohl ein kleines Buch[4] zuschicken können; es ist in Einzelheiten ganz nett, als Ganzes aber unglaublich salopp gearbeitet u. nur als Gelderwerb verständlich. Es ist schade, daß in dem Augenblick, wo man Geld zu ruhiger wissenschaftlicher Arbeit erhält, die Zeit dazu verschwindet,

Mit besten Pfingstgrüßen auch an Ihre Frau Gemahlin[5]

Ihr F. Hartung.

---

[1] Die deutsche Reichsregierung hatte der preußischen Provinz Schleswig-Holstein einen Fonds von 100 Millionen Reichsmark für den wirtschaftlichen Wiederaufbau nach der gewaltsamen Abtrennung Nordschleswigs zur Verfügung gestellt (den sog. „Nordmarkfonds"), 14,5 Millionen hiervon sollten für die kulturelle „Grenzlandarbeit" verwendet werden; vgl. Jenni Boie: Volkstumsarbeit und Grenzregion. Volkskundliches Wissen als Ressource ethnischer Identitätspolitik in Schleswig-Holstein 1920–1930, Münster 2013, S. 41.

[2] Fritz Hartung: Goethe als Staatsmann. Festvortrag, gehalten am 10. Juni 1922, in: Jahrbuch der Goethe-Gesellschaft 9 (1922), S. 295–314.

[3] Fritz Hartung: Das Großherzogtum Sachsen unter der Regierung Carl Augusts 1775 bis 1828, Weimar 1923.

[4] Fritz Hartung: Deutschlands Zusammenbruch und Erhebung im Zeitalter der französischen Revolution 1792 bis 1815, Bielefeld/Leipzig 1922.

[5] Bertha Meyer, geb. Thierfelder.

Nr. 61
An Siegfried A. Kaehler Kiel, 4. September 1922

NStUB Göttingen, Cod. Ms. S. A. Kaehler, 1,59. – Hs. Original.

Lieber Kaehler!

Ich finde es unanständigen Wettbewerb, die Zeit, die andere Kollegen zur Erfüllung dienstlicher und gesellschaftlicher Pflichten verwenden, der gelehrten Arbeit zu widmen. So habe ich die meisten Professoriumsabende in Halle mit Brodnitz in geistvollem Gespräch zugebracht. Und während heute die verehrte Professorenschaft von Kiel dem Herrn Reichspräsidenten[1] huldigt, sollen Sie den längst geplanten Brief erhalten.

An der Ebertfeier[2] teilzunehmen kann ich mich nicht entschließen. Daß ich die Republik unter den gegenwärtigen Umständen, nachdem sie einmal besteht, für die beste Staatsform in Deutschland halte weil sie die einzige ist, die nicht sofort zum Auseinanderfallen der deutschen Einheit führt, sondern wenigstens die Möglichkeit bestehen läßt, daß wir ein geschlossenes Volk bleiben, das habe ich immer, wenn auch nicht so pointiert, vertreten, auch in meinen Grenzbotenartikeln[3]. Daß wir uns auch aus außenpolitischen Gründen zur Zeit den Luxus eines neuen Umsturzes nicht leisten können, versteht sich von selbst. Auch bestreite ich nicht, daß Ebert sein Amt mit Takt führt, weder redet noch telegraphiert[4]. Aber all das ändert doch nichts an der Tatsache, daß er sein Amt erlangt hat als Exponent der Revolution, als Führer der stärksten revolutionären Partei. Und die Revolution ist meiner Überzeugung nach das größte Unglück, das uns im Augenblick der militärischen Niederlage hat treffen können. Sie ist – mögen manche Leute auch anständige Beweggründe als da sind verstiegener Idealismus oder mißverstandener Pazifismus, gehabt haben – ein Verbrechen an dem deutschen Volk, u. Ebert trägt für mich das Kainszeichen der Revolution u. damit des Verbrechens. Ich habe keine Veranlassung, mich vorzudrängen wenn er kommt.

Diesem Umstand verdanken Sie also diesen Werktagsvormittagsbrief. Zugedacht war er Ihnen freilich schon länger, bereits vor den Ferien. Als Zeichen des Lebens und Gedenkens habe ich Ihnen kürzlich meinen „Zusammenbruch" usw. 1792/1815 zugeschickt[5]. Den Goethevortrag bekommen Sie aber, da Sie doch wohl Mitglied und Bezieher des Goethe-Jahrbuchs sind, nur auf ausdrückliche Bestellung[6]. Zu dem Zusammenbruch muß ich noch eine kurze

---

[1] Friedrich Ebert (1871–1925), SPD-Politiker, deutscher Reichspräsident 1919–1925.
[2] Reichspräsident Ebert nahm am 4.9.1922 anlässlich der „Kieler Herbstwoche für Kunst und Wissenschaft" an einem Festakt in der Aula der Christian-Albrechts-Universität teil, am gleichen Abend hielt er eine Rede im Kieler Gewerkschaftshaus; vgl. Friedrich Ebert: Reden als Reichspräsident (1919–1925), hrsg. v. Walter Mühlhausen, Bonn 2017, S. 242 f.
[3] Siehe oben, Brief Nr. 55.
[4] Anspielung auf die (gelegentlich politische Skandale verursachenden) öffentlichen Auftritte Kaiser Wilhelms II. sowie auf das sog. „Daily Telegraph-Interview" von 1908.
[5] Siehe oben, Brief Nr. 60.
[6] Siehe ebenda.

Nr. 61. An Siegfried A. Kaehler, 4. September 1922

Erläuterung geben. Ich finde zwar das, was drin steht, im allgemeinen recht gut. Aber in der notgedrungenen Kürze der Entstehungszeit habe ich manches glatt vergessen, was doch auch hätte behandelt werden müssen, z. B. Arndts[1] Geist der Zeit[2]. In der Korrektur war nichts mehr zu machen, weil das ganze Buch in Bogen umbrochen auf einmal mir zuging. Dies zur Abwehr einer Kritik, wie sie Andreas anscheinend an meiner Deutschen Gesch[ichte] geübt hat[3]; ich kenne sie bisher noch nicht, bin einstweilen nur von Vigener schonend darauf vorbereitet. Daß sie sachlich berechtigt sein wird, gebe ich, ohne sie zu kennen, zu. Persönlich habe ich die Entschuldigung, daß ich Ende Juli 1919 aus dem Sanatorium nach Halle kam mit 57 Mark Militärrente u. 20 Mark Privatdozentenstipendium an monatlichen Einkünften. Es blieb mir gar nichts anderes übrig, als bis zum Frühjahr ein Buch gegen Honorar zu schreiben. Den Lehrauftrag bekam ich erst im April 20; das war zu spät, um dem Buch noch zur Reife zu verhelfen.

Doch das wissen Sie ja schon mehr oder minder genau. Was Sie aber nicht wissen, ist die Not eines Ordinarius. Wenn das Gehalt nicht wäre, ich würde heute noch Privatdozent [sein]. Aber daß man Gehalt hat u. mit Sicherheit darauf rechnen kann, daß die Spitzenorganisation der Eisenbahner immer rechtzeitig für Aufbesserung sorgen werden, hat entschieden etwas tröstliches. Dagegen die Arbeit! Selbst in den Ferien wird man verfolgt. Meinen Schreibtisch zieren z. B. ein Habilitationsgesuch, dem ungefähr 1000 Druckseiten beiliegen, u. eine Doktorarbeit mit etwa 500 Maschinenseiten. Während des Semesters bin ich, namentlich gegen das Ende, überhaupt zu nichts mehr gekommen, da man mich unseliger Weise noch in eine sehr kritische Berufungskommission gewählt hatte, nachdem die erste Kommission an allzu deutlichen Intrigen gescheitert war. Ich will Ihnen, schon wegen des ehrwürdigen Fakultätsgeheimnisses, mehr noch wegen der Belanglosigkeit der Sachen, keine weiteren Einzelheiten mitteilen. Tatsache ist, daß ich Ihnen vor meiner Reise wirklich nicht habe schreiben können.

Inzwischen bin ich 14 Tage in Mecklenburg gewesen, einem nahrhaften Lande, wo man abends um 10 ½ Uhr noch Aal und Gurkensalat angeboten bekommt, aber von den Mücken aufgefressen wird, dann mit meiner Mutter und Schwester 8 Tage in der holsteinischen Schweiz, wo es sich gleichfalls leben läßt. Zuletzt habe ich noch meine Damen zwei Tage hier gehabt. Zwischendurch war ich einen Tag auf einem adligen Gut mit dem Kollegen aus Kopenhagen A. Friis[4] zusammen, den Sie, wenn nicht aus anderen Arbeiten,

---

[1] Ernst Moritz Arndt (1769–1860), politischer Schriftsteller, Dichter und Historiker, Privatdozent und a. o. Professor an der Universität Greifswald (1801–1806, 1806–1808), o. Professor an der Universität Bonn (1818–1826, 1840–1854).
[2] Ernst Moritz Arndt: Geist der Zeit, Teile 1–4, Altona/Berlin 1806–1818.
[3] Siehe unten, Brief Nr. 62. – Hartung meint hier sein 1920 in Bonn und Leipzig erschienenes, später erweitertes und bis 1952 mehrfach neu aufgelegtes Buch „Deutsche Geschichte von 1871 bis 1914".
[4] Aage Friis (1870–1949), dänischer Historiker, Professor an der Universität Kopenhagen (1913–1935).

wohl aus der HZ (Aufhebung des Art. 5 des Prager Friedens) kennen[1]. Es war recht interessant, wenn auch politisch ganz unfruchtbar. Friis wollte uns von der Harmlosigkeit der dänischen Politik überzeugen u. die Bedeutung der dänischen Chauvinisten als ganz gering darstellen; aber in der Hitze des Gefechts gab er sich die Blöße, sich als einen in Dänemark stark befehdeten Deutschenfreund zu bezeichnen. Er ist Pazifist u. muß als solcher ziemlich bekannt sein [...].

Augenblicklich ist Kieler Woche. Ich habe heute Vormittag – denn ich kann natürlich nicht ohne Unterbrechung vormittags Briefe schreiben – Besuch von Srbik[2] gehabt, der von Graz nach Wien geht, vorher aber uns noch einen Vortrag über das südslawische Problem halten soll. Auch das war ganz reizvoll; ich habe immer viel Freude an der österreichischen Lebensart gehabt. Daß ihnen die Korsettstangen fehlen, ist freilich richtig. Aber ab u. zu ist es ja auch ganz nett, einmal in weiches Fleisch zu fassen.

Von Halle weiß ich nichts Neues. Hasenclever, mein getreuer Korrespondent, ist eben erst dort wieder angelangt. Er tut mir leid für die lange Wartezeit, die ihm durch die Unschlüssigkeit der hohen Herrn auferlegt wird. Daß er an zwei Stellen vorgeschlagen ist, von denen die eine zum mindesten indirekt etwas für ihn werden könnte, wissen Sie wohl[3].

[...]

Zur Jugend gehört man hier[4] bis etwa 55. Neulich las ich in einem Berufungsschreiben über einen Kandidaten: er sei noch zu jung für ein Ordinariat. Bei näherem Zusehen ergab sich, daß er 1884 geboren ist, also immerhin 37–38 Jahre zählt, während der Schreiber bereits mit 30 Jahren Ordinarius geworden ist. Es ist für mich seit langem ein Problem, ob ich auch dereinst alle meine jugendlichen Anschauungen einfach verleugnen werde. Ich würde mich darum freuen, wenn wir uns wieder einmal treffen würden, damit Sie feststellen könnten, wie weit meine Ordinarienhaftigkeit schon geht. Ich selbst fühle mich natürlich noch sehr unverkalkt u. wünsche Ihnen das Gleiche als Ihr

Hartung.

---

[1] Aage Friis: Die Aufhebung des Artikels V des Prager Friedens, in: Historische Zeitschrift 125 (1922), S. 45–62.
[2] Heinrich Ritter von Srbik (1878–1951), österreichischer Historiker, a.o./o. Professor an den Universitäten Graz (1912/17–1922) und Wien (1922–1945), Unterrichtsminister (1929–1930).
[3] Adolf Hasenclever konnte sich in dieser Zeit Hoffnungen auf einen Ruf an die Technische Hochschule Karlsruhe oder an die Universität Hamburg machen (vgl. Hartung an Richard Fester, 9.7.1922, in: BAK, N 1107, Nr. 246), doch er ging am Ende wieder einmal leer aus.
[4] Gemeint ist: innerhalb der Philosophischen Fakultät der Christian-Albrechts-Universität.

Nr. 62

An Richard Fester   Kiel, 3. Oktober 1922

BAK N 1107, Nr. 246. – Hs. Original.

Hochverehrter Herr Geheimrat!

[...]

Zunächst hatten wir hier die Kieler Woche, um uns von den bedeutenden Geistern außerhalb Schleswig-Holsteins anregen zu lassen. Als Auftakt Besuch Eberts in der Universität, wobei Magnificus Jacob das hübsche Wort vom „landesväterlichen" Walten sprach, das er übrigens auch jetzt noch verteidigt. Ich war nicht anwesend[1]. Nachdem wir uns bei diesen Festen recht voll Geist gesogen hatten, zogen wir in die Provinz, um dort aufklärend zu wirken. Vorläufig „ziehen" wir noch; z. B. waren in Elmshorn, wo kürzlich eine Universitätswoche stattfand, noch am Donnerstag von 13 000 Einwohnern etwa 300 in meinem Vortrag über Weltpolitik anwesend. Allerdings tun wir alles, um uns um den Kredit zu bringen, indem wir zu lange sprechen u. uns nicht einmal die Mühe machen, uns auf das Publikum einzustellen. Nach mir sprach z. B. ein Kollege über Begabtenprüfung, u. zwar las er einen Vortrag für Volksschullehrer wörtlich vor einem Publikum ab, das zum größten Teil nicht aus Volksschullehrern bestand.

Nächstens wird Rodenberg 68 Jahre und damit die Nachfolge akut. Ich hoffe, daß wir Historiker uns bei dieser Gelegenheit nicht so blamieren wie die Philosophen, die, um eine Stelle zu besetzen, zwei Kommissionen bilden mußten u. auch daraus nichts Brauchbares zustande brachten. Immerhin würde es unsere Aufgabe erleichtern, wenn wir wüßten, wer für Halle, Marburg, Frankfurt usw. in Aussicht genommen ist; denn es hat doch keinen Zweck Leute zu nennen, die wir doch nicht kriegen. Ich halte es für sehr wesentlich, eine vernünftige Liste mit wirklich erreichbaren Namen aufzustellen, schon damit uns Kehr nicht irgend eine fossile Größe von den Monumenten[2] andreht, die er dort nicht mehr bezahlen will. Außerdem müßten wir eigentlich wissen, ob wir tatsächlich eine besondere Professur für Landesgeschichte bekommen, wie politisch interessierte Menschen vermuten. Wenn das der Fall wäre, so brauchten wir nur nach einem Manne uns umzusehen, der mittelalterliche Geschichte kann. Andernfalls kämen natürlich Leute, die sich wie Schmeidler[3] u. Rörig[4] mit unserer Gegend befaßt haben, in erster Linie in Betracht.

---

[1] Siehe oben, Brief Nr. 61.
[2] Gemeint sind die Monumenta Germaniae Historica, die Gesellschaft für ältere deutsche Geschichtskunde, deren Institut sich 1922 in Berlin befand und von Paul Fridolin Kehr geleitet wurde.
[3] Bernhard Schmeidler (1879–1959), Historiker, Privatdozent und apl. Professor an der Universität Leipzig (1909–1916, 1916–1921), o. Professor an der Universität Erlangen (1921–1936).
[4] Fritz Rörig (1882–1952), Historiker, a. o. Professor an der Universität Leipzig (1918–1923), o. Professor an den Universitäten Kiel (1923–1935) und Berlin (1935–1952).

Nr. 62. An Richard Fester, 3. Oktober 1922

[...]
Die Rezension, die Andreas über meine deutsche Geschichte geschrieben hat, werden Sie gesehen haben. Sie greift schwache Partien des Buches heraus; aber ein Mann, der so wenig größere Arbeiten geschrieben hatte, sollte doch mehr Achtung vor der Bewältigung des Themas im Ganzen haben[1]; u. daß wir zu der Zeit, als er die Rezension schrieb u. an die H. Z. schickte, in Berlin rivalisierten[2], gibt der ganzen Sache einen unangenehmen Beigeschmack. In den Kreisen der anständigen Fachgenossen hat Andreas sich selbst wohl mehr geschadet als mir. Aber die Charakterstärke ist wohl nie das Kennzeichen der Marcksschüler gewesen; siehe Valentin[3]. Wobei ja auch die Äpfel nicht weit vom Stamm gefallen sind.
Wie geht es Ihnen und den Ihrigen körperlich? Ich kann einstweilen über Kiel nicht klagen. Wenigstens gelingt es mir, die im Vergleich zu Halle gesteigerte Rauheit des Klimas u. Schärfe der Winde durch gehaltvollere Ernährung, als sie die Weißbierhallen boten, auszugleichen. Immerhin würde ich nichts dagegen haben, wenn Oncken[4] sich nun bald einmal entscheiden würde, welche Stelle er annehmen will[5], u. wenn sich dadurch weiter südlich für mich etwas böte. Aber vorerst gehe ich gefaßt dem Winter entgegen. Als Unverheirateter kann man die Teurung ertragen.
Doch ich will hoffen, daß auch Sie wenigstens äußerlich mit Ruhe dem Kommenden entgegen sehen können. Immerhin leiden wir ja alle unter der

---

[1] Willy Andreas: [Rezension von:] Deutsche Geschichte von 1871–1914. Von Fritz Hartung, in: Historische Zeitschrift 126 (1922), S. 495–499. Hartung bringe zwar, stellt Andreas hier fest, „für sein Unternehmen [...] nicht nur guten Willen, sondern ausgezeichnete Kenntnisse und die Fähigkeiten eines gediegenen und reifen Historikers mit", er behandle zudem „vielumstrittene Dinge [...] zwar nicht erleuchtend, aber mit einem wohltuenden Maß von gesundem Menschenverstand, nüchtern abgewogenem Urteil und einem fast beneidenswerten Zutrauen zu dessen Treffsicherheit"; auch sei die Darstellung „flüssig und anregend", bleibe „immer korrekt" und verschmähe „unechte Mittel". Dennoch verleugne sie „nicht einen leis [sic] moralisierenden Beigeschmack"; auch sehe der Verfasser „im allgemeinen etwas zu sehr von oben her, vom Standort der Reichsregierung und ihrer Notwendigkeiten" (ebenda). Vor allem aber müsse man Hartungs „Behandlung der geistigen Erscheinungen unbefriedigend finden" (S. 497); im „Ausmaß des Gebotenen wie in der Formulierung nähern sich die betreffenden Kapitel etwas dem Stil des Konversationslexikons", und im übrigen seien die Urteile des Verfassers über geistig-kulturelle Entwicklungen und Phänomene „oft von auffallender Dürre und Flachheit", wobei er die „Entgleisungen [...] dem auf anderen Gebieten bewährten Verfasser nicht einzeln aufrechnen" möchte, da ihm nur daran liege, „die Geistesgeschichte auf den Platz gerückt zu sehen, der ihr zukommt. Glücklicherweise entspricht der magere Inhalt dieser Abschnitte und die unzulängliche Art der Beobachtung und Charakteristik denn doch nicht den geschichtlichen Tatsachen. Sonst käme man zu betrübenden Schlüssen über unsere jüngste nationale Vergangenheit".
[2] Siehe oben, Brief Nr. 61.
[3] Siehe oben, Brief Nr. 59.
[4] Hermann Oncken (1869–1945), Historiker, o. Professor an den Universitäten Gießen (1906–1907), Heidelberg (1907–1923), München (1923–1928) und Berlin (1928–1935).
[5] Hermann Oncken hatte im Jahr 1922 zwei Rufe an die Universitäten München und Hamburg erhalten, auch war man in Heidelberg sehr an seinem Bleiben interessiert; er entschied sich schließlich für München; vgl. Christoph Cornelißen: Gerhard Ritter – Geschichtswissenschaft und Politik im 20. Jahrhundert, Düsseldorf 2001, S. 147.

Not der Zeit. Jetzt möchte man wirklich bald lieber ein beschnittener Türke sein als in Preußen leben!

    Mit herzlichen Grüßen in alter Anhänglichkeit
Ihr sehr ergebener
Hartung.

Nr. 63
An Richard Fester   Kiel, 2. Dezember 1922

    BAK N 1107, Nr. 246. – Hs. Original.

Hochverehrter Herr Geheimrat!

    [...]

    Ihr Westmarkaufsatz[1] ist mir sehr lehrreich angesichts der Aufgabe meine Deutsche Geschichte neu herauszubringen. Der Verleger drängt, obwohl doch die Bücherpreise phantastische Höhen erklommen haben u. uns als Käufer so gut wie völlig ausschalten. Also für wen soll ich die zweite Auflage schreiben? Auch fehlt mir, teils wegen der ganzen politischen Verhältnisse, teils wegen meiner eigenen mannigfaltigen Inanspruchnahme die Einheitlichkeit der Stimmung, die zu einer förderlichen Durcharbeitung des Buches notwendig ist. So weiß ich nicht, ob die 2. Auflage bald erscheinen wird. Jedenfalls lese ich jetzt die Bismarckakten mit hohem Genuß[2]. Jedes Mitglied des Auswärtigen Amtes müßte ein paar von den Bismarckschen Erlassen auswendig können.

    [...]

    Ein Rückgang der Studenten ist hier kaum zu bemerken. Wenn unsere Gesamtzahl erheblich hinter Halle zurückbleibt, so liegt das wohl an der schwachen Vertretung der Theologen u. an dem fast gänzlichen Ausfall der Landwirte. Die geistige Haltung der Universität wird dadurch aber kaum berührt. Ich habe im Kolleg wie im Sommer etwa 40 Leute, im Seminar 26. An Privatdozenten haben wir zwei, Brandt u. ganz neuerdings einen Dr. Petersen[3], der als Verfassungshistoriker natürlich für meinen hierher mitgebrachten Schüler gilt, tatsächlich aber lediglich als Landeskind sich hier habilitiert hat u. keinerlei Beziehungen zu mir gehabt hat.

    Gesellschaften mache ich spärlich u. mit vorsichtiger Auswahl mit. Gelegentlich ist es ja nichts anderes als Zeittotschlagen, aber manchmal wird man

---

[1] Richard Fester: Die Neufundamentierung des geschichtlichen Wissens über die Zeit vom Frankfurter Frieden bis zum Versailler Diktat, in: Die Westmark 2 (1922), S. 719–738.

[2] Hartung meint die 1922 erscheinenden ersten sechs Bände der von Friedrich Thimme, Albrecht Mendelssohn Bartholdy und Johannes Lepsius edierten, die Bismarckzeit (1871–1890) umfassende Sammlung der diplomatischen Akten des Auswärtigen Amtes: Die Große Politik der europäischen Kabinette 1871–1914. Sammlung der diplomatischen Akten des Auswärtigen Amtes, Bde. 1–6, Berlin 1922.

[3] Carl Petersen (1885–1942), Historiker, apl. Professor an den Universitäten Kiel (1927–1939) und Greifswald (1939–1942).

doch auch entschädigt. So erging es mir jüngst, als ein Regierungsrat die unersetzliche Lücke beweinte, die der Weggang A. O. Meyers gerissen habe, er vermisse ihn sehr, versicherte er nachdrücklich. Ich bedauerte, kein unbefangenes Urteil zu haben, da ich der Nachfolger sei, u. setzte den Mann damit etwas in Verlegenheit. Immerhin ist es mir wertvoll zu wissen, welche Lücke ich nicht ausfülle. [...]

Daß Hasenclever nun einen Lehrauftrag hat, freut mich für ihn. Schließlich hat er ihn so gut wie viele andere verdient. Doch würde ich es ihm wünschen, daß sich Frau Oncken[1] nun bald entschließen würde, welchen Ruf ihr Mann annehmen soll. Es ist doch ein unerhörter Zustand, daß Oncken semesterlang drei Lehrstühle okkupiert[2].

Aus meinen Marburger Aussichten ist nichts geworden, wie mir E. Stengel[3] geschrieben hat. Näheres habe ich nicht gehört. Ob Busch[4] doch wegen der neueren Geschichte Schwierigkeiten gemacht hat, weiß ich nicht. Vorläufig kann ich es hier wissenschaftlich wie gesundheitlich ganz gut aushalten. Selbst die Polarnacht, wie der Kollege Wüst[5] hier die gegenwärtige Jahreszeit nennt, hat mir noch nichts anhaben können.
[...]

    Mit freundlichen Grüßen
        Ihr sehr ergebener
            F. Hartung.

Nr. 64
An Siegfried A. Kaehler   **Kiel, 18. Februar 1923**

NStUB Göttingen, Cod. Ms. S. A. Kaehler, 1,59. – Hs. Original.

Lieber Kaehler!

[...]
Ich selbst sehne mich schon im Interesse meiner Lungenspitzen, die gegen Kieler Wind immer rebellischer werden, nach dem Süden. Aber vor Ende März komme ich hier nicht fort, denn am 24. März sind es 75 Jahre, daß man hierzulande Revolution gemacht hat. Und da es sich um eine der wenigen Revolu-

---

[1] Margarete Oncken, geb. Weber (1876–1954).
[2] Siehe oben, Brief Nr. 62.
[3] Edmund Stengel (1879–1968), Historiker, a.o./o. Professor an der Universität Marburg (1914/22–1938, 1942–1946), Präsident des Reichsinstituts für ältere deutsche Geschichtskunde, in welches die Monumenta Germaniae Historica 1935 umgewandelt worden waren, in Berlin (1938–1942).
[4] Wilhelm Busch (1861–1929), Historiker, a.o. Professor an der Universität Leipzig (1890–1893), o. Professor an der Technischen Hochschule Dresden (1893–1894) und an den Universitäten Freiburg i. Br. (1894–1896), Tübingen (1896–1910) und Marburg (1910–1929).
[5] Ewald Wüst (1875–1934), Geologe und Paläontologe, Privatdozent in Halle (1903–1910), a.o./o. Professor an der Universität Kiel (1910/20–1934).

tionen in Deutschland handelt, bei denen man nicht das Ausland gegen den einheimischen verruchten Tyrannen zu Hilfe gerufen, sondern die Fremden vielmehr hinausgeworfen hat, so soll ein großes Fest stattfinden, bei dem ich die Festrede halten soll. In den 8 Tagen, die seit der Übertragung des ehrenvollen Amtes vergangen sind, habe ich mich bereits in das Thema so weit vertieft, daß mir klar ist, überall da, wo Sommerlad in Halle tannenumrauscht zu sagen pflegte, muß ich meerumschlungen sagen. Ich habe die Rede übernehmen müssen, denn es ist tatsächlich kein möglicher Redner außer mir da; Rodenberg soll ungeeignet sein, Ficker[1], den ich sehr warm empfahl, damit das göttliche Walten in der schleswig-holsteinischen Geschichte nachgewiesen werde, desgleichen. Und Otto Brandt, der den Lehrauftrag für schleswig-holsteinische Geschichte hat, ist durch seine dänische Frau doch so sehr gebunden[2], daß man ihm eine Festrede bei solcher Gelegenheit auch nicht zutraut. Mir ist der Auftrag aber, von meinen rein persönlichen Reise- u. Ruhewünschen abgesehen, deshalb unsympathisch, weil ich die Wärme, die die Autochthonen von ihren Historikern verlangen, nicht aufbringe. Ich habe weder zum Land noch im Lande ein Verhältnis, u. das Klima regt meine Begeisterung nicht an.

Aber vorerst bleibe ich wohl hier. In Hamburg ist über die allerdings sehr blödsinnige Liste ein großer Kampf entbrannt[3]. Und Andreas wird Heidelberg wohl annehmen[4]. Daß Andreas u. Meinecke sich dann sehr anstrengen würden, mich nach Berlin zu bringen, halte ich für unwahrscheinlich. Was hätten Sie übrigens gesagt, wenn ich eines Tages als Ordinarius in Marburg erschienen wäre? Dies übrigens in strengstem Vertrauen. Es ist daran gedacht worden, mich für das persönliche Ordinariat zu berufen, u. ich wäre wohl darauf eingegangen; aber Busch scheint es verhindert zu haben. Inzwischen habe ich mich eine Zeitlang in der Machtfülle gesonnt, die man genießt, wenn der Spezialkollege abgeht. Die Berufungsverhandlung für Rodenbergs Nachfolge war recht interessant, namentlich für die Erkenntnis gewisser Cliquenzusammenhänge, auch der jüdischen. Aber unsere Kommission war sehr einig u. hat eine Liste aufgestellt, mit der ich sehr zufrieden bin.

Menschlich bin ich auf dem besten Wege, mich unmöglich zu machen. Ich lehne alle Einladungen ab u. wenn ich mit Menschen zusammen bin, mache ich so kratzbürstige Bemerkungen, daß ich gestern gefragt wurde, wie viele Pistolenforderungen ich schon gehabt hätte. Mein einziger näherer Umgang ist Wüst, der eine gewisse Ähnlichkeit mit dem Schlaraffenland hat. Wenn man

---

[1] Gerhard Ficker (1865–1934), evangelischer Theologe und Kirchenhistoriker, a. o. Professor an der Universität Halle (1903–1906), o. Professor an der Universität Kiel (1906–1934).
[2] Siehe oben, Brief Nr. 60.
[3] Nach längeren Auseinandersetzungen und mehreren Absagen – auch von Hartung, der im März 1923 einen Ruf nach Hamburg erhalten hatte (Hartung an Kaehler, 3.4.1923, NStUB Göttingen, Cod. Ms. S. A. Kaehler, 1,59) – wurde am Ende Gerhard Ritter im Dezember 1923 als Nachfolger von Max Lenz an die Universität Hamburg berufen; vgl. Cornelißen: Gerhard Ritter, S. 147 f.
[4] Willy Andreas nahm 1923 den an ihn ergangenen Ruf auf die Nachfolge Hermann Onckens in Heidelberg an; vgl. Eike Wolgast: Andreas, Willy, in: Badische Biographien, N. F., Bd. 2, hrsg. v. Bernd Ottnad, Stuttgart 1987, S. 4–7, hier S. 4.

sich durch seine Fettschicht durchgearbeitet hat, stößt man auf allerhand nahrhafte Speise.

Daß ich wissenschaftlich nichts Neues gearbeitet habe, werden Sie begreifen. Bis Weihnachten hat meine Zeit den Korrekturen u. dem Register von Sachsen-Weimar gehört. Dann kam die Berufungskommission u. die zeitraubende, im großen u. ganzen wissenschaftlich unfruchtbare Lektüre von mittelalterlichen Geschichtsbüchern, und jetzt lerne ich Schleswig-Holstein meerumschlungen[1] auswendig.

An Weihnachten habe ich Hasenclever in Berlin gesprochen, auch Brodnitz. Von Aubin höre ich gelegentlich durch Briefe etwas. Und so bin ich mit Halle menschlich noch enger verknüpft als mit Kiel, wo ich eigentlich nichts anderes als ein Lehrstuhl bin. Über meine Wirksamkeit bei den Studenten kann ich nicht klagen. Im Kolleg habe ich z. B. einen ungewöhnlich geringen Abfall. Aber ich schreibe das mehr meiner Examensposition als meinen begeisternden Eigenschaften zu; manchmal habe ich geradezu den Eindruck, als ob die Leute vor mir Angst hätten u. deshalb so eifrig lernten. Vielleicht nutzt sich mein Besen auch noch ab. Einstweilen fühle ich mich allerdings verpflichtet, den sehr unwissenschaftlichen Paukbetrieb, den A. O. Meyer hier eingeführt hat, mit Stumpf u. Stiel auszurotten.

[...] Schreiben Sie bald wieder, Sie bekommen ja Ferien ohne Redebelastung und lassen Sie mich an Ihren ersten akademischen Erfahrungen teilnehmen.

In alter Freundschaft
Ihr Hartung.

Nr. 65
An Siegfried A. Kaehler Kiel, 6. Mai 1923

NStUB Göttingen, Cod. Ms. S. A. Kaehler, 1,59. – Hs. Original.

Lieber Kaehler!

[...]
Daß Sie nicht lesen, bedaure ich sehr. Einmal wegen der Begründung mit unerfreulichem Gesundheitszustand, dem ich baldige Besserung wünsche, dann aber aus meiner alten Anschauung heraus, daß Ihrem Geist die Notwendigkeit u. Möglichkeit regelmäßiger Entladung gut tun würde. Ihr Brief hat mich lebhaft an die Zeiten unserer Unterhaltungen u. Spaziergänge in Halle erinnert. Auch mein Hiobzitat ist mir wieder eingefallen: ach daß meine Reden aufgeschrieben würden![2] Man müßte Sie einfach in das akademische Wasser schmeißen; dann würden Sie von selbst schwimmen.

---

[1] „Schleswig-Holstein meerumschlungen" ist die 1844 entstandene Hymne Schleswig-Holsteins.
[2] Wörtliches Zitat aus dem Alten Testament: Hiob 19, 23, im Wortlaut der Luther-Übersetzung.

Nr. 65. An Siegfried A. Kaehler, 6. Mai 1923

Ich bin inzwischen, wie Sie wissen, ein ganz großer Mann geworden, habe einen Ruf abgelehnt[1], was mir das Höchstgehalt eingebracht hat, Berlin angenommen[2] u. habe nun kein Ziel auf Erden mehr zu erreichen. Ich könnte mich eigentlich schon emeritieren lassen. Denn die wachsende Zahl meiner Dienstjahre kommt nur noch meiner dereinstigen Witwe zugut [sic], während ich gar nichts davon habe. Also, ich bin ein satter Philister geworden, während ich vor 1¼ Jahr noch ein hungriger Privatdozent gewesen bin. Ich nenne das einstweilen aber noch nicht den Aufstieg des Tüchtigen, sondern das akademische Lotteriespiel. [...]
Doch statt Ihnen nun noch weiter zu schildern, wie bedeutend ich inzwischen geworden bin u. wie weit ich mir die Allüren der Berliner Ordinarien schon angeeignet habe, will ich lieber Ihren Brief beantworten. Der erste antwortheischende Punkt in ihm ist – Sie werden wohl selbst staunen – der Kollege Petersen. Er hat ein gutes Buch über den Kreis Beeskow-Storkow geschrieben[3]. Damit hat er sich hier habilitiert. Da er Verfassungsgeschichte kann, hält man ihn hier für meinen Schüler. Ich lehne diese Verantwortung ab, während ich die Verantwortung für die Habilitation voll übernehme. Er selbst wird es wohl noch entrüsteter ablehnen, der Schüler eines so trockenen Fachmenschen zu sein, wie ich einer bin. Denn er ist, wie Sie ja wissen, ein Apostel St. Georges[4] u. ein Jünger von Wolters[5]. Daß er es ist, habe ich gewußt; auch daß seine Marburger Habilitation vor allen Dingen daran gescheitert ist, hat mir Busch rechtzeitig mitgeteilt. Aber es schadet hier in Kiel nichts, wenn etwas Haltung, Gebärde u. Stil in den Lehrkörper hineinkommt. Ob er damit auf die Normalmenschen Eindruck machen wird, weiß ich nicht. Petersen hat vor uns ja eines voraus: er ist Landeskind, sogar aus der abgetretenen Nordmark. Einstweilen werden die Kollegen usw. aus ihm nicht ganz klug; und die erstaunte Frage, worauf sich denn sein stark zur Schau getragenes hochfahrendes Wesen gründe, vermag ich nicht zu beantworten. Beeskow scheint mir selbst in Verbindung mit Storkow für eine so anspruchsvolle, durch ein Monokel betonte Bedeutung nicht ganz tragfähig zu sein. Immerhin halte ich ihn für tüchtig u. bin gespannt, wie sein Lehrerfolg sein wird; er hat mit Wirtschaftsgeschichte einen recht guten Anfang gemacht. Die Konsistorialhilfsarbeiterstelle ist für ihn lediglich von finanzieller Bedeutung; der Papa als Generalsuperintendent hat sie ihm wohl verschafft[6].

---

[1] Siehe oben, Brief Nr. 64.
[2] Die Annahme des Rufes auf den alten Lehrstuhl Otto Hintzes an der Friedrich-Wilhelms-Universität Berlin erfolgte Ende April 1923; vgl. Hartung an Friedrich Meinecke, 29.4.1923 (GStA PK, VI. HA, Nl. Meinecke, Nr. 14, 132).
[3] Carl Petersen: Die Geschichte des Kreises Beeskow-Storkow, Beeskow/Mark 1922.
[4] Petersen gehörte als Schüler und Freund von Friedrich Wolters zum weiteren Umfeld des Kreises um den Dichter Stefan George (1868–1933).
[5] Friedrich Wolters (1876–1930), Historiker und Schriftsteller, Schüler Gustav Schmollers und Jünger Stefan Georges, Privatdozent an der Universität Berlin (1914–1920), a. o. Professor an der Universität Marburg (1920–1923) und – als Nachfolger Hartungs – o. Professor an der Universität Kiel (1923–1930).
[6] Friedrich Petersen (1856–1930), Generalsuperintendent der evangelischen Kirche von Schleswig (1917–1925).

[...]
Die Nichtordinarienbewegung hat ja nun den großen Erfolg erzielt, daß die Fakultäten Vertreter aufnehmen müssen[1]. Ich fürchte freilich, daß das ein Danaergeschenk sein wird. Die Stellung der Vertreter wird nicht beneidenswert sein. Reden sie oft, so wird man sie als unangenehme Schwätzer empfinden; Opposition wird man ihnen erst recht verargen. Und reden sie nicht, dann wird man sie für unbedeutend ausschreien. Wahrscheinlich wird bald ein Nichtordinarienstreik eintreten; denn die Sitzungen sind langwierig, reizlos u. unentgeltlich. Überhaupt, was hilft alle organisatorische Reform, wenn die geistige Freiheit des Nachwuchses verloren geht. Die freie Privatdozentur war eben doch eine Auslese, schon indem sie abschreckte. Daß heutzutage die meisten Privatdozenten Oberlehrer sind, finde ich, so sehr es in den Zeitverhältnissen begründet ist, doch ein Verhängnis. Hier in Kiel wenigstens haben wir nämlich keine echten Gelehrtennaturen darunter, die den Schulbetrieb bloß als materielle Grundlage benutzen, sondern wir haben lauter typische Oberlehrernaturen, die sich ein wissenschaftlich-akademisches Mäntelchen umhängen.
[...]
Meine Nachfolge macht mir manches Kopfzerbrechen. Rothfels[2] ist, abgesehen von der fehlenden Bewährung als Dozent, schon als Jude in unserer stark jüdischen Fakultät unmöglich. Überhaupt ist es viel leichter zu sagen, wen man nicht will, als sich positiv für jemand zu begeistern. Immerhin ist es lehrreich zu erkennen, wie Berufungen vorbereitet werden u. mit welch plumpen Schmeicheleien manche Leute einen einseifen zu können glauben.
[...]
Damit hätte ich den passenden Übergang zu meinen Ferienerlebnissen gefunden, denn die standen zunächst auch unter dem Zeichen einer Festrede. Blamiert habe ich mich damit nicht, denn das Wort meerumschlungen kam zweimal vor, u. ich habe außerdem den Schatten der Doppeleiche[3] beschworen. Allerdings, beliebt habe ich mich auch nicht gemacht; denn ich habe nicht mit dem Schleswig-Holsteinlied geschlossen, sondern mit Deutschland über alles. Nach der Rede bin ich zunächst einmal nach Hamburg gefahren, wo man mich kolossal einzuseifen versucht hat. Inzwischen bin ich dort natürlich in den großen BV[4] gekommen; Lenz hat mir die Annahme des Rufs sozusagen zur

---

[1] Siehe oben, Brief Nr. 58.
[2] Hans Rothfels (1891–1976), Historiker, o. Professor an der Universität Königsberg (1926–1934), anschließend wegen seiner jüdischen Abstammung entlassen; 1938 Emigration über Großbritannien in die USA, Professor an der Universität Chicago (1946–1951), anschließend Rückkehr nach Deutschland und o. Professor an der Universität Tübingen (1951–1961). – Ungeachtet dieser frühen abfälligen Bemerkung hat sich Hartung für den später von ihm sehr geschätzten Rothfels während der NS-Zeit eingesetzt.
[3] Seit dem 19. Jahrhundert Symbol für die Zusammengehörigkeit der beiden alten Herzogtümer Schleswig und Holstein in der Auseinandersetzung mit den Ansprüchen Dänemarks.
[4] Abkürzung für „Bierverschiß", Ausdruck aus der studentischen Verbindungssprache; gemeint ist: Ausschluss von der Kneiptafel als Strafe für ein Vergehen – hier gemeint: Hartungs Ablehnung des Rufes nach Hamburg.

Nr. 65. An Siegfried A. Kaehler, 6. Mai 1923

Kindespflicht gemacht. Aber ich bin doch gar nicht sein Kind[1]. Und über den wissenschaftlichen Gemüsebrei, über die geistige Struktur der Studenten bekam ich so unsichere Auskunft, daß ich zweifelhaft war, ob ich gut tun würde, Kiel mit Hamburg zu vertauschen. Daß ich Berlin annehmen mußte, war mir dagegen von Anfang an klar. In Berlin ist mir aufgefallen, wie alle Welt, Bekker, Richter[2], Marcks, mir die Wiederaufnahme Hintzescher Tradition als selbstverständliche Pflicht vorschrieb u. über Andreas' Wirken zur Tagesordnung ging. [...]

Am schlechtesten ist es während der Ferien meiner Semestervorbereitung ergangen, sodaß ich das Semester mit einer gewissen Katzenjammerstimmung anfing. Ich finde ja überhaupt, daß es, je länger je mehr, eine gewisse Überwindung kostet, sich aufs Katheder zu stellen u. in Possenreißermanier durch eine vielversprechende Einleitung die Studenten einzuladen, hereinzuspazieren u. sich die Weisheit, die man gesehen u. gehört haben muß, eintrichtern zu lassen. Sobald ich dann recht im Zuge bin, macht es mir schon eher Freude. Aber ich habe noch 55 Semesteranfänge vor mir! Der Besuch ist übrigens hier erstaunlich gut. Ich habe etwa 60 Leute im Kolleg u. 20 im Seminar obwohl es schon bekannt ist, daß ich die meisten nicht mehr prüfen werde.

Zum schlecht vorbereiteten Semesteranfang möchte ich aber noch bemerken, daß Kollegs, bei denen man von der Hand in den Mund lebt, meist besser sind als die, die man aus einem alten Heft abliest. Also lassen Sie sich durch schlechte Vorbereitung nicht abhalten, doch zu lesen! Natürlich darf man dann nicht allzu viel nebenher betreiben; und man muß die Rückzugsmöglichkeit einer „Erkältung" oder ähnlichen nicht allzu erschütternden Krankheit sich immer offen halten.

[...]

In alter Freundschaft
Ihr Hartung.

---

[1] Anspielung darauf, dass Hartung zwar akademischer Schüler von Max Lenz gewesen war, jedoch bei Otto Hintze promoviert hatte.
[2] Werner Richter (1887–1960), Germanist und Wissenschaftsorganisator, 1919–1920 a.o./o. Professor für neuere deutsche Literaturgeschichte an der Universität Greifswald, Ministerialrat und Ministerialdirektor im preußischen Ministerium für Wissenschaft, Kunst und Volksbildung (1920–1932), 1925–1932 Leiter der dortigen Hochschulabteilung, 1932/33 o. Professor für Germanistik an der Universität Berlin, 1939 Emigration in die USA, 1949–1955 o. Professor für ältere Germanistik an der Universität Bonn (1951–1953 Rektor), 1954–1959 Präsident des Deutschen Akademischen Austauschdienstes.

Nr. 66

An Arnold Oskar Meyer   Kiel, 8. Mai 1923

NStUB Göttingen, Cod. Ms. A. O. Meyer, 175, Nr. 12. – Hs. Original.

Lieber Herr Kollege!

Ihren freundlichen Brief fand ich hier vor, als ich vor fast drei Wochen von einer kurzen Erholungsreise zurückkam. Damals war ich noch unschlüssig über das, was ich tun solle, denn zwischen Hamburg u. Kiel fiel mir die Wahl ziemlich schwer. Ich habe mich in dem einen Jahr meines Hierseins doch recht gut eingelebt, sowohl mit den Kollegen wie mit den Studenten. Ob man in Hamburg wirklich akademischen Geist findet, ob es wissenschaftlich brauchbare Studenten dort gibt, das konnte ich nicht ergründen. Und so blieb ich lange unschlüssig, obwohl die größere Wirksamkeit in Hamburg eine gewisse Anziehungskraft für mich besaß.

Dann machte meine Berufung nach Berlin allen Zweifeln ein plötzliches Ende. Sie kam mir sehr überraschend, denn ich hatte Richter bei einer Unterhaltung Ende März so verstanden, als wollte man die Stelle in ein Extraordinariat umwandeln u. damit wäre natürlich meine Kandidatur hinfällig geworden. Aber nun ist es anders gekommen, u. ich war mir sofort klar, daß ich annehmen mußte. Ich gestehe zwar offen, daß mein Herz nicht nach Berlin, sondern nach Süddeutschland neigt. Aber da sich dort nichts bietet, gehe ich gern nach Berlin. Daß es klimatisch günstiger für mich ist als Kiel, wo ich eine Wintererkältung anscheinend nicht mehr loswerde u. wo die Luft überhaupt zu anstrengend für mich ist, aber auch als Hamburg, ist auch Schittenhelms[1] Ansicht. Und die wissenschaftliche Aufgabe in Berlin liegt mir doch sehr, so wenig ich bedaure, hier zu einer allgemeineren Tätigkeit gezwungen gewesen zu sein. Auch hatte ich einfach die Pflicht, das Erbe Hintzes zu übernehmen. Ich verkenne die Begabung von Andreas nicht, aber sie liegt nicht auf dem Gebiet der Verfassungs- u. Verwaltungsgeschichte[2].

Für Ihren Glückwunsch zu Berlin danke ich Ihnen bestens. Sie haben ganz recht, daß ich die Rufe nun im Alter in Fülle habe[3], und ich empfinde durchaus den lotteriespielartigen Charakter des akademischen Lebens. Es ist im Grunde ein eigentümliches Gefühl, so ziemlich am Ende seiner Laufbahn zu stehen u. nicht mehr erwarten zu können. Selbst die Wohnungsfrage hat sich sehr glatt erledigt, da in dem Professorenkraal am Fehrbellinerplatz für mich noch ein Unterkommen zu finden ist[4].

---

[1] Alfred Schittenhelm (1874–1954), Mediziner, Internist; a. o. Professor an der Universität Erlangen (1907–1912), o. Professor an den Universitäten Königsberg (1912–1916), Kiel (1916–1934) und München (1934–1949).
[2] Siehe oben, Brief Nr. 59.
[3] Anspielung auf das Goethewort: „Was man in der Jugend wünscht, hat man im Alter die Fülle", Motto zum zweiten Teil von „Dichtung und Wahrheit", in: Johann Wolfgang von Goethe: Sämtliche Werke (Artemis-Ausgabe), Bd. 10, München 1977, S. 239.
[4] Um die akademische Wohnungsnot zu beheben und damit die Attraktivität der Berliner Universität für neu zu berufende Professoren zu erhöhen, wurden im Winter 1922/23 ins-

Nr. 66. An Arnold Oskar Meyer, 8. Mai 1923

Lenz scheint es mir sehr übel zu nehmen, daß ich Berlin vor Hamburg den Vorzug gegeben habe. Aber ich bin fest überzeugt, daß ich meiner ganzen Natur nach mehr für die Hintzesche Professur geeignet bin als für die mit sehr vielen unakademischen Verpflichtungen belastete Professur in Hamburg. Hier in Kiel hat man mehr Verständnis für meinen Entschluß.

Morgen werden wir die Kommission für meine Nachfolge wählen. Ich denke an erster Stelle an Herre, dessen Aufgabe im Reichsarchiv durch den Streit der Parteien hinfällig geworden ist. Harms[1] macht natürlich sehr viel Stimmung für Wätjen[2], aber ich finde, daß Wätjen als Ergänzung der Fachordinarien in Münster besser am Platz ist als er es hier wäre, wo er allein das Gesamtgebiet der Geschichte zu vertreten hätte. Haben Sie noch genügend Beziehungen zu Rostock, um unauffällig ein zuverlässiges Urteil über Schüßler[3] einzuziehen? Ich halte Schüßler durchaus für ordinariatsreif, habe aber gegen seine Berufung nach Kiel ein politisches Bedenken: er hat in der Einleitung zu seiner Dalwigkpublikation[4] ein so warmes Verständnis für diesen rheinbündischen Separatisten u. Preußenhasser gezeigt, daß ich fürchte, er könnte hier in den Kreis der Separatisten geraten. Und dazu soll sich meiner Ansicht nach der neuere Historiker nicht hergeben. Prinz[5] tritt sowohl für ihn wie für Luckwaldt[6] ein, doch ist seine Stellung wohl allgemein so, daß man jede Kandidatur fällen kann mit dem Hinweis, sie sei von Prinz aufgestellt.

Mit meinem Freunde Hasenclever komme ich in einen Gewissenskonflikt. Er hat gewiß seine großen wissenschaftlichen Verdienste; aber es fehlt doch überall, auch in seiner Lehrtätigkeit der zündende Funke; und so werde ich weit mehr, als er sich wohl wünschen wird, nach tüchtigeren Kräften Aus-

---

gesamt sechzehn – den Zeitumständen entsprechend vergleichsweise bescheidene – Professorenwohnungen gebaut; Hartung konnte eine dieser Wohnungen in der Konstanzer Straße 35 beziehen. Zum Bau dieser Professorensiedlung siehe auch Michael Grüttner: Die Universität in der Weimarer Republik, in: Geschichte der Universität Unter den Linden 1810–2010, Bd. 2: Die Berliner Universität zwischen den Weltkriegen 1918–1945, hrsg. v. Heinz-Elmar Tenorth, Berlin 2012, S. 67–134, hier S. 116.

[1] Bernhard Harms (1876–1939), Nationalökonom, a. o. Professor an der Universität Jena (1906–1907), o. Professor an der Landwirtschaftlichen Hochschule Hohenheim (1907–1908) und an der Universität Kiel (1908–1933), Gründer und Direktor des dortigen Instituts für Weltwirtschaft.

[2] Hermann Wätjen (1876–1944), Historiker, a. o. Professor an der Universität Heidelberg (1914–1918), o. Professor an der Technischen Hochschule Karlsruhe (1918–1922) und an der Universität Münster (1922–1944).

[3] Wilhelm Schüßler (1888–1965), Historiker, Habilitation und Privatdozent an der Universität Frankfurt am Main (1919–1922), a. o./o. Professor an der Universität Rostock (1922/25–1935, 1934–1935 Lehre am Herder-Institut Riga), o. Professor an den Universitäten Würzburg (1935–1936) und Berlin (1936–1945), Stiftsrat an der Evangelischen Forschungsakademie in Hemer/Westf. (1947–1958), 1959 an der Technischen Hochschule Darmstadt emeritiert.

[4] Gemeint ist die als Bd. 2 der „Deutschen Geschichtsquellen des 19. Jahrhunderts" erschienene Edition: Wilhelm Schüßler (Hrsg.): Die Tagebücher des Freiherrn Reinhard v. Dalwigk zu Lichtenfels aus den Jahren 1860–71, Stuttgart 1920 (Einleitung auf S. 1–17).

[5] Hugo Prinz (1883–1934), Althistoriker, o. Professor an der Universität Kiel (1915–1934).

[6] Friedrich Luckwaldt (1875–1945), Historiker, o. Professor an der Technischen Hochschule Danzig (1907–1935).

schau halten. Für Mitteilung Ihrer Ansichten wäre ich dankbar. Als ein zukunftsreiches Talent erscheint mir der Heidelberger Ritter[1], stärker als Windelband[2]; doch ist Ritter wohl noch zu jung, um diesmal schon an die Reihe zu kommen. Brandt halte ich, offen unter uns gesprochen, noch keineswegs für reif, auch nur mitgenannt zu werden.

Rodenbergs Nachfolge ist von Rörig angenommen worden. Ich glaube zwar, daß Häpke[3] besser gewesen wäre; aber der hat abgelehnt; und mein persönlicher Eindruck von Rörig, mit dem ich neulich ein paar Stunden zusammen war, ist recht günstig. Hoffentlich wird er nicht doch noch von den Leipzigern weggeschnappt.

Ich hoffe, wir bleiben in Verbindung, auch wenn die gemeinsame Kieler Beziehung aufhört. Es gibt ja immer einmal Gelegenheit, nach Berlin zu kommen.

Mit herzlichen Grüßen
Ihr F. Hartung.

Nr. 67
An Albert Brackmann Kiel, 4. Juli 1923

GStA PK, VI. HA, Nl. Albert Brackmann, 11, Nr. 168. – Hs. Original.

Hochgeehrter Herr Kollege[4]!

Für die freundlichen Worte, mit denen Sie meine Berufung nach Berlin begrüßen[5], danke ich Ihnen herzlich. Auch ich hoffe auf eine lange Zeit gemeinsamer Arbeit und verspreche mir persönlich viel Gewinn für die mir allmählich immer notwendiger erscheinende geschichtliche Fundamentierung meiner neuzeitlichen Studien.

---

[1] Gerhard Ritter (1888–1967), Historiker, o. Professor an den Universitäten Hamburg (1924–1925) und Freiburg i. Br. (1925–1956).
[2] Wolfgang Windelband (1886–1945), Historiker, a. o. Professor an der Universität Heidelberg (1922–1925), o. Professor an der Universität Königsberg (1925–1933), 1926–1933 gleichzeitig Ministerialrat im preußischen Ministerium für Wissenschaft, Kunst und Volksbildung und Honorarprofessor an der Universität Berlin (1926–1933), o. Professor an der Universität Berlin (1933–1935), anschließend Zwangsversetzung nach Halle und Ausscheiden aus dem Hochschuldienst.
[3] Rudolf Häpke (1884–1930), Historiker, a. o. Professor für mittelalterliche Wirtschafts- und Sozialgeschichte an der Universität Marburg (1923–1930).
[4] Albert Brackmann (1871–1952), Historiker, Archivdirektor und Wissenschaftsorganisator, a. o. Professor an der Universität Marburg (1905–1913), o. Professor an den Universitäten Königsberg (1913–1920), Marburg (1920–1922) und Berlin (1922–1936), dazu Generaldirektor der preußischen Staatsarchive und Erster Direktor des Geheimen Staatsarchivs (1929–1936); außerdem leitete er seit 1931 eine am Geheimen Staatsarchiv angesiedelte geheime „Publikationsstelle" der – vorrangig gegen Polen gerichteten – deutschen „Ostforschung". Hartung arbeitete seit seiner Übersiedlung nach Berlin eng mit Brackmann zusammen.
[5] Nicht überliefert.

Nr. 67. An Albert Brackmann, 4. Juli 1923

Nun zu Ihrer Frage. Den Standpunkt von Marcks u. Meinecke, daß die eigene wissenschaftliche Arbeit unbedingt vorgehen müsse, teile ich keineswegs. Gerade wenn wir geschichtliches Verständnis in weitere Kreise tragen wollen, dürfen wir uns der Mitarbeit an den Geschichtsvereinen nicht entziehen. Trotzdem möchte ich nicht schon heute mich zur Annahme einer Stelle im Vorstand der historischen Gesellschaft[1] bereit erklären. Ich bin einmal ein Gegner aller Vorschußlorbeeren. Lassen Sie mich zunächst einmal an den Arbeiten der Gesellschaft Anteil nehmen, auch etwas persönliche Fühlung gewinnen, bevor ich einen solchen Posten übernehme, der doch trotz aller Belastung durch Arbeit zugleich eine Auszeichnung u. ein Vertrauensbeweis sein soll. Was ich Ihnen in der ersten Zeit an Arbeit für die Gesellschaft abnehmen kann, das kann ich wohl auch ohne förmliche Ernennung zum Vorsitzenden tun. Das Arbeitsprogramm für den Winter werden Sie ja doch wohl festsetzen müssen, bevor ich Anfang Oktober in Berlin eingezogen bin.

Dazu kommt noch etwas anderes, nämlich die Verpflichtung, die ich gegenüber dem Verein für Geschichte der Mark Brandenburg[2] habe. Einst hat Schmoller in diesem Verein ein Regiment aufgeklärten Despotismus' geführt[3]. Jetzt ist er, da Hintze nicht mehr recht mitarbeiten kann u. Bailleu[4] tot ist, ziemlich verwaist, u. Marcks u. Meinecke, die Historiographen des brandenburgischen Hauses u. des preußischen Staates[5], kümmern sich auch um ihn nicht. Ich kann einstweilen nicht beurteilen, wie weit der Verein auf meine Mitarbeit rechnet, muß mir aber einstweilen freie Hand behalten, da die Aufgaben meiner Professur zu dem Verein besondere Beziehungen haben.

Auch aus diesem Grunde möchte ich Sie bitten, die Frage des Vorsitzes in der historischen Gesellschaft, soweit sie mich betrifft, einstweilen in der Schwebe zu lassen. Ich muß erst klar sehen, bevor ich mich entscheiden kann. Vielleicht ist auch eine bessere Arbeitsteilung zwischen beiden Gesellschaften

---

[1] Die „Historische Gesellschaft zu Berlin" war 1872 mit „allgemeingeschichtlicher" Ausrichtung von Berliner Historikern gegründet worden; zwischen 1880 und 1916 gab sie die bibliographischen „Jahresberichte der Geschichtswissenschaft" heraus; vgl. die knappen Angaben bei Eckart Henning: Die Historischen Hilfswissenschaften in Berlin, in: Reimer Hansen/Wolfgang Ribbe (Hrsg.): Geschichtswissenschaft in Berlin im 19. und 20. Jahrhundert. Persönlichkeiten und Institutionen, Berlin/New York 1992, S. 365–408, hier S. 387.

[2] Der schon 1837 gegründete „Verein für Geschichte der Mark Brandenburg" widmete sich vor allem der landesgeschichtlichen Forschung; vgl. Klaus Neitmann: Geschichtsvereine und Historische Kommissionen als Organisationsformen der Landesgeschichtsforschung, dargestellt am Beispiel der preußischen Provinz Brandenburg, in: Wolfgang Neugebauer (Hrsg.): Das Thema „Preußen" in Wissenschaft und Wissenschaftspolitik des 19. und 20. Jahrhunderts, Berlin 2006, S. 115–181, hier S. 117 ff.; Gerd Heinrich, Brandenburgische Landesgeschichte, in: Hansen/Ribbe (Hrsg.): Geschichtswissenschaft in Berlin, S. 323–363, hier S. 331 ff.

[3] Vgl. Neitmann: Geschichtsvereine und Historische Kommissionen, S. 122 ff.

[4] Paul Bailleu (1853–1922), Archivar und Historiker, Geheimer Archivrat am Geheimen Staatsarchiv in Berlin (seit 1900), zweiter Direktor der preußischen Staatsarchive (1906–1921).

[5] Vgl. Wolfgang Neugebauer: Die preußischen Staatshistoriographen des 19. und 20. Jahrhunderts, in: derselbe (Hrsg.): Das Thema „Preußen" in Wissenschaft und Wissenschaftspolitik des 19. und 20. Jahrhunderts, Berlin 2006, S. 17–60, hier S. 57 ff.

nötig und möglich. Meine Mitarbeit sage ich Ihnen schon heute unbedingt zu, weil ich darin eine eben so starke Verpflichtung sehe wie im Bücherschreiben. Über die zweckmäßigste Form werden wir uns hinterher hoffentlich leicht verständigen.

Ich benutze die Gelegenheit, noch eine andere Frage anzuschneiden, nämlich meine Nachfolge hier. Wir sind darüber in der Kommission gänzlich auseinander geraten, sodaß gestern eine erweiterte Kommission gebildet worden ist. Ich bin der Ansicht, daß wir hier in Kiel angesichts der dänischen Agitation nur einen national zuverlässigen Mann brauchen können, u. daß es außerdem wünschenswert ist, wenn er vorwiegend politischer Historiker ist, für den der Staat u. die Beziehungen der großen Mächte im Mittelpunkt der Betrachtung stehen. Ich trete unter diesen Gesichtspunkten vor allem für P. Herre ein. Bei Platzhoff[1] ist es zweifelhaft, ob er annehmen würde. Weiter genannt sind Hasenclever, Schüßler, Ritter-Heidelberg, auch Wolters[2]. Wenn Sie über diese und andere mir Ihre Ansicht mitteilen wollten, wäre ich Ihnen sehr dankbar. Gerade nachdem wir hier in Differenzen gekommen sind, wäre mir ein unbefangenes Urteil wertvoll; ich enthalte mich daher jeder weiteren Andeutung über meine eigene Stellung.

Mit verbindlichstem Gruß
Ihr sehr ergebener
F. Hartung

Nr. 68
An Richard Fester   **St. Blasien, 22. August 1923**

BAK N 1107, Nr. 246. – Hs. Original.

Sehr verehrter Herr Geheimrat!

Sie werden sich vorstellen können, daß mein letztes Semester in Kiel recht arbeitsreich gewesen ist u. für private Korrespondenz keine Zeit übrig gelassen hat: dazu kam, daß ich 14 Tage durch Krankheit verloren habe, u. da ich weder die Examina, noch die Verhandlung über meine Nachfolge verschieben konnte, so mußte ich eben meine Bekannten warten lassen. Infolgedessen komme ich erst heute dazu, Ihnen für Ihren Glückwunsch zu meiner Berliner Berufung u. zugleich für Ihre sehr eingehende Auskunft[3] über die Kandidaten für meinen Kieler Lehrstuhl zu danken. Die Verhandlungen haben sich sehr langwierig u. unerfreulich gestaltet, da die Juden u. Demokraten absolut Luckwaldt haben wollten u. wenn sie auch damit nicht durchdrangen, doch jede starke Persönlichkeit fernzuhalten bemüht waren. Da sie dabei Zuzug z. B. von

---

[1] Walter Platzhoff (1881–1969), Historiker, a. o. Professor an der Universität Bonn (1919–1923), o. Professor an der Universität Frankfurt am Main (1923–1945).
[2] Friedrich Wolters wurde 1923 als Nachfolger Hartungs an die Universität Kiel berufen.
[3] Nicht überliefert.

Nr. 68. An Richard Fester, 22. August 1923

den Nachläufern von Harms hatten, ist Herre gefallen. Immerhin ist es mir gelungen zu verhindern, daß ein Mann von der Meineckeschen Richtung nämlich Ritter-Heidelberg an die erste Stelle kam. Ich bin überzeugt, daß er Tüchtiges leisten kann u. an vielen Universitäten am Platz ist. Aber Kiel braucht einen Mann, der politisch denken kann. Nach langen Kämpfen haben wir K. A. v. Müller[1], dessen Pitt eben noch zur rechten Zeit erschien[2], an 1. Stelle gesetzt. An 2. steht Schüßler. Für Hasenclever war nichts zu machen; sein Ruf als Dozent ist gering, obwohl sich Lenz u. A. O. Meyer mit Berufung auf Brandi[3] auch stark für ihn eingesetzt haben.

Da meine Carrière mit Berlin u. dem Höchstgehalt abgeschlossen ist u. der letzte mir gebliebene Ehrgeiz, die Emeritierung, mir auf die Dauer zu gering erschien, habe ich mich zu einer wesentlichen Verbreiterung meiner Lebensbasis entschlossen u. werde am 15. September in den Stand der heiligen Ehe treten. Meine Braut ist Witwe eines im Kriege gefallenen Seeoffiziers u. bringt mir gleich zwei Kinder mit[4]. Unsere Berliner Wohnung ist gerade groß genug, um solche Extravaganzen zu erlauben. Wenigstens haben wir 4 oder mit dem Dienstmädchen 5 Menschen Platz. Von unsern vereinigten Möbeln werden wir aber einiges abstoßen müssen. Auch für die insgesamt 28 Champagnergläser haben wir schwerlich jemals noch Verwendung.

Augenblicklich versuche ich im Schwarzwald die Folgen eines mit Ausnahme von 14 Tagen sehr übeln Kieler Sommers loszuwerden. Aber sein Geld wird man hier noch schneller los. [...]

Ich habe inzwischen die 2. Auflage der Deutschen Geschichte fertig gemacht mit Anhang eines Schlußabschnittes über 1914–1919[5]. Das hat mich bis hierher verfolgt, drum bin ich erst jetzt zum Briefschreiben gekommen. Es hat mir keine Freude gemacht, weil ich zu wenig Zeit dafür gehabt habe, u. ich bedaure es persönlich für mich nicht, wenn die Schlüsselzahl 700 000 den

---

[1] Karl Alexander von Müller (1882–1964), Historiker, Honorarprofessor und o. Professor an der Universität München (1917/28–1945); zu dessen schließlich nicht erfolgtem Wechsel nach Kiel siehe auch: Matthias Berg: Karl Alexander von Müller. Historiker für den Nationalsozialismus, Göttingen 2014, S. 135 f.

[2] Karl Alexander von Müller: Der ältere Pitt, in: Meister der Politik. Eine weltgeschichtliche Reihe von Bildnissen, hrsg. v. Erich Marcks/Karl Alexander von Müller, Bd. 2, Stuttgart/Berlin 1923, S. 553–664.

[3] Karl Brandi (1868–1946), Historiker, a. o. Professor für Historische Hilfswissenschaften an der Universität Marburg (1897–1902), o. Professor für deutsche Geschichte an der Universität Göttingen (1902–1936).

[4] Anni (Anna Christel Henriette) Hartung, geb. von Reiche, verw. Busz (1888–1976); ihre Kinder: Eick (1912–1932) und Christel Busz (1917–?).

[5] Fritz Hartung: Deutsche Geschichte vom Frankfurter Frieden bis zum Vertrag von Versailles. 2., neu bearb. u. erw. Aufl. Bonn/Leipzig 1924. Gegenüber der ersten Auflage von 302 Seiten war die zweite auf 383 Seiten erweitert worden; der neu hinzugefügte dritte Teil „Der Weltkrieg und die Revolution, 1914 bis 1919" umfasste 80 Seiten. Dafür hatte Hartung allerdings die in der ersten Auflage noch vorhandenen beiden Abschnitte über das „deutsche Geistesleben" (dort S. 134–139, 283–293) fortgelassen – eventuell unter dem Eindruck der Kritik, die Willy Andreas daran geübt hatte (siehe oben, Brief Nr. 62). Im Vorwort zur zweiten Auflage begründete Hartung dies damit, dass die nun weggefallenen Passagen „in dem durch die Anlage des Buches gebotenen Umfang kein rechtes Bild geben konnten".

Absatz der Bücher unmöglich macht[1]. Denn dadurch werden meine notgedrungenen Privatdozentensünden der Schriftstellerei für Geld mit dem Mantel der Vergessenheit bedeckt, u. ich kann in Muße wissenschaftlich arbeiten. Für Ihren sehr lehrreichen u. anregenden Verantwortlichkeitsartikel[2] noch herzlichen Dank. Auch ich habe die 6 Bände Akten[3] mit Erschütterung gelesen.
[...]
Mit freundlichen Grüßen auch an Ihre Frau Gemahlin und Mariannchen
    Ihr sehr ergebener
    F. Hartung.

Nr. 69
An Richard Fester   Berlin, 19. Dezember 1923

BAK N 1107, Nr. 246. – Hs Original.

Sehr verehrter Herr Geheimrat!

Sie werden Verständnis dafür haben, daß ich, unmittelbar nach meiner Heirat mit einem Umzug belastet u. dann gleich ins erste Berliner Semester geworfen, lange Zeit nichts von mir habe hören lassen u. Ihren Brief vom 10. September[4] noch immer nicht beantwortet habe. Zwar ist alles verhältnismäßig glatt gegangen, aber Zeit kostet es doch. Ich wohne in einem Professorenkraal, einer Siedlung aus 4 Häusern mit insgesamt 14 Professorenfamilien. Über mir wohnt Abert[5], neben mir ein Professor von der Hochschule für Musik. Es sieht wie eine Ironie des Schicksals aus, daß ich in ein so musikalisches Haus geraten bin; aber es ist nicht so schlimm. Denn meinen Nachbar höre ich überhaupt nicht in seiner musikalischen Betätigung u. Abert ebenso wenig. Dagegen stören diese beiden sich sehr. Wir selbst haben eine recht kleine, dafür aber trotz der Parterrelage einigermaßen billig zu beheizende Wohnung, in der nach reiflichem Überlegen sogar fast alle unsre Möbel Platz gefunden haben.

---

[1] In den Monaten der deutschen Hyperinflation seit Mitte 1923 wurde der festgelegte Normalpreis beim Erscheinen eines Buches jeweils mit einer ebenfalls festgelegten, aber jederzeit zu verändernden „Schlüsselzahl" multipliziert, um den durch die Geldentwertung galoppierende Einnahmeverlust aufzufangen. Das konnte bedeuten, dass Bücher vorübergehend unerschwinglich teuer wurden.

[2] Richard Fester veröffentlichte seit Beginn der 1920er Jahre in der „Deutschen Rundschau" eine in lockerer Folge erscheinende Aufsatzserie unter dem Titel „Verantwortlichkeiten"; vgl. Volker Mauersberger: Rudolf Pechel und die „Deutsche Rundschau" (1919–1933). Eine Studie zur konservativ-revolutionären Publizistik in der Weimarer Republik, Bremen 1971, S. 86. Hier ist gemeint: Richard Fester: Ein Bismarckdenkmal der Novemberrevolution (Verantwortlichkeiten VII.), in: Deutsche Rundschau 195 (1923), S. 239–259.

[3] Siehe oben, Brief. Nr. 63.

[4] Nicht überliefert.

[5] Hermann Abert (1871–1927), Musikwissenschaftler, Privatdozent, Honorarprofessor und a.o. Professor an der Universität Halle (1902/09/12–1919), o. Professor an den Universitäten Halle (1918–1919), Heidelberg (1919–1920), Leipzig (1920–1923) und Berlin (1923–1927).

Nr. 69. An Richard Fester, 19. Dezember 1923

Mit dem Berliner Amtsbetrieb sah es zunächst sehr seltsam aus, denn den Oktober hindurch beschäftigte man sich fast bloß mit dem Gehaltabheben[1], was bei dem Massenandrang der Professoren sehr zeitraubend war, dafür einige Einblicke in die „Mentalität" der Professoren u. Beiträge zu ihrer „Soziologie" lieferte. Erst Anfang November wurde ein vereinfachtes Verfahren eingeführt, sodaß wir nicht mehr anstehen oder vielmehr uns andrängeln mußten. Und jetzt ist, wie Sie in Halle wohl auch erfahren haben, ein noch einfacheres Verfahren erfunden: es gibt nur noch sehr selten, dafür aber auch nur wenig Gehalt. Und ich warte als Verfassungs- u. Verwaltungshistoriker nur darauf, nächstens am eigenen Leibe Vergleich zwischen der deutschen u. der türkischen Methode der Nichtzahlung der Gehälter anstellen zu können. Wir werden wahrscheinlich diese schlechte ausländische Sitte mit echt deutscher Gründlichkeit u. Anpassungsfähigkeit übernehmen, wie wir ja auch den Parlamentarismus Westeuropas uns mit allen Lastern angeeignet haben; das türkische Nationalgefühl nachzuahmen wird uns aber nicht einfallen[2].

Bei der Riesenhaftigkeit der noch ungeteilten Fakultät ist es natürlich sehr schwer, sich durch die Kollegenschaft durchzufinden. In den Fakultätssitzungen, die fast alle 8 Tage stattfinden, pflegt man nicht zu sitzen, sondern zwanglos, laut plaudernde Gruppen zu bilden. Alles klagt über diesen unmöglichen Zustand, bei dem jedes Verantwortungsgefühl verloren geht; aber gegen die alten Herrn, die sogar ihr Vorrecht von 15 Papiermark von jedem Doktoranden aufrechterhalten, ist nichts zu machen. Mit den engeren Fachgenossen komme ich natürlich mehr in Berührung. Schäfer u. Ed. Meyer erfreuen durch ihre unverwüstliche Frische. Neben ihnen macht Marcks einen recht alten u. müden Eindruck; er hat wohl selbst das Gefühl, daß er nun am Ende seiner Laufbahn ist. Daß wir von ihm wissenschaftlich noch Neues zu erwarten haben, glaube ich nicht. Meinecke sehe ich häufig im Seminar. Er ist sehr regsam, namentlich in Personaldingen, aber auch wissenschaftlich. Daß wir uns beide von Herzen nicht mögen u. daß ich ihn für einen gefährlichen Schieber halte, ändert nichts an der Tatsache, daß er eine Potenz ist. Brackmann ist frisch, kraftvoll u. ehrlich, er wirkt auf mich sehr wohltuend gegenüber den beiden Bonzen. Erschreckend ist Sternfeld[3], den ich neulich im Staatsexamen genoß, Breysig[4] konfus wie stets.

---

[1] Im Oktober 1923 erreichten der rasante deutsche Währungsverfall und die Hyperinflation ihren Höhepunkt; ab Mitte November wurde eine neue Währung, die nunmehr stabile „Rentenmark", ausgegeben; die Währungsumstellung ging allerdings angesichts der verheerenden wirtschaftlichen und politischen Lage nur langsam voran.
[2] Anspielung auf die von Mustafa Kemal Atatürk (1881–1938) angeführte türkische Nationalregierung, die den mit den Alliierten ausgehandelten Friedensvertrag von Sèvres (1920) nicht akzeptierte, sondern den Krieg fortsetzte, die türkische Republik gründete und am Ende den für das Land wesentlich günstigeren Frieden von Lausanne (1923) aushandelte.
[3] Richard Sternfeld (1858–1926), Historiker und Musikschriftsteller, seit 1899 a. o. Professor an der Universität Berlin.
[4] Kurt Breysig (1866–1940), Historiker, seit 1896 a.o., seit 1923 o. Professor für Universalgeschichte und Gesellschaftslehre an der Universität Berlin, 1933 emeritiert.

Nr. 69. An Richard Fester, 19. Dezember 1923

Die neuesten Besetzungen in unserm Fach werden Sie so wie mich überrascht haben. In Kiel war K. A. von Müller an 1. Stelle vorgeschlagen, wurde aber überhaupt nicht gefragt. Wie sich Wolters, der gewiß ein geistvoller, aber doch auch ein sehr eigenartiger Herr ist, mit der schleswig-holstein-meerumschlungenen Volksseele u. wie sie sich mit ihm abfindet, darüber habe ich noch nichts gehört. Überhaupt ist meine Fühlung mit Kiel sehr gering. Mit Rörig, dessen wissenschaftliche Arbeiten mir sehr gut gefallen haben, namentlich seine Untersuchung über den Markt zu Lübeck, in der er den Wald sehr hübsch aus vielen einzelnen Bäumen herausgesehen hat[1], haben wir leider nach der Seite des Charakters rechte Enttäuschungen erlebt, gerade bei den Verhandlungen über meine Nachfolge.

Hasenclevers Laufbahn ist jetzt, wo Hamburg auch besetzt ist, wohl als abgeschlossen zu betrachten, und ich glaube, er hat selber dies Gefühl. Denn wieviele Stellen werden in den nächsten Jahren wohl besetzt werden? Über den Abbau gehen hier wilde Gerüchte um, die aber insofern etwas Beruhigendes haben, als sie sich vielfach widersprechen. Wirklich beunruhigend ist für mich aber trotzdem der Plan des Finanzministers, statt der Emeritierung mit vollem Gehalt die Pensionierung einzuführen. Man rühmt Becker nach, daß er mannhaft widerstehe. Aber wie lange?

Zu Hause bei mir geht es gut. Wir stehen stark im Zeichen der Weihnachtsvorbereitungen. Die Kinder haben sich ganz gut eingelebt sowohl im Haus wie in Berlin u. der Schule. Auch ich bilde mir ein, den veränderten Aufgaben des Vaters gewachsen zu sein, obwohl das Erziehen schwerer ist als das Verziehen, das ich als Onkel allein übte. Für meine Frau ist es natürlich schwerer, in Berlin Boden zu fassen. Denn das Ausfindigmachen des preiswertesten Schlachters, Bäckers u. dergl. kann ich nicht eigentlich ein Bodenfassen nennen. Aber ich denke, daß Ihre Frau Gemahlin es damit auch nicht viel leichter hat, wie ich persönlich überhaupt nicht all das auf Berlin schieben möchte, was Folgeerscheinung der ganzen trübseligen Zeit ist, in der wir leben müssen. Es ist ein Glück, daß die Kinder, die die gute alte Zeit nicht gekannt haben, unter dem Druck der Gegenwart weniger leiden als unsereiner. Was war sonst ein Weihnachtsfest zumal mit Kindern! Aber obwohl es das erste ist, das ich mit meiner Familie habe, fallen die Tische doch sehr dürftig aus.

Aber ich will Ihnen nicht die Weihnachtsstimmung verderben. Hoffentlich können Sie das Fest gesund mit den Ihrigen verleben. Und die Ferienruhe wird Ihnen wohltun auch u. vielleicht gerade in dieser Zeit. So will ich mich mit den besten Grüßen u. Wünschen für Sie, Ihre Frau Gemahlin u. Mariannchen schließen.

               Ihr allzeit treu ergebener
                     Hartung

---

[1] Fritz Rörig: Der Markt von Lübeck. Topographisch-statistische Untersuchungen zur deutschen Sozial- und Wirtschaftsgeschichte, in: Lübische Forschungen. Jahrhundertgabe des Vereins für Lübeckische Geschichte und Altertumskunde, Lübeck 1921, S. 157–253; erschien 1922 auch als „Sonderabdruck" bei Quelle & Meyer in Leipzig.

Nr. 70

An Richard Fester Berlin, 29. März 1925

BAK N 1107, Nr. 246. – Hs. Original.

Sehr verehrter Herr Geheimrat!

[...]

Ihre Königsberger Frage kann ich unter dem üblichen Siegel der Amtsverschwiegenheit beantworten: 1. Windelband 2. Brandt-Kiel (man scheint jetzt nur die letzten Arbeiten zu berücksichtigen) 3. Herre u. Hasenclever. Daß diese Nennung an 4. Stelle für Hasenclever einen reellen Nutzen bringen wird, glaube ich kaum; denn sie sieht doch zu sehr nach Freundschaftskonzession aus, als daß das Ministerium darauf eingehen wird. Nun kann gleich darauf das Rennen um Freiburg beginnen. Schade, daß ich schon in Berlin sitze; denn Freiburg war immer das Ziel meines Ehrgeizes, und menschlich fühle ich mich auch jetzt noch sehr dahin gezogen. Da Freiburg z. Zt. keinen einzigen aktiven Historiker hat, wird die Stelle wohl bald besetzt werden.

Kürzlich hatte ich Besuch von einem jungen Mann aus Würzburg, Schüler Chrousts[1]; er erkundigte sich hinter dem Rücken seines Meisters nach meiner Ansicht über die Fortsetzung der Geschichte des fränkischen Kreises, die Chroust ihm anvertrauen möchte. Ein sehr erfreuliches Bild war es nicht, diesen Jüngling zu betrachten, der die moralische Minderwertigkeit seines Lehrers durchschaute u. anscheinend entschlossen ist, auf diesen Schelmen anderthalbe zu setzen[2]. Aber im einzelnen war es ganz spaßig, z. B. die Geschichte, daß Chroust sich als meinen Gönner bezeichnet, der mich mit dem fränk[ischen] Kreis auf den richtigen Weg gewiesen u. mir damit den Weg zum Berliner Ordinariat geöffnet habe. Hoffentlich vergesse ich dereinst, wenn ich im Stile von Below oder Goetz[3] meine Selbstbiographie schreibe[4], den Dank an Chroust nicht ganz. Sachlich habe ich dem Jüngling rundweg erklärt, daß das Vorbild

---

[1] Es handelt sich vermutlich um den bedeutendsten Schüler Chrousts, Carl Erdmann (1898–1945), der später – unter den Auspizien Paul Joachimsens und Paul Fridolin Kehrs – als Mediävist und wissenschaftlicher Mitarbeiter am Preußischen Historischen Institut in Rom (1926–1934) und bei den Monumenta Germaniae Historica (1934–1943) sowie als Privatdozent an der Universität Berlin (1932–1936) zu hohem Ansehen gelangte.
[2] Redensartlich: einem Unsinn mit noch größerem Unsinn zu begegnen.
[3] Walter Goetz (1867–1958), Historiker und Politiker (DDP), Privatdozent an den Universitäten Leipzig (1895–1901) und München (1901–1905), o. Professor an den Universitäten Tübingen (1905–1913), Straßburg (1913–1915) und Leipzig (1915–1933), Mitglied des Reichstags (1920–1928), später Lehrstuhlvertreter (1946–1948), apl. Professor (1948–1952) und Honorarprofessor (1952–1958) an der Universität München.
[4] Die Selbstdarstellungen von Georg von Below und Walter Goetz finden sich in: Die Geschichtswissenschaft der Gegenwart in Selbstdarstellungen, hrsg. v. Sigfrid Steinberg, Bd. 1, Leipzig 1925, S. 1–49 (von Below) und S. 129–170 (Goetz).

der „Briefe u. Akten"¹ der Tod der Geschichte des fränkischen Kreises werden müsse; das hält der Kreis nicht aus, daß man jeden Quark breit tritt².

Herzfeld³, den ich schon in Frankfurt flüchtig kennen gelernt habe, hat mir gut gefallen. Er müßte nur etwas repräsentabler aussehen. Über sein Buch⁴, das gegenüber der Kriegsgefahr von 1875⁵ einen erheblichen Fortschritt zeigt, habe ich mich sehr gefreut. Ich habe ihn auch an Hinneberg⁶ empfohlen für Rezensionen aus dem Gebiet der neuesten Gesch. Ich habe beim Wiederaufleben der Lit[eratur]zeit[ung] mich zur Verfügung gestellt, um zu verhüten, daß Meinecke direkt oder durch seine Schüler die neueste Geschichte demokratisch-pazifistisch beleuchte. Aber auf die Dauer ermüdet das Rezensieren; will man es halbwegs vernünftig machen, so kostet es unverhältnismäßig viel Zeit. Ich habe wenigstens den Erfolg, daß ich die Meineckeschule bisher ferngehalten habe; und außer Ihnen haben sich auch sonst einige Männer, auf deren Urteil ich Wert lege, zustimmend zu meinen Rezensionen geäußert.

Meinecke war übrigens in der letzten Zeit, etwa seit seinem Reinfall mit Roethe⁷, kleinlaut u. ziemlich umgänglich. Kennen Sie sein Buch über die Staatsräson? Ich finde es dünn u. unfruchtbar⁸, bei aller Feinheit der Gedankengänge; am interessantesten ist es als Abbild seines unsicher gewordenen politischen Denkens.

Mit der Gesundheit ist es mir gut gegangen. Die bessere häusliche Pflege wirkt sich allmählich aus in einer fabelhaften Gewichtssteigerung. Ich bleibe deshalb in den Ferien hier, um ein paar ungestörte Arbeitswochen zu haben. Während des Semesters ist in Berlin kaum die laufende Arbeit zu bewältigen. Bei Berufungskommissionen mitzuwirken ist ebenso zeitraubend wie lehr-

---

¹ Gemeint sind die „Briefe und Acten zur Geschichte des Dreißigjährigen Krieges in den Zeiten des vorwaltenden Einflusses der Wittelsbacher", von denen Anton Chroust die Bde. 9, 10 und 11, München 1903–1909, ediert hatte.
² „Getretner Quark / Wird breit, nicht stark"; Johann Wolfgang von Goethe: West-östlicher Divan, Buch der Sprüche, in: derselbe: Sämtliche Werke (Artemis-Ausgabe), Bd. 3, München 1977, S. 340.
³ Hans Herzfeld (1892–1982), Historiker, a. o. Professor an den Universitäten Halle (1929–1938) und Freiburg i. Br. (1946–1950), o. Professor an der Freien Universität Berlin (1950–1960), Schüler Richard Festers, während der NS-Zeit aus „rassischen" Gründen verfolgt.
⁴ Hans Herzfeld: Deutschland und das geschlagene Frankreich 1871–1873 – Friedensschluß, Kriegsentschädigung, Besatzungszeit, Berlin 1924.
⁵ Hans Herzfeld: Die deutsch-französische Kriegsgefahr von 1875, Berlin 1922.
⁶ Paul Hinneberg (1862–1934), Staatswissenschaftler, Historiker und Publizist, Herausgeber der Enzyklopädie „Die Kultur der Gegenwart", der „Internationalen Wochenschrift [später: Monatsschrift] für Wissenschaft, Kunst und Technik" sowie der „Deutschen Literaturzeitung".
⁷ Gustav Roethe (1859–1926), Germanist, a. o. Professor an der Universität Göttingen (1888–1902), o. Professor an der Universität Berlin (1902–1926). Als Vorsitzender des „Reichsausschusses deutschnationaler Hochschullehrer" gehörte Roethe innerhalb der Philosophischen Fakultät der Berliner Universität zu den entschiedensten Gegnern Meineckes, der wiederum die verfassungstreuen Hochschullehrer zu organisieren versuchte; vgl. Nikolai Wehrs: Demokratie durch Diktatur? Friedrich Meinecke als Vernunftrepublikaner in der Weimarer Republik, in: Gisela Bock/Daniel Schönpflug (Hrsg.): Friedrich Meinecke in seiner Zeit, Stuttgart 2006, S. 95–118, bes. S. 107 ff.
⁸ Friedrich Meinecke: Die Idee der Staatsräson in der neueren Geschichte, München 1924.

reich. Besonders glücklich fühle ich mich immer dann, wenn wir mit einer überwältigenden Einhelligkeit feststellen, daß wir Berliner Ordinarien ein ganz besonderes Format haben u. daß Eignung zum Provinzordinarius sozusagen gar nichts bedeutet. Übrigens läßt sich nicht leugnen, daß die Fakultät eine große Reihe bedeutender Köpfe hat; die Debatten neulich über die Stellung der Philosophie im Doktorexamen waren wirklich sehr interessant. Dazu haben wir in Schumacher[1] einen hervorragenden Dekan, sodaß die Sitzungen durchaus genießbar waren. In der Regel verlaufen sie recht friedlich; alle schwierigen Auseinandersetzungen werden in Kommissionen vorgenommen. In Kiel dagegen war der Hauptspaß der Fakultät, die Kommissionsbeschlüsse mit einer durch Sachkenntnis nicht getrübten Mehrheit umzustoßen u. originelle eigene Beschlüsse, so z. B. jemanden secundo et unico loco vorzuschlagen, aufzustellen. Infolge unseres schnellen Geschäftsgangs im laufenden Dekanat ist auch die Frage der Trennung der Fakultät zur Zeit nicht aktuell. Die Mehrheit, zu der ich nicht gehöre, ist grundsätzlich für die Fakultätseinheit „up ewig ungedeelt"[2]. Ich glaube, daß die Teilung eines Tages doch kommen wird; denn gerade für das, was Geistes- u. Naturwissenschaften gemeinsam ist, kann die Akademie eintreten, u. im übrigen ist die Einheitlichkeit nur eine Belastung, z. B. die chemischen Doktoren!

Nun aber Schluß. Ich wünsche Ihnen und den Ihrigen von Herzen eine schöne Osterzeit.

Mit den besten Grüßen von Haus zu Haus
Ihr allzeit ergebener
Hartung

Nr. 71
An Arnold Oskar Meyer Berlin, 3. Juni 1925

NStUB Göttingen, Cod. Ms. A. O. Meyer, 175, Nr. 18. – Hs. Original.

Lieber Herr Kollege!

In aller Eile beantworte ich Ihren freundlichen Brief gleich heute, da ich morgen nach Weimar zur Goethe-Gesellschaft reise. Ihr Vertrauen wegen der Redaktion der Historischen Zeitschrift ist mir sehr schmeichelhaft und Ihren

---

[1] Hermann Schumacher (1868–1952), Staatswissenschaftler und Nationalökonom, a. o. Professor an den Universitäten Kiel (1899–1901) und Bonn (1901–1904), o. Professor an den Universitäten Bonn (1904–1917) und Berlin (1917–1935), 1906/07 Kaiser-Wilhelm-Professor an der Columbia University in New York City.
[2] Berühmte, von Friedrich Christoph Dahlmann (1785–1860) wiederentdeckte Formel des „Ripener Freiheitsbriefs" (1460) über die Unteilbarkeit der beiden Herzogtümer Schleswig und Holstein; vgl. Friedrich Christoph Dahlmann: Geschichte von Dännemark [sic], Bd. 3, Hamburg 1843, S. 211; dazu auch Wilhelm Bleek: Friedrich Christoph Dahlmann. Eine Biographie, München 2010, S. 94 ff.

Wunsch nach Überwindung der Meineckeschen Einseitigkeit und nach Zurückführung der HZ zu ihrer alten Richtung teile ich durchaus, und ich weiß, daß sehr viele der Kollegen ähnlich denken. Aber daß Meinecke mich als Mitherausgeber annehmen würde, halte ich für ausgeschlossen. Wir stehen zwar durchaus korrekt zu einander, aber ich habe doch die Empfindung, daß er mich für absolut geistlos ansieht und mich u. meine ganze Art gründlich mißbilligt. Mit einer Stellung, wie sie Vigener innegehabt hat, würde ich mich jetzt auch nicht mehr begnügen können; ich müßte nicht nur auf dem Titelblatt, sondern auch in dem ganzen Betrieb gleichberechtigt sein. Darauf wird sich Meinecke kaum einlassen, bei mir sicher nicht. Ich glaube darum, daß es besser sein wird, wenn Sie gar nicht erst den Versuch machen, mich ihm zu empfehlen. Auch sachlich wird es besser sein, wenn ein mittelalterlicher Historiker Meinecke zur Seite tritt; dem wird Meinecke auch die Gleichberechtigung zunächst auf seinem engeren Gebiet nicht versagen können, u. von da aus kann der neue Mitherausgeber dann Einfluß auf die ganze Zeitschrift gewinnen[1]. Ich selbst würde mich dieser Aufgabe gewiß nicht entziehen, aber nur mit gleichem Recht neben Meinecke, und ich bin überzeugt, daß Meinecke sich nicht darauf einläßt.

Für Ihren Schäferbeitrag danke ich Ihnen bestens. Ich finde ihn bei aller Wärme doch sehr wohl abgewogen, auch in den leise angedeuteten Vorbehalten, die Sie am Schluß machen[2]. Auch auf mich hat die Kraft, das männliche Ethos bei Schäfer stets am meisten gewirkt. Aber auch seinem Seminar danke ich viel; sein sicheres Wissen u. die starken Anforderungen, die er daraufhin an seine Schüler stellte, ist [sic] mir sehr heilsam gewesen. Daß er kein Treitschke[3] ist, habe ich neulich auch einmal zu Holl[4] gesagt, der sich allzu abfällig über die jüngere Historikergeneration aussprach. Aber für einen Treitschke gibt es eben nicht immer einen „Nachfolger". Bei Marcks, dessen Palette gewiß farbenreich ist, vermisse ich die Festigkeit der Persönlichkeit, und Meinecke ist mir zu abstrakt; seine Idee der Staatsräson wirkt auf mich geradezu erkältend, auch zu wirklichkeitsfremd, obwohl sie mir, in Verbindung mit persönlichen Eindrücken, biographisch sehr interessant ist. Ich

---

[1] Erst 1928 wurde mit Albert Brackmann ein prominenter Mediävist neben Meinecke gleichberechtigter Herausgeber der Historischen Zeitschrift; vgl. Gerhard A. Ritter: Friedrich Meinecke und der Oldenbourg Verlag, in: Friedrich Meinecke: Neue Briefe und Dokumente (Friedrich Meinecke: Werke, Bd. 10), hrsg. u. bearb. v. Gisela Bock/Gerhard A. Ritter, München 2012, S. 24–52, hier S. 35.

[2] Arnold Oskar Meyer: Der Geschichtschreiber, in: Kurt Jagow (Hrsg.): Dietrich Schäfer und sein Werk, Berlin 1925, S. 75–84; Meyer bemerkt am Schluss (ebenda, S. 84): „Die Fülle der Farben, die Treitschke auf seiner Palette hatte, ist ihm [Schäfer; H.-C. K.] nicht gegeben. Was Schäfer schreibt, ist eher, wenn der Vergleich erlaubt ist, Schwarz-Weiß-Kunst. Aber *Kunst* ist es und vor allem männliche Kraft, stärkend und bezwingend wie seine männliche Persönlichkeit".

[3] Heinrich von Treitschke (1834–1896), Historiker und Politiker, a. o. Professor an der Universität Freiburg i. Br. (1863–1866), o. Professor an den Universitäten Kiel (1866–1867), Heidelberg (1867–1873) und Berlin (seit 1873).

[4] Karl Holl (1866–1926), evangelischer Theologe und Kirchenhistoriker, a. o. Professor an der Universität Tübingen (1901–1906), o. Professor an der Universität Berlin (1906–1926).

glaube, Meineckes Herz ist mit dem alten Preußentum doch zu fest verwachsen gewesen als daß es nicht unter der Abwanderung des Verstandes in das republikanisch-demokratische Lager leiden müßte.

[...]

Um Vigener traure ich aufrichtig[1]. Wir haben lange Zeit in Angelegenheiten der HZ korrespondiert; im Herbst 21 besuchte er mich in Halle, und ich freute mich seines frischen u. kraftvollen Wesens, das weit über das von mir aus „Nachrichten u. Notizen" erschlossene Maß hinausging. Erfreulich ist, daß ihm der Ketteler noch gelungen ist[2]. So können auch die, die ihn persönlich nicht gekannt haben, einen Eindruck von seinem wissenschaftlichen Charakter gewinnen.

[...]

    Mit herzlichen Grüßen und bestem Dank für Ihre Zusendung
                           Ihr F. Hartung

Nr. 72

An Siegfried A. Kaehler   Berlin, 11. August 1925

NStUB Göttingen, Cod. Ms. S. A. Kaehler, 1,59. – Hs. Original.

Lieber Kaehler!

Neulich lernte ich den Hauptmann Marcks[3] kennen. Als ich ihm sagte, ich hätte Ihnen gegenüber wegen Briefschulden ein schlechtes Gewissen, da fragte er erstaunt, ob es das bei Ihnen überhaupt geben könne. Aber es gibt es wirklich. Denn ich habe Ihnen auf Ihre Karte vom Januar[4] noch nicht geantwortet. Ich hätte zunächst die Vorwürfe, die Sie Aubin u. mir machen, energisch zurückweisen müssen. Daß Sie uns jetzt für Ihre akademische Laufbahn, die Ihnen vielleicht nicht schnell genug läuft, verantwortlich machen, ist ungerecht. Denn Sie wären doch nie Banklehrling geworden u. waren im innersten Herzen ganz froh, daß wir Ihnen zuredeten. Außerdem wären Sie als Bankbeamter längst abgebaut. Auch unter diesem Gesichtspunkt haben Sie also keine Ursache sich zu beklagen.

Von mir ist nichts Besonderes zu berichten. Ich rücke so allmählich von Semester zu Semester. Die Osterferien bin ich brav in Berlin geblieben u. habe allerhand über die Weimarer Verfassung gearbeitet, das nun allmählich Gestalt gewinnt. Jetzt habe ich einen kurzen Essai über Bethmann Hollweg hinter mir; schauderbar höchst schauderbar, das alles noch einmal nacherleben zu müs-

---

[1] Fritz Vigener war am 2.5.1925 nach längerer schwerer Erkrankung gestorben.
[2] Fritz Vigener: Ketteler. Ein deutsches Bischofsleben des 19. Jahrhunderts, München/Berlin 1924.
[3] Erich Marcks (1891–1944), Sohn des gleichnamigen Historikers, Offizier, zeitweilig im Reichswehrministerium und als Reichspressechef tätig, als General im Zweiten Weltkrieg gefallen.
[4] Nicht überliefert.

sen. Erst seitdem ich diesen hinter mir habe (er soll im Biographischen Jahrbuch erscheinen)¹, beginne ich meine Ferien zu genießen. [...]

Die Hallischen Erinnerungen werden von mir noch immer stark gepflegt, u. bei der Reise nach Weimar zum Goethetag, bei dem Marcks, der Vater, eine seiner mit ihren guten u. weniger guten Seiten bekannten Reden hielt², haben wir uns in Kösen mit Aubins u. Hasenclevers getroffen. Aubin ein sehr satter Ordinarius; ich hoffe, daß die in dieser Beziehung sehr nahrhafte Berliner Luft (besonders in den Berufungskommissionen sättigt sie schnell bis zum Brechreiz) bei mir nicht so schnell anschlagen wird. Hasenclever still resigniert, ohne Bitterkeit zu verraten. Er hat jetzt selbst das Gefühl, daß sein stets aussichtsloser letzter Platz auf Listen, den ihm einige Freunde gelegentlich verschaffen, ihm mehr schadet als nützt. Und er sieht wohl selbst ein, daß jetzt die jüngere Generation berufungsreif ist. [...] Sie würden übrigens gut tun, Ihren literarischen Ruhm mal wieder aufzufrischen. Sehen Sie darin bitte, lediglich den gut gemeinten Rat eines Freundes, der an Sie und Ihre Gaben glaubt u. seine Aufgabe immer darin gesehen hat, die inneren Hemmungen Ihrer Produktion zu bekämpfen. Mein Berliner Ordinariat hat damit höchstens insofern zu tun, als ich gelegentlich über Vorschlagslisten von Fakultäten um meine Ansicht gefragt werde u. so erfahre, an wen man in der Provinz denkt. [...]

Können Sie eigentlich mit Meineckes Idee der Staatsräson³ etwas anfangen? Ich muß gestehen, daß mich dabei friert. Ich habe vor langen Jahren einmal an versteckter Stelle das Weltbürgertum angezeigt⁴ u. da von einer Hochgebirgswanderung von Gipfel zu Gipfel (oder so ähnlich) gesprochen⁵; ich war

---

[1] Fritz Hartung: Bethmann Hollweg, Theobald v., Reichskanzler a. D., in: Deutsches Biographisches Jahrbuch, hrsg. v. Verbande der deutschen Akademien, Bd. 3: Das Jahr 1921, Berlin/Leipzig 1927, S. 21–41.

[2] Erich Marcks: Karl August. Festvortrag, gehalten am 6. Juni 1925, in: Jahrbuch der Goethe-Gesellschaft 11 (1925), S. 329–357.

[3] Siehe oben, Brief Nr. 70.

[4] Fritz Hartung: Rezension von Friedrich Meinecke: Weltbürgertum und Nationalstaat, München 1908, in: Zeitschrift für Politik 4 (1910), S. 211–214.

[5] Hartung bemerkt in seiner Besprechung, Meineckes „Weltbürgertum und Nationalstaat" sei „mehr ein philosophisches als ein politisches Buch", und man könne sich „doch gelegentlich des Eindrucks nicht erwehren, als abstrahiere *Meinecke* fast allzusehr von diesen realen Grundlagen, als komme die Wirklichkeit mit ihren materiellen Bedürfnissen und Trieben nicht recht zur Geltung neben den Ideen. Das soll nicht etwa ein Tadel sein: wer mit *Meinecke* auf den Höhen geschichtlicher Auffassung wandeln darf, wird die dünnere und kältere Luft des Hochgebirges, die Abstraktion gern in Kauf nehmen. Und gerade in unserer Zeit, die, stolz auf ihr realpolitisches Denken, am liebsten allen idealen Gehalt aus der Politik ausschalten und nur noch wirtschaftliche und soziale Interessen als treibende Kräfte im Leben des Staates und der Gesellschaft anerkennen möchte, ist ein solches Buch ein Verdienst" (ebenda, S. 211). – Meinecke hat ein Vierteljahrhundert später diese Formulierung aufgegriffen, wenn er in der Vorbemerkung zu seinem Spätwerk, der „Entstehung des Historismus" (1936), feststellte: „Will man aber das Allgemeine des Hergangs und das Individuelle seiner Ursprünge miteinander verbinden, so bleibt nur übrig, eine Art Gratwanderung durch das Gebirge anzutreten und von einem der hohen Gipfel zum anderen hinüberzustreben, wobei dann überall auch Seitenblicke auf nicht besuchte Berge und Täler möglich sind. Diesen Weg, den ich in meinen früheren geistesgeschichtlichen Wer-

damals noch Hochtourist. Aber bei der Staatsräson ist mir sehr zweifelhaft, ob er wirklich die beherrschenden Höhen sich ausgesucht hat. Als ein Stück Selbstbiographie dagegen war mir das Buch sehr interessant; es ergänzte das Bild, das ich von ihm im gelegentlichen Gespräch usw. gewonnen hatte. Darüber wäre auch noch manches zu sagen.

Doch nun Schluß! Viele herzliche Grüße, auch von meiner Frau

Ihr F. Hartung

Nr. 73

An Richard Fester Berlin, 25. Juli 1926

BAK N 1107, Nr. 246. – Hs. Original.

Sehr verehrter Herr Geheimrat!

Es wird allmählich Zeit, daß ich Ihren freundlichen Brief vom 17. April[1] beantworte. Sonst reisen Sie in die Ferien, und mein Brief erreicht sie nur mit schwerer Belastung von Nachporto im Ausland. Und der letzte Sonntag im Semester läßt mir auch Zeit zur Korrespondenz, denn ich bin Strohwitwer, und der rabiat gewordene Volksschullehrer, der mir eine Staatsexamensarbeit von 360 Seiten überreicht hat, kann nicht verlangen, daß ich ihm einen Sonntagabend widme.

Mir geht es hier noch immer recht gut. Die Belastung mit allgemeinen Fachangelegenheiten wird freilich nachgerade ziemlich groß, zumal da Brackmann seit Juni krank ist und zur Zeit in Karlsbad weilt. So hatte ich vor einigen Tagen das zweifelhafte Vergnügen, die neuere Geschichte bei einer hochschulpädagogischen Konferenz im Ministerium zu vertreten. Von 10 bis 7 Uhr haben, von kurzer Mittagspause abgesehen, Professoren und Schulmänner in die Luft geredet. Es handelt sich um die Vorbildung der Oberlehrer. Daß sie verbessert werden kann und daß es wünschenswert wäre, die gänzlich ungeeigneten Studenten rechtzeitig aus einer Laufbahn herauszubringen, die nur frische Persönlichkeiten brauchen kann, ist wohl zuzugeben. Aber die Aussprache darüber war gänzlich fruchtlos, weil sie von vornherein und grundsätzlich auf dem Boden des Unpraktischen stand. Schon neulich, als wir Historiker im Ministerium den Protest gegen die Richtlinien für den Geschichtsunterricht zu vertreten hatten, ist mir aufgefallen, daß es dem Ministerium (die Verhandlungen leitete in beiden Fällen Richter) gar nicht darauf ankommt, klare und praktisch durchführbare Vorschläge zu erhalten und entsprechende Vorschriften zu erteilen. Sondern es berauscht sich an tönenden Worten, deren Auslegung dem einzelnen Oberlehrer nach dem Maße seiner Intelligenz überlassen

---

ken einschlug, habe ich auch diesmal gewählt"; Friedrich Meinecke: Werke, Bd. 3: Die Entstehung des Historismus, hrsg. v. Carl Hinrichs, München 1965, S. 6.

[1] Nicht überliefert.

wird, an idealen Forderungen, von denen jeder all das abstreichen kann, was über seine Kraft und über seinen Fleiß hinausgeht. Und das war auch die Richtschnur für die hochschulpädagogische Konferenz. Infolgedessen entwikkelte fast jeder Professor ein glänzendes Programm, wie er mit Hilfe von Assistenten den Unterricht in seinem Fach so ausgestalten könne, daß er hervorragende Oberlehrer von tiefgründiger Sachkenntnis, eindringender philosophischer Durchbildung und mit einer Fülle von „Querverbindungen" züchten könne. Es war im Grunde trostlos, all dies zusammenhanglose und in sich widerspruchsvolle Geschwätz anhören zu müssen. [...] Die Mittagspause verbrachte ich mit Brandi, der erfrischend deutlich gegen die Überspannung der Ziele gesprochen hat. Erfreulich war mir auch, daß die beiden Pädagogen, Spranger[1] und Litt[2], sich sehr scharf gegen jede „Pädagogisierung" der Universitäten und gegen die Überschätzung der Bildungsmöglichkeiten für den Durchschnitt ausgesprochen haben.

[...]

Haben Sie auch vor einigen Wochen die Anfrage der Weimarer Professorenkoalition[3] bekommen, ob Sie die Reden Meineckes und seiner Konsorten beziehen wollen? Ich frage deshalb, weil ich annehme, daß Meinecke bei seiner „Einigungsaktion" einen Teil der Kollegen von vornherein ausschließt. Das erste für mich greifbare Ergebnis dieser Aktion ist eine starke Veruneinigung zwischen Meinecke und mir. Sie haben wohl gehört, daß ich auf sein dringendes Zureden in Weimar gewesen bin[4]. Ich kann auch wirklich ein Stück Weges mit ihm gehen, denn ich sehe auch keine Möglichkeit, die Monarchie in Deutschland ohne Sprengung der deutschen Einheit wiederherzustellen, und dieser Preis ist mir die Monarchie mit ihren derzeitigen Vertretern nicht wert. Aber die Weimarer Resolution habe ich wegen der vorbehaltlosen Anerkennung der republikanisch-demokratischen Staatsform nicht unterschrieben[5],

---

[1] Eduard Spranger (1882–1963), Philosoph und Pädagoge, Kommilitone Hartungs, o. Professor an den Universitäten Leipzig (1911–1919), Berlin (1919–1946) und Tübingen (1946–1950).
[2] Theodor Litt (1880–1962), Philosoph und Pädagoge, a. o. Professor an der Universität Bonn (1919–1920), o. Professor an den Universitäten Leipzig (1920–1937, 1945–1947) und Bonn (1947–1962).
[3] Im „Weimarer Kreis", zu dessen Wortführern und Organisatoren Friedrich Meinecke gehörte, hatten sich deutsche Hochschullehrer liberaler und demokratischer Gesinnung zusammengeschlossen, die sich öffentlich zur Weimarer Verfassungsordnung bekannten; vgl. Herbert Döring: Der Weimarer Kreis. Studien zum politischen Bewußtsein verfassungstreuer Hochschullehrer in der Weimarer Republik, Meisenheim a. Glan 1975, S. 82 ff. u. passim.
[4] Die erste Zusammenkunft des Weimarer Kreises fand zu Pfingsten (23./24.4.) 1926 in Weimar statt; Hartung gehörte neben elf anderen Historikern zu den Teilnehmern; vgl. Döring: Der Weimarer Kreis, S. 86 ff.; Schleier: Die bürgerliche deutsche Geschichtsschreibung, S. 166.
[5] Abdruck der Resolution in: Wilhelm Kahl/Friedrich Meinecke/Gustav Radbruch: Die deutschen Universitäten und der heutige Staat. Referate erstattet auf der Tagung deutscher Hochschullehrer am 23. und 24. April 1926, Tübingen 1926, S. 38 f.; in dieser von den Teilnehmern der Tagung verabschiedeten „Entschließung" wurde jeder deutsche Professor willkommen geheißen, „welcher – unbeschadet seiner wie immer gearteten politischen

Nr. 73. An Richard Fester, 25. Juli 1926

gerade weil dieser Zusatz republikanisch-demokratisch eine Forderung der Sozialisten wie Radbruch[1] u. Waentig[2] gewesen ist. Und in dem jetzt wenigstens einstweilig aufgegebenen Plan, die Resolution jedem Kollegen mit der Frage ja oder nein? zur Unterschrift vorzulegen, habe ich ein so bedenkliches Lossteuern auf den Bund der echt republikanischen Professoren und einen so starken Gewissensdruck namentlich auf die Privatdozenten gesehen, daß ich mir erlaubt habe, gegen den Meineckeschen Stachel zu löcken. Meinecke bestreitet entschieden, daß es auf eine Spaltung der Professoren abgesehen sei; ich behaupte, eine solche Spaltung ist das notwendige Ergebnis seiner Aktion, und ich fürchte, die Spaltung, d. h. die Brandmarkung der reaktionären Professoren, ist bei einigen Trägern der Weimarer Bewegung sogar Absicht. Für das Frühjahr ist ein großes Professorenparlament geplant. Ich rechne bestimmt damit, daß es sich in Meinungsverschiedenheit ergebnislos auflösen wird. Selbst Normalmenschen, die politisch vom rechten Flügel der Deutschen Volkspartei bis tief in die Sozialdemokratie reichen, werden sich nicht einig werden über die Richtung, die sie ihrer „positiven Arbeit" auf dem Boden der republikanisch-demokratischen Staatsform geben sollen; also werden Professoren erst recht nicht einig werden.

Daß Rodenberg gestorben ist, haben Sie wohl gehört[3]. Ich bin mit ihm sehr gut ausgekommen und habe ihn als ruhig abgeklärten Kollegen sehr geschätzt. Er war auch vielseitig gebildet und interessiert, allerdings am wenigsten auf dem Gebiet, das er wissenschaftlich zu vertreten gehabt hat.

Mit besten Ferienwünschen und herzlichen Grüßen auch an Ihre verehrte Frau Gemahlin und Marianne
Ihr aufrichtig ergebener
Hartung

Grundüberzeugung – gewillt ist, auf dem Boden der bestehenden demokratisch-republikanischen Staatsordnung positiv mitzuarbeiten am Ausbau unseres Verfassungslebens und an der Erziehung der heranwachsenden Generation zu staatsbürgerlichem Denken im Dienst der großen Volksgemeinschaft" (ebenda, S. 38).

[1] Gustav Radbruch (1878–1949), Jurist und Politiker (SPD), a. o. Professor an der Universität Heidelberg (1910–1914), o. Professor an den Universitäten Königsberg (1914–1919), Kiel (1919–1926) und Heidelberg (1926–1933, 1945–1949); 1921/22 und 1923 Reichsjustizminister; entschiedener Gegner des Nationalsozialismus.

[2] Heinrich Waentig (1870–1943), Nationalökonom und Politiker (SPD), a. o. Professor an der Universität Marburg (1896–1899), o. Professor an den Universitäten Greifswald (1899–1902), Münster (1902–1904), Halle (1904–1909), Tokio (1909–1913), Halle (1913–1933), preußischer Innenminister (1930).

[3] Carl Rodenberg war am 6.7.1926 in Kiel gestorben.

Nr. 74
An Albert Brackmann   Berlin, 8. August 1926

GStA PK, VI. HA, Nl. Albert Brackmann, 11, Nr. 166. – Hs. Original.

Lieber Herr Brackmann!

[...] Ich hätte Ihnen schon lange geschrieben, denn es hat sich während Ihrer Abwesenheit manches ereignet, was die Historie berührt, aber ich habe abgewartet, bis ich Ihnen Endgültiges über die Jahresberichte[1] zu schreiben wüßte. Das ist nunmehr der Fall. Ich bin gestern mit Donnevert (Reichsministerium des Innern)[2] bei Kehr gewesen. Es sind einstweilen 16 000 M für die Zeit bis 31. März bewilligt. Löwe[3] soll zunächst einmal auf ein halbes Jahr hierher beurlaubt werden, damit wir erst erproben können, ob mit ihm zu arbeiten ist. Ich habe nun gleich die Frage der künftigen Gestalt der Jahresberichte angeschnitten, da mir nicht zweckmäßig scheint, eine Arbeit einzuleiten ohne Klarheit über das Ziel. Kehr ist Anhänger einer kritischen Bibliographie ohne verbindenden Text. Er erklärt aber, darüber hätten wir, Sie und ich, zu bestimmen, und der ganze Beirat (Leidinger[4], Kirsch[5] usw.) sei lediglich dekorativ. So müssen wir uns also eines Tages darüber aussprechen, wie wir die Sache anlegen und wen wir als Mitarbeiter gewinnen wollen. Dazu werden wir wohl erst im September kommen können, denn ich gehe in den nächsten Tagen weg und komme erst Mitte September zurück. Dann werden wir auch Löwe einmal hierher zitieren u. mit ihm besprechen müssen, was er zu tun hat. Da die Grundlage aller Arbeit ein bibliographisch genaues Verzeichnis der gesamten Literatur ist, hat Löwe auf alle Fälle vom 1. Oktober an genug zu tun, sodaß wir die Dinge wie Mitarbeitergewinnung usw. nicht zu überstürzen brauchen. Die Hauptsache ist also, daß wir uns im September einmal treffen.
[...]
Etwas Wunderschönes haben Sie versäumt mit einer Konferenz im Kultusministerium, Vorsitz Richter, anwesend massenhaft Professoren geisteswissenschaftlicher Fächer, überwiegend freilich Philologen, ferner Schulmänner. Von

---

[1] Fritz Hartung und Albert Brackmann übernahmen 1927 im Auftrag der Preußischen Akademie der Wissenschaften die Hauptherausgabe der „Jahresberichte für deutsche Geschichte".
[2] Max Donnevert (1872–1936), Verwaltungsjurist und Politiker, tätig in verschiedenen Funktionen im Reichsinnenministerium (1920–1936), beschäftigt u. a. mit Wissenschaftspolitik.
[3] Victor Loewe (1871–1933), Bibliograph und Archivar in Breslau.
[4] Georg Leidinger (1870–1945), Historiker und Bibliothekar, stellvertretender Generaldirektor der Bayerischen Staatsbibliothek in München und Honorarprofessor für Bibliothekswissenschaften an der dortigen Ludwig-Maximilians-Universität (1922–1936).
[5] Johann Peter Kirsch (1861–1941), luxemburgischer katholischer Kirchenhistoriker und Archäologe, Leiter des Historischen Instituts der Görres-Gesellschaft in Rom (1888–1890), o. Professor für Patrologie und Christliche Archäologie an der Universität Freiburg i. Üe./Schweiz (1890–1932), Rektor des Pontificio Istituto di Archeologia Cristiana in Rom (1925–1941).

Nr. 74. An Albert Brackmann, 8. August 1926

Historikern waren außer mir nur Brandi, Weber-Halle[1] und Gelzer[2] anwesend. Thema: Reform der Vorbildung der Oberlehrer. Ich habe wenige Tage meines Lebens so zwecklos vertan wie diesen: die einzige Erquickung war die Mittagspause, die ich mit Brandi zubrachte. Den Standpunkt des Ministeriums in diesen Fragen – bei den Richtlinien des Geschichtsunterrichts ist es ja dieselbe Sache – halte ich für eine ganz unmögliche Verhandlungsgrundlage. Richter geht immer davon aus, daß man möglichst hochgespannte Ziele aufstellen müsse, weil die Praxis schon genug davon abstreiche. Infolgedessen redeten die einzelnen Kollegen ins Blaue hinein, stellten Studienpläne von phantastischem Umfang auf, zu deren Bewältigung eine Verlängerung der Studiendauer auf 12–14 Semester im Handumdrehen gefordert wurde, bauten Stufenfolgen von Seminarübungen auf, die aus der Universität eine in aufsteigende Klassen eingeteilte Schule machen und schon aus Mangel an geeigneten Lehrkräften scheitern müssen. Es war phantastisch, aber ein Zeichen unserer unklaren Zeit. Dabei will ich gar nicht bestreiten, daß unser ganzer akademischer Unterricht problematisch ist. Aber praktisch kommen wir doch nur weiter, wenn wir von der Aufnahmefähigkeit des Menschen und nicht von dem Gedanken der allseitigen Stoffbeherrschung ausgehen.

Der Ausflug Ihres Seminars nach Chorin war vom Wetter sehr begünstigt, und Hoppe[3] hat seine Sache sehr gut gemacht. Nicht ganz erfreulich fand ich die starke Pärchenwirtschaft; fast jeder Student hatte seine Studentin. Meine allmonatlichen Seminarbierabende, bei denen das männliche Geschlecht noch überwiegt, bringen mich den Studenten eigentlich näher als derartige Unternehmungen, bei denen man fast wie der Papa oder die Anstandsdame dem Treiben der Jugend, am Abend dem Tanze zusieht.

[...]

Mit den besten Grüßen, auch an Ihre verehrte Gattin,
Ihr Hartung

---

[1] Wilhelm Weber (1882–1948), Althistoriker, o. Professor an den Universitäten Groningen (1911–1916), Frankfurt a. M. (1916–1918), Tübingen (1918–1925), Halle (1925–1931) und Berlin (1931–1945).

[2] Matthias Gelzer (1886–1974), Althistoriker, o. Professor an den Universitäten Greifswald (1915–1918), Straßburg (1918–1919) und Frankfurt a. M. (1919–1955).

[3] Willy Hoppe (1884–1960), brandenburgischer Landeshistoriker, a. o. Professor (1929–1935) und o. Professor (1935–1945) an der Universität Berlin, Rektor der Universität (1937–1942).

Nr. 75
An Siegfried A. Kaehler   Berlin, 8. Dezember 1927

NStUB Göttingen, Cod. Ms. S. A. Kaehler, 1,59. – Masch. Original.

Lieber Kaehler!

Zum Erscheinen Ihres Humboldtbuches[1] gratuliere ich Ihnen herzlich, und dass Sie mir das stattliche Opus auch noch schenken, finde ich sehr nett und erweckt lebhafte Dankesgefühle in mir. Der Zeit in Halle, an die Sie in Ihrer Widmung an mich erinnern, gedenke auch ich noch gern, nicht ohne eine leise Wehmut, dass ich damals nicht soviel Geld wie Zeit gehabt habe! Heute habe ich nämlich zwar ein festes Gehalt, aber Zeit zu eigener Arbeit oder zu anregenden Spaziergängen habe ich nicht mehr. Wenn Sie jetzt nach der Vorlesung zu mir kämen, würden Sie meist einen Schwarm von unbegabten nach Fleiss- und ähnlichen Zeugnissen lüsternen Studenten erblicken und allein nach Hause gehen, in der zutreffenden Erkenntnis, dass nach einer solchen Sprechstunde der Mensch nicht einmal zu einer Bosheit fähig ist.

Gegen einen Passus Ihrer Widmung muss ich mich aber verwahren. Sie nennen mich einen strengen Kunstrichter besonders der jüngeren Zunftmitglieder. Ich habe meine scharfen Rezensionen aber meist gegen Ordinarien gerichtet, und jüngere Zunftgenossen nur dann erbarmungslos angefasst, wenn ich den Eindruck hoffnungsloser Talentlosigkeit hatte. Mir ist wenigstens nicht erinnerlich, dass ich gegen einen der jüngeren übermässig scharf geworden bin, glaube vielmehr mit den vorrückenden Jahren und der zunehmenden Saturiertheit immer sanfter zu werden. Wenn Sie anderer Ansicht sind, so lassen Sie es mich wissen; es wäre mir ein interessanter Beitrag zum Kapitel der verkalkten Selbsttäuschungen.

Ihren Humboldt habe ich noch nicht lesen können, weil ich einfach keine Zeit dazu habe. Vielleicht geht es in den Weihnachtsferien. Meinecke ist sehr erschüttert durch die Zerstörung seines Humboldtbildes, er sprach vor einigen Tagen in der Untergrundbahn mit mir darüber und stotterte vor innerer Erregung noch mehr als sonst[2]. Aber die grosse Leistung erkennt er vorbehaltlos an. Auch mir hat das Buch beim Durchblättern restlos imponiert. Einen neuen Verehrer haben Sie in Reincke-Bloch[3] gewonnen. Ich habe ihn vor etwa 14 Tagen in Leipzig darüber gesprochen, wo wir gemeinsam in deutscher und internationaler Bibliographie verhandelten. Die Neubesetzung Breslaus verzögert sich dadurch, dass die Breslauer vom Ehrgeiz gepackt worden sind, das

---

[1] Siegfried A. Kaehler: Wilhelm von Humboldt und der Staat. Ein Beitrag zur Geschichte deutscher Lebensgestaltung um 1800, München 1927.
[2] Siehe oben, Brief Nr. 54.
[3] Hermann Reincke-Bloch (1867–1929), Historiker und Politiker, a. o. Professor an der Universität Straßburg (1901–1904), o. Professor an den Universitäten Rostock (1904–1923) und Breslau (1923–1929), Ministerpräsident (1920–1921) und Kultusminister (1921–1922) in Mecklenburg-Schwerin, später Landesvorsitzender der Deutschen Volkspartei in der Provinz Schlesien.

Nr. 75. An Siegfried A. Kaehler, 8. Dezember 1927

Extraordinariat Ziekurschs in ein richtiges Ordinariat umzuwandeln. Für ihre geplante Liste – d. h. ich kenne nur die Absichten Reinckes – ist das gar nicht nötig, denn auf der figurieren einstweilen nur nichtbeamtete AOs.[1], die auch mit einem persönlichen Ordinariat zufrieden wären. Ich habe auch Reincke gesagt, dass ich diese Taktik für falsch halte. Denn wenn sie die Vollprofessur rechtfertigen wollen, müssen sie einen Mann vorn auf die Liste setzen, dem man nur ein richtiges Ordinariat anbieten kann. Unter den Vertretern unseres Faches, die nur als Ordinarien, nicht aber als persönliche nach Breslau gehen würden, wüsste ich aber keinen, den man den bisher genannten jüngeren mit Vernunft vorziehen kann. Ich glaube – ohne weitere Anhaltspunkte zu haben als mein misstrauisches Herz – das Ganze ist eine geschickte Intrigue von Ziekursch, um Luckwaldt auf die Liste zu bringen. Im Ministerium steht aber Ihre Aktie zur Zeit weit über allen anderen. Hoffen wir, dass die gute Sache siegt[2].

Entschuldigen Sie, wenn meine Schreibmaschinenkunst noch nicht ganz auf der Höhe steht. Aber bis zu einer Sekretärin reicht es bei mir noch nicht, und doch habe ich mir zur Erleichterung meiner durch die Jahresberichte stark angeschwollenen Korrespondenz die Maschine anschaffen müssen. Die Jahresberichte sind übrigens besser gegangen, als ich befürchtet hatte. Wenn der Drucker nicht zeitweise gebummelt hätte, wären wir mit dem ersten Band schon ganz fertig. Von den Mitarbeitern hat uns nur einer im Stich gelassen; allerdings sind einige Beiträge so, dass die Redaktion sich nach Ersatz umsehen muss. Sie habe ich einstweilen mit der Bitte um Mitarbeit verschonen können; ich glaube nicht, dass Ihnen diese Aufgabe, die nicht nur an einen Termin gebunden ist, sondern auch zu einer gewissen Vollständigkeit zwingt, liegen würde. Das Honorar – 200 Mark für den Bogen – klingt zwar hoch, aber es geht doch sehr viel auf die Seite, und die Arbeit ist mühsam.

Heute ist Oncken hierhergekommen, um zu verhandeln. Hoffentlich nimmt er an, denn wenn wir eine neue Liste machen müssen, gibt es endlose Sitzungen, bei denen nichts herauskommen wird[3]. Meiner Ueberzeugung nach wird die Sache dann so verlaufen: keine Einigkeit unter den Historikern, eine Liste mit einigen Durchschnittsnamen, Separatvotum Meineckes für Ziekursch und Berufung Ziekurschs. Halten Sie Ziekursch, dessen letztes Buch selbst der Parteigenosse Mommsen[4] abgelehnt hat, für einen würdigen Nachfolger Meineckes? Erfreulich ist an dem Abgang unserer zwei Kanonen[5] nur, dass wir die Nachfolge mit einer Erweiterung unseres schon längst unzureichenden Seminars haben verbinden können.

[...]

---

[1] Außerordentliche Professoren.
[2] Kaehler wurde zum Sommersemester 1928 als Nachfolger von Johannes Ziekursch auf ein persönliches Ordinariat an der Universität Breslau berufen.
[3] Hermann Oncken nahm 1928 nach längeren Verhandlungen den an ihn ergangenen Ruf nach Berlin an.
[4] Wilhelm Mommsen, Historiker (1892–1966), Privatdozent und a. o. Professor an der Universität Göttingen (1923/28–1929), o. Professor an der Universität Marburg (1929–1945); in den 1920er Jahren war Mommsen Mitglied der Deutschen Demokratischen Partei.
[5] Gemeint sind Friedrich Meinecke und Erich Marcks.

Einem on-dit¹ zufolge sind Sie in Halle und schwänzen das Semester. Ich wünsche Ihnen viel Vergnügen dazu und würde mich freuen, wenn Sie die Weihnachtsferien, die wir fleissigen Leute haben, zu einem Besuch in Berlin ausnutzen würden. Bis dahin besten Dank und herzliche Grüsse

Ihr Hartung

Nr. 76
An Willy Andreas   Berlin, 25. Dezember 1927

GLA Karlsruhe 69 N, Nr. 848. – Masch. Original.

Verehrter Herr Kollege!

Für Ihren freundlichen Brief vom 2. danke ich Ihnen bestens². Ich habe auch den Eindruck, dass wir in der Beurteilung der deutschen Marokkopolitik von 1911 und ihres eigentlichen Leiters Kiderlen³ fast ganz einig sind⁴. Die kleine Differenz über die Briefe an die Baronin scheint mir nicht erheblich, denn auch bei meiner Auffassung bleibt die moralische Verurteilung seiner unglaublich taktlosen Aeusserungen zumal über den Kaiser bestehen, ja sie wird grösser, wenn man diese Aeusserungen als für einen weiteren Kreis bestimmt auffasst. Und politisch gewinnt Kiderlen nichts, denn der Versuch, auf dem Umweg über die Baronin für seine Politik Stimmung zu machen und das Ausland zu bluffen, ist völlig gescheitert, und ich stehe auf dem altmodischen Standpunkt, dass ungeeignete Mittel einen Staatsmann mehr diskreditieren als unmoralische⁵. Die Exkursion nach Chamonix⁶ soll – das bestätigt mir auch

---

[1] Frz. Gerücht.
[2] Nicht überliefert.
[3] Alfred von Kiderlen-Waechter (1852–1912), Diplomat und Politiker, 1908–1910 stellvertretender Staatssekretär im Auswärtigen Amt, 1910–1912 Leiter des Auswärtigen Amtes als Staatssekretär, bestimmte maßgeblich die deutsche Politik in der zweiten Marokkokrise.
[4] Beide hatten kürzlich über die zweite Marokkokrise gearbeitet: Willy Andreas: Kiderlen-Wächter. Randglossen zu seinem Nachlass, in: Historische Zeitschrift 132 (1925), S. 247–276; Fritz Hartung: Die Marokkokrise des Jahres 1911, in: Archiv für Politik und Geschichte 7 (1926), S. 54–117; ergänzter Separatdruck: Die Marokkokrise des Jahres 1911, Berlin 1927. Die sehr umstrittene Publikation von Ernst Jäckh: Kiderlen-Wächter. Der Staatsmann und der Mensch, Bde. 1–2, Stuttgart 1924, hatte Hartung zuvor bereits äußerst kritisch rezensiert, in: Deutsche Literaturzeitung 46 (1925), Sp. 1227–1229.
[5] Auf dem Höhepunkt der Marokkokrise im Sommer 1911 war Kiderlen-Waechter mit einer befreundeten Französin, der Baronin Marina de Jonina, von der Schweiz aus für einige Tage ins französische Chamonix gereist. Die Dame hatte dort einen Brief Kiderlens an sie mit politischem Inhalt „liegengelassen"; auch scheint Kiderlen beabsichtigt zu haben, dass die politischen Bemerkungen in seinen Briefen an die Baronin zur Kenntnis der russischen und der französischen Regierung gelangten. Diese Vermutung sprach schon Hartung in seiner Schrift über die Marokkokrise aus (Separatausgabe von 1927, S. 18 und 31, Anm. 2). Die neuere Forschung hat sich dieser Deutung Hartungs angeschlossen, siehe Ralf Forsbach: Alfred von Kiderlen-Wächter (1852–1912). Ein Diplomatenleben im Kaiserreich, Göttingen 1997, S. 513; zur politischen Bedeutung dieser Reise nach Chamonix und zur Briefaffäre vgl. ebenda, S. 511 ff.
[6] Hartung schreibt versehentlich „Chamounix".

Nr. 76. An Willy Andreas, 25. Dezember 1927

mein Vetter Vassel[1], der damals als Konsul in Fes in Berlin war und im AA arbeitete –, auf der Unkenntnis der Zugehörigkeit zu Frankreich beruht haben[2]. Mir bleibt sie auch so rätselhaft. Denn mag Kiderlen nicht gewusst haben, wo Frankreich anfing, er musste doch irgend einem Beamten des Amtes seine Adresse gegeben haben, und der hätte ihn aufmerksam machen müssen. Ich komme deshalb auch auf das Schlussurteil Ihres Briefes über das Neben- und Gegeneinanderregieren der Richtungen, Persönlichkeiten und Ressorts. Das ist mir auch bei meinen Studien über Bethmann Hollweg aufgefallen. Ich weiss nicht, ob ich Ihnen meine Skizze aus dem Biographischen Jahrbuch[3] zugeschickt habe. Wenn nicht, so kann ich es gern noch nachholen. Der Kiderlenaufsatz ist eigentlich nur eine allerdings etwas lang geratene Vorstudie dazu.
[...]
Ob Oncken annehmen wird und ob er sich rechtzeitig entscheiden wird, ist die grosse Schicksalsfrage der hiesigen Historie. Dass er zum Sommer kommen wird, halte ich für ausgeschlossen. Der Vermehrung der Prüfungen durch die Vakanz sehe ich mit Schrecken entgegen, obwohl es mir kaum noch schlechter gehen kann als in dem ablaufenden Jahr, wo ich nur an einem Examenstermin unbeteiligt gewesen bin. Eine hübsche Examenserfahrung möchte ich Ihnen mitteilen, da Sie ja auch einmal meinen der Nationalökonomie benachbarten Lehrstuhl bekleidet haben: ein Nationalökonom, der für die Geschichte im Nebenfach als Hauptarbeitsgebiet die Zeit des Merkantilismus angegeben hatte, wusste von Schmoller nur, dass er einen Aufsatz über den Merkantilismus geschrieben hat, weiter nichts, weder über Schriften noch über sein Leben.

Ueberhaupt das Prüfen! Es hat mich anfangs interessiert, weil es mir den tiefen Sinn des Gleichnisses vom Säemann [sic], der auf den Weg und zwischen die Dornen säet, offenbart hat[4]. Jetzt aber beneide ich jeden, der mit dem Geprüftwerden alle seine Examina hinter sich bringt, während unsereiner fast alle 14 Tage heranmuss.

    Mit besten Grüssen und Neujahrswünschen
                  Ihr sehr ergebener
                        Hartung

---

[1] Philipp Vassel (1873–1951), Diplomat, vor dem Ersten Weltkrieg deutscher Konsul in Marokko (Tanger und Casablanca), beteiligt an den Verhandlungen über die Beilegung der zweiten Marokkokrise. Später auf verschiedenen diplomatischen Posten in Europa und im Nahen Osten. Im Nachlass Hartungs (SBBPK, Nl. F. Hartung, 12/1) befindet sich ein ausführlicher Brief Vassels an Hartung vom 1.11.1926 mit Erinnerungen an die Marokkokrise.
[2] Diese Version wurde seinerzeit offenbar im Auswärtigen Amt kolportiert; vgl. Forsbach: Kiderlen-Wächter, S. 513, Anm. 698.
[3] Siehe oben, Brief Nr. 72.
[4] Vgl. Matthäus 13, 1–8, Markus 4, 1–9, Lukas 8, 4–8.

Nr. 77
An Richard Fester   Berlin, 28. Dezember 1927

BAK N 1107, Nr. 246. – Masch. Original.

Sehr verehrter Herr Geheimrat!

Entschuldigen Sie, wenn auch ich der Mechanisierung des Lebens und des geistigen Verkehrs mit dem Uebergang zur Schreibmaschine Rechnung trage. Berlin macht solche technischen Erleichterungen notwendig, und es geht doch so viel rascher, dass ich auch Privatbriefe, die ohne Zurückbehaltung eines Durchschlags abgehen können, mit der Maschine zu schreiben mir angewöhnt habe. Im übrigen bin ich noch ziemlich unverändert und bitte Sie herzlich, Ihr bisheriges Wohlwollen für mich mir unverändert auch im neuen Jahre zu bewahren.

Sie fragten mich vor einiger Zeit mal nach Wegerers Gesellschaft zur Erforschung der Kriegsursachen[1]. Ich kann Ihnen erst heute darauf antworten, denn ich kenne diese illustre Gesellschaft erst seit wenigen Tagen. Mitte Oktober war ich zum ersten und voraussichtlich vorletzten Male dort. Roloff[2] war als Vortragender über die englische Kriegsschuld angekündigt, unter den Diskussionsrednern u. a. Meinecke. So ging ich hin, schon um die Vereinigung kennen zu lernen, bei deren nächster Veranstaltung ich als Diskussionsredner angesetzt bin. Ich war schwer enttäuscht. Roloffs Vortrag war in dem, was er brachte, ordentlich und unanfechtbar, in der aktentreuen Darstellung der englischen Politik der letzten Julitage 1914. Aber der Mangel an historischer Perspektive, die Vernachlässigung der gesamten Vorkriegsgeschichte machte auf mich einen trostlosen Eindruck, abgesehen davon, dass auch propagandistisch die Beschränkung der Kriegsschulddebatte auf den Juli 1914 ungeschickt und bedenklich ist. Auch der Standpunkt, von dem aus Roloff die englische Politik kritisierte, war erschütternd subaltern; er warf Grey[3] andauernd vor, dass er nicht kontinentale Friedenspolitik getrieben habe. Als ob nicht Grey ebenso englische Politik machen musste, wie Bethmann deutsche Politik hätte machen müssen. Meinecke war wegen Krankheit nicht da, aber Rothfels als weiterer Opponent gab den Bedenken gegen Roloffs Behandlung einen zwar formell nicht glücklichen, aber sachlich durchaus berechtigten Ausdruck. Die weitere Diskussion aber zerflatterte unter der gänzlich versagenden Leitung

---

[1] Alfred von Wegerer (1880–1945), Major a. D. und bekannter Aktivist im Kampf gegen die „Kriegsschuldlüge" des Versailler Vertrags; er war führend beteiligt an der Ende 1923 in Berlin gegründeten „Gesellschaft zur Erforschung der Kriegsursachen", einer bewusst exklusiven Vereinigung mit begrenzter Mitgliederzahl, die sich ausschließlich aus führenden Persönlichkeiten aus Politik, Wirtschaft, Gesellschaft und Wissenschaft zusammensetzte und deren Veranstaltungen nicht öffentlich waren; vgl. Ulrich Heinemann: Die verdrängte Niederlage. Politische Öffentlichkeit und Kriegsschuldfrage in der Weimarer Republik, Göttingen 1983, S. 97 f.
[2] Gustav Roloff (1866–1952), Historiker, o. Professor an der Universität Gießen (1909–1935).
[3] Sir Edward Grey (1862–1933), britischer Politiker (Liberaler), Außenminister (1905–1916).

Nr. 77. An Richard Fester, 28. Dezember 1927

des früheren Aussenministers Rosen¹ vollkommen. Der uralte Raschdau² und einige Offiziere ritten da ihre Steckenpferde ohne jeden Zusammenhang mit dem Thema, ein General rief die Gelehrten in den Schützengraben des wissenschaftlichen Krieges gegen die Kriegsschuldlüge, kurz gesagt, ich hatte einen beschämenden Eindruck von der ganzen Gesellschaft.

Von Oncken wissen wir alle nichts Rechtes, ausser dass er wenig Neigung gezeigt hat, nach Berlin zu kommen, was ich durchaus verstehen kann. Die Entscheidung ist wohl noch nicht gefallen. Dagegen haben die Breslauer ihre Liste ohne Hasenclever aufgestellt. In Prag steht Hasenclever mit zwei Oesterreichern und K. A. v. Müller zusammen auf der Liste, eine Bewertung ihrer vier Kandidaten haben die Prager nicht zustande gebracht³. Da die Regierung die Berufungen nur nach politischen Gesichtspunkten vornehme, soll Hasenclever als der Unbedenklichste gewisse Aussichten haben. Ob man es ihm wünschen soll, weiss ich nicht. Aber besser als immer Halle ist ein Ruf nach Prag doch wohl.

[...] Ich habe Lenz seit langem nicht mehr gesehen, habe ihm aber für Anfang März einen Vortrag über die Entwicklung des parlamentarischen Regierungssystems zugesagt, bei dem ich ihn wohl sehen werde. Der Vortrag wird das Unreine des Vortrags werden, den ich für Oslo angemeldet habe. Es hat zwar meiner Ansicht nach nicht viel Zweck, solche internationalen Veranstaltungen mitzumachen, aber wenn sich Deutschland überhaupt daran beteiligt, dann müssen wir auch mit einer dem englischen und französischen Massenaufgebot entsprechender Zahl von Rednern auftreten, deshalb habe ich mich breit schlagen lassen, den Vortrag anzukündigen⁴. Mit den Besprechungen in den Ministerien über derartige Dinge verlieren wir armen Berliner ungeheuer viel Zeit. Wie denn Berlin überhaupt den ruhigen Wissenschaftsbetrieb ruiniert und nur noch zu Essays Musse lässt. Ich werde Ihnen im Januar einen Aufsatz über moderne Demokratie zusenden, so ziemlich die einzige Frucht des Jahres 1927 in meinem Garten⁵.

---

[1] Friedrich Rosen (1856–1935), Orientalist, Diplomat und Politiker, deutscher Gesandter in Bukarest (1910–1912), Lissabon (1912–1916), Den Haag (1916–1921), Reichsminister des Äußeren (Mai-Oktober 1921).
[2] Ludwig Raschdau (1849–1943), Diplomat, nach mehreren Außenstationen Vortragender Rat im Auswärtigen Amt (1886–1894) und preußischer Gesandter in Weimar (1894–1897).
[3] Der (einem Neuzeithistoriker vorbehaltene) Lehrstuhl für allgemeine Geschichte an der Deutschen Universität zu Prag wurde nach dem Tod von Ottokar Weber (1860–1927) erst 1934/35 mit Anton Ernstberger (1894–1966) wieder besetzt. Karl Alexander von Müller wurde tatsächlich – damit bestätigte sich Hartungs Vermutung – bereits vorher aufgrund eines von der Tschechoslowakischen Botschaft in Berlin eingeholten Gutachtens wegen „pangermanischer Gesinnung" von der Kandidatenliste gestrichen, auf der neben ihm und Hasenclever die Österreicher Viktor Bibl (1870–1947) und Wilhelm Bauer (1877–1953) standen; vgl. Pavel Kolář: Geschichtswissenschaft in Zentraleuropa. Die Universitäten Prag, Wien und Berlin um 1900, Berlin 2008, S. 51, 221, Anm. 105; Berg: Karl Alexander von Müller, S. 156; siehe auch unten, Brief Nr. 82.
[4] Siehe unten, Brief Nr. 81.
[5] Fritz Hartung: Moderne Demokratie, in: Zeitschrift für die gesamte Staatswissenschaft 84 (1928), S. 1–21 (Besprechung von: James Bryce, Moderne Demokratien, 3 Bde., München 1923–1926).

Von D. Schäfer, nach dem Sie fragen, kann ich Ihnen leider nichts Gutes berichten. Er hat im Sommer einen Schlaganfall gehabt und sich davon nicht mehr recht erholt, sein Gedächtnis hat sehr gelitten, er kommt seither auch nicht mehr zu den Fakultätssitzungen, was wegen der für Emeriti hier bestehenden Präsenzgelder etwas heissen will.

Bei mir im Hause ist alles wohl, das Weihnachtsfest mit den finanziellen Ansprüchen an den Familienvater und den süssen Ansprüchen an die Kindermägen ist gut vorübergegangen. Ich hoffe, dass auch Sie ein schönes Fest verlebt haben und sich sowohl selbst wie in der Familie ungestörten Wohlseins erfreuen. Zugleich im Namen meiner Frau wünsche ich Ihnen und den Ihrigen ein recht gutes neues Jahr.

    In alter Verehrung
        Ihr stets ergebener
            Hartung

Nr. 78
An Willy Andreas   **Berlin, 6. Januar 1928**

GLA Karlsruhe, 69 N, Nr. 848. – Masch. Original.

Sehr verehrter Herr Kollege!

Für Ihren freundlichen Brief und die Zusendung Ihrer Schrift über Oesterreich und den Anschluss[1] danke ich Ihnen bestens. Der Studie über die Reichsstadt zu Ende des Mittelalters sehe ich mit Interesse entgegen[2]. Ich bin auf dieses Problem auch schon mehrfach gestossen, nicht nur bei meinen Studien zur Verfassungsgeschichte, sondern auch bei meinen Vorlesungen über Wirtschaftsgeschichte. Das Problem sehe ich darin, dass die Reichsstädte, die geistig und wirtschaftlich gegen Ende des Mittelalters unzweifelhaft die Führung in Deutschland gehabt haben, politisch sich die Macht haben aus den Händen winden lassen, bis sie zuletzt auch auf den anderen Gebieten ins Hintertreffen gekommen sind. Dass die Städte an der Reichsreform nur geringen Anteil genommen haben, ja dass sie aus Angst, die Stärkung der Reichsgewalt werde den Fürsten mehr als ihnen zugute kommen, in entscheidenden Augenblicken mehr gehemmt als gefördert haben, ist auch mein Eindruck. Wenn die ältere Literatur gern den Anteil der Städte stärker betont, so liegt das wohl an der Art unserer vielfach überwiegend städtischen Quellen. Aber mögen wir noch so viel städtische Reichstagsakten edieren, der Schwerpunkt der Politik liegt doch immer bei den Fürsten und ihren Gesandten, und ich erinnere mich noch sehr deutlich meiner Arbeiten über den Reichstag von 1480, dessen Verlauf

---

[1] Willy Andreas: Österreich und der Anschluß, Berlin 1927.
[2] Willy Andreas: Die Kulturbedeutung der deutschen Reichsstadt zu Ausgang des Mittelalters, in: Deutsche Vierteljahrsschrift für Literaturwissenschaft und Geistesgeschichte 6 (1928), S. 62–113.

mir erst aus den bayerischen Akten klar geworden ist¹. Die städtischen Gesandten waren oft einfach nicht orientiert.

    Mit den besten Grüssen
      Ihr sehr ergebener
        Hartung

Nr. 79
An Hermann Oncken   **Berlin, 4. Mai 1928**

NStA Oldenburg, Nl. Hermann Oncken, 271-14, Nr. 201. – Masch. Original.

Sehr verehrter Herr Kollege!

Die wohl auch Ihnen zugegangene Aufforderung des Dekans, bis zum 15. Mai die Vorlesungen anzuzeigen, ist der Anlass dieses Schreibens. Es erscheint Brackmann und mir zweckmässig, zur Vermeidung von Kollisionen unter den nächsten Fachgenossen uns darüber mit Ihnen zu verständigen. [...]

Ich wäre Ihnen dankbar, wenn Sie mir kurz Ihre Pläne mitteilen wollten, damit ich allenfalls in Besprechungen mit den hiesigen Kollegen Kollisionen, die bei der Dozentenfülle Berlins freilich nie ganz zu vermeiden sind, ausschalten kann. Wegen des Themas haben Sie natürlich ganz freie Hand, wir haben hier auch den Privatdozenten stets Freiheit gelassen, Konkurrenzkollegs zu lesen – Männer wie Haake² und R. Schmitt³ sind nur zu wenig entlastende Konkurrenz, namentlich im Seminar leide ich darunter – aber unter den Ordinarien haben wir es vermieden, um den Anschein der Konkurrenz zu verhüten. Meinem Turnus nach würde ich im Winter als Fortsetzung des Sommerkollegs (1815/71) die neueste Zeit bis 1914 lesen. Wenn Sie etwa damit anfangen wollten, so würde ich preussische Geschichte ankündigen.

Eine weitere Frage betrifft die Habilitationen, die hier bevorstehen. Beide Anwärter drängen sehr, ich möchte Ihnen aber auf alle Fälle die Mitbestimmung wahren. Der eine Fall, Dr. Hedwig Hintze⁴, erledigt sich vielleicht von selbst, da die Annahme der Meldung gestern in der Fakultät auf grundsätzliche Bedenken gestossen ist, über die erst in der nächsten Sitzung beschlossen werden soll. Der zweite Kandidat ist Baron⁵; ich habe da Bedenken wegen der rein

---

¹ Vgl. Hartung: Geschichte des fränkischen Kreises, S. 65, 147.
² Paul Haake (1873–1950), Historiker, a. o. Professor an der Universität Berlin (1921–1938).
³ Richard Schmitt (1858–1940), Historiker, a.o. Professor an der Universität Berlin (1898–1925).
⁴ Hedwig Hintze, geb. Guggenheimer (1884–1942), Historikerin, seit 1912 Gattin Otto Hintzes, 1928–1933 Privatdozentin an der Universität Berlin, 1939 Emigration in die Niederlande.
⁵ Hans Baron (1900–1988), Historiker, Schüler Friedrich Meineckes, 1929 Habilitation an der Universität Berlin, 1935 Emigration über Italien und Großbritannien in die USA, dort wissenschaftliche Tätigkeit an verschiedenen Universitäten und Forschungseinrichtungen. Laut Perdita Ladwig: Das Renaissancebild deutscher Historiker 1898–1933, Frankfurt

geistesgeschichtlichen Richtung, die in der Habilitationsschrift bereits sehr an die Philosophie heranführt¹. Ich bin mir bewusst, dass zu weit getriebene Bedenklichkeit zur Verkümmerung der wissenschaftlich sehr fruchtbaren Grenzgebiete führen kann. Aber wir haben doch auch eine gewisse Verantwortung für die zukünftige akademische Laufbahn derjenigen, die wir habilitieren, und gerade deswegen möchte ich auch in diesem Fall Ihre Ansicht hören. Da Baron noch nicht förmlich eingereicht hat, ist die Sache nicht eilig, vielleicht gibt die nächste Sitzung der Hist. Reichskommission² Gelegenheit zu mündlicher Aussprache darüber, auch über die Frage, wie Sie an den Habilitationen des Sommers beteiligt werden können. Da jede Habilitation von mindestens 9 Fakultätsmitgliedern geprüft werden muss, pflegen solche Dinge hier lange Zeit in Anspruch zu nehmen; es wird vermutlich – und wenn Sie es wünschen, sicher – erst im Winter die Entscheidung fallen.

Mit den besten Grüssen
Ihr sehr ergebener
Hartung

Nr. 80

An Willy Andreas Berlin, 20. Juli 1928

GLA Karlsruhe, 69 N, Nr. 848. – Masch. Original.

Sehr verehrter Herr Kollege!

Die Historische Reichskommission, eine Gründung, über deren Notwendigkeit man verschiedener Meinung sein kann, die aber nun einmal besteht und sich betätigen möchte, hat eine Geschichte der Entstehung der Weimarer Reichsverfassung in ihren Arbeitsplan aufgenommen. Sie geht deshalb schon jetzt an dieses in mancher Beziehung heikle Thema heran, weil sie glaubt, die

---

a.M./New York 2004, S. 293, fand Hans Barons Habilitation erst 1929 statt; siehe zum Kontext auch ebenda, S. 285 ff.
¹ Das Thema der Habilitationsschrift Barons lautete: „Leonardo Bruni Aretino und der Humanismus des Quattrocento", sie blieb bis heute unpubliziert; vgl. Gerhard A. Ritter: Einleitung, in: Friedrich Meinecke, Akademischer Lehrer und emigrierte Schüler. Briefe und Aufzeichnungen 1910–1977. Eingel. u. bearb. von Gerhard A. Ritter, München 2006, S. 62.
² Die im Jahr 1928 auf Initiative des Reichsinnenministeriums ins Leben gerufene „Historische Reichskommission", die aus den sechzehn führenden deutschen Historikern sowie aus jeweils zwei Archivdirektoren und Ministerialbeamten bestand und deren Vorsitz Friedrich Meinecke innehatte, sollte sich vor allem auf die Erforschung der deutschen Geschichte seit 1871 sowie der neuesten Zeitgeschichte konzentrieren, vor allem sollten Quellenpublikationen in Angriff genommen werden. Hartung gehörte zu den ersten vom Ministerium ernannten wissenschaftlichen Mitgliedern. 1935 wurde die Kommission in das nationalsozialistische „Reichsinstitut für Geschichte des Neuen Deutschlands" überführt und damit faktisch aufgelöst; vgl. Walter Goetz: Die Historische Reichskommission von 1928, in: derselbe: Historiker in meiner Zeit. Gesammelte Aufsätze, Köln/Graz 1957, S. 405–414.

lebendige Erinnerung der Mitglieder der Nationalversammlung und vor allem des Verfassungsausschusses ausnutzen zu sollen[1]. Aber gerade weil der Bearbeiter ein Mann von menschlichem und wissenschaftlichem Takt sein muss, um diese Aufgabe der Befragung der Beteiligten zweckmässig und erfolgreich durchzuführen, ist es schwer, eine geeignete Persönlichkeit zu finden. Es ist nun von Meinecke der Name Holborn[2] genannt worden. Er ist mir nur durch seine Arbeiten, Triepel[3], der auch dem Unterausschuss für diese Arbeit angehört, überhaupt nicht bekannt. Im Namen dieses Unterausschusses bitte ich Sie, uns ein Gutachten über Holborn zu schicken, das nicht bloss die von niemand bezweifelte wissenschaftliche Qualifikation im allgemeinen, sondern vor allem die Eignung zu der besonderen Aufgabe behandeln sollte. Ihr Gutachten würde natürlich vertraulich behandelt werden, doch möchte ich es allen Herrn des Unterausschusses und, wenn es durch Differenzen in diesem nötig würde, auch der ganzen Kommission mitteilen dürfen. Sie würden mich persönlich, zugleich aber auch die Kommission zu lebhaftem Dank verpflichten.

       Mit freundlichen Grüssen
           Ihr sehr ergebener
              Hartung

Nr. 81

An Richard Fester   Berlin, 19. September 1928

           BAK N 1107, Nr. 246. – Masch. Original.

Sehr verehrter und lieber Herr Geheimrat!

[...]

Ich habe ziemlich unruhige Ferien gehabt. Gleich nach Semesterschluss bin ich nach Norwegen gefahren, dessen Landschaft mir starken, aber doch nicht zur Wiederkehr einladenden Eindruck gemacht hat. Der internationale Historikerkongress[4] war für einen kühlen Beobachter sehr interessant, unter

---

[1] Dieses von der Kommission an Hajo Holborn übertragene Projekt blieb wegen dessen Emigration unvollendet.
[2] Hajo Holborn (1902–1969), Historiker, Schüler Friedrich Meineckes, 1926 Habilitation in Heidelberg, Professor an der Deutschen Hochschule für Politik in Berlin (1931–1933), 1934 Emigration über Großbritannien in die USA, dort seit 1934 Dozent und später Professor an der Yale University.
[3] Heinrich Triepel (1868–1946), Jurist, Staats- und Völkerrechtler, a. o. Professor an der Universität Leipzig (1899–1900), o. Professor an den Universitäten Tübingen (1900–1909), Kiel (1909–1913) und Berlin (1913–1944).
[4] Der VI. Internationale Historikerkongress tagte vom 14. bis 18. August 1928 in Oslo; vgl. Karl-Dietrich Erdmann: Die Ökumene der Historiker. Geschichte der Internationalen Historikerkongresse und des Comité International des Sciences Historiques (Abhandlungen der Akademie der Wissenschaften in Göttingen, Philologisch-Historische Klasse, III, 158), Göttingen 1987, S. 163–189.

dem Gesichtspunkt des Internationalismus aber, wie vorauszusehen war, eine vollkommene Pleite. Die alten feindlichen Lager waren bei aller Korrektheit des Benehmens, die durchaus anzuerkennen ist, deutlich zu erblicken, die Entente hielt menschlich und wissenschaftlich ebenso zusammen wie wir Deutschen; die Huldigungen an den Geist der menschenverbrüdernden Geschichtswissenschaft, mit denen fast jeder Vortrag, auch der von Oncken und von Srbik, schloss, blieben sehr an der Oberfläche. Nur die Italiener wagten offen gegen die Verbindung von Pazifismus und Geschichte zu protestieren, nicht nur aus methodischen Gründen, weil die Wissenschaft nicht in den Dienst eines politischen Ideals gestellt werden dürfe, sondern auch aus Zweifeln an dem Wert des Pazifismus; auch der Krieg, meinte Herr Volpe[1], könne zum Kulturfortschritt beitragen. Die Auseinandersetzung zwischen Volpe und dem Franzosen Lhéritier[2] darüber war sehr amusant; wir Deutschen hielten uns kluger Weise dabei zurück. Rein wissenschaftlich kam natürlich gar nichts heraus; die meisten Vorträge brachten altbekannte Dinge, nur die Deutschen haben gemeint, man müsse neue wissenschaftliche Erkenntnisse dem Ausland unterbreiten. Dass zum Schluss eine Reihe von internationalen Kommissionen errichtet worden ist, die allerhand Aufgaben in internationaler Zusammenarbeit lösen sollen, wird die Wissenschaft auch nicht weiter bringen. Ich habe auch die ehrenvolle Mitgliedschaft bei einer Kommission für die Sammlung aller Verfassungen, die die Welt seit 1776 gesehen hat, erlangt; ich habe mich schon bereit erklärt, auf amerikanische Kosten zu den Sitzungen zu reisen, nehme aber an, dass die Sache sehr bald im Sande verlaufen wird.

Von Norwegen bin ich ohne Unterbrechung nach Reichenhall gereist, wo unter dem Schutze des Reichssparkommissars[3] und der Leitung von Harms, den Sie doch wohl noch von Kiel kennen, die Vereinigung für staatswissenschaftliche Fortbildung[4] einen Vortragskursus abhielt. Drei Wochen lang haben jeden Tag zwei Professoren je einen zweistündigen Vortrag gehalten vor etwa 500 Teilnehmern aus dem Kreise der höheren Beamtenschaft (besonders zahlreich Post und Eisenbahn); jeder Vortragende kostete die Vereinigung alles in allem rund 500 Mark; aber auch die Teilnehmer bekommen Geld. Ob die von uns ausgehende Anregung einen entsprechenden Nutzen bringt, ist mir zweifelhaft, so begeistert auch alle Leiter, vom Reichssparkommissar, mit dem ich

---

[1] Gioacchino Volpe (1876–1971), italienischer Historiker, Professor an den Universitäten Mailand (1906–1924) und Rom (1924–1940), führender Historiker des faschistischen Italien.
[2] Michel Lhéritier (1889–1951), französischer Historiker, Generalsekretär des Comité International des Sciences Historiques, Professor an der Sorbonne in Paris (1942–1944).
[3] Moritz Saemisch (1869–1945), Jurist und Finanzpolitiker, preußischer Finanzminister (April bis November 1921) und Präsident des Reichsrechnungshofes (1922–1938), als Reichssparkommissar (1922–1934) befasst mit Maßnahmen zur Organisations- und Verwaltungsreform.
[4] Die 1902 in Berlin begründete „Deutsche Vereinigung für staatswissenschaftliche Fortbildung" veranstaltete regelmäßige Fortbildungskurse vornehmlich für Staatsbeamte zur Erweiterung und Vertiefung ihrer juristischen, wirtschaftlichen und historisch-politischen Fachkenntnisse.

Nr. 81. An Richard Fester, 19. September 1928

vor wenigen Tagen in der Bahn zusammentraf, angefangen bis zu Richter, dem Ministerialdirektor, und Harms sich ausgesprochen haben.
[...]
Mit der eigenen wissenschaftlichen Arbeit ist es bei mir in der letzten Zeit leider schlecht bestellt gewesen. Ich bin Sklave nicht nur des Berliner Massenbetriebs, sondern auch meiner eigenen Bücher, von denen die Verfassungsgeschichte in der 3. Auflage nunmehr bis zur Korrektur gediehen ist, während die deutsche Geschichte im Lauf des Winters für eine Neuauflage umgearbeitet werden soll[1]. Was das heisst, die gesamten Abschnitte über die Aussenpolitik vom Stand des Jahres 1923 auf den von 1928 zu bringen, können Sie selbst beurteilen. [...]
In Oslo herrschte unter den anwesenden Privatdozenten grosse Aufregung wegen der bereits ergangenen und noch bevorstehenden Rufe. A. O. Meyer in München ist für den, der sein menschliches Wesen kennt, auch keine harmonische Vorstellung[2], es fehlt ihm doch sehr an der menschengewinnenden Wärme. Ich hoffe, dass allmählich auch Herzfeld auf die Listen vorrücken wird; dass sein Buch über die Sozialdemokratie im Weltkrieg[3] auf mich einen ausgezeichneten Eindruck gemacht hat, schrieb ich Ihnen wohl schon. Mommsen hat in meinen Augen durch den 1. Band seines Miquel[4] nicht gerade gewonnen; das Buch ist breit und ohne Gestaltungskraft.
Die törichte Besprechung, die Volz[5] Ihrer Auswahl von Schriften Friedrichs des Grossen gewidmet hat[6], ist Ihnen hoffentlich gar nicht zu Gesicht gekommen. Der Herausgeber der Politischen Korrespondenz ist zu sehr gewohnt, nur das für richtig zu halten, wofür sich eine unmittelbare Quelle anführen lässt, als dass er Ihnen da folgen könnte, wo Sie vom einzelnen absehend die Summe einer geistigen Reihe zu ziehen wagen. Man könnte mit Ihnen streiten, ob Sie richtig addiert haben. Aber jemand, der aus Angst vor Rechenfehlern überhaupt nicht zu addieren wagt, ja nicht einmal angesichts einer Fülle von Einzelheiten das Bedürfnis nach Zusammenfassung empfindet, sollte sich überhaupt nicht an die Beurteilung Ihrer Ausgabe und Einleitung

---

[1] Die dritte Auflage der „Deutschen Verfassungsgeschichte" erschien noch 1928, die ebenfalls dritte Auflage der „Deutschen Geschichte vom Frankfurter Frieden bis zum Vertrag von Versailles" kam erst 1930 heraus; beide wurden vom Autor wesentlich ergänzt und neu bearbeitet.
[2] Arnold Oskar Meyer hatte 1928 einen Ruf an die Universität München erhalten und angenommen.
[3] Hans Herzfeld: Die deutsche Sozialdemokratie und die Auflösung der nationalen Einheitsfront im Weltkriege, Leipzig 1928.
[4] Wilhelm Mommsen: Johannes Miquel, Bd. 1, Stuttgart/Berlin 1928.
[5] Gustav Berthold Volz (1871–1938), Historiker und Archivar in Berlin, Herausgeber der deutschen Ausgabe der Werke sowie der „Politischen Correspondenz" Friedrichs des Großen.
[6] Friedrich der Große: Briefe und Schriften. Ausgewählt, eingeleitet und erläutert von Richard Fester, Bde. 1–2, Leipzig 1926; die von Hartung erwähnte, tatsächlich etwas kleinliche Rezension von Gustav Berthold Volz erschien in: Forschungen zur Brandenburgischen und Preußischen Geschichte 41 (1926), S. 160–164.

wagen. Aber Volz wagt sich an alles, legt freilich seine Masstäbe an alles, auch wenn sie offensichtlich zu klein sind.

Ich wäre Ihnen dankbar, wenn Sie die Andeutung Ihres Vorworts von einer neuen Aufgabe in München[1] mir gelegentlich etwas greifbarer gestalten wollten. Wollen Sie etwa in die Journalistik?

Mit den besten Grüßen von Haus zu Haus und nochmaligem Glückwunsch und Dank
    in alter Verehrung
        Ihr sehr ergebener
            Hartung

Nr. 82
An Richard Fester   Berlin, 15. März 1929

BAK N 1107, Nr. 246. – Hs. Original.

Lieber und verehrter Herr Geheimrat!

Nun ist es doch Frühjahr geworden, bis ich Ihren ausführlichen und inhaltsreichen ersten Münchner Brief beantworten kann[2]. Aber die Semester in Berlin sind schlimm infolge des wachsenden Zustroms unfähiger oder mittelmäßiger Studenten. Und die Ferien habe ich mir dadurch verdorben, daß ich mich Mitte Oktober von einem vorschriftswidrigen Auto umfahren ließ und dabei den linken Arm gerade unter dem Gelenk brach. Im Vergleich zu dem, was hätte passieren können, ist die Sache gut abgelaufen. Aber sie hat mir doch den Rest der Herbstferien ganz genommen und den Semesteranfang sehr erschwert. Sie haben ja vor Jahren etwas Ähnliches erlebt und werden sich in meine Lage versetzen können. Ich werde immer noch massiert; aber das Gelenk bleibt wohl etwas versteift. Für die körperliche Arbeit, die ein Professor zu leisten hat, reicht die Beweglichkeit aber aus; ich kann seit einiger Zeit sogar meinen Pelzmantel allein an- und ausziehen, eine Tätigkeit, die zu üben der Winter gute Gelegenheit geboten hat.

Im übrigen aber ist es mir den ganzen Winter über gut gegangen. Auch die Familie hat sich gut gehalten, sodaß wir selbst die langweiligste Geselligkeit haben erledigen können und mit einem guten Gewissen, wie wir es selten hatten, in die Ferien eintreten konnten. Auch akademisch habe ich meine Verpflichtungen ziemlich abgemacht. Durch einen dicken Berg von Prüfungen habe ich mich in das Schlaraffenland der Osterferien hindurchgegessen. Bei diesen Prüfungen macht sich die Erleichterung des Abituriums im Zusammenhang mit dem mangelhaften Kriegsunterricht sehr fühlbar; die Leistungen sind fast schlechter als bei jenen Kriegsbeschädigten, bei denen ein Holzbein als

---

[1] Im Vorwort zum ersten Band der Friedrich-Ausgabe findet sich keine derartige Andeutung.
[2] Nicht überliefert.

Nr. 82. An Richard Fester, 15. März 1929

vollgültiger Ersatz für das Verständnis Rankischer [sic] Geschichtsschreibung gewertet wurde. Vor allem fehlt es an Denkfähigkeit. Bei den besseren Studenten, an denen es natürlich auch nicht fehlt, fällt mir auf, wie wenig sie noch mit dem alten Deutschland der Vorkriegszeit zusammenhängen. Ich habe neben dem großen Massenseminar, in dem ich jetzt 100 Teilnehmer hatte, noch ein engeres Seminar mit 12–14 Teilnehmern, mit denen ich mich oft unterhalte. Aber immer wieder fällt es mir auf – ich behandelte in diesem Semester Bethmann Hollwegs Stellung zur Polenfrage – daß die heutige Studentengeneration, um 1908 geboren, vom alten Deutschland, Kaiser, Heer und dergleichen keine Anschauung mehr hat. Selbst der Krieg ist für diese Generation kein Erlebnis mit eindringlicher Wirkung gewesen.

Zum Zweck der geistigen Annäherung hat die Hochschule für Politik[1] im Februar den Herausgeber der englischen Vorkriegsakten Gooch[2] hier auftreten lassen. Wenn ich seine Vorträge zunächst einmal rein wissenschaftlich beurteile, so muß ich sagen, daß ich wie bei manchen Vorträgen in Oslo den Eindruck gewonnen habe, als stünden die ausländischen Gelehrten noch auf einem von uns längst überwundenen Standpunkt; sie halten Aneinanderreihung von Aktenexzerpten für einen Vortrag, für eine wissenschaftliche Behandlung des Stoffes. Charakteristisch dafür war auch die rein chronologische Anordnung des Stoffes durch Gooch; seine Abschnitte – er sprach über die Errichtung der englisch-französischen Entente und die englisch-deutschen Beziehungen 1904–1909 – entsprachen den Kalenderjahren, ohne jeden Versuch zu einer innerlichen Gliederung. Politisch waren die Vorträge sehr naiv: in den englischen Akten steht nichts von einer beabsichtigten Einkreisung, also hat sie nicht stattgefunden. Gooch selbst meinte das ganz ehrlich; er ist – ich habe ihn in Oslo kennen gelernt und auch hier einige Male gesprochen – eine anima candida[3], die die ganze Geschichte ethisch betrachtet und mit Aufdeckung persönlicher Motive alles erklärt zu haben glaubt. Seine Hauptthese suchte er mir gegenüber noch zu bestärken mit der Versicherung, daß sowohl Lansdowne[4] wie Grey ihm bestimmt erklärt hätten, keine Einkreisung geplant zu haben. Für die Schwerkraft, die in einer einmal eingeschlagenen politischen Richtung wirkt, hat er kein Organ. Charakteristisch war seine Begeisterung für Gladstone[5]; er ist Engländer des viktorianischen Zeitalters, das ohne imperia-

---

[1] Die Deutsche Hochschule für Politik war 1920 in Berlin zur Stärkung des staatsbürgerlichen und demokratischen Bewusstseins in Deutschland – vor allem auf Anregung des späteren preußischen Kultusministers Carl Heinrich Becker – gegründet worden.
[2] George Peabody Gooch (1873–1968), britischer Historiker und liberaler Politiker; seit 1926 gab er u. a. in amtlichem Auftrag die „British Documents on the Origins of the War 1898–1914" (11 Bde., London 1926–1938) mit heraus. Mit einer Deutschen verheiratet, galt er als Freund Deutschlands.
[3] Lat.: reine Seele; hier gemeint: ein etwas naiver Mensch.
[4] Henry Petty-Fitzmaurice, Marquess of Lansdowne (1845–1927), britischer konservativer Politiker, Außenminister (1900–1905), galt als Architekt der britisch-französischen „Entente cordiale" (1904).
[5] William Ewart Gladstone (1809–1898), britischer liberaler Politiker, mehrfach Premierminister (1868–1874, 1880–1886, 1892–1894).

listische Machtanstrengung das englische Weltreich aufrecht erhalten konnte. Der Imperialismus ist ihm, auch in der englischen Ausprägung des älteren Chamberlain[1], unheimlich. Aber er ist doch Engländer genug, um die englische Beherrschung der Welt als selbstverständlich zu halten und den deutschen Anspruch auf Gleichberechtigung als solchen, unabhängig von den Methoden der Verwirklichung, zu mißbilligen. So waren diese Vorträge interessant als Einblick in eine ganz fremde Gedankenwelt; ob sie zur Annäherung der Völker beigetragen haben, ist mir zweifelhaft. Meine Studenten, von denen sehr viele sich die Vorträge angehört haben, waren ziemlich entrüstet. Am meisten über das Schlußwort von Jäckh[2], dem Geschäftsführer der Hochschule für Politik, der rühmte, wie weit Europa seit 1909 vorwärts gekommen sei, damals die Teilung in 2 Lager, heute der Völkerbund, der die Staatsmänner zur friedlichen Aussprache zusammenführe. Selbst vor der letzten Genfer Tagung[3] war das ein starkes Stück. Auch Meinecke schüttelte bedenklich sein Haupt, sowohl über Jäckh wie über die ungeistige Geschichtsauffassung seines englischen Freundes.

Interessante Personalien habe ich Ihnen nicht mitzuteilen. Ich bin nicht persona grata im Ministerium, erfahre daher Berufungen erst, wenn sie in der Zeitung stehen, und habe keine Neigung, diesen Zustand zu ändern. Ob Andreas nach Göttingen geht, ist noch nicht entschieden. Für Hasenclever bestehen aber, auch wenn Andreas ablehnt, keine Aussichten. Nur in Prag stehen seine Aktien gut, denn die beiden Wiener, die außer ihm vorgeschlagen sind, Bibl und Bauer, spekulieren auf Wiener Ordinariate. Aber in Prag hat man unendlich viel Zeit, wenn es sich um die deutsche Universität handelt[4]. Nachdem nunmehr auch Mommsen in Marburg versorgt ist, sollte Herzfeld in die vorderste Reihe der Anwärter rücken. Was er geschrieben hat, umspannt zwar nur wenige Jahrzehnte, ist aber doch so gut, daß ich schon wiederholt, leider ohne Erfolg, auf ihn verwiesen habe.

Weniger erfreut bin ich über die fast sichere Aussicht, Brackmann an die Archivverwaltung zu verlieren[5]. Ich habe hier sehr harmonisch mit ihm zusammengearbeitet, auch in der Erziehung der jungen Historiker. Seine Stelle

---

[1] Joseph Chamberlain (1836–1914), britischer Politiker, Führer der zu den Konservativen übergegangenen liberalen Unionisten, Kolonialminister (1895–1903), führender britischer Imperialist um 1900.
[2] Ernst Jäckh (1875–1959), Orientalist und Publizist, Dozent an der Handelshochschule Berlin (1915–1919), seit 1916 Titularprofessor für türkische Geschichte an der Universität Berlin, Mitbegründer und Dozent der Deutschen Hochschule für Politik in Berlin (1920–1933), nach 1933 Emigration nach Großbritannien und in die USA, dort ab 1940 Professor an der Columbia University in New York City.
[3] Anfang März 1929 tagte in Genf der Völkerbundrat, wo u. a. über Probleme der nationalen Minderheiten in Europa debattiert wurde; von deutscher Seite wurde hier vor allem das Verlangen nach einem besseren Schutz der starken deutschen Minderheit in Polen angemahnt.
[4] Siehe oben, Brief Nr. 77.
[5] Albert Brackmann übernahm 1929 von Paul Fridolin Kehr das Amt des Generaldirektors der preußischen Staatsarchive, behielt aber eine Honorarprofessur an der Berliner Universität.

gut zu besetzen, wird nicht leicht sein, zumal da wir mit einem wenig geeigneten Extraordinarius, Perels[1], belastet sind. Der Hallenser Holtzmann[2], der eben Nachfolger Reincke-Blochs im Ausschuß der internationalen Historikervereinigung geworden ist, scheint mir geistig nicht ganz das berühmte Berliner Format zu haben. Frisch genug ist er wohl noch. An Oncken machen wir nämlich wieder die Erfahrung, daß man nicht zu spät nach Berlin kommen soll; das Einleben in die hiesigen Verhältnisse ist nicht einfach. Bei Oncken spielt wohl auch noch eine leise Enttäuschung mit; im großen Berlin spielt selbst ein großer Professor keine besondere Rolle, es sei denn, daß er 80 Jahre alt wird.

In der Hoffnung, daß Ihnen und den Ihrigen der Münchener Winter gut bekommen ist und daß der Frühling im Englischen Garten und Isartal Sie für den Mangel landschaftlicher und anderer Reize Halles entschädigen möge, bin ich mit vielen herzlichen Grüßen

Ihr allzeit ergebener Hartung.

Nr. 83

An Richard Fester　　　　　　　　　　　　　　Berlin, 14. Dezember 1929

BAK N 1107, Nr. 246. – Hs. Original.

Sehr verehrter Herr Geheimrat!

Aus Briefen wird nur dann ein Gespräch, wenn sie gleich beantwortet werden. Die zarte Mahnung, die in diesem Anfang Ihres Briefes vom 5. Mai! dieses Jahres liegt, habe ich zwar nicht überhört, aber doch unbefolgt gelassen. So will ich sie wenigstens auf Ihren freundlichen Brief vom 11. anwenden und diesen umgehend beantworten[3]. Einen Teil der Entschuldigung meines Nichtschreibens haben Sie bereits in der 3. Aufl. meiner deutschen Geschichte erhalten. Sie sagen: vivant sequentes![4] Ich muß offen gestehen, daß ich 3. Auflagen gräßlich finde, abgesehen von der finanziellen Seite und dem geschmeichelten Autorenstolz. Wie soll ein Buch einheitlich bleiben können, wenn man alle paar Jahre an ihm herumflickt! Man müßte – bei den Kolleghetten würde es auch nicht schaden – nach 9 bis 10 Jahren ein Buch völlig neu schreiben. Aber wie sollte man die Zeit dazu finden, zumal wenn man doch auch mal wieder etwas anderes schreiben möchte. Ich bin von der Geschichte

---

[1] Ernst Perels (1882–1945), Historiker, Mediävist und Hilfswissenschaftler, a.o. Professor, dann o. Professor ad personam an der Universität Berlin (1923–1931, 1931–1935), wegen seiner jüdischen Herkunft zwangspensioniert und später im Konzentrationslager Flossenbürg inhaftiert.
[2] Robert Holtzmann (1873–1946), Historiker, a.o. Professor an der Universität Straßburg (1907–1913), o. Professor an den Universitäten Gießen (1913–1916), Breslau (1916–1923), Halle (1923–1930) und Berlin (1930–1939).
[3] Beide Briefe sind nicht überliefert.
[4] Lat.: auch die Nachfolgenden mögen leben.

unsrer jüngsten Vergangenheit wieder etwas abgerückt; meine Neigung gehört wieder mehr der vergleichenden Verfassungsgeschichte. Allerdings läßt mich die neueste Geschichte auch nicht ganz los. So habe ich vor kurzem in der Gesellschaft für Erforschung der Kriegsursachen[1] einen Vortrag über den ersten französischen Aktenband gehalten, der auch gedruckt werden und Ihnen dann zugehen soll[2]. [...]

Die geistige Elite Berlins, die sich bei den Vorträgen der Gesellschaft (s. oben) zu versammeln pflegt, verdient eine knappe Charakteristik. Am Morgen meines Vortrags bekam ich einen Brief von Wegerer, der mich bat, den Vortrag nicht zu vergessen, und mich darauf aufmerksam machte, daß ein großer Teil der Mitglieder wegen hohen Alters schwerhörig sei. Alte Generäle, Diplomaten, an der Spitze Raschdau, füllten den Saal. In der Diskussion kohlte Raschdau über Bethmann Hollweg. Interessanter war mir v. d. Lancken-Wakenitz[3], vor 1914 Botschaftsrat in Paris. Er wollte den Eindruck eisigster Ablehnung, den ich aus den Akten von der französischen Politik gegenüber Deutschland gewonnen und demgemäß ausgesprochen hatte, damit widerlegen, daß ihm während seiner Amtszeit wiederholt von prominenten Franzosen das Gegenteil versichert worden sei. Die Herren Diplomaten, die seiner Zeit die Dinge erlebt haben, empfinden es offenbar als Anmaßung, wenn wir Historiker uns einbilden, heute über die Jahre vor dem Kriege ein eigenes Urteil haben zu können. General v. Winterfeld[4] freilich, der damalige Militärattaché, bestätigte mir in persönlichem Gespräch meine Eindrücke von der französischen Politik.

In den letzten Tagen des September bin ich in Dorpat und Reval gewesen. In Dorpat habe ich eine 8tägige Vorlesung über Geschichte des 19. Jahrh. vor den deutschen Studenten gehalten, die sonst in Geschichte auf einen Esten angewiesen sind. Dorpat macht als Stadt wie als deutsche Gemeinde einen recht deprimierenden Eindruck. Als Stadt ist es russisch, mit Ausnahme von zwei alten Kirchen, von denen die eine Ruine ist; Straßenpflaster, Häuser, auch das Fehlen jeglicher Wasserleitung, erinnern mich an Kowno und Wilna[5]. Und die Deutschen sind, mit wenigen erfrischenden Ausnahmen, eine seltsame Mischung von Hoffnungslosigkeit und baltisch-aristokratischer Anmaßlichkeit. Sie tun so, als seien wir Reichsdeutsche allein Schuld an ihrem Unglück und als seien wir darum verpflichtet, sie oder, da sie meist zu alt sind, ihre Kinder im Reich unterzubringen. An die[6] Möglichkeit, sich aus eigener Kraft zu halten, glauben sie nicht. Selbst die Studenten kennen fast ohne Ausnahme kein anderes Ziel als eine Anstellung in Deutschland. Weit lebendiger ist das Deutschtum in Reval. Sein überwiegend bürgerlicher Charakter weist es mehr

---

[1] Siehe oben, Brief Nr. 77.
[2] Fritz Hartung: Die französische Außenpolitik im Winter 1911/12, in: Berliner Monatshefte für internationale Aufklärung 8 (1930), S. 20–32.
[3] Oskar Freiherr von der Lancken-Wakenitz (1867–1939), Diplomat, 1894–1919 im deutschen Auswärtigen Dienst, u. a. in Lissabon, Rom, Paris, Brüssel.
[4] Detlof Sigismund von Winterfeld (1867–1940), Offizier und Diplomat, Militärattaché an der deutschen Botschaft in Paris (1909–1914), General im Ersten Weltkrieg.
[5] Siehe oben, Briefe Nr. 28 bis 31.
[6] Hartung schreibt versehentlich „der".

auf die wirtschaftliche Tätigkeit hin, und in dieser fühlt es sich den Letten bei weitem überlegen. Aber auch als Ärzte, Rechtsanwälte, selbst als Pastoren sollen sich die Deutschen im Lande noch gut behaupten. Der Großgrundbesitz ist dagegen restlos aufgeteilt.

[...]

Hasenclever [wird] wohl bald in Göttingen Berufungssorgen haben[1]. Seine Berufung hat mich um so mehr überrascht, als Windelband mir gesagt hatte, er wolle die Liste zurückgeben. Die Entscheidung soll durch Becker selbst gefallen sein, der offenbar, da er keinen Parteifreund mehr unterzubringen hat, der Fakultät ihre Liste nicht zurückreichen wollte, sondern dieses Mittel für andere politisch nützlichere Fälle zurückhält. So sehr ich Hasenclever alles Gute gönne, so bin ich doch froh, daß ich an dieser Berufung nicht mitgewirkt habe. Denn nach M. Lehmann[2] und A. O. Meyer ist Hasenclever doch ein erheblicher Abstieg. Zum Historikertag in Halle im nächsten Frühjahr wollen Hasenclever und ich als die beiden groß gewordenen Söhne der alma mater Fridericiana gemeinsam kommen[3].

[...]

Mit herzlichen Grüßen von Haus zu Haus
in alter Verehrung
Ihr F. Hartung

Nr. 84
An Arnold Oskar Meyer   Berlin, 28. Dezember 1929

NStUB Göttingen, Cod. Ms. A. O. Meyer, 175, Nr. 22. – Masch. Original.

Lieber Herr Kollege!

[...]

Akademisch hat mich natürlich am stärksten die Nachfolge Brackmanns in Anspruch genommen. Dass Brackmann die Universität verlässt – denn seine Honorarprofessur wird auf die Dauer doch wohl darauf hinauslaufen –, empfinde ich als sehr bedauerlich. Er war mir nicht nur menschlich sehr sympathisch, sondern wir stimmten auch in fast allen Fragen der Fakultätspolitik und vor allem des Unterrichts zusammen. Wie ich auf Umwegen erfahre, hat Brandi nunmehr den Ruf als Nachfolger erhalten. Er hat ursprünglich nicht auf

---

[1] Adolf Hasenclever hatte wider Erwarten, auch entgegen Hartungs Vermutung, den Ruf auf die Nachfolge des von Göttingen nach München wechselnden Arnold Oskar Meyer erhalten.

[2] Max Lehmann (1845–1929), Historiker, Dozent an der Preußischen Kriegsakademie in Berlin (1879–1888), o. Professor an den Universitäten Marburg (1888–1892), Leipzig (1892–1893) und Göttingen (1893–1921).

[3] Der Deutsche Historikertag in Halle tagte vom 22. bis 26. April 1930; vgl. Peter Schumann: Die deutschen Historikertage von 1893 bis 1937. Die Geschichte einer fachhistorischen Institution im Spiegel der Presse, Göttingen 1975, S. 370–395.

unseren Listen gestanden, vielmehr ist Caspar[1] unser eigentlicher Kandidat gewesen. Aber als das Ministerium uns nach Brandi und Goetz fragte, waren Oncken und ich doch der Meinung, dass wir zugreifen sollten. Denn die uns zugesicherte Doppelbesetzung scheint uns mit Brandi und Levison[2] eher eindrucksvoller zu sein als die von uns vorgeschlagene Kombination Caspar-Rörig oder Caspar-Hirsch[3]. Es hat ziemlich harte Kämpfe innerhalb des Historikerkreises gegeben, bis die Fakultät sich mit Brandi und Goetz einverstanden erklärte. Ob es richtig ist, einen fast 62jährigen noch nach Berlin zu verpflanzen, ist mir zweifelhaft; aber das ist mehr die Sache des Ministeriums oder Brandis. Für uns in Berlin kann es ganz nützlich sein, noch einige Jahre eine so lebendige Persönlichkeit wie Brandi zu haben. Durch die gemeinsame Front in diesen Kämpfen bin ich mit Oncken etwas näher in Fühlung gekommen; aber ein sehr inniges Verhältnis ist mit ihm kaum denkbar.

[...]

Unser akademischer Betrieb hier ist noch immer im Wachsen; das Seminar hat in diesem Semester über 800 Mitglieder, gegen 400 vor 5 Jahren im ersten Winter nach der Inflation und gegen 700 im letzten Winter. Dass die Qualität im gleichen Massstab gewachsen sei wie die Quantität, kann ich nicht behaupten. Bei den Staatsprüfungen fallen mir im Gegenteil die zahlreichen Durchfälle im Wiederholungsfall auf. [...]

Im Herbst habe ich noch eine Reise nach Dorpat und Reval gemacht. In Dorpat habe ich im Auftrag der deutschen Hochschulhilfe[4] eine achttägige Vorlesung, täglich zwei Stunden, über die deutsche Einheitsbewegung des 19. Jahrhunderts gehalten. Mein Eindruck von Dorpat war nicht erhebend. Die Stadt durchaus russisch, von der Domruine und der Johanneskirche abgesehen, mit miserabelm Pflaster, wie ich es nur in Kowno erlebt habe, mit kleinen hässlichen Häusern. Und das Deutschtum macht auch den Eindruck der Hoffnungslosigkeit, verbunden mit dem Anspruch, vom Reich versorgt zu werden.

---

[1] Erich Caspar (1879–1935), Historiker und Mediävist, a. o. Professor an der Universität Berlin (1914–1920), o. Professor an den Universitäten Königsberg (1920–1929), Freiburg i. Br. (1929–1930) und Berlin (1930–1935).

[2] Wilhelm Levison (1876–1947), Historiker, a.o./o. Professor an der Universität Bonn (1912/20–1935), 1939 Emigration nach Großbritannien und Tätigkeit an der Universität Durham.

[3] Hans Hirsch (1878–1940), Historiker und Mediävist, a. o. Professor an der Universität Wien (1914–1918), o. Professor an der Deutschen Universität Prag (1918–1926) und an der Universität Wien (1926–1940), seit 1929 Leiter des Österreichischen Instituts für Geschichtsforschung.

[4] Die „Dorpater deutsche Hochschulhilfe" war 1927 durch den deutschbaltischen evangelischen Theologen Werner Gruehn (1887–1961) gegründet worden. Gruehn, der 1927–28 als Privatdozent, 1928–31 a.o. u. 1937–45 o. Professor für Systematische Theologie und Religionspsychologie an der Universität Berlin amtierte – daher wohl die Bekanntschaft mit Hartung – war vorher, seit 1920, Privatdozent an der Universität Dorpat gewesen, 1931–1936 war er Rektor des deutschen Theologisch-Philosophischen Luther-Instituts in Dorpat. Siehe: Personenlexikon zum deutschen Protestantismus 1919–1949, hrsg. v. Hannelore Braun/Gertraud Grünzinger, Göttingen 2006, S. 93, und: Baltisches Biographisches Lexikon, hrsg. v. Wilhelm Lenz unter Mitarb. v. Erik Amburger und Georg v. Krusenstjern, 2. Aufl., Wedemark 1998, S. 268 f.

Nr. 84. An Arnold Oskar Meyer, 28. Dezember 1929

Auch die deutschen Studierenden kennen kaum – einige entschlossene Ausnahmen habe ich doch auch gefunden – ein anderes Ziel, als nach dem Examen im Reich eine Anstellung zu erhalten. Weit lebendiger ist Reval. Als Stadt ganz deutsch in der Bauweise, bis auf die wie ein Zwinguri auf den Domberg gesetzte Russenkirche mit ihren Zwiebeltürmen, mit einer kraftvollen deutschen Bevölkerung, die ihre Aufgabe darin sieht, sich den Esten überlegen zu zeigen und sich dadurch im Lande zu behaupten. Die Möglichkeit besteht, denn wenn auch der estnische Staat die Esten in jeder Weise bevorzugt und als Beamte fast nur Esten anstellt, so sind die Deutschen nicht nur wirtschaftlich stärker als die Esten, auch gewandter in Anknüpfung von Beziehungen nach Westen, sondern auch als Aerzte, Rechtsanwälte, ja selbst als Pastoren estnischer Gemeinden sind die Deutschen gesucht. In Reval habe ich über den heutigen Stand der Kriegsschuldfrage gesprochen.

Nächstens werde ich Ihre literarischen Gaben, von denen ich mit besonders lebhafter Zustimmung die Besprechung von Srbiks Metternich gelesen habe[1], erwidern können mit einem Aufsatz über den ersten französischen Aktenband. Er ist zuerst als Vortrag in der Gesellschaft zur Erforschung der Kriegsursachen gehalten worden und hat in dieser etwas überalterten Gesellschaft eine nicht eben fruchtbare mir aber ganz interessante Diskussion hervorgerufen, in der namentlich der Botschaftsrat v. d. Lancken, der vor 1914 lange Zeit in Paris gewesen war, aus seinen Erinnerungen allerhand mitteilte[2]. Die österreichischen Akten habe ich noch nicht benutzen können. Sie sind offenbar recht aufschlussreich[3].

Die Besetzung Ihrer Göttinger Stelle hat unter den jüngeren Kollegen, die mehr oder minder sich selbst Hoffnungen gemacht hatten, sehr überrascht und verstimmt, was mir trotz meinen bekannten Beziehungen zu Hasenclever sehr offen gesagt worden ist. Ich bin gänzlich unbeteiligt, nicht nur an der Liste, das wissen Sie ja selbst, sondern auch an der Entscheidung des Ministeriums, das mich niemals fragt. Mir ist das auch sehr recht, denn so gewiss ich Hasenclever das spät erlangte Ordinariat gönne, so habe ich doch auch meine Zweifel, ob er allen Anforderungen seiner Stellung gewachsen sein wird. Wenn Brandi wirklich Göttingen verlässt, wird man bei der Besetzung seiner Stelle nicht allein auf die literarische Leistung, sondern auch auf das Repräsentative sehen müssen; es sei denn dass Schramm[4], den ich nicht kenne, die im Interesse des Fachs notwendige Repräsentation übernehmen kann.

---

[1] Arnold Oskar Meyer: [Rezension von:] Heinrich Ritter von Srbik: Metternich, der Staatsmann und der Mensch, München 1925, in: Göttingische Gelehrte Anzeigen 191 (1929), S. 385–397.
[2] Siehe oben, Brief Nr. 83.
[3] Österreich-Ungarns Außenpolitik von der Bosnischen Krise 1908 bis zum Kriegsausbruch 1914. Diplomatische Aktenstücke des österreichisch-ungarischen Ministeriums des Äußern. Ausgewählt v. Ludwig Bittner/Alfred F. Pribram/Heinrich Srbik/Hans Uebersberger, Bde. 1–9, Wien/Leipzig 1930.
[4] Percy Ernst Schramm (1894–1970), Historiker, o. Professor an der Universität Göttingen (1929–1963).

Haben Sie die Absicht, den Hallischen Historikertag zu Ostern mitzumachen? Ich werde als alter Hallenser natürlich hinfahren, obwohl mein Bekanntenkreis dort auch zusammengeschmolzen ist. Ueber das Programm verbreitet Holtzmann einstweilen ein geheimnis- und hoffnungsvolles Dunkel. Da die Stadt historisch und künstlerisch kaum etwas bietet, muss er aber schon mit wissenschaftlichen Reizen locken.

Hoffentlich haben Sie sich mit Familie in München gut eingelebt. So recht kann ich mir weder Sie noch gar Ihre Frau Gemahlin mit einem Masskrug vorstellen. [...]

Mit den besten Wünschen für 1930

Ihr F. Hartung

Nr. 85

An Richard Fester　　　　　　　　　　　　Berlin, 18. September 1930

BAK N 1107, Nr. 44. – Hs. Original.

Sehr verehrter Herr Geheimrat!

Zwar will es meine Frau nicht glauben, und ich kann es mir auch nicht vorstellen, daß Sie übermorgen auf die Postille gebückt zur Seite des wärmenden Ofens den 70. Geburtstag feiern; aber alle Geburtstagskalender sagen es, und das Ministerium hat es Ihnen ja schon vor einigen Wochen gezeigt, daß Sie die letzte vor Willkür schützende Grenze überschritten haben[1]. So will ich denn nicht unterlassen, Ihnen zugleich im Namen meiner Frau die herzlichsten Wünsche zum 70. Geburtstag auszusprechen, die darin gipfeln, daß Sie noch recht viele Jahre in körperlicher und geistiger Frische die Jahreszahlen gleichsam dementieren mögen.

Nach alter Tradition gebührte Ihnen eine Festschrift. Aber ich habe zumal seit den Festschriften für Cartellieri[2] u. A. Tille[3] das Gefühl, daß diese Sitte sich überlebt hat[4]. Überlebt nicht nur dadurch, daß wahllos jeder 60jährige

---

[1] Anspielung auf die Konflikte Festers mit dem preußischen Kultusministerium seit 1919/20; bereits 1926 war Fester wegen seiner politischen Agitation gegen die Weimarer Republik gegen seinen Willen in den Ruhestand versetzt (entpflichtet) worden; vgl. Boris Barth: Intellektuelle „Selbstzensur" im akademischen Bürgertum der Weimarer Republik, in: Michal Anděl/Detlef Brandes/Alfons Labisch/Jiří Pešek/Thomas Ruzicka (Hrsg.): Propaganda, (Selbst-)Zensur, Sensation. Grenzen von Presse- und Wissenschaftsfreiheit in Deutschland und Tschechien seit 1871 (Veröffentlichungen zur Kultur und Geschichte im östlichen Europa, 27), Essen 2005, S. 71–88, hier S. 75.
[2] Alexander Cartellieri (1867–1955), Historiker, a.o./o. Professor an der Universität Jena (1902/04–1935).
[3] Armin Tille (1870–1941), Historiker und Archivar, Direktor der Staatsarchive des Landes Thüringen (1926–1934).
[4] Festschrift Alexander Cartellieri zum sechzigsten Geburtstag dargebracht von Freunden und Schülern, Weimar 1927; Festschrift, Armin Tille zum 60. Geburtstag überreicht von Freunden und Mitarbeitern, Weimar 1930.

schon eine Festschrift erhält, sondern auch dadurch, daß die Beiträge jede Beziehung zum Jubilar und seiner Arbeitsrichtung vermissen lassen. Vielleicht bürgert sich statt dessen die neue Sitte ein, die Lenz bei seinem 80. Geburtstag eingeführt hat: daß der Jubilar selbst eine Abhandlung schreibt u. sie an seine Schüler verschickt[1].

So trete ich heute nicht als Wortführer Ihrer Schüler mit einer Adresse und Festschrift vor Sie hin, sondern ganz schlicht als Einzelperson. Ich darf mich ja auch nicht eigentlich Ihren Schüler nennen; Sie dürfen es mit Fug u. Recht ablehnen, daß man in Ihrer Schule zu einer so sehr auf den Staat u. seine Institutionen konzentrierten, allem Ästhetischen und Geistigen verschlossenen Einseitigkeit erzogen werde. Und doch darf ich sagen, daß ich mich als Ihren Schüler fühle, daß ich Ihnen für unendlich viele Anregung, die Sie in Ihren Büchern, vor allem aber im persönlichen Umgang gegeben haben, zu Dank verpflichtet bin. Dankbar aber bin ich auch für die Freiheit, die Sie mir gelassen haben, als ich vor mehr als 24 Jahren in Bamberg anfing, die von Ihnen gestellte Aufgabe der Geschichte des fränkischen Kreises zu bearbeiten. Erst diese Aufgabe hat mich endgültig auf die Verfassungsgeschichte festgelegt. Und so ist es keine Festredenübertreibung, wenn ich sage, daß neben Hintze Sie am stärksten auf meine wissenschaftliche Entwicklung eingewirkt haben.
[...]
Mit den besten Grüßen von Haus zu Haus verbleibe ich in alter Verehrung
Ihr aufrichtig und dankbar ergebener
Fritz Hartung

Nr. 86

An Richard Fester   **Berlin, 31. Dezember 1930**

BAK N 1107, Nr. 246.

Sehr verehrter Herr Geheimrat!

Eben erst, kurz vor Torschluß des alten Jahres, bekomme ich die Abzüge des Vortrags[2], den ich Ihnen mit meinen besten Wünschen für 1931 als ein Zeichen des Dankes für die beiden inhaltreichen Aufsätze über die Einkreisungen[3] überreichen möchte. Sie werden daraus ersehen, daß ich die innere Entwicklung unsres Staatswesens mit Sorge betrachte. Und die Hauptsorge erwächst mir aus der wachsenden Erkenntnis, daß auch die Träger der alten Tradition bereits innerlich angefault sind und kein inneres Gegengewicht gegen die verhängnisvollen Einflüsse des Parteiwesens mehr besitzen. Selbst die Professorenkreise, die doch dank gesetzlicher und einstweilen noch nicht angeta-

---

[1] Max Lenz: Bismarcks Plan einer Gegenrevolution im März 1848, Berlin 1930.
[2] Siehe oben, Brief Nr. 83.
[3] Richard Fester: Geschichtliche Einkreisungen I–III, in: Deutsche Rundschau, Bd. 225 (1930), S. 1–12, 115–126, 235–247.

steter Unabsetzbarkeit (wenigstens bis 68) und hier in Berlin als der Endstation der akademischen Laufbahn von der Gunst der Minister und Ministerialräte unabhängig sein könnten, ist eine unheimliche Neigung zu spüren, Beschlüsse nicht so zu fassen, wie man sie sachlich für richtig hält, sondern sie von vornherein auf die vermutliche Absicht des Ministeriums abzustellen [sic!]. Wer weiß, ob nicht bei den bevorstehenden Verhandlungen über die Besetzung einer nationalökonomischen Professur ein Pfiffikus uns Herrn Waentig als geeigneten Kandidaten empfiehlt. Nach dem plötzlichen Ende seiner Ministerherrlichkeit hat er ja wohl Anspruch auf irgend eine Versorgung.

[...]

Der Posner,[1] der in unsern Jahresberichten die preußische Geschichte bearbeitet, ist sicher nicht identisch mit dem Posner von 1878. Er ist ein Schüler von Hintze, Staatsarchivrat, erheblich jünger als ich, Sohn eines jüdischen Mediziners, also allenfalls der Enkel des alten. Die Jahresberichte sind ein rechtes Sorgenkind für Brackmann und mich. Vor allem macht uns die Berichterstattung über Tschechen und Polen Schwierigkeiten, denn die (natürlich deutschen) Mitarbeiter sehen ihre Aufgabe darin, Reklame für die uns unzugängliche tschechische u. poln. Literatur zu machen, statt strengste Auswahl zu treffen und nur das Allerwichtigste kurz anzuführen[2].

Ihr früherer Kollege Holtzmann wirkt in Berlin etwas laut. Seine Neigung, in den Fakultätssitzungen viel zu reden und sich auf hallische Erfahrungen zu berufen, hat uns schon manchmal zu schaffen gemacht. Neulich ist ihm aber ernstlich bedeutet worden, daß wir in Berlin anderes Format hätten und hallische Einrichtungen sich für uns nicht eigneten. Caspar wirkt entschieden ruhiger. Leider sind wir mit der Berufung der beiden mittelalterlichen Professoren insofern betrogen worden, als das Ministerium anscheinend seine Zusage, den beamteten a. o. Professor Perels fortzuberufen und seine Stelle der neueren Geschichte zuzuwenden, nicht halten wird. Da Marcks und Meinecke ihre Lehrtätigkeit nicht mehr lange fortsetzen wollen, sind Oncken und ich als einzige Vertreter der neueren Geschichte gegenüber 3 mittelalterlichen Kollegen sehr in der Minderzahl.

Zu Ihrer Wahl in die Münchener Kommission möchte ich Ihnen doch gratulieren[3]. Denn es ist ein Sieg Ihrer gelehrten Arbeit über die Parteilichkeiten, die bisher Ihre längst notwendige Wahl verzögert haben. Der Leerlauf unserer allzu zahlreichen Kommissionen mit dem Bestreben geschäftiger Mitglieder,

---

[1] Ernst Posner (1892–1980), Historiker und Archivar am Preußischen Geheimen Staatsarchiv (1921–1935), Haft im Konzentrationslager Sachsenhausen (1938–1939), anschließend Emigration in die USA, Professor an der American University in Washington, D.C. (1940–1961), später Rückkehr nach Europa.

[2] Siehe dazu unten, Brief Nr. 89.

[3] Richard Fester war 1930 zum ordentlichen Mitglied der Historischen Kommission bei der Bayerischen Akademie der Wissenschaften gewählt worden; vgl. Karl-Ulrich Gelberg: Die ordentlichen Mitglieder der Historischen Kommission bei der Bayerischen Akademie der Wissenschaften, in: Lothar Gall (Hrsg.): „.... für deutsche Geschichts- und Quellenforschung" – 150 Jahre Historische Kommission bei der Bayerischen Akademie der Wissenschaften, München 2008, S. 271–303, hier S. 279.

ihre strebsamen Schüler unterzubringen, wird Sie allerdings bald anwidern. Hintze streikt aus diesem Grunde seit mehreren Jahren bei allen Kommissionen. Aber das bedeutet doch ein allzu leichtes Spiel für die betriebsamen Kollegen. Erfrischend durch gesunden Menschenverstand und Sachlichkeit habe ich immer Brandenburg[1] gefunden.

[...]

Ihr treu ergebener
F. Hartung

Nr. 87
An Karl Brandi   **Berlin, 15. Juni 1931**

NStUB Göttingen, Cod. Ms. K. Brandi, Nr. 44, 9. – Masch. Original.

Sehr verehrter Herr Kollege!

Sie sind, wie ich durch Rothfels höre, bereits durch ihn von den Sorgen in Kenntnis gesetzt worden, die viele gerade der jüngeren Kollegen wegen des für 1933 bevorstehenden internationalen Historikertags in Warschau hegen. Ich habe aus der gleichen Sorge heraus schon vor längerer Zeit einmal an Oertel[2] geschrieben, er möge beim Bonner Historikertag Gelegenheit für eine ausgiebige, nicht unter dem Druck eines auf bestimmte Zeit angesetzten Festessens oder sonst einer Veranstaltung stehende Aussprache der Fachgenossen geben, und er hat das auch zugesagt[3]. Dass ich damit nicht ganz Ihre Intentionen getroffen habe, wie Ihr Brief an Rothfels zeigt, bedaure ich. Aber ich glaube, wir kommen um eine Erörterung der Frage Warschau im Kreise der Historiker nicht herum. Gewiss ist der deutsche Ausschuss s. Zt. gerade im Hinblick auf die internationalen Aufgaben begründet worden. Aber wenn wir eine würdige und geschlossene Repräsentation Deutschlands in Warschau erreichen wollen, so genügt es kaum, dass der Ausschuss die offiziellen Vertreter benennt, sich um eine angemessene Zahl deutscher Vorträge bemüht und Reisekostenzuschüsse erwirkt, sondern den Kollegen in ihrer Masse muss, damit peinliche Extratouren nach Möglichkeit unterbleiben, die Wichtigkeit der Warschauer Tagung klar gemacht werden[4], und dazu vor allem soll meiner Ansicht nach die Aussprache in Bonn dienen.

---

[1] Erich Brandenburg (1868–1946), Historiker, a.o./o. Professor an der Universität Leipzig (1899/1904–1935).
[2] Friedrich Oertel (1884–1975), Althistoriker, o. Professor an den Universitäten Graz (1922–1929) und Bonn (1929–1952).
[3] Der für das folgende Jahr geplante nächste deutsche Historikertag fand nicht, wie zuerst beabsichtigt, in Bonn (und Koblenz) statt, sondern zwischen dem 2. und dem 5. August 1932 in Göttingen; vgl. Schumann: Die deutschen Historikertage, S. 395 ff.
[4] Wegen der starken politischen Spannungen zwischen Deutschland und Polen war innerhalb der deutschen Geschichtswissenschaft eine Teilnahme der deutschen Historiker an diesem internationalen Kongress stark umstritten. Man entschloss sich am Ende jedoch

Dass es auch sonst viele Fragen unseres Faches gibt, über die eine Aussprache dringend erwünscht wäre, die ganze Lage des heutigen Studienbetriebs, der ein Raubbau an den Kräften der Professoren ist, gebe ich ohne weiteres zu. Ich weiss nicht, ob derartige Fragen zur Kompetenz des deutschen Ausschusses gehören. Allerdings möchte ich auch für sie gern ein breiteres Forum haben, und deshalb bin ich auf den Gedanken gekommen, ob es sich nicht empfehlen würde, den Ausschuss des Verbandes deutscher Historiker zu einem etwas stärkeren Leben zu wecken. Seine Tätigkeit vollzieht sich für den Aussenstehenden etwas sehr im Verborgenen; viele seiner Mitglieder finden es auch überflüssig, zu den Tagungen zu erscheinen. Durch engere Verbindung beider Ausschüsse, zu der in Ihrer Person bereits die beste Grundlage gegeben ist, könnte vielleicht das Ziel erreicht werden, das nicht nur mir persönlich, sondern, wie ich aus vielen Gesprächen der letzten Zeit versichern kann, auch vielen Kollegen vor Augen schwebt, eine geschlossenere und dadurch auch nach aussen wirksamere Vertretung der deutschen Historiker, die gegenüber andern Verbänden, etwa dem der Geographen, augenblicklich in der Oeffentlichkeit zurückstehen. Ich wäre Ihnen dankbar, wenn Sie mich gelegentlich über Ihre Stellung zu diesen Fragen informieren wollten.

In alter Verehrung
Ihr sehr ergebener
Hartung

Nr. 88
An Richard Dietrich   Berlin, 3. Juli 1931

SBBPK, Nl. Fritz Hartung, K 37/1. – Masch. Durchschlag.

Lieber Herr Dietrich[1]!

[...] Auch wenn Ihre Doktorarbeit so ausfällt, wie Sie erhoffen und wie ich es Ihnen wünsche und zutraue[2], und wenn Sie nach bestandenem Examen vom Sommer 32 ab sich ganz der Wissenschaft widmen können, halte ich eine Habilitation nach Jahresfrist für unmöglich. Die Anforderungen, die wir an die Habilitanden im Interesse der Wissenschaft stellen müssen und bei dem starken Andrang stellen können, sind so gross, dass Sie sie schwerlich in so kurzer Frist bewältigen können. Sie müssen nach der Dissertation selbständig eine neue grössere wissenschaftliche Arbeit machen, die auch nicht einfach eine Fortsetzung der bisherigen Arbeit sein darf, womöglich einen grösseren Frage-

---

zur Teilnahme, ein zuerst (vor allem im Ausland) vermuteter deutscher Boykott dieser Tagung blieb aus; vgl. Erdmann: Die Ökumene der Historiker, S. 195 ff.
[1] Richard Dietrich (1909–1993), Historiker, Schüler Hartungs, Dozent (seit 1948) und Professor an der Freien Universität Berlin (1959–1974).
[2] Richard Dietrich: Die Tripolis-Krise 1911/12 und die Erneuerung des Dreibundes 1912. Ein Beitrag zur allgemeinen Politik der Vorkriegsjahre, Würzburg 1933.

komplex anschneiden soll. Das lässt sich nicht aus dem Aermel schütteln. Eine Erleichterung der Uebergangszeit könnte es natürlich für Sie sein, wenn Sie eine Assistentenstelle bekommen würden. Aber die sind so spärlich gesät, dass ich Ihnen zur Zeit nichts versprechen kann, um so weniger, als ich durchaus darauf gefasst bin, dass das hiesige Seminar nicht alle seine derzeitigen Stellen, 1 Oberassistent, 3 nichtplanmässige mit je 150 RM (von denen die neuen Kürzungen und Steuern abgehen) Remuneration, auf die Dauer behalten wird. Denn selbst Hoover wird unsere Finanzen nicht von heute auf morgen sanieren können[1].

Die äusseren Bedingungen der Dozentenlaufbahn sind also, da hat der Berufsberater schon Recht, ungünstiger, vor allem unsicherer als die der Studienratslaufbahn, in die man wohl auch noch in den nächsten Jahren mit guten Zeugnissen aufgenommen werden wird und in der man mit einem wenn auch langsamen Aufrücken sicher rechnen kann. Die Dozentenkarriere aber wird immer unsicher bleiben, zumal für die neuere Historie, wo auf jeden lebenden Ordinarius etwa 2–3 Privatdozenten kommen, von denen bei der hartnäckigen Lebensdauer der Ordinarien unmöglich alle das Ziel erreichen können.

Das wollte ich Ihnen doch gleich sagen. Ob Ihre wissenschaftliche Selbständigkeit gross genug ist, um Sie zur Dozentur zu ermuntern, darüber muss ich mir mein Urteil einstweilen noch vorbehalten. Dass Sie in Leipzig sich vom sächsischen Dialekt befreit haben, was auch eine Voraussetzung einer nicht auf Sachsen beschränkten akademischen Laufbahn ist, wage ich kaum anzunehmen, doch hoffe ich mich im Winter davon überzeugen zu können[2].

    Mit bestem Gruss
    Ihr ergebener

---

[1] Herbert Hoover (1874–1964), 31. Präsident der USA (1929–1933), verkündete im Juni 1931 das sog. „Hoover-Moratorium", das auf dem Höhepunkt der Weltwirtschaftskrise eine einjährige Einstellung aller in der Folge des Ersten Weltkriegs entstandenen internationalen Schuldenzahlungen, darunter auch der von Deutschland zu entrichtenden Reparationszahlungen, vorsah.

[2] Richard Dietrich war in Freiberg in Sachsen geboren; vgl. Peter Baumgart: Richard Dietrich zum Gedächtnis, in: Forschungen zur brandenburgischen und preußischen Geschichte N. F. 3 (1993), S. 141–143.

Nr. 89
An Albert Brackmann Berlin, 13. September 1931

GStA PK, Nl. A. Brackmann, Nr. 89. – Masch. Original.

Lieber Herr Brackmann!

Den Brief Pfitzners[1] habe ich mir gründlich angesehen, aber er hat mich nicht von der Richtigkeit seiner Berichterstattung überzeugt[2]. Ich fürchte nach wie vor, dass die Art und Weise, in der er die tschechische Literatur bespricht, den Tschechen weniger ihre enge Verbundenheit mit der deutschen Kulturwelt klar machen als vielmehr eine viel zu hohe Meinung von der Bedeutung ihrer historiographischen Leistungen beibringen wird. Auch kann es – das gilt von allen territorialen Berichten – gar nicht die Aufgabe der Berichterstattung sein, die rein lokalen Arbeiten zu behandeln, sie soll vielmehr nur auf die Erscheinungen aufmerksam machen, die auch für die allgemeine deutsche Geschichte Bedeutung haben; ich denke dabei z.B. an meine eigenen verfassungsgeschichtlichen Interessen, denen die Berichte mit Hinweisen auf wichtige Studien über die territoriale Verfassungs- und Verwaltungsentwicklung zu Hilfe kommen sollen. Aber die umfangreiche rein sudetenländische Geschichtschreibung der vielen tschechischen Historiker, die z.T. wohl rein propagandistisch eingestellt ist, geht uns doch gar nichts an. Wir können auch die Kontrolle und Kritik nicht übernehmen, höchstens in ganz besonderen Fällen. Der Sudetendeutsche aber, der den geistigen Kampf gegen diese tschechische Geschichtschreibung aufnehmen möchte, muss diese Literatur selbst lesen, dem helfen selbst die ausführlichsten Berichte Pfitzners nichts. Ich glaube also, wir

---

[1] Josef Pfitzner (1901–1945), Historiker, a.o./o. Professor für osteuropäische Geschichte an der Deutschen Universität Prag (1930/35–1945), stv. „Primator" (Vize-Bürgermeister), de facto Oberbürgermeister von Prag zur Zeit des Reichsprotektorats Böhmen und Mähren (1939–1945); er referierte für die „Jahresberichte" die tschechischen Forschungen zur böhmisch-deutschen Geschichte.
[2] Hartung bezieht sich hier auf einen Brief Pfitzners an Brackmann vom 10.8.1931 (GStA PK, Nl. A. Brackmann, Nr. 89, Bl. 173), in dem der Prager Historiker betont, es sei ein wichtiges kulturpolitisches Anliegen, „den Tschechen auch in dieser harmlosen Form immer und immer wieder zu zeigen, wie fest sie doch mit ihrer ganzen Vergangenheit in die deutsche Kulturwelt eingebaut gewesen sind". Außerdem weist er auf die in seiner Sicht „unangenehme [...] Tatsache" hin, „dass die grosse Produktion der Tschechen auf historischem Gebiete von deutscher Seite nirgends ernstlich kontrolliert und kritisch gewertet wird"; dies aber sei eine wichtige Aufgabe der deutschen Geschichtswissenschaft, die nur im Rahmen der Jahresberichte geleistet werden könne. Insofern glaube er „gerade der deutschen Wissenschaft einen Dienst zu erweisen, wenn ich etwas ausführlicher, als es bei deutschen Arbeiten zu geschehen braucht, an Hand des Inhalts auf Wert und Unwert hinweise, damit nicht wieder wie im letzten Jahrhundert, unbeachtet von den Deutschen, sich politisch gefährliche wissenschaftliche Ideologieen [sic] ausbilden". Und im Übrigen wolle er in Prag nicht in den Verdacht kommen, „aus nationaler Antipathie mich nicht genügend um das Schaffen der Tschechen zu kümmern oder es zu bagatellisieren, wie es den Polen Dank ihres besseren und wohl auch freundlicher gesinnten Referenten nicht widerfahre". Diese letzte Bemerkung spielte auf die Beiträge des für polnische Forschungen zuständigen Berichterstatters Heinrich Felix Schmid an.

halten an der Beschränkung dieser Berichte getrost fest und geben Pfitzner nur insofern nach, als wir auch H. F. Schmids[1] Berichte nicht mehr in der von ihm geplanten Breite abdrucken.

[...]

Mit besten Grüssen
Ihr Hartung

Nr. 90
An Siegfried A. Kaehler   Berlin, 16. Juli 1932

NStUB Göttingen, Cod. Ms. S. A. Kaehler, 1,59. – Masch. Original.

Lieber Kaehler!

Nach dem, was Sie mir Pfingsten mitgeteilt haben, bin ich durch den Inhalt Ihrer gedruckten Anzeige nicht sehr überrascht worden. Ich kann es Ihnen sehr nachfühlen, dass Sie Ihr zweites Ordinariat nicht mehr unbeweibt antreten mögen: denn ich selbst habe es ja seinerzeit, als ich Kiel verliess, ebenso gemacht. Und so wünsche ich Ihnen denn alles Gute für die Zukunft. Wenn Sie, wie wir neulich besprachen, ohne Illusionen nach Halle gehen, so haben Sie im rein Menschlichen nun doch etwas Neues, das Ihnen reichen Ersatz für die Reizlosigkeit Halles bieten möge[2].

In Halle hofft man stark auf Sie. Das entnehme ich einem Brief des Prorektors Aubin, dem ich zum Abschluss seiner Rektoratsjahre einen Glückwunsch geschickt habe, auf den ich eben Antwort bekommen habe. In Halle ist es ja zur Zeit ruhig, um so lebhafter geht es hier bei uns zu. Der dumme Jungenstreich des Abschneidens der Schleifen von einigen anlässlich der Langemarckfeier[3] niedergelegten Kränzen hat die kaum beschwichtigte Erregung der Studenten wieder sehr gereizt, sodass in dieser Woche kaum Vorlesungen waren. Ausserdem ist Krach im Ministerium, Richter hat wegen unsittlicher Zumutungen sowohl des Kultus- wie des Finanzministers seinen Abschied genommen und stellt an uns die etwas eigentümliche Zumutung, dass wir ihn zum

---

[1] Heinrich Felix Schmid (1896–1963), Slawist und Osteuropahistoriker, a.o./o. Professor für slawische Philologie an der Universität Graz (1923/29–1938, 1945–1948) und o. Professor für Slawistik, osteuropäische Geschichte und Südostforschung an der Universität Wien (1948–1963). Schmid fungierte als Berichterstatter der „Jahresberichte" für polnischsprachige Publikationen zur deutschen Geschichte.

[2] Siegfried A. Kaehler hatte zum Wintersemester 1932/33 einen Ruf an die Universität Halle angenommen; am 11. September 1932 heiratete er Ilse Gräfin Clairon d'Haussonville (1897–1966); vgl. Günther Grünthal: Siegfried A. Kaehler – Lebensdaten, in: Siegfried A. Kaehler: Briefe 1900–1963, hrsg. v. Walter Bußmann/Günther Grünthal, Boppard a. Rh. 1993, S. 7–14, hier S. 12.

[3] Seit November 1928 hielt die „Deutsche Studentenschaft" an vielen deutschen Hochschulen eine „Langemarckfeier" (in Erinnerung an die in Westflandern geschlagene verlustreiche Schlacht vom 10. November 1914) mit anschließendem Fackelmarsch ab.

Ordinarius machen sollen. Ich habe da grosse Bedenken, denn wir haben an Becker und einigen abgelegten Staatssekretären als Honorarprofessoren schon genug. Ausserdem fürchte ich die Konsequenzen. Wo kommen wir hin, wenn jeder höhere Ministerialbeamte bei uns Ordinarius werden soll. Doch scheint Richter gute Freunde in der Fakultät zu haben[1].

Nach Göttingen werde ich wohl nicht kommen[2], es sei denn, dass die Universität in der nächsten Woche bereits geschlossen würde, wodurch ich Zeit gewinnen würde, um Reste aufzuarbeiten. Da ich für das nächste Amtsjahr (ab 15. Oktober) zum Dekan gewählt bin, muss ich sehen, möglichst reinen Tisch zu machen, wenigstens mit Arbeiten, die sonst veralten, z.B. einem Referat über die Steinliteratur des Jahres 1931[3]. Und dann werde ich noch einige Wochen verreisen, um Kräfte zu sammeln für die sehr grosse Arbeitsbelastung des Dekanats hier. Dass ich schon dieses Jahr gewählt worden bin (mit 44 gegen 10 Stimmen), verdanke ich dem Antisemitismus der Fakultätsmehrheit. An der Reihe war Mittwoch[4], der aussieht wie ein alter Assyrerkönig, jedenfalls echter Jude. Und da der künftige Prodekan[5] auch Jude ist, so wollte die Fakultät einen Christen haben.

Dass Kantorowicz[6] in Frankfurt ernannt worden ist, haben Sie vielleicht noch nicht erfahren. Nach der Liste der Fakultät musste man das ja erwarten: 1) Steinacker[7], 2) Baethgen[8], 3) Kirn-Leipzig[9] und Kantorowicz. Also sorgen

---

[1] Werner Richter erhielt 1932 tatsächlich ein Ordinariat für Germanistik an der Berliner Universität, das er im folgenden Jahr aus politischen Gründen, namentlich seiner jüdischen Herkunft wegen, wieder verlor; vgl. Lothar Reinermann: Art. „Richter, Werner", in: NDB 21, 2003, S. 539 f., hier 540.

[2] Anspielung auf den Deutschen Historikertag in Göttingen, der vom 2. bis 5. August 1932 stattfand; vgl. Schumann: Die deutschen Historikertage, S. 395–405.

[3] Einen solchen Literaturbericht hat Hartung nicht publiziert, was vermutlich mit dem Tod seines Stiefsohnes (siehe Brief Nr. 91), den Anstrengungen des Dekanats sowie seiner anschließenden schweren Erkrankung zusammenhängt.

[4] Eugen Mittwoch (1876–1942), Orientalist und Islamwissenschaftler, a. o. Professor an der Universität Berlin (1915–1917), o. Professor an den Universitäten Greifswald (1917–1919) und Berlin (1919–1935), 1938 Emigration nach Frankreich und Großbritannien.

[5] Prodekan wurde der Mathematiker Richard von Mises (1883–1953); vgl. Amtliches Personalverzeichnis der Friedrich-Wilhelms-Universität zu Berlin für das 123. Rektoratsjahr 1932/33, Berlin 1932, S. 43.

[6] Ernst Hartwig Kantorowicz (1895–1963), Historiker und Mediävist, Honorarprofessor und o. Professor an der Universität Frankfurt a. M. (1930/32–1934), 1938 Emigration über Großbritannien in die USA, Professor an der Universität Berkeley (1945–1949), später Tätigkeit am Institute for Advanced Study in Princeton (1951–1963).

[7] Harold Steinacker (1875–1965), österreichischer Historiker, a. o. Professor an der Universität Innsbruck (1909–1916), o. Professor an der Deutschen Karl-Ferdinands-Universität Prag (1916–1918) und an der Universität Innsbruck (1918–1945).

[8] Friedrich Baethgen (1890–1972), Historiker und Mediävist, a. o. Professor an der Universität Heidelberg (1924–1927), Honorarprofessor an der Universität Berlin (1927–1929), o. Professor an den Universitäten Königsberg (1929–1939) und Berlin (1939–1948), anschließend Präsident der Monumenta Germaniae Historica in München (1948–1959), Honorarprofessor an der Ludwig-Maximilians-Universität München (1948–1972) und Präsident der Bayerischen Akademie der Wissenschaften (1956–1964).

[9] Paul Kirn (1890–1965), Historiker und Mediävist, a. o. Professor an der Universität Leipzig (1932–1935), o. Professor an der Universität Frankfurt a. M. (1935–1959).

Nr. 91. An Richard Fester, 5. September 1932

Sie in Breslau für eine vernünftige Liste. Ich suche Ihnen dabei zu helfen, indem ich der Umhabilitierung Holborns hierher keine Steine in den Weg lege.

Meinecke geht es wieder gut; er kommt sogar wieder in die Fakultätssitzungen. Brackmann klagt sehr über die Schwierigkeiten mit dem Meineckeheft der Historischen Zeitschrift[1] (avis au lecteur![2]).

Ich hoffe, dass Sie während des Umzugs nach Halle oder sonst bei passender Gelegenheit mal mit Gattin hierher kommen. [...]

Mit herzlichen Grüßen in alter Freundschaft
Ihr Hartung

Nr. 91
An Richard Fester   Berlin, 5. September 1932

BAK N 1107, Nr. 246. – Hs. Original.

Sehr verehrter lieber Herr Geheimrat!

Noch vor Semesterschluß wollte ich Ihnen schreiben. Aber am 26. Juli haben meine Frau und ich unsern einzigen Jungen verloren, der Ostern das Abitur gemacht hatte, am 1. April als Offizieranwärter bei der Reichsmarine eingetreten war und sich seit dem 1. Juli auf der „Niobe" befand. Ich bin natürlich sofort zu meiner Frau gefahren, die sich zur Zeit des Unglücks auf Amrum befand, und dann haben wir hier die ganze lange Bergung des Wracks bis zur Auffindung der Leichen abgewartet[3]. Vor 14 Tagen haben wir unsern Jungen, der mir auch im Lauf der Jahre recht ans Herz gewachsen war und der in dem gewählten Beruf Tüchtiges zu leisten versprach, in Kiel beigesetzt. Es war eine sehr würdige Feier, und die Offiziere der Marine haben ihr Möglichstes getan, um den Angehörigen zu zeigen, daß sie selbst das Unglück tief mitempfanden. Aber was bedeutet das alles für ein Mutterherz, zumal für meine arme Frau, die schon den ersten Mann auf der See verloren hat und in dem seinem Vater sehr ähnlich sehenden Jungen wohl auch ihre Jugendliebe und ihr Jugendglück noch einmal lebendig werden und nun auch allzu früh sterben sah.

---

[1] Das erste Heft von Band 147 (1933) der Historischen Zeitschrift (S. 1–276) war Friedrich Meinecke zum 70. Geburtstag gewidmet. Vorangestellt waren ein Widmungsblatt und ein Vorwort des Mitherausgebers Albert Brackmann. Das Heft enthielt Beiträge der Meinecke-Schüler Hans Baron, Dietrich Gerhard, Hedwig Hintze, Hajo Holborn, Gerhard Masur, Wilhelm Mommsen, Ulrich Noack, Peter Richard Rohden, Hans Rothfels und Wilhelm Schüßler.

[2] Frz.: Hinweis für den Leser.

[3] Das Segelschulschiff der Reichsmarine „Niobe", zu dessen Besatzung Hartungs Stiefsohn Eick Busz gehörte, kenterte am 25. Juli 1932 während eines schweren Seesturms in der Nähe des Fehmarnbelts; bei dem Unglück starben 69 Besatzungsmitglieder. Das Schiffswrack wurde im August gehoben und nach Kiel verbracht. Dort fand am 23. August die Trauerfeier für die Umgekommenen statt; vgl. Jan Fock: Das Segelschulschiff der Reichsmarine „Gorch Fock" und ihre Schwestern. Ein Zeitbild, Bremen 2009, S. 58ff.

Nr. 91. An Richard Fester, 5. September 1932

Infolge dieses Schicksals, das uns betroffen hat, habe ich lange Zeit nicht schreiben mögen. [...]

Aus unserer Fakultät habe ich nichts Besonderes zu erzählen. W. Weber, den Sie ja noch von Halle her kennen, hat sich bis jetzt als durchaus angenehmer Kollege gezeigt und den ihm vorhergehenden Ruf eines Ekels noch nicht gerechtfertigt. An der „Berufung" Richters zum Ordinarius bin ich unschuldig[1]. Ich war nicht in der Kommission, und an der Sitzung der Fakultät, in der die Sache beschlossen wurde, konnte ich nicht teilnehmen, da ich auf der Reise nach Amrum war. Ich finde es sehr bedenklich, einen Mann, dem eigentlich niemand das „Format" eines Ordinarius, geschweige denn unser Berliner Format zuschreibt, bloß wegen seiner, meinetwegen unbestreitbaren, Verdienste im Verwaltungsdienst zu berufen, finde es auch sehr unschön, daß die hohen Herrn im Ministerium sich Professuren frei halten, deren Wiederbesetzung sie im Augenblick ihres Abschieds aus dem Ministerium plötzlich für nötig halten, und sehe mit Grauen die Konsequenzen, wenn bei dem bevorstehenden Aufräumen in den Ministerien die Berliner Fakultät zur Ablagerungsstätte gewählt wird. Aber die Mahnung des Evangeliums, daß man sich mit dem ungerechten Mammon Freunde machen soll, hat sich wieder einmal als durchaus richtig erwiesen[2].

Kaehlers Berufung nach Halle ist dem Ministerium sehr sauer geworden[3]. Es wollte absolut Holborn haben. Aber eine neue Oktroyierung angesichts des noch nicht ganz verschmerzten Falles Dehn[4] hat es doch nicht riskiert, deshalb blieb es bei der Liste und zwang Kaehler, der in Breslau nur persönlicher Extraordinarius war, durch Verweigerung jeder Zulage in Breslau, sich für Halle zu entscheiden. Für Herzfeld tut es mir leid. Ich habe Kaehler stark ins Gewissen geredet, Herzfeld auf die Breslauer Liste zu setzen, aber auch das ist nicht gelungen. Man zog dort die Geistesgeschichte vor; das Ergebnis ist Beyerhaus[5] aus Bonn, literarisch ein noch fast unbeschriebenes Blatt.

Politisch haben sich die Dinge seit Ihrem Pfingstbrief, in dem Sie meine Unterschrift unter den wohl vom Sohn Marcks inspirierten, vom Vater stilisierten Hindenburgaufruf kritisiert haben[6], stark geändert. Mir scheint die

---

[1] Siehe oben, Brief Nr. 90.
[2] Lukas 16,9: „Und ich sage euch: Machet euch Freunde mit dem ungerechten Mammon, auf daß, wenn es damit zu Ende ist, sie euch aufnehmen in die ewigen Hütten".
[3] Siehe oben, Brief Nr. 90.
[4] Der evangelische Theologe Günther Dehn (1882–1970), der sich dem „religiösen Sozialismus" zurechnete, wurde 1931 als Professor an die Universität Halle berufen. Die Aufnahme seiner Lehrtätigkeit wurde zuerst jedoch durch massive Proteste radikaler Studenten, die Dehn als „Marxisten und Pazifisten" ablehnten, behindert. Erst nach Auflösung der Gruppe des „Nationalsozialistischen Deutschen Studentenbundes" an der Universität und durch den Einsatz der Polizei konnte Dehn, der vom Rektor Gustav Aubin und dem Senat unterstützt wurde, seine Lehrtätigkeit an der Universität Halle aufnehmen; vgl. zu diesem Konflikt Ernst Rudolf Huber: Deutsche Verfassungsgeschichte seit 1789, Bd. 6, Stuttgart 1981, S. 998–1002.
[5] Gisbert Beyerhaus (1882–1960), Historiker, Privatdozent und a.o. Professor an der Universität Bonn (1920/27–1932), o. Professor an der Universität Breslau (1932–1945).
[6] Der von Erich Marcks, Friedrich Meinecke und Hermann Oncken initiierte Aufruf zur Wahl Paul von Hindenburgs erschien am 11.3.1932 in der „Vossischen Zeitung" unter dem

Nr. 91. An Richard Fester, 5. September 1932

treibende Kraft bei allen politischen Vorgängen dieses Jahrs das Reichswehrministerium zu sein. Es hat, um der Reichswehr den Gewissenskonflikt eines Zusammenstosses mit der S. A. der Nazis zu ersparen, die Januarverhandlungen mit Hitler geführt, bei denen Hitler die parlamentarische Verlängerung der Amtsdauer Hindenburgs, dieser die offizielle Zulassung der Nazis zur Reichswehr zusagte. Daß Hugenberg[1] diesen Plan störte und daß Hitler, offenbar um sich in der Opposition nicht übertrumpfen zu lassen, sich gegen Hindenburg aufstellen ließ, war der erste Strich durch die Rechnung. Darauf brachte Gröner[2] das unnatürliche Bündnis von Hindenburg mit Brüning[3] und der Sozialdemokratie zustande, dessen Lohn das S. A.-Verbot wurde. Aber dabei wurde es dem alten Herrn bald bange, und er entließ Brüning, worüber mein Nachfolger dereinst unter dem Titel „Nebenregierungen" einen Aufsatz schreiben kann[4]. Bei der neuesten Entwicklung macht mich bedenklich, daß Hitler anscheinend seiner Leute nicht mehr ganz sicher ist und seine Zusage der Duldung oder gar Unterstützung der Präsidialregierung nicht einhalten kann. Ich habe nämlich – so skeptisch ich der parlamentarischen Demokratie gegenüberstehe – zur präsidialen Diktatur kein rechtes Zutrauen. Denn wie lange wird Hindenburg mit seinem Kreis diese Diktatur ausüben? Er kann jeden Tag sterben, und können wir seinem Nachfolger, der vielleicht ein Sozi oder ein Zentrumsmann sein wird, die Diktatur mit ruhigem Gewissen anvertrauen? Aber selbst wenn Hindenburg noch längere Zeit lebt, haben Papen-Schleicher[5] die Fähigkeit und die Kraft, das wirtschaftliche Leben so weit in Gang zu halten, daß die Staatsmaschine weiterlaufen kann? Vielleicht haben sie Glück. Aber ihre Pläne mit Arbeitsdienst und Steueranrechnungsschein und dergleichen scheinen mir teils Tropfen auf einen heißen Stein teils unklar zu sein. Bei all dem ist bezeichnend, mit welcher Gleichgültigkeit das Berliner Proletariat die Maßnahmen der Regierung, selbst die Absetzung von Braun und Severing hingenommen hat[6]. Von hier aus scheint selbst dem Staatsstreich keine Gefahr zu

---

Titel „‚Wir bekennen uns zu ihm' – Stimmen der deutschen Historiker: Die führenden Geschichtsforscher an Deutschlands Hochschulen erlassen folgenden Aufruf". Der Text ist abgedruckt in: Meinecke: Neue Briefe und Dokumente, S. 337 f.; zur Unterzeichnerliste, die auch Hartungs Namen enthielt, vgl. Schleier: Die bürgerliche deutsche Geschichtsschreibung, S. 54.

[1] Alfred Hugenberg (1865–1951), Industrieller und Politiker, Vorsitzender der Deutschnationalen Volkspartei (1928–1933), Reichswirtschaftsminister (Januar bis Juni 1933).
[2] Wilhelm Groener (1867–1939), Offizier und Politiker, Reichswehrminister (1928–1932) und Reichsinnenminister (1931–1932).
[3] Heinrich Brüning (1885–1970), Politiker (Zentrum), Vorsitzender der Reichstagsfraktion des Zentrums (1929–1930), Reichskanzler (März 1930 bis Mai 1932).
[4] Anspielung auf eine seiner eigenen verfassungshistorischen Studien: Fritz Hartung: Verantwortliche Regierung, Kabinette und Nebenregierungen im konstitutionellen Preußen 1848–1918, in: Forschungen zur brandenburgischen und preußischen Geschichte 44 (1931/32), S. 1–45, 302–373.
[5] Kurt von Schleicher (1882–1934), General und (parteiloser) Politiker, Reichswehrminister (Juni bis Dezember 1932) und Reichskanzler (Dezember 1932 bis Januar 1933).
[6] Gemeint ist der „Preußenschlag" vom 20. Juli 1932; an diesem Tag setzte die Reichsregierung unter Kanzler Franz von Papen die – mangels parlamentarischer Mehrheiten inzwischen geschäftsführende – preußische Staatsregierung unter Ministerpräsident Otto Braun

drohen; die Zeiten Kapps sind offenbar vorüber, und mit einem Generalstreik braucht die Regierung nicht zu rechnen[1].

In diesen Zeiten, wo alles im Fluß ist, soll ich nun für eine neue Auflage der Verfassungsgeschichte bereits eine historische Übersicht über die deutsche Verfassungsentwicklung seit 1919 schreiben. Beinahe allerdings kann die Geschichte der Weimarer Verfassung schon geschrieben werden. Das Staatsrecht ist ja auch schon bei der Arbeit und hat neben die Begriffe der Verfassungsänderung und Verfassungswandlung auch den der Verfassungsumgehung[2] gestellt. Verfassungsbruch klingt wohl zu hart und plump.

Sonst habe ich im letzten Semester nur eine kleine Studie über den 7. englischen Aktenband (Agadir) geschrieben, die ich Ihnen zusenden werde[3]. Damit wird für absehbare Zeit Schluß sein, denn während des Dekanats ist hier jede wissenschaftliche Arbeit ausgeschlossen, weil die ungeteilte Fakultät (76 stimmberechtigte Ordinarien, dazu etwa 20 Emeriti, von denen die meisten wegen der Präsenzgebühren der „sedecim" [eine Einrichtung ähnlich den Hallischen Dekanabeln] kommen und manche sogar ihr Geld durch Reden verdienen zu müssen glauben) sehr viel Zeit in Anspruch nimmt[4]. Besonders freue ich mich auf die zahlreichen naturwissenschaftlichen Habilitationen, bei denen der Dekan Probevortrag und Antrittsvorlesung, ohne sichtbar zu schlafen, anhören muß. Dafür soll das Dekanat finanziell ziemlich vorteilhaft sein. Aber das nimmt einem im Jahr darauf die Steuer ab.

[...]

Mit vielen herzlichen Grüßen in alter Verehrung
  Ihr sehr ergebener
  F. Hartung

(1872–1955) und Innenminister Carl Severing (1875–1952) ab und setzte stattdessen einen Staatskommissar ein.

[1] Anspielung auf den Kapp-Putsch vom 13. bis 17. März 1920, der durch einen Generalstreik beendet wurde.

[2] Der Begriff wurde 1926 geprägt von Carl Bilfinger: Verfassungsumgehung. Betrachtungen zur Auslegung der Weimarer Reichsverfassung, in: Archiv des öffentlichen Rechts 50 (1926), S. 163–191; zu den Problemen einer angemessenen Auslegung der Weimarer Reichsverfassung vgl. auch Michael Stolleis: Geschichte des öffentlichen Rechts in Deutschland, Bd. 3: Staats- und Verwaltungsrechtswissenschaft in Republik und Diktatur 1914–1945, München 1999, S. 100–124.

[3] Fritz Hartung: Die englische Politik in der Marokkokrise des Jahres 1911, in: Berliner Monatshefte 10 (1932), S. 752–776.

[4] Vgl. Friedrich Meinecke: Autobiographische Schriften, hrsg. v. Eberhard Kessel (Friedrich Meinecke: Werke, Bd. 8), Stuttgart 1969, S. 248: „Unter den Älteren waren die Sedecim, die sechzehn ältesten Mitglieder der Fakultät, eine besondere Gruppe. Sie hatten, unter der Bedingung, daß sie persönlich erschienen, von jeher den Anspruch auf den größeren Teil der jeweils fälligen Doktorgebühren, und diese wurden ihnen gleich ausgezahlt".

Nr. 92
An Richard Fester Berlin, 22. Dezember 1932

BAK N 1107, Nr. 246. – Hs. Original.

Lieber und verehrter Herr Geheimrat!

Mein Weihnachtsbrief muß mit dem lange verzögerten Dank für Ihren teilnahmvollen [sic] Brief vom September[1] beginnen. Ich hätte ihn längst aussprechen sollen. Aber ich wollte Ihnen in Ruhe schreiben, und die fand ich auf der Reise, die ich Mitte September antrat, nicht und nach der Rückkehr erst recht nicht. Aber meine Frau und ich haben aus Ihren Worten dankbar die freundschaftliche Gesinnung erkannt, der ich mich nun schon seit mehr als 25 Jahren erfreuen darf.

Heute ist mein erster Ferientag, und da will ich Ihnen nicht nur tiefen längst empfundenen Dank aussprechen, sondern Ihnen und den Ihrigen auch die besten Wünsche und Grüße zum Weihnachtsfest und zum neuen Jahr aussprechen. Daß ich dazu die Ferien abwarten mußte, werden Sie begreifen. Das Berliner Dekanat in einer ungeteilten Fakultät von 98 Ordinarien (darunter 76 aktive) bringt sehr viel Arbeit mit sich. Am schlimmsten finde ich bisher die Habilitationsvorträge aus Gebieten, von denen ich gar nichts verstehe. Auch die Händedrücke an 30 eben geprüfte Doktoranden gehören nicht zu den reinen Freuden des Dekans. Aber bisher ist alles ganz gut gegangen. Die Gebühren haben die steuerfreie Grenze auch schon überschritten (2000 M fürs Jahr).

Ihre Kritik an Richters Berufung in unsere Fakultät ist durchaus berechtigt[2]. Ich würde mich auch offen dagegen ausgesprochen haben, wenn ich nicht gerade am entscheidenden Tag nach dem Niobeunglück hätte zu meiner Frau reisen müssen[3]. Zu verstehen ist die Berufung, der natürlich eine Anfrage des Ministeriums vorherging, nur aus dem biblischen Rat: macht euch Freunde mit dem ungerechten Mammon. Diese Freunde hat sich Richter gemacht und, da man ja nicht wissen kann, ob er nicht eines Tages Minister wird, haben auch solche, die er sich noch nicht zu Freunden gemacht hat, meist für ihn gestimmt. Hoffentlich verfällt er nicht auf den Gedanken, seine Habilitationsschrift drucken zu lassen.

Zu den festlichen Ereignissen meines Dekanats gehört der 70. Geburtstag Meineckes[4]. Allerdings habe ich mich dabei nur als Zuschauer, nicht als Redner beteiligt, da die Fakultät hier offiziell nur Universitätsjubiläen vom 50. Doktorjubiläum an aufwärts feiert, Geburtstage aber übergeht. Geredet haben Brackmann für die Historische Zeitschrift und Kaehler für die Schüler, Brackmann konventionell, Kaehler mit starker Betonung der Unterschiede

---

[1] Nicht überliefert.
[2] Siehe oben, Brief Nr. 90.
[3] Siehe oben, Brief Nr. 91.
[4] Friedrich Meinecke vollendete am 30. Dezember 1932 das siebzigste Lebensjahr.

zwischen alter und neuer Generation¹. Meineckes Erwiderung klang demgemäß auch stark resigniert, zumal da er in den geistigen und den politischen Wegen der jüngeren Generation nur Ab- und Irrwege sieht². Die Demokratische Partei war durch Groener und Schiffer³ vertreten, zog es aber vor, sich schweigend zu verhalten.

Ein erhebendes Fest war auch die Gerhart-Hauptmann-Feier⁴, die die (nationalsozialistische) Studentenschaft hier veranstaltete. Ich kam schon in der richtigen Stimmung hin, denn ich hatte in der Stadt vorher essen müssen und in irgend einem Abendblatt eine Anzeige gelesen: wegen des andauernden großen Erfolgs wird der 70. Geburtstag von Hauptmann bis auf Weiteres verlängert. Die Feier begann zunächst mit einem großen Krach wegen Überfüllung, verlief dann aber ungestört. Nach einer Begrüßung durch den Rektor sprach ein Student, der die Grundsätze entwickelte, nach denen ein echter deutscher Dichter zu dichten habe (auf die Stimme des Blutes lauschen usw.). Die Festrede hatten die Studenten ausgerechnet Dessoir⁵ übertragen, dem man manches Gute nachsagen kann; aber die Stimme des germanischen Blutes ist ihm nicht ganz verständlich. Zuletzt sprach Hauptmann selbst, halb gespreizt (er zählte alle akademischen Ehrungen auf, die ihm zu teil geworden sind), halb als Praeceptor Germaniae; die Vorwürfe, die er der Jugend machte, zeigten freilich erschreckend, daß er die heutigen Studenten allenfalls aus den Beschreibungen des Berliner Tageblatts kennt. Zum Glück lenkte er, vielleicht unter der Einwirkung des befremdenden Schweigens der anfangs sehr beifalls-

---

[1] In seiner Rede anlässlich Meineckes Geburtstages hatte Kaehler unter anderem auf „die Diskrepanz zwischen der historischen Weltansicht, welche Ihnen eigenständig zugewachsen ist, und zwischen dem Geschichtsbild voll unverhüllten Grauens, wie es vielen von meiner Generation vor Augen steht", hingewiesen. Es seien, fuhr er fort, „*offene* Fragen, *vor* denen wir stehen, und welche auch *zwischen* uns stehen, Fragen, die uns bewegen, für welche wir nach Antwort suchen. *Vielleicht* – wer will es entscheiden? – hat das Rad des Geschehens den wissenschaftlichen Standort meiner Altersgenossen zurückgedreht, hinter die Kehrseite jener stattlichen Bauten geschichtlicher Sinndeutung, wie Hegel hier und Ranke dort sie in Deutschland zuerst aufzuführen begann. Es hat sich der Zweifel erhoben an dem idealistischen und darum optimistischen Glauben, daß der ‚Geist' als solcher fähig sei, sub specie aeterni ‚organisch' aus geschichtlichem Denken die Weltdeutung erstehen zu lassen. Der Schatten Nietzsches mit dem Gorgonenhaupt der ‚ewigen Wiederkehr' hat sich erkältend gelagert über die einzigartige ältere Landschaft des historischen 19. Jahrhunderts" (masch. Original im Besitz des Herausgebers).
[2] Meineckes Haltung zu Beginn der 1930er Jahre illustriert u.a. eine Bemerkung zu Hans Rothfels, die dieser in einem Brief an Siegfried A. Kaehler vom 21. Dezember 1930 überlieferte: „Er [Meinecke; H.-C. K.] habe keinen Einfluss mehr auf die Studenten und verstehe die Jugend nicht, es sei Zeit, dass er ganz abtrete [...]"; Meinecke: Akademischer Lehrer und emigrierte Schüler, S. 142.
[3] Eugen Schiffer (1860–1954), Politiker (Nationalliberale, Deutsche Demokratische Partei), Reichsjustizminister (Oktober 1919 bis März 1920, Mai bis Oktober 1921), mit Meinecke befreundet.
[4] Gerhart Hauptmann (1862–1946) war am 15. November 1932 siebzig Jahre alt geworden; der Geburtstag wurde in Deutschland vielerorts festlich begangen; vgl. Peter Sprengel: Gerhart Hauptmann – Bürgerlichkeit und großer Traum, München 2012, S. 665 ff.
[5] Max Dessoir (1867–1947), Psychologe und Philosoph, a.o./o. Professor an der Universität Berlin (1897/1920–1934).

freudigen Studenten, am Schluß ein und sprach die Hoffnung aus, daß seine Vorwürfe unberechtigt seien.

Politisch ist es bei uns bisher ruhig gewesen. Ich fürchte allerdings, daß Kaehler – ich meine jetzt nicht den Hallischen, sondern seinen älteren Bruder, den Reichskommissar, der einen wesentlich ungeistigeren Typ hat[6], – mit einem neuen Studentenrecht uns ein Kuckucksei ins Nest legen wird[7]. Um die Begrenzung des Begriffs „deutscher Student" kann es sehr leicht Krach geben; denn die Nazis verlangen, daß deutsche Abstammung, nicht Reichsangehörigkeit zur Grundlage genommen wird. Mein Hauptbedenken gegen den ganzen Plan ist, daß er der Studentenschaft große politische Rechte und Aufgaben zuweist, die sie meiner Ansicht nach nie wird bewältigen können und die bei einem immerhin möglichen Umschlag in der Gesinnung der Mehrheit zu einer großen Gefahr werden müssen. Aber neben den Kollegen, die mit Meinecke ein Wehegeschrei über die Ungebärdigkeit der heutigen Jugend anstimmen, gibt es auch viele, die alles Heil von der Jugend erwarten und deshalb ihr alle Rechte einräumen wollen. Und das scheint mir vor allem deshalb bedenklich, weil wir die Entwicklung der Jugend zu wenig in der Hand haben. Beim freiwilligen Arbeitsdienst[8] in der Nähe von Berlin sind schon sehr bedenkliche Erscheinungen aufgetreten, Bildung von kommunistischen Lagerräten u. dergl.

Drum stehe ich auch dem ganzen Gedanken des Werkjahrs mit Skepsis gegenüber[9]. Wenn das Werkjahr unsere Abiturienten nicht ruinieren soll, muß vor allem für eine ausreichende Tätigkeit gesorgt werden. Einen Sportplatz anlegen ist gewiß eine schöne Sache, aber wenn daran zu viele Menschen zu lange beschäftigt werden, dann artet die Arbeit zur Spielerei aus und läßt Raum zu einer ungesunden Politisierung. Ihr könnt nur bei einem ausgesuch-

---

[6] Wilhelm Kähler (1871–1934), Nationalökonom und Politiker (Deutschnationale Volkspartei), o. Professor an der Technischen Hochschule Aachen (1901–1914) und an der Universität Greifswald (1914–1934), Reichskommissar in Preußen und kommissarischer Kultusminister (Oktober 1932 bis Februar 1933).

[7] Das von Reichskommissar Wilhelm Kähler geplante und vorbereitete, bei Professoren und Studierenden aus jeweils unterschiedlichen Gründen sehr umstrittene neue Studentenrecht beabsichtigte einerseits die Schaffung einer staatlich anerkannten studentischen Selbstverwaltung und einer Möglichkeit zur Mitwirkung in akademischen Einrichtungen; andererseits sollten Maßnahmen zur Eindämmung der Überfüllung der Hochschulen geschaffen werden, darunter eine Zulassungsbeschränkung für stark nachgefragte Fächer; vgl. Eckhard Oberdörfer (Hrsg.): Noch 100 Tage bis Hitler. Die Erinnerungen des Reichskommissars Wilhelm Kähler, Schernfeld 1993, S. 40 f.

[8] Der „Freiwillige Arbeitsdienst" war von der Regierung Brüning im Juni 1931 geschaffen worden, um Arbeitslose für eine gewisse Zeit zu gemeinnützigen Arbeiten heranziehen zu können; vgl. Henning Köhler: Arbeitsdienst in Deutschland. Pläne und Verwirklichungsformen bis zur Einführung der Arbeitsdienstpflicht im Jahre 1935, Berlin 1967, S. 87–148.

[9] Um der Akademikerarbeitslosigkeit und der Überfüllung der deutschen Universitäten entgegenzuwirken, projektierten die Regierungen von Papen und von Schleicher bis Ende 1932 die Einführung eines sog. „Werkjahrs" für alle Abiturienten, gewissermaßen als „Zwischenschaltung eines praktischen Jahres zwischen höherer Schule und Hochschule"; vgl. Akten der Reichskanzlei – Weimarer Republik. Das Kabinett von Schleicher: 3. Dezember 1932 bis 30. Januar 1933, bearb. v. Anton Golecki, Boppard a. Rh. 1986, S. 93, Anm. 17.

ten Ausbildungspersonal entgegengewirkt werden. Aber das läßt sich nicht von heute auf morgen beschaffen. Abgedankte Offiziere und Unteroffiziere halte ich für durchaus ungeeignet. Was anderes wäre es, wenn man das Jahr überhaupt militärisch aufziehen könnte.

Für Ihren Crowe[1] habe ich Ihnen nur äußerlich, mit Zusendung meiner Studie über die englische Politik in der Agadirkrise[2], gedankt. Ich möchte es jetzt ausdrücklich und mit viel Zustimmung tun. Ich halte Ihre Vermutung, daß er hinter der Meldung Carnegies steckt, für sehr wahrscheinlich[3]. Demnächst wird eine bei Oncken entstandene Dissertation erscheinen, die den ganzen Apparat und die Persönlichkeiten des Foreign Office unter Grey recht klar behandelt[4]. Weshalb Wegerer Ihre Arbeit nicht genommen hat, ist mir absolut schleierhaft[5]. Oder haben Sie einmal Roloff gekränkt? Diesem, d. h. Gießen, nicht Göttingen, verdankt er nämlich den Ehrendoktorhut.

Oncken geht es übrigens mit der Gesundheit gar nicht gut. Er liest zwar wieder, aber muß sich sehr schonen, und seine Kurzatmigkeit macht mir Sorge. Auf die Dauer geht es aber nicht, daß wir statt früher 2 nur noch einen halben Ordinarius für neuere Geschichte haben. Um so stattlicher ist die Zahl der Privatdozenten; neuerdings haben wir auch Holborn erhalten[6], den Braun und Grimme[7] am liebsten in Halle oktroyiert hätten. Für das nächste Semester werden wir wohl 6 neuzeitliche Proseminare haben. Dabei geht die Studentenzahl

---

[1] Eyre Alexander Crowe (1864–1925), britischer Diplomat und Politiker, seit 1885 im Londoner Foreign Office tätig, vor 1914 Promotor einer strikt gegen Deutschland gerichteten britischen Außenpolitik.

[2] Siehe oben, Brief Nr. 91.

[3] Richard Fester: Auf Eyre Crowes Fälscherspuren, in: Der Weg zur Freiheit 12 (1932), S. 150–153. Fester behandelt darin eine unaufgeklärte, gegen Deutschland gerichtete Intrige der Zeit vor dem Ersten Weltkrieg: Im Januar 1907 erfuhr die deutsche Regierung, der britische Diplomat Sir Lancelot Carnegie (1861–1933) habe den amerikanischen Präsidenten Theodore Roosevelt über eine angebliche Äußerung des deutschen Kaisers informiert, des Inhalts, die deutsche Flottenrüstung sei nicht gegen Großbritannien, sondern gegen die Vereinigten Staaten gerichtet – dies sei ihm von einem aus bester Quelle informierten Mitglied des Londoner Kabinetts erzählt worden. Diese Mitteilung wurde umgehend von der deutschen politischen Führung dementiert. Fester versucht nachzuweisen, dass der als entschiedener Feind Deutschlands bekannte Eyre Crowe, damals Senior Clerk im Foreign Office, der eigentliche Urheber jener Lüge gewesen sei.

[4] Es handelt sich um die Dissertation der später als Journalistin und Schriftstellerin bekannt gewordenen Margret Boveri (1900–1975), die sie als Schülerin Onckens 1932 unter dem Titel „Persönlichkeiten und Apparat der außenpolitischen Geschäftsführung unter Sir Edward Grey" vorgelegt hatte; als Buch erschien die Arbeit im folgenden Jahr unter dem Titel: Sir Edward Grey und das Foreign Office, Berlin 1933; vgl. auch Heike Görtemaker: Ein deutsches Leben. Die Geschichte der Margret Boveri 1900–1975, München 2005, S. 46, 49f.

[5] Alfred von Wegerer fungierte als Herausgeber der Zeitschrift „Die Kriegsschuldfrage – Berliner Monatshefte für internationale Aufklärung".

[6] Der seit 1929 an der Deutschen Hochschule für Politik lehrende Hajo Holborn war auf Betreiben Meineckes und Onckens als Privatdozent an die Universität Berlin umhabilitiert worden – gegen den erklärten Widerstand Hartungs; vgl. dazu Gerhard A. Ritter: Einleitung: Friedrich Meinecke und seine emigrierten Schüler, S. 48f. mit Anm. 140.

[7] Adolf Grimme (1889–1963), Politiker (SPD), Kultusminister in Preußen (1930–1932) und Niedersachsen (1948–1955).

langsam zurück. Die Zahl der Prüfungen dagegen ist noch immer im Wachsen. Bisher haben sich bei mir schon 75 Doktoranden gemeldet; in den früheren Dekanatsjahren wurde diese Zahl erst Ende Januar erreicht.

[...]

Mit herzlichen Grüßen von Haus zu Haus
in alter Verehrung
Ihr sehr ergebener
F. Hartung

Nr. 93
An Eduard Spranger   Berlin, 13. Mai 1933

BAK N 1182, Nr. 27. – Hs. Original.

Lieber Herr Kollege!

Baeumler[1] suchte mich dieser Tage auf und sprach den Wunsch aus, mit Ihnen zu einer Abgrenzung der Lehrgebiete zu kommen. Selbst deswegen an Sie heranzutreten, hielt er deswegen nicht für möglich, weil er auf wiederholte Anfragen (2 Besuche und 1 Brief, wenn ich mich recht erinnere) ohne Antwort geblieben sei. Ich möchte aber seine Frage weitergeben, weil sie vielleicht Gelegenheit gibt, Ihre offenbar in den stockenden Geschäftsgang geratene Angelegenheit wieder in Fluß zu bringen[2]. Natürlich hat die Abgrenzung, von der B. spricht, nur dann Sinn, wenn Sie vollamtlich bei uns bleiben. Aber diese Hoffnung möchte ich nicht aufgeben. Die äußere Ruhe ist hergestellt, auch der Aufruf wider den undeutschen Geist ist (hoffentlich nicht nur für heute) verschwunden[3]. So wird bald auch so viel innere Ruhe sein, wie die Gesamtlage

---

[1] Alfred Baeumler (1887–1968), Philosoph und Pädagoge, a.o./o. Professor an der Technischen Hochschule Dresden (1928/29–1933) und o. Professor an der Universität Berlin (1933–1945), plädierte 1932 öffentlich für die NSDAP und wurde im April 1933 vom Wissenschaftsminister Bernhard Rust gegen den Willen der Berliner Fakultät auf einen neu eingerichteten Lehrstuhl für Philosophie und politische Pädagogik berufen (und damit zum direkten Konkurrenten Eduard Sprangers).

[2] Eduard Spranger hatte im März 1933 öffentlich gegen die nationalsozialistische Wissenschaftspolitik protestiert und – auch unter dem Eindruck der Ernennung Baeumlers – seine eigene Entpflichtung beantragt. Das Wissenschaftsministerium war allenfalls bereit, Spranger (unter Gewährung stark verringerter Bezüge) zu entlassen und setzte gleichzeitig den international renommierten Gelehrten stark unter Druck, worauf Spranger am Ende nachgab und im Amt blieb; vgl. hierzu neben der Darstellung des Betroffenen: Eduard Spranger: Mein Konflikt mit der national-sozialistischen Regierung, in: Universitas 10 (1955), S. 457–473, auch Heinz-Elmar Tenorth: Eduard Sprangers hochschulpolitischer Konflikt 1933. Politisches Handeln eines preußischen Gelehrten, in: Zeitschrift für Pädagogik 36 (1990), S. 573–596.

[3] Die nationalsozialistischen Studenten der Universität Berlin hatten im April 1933 eine vierwöchige antisemitische Propagandaaktion unter der Parole „Wider den undeutschen Geist" durchgeführt, die bei vielen Professoren auf Widerspruch gestoßen war; vgl. Christoph Jahr: Die nationalsozialistische Machtübernahme und ihre Folgen, in: Geschichte der Universität Unter den Linden, Bd. 2, hrsg. v. Heinz-Elmar Tenorth, Berlin

(Genf!)¹ überhaupt erlaubt. Darum möchte ich gern, daß auch Ihr Schicksal bald und zwar günstig entschieden wird. Und die Baeumlersche Anfrage scheint mir ein Ansatzpunkt dazu zu sein.

    Mit besten Grüßen
        Ihr ergebener
          Hartung

Nr. 94
An Gustav Aubin   **Berlin, 14. Mai 1933**

SBB PK, Nl. Fritz Hartung, K 79/4. – Masch. Durchschlag.

Lieber Aubin!

Haben Sie herzlichen Dank für Ihre beiden Briefe von Ende April und Anfang Mai, die mir beide grosse Freude bereitet haben. Der erste, weil er mich über Ihre derzeitige Lage etwas beruhigte², der zweite mit seinem freundlichen Glückwunsch zu meiner Wiederwahl³. Beides gehört ja im Grunde zusammen, denn Ihre akademische Existenz wie meine Amtsführung sind von der Gesamtentwicklung der akademischen Verhältnisse abhängig, diese selbst freilich wieder von der inner- und außenpolitischen Gesamtlage. Und gerade hier sehe ich das grösste Gefahrenmoment. Unsere aussenpolitische Lage ist so schlimm wie im Weltkrieg, wir hätten aus der Erfahrung der Einkreisung und des Krieges doch eigentlich lernen sollen, dass selbst ein starkes Volk nicht gegen die ganze Welt auftreten oder gar aufbegehren kann. Es wird grosser Geschicklichkeit bedürfen, um aus der jetzigen Genfer Lage halbwegs anständig herauszukommen⁴. Ebenso sehe ich unsere wirtschaftliche und finanzielle

---

  2012, S. 295–324, hier S. 299 ff.; mit dem „Aufruf" sind vermutlich die einen Monat zuvor an der Universität plakatierten extrem antisemitischen „Zwölf Sätze der Deutschen Studentenschaft vom 13. April 1933" gemeint; abgedruckt in: Ursachen und Folgen, Bd. 9, S. 486 f. (Nr. 2200).

[1] Siehe unten, Brief Nr. 94.
[2] Hartungs Freund Gustav Aubin war am 20. April 1933 nach längeren, schon 1931 beginnenden Konflikten mit dem Nationalsozialistischen Deutschen Studentenbund, die den 1931 nach Halle berufenen, von Aubin gegen Angriffe der Nationalsozialisten verteidigten evangelischen Theologen Günther Dehn betrafen (siehe oben, Brief. Nr. 91), als Prorektor der Universität Halle zurückgetreten; gleichzeitig wurde er beurlaubt. Im Oktober 1934 wurde er vom Wissenschaftsministerium nach Göttingen strafversetzt; vgl. Helmut Heiber: Universität unterm Hakenkreuz, Bde. 1–2/2, München/London/New York/Paris 1991–1994, hier Bd. 1, S. 144 ff.; Henrik Eberle: Die Martin-Luther-Universität in der Zeit des Nationalsozialismus 1933–1945, Halle (Saale) 2002, S. 34 ff., 42 ff.
[3] Hartung war Anfang Mai 1933 für eine zweite Amtsperiode als Dekan der Philosophischen Fakultät der Friedrich-Wilhelms-Universität Berlin wiedergewählt worden.
[4] Seit dem Februar 1933 hatten in Genf erneut die Verhandlungen über eine internationale Abrüstung begonnen; unter dem Eindruck des öffentlichen Auftretens mehrerer Mitglieder der neuen Regierung Hitler hatte sich in Genf eine neue, gegen Deutschland gerichtete Front der europäischen Mächte, dominiert von Frankreich und Großbritannien, gebildet.

Nr. 94. An Gustav Aubin, 14. Mai 1933

Lage als sehr kritisch an. Und doch muss man wünschen, dass die jetzige Regierung der Schwierigkeiten Herr werde, denn wenn sie scheitern sollte, so würde meiner Ansicht nach nicht die geistig und wirtschaftlich zerriebene bürgerliche Mitte, sondern der Bolschewismus das Erbe antreten.

In der hiesigen akademischen Welt ist dagegen wesentliche Beruhigung eingetreten. Die erste Zeit nach meiner Rückkehr aus Badenweiler, gerade die Tage, als ich meinen kurzen Gruss an Sie schickte, waren auch hier sehr aufgeregt, alles steckte die Köpfe oder wenigstens die Telefonhörer zusammen und ich hatte kaum eine ruhige Minute. Der Fall Spranger[1] kam hinzu, die Besprechungen zu vermehren. Um davon anzufangen, will ich offen aussprechen, dass ich seinen Schritt nicht glücklich finde, namentlich nicht in der öffentlichen Begründung. Denn es ist kein Protest gegen das Unrecht, das heutzutage vielfach geschieht, sondern es ist halb persönliche Kränkung wegen der neuen Professur Baeumler, halb müde Resignation. Es war daher für mich, als ich im Auftrag der Fakultät die selbstverständliche Bitte um Beilegung des Konflikts im Ministerium vortrug, nicht leicht, überhaupt eine Verhandlungsbasis zu finden. Es fehlte nicht an Leuten im Ministerium, die offen ihre Freude über dieses Ende der liberalistischen Pädagogik aussprachen. Der Minister[2] steht dieser Ansicht offenbar nicht fern, wie seine Rede an uns[3] und andere öffentliche Erklärungen zeigen. Jetzt ist der Fall im Ministerium anscheinend etwas in den Hintergrund getreten, was ich nur begrüsse; so werden wir vielleicht doch noch zu einer Lösung kommen, die Spranger eine Wirksamkeit ermöglicht.

Unsere Rektorwahl hat auch viel Kopfzerbrechen gemacht. Ich hätte am liebsten Kohlrausch[4] wiedergewählt, denn er hat seine Sache sehr gut gemacht. Nur in seinem letzten Konflikt mit der Studentenschaft ist er m. E. zu weit gegangen, nicht in dem Verbot des Aufrufs wider den undeutschen Geist[5], wohl aber in der Drohung, die Universität nicht mehr zu betreten[6]. Ganz eifrige

---

Die Briten bemühten sich darum, auch die Italiener auf die Seite der Gegner des Deutschen Reiches zu holen; dies wurde in Deutschland – hierauf spielt Hartung mit seiner Bemerkung an – als eine außenpolitisch äußerst gefährliche Lage angesehen. Hitler reagierte hierauf wenige Tage später mit seiner sog. „Friedensrede" vom 17. Mai 1933; vgl. Klaus Hildebrand: Das vergangene Reich. Deutsche Außenpolitik von Bismarck bis Hitler, Stuttgart 1995, S. 578–586.

[1] Siehe oben, Brief Nr. 93.
[2] Bernhard Rust (1883–1945), Politiker (NSDAP), preußischer (1933–1934) und Reichsminister für Wissenschaft, Erziehung und Volksbildung (1934–1945).
[3] Rust hielt am 6. Mai 1933 in der Aula der Berliner Universität eine Grundsatzrede aus Anlass der Einführung eines neuen Studentenrechts, in der er die versammelte Professorenschaft angriff, weil sie nach seiner Auffassung als „Führer" der Studenten versagt hatte: „Die Jugend marschierte, aber meine Herren, Sie waren nicht vorn"; zit. nach Jahr: Die nationalsozialistische Machtübernahme, S. 313; vgl. auch ebenda, S. 312–315.
[4] Eduard Kohlrausch (1874–1948), Jurist, Strafrechtler, a. o./o. Professor an der Universität Königsberg (1904/06–1913), o. Professor an den Universitäten Straßburg (1913–1918) und Berlin (1919–1948), Rektor der Universität Berlin (1932–1933).
[5] Siehe oben, Brief Nr. 93.
[6] Rektor Eduard Kohlrausch trat nach mehreren Konflikten mit der nationalsozialistischen Studentenschaft und mit dem Ministerium bei der (von der neuen Regierung im April angeordneten) Neuwahl der Rektoren, Senate und Dekane nicht mehr an. Zu seinem Nach-

Kollegen, namentlich solche, die politisch das Gras wachsen zu hören vorgeben, wollten absolut einen eingeschriebenen Parteimann wählen, die Nichtordinarien und die Studentenschaft verlangten sogar Baeumler. Darauf haben wir uns zum Glück nicht eingelassen, es wäre doch ein Armutszeugnis gewesen, wenn wir einen noch nicht einmal ernannten Professor zum Rektor gewählt hätten. Die Bedenken gegen unsern neuen Rektor[1], die Sie andeuten, sind auch hier erwogen worden; aber es sprach so viel für ihn, dass er mit überwältigender Mehrheit gewählt wurde.

Meine eigene Wiederwahl hat mich als ein Vertrauensbeweis – sie erfolgte einstimmig bei Zettelwahl (der einzige weisse Zettel stammte von mir) – gefreut, aber sie ist zugleich eine ungeheure Belastung. An meiner Brust weinen sich so ziemlich alle beurlaubten jüdischen Kollegen aus, auch die Studenten klagen teils über ihr eigenes Schicksal teils über den Verlust ihres jüdischen Examinators. Auch arische Studenten lassen sich lieber von einem jüdischen Professor, den sie kennen, als von einem ihnen gänzlich fremden Arier prüfen. Das alles kostet entsetzlich viel Zeit ohne jeden Zweck; ich bin 14 Tage lang überhaupt fast dauernd in der Universität oder amtlich unterwegs gewesen, erst in den letzten Tagen ist es etwas besser geworden, sodass ich manchmal wieder zu Hause zu Mittag gegessen habe. Immerhin erlebe ich dabei auch manches Interessante. So war ich neulich Augen- und Ohrenzeuge, wie der Führer der Hallischen Studentenschaft, Herr Börner[2] – so ähnlich habe ich den Namen in Erinnerung – von Gerullis[3] wegen Einmischung in die nur dem Minister zustehende Ernennung des Kurators für Halle in einem Tone zurechtgewiesen wurde, wie ich ihn seit meiner Rekrutenzeit nicht mehr gehört habe. Der Student konnte nur noch das Wort „Gauleiter" aussprechen, aber auch diese Entschuldigung liess Gerullis nicht gelten. Ich habe aus dieser und ähnlichen Szenen, die ich miterlebt habe, den Eindruck gewonnen, dass das Ministerium mit allen Mitteln wieder Disziplin in die Studenten hineinbringen möchte. Wir müssen es aber dabei unterstützen, indem wir uns ebenfalls gegen Uebergriffe der Studenten wehren. Mir ist im Ministerium gesagt worden: Wenn die Studenten einen Kurator absetzen, so erfahren wir das nicht durch den Kurator selbst, in-

---

folger als Rektor der Berliner Universität wurde am 2. Mai 1933 der Mediziner und Anthropologe Eugen Fischer gewählt; vgl. Anna-Maria Gräfin von Lösch: Der nackte Geist. Die Juristische Fakultät der Berliner Universität im Umbruch von 1933, Tübingen 1999, S. 161 ff., sowie Holger Karitzky: Eduard Kohlrausch – Kriminalpolitik in vier Systemen. Eine strafrechtshistorische Biographie, Berlin 2002, S. 83 ff.

[1] Eugen Fischer (1874–1967), Mediziner und Anthropologe, a.o. Professor an den Universitäten Freiburg i.Br. (1904–1912, 1914–1918) und Würzburg (1912–1914), o. Professor an den Universitäten Freiburg i.Br. (1918–1927) und Berlin (1927–1942), zugleich Direktor des Kaiser-Wilhelms-Instituts für Anthropologie, menschliche Erblehre und Eugenik (1927–1942), Rektor der Universität Berlin (1933–1934).

[2] Hans Börner, 1933 nationalsozialistischer Studentenführer an der Universität Halle; vgl. Eberle: Die Martin-Luther-Universität, S. 30 ff.

[3] Georg Gerullis (1888–1945), Philologe (baltische Sprachen) und Politiker (NSDAP), a.o. Professor an der Universität Leipzig (1922–1933), o. Professor an den Universitäten Königsberg (1934–1937) und Berlin (1937–1945), Ministerialdirektor im preußischen Ministerium für Wissenschaft, Kunst und Volksbildung (Mai bis November 1933).

Nr. 94. An Gustav Aubin, 14. Mai 1933

dem er etwa nach der Berechtigung dieser Massnahme fragt, auch nicht durch den Rektor, sondern dadurch, dass die Studenten uns Vorschriften machen wollen, wen wir zum Kurator ernennen sollen. Im Zusammenhang fiel dann auch das Wort: die Professoren sind feige; ich konnte nicht widersprechen.

Ueber Baeumlers Antrittsvorlesung[1] habe ich von einem nationalsoz. Studenten eine sehr interessante Beschreibung erhalten: grosse Aufmachung, Studenten in Uniform, aber sehr enttäuschender Inhalt der Rede. „Dabei waren wir doch alle für Baeumler voreingenommen", sagte der Student, „und ich möchte wissen, was er noch das ganze Semester vortragen will". Ich glaube deshalb auch, dass es das Beste sein wird, wenn meine Fakultät seine Oktroyierung stillschweigend hinnimmt. Je weniger wir aus dieser politischen Professur machen, desto eher wird sie eine rein wissenschaftliche oder eine ganz bedeutungslose werden. Im allgemeinen haben ja unsere Studenten ein gutes Gefühl dafür, bei welchen Professoren sie etwas lernen und bei welchen nicht. Auch M. Wolff[2] liest wieder ohne jede Störung.

Die Judenaktion hat hier wenige Opfer verschlungen; unter den Nichtordinarien werden ja noch etliche folgen. Schlimmer steht es mit den Assistenten; wir hatten in der Tat Institute, die fast restlos verjudet waren. Insofern begreift man die Judenverfolgung. Aber sie hat, von der verheerenden aussenpolitischen Wirkung abgesehen, auch viel Tragik zur Folge, zumal unter den Jüngeren. U. a. hat mein alter Regimentskommandeur wegen seines Schwiegersohns, dem auch einige christliche Ahnen fehlen, an mich geschrieben. Aber einstweilen können wir von der Fakultät aus gar nichts unternehmen. Ich habe mündlich gefragt, ob wir vor der endgültigen Entscheidung über das Schicksal der Einzelnen noch gehört werden, habe aber nur erfahren, dass die Ausführungsbestimmungen noch nicht erlassen sind. Bei uns sind die Fälle nicht besonders schwer. Der Mathematiker Schur[3] ist Beamter seit 1913, allerdings ostjüdischer Herkunft, und ein sehr beliebter Dozent. Mittwoch bestreitet man auch im Ministerium die Eignung, semitische Sprachen zu lehren, nicht. Pokorny[4] ist menschlich ein höchst unsympathischer Mensch, aber der einzige

---

[1] Alfred Baeumler hielt am 10. Mai 1933, unmittelbar vor der Bücherverbrennung auf dem Opernplatz, seine akademische Antrittsvorlesung; abgedruckt in: Alfred Baeumler: Männerbund und Wissenschaft, Berlin 1940, S. 123–138.

[2] Martin Wolff (1873–1952), Jurist, a. o. Professor an der Universität Berlin (1903–1914), o. Professor an den Universitäten Marburg (1914–1919), Bonn (1919–1921) und Berlin (1921–1934), Entlassung aus „rassischen" Gründen, 1938 Emigration nach Großbritannien, wissenschaftliche Tätigkeit in Oxford.

[3] Issai Schur (1875–1941), Mathematiker, Privatdozent an der Universität Berlin (1903–1913), a.o. Professor an den Universitäten Bonn (1913–1916) und Berlin (1916–1919), o. Professor an der Universität Berlin (1919–1935, bis 1921 ad personam); aus „rassischen" Gründen entlassen, 1939 Emigration nach Palästina.

[4] Julius Pokorny (1887–1970), Sprachwissenschaftler und Keltologe, a. o./o. Professor an der Universität Berlin (1920/28–1935), 1943 Emigration in die Schweiz, ab 1944 Lehre an den Universitäten Zürich, Bern und Fribourg, ab 1954 an der Universität München – dort seit 1955 als Honorarprofessor. Hartung setzte sich intensiv für den Verbleib Pokornys an der Berliner Universität ein; siehe dazu auch unten, Brief Nr. 98, sowie Joachim Lerchenmueller: ‚Keltischer Sprengstoff'. Eine wissenschaftsgeschichtliche Studie über die deutsche

Nr. 94. An Gustav Aubin, 14. Mai 1933

Keltist in Deutschland nach Aussage der Fachmänner. Bleibt allein als sehr schwieriger Fall Richter, der tatsächlich Halbjude ist, wissenschaftlich keinerlei Leistung aufzuweisen hat und offenbar im Ministerium sehr verhasst ist[1]. Eine Klasse für sich sind die Aasgeier arischer Abstammung aber jüdischer Gesinnung, die es gar nicht abwarten wollen, bis sie sich auf die Leichen ihrer jüdischen Kollegen stürzen und ihre Lehraufträge pp. erben können, sondern schon jetzt sich melden oder erkundigen. Mit der Neubesetzung will sich das Ministerium, wie mir dort gesagt worden ist, Zeit lassen.

Von der Hallischen Maifeier hört man hier seltsame Dinge, Antreten der Professoren unter Kommando des Führers der Studentenschaft u. dergl. Wenn Sie mir einen authentischen Bericht geben könnten, wäre ich Ihnen dankbar. Was Sie mir über unsern Freund Kaehler schreiben, hat mich etwas erschüttert[2]; aber auch hier fehlt es nicht an Leuten, die meinen, man müsse sich jetzt um jeden Preis anbiedern. Ich bin im allgemeinen anderer Ansicht und lehne, obwohl mir der alte Seeberg[3] lange und eindringlich ins Gewissen geredet hat, auch für mich persönlich den Eintritt in die Partei ab. Bei den Jüngeren liegen die Dinge anders; meinem Assistenten[4], der mich um Rat fragte, habe ich z.B. empfohlen, sich zu melden. Denn einstweilen sieht es so aus, als könne man nur innerhalb der Bewegung auf Einfluss rechnen. Aber für uns Aeltere kommt doch die Selbstachtung auch in Frage. Ich stehe in manchen Dingen der Bewegung nahe genug, um ohne Opfer meiner Ueberzeugung mich ihr anschliessen zu können. Aber ich stamme doch noch aus dem Vorkriegsdeutschland und bin Protestant und Gelehrter alten Schlages. In der unbedingten Unterwerfung unter eine höhere Autorität sehe ich etwas Katholisches, was ich nicht mitmachen kann.

[...] In Freiburg traf ich mit meiner Frau zusammen, wir sind dann 12 Tage in Badenweiler gewesen. Der Aufenthalt hat uns beiden gut getan, für meine Frau war es sehr gut, dass sie einmal herauskam. Kollegen waren nicht allzu zahlreich da, u.a. Ludwig Bernhard[5]. Durch ihn habe ich Schacht[6] kennen ge-

---

Keltologie von 1900 bis 1945, Tübingen 1997, S. 287 ff., und Pól Ó Dochartaigh: Germans, Celts and Nationalism. Julius Pokorny, 1887–1970, Dublin 2004, S. 90.

[1] Siehe oben, Brief Nr. 90.
[2] Siehe unten, Brief Nr. 104.
[3] Reinhold Seeberg (1859–1935), evangelischer Theologe, a. o. Professor an der Universität Dorpat (1885–1889), o. Professor an den Universitäten Erlangen (1889–1898) und Berlin (1898–1927); auch sein Sohn Erich Seeberg (1888–1945) hatte seit 1927 ein Ordinariat an der Theologischen Fakultät der Universität Berlin inne.
[4] Hermann Gackenholz (1808–1974), Militärhistoriker, Schüler von Walter Elze (1891–1979) und Fritz Hartung; 1932–1936 Assistent von Hartung an der Universität Berlin. Da er der NSDAP nicht beitrat, scheiterte seine Habilitation; seit 1936 war Gackenholz an der Forschungsanstalt des Heeres tätig. Nach Kriegsdienst und Kriegsgefangenschaft erhielt er 1946 einen Lehrauftrag und 1950 eine Professur für Geschichte an der Pädagogischen Hochschule Lüneburg.
[5] Ludwig Bernhard (1875–1935), Staatswissenschaftler und Nationalökonom, Professor an der Akademie Posen (1904–1906), o. Professor an den Universitäten Greifswald (1906–1907), Kiel (1907–1909) und Berlin (1909–1935).
[6] Hjalmar Schacht (1877–1970), Politiker (DDP, parteilos) und Bankier, Reichsbankpräsident (1923–1930, 1933–1939) und Reichswirtschaftsminister (1934–1937).

lernt und mit ihm den einzigen Abend verbracht, den er in Badenweiler verlebte. Einen erfreulichen Eindruck habe ich nicht gewonnen. Und der Optimismus, mit dem Schacht die wirtschaftlichen und finanziellen Aussichten beurteilte, schien mir entweder gekünstelt oder leichtfertig.
[...]
Entnehmen Sie, bitte, diesem langen Brief den Wunsch, mit Ihnen in dieser kritischen Zeit in Fühlung zu bleiben. Ich wünsche Ihnen, dass Sie bald die Ruhe zur stillen Gelehrtenarbeit finden möchten und dass auch der Hallische Sturm bald vorübergehe.

    Mit vielen Grüssen von Haus zu Haus
                  [Ihr Hartung]

Nr. 95
An Siegfried A. Kaehler   Berlin, 3. August 1933

NStUB Göttingen, Cod. Ms. S. A. Kaehler, 1, 59. – Masch. Original.

Lieber Kaehler!

Ihr freundlicher Brief vom 6. Januar[7] hat lange Zeit als stiller Vorwurf auf meinem Schreibtisch gelegen, schliesslich habe ich ihn weggelegt bis auf bessere Tage. Diese sind nunmehr für mich insofern gekommen, als ich nur noch wenig Zeit dem Dekanat zu widmen habe; nächste Woche soll es dann in den Schwarzwald gehen. Vorher aber will ich Ihnen noch ein Lebenszeichen schikken, das auch äusserlich bekunden soll, dass ich viel an Sie gedacht habe. Vielleicht schreiben Sie mir einmal, vor allem darüber, wie es Ihnen geht. Gerüchte von neuer Operation sind hierher gedrungen, aber wie Sie sie überstanden haben usw., darüber wüsste ich gern etwas Genaueres.

Ich habe, wie Sie sich denken können, ein ziemlich hartes Semester hinter mir. Dekan zu sein unter den heutigen Verhältnissen, ist keine reine Freude, und der materielle Ertrag des Dekanats ist auch nicht mehr so, dass man sich für alle Mühe und Aerger entschädigt fühlen könnte, zumal da alle Gebühren vorweg um 22 % gekürzt werden. Lehrreich ist dieser Sommer immerhin für mich gewesen, ich habe die verschiedensten Menschen und Charaktere kennen gelernt, seltsame Streber, die es nicht abwarten können, bis das Ministerium die jüdischen Kollegen entfernt, und die sich rechtzeitig für Lehraufträge und Professuren vormerken lassen, aber auch scharfe Kritiker des heutigen Rassekurses. Am merkwürdigsten war eine Dame, die mir bittere Vorwürfe machte, weil sie einen Juden geheiratet hat und weil ihre Tochter nicht nur unter das Gesetz fällt, sondern auch jüdisch aussieht. Beim Ministerium finden wir wenigstens insofern Unterstützung, als es sich der Gefahr der Postenjägerei vollkommen bewusst ist, deshalb auch die augenblickliche Sperre der

---

[7] Nicht überliefert.

Habilitationen; aber indem es alle Leute, die im Ministerium sich bewerben, an die Fakultäten verweist, hetzt es uns eine Schar von Querulanten auf den Hals.

Nach allem, was ich so von verschiedenen Seiten gehört habe, scheint sich in Halle infolge mangelnder Energie der Professorenschaft die Studentenschaft besonders viel herauszunehmen. Hier haben wir uns ziemlich gegen ihre Einmischungsversuche gewehrt, z. B. bei der Rektorwahl, wo die Studenten Baeumler als Rektor forderten und wo die Nichtordinarien sich diese Forderung zu eigen machten[1]. Unsere Position beim Ministerium ist dadurch, daß wir nicht umgefallen sind, sicher besser geworden. Augenblicklich ist unsere Studentenschaft aktionsunfähig, weil sich ihr Führer und der Führer der nationalsozialistischen Studentenschaft wie die bekannten Löwen gegenseitig aufzufressen versuchen. Ich glaube, dass auch bei der jetzigen Studentenschaft ein sehr unerfreulicher Typ von Gewerkschaftssekretären entstehen wird wie bei der ersten, Leute, die niemals wirklich studiert, sondern immer nur in Organisation gemacht haben. Ob man von oben her rechtzeitig mit der nötigen Energie eingreifen wird, ahne ich nicht. Wir Professoren müssen uns bei diesen Auseinandersetzungen meiner Ansicht nach etwas zurückhalten, damit nicht gesagt werden kann, wir sabotierten die Sache. Von meinem eigenen Arbeitsbereich im Wirtschafts- und Fürsorgeausschuss kann ich sagen, dass noch niemals so ausschliesslich die Bureaukratie des Geschäftsführers und seines Apparates geherrscht hat und noch niemals die Mitarbeit der Studenten so versagt hat wie in diesem Semester, wo die Studentenschaft lediglich politisiert und sich gezankt hat. Mein alter Ausschuss mit zwei Rechts- und einem Linksstudenten hat weit besser gearbeitet als der rein nat. soz. Ausschuss, der heute besteht.

[...]

Mit der Wissenschaft bin ich durch die starke Inanspruchnahme als Dekan etwas ausser Konnex geraten. Den neuen Oncken[2] und Schnabel Bd. II[3] werde ich in die Ferien mitnehmen[4]. Beim Durchblättern des letzten Heftes der Forschungen zur brandenburgischen und preußischen Geschichte stiess ich vorgestern auf einen Aufsatz „Bismarck und das preussische Herrenhaus", mit dem schönen Vermerk „Fritz Hartung zum 50. Geburtstag". Verfasser ist natürlich Frauendienst[5], einer der schamlosesten Kriecher, die ich kenne. Ich bin

---

[1] Siehe oben, Brief Nr. 94.
[2] Hermann Oncken: Das Deutsche Reich und die Vorgeschichte des Weltkrieges, Bde. 1–2, Leipzig/München 1933.
[3] Franz Schnabel: Deutsche Geschichte im neunzehnten Jahrhundert, Bd. 2: Monarchie und Volkssouveränität, Freiburg i. Br. 1933.
[4] Franz Schnabel (1887–1966), Historiker, o. Professor an der Technischen Hochschule Karlsruhe (1922–1936) und an der Universität München (1947–1962).
[5] Werner Frauendienst (1901–1966), Historiker und Archivar, wissenschaftliche Tätigkeit im Auswärtigen Amt (1926–1938), o. Professor an den Universitäten Halle (1938–1942) und Berlin (1942–1945), 1945–1952 in der SBZ/DDR interniert, seit 1954 wissenschaftliche Tätigkeit am Institut für Europäische Geschichte in Mainz. – Der von Hartung erwähnte, ihm gewidmete Aufsatz Frauendiensts ist unter dem Titel „Bismarck und das Herrenhaus"

Nr. 95. An Siegfried A. Kaehler, 3. August 1933

gewiss auch eitel wie ein Professor sein muss, um jedes Semester von neuem aufs Katheder zu treten mit dem Anspruch, dass er ganz besondere anderswo nicht erhältliche Weisheit zu verzapfen habe. Aber gegen allzu plumpe Anbiederung bin ich einstweilen noch gefeit. Die Erinnerung an die Hallischen Jahre mit der lieblosen Kritik an Ordinarien im allgemeinen und Berliner o.ö.s[1] im besonderen ist noch nicht ganz verwischt.

Kennen Sie eigentlich aus Ihrer Hallischen Zeit den jetzigen Personalchef Achelis[2]; als wir schon würdige Männer waren, ging er so etwa in Tertia. Immerhin besitzt er die guten Manieren eines Professorensohns, was man nicht von jedem neuen Mann im Ministerium sagen kann[3]. Ein Schüler von mir aus meiner Berliner Zeit gehört auch schon zu den Machthabern im Ministerium[4]. Dagegen ist Windelband in die bescheidene Front der Fakultät zurückgekehrt. Wenn Sie die Interna kennen würden – ich könnte sie Ihnen getrost erzählen –, so würden sie unsern Entschluss, seiner Ernennung zuzustimmen, wohl billigen. Dass er nicht Nachfolger Onckens wird, sondern dass wir dann einen neuen berufen dürfen, habe ich mir schriftlich versichern lassen. Ihr ungünstiges Urteil über Oncken bedarf insofern einer Korrektur, als er gleich nach Meineckes Geburtstag ernstlich krank geworden ist; er hat sich im Frühjahr in Meran einigermassen erholt, aber Sorge macht er mir immer noch, er kann kaum zwei Sätze sagen, ohne einen schweren Hustenanfall zu bekommen.

Vorige Woche war ich mit meiner Frau zu der Einweihung des Niobedenkmals in Kiel. Obwohl es nun ein Jahr ist seit dem Unglück, hat sich meine Frau noch immer nicht erholt[5]. Körperlich wohl, aber die Augen schauen noch immer leer ins Weite. Meine einzige Hoffnung auf Besserung setze ich auf Christel, die immer energischer ihr Lebensrecht fordert. Dass ich nach diesen Erfahrungen mit Rothfels besonders mitfühlen kann, werden Sie mir glauben[6]. Und dazu noch die besondere Tragik der Rassenfrage. Im allgemeinen verstehe ich den Kampf gegen die Juden durchaus, angesichts mancher zu 90% verjudeten Universitätsinstitute; aber manches Einzelschicksal wird unerhört hart betroffen. Und selbst für die, die wie Herzfeld, Masur[7] (Kapp-Putsch und

---

gedruckt in: Forschungen zur brandenburgischen und preußischen Geschichte 45 (1933), S. 286–314.
[1] Ironische Abkürzung für „ordentliche öffentliche Professoren".
[2] Johann Daniel Achelis (1898–1963), Mediziner, Ministerialrat und Personalreferent im preußischen Ministerium für Wissenschaft, Erziehung und Volksbildung (März 1933-September 1934), o. Professor an der Universität Heidelberg (1934–1945).
[3] Achelis war Sohn des evangelischen Theologen Hans Achelis (1865–1937), a.o. Professor an den Universitäten Königsberg (1901–1907) und Halle (1907–1913), o. Professor an den Universitäten Halle (1913–1916), Bonn (1916–1919) und Leipzig (1919–1935).
[4] Nicht zu ermitteln.
[5] Siehe oben, Brief Nr. 91.
[6] Auch Hans Rothfels hatte einen seiner Söhne aus erster Ehe mit Hildegard Elisabeth Consbruch früh verloren.
[7] Gerhard Masur (1901–1975), Historiker, Schüler Friedrich Meineckes, Privatdozent an der Universität Berlin (1930–1935), Emigration nach Südamerika, Professor an der Escuela Normal Superior in Bogotá/Kolumbien (1938–1947), anschließend bis 1966 Professor am

Kämpfe um Lichtenberg¹), Gerhard² ihre Dozentur behalten können, erhebt sich die Frage: wird es überhaupt ein Fortkommen geben?

Was haben Sie für Ferienpläne? Eine Erholung werden Sie doch sicherlich nötig haben. Wenn es sich machen liesse, fände ich ein Wiedersehen sehr nett; es gibt doch viel in der heutigen Zeit, worüber man sich besprechen möchte, ohne dass man darüber schreiben mag. Geben Sie jedenfalls mal ein Lebenszeichen. Empfehlen Sie mich Ihrer Gattin – die meinige ist noch verreist – und empfangen Sie die besten Grüsse

Ihres
Hartung

Nr. 96

An Richard Fester Freudenstadt/Schwarzwald, 23. August 1933

BAK N 1107, Nr. 246. – Hs. Original.

Sehr verehrter lieber Herr Geheimrat!

Das Berliner Dekanat ist hoffentlich in Ihren Augen eine ausreichende Entschuldigung dafür, daß ich Ihren freundlichen Neujahrsbrief³ erst jetzt beantworte. Im Wintersemester ging es ja noch so einigermaßen. Kaehler als Reichskommissar für das preußische Unterrichtswesen⁴ hatte wenig Einfälle und war froh, wenn man ihn in Ruhe ließ. Aber seit Ende Februar ist es ziemlich stürmisch zugegangen. Das Schlimmste für mich ist, daß das Dekanat noch ein volles Jahr weiterläuft. Als zu Beginn des Sommers in Preußen alle Rektoren, Dekane usw. neu gewählt wurden, setzte der Minister, vielleicht um allzu viel Wechsel zu vermeiden, fest, daß die Amtszeit der neuen bis zum übernächsten Termin daure. Und da mich meine Fakultät wiedergewählt hat, so bin ich noch bis zum 15. Oktober *34* Dekan.

Sweet Briar College/Virginia, USA, Gastprofessor an der Freien Universität Berlin (1965–1966) und an der University of California in Los Angeles (1966–1968).

¹ Gerhard Masur hatte 1919/1920 dem Berliner Freikorps „Brigade Reinhardt" angehört und an den Märzkämpfen des Jahres 1919 im Berliner Osten ebenso teilgenommen wie am Kapp-Putsch im März 1920; siehe dazu u.a. den Bericht in seinen Lebenserinnerungen: Gerhard Masur: Das ungewisse Herz. Berichte aus Berlin – über die Suche nach dem Freien, Holyoke, Mass. 1978, S. 67–72.
² Dietrich Gerhard (1896–1985), Historiker, Schüler Friedrich Meineckes, Privatdozent an der Universität Berlin (1931–1935), 1935 Emigration in die USA, dort seit 1936 Professor an der Washington University in St. Louis/Missouri, 1955–1961 o. Professor an der Universität Köln, 1961–1968 Leiter der Neuzeitabteilung des Max-Planck-Instituts für Geschichte in Göttingen.
³ Nicht überliefert.
⁴ Siehe oben, Brief Nr. 92.

Nr. 96. An Richard Fester, 23. August 1933

Der Arier § des Beamtengesetzes trifft die Ordinarien in Berlin nicht allzu zahlreich[1]. Die meisten sind schon vor 1914 Beamte gewesen. Schwer betroffen wird Richter, der sich durch seine sehr oft recht schnoddrige Art viele Feinde geschaffen hat. Gerade die Kämpfer der Studentenschaft von 1927, mit denen er den Bruch s. Zt. herbeigeführt hat[2], geben jetzt den Ton im Ministerium an. Man hat sogar Haussuchung bei ihm gehalten und seinen ganzen Briefwechsel beschlagnahmt. Darunter mögen erbauliche Dinge sein.

Viel schlimmer wirkt sich das Gesetz natürlich auf den Nachwuchs aus. Es passieren da manchmal merkwürdige Dinge. Z. B. erschien einer meiner früheren Regimentskommandeure bei mir wegen seines Schwiegersohns, der Privatdozent ist. Aber selbst wenn man irgend etwas ausfindig macht, was die Streichung als Privatdozent verhindert, ist dem Betreffenden für die Zukunft nicht geholfen. Denn auf absehbare Zeit ist daran gar nicht zu denken, daß ein nichtarischer Privatdozent Ordinarius wird. Deshalb empfinde ich auch das Schicksal von Herzfeld als besonders tragisch. Unter dem vorigen Regime kam er nicht weiter, weil er politisch zu weit rechts stand; und für die heutige Regierung gilt er als Jude. Gewiß versteht man die Reaktion gegen das Überhandnehmen des Judentums, namentlich in Berlin, wo es Universitätsinstitute mit 90 und mehr % Juden gab. Aber man hätte doch wohl anders vorgehen müssen, zunächst einmal die ganze neue Zuwanderung seit 1918 restlos ausweisen. Aber ein Mann wie Herzfeld ist ja innerlich viel zu deutsch, als daß er Aussicht auf Unterkommen im Ausland hätte.

[...] Wenn die badische Hochschulreform auch in die anderen Staaten übertragen wird, bleibt von der Autonomie der Fakultäten überhaupt nichts mehr übrig[3]. Ich kann mir aber von dem Führerprinzip im akademischen Leben nichts Vorteilhaftes versprechen. Denn der Rektor oder der Dekan als „Führer"

---

[1] Gemeint ist das „Gesetz zur Wiederherstellung des Berufsbeamtentums" vom 7.4.1933, abgedruckt u. a. in: Ursachen und Folgen, Bd. 9, S. 283–287; in § 3 (1) wurde festgelegt, dass alle deutschen Beamten „nichtarischer Abstammung" in den Ruhestand zu versetzen seien.

[2] Diese Bemerkung bezieht sich auf den preußischen Hochschulkonflikt von 1927. Die 1919 gegründete „Deutsche Studentenschaft" war „großdeutsch" ausgerichtet, umfasste daher auch die Studierenden aus Österreich und dem Sudetenland. Im Gegensatz zur Deutschen Studentenschaft waren Juden aus den österreichischen und sudetendeutschen „Studentenkammern" ausgeschlossen. Der preußische Kultusminister Becker forderte im Dezember 1926 die Deutsche Studentenschaft auf, sich entweder von den Österreichern und Sudetendeutschen zu trennen oder dafür zu sorgen, dass deren Organisationen künftig allen Studierenden (damit auch den jüdischen) offen stünden. Als eine entsprechende Verordnung des Ministers vom September 1927 nach einer Urabstimmung an allen preußischen Universitäten mit großer Mehrheit abgelehnt wurde, löste Becker die preußischen Studentenschaften im Dezember 1927 auf; vgl. Michael Grüttner: Studenten im Dritten Reich, Paderborn/München/Wien/Zürich 1995, S. 26 f.; Wende: C. H. Becker, S. 258–265.

[3] Die „Badische Hochschulverfassung" vom 21.8.1933 verfügte die Durchsetzung des „Führerprinzips" an den badischen Universitäten, also die Ernennung der Rektoren durch den zuständigen Minister, der Dekane durch die jeweiligen Rektoren; vgl. hierzu Hermann Weisert: Die Verfassung der Universität Heidelberg. Überblick 1386–1952 (Abhandlungen der Heidelberger Akademie der Wissenschaften. Philosophisch-Historische Klasse, Jg. 1974,2), Heidelberg 1974, S. 127–129.

kann die Dinge, über die er zu entscheiden hat, gar nicht alle selbst beurteilen, und statt der in der Regel sachlichen und der gegenseitigen Kontrolle unterliegenden Beratung in der Fakultät oder Kommission bleibt nur eine heimliche unkontrollierbare Beeinflussung durch berufene und unberufene Ratgeber. Die Erfahrungen, die wir bei der Studentenschaft Berlin mit dem Führerprinzip gemacht haben, sind so schlecht wie möglich. Der erste Führer wurde durch Intrigen bei einer höheren Stelle verdächtigt und abberufen, benutzte dann seine Freiheit, um bei einer noch höheren Stelle mit Erfolg zu intrigieren, sodaß der 2. Führer wieder abgesetzt und der 1. eingesetzt wurde. Inzwischen ist schon wieder Krach da, wie ich dieser Tage aus einer Zuschrift ersehen habe[1].

Im allgemeinen geht es in Berlin ganz ruhig zu. Viel schlimmer steht es mit Halle und Kiel. Namentlich in Halle haben es die Rektoren, erst Frölich[2], dann Stieve[3], verstanden, die besondere Stellung der Universität und der Professoren gänzlich preiszugeben und aus der Universität einen „Betrieb" im Sinne der NSBO zu machen, der von dem Betriebszellenobmann in Halle zu Aufmärschen und dergleichen einfach kommandiert wird. Sie werden über die Vorgänge des 1. Mai wohl schon informiert sein. Kiel erntet jetzt die Früchte einer unheilvollen Personalpolitik, die immer mehr Juden in die Fakultäten zog, und das in einem Lande, das fast keine einheimischen Juden hat.

Meinecke, über dessen seltsamen Anknüpfungsversuch Sie in Ihrem Briefe schreiben, habe ich nur um Pfingsten herum einmal ausführlich sprechen können. Er leidet natürlich sehr unter der neuen Zeit, die all seine Ideale zerschlägt, ihn auch in seinen meist jüdischen Schülern schwer trifft. In der HZ mußte er sich auch etwas „gleichschalten", z.B. Hedwig Hintze ausschiffen[4]. Das hat ihm nun wieder Hintze sehr übelgenommen, der unbedingt an seiner Frau festhält, auch grundsätzlich die These vertritt, daß die Judenfrage nur durch Absperrung gegen die Ostjuden und durch Connubium in Deutschland befriedigend gelöst werden könne. Wenn nur beim Connubium die jüdische Rasse meist das Übergewicht behielte[5].

---

[1] Zu den Konflikten innerhalb der nationalsozialistischen Studentenführung im Sommer 1933 vgl. Michael Grüttner: Die Studentenschaft in Demokratie und Diktatur, in: Geschichte der Universität Unter den Linden 1810–2010, Bd. 2: Die Berliner Universität zwischen den Weltkriegen 1918–1945, hrsg. v. Heinz-Elmar Tenorth, Berlin 2012, S. 187–294, hier S. 262 ff.

[2] Gustav Froelich (1879–1940), Agrarwissenschaftler, a.o. Professor an der Universität Jena (1910–1912), o. Professor an den Universitäten Göttingen (1912–1915) und Halle (1915–1938), 1932–1933 Rektor der Universität.

[3] Hermann Stieve (1886–1952), Mediziner, o. Professor für Anatomie an den Universitäten Halle (1921–1935) und Berlin (1935–1952), Mai-November 1933 Rektor der Universität Halle.

[4] Friedrich Meinecke und Albert Brackmann verzichteten im Mai 1933 auf die Mitarbeit der als „politisch belastet" geltenden Hedwig Hintze als Berichterstatterin für französische Geschichte in der „Historischen Zeitschrift"; siehe Meineckes und Brackmanns Brief an die Historikerin vom 20.5.1933 sowie Otto Hintzes Brief an Meinecke vom 21.5.1933, in: Friedrich Meinecke: Akademischer Lehrer und emigrierte Schüler, S. 428 f.

[5] Sic! Hartung hat vermutlich zwischen den Worten „nur" und „beim" ein „nicht" vergessen, was der Empfänger im Text mit Bleistift angemerkt hat („nicht?").

Wissenschaftlich ist das Jahr für mich natürlich verloren. Ich bin dankbar, daß meine Gesundheit standgehalten hat. [...]

Ich hoffe sehr, daß Sie für mein langes Stillschweigen Verständnis und Verzeihung haben werden. Es liegen wirklich schwierige Monate hinter mir, die mit all ihrer Arbeit mich nicht nur physisch sondern häufig auch psychisch mitgenommen haben. [...]

Mit vielen herzlichen Grüßen auch an die Ihrigen
in alter Verehrung
Ihr F. Hartung

Nr. 97

An Richard Fester   Freudenstadt/Schwarzwald, 28. August 1933

BAK N 1107, Nr. 246. – Hs. Original.

Verehrter und lieber Herr Geheimrat!

Über die rasche Beantwortung meines Briefes habe ich mich sehr gefreut[1]. Denn sie hat mir gezeigt, daß Sie trotz meiner langedauernden Schreibfaulheit die alte Verbindung noch aufrechterhalten wollen. Und da auch ich diesen Wunsch hege, will ich Ihre Fragen gleich beantworten.

Zunächst Herzfeld: er ist natürlich als Kriegsteilnehmer gegen die Entziehung der Venia geschützt, das preußische Ministerium ist auch bisher anständig gewesen und hat in solchen Fällen die Lehrauftragsvergütung weiter gezahlt. Brackmann und ich sind auch entschlossen, ihn bei den Jahresberichten, die ihm jährlich einige 100 M einbringen, zu halten. Das, was mir Sorge macht, ist seine Zukunft. Nach den neuen Bestimmungen kann er keine beamtete Stelle bekommen. Und bis die Welt sich so weit gedreht hat, daß das anders wird, ist die Zeit für ihn wohl vorbei.

Aubin wird vermutlich strafversetzt werden[2]. Es gibt freilich nicht viel preußische Universitäten [sic], die nach Halle noch als Strafe aufgefaßt werden können, zumal da Königsberg und Breslau als Ostuniversitäten besonders gehoben werden sollen. Aber da er in Halle sein schwer verwertbares Haus hat, wäre jede Versetzung für ihn eine empfindliche Einbuße.

[...]

Waentig ist Minister a.D. und ist seit seiner noch durch O. Braun veranlaßten Entlassung nie wieder hervorgetreten. Das einzige, was ihm passieren könnte, wäre die Entziehung der Pension. Ich habe darüber nichts gelesen und nehme an, daß man ihn einfach vergessen hat. So schmerzlich das auch für seine Eitelkeit sein muß, so wird er doch damit ganz zufrieden sein.

---

[1] Nicht überliefert.
[2] Siehe oben, Brief Nr. 94.

Ähnlich steht es wohl mit O. Becker-Kiel[1]. Er hat es im Guten und Bösen so verstanden, im Schatten zu bleiben (sein Verhalten beim Historikertag in Halle bedeutete die völlige Ausschaltung der neueren Historie bei der Repräsentation), daß die Geschichte seiner Berufung vergessen ist[2], er selbst natürlich auch. Wie er jetzt politisch steht, weiß ich nicht.

Im Fall Windelband war die Berliner Fakultät in einer Zwangslage. Seitdem uns durch die nur halb ausgeführte Schiebung von 1930 (die 2. Hälfte: Perels nach Halle und Besetzung seiner Stelle mit einem neueren Historiker unterblieb aus dunkeln Gründen) die eine neuzeitliche Professur verloren gegangen war, haben wir immer wieder auf das Mißverhältnis hingewiesen: 3 mittelalterliche gegen 2 neuzeitliche Professuren. Nun bot Rust – ich habe selbst mit ihm verhandelt – uns Windelband an. Ich fragte sofort, auf wie lange. Wenn die Ernennung etwa bedeuten solle, daß Windelband in etwa 4 Jahren automatisch Nachfolger von Oncken werden solle, dann sei er unannehmbar. Ich habe auch darauf hingewiesen, daß wir mit Berufung von Herren aus dem Ministerium nicht immer gute Erfahrungen gemacht haben und daß Windelband nicht für Berlin qualifiziert sei. Rust erklärte darauf, mit dem Finanzministerium nochmals verhandeln zu müssen. Offenbar war Windelband als vorweggenommener Ersatz [für] Oncken gedacht. Aber dann wurde schriftlich zugesichert, daß die Professur Windelband uns freie Hand bei Onckens Abgang lasse; und darauf haben wir zugestimmt. Es ist immerhin nicht so schlimm wie der Fall Richter, wo jede wissenschaftliche Grundlage fehlte. Der Fall Richter erschwert uns auch jede Aktion für die (übrigens nicht sehr zahlreichen) beurlaubten Kollegen. Denn wir können für ihn keine wissenschaftlichen Verdienste anführen; und ihn allein fallen zu lassen und für die anderen einzutreten ist auch blamabel. Ein schönes Schulbeispiel für den Satz vom Fluch der bösen Tat[3], über den ich mal einen Aufsatz habe machen müssen.

Ihre Sorgen um Ihre wissenschaftliche Arbeit verstehe ich durchaus. Ich rechne auch mit zeitweiliger Lähmung aller wahren wissenschaftlichen Arbeit, rechne allerdings darauf, daß auf die Dauer die Wissenschaft sich doch behaupten wird. Der Kulturhistoriker Riehl[4] hat mal einen hübschen Satz geschrieben, in dem er auf den Wandel aller Dinge seit der Renaissance hinweist, Entdeckung Amerikas, Reformation usw. bis zum Untergang des heiligen Reiches und zum Sturz Napoleons: nur die 4 grauen Fakultäten sind unverändert

---

[1] Otto Becker (1885–1955), Historiker, o. Professor an den Universitäten Halle (1927–1931) und Kiel (1931–1953).
[2] Otto Becker war 1927 als Nachfolger Richard Festers gegen den Willen der Fakultät an die Universität Halle berufen worden.
[3] Zitat aus Schillers „Wallenstein – Die Piccolomini", V/1, v. 2452 f.: „Das eben ist der Fluch der bösen Tat/ Daß sie, fortzeugend, immer Böses muß gebären"; Schiller: Sämtliche Werke, Bd. 2, S. 398.
[4] Wilhelm Heinrich (1883 von) Riehl (1823–1897), Kulturhistoriker und Schriftsteller, Honorarprofessor und o. Professor an der Staatswirtschaftlichen Fakultät der Universität München (1854/59–1897), seit 1885 Direktor des Bayerischen Nationalmuseums in München und Generalkonservator der Kunstdenkmäler und Altertümer Bayerns.

geblieben¹. Daraus schöpfe ich auch für meine recht unerquickliche und finanziell erheblich verkürzte Tätigkeit als Dekan die Hoffnung, daß sie auf die Dauer nicht ganz vergeblich sein wird: es kommt jetzt vor allem darauf an, die Universitäten am Leben zu erhalten, nicht ganz zerschlagen zu lassen. Nach den Vorgängen innerhalb der Studentenschaft glaube ich, daß sich das natürliche Verhältnis zwischen Dozent und Student bald wieder herstellen wird. Das Führerprinzip in allen Ehren; aber ohne geistige Überlegenheit gibt es keine Führung.

[...]

Mit vielen herzlichen Grüßen
Ihr F. Hartung

Nr. 98

An Wilhelm Schulze   Berlin, 15. September 1933

UA HU Berlin, Phil. Fak, Nr. 1477, Bl. 361. – Masch. Durchschlag.

Herrn Geheimrat Professor Dr. Wilhelm Schulze²

Sehr verehrter Herr Kollege!

Eben rief Ministerialrat Achelis bei mir an und bat mich, ihm bis Montag eine Aeusserung der Fakultät oder wenigstens der näheren Fachgenossen über Pokorny zu beschaffen³. Der Auftrag überrascht mich insofern, als ich zu Anfang August mit Achelis über die beurlaubten Kollegen gesprochen und bei der Nennung von Pokorny die Antwort bekommen habe, für diesen sei bereits alles geschehen, was geschehen könne. Aber das hilft heute nichts mehr, und es ist selbstverständlich, dass ich die hier gebotene Möglichkeit, für einen gefährdeten Kollegen einzutreten, sofort ergreife. Ich wäre Ihnen zu grösstem Dank verpflichtet, wenn Sie mich dabei unterstützen könnten. Vielleicht können Sie mir telefonisch Bescheid geben, ob ich Sie Sonnabend Nachmittag oder Sonntag einmal aufsuchen darf, damit ich mit Ihnen die für Pokorny sprechenden Argumente einmal durchsprechen kann. Aber es würde allenfalls

---

[1] W[ilhelm] H[einrich] Riehl: Die Naturgeschichte des Volkes als Grundlage einer deutschen Social-Politik, Bd. 1: Land und Leute. Zweite vermehrte Aufl., Stuttgart/Augsburg 1855, S. 24: „Alle Dinge wechseln; nur die vier Fakultäten scheinen für die Ewigkeit gemacht zu seyn. Kaiser und Reich ist vergangen, Deutschland ward zweigetheilt in seinem christlichen Bekenntniß, große wissenschaftliche Revolutionen loderten auf und verglommen wieder in ihrer eigenen Asche, die Epoche der sogenannten Wiedergeburt der Wissenschaften, die Epoche der Renaissance und des Zopfes, die Epoche der dicken holländischen Gelehrsamkeit, des leichtsinnigen französischen Enzyklopädismus und der tiefsinnigen deutschen Philosophie – Alles ging vorüber; nur die grauen vier Fakultäten sind geblieben".

[2] Wilhelm Schulze (1863–1935), Klassischer Philologe und Indogermanist, a. o. Professor für Klassische Philologie an der Universität Marburg (1892–1895), o. Professor für Vergleichende Sprachwissenschaft an den Universitäten Göttingen (1895–1902) und Berlin (1902–1935).

[3] Siehe oben, Brief Nr. 94.

auch genügen, wenn ich Ihre Zustimmung dazu erhielte, im Schreiben an Achelis Sie als zustimmend anzuführen. Sonnabend Vormittag werde ich, schon um die Akten über Pokorny anzusehen, auf die wir uns beziehen können, etwa von 10 Uhr ab im Dekanat sein.

Verzeihen Sie die Ferienbelästigung, aber Eile tut not, und der internationale Linguistenkongress hat mehrere Kollegen, an die ich mich sonst hätte wenden können, entführt[1].

In alter Verehrung
　　　　　Ihr sehr ergebener
　　　　　　　　　Hg

Nr. 99
An Gustav Aubin　　　　　　　　　　Berlin, 20. September 1933

SBB PK, Nl. Fritz Hartung, K 79/4. – Masch. Durchschlag.

Lieber Aubin!

[...]

Wenn ich Ihnen also auch nichts über Ihr eigenes Schicksal[2] erzählen kann, so interessiert es Sie vielleicht doch, etwas über die allgemeine Lage zu hören. Ich war vorgestern fast eine Stunde bei Gerullis. Er ist zwar ein Rauhbein in den Formen und war ziemlich kriegerischer Stimmung, wiederholt drohte er mit Genickbrechen und Konzentrationslager, obwohl doch die Professorenschaft Deutschlands mit Einschluss von Spranger[3] bisher nichts getan hat, was den Verdacht der Märtyrerneigung begründen könnte. Aber daneben ist Gerullis doch ein Mann von einem sehr klaren und nüchternen Verstand. Die Universitätsreform nach badisch-bayrischem Muster lehnt er ab, es gäbe dringlichere Aufgaben, z.B. das Ordnungschaffen in der Studentenschaft, deren weitgehende Rechte man jetzt bei den entscheidenden Stellen wohl schon

---

[1] Wie ein weiterer Brief Hartungs an Schulze vom 20.9.1933 zeigt (UA HU Berlin, Phil. Fak., Nr. 1477, Bl. 364; Durchschlag), hat Schulze ihn sogleich in seinen Bemühungen, im Ministerium entschieden für den Verbleib Julius Pokornys an der Universität zu wirken, brieflich unterstützt; Hartung bemerkt in diesem Schreiben ebenfalls: „Da Achelis die Nennung von Sachverständigen ausdrücklich gewünscht hatte, habe ich Ihren Namen genannt. Ihr Brief gibt mir wohl die nachträgliche Zustimmung dazu. Ich habe mich für befugt zu dieser Eigenmächtigkeit gehalten, weil ich mich mit Ihnen in der Ueberzeugung einig glaube, dass die Fakultät und jedes Ihrer Mitglieder für einen gefährdeten Kollegen unter allen Umständen einzutreten habe, zumal angesichts einer direkten Aufforderung vom Ministerium. Ihr Brief enthält die beruhigende Gewissheit, dass ich mich darin nicht getäuscht habe. Und so hoffe ich denn auch, dass Sie in meinem Verhalten kein anmassliches ‚Führertum' erblicken werde[n], von dem einige Kollegen schon halb ironisch, halb vorwurfsvoll zu mir gesprochen haben, sondern lediglich das Bemühen, die Interessen der Fakultät zu wahren, ein Bemühen, das in der jetzigen ungewöhnlichen Zeit gelegentlich ein rasches und selbständiges Handeln des Dekans erfordert" (ebenda).
[2] Siehe oben, Brief Nr. 94.
[3] Siehe oben, Brief Nr. 93.

bedauert. Ich weiss nur nicht, ob er in all diesen Dingen wirklich die Entscheidung hat und ob es nicht auch innerhalb des Ministeriums radikalere Richtungen gibt. Von der Berufung Heideggers[1] werden Sie gelesen haben. Die Fakultät ist nicht gefragt worden; es war auch nicht nötig, denn Heidegger ist schon einmal unter Grimme, damals gegen den freilich nicht ganz klar ausgedrückten Willen der Fakultät, berufen worden; es ist merkwürdig, wie manche Leute es verstehen, es allen Richtungen recht zu machen[2]. Das gilt ja auch von dem Staatsrat C. Schmitt[3]. Ob Heidegger kommen wird, ist noch nicht sicher. Mir erscheint seine Berufung als das offene Eingeständnis, dass Baeumler, der die politische Erziehung der Studentenschaft eigentlich in seine Hand bekommen sollte, dieser Aufgabe nicht gewachsen ist. Der Besuch seiner Vorlesung ist im letzten Semester so katastrophal zurückgegangen, dass er für die jüngeren Semester offiziell gemacht wurde, mit Karten, die jeweils abgestempelt werden mussten. Auf die gleiche Weise soll der Fachschaftsdienst kontrolliert werden. Ich glaube, dass die Studenten sich auf die Dauer diesen Zwang, der die Schule noch um ein paar Jahre verlängert, nicht gefallen lassen werden.

In Warschau bin ich tatsächlich nicht gewesen[4], habe auch noch nichts darüber gehört. Es hätte mir die Ferien, die ich nach einem sehr aufreibenden Semester wirklich nötig hatte, zumal angesichts der Aussicht, noch ein volles Jahr Dekan zu bleiben, allzu sehr auseinander geschnitten. Ich habe mich an Warschau nur indirekt beteiligt, indem ich für das Brackmannsche Sammelwerk einen Beitrag lieferte, von dem ich einen Abdruck beilege[5]. Ihre Kritik an dem Gesamtwerk ist sicher berechtigt, aber die amtlichen Stellen, auf deren Wunsch das Buch unternommen worden ist, haben natürlich erst viel zu spät damit angefangen, sodass eine gegenseitige Abstimmung der Beiträge kaum mehr möglich war.

Vorgestern besuchte uns Frau Herzfeld mit ihrem Sohn, der nun durch die neuerliche Verschärfung der Arierbestimmung wohl auch zum Nichtarier verurteilt ist. Der Mann [...] arbeitet an seiner Miquelbiographie[6], aber was hat er zu erwarten! Selbst wenn er seinen Lehrauftrag behält, was angesichts des starken Andrangs von morgenluftwitternden Habilitanden zweifelhaft ist,

---

[1] Martin Heidegger (1889–1876), Philosoph, a.o. Professor an der Universität Marburg (1923–1927) und o. Professor an der Universität Freiburg i.Br. (1927–1945), 1933–1934 Rektor der Universität.

[2] Martin Heidegger erhielt zweimal einen Ruf an die Universität Berlin, den ersten im April 1930, den zweiten im September 1933, beide Rufe lehnte er ab; vgl. Rüdiger Safranski: Ein Meister aus Deutschland. Heidegger und seine Zeit, München 1994, S. 249f., 312ff.

[3] Carl Schmitt (1888–1985), Jurist, Dozent an der Handelshochschule München (1920–1921), o. Professor an den Universitäten Greifswald (1921–1922), Bonn (1922–1928), an der Handelshochschule Berlin (1928–1933) sowie an den Universitäten Köln (1933) und Berlin (1933–1945), 1933 Preußischer Staatsrat.

[4] Der VII. Internationale Historikerkongress tagte vom 21. bis 27.8.1933 in Warschau; vgl. Erdmann: Die Ökumene der Historiker, S. 190–220.

[5] Fritz Hartung: Deutschland und Polen während des Weltkrieges, in: Deutschland und Polen. Beiträge zu ihren geschichtlichen Beziehungen, hrsg. v. Albert Brackmann, München/Berlin 1933, S. 244–258.

[6] Hans Herzfeld: Johannes von Miquel, Bde. 1–2, Detmold 1938.

kommt er doch nie in eine halbwegs gesicherte Stellung. Mit Habilitationswünschen habe ich im vergangenen Semester allerhand erlebt. Besonders katastrophal wurde der Andrang, als das Ministerium Bewerbungen um Professuren „zuständigkeitshalber" an die Fakultäten abgab. Als ich mich mit Achelis darüber unterhielt, meinte er, die Fassung besage doch deutlich, dass damit die Habilitation gemeint sei. Ich bat ihn, das etwas klarer auszudrücken, denn die Leute, die mit einem solchen Schreiben zu mir kamen, erklärten mich mehr oder minder vernehmlich für einen Vertreter des verruchten Systems, wenn ich sagte, dass die Fakultät keine Professuren zu vergeben habe. Zum Glück hat dann das Ministerium die ganzen Habilitationen gesperrt; es scheint aber, dass keine grundsätzliche Aenderung vorgenommen werden wird, abgesehen von einem Bestätigungsrecht des Ministeriums. Das Gros der Bewerbungen, teils um Professuren, teils um Habilitation, stammt natürlich von Nationalökonomen. Bei diesen haben die §§ 3 und 4 wohl auch am schlimmsten gewirkt[1].

Von alten Bekannten habe ich nichts Neues zu erzählen. Ich habe die Ferienmusse dazu benutzt, wieder einmal an Fester zu schreiben; seine Antwort[2] klang etwas resigniert, er fühle sich jetzt tatsächlich emeritiert, weil er für seine Arbeiten keine Druckmöglichkeit mehr finde. Aber ein „marktgängiger" Autor ist er nie gewesen.

Auf meiner Reise habe ich übrigens vom „neuen Deutschland" nicht viel bemerkt. In Freudenstadt selbst waren viele Juden, anscheinend gänzlich unbelästigt, wahrscheinlich ähnlich wie in Baden-Baden, wo, wie mir ein jüdischer Herr sagte, die Einheimischen bemüht waren, den Kurgästen ohne Unterschied der Rasse das Geld abzunehmen. Auch vom Hitlergruss war, abgesehen von kleinen Kindern, nichts zu merken. Und als ich eines Sonntags zu einem Trachtenfest nach Peterstal fuhr, fiel mir auf, wie wenig Hakenkreuzfahnen neben sehr vielen schwarz-weiss-roten und rot-gelben zu sehen waren. Auch hier in Berlin setzt sich der deutsche Gruss nur sehr langsam durch, selbst beim Unterpersonal der Universität. Und mir gelingt es auch noch nicht, jüdische Kollegen, die mich aufsuchen, mit „Heil Hitler" zu begrüssen.

[...]

Ich wünsche Ihnen nun von Herzen, dass die lange Zeit der Ungewissheit bald einen erfreulichen oder wenigstes erträglichen Abschluss finde. Mit herzlichen Grüssen

Ihr

---

[1] Nach den Bestimmungen dieser beiden Paragraphen des „Gesetzes zur Wiederherstellung des Berufsbeamtentums" (7.4.1933) konnten alle Beamten „nichtarischer Abstammung" sowie alle Staatsdiener, „die nach ihrer bisherigen politischen Betätigung nicht die Gewähr dafür bieten, daß sie jederzeit rückhaltlos für den nationalen Staat eintreten", aus dem Dienst entlassen werden (zit. nach dem Abdruck in: Ursachen und Folgen, Bd. 9, S. 284).

[2] Nicht überliefert.

Nr. 100
An Albert Brackmann Berlin, 23. September 1933

GStA PK, VI. HA., Nl. Albert Brackmann, Nr. 11, 156. – Masch. Original.

Lieber Herr Brackmann!

[...]
Zur Zeit kommen die Entlassungen heraus. An Ueberraschungen ist bisher nur die Entlassung von M. Herrmann[1] zu verzeichnen, der im Juli wegen Erreichung der Altersgrenze emeritiert worden war, jetzt aber dem § 3 verfallen ist, ausserdem die Entziehung der Venia bei Hobohm nach § 4[2]. Sonst sind nur die bereits erwarteten Entlassungen erfolgt, bei der Historie G. Mayer[3], Frau Hintze, Baron, Weinbaum[4]. Einige Entscheidungen fehlen noch, so die über Lederer[5], aber auch über Richter; auch W. Norden[6] schwebt noch im Ungewissen. Gerullis hat aber versichert, dass die Hochschulabteilung bis zum 30. fertig sein werde. [...]

Sonst macht das Dekanat augenblicklich keine grossen Sorgen. Die Berufung von Heidegger, um den sich schon Grimme einmal vergeblich bemüht hat[7], fasse ich nicht so sehr als Affront gegen die Fakultät auf wie vielmehr als das Eingeständnis, dass Baeumler seiner Aufgabe der politischen Erziehung der Studentenschaft nicht gewachsen ist und Verstärkung braucht. Ob Heidegger freilich der richtige Mann ist, ist mir zweifelhaft. Seine Rektoratsrede habe ich, soweit sie in der Frankfurter Zeitung abgedruckt war, nicht begriffen[8].

Einschneidende Reformen sind anscheinend für die preussischen Universitäten nicht geplant. Wenigstens lehnte Gerullis neulich die Nachahmung der badisch-bayrischen Reformen und des dort eingeführten Führerprinzips ab; es gebe gar nicht genug Führer im Sinne des Nationalsozialismus an den Univer-

---

[1] Max Herrmann (1865–1942), Germanist und Theaterwissenschaftler, a.o./o. Professor an der Universität Berlin (1919/30–1933), aus „rassischen" Gründen aus dem Amt entfernt, starb im Konzentrationslager Theresienstadt.
[2] Siehe oben, Briefe Nr. 96, 99.
[3] Gustav Mayer (1871–1948), Historiker, a.o. Professor für Geschichte der politischen Parteien an der Universität Berlin (1921–1933), 1933 aus „rassischen" Gründen entlassen, anschließend Emigration nach Großbritannien.
[4] Martin Weinbaum (1902–1990), Historiker, Privatdozent für mittelalterliche Geschichte an der Universität Berlin (1929–1933), Emigration nach Großbritannien.
[5] Emil Lederer (1882–1939), Ökonom und Sozialwissenschaftler, a.o./o. Professor an der Universität Heidelberg (1918/22–1931) und o. Professor an der Universität Berlin (1931–1933); aus „rassischen" und politischen Gründen entlassen, Emigration in die USA, dort Professor an der New School for Social Research in New York City.
[6] Walter Norden (1876–1937), Historiker und Verwaltungswissenschaftler, a.o. Professor für Kommunalverwaltungslehre an der Universität Berlin, seit 1928 Leiter des dortigen Kommunalwissenschaftlichen Instituts, 1933 aus „rassischen" Gründen entlassen.
[7] Siehe oben, Brief Nr. 99.
[8] Martin Heidegger sprach am 27.5.1933 über „Die Selbstbehauptung der deutschen Universität"; im Druck erschienen Breslau 1933; durchges. Neuaufl. und Erstveröffentlichung einer Niederschrift aus dem Jahre 1945, hrsg. v. Hermann Heidegger, Frankfurt a.M. 1983.

sitäten¹. Ich habe ihn in dieser Ansicht nur bestärkt. Meiner Ueberzeugung nach führt das alleinige Entscheidungsrecht des Rektors und der von ihm ernannten Dekane nur zu einem Klüngelwesen, denn der Dekan kann doch über die vielen Wissenschaftsgebiete seiner Fakultät kein eigenes Urteil haben. Und mir scheint es besser, wenn die Fakultät verantwortlich entscheidet, dann aber auch an ihren Beschluss gebunden ist, als wenn der Dekan sich unverbindlich beraten lässt. Auf der anderen Seite bedeutet das Ausbleiben der Universitätsreform für mich voraussichtlich, dass ich wirklich noch ein Jahr Dekan bleiben muss.

[...]

Sehr gespannt bin ich auf Ihre Erzählungen über Warschau². Ich habe noch gar nichts Rechtes darüber gehört, nur von einem Gerücht: die Polen hätten, als unsere Delegation beim deutschen Gesandten eingeladen war, die Gelegenheit benutzt, um Propagandamaterial gegen uns zu verbreiten. Dass ich nicht dort gewesen bin, bedaure ich nicht. Denn ich habe in Freudenstadt einen sehr erholsamen Monat bei herrlichem Wetter verlebt. Acht Tage lang hatte ich freilich die etwas elegische Gesellschaft von Dessoir zu ertragen.

Was sagen Sie dazu, dass Westphal³ als Nachfolger Keutgens⁴ nach Hamburg berufen worden ist! Die Absicht dabei ist offenbar, Hashagen⁵, der sich mit der neuen Zeit nicht abfinden kann, jedenfalls bei der Studentenschaft unbeliebt ist, mehr aufs Mittelalter abzudrängen. Denn dass Westphal kein mittelalterlicher Historiker ist, wird auch in Hamburg zugegeben. Ich kann mit Westphals Büchern nichts anfangen; ich finde sie unklar, auch sein letztes, gegen Holborn gerichtetes Schriftchen über die Theologie der deutschen Geschichte⁶. Insofern ist mir Hoppe wesentlich lieber. Aber wieso der Führer des Bundes deutscher Osten dazu kommt, den Vorsitzenden des Gesamtvereins zu bestimmen, ist mir unklar⁷. Wenn die Tagung statt in Königsberg irgendwo im

---

¹ Siehe oben, Brief Nr. 96.
² Siehe oben, Brief Nr. 99.
³ Otto Westphal (1891–1950), Historiker, Privatdozent und a. o. Professor an der Universität Hamburg (1923/30–1932), a. o. Professor an der Universität Göttingen (1932–1933), o. Professor an der Universität Hamburg (1933–1936), Lehrstuhlvertreter (Nachfolge Hans Rothfels) an der Universität Königsberg (1936/37), anschließend freier Autor.
⁴ Friedrich Keutgen (1861–1936), Historiker, Mediävist, a. o. Professor an der Universität Jena (1900–1904), Gastprofessor an der Johns Hopkins University in Baltimore (1904–1905) o. Prof. am Kolonialinstitut Hamburg (1910–1919) und an der Universität Hamburg (1919–1933).
⁵ Justus Hashagen (1877–1961), Historiker, Privatdozent und a. o. Professor an der Universität Bonn (1908/13–1920), o. Professor an den Universitäten Köln (1920–1925) und Hamburg (1925–1936), wegen seiner Gegnerschaft zum Nationalsozialismus zwangspensioniert.
⁶ Otto Westphal: Theologie der deutschen Geschichte?, Hamburg 1933.
⁷ Willy Hoppe hatte im September 1933 den Vorsitz des Gesamtvereins der deutschen Geschichts- und Altertumsvereine übernommen; vgl. Klaus Neitmann: Willy Hoppe, die brandenburgische Landesgeschichtsforschung und der Gesamtverein der deutschen Geschichts- und Altertumsvereine in der NS-Zeit, in: derselbe: Land und Landeshistoriographie. Beiträge zur Geschichte der brandenburgisch-preußischen und deutschen Landesgeschichtsforschung, hrsg. v. Hans-Christof Kraus/Uwe Schaper, Berlin/Boston 2015, S. 245–

Nr. 100. An Albert Brackmann, 23. September 1933

Westen gewesen wäre, hätte wohl irgendein Politiker des Westens den „Führer" bestimmt. Unter diesen Umständen muss die nächste Tagung des Verbands deutscher Historiker besonders vorsichtig vorbereitet werden. Man müsste vor allem den Nazis klar machen, dass die politische Bedeutung all dieser Verbände gleich Null ist, dass ihr Hauptwert in der zwanglosen Vereinigung der Fachgenossen beruht und durch Politisierung nur gefährdet wird. Freilich wird man darauf, wenigstens wenn die Dinge sich nicht sehr ändern, immer nur die Antwort bekommen, dass das anders werden müsse und dass deswegen die energische Führung durch einen Pg unbedingt nötig sei.
[...]
Heute war Frauendienst bei mir; er ist auch schon Pg oder jedenfalls nicht mehr weit entfernt davon. Er machte Andeutungen, als ob Meineckes Vorsitz in der Historischen Reichskommission bedroht sei, sowohl seiner politischen Haltung wegen wie wegen der Unergiebigkeit der grossen Aktenpublikationen über 1858 bis 1871[1]. Einstweilen aber scheint man im Reichsministerium des Innern die Autonomie der Kommission nicht aufheben zu wollen; wenigstens sagte mir Meinecke, dass G. Mayer als Mitglied der HRK nicht gestrichen worden sei, sondern dass er (Meinecke) auf Wunsch des Ministeriums ihm das freiwillige Ausscheiden nahegelegt habe. Frauendienst gehört offenbar auch zu den Leuten, die Morgenluft wittern; bei Hölzle[2] habe ich den gleichen Eindruck. Es ist vielleicht ein Glück, dass es so viele sind. Da heben sich die Strebereien gegenseitig auf.
[...]

Mit herzlichen Grüssen
Ihr Hartung

292, hier S. 262 ff. – Als Vorsitzender des „Bundes Deutscher Osten" fungierte 1933 der NS-Funktionär, Autor und Volkstumspolitiker Franz Lüdtke (1882–1945).

[1] Friedrich Meinecke musste im März 1934 den Vorsitz in der Historischen Reichskommission an Hermann Oncken abgeben; im April 1935 wurde die Kommission zur Selbstauflösung gezwungen. Von der Edition: Die Auswärtige Politik Preußens 1858–1871. Diplomatische Aktenstücke, hrsg. v. der Historischen Reichskommission unter Leitung v. Erich Brandenburg/Otto Hoetzsch/Hermann Oncken, waren bis 1933 bereits drei Bände erschienen. Eigentlicher Hintergrund der langsamen Demontage der Kommission durch das Regime seit Ende 1933 war die Neugründung eines „Reichsinstituts für Geschichte des neuen Deutschlands" durch den nationalsozialistischen Historiker Walter Frank (1905–1945) im Jahr 1935, das z.T. mit den finanziellen Ressourcen der Kommission finanziert wurde; vgl. neben Goetz: Die Historische Reichskommission, S. 412 ff., vor allem Helmut Heiber: Walter Frank und sein Reichsinstitut für Geschichte des neuen Deutschlands, Stuttgart 1966, S. 241 ff.

[2] Erwin Hölzle (1901–1976), Historiker, Dozent an der Universität Berlin (1944–1945), seit 1945 Regierungsrat im Statistischen Landesamt in Stuttgart; wegen NS-Belastung blieb ihm nach dem Zweiten Weltkrieg eine erneute Dozentur verwehrt.

Nr. 101
An Wilhelm Schlenk   Berlin, 26. September 1933

UA HU Berlin, Phil. Fak, Nr. 1477, Bl. 325. – Masch. Durchschlag.

Herrn Prof. Schlenk[1]

Sehr verehrter Herr Kollege!

Eben komme ich von Achelis. Danach haben wir in der Fakultät keine besonderen Ueberraschungen mehr zu erwarten, nachdem über die schon verfügten Beurlaubungen hinaus Max Hermann[2], der im Juli emeritiert worden war, nach § 3 in den Ruhestand versetzt worden ist. Nur eine Sache schwebt noch, und deshalb wende ich mich an Sie.

Traube[3] soll wegen seiner Zugehörigkeit zur SPD in den Ruhestand versetzt werden. Achelis selbst scheint aber geneigt, Milde walten zu lassen, zumal da ich ihn darauf hingewiesen habe, dass Traube sowieso in diesem Winter die Altersgrenze erreicht. Er wünscht aber ein fachmännisches Gutachten über die wissenschaftliche Tüchtigkeit von Traube. Da die Sache eilt, habe ich mich an Mannich[4] gewendet und will mit ihm und an Hand unserer Akten bis Freitag ein Gutachten fertig machen. Wir müssen meiner Ansicht nach als Fakultät einen Kollegen, gegen den offenbar nichts vorliegt als die Zugehörigkeit zu einer bis in dieses Frühjahr erlaubten Partei zu retten versuchen. Darin glaube ich mit Ihnen einig zu sein[5]. Es wäre aber, wie ich in einem ähnlichen Fall erlebt habe, sehr nützlich, wenn Sie als der eigentlich zuständige Fachmann sich auch für Traube einsetzen würden, entweder direkt bei Achelis oder bei mir; ich würde Ihr Schreiben, das gar nicht lang zu sein braucht, dann weiter leiten.

Entschuldigen Sie die Ferienstörung. Hoffentlich haben Sie sich gut erholt. Ich bin, fast ungestört durch Fakultätsgeschäfte, fast 5 Wochen im Schwarzwald gewesen. Entschuldigen Sie, bitte, auch die Schrift, aber ich schreibe der Eile wegen zu Hause, wo ich keine gelernte Kraft zur Verfügung habe.

Mit besten Grüssen
Hg

---

[1] Wilhelm Schlenk (1879–1943), Chemiker, a. o. Professor an der Universität Jena (1913–1918), o. Professor an den Universitäten Wien (1918–1921), Berlin (1902–1935) und Tübingen (1935–1943).
[2] Gemeint ist Max Herrmann (siehe oben, Brief Nr. 100).
[3] Wilhelm Traube (1866–1942), Chemiker, a.o./o. Professor an der Universität Berlin (1911/29–1935); ihm wurde 1935 aus „rassischen" Gründen die Lehrbefugnis entzogen.
[4] Carl Mannich (1877–1947), Chemiker und Pharmazeut, a. o. Professor an den Universitäten Berlin (1910–1911) und Göttingen (1911–1919), o. Professor an den Universitäten Frankfurt a. M. (1919–1927), Berlin (1927–1943) und an der Technischen Hochschule Karlsruhe (1946–1947), 1932–1934 Präsident der Deutschen Pharmazeutischen Gesellschaft.
[5] Schlenk hielt deutliche Distanz zum neuen Regime und wurde nicht zuletzt aus diesem Grund 1935 nach Tübingen strafversetzt; vgl. Thomas T. Tidwell: Wilhelm Schlenk: The Man Behind the Flask, in: Angewandte Chemie 40 (2001), S. 331–337, hier S. 336.

Nr. 102

An Siegfried A. Kaehler Berlin, 12. Oktober 1933

<small>NStUB Göttingen, Cod. Ms. S. A. Kaehler, 1, 59. – Masch. Original.</small>

Lieber Kaehler!

Besten Dank für Ihren Brief, dessen Urlaubsfrage zur raschen Beantwortung zwingt. Letzteres ist vielleicht auch ganz gut, denn wenn erst das Semester angefangen hat, verschanzt sich meine Spectabilität hinter den Amtspflichten und wird schreibfaul. Ihr Urlaub hat natürlich wie alle Dinge in einer so bewegten Zeit auch manches gegen sich. Aber ich würde an Ihrer Stelle keine falschen Rücksichten nehmen. Sie können sich darauf berufen, dass Sie in all den letzten Semestern Ihre Pflicht bis zum äussersten erfüllt haben und dass es damit immer schlimmer geworden ist, dass gerade im Interesse der Vermeidung frühzeitiger, für den Staat kostspieliger Emeritierung ein völliges Auskurieren und Erholen unbedingt notwendig ist. Da Sie das mit Operationen nachweisen können, wird selbst der böswilligste Kollege oder Ministerialbeamte darin keine Absage an den Staat oder einen den § 6 rechtfertigenden Tatbestand zu erblicken vermögen[1]. Ueberdies ist Achelis im ganzen wohlwollend und Ihnen vielleicht sogar aus seinen Kinderjahren persönlich bekannt.

Die einzige Schwierigkeit, die ich gelten lasse, ist Ihre Vertretung in Halle. Ich habe eben in der Zeitung gelesen, dass die Vertretung des abgesägten Gerullis Herr Haupt[2], ein Mann der schärfsten Tonart, übernommen hat. Wir müssen also damit rechnen, dass ein sehr viel schärferer Wind aus dem Ministerium wehen wird; das würde bedeuten, dass Herzfeld nicht als Vertreter anerkannt wird. Aber das können Sie ja der Fakultät und dem Ministerium überlassen. Sie könnten in Ihrem Urlaubsgesuch, von dem Sie nach Berliner Stil auch Ihrem Dekan Mitteilung machen müssten (das Ministerium lässt aber diesen Anspruch der Fakultät nicht gelten), darauf hinweisen, dass bei der längeren Vakanz nach Beckers Abgang Herzfeld die neuere Historie zur Zufriedenheit vertreten hat und dass er im vergangenen Sommer ohne Störungen seine Lehrtätigkeit fortgesetzt hat. Wenn dann das Ministerium eine andere Vertretung wünscht, kann es das ja sagen. Sie könnten natürlich auch gleich darauf hinweisen, dass, wenn das Ministerium sich mit Herzfeld nicht begnügen sollte, Sie oder die Fakultät gern und rasch Vorschläge machen könnten. Aber das kann natürlich als eine Aufforderung, Herzfeld zu übergehen, aufgefaßt werden; besser wäre es schon, wenn so etwas mündlich gemacht würde. Aber Sie werden, wenn Sie Urlaub nehmen, gleich in Bayern bleiben wollen, und ich kann mich ungefragt nicht in Hallische Dinge einmischen. Als Vertre-

---

[1] Das „Gesetz zur Wiederherstellung des Berufsbeamtentums" bestimmte in § 6, dass Beamte in den Ruhestand versetzt werden könnten, „auch wenn sie noch nicht dienstunfähig sind" (Ursachen und Folgen, Bd. 9, S. 285).
[2] Joachim Haupt (1900–1989), Lehrer und Journalist, seit 1922 Mitglied und studentischer Aktivist der NSDAP, Ministerialrat im Preußischen bzw. Reichsministerium für Wissenschaft, Erziehung und Volksbildung (1933–1935).

ter wäre sonst Rheindorf-Frankfurt[1] sehr geeignet; er soll von Frankfurt fort und ist Schützling von Achelis.

Aus der Zunft habe ich nichts Neues zu berichten. Die Entlassungen haben hier keine Ueberraschungen gebracht; Gerhard muss allerdings noch darum kämpfen, dass sein Telefontrupp als Frontkämpfer anerkannt wird, Holborn scheint vom § 4 verschont zu bleiben[2], befindet sich übrigens zu Studien im Ausland. Gestern war ich bei Meinecke, der noch etwas in Illusionen zu leben scheint, z.B. daran glaubt, dass die Historische Reichskommission unangetastet bleibt und nach seinem Rücktritt vom Vorsitz Oncken wählen wird. Ich habe ihm gesagt, dass der Reichsminister des Innern dann vermutlich einen „Führer" ernennen wird[3]. Gegen die HZ scheint Westphal vorgehen zu wollen; einstweilen fehlt freilich die Handhabe, da die HZ keinerlei öffentliche Mittel bekommt. Immerhin würde es nicht schaden, wenn Meinecke rechtzeitig den Herausgeberkreis etwas auffrischen würde, etwa durch Rein[4], der mir doch wesentlich nüchterner erscheint als Westphal, mit dessen „Theologie der deutschen Gesch." ich gar nichts anzufangen weiss. Können Sie das Meinecke nicht allmählich beibringen?

[...] Mit dem neuen Kurs im Ministerium kommt wohl die Hochschulreform auch für Preussen in Gang; Gerullis hatte ein sehr gesundes Misstrauen gegen die „Führer" unter den Professoren. Auch ich fürchte, dass das Führerprinzip ohne verbindliche Aussprache und Abstimmung in den Fakultäten zu einem wüsten Klüngelwesen ausarten wird. Dafür winkt mir, je eher die Reform kommt, desto eher die Befreiung vom Dekanat, das doch eine recht mühselige Sache hier ist.

Also nehmen Sie Urlaub und erholen Sie sich weiter recht gut! Mit vielen herzlichen Grüssen auch von meiner Frau und Empfehlungen für die verehrte Gattin

Ihr Hartung

---

[1] Kurt Rheindorf (1897–1977), Historiker, Privatdozent und a.o. Professor an der Universität Frankfurt a.M. (1923/32–1933); eine Umhabilitation an die Universität Berlin scheiterte 1935, trotz Unterstützung durch Hartung, aus politischen Gründen; dazu im einzelnen Notker Hammerstein: Eine verwickelt vielschichtige Zeitgenossenschaft. Kurt Rheindorf und die Frankfurter Universität, in: Historie und Leben – Der Historiker als Wissenschaftler und Zeitgenosse. Festschrift für Lothar Gall zum 70. Geburtstag, hrsg. v. Dieter Hein/Klaus Hildebrand/Andreas Schulz, München 2006, S. 467–478, hier S. 475.
[2] Das „Gesetz zur Wiederherstellung des Berufsbeamtentums" bestimmte in § 4, dass diejenigen Beamten in den Ruhestand versetzt werden könnten, die nicht die Gewähr dafür böten, „daß sie jederzeit rückhaltlos für den nationalen Staat eintreten" (Ursachen und Folgen, Bd. 9, S. 284).
[3] Siehe oben, Brief Nr. 99.
[4] Gustav Adolf Rein (1885–1979), Historiker und nationalsozialistischer Wissenschaftspolitiker, a.o./o. Professor für Kolonial- und Überseegeschichte an der Universität Hamburg (1927/33–1945), 1933 Staatskommissar in Hamburg, 1934–1938 Rektor der Universität.

Nr. 103

An Siegfried A. Kaehler Berlin, 29. Oktober 1933

NStUB Göttingen, Cod. Ms. S. A. Kaehler, 1, 59. – Masch. Original.

Lieber Kaehler!

[...]

Heute steht ja auch die Hochschulreform in der Zeitung; ich halte sie für ein Unglück, denn die Kollegialität, die doch mit Parlamentarismus wirklich nichts zu tun hatte, war zweifellos besser als die Intrigenwirtschaft, die jetzt bei den von den meisten Sachen nichts verstehenden Rektoren und Dekanen einsetzen wird[1]. Was würden Sie als Dekan machen, wenn Voretzsch[2] Ihnen einen Habilitanden empfiehlt? Mir scheint in solchen Fällen die Beratung und Entscheidung des Kollegiums besser zu sein. Nur eines freut mich an der Sache, der baldige Abschluß meines Dekanats, denn ich fühle mich zur Führung im Sinne des nat. soz. Staates nicht berufen.

Man hat ja auch keine Freude mehr am Dekanat. Wenigstens hier nicht, wo der neue Kurs mit allerhand Oktroyierungen beginnt, von denen Elze noch harmlos ist. Herman Wirth[3] ist schon schlimmer. Aber auch bei Elze ist es bezeichnend, dass weder die Fakultät noch irgend ein Historiker gefragt worden ist[4]. Auch die neue Habilitationsordnung ist ein Zeichen der Zeit; sie rechnet offenbar mit Habilitanden im Alter von Studienreferendaren, nicht mit meist wesentlich älteren Leuten, die, um leben zu können, meist schon irgend einen Posten als Assistent oder sonst haben und nicht so ohne weiteres mehrmonat-

---

[1] Der preußische Minister für Wissenschaft, Kunst und Volksbildung, Bernhard Rust, verordnete am 28.10.1933 „Vorläufige Maßnahmen zur Vereinfachung der Hochschulverwaltung", in denen das „Führerprinzip" – d. h. Ernennung der Rektoren durch den Minister, Ernennung der Dekane durch die Rektoren – auch an den preußischen Universitäten offiziell eingeführt und zugleich verkündet wurde: „Zur Sicherung einer einheitlichen Führung der Universität gehen die Rechte des Senats [...] auf den Rektor über"; dem Senat komme künftig nur noch eine beratende Funktion zu; nach dem Abdruck in: Ursachen und Folgen, Bd. 9, S. 462 f., das Zitat S. 462.

[2] Karl Voretzsch (1867–1947), Romanist, a.o./o. Professor an der Universität Tübingen (1892/1903–1909), o. Professor an den Universitäten Kiel (1909–1913) und Halle (1913–1935).

[3] Herman Wirth (1885–1981), niederländischer Ur- und Frühhistoriker mit aufsehenerregenden Thesen und äußerst umstrittener Reputation, stand dem Nationalsozialismus nahe, war seit 1925 NSDAP-Mitglied und 1935 Mitbegründer der SS-Forschungsgemeinschaft „Ahnenerbe"; vgl. Michael H. Kater: Das „Ahnenerbe" der SS 1935–1945. Ein Beitrag zur Kulturpolitik des Dritten Reiches, Stuttgart 1974, S. 11 ff. u. passim. – Hartung befürchtete die Ernennung Wirths zum a.o. Professor an der Universität Berlin ohne Mitwirkung der Fakultät.

[4] Walter Elze wurde im November 1933 ohne Beteiligung der Fakultät zum o. Professor für Mittlere und Neuere Geschichte, insbesondere Kriegsgeschichte, an der Universität Berlin ernannt; vgl. Wolfram Pyta: Walter Elze und Preußen, in: Das Thema „Preußen" in Wissenschaft und Wissenschaftspolitik vor und nach 1945, hrsg. v. Hans-Christof Kraus, Berlin 2013, S. 119–132, hier S. 125.

liche Kurse im Lager durchmachen können[1]. Wegen der daraus mindestens für den Augenblick entstehenden Schwierigkeiten werde ich nächstens Herrn Haupt aufsuchen.

Neulich war Herzfeld bei mir. Ich konnte ihm aber wegen Ihres Urlaubs, von dem er durch Sie Kenntnis hat, nicht etwa durch mich, nichts anderes raten, als sich möglichst still zu verhalten und allenfalls tatsächlich, etwa durch 4stündige Vorlesung in die Lücke einzuspringen.

A. O. Meyer besuchte mich auch dieser Tage. Er war aber von den Münchner Zuständen nicht ganz so erbaut, wie es K. A. v. Müller zu sein scheint. Ich teile hinsichtlich des Beamtengesetztes auch Ihren Optimismus nicht. Gewiss sollen nur anhängige Fälle noch den §§ 3–6 unterliegen[2]. Aber was heisst anhängig? Wenn man will, kann man jeden durch Ausfüllung eines Fragebogens eingeleiteten Fall als anhängig bezeichnen. Dass sich das gegen Sie bei einem Krankheitsurlaub wenden könnte, glaube ich allerdings auch nicht. Und so hoffe ich denn, dass Sie einen erholsamen Urlaub fern von Halle werden geniessen können, während ich versuchen werde, die alten Professorenideale weder in den Vorlesungen noch sonst zu verleugnen.

Mit herzlichen Grüssen von Haus zu Haus

Ihr Hartung

Nr. 104
An Gustav Aubin   **Berlin, 22. Dezember 1933**

SBB PK, Nl. Fritz Hartung, K 79/4. – Masch. Durchschlag.

Lieber Aubin!

[...]

Hier ist die Neuordnung sehr harmlos verlaufen, allerdings hat sich die Regierung auch sehr viel Zeit gelassen. Fischer, den der Senat an 1. Stelle wieder vorgeschlagen hat, ist am Montag endlich bestätigt oder vielmehr ernannt worden[3]. Angeblich liegt die Verzögerung nur an der Schwierigkeit, den Minister zu Unterschriften zu bekommen; denn den Berliner Rektor ernennt der Minister persönlich. Die Dekane sind noch nicht ernannt, aber es steht schon ziemlich fest, dass ich wieder Dekan werde. Fischer hat ausdrücklich erklärt, auf meine Benennung durch die Fakultät Wert zu legen. Und die Fakultät hat mich abermals einstimmig vorgeschlagen. Es wurden 56 Stimmzettel

---

[1] Gemeint sind hier die sog. „NS-Dozentenlager", an denen Nachwuchswissenschaftler teilnehmen mussten; vgl. dazu Volker Losemann: Zur Konzeption der NS-Dozentenlager, in: Manfred Heinemann (Hrsg.): Erziehung und Schule im Dritten Reich. Teil 2: Hochschule, Erwachsenenbildung, Stuttgart 1980, S. 87–109.

[2] Bezieht sich wiederum auf das „Gesetz zur Wiederherstellung des Berufsbeamtentums"; siehe oben, Briefe Nr. 96, 99, 101, 102.

[3] Siehe oben, Brief Nr. 94.

Nr. 104. An Gustav Aubin, 22. Dezember 1933

mit je 3 Namen abgegeben, davon enthielten 55 meinen Namen. Baeumler erhielt 3 Stimmen, wahrscheinlich von den Nichtordinarien. Ich habe mich bereit erklärt, eine Ernennung anzunehmen, da mir mehrere Fakultätsmitglieder, die ich als ehrlich und vernünftig erprobt habe, erklärten, es sei dringend zu wünschen, dass der letzte gewählte Dekan auch den Uebergang in die neue Zeit vollziehe usw. Ob es richtig gewesen ist, dass ich zum 3. Mal kandidiere, kann ich natürlich noch nicht beurteilen. Und mancher wird es mir als Ehrgeiz auslegen, wovon ich mich wirklich frei fühle. Zumal da ich glaube, dass ich wissenschaftlich noch etwas leisten könnte, wenn ich Zeit hätte, auf diesem Gebiet also Ehrgeiz habe. Vielleicht bedeutet man Fischer im Ministerium, dass er zur Betonung der neuen Zeit ein paar neue Männer zu Dekanen ernennen möge. Von meiner Fakultät sind freilich keinerlei neue Männer vorgeschlagen.

Das Interessanteste aus dem akademische Leben der letzten Zeit war wohl die erste Vollversammlung der Dozentenschaft. Diese umfasst alle n. b. a. o. Prof.[1], Privatdozenten und Assistenten, also eine etwas zusammengewürfelte Gesellschaft, bei deren Errichtung im Ministerium offenbar die Naturwissenschaftler und Mediziner entscheidend mitgewirkt haben. Die Programmrede hielt Haupt, der immer noch vorläufige Nachfolger von Gerullis. Ich habe selten so etwas Ruhiges und Vernünftiges gehört; es war eine Rechtfertigung der Zurückhaltung der Professoren gegenüber der Revolution und eine Warnung vor Ueberorganisation und Ueberschätzung der Organisation gerade in der Wissenschaft, er sprach sogar von dem Recht des Gelehrten auf Einsamkeit. Hoffentlich lässt er sie drucken; man könnte die Rede dann besser zitieren, was ja auch im Ministerium gelegentlich nötig werden kann.

Bei den studentischen Führern herrscht noch viel Unruhe, vor allem, weil sie trotz aller Rechte im Grunde nichts rechtes zu tun haben. Infolgedessen machen sie sich zu tun und geben Zeitschriften heraus. Sie sind so lehrreich, dass ich die eine, die unter dem Titel „Wissen und Dienst" die Fachschaftsfragen behandelt, im Dekanat halte[2]. Sie erscheint alle 14 Tage, hat trotzdem bisher nur 2 Nummern, die letzte Mitte November. Diese enthielt u. a. den schönen Satz: wissenschaftliche Erkenntnisse, deren praktische wirkliche Bedeutung nichtig ist, haben zu verschwinden. Einstweilen ist der Herausgeber, ein Student, verschwunden. Auch die sog. Vorfachschaften scheinen sich bereits tot gelaufen zu haben. Vor allem wollen die normalen Studenten, und zwar desto offener, je bessere Pgs sie sind, von dem ganzen Betrieb nichts wissen, sie wollen studieren und finden, dass sie das bei den Professoren in der Regel erfolgreicher tun als in den Fachschaften, in denen leeres Stroh gedroschen wird. Die naturwissenschaftliche Fachschaft hat sich schon hilfesuchend an mich gewendet, um für den Sommer die Samstage und Sonntage in alter Weise für wissenschaftliche Excursionen frei zu bekommen.

---

[1] Nichtbeamtete außerordentliche Professoren.
[2] Die 1933 begründete Zeitschrift „Wissen und Dienst. Organ für Fachschaftsarbeit an den Berliner Hochschulen" änderte nach dem ersten Jahr ihres Bestehens den Namen und erschien 1934–1936 unter dem Titel „Deutsche Studentenschaft".

Nr. 104. An Gustav Aubin, 22. Dezember 1933

In der Hochschule für Politik versuche ich mich politisch zu bilden. So habe ich neulich einen Vortrag von Baeumler über Spengler und den Nationalsozialismus gehört, der katastrophal war, auch keinerlei Resonanz beim Publikum fand; es war ein Versuch, mit billigen Spässen Spengler[1] wegen mangelnden Verständnisses für den Nationalsozialismus abzutun[2]. Aber damit sind doch Spenglers Thesen nicht erledigt. Nicht besser war vor ein paar Tagen Feder[3] mit einer Rede über den ständischen Aufbau; auch er vergriff sich völlig im Niveau. Ein Student, der im vorigen Semester in meinem Seminar war, sprach nach dem Vortrag mit mir; er führte den mangelnden Beifall freilich darauf zurück, dass Feder zu wenig sozialistisch gesprochen habe.
[...]
Brodnitz muss augenblicklich um seine Pension kämpfen, weil er nicht 10 Jahre planmässiger Beamter gewesen ist; ich finde, die pensionslose Entlassung hat er nicht verdient, habe das auch im Ministerium erklärt, obwohl es mich amtlich nichts angeht. Dass Richter nach § 3 pensioniert worden ist, haben Sie wohl gehört; es ist für ihn noch die günstigste Lösung.

Vor einigen Wochen hatte ich auch Besuch von Pg Kaehler. Wie er zur Meldung in die Partei sich hat entschliessen können, ist mir nach dem Besuch noch unbegreiflicher als schon vorher, selbst wenn ich starke körperliche Ermattung einrechne. Ich habe auch, wie ich im Vertrauen auf unsere alte Freundschaft, die ja Kaehler einschliesst, ausspreche, den Eindruck, als ob er nicht nur unter den Nachwirkungen der Krankheit und der Operation, sondern auch unter denen jenes übereilten Entschlusses leide. Frau Loening[4] war auch einmal bei uns, in alter Herzlichkeit; sie verabschiedete sich von der Familie ihres Schwagers Hermann[5], die nach Südwestafrika auswandert. Im einzelnen stösst man doch immer wieder auf viel Tragik bei den Auswirkungen des Antisemitismus.

---

[1] Oswald Spengler (1880–1936), Geschichtsphilosoph und politischer Schriftsteller, publizierte 1918 und 1922 die beiden Bände seines Hauptwerkes „Der Untergang des Abendlandes".

[2] Alfred Baeumler hielt Ende November 1933 als neu berufener Berliner Ordinarius im Schinkelsaal der Deutschen Hochschule für Politik einen Vortrag über Oswald Spengler und den Nationalsozialismus, in dem er Spengler als „umgekehrten Marxisten", Verächter der Arbeiterschaft und aristokratischen Individualisten ohne „Sinn für Volk und Rasse" entlarven zu können meinte; er schloss mit der Feststellung, Spenglers Denken gehöre in die „Rumpelkammer der Geistesgeschichte". Der Vortrag blieb offenbar ungedruckt, wurde aber in mehreren Zeitungen referiert, darunter in der „Deutschen Allgemeinen Zeitung" vom 29.11.1933 und im „Völkischen Beobachter" vom 1.12.1933; vgl. Alexander Demandt: Eduard Meyer und Oswald Spengler, in: Eduard Meyer. Leben und Leistung eines Universalhistorikers, hrsg. v. William M. Calder III/Alexander Demandt, Leiden/New York/Kopenhagen/Köln 1990, S. 159–181, hier S. 173.

[3] Gottfried Feder (1883–1941), Ingenieur, nationalsozialistischer Politiker und Wirtschaftstheoretiker, Staatssekretär im Reichsministerium für Wirtschaft (Juni 1933-Dezember 1934) und Reichskommissar für das Siedlungswesen (März-Dezember 1934), Honorarprofessor und a. o. Professor an der Technischen Hochschule Berlin (1934/36–1941).

[4] Susanne Loening († 1950), Witwe von Hartungs (1924 verstorbenem) Freund Karl Loening.

[5] Hermann Loening (1885–1943), Jurist und Verwaltungsbeamter, Bruder Karl Loenings.

In der Familie geht es gut. Meine Frau ist sichtlich über das Schwerste hinweg[1]. Sie kann wieder, wie Sie ja selbst gesehen haben, mit andern Menschen sprechen und an deren Erzählungen Anteil nehmen, hat auch in diesem Winter die Vorarbeiten für den Bazar der Studentenhilfe mitgemacht. Am Bazar selbst nahm ich als Ballvater teil; es war insofern leicht, als dank der grossen Zahl der anwesenden Studenten Christel jeden Tanz tanzte. So konnte ich mich dem Alkohol ergeben und mit einem nichttanzenden Theologen über die Beziehungen zwischen Fichte und der heutigen Zeit unterhalten.

Ich wünsche Ihnen von Herzen, dass mit diesem Jahr für Sie die Nachwehen des Falles Dehn[2] überstanden sind und dass das neue Jahr Ihnen eine baldige und befriedigende Klärung Ihrer Lage bringen möge. Mit vielen herzlichen Grüssen von Haus zu Haus

Ihr

Nr. 105

An Gustav Aubin Berlin, 29. Januar 1934

SBB PK, Nl. Fritz Hartung, K 79/4. – Masch. Durchschlag.

Lieber Aubin!

[...] Ich selbst war Weihnachten und in den ersten Januartagen sehr wenig wohl und bin auch jetzt noch zur Vorsicht gezwungen, denn meine Lunge ist seit dem Kriege doch nur labil. Immerhin hoffe ich bis zu den Osterferien auszuhalten. [...]

Inzwischen hat unser „ernannter" Rektor Fischer[3] alle alten Dekane wieder ernannt, darunter auch mich. Aeusserlich sieht es also bei uns sehr viel schöner aus als in Halle und vielen andern Universitäten. Und manches wird auch offenbar besser, so das Verhältnis zur Studentenschaft, gegen deren Auswüchse, z.B. in der Fachschaftsarbeit jetzt auch das Ministerium Stellung nimmt. Aber innerlich ist es auch bei uns unerfreulich, und ich weiss nicht, ob ich Dekan bleiben kann. Vielleicht melde ich mich schon morgen krank, weil ich den von Fischer gewünschten Senator nicht ernennen mag. Fischer will nämlich, nachdem er mit der Ernennung der Dekane der alten Tradition gehuldigt hat, bei den Senatoren sein oder unser Verständnis für die neue Zeit beweisen und lauter ausgesprochene Nazis haben. Für unsere Fakultät ist Baeumler sein Kandidat. Ich empfinde diese Kandidatur aber als eine unwürdige Verbeugung vor der Partei, unwürdig vor allem deswegen, weil Baeumler am 18. Januar eine geistig so dürftige Rede gehalten hat, dass seine Ernennung

---

[1] Siehe oben, Brief Nr. 91.
[2] Siehe oben, Briefe Nr. 91, 94.
[3] Siehe oben, Brief Nr. 104.

zum Senator lächerlich wirken würde¹. Ich kann sie meiner Ueberzeugung nach nicht vollziehen, weil ich damit die Basis preisgeben würde, auf der ich bisher als Dekan gestanden habe: nämlich nichts zu tun, was der eigenen Würde ins Gesicht schlägt, sondern derartige Dinge der Verantwortung der Regierung zu überlassen. Da die anderen Dekane offenbar lauter Pgs ernennen (darunter C. Schmitt) und die Dozentenschaft lauter Nazis in den Senat schickt, ist die neue Zeit auch ohne Baeumler ausreichend im Senat vertreten. Dass es eine Grenze gibt, hinter die man sich nicht zurückdrängen lassen darf, ohne auf der schiefen Ebene ganz abzurutschen, zeigte mir heute die Anregung der Dozentenschaft, die zu Vorschlägen für den Friedensnobelpreis berechtigten deutschen Professoren (Staatsrecht, Staatswissenschaft, Geschichte, Philosophie) sollten Hitler vorschlagen. Meiner Ansicht nach machen wir damit Hitler und uns selbst im Ausland lächerlich; der Rektor aber war Feuer und Flamme und hat sich von mir nur mit Mühe bestimmen lassen, das Auswärtige Amt anzurufen. Es ist zur Zeit eigentlich alle Tage etwas los, wo ich mit dem Rektor nicht mehr mitkann. Dabei muss ich anerkennen, dass er menschlich sehr nett ist und sich Widerspruch durchaus gefallen lässt.

Ueber Halle hat mir vor etwa 10 Tagen Menzer näheres erzählt. Erfreulich war es eben nicht. Menzer selbst ist ja ganz unverändert, auch in seiner grundsätzlich unzufriedenen Art und in seinem ablehnenden Urteil über alle Kollegen seines Faches. Da wir hier zur Zeit zwei Ordinariate der Philosophie zu besetzen haben, bat ich ihn um Aeusserung; aber das Ergebnis war, dass überhaupt keiner in Frage kommt.

Jetzt aber scheint Göttingen Halle den Rang einer radikalen Universität ablaufen zu wollen. Sie werden von der in jeder Weise taktlosen Rede des Althistorikers Kahrstedt² und seiner Absage gegen die internationale Wissenschaft gehört haben³. Ich habe vorgestern, wo ich wieder einmal bei Achelis

---

[1] Alfred Baeumler sprach anlässlich der Reichsgründungsfeier der Berliner Universität am 18. Januar 1934 über „Das Reich als Tat"; abgedruckt in: Alfred Baeumler: Politik und Erziehung – Reden und Aufsätze, Berlin 1939, S. 7–15.

[2] Ulrich Kahrstedt (1888–1962), Althistoriker, o. Professor an der Universität Göttingen (1921–1952).

[3] Anlässlich der Reichsgründungsfeier am 18. Januar 1934 hielt Kahrstedt die offizielle Festrede der Universität Göttingen. Er kritisierte dabei in schärfster Form die geplante Teilnahme deutscher Historiker am Internationalen Kongress der Geschichtswissenschaften in Warschau; weiterhin führte er aus: „Der 18. Januar ist nicht der Tag, begangene Fehler aus der Welt zu schaffen, dazu gehören Jahre. Es sei aber der Tag des Gelöbnisses: wir sagen ab der internationalen Wissenschaft, wir sagen ab der internationalen Gelehrtenrepublik, wir sagen ab der Forschung um der Forschung willen. Bei uns wird Medizin gelehrt und gelernt nicht um die Zahl der bekannten Bakterien zu vermehren, sondern um die Deutschen gesund und stark zu halten. Bei uns wird Geschichte gelehrt und gelernt nicht um zu sagen wie es eigentlich gewesen ist, sondern um die Deutschen aus dem wie es war lernen zu lassen. Bei uns werden Naturwissenschaften gelehrt und gelernt nicht um abstrakte Gesetze zu entdecken sondern um den Deutschen ihr Handwerkszeug im Wettbewerb der Völker zu schärfen"; Teilabdruck dieser Rede (nach dem Erstdruck im „Göttinger Tageblatt" vom 19.1.1934) in: Cornelia Wegeler: Das Institut für Altertumskunde der Universität Göttingen 1921–1962: Ein Beitrag zur Geschichte der Klassischen Philologie seit Wilamowitz, in: Heinrich Becker/Hans-Joachim Dahms/Cornelia Wegeler (Hrsg.): Die Universi-

Nr. 105. An Gustav Aubin, 29. Januar 1934

gewesen bin, die Gelegenheit benutzt, ihn etwas scharf zu machen. Zuerst tat er so, als handle es sich bloss um einen lokalen Professorenstreit, der den Höhepunkt, Pistolenforderungen, bereits überschritten habe[1]; ich habe ihm aber klar zu machen versucht, dass keiner von uns in einem der Ausschüsse der internationalen Vereinigung noch mitarbeiten könne, wenn der Vorstoss Kahrstedts ungeahndet bleibe. Da Kahrstedt gerade auf die Beteiligung in Warschau hingewiesen hatte und ich ausgerechnet an dem Tage der Bekanntgabe des Polenabkommens[2] bei Achelis war, war ich natürlich in einer besonders günstigen Lage.

Ueberdies habe ich mit Achelis auch über die hiesige Vertretung der Staatswissenschaften gesprochen und einen Finanzwissenschaftler verlangt. Er behauptet, das wäre nur für ein Extraordinariat geeignet. Wie denken Sie darüber? Nach dem, was bei uns von den Fachleuten bei Kommissionssitzungen gesagt wird, halte ich die Finanzwissenschaft überhaupt nicht mehr für eine Wissenschaft. Denn sie lässt sich angeblich nur von jemand[em] vertreten, der dauernd Zugang zum Finanzministerium hat und dort mit dem Gesetzgebungsmaterial versorgt wird. Ich habe mir bisher eingebildet, die Finanzwissenschaft behandele allgemeine Grundsätze richtiger Finanzgebarung, d. h. der Aufbringung, Verwaltung und Verwendung der Gelder des Staates, aber nicht die einzelnen darüber erlassenen mehr oder minder zweckmässigen Gesetze.

Sonst bin ich von Achelis noch ermächtigt worden, das Gerücht zu dementieren, dass Herman Wirth ao. Professor an der hiesigen Universität geworden sei[3]. Grundlage des Gerüchts ist, dass Wirth sich selbst so nennt, auch schriftlich. Aber Achelis hat mir fest versichert, wie schon vor einigen Wochen, dass das nicht der Fall sei. Wirth habe keine Bestallung und könne auch nicht lesen. Mit dem Freilichtmuseum hinter Potsdam scheint es aber seine Richtigkeit zu haben[4].

---

tät Göttingen unter dem Nationalsozialismus, München/London/New York/Oxford/Paris 1987, S. 246–271, hier S. 256f.

[1] Kahrstedt hatte in seiner Rede seine Göttinger Kollegen Karl Brandi und Percy Ernst Schramm wegen deren geplanter Teilnahme am Warschauer Kongress indirekt scharf angegriffen; diese hatten beim Rektor erfolgreich eine offizielle Gegendarstellung der Universität erwirkt und darüber hinaus ihren Kollegen Kahrstedt zum Duell gefordert. Kahrstedt entschuldigte sich zwar, ging auf die Duellforderung jedoch nicht ein, was seine Stellung an der Universität ruinierte. Weil die Teilnahme einer deutschen Delegation in Warschau aus politischen Gründen von der Reichsregierung offiziell gewünscht wurde, erhielt Kahrstedt zudem im April von Minister Rust eine „ernste Missbilligung"; vgl. Wegeler: Das Institut für Altertumskunde, S. 256f.; David Thimme: Percy Ernst Schramm und das Mittelalter. Wandlungen eines Geschichtsbildes, Göttingen 2006, S. 349 ff.

[2] Am 26.1.1934 war der deutsch-polnische Nichtangriffspakt abgeschlossen worden.

[3] Siehe oben, Brief Nr. 103.

[4] Herman Wirths Thesen wurden 1933/34, auch von führenden Prähistorikern wie Karl Hermann Jacob-Friesen (1886–1960), mehrfach scharf kritisiert; an die Universität wurde Wirth nicht berufen. Eine von ihm geplante „Freilichtschau" (u. a. mit Kopien von Felsbildern aus Skandinavien als vermeintlichen Zeugnissen einer nordisch-germanischen „Urreligion") scheiterte an mangelnder finanzieller Unterstützung; vgl dazu Kater: Das „Ahnenerbe" der SS, S. 11 ff., 41 ff.; Ingo Wiwjorra: Herman Wirth – Ein gescheiterter Ideologe zwischen „Ahnenerbe" und Atlantis, in: Barbara Danckwortt/Thorsten Querg/Claudia

Nr. 105. An Gustav Aubin, 29. Januar 1934

Sie sehen, ich habe viele Sorgen mit der mir anvertrauten Fakultät. Ob Ihr Schicksal nun entschieden ist? Die Verkoppelung mit dem Schicksal von Kuske[1] bedeutet immerhin eine Erschwerung. Was liegt eigentlich gegen Kuske vor? Hier sind noch nicht alle Entscheidungen heraus, obwohl Achelis einen neuen Hilfsarbeiter hat. Heute habe ich bei einer Beerdigung zum ersten Mal seit dem Frühjahr Werner Richter gesehen. Er sieht fast unverändert aus, nur etwas dicker; dagegen sieht seine Frau sehr schlecht aus, sie leidet sichtlich unter der ganzen Lage.

Vor acht Tagen etwa trat hier die „wehrgeistige Arbeitsgemeinschaft" mit einem Vortrag von C. Schmitt ins Leben. Der Vortrag war, wie der ganze Schmitt, sehr geschickt und geistreich, aber eben ein Spielen mit Begriffen ohne dass die wirklichen Kräfte des geschichtlichen Lebens zur Anschauung gebracht worden wären, und in den Schlussworten, in denen das Verhältnis von Heer und Staat etwa seit 1930 behandelt wurde, teils Eiertanz teils unwahr[2]. Erfreulicherweise hat die Zeitschrift „Der Student" kürzlich Schmitt, der noch 1932 den totalen Staat abgelehnt habe und ihn jetzt legitimiere, energisch abgeschüttelt[3]. Das andere Studentenblatt, von dem ich Ihnen neulich mal schrieb[4], scheint aber bereits endgültig entschlafen zu sein. Ob die „Wehrgeistigen" noch einmal auftreten, ist sehr zweifelhaft; es hat schon jetzt grossen Krach gegeben, weil einige Leute nicht aufgefordert worden sind, mitzumachen, und deswegen beschwerdeführend in die Ministerien gelaufen sind.

Aber ich will nicht akademischen Klatsch aufrühren. Und noch weniger will ich über die Politik und das, was uns morgen im Reichstag beschert werden wird[5], orakeln. Lassen Sie es sich recht gut gehen und wenn Sie an Ihre Frau schreiben, dann grüssen Sie recht herzlich. Ihnen selbst die besten Wünsche für den letzten Semestermonat! Möge es auch der letzte Monat der Ungewissheit sein. Und nochmals vielen Dank für Ihren Geburtstagsbrief.

Ihr [Hartung]

Schöningh (Hrsg.): Historische Rassismusforschung. Ideologen – Täter – Opfer, Hamburg 1995, S. 91–112, hier S. 103, 106.

[1] Bruno Kuske (1876–1964), Wirtschaftshistoriker, Dozent an der Handelshochschule Köln (1912–1919), anschließend o. Professor an der Wirtschafts- und Sozialwissenschaftlichen Fakultät der dort neu gegründeten Universität (1919–1951), war 1933 wegen seiner Mitgliedschaft in der SPD vorübergehend von seinem Amt suspendiert.

[2] Carl Schmitt hielt am 24.1.1934 in der von Alfred Baeumler und Walter Elze geführten „Wehrgeistigen Arbeitsgemeinschaft" an der Universität Berlin einen Vortrag über „Heerwesen und staatliche Gesamtstruktur", der als Vorstufe zu seiner im Mai 1934 erschienenen Schrift „Staatsgefüge und Zusammenbruch des zweiten Reiches" anzusehen ist; vgl. Reinhard Mehring: Carl Schmitt. Aufstieg und Fall, München 2009, S. 344 f.

[3] Der Gauleiter der NSDAP in Ostpreußen, Erich Koch (1896–1986), hatte Carl Schmitt in einem Artikel „Ostpreußen, Preußen, Osten", in: Der Deutsche Student, Januarheft 1934, S. 1–11, hier S. 2, scharf angegriffen; siehe die Hinweise in: Carl Schmitt: Tagebücher 1930–1934, hrsg. v. Wolfgang Schuller in Zusammenarbeit mit Gerd Giesler, Berlin 2010, S. 326, Anm. 1630.

[4] Siehe oben, Brief Nr. 104.

[5] Am 30. Januar 1934 tagte der Reichstag, um eine Regierungserklärung Hitlers zum ersten Jahrestag der „Machtergreifung" entgegenzunehmen.

Nr. 106
An Richard Fester Gardone, 14. April 1934

BAK N 1107, Nr. 246. – Hs. Original.

Sehr verehrter lieber Herr Geheimrat!

Eigentlich wollte ich Ihnen gar nichts schreiben, sondern Sie besuchen. Denn wenn auch die Reise zum Gardasee mich nicht über München, sondern über Hamburg–Madeira–Teneriffa–Mittelmeer–Venedig geführt hat, so geht die Rückreise über München. Leider ist mein Gesundheitszustand nicht so, daß ich es riskieren könnte, in München Station zu machen. Seit Weihnachten etwa laboriere ich an einem Husten, den die staubfreie Seeluft vertreiben sollte, aber nicht vertrieben hat. Im Gegenteil, ich stelle allmählich die Diagnose Keuchhusten, finde mich auf alle Fälle ungeeignet, Besuche zu machen. Ob ich im Sommersemester lesen kann, ist mir auch sehr zweifelhaft. Jedenfalls werde ich, wenn ich am Mittwoch wieder in Berlin bin, zunächst meinen Arzt sehr ernsthaft befragen. Ein Wunder ist es ja schließlich nicht, daß meine Gesundheit nicht drei Semester lang den Anforderungen des Dekanats und der Professur gewachsen gewesen ist.

Die Reise hat mir endlich Zeit gelassen, Ihre Studie über den Eros in Faust II. zu lesen[1]. Ich danke Ihnen herzlich dafür; noch nie ist mir die äußere Entstehungsgeschichte in ihrer engen Verbindung mit dem inneren Aufbau des Helenadramas so deutlich geworden. Schade, daß die Studie nicht zum Goethejahr erschienen ist oder vorher. Heutzutage werden wohl andere Bücher gelesen. Ich selbst beneide Sie um die Muße, derartige Untersuchungen durchzuführen. Ich bin in den letzten 2 Semestern (das erste Dekanatssemester, das in das Reichskommissariat Kaehler fiel[2], war verhältnismäßig ruhig) überhaupt zu keiner wirklichen Arbeit mehr gekommen. Gerade im letzten Jahr war das Dekanat physisch und psychisch eine schwere Last. Wie lange es noch weiter gehen soll, ahne ich nicht. Die „Führung" in Universitätssachen wirkt sich praktisch ja so aus, daß nur noch provisorische Maßnahmen bis auf weiteres getroffen werden.

Meiner Fakultät kann ich übrigens das Zeugnis ausstellen, daß sie sich sehr vernünftig benimmt und mir meine Aufgabe als Dekan tunlichst erleichtert. Vor allem dadurch, daß sie fast einmütig den Standpunkt vertritt, die Aufgabe einer Fakultät sei auch in der heutigen Zeit nicht politisch sondern wissenschaftlich. Wir lehnen deshalb die uns zahlreich angebotenen wissenschaftlichen Scharlatane stets mit großer Deutlichkeit ab, sofern wir das wissenschaftlich begründen können, und haben damit fast immer Erfolg. Vielleicht liegt der Erfolg aber auch daran, daß die Berufung von Baeumler, die vor einem

---

[1] Richard Fester: Eros in Goethes Faust (Sitzungsberichte der Philosophisch-Historischen Klasse der Bayerischen Akademie der Wissenschaften, Jg. 1933, Heft 8), München 1933.
[2] Siehe oben, Brief Nr. 92.

Nr. 106 . An Richard Fester, 14. April 1934

Jahr ohne uns zu fragen geschehen ist, sich als offenkundiger Mißgriff gezeigt hat. Er findet einfach keine Resonanz bei den Studenten.

Positiv etwas zu erreichen, ist allerdings sehr viel schwieriger. Aus Mangel an Anwärtern, die ihm geeignet erscheinen, besetzt das Ministerium keine Professur mehr, wenigstens in Berlin nicht. Vorläufig können wir das ja aushalten. Aber auf die Dauer bedeutet diese allmähliche Austrocknung doch eine Gefahr. Überhaupt weiß man ja noch nicht, was noch alles kommen kann.

Mit den Studenten geht es in Berlin sehr gut. Nicht aber mit der organisierten Studentenschaft, die sich in wildem Radikalismus ergeht und eine große Gefahr darstellen würde, wenn sie sich nicht immerfort unter einander zanken würde. In dem einen Jahr seit der offiziellen Anerkennung haben wir in Berlin, von Provisorien abgesehen, 5 Führer der Studentenschaft erlebt, von denen kein einziger ordnungsgemäß sein Amt abgegeben hat. Immer hat es Palastrevolutionen und dergleichen gegeben[1]. Die Studenten, die etwas lernen wollen, setzen sich gegen den Zwang und die Bevormundung allmählich zur Wehr. Die Fachschaftsarbeit wird deshalb schon wesentlich eingeschränkt.

Zu Hause geht es befriedigend. Meine Frau findet sich wieder in das Leben hinein. Die Tochter hat jetzt mit der mittleren Reife die Schule verlassen und besucht zunächst eine Frauenschule in Berlin-Dahlem. Von den gemeinsamen Bekannten weiß ich wenig. Von Herzfeld habe ich seit etwa ½ Jahr nichts mehr gehört. Berufungsaussichten hat er zur Zeit natürlich nicht. Aubin weiß immer noch nicht, was aus ihm werden soll; in Köln sind seine Aussichten dadurch ungünstig, daß der Mann, den er vertreten hat[2], wieder in sein Amt eingesetzt ist. Wilh. Weber, Holtzmann und viele andere weinen den gestrichenen Zulagen und Garantien bittere Tränen nach. Da ich nie zu den Freunden von W. Richter gehört habe, habe ich auch nie ein Sondergehalt gehabt und deshalb einstweilen auch nichts verloren.

[...]

Mit herzlichen Grüßen auch an Ihre Frau Gemahlin und Fräulein Marianne

Ihr ergebener
Fritz Hartung

---

[1] Zu den Details dieser Konflikte siehe Grüttner: Die Studentenschaft in Demokratie und Diktatur, S. 262 ff.
[2] Bruno Kuske; siehe oben, Brief. Nr. 105.

Nr. 107

An Albert Brackmann   **(Sanatorium) St. Blasien, 5. Juni 1934**

GStA PK, VI. HA., Nl. Albert Brackmann, Nr. 11, 155. – Hs. Original.

Lieber Brackmann!

[...]
Von mir kann ich ganz Gutes berichten. Ich bin hier bald fieberfrei geworden[1] und kann nun das übliche Sanatoriumsleben führen, meist auf dem Liegestuhl, dazwischen kurze Spaziergänge von jeweils 20 Minuten (sehr interessant, weil man notgedrungen immer den gleichen Weg macht) und medizinische Beschäftigungen wie Kehlkopfspritzen und Quarzbestrahlungen. Der Kehlkopf ist zum Glück nur mittelbar angegriffen, noch nicht Bazillenherd, sodaß ich wohl ohne Schädigung der Stimme davonkomme. [...]
Was ich von der Fakultät höre, hat mich wenig erfreut. Die neue Dekansliste (wer ernannt ist, weiß ich nicht) scheint mir etwas aus der Verlegenheit heraus geboren zu sein (Kopf[2], Dietze[3], Horn[4]). Und wenn es auch gewiß heutzutage keine Freude ist, Dekan zu sein, und selbst die Einnahmen teils durch Abnahme der Studenten teils durch Eingriffe des Ministers rapide zurückgehen, so hätte doch im Interesse der Fakultät eines der älteren Fakultätsmitglieder die Pflicht gehabt, den Posten anzunehmen.
Was Sie von den Jahresberichten schreiben, ist ja auch unerfreulich[5]. Wir müssen doch wohl noch einmal energisch den Ministerien klar machen, daß die Existenz des Unternehmens bedroht ist. Freilich werden wir wohl warten müssen, bis das Reichskultusministerium wirklich da ist[6]. [...]
Die allgemeine Lage macht mir auch erhebliche Sorgen. Wir haben außenpolitisch und wirtschaftlich in der letzten Zeit etwas sehr im Stile Wilhelms II. gelebt, indem wir vielerlei anfingen, das für die Zukunft wichtig werden könnte, das zusammengenommen aber über unsre Kräfte geht und das Aus-

---

[1] Hartung hatte infolge der konstanten Verschlechterung seines Gesundheitszustandes in der zweiten Aprilhälfte 1934 sein Amt als Dekan niederlegen und sich für das Sommersemester beurlauben lassen müssen; seit Anfang Juni befand er sich in einem Sanatorium in St. Blasien im Schwarzwald (vgl. Hartung an Albert Brackmann, 21.4.1934, GStA PK, VI. HA, Nl. A. Brackmann, Nr. 11, 158).

[2] August Kopff (1882–1960), Astronom, Privatdozent und a. o. Professor an der Universität Heidelberg (1907/12–1924), o. Professor an den Universitäten Berlin (1924–1944) und Heidelberg (1947–1950).

[3] Constantin von Dietze (1891–1973), Jurist, Agrarwissenschaftler und Nationalökonom, a. o./o. Professor an der Universität Rostock (1925/26–1927), o. Professor an den Universitäten Jena (1927–1933), Berlin (1933–1937) und Freiburg i. Br. (1937–1959).

[4] Wilhelm Horn (1876–1952), Anglist, a. o./o. Professor an der Universität Gießen (1902/08–1926), o. Professor an den Universitäten Breslau (1926–1933) und Berlin (1933–1945).

[5] Nicht überliefert.

[6] Das Reichsministerium für Wissenschaft, Erziehung und Volksbildung, geleitet von Bernhard Rust, war bereits kurz zuvor, am 2.5.1934, gegründet worden; vgl. Anne C[hristine] Nagel: Hitlers Bildungsreformer. Das Reichsministerium für Wissenschaft, Erziehung und Volksbildung 1934–1945, Frankfurt a. M. 2012, S. 65 ff.

land gegen uns aufbringt. Wilhelminisch ist auch das Feiern von Anfängen. Jetzt wieder tun die Zeitungen, als ob die Festlegung des Termins der Saarabstimmung bereits ein deutscher Sieg sei. Wir wollen warten, bis das Saarland wieder bei uns ist, dann die 300 Goldmillionen aufbringen (die Reichsbank hat sie nicht mehr), um die Franzosen aus den Bergwerken herauszubringen; erst dann scheint mir die Zeit zum Feiern[1].

Aber damit falle ich unter die Miesmacher, Mucker und Stänkerer, gegen die heute hier eine Massenversammlung stattfindet. Rege Diskussion ist erwünscht, heißt es im Blättchen, damit den Miesmachern die gebührende Abfuhr erteilt werden kann. Eine wirkliche Ermunterung zur Aussprache der Sorgen ist das ja nicht gerade.

Für heute will ich es damit genug sein lassen. Sie haben ohnehin genug zu lesen. Nochmals vielen Dank für Ihren Brief und herzliche Grüße auch an die Ihrigen

Ihr Hartung

Nr. 108

An Richard Fester   **(Sanatorium) St. Blasien, 16. Juni 1934**

BAK N 1107, Nr. 246. – Hs. Original.

Sehr verehrter lieber Herr Geheimrat!

Für Ihren freundlichen Brief vom April[2] danke ich Ihnen herzlich. Ich hoffe, daß Sie in diesem auffallend warmen Frühjahr Ihre Erkältung bis auf die letzten Spuren losgeworden sind. Mir ist es leider nicht so gut gegangen, denn es stellte sich gleich nach meiner Rückkehr nach Berlin heraus, daß bei mir die Lunge erneut angegriffen war. Ich habe daraufhin kurzen Prozeß gemacht, das Dekanat niedergelegt und für den ganzen Sommer Urlaub genommen. Da außer mir noch drei Ordinarien für neuere Geschichte in Berlin wirken (Oncken, Windelband und Pg Elze, der eines Tages zu unser aller Überraschung zum Ordinarius für Kriegsgeschichte ernannt worden ist), glaubte ich das verantworten zu können. Seit Anfang Mai bin ich hier und mache wieder einmal eine Kur durch wie in den Jahren 1916/19. Hoffentlich dauert es diesmal nicht so lange. Die Aussichten sind ganz gut; ich bin schon seit einigen Wochen fieberfrei und muß nur noch die Verkalkung der erkrankten Lungenstellen abwarten. Die Frage ist nur, ob ich den Kalk, den nach den heutigen Ansichten jeder Professor reichlich in sich aufstapelt, an die richtige Stelle kriege.

---

[1] In dem am 9.7.1932 unterzeichneten Abkommen über das Ende der Reparationszahlungen hatte sich das Deutsche Reich zur Zahlung einer abschließenden Summe von 3 Milliarden (!) Goldmark an die Siegermächte von 1918 verpflichtet, die nach Beendigung der Weltwirtschaftskrise fällig werden sollte.
[2] Nicht überliefert.

Nr. 108. An Richard Fester, 16. Juni 1934

Meine Fakultät hat inzwischen mit dem Dekanat allerhand Späße gemacht, durch die mir erst klar geworden ist, welche Arbeit ich als Dekan geleistet habe. Der Nachfolger legte nach 8 Tagen das Amt wegen Überarbeitung nieder. Dann dauerte es drei Wochen, bis man einen andern gefunden hatte (unter rund 75 Ordinarien). Ich kenne den neuen Dekan[1] kaum, weil er erst ein Jahr zur Fakultät gehört; er ist immerhin ein Mann von akademischer Erfahrung. Aber ich finde es doch ein Armutszeugnis einer so großen Fakultät, daß sie ihren Dekan unter den jüngsten Fakultätsmitgliedern suchen mußte. Dabei ist es wirklich auch unter den heutigen Verhältnissen nicht allzu schwierig, Dekan zu sein. Man braucht natürlich etwas Zeit und etwas Mut. Aber ich kann vom preußischen Kultusministerium nur sagen, daß die Herren froh waren, wenn man ihnen eine feste und gutbegründete Ansicht vortrug. Und je mehr sich die von der Partei protegierten Pseudowissenschaftler wie Herman Wirth blamieren[2], desto dankbarer wird das Ministerium den Fakultäten sein, die sich rechtzeitig gegen sie gewehrt haben. Daß ich den ganzen Winter hindurch sowohl dem bereits in der Versenkung verschwundenen Ministerialdirektor wie dem Personalreferenten bei jeder Gelegenheit erklärt habe, die (ernstlich geplante) Ernennung von Wirth zum Professor in Berlin sei für die Fakultät unerträglich, gibt mir eigentlich Anspruch auf eine Belohnung[3].

Allmählich komme ich wieder zur wissenschaftlichen Arbeit zurück. Ich hoffe doch noch eine allgemeine Verfassungsgeschichte der neueren Zeit fertig zu bringen, in der für die wichtigeren Staaten die Mischung der verschiedenen Elemente dargestellt werden soll: römisches Erbe, gleichartige machtpolitische Aufgaben, die neben der alten Überlieferung auf eine gewisse Gleichartigkeit des äußeren Apparates hinwirken, wirtschaftlich-gesellschaftliche Faktoren und endlich die geschichtlich, z. T. auch rassisch bedingte Eigenart der einzelnen Völker. Mit der parteiamtlichen Geschichtsauffassung werde ich dabei freilich in Konflikt kommen; denn ich kann, wenn ich von den Normannen absehe, keine besondere staatliche Anlage der nordischen Rasse anerkennen. Im Gegenteil: wir Deutschen haben immer einen Zwingherrn zum Staat gebraucht und stehen mit unserer Eigenbrötelei und der Sehnsucht nach einer Extrawurst, mit unserm individualistischem Rechtsgefühl à la Michael Kohlhaas[4] in einem grundsätzlichen Gegensatz zum totalen Staat, der mir sehr viel mehr römische als germanische Züge aufzuweisen scheint. Auch was die Schweden in geschichtlicher Zeit geleistet haben, scheint mir keine besondere

---

[1] Hartungs Nachfolger im Dekanat der Philosophischen Fakultät waren zuerst der klassische Archäologe Gerhard Rodenwaldt (1886–1945), sodann der Anglist Wilhelm Horn und anschließend der Mathematiker Ludwig Bieberbach (1886–1982).
[2] Siehe oben, Briefe Nr. 103, 105.
[3] Hartung hatte sich Ende 1933 vom „Führer der Berufsvereinigung Deutscher Vorgeschichtsforscher", dem Königsberger Prähistoriker Bolko Freiherr von Richthofen (1899–1983), Material über Wirth zusenden lassen, um es als Dekan der Berliner Philosophischen Fakultät gegebenenfalls im Ministerium gegen eine Berufung Wirths verwenden zu können; vgl. Hartungs Brief an Richthofen vom 17.11.1933; UA HU Berlin, Phil. Fak, Nr. 1477, Bl. 426 (masch. Durchschlag).
[4] Hauptperson der gleichnamigen Novelle von Heinrich von Kleist (1777–1811).

politische Begabung zu verraten; im Gegenteil; ihre Heldenzeit von Gustav Wasa[1] bis zu Karl XII.[2] ist zwecklos vertane Kraft wie die großen Germanenzüge nach Süden in der Völkerwanderungszeit.

Auf dem Gebiete des Geschichtsunterrichts auch an den Universitäten sehe ich für meine Generation noch allerhand Konfliktsmöglichkeiten. Und selbst bei weitgehender Bejahung der in die Zukunft weisenden politischen Ziele muß ich erklären, daß ich in der wissenschaftlichen Beurteilung unserer Vergangenheit ein Kompromiß durch Verzicht auf die eigene Ansicht für unmöglich halte.

So hat man auch hier in der Stille des Schwarzwalds seine Sorgen. Und was man so über unsere wirtschaftliche, finanzielle und außenpolitische Lage liest, ist auch nicht eben geeignet, die Sorgen zu verscheuchen.

Da ich noch für Wochen, wenn nicht Monate an den Schwarzwald gebunden bin, werde ich in diesem Jahr kaum noch nach München kommen. Um so herzlicher möchte ich Ihnen alles Gute wünschen, damit Sie bis zu einem Wiedersehen im nächsten Jahr Ihre Frische bewahren, die auch aus Ihrem letzten Briefe hervorleuchtete.

In alter Verehrung

Ihr sehr ergebener F. Hartung

Nr. 109

An Julius Petersen   (Sanatorium) St. Blasien, 26. Juni 1934

DLA Marbach, A: Petersen 66.1000. – Hs. Original.

Lieber Herr Petersen![3]

Sie haben mir mit der Zusendung Ihrer Schrift über die Sehnsucht der Deutschen nach dem Dritten Reich eine große Freude gemacht[4]. Einmal weil man sich in der Einsamkeit eines Sanatoriums über jedes Zeichen freundschaftlicher Gesinnung freut, dann aber, weil ich viel daraus gelernt habe. Denn von dem, was vor Ibsens Kaiser und Galiläer[5] lag, habe ich recht wenig

---

[1] Gustav I. Wasa (1496–1560), seit 1523 König von Schweden.
[2] Karl XII. von Pfalz-Zweibrücken-Birkenfeld (1682–1718), seit 1697 König von Schweden.
[3] Julius Petersen (1878–1941), Germanist, a. o. Professor an der Universität München (1911–1912), Visiting Professor an der Yale University in New Haven/Connecticut, USA (1912), o. Professor an den Universitäten Basel (1912–1914), Frankfurt am M. (1914–1921) und Berlin (1921–1941).
[4] Julius Petersen: Die Sehnsucht nach dem Dritten Reich in deutscher Sage und Dichtung, Stuttgart 1934.
[5] Henrik Ibsen (1828–1906) veröffentlichte sein Drama „Kaiser und Galiläer. Welthistorisches Schauspiel" (norwegischer Originaltitel: „Kejser og Galilæer. Et verdenshistorisk skuespil"), in dem der (hier mystisch-religionsphilosophisch verstandene) Begriff des „Dritten Reichs" („tredie rige") eine wichtige Rolle spielt, im Jahr 1873 (deutsch zuerst 1887).

gewußt. Außerdem hat mich der Mut, mit dem Sie manchen heute anspruchsvoll verkündeten Lehren entgegentreten, sehr erfreut[1].

Von mir ist nichts Besonderes zu erzählen. Ich erhole mich allmählich, aber es geht (das wissen Sie aus Th. Manns Zauberberg[2]) nur langsam. Doch hoffe ich zum Winter wieder arbeitsfähig in Berlin sein zu können.

Mit nochmaligem Dank, vielen Grüßen und der Bitte um eine Empfehlung an Ihre Frau Gemahlin

Ihr ergebener
F. Hartung

Nr. 110
An Siegfried A. Kaehler   (Sanatorium) St. Blasien, 16. September 1934

NStUB Göttingen, Cod. Ms. S. A. Kaehler, 1, 59. – Hs. Original.

Lieber Kaehler!

Der anliegende kleine Hindenburg[3] erhebt nicht den Anspruch, eine wissenschaftliche Leistung zu sein. Seine quellenmäßige Grundlage ist schmal; häufig habe ich die Lektüre dicker Bücher durch die Tiefe meines Gemüts ersetzt. Sie haben wohl schon gehört, daß ich seit Anfang Mai in Urlaub bin. Die Schrift ist als Zeitvertreib auf dem Liegestuhl entstanden. Nehmen Sie sie als Freundschaftszeichen freundlich auf.

Von mir ist nichts Erfreuliches zu melden. Meine Krankheit schien anfangs nicht schwer zu sein; ich konnte auch zuerst das übliche Sanatoriumsdasein mit kleinen Spaziergängen führen. Seit Anfang August geht es mir langsam, seit Anfang September rascher immer weniger gut. Seit drei Wochen liege ich fest im Bett und fiebere meist. Es sieht so aus, als wollte es jetzt wenigstens nicht mehr schlechter werden. Aber das Wintersemester werde ich noch dran geben müssen.

Durch Aubin und Rothfels habe ich gelegentlich von Ihnen gehört. Aber es würde mich sehr freuen, wenn Sie mir auch mal schrieben. Das Schicksal von Rothfels hat mich sehr berührt[4], nicht nur seinetwegen, sondern auch aus all-

---

[1] Hartung spielt hier vermutlich auf Petersens Schlussbemerkung seiner Schrift an, in der es heißt, das „Dritte Reich" sei „noch keine vollendete Tat, sondern eine Aufgabe, die dem sich erneuernden deutschen Menschen gestellt ist. Es bleibt also ein Werk der Erziehung, wenn auch nicht des Menschengeschlechtes, so doch eine Selbsterziehung im Sinne wahren Menschentums und für die Menschheit" (Petersen: Die Sehnsucht nach dem Dritten Reich, S. 61).

[2] Thomas Mann (1875–1955) veröffentlichte seinen Roman „Der Zauberberg" im Jahr 1924.

[3] Fritz Hartung: Hindenburg, Leipzig 1934; der von Hartung während seines Sanatoriumsaufenthalts in St. Blasien verfasste schmale Band (72 Seiten) erschien als Heft Nr. 7260 in „Reclams Universal-Bibliothek".

[4] Hans Rothfels war im Juli 1934 aus „rassischen" Gründen von seinem Königsberger Lehrstuhl entfernt worden; ein ihm als Ersatz zuerst zugesagter Forschungsauftrag wurde vom Ministerium bald zurückgezogen. Rothfels emigrierte nach mehrjähriger Wartezeit im Jahr

gemeinen Erwägungen. Mir scheint, daß die Regierung nicht mehr den Mut hat, ihre eigene Ansicht gegenüber der Studentenschaft zu vertreten. Freilich was ist heute „Regierung". Die Männer, die ich vor ½ Jahr in der Hochschulabteilung des Ministeriums regieren sah, sind schon alle beseitigt.

Mit vielen herzlichen Grüßen auch an die verehrte Gattin
Ihr F. Hartung

Nr. 111

An Albert Brackmann (Sanatorium) St. Blasien, 3. November 1934

GStA PK VI. HA, Nl. Albert Brackmann, Nr. 11, 152. – Hs. Original.

Lieber Brackmann!

[...]

Für Ihre freundlichen Briefe[1] danke ich Ihnen herzlich: Daß ich Ihnen lange Zeit nicht geschrieben habe, ist wohl mit meinem Befinden entschuldigt. Nicht als ob ich so krank gewesen wäre, daß ich nicht hätte schreiben können. Aber mir fehlte, so lange es abwärts ging, der Antrieb. Für mich persönlich habe ich Mut und Lebenslust nie verloren. Ich habe schon so manchen Arzt, der bedenklich sein Haupt über mich schüttelte, überlebt, daß ich auch diese Attacke noch zu überstehen hoffe.

Die Politik verfolge ich, zumal seitdem ich ans Haus gefesselt bin und nicht bis zum Buchhändler, der Schweizer Zeitungen hat, gehen darf, nur noch aus der Frankfurter Zeitung, die wenigstens sehr pünktlich erscheint. Daß man nur einen Teil der Vorgänge erfährt, damit haben wir uns ja wohl abgefunden. Am interessantesten erscheinen mir augenblicklich die Vorgänge in der evangelischen Kirche, namentlich nachdem der Führer persönlich eingegriffen hat[2]. Wenn es ihm gelingt, Frieden zu stiften, wird er sich gewiß neue Anhänger erwerben. Aber hat das Verhandeln mit der Opposition nicht auch eine grundsätzliche Bedeutung? Und sollte uns Professoren das Verhalten der kirchlichen Opposition nicht eine Mahnung sein, in Fragen, in denen es kein Kompromiß geben kann, weil sie nicht Zweckmäßigkeitserwägungen sondern Grundsätze berühren, unsern Standpunkt ebenfalls mit mehr Energie als bisher zu vertreten? Ich denke dabei an all die Konflikte, die aus der parteiamtli-

---

1939; vgl. Jan Eckel: Hans Rothfels. Eine intellektuelle Biographie im 20. Jahrhundert, Göttingen 2005, S. 184 ff.

[1] Nicht überliefert.

[2] Aus innen- und außenpolitischen Gründen hatte Hitler Ende Oktober 1934 in den heftigen Streit innerhalb der deutschen evangelischen Kirche zwischen „Deutschen Christen" und Bekennender Kirche eingegriffen und den Reichsbischof Ludwig Müller (1883–1945) gemaßregelt; vgl. dazu Klaus Scholder: Die evangelische Kirche in der Sicht der nationalsozialistischen Führung bis zum Kriegsausbruch, in: Vierteljahrshefte für Zeitgeschichte 16 (1968), S. 15–35, hier S. 22 ff.

chen Geschichte des deutschen Volkes erwachsen können. Ich habe [...] einem Pg, der wegen dieser Geschichte an mich geschrieben hat, meine Bedenken sehr deutlich auseinandergesetzt[1] und zwar gerade an einem Hauptpunkt der neuen parteiamtlichen Geschichtsauffassung, an Karl d. Gr. Ich glaube, daß auch ein neuerer Historiker, der keineswegs behaupten kann, die Quellen gründlich zu kennen, aus historischem Sinn heraus zu der Einsicht kommen muß, daß erst Karl d. Gr. die Möglichkeit zur Entstehung eines deutschen Volkes geschaffen hat, daß die Eingliederung der Sachsen notwendige Voraussetzung der deutschen Gesinnung ist, aus der heraus heute der „Sachsenschlächter" so scharf verurteilt wird[2]. Der Pg. hat sehr beruhigend geantwortet, er denke über Karl d. Gr. genau wie ich; aber die grundsätzliche Frage der Bindung an eine parteiamtliche Geschichtsdarstellung hat er nicht berührt.

Unser Verfassungszustand, die rein persönliche Diktatur, macht mir auch Sorge. Was wir an Parallelen in der neueren Geschichte haben (Cromwell, Napoleon I. und III., hier auch mit Plebiszit), weckt den Wunsch nach einer Dauer verbürgenden Institution.

Aber nun will ich Sie nicht länger aufhalten. Haben Sie nochmals herzlichen Dank für Ihre freundschaftlichen Briefe, die mich sehr erfreut haben, und seien Sie mit den Ihrigen bestens gegrüßt von

Ihrem Hartung

Nr. 112

An Hermann Oncken   (Sanatorium) St. Blasien, 21. November 1934

NStA Oldenburg, Nl. Hermann Oncken, 271-14, Nr. 201. – Hs. Original.

Verehrter und lieber Herr Kollege!

Ihr freundlicher Brief vom 19. Oktober[3] mit seinen Beilagen hat mich sehr erfreut. Ich danke Ihnen herzlich für die gute kollegiale Gesinnung, die aus

---

[1] Die Schreiben sind nicht überliefert.
[2] Die offenkundig von einigen Bemerkungen Alfred Rosenbergs in seinem „Mythus des 20. Jahrhunderts" angestoßene, sehr kontroverse Debatte um den vermeintlichen „Sachsenschlächter" Karl den Großen, betreffend vor allem das sog. Blutgericht von Verden im Jahr 782, wurde 1934 u.a. in der Zeitschrift „Vergangenheit und Gegenwart" geführt; ein Jahr später meldeten sich führende deutsche Historiker kritisch zu Wort in dem Sammelband: Karl der Große oder Charlemagne? Acht Antworten deutscher Geschichtsforscher, Berlin 1935 (mit Beiträgen von Karl Hampe, Hans Naumann, Hermann Aubin, Martin Lintzel, Friedrich Baethgen, Albert Brackmann, Carl Erdmann, Wolfgang Windelband). Vgl. hierzu Arno Borst: Das Karlsbild der Geschichtswissenschaft vom Humanismus bis heute, in: Wolfgang Braunfels (Hrsg.): Karl der Große – Lebenswerk und Nachleben, Bd. 4: Das Nachleben, Düsseldorf 1967, S. 364–402, hier S. 397 ff.; Karl Ferdinand Werner: Das NS-Geschichtsbild und die deutsche Geschichtswissenschaft, Stuttgart/Berlin/Köln/Mainz 1967, S. 74 ff.
[3] Nicht überliefert.

ihm spricht. Daß Reclam Sie mit meinem Hindenburg behelligt hat[1], ist mir gar nicht angenehm gewesen. Ich habe das Büchlein geschrieben, weil es für mich in der hiesigen Muße eine erwünschte Beschäftigung war. Aber da es bei seiner sehr unzulänglichen quellenmäßigen Fundierung und bei dem begrenzten Umfang, auch nach der Absicht der Sammlung gar keine höheren Ansprüche stellen kann, habe ich es Ihnen gar nicht erst zugeschickt. Für die freundlichen Worte, die Sie der Schrift gewidmet haben, danke ich Ihnen sehr. Auch für Ihren eigenen Aufsatz, der den Menschen und seine Leistung sehr fein in die europäische Entwicklung hineinstellt[2].

Meine Gesundheit hat sich in den letzten Wochen sehr gebessert. Das haben Sie wohl schon durch meine Frau erfahren. Ich habe jetzt ungefähr den Stand von 1930 wieder erreicht. Sie haben schon Recht, daß das verlängerte Dekanat mir den entscheidenden Stoß versetzt hat; aber die Anfänge meiner Wiedererkrankung liegen doch schon etwas länger zurück. Die Kur hier hat hoffentlich das Gute, daß sie mich nicht nur gesundheitlich wieder in Ordnung bringt, sondern auch aus dem allzu starken akademischen Getriebe herauslöst. Der Rückgang der Studentenzahl macht es ja auch leichter, sich in Prüfungen usw. zurückzuhalten. Jedenfalls werde ich mich nach meiner Rückkehr mit Eifer der Wissenschaft wieder widmen. Die stille Zeit hier ist meiner längst geplanten Allgemeinen Verfassungsgeschichte[3] sehr zugute gekommen; ich glaube jetzt wenigstens das brauchbare Gerüst zu haben. Der Baustoff ist natürlich hier nicht zu beschaffen, obwohl ich mir gelegentlich durch das Seminar Bücher schicken lasse.

Die allgemeine Entwicklung verfolge ich hier auf Grund der Zeitungslektüre. Schweizer Zeitungen sind trotz der Nähe der Grenze schwer zu bekommen. Und in entscheidenden Augenblicken fehlten sie ganz. Die rein persönliche Struktur unseres Staates, der außer dem Führer keine wirklich lebendige Institution mehr besitzt, macht mir auch abgesehen von den in der Gegenwartslage begründeten wirtschaftlichen und außenpolitischen Nöten erhebliche Sorge, zumal da man die Personenauswahl durch Hitler keineswegs immer als glücklich bezeichnen kann.

Vorgestern schrieb mir Elze[4] wegen einer Honorarprofessur für Admiral Groos[5]. Ich habe ihm umgehend geantwortet, daß mir die Persönlichkeit gut

---

[1] Siehe oben, Brief Nr. 110.
[2] Hermann Oncken: Hindenburg im Lichte der europäischen Geschichte. Zu seinem Hingang am 2. August 1934, in: Europäische Revue 10 (1934) S. 561–571, ebenfalls in: derselbe: Nation und Geschichte. Reden und Aufsätze 1919–1935, Berlin 1935, S. 119–132.
[3] Schon 1922 hatte Hartung mit dem Felix Meiner-Verlag in Leipzig einen Vertrag über die Abfassung einer „Allgemeinen Verfassungsgeschichte" abgeschlossen, die er mit einem Band zur „Neueren und Neuesten Verfassungsgeschichte" beginnen wollte (siehe den Brief Felix Meiners an Hartung vom 4.11.1924 in: SBBPK, Nl. F. Hartung K 91). Zwar hat Hartung später jahrelang immer wieder intensiv an dem Manuskript gearbeitet und viele einzelne Abschnitte fertigstellen können, jedoch es im Alter nicht mehr geschafft, das Ganze noch in eine druckreife Fassung zu bringen.
[4] Nicht überliefert.
[5] Otto Groos (1882–1970), Marineoffizier, 1934 Vizeadmiral, 1941 Admiral z. S., 1925 Dr. phil. h. c. der Universität Bonn, Verfasser diverser Schriften zur Seekriegsgeschichte.

Nr. 112. An Hermann Oncken, 21. November 1934

geeignet erscheine, daß ich aber zweifelte, ob die Seekriegsgeschichte eine ausreichende Basis für eine dauernde Lehrtätigkeit abgeben könne. Die Studentenschaft redet wohl große Töne von ihrem Interesse an solchen Dingen, aber praktisch zeigte sich doch in den letzten Semestern, daß die Studenten viel zu sehr mit Pflichten belastet waren, als daß sie wehrwissenschaftliche oder ähnliche Vorlesungen dauernd hören könnten und wollten. Nach den letzten Nachrichten sieht es ja so aus, als beruhigte sich auch die Führung der Studentenschaft. Immerhin bin ich gespannt, wie es bei den Studenten aussehen wird, wenn ich zum Frühjahr meine Vorlesungen wieder aufnehme.

Um mich auf die heutige Studentenschaft pflichtgemäß einzustellen, studiere ich augenblicklich das Buch von Rosenberg[1], Mythus des 20. Jahrhunderts[2]. Ich bin noch nicht weit genug, um darüber zu urteilen. Über das, was die parteiamtliche Geschichte des deutschen Volkes für uns zu bedeuten hat, habe ich kürzlich eine ziemlich ergebnislose Korrespondenz mit einem Pg gehabt[3]. Er hat zwar meine Ansicht, daß man Karl d. Gr. nicht als Sachsenschlächter abtun, daß man vor allem nicht die ganze deutsche Geschichte seit 800 als Irrtum und Abfall von einer doch nirgends nachweisbaren germanischen Reichsidee brandmarken könne, gebilligt, aber er hat die Frage, ob alle Geschichtslehrer an die Auffassung der parteiamtlichen Geschichtsschreibung gebunden würden, unbeantwortet gelassen. Meiner Überzeugung nach kann es darin für uns keinen Kompromiß geben. Die Kirche zeigt ja, daß Widerstand möglich ist.

Über all das möchte ich gern mal wieder mit erfahrenen Leuten sprechen. Es ist schon das zweite Mal, daß ich in bewegter Zeit aus dem Leben ausgeschaltet bin; das erste Mal war es 1918/19. Das Publikum hier, meist jugendlichen Alters, bietet keine ernsthafte Gesprächsmöglichkeit.

Ihnen danke ich nochmals herzlich für Ihren Brief; Sie sehen ja, daß für mich jede Stimme aus der großen Welt geradezu ein Ereignis ist. Ich wünsche Ihnen einen recht gesunden Winter und bin mit herzlichen Grüßen auch an Ihre verehrte Gattin

   Ihr aufrichtig ergebener
   F. Hartung

---

[1] Alfred Rosenberg (1893–1946), nationalsozialistischer Politiker und Ideologe, 1933 Reichsleiter der NSDAP, 1941 Minister für die besetzten Ostgebiete.
[2] Alfred Rosenberg: Der Mythus des 20. Jahrhunderts – Eine Wertung der seelisch-geistigen Gestaltenkämpfe unserer Zeit, München 1930 u. ö.
[3] Siehe oben, Brief Nr. 111.

Nr. 113

An Albert Brackmann   (Sanatorium) St. Blasien, 31. Dezember 1934

GStA PK, VI. HA, Nl. Albert Brackmann, Nr. 11, 150. – Hs. Original.

Lieber Brackmann!

[...]
Unter meinen nicht zahlreichen Weihnachtsgeschenken (ich wollte möglichst wenig haben, da ich ja demnächst hoffe alles einpacken zu müssen) befindet sich auch die Gegenschrift des Erzbistums Köln gegen Rosenbergs Mythus[1]. Sie ist für Rosenberg insofern sehr schlimm, als sie ihm nicht nur mangelhafte Kenntnis der Kirchengeschichte vorwirft, sondern auch nachweist, daß all seine Vorwürfe gegen die Kirche aus den übelsten Quellen stammen und daß den Hauptteil der liberalistische Aufklärlicht des 18. und das Freidenkertum des 19. Jahrh. geliefert haben[2]. Natürlich bricht die These von Rosenberg, daß das Christentum uns heutzutage nichts mehr zu sagen habe, dadurch nicht schon zusammen. Aber es ist doch bedenklich, wenn der Hauptvorkämpfer des neuen Geistes sich auf so alte Ladenhüter berufen muß. Übrigens war mein Eindruck, als ich in den letzten Wochen das etwas mühsame Buch von Rosenberg las, immer der, daß sein positiver Gehalt, die Idee der Rassenehre, aus rein intellektualistischer Wurzel erwachsen sei; wer mühselig und beladen ist[3], wird daraus keinen Trost schöpfen, und wer über den Sinn des Lebens grübelt, wird hier keine Antwort finden. Endlich steht das Buch als Ausläufer protestantisch-individualistischen Denkens im diametralen Gegensatz zu Hitlers totalem Staat und seinem der katholischen Kirche entlehnten Unfehlbarkeitsanspruch. Darüber können äußere Berührungen in der Rassenlehre nicht hinwegtäuschen.

Ich treibe aber nicht bloß Opposition von meinem Bett aus – auch mein Aufsatz für die Historische Zeitschrift ist ja solche, eine ziemlich deutliche Auseinandersetzung mit C. Schmitt, der über den Zusammenbruch des 2. Rei-

---

[1] Studien zum Mythus des 20. Jahrhunderts, Köln o. J. [1934]; diese ohne Verfasserangabe erschienene Schrift wurde zumeist als „Amtliche Beilage" zu den Amtsblättern verschiedener Diözesen veröffentlicht. Die für den katholischen Buchhandel in beschränktem Umfang freigegebene Auflage „war limitiert und durfte nur an vertrauenswürdige Personen verkauft werden", so Ulrich von Hehl: Katholische Kirche und Nationalsozialismus im Erzbistum Köln 1933–1945, Mainz 1977, S. 90, Anm. 382; zur Publikation der „Studien" siehe auch ebenda, S. 88 ff.

[2] Siehe hierzu die Anmerkungen im Anhang der „Studien zum Mythus des 20. Jahrhunderts", S. 115–124. – Besonders peinlich für Rosenberg musste die ausführliche Entlarvung der – von ihm selbst seit 1923 mehrfach neu herausgegebenen und interpretierten – sog. „Protokolle der Weisen von Zion" sein, die von den ungenannten Verfassern der „Studien" unter Rückgriff auf die damals bereits vorliegende wissenschaftliche Literatur korrekterweise als plumpe Fälschung russischen Ursprungs bezeichnet wird (ebenda, S. 115–117).

[3] Anspielung auf Matth. 11, 28: „Kommet her zu mir alle, die ihr mühselig und beladen seid; ich will euch erquicken".

Nr. 113. An Albert Brackmann, 31. Dezember 1934

ches geschrieben hat, ohne Zentrum und Sozialdemokratie zu behandeln[1] – sondern ich suche mich auch im richtigen Sinne zu bilden und habe mir Schuchardts Vorgeschichte Deutschlands[2] zu Weihnachten schenken lassen. Bisher habe ich von diesen Sachen verflucht wenig gewußt.

Was Sie mir über die Neuorganisation der Historie geschrieben haben, war mir sehr interessant. Eckhardt[3] ist, so viel ich weiß, immerhin ein tüchtiger Gelehrter. Aber vielfach haben die Juristen einen andern Kopf als wir Historiker, namentlich wenn sie ihre juristische Logik an die Stelle der Quellen setzen wollen. Das kann heute, wo die Logik oft durch Parteiinteressen bestimmt wird, besonders bedenklich werden.

Ist Oncken eigentlich emeritiert oder kriegt er eine Gnadenfrist? Brandenburg wird es ja wohl auch fassen, denn beide sind sehr „liberalistisch". Vor einiger Zeit las ich eine recht lieblose Charakteristik Onckens durch seinen eigenen Schüler Walter Frank[4]. Für den jungen Nachwuchs ist ja augenblicklich Hochkonjunktur. Freilich bleibt die Sorge, ob die Berufungen in alter Weise hauptsächlich an Privatdozenten ergehen werden, ob nicht schon die nächste, noch nicht habilitationsreife Generation an die Reihe kommen wird. Außerdem sorgt man sich in einzelnen Städten, ob nicht eine Zusammenlegung von Universitäten erfolgen wird, die natürlich auch Professuren sparen wird.

So geht man, auch abgesehen von dem individuellen Schicksal, mit Sorgen und Zweifeln ins neue Jahr hinein. Möge es Ihnen und den Ihrigen Gutes bringen und uns nicht nur brieflich zusammenführen.

Mit herzlichen Grüßen und bestem Dank
Ihr Hartung

---

[1] Fritz Hartung: Staatsgefüge und Zusammenbruch des zweiten Reiches, in: Historische Zeitschrift 151 (1935), S. 528–544; in diesem Besprechungsaufsatz übt Hartung scharfe Kritik an der Schrift von Carl Schmitt: Staatsgefüge und Zusammenbruch des zweiten Reiches. Der Sieg des Bürgers über den Soldaten, Hamburg 1934; zu der sich an Hartungs Kritik anschließenden Debatte unter Juristen und Historikern über Schmitts Schrift siehe Hans-Christof Kraus: Soldatenstaat oder Verfassungsstaat? – Zur Kontroverse zwischen Carl Schmitt und Fritz Hartung über den preußisch-deutschen Konstitutionalismus (1934/35), in: Jahrbuch für die Geschichte Mittel- und Ostdeutschlands 45 (1999), S. 275–310.
[2] Carl Schuchhardt (1859–1943), Prähistoriker, Tätigkeit an diversen Museen, leitete 1908–1925 die Vorgeschichtliche Abteilung des Berliner Museums für Völkerkunde; sein von Hartung erwähntes Buch ist: Vorgeschichte von Deutschland, München/Berlin 1928.
[3] Karl August Eckhardt (1901–1979), Jurist, Rechtshistoriker und Mediävist, 1934–1936 Referent im Reichsministerium für Wissenschaft, Erziehung und Volksbildung, o. Professor an der Universität Kiel (1928–1930), an der Handelshochschule Berlin (1930–1932) sowie den Universitäten Bonn (1932–1933), Kiel (1933–1934), Berlin (1935–1937) und nochmals Bonn (1937–1945), nach 1945 Privatgelehrter und Stadtarchivar von Witzenhausen in Nordhessen.
[4] Siehe dazu unten, Brief Nr. 114.

Nr. 114

An Siegfried A. Kaehler (Sanatorium) St. Blasien, 9. Februar 1935

NStUB Göttingen, Cod. Ms. S. A.- Kaehler, 1,59. – Hs. Original.

Lieber Kaehler!

Es scheint wirklich Ernst zu werden mit meiner Heimreise. Meine Weihnachtspläne, gegen die Sie noch in freundschaftlicher Gesinnung mit weisen Ratschlägen aufgetreten sind, ohne durchblicken zu lassen, daß Sie doch auch oft früher an die Arbeit gegangen sind, als der Medizinmann es erlaubte, sind, wie Sie wissen, gescheitert. Ich bin hier geblieben mit dem Erfolg, daß ich am 1. Weihnachtstag wieder ins Bett gesteckt wurde und darin vier Wochen verblieb. Eine kleine Geduldsprobe nennt man das hier mit dem liebenswürdigen Euphemismus der Mediziner. Aber jetzt ist alles so weit in Ordnung, daß ich mich nur noch drei Wochen zu bewähren brauche, um dann in die Freiheit zurückgegeben zu werden. Ich werde sogar im Sommer lesen dürfen. Aber ob es überhaupt Sinn hat? Der Kampf, den der Völk. Beobachter gegen die Historiker führt und den er in seinem sehr gehässigen Artikel gegen Oncken wohl auf die Höhe gebracht, aber schwerlich beendet hat, macht mich sehr bedenklich[1]. Ich kann nicht auf einmal mit meinem historischen Denken aufhören und politische Propaganda treiben. Ich könnte es auch dann nicht, wenn ich in meinem demnächst erscheinenden Artikel in der HZ[2] nicht gerade für die Objektivität eingetreten wäre. Denn ich würde darin nicht nur mich selbst verleugnen müssen, sondern auch bewußt zum Ruin der deutschen Wissenschaft beitragen. Ich erkenne das Recht der jungen Generation, eine ihr gemäße Art der Geschichtschreibung zu schaffen, grundsätzlich an. Aber was ich von ihren Leistungen bisher gesehen habe, verstößt gegen die Grundbegriffe der Wissenschaft und ist auch politisch sehr fragwürdig. Wenn Herr Frank z.B. behauptet, daß Nationalismus und Demokratie auch in Frankreich Gegensätze seien[3], so erinnert mich das verflucht an die Anschauung von dem dekadenten, durch Parteikämpfe

---

[1] Hermann Oncken hatte am 20. Dezember 1934 und am 10. Januar 1935 in Berlin einen Vortrag über „Wandlungen des Geschichtsbildes in revolutionären Epochen" gehalten, in dem er eine zurückhaltend-vorsichtig formulierte Kritik an der nationalsozialistischen Geschichtsauffassung geübt hatte. Nach der stark beachteten Veröffentlichung des Vortragstextes in der „Deutschen Allgemeinen Zeitung" vom 13.1.1935 wurde Oncken von Walter Frank in einem „L'Incorruptible, eine Studie über Hermann Oncken" überschriebenen Artikel im „Völkischen Beobachter" vom 3.2.1935 scharf angegriffen und als epigonaler Gelehrter sowie als politischer Opportunist verunglimpft. Noch im gleichen Monat wurde Oncken zum sofortigen und endgültigen Abbruch seiner Lehrveranstaltungen an der Universität Berlin gezwungen. Zu dieser großes öffentliches Aufsehen erregenden Affäre siehe die detaillierte Darstellung bei Heiber: Walter Frank und sein Reichsinstitut, S. 200–241; ein vollständiger Neuabdruck des Vortrags von Oncken in: Historische Zeitschrift 189 (1959), S. 124–138.
[2] Siehe oben, Brief Nr. 113.
[3] Das ist eine der Thesen in: Walter Frank: Nationalismus und Demokratie im Frankreich der dritten Republik (1871 bis 1918), Hamburg 1933.

zerrissenen Frankreich, mit der sich das wilhelminische Deutschland brüstete. Auch das letzte Heft der brandenb[urgisch]-preuß[ischen] Forschung[en] zeigt eine erschreckende Verwilderung der Wissenschaft durch das krampfhafte Bemühen, sich anzupassen. Die törichte Behauptung, daß Clausewitz Nat[ional]-sozialist gewesen sei, wird vom Rezensenten sogar noch unterstrichen usw.![1]

Heute war Ritter bei mir. Er vertritt in diesem Winter zugleich in Basel. Was er von dort berichtet, klingt noch furchtbar harmlos; so etwa wie wir vor 1914 lebten, als ob diese Welt immer bleiben würde. Ich habe versucht, für Rothfels etwas zu erreichen. Aber Ritter hält es für wenig aussichtsreich, obwohl es an einheimischen Kandidaten offenbar fehlt[2].

Ob man uns in Berlin für Caspar und Oncken Ersatz geben wird?[3] Daß Windelband kein Ersatz für Oncken ist, habe ich mir vor seiner Berufung vom Ministerium schriftlich geben lassen[4]. Aber ob das was nützt? Es genügt ja, daß das Ministerium keinen Entschluß faßt; dann bleibt die Stelle formal unbesetzt und nach außen hin ist Windelband Inhaber des Rankeschen Lehrstuhls. Und das „keinen Entschluß fassen" ist leider ein sehr beliebtes Mittel im Ministerium. Was habe ich als Dekan mit Gerullis, Haupt, Achelis z. B. über die Besetzung der Professur für Physik (die mit Helmholtz[5], Rubens[6], Nernst[7] auch eine

---

[1] Gemeint ist: Friedrich Granier: Rezension von: Richard Blaschke: Carl von Clausewitz. Ein Leben im Kampf, Berlin 1934, in: Forschungen zur brandenburgischen und preußischen Geschichte 46 (1934), S. 204 f.; der Rezensent stellte hier u. a. fest: „Mit der Gegenwart verbindet C., abgesehen von seiner heldischen Persönlichkeit überhaupt, der Erziehungsgedanke, der den kriegerischen Geist des Volkes wecken will, die hohe Wertung der öffentlichen Meinung und die Abneigung gegen den Liberalismus und Feudalismus. [...] Wie sehr mit Recht Verf. seinen Helden für den Nationalsozialismus in Anspruch nehmen darf, mag das eine Wort von C. beweisen: ‚Der Mensch ist der herrschende Zweck der Natur, aber nicht das Individuum, sondern die tausend Gesichter, die neben und nacheinander leben und in gedrängten Reihen durch Zeit und Raum wandeln'." (ebenda, S. 205). – Rezensent war der Militärhistoriker und Archivar Friedrich Granier (1893–1946).

[2] Gerhard Ritter, der wegen seines offenen Eintretens für seinen von Walter Frank angegriffenen akademischen Lehrer Hermann Oncken in Deutschland politischen Schwierigkeiten ausgesetzt war, erhoffte während seiner Vertretungsprofessur in Basel offenbar für sich selbst einen Ruf an die dortige Universität; man entschied sich in Basel allerdings für eine Hausberufung und installierte den bisherigen Privatdozenten Werner Kaegi (1901–1979); vgl. Cornelißen: Gerhard Ritter, S. 157 ff.

[3] Der von Hartung als Berliner Kollege sehr geschätzte Mediävist Erich Caspar, ein preußischer Protestant, der wegen seiner jüdischen Vorfahren die Entlassung aus dem Universitätsdienst befürchtete, hatte am 22. Januar 1935 den Freitod gewählt, was jedoch offiziell verheimlicht wurde; vgl. Franz-Reiner Erkens: Erich Caspar, in: Hans-Christof Kraus (Hrsg.): Berlinische Lebensbilder, Bd. 10: Geisteswissenschaftler II, Berlin 2012, S. 281–305, hier S. 301 f.

[4] Siehe oben, Briefe Nr. 95, 97.

[5] Hermann von Helmholtz (1821–1894), Mediziner und Physiker, Lehrer für Anatomie an der Berliner Kunstakademie (1848/52–1849), o. Professor für Physiologie an den Universitäten Königsberg (1849–1855), Bonn (1855–1858) und Heidelberg (1858–1871), o. Professor für Physik an der Universität Berlin (1871–1894).

[6] Heinrich Rubens (1865–1922), Physiker, a.o./o. Professor an der Technischen Hochschule Charlottenburg (1895/1900–1903), an der Militärtechnischen Akademie Berlin (1903–1906) und an der Universität Berlin (1906–1922).

[7] Walter Nernst (1864–1941), Physiker und Chemiker, a.o./o. Professor für physikalische Chemie an den Universitäten Göttingen (1891/95–1905) und Berlin (1905–1924), anschlie-

anständige Tradition hat) verhandelt, welche Zusagen habe ich bekommen, aber geschehen ist gar nichts. Ein persönlicher Ordinarius kleinsten Formats „verwest" das Institut; der einzige Trost ist, daß er nächstes Jahr an die Altersgrenze kommt[1]. Mit der Philosophie ist es ähnlich.

Für die neuere Geschichte sind außer Berlin und Königsberg auch Leipzig, Gießen, Greifswald, Rostock, Erlangen zu besetzen. Ob da bis zum 1. April etwas geschehen wird? Einige Stellen müssen ja wegen des Unterrichtsbedürfnisses besetzt werden. Da kann das Ministerium einmal zeigen, wie es den Nachwuchs beurteilt.

Was sagen Sie zu Mommsens neuem Buch?[2] Mir ist es zu geschickt dem Geist der neuen Zeit angepaßt, als daß ich Geschmack daran finden könnte. Es entschädigt ja auch nicht durch neue Gesichtspunkte oder tiefere Einsichten für den Mangel an Charakter. Ich bin sehr gespannt, ob Mommsen sich dadurch rehabilitiert hat.

Am 30. Januar hat sich die evangelische Kirche hier als besonderen Festschmuck ein Bild Hitlers auf dem Altar geleistet. Ich erinnere mich nicht, jemals ein Bild Wilhelms II. auf dem Altar gesehen zu haben.
[...]
Mit herzlichen Grüßen
Ihr F. Hartung

Nr. 115

An Hermann Oncken   (Sanatorium) St. Blasien, **13. Februar 1935**

NStA Oldenburg, Nl. Hermann Oncken, 271-14, Nr. 201. – Hs. Original.

Sehr verehrter und lieber Herr Oncken!

Mit dem Dank für die freundliche Zusendung Ihrer Zollvereinseinleitung[3], die das Material ausgezeichnet zusammenfaßt und mir namentlich in dem Hinweis auf die geradezu landesverräterischen Beziehungen der Kleinstaaterei zum Ausland viel Neues geboten hat, verbindet sich jetzt natürlich der Ausdruck der Empörung über den hämischen und ungerechten Angriff Franks gegen Sie[4]. Ich glaube, daß in Ihrer Person alle neueren Historiker, soweit sie sich nicht zur neuen Lehre bekennen, sich getroffen fühlen müssen. Denn uns alle

---

    ßend (bis 1932) o. Professor für Physik ebendort; 1920 Nobelpreis für Chemie, 1920/21 Rektor der Universität Berlin.
[1] Arthur Wehnelt (1871–1944), Physiker, a. o. Professor an der Universität Erlangen (1904–1906), o. Professor an der Universität Berlin (1906–1937).
[2] Wilhelm Mommsen: Politische Geschichte von Bismarck bis zur Gegenwart 1850–1933, Frankfurt a. M. 1935.
[3] Hermann Oncken: Zur Einführung, in: Vorgeschichte und Begründung des deutschen Zollvereins 1815–1834, bearb. v. Eisenhart Roethe/Anton Ritthaler, Bd. 1, Berlin 1934, S. IX–XCIX.
[4] Siehe oben, Brief Nr. 114.

Nr. 115. An Hermann Oncken, 13. Februar 1935

berührt das Verdikt über die am 30. Januar 1933 zusammengebrochene Wissenschaft in gleichem Maße. Das soll nicht heißen, daß ich dieses Verdikt als berechtigt anerkennen würde. Wo wäre die Wissenschaft hingekommen, wenn wir Professoren auf die Straße gegangen wären, um uns mit Kommunisten usw. zu prügeln. Aber was soll ich Dinge schreiben, die Sie selbst besser wissen als ich! Ich möchte Ihnen neben dem menschlichen Mitempfinden nur aussprechen, daß ich auch heute keine andere grundsätzliche Stellung zur Geschichte für möglich halte als die, die Sie einnehmen. Was ich bisher von Erzeugnissen der neuen nationalsozialistischen Richtung gesehen habe, kann mich darin nur bestärken.

Wenn alles mit mir weiter gut geht, werde ich Anfang März nach Hause zurückkehren und im Sommersemester wieder lesen. Nach den letzten Kämpfen bin ich gespannt auf die Haltung der Studentenschaft. Bisher hatte ich immer den Eindruck, als ob das Gros der Studenten sich nur widerwillig den Anforderungen ihrer politisierenden Führer füge und im alten Stile etwas lernen möchte.

Zum Schluß noch ein Wort über die Arbeit eines Herrn Schimpke, die Ihnen in den nächsten Tagen zum Koreferat zugehen wird. Ich habe das Referat heute geschrieben. Sie ist in dieser Form nicht druckfertig, muß vielmehr gründlich umgearbeitet werden. Wenn ich trotzdem für Annahme der Arbeit votiert habe, so leitet mich dabei lediglich das menschliche Mitgefühl mit dem jungen Mann, der durch meine Krankheit fast ein Jahr verloren hat. Ich habe nie mit ihm über die Arbeit sprechen können, und er ist offenbar nicht beweglich genug, um schriftliche Hinweise sinngemäß auszugestalten. Ich bin mir bewußt, daß das kein sachlich berechtigter Standpunkt ist. Aber ich glaube, das menschliche Gefühl darf auch einmal sprechen. Es ist auch insofern keine Gefahr, als weitere Arbeiten dieses Schlages nicht drohen[1].

Werde ich Sie in Berlin antreffen, wenn ich Anfang März komme? Ich glaube, wir Historiker der älteren Schule müssen uns einmal über die Möglichkeiten einer Verteidigung unserer Position ausführlich besprechen. Denn wir können uns doch nicht einfach ausschalten lassen, denn damit würden wir das wissenschaftliche Prinzip selbst aufgeben. Vielleicht sind Ihnen schon Vorschläge gemacht worden. Jedenfalls bin ich sehr gespannt auf die Welt, die ich nach fast einjähriger Abgeschiedenheit in Berlin vorfinden werde. In manchem ist die Veränderung wohl größer, als sie für mich 1919 bei der Rückkehr aus Krieg und Krankenlager war.

Mit vielen Grüßen in treuer Kollegialität
Ihr ergebener
F. Hartung

---

[1] Es handelt sich um die Dissertation von Friedrich Schimpke: Die deutsch-französischen Beziehungen von Faschoda bis zum Abschluß der Entente cordiale vom 8. April 1904, Emsdetten 1935.

Nr. 116

An Willy Andreas   (Sanatorium) St. Blasien, 27. Februar 1935

GLA Karlsruhe, 69 N, Nr. 848. – Hs. Original.

Lieber Herr Andreas!

Längst schon hätte ich Ihnen für Ihren freundlichen Brief vom Herbst[1] und die von mir sofort gelesenen Treitschkebriefe[2] danken sollen. Aber der Herbst brachte mir einen schweren Rückfall, der meine Schreiblust physisch und psychisch stark herabsetzte. Danach aber fehlte der rechte Anlaß zum Schreiben. Er ist jetzt gegeben in meiner in den nächsten Tagen bevorstehenden Abreise. Einen Abschiedsgruß möchte ich Ihnen doch noch schicken, bevor ich den badischen Schwarzwald verlasse. Sie haben mich in Ihrem Briefe freundlich eingeladen, in Heidelberg Zwischenstation zu machen. Aber Sie werden verstehen, wenn ich von Freiburg bis Berlin lieber in einem Stück durchfahre. Ich habe auch noch keinen rechten Mut, unmittelbar nach dem Sanatorium, wo ich nun 10 Monate ein meist liegendes Leben geführt habe, mich unter Menschen zu begeben, sondern will mich in Berlin erst langsam an ein normales Leben gewöhnen. Ob ich im Semester, dessen Vorverlegung mir sehr unbequem ist, ganz, halb oder gar nicht lesen werde, hängt von der Bewährungsfrist im März ab.

Sehr gespannt bin ich auf die akademische Welt in Berlin. Caspar wird mir sehr fehlen[3]. Aber vor allem bewegt mich der Fall Oncken[4]. Denn ich sehe darin nicht einen isolierten Vorstoß gegen einen Mann, dessen allzu bewegliche Natur immerhin zur Kritik herausfordern konnte, sondern einen Vorstoß gegen die Unabhängigkeit der Geschichtswissenschaft überhaupt. Auf diese oder eine ähnliche Weise kann jeder von uns erledigt werden. Sie stehen anscheinend auch schon auf der Proskriptionsliste; anders kann ich mir die verständnislose Kritik des V. B. an Ihrem Vortrag in der Kaiser-Wilhelm-Gesellschaft nicht erklären[5]. Ich komme vielleicht dran, wenn im nächsten Heft der HZ mein Aufsatz gegen die unglaubliche Schrift von C. Schmitt über Staatsgefüge und Zusammenbruch des 2. Reiches erschienen ist. Ich habe ihn hier mit Unterstützung meines Seminarassistenten[6] geschrieben, denn ich bin der Ansicht, wir haben die Pflicht, dagegen Einspruch zu erheben, wenn ein Mann wie C. Schmitt aus Parteigründen den Zusammenbruch von 1918 Bismarck und dem Liberalismus in die Schuhe schiebt, ohne das Zentrum und die Sozi-

---

[1] Nicht überliefert.
[2] Willy Andreas (Hrsg.): Briefe Heinrich von Treitschkes an Historiker und Politiker vom Oberrhein, Berlin 1934.
[3] Siehe oben, Brief Nr. 114.
[4] Siehe oben, Brief Nr. 114.
[5] Siehe unten, Brief Nr. 120.
[6] Hermann Gackenholz.

aldemokratie zu erwähnen[1]. Sie beziehen wohl die HZ; sonst schicke ich Ihnen gern einen Sonderdruck.

Den Neuerungen in der Universitätsverfassung stehe ich sehr skeptisch gegenüber. Ich möchte frei nach Bülow sagen: wir leiden am mißverstandenen Führerprinzip[2]. Wie soll der Rektor z. B. die Verantwortung für die Habilitationen tragen, wie der Dekan die Verantwortung für eine Vorschlagsliste in einem Fach, von dem er gar nichts versteht. Als Dekan der ungeteilten philosophischen Fakultät in Berlin habe ich bei chemischen und ähnlichen Berufungen und Habilitationen stark empfunden, daß ich auch nicht ein Wort von der Sache verstand. Aber da hatte ich nur die äußere Verhandlungsführung. Ich glaube, das neue Verfahren führt viel eher zur Klüngelwirtschaft als die kollegiale Abstimmung in der Fakultät.

Vor kurzem hatte ich Besuch von Ritter. Was er von seiner Vertretung in Basel und den dortigen Verhältnissen erzählte, klang wie eine Geschichte aus unserer Vorkriegszeit[3]. Er scheint den Gedanken einer Berufung nach Basel nicht ohne weiteres von der Hand zu weisen. Aber ich glaube (und habe es ihm auch gesagt), daß er dort doch auf ein totes Gleis käme, ja selbst Gefahr der Emigrantenstimmung liefe. Wir müssen doch wohl aushalten und versuchen, ob wir uns auf die Dauer nicht behaupten können. Daß Lintzel[4], der auf dem Philologentag in Trier mutig für Karl d. Gr. eingetreten ist[5], nun als ao.[6] nach Kiel berufen ist, zeigt doch ein gewisses Verständnis im Ministerium für die Notwendigkeit der freien Lehre. Aber in der Nähe betrachtet sehen die Dinge vielleicht anders aus. Die vielen Berufungen, die auf dem Gebiet der Geschichte notwendig sind, werden ja etwas Aufschluß über den Kurs des Ministeriums geben, wenn dieses nicht auch sie wie so viele andern Dinge [sic!] verschleppen wird. Sehr gespannt bin ich auch, ob wir die Onckensche Stelle besetzen können. Ich habe es mir s. Zt., als uns Windelband angetragen wurde, schriftlich bestätigen lassen, daß W. nicht Nachfolger Onckens werde, was ursprünglich beabsichtigt war. Aber zwingen können wir das Ministerium natürlich

---

[1] Siehe oben, Brief Nr. 113.
[2] Der deutsche Reichskanzler Bernhard Fürst von Bülow (1849–1929) bemerkte einmal in einer Reichstagsrede am 14.11.1906: „Das Dogmatisieren des Fürsten Bismarck ist übrigens [...] nicht nur zu einer Manie, sondern zu einer Kalamität geworden. Wir laborieren an dem mißverstandenen Fürsten Bismarck"; u. a. zit. in: Bernhard Fürst von Bülow: Denkwürdigkeiten, hrsg. v. Franz von Stockhammern, Bd. 2: Von der Marokkokrise bis zum Abschied, Berlin 1930, S. 444.
[3] Siehe oben, Brief Nr. 114.
[4] Martin Lintzel (1901–1955), Historiker, Mediävist, Privatdozent an der Universität Halle (1927–1935), a. o. Professor an den Universitäten Kiel (1935–1936) und Halle (1936–1942), o. Professor an der Universität Halle (1942–1955).
[5] Lintzel kritisierte 1934/35 mehrfach – zwar verbindlich in der Form, in der Sache jedoch vergleichsweise deutlich – die Verunglimpfung Kaiser Karls als „Sachsenschlächter" und „Römling"; vgl. Martin Lintzel: Zur Beurteilung Widukinds und Karls des Großen, in: Vergangenheit und Gegenwart 24 (1934), S. 652–660; derselbe: Karl der Große, in: Die Großen Deutschen – Neue Deutsche Biographie, hrsg. v. Willy Andreas/Wilhelm von Scholz, Bd. 1, Berlin 1935, S. 40–57.
[6] [Hier: planmäßiger] außerordentlicher Professor.

nicht. Das Ordinariat für Physik, die Stelle, die einst Helmholtz, zuletzt Nernst innegehabt hat, ist seit 3 Jahren unbesetzt, weil wir den Pg, den das Ministerium haben möchte, nicht vorgeschlagen haben. Dabei hat mir der Mann im Ministerium (es war nicht Achelis), dem ich die Gründe der Fakultät mündlich auseinandergesetzt habe, selbst zugegeben, daß der Betreffende „ein ganz kleiner Mann" sei.

Aber Sie werden solche und ähnliche Geschichten genug erlebt haben. Ich wünsche Ihnen gute Ferien und bin mit vielen freundlichen Grüßen

Ihr F. Hartung

Nr. 117
An Albert Brackmann   Berlin, 3. Mai 1935

GStA PK, VI. HA, Nl. Albert Brackmann, Nr. 11, 147. – Masch. Original.

Lieber Brackmann!

[...]

Ich habe trotz Ihrem Abraten mich schliesslich doch entschlossen, die Sitzung der Historischen Reichskommission mitzumachen; es schien mir richtiger zu sein, keine persönliche Verstimmung zu zeigen sondern wenigstens anzuhören, was da vor sich ging[1]. Der Besuch war natürlich sehr schwach. Von auswärts waren Finke[2] und Schulte[3] gekommen, sie hatten wohl noch andere Pläne, die die weite Reise rechtfertigen, ferner Brandenburg, aus Berlin ausser mir noch Hoetzsch[4]. Sehr stark war das Ministerium vertreten durch Eckardt und zwei junge Leute, darunter Hinz[5]. Die Sitzung verlief sehr anständig, indem nur Hoppe und Eckardt[6] sprachen, die Mitglieder sich schweigend ver-

---

[1] Die letzte Sitzung der Historischen Reichskommission, in welcher deren Selbstauflösung beschlossen wurde, fand am 27. April 1935 statt. Unter dem Vorsitz Willy Hoppes, der kurzfristig die Nachfolge Hermann Onckens angetreten hatte, nahmen nur sechs (von insgesamt sechzehn) Mitgliedern an dieser Sitzung teil: neben Hoppe und Fritz Hartung waren dies Erich Brandenburg, Heinrich Finke, Otto Hoetzsch und Aloys Schulte; zum Verlauf und Ergebnis dieser Sitzung vgl. Heiber: Walter Frank und sein Reichsinstitut, S. 243f.

[2] Heinrich Finke (1865–1938), Historiker, Mediävist, a.o./o. Professor an der Akademie Münster (1891/97–1899) und an der Universität Freiburg i.Br. (1899–1928), seit 1924 Präsident der Görres-Gesellschaft.

[3] Aloys Schulte (1857–1941), Historiker und Archivar, o. Professor an den Universitäten Freiburg i.Br. (1892–1896), Breslau (1896–1903) und Bonn (1903–1928), 1901–1903 Leiter des Königlich Preußischen Historischen Instituts in Rom.

[4] Otto Hoetzsch (1876–1946), Osteuropahistoriker und Politiker, Professor an der Akademie Posen (1906–1913), a.o./o. Professor an der Universität Berlin (1913/20–1935, 1946), 1920–1930 Mitglied des Reichstages (DNVP); Hoetzsch wurde noch im selben Monat, im Mai 1935 zwangspensioniert, siehe unten, Brief Nr. 119.

[5] Walther Hinz (1906–1992), Islamwissenschaftler, Orientalist und Iranist, 1934–1937 Referent im Reichsministerium für Wissenschaft, Erziehung und Volksbildung, später o. Professor an der Universität Göttingen (1937–1945, 1957–1975).

[6] Gemeint ist Karl August Eckhardt (siehe oben, Brief. Nr. 113).

Nr. 117. An Albert Brackmann, 3. Mai 1935

hielten. Was Eckardt sagte, war Kohl, den es nicht lohnt, schriftlich aufzuwärmen; er sass damals noch auf dem hohen Ross der mit der Berufung Srbiks bekundeten Achtung des Ministers vor der Wissenschaft[1]. Zum Schluss dankte Finke der früheren Leitung, und Hoppe versprach, diesen Dank an Oncken und Meinecke weiterzuleiten. Da Eckardt sich sehr scharf gegen die Rechtsform des eingetragenen Vereins für derartige vom Reich finanzierte Unternehmungen ausgesprochen hatte, sprach ich mit Hinz noch über die Jahresberichte, die ja die gleiche Form haben. Er meinte aber, das habe bisher keine Unzuträglichkeiten hervorgerufen und solle so bleiben, so lange wir beide als Herausgeber blieben.

Am Montag hatte ich einen längeren Besuch von Srbik, der mir die Gründe seiner Ablehnung ausführlich auseinander zu setzen [sic]. Ich kann Ihnen das vielleicht mal mündlich erzählen. Was nun werden soll, weiss das Ministerium wohl selber nicht. Wir sind bisher nicht gefragt worden. Der neue Dekan ist sehr unterwürfig und hat nicht gewagt, die von mir vorgeschlagene Kommission für die Nachfolge Oncken einzuberufen. Wir sind hier übrigens alle Ihrer Ansicht, dass die Berufung von Srbik unter politischen Gesichtspunkten unverständlich ist; dabei hat das Ministerium ihn offenbar auch zum Leiter des geplanten Reichsinstituts für Geschichte in Aussicht genommen gehabt, dem die Aufgabe der Erforschung der Geschichte des Bismarckreichs zufällt. Dafür bringt der Biograph Metternichs wohl kaum die rechten Voraussetzungen mit.

[...]

Vom 1. Mai, der sich durch Kälte und Schneegestöber auszeichnete, habe ich wenig gemerkt. Ich rechnete mich natürlich nicht zu den gesunden und marschfähigen Mitgliedern des Lehrkörpers, die sich am Aufmarsch beteiligen sollten[2]. Unsere Nichte, die aus Neugierde in den Lustgarten ging, hörte dort von einem Schupo[3], dass tatsächlich die Abhaltung der Feiern noch in der Nacht zweifelhaft gewesen war. Ich habe den Eindruck, als ob diese Art der Feier sich schon überlebt hätte. Für den normalen Arbeiter ist eine Rede des Führers von 20 Minuten ein etwas dürftiger Lohn für einen stundenlangen An- und Abmarsch.

---

[1] An seinen Schüler, den späteren Archivar Helmuth Croon (1906–1994), schrieb Hartung am 28.4.1935 (SBB PK, Nl. Fritz Hartung, K 37/1, masch. Durchschlag): „Dass als Nachfolger Onckens Srbik in Aussicht genommen ist, haben Sie wohl in der Zeitung gelesen. Die Fakultät ist gar nicht gefragt worden; ich würde unter den heutigen politischen Umständen nicht gewagt haben, den christlich-sozialen Minister a.D. mit seiner stark schwarz-gelben Einstellung für Berlin vorzuschlagen. Ob er den Ruf annehmen wird, ist mir übrigens sehr zweifelhaft". Die Bemerkung spielt an auf Srbkis einjährige Amtstätigkeit als österreichischer Minister für Unterricht und Kultur (1929–1930) im Kabinett des christlich-sozialen Bundeskanzlers Johann Schober (1874–1932).

[2] Die Kundgebung am 1. Mai 1935 fand auf dem Tempelhofer Feld (nicht, wie Hartung meint, im Lustgarten) bei starkem Schneetreiben statt; nach zeitgenössischen Berichten hörten dort angeblich eineinhalb Millionen Teilnehmer eine Rede des nunmehrigen „Führers und Reichskanzlers" Adolf Hitler; vgl. Max Domarus: Hitler – Reden und Proklamationen 1932–1945. Kommentiert von einem deutschen Zeitgenossen, Bde. 1–4, Leonberg 1988, hier Bd. 2, S. 501 ff.

[3] Angehöriger der Schutzpolizei.

Bei der Besprechung der Historiker über die Vorlesungen des nächsten Semesters fehlte noch eine Mitteilung von Ihnen über die etwa von Ihnen beabsichtigte Vorlesung. Ich weiss allerdings auch nicht, ob Sie überhaupt eingeladen waren. Wenn die Studentenzahl im gleichen Tempo wie bisher zurückgeht, wird bald auf jeden Dozenten der Geschichte nur noch ein Student entfallen. Obwohl die Kartenausgabe offiziell schon geschlossen ist, haben wir nur wenig über 200 Mitglieder im ganzen Seminar.

Vor kurzem habe ich mir den Film „Triumph des Willens" angesehen[1]. Was mir zunächst auffiel, war die gähnende Leere im Kino; der Film ist inzwischen auch so ziemlich verschwunden. Es ist auch ziemlich langweilig, die ewigen Aufmärsche von Fahnen, SA und SS sich anzusehen. Die Stimmung war auch sehr kühl, nur als Göring[2] mit seinem wohlgenährten Bauch zu sehen war, wurde gelacht. Lehrreich war der Film für die Wirkung der Massendemonstration und des Massenbeifalls auf den Führer selbst.

Sonst lebe ich meist still und brav zu Hause und lasse mich von meiner Frau pflegen. Hoffentlich geht es Ihnen beiden besser. Mit vielen herzlichen Grüssen zugleich von meiner ganzen Familie

Ihr Hartung

Nr. 118
An Ernst Rudolf Huber   **Berlin, 5. Mai 1935**

SBBPK, Nl. Fritz Hartung, K 37/1. – Masch. Durchschlag.

Sehr geehrter Herr Kollege![3]

Für die freundliche Zusendung Ihrer Rede „Vom Sinn der Verfassung" danke ich Ihnen verbindlichst[4]. Ich kann Ihren Ausführungen, soweit sie sich auf die deutsche Entwicklung beziehen, durchaus zustimmen. Sobald man auch England und Frankreich in die Betrachtung einbezieht, wird man das S. 14 ausgesprochene Urteil über das bürgerliche Zeitalter doch wohl etwas modifizieren müssen[5]. Die entscheidende Schwäche unserer staatlichen Ent-

---

[1] Diesen Propagandafilm drehte die Regisseurin Leni Riefenstahl (1902–2003) im Auftrag Hitlers über den sechsten Reichsparteitag der NSDAP in Nürnberg (4.–10. September 1934).
[2] Hermann Göring (1893–1946), nationalsozialistischer Politiker.
[3] Ernst Rudolf Huber (1903–1990), Jurist, führender nationalsozialistischer Staats- und Verfassungsrechtler, o. Professor an den Universitäten Kiel (1933–1937), Leipzig (1937–1941), Straßburg (1941–1945), sowie – nach einer Honorarprofessur an der Universität Freiburg i. Br. (1952–1957) und vermittels einer o. Professur an der Hochschule für Sozialwissenschaften in Wilhelmshaven (1957–1962), die 1962 in die Universität Göttingen eingegliedert wurde – an der Universität Göttingen (1962–1968).
[4] Ernst Rudolf Huber: Vom Sinn der Verfassung, Hamburg 1935.
[5] Hartung bezieht sich hier auf die folgende Passage, ebenda, S. 14: „Der politische Sinn der Verfassung besteht darin, daß sie die Form und Ordnung ist, in der die staatliche Einheit geschaffen und entfaltet wird. Eine Verfassung erfüllt ihren Zweck nur dann, wenn sie

wicklung sehe ich gerade im Hinblick auf die Entwicklung von Frankreich und England nicht so sehr im Liberalismus und im Bürgertum, sondern darin, dass wir die liberal-parlamentarische Regierungsform zuerst in Staaten erprobt haben, wo für ein gesundes staatliches Leben überhaupt kein Raum war und wo deshalb jede Staats- und Regierungsform zur Karikatur entarten musste. In der deutschen Kleinstaaterei, die mir von früheren Studien gut bekannt ist, ist der Absolutismus zum Serenissimustyp und der Militarismus zum Soldatenspiel geworden, und der Merkantilismus hat entweder zu lächerlich-grotesken Plänen wie einer bayrischen Kolonialpolitik im 17. Jahrhundert oder zu kleinlicher Schikane der Nachbarn wie in Franken im 18. Jahrhundert geführt, wo man sich gegenseitig die Strassen unfahrbar machte. Wenn unser parlamentarisches Leben ebenfalls zum Ruin wurde, so hat es leider eine bereits vorhandene Linie fortgesetzt. Und die politische Aufgabe für die Zukunft scheint mir deshalb in erster Linie die Ueberwindung der Reste kleinstaatlicher Gesinnung zu sein, jener Gesinnung, hinter der keine wahre Verantwortung stehen kann, weil ihr alle Machtmittel fehlen.

Mit deutschem Gruss und Heil Hitler
Ihr sehr ergebener

Nr. 119
An Fritz Rörig Berlin, 27. Mai 1935

SBBPK, Nl. Fritz Hartung, K 59/26. – Masch. Durchschlag.

Lieber Herr Rörig!

Es freut mich, aus Ihrem Brief vom 22. zu ersehen[1], dass wir in den Grundsätzen der Seminarverwaltung völlig einig sind; und ich denke, dass wir uns über die Auslegung in den Einzelfällen auch jeweils werden verständigen

---

dem Bestand und der Stärke der staatlichen Einheit dient. Jede Verfassung muß deshalb daran gemessen werden, in welchem Umfang sie diese Aufgabe der staatlichen Einigung erfüllt. Das bürgerliche Zeitalter hat den politischen Sinn der Verfassung schlecht begriffen und unvollkommen verwirklicht. Es nennt sich mit Unrecht das Zeitalter der Verfassung, sofern man dabei nicht nur an möglichst zahlreiche, sondern an möglichst gute Verfassungen denkt. – Jede bürgerliche Verfassung leidet an einem doppelten Bruch. Sie will als nationale Verfassung die politische Einheit des Volkes; aber sie versteht als demokratische Verfassung unter Volk die äußere Summe der Staatsbürger, und sie erstrebt als liberale Verfassung die Freiheit der autonomen Persönlichkeit gegenüber dem Staat. Es ist aber unmöglich, zugleich die Einheit des Volkes zu wollen und dieses Volk in eine Summe von einzelnen aufzulösen, wie es die demokratische Lehre tut. Und es ist unsinnig, die politische Einigung der Nation zu preisen und zugleich mit dem Liberalismus die selbstherrliche Freiheit von Bürgern zu erstreben, die den Sinn der Politik in der Sicherung vor der Politik erblicken. Alle bürgerlichen Verfassungen in Deutschland kranken an dieser inneren Gegensätzlichkeit; sie ist der Ursprung der Krise, in der die bürgerliche Verfassung von Anfang an steht".

[1] Nicht überliefert.

können. Was für den Unterricht der Seminare gebraucht wird, ist immer angeschafft worden, so weit es überhaupt möglich ist. Hinsichtlich der für einzelne Dissertationen notwendigen Werke pflege ich etwas zurückhaltender zu sein, weil Berlin mit seinen vielen Bibliotheken (Staatsbibliothek, Universitätsbibliothek, Heeresbücherei, Reichstag usw.) besondere Lebensbedingungen hat. Das kann eben nur von Fall zu Fall entschieden werden.

Sonst liegt amtlich nicht viel Neues vor. Die Nachfolge Oncken scheint nicht vorwärts zu kommen. Angeblich hat Walter Frank abgelehnt, sodass jetzt Westphal die besten Aussichten haben soll[1]. Ich kann mir nicht vorstellen, dass Westphal der rechte Mann für Berlin ist, selbst wenn ich mehr an die Ansichten der Partei als an das alte Interesse der Wissenschaft denke. Ich habe vor allem das eine gegen ihn, dass er bis zur Unverständlichkeit unklar in seinen Schriften ist.

Schlimm ist auch die Sache Hoetzsch. Er ist vor etwa 10 Tagen mit sofortiger Wirkung nach § 6 entlassen worden[2]. Derartige Ersparnismassnahmen kann der Minister ja verfügen, selbst ohne die durch den Anstand gebotene vorherige Benachrichtigung des davon Betroffenen. Tatsächlich ist die Ersparnis auch nur ein Vorwand, die Stelle soll ja auch wieder besetzt werden, angeblich mit Uebersberger. Hoetzsch ist wohl ein Opfer des russenfeindlichen Kurses in der Aussenpolitik geworden. Schön finde ich das Verfahren nicht. Aber es ist mir von allen Seiten versichert worden, dass dagegen nichts zu machen ist, wenn nicht eine mit Rust wenig einverstandene höhere Parteiinstanz für den Fall interessiert werden kann. Ich sehe sehr schwarz in die Zukunft der Universität[3].

---

[1] Nachdem Heinrich von Srbik den an ihn ergangenen Ruf auf die Nachfolge Onckens abgelehnt und nachdem Walter Frank – der lediglich den Professorentitel erhalten, aber nicht lehren wollte und das Alltagsgeschäft eines universitären Lehrstuhls scheute – ebenfalls abgelehnt hatte, wurde Arnold Oskar Meyer berufen; vgl. Wolfgang Hardtwig: Neuzeit-Geschichtswissenschaften 1918–1945, in: Geschichte der Universität Unter den Linden 1810–2010, Bd. 5: Transformation der Wissensordnung, hrsg. v. Heinz-Elmar Tenorth, Berlin 2010, S. 413–434, hier S. 425; Heiber: Walter Frank und sein Reichsinstitut, S. 116 ff.

[2] Hoetzsch wurde vorgeblich wegen seiner russlandfreundlichen Haltung aus dem Amt entlassen, die dem außenpolitischen Kurs Hitlers nicht entsprach; vgl. dazu Hardtwig: Neuzeit-Geschichtswissenschaften 1918–1945, S. 429 f.; Gerd Voigt: Otto Hoetzsch 1876–1946. Wissenschaft und Politik im Leben eines deutschen Historikers, Berlin[-Ost] 1978, S. 263. Anlass hierfür dürfte jedoch in erster Linie der von nationalsozialistischen Funktionären inszenierte Skandal um die von Hoetzsch betreute Dissertation des (1934 nach Palästina ausgewanderten) Zionisten Abraham Heller gewesen sein, dessen Promotionsverfahren von Hartung noch in seiner Zeit als Dekan eingeleitet worden war. Auch Hartung hatte sich deshalb vor dem Rektor der Universität zu rechtfertigen und erhielt aus diesem Anlass eine offizielle „Missbilligung" des Ministeriums für Wissenschaft, Erziehung und Volksbildung. Siehe hierzu die Unterlagen im Archiv der Humboldt-Universität zu Berlin, Phil. Fak., Nr. 791; hierüber ausführlich ebenfalls Ingo Loose: Verfemt und Vergessen. Abraham Hellers Dissertation „Die Lage der Juden in Rußland von der Märzrevolution 1917 bis zur Gegenwart" an der Berliner Universität 1934–1992, in: Jahrbuch für Antisemitismusforschung 14 (2005), S. 219–141.

[3] Es ist nicht auszumachen, ob dieser Brief hier endet oder noch über eine zweite (verloren gegangene) Seite verfügte. Eventuell hat Hartung seinen Abschiedsgruß aber auch unten auf der Seite handschriftlich angefügt, weshalb er auf dem erhaltenen Durchschlag fehlt.

Nr. 120
An Willy Andreas Berlin, 16. Juni 1935

GLA Karlsruhe, 69 N, Nr. 848. – Masch. Original.

Lieber Herr Andreas!

Für Ihren Vortrag über den deutschen Menschen der Reformation danke ich Ihnen herzlich[1]. Für den unbefangenen Leser oder Hörer haben Sie darin ein sehr lebendiges und bewegtes Bild jener Uebergangszeit und ihrer verschiedenen Typen gezeichnet. Dass der Völk. Beob. daran Anstoss nahm, ist freilich auch zu verstehen. Denn er möchte natürlich, dass Sie den deutschen Menschen der Reformation in entschlossener Einsatzbereitschaft zum Kampf für eine artgemässe Religion darstellten und in römisch-habsburgischen Intrigen und Verrat die Ursache des Verpuffens all des Reichtums der Anlagen schilderten. Ich hoffe allerdings, dass die massgebenden Stellen seit dem Rückzug in der Frage Karl d. Grosse[2] das Bedenkliche einer nach heutigen Parteigesichtspunkten orientierten Geschichtschreibung allmählich einsehen und es aufgeben, uns sozusagen die richtige Beurteilung historischer Vorgänge vorzuschreiben. Dass man sich aber bis zu einer vorurteilslosen Würdigung der deutschen Geschichtschreiber aufschwingen wird, daran glaube ich nicht. Nachdem K. A. v. Müller, Srbik und W. Frank den Onckenschen Lehrstuhl abgelehnt haben, scheint man im Ministerium ziemlich ratlos zu sein. Wir werden überhaupt nicht gefragt, offenbar weil man diejenigen, die wir vorschlagen würden, allesamt nicht haben will. Aus einer ganz guten Quelle habe ich gehört, dass Schüssler gewisse Aussichten haben soll; bei aller Würdigung seiner Arbeiten und seiner liebenswürdigen Persönlichkeit muss ich doch sagen, dass er nach seinen Leistungen auf den ersten deutschen Lehrstuhl der Geschichte keinen Anspruch erheben kann. Seine Ernennung würde ein weiterer Schritt zur systematischen Herabwürdigung der Berliner Universität sein. A. O. Meyer, der mir auch schon genannt worden ist, wäre mir da schon lieber. Die Gefahr Westphal scheint im Augenblick beschworen zu sein.

Von dem, was in den oberen Regionen geschieht und vielfach nicht geschieht, abgesehen, finde ich es an der Universität erfreulicher als vor meiner Erkrankung. Der Rückgang der Studentenzahl hat uns von einer Menge Ballast befreit, von den vielen, die niemals hätten studieren sollen und die wegen ihrer Unfähigkeit zu selbständiger geistiger Arbeit den grossen Kampf gegen die Rückständigkeit der Universitäten führten und noch führen. Mit den heutigen Studenten lässt sich nach meiner Ansicht sehr gut arbeiten. Ihre politische Haltung ist freilich keineswegs so, wie es sich der Minister und die Leitung der

---

[1] Willy Andreas: Der deutsche Mensch der Reformation, in: Der deutsche Mensch. 5 Vorträge von Hans Naumann, Willy Andreas, Adolf Feulner, Gerhard Fricke, Erich Rothacker, Stuttgart/Berlin 1935, S. 35–64. Der Band enthält die Texte einer Reihe von Vorträgen, die im Winter 1934/35 im Harnack-Haus der Kaiser-Wilhelm-Gesellschaft vor deren Mitgliedern und Freunden gehalten wurden.
[2] Siehe oben, Brief Nr. 111.

Studentenschaft erwartet haben; ich stelle als Ergebnis der politischen Schulung der letzten Semester immer wieder eine scharfe Ablehnung aller Zwangslehren fest. Natürlich gibt es auch gesinnungslose Streber. So kam dieser Tage ein Doktorand von Hoetzsch zu mir, bat um Betreuung seiner Arbeit und fragte, ob er Hoetzsch in der Arbeit noch zitieren solle oder ob er sich damit Schwierigkeiten verursache. Ich war so entsetzt über diese Frage, dass sich inzwischen der Papa des hoffnungsvollen Jünglings[1] zum Besuch angemeldet hat.

Auch unser gestriges Seminarfest bewies, dass in den Studenten durchaus der alte Geist lebendig ist. Kameradschaftlich in dem heute geforderten Sinn waren auch unsere früheren Feste schon insofern, als an ihnen nicht nur Dozenten und Studenten sondern auch unser Seminardiener teilnahm. Im übrigen waren wir harmlos vergnügt, dachten einmal einen Abend lang nicht an die erforderliche Einsatzbereitschaft der Jugend und an den Kampf gegen die getarnte Reaktion, sondern tanzten und freuten uns der zum Teil recht witzigen Darbietungen der Studenten.

Was ich mit den vier Ferienmonaten anfange, weiss ich noch nicht recht. Um eine Sanatoriumskur hoffe ich herumzukommen; aber für längere Zeit werde ich Berlin wieder verlassen.

Ich wünsche Ihnen ein gutes Semesterende und fruchtbare Ferien. Mit den besten Grüssen

Ihr Hartung

Nr. 121
An Richard Fester   Berlin, 18. September 1935

BAK, N 1107, Nr. 45. – Hs. Original.

Sehr verehrter, lieber Herr Geheimrat!

[...]

Mit meiner Gesundheit geht es leidlich. Das Sommersemester habe ich bereits gelesen, allerdings nur mit halber Stundenzahl. Für den Winter plane ich sogar eine vierstündige Vorlesung. Da die Studentenzahl auch hier stark zurück gegangen ist, fordern die Vorlesungen ja nicht mehr den alten Stimmaufwand. Auch im Seminar spürt man den Rückgang sehr; diesen Winter, in dem kaum neue Studenten zu erwarten sind und viele zur Reichswehr gehen werden, wird es wohl noch erheblich weniger werden. Erfreulich ist dabei, daß die Qualität der Studenten erheblich gestiegen ist; offenbar studieren jetzt in der Hauptsache nur solche, die wirklich das geistige Rüstzeug zum Studium haben. Auffallend ist dabei der starke Unabhängigkeitsdrang gegenüber allen politisch bestimmten Doktrinen. Manche Kollegen behaupten schon, die Studenten seien reaktionärer als wir Professoren. Ich glaube nicht,

---
[1] Nicht zu ermitteln.

daß es sich dabei um wirkliche Reaktion handelt; die Studenten wollen nur – und dieses Stadium muß wohl jeder junge Mensch durchmachen – die Dinge, die ihnen vorgetragen werden, selbständig prüfen, um sich eine eigene Meinung bilden zu können. Immerhin gibt es Reibungsflächen mit Parteidoktrinen; und die Partei wird darauf achten müssen, daß sie über der notwendigen Einheitlichkeit des politischen Wollens der Freiheit des Erkennens nicht zu wenig Raum läßt.

Von den Kollegen kann ich wenig berichten. Daß Meinecke die Hist. Zeitschr. aufgegeben hat, werden Sie wissen[1]. Hintze ist körperlich recht klapprig geworden; da seine Frau dauernd in Paris lebt, ist er recht einsam, und bei seinen schlechten Augen bedeutet das zugleich eine geistige Vereinsamung. Allerdings kann man nicht behaupten, daß seine Frau ihn allseitig informiert hätte. Im Gegenteil, sie war immer so einseitig und fanatisch demokratisch, daß selbst Meinecke gelegentlich Einspruch erhob. Trotzdem bin ich der Ansicht, daß Frau Hintze besser täte, ihren Mann zu pflegen, statt in Paris die Rolle der politischen Märtyrerin zu spielen[2]. Oncken ist, seitdem er nicht mehr lesen darf, sichtlich aufgeblüht. Seine Frau leidet offenbar mehr als er unter dem plötzlichen Ende seiner Lehrtätigkeit. Über seine Nachfolge laufen allerhand Gerüchte um. Nach der einen Lesart, die auf einen namhaften Pg zurückgeht, wird wieder einmal mit Srbik verhandelt, und zwar sehr aussichtsreich. Nach der andern Lesart, die sich auf den Augenschein gründet, hat A. O. Meyer sich im August das Seminar in Berlin genau angesehen und rechnet offenbar mit der Berufung. Obwohl Srbik zweifellos der feinere Kopf ist, wäre seine Ernennung für Berlin meiner Ansicht nach ein Fehlgriff. Denn gerade sein neues Buch über die deutsche Einheit zeigt, wie einseitig österreichisch und katholisch er die ganze Entwicklung betrachtet[3]. Und wenn man A. O. Meyer vielleicht nicht ohne Berechtigung vorwirft, er sei bei Bismarck stehen geblieben, so muß man von Srbik sagen, er sei bei Metternich stehen geblieben[4].

---

[1] Im April 1935 war Friedrich Meinecke in der Folge des Streits um Walter Franks Kampagne gegen Hermann Oncken (siehe oben, Brief Nr. 114) sowie auf Betreiben des Verlages Oldenbourg aus dem Herausgebergremium der Historischen Zeitschrift ausgeschieden; vgl. dazu Gerhard A. Ritter: Die Verdrängung von Friedrich Meinecke als Herausgeber der Historischen Zeitschrift 1933–1935, in: Historie und Leben – Der Historiker als Wissenschaftler und Zeitgenosse. Festschrift für Lothar Gall zum 70. Geburtstag, hrsg. v. Dieter Hein/Klaus Hildebrand/Andreas Schulz, München 2006, S. 65–88, hier S. 80f.

[2] Hedwig Hintze, deren Lehrbefugnis als Privatdozentin an der Berliner Universität ihr 1933 aus „rassischen" Gründen entzogen worden war, versuchte als ausgewiesene Spezialistin für französische Geschichte in Paris beruflich und wissenschaftlich neu Fuß zu fassen; seit 1934 verbrachte sie etwa die Hälfte des Jahres in der französischen Hauptstadt; vgl. Brigitta Oestreich: Hedwig und Otto Hintze – Eine biographische Skizze, in: Geschichte und Gesellschaft 11 (1985), S. 397–419, hier S. 408f.

[3] Heinrich Ritter von Srbik: Deutsche Einheit. Idee und Wirklichkeit vom Heiligen Reich bis Königgrätz, Bde. 1–2, München 1935; die beiden letzten Bände des Werkes erschienen 1942.

[4] Anspielung auf die umfangreiche, in ihrer Wertung zurückhaltend-positive zweibändige Biographie Metternichs, die Srbik 1925 veröffentlicht hatte.

Persönlich habe ich trotz meiner Attacke gegen C. Schmitt[1] noch keine politischen Unannehmlichkeiten gehabt. Walter Frank hat mich sogar in den Beirat seines „Reichsinstituts für die Geschichte des neuen Deutschland" berufen[2]. Die Aufgabe dieses Instituts ist, was der Name meiner Ansicht nach nicht ganz klar ausdrückt, die Erforschung der Geschichte seit der französischen Revolution.
[...]
Von wissenschaftlichen Arbeiten kann ich Ihnen kaum etwas berichten. Zwar habe ich, nachdem ich durch meine lange Krankheit alle Nebenämter losgeworden bin und wieder Zeit für mich habe, meinen alten Plan einer vergleichenden Verfassungsgeschichte wieder aufgenommen[3]. Aber die Ausführung setzt eine volle Arbeitskraft voraus, und die habe ich einstweilen noch nicht.
[...]
Mit den besten Grüßen und herzlichsten Wünschen auch von meiner Frau
Ihr dankbar und treu ergebener
Fritz Hartung

Nr. 122
An Siegfried A. Kaehler   Berlin, 21. September 1935

NStUB Göttingen, Cod. Ms. S. A. Kaehler, 1, 59. – Masch. Original.

Lieber Kaehler!

Den Anstoss zu diesem Brief gibt eine Angelegenheit der Jahresberichte. Der verschärfte Kurs in der Judenfrage, der bereits Rothfels als akademischen Lehrer zu Fall gebracht hat[4], jetzt auch zur vorzeitigen Emeritierung von M. Wolff und zur dauernden Beurlaubung von Rabel[5] geführt hat, hat nunmehr auch die Jahresberichte erreicht und uns vor die Frage der nichtarischen Mit-

---

[1] Siehe oben, Brief Nr. 113.
[2] Walter Frank berief im Sommer 1935 neun prominente deutsche Historiker in den „Sachverständigenbeirat" seines neugegründeten „Reichsinstituts für Geschichte des neuen Deutschlands"; neben Hartung waren dies Erich Marcks, Karl Alexander von Müller, Heinrich Ritter von Srbik (diese drei zugleich als „Ehrenmitglieder" des Instituts), sodann Richard Fester, Willy Hoppe, Arnold Oskar Meyer, Wilhelm Schüßler und Otto Westphal. Meyer und sein Berliner Universitätskollege Hartung haben sich allerdings schon recht bald zurückgezogen, jedenfalls an der dritten Sitzung des Beirats schon nicht mehr (später nur noch einmal) teilgenommen und auch „niemals einen Part in der Öffentlichkeitsarbeit des Reichsinstituts übernommen"; siehe Heiber: Walter Frank und sein Reichsinstitut, S. 596 f., das Zitat S. 597.
[3] Siehe oben, Brief Nr. 112.
[4] Siehe oben, Brief Nr. 110.
[5] Ernst Rabel (1874–1955), Jurist, a.o. Professor an der Universität Leipzig (1904–1906), o. Professor an den Universitäten Basel (1906–1910), Kiel (1910–1911), Göttingen (1911–1916), München (1916–1926) und Berlin (1926–1935), aus „rassischen" Gründen aus dem Universitätsdienst entlassen, 1939 Emigration in die USA, 1950 Rückkehr nach Deutsch-

arbeiter gestellt. Allzu viele sind es nicht mehr, und einige lasse ich auch ohne grosse Schmerzen ziehen, z. B. Levison, der als Berichterstatter über das Problem Karl der Grosse tatsächlich seltsam wirkt. Anders steht es mit Herzfeld, dessen Beiträge zu den schwierigsten und besten Forschungsberichten unseres ganzen Unternehmens gehören. Ich würde ihn nur äusserst ungern ziehen lassen, und das gleiche gilt auch von Brackmann. Natürlich sind wir, da wir das erforderliche Geld ausschliesslich aus öffentlichen Kassen bekommen, an die amtlichen Grundsätze gebunden, aber wir brauchen meines Erachtens auch nicht darüber hinauszugehen. Deshalb bitte ich Sie um eine Auskunft über die derzeitige Stellung Herzfelds im akademischen Leben. Im Frühjahr sagten Sie mir, dass er noch prüfe. Ist das auch jetzt noch der Fall, auch im Staatsexamen? Hat er seinen Lehrauftrag noch? Dann würde ich für seine Beibehaltung bei den JBerr. kämpfen. Aber wenn die Woge, die jetzt auch Perels in seinen Doktorprüfungen bedroht, ihn auch schon erfasst hat, wird es schwierig sein, etwas für ihn zu tun.

Ich bin seit 14 Tagen wieder hier, etwas erholt, aber noch immer hustend. Neues aus dem akademischen Leben weiss ich nicht; über die Nachfolge Oncken gehen zwei Lesarten um, nach der einen ist A. O. Meyer bereits hier gewesen, um in bestimmter Erwartung des Rufes sich alles im Seminar genau anzusehen, nach der andern Lesart, die auf den jüngsten Ordinarius Hoppe und damit indirekt wohl auf Frank zurückgeht, wird mit Srbik erneut und aussichtsreich verhandelt. Ich muss gestehen, dass ich seit der Lektüre der „Deutschen Einheit"[1] noch zweifelhafter geworden bin, ob Srbik der geeignete Mann für die neuere Geschichte ist, wenigstens hier in Berlin, das nun einmal auf preussischem Boden liegt. Wir werden in der ganzen Frage überhaupt nicht gehört. Und wenn wir etwas sagen – ich habe mich dem Dekan[2] gegenüber scharf gegen die Beförderung Hoppes ausgesprochen, weil märkische Geschichte des Mittelalters keine Basis für ein Ordinariat in Berlin sein kann –, dann kümmert man sich nicht darum.

Gestern habe ich mit Hasenclever und mit Brodnitz den 75. Geburtstag von Richard Fester gefeiert. Hasenclever begeht nun auch schon das erste Jubiläum, den 60. Geburtstag; er ist noch immer unverändert. Aubins scheint es in Göttingen sehr gut zu gehen[3]. Sobald das Haus fertig ist, soll ein Auto gekauft werden. Hasenclever war nicht ohne Sorge, wie der Besitz eines Wagens auf den Körperumfang von Aubin einwirken werde.

Walter Frank hat mich in den Beirat des neuen „Reichsinstituts für die Geschichte des neuen Deutschlands" berufen[4]. Aufgabe soll die Erforschung der deutschen Geschichte seit der französischen Revolution sein. Ich habe es

---

land, Forschungstätigkeit in Tübingen, an der dortigen Universität seit 1951 Honorarprofessor, 1952 o. Professor an der Freien Universität Berlin.

[1] Siehe oben, Brief Nr. 121.
[2] Ludwig Bieberbach.
[3] Gustav Aubin war Ende 1934 nach Göttingen zwangsversetzt worden; siehe oben, Brief Nr. 94.
[4] Siehe oben, Brief Nr. 121.

für richtig gehalten, mich bereit zu erklären, obwohl ich finde, dass Frank die Eignung für seinen Posten doch noch etwas besser beweisen müsste. Aber mit persönlichen Empfindlichkeiten nützen wir, wie ich glaube, der Wissenschaft gar nicht. Und die letzte Rede Hitlers auf dem Parteitag über die deutsche Geschichte, die eigentlich eine scharfe Polemik gegen Rosenberg war[1], erweckt sogar die Hoffnung, dass die Wissenschaft sich behaupten kann. Persönlich habe ich Frank noch nicht kennen gelernt. Ob wir einmal eine Sitzung nach Art der früheren Kommissionssitzungen haben werden, ahne ich nicht.

Für heute Schluss. Mit den besten Grüssen auch von meiner Frau an Sie und Ihre verehrte Gattin

Ihr

Hartung

Nr. 123

An Siegfried A. Kaehler   Berlin, 10. April 1936

NStUB Göttingen, Cod. Ms. S. A. Kaehler, 1, 59. – Masch. Original.

Lieber Kaehler!

Wo mag Sie dieser Brief erreichen? Vielleicht erst in Göttingen, denn ich nehme an, dass Sie nach Ostern mit den Vorlesungen beginnen werden. Es wäre gescheiter gewesen, wenn ich Ihren freundlichen Brief vom 26. März[2] früher beantwortet hätte. Aber ich hatte in den letzten vierzehn Tagen viel zu tun, denn neben der Semestervorbereitung, die allmählich dringlich wurde und bei einem zuletzt 1930 gehaltenen Kolleg eine gewisse Gründlichkeit erfordert (ich habe schon an Aubin geschrieben, dass ich ein Sombartzitat aus meinem Heft getilgt habe: Wie die Sonne geht Israel über Europa; wo es hinkommt, da spriesst neues Leben empor; wo es weggeht, da verdorrt alles)[3],

---

[1] Am 16.9.1935 hatte Hitler in seiner Schlussansprache auf dem Nürnberger Parteitag einen historischen Rückblick auf die Anfänge der deutschen Geschichte gegeben und dabei auch die Bedeutung des Christentums gewürdigt: „Das deutsche Volk sei nicht einig, sondern in Stämme zersplittert in die Geschichte eingetreten. Der Einigungsversuch des Arminius auf volklicher Grundlage sei gescheitert. Die späteren Einigungsversuche mußten daher gewisse stammesmäßige Eigenheiten gewaltsam vernichten, und es sei nicht angängig, zu klagen, daß damals stürzte, was fallen mußte. Das Christentum habe erstmalig eine germanische Staatenbildung zu höherer Einheit erzielt [...]"; hier zitiert nach dem Bericht in: Keesings Archiv der Gegenwart 5 (1935), S. 2226.
[2] Kaehler berichtet in seinem Brief an Hartung vom 16.(!)3.1936 ausführlich von den Modalitäten seines bevorstehenden Wechsels nach Göttingen (Durchschlag in: NStUB Göttingen, Cod. Ms. Kaehler, 1, 59).
[3] Werner Sombart: Die Juden und das Wirtschaftsleben (1. Aufl. 1911), München/Leipzig 1928, S. 15, thematisiert im ersten Kapitel „die äußere Parallelität zwischen dem örtlichen Bewegungen des jüdischen Volkes und den ökonomischen Schicksalen der verschiedenen Völker und Städte" Europas und bemerkt: „Wie die Sonne geht Israel über Europa: wo es hinkommt, sprießt neues Leben empor, von wo es wegzieht, da modert alles, was bisher geblüht hatte".

Nr. 123. An Siegfried A. Kaehler, 10. April 1936

musste ich auch noch für das Bulletin des internationalen Historikerausschusses einen Artikel über den aufgeklärten Despotismus in Deutschland schreiben[1]. Verreist war ich nicht, weil ich nicht recht wusste, wohin ich gehen sollte. Zum Sanatorium hatte ich keine Lust, und hotelfähig ist mein Husten auch nicht. Deshalb sehe ich vorläufig auch keine rechte Möglichkeit, der Göttinger Vereinigung ehemaliger Hallenser einen Besuch abzustatten[2]. Im übrigen muss ich mit meinem Gesundheitszustand zufrieden sein; schön ist ja anders, aber es war auch schon viel schlimmer. Und dass die Arbeitskraft herabgesetzt ist, ist für Mit- und Nachwelt zu ertragen, wenn ich mir auch mit der Kritiklosigkeit des Berliner Ordinarius einbilde, bei voller Kraft jetzt eine sehr schöne allgemeine Verfassungsgeschichte schreiben zu können.

Inzwischen ist A. O. Meyer hier nach einigen Zwischenfällen eingezogen. Nach dem, was er über Schüssler erzählte, gebe ich die Hoffnung nicht auf, dass das freie Ordinariat doch noch Ihnen zufällt. Zwar hat Schüssler den Ruf des Ministeriums nach Berlin schon angenommen. Aber die nachträglich eingeforderte Stellungnahme der Historiker wurde zu einem einstimmigen Hymnus auf Sie. Schüssler wurde nur deshalb nicht ganz madig gemacht, weil der Dekan drohte, dass wir sonst Westphal bekommen würden. Und wenn ich auch gern zugebe, dass Westphal gescheiter ist als Schüssler, so bin ich doch auch überzeugt, dass nicht nur wir Professoren, sondern vor allem auch die Studenten mit Schüssler besser fahren werden. Aber Schüssler soll Kandidat für München sein, wo man auch einen Protestanten haben möchte. Also hoffe ich immer noch, dass unsere letzte Liste Erfolg haben wird[3].

[...]

Von Rothfels habe ich auch lange nichts gehört. Ich bin – Sie haben auf Grund eigener Erfahrung dafür wohl Verständnis – ein lässiger Briefschreiber geworden. Aber das Notwendige fordert schon so viel Zeit, dass das Wünschenswerte unterbleibt, obwohl ich gerade Rothfels gern einmal sagen möchte, dass ich sein hartes Schicksal stark mitempfinde. Vielleicht führt uns das Schicksal räumlich etwas zusammen. Ich habe nämlich meine Parterrewohnung zum Oktober gekündigt und suche (lasse meine Frau suchen, müsste ich wahrheitsgemäss sagen) weiter draussen eine Etage[4].

In der Hoffnung, Sie zum Beginn des Winters hier als Kollegen begrüssen zu können, wünsche ich Ihnen ein gutes Sommersemester in Göttingen! Grüs-

---

[1] Fritz Hartung: Die geschichtliche Bedeutung des aufgeklärten Despotismus in Preussen und in den deutschen Kleinstaaten, in: Bulletin of the International Committee of Historical Sciences 9 (1937), S. 3–21.
[2] Nach der Berufung Siegfried A. Kaehlers nach Göttingen befanden sich dort zusammen mit Adolf Hasenclever und Gustav Aubin gleich drei Angehörige des früheren Hallenser Freundeskreises von Hartung.
[3] Als Nachfolger Wolfgang Windelbands wurde Wilhelm Schüßler zum Wintersemester 1936/37 auf den früheren Lehrstuhl Friedrich Meineckes an die Universität Berlin berufen; Hartungs Bemühungen, Siegfried A. Kaehler als weiteren Kandidaten in Spiel zu bringen, waren daher vergebens.
[4] Siehe unten, Brief Nr. 125.

sen Sie die alten Hallenser an der Leine und seien Sie mit Ihrer Gattin herzlich zu Ostern begrüsst von meiner Frau und mir!
    Stets Ihr Hartung

Nr. 124
An Willy Andreas   Berlin, 8. Juni 1936

    GLA Karlsruhe, 69 N, Nr. 821. – Masch. Original.

    Lieber Herr Andreas!

Bevor ich mich endgültig verpflichte, für die neue Weltgeschichte des Propyläenverlags den Abschnitt „Weltkrieg" zu übernehmen[1], möchte ich mich mit Ihnen freundschaftlich über meine Grundansichten in Bezug auf den Weltkrieg aussprechen. Sie werden dann beurteilen können, ob ich in den heutzutage ja weit mehr als früher durch politische Rücksichten bestimmten Rahmen des Gesamtwerks hineinpasse oder nicht. Und wenn das Letztere der Fall sein sollte, dann bitte ich es mir ganz offen zu schreiben. Denn es hat keinen Zweck, dass ich ein Manuskript schreibe, das der Verlag ablehnen muss, weil er sonst Schwierigkeiten mit dem Vertrieb bekommen könnte.

Meine Ansicht weicht in drei Punkten, die innerlich einigermassen zusammenhängen, von der heute in politischen und militärischen Instanzen herrschenden Ansicht ab. 1) hinsichtlich des Schlieffenplans und des Cannaegedankens. Mir erscheint der Grundgedanke des Schlieffenplans, Frankreich durch ein Cannae riesigen Ausmasses[2] in kürzester Frist zu erledigen, als verfehlt, wobei ich mich darauf berufe, dass weder Cannae noch Sedan[3] den Krieg sofort entschieden haben. Deshalb kann ich mich auch der Ansicht nicht anschliessen, dass wir bei etwas energischerer Führung und mit den vielberedeten, tatsächlich aber nicht vom Reichstag sondern schon vom Kriegsminister abgelehnten 3 Armeekorps die Marneschlacht und damit den Krieg hätten gewinnen können. Ich glaube sogar, dass wir den Krieg überhaupt nicht haben gewinnen können, weil wir uns in eine unmögliche politische Situation haben hineinmanövrieren lassen.

Damit komme ich schon zu Punkt 2. Aus dieser Beurteilung der Anfänge des Krieges heraus glaube ich auf der einen Seite nicht an die Möglichkeit eines Verständigungsfriedens – allenfalls wäre er im Winter 14/5 denkbar gewesen, aber nachdem sich die Völker so ineinander verbissen hatten, musste der

---
[1] „Die Neue Propyläen Weltgeschichte", herausgegeben von Willy Andreas, war auf sechs Bände angelegt. Sie blieb – den Zeitumständen geschuldet – unvollendet; zwischen 1940 und 1943 erschienen lediglich die Bände 1 bis 3 und 5.
[2] Gemeint ist: Militärische Vernichtung eines zahlenmäßig überlegenen Gegners durch eine geschickt ins Werk gesetzte Umfassungsschlacht nach dem Vorbild des Sieges der Karthager unter Hannibal gegen die Römer (216 v.Chr.).
[3] Sieg der deutschen Truppen über die Armee des französischen Kaiserreichs in der Schlacht bei Sedan (1./2.9.1870).

Krieg bis zum bitteren Ende durchgekämpft werden. Er ging ja auch gar nicht, namentlich zwischen Deutschland und England nicht, aber auch nicht in Bezug auf Oesterreich-Ungarn, um einzelne Landstriche, über die man sich verständigen konnte, sondern um die Zukunft überhaupt. Das ist natürlich eine Ansicht, die politisch heute erlaubt ist. Aber die Kehrseite ist, dass der Krieg für Deutschland nicht gewonnen werden konnte, dass Ludendorffs Programm überspannt war, dass wir rechtzeitig, d. h. vor der Erschöpfung unserer letzten körperlichen und seelischen Kräfte hätten um Frieden bitten müssen.

Und damit hängt 3) meine Beurteilung der Revolution zusammen. Ich sehe in ihr nicht nur den Dolchstoss von Juden und Marxisten, so gewiss sie die Drahtzieher gewesen sind, sondern zugleich die begreifliche Reaktion auf die Ueberspannung unserer Kräfte. Wie ich die militärische Entscheidung nicht allein auf die Verwässerung des Schlieffenplans und das Versagen Moltkes zurückführen kann, so kann ich auch die Revolution nicht allein auf die Agitation von ein paar Bösewichtern zurückführen.

Ich weiss nicht, wie weit Sie als Historiker meine Meinung für richtig halten. Ich habe sie ja nur in allergröbsten Umrissen skizzieren können. Natürlich bin ich bereit, mit Ihnen darüber zu diskutieren, wenn es auch schriftlich etwas schwierig sein wird. Aber zunächst liegt mir an der politischen Frage: halten Sie eine auf solchen Ansichten basierte Darstellung des Krieges für die von Ihnen herausgegebene Weltgeschichte überhaupt für tragbar? Wenn Sie glauben, dass Sie oder der Verlag oder ich oder wir alle dadurch Unannehmlichkeiten haben, dann ist es wohl besser, ich lasse von Anfang an die Finger davon. Ich habe bisher ja politisch noch keinerlei Schwierigkeiten gehabt, obwohl ich wissenschaftlich keine Konzessionen mache, vor allem nichts sage oder drucken lasse, was nicht meiner vollen Ueberzeugung entspricht. Dabei möchte ich auch als Mitarbeiter an der neuen Weltgeschichte bleiben.

Dass es Ihnen nicht so gut gegangen ist, woran die Fachkollegialität wohl nicht ganz unbeteiligt ist, habe ich mit herzlichem Bedauern gehört[1]. Wir in Berlin sind eigentlich noch recht gut daran. Die neuen Berufungen von Historikern, Rörig, A. O. Meyer und Schüssler, entsprechen ja gewiss nicht ganz dem, was wir gewünscht hatten. Es ist ja ein Unfug, dass wir bei vier neueren Historikern keinen haben, der mit der Reformationsgeschichte wirklich vertraut ist, auch keinen, der die ausserdeutsche und aussereuropäische Geschichte beherrscht. Dagegen können wir alle Bismarck. Dass wir für die Onckensche Stelle in erster Linie an Sie und Ritter gedacht haben (in der Kommission auch gesprochen), werden Sie wissen, ebenso, dass Sie Beide [sic]

---

[1] Willy Andreas hatte – trotz rascher äußerlicher Anpassung an das NS-Regime – als „früherer Demokrat" im Jahr 1936 Probleme mit nationalsozialistischen Kollegen und dem badischen Kultusministerium bekommen; er musste seine Vorlesungen zeitweilig einstellen, durfte keine Staatsprüfungen mehr abhalten und hatte eine beträchtliche Gehaltskürzung hinzunehmen, erst 1940 wurde er offiziell „rehabilitiert"; vgl. Eike Wolgast: Geschichtswissenschaft in Heidelberg 1933–1945, in: Nationalsozialismus in den Kulturwissenschaften, Bd. 1: Fächer – Milieus – Karrieren, hrsg. v. Hartmut Lehmann/Otto Gerhard Oexle, Göttingen 2004, S. 145–168, hier S. 157.

ohne weitere Gründe als politisch nicht genehm abgelehnt wurden; eine Fakultätsberatung gibt es gar nicht mehr. Aber wir hätten ja noch viel unerfreulichere Berufungen erleben können als die von A. O. und von Schüssler, gegen die weder menschlich noch wissenschaftlich etwas einzuwenden ist. Nur meine ich, dass für eine Berufung nach Berlin stärkere positive Momente vorhanden sein müssten.

Ueber diese und andere unser Fach angehende Fragen würde ich mich gern einmal mündlich mit Ihnen unterhalten, weil ich die Empfindung habe, dass wir auf dem gleichen Boden der Aufgeschlossenheit gegenüber den neuen Anforderungen der Zeit stehen, aber doch an den alten Aufgaben wissenschaftlicher Arbeit festhalten. Ob ich freilich während der Ferien so in Ihre Nähe komme, dass ich einen Abstecher nach Heidelberg machen kann, weiss ich noch nicht. Zum Jubiläum komme ich nicht[1], da meine zwei Heidelberger Semester mir kein ausreichender Grund zu sein scheinen.

Bei Ihrem Schwiegervater[2] war ich vor etwa 6 Wochen mit A. O. Meyer zusammen; ich habe mich über seine Frische sehr gefreut und ihm stark zugeredet, seine Geschichte des 19. Jahrhunderts so, wie er sie geschrieben hat, herauszubringen[3] und keinerlei Versuch der Anpassung an heutige Stimmungen und neue Darstellungen, etwa Srbik[4], zu machen. Mit Srbik werde ich mich dieser Tage im märkischen Geschichtsverein auseinandersetzen. Wenn Hoppe, der neben W. Frank jetzt die politische Kontrolle der Historiker beansprucht, kein Veto einlegt, werde ich meine Ausführungen auch in den brandenburgisch-preußischen Forschungen drucken lassen[5].

In der Universität ist es ruhig. Die Studenten sind eifrig und im guten Sinne kritisch gestimmt; sie wollen selbst über die Dinge nachzudenken angeleitet werden, je mehr ihnen in den Fachschaften und sonst beigebracht wird, dass man die vorgeschriebene Lehre glauben muss. Wie es allerdings mit dem Nachwuchs aussehen wird, der HJ, Arbeitsdienst, Wehrpflicht und zwei Seme-

---

[1] Die Universität Heidelberg feierte im Jahr 1936 das 550. Jubiläum ihrer Gründung.
[2] Erich Marcks.
[3] Siehe unten, Nr. 126.
[4] Gemeint sind die ersten beiden Bände des Werkes von Heinrich Ritter von Srbik: Deutsche Einheit. Idee und Wirklichkeit vom Heiligen Reich bis Königgrätz, Bde. 1–2, München 1935 (diese Bände enthalten eine Darstellung der politischen Geschichte Deutschlands mit Betonung des österreichisch-preußischen Dualismus zwischen 1806 und 1859). An dieser – nach dem Selbstverständnis Srbiks aus „gesamtdeutscher" Perspektive verfassten – neuen Gesamtdarstellung entzündete sich eine spezielle Fachkontroverse; zu den Gegnern der neuen Deutung Srbiks, die den Wiener Historiker aus einer „kleindeutschen", d. h. preußenzentrierten Perspektive heraus kritisierten, gehörte neben Erich Brandenburg auch Fritz Hartung. Ausführlich hierzu und zu den wissenschaftlichen wie auch politischen Hintergründen siehe Hans-Christof Kraus: Kleindeutsch – Großdeutsch – Gesamtdeutsch? Eine Historikerkontroverse der Zwischenkriegszeit, in: Deutsche Kontroversen. Festschrift für Eckhard Jesse, hrsg. v. Alexander Gallus/Thomas Schubert/Tom Thieme, Baden-Baden 2013, S. 71–86.
[5] Fritz Hartung: Preußen und die deutsche Einheit, in: Forschungen zur brandenburgischen und preußischen Geschichte 49 (1937), S. 1–21.

ster pädagogische Akademie hinter sich gebracht haben muss[1], bevor er ernsthaft studieren darf, ist mir schleierhaft. Aber bisher ist es meist anders gekommen, als man vorausgesehen hat. Drum warte ich in Ruhe ab.

Mit den besten Grüssen
Ihr F. Hartung[2]

Nr. 125
An Richard Fester Berlin, 18. September 1936

BAK N 1107, Nr. 246. – Hs. Original.

Sehr verehrter, lieber Herr Geheimrat!

Mit den herzlichen Glückwünschen zum 20.[3] verbindet sich der Dank für die freundliche Zusendung der Friedrichstudie aus der Königsberger Allgemeinen[4]. Ihre Arbeitsleistung läßt es ganz vergessen, daß Sie nun schon 76 Jahre alt werden, und ich hoffe nur, daß auch Ihre körperliche Leistungsfähigkeit noch eben so groß ist und daß Sie die Strapazen einer Reise von München nach Berlin nicht zu scheuen brauchen. Dann würden wir uns wohl bei der Sitzung des Reichsinstituts sehen[5].

Daß ich mit Ihrer Würdigung Friedrichs, die Sie selbst als ein Gegengift gegen Srbik bezeichnen, durchaus einverstanden bin, brauche ich Ihnen kaum zu sagen. Ich werde es Ihnen bald gedruckt beweisen können. Im nächsten Heft der brandenburg-preuß. Forschungen wird von mir eine, selbstverständlich sachlich und höflich gehaltene Auseinandersetzung mit Srbik erscheinen[6]; sie wäre schon früher gedruckt worden, wenn der Redakteur[7] nicht vor W. Frank Angst gehabt hätte. Außerdem habe ich für das Bulletin des internationalen Historikerverbandes einen Aufsatz über den aufgeklärten Despotismus in Deutschland geschrieben, der freilich noch nicht gedruckt ist, aber auch bald erscheinen soll[8]. Darin steht natürlich Friedrich im Mittelpunkt. Bei der Abfassung dieses Artikels ist mir wieder zum Bewußtsein gekommen, wel-

---

[1] Seit dem Wintersemester 1937 mussten die Lehramtsstudierenden *aller* Schulformen vor Beginn des eigentlichen akademischen Studiums ein Ausbildungsjahr an einer „Hochschule für Lehrerbildung" absolvieren, das Minister Rust „zur Stärkung der Volksgemeinschaft" für notwendig hielt; vgl. Nagel: Hitlers Bildungsreformer, S. 222 f.
[2] Darunter von fremder Hand (in Bleistiftschrift): „Von Herrn Prof. Andreas in mündlicher Aussprache in Berlin erledigt. B."
[3] Geburtstag Richard Festers (20.9.1860).
[4] Richard Fester: Friderizianische Baukunst, in: Königsberger Allgemeine Zeitung, 16.8.1936.
[5] Die Sitzung des „Sachverständigenbeirats" des Reichsinstituts für Geschichte des neuen Deutschlands fand am 17.10.1936 in Berlin statt; vgl. Heiber: Walter Frank und sein Reichsinstitut, S. 611.
[6] Siehe oben, Brief Nr. 124.
[7] Johannes Schultze (1881–1976), Archivar und Historiker, seit 1914 am Preußischen Geheimen Staatsarchiv tätig.
[8] Siehe oben, Brief Nr. 123.

che Gefahren das Führerprinzip in sich birgt, weil Führerqualität weder vererbbar noch übertragbar, gewiß auch nicht erlernbar ist. Wir haben diese Erfahrungen bei Friedrich und bei Bismarck gemacht, und ich weiß nicht, ob wir heute bessere Sicherungen haben[1].

Gesundheitlich geht es mir nicht glänzend, aber es reicht wenigstens für die notwendigste Arbeit. Augenblicklich stehen wir im Zeichen des Umzugs, der am 28. erfolgen soll. Die neue Adresse ist Berlin-Schlachtensee, Adalbertstr. 15.

Mit Rücksicht auf die durch Umzugsvorbereitungen knappe Zeit und in der Hoffnung auf ein Wiedersehen schließe ich für heute mit den besten Grüßen und Wünschen
                Ihr treu ergebener
                F. Hartung

Nr. 126
An Siegfried A. Kaehler   Berlin, 3. Januar 1937

NStUB Göttingen, Cod. Ms. S. A. Kaehler, 1, 59. – Hs. Original.

Lieber Kaehler!

Seit langem habe ich auf die Weihnachtsferien gehofft, denn sie sollten mir Gelegenheit geben, den Berg der nicht beantworteten Briefe abzutragen, den die letzten Monate hatten entstehen lassen. Aber der Mensch denkt, und was dabei herauskommt, ist in der Regel falsch. Und so hat sich auch meine gedachte Briefschreiberei aufgelöst in recht unruhige Tage mit fast ununterbrochenen Besuchen von meist recht gleichgültigen Leuten. Heute endlich habe ich Ruhe. Frau, Tochter und Logierbesuch sind im Kino, und ich sitze am Schreibtisch, denn zum Spazierengehen ist es zu stürmisch draußen.

Mit meiner Gesundheit ist es diesen Winter bisher ganz gut gegangen. Wie weit darauf die neue Wohnung (erste Etage einer Villa) und ihre Zentralheizung eingewirkt hat, kann ich natürlich nicht sagen; aber ich habe doch den Eindruck, daß wir uns verbessert haben, obwohl wir nur die Schlafzimmer der einstmals sehr pompösen Villa bewohnen und die Zimmer diesen früheren Charakter nicht ganz verleugnen können. Jedenfalls habe ich seit Mitte Oktober kein Fieber mehr gehabt. Nur der Husten macht mich immer noch etwas gemeinschaftsscheu.

In der Universität geht alles seinen gewohnten Gang. Der Besuch der Vorlesungen und Seminare ist natürlich erheblich zurückgegangen, aber ich empfinde das nur als Vorteil. Mit den Kollegen stehe ich durchaus gut, ohne daß ich mit irgend einem wirklich intim verkehrte; das ist schon durch die Berliner Lebensformen ausgeschlossen. Schüssler wohnt in Potsdam, schon

---
[1] Hartung hat diesem Problem später einen (ungedruckt gebliebenen) Vortrag vor der Kaiser-Wilhelm-Gesellschaft (Februar 1943) gewidmet; siehe dazu unten, Brief Nr. 166.

Nr. 126. An Siegfried A. Kaehler, 3. Januar 1937

dadurch sieht man ihn nur sehr selten. A. O. Meyer ist mir zu großer Herrgott, als daß ich ihm näher kommen könnte. Immerhin bin ich zufrieden, daß wir bei den Neuberufungen noch leidlich davongekommen sind.

Marcks war an seinem 75. Geburtstag recht aufgekratzt, sowohl durch sein fertiges Buch[1] wie durch den siegreichen Andreas[2] wie überhaupt. Der Besuch war nicht sehr zahlreich. Offenbar fürchteten viele der alten Freunde, mit den Männern der neuen Zeit und des Reichsinstituts zusammen zu kommen, und blieben deshalb weg[3]. Aber die neue Zeit war auch nicht gekommen. Haben Sie das neue Buch schon gelesen? Es hat ausgezeichnete Partien, die mich manchmal an den jungen Marcks meines Heidelberger Studentenjahrs erinnern. Aber im ganzen wirkt seine Art doch ermüdend und verwirrend, auch steht das Buch wohl noch zu sehr auf dem Vorkriegsstandpunkt. Aber daß er es noch hat zu Ende schreiben können, ist eine Leistung, die ich ihm nicht mehr zugetraut hätte.

Meinecke sprach ich vor ein paar Tagen bei Brackmanns. Er ist erstaunlich frisch, aber sehr pessimistisch. Seinen Historismus habe ich noch nicht gelesen[4]. Er beklagte sich, daß das Buch totgeschwiegen werde. Aber hat das Buch der heutigen Zeit (zu der ich mich nicht mehr rechne) noch etwas zu sagen? Das ist auch die Frage, die ich angesichts des Marcksschen Buches stelle.

Ihre Frage nach Peter Richard R[o]h[den]s[5] Aussichten kann ich nicht mit Bestimmtheit beantworten. Ich habe sie bisher auf Grund einer Sondierung wegen des Professortitels, die ganz negativ ausgegangen war, für sehr schlecht gehalten. Aber er selbst hat neulich Gelegenheit gehabt, mit dem Angelus ministerialis[6] zu sprechen, und ist daraufhin optimistisch, obwohl er selbst merkte, daß der Engel von ihm bisher gar nichts wußte. Und die Energie des Engels schätze ich sehr gering ein, wenigstens in der Richtung, die sie in diesem Fall einschlagen müßte, um Widerstände zu besiegen.

Meine Srbikbesprechung[7] wird Ihnen nächstens zugehen. Druckbogen habe ich leider nicht mehr, die sind wohl im Umzug untergegangen. Haben Sie

---

[1] Erich Marcks: Der Aufstieg des Reiches. Deutsche Geschichte von 1807–1871/78, Bde. 1–2, Stuttgart/Berlin 1936.
[2] Vermutlich Anspielung auf einen ersten Erfolg von Willy Andreas im Kampf um seine Rehabilitierung an der Universität Heidelberg; siehe auch oben, Brief Nr. 124.
[3] Anspielung auf die Tatsache, dass Erich Marcks dem Sachverständigenbeirat des Reichsinstituts für Geschichte des neuen Deutschlands angehörte.
[4] Friedrich Meinecke: Die Entstehung des Historismus, Bde. 1–2, München 1936.
[5] Peter Richard Rohden (1891–1942), Historiker, Schüler Friedrich Meineckes, seit 1927 Privatdozent an der Universität Berlin; den Professortitel erhielt er weder jetzt noch in den folgenden Jahren, augenscheinlich aus politischen Gründen. Hartung veröffentlichte später einen kurzen Nachruf auf ihn in der Historischen Zeitschrift 167 (1943), S. 667.
[6] Gemeint ist: Wilhelm Engel (1905–1964), Archivar, Historiker und nationalsozialistischer Wissenschaftsfunktionär, Personalreferent im Reichsministerium für Wissenschaft, Erziehung und Volksbildung (1935–1937), a. o. Professor an der Universität Berlin (1936–1937), o. Professor an der Universität Würzburg (1937–1945).
[7] Fritz Hartung: Preußen und die deutsche Einheit, in: Forschungen zur brandenburgischen und preußischen Geschichte 49 (1937), S. 1–21. – Siehe dazu auch oben, Brief Nr. 124.

den Aufsatz von Brandenburg¹ schon gelesen? Er ist mir etwas zu massiv, wenn ich ihm auch in der Sache weitgehend zustimme. Ich glaube nicht, daß mit der ganzen „gesamtdeutschen" Geschichtsbetrachtung viel anzufangen sein wird; denn die Tatsache, daß unsere Geschichte mindestens seit 1740 auseinandergegangen ist, läßt sich nun einmal nicht aus der Welt schaffen.

[...]

Der Verlag Koehler schickte mir Weihnachten die Erinnerungen des alten Oldenburg-Januschau². Es muß schön sein, auf ein so langes Leben mit dem Gefühl zurückzublicken, daß man immer Recht gehabt hat.

Kommen Sie nicht mal wieder nach Berlin? Mit sehr verspätetem Dank für Ihren Brief mit etwas verspäteten Neujahrswünschen und herzlichen Grüßen für Sie und Ihre Frau, denen sich meine Frau anschließt,

Ihr F. Hartung

Nr. 127
An Gerhard Ritter   Berlin, 5. Februar 1937

BAK N 1166, Nr. 487 b. – Masch. Original.

Lieber Herr Ritter!

Bei uns ist der Reichtum an Dozenten auch nicht mehr so gross, dass ich Ihnen ohne weiteres einen zur Umhabilitation nennen könnte. Im Mittelalter ist es bereits so, dass das Proseminar von einem nicht habilitierten Dr. gehalten wird, den das Ministerium noch vor einem Jahr wegen mangelnder Einsatzbereitschaft als Dozenten für Mittellatein abgelehnt hat. Von den neuzeitlichen Dozenten kommt Frauendienst als planmässiger Legationssekretär nicht in Frage, Pleyer³ werden Sie kaum wünschen, er kommt auch wieder einmal stark für Königsberg in Betracht und ist so sehr mit dem VDA verwachsen, dass er schwerlich nach Freiburg als Dozent gehen würde⁴. Rohden ist lange Zeit unser Sorgenkind gewesen, er ist unzweifelhaft begabt, aber etwas Windhund, und seine demokratische Vergangenheit stand ihm bisher sehr im Wege. Nun hat er sein literarisches Gepäck durch den Robespierre⁵ erheblich ver-

---

¹ Erich Brandenburg: Deutsche Einheit, in: Historische Vierteljahrschrift 30 (1935), S. 757–770.
² Elard von Oldenburg-Januschau (1855–1937), Rittergutsbesitzer in Ostpreußen, Reichstagsabgeordneter der Deutschkonservativen Partei (1902–1912) und der Deutschnationalen Volkspartei (1930–1932); Hartung bezieht sich hier auf: Elard von Oldenburg-Januschau: Erinnerungen, Leipzig 1936.
³ Kleo (Kleophas Franz) Pleyer (1898–1942), nationalsozialistischer Historiker, Privatdozent an der Universität Berlin (1934–1937) und Mitarbeiter des Reichsinstituts für Geschichte des neuen Deutschlands, o. Professor an den Universitäten Königsberg (1937–1939) und Innsbruck (1939–1942), gefallen in Russland.
⁴ Als gebürtiger Sudetendeutscher verstand sich der im „Volksbund für das Deutschtum im Ausland" aktive Pleyer, worauf Hartung hier anspielt, als „Auslandsdeutscher".
⁵ Peter Richard Rohden: Robespierre. Die Tragödie des politischen Ideologen, Berlin 1935.

stärkt, und die politischen Bedenken sind, wie Hoppe neulich in einer Sitzung erklärte, beseitigt. Wir sind deshalb gerade daran, für ihn einen Lehrauftrag für französische Geschichte und den n. b. a. o. Titel[1] zu beantragen[2].

Gerhard Oestreich[3] ist in der Tat Schüler von mir, einstweilen sehr preussisch (Geheimratsordnung von 1651)[4], er arbeitet mit einem Notgemeinschaftsstipendium für Linnebach[5] an einer Scharnhorstausgabe[6]. Habilitationsreif wird er erst in etwa 2–3 Jahren. Friese[7] – so lese ich den zweiten Namen, gemeint ist wohl der Mitarbeiter an der Auswärtigen Politik Preussens[8], ist mir persönlich nicht bekannt. Wir haben hier noch einen Dr. habil. Treue[9], auch Schüler von mir, der in mancher Beziehung (Wirtschaftsgeschichte) eine Ergänzung für Sie sein könnte. Aber er muss noch mehr auftauen, bis man ihn

---

[1] Titel eines nichtbeamteten außerordentlichen Professors.
[2] Hartung bemerkt zu Rohden in einem späteren Brief an Gerhard Ritter vom 30.11.1937 (BAK, N 1166, Nr. 487b): „Ihre Frage, ob ich Rohden empfehlen würde, ist nicht leicht zu beantworten. Um ein Einerseits-Andererseits komme ich bei ihm nicht herum. Er ist zweifellos sehr begabt, seine Vorlesungen sind anregend, seine Bücher und Aufsätze sind gewandt und klug. Aber er ist oberflächlich und kommt aus seiner alten Journalistenhaut nicht recht heraus. Das Proseminar behandelt er unter souveräner Verachtung alles dessen, was zur Einführung des jungen Studenten erforderlich ist. Auch seine Schriftstellerei bleibt meist sehr an der Oberfläche. Freilich muss man ihm zugute halten, dass er seit Jahren fast ausschliesslich von dem Ertrag seiner Feder und den immer spärlicheren Kolleggeldern lebt, also gar nicht die Zeit gehabt hat, sich irgendwo zu vertiefen. Ich halte es also für durchaus möglich, dass er in einer einigermassen gesicherten Position sich ernsthafter als bisher den Pflichten der Lehrtätigkeit widmen würde. Das Talent dazu hat er; und Leichtsinn pflegt mit zunehmendem Alter – er ist 1891 geboren – geringer zu werden. [...] Politisch ist R. offenbar in den letzten Jahren vorsichtig genug gewesen, sodass er den Lehrauftrag bekommen hat. Innerlich hat er sich natürlich kaum gewandelt, aber das werden Sie ebenso wie ich zu seinen Gunsten auslegen. Immerhin empfiehlt es sich, darüber so lange wie möglich zu schweigen. Er ist weder SA-Mann noch sonst etwas Aehnliches".
[3] Gerhard Oestreich (1910–1978), Historiker, Dozent und apl. Professor an der Freien Universität Berlin und an der Deutschen Hochschule für Politik Berlin (1954/58–1960), a. o./o. Professor an der Freien Universität Berlin (1960/61–1962) sowie an den Universitäten Hamburg (1962–1966) und Marburg (1966–1975).
[4] Gerhard Oestreich promovierte bei Hartung mit der Arbeit: Der brandenburgisch-preußische Geheime Rat vom Regierungsantritt des Großen Kurfürsten bis zu der Neuordnung im Jahre 1651. Eine behördengeschichtliche Studie, Würzburg-Aumühle 1937.
[5] Karl Linnebach (1879–1961), Archivar am Heeresarchiv in Potsdam und Militärhistoriker.
[6] Linnebach hatte bereits kurz vor dem Ersten Weltkrieg den ersten Band einer Scharnhorst-Briefedition herausgebracht: Karl Linnebach (Hrsg.): Scharnhorsts Briefe, Bd. 1: Privatbriefe, München/Leipzig 1914. Weitere Bände wurden nicht veröffentlicht.
[7] Christian Friese (1902–1973), Schüler Friedrich Meineckes, bearbeitete die erste Abteilung des Aktenwerks „Die Auswärtige Politik Preußens"; später Studienrat in Berlin, nach dem Zweiten Weltkrieg Dozent und Professor für Didaktik der Geschichte an der Pädagogischen Hochschule in Berlin-West (1953–1970).
[8] Die Edition der „Auswärtigen Politik Preußens", anfänglich hrsg. von der Historischen Reichskommission, erschien ab 1932 unter der Oberleitung von Erich Brandenburg, Otto Hoetzsch und Hermann Oncken (später Willy Hoppe und Arnold Oskar Meyer). Bis 1945 wurden neun Bände veröffentlicht; die Ausgabe blieb unvollständig.
[9] Wilhelm Treue (1909–1992), Wirtschaftshistoriker, 1937 Habilitation in Berlin, 1943–1945 Dozent an der Marineschule Mürwik, a. o./o. Professor an der Technischen Hochschule Hannover (1948/54–1975), gleichzeitig Honorarprofessor an der Universität Göttingen, später an der Universität Salzburg (1978–1988).

auf Studenten loslassen kann. Noch mehr gilt das von Dr. habil. Kessel[1], der eine ausgezeichnete mittelalterliche Vorbildung hat und nach dem bei Holtzmann gemachten Doktor[2] zu Elze übergegangen ist und das Generalstabswerk über den 7jährigen Krieg zu Ende schreibt[3]. Viel Nachwuchs haben wir aber auch nicht. Denn gerade tüchtige Leute wollen das Risiko nicht auf sich nehmen, trotz guter Leistungen eines Tages wegen mangelnder Einsatzbereitschaft abgelehnt zu werden[4].

Für Ihre letzte literarische Gabe besten Dank. Sehr erfreulich wäre es, wenn Sie Ihre Bedenken gegen Staatsvfg. u. Heeresvfg. mal etwas näher ausführen wollten[5]. Nächstens soll mein Srbikaufsatz[6] herauskommen; ich schicke Ihnen einen Sonderabzug. Mit der Gesundheit geht es bei starker Zurückhaltung in der Arbeit ganz gut. [...] Bei mir ist die ewige Unsicherheit und die Pflicht zur Schonung das Langweilige. Schliesslich wird die Schonung noch Selbstzweck.

Der badische Herr im Ministerium[7] soll keineswegs ein Vertreter besonderer süddeutscher Gemütlichkeit sein und bereits erhebliche Stürme verursacht haben[8]. Auch Engel soll wackeln, aber er hat ja genügend Posten, auf die er sich zurückziehen kann[9]. Ich lebe sehr ausserhalb all dieser Dinge, höre nur gelegentlich davon.

Mit besten Grüssen
Ihr ergebener
Hartung

---

[1] Eberhard Kessel (1907–1986), Historiker, a. o. Professor an der Universität Marburg (1954–1962), o. Professor an der Universität Mainz (1962–1972).
[2] Eberhard Kessel: Die Magdeburger Geschichtsschreibung im Mittelalter bis zum Ausgang des 12. Jahrhunderts, in: Sachsen und Anhalt. Jahrbuch der Historischen Kommission für die Provinz Sachsen und für Anhalt 7 (1931), S. 109–184 (zugleich phil. Diss. Berlin 1931).
[3] Eberhard Kessel habilitierte sich 1936 bei Walter Elze mit der Arbeit: Quellen und Untersuchungen zur Geschichte der Schlacht bei Torgau, Berlin 1937. – Der von Kessel bearbeitete Band erschien erst nach seinem Tod aus dem Nachlass: Eberhard Kessel: Das Ende des Siebenjährigen Krieges 1760–1763, Bde. 1–2, hrsg. v. Thomas Lindner, Paderborn 2007.
[4] Eine Anspielung darauf, dass sowohl Wilhelm Treue als auch Eberhard Kessel wegen ihrer Nichtmitgliedschaft in der NSDAP und ihres mangelnden politischen Engagements im Sinne des Regimes erhebliche Probleme bei ihrem beruflichen Fortkommen hinnehmen mussten.
[5] Gemeint ist: Fritz Hartung: Staatsverfassung und Heeresverfassung, in: Volk und Wehrkraft, Jahrbuch der Deutschen Gesellschaft für Wehrpolitik und Wehrwissenschaften 1936, Hamburg 1936, S. 54–66.
[6] Siehe oben, Brief Nr. 124.
[7] Otto Wacker (1899–1940), nationalsozialistischer Politiker, badischer Kultusminister (1933–1940), dazu kommissarischer Leiter des Amtes Wissenschaft im Reichsministerium für Wissenschaft, Erziehung und Volksbildung (1937–1939).
[8] Wacker versuchte während seiner Zeit im Ministerium (aus dem er 1939 nach einem Konflikt mit Minister Rust wieder ausschied), eine weitere Straffung und Zentralisierung der deutschen Bildungs- und Wissenschaftspolitik sowie eine Verstärkung der ideologisch-indoktrinierenden Bildungsanteile durchzusetzen; zudem exponierte er sich als scharfer Gegner der Theologischen Fakultäten, die er aus den deutschen Universitäten verbannen wollte. Vgl. Nagel: Hitlers Bildungsreformer, S. 109 ff., 288 ff. u. a.
[9] Wilhelm Engel erhielt 1937 eine o. Professur für Mittelalterliche Geschichte an der Universität Würzburg.

Nr. 128
An Richard Fester Berlin, 29. März 1937

BAK N 1107, Nr. 246. – Hs. Original.

Sehr verehrter lieber Herr Geheimrat!

[…]
Ihre Frage nach der Bemerkung Bismarcks über Friedrich den Großen vermag ich leider nicht zu beantworten[1]. Vielleicht würde Volz, der ja Einzelheiten in Masse weiß, Auskunft geben können; aber ich habe ihn den ganzen Winter hindurch nicht gesehen. Offenbar ist er damit beschäftigt, die Politische Korrespondenz Friedrichs so lange hinzuziehen, daß der letzte Band erst bei seinem Tode fertig ist[2].

Das akademische Leben plätschert in Berlin äußerlich sehr ruhig dahin. Korporationen haben hier nie eine Rolle gespielt, deshalb ergeben sich daraus keine Konflikte. Freilich habe ich auch nicht den Eindruck, als ob der Studentenbund wirklich die Führung unter den Studenten hätte. Im Gegenteil, je stärker von oben her bestimmte Kameradschaftsformen und Ansichten befohlen werden, desto mehr lehnt sich ein Teil der Studenten dagegen auf[3]. Es ist vielleicht die wichtigste Aufgabe von uns Professoren der älteren Zeit, diese Auflehnung richtig zu leiten, die ihr zugrundeliegende geistige Selbständigkeit zu pflegen und doch zu verhüten, daß daraus eine Ablehnung der unentbehrlichen Grundlagen des Gemeinschaftslebens erwachse. Seit der Betrieb kleiner geworden ist und die Seminare nur noch 30–40 Teilnehmer haben, ist das Arbeiten mit den Studenten und das Einwirken auf sie wieder leichter geworden.

Auch unter den Kollegen herrscht Friede und Eintracht; freilich kommen wir über äußerliche Korrektheit nicht recht hinaus. A. O. Meyer ist ein steifleinener Herrgott, der es übel nimmt, daß wir Berliner Professoren uns selbst für große Männer halten, ohne ihn besonders zu verehren. Schüßler ist menschlich sehr viel freier und umgänglicher, hat eher Minderwertigkeitskomplexe als das übliche Berliner Überlegenheitsgefühl, ist aber hier noch nicht recht warm geworden. Rörig ist dauernd explosiv, aber harmlos; schon aus Kiel hörte ich, er sei wie eine Flasche Selterswasser, gehe hoch und spritze, richte aber keinen Schaden an. Holtzmann lehnt alles ab und hat sich in seinen Bau verkrochen.

Daß Herzfeld die „Arischsprechung" mißglückt ist, werden Sie wissen. Immerhin ist man ihm im Ministerium nicht schlecht gesinnt. Als ich neulich mit Engel über die Jahresberichte sprach, strich er zwar Mommsen aus dem

---
[1] Brief Festers nicht überliefert.
[2] Gustav Berthold Volz (1871–1938), Historiker und Archivar, seit 1899 im Auftrag der Preußischen Akademie der Wissenschaften zu Berlin Haupteditor der „Politische[n] Correspondenz Friedrichs des Großen"; er gab hiervon insgesamt 22 Bände heraus (bis März 1782).
[3] Zum „Studium unter dem Hakenkreuz" und zu den diversen Formen studentischer Opposition und Widerständigkeit nach 1933 an der Universität Berlin siehe Grüttner: Die Studentenschaft in Demokratie und Diktatur, S. 260 ff., 272 ff.

Kreis der Mitarbeiter¹, äußerte sich aber sehr positiv über Herzfeld, der das schwierige Gebiet von 1890 bis 1919 bearbeitet. Aber wer weiß, wie lange Engel noch im Ministerium bleibt und wer dann kommt!
[...]
> In alter Verehrung und Treue
> Ihr sehr ergebener
> F. Hartung

Nr. 129
An Richard Fester Berlin, 30. Dezember 1937

BAK N 1107, Nr. 246. – Hs. Original.

Sehr verehrter und lieber Herr Geheimrat!

[...]

Im Oktober war ich wieder einmal krank. Deshalb konnte ich an der Tagung des Reichsinstituts² nicht teilnehmen. An der eigentlichen Sitzung habe ich sicher nichts verloren, denn zu einer Besprechung läßt es Frank nie kommen. Dagegen soll das ganz im friderizianischen Stil gehaltene Abendessen in Potsdam sehr hübsch gewesen sein.

Seither geht es mir wieder gut, ich fühle mich sogar wohler als seit langer Zeit. Das Semester verläuft bisher normal, die Studentenzahl ist stark zurückgegangen, und zwar macht sich das nicht nur im Besuch der Vorlesungen, sondern auch in der Verminderung der Prüfungen bemerkbar.

Ein Höhepunkt des Semesters war der 60. Geburtstag von A. O. Meyer. Er hatte sich, da der Geburtstag eigentlich in die Ferien fiel, durch eine kurze Reise den Ovationen entzogen, dafür aber Anfang November eine Feier im Seminar (wo es nicht einmal Portwein und Kuchen gab) veranstalten lassen. Wenn er still im Sarge dagelegen hätte, wäre es ganz passend gewesen. Aber sich so ins Gesicht hinein immer wieder sagen zu lassen, was für ein großer Mann man ist, das geht eigentlich gegen den guten Geschmack.

Vor der Grundsteinlegung der neuen Universitätsstadt im Grunewald³ habe ich mich gedrückt, denn Feiern im Freien im November sind nicht meine

---

[1] Siehe dazu Fritz Hartungs Brief an Wilhelm Mommsen, Berlin, 23.3.1937 (Nl. F. Hartung, K 59/19, Durchschlag): „Es freut mich, dass Sie für unsere Zwangslage Verständnis haben und mir meinen Brief nicht persönlich übel nehmen. Ich bin nach Kräften bemüht, die wissenschaftliche Unabhängigkeit zu wahren, habe deshalb s. Zt. trotz Bedenkens von Meinecke den inzwischen abgesägten C. Schmitt angegriffen und jetzt an Srbik eine Kritik geübt, die schwerlich den Beifall von W. Frank finden wird, [...] aber in Ihrem Fall war nichts zu machen". Zu Hartungs Kritik an Schmitt und Srbik siehe die Briefe oben Nr. 113, 124.
[2] Zur Jahrestagung des Reichsinstituts für Geschichte des neuen Deutschlands am 16.10.1937 siehe Heiber: Walter Frank und sein Reichsinstitut, S. 612 f.
[3] Die NS-Regierung plante im nördlichen Grunewald, südlich des Olympiageländes, nach monumentalen Planungen Albert Speers den Bau einer neuen „Hochschulstadt Berlin"

Nr. 129. An Richard Fester, 30. Dezember 1937

Sache. Mir tun die vielen Bäume leid, die der Neugestaltung Berlins zum Opfer fallen; nach meiner Erfahrung, die sich in der monarchischen Zeit gebildet und in der Systemzeit befestigt hat, aber seit 1933 noch keineswegs erschüttert, unter den Linden sogar bestätigt worden ist, gilt für jede Baumfällung in Berlin der Grundsatz: es folgt selten etwas Besseres nach. Im übrigen warte ich in Ruhe ab, was aus dem Neubau der Universität werden wird; vermutlich werde ich die Altersgrenze erreicht haben, bevor die Bauten vollendet sind.

Für den Internationalen Historikerkongreß in Zürich Herbst 1938 habe ich einen Vortrag angemeldet über die Bedeutung der konstitutionellen Monarchie in der allgemeinen Verfassungsgeschichte. Ich sehe aber schon jetzt, daß die Sache sehr schwierig sein wird; denn je mehr ich in den Stoff eindringe, desto mehr verschwindet der Unterschied zwischen konstitutioneller und parlamentarischer Monarchie, der in der Theorie so leicht festzustellen ist.

Gestern hat mich Herzfeld besucht. Daß Noack aus Frankfurt (der Sohn des Archäologen, mit dem ich manchmal auch von Ihnen gesprochen habe)[1] z. Zt. das Hallische Ordinariat „verwest", werden Sie wissen[2]. Herzfeld versicherte, daß er gut mit ihm auskomme. Aussicht auf Anstellung hat Herzfeld aber nicht. Die Gesundheit seiner Frau[3] macht ihm seit einer Rippenfellentzündung Sorgen; sie ist ja auch nur ein Hauch.

[...]

Zum Schluß nochmals die herzlichsten Wünsche und Grüße von uns allen für Sie, Ihre Frau Gemahlin und Marianne!

Ihr treu ergebener
Fritz Hartung

---

und damit auch die Verlegung der Friedrich-Wilhelms-Universität aus dem alten Zentrum an den westlichen Stadtrand; die 1938 begonnenen Bauarbeiten wurden jedoch 1942 eingestellt, siehe dazu Anne Christine Nagel: Die Universität im Dritten Reich, in: Geschichte der Universität Unter den Linden 1810–2010, Bd. 2: Die Berliner Universität zwischen den Weltkriegen 1918–1945, hrsg. v. Heinz-Elmar Tenorth, Berlin 2012, S. 405–464, hier S. 456 ff. (mit Abb. 5 auf S. 458).

[1] Ulrich Noack (1899–1974), Historiker, a. o. Professor an der Universität Greifswald (1942–1945), o. Professor an der Universität Würzburg (1946–1964); sein Vater: Ferdinand Noack (1865–1931), Klassischer Archäologe, a. o. Professor an der Universität Jena (1899–1904), o. Professor an den Universitäten Kiel (1904–1908), Tübingen (1908–1916) und Berlin (1916–1931).

[2] Nach dem Weggang des 1935 nach Jena und etwas später nach Göttingen berufenen Siegfried A. Kaehler aus Halle vertrat Herzfeld als einziger Historiker in Halle die Neuere Geschichte; der 1936 als Nachfolger Kaehlers nach Halle berufene und schon ein Jahr später in den Ruhestand versetzte Wolfgang Windelband lehrte dort nicht mehr; vgl. Gerhard A. Ritter: Hans Herzfeld – Persönlichkeit und Werk, in: Otto Büsch (Hrsg.): Hans Herzfeld – Persönlichkeit und Werk, Berlin 1983, S. 13–91, hier S. 38 mit Anm. 70.

[3] Irmela Herzfeld, geb. Minck (1903–1947).

Nr. 130
An Siegfried A. Kaehler   Berlin, 14. August 1938

NStUB Göttingen, Cod. Ms. S. A. Kaehler, 1, 59. – Masch. Original.

Lieber Kaehler!

[...]

An wissenschaftlichen Seltsamkeiten habe ich zunächst einmal eine Tagung der Thüringischen Historischen Kommission in Rudolstadt mitgemacht. Die Kommission hat mich zu ihrem fördernden Mitglied ernannt, und da es zeitlich ganz gut passte, bin ich für ein Wochenende nach Rudolstadt gefahren. Ich habe selten eine solche Menge thüringisch sprechender Spiesser vereinigt gesehen wie da. Sie können froh sein, dass Sie durch die Berufung nach Göttingen der Mitarbeit an dieser Kommission entgangen sind. Der Vorsitzer Flach-Weimar[1] macht übrigens seine Sache sehr gut. Dass sich G. Franz[2] und W. Andreas, der als Leiter des Carl-August-Werks[3] dabei ist, besonders liebevoll begrüsst hätten, kann ich nicht finden[4]. Was aus den geplanten Arbeiten herauskommen wird, ahne ich natürlich nicht.

Bald darauf, bereits in den Ferien, fuhr ich zur Tagung des Reichsinstituts für die Geschichte des neuen Deutschlands [sic] nach München[5]. Da es im Institut grossen Krach zwischen Frank und Grau[6] gegeben hatte, interessierte mich der Fall. Ich habe eine Reihe mehr oder minder guter Vorträge gehört, dabei freilich nicht den Eindruck gewonnen, als ob die junge Mannschaft

---

[1] Willy Flach (1903–1958), Landeshistoriker, historischer Hilfswissenschaftler und Archivar, Direktor des Staatsarchivs Weimar und der Thüringischen Staatsarchive (1934–1958), Honorarprofessor an der Universität Jena (1942–1945), Dozent am Institut für Archivwissenschaft in Potsdam (1950–1953) und Professor mit vollem Lehrauftrag an der Humboldt-Universität Berlin (1953–1958).
[2] Günther Franz (1902–1992), Agrarhistoriker, überzeugter Nationalsozialist, o. Professor an den Universitäten Heidelberg (1935–1936), Jena (1936–1941), Straßburg (1941–1945) und an der Landwirtschaftlichen Hochschule Stuttgart-Hohenheim (1957–1967).
[3] Zum Carl-August-Werk siehe oben, Brief Nr. 15.
[4] Günther Franz war 1935 ausdrücklich als nationalsozialistischer Gegenspieler des als „liberal-demokratisch" geltenden Willy Andreas an die Universität Heidelberg berufen worden, vgl. Laurenz Müller: Diktatur und Revolution. Reformation und Bauernkrieg in der Geschichtsschreibung des ‚Dritten Reiches' und der DDR, Stuttgart 2004, S. 102.
[5] Die Sommertagung des Reichsinstituts fand vom 5. bis 7.7.1938 in München statt; vgl. Heiber: Walter Frank und sein Reichsinstitut, S. 618–620.
[6] Wilhelm Grau (1910–2000), nationalsozialistischer Historiker, 1936–1938 Mitarbeiter im Reichsinstitut für Geschichte des neuen Deutschland als stellvertretender Leiter der dem Institut angeschlossenen „Forschungsabteilung Judenfrage" in München, 1940–1942 war er für die Dienststelle Rosenberg als zeitweiliger Direktor eines „Instituts zur Erforschung der Judenfrage" in Frankfurt am Main tätig. Grau schied im Sommer 1938 nach einem Machtkampf mit Walter Frank über die Deutungsfrage einer historischen Behandlung der „Judenfrage" im NS-Staat aus dem Reichsinstitut aus; vgl. Patricia von Papen: Schützenhilfe nationalsozialistischer Judenpolitik. Die ‚Judenforschung' des „Reichsinstituts für Geschichte des neuen Deutschland" 1935–1945, in: Fritz Bauer Institut (Hrsg.): „Beseitigung des jüdischen Einflusses...". Antisemitische Forschung, Eliten und Karrieren im Nationalsozialismus, Frankfurt a. M./New York 1999, S. 17–42.

Nr. 130. An Siegfried A. Kaehler, 14. August 1938

Franks besser zu reden verstehe als die ältere Generation. Ablesen vom Manuskript und Reden weit über die vorgesehene Zeit hinaus gehört auch bei den Jüngeren zu einem akademischen Vortrag. Sehr eigenartig wirkte Streicher[1]. Seine Rede war ungewöhnlich mild, etwa im Stile Attinghausens[2]; seid einig und macht dem Präsidenten eures Instituts nicht mehr Schwierigkeiten, als er schon hat. Diesen Grundgedanken umhüllte er zwei Stunden lang mit den seltsamsten Excursen, sogar über naturgemässe Ernährung und seinen Hund Foxl; von den Juden sprach er wenig. Seine politischen Ansichten waren zum Teil recht bedenklich, gerade auch vom Standpunkt der Partei aus. Das gab er auch selbst zu; er scheint innerhalb der Partei so eine Art Narrenfreiheit zu haben. Die Nützlichkeit einer solchen Tagung, die an Reisekosten mindestens 4–5000 Mark erfordert, ist mir übrigens nicht klar geworden. Der Präsident hielt sich sehr zurück. Sein eigener Vortrag über M. Harden[3] war in der Weise seines Frankreichbuchs[4] ganz geschickt aufgebaut, blieb aber wie dieses an der Oberfläche[5]. Ob und inwieweit der Fall Harden für das wilhelminische Deutschland charakteristisch ist, das blieb unerörtert.

Bei dieser Gelegenheit lernte ich endlich auch K. A. v. Müller kennen. Er hat mich äusserlich enttäuscht, denn ich hatte eine durchgeistigte künstlerische Erscheinung erwartet und fand einen Münchner Spiesser. Merkwürdig berührt hat es auch, dass er, der doch als Leiter der Abteilung Judenfrage zwischen Frank und Grau stand, sich um den ganzen Krach gar nicht gekümmert hat. Es soll seine Art sein, allen Entscheidungen aus dem Wege zu gehen.

Als ich mit einem Teilnehmer der Tagung, einem guten Pg, durch die Ludwigstrasse in München ging, machte dieser mich auf die unheimliche Langweiligkeit dieses Produkts eines bewussten städtebaulichen Willens aufmerksam und sprach die Befürchtung aus, dass unsere neuen Prachtstrassen nicht anders wirken werden.

Von Rothfels werden Sie gehört haben. Ich habe ihn dieser Tage besucht, mehr kann ich ja nicht für ihn tun. Denn ob ich in Zürich Gelegenheit haben werde, mit Ausländern, die Stellen zu vergeben haben, Fühlung zu gewinnen, ist mir zweifelhaft. Dass er sich nicht nur um seiner Kinder, sondern auch um seine eigene Zukunft Sorgen macht, ist nur zu begreiflich. Gerade an dem

---

[1] Julius Streicher (1885–1946), nationalsozialistischer Politiker und antisemitischer Agitator, Gauleiter von Franken (1925–1940), bis 1945 Herausgeber des Hetzblatts „Der Stürmer".
[2] Anspielung auf die Rede Werner von Attinghausens in Schillers „Wilhelm Tell" (IV, 2); zur Rede Streichers vgl. auch Heiber: Walter Frank und sein Reichsinstitut, S. 618.
[3] Maximilian Harden (1861–1927), eigentlich Felix Ernst Witkowski, einflussreicher Journalist der spätwilhelminischen Zeit, seit 1892 Herausgeber der politischen Wochenzeitschrift „Die Zukunft".
[4] Walter Frank: Nationalismus und Demokratie im Frankreich der dritten Republik (1871 bis 1918), Hamburg 1933.
[5] In erweiterter Form veröffentlicht: Walter Frank: „Apostata". Maximilian Harden und das wilhelminische Deutschland, in: Forschungen zur Judenfrage, Bd. 3, Hamburg 1938, S. 9–60.

Nachmittag, an dem ich zu ihm fuhr, machte der „Angriff"[1] dafür Stimmung, nicht nur die jüdischen Aerzte, sondern überhaupt alle Juden aus ihren Wohnungen zu vertreiben. Noch unmittelbarer bedroht ist ja Herzfeld. Für ihn bricht ja augenblicklich alles zusammen[2]. Er hofft ja immer noch durch eine seiner Beziehungen wenigstens bei der Schrifttumskammer zugelassen zu werden. Aber ich fürchte, es wird ihm gehen wie bei dem Arisierungsantrag. Jeder verspricht ihm Förderung, aber keiner wagt es die Verantwortung schriftlich zu übernehmen.

Fester habe ich in München ebenfalls gesehen. Er hat trotz seiner Schwerhörigkeit einen Teil der Tagung mitgemacht, denn er fühlt sich sehr stolz als Mitglied eines gelehrten Gremiums (sollten wir wenigstens sein), dem Meinecke nicht angehört. Einen Abend war ich bei Festers eingeladen. Er ist geistig für seine bald 78 Jahre fabelhaft lebendig. Eine neue Ausgabe seiner Politik des Kaisers Karl erscheint demnächst[3].

Mit Freude habe ich auf dem letzten Ministerialerlass wegen des Züricher Kongresses auch Ihren Namen entdeckt, aber Rothfels meinte, Sie würden nicht kommen[4]. Ich verspreche mir wissenschaftlich auch nicht viel; mein Vortrag wird in wesentlich erweiterter Form in der HZ erscheinen[5]. In 30 Minuten eine Frage der allgemeinen Verfassungsgeschichte abzuhandeln ist immerhin eine Zumutung. Hinterher will ich noch bis zur Erschöpfung der Devisen mit meiner Frau in der Schweiz bleiben[6].

Meine Gesundheit ist ganz befriedigend. Die Ferienruhe – denn jeder Mensch nimmt an, man sei verreist – tut mir sehr wohl. Ich fürchte, dass ich es auf der Reise nicht so ruhig haben werde wie hier. Immerhin ist es gut, wenn ich von meinem Schreibtisch wegkomme.

Herzliche Grüsse auch an Ihre Gattin
Ihr Hartung

---

[1] „Der Angriff" war die Tageszeitung des Gaus Berlin der NSDAP, hrsg. 1927 bis 1945 von Joseph Goebbels (1897–1945), des nationalsozialistischen Gauleiters von Berlin und Ministers für Volksaufklärung und Propaganda (1933–1945).

[2] Nach dem Sommersemester 1938 wurde dem „Nichtarier" Herzfeld die Lehrbefugnis entzogen und der Titel eines außerplanmäßigen Professors aberkannt. Dank Hartungs Einsatz konnte er noch bis 1940 auf Honorarbasis an den „Jahresberichten für deutsche Geschichte" mitarbeiten; gleichzeitig vermittelten ihm Freunde Ende 1938 eine Stelle als Wissenschaftlicher Angestellter an der Kriegsgeschichtlichen Forschungsstelle des Heeres in Potsdam, wo Herzfeld noch bis 1943 tätig sein konnte; vgl. Ritter: Hans Herzfeld, S. 38, 42.

[3] Richard Fester: Die Politik Kaiser Karls und der Wendepunkt des Weltkrieges, München 1925; eine Neuausgabe ist nicht erschienen.

[4] Gerhard Ritter nahm am Internationalen Historikerkongress in Zürich teil; vgl. Cornelißen: Gerhard Ritter, S. 253 ff.

[5] Fritz Hartung: Die Entwicklung der konstitutionellen Monarchie in Europa, in: Historische Zeitschrift 159 (1939), S. 287–314, 499–523.

[6] Zu Hartungs Planungen und Vorhaben für den Internationalen Historikerkongress in Zürich siehe oben, Brief Nr. 129.

Nr. 131
An Richard Fester   Locarno, 18. September 1938

BAK N 1107, Nr. 246. – Hs. Original.

Sehr verehrter lieber Herr Geheimrat!

[...]

Zürich war sehr interessant[1]. Im Vergleich zu Oslo 1928 – in Warschau bin ich nicht gewesen – fiel mir die gedämpfte Stimmung auf. Damals lauteten alle Begrüssungsreden etwa so: Die internationale Verbrüderung ist auf dem Wege, und die Historiker haben sie geistig zu untermauern. Diesmal hieß es nur, daß die großen Gegensätze nicht aus der Welt zu schaffen sind, daß aber die Historie auch zum Verständnis der andern Völker anleiten kann. Die Beteiligung war gut. Die Schweizer Kollegen waren ausgezeichnete Gastgeber, liebenswürdig und taktvoll. Auffallend zurückhaltend waren, namentlich im Vergleich zu 1928, die Franzosen. Mit Renouvin[2], der sich 1928 lange mit mir über Fragen der Vorkriegsgeschichte unterhalten hat, kam es nur zu ein paar höflichen Redensarten. Deutschland war, unter offizieller Führung von Brandi, recht zahlreich vertreten[3].

W. Frank war auch da, hielt sich aber sehr zurück. Ich habe ihn kaum gesehen, allerdings habe ich mich auch nicht allzu sehr um die Vorträge gekümmert. Der wissenschaftliche Ertrag des Kongresses ist natürlich minimal. Die meisten Vorträge waren vorgelesene Abhandlungen, die man besser liest; bei manchen lohnt die Lektüre auch nicht. Ganz amüsant waren Kommissionssitzungen. In der Kommission für die Erforschung des aufgeklärten Despotismus, deren Sekretär ich bin, schlug der belgische Vertreter vor, auch König Salomo in den Kreis unserer Forschungen einzubeziehen. Praktische Resultate sind von keiner Kommission zu erwarten.

Der Holländer Enthoven hielt einen recht schwachen Vortrag über Agadir[4]. Eigenartig war, daß v. d. Lancken[5], dessen vermittelnde Rolle natürlich erwähnt wurde, unter den Zuhörern saß und in der Diskussion das Wort ergriff. Auch er ist übrigens der Ansicht, daß wenn man ihn hätte arbeiten lassen, der

---

[1] Der 8. Internationale Historikerkongress tagte in Zürich vom 28.8. bis zum 4.9.1938; vgl. Erdmann: Die Ökumene der Historiker, S. 221–245.
[2] Pierre Renouvin (1893–1974), französischer Historiker, Dozent und Professor an der Sorbonne in Paris (1922–1963).
[3] Dazu Erdmann: Die Ökumene der Historiker, S. 234–238.
[4] Henri Emile Enthoven (1903–1950), niederländischer Historiker, Komponist und Musikschriftsteller, seit 1929 Dozent für Geschichte an den Universitäten Leiden und Amsterdam; er veröffentlichte: Van Tanger tot Agadir, Utrecht 1929; es handelt sich um die Druckfassung seiner Amsterdamer Dissertation aus demselben Jahr.
[5] Oskar Freiherr von der Lancken-Wakenitz (1867–1939), deutscher Diplomat, seit 1894 im Auswärtigen Dienst, Tätigkeit u. a. in Lissabon, Luxemburg, Rom, Madrid, Paris; er veröffentlichte: Meine Dreissig Dienstjahre 1888–1918. Potsdam – Paris – Brüssel, Berlin 1931. – Wakenitz war im Sommer 1911 als Diplomat an der deutschen Botschaft in Paris an den Geheimverhandlungen über die Beilegung der zweiten Marokkokrise beteiligt, vgl. Konrad Canis: Der Weg in den Abgrund. Deutsche Außenpolitik 1902–1914, Paderborn 2011, S. 427.

Weltkrieg vermieden worden wäre. Enthoven stützte sich auf Mitteilungen Zimmermanns[1]; aber Zimmermann weiß heute nicht mehr, was von ihm in den Akten von 1911 steht, und hat sich ein merkwürdiges Bild von den deutschen Absichten zurechtgelegt.

[...]

Volz habe ich vor einigen Monaten nach langer Pause wieder einmal gesehen. Er ist aber so sehr gealtert, daß man aus ihm nichts mehr herausbekommt außer den Dingen, mit denen er sich gerade beschäftigt. Wenn ich ihn nicht bei der Oktobersitzung des märk. Vereins[2] sehe, werde ich ihm Ihre Frage[3] (natürlich in der Form, als ob ich nur in meinem Interesse frage) schriftlich unterbreiten.

[...]

Mit herzlichen Grüßen an Sie und die Ihrigen auch von meiner Frau
Ihr getreuer
F. Hartung

Nr. 132
An Siegfried A. Kaehler   Berlin, 4. Dezember 1938

NStUB Göttingen, Cod. Ms. S. A. Kaehler, 1, 59. – Masch. Original.

Lieber Kaehler!

Es war recht leichtsinnig von mir, Ihnen einen Bericht über die Tagung des Reichsinstituts zu versprechen, denn ich habe mich vor den meisten Vorträgen gedrückt, und was ich gehört habe, war nicht immer so, dass es verdient, Ihnen schriftlich berichtet zu werden[4]. Aber ich will mein Versprechen halten und hoffe damit solchen Eindruck auf Sie zu machen, dass sich auch zwischen uns ein einigermassen regelmässiger Briefwechsel entwickelt, wie ich ihn mit Aubin und Hasenclever gehabt habe[5].

Man muss es Frank lassen, dass er es glänzend versteht, seinen Veranstaltungen einen grossartigen Rahmen zu geben, Keitel[6], Brauchitsch[7] und Raeder[8]

---

[1] Arthur Zimmermann (1864–1940), Diplomat und Politiker, seit 1902 im Auswärtigen Amt, 1911–1916 Unterstaatssekretär, 1916/17 Staatssekretär.
[2] Gemeint ist die 1884 gegründete Landesgeschichtliche Vereinigung für die Mark Brandenburg.
[3] Siehe oben, Brief Nr. 128.
[4] Die vierte Jahrestagung des Reichsinstituts für Geschichte des neuen Deutschlands fand vom 30.11. bis 3.12.1938 in Berlin statt; vgl. dazu ausführlich Heiber: Walter Frank und sein Reichsinstitut, S. 613–616.
[5] Adolf Hasenclever war am 29.4.1938 in Göttingen verstorben, Gustav Aubin am 15.9.1938 in München.
[6] Wilhelm Keitel (1882–1946), Offizier, seit November 1938 Generaloberst und bis 1945 Chef des Oberkommandos der Wehrmacht, 1940 Generalfeldmarschall.
[7] Walther von Brauchitsch (1881–1948), Offizier, 1938 Generaloberst, 1940 Generalfeldmarschall, 1938–1941 Oberbefehlshaber des Heeres.
[8] Erich Raeder (1876–1960), Marineoffizier, 1939 Großadmiral, 1935–1943 Oberbefehlshaber der Kriegsmarine.

Nr. 132. An Siegfried A. Kaehler, 4. Dezember 1938

waren zur Eröffnung persönlich erschienen, dagegen glänzten die zivilen Staatsbehörden fast ganz durch Abwesenheit, hatten allenfalls einen Ministerialrat geschickt. Hoppe war mit Amtskette erschienen, wurde aber von Frank bei der Eröffnungsansprache ignoriert, weil er sich geweigert hatte, einen Dies academicus anzusetzen[1]. Die Studenten empfinden diese Ignorierung des Hausherrn als grobe Taktlosigkeit. Der Besuch war ganz gut, aber keineswegs so, wie Frank erwartet hatte, die Aula war bei weitem nicht gefüllt.

Die Feier begann mit einem Hymnus auf Steding[2], dessen Buch Frank aus dem Nachlass herausgebracht hat[3]. Gesehen habe ich es noch nicht. Nach den Erfurter Kostproben[4] sehe ich ihm mit Bedenken entgegen; hoffentlich wird es keine Blamage für die deutsche Wissenschaft. Im Anschluss an diese Stedingehrung gab es ein Musikstück, und dann ging Frank nochmals aufs Katheder. Erst jetzt gedachte er auch des verstorbenen Ehrenmitglieds Marcks. Er ehrte ihn besonders durch einen anderthalbstündigen Vortrag über Bismarcks Aufstieg zur Macht, bei dem ich sehnsüchtig der biographischen Kunst von Marcks und seiner gerade für festliche Anlässe geeigneten Rhetorik gedachte. Was Frank bot, war in jeder Weise matt, weder im Material noch in der Auffassung neu oder eigenartig. Die Ausfälle auf die zünftlerische Geschichtschreibung, mit denen er auch diese Rede eingeleitet hatte, wurden durch seine Ausführungen nicht gerechtfertigt[5]. Mit Bismarck kann Frank nichts anfangen; er wagt es nicht, ihm die Ehre abzuschneiden – das ist Franks unleugbares Talent, vgl. seine Artikel gegen Oncken[6] und Wildhagen[7] – und kann ihn nicht zum Nationalsozialismus in Beziehung setzen. Sein Vortrag war eine Aneinanderreihung von Bismarckäusserungen aus den Jahren 1838–1862. Aber es fehlte manche charakteristische, so z.B. aus dem Brief an die Cousine von 1838: ich will Musik machen, wie ich sie für richtig halte, oder gar keine[8]. Offenbar ist diese

---

[1] Willy Hoppe amtierte seit 1937 als Rektor der Universität Berlin.
[2] Christoph Steding (1903–1938), nationalsozialistischer Historiker, seit 1936 Forschungsstipendiat des Reichsinstituts für Geschichte des neuen Deutschlands.
[3] Christoph Steding: Das Reich und die Krankheit der europäischen Kultur, Hamburg 1938; zur Entstehungs- und Editionsgeschichte siehe auch Heiber: Walter Frank und sein Reichsinstitut, S. 503 ff.
[4] Steding hatte auf dem 19. Deutschen Historikertag in Erfurt am 8.7.1937 einen Vortrag über „Kulturgeschichte und politische Geschichte" gehalten; aus dem Nachlass abgedruckt in: Reich und Reichsfeinde, Bd. 1, Hamburg 1941, S. 59–79.
[5] Zum (unpublizierten) Vortrag Franks vgl. Heiber: Walter Frank und sein Reichsinstitut, S. 615.
[6] Siehe oben, Brief Nr. 114.
[7] Eduard Wildhagen (1890–1970), promovierter Philosoph, seit 1920 erster Referent der Notgemeinschaft der deutschen Wissenschaft, 1923–1926 Lektor an der Hochschule Okayama/Japan, von 1934 bis 1936 Vizepräsident der Deutschen Forschungsgemeinschaft, später als Verleger tätig. Walter Frank griff ihn am 19.6.1936 in einem in der „Westfälischen Landeszeitung" veröffentlichten Artikel als „graue Eminenz" der DFG öffentlich an, was Wildhagens Rücktritt von seinem Amt zur Folge hatte; vgl. dazu Heiber: Walter Frank und sein Reichsinstitut, S. 832 ff.; Lothar Mertens: „Nur politisch Würdige". Die DFG-Forschungsförderung im Dritten Reich 1933–1937, Berlin 2004, S. 100 f.
[8] Der junge Otto von Bismarck schreibt in einem Brief an seinen Vater vom 29.9.1838, in den er einen Ausschnitt aus einem Brief an seine Cousine „Lienchen" über seine eigenen beruflichen Ziele einfügt: „Der preußische Beamte gleicht dem Einzelnen im Orchester; mag

Nr. 132. An Siegfried A. Kaehler, 4. Dezember 1938

Aeusserung eines jungen Mannes von 23 Jahren nicht mehr passend für die heutige Zeit.

Von Vorträgen habe ich, da mir ein Teil der Redner von früheren Veranstaltungen schaudernd in Erinnerung ist wie Botzenhardt[1] oder der Talmudforscher Kuhn[2] und da ich ja nebenher auch noch einen Hauptberuf habe, nur den von Förster[3] gehört. Nach dem, was mir über die anderen Vorträge berichtet worden ist, habe ich das bessere Teil mit dem Schwänzen erwählt. Auch die sachlich interessanten Vorträge wie der von Ganzer[4] sind viel zu lang gewesen. Auch Förster sprach gute anderthalb Stunden. Sie werden ihn ja früher gehört haben, er spricht ja sehr gut, aber reichlich langsam. Immerhin war es interessant, was er über modernes Feldherrntum zu sagen hatte. Das Vorbild bleibt auch jetzt der alte Moltke[5] mit seiner selbstverständlichen Unterordnung unter das Staatsoberhaupt; im Zusammenhang der Rede bedeutete das ein sehr starkes Abrücken von Ludendorff, obwohl natürlich auch Förster nicht verschwieg, dass für Moltke mit dem alten König Wilhelm und Bismarck die Aufgabe einfacher war als für Ludendorff mit Wilhelm II. und Bethmann.

Dabei fällt mir ein, dass ich vor wenigen Tagen den General Wetzell[6] (im Weltkrieg Chef der Operationsabteilung unter Ludendorff) in der Gesellschaft

---

er die erste Violine oder den Triangel spielen: ohne Übersicht und Einfluß auf das Ganze, muß er sein Bruchstück abspielen, wie es ihm gesetzt ist, er mag es für gut oder schlecht halten. Ich will aber Musik machen, wie ich sie für gut erkenne, oder gar keine", in: Otto von Bismarck: Die gesammelten Werke, Friedrichsruher Ausgabe, Bd. 14/1, Berlin 1933, S. 15.

[1] Erich Botzenhart (1901–1956), nationalsozialistischer Historiker, Mitarbeiter des Reichsinstituts für Geschichte des neuen Deutschlands (1935–1939), a. o. Professor an der Universität Göttingen (1939–1945).

[2] Karl-Georg Kuhn (1906–1976), evangelischer Theologe und Orientalist, 1934 Habilitation „für semitische Philologie und Geschichte des Judentums", dann Dozent und apl. Professor in der Philosophischen Fakultät der Universität Tübingen (1939/42–1946, 1948–1949), a. o./o. Professor für Neues Testament in den Theologischen Fakultäten der Universitäten Göttingen (1949–1954) und Heidelberg (1954–1971), seit 1937 mit einem Projekt zum Talmud Forschungsstipendiat des Reichsinstituts für Geschichte des neuen Deutschlands in dessen Abteilung „Judenfrage".

[3] Wolfgang Foerster (1875–1963), Offizier und Militärhistoriker, seit 1920 am Reichsarchiv, 1935–1945 Direktor der Forschungsanstalt für Heeres- und Kriegsgeschichte (seit 1937: Kriegsgeschichtliche Forschungsanstalt des Heeres). Foerster sprach im Rahmen der vierten Jahrestagung des Reichsinstituts am 2.12.1938 über „Modernes Feldherrntum", vgl. Heiber: Walter Frank und sein Reichsinstitut, S. 500.

[4] Karl Richard Ganzer (1909–1943), nationalsozialistischer Historiker, Leiter der Münchner Abteilung des Reichsinstituts für Geschichte des neuen Deutschlands (1938–1941), als Nachfolger Franks kommissarischer Leiter des Reichsinstituts (1941–1943). Der zum politischen Katholizismus des frühen 19. Jahrhunderts forschende Ganzer referierte am 1.12.1938 zum Thema „Der Heilige Hofbauer"; vgl. Heiber: Walter Frank und sein Reichsinstitut, S. 615.

[5] Helmuth von Moltke (1800–1891), preußischer Generalstabschef und Generalfeldmarschall.

[6] Georg Wetzell (1869–1947), Offizier, militärpolitischer Schriftsteller, seit 1916 in der Obersten Heeresleitung, 1921–1927 im Reichswehrministerium tätig (General 1927), Redakteur der „Deutschen Wehr" und des „Militär-Wochenblatts".

Nr. 132. An Siegfried A. Kaehler, 4. Dezember 1938

für Wehrpolitik[1] über das Thema Feldherr und Staatsmann habe sprechen hören. Ich hatte mehr von ihm erwartet. Zunächst sprach er – das könnte man auch gegen Förster einwenden – nur über die deutschen Verhältnisse im Weltkrieg, nichts über die keineswegs einfachere Situation auf der feindlichen Seite, obwohl man sich nicht scheuen sollte, auch vom Feinde zu lernen. Und dann hatte er für alles eine sehr einfache Lösung. Bei allen Massnahmen, von denen wir heute wissen, dass sie nicht geglückt sind, meinte er, es sei ein Fehler der deutschen politischen Leitung, dass sie sie nicht verhindert habe. Aber wie sich Bethmann im Januar 1917 gegen die OHL mit seiner von Wetzell zum grossen Entsetzen vieler anwesender Admirale für richtig gehaltenen Ansicht über den U-Bootkrieg hätte durchsetzen sollen, wie der Kaiser angesichts der durch die militärischen Pressestellen sehr einseitig informierten öffentlichen Meinung hätte riskieren können, Hindenburg und Ludendorff zu entlassen und Bethmann zu halten, das sagte er nicht. Wetzell ging sogar so weit, von Bethmann zu verlangen, dass er die Differenzen zwischen Falkenhayn und Conrad[2] beilege und rechtzeitig, entweder 1916 oder ganz zu Anfang 1917 einen entscheidenden Feldzug gegen Italien durchsetze. Ganz abgesehen davon, dass bei unserer Auffassung vom Verhältnis zwischen Kriegführung und Politik eine so weitgehende Einmischung des Kanzlers gar nicht möglich war, scheinen mir auch die Einwendungen von Wendt[3] gegen die kriegsentscheidende Bedeutung des italienischen Kriegsschauplatzes in der Richtung von Ost nach West (umgekehrt liegen die Dinge anders, vgl. Bonaparte 1796) von Wetzell gänzlich ignoriert zu sein. Literaturkenntnis ist überhaupt nicht die starke Seite von Wetzell, aber das Buch von Wendt[4] hätte ihm gute Dienste leisten können. Wendt scheint mir eine der wenigen Zukunftshoffnungen unter den noch vorhandenen Privatdozenten für neuere Geschichte zu sein. Persönlich kenne ich ihn nicht, aber seine Bücher lassen mich vermuten, dass er kraftvoller und für die Studenten wirkungsvoller sein wird als der Bonner Anrich[5]. Dass sich Wendt vornehmlich kriegsgeschichtlich betätigt hat, sollte kein Einwand gegen ihn sein. Er hat offenbar das Zeug zum allgemeinen Historiker. Das nur so nebenbei. Für mich hat der Vortrag von Wetzell noch die

---

[1] Die 1933 gegründete „Deutsche Gesellschaft für Wehrpolitik und Wehrwissenschaften" sollte nach dem Willen der nationalsozialistischen Führung mittels einer Fülle von Vortragsveranstaltungen und einschlägiger Publikationen dem „Wehrwillen" der deutschen Bevölkerung aufhelfen; vgl. Andreas Toppe: Militär und Kriegsvölkerrecht. Rechtsnorm, Fachdiskurs und Kriegspraxis in Deutschland 1899–1940, München 2008, S. 206 ff. u. passim.
[2] Franz Conrad von Hötzendorf (1852–1925), österreichischer Militär, 1914–1917 Generalstabschef der Habsburgermonarchie, 1916 Generalfeldmarschall.
[3] Hermann Wendt (1909–1940), Militärhistoriker, Dozent an der Universität Tübingen und der Technischen Hochschule Danzig (1933–1940).
[4] Hermann Wendt: Der italienische Kriegsschauplatz in europäischen Konflikten – seine Bedeutung für die Kriegführung an Frankreichs Nordostgrenzen, Berlin 1936.
[5] Ernst Anrich (1906–2001), nationalsozialistischer Historiker, Privatdozent und a. o. Professor an der Universität Bonn (1932/38–1940), o. Professor an den Universitäten Hamburg (1940–1941) und Straßburg (1941–1945).

Nr. 132. An Siegfried A. Kaehler, 4. Dezember 1938

traurige Folge gehabt, dass ein alter Admiral[1] mir ein langweiliges Manuskript über die Richtigkeit des U-Bootkrieges gebracht hat, das ich nun lesen und begutachten soll.

Im Zusammenhang mit der Tagung des Reichsinstituts machten wir auch eine Fahrt zum Reichsarchiv nach Potsdam. Ich hätte das Zipfel[2] nicht zugetraut. Er hat sie durchgesetzt, weil im vorigen Jahr – wo ich krankheitshalber die Tagung nicht mitgemacht habe – das Heeresarchiv besichtigt worden war und er dem Reichsinstitut die Wichtigkeit des politischen Reichsarchivs klar machen wollte[3]. Das Reichsarchiv ist ja nur noch Gast im Gebäude des Heeresarchivs, hat aber einstweilen keine Aussicht auf einen eigenen Bau, weil alle zivilen Bauten zurückgestellt worden sind. Das Militär umrahmte bei der Besichtigung die Zivilisten sehr eindrucksvoll, Rabenau[4], Förster, Ruppert[5] mit einer schönen Uniform. Zipfel ist unter vier Augen erträglich, er hat anscheinend ein gewisses Anlehnungsbedürfnis an die Wissenschaft. Aber sobald er öffentlich auftritt, wirkt er komisch. Seine Begrüssungsansprache las er ab, und trotzdem betonte er die meisten Wörter falsch. Meisner[6] und Rogge[7] dagegen gaben ihre Einführungen in die von ihnen veranstalteten Ausstellungen in freier, sehr klarer und kluger Rede. Jeder spürte den Abstand zwischen ihnen und dem Chef. Die ausgestellten Akten zeigen, dass das Reichsarchiv in den letzten Jahren mit Erfolg angefangen hat, den Reichsministerien ihre alten Bestände abzunehmen; es waren sehr viele neue und charakteristische Bismarckakten zu sehen.

Hinterher waren wir von der Stadt Potsdam zu einem Abendessen eingeladen. Das war, da es einen ausgezeichneten Wein gab, der auch am folgenden Morgen einen klaren Kopf hinterliess, der gesellschaftliche Höhepunkt der Tagung. Erstaunlich dabei immer nur, wie sehr im Reichsinstitut die Nichthistoriker und vor allem die ganz jungen Leute überwiegen und wie sich Frank immer mit bewundernden Jünglingen zu umgeben versteht. Am folgenden

---

[1] Nicht ermittelt.
[2] Ernst Zipfel (1891–1966), Archivar, Direktor des Reichsarchivs in Potsdam (1935–1945) und Generaldirektor der Preußischen Staatsarchive (1938–1945); Mitglied im Beirat des Reichsinstituts für Geschichte des neuen Deutschlands.
[3] Zu Zipfels Tätigkeit als Generaldirektor der preußischen Staatsarchive ab 1938 siehe: Sven Kriese: Albert Brackmann und Ernst Zipfel. Die Generaldirektoren im Vergleich, in: derselbe (Hrsg.): Archivarbeit im und für den Nationalsozialismus. Die preußischen Staatsarchive vor und nach dem Machtwechsel von 1933, Berlin 2015, S. 17–94.
[4] Friedrich von Rabenau (1884–1945), Offizier (1936 General) und Militärhistoriker, Chef der deutschen Heeresarchive (1936–1942), aktiv im Widerstand gegen Hitler, 1945 hingerichtet.
[5] Karl Ruppert (1886–1953), Archivar, Leiter des Heeresarchivs in Potsdam (1937–1945), Chef der deutschen Heeresarchive (1942–1945).
[6] Heinrich Otto Meisner (1890–1976), Historiker und Archivar, tätig am Preußischen Geheimen Staatsarchiv Berlin (1914–1935) und am Reichsarchiv in Potsdam (1935–1945), Dozent am Institut für Archivwissenschaften Potsdam (1950–1953) und Professor mit vollem Lehrauftrag an der Humboldt-Universität Berlin (1953–1961).
[7] Helmuth Rogge (1891–1976), Historiker und Archivar, tätig am Reichsarchiv Potsdam (1921–1945), Leiter des Archivs des Presse- und Informationsamts der Bundesregierung in Bonn (1952–1956).

Nr. 132. An Siegfried A. Kaehler, 4. Dezember 1938

Abend gab der Rektor einen Empfang in der Universität in dem zu solchen Zwecken neu hergerichteten Prüfungszimmer. Hier war es nicht so behaglich, der Raum war zu gross und zu kahl, auch klebt an ihm, wie unser Dekan meinte, zu viel Angstschweiss der Prüflinge. Auch die amtlichen Glühlampen wirkten viel nüchterner als die Adventskerzen, mit denen die Potsdamer ihren Saal ausgeschmückt hatten. Auch die Damen des Reichsinstituts vertragen Kerzenlicht im allgemeinen besser als das allzu helle Licht des früheren Amtszimmers.

Von auswärtigen Kollegen waren, abgesehen von den jungen Stipendiaten des Instituts, nur wenige gekommen, und zwar meist solche, die mit den Aufgaben des Instituts, neuere Geschichte, sehr wenig zu tun haben. Steinacker, der Theologe Kittel[1] aus Tübingen als Sachverständiger für Judensachen. Srbik kam erst am letzten Tag zur geschäftlichen Sitzung, die knapp eine Stunde dauerte. K. A. v. Müller hatte, wie Frank sagte, diesmal von vornherein abgesagt, während er sonst erst im letzten Augenblick abtelegraphierte. Als Gäste hatte Frank noch Wentzcke[2] und Wostry[3] eingeladen; wir scheinen also immer noch genug Geld zu haben. Pleyer muss ich bei aller Wertschätzung seines Charakters auch zu den Leuten [rechnen], die der Historie fernstehen. Seine Schüler jedenfalls lernen vielleicht den politischen Kampf, aber keine Geschichte. Morgen soll ich einen im Staatsexamen prüfen, besondere Kenntnisse friderizianische Kolonisation, Lektüre über Friedrich d. Grossen Kugler[4] (ich habe mich nicht etwa verhört, habe vielmehr noch gefragt, ob er Koser[5] meine).

Diese Woche wird überhaupt schlimm. Heute Nachmittag gehe ich zu Oncken, weil mich die Akademie, ohne mich zum Mitglied zu machen, mit der Leitung der Acta Borussica[6], die Oncken bisher gehabt hat, betraut hat. Ich erkenne die Schwierigkeit an, in die Oncken als der einzige noch nicht 70jährige

---

[1] Gerhard Kittel (1888–1948), evangelischer Theologe und (stark antisemitischer) Neutestamentler und Religionshistoriker, a. o. Professor an der Universität Leipzig (1921), o. Professor an den Universitäten Greifswald (1921–1926) und Tübingen (1926–1945); Mitglied im Beirat des Reichsinstituts für Geschichte des neuen Deutschlands.
[2] Paul Wentzcke (1879–1960), Archivar und Historiker in Düsseldorf und Frankfurt a. M., Honorarprofessor an den Universitäten Köln (1933–1935) und Frankfurt a. M. (1935–1956).
[3] Wilhelm Wostry (1877–1951), Historiker, a. o./o. Professor an der Deutschen Universität Prag (1922/27–1945).
[4] Franz Kugler (1808–1858), Kunsthistoriker und Schriftsteller, seit 1835 Professor an der Berliner Akademie der Künste, seit 1843 Referent für Kunstangelegenheiten im preußischen Kultusministerium; sein bekanntestes Werk ist die populär gehaltene, mit Illustrationen Adolph Menzels versehene „Geschichte Friedrichs des Grossen", Leipzig 1840.
[5] Gemeint ist Reinhold Koser: Geschichte Friedrichs des Großen, Bde. 1–4, Stuttgart/Berlin 1912–1914.
[6] Die „Acta Borussica – Denkmäler der Preußischen Staatsverwaltung im 18. Jahrhundert", begründet 1887 vor allem auf Anregung von Gustav Schmoller und herausgegeben im Auftrag der Berliner Akademie der Wissenschaften, lieferten seit 1892 eine großangelegte Quellensammlung zur preußischen Geschichte, vornehmlich zur Verwaltungs- und Wirtschaftsgeschichte; bis 1936 erschienen 40 Bände; vgl. Wolfgang Neugebauer: Zum schwierigen Verhältnis von Geschichts-, Staats- und Wirtschaftswissenschaften am Beispiel der Acta Borussica, in: Jürgen Kocka/Rainer Hohlfeld/Peter Th. Walther (Hrsg.): Die Königlich Preußische Akademie der Wissenschaften zu Berlin im Kaiserreich, Berlin 1999, S. 235–275; derselbe: Zur preußischen Geschichtswissenschaft zwischen den Weltkriegen am

Nr. 132. An Siegfried A. Kaehler, 4. Dezember 1938

neuere Historiker der Akademie bei der Leitung der verschiedenen Unternehmungen kommt, sehe aber keinen rechten Grund ein, weshalb ich, ohne die Ehre der Mitgliedschaft, lediglich die Arbeit machen soll. Ich bestreite dabei gar nicht, dass viele meiner Arbeiten, namentlich auch meiner Bücher, nicht akademisch im alten Sinne sind, verstehe es also durchaus, wenn man mich nicht zum Mitglied macht. Aber dann soll man auch konsequent sein[1]. Zur Leitung der Acta Borussica, die jetzt wohl ihren letzten Mitarbeiter Posner entlassen müssen, bin ich ausserdem deshalb ungeeignet, weil ich in meinem Festartikel für Schmollers 100. Geburtstag, der in Schmollers Jahrbuch erscheinen soll, auch die Acta Borussica zu den im Grunde veralteten Publikationen rechne[2]. Oncken ist aber sehr vernünftig, die Unterhaltung mit ihm rechne ich auch nicht etwa zu den „schlimmen" Aufgaben der Woche. Wohl aber den Montag, wo ich von 11–1 Uhr Kolleg und hinterher 4 Stunden Staatsprüfungen habe, den Dienstag mit Kolleg in der Kriegsakademie von Punkt 9 Uhr bis 11, dann Kommissionssitzungen um 12 und vier Stunden Vorsitz bei den Staatsprüfungen, ferner den Donnerstag mit Kolleg, anschließendem Kolloquium (Staatsarchivrat Hinrichs[3], den man zur Strafe für seinen akademischen Ehrgeiz kürzlich nach Königsberg versetzt hat)[4] und Redaktionssitzung der Jahresberichte.

Ein besonderer Kummer sind für uns die Dozenten, die mit Empfehlung der SS (meine Schreibmaschine stammt noch aus der Systemzeit und hat keine Sigrunen) irgendwo, meist aber nicht ausschliesslich bei G. Frantz[5] den Dr. habil. machen und sich irgendwo die Dozentur erschlagen, hinterher aber wegen ihrer dienstlichen Beschäftigung bei der SS nach Berlin umhabilitieren. Dazu ist die Mitwirkung der Fakultät nach den jetzigen Bestimmungen zwar nicht erforderlich, trotzdem fragt das Ministerium gerade in den unerwünschten Fällen nach unserm Votum[6]. Wenn wir aber Bedenken äussern, so nimmt

---

Beispiel der Acta Borussica, in: Jahrbuch für brandenburgische Landesgeschichte 50 (1999), S. 169–196.

[1] Fritz Hartung wurde am 22. März 1939 in die Akademie gewählt; siehe unten, Brief Nr. 135.

[2] Vgl. Fritz Hartung: Gustav von Schmoller und die preußische Geschichtsschreibung, in: Arthur Spiethoff (Hrsg.): Gustav von Schmoller und die deutsche geschichtliche Volkswirtschaftslehre. Dem Angedenken an Gustav von Schmoller. Festgabe zur hundertsten Wiederkehr seines Geburtstages 24. Juni 1938 = Schmollers Jahrbuch für Gesetzgebung, Verwaltung und Volkswirtschaft im Deutschen Reiche 62 (1938), 2. Halbband, S. 277–302, bes. 299ff. (zu den Acta Borussica); etwas verändert erneut in: Fritz Hartung: Staatsbildende Kräfte der Neuzeit. Gesammelte Aufsätze, Berlin 1961, S. 470–496.

[3] Carl Hinrichs (1900–1962), Historiker und Archivar, Tätigkeit am Geheimen Staatsarchiv Berlin (1933–1938) und am Staatsarchiv Königsberg (1938–1944); a.o. Professor an der Universität Halle (1944–1951) und o. Professor an der Freien Universität Berlin (1951–1962).

[4] Zu den Hintergründen dieses Vorgangs: Wolfgang Neugebauer: Die „Strafversetzung" von Carl Hinrichs. Politischer Eklat oder Professionalisierungskonflikt?, in: Sven Kriese (Hrsg.): Archivarbeit im und für den Nationalsozialismus. Die preußischen Staatsarchive vor und nach dem Machtwechsel von 1933, Berlin 2015, S. 95–110.

[5] Gemeint ist Günther Franz, siehe oben, Brief Nr. 130.

[6] Das bezieht sich auf den Fall Franz Alfred Six; siehe dazu den folgenden Brief Nr. 133.

das Ministerium das als Kritik der von ihm vollzogenen Verleihung der Dozentur übel auf.

[...]

Ihnen und Ihrer Gattin die herzlichsten Grüsse auch von meiner Frau
Ihr Hartung

Nr. 133
An Franz Koch   Berlin, 23. Februar 1939

HU Berlin, Archiv, Personalakte S 133 (F. A. Six), Bd. 2, Bl. 6. – Masch. Original.

An den Herrn Dekan der philosophischen Fakultät!

Euer Spectabilität[1]

bitte ich mein Fernbleiben von der Kommissionssitzung in Sachen S i x[2] gütigst zu entschuldigen. Ich kann bei der besonderen Beanspruchung in dieser Woche durch Probevorlesung Haevernick[3] und Staatsprüfungen den morgigen Nachmittag nicht auch noch in der Universität zubringen, da ich am Nachmittag Sprechstunde und Seminar und hinterher noch einen Vortrag habe.

Zur Sache selbst erlaube ich mir Folgendes zu bemerken: Soweit ich in der Eile habe feststellen können, hat Herr Six ausser einem Bericht über den ersten Berufswettkampf der Studenten nur folgende Schriften verfasst (nach dem Katalog der Staatsbibliothek, den mein Assistent durchgesehen hat)

1) Pressefreiheit und internationale Zusammenarbeit, 1937, 38 Seiten

2) Die Presse in Polen, 1938, 42 Seiten

3) Freimaurerei und Judenemanzipation, 1938, 38 Seiten[4].

---

[1] Franz Koch (1888–1969), österreichischer Germanist, Privatdozent und a. o. Professor an der Universität Wien (1926/32–1935), a.o./o. Professor an der Universität Berlin (1935/36–1945), lebte ab 1952 in Tübingen und wurde 1960 an der dortigen Universität emeritiert.

[2] Franz Alfred Six (1909–1975), nationalsozialistischer Funktionär und SS-Offizier, Zeitungswissenschaftler und nationalsozialistischer „Gegnerforscher", a. o. Professor an den Universitäten Königsberg (1938/39) und Berlin (1939–1940), Tätigkeit als Amtsleiter im Reichssicherheitshauptamt Berlin (1939–1942), o. Professor für Außenpolitik und Auslandskunde an der Auslandswissenschaftlichen Fakultät der Universität Berlin (1940–1943, 1940–1943 auch deren Dekan), anschließend Leiter der Kulturpolitischen Abteilung im Auswärtigen Amt (1942–1945). Hartung versuchte vergeblich, die „Umhabilitierung" von Six an die Friedrich-Wilhelms-Universität und dessen dortige Ernennung zum Professor an der Auslandswissenschaftlichen Fakultät zu verhindern; vgl. Lutz Hachmeister: Der Gegnerforscher. Die Karriere des SS-Führers Franz Alfred Six, München 1998, S. 119ff.

[3] Walter Hävernick (1905–1983), Numismatiker und Volkskundler, Professor an der Universität Hamburg (1947–1973); die Philosophische Fakultät der Universität Berlin lehnte aus unbekannten Gründen eine Probevorlesung Hävernicks ab; erst 1943 erhielt er an der Universität Jena die Venia legendi für das Fach „Numismatik des Mittelalters und der Neuzeit"; vgl. Niklot Klüßendorf: Walter Hävernick (1905–1983), in: Walter Hävernick: Das ältere Münzwesen der Wetterau bis zum Ausgang des 13. Jahrhunderts, neu hrsg. v. Niklot Klüßendorf, Marburg 2014, S. 3*–30*, hier S. 9*.

[4] F[ranz] A[lfred] Six: Pressefreiheit und internationale Zusammenarbeit, Hamburg 1937; derselbe: Die Presse in Polen, Berlin 1938; derselbe: Freimaurerei und Judenemanzipation, Hamburg 1938.

Gelesen habe ich nur die Schrift Nr. 3, die in Vortragsform unter Heranziehung von einigen neuen Quellen im wesentlichen bekannte Dinge, offenbar in Anlehnung an Wichtl[1] zusammenträgt.

Ich kenne weder die Dissertation noch die Habilitationsschrift. Aber ich habe den Eindruck, dass Herr Six nicht eine gelehrte, sondern eine unmittelbar aufs Politische gerichtete Natur ist. Wenn wir auch nicht berechtigt sind, an der durch das Ministerium erfolgten Verleihung der Dozentur Kritik zu üben, so müssen wir doch wohl einmal mit Nachdruck erklären, dass wir in Berlin gegenüber Leuten, denen die Dozentur offenbar nicht Lebensberuf, sondern nur ein mehr oder weniger dekoratives Anhängsel zu ihrer politischen Hauptstellung ist, eine ganz besondere Vorsicht nötig haben. Unseren Studenten ist nicht gedient mit Dozenten, die auf einem ganz eng begrenzten Sondergebiet Vorlesungen halten, die sie mit den Abfällen ihrer hauptamtlichen Tätigkeit kümmerlich nähren, sondern sie brauchen Dozenten, denen die Lehr- und Forschungsarbeit Lebensinhalt ist und die imstande sind, die Studenten in den Gesamtbereich der Geschichte einzuführen. Nur eine solche aus dem Vollen schöpfende und aufs Ganze gerichtete Lehrtätigkeit kann auf dem eminent politischen Gebiet der Geschichte die politische Erziehung der Studenten leisten, die unsere Zeit verlangt. Es gibt auch noch Anwärter auf solche Dozenturen. Sie müssen wir gegen Dozenten in Schutz nehmen, von denen wir eine befriedigende Lehrtätigkeit nicht erwarten können und die doch dem jüngeren Nachwuchs hindernd im Weg stehen, sobald sie einmal zugelassen sind.

Ich glaube, es wird nötig sein, das dem Ministerium einmal in aller Deutlichkeit, wenn auch in diplomatischeren Wendungen, als ich sie hier gebraucht habe, vorzustellen. Sonst werden wir hier immer wieder mit Anträgen von Leuten, die nicht innerhalb sondern ausserhalb der Universität stehen, überhäuft werden. Gerade weil Berlin so viele Möglichkeiten einer Nebenbeschäftigung bietet, ist es alte Berliner Tradition, Umhabilitierungen mit äusserster Vorsicht zu behandeln. Es wird nötig sein, diese Tradition wieder aufzufrischen[2].

Heil Hitler!
Euer Spectabilität sehr ergebener
Hartung

---

[1] Friedrich Wichtl (1872–1922), österreichischer Jurist, Schullehrer, Politiker und völkischer Schriftsteller, verfasste diverse verschwörungstheoretische Pamphlete, u.a.: Weltfreimaurerei, Weltrevolution, Weltrepublik, München 1919; Freimaurer-Morde, Wien 1920; Freimaurerei, Zionismus, Kommunismus, Spartakismus, Bolschewismus, Wien 1921.

[2] Hartungs Bemühungen blieben, wie wohl zu erwarten war, erfolglos: Franz Alfred Six wurde vom Reichsminister Rust mit Wirkung zum 1.4.1939 als „Dozent für Politische Geistes- und Zeitgeschichte der Gegenwart" an die Philosophische Fakultät der Universität Berlin berufen; vgl. Hachmeister: Der Gegnerforscher, S. 122.

Nr. 134

An Alexander Graf zu Dohna-Schlodien Berlin, 1. Mai 1939

SBBPK, Nl. F. Hartung, K 39/4. – Masch. Durchschlag.

Sehr verehrter Herr Kollege![1]

[...]

Mit Ihrem Urteil über das Buch von E. R. Huber, Heer und Staat in der neueren Geschichte[2], bin ich sowohl im Ganzen wie in den einzelnen von Ihnen gemachten Bemerkungen durchaus einverstanden[3]. Auch ich finde das Buch ebenso geschickt wie gefährlich. Es geht von einer als unanfechtbar hingestellten Prämisse aus und betrachtet von da aus die Dinge mit einer Schlüssigkeit, der man sich kaum entziehen kann.

Diese Prämisse ist die politische und moralische Minderwertigkeit des Liberalismus und alles dessen, was mit Bürgerlichkeit zusammenhängt und demgegenüber die Ueberlegenheit der Einheitsführung. Das ergibt starke Sympathie für das 18. Jahrhundert und den Absolutismus. Und doch kommt Huber nicht um die Tatsache herum, dass der preussische Absolutismus mit seiner Einheitsführung 1806 völlig versagt hat. Einer unbefangenen Würdigung der Entwicklung des 19. Jahrh. aber steht das Verdammungsurteil über den Liberalismus entgegen. Wohl wird – das kann schon wegen der Befreiung von Frankreich nicht anders sein – die Zeit der Erhebung gerühmt, aber alles, was in Preussen zum guten Teil entgegen den Tendenzen der Erhebungszeit für die Aufrechterhaltung des Absolutismus geschah, wird restlos gebilligt, ohne dass die Frage nach den dahinter steckenden sozialen Kräften gestellt würde. Ferner wird zwischen Bürgerheer und Volksheer gelegentlich (z. B. S. 202) ein künstlicher Unterschied gemacht[4], Bürgerheer und Parlamentsheer häufig als

---

[1] Alexander Graf zu Dohna-Schlodien (1876–1944), Jurist, Strafrechtler und Politiker (DVP), a. o./o. Professor an der Universität Königsberg (1906/13–1918), o. Professor an den Universitäten Heidelberg (1920–1926) und Bonn (1926–1939). Zur schwierigen Lage Dohnas als regimekritischer Hochschullehrer nach 1933 vgl. Alfred Escher: Neukantianische Rechtsphilosophie, teleologische Verbrechensdogmatik und modernes Präventionsstrafrecht. Eine biographische und wissenschaftsgeschichtliche Untersuchung zu Alexander Graf zu Dohna (1876–1944), Berlin 1993, S. 39–44.

[2] Ernst Rudolf Huber: Heer und Staat in der deutschen Geschichte, Hamburg 1938.

[3] Dohna-Schlodien knüpft in seinem Brief an Hartung vom 10.3.1939 (in: Nl. F. Hartung, K 39/4) an dessen kritische Bemerkungen zu Carl Schmitts Schrift: Staatsgefüge und Zusammenbruch des zweiten Reiches. Der Sieg des Bürgers über den Soldaten, Hamburg 1934, an (dazu oben, Briefe Nr. 113, 114, 116) und bemerkt, Huber verfüge ebenso wie sein Lehrer Schmitt „über eine ungemein geschickte Art [...], seine Gedanken zu vermitteln und seine Leser zu kaptivieren". Dem neuen Buch Hubers liege ebenfalls „eine bestimmte Tendenz zu Grunde [...], nach der alle Daten der Geschichte ausgerichtet werden. So merkt man [die] Absicht und man ist verstimmt"; abschließend wird Hartung vom Briefschreiber aufgefordert, auch Hubers neues Buch kritisch zu besprechen; Dohna-Schlodien fügte einige kritische Anmerkungen zu Details von Hubers Buch bei.

[4] Huber: Heer und Staat, S. 202, unterscheidet hier zwischen dem „einigende[n] Prinzip des Volksheeres" der Befreiungskriege und dem in der Konsequenz exklusiv-ungleichen (weil

identisch hingestellt, um die Schlechtigkeit des Bürgertums und seiner politischen und militärischen Ziele zu kennzeichnen. Allerdings geht Huber nicht so weit wie C. Schmitt, auch noch Bismarcks Kompromisslösung des Verfassungskonflikts zu verdammen[1], wie er ja auch den nationalen Charakter der liberalen Bestrebungen wiederholt anerkennt[2]. Aber dadurch wird nur eine Uneinheitlichkeit in das Buch hineingetragen, nicht aber die Prämisse richtig gestellt oder in ihren Konsequenzen wirklich umgebogen.

Mein Urteil über die Verfassungsentwicklung des 19. Jahrh. möchte ich kurz dahin zusammenfassen: die deutsche bürgerliche Welt des Jahrh. war, aus Gründen, die tief in die deutsche Geschichte zurückreichen, nicht stark genug, um das 18. Jahrh. so völlig zu überwinden, wie ihr das in England und Frankreich gelungen ist, sie musste vielmehr erhebliche Reste in der Heeres- und in der sozialen Verfassung übernehmen. Diese Last der Vergangenheit war so gross, dass sie die Kraft lähmte, die Aufgaben des 19. Jahrh. politisch und sozial zu lösen und zu einer Einheitsführung zu gelangen.

Man kann aber diese Entwicklung nur dann richtig verstehen, wenn man die politischen Forderungen unserer Zeit aus dem Spiel lässt; statt dessen sind sie der absolute Masstab [sic], mit dem auch das 19. Jahrh. gemessen wird. Ganz fehlt diese Einsicht auch Huber nicht, aber er zeigt sie allenfalls in Einzelheiten, während die Gesamtauffassung unhistorisch ist und eigentlich in dem Satz gipfelt: der Krieg ist die normale Daseinsform und der wichtigste Daseinszweck des Völkerlebens[3].

Eine ernsthafte Auseinandersetzung mit diesem Buch und vielen ähnlichen (Höhn, Verfassungskampf und Heereseid, Kaminski, Verfassungskonflikt)[4] wäre nur dann möglich, wenn man die Zeitgebundenheit und Einseitigkeit dieser Voraussetzungen nachweisen und die ganz andern Voraussetzungen des 19. Jahrh. aufdecken könnte. Ob das heute möglich ist, bezweifle ich. Ich selbst fühle mich jedenfalls dazu nicht berufen. Ich habe meine grundsätzlich andere Auffassung sowohl gegen C. Schmitt wie gegen das unklar verschwommene Buch von Schmitthenner[5] über Kriegführung und Politik in der neueren Geschichte[6] (Histor. Zeitschr. Bd. 158, 1938, S. 584 ff., Schmitthenners Erwiderung ebenda Bd. 159; von meiner Entgegnung lege ich einen Abzug bei, wäh-

---

nach Bildung und Besitz gliedernden) „Bürgerheer" der Liberalen im Verfassungskonflikt der 1860er Jahre.

[1] Vgl. Schmitt: Staatsgefüge und Zusammenbruch, S. 20 ff.
[2] Vgl. Huber: Heer und Staat, S. 205 u. a.
[3] Diese Formulierung findet sich bei Huber zwar nicht, sie kommt jedoch der Grundtendenz seiner Ausführungen recht nahe; siehe etwa seine Bemerkungen und Reflexionen über den „totalen Volkskrieg", ebenda, S. 369–377.
[4] Reinhard Höhn: Verfassungskampf und Heereseid. Der Kampf des Bürgertums um das Heer (1815–1850), Leipzig 1938; Kurt Kaminski: Verfassung und Verfassungskonflikt in Preußen 1862–1866, Königsberg i. Pr./Berlin 1938.
[5] Paul Schmitthenner (1884–1963), nationalsozialistischer Militärhistoriker und Politiker, a. o./o. Professor an der Universität Heidelberg (1933/37–1945), Rektor der Universität Heidelberg (1938–1945) und geschäftsführender badischer Kultusminister (1940–1945).
[6] Paul Schmitthenner: Politik und Kriegführung in der neueren Geschichte, Hamburg 1937 (2. Aufl. 1943).

Nr. 134. An Alexander Graf zu Dohna-Schlodien, 1. Mai 1939

rend ich von der Besprechung keinen mehr besitze) ausgesprochen[1], möchte nun aber nicht schon wieder mit einer Kritik hervortreten, weil dadurch der Anschein erweckt werden könnte, als hätte ich persönlich etwas gegen die neue Richtung. Sehr viel besser wäre es, wenn auch einmal von anderer Seite die Unzulänglichkeit der neuen Richtung auf historischem Gebiet festgestellt würde. Die Bemerkungen, die Sie zu Hubers Buch gemacht haben und die ich wieder beilege, weil ich nicht weiss, ob Sie sie entbehren können, scheinen

---

[1] Fritz Hartungs Rezension des Buches von Schmitthenner: Politik und Kriegführung in der neueren Geschichte, in: Historische Zeitschrift 158 (1938), S. 584–587; die Antwort darauf: Paul Schmitthenner: Politik und Kriegführung als wehrpolitisches Problem. Eine grundsätzliche Erwiderung, in: ebenda 159 (1939), S. 538–550; sowie Fritz Hartung: Entgegnung, in: ebenda 159 (1939), S. 550–552. – Hartung hatte in seiner Besprechung Kritik an der „unzulänglichen wissenschaftlichen Grundlage" und der Oberflächlichkeit der Darstellung Schmitthenners geübt, der sich allgemein „mit der Aneinanderreihung von Lesefrüchten begnügt" habe. Vor allem werde „der Wert des Buches durch die allzu schematische Betrachtungsweise herabgesetzt", denn „unter dem Eindruck des Führerstaates, den unsere Zeit geschaffen hat, rückt der Vf. die Frage der formalen Einheit der politischen und militärischen Führung allzu sehr in den Vordergrund" und überschätze dabei einerseits ebenso den monarchischen Absolutismus, wie er andererseits die Leistungen einer begrenzten, von zivilen Maßstäben bestimmten Kriegführung, etwa in der Bismarckzeit, unterschätze und in ein falsches Licht rücke: „Gerade von Bismarck hätte Schm. lernen können, auf welche Fragen eine Geschichte von Politik und Kriegführung einzugehen hätte: sie müßte zunächst zeigen, welche Machtmittel die Politik der Kriegführung jeweils bereitstellt, wie sie zwischen den militärischen, grundsätzlich unbegrenzten Anforderungen und den wirtschaftlichen und innerpolitischen Möglichkeiten ihren Weg sucht, wie sie während eines Krieges die Erweiterung der Zahl der Feinde durch ungeschickte kriegerische Handlungen oder durch allzu langes Hinziehen der militärischen Operationen verhindert, oder wie sie beim Friedensschluß auf die im Augenblick vielleicht mögliche militärische Ausnutzung des Sieges im Interesse einer dauernden politischen Ordnung verzichtet" (ebenda, S. 584 f., 587). – Schmitthenners „Erwiderung" versuchte Hartungs wissenschaftlich argumentierende Kritik sofort auf die politische Ebene zu ziehen, indem er darauf verwies, bei seinem Buch handele es sich „nicht um eine *kriegshistorische Forschungsarbeit*, sondern um eine *wehrpolitische Arbeit zum Zwecke der wehrpolitischen Erkenntnis und Erziehung*" (S. 541). In einer für Hartung nicht ungefährlichen Weise griff Schmitthenner den Kontrahenten sodann frontal an, indem er hinzufügte: „Die Kluft zwischen Buch und Besprechung wird noch dadurch vermehrt, daß sich die Kritik offenbar an dem nationalsozialistischen Gehalt des Buches stößt", das eben nicht „in der Sphäre der voraussetzungslosen Wissenschaft" schwebe, sondern „auf der Grundlage der nationalsozialistischen Weltanschauung" stehe. Hartung hingegen lasse in seiner Kritik „seine heimliche Liebe zur liberalisierenden Lebensform leise anklingen" (S. 548 f.). – In seiner abschließenden „Entgegnung" musste sich Hartung vor allem gegen diese „Anzweiflung meiner wissenschaftlichen und politischen Zuverlässigkeit" verteidigen, besonders natürlich gegen den Vorwurf heimlicher Liebe zur „liberalisierenden Lebensform"; er tat dies u. a. dadurch, dass er keineswegs ungeschickt knapp darauf hinwies, die wenigen und unzureichenden Belege in Schmitthenners Buch enthielten selbst „ohne jede Warnung [...] Empfehlungen veralteter und liberalistischer Werke" (S. 550 f.), etwa von Thomas B. Macaulay oder Alfred Stern. – Im Vorwort zur 1943 erschienenen 2. Aufl. seines Buches stellt Schmitthenner ausdrücklich fest, es handele sich „nicht um eine *historische* Arbeit, die die gewählten Zeitabschnitte aus den Quellen heraus überprüfen oder neu beleuchten will; das Buch ist vielmehr pragmatischer und wehrpolitischer Art" (Schmitthenner: Politik und Kriegführung, 2. Aufl., S. 8). – Zu dem von Schmitthenner erhobenen Anspruch, die „Wehrwissenschaften" als neuen Wissenschaftszweig zu etablieren, vgl. auch Eike Wolgast: Schmitthenner, Ludwig Wilhelm Martin, in: Badische Biographien, Neue Folge Bd. 3, Stuttgart 1990, S. 239–243, bes. S. 241 f.

mir eine durchaus geeignete Basis für eine Kritik zu sein. Sie liessen sich natürlich noch erweitern, wie man ja überhaupt ein Buch schreiben müsste, wenn man alles das richtig stellen wollte, was durch die Hubersche Beleuchtung in ein schiefes Licht gekommen ist. Aber das Wesentliche ist schon in Ihren Bemerkungen gesagt, nämlich dass das Buch Inkonsequenzen aufweist, weil die Prämissen nicht stimmen und weil der formale Gesichtspunkt der Einheitsführung gegenüber der Fülle des Lebens und der Unzulänglichkeit der Menschen versagen muss. Die von Ihnen S. 6 hervorgehobene Inkonsequenz, dass H. gegenüber den Immediatstellen die Partei des Kriegsministers ergreift, erklärt sich wohl daraus, dass die übergeordnete Stelle, Wilhelm II., der Aufgabe einheitlicher Führung aller Immediatstellen nicht gewachsen gewesen ist. Dass das Problem heute, wo neben Heer und Marine noch die Luftwaffe steht, noch sehr viel schwieriger zu lösen ist – obwohl keine parlamentarischen Rücksichten mehr obwalten, – haben mir Diskussionen dieses Winters in der Gesellschaft für Wehrpolitik gezeigt[1]. Aber wenn man Huber kritisieren will, tut man wohl gut, nicht an heutige Probleme zu rühren.

Wenn ich Ihnen auch gewiss nichts Neues sagen konnte, so sollen meine Ausführungen doch Ihnen zeigen, dass ich Ihren Brief und die beigefügten Bemerkungen mit grosser, nicht bloss wissenschaftlicher Teilnahme gelesen habe.

In kollegialer Hochachtung
Ihr sehr ergebener

Nr. 135
An Richard Fester   **Berlin, 26. Mai 1939**

BAK N 1107, Nr. 246. – Hs. Original.

Sehr verehrter, lieber Herr Geheimrat!

[...]

Für Ihren Brief und die wohlwollende Beurteilung meiner letzten Opera danke ich Ihnen bestens[2]. Die Arbeit an dem Schmolleraufsatz[3] hat mir übrigens klar gemacht, wie falsch das zur Zeit vorherrschende Verdammungsurteil gegen die politikfremde Professorenschaft vor 1914 ist. Schmoller hat doch auch Politik gemacht, nicht nur in Personalien, sondern auch sonst, zumal in seinen Schriften.

Für den Volznachruf[4] muß ich das Motto „de mortuis nil nisi bene"[5] gegen Ihre Einwendungen verteidigen. Er ist zwar nicht am offenen Grabe, aber doch

---

[1] Zur Deutschen Gesellschaft für Wehrpolitik und Wehrwissenschaften siehe oben, Brief Nr. 132.
[2] Nicht überliefert.
[3] Siehe oben, Brief Nr. 132.
[4] Fritz Hartung: Gustav Berthold Volz (1871–1938), in: Forschungen zur brandenburgischen und preußischen Geschichte 51 (1939), S. 134–142.
[5] Lat.: Über die Toten nur Gutes.

in Gegenwart der Familie in einer Sitzung des märkischen Vereins gehalten worden. Deshalb mußte ich das Positive (und Positivistische) der Leistung stark betonen und mußte auch den Grenzen eine gute Seite abzugewinnen versuchen.
[...]
Miquel habe ich inzwischen auch gründlich durchgearbeitet[1], um so gründlicher, als meine „Deutsche Geschichte von 1871–1919" im Herbst neu erscheinen soll[2]. Ich bin mit Ihnen völlig einig, daß die beiden Bände in jeder Beziehung eine ausgezeichnete Leistung darstellen. Weder der Anlauf von Mommsen[3] noch die Bennigsenbiographie von Oncken[4] können damit den Vergleich aushalten. Glänzend ist die schwierige Materie der Steuerreform bewältigt. Und sehr fein abgewogen ist das Urteil über die Persönlichkeit. Es ist wirklich ein Verlust für die Wissenschaft, daß Herzfeld nicht mehr dozieren darf. Unter dem Nachwuchs ist keiner, der sich mit ihm vergleichen kann.

Allmählich geht das Schicksal dem armen Herzfeld aber doch auf die Nerven. Er gab das auch, als er neulich einmal bei uns war, offen zu. Daß jetzt auch der Junge krank ist, bedeutet eine neue Belastung für ihn.

Das politische Archiv des Auswärtigen Amts hat durch den Weggang von Frauendienst leider nicht gewonnen[5]. Was jetzt dort tätig ist, sind nur subalterne Naturen, die sich Frauendienst kaum unter anderm Gesichtspunkt als die eigene Unentbehrlichkeit nachzuweisen ausgesucht haben kann. Der eine – das ist noch der beste – hat wenigstens eine archivalische Ausbildung, ist s. Zt. aber von der preußischen Archivverwaltung nicht übernommen worden. Der zweite ist ein Schüler von Meinecke, der mindestens einmal durchs Staatsexamen durchgefallen ist. Der dritte hat bei Hoetzsch mit seiner Doktorarbeit angefangen (1934) und sie mit Ach und Krach bei mir 1938 zu Ende gebracht. Eine Leitung ist überhaupt nicht da[6].

Über die Wirkung des Stedingschen Buches[7] kann ich Ihnen nichts sagen[8]. Ich habe Steding als klugen Menschen geschätzt, fand aber, daß er allmäh-

---

[1] Hans Herzfeld: Johannes von Miquel. Sein Anteil am Ausbau des Deutschen Reiches bis zur Jahrhundertwende, Bde. 1–2, Detmold 1938.
[2] Hartungs „Deutsche Geschichte 1871–1919" erschien als 4., neubearb[eitete] u[nd] erw[eiterte] Aufl[age] 1939 bei Koehler & Amelang in Leipzig (384 S.).
[3] Siehe oben, Brief Nr. 81.
[4] Hermann Oncken: Rudolf von Bennigsen. Ein deutscher liberaler Politiker; nach seinen Briefen und hinterlassenen Papieren, Bde. 1–2, Stuttgart 1910. – Rudolf von Bennigsen (1824–1902), liberaler Politiker, 1867 Mitbegründer der Nationalliberalen Partei, Abgeordneter in der Ständeversammlung des Königreichs Hannover, im preußischen Abgeordnetenhaus und im norddeutschen bzw. deutschen Reichstag.
[5] Werner Frauendienst war zum Wintersemester 1938/39 auf einen Lehrstuhl für Neuere Geschichte an die Universität Halle gewechselt.
[6] Mit dem „einen" ist Hans Andres (1901–1953) gemeint; bei dem „zweiten" handelt es sich um Johannes Ullrich (1902–1965), der als Nachfolger von Frauendienst die Leitung des Politischen Archivs des Auswärtigen Amts übernahm; der „dritte" könnte Gerhard Buchweitz (1910–1943) gewesen sein (freundliche Mitteilung von Dr. Martin Kröger, Politisches Archiv des Auswärtigen Amtes, Berlin, an den Herausgeber, 16. und 26.5.2014).
[7] Siehe oben, Brief Nr. 132.
[8] Stedings Buch wurde von einigen nationalsozialistischen Ideologen mit teilweise sehr heftiger Kritik aufgenommen, vor allem von Alfred Rosenberg und dessen Umfeld; vgl.

lich – das geht manchem der von W. Frank verzogenen jungen Leute so – Größenwahn bekam und immer dogmatischer wurde. Sein Vortrag in Erfurt war eine ziemliche Katastrophe, vor allem formal, aber auch inhaltlich zu sehr geschraubt[1]. Ich weiß nicht, ob es seinem Andenken förderlich ist, diese noch unverarbeiteten Massen von Stoff und Gedanken der Öffentlichkeit zu unterbreiten.

Bei dem großen Verjüngungsprozeß unserer Akademie bin ich auch zum Mitglied gewählt worden[2], Ende Juni ist Leibniztag mit nicht weniger als 19 Antrittsreden[3]. Dazu 3 Nachrufe; der auf Marcks ist mir übertragen worden[4]. Hintze ist hier zum Rücktritt veranlaßt worden wegen seiner Frau[5]; das ist wohl der Grund für sein Ausscheiden aus der Münchener Akademie. Bisher bin ich ganz brav auch zu den Gesamtsitzungen gegangen. Aber die Belehrung über die Astronomie der Majas oder über die Zertrümmerung von Uran-Atomen wird etwas teuer erkauft, da ich Donnerstags bis 1 Uhr Vorlesung habe, die Akademie aber schon um 4 Uhr wieder anfängt, also in der Stadt ein schlechtes Wirtshausessen einnehmen muß.

Rob. Holtzmann hat sich grollend zurückgezogen, nachdem ihm die Regierung zum ersten möglichen Termin in Baethgen einen Nachfolger gegeben hat[6].

---

dazu Heiber: Walter Frank und sein Reichsinstitut, S. 525 ff.; Werner: Das NS-Geschichtsbild, S. 29 ff.

[1] Siehe oben, Brief Nr. 132.

[2] Die Wahl fand am 22. März 1939 statt; Hartung wurde mit 47 weißen und einer schwarzen Kugel (d. h. einer Nein-Stimme) gewählt; vgl. Peter Thomas Walther: „Arisierung", Nazifizierung und Militarisierung. Die Akademie im „Dritten Reich", in: Wolfram Fischer/Rainer Hohlfeld/Peter Nötzoldt (Hrsg.): Die Preußische Akademie der Wissenschaften zu Berlin 1914–1945, Berlin 2000. S. 87–118, hier S. 110 f.

[3] Im Rahmen des Leibniztages der Berliner Akademie der Wissenschaften, der im Sommer um den Geburtstag des Philosophen (1. Juli) herum bis heute stattfindet, werden traditionell im Rahmen einer öffentlichen Festsitzung die Akademiepreise verliehen und die neuen Mitglieder vorgestellt.

[4] Fritz Hartung: Gedächtnisrede auf Erich Marcks, in: Jahrbuch der Preußischen Akademie der Wissenschaften, Jahrgang 1939, Berlin 1940, S. 167–174 (mit Schriftenverzeichnis). – Der Leibniztag des Jahres 1939 fiel auf den 6. Juli, an dem Hartung auch seine kurze Antrittsrede als neues Akademiemitglied hielt (abgedruckt ebenda, S. 136–138).

[5] Otto Hintze war Anfang Dezember 1938 aus der Preußischen Akademie der Wissenschaften ausgetreten, nachdem er in einem von der Akademie ausgegebenen Fragebogen seine „jüdische Versippung" (betreffend seine Ehe mit Hedwig Hintze, geb. Guggenheimer) hatte angeben müssen; vgl. Wolfgang Neugebauer: Otto Hintze. Denkräume und Sozialwelten eines Historikers in der Globalisierung 1861–1940, Paderborn 2015, S. 578. – Hartung bekannte sich in seiner Vorstellungsrede am Leibniztag ausdrücklich zu seinem Lehrer: Es sei „die eindrucksvolle Persönlichkeit von *O. Hintze* gewesen", die seinen Studien die Richtung gewiesen und ihm zugleich „die methodische Schulung gegeben" habe (Hartung: Antrittsrede, S. 136 f.).

[6] Robert Holtzmann war (vermutlich nicht zuletzt aus politischen Gründen) mit Erreichung des 65. Lebensjahres umgehend in den Ruhestand versetzt worden; berufen wurde der (nach Hermann Heimpel und Percy Ernst Schramm) drittplatzierte Friedrich Baethgen; vgl. Johannes Helmrath: Geschichte des Mittelalters an der Berliner Universität von der Jahrhundertwende bis 1945, in: Geschichte der Universität Unter den Linden 1810–2010, Bd. 5: Transformation der Wissensordnung, hrsg. v. Heinz-Elmar Tenorth, Berlin 2010, S. 371–411, hier S. 397 ff.

Ich weiß nicht, warum er das so tragisch nimmt. Sehr erfreulich ist es nicht mehr, mit Studenten zu arbeiten. Die Überschätzung der körperlichen Ertüchtigung wirkt sich immer deutlicher in einem Rückgang nicht nur des Wissens (mit dem verpönten Positivismus werden auch die positiven Kenntnisse über Bord geworfen) sondern vor allem auch der geistigen Schulung aus. Bücher werden so gut wie nicht mehr gelesen, schon weil der Student von heute nicht weiß, wie er lesen soll. Auch macht sich die dogmatische Einstellung unserer Zeit, die in der Kritik den Geist des Bösen wittert[1], stark bemerkbar; man liest nur ein Buch über ein Thema und glaubt diesem bedingungslos. Selbst Macaulay[2] ist mir neulich im Staatsexamen als Autorität für englische Geschichte entgegengehalten worden. Daß er eine bestimmte und heute nicht einmal anerkannte politische Einstellung gehabt hat, ist dem Kandidaten nicht einmal bewußt geworden.

[...]

Mit den besten Grüßen auch von meiner Frau an Sie und die Ihrigen

Ihr stets dankbarer

F. Hartung

Nr. 136
An Albert Brackmann   Berlin, 10. Juni 1939

GStA PK, Nl. Albert Brackmann, Nr. 121/1. – Masch. Original.

Lieber Brackmann!

Nachdem gestern die Unterredung Eichstädts[3] mit Krüger[4] von der Paprüko[5] stattgefunden hat, möchte ich Ihnen darüber Bericht erstatten. Eichstädt war durchaus befriedigt, er stellte zunächst fest, dass Krüger die Jberr. genau kannte, auch über all die Ausstellungen der Paprüko unterrichtet war. Ferner gewann er den Eindruck, dass Krüger keineswegs die Jberr. totmachen oder sie

---

[1] Wohl eine Anspielung auf das ausdrückliche Verbot der Kunstkritik (und deren Ersetzung durch den „Kunstbericht") in Deutschland mittels eines Erlasses des Propagandaministers Joseph Goebbels vom 27.9.1936; vgl. Bernd Sösemann: „Auf Bajonetten läßt sich schlecht sitzen". Propaganda und Gesellschaft in der Anfangsphase der nationalsozialistischen Diktatur, in: Thomas Stamm-Kuhlmann/Jürgen Elvert/Birgit Aschmann/Jens Hohensee (Hrsg.): Geschichtsbilder. Festschrift für Michael Salewski zum 65. Geburtstag, Stuttgart 2003, S. 381–409, hier S. 406.

[2] Thomas Babington Macaulay (1800–1859), britischer Historiker und liberaler Politiker; er verfasste eine wegen ihrer besonderen stilistischen Qualitäten berühmt gewordene – auch in Deutschland sehr geschätzte – fünfbändige „History of England from the accession of James II." (London 1848–1855).

[3] Volkmar Eichstädt (1909–1945), Bibliothekar, 1938–1939 Leiter der Zeitschriftenabteilung der Preußischen Staatsbibliothek Berlin.

[4] Gerhard Krüger (1908–1994), nationalsozialistischer Studenten- und Parteifunktionär, 1936–1942 Amtsleiter der „Parteiamtlichen Prüfungskommission zum Schutze des NS-Schrifttums".

[5] Parteiamtliche Prüfungskommission.

unter seine Fittiche nehmen, sondern so lassen wolle, wie sie sind. Er hat vor allem zugegeben, dass wir ein wissenschaftliches Unternehmen sind und als solches auch über feindselige, jüdische und Emigrantenschriften, soweit sie überhaupt wissenschaftlichen Wert haben, berichten müssen. Krüger soll auch weder gegen uns als Herausgeber noch gegen die Mitarbeiter Bedenken haben, obwohl er sich auch hier als sehr gut orientiert erwiesen habe. Nur den Abschnitt „Deutschtum im Ausland" lehnt er als unzulänglich ab. Das bestreiten wir ja selbst nicht. Krüger will nach Besprechung mit seinem Sachbearbeiter uns deswegen Vorschläge machen. Da wir selbst noch niemand haben, können wir uns das ja gefallen lassen. Natürlich verzichtet die Paprüko nicht auf ihre Kontrolle, und das kann jederzeit zu neuen Reibungen führen, aber Krüger hat zugesichert, dass er in Zukunft mit der Redaktion, nicht mit dem Verlag verhandeln und Schwierigkeiten mündlich oder telefonisch besprechen wird. [...]

Mit dem Uebergang zum Kultusministerium sind wir übrigens aus dem Regen in die Traufe gekommen. Ich traf vor ein paar Tagen bei einem Gastvortrag mit anschliessendem Essen den Min.rat Frey[1], unsern Referenten, und sprach mit ihm, hatte aber den Eindruck völliger Gleichgültigkeit.

Da die Paprüko sich entgegenkommend gezeigt hat, ist es wohl richtig, wenn wir zunächst abwarten, ob sie ihre Zusagen einhält, und keine weiteren Schritte etwa über Buttmann[2] gegen sie unternehmen.

[...]

Im übrigen haben wir in dulci jubilo[3] gelebt, die Pfingstferien wegen des jugoslawischen Besuchs[4] verlängert, am Dienstag die spanische Legion[5] empfangen und gestern mit einem Gaustudententag gleich wieder Anlass zum Feiern und Ausfallen der Vorlesungen genommen. Eine Verkürzung des (bekanntlich eben erst verlängerten und damit alle Dispositionen der Wehrmacht störenden) Semesters wegen der Erntearbeit der Studenten soll angeblich nicht in Frage kommen. So erklärt wenigstens das Ministerium. Inzwischen hat aber der Studentenführer zur Erntehilfe aufgeboten. Was dabei herauskommt, zeigen die Prüfungen, ja schon die Vorbesprechungen. Ich habe am Montag u.a. einen Mann in Geschichte, Hauptfach (Staatsexamen, 1. Fach Leibesübungen)

---

[1] Hermann-Walter Frey (1888–1968), Verwaltungsjurist, 1935–1945 Referent im Amt Wissenschaft des Reichsministeriums für Wissenschaft, Erziehung und Volksbildung.
[2] Rudolf Buttmann (1885–1947), Jurist, Bibliothekar und Politiker (Nationalliberale Partei, DNVP, NSDAP), Ministerialdirektor in der kulturpolitischen Abteilung des Reichsinnenministeriums (1933–1935), Generaldirektor der Bayerischen Staatsbibliothek in München (1935–1945). Er gehörte seit 1936 dem Sachverständigenbeirat des Reichsinstituts für Geschichte des neuen Deutschlands an, vgl. Heiber: Walter Frank und sein Reichsinstitut, S. 421.
[3] Lat.: In süßer Freude. Hier Anspielung auf ein spätmittelalterliches Weihnachtslied.
[4] Vom 1. bis 5. Juni 1939 empfing Adolf Hitler den jugoslawischen Prinzregenten Paul und dessen Gemahlin Olga zu einem Staatsbesuch in Berlin; zu den Einzelheiten, zu denen auch eine große Militärparade in Berlin-Charlottenburg gehörte, vgl. Domarus: Hitler – Reden und Proklamationen, Bd. 3, S. 1203–1208.
[5] Am 6. Juni 1939 fand im Berliner Lustgarten eine Parade der aus Spanien heimgekehrten „Legion Condor" statt; es folgten eine Begrüßungsansprache Hermann Görings und eine Rede Hitlers; vgl. ebenda, S. 1208 f.

zu prüfen, dessen Lektüre sich auf Knaurs Weltgeschichte beschränkte. D. Schäfers Weltgeschichte hat er angefangen, aber aus Zeitmangel nicht weiter gelesen[1]. Die schriftliche Arbeit ist bereits ungenügend.

[...]

Herzliche Grüsse – meine Frau ist in Kiel, sonst würde sie mitgrüssen lassen – und viele gute Wünsche für Sie und Ihre verehrte Gattin
Ihr Hartung

Nr. 137
An Siegfried A. Kaehler Berlin, **9. Juli 1939**

NStUB Göttingen, Cod. Ms. S. A. Kaehler, 1, 59. – Masch. Original.

Lieber Kaehler!

[...]
Für das nächste Semester habe ich mir Urlaub geben lassen, um nach langen Jahren endlich einmal Zeit zu ruhiger Arbeit zu haben. Neckischer Weise haben Schüssler und Rörig den gleichen Gedanken gehabt, sodass fast die Hälfte der Historiker im WS ausfällt. Wir sind aber trotzdem noch genug. Rörig hat freilich Sorge, das Ministerium könnte zu der Ansicht gelangen, wir seien hier zu viel Historiker; aber einmal muss das ja doch kommen. [...] Jetzt ist es nur noch fraglich, ob die hohe Politik einen ruhigen Genuss der Urlaubszeit gestattet. Hoffen wir das Beste; es kommt ja meistens anders als man denkt.
[...]
Ihre Bedenken gegen die Stellung von Doktorthemen verstehe ich sehr gut. Wir stehen, glaube ich, hier in einer Krisis. Für normale Themen, d. h. solche, die eine Durchschnittsbegabung in durchschnittlicher Zeit bewältigen kann, hat kein Mensch mehr Interesse. Ich muss offen gestehen, dass ich verflucht wenig Dissertationen lese, etwa um meine Vorlesungen auf der Höhe der Zeit zu halten. Für lohnende Themen aber reicht entweder die Begabung nicht aus, oder sie fordern zu viel Zeit, oder – und das sind die, die mir am meisten Sorge machen – man kann gar nicht beurteilen, ob der positive Ertrag gross genug ist, um einen Doktoranden daran zu setzen. Dieses dürfte auch für das von Ihnen genannte Thema der englischen Beziehungen zu Hannover unter Wilhelm IV.[2] zutreffen. Es ist fraglich, ob das Material ertragreich ist und ob der Kandidat etwas aus ihm herausholen kann. Beim Schützenkönig Ernst II. von Coburg[3] ist

---

[1] Karl Alexander von Müller/Peter Richard Rohden (Hrsg.): Knaurs Weltgeschichte. Von der Urzeit bis zur Gegenwart, Berlin 1935 (viele weitere Auflagen); Dietrich Schäfer: Weltgeschichte der Neuzeit, Bde. 1–2, Berlin 1907 (11. Aufl. 1922).
[2] Wilhelm IV. (1765–1837), 1830–1837 König von Großbritannien und Hannover.
[3] Ernst II. (1818–1893), 1844–1893 Herzog von Sachsen-Coburg und Gotha. Er veranstaltete 1861 in Coburg das erste deutsche Schützenfest, gleichzeitig fand unter seinem Patronat die Gründung des Deutschen Schützenbundes statt, daher der in Deutschland verbreitete Spitzname „Schützenkönig".

Material sicher vorhanden, obwohl ich darüber nicht[s] genaueres weiss; aber wenn der Biograph nicht erheblich über den Durchschnitt hinausragt, kommt nichts Rechtes heraus.

Zum neuen Kollegen[1] habe ich Ihnen noch gar nicht „gratuliert". Ich denke, es wird ihm ergehen wie so mancher Eintagsgrösse, die wir hier haben kommen und gehen sehen; d.h. wir sehen sie nur kommen, das Gehen vollzieht sich in der Regel in aller Stille. Ich rate Ihnen deshalb zu ruhiger und abwartender Behandlung. Im Grunde sollten Sie froh sein, dass er Sie erst 6 Wochen nach seiner Ankunft aufgesucht hat. Unterlassene Höflichkeiten – hat Bismarck einmal dem Kronprinzen[2] geschrieben, als er den Papst nicht besuchen wollte[3] – fallen auf den, der sie unterlässt, nicht umgekehrt; ich verdanke die Kenntnis dieses Worts Windelband, der es aber im vorigen Jahr z.Zt. der Romreise[4] nicht veröffentlichen durfte.

Der in der HZ gegen mich und meine heimliche Liebe für den Liberalismus erschienene Angriff hat offenbar keine Folgen[5]. Es ist immerhin ein Zeichen der Zeit, dass man schlechte Bücher nicht mehr schlecht nennen darf, ohne verdächtigt zu werden.

[...]

Herzfeld habe ich lange nicht gesehen; sein Miquel ist übrigens eine sehr gute und interessante Leistung[6]. Den Kollegen in Nikolassee habe ich seit ewigen Zeiten nicht gesehen. Dass Ihre Angaben stimmen, kann ich auf Grund von Herzfelds Mitteilungen bestätigen. Hoffentlich findet er etwas Angemessenes[7]. Kürzlich hatte ich Besuch von einer nach USA aber nicht etwa mit einem

---

[1] Vermutlich: Eugen Mattiat (1901–1976), evangelischer Pastor, Referent im Reichsministerium für Erziehung, Wissenschaft und Volksbildung (1934–1937), o. Professor für Praktische Theologie an der Universität Berlin (1935–1938) sowie für Religiöse Volkskunde in der Philosophischen Fakultät der Universität Göttingen (1938–1945).
[2] Friedrich Wilhelm von Preußen (1831–1888), seit 1861 preußischer Kronprinz, Deutscher und preußischer Kronprinz (1861–1888), als Friedrich III. Deutscher Kaiser und König von Preußen (1888).
[3] Wolfgang Windelband: Berlin – Madrid – Rom. Bismarck und die Reise des deutschen Kronprinzen 1883. Auf Grund unveröffentlichter Akten, Essen 1939. – Die von Hartung erwähnte Äußerung Bismarcks findet sich in Windelbands Darstellung der Romreise des Kronprinzen Friedrich Wilhelm (ebenda, S. 150–207) nicht wörtlich, aber sinngemäß: Bismarck befürwortete eine Anmeldung des deutschen Kronprinzen, der Mitte Dezember 1883 Rom besuchte, zum Besuch bei Papst Leo XIII. gerade aus dem Grunde, um eine möglicherweise als „unhöflich" empfundene Haltung des künftigen Thronfolgers gegenüber dem Papst und damit der katholischen Kirche insgesamt ausdrücklich zu vermeiden (vgl. bes. ebenda, S. 176 ff.).
[4] Hitler absolvierte vom 3. bis zum 9. Mai 1938 einen Staatsbesuch in Italien; zu einer Begegnung mit Papst Pius XII., der zu dieser Zeit von Rom abwesend war, kam es nicht; vgl. Domarus: Hitler – Reden und Proklamationen, Bd. 2, S. 856–862.
[5] Gemeint ist Schmitthenners „grundsätzliche Erwiderung" in der HZ 159 (1939); siehe oben, Brief Nr. 134.
[6] Siehe oben, Brief Nr. 135.
[7] Gemeint ist der in Berlin-Nikolassee wohnende Hans Rothfels, der in dieser Zeit seine Emigration nach Großbritannien (Anfang August 1939) vorbereitete; vgl. Eckel: Hans Rothfels, S. 208.

Emigranten verheirateten früheren Studentin[1]. Ihr Mann ist Professor an einer der kleineren Universitäten. Sie erzählte Erschütterndes über Menschenschicksale. U. a. soll auch Werner R.[2], früher im Kultusminist[erium], sich drüben um einen Posten bewerben. Wir können unsern Grosseltern gar nicht dankbar genug sein, dass sie Rasseninstinkt gehabt haben in einer Zeit, die davon noch nichts wusste.

Trotz den schlechten Zeiten für die Wissenschaft haben wir am 13. nicht weniger als 30 Doktorprüfungen. Das Thema der einen Dissertation lautet: Die Erziehung der Spartanerin in ihrer politischen Wirklichkeit, Prolegomena zu jeder künftigen weiblichen Erziehung[3]. Referent Bäumler. Ich habe hier einen Schüler Onckens zu prüfen, Mormone, der seit mindestens 7 Jahren hier lebt. Er hat eine sehr interessante Arbeit über die grosse Politik während der Ruhrbesetzung geschrieben[4]. Dass er eine eigentümliche Persönlichkeit ist, zeigt der Lebenslauf, in dem er seine lange Studienzeit, deren Anfänge in USA liegen, mit dem Versuch rechtfertigt, ein Aristoteles zu werden. Er gibt zu, es nicht geworden zu sein, betont aber auch, dass er keinen Plato gefunden habe.

Nun genug des Sonntagsgeplauders; wir haben Logierbesuch, dem das Klappern der Schreibmaschine am Sonntagnachmittag einen sehr tiefen Eindruck meines Fleisses macht. Aber für einen Plato werde ich wohl auch da nicht gehalten.

Sie halten mich ja auch nicht dafür, und mit Recht. Aber erhalten Sie mir Ihre Freundschaft, schreiben Sie mal wieder und grüssen Sie, bitte, Ihre Frau, wie meine Frau auch grüssen lässt.
Herzliche Grüße
Ihr Hartung

Nr. 138
An Ernst Rudolf Huber Berlin, 31. Juli 1939

SBBPK, Nl. F. Hartung, K 39/4. – Masch. Durchschlag.

Sehr geehrter Herr Kollege!

Die Antwort auf die freundliche Zusendung Ihres Aufsatzes über den Volksgedanken in der Revolution von 1848[5] habe ich bis jetzt hinausgeschoben

---

[1] Vermutlich Käthe (Kate) Karau, geb. Wagner (1900-?); sie hatte 1932/33 bei Hartung und Hermann Oncken mit einer Arbeit über „Die ministerielle Verantwortlichkeit in Preussen" promoviert; die Arbeit erschien 1933.

[2] Werner Richter.

[3] Die erwähnte Arbeit wurde offenbar deutlich später abgeschlossen; nachweisbar ist: Angelika N. Patriarcheas: Die Erziehung der Spartanerin in ihrer politischen Wirklichkeit. Prolegomena zu jeder künftigen weiblichen Erziehung, Diss. phil. (masch.) Berlin 1943.

[4] David Glen White: Einige Kapitel aus der Großen Politik zur Zeit der Ruhrbesetzung, Diss. phil. Berlin 1939.

[5] Ernst Rudolf Huber: Der Volksgedanke in der Revolution von 1848, in: Zeitschrift für die gesamte Staatswissenschaft 99 (1939), S. 393–439. Das mit handschriftlicher Widmung

in der Hoffnung, ihr meine Antrittsrede in der Berliner Akademie, in der ich mich, freilich nur sehr kurz, über die Aufgabe der Verfassungsgeschichte ausgesprochen habe, beilegen zu können. Deren Erscheinen hat sich aber verzögert, und ich möchte nicht in die Ferien gehen, ohne Ihnen für Ihre Sendung gedankt zu haben. Vor allem möchte ich auch meine lebhafte Zustimmung zu Ihren einleitenden Bemerkungen über die Notwendigkeit der Objektivität in der Geschichte, wie ich Ihre im Rankezitat gipfelnde Kritik an Missverständnissen und Irrtümern kurz zusammenfassen möchte, aussprechen[1]. Auch den folgenden Ausführungen, sowohl denen grundsätzlicher Art über den politischen Begriff der Verfassung (S. 397) wie der geschichtlichen Darstellung des Jahres 1848 schliesse ich mich durchaus an. Die Tragik der grossen und doch so völlig gescheiterten Bewegung von 1848 wird in Ihrem Aufsatz ergreifend klar.

Ich hebe diese Zustimmung um so lieber hervor, als ich Ihr Buch „Heer und Staat" trotz aller Anerkennung der gewaltigen Leistung und trotz der Belehrung, die ich ihm in vielem verdanke, doch nur mit Bedenken gelesen habe[2]. Sie bekennen sich darin wohl grundsätzlich zu dem gleichen geschichtlichen Standpunkt wie in Ihrem Aufsatz und zeigen das z. B. sehr deutlich in Ihrer Beurteilung des Bismarckschen Verfassungskompromisses von 1866. Aber im Ganzen scheint mir in diesem Buch der unter modernen politischen Einflüssen stehende Dogmatiker stärker zu sprechen als der Historiker.

Das „Dogma" scheint mir die Ueberlegenheit des autoritären Führerstaats über den Liberalismus zu sein. Es ist natürlich durch unsere eigene Geschichte erhärtet, denn der bürgerliche Liberalismus hat sowohl 1848–1866 wie in der Weimarer Zeit völlig versagt. Der Führerstaat dagegen hat, wenn wir von der Gegenwart absehen, unter Friedrich dem Grossen wie unter Wilhelm I. durch Bismarck Grosses geleistet. Das alles bestreite ich natürlich nicht im mindesten; ich darf mich darauf berufen, dass ich schon in der ersten Auflage meiner Verfassungsgeschichte (1914) die Leistungen der monarchischen Führung erheblich wärmer hervorgehoben habe als die Wirksamkeit der Landstände und Parlamente[3]. Aber ich glaube, dass das Entscheidende nicht die Form der Regierung, sondern die politische Kraft ist, die die Form handhabt. Das Bürgertum hat wie das adlige Ständetum versagt, weil sein politischer Gesichtskreis allzu eng war; die Kleinstaaterei, nicht der Liberalismus hat meiner Ansicht nach die politische Kümmerlichkeit unserer bürgerlichen Periode verursacht. Hinzu kommt, dass infolge unserer kleinstaatlichen Zersplitterung und unse-

---

Hubers versehene Exemplar des Hartung zugesandten Sonderdrucks (im Besitz des Herausgebers) enthält Anstreichungen des Empfängers.

[1] Vgl. ebenda, S. 395 f.: „Jede geschichtliche Epoche ist nicht nur Vorbereitung und Übergang zur Gegenwart, sondern ein Ereignis, dessen Kraft und Sinn aus sich selber begriffen werden muß. Und jede politische Idee ist zeitbedingt; sie ist keine Stufe im ewigen Prozeß der Selbstentfaltung des Geistes, sondern sie ist die geistige Form, in der die politische Wirklichkeit einer bestimmten Epoche einmaligen Ausdruck gefunden hat".

[2] Siehe dazu oben, Brief Nr. 134.

[3] Fritz Hartung: Deutsche Verfassungsgeschichte vom 15. Jahrhundert bis zur Gegenwart, Leipzig/Berlin 1914, S. 80–106.

rer ganzen sozialen Struktur das Bürgertum den entscheidenden Kampf gegen Aristokratie und Absolutismus zu führen hatte, als der vierte Stand schon drohend sich erhob; dadurch ist der bescheidene Rest von politischer Energie unserm Bürgertum vollends ausgetrieben worden. Diese Dinge kommen für mein Empfinden in Ihrer Darstellung des 19. Jahrhunderts zu kurz.

Auf der andern Seite hat sich zwar der Führerstaat in Friedrich dem Gr. und in Bismarck zweifellos bewährt. Aber die Jahre 1786 bis 1806 und 1890 bis 1918 rechtfertigen in meinen Augen die grundsätzliche Bewertung, die Sie ihm angedeihen lassen, nicht. Er garantiert zum mindesten in der Erbmonarchie weder eine gute, von allen Nebenrücksichten freie Auswahl der leitenden Persönlichkeiten, noch sichert er eine ruhige konsequente Politik, die sich über bequeme Tagesrücksichten hinwegsetzt und für die Zukunft arbeitet. Hier sehe ich ja auch das entscheidende Problem für unsern heutigen Staat. Wird es gelingen, einen Führer und geeignete Mitarbeiter auch dann zu finden, wenn die erprobte Generation der Kampfzeit dem Alter seinen Zoll zahlen muss?

Sie werden mir vielleicht entgegnen, dass Sie all diese Dinge sehr wohl gesehen haben, dass aber Ihre besondere Fragestellung „Heer und Staat" Sie berechtige, das Problem der Führung so scharf und mit einer gewissen Einseitigkeit herauszustellen. Ich würde das zugeben können, wenn Ihr Buch nur ein Teilproblem der Verfassungsgeschichte behandeln wollte. Aber Sie lassen keinen Zweifel daran, dass Sie in der Frage „Heer und Staat" das Kernproblem der Verfassungsgeschichte behandeln wollen. Und gerade wer Ihnen darin Recht zu geben geneigt ist – ich selbst habe im Jahrbuch der Deutschen Gesellschaft für Wehrpolitik 1936 an die Zeiten erinnert, wo das einfache Wort Verfassung recht im Gegensatz zu der späteren liberalen Auffassung eine kriegerische Verfassung bedeutete und wo der Ausdruck, sich in Verfassung setzen, das gleiche besagte wie militärische Rüstung[1] –, hat den Wunsch, dass dann die Frage auch in der Vielseitigkeit behandelt werde, die das Kernproblem verlangen kann. Vor allem sollte auch deutlicher, als ich es aus Ihrem Buch herausgelesen habe, zum Ausdruck kommen, dass der normale Zustand des Lebens nicht der Krieg, sondern der Friede ist und dass das Heer Mittel zu diesem Zweck, nicht Selbstzweck ist.

Ich habe Ihnen meine Bedenken so ausführlich und rückhaltlos ausgesprochen, weil ich mich mit Ihnen in der Grundeinstellung zum Staat und seiner Geschichte einig weiss und weil ich von einer offenen Aussprache eine Klärung erhoffe. Beckmesserei liegt mir fern, und ich möchte zum Schluss nochmals meinen Dank aussprechen, nicht bloss für die Zusendung Ihres Buches und Ihres Aufsatzes, sondern auch für die vielfache Anregung und Belehrung, die Sie mir darin gegeben haben.

In ausgezeichneter Hochachtung und mit Heil Hitler!

---

[1] Fritz Hartung: Staatsverfassung und Heeresverfassung, in: Volk und Wehrkraft. Jahrbuch der „Deutschen Gesellschaft für Wehrpolitik und Wehrwissenschaften" 1936, Hamburg 1936, S. 54–66.

Nr. 139
An Siegfried A. Kaehler   Berlin, 12. November 1939

NStUB Göttingen, Cod. Ms. S. A. Kaehler, 1, 59. – Hs. Original.

Lieber Kaehler!

So weit war ich schon mal gekommen, dann kam etwas dazwischen, Telefon oder sonst, und seither unterblieb die gute Absicht, mal mit Ihnen in Gedankenaustausch zu treten. Inzwischen sind Sie mir mit einem ausführlichen Brief zuvorgekommen[1], für den ich Ihnen herzlich danke. Was Sie über den Krieg schreiben, berührt sich sehr mit meinen eigenen Sorgen. Und ich glaube, es ist nicht allein die seit 1914 vorgeschrittene Ordinarienverkalkung, wenn wir nicht mehr die Stimmung aufbringen, die uns im Herbst 1914 bei Aubins beseelte. Damals konnte man noch an das „reinigende Gewitter" glauben. Heute sehe ich, selbst bei einem glänzenden Sieg, an den ich nicht glaube, nur den Untergang der Welt voraus, in der wir – ich will nicht sagen: großgeworden sind, denn die ist schon 1918 und 1933 zusammengebrochen – allein zu leben vermögen. Schon jetzt habe ich den Eindruck, daß unser Bildungswesen die Kriegskosten in jeder Beziehung aufgepackt bekommt. Trimester, dazu Verkürzung des Studiums. Glauben Sie, so fragte neulich unser Dekan, daß ein heutiger Abiturient in 6 Trimestern reif sein wird zu einer philosophischen Dissertation? Übrigens glaubt das auch nicht einmal das Kultusministerium; das versicherte vor einiger Zeit ein früherer Schüler von mir, der jetzt Oberregierungsrat in dieser Behörde ist[2]. Ich meinte, dann hätte sich das Ministerium nicht darauf einlassen dürfen. Er suchte sich zu entschuldigen mit dem Hinweis auf alles das, was das Ministerium verhindere. Ich entgegnete, damit habe auch die wilhelminische Bureaukratie sich immer entschuldigt. Das gab Anlaß zur Erörterung der 90er Jahre, wobei auch das Holstein-Thema des wahnsinnigen Kaisers[3] behandelt wurde. Sapienti sat[4]. Und mein Schüler erwies sich als sapiens. Erfreulicher wurde die Unterhaltung dadurch nicht.

Kürzlich veranstaltete das Propagandaministerium eine „Aussprache" über die Lage der wissenschaftlichen Zeitschriften. Es waren vor allem Berliner Professoren aller Fächer da, Auswärtige waren nur spärlich vertreten. Eine „Aussprache" fand natürlich nicht statt; vielmehr wurden wir mit einem einstündigen Vortrag des Herrn Groh[5], des stellvertretenden Leiters des Amtes Wissenschaft, über die Laufbahn des Professors vom Dr. habil. bis zur Emeri-

---
[1] Nicht überliefert.
[2] Nicht zu ermitteln.
[3] Vermutlich ein Gedächtnisfehler Hartungs: Er könnte statt des Diplomaten Friedrich von Holstein (1837–1909) den linksliberalen Historiker Ludwig Quidde (1858–1941) gemeint haben, der in den 1890er Jahren mit einer nur notdürftig verhüllten Satire auf Kaiser Wilhelm II. (Caligula. Eine Studie über römischen Cäsarenwahnsinn, Leipzig 1894 u. ö.) großes Aufsehen erregte.
[4] Lat.: Genug für den Eingeweihten.
[5] Wilhelm Groh (1890–1964), Jurist, a.o./o. Professor an den Universitäten Heidelberg (1927/33–1939) und Berlin (1939–1945), Rektor der Universität Heidelberg (1933–1936),

tierung gelangweilt, dann kamen Gemeinplätze über den „Einsatz" der wiss. Zeitschr. in die Propaganda [sic], Verzicht auf unnötige Polemik, Heranziehung neutraler Mitarbeiter usw.; das einzig Interessante war eine Ansprache von General v. Rabenau, der um unsere Mitarbeit warb: Ihnen glaubt man, rief er uns zu, offenbar im Gegensatz zum Propagandaministerium. Besonders appellierte er an die Theologen; er erinnerte daran, daß Seeckt[1] 1920 das Gebet beim Zapfenstreich wieder eingeführt hat[2]. Deshalb hörte ich mir gestern (Tag der Polizei) im Radio den „großen Zapfenstreich der Polizei" an; er hat kein Gebet.

Erschütternd war neulich ein im kleinen Kreis gehaltener Vortrag von Rohrbach[3] über die Balten und ihr Schicksal. Ein Zukunfts- (oder Gegenwarts-?)Bild entrollte seine Erzählung von den Russen in den Städten Estlands. Sie meinten, es müsse ein sehr armes Land sein, weil die Kaufläden mit Waren angefüllt seien, also habe die Bevölkerung kein Geld zum Kaufen; bei ihnen seien die Läden alle leer.

Wissenschaftlich sind wir zur Zeit still gelegt. Die Universität heizt noch bis zu etwa 6° C, um die Heizkörper u. Wasserleitungen nicht einfrieren zu lassen. Der Rektor[4] hat leider nicht den Mut, die Universität zu schließen oder durch die Drohung mit der Schließung Kohlen zu erzwingen. Ohne die blöde Trimestrierung, die uns schon seit Ende September zur Heizung aller Auditorien zwang, wären wir ganz gut durchgekommen. Bei uns zu Hause ist noch einigermaßen geheizt; am Schreibtisch benutze ich freilich meist – augenblicklich aber nicht – eine elektrische Heizsonne. Für die Studenten ist die kalte Universität schlimm. Ihre Buden sind natürlich kalt, da die Wirtinnen allenfalls ein Zimmer oder auch nur die Küche heizen können (Briketts werden pfundweise verkauft!). Und die Bibliotheken sind seit drei Wochen geschlossen.

Da die Akad. d. Wiss. mit der Staatsbibl. in einem Hause sitzt, muß sie auch Ferien machen. Eine unserm unfähigen Präs.[5] nötig erscheinende Kommissionssitzung fand kürzlich in der guten Stube des Hausmeisters statt. Herr

---

Referent und Leiter des Amtes Wissenschaft im Reichsministerium für Wissenschaft, Erziehung und Volksbildung (1937–1941, 1942–1945).

[1] Hans von Seeckt (1866–1936), General und Chef der Heeresleitung der Reichswehr (1920–1926); Friedrich von Rabenau gab die Memoiren von Seeckts heraus: Hans von Seeckt: Aus meinem Leben 1866–1917, Leipzig 1938, und veröffentlichte als monographischen zweiten Teil: Friedrich von Rabenau: Seeckt – Aus seinem Leben 1918–1936, Leipzig 1940.

[2] Zum Großen Zapfenstreich gehört das vom preußischen König Friedrich Wilhelm III. eingeführte „musikalische Gebet" unter Verwendung des Chorals „Ich bete an die Macht der Liebe".

[3] Paul Rohrbach (1869–1956), aus dem Baltikum (dem heutigen Lettland) stammender politischer Schriftsteller und Publizist.

[4] Seit 1937 amtierte Willy Hoppe als Rektor der Friedrich-Wilhelms-Universität.

[5] Theodor Vahlen (1869–1945), Mathematiker und nationalsozialistischer Politiker, a. o./o. Professor an der Universität Greifswald (1904/11–1927), 1927 aus dem Staatsdienst entlassen, o. Professor an der Technischen Hochschule Wien (1930–1933), wiederum an der Universität Greifswald (1933–1934) und an der Universität Berlin (1934–1937); Gauleiter der NSDAP in Pommern (1924–1927), Chef des Amtes Wissenschaft im Reichsministerium für Wissenschaft, Erziehung und Volksbildung (1934–1937), kommissarischer Präsident der Akademie der Wissenschaften zu Berlin (1939–1943).

Nr. 139. An Siegfried A. Kaehler, 12. November 1939

u. Frau Hausmeister ließen es sich nicht nehmen, selbst die Honneurs zu machen und ihre Gäste zu begrüßen. Sonst macht die Akademie mir wenig Freude. Im allgemeinen sind die Vorträge absolut unverständlich, da jeder – wenn er es überhaupt ernsthaft meint – Spezialitäten vorträgt, die keiner begreift. Ich könnte es mir lehrreich denken, in die Methode naturwiss. Forschung eingeführt zu werden. Ich mußte, wie fast alle neuen Mitglieder, wenige Wochen nach meiner Wahl sprechen u. behandelte ein bereits ganz abgetanes Thema aus dem Brackmannschen Sammelwerk Deutschland u. Polen[1], nämlich die Entstehung der Polenproklamation von 1916[2] (im Juni 1939), über die ich privates Material bekommen hatte. Mein nächstes Thema (November: hier geht es streng nach der Reihe) soll König, Krone, Staat sein. Darüber habe ich allerhand Neues gefunden, was den Ungarn mit ihrem Kultus der Heiligen Krone[3] nicht ganz in den Kram passen wird. Das Thema, das Ihnen wohl kurios vorkommen wird, ist aus einer Studie über die Grenzen der Staatsgewalt herausgewachsen[4].

Unser akademischer Betrieb geht, so weit ihn die Kälte nicht stört, ruhig weiter. Elze und Rohden sind bei der Wehrmacht tätig; Elze sehr unzufrieden mit seiner mir nicht näher bekannten Tätigkeit, will reklamiert werden.

Von Meinecke weiß ich nichts Neues; es soll ihm besser gehen. Da Frau Meinecke[5] genug Arbeit hat, habe ich nie direkt angerufen, sondern mich mit Anfragen bei Oncken u. a. begnügt. Hoffentlich empfindet sie das nicht als Gleichgültigkeit.

Neulich war ich mal wieder bei Hintze. Er ist nun endgültig seine Frau los; sie ist in Holland[6]. Seine Frische ist noch immer erstaunlich. Seine Weisungen, wie ich die Acta Borussica zu Ende zu führen habe, erinnerten mich lebhaft an die Zeit, wo ich als Student mit meiner Dissertation bei ihm war[7].

[...]

---

[1] Fritz Hartung: Deutschland und Polen während des Weltkrieges, in: Albert Brackmann (Hrsg.): Deutschland und Polen. Beiträge zu ihren geschichtlichen Beziehungen, München/Berlin 1933, S. 244–258.
[2] Am 5.11.1916 proklamierte der deutsche Generalgouverneur des von deutschen und österreichischen Truppen besetzten Polen im Warschauer Schloss im Namen der Regierungen in Berlin und Wien die Errichtung eines neuen Königreichs Polen; zu Hartungs Einschätzung dieses Vorgangs siehe ebenda, S. 255 f.
[3] Gemeint ist die vermutlich aus dem 11. Jahrhundert stammende, auch als Stephanskrone oder „Heilige Krone" bezeichnete alte ungarische Königskrone.
[4] Fritz Hartung: Die Krone als Symbol der monarchischen Herrschaft im ausgehenden Mittelalter (Abhandlungen der Preußischen Akademie der Wissenschaften, Jg. 1940, Phil.-hist. Klasse, Nr. 13), Berlin 1941; in überarbeiteter zweiter Fassung in: derselbe: Staatsbildende Kräfte der Neuzeit, S. 1–61.
[5] Antonie Meinecke, geb. Delhaes (1875–1971), Ehefrau Friedrich Meineckes.
[6] Hedwig Hintze hatte bereits seit 1935 zeitweilig in Frankreich gelebt, am 22.8.1939 emigrierte sie endgültig in die Niederlande; vgl. Neugebauer: Otto Hintze, S. 580.
[7] Hartung hatte – nach seiner späteren Erinnerung – vor Hintzes Schreibtisch *stehend* eine halbe Stunde lang dessen „Anordnungen zur Weiterführung" der Acta Borussica entgegenzunehmen, bevor die beiden Kollegen sich zum Tee setzten; vgl. ebenda, S. 579 f. (mit Anm. 103).

Für Ihren Martiny¹ ist hier kaum ein geeigneter Platz. Die Hilfsassistenten bekommen nur 100 Mark. Der Oberassistent bekommt zwar mehr (ich glaube 250), hat aber so viel mit der Verwaltung zu tun, daß er zuerst nicht zu eigener Arbeit kommt u. hinterher, wenn er seine Habilitation ernsthaft betreibt, mit den Seminardirektoren Krach kriegt. Aber wir können ja nach dem Kriege weiter sehen, wenn man dann in der Wissenschaft überhaupt noch weiter sehen kann.

Gesundheitlich geht es bei uns gut.

Herzliche Grüße auch von meiner Frau für Sie und Ihre Gattin!

Ihr Hartung

Nr. 140
An Hermann Oncken Berlin-Schlachtensee, 15. November 1939

NStA Oldenburg, Nl. Hermann Oncken, 271-14, Nr. 201. – Hs. Original.

Lieber und verehrter Herr Kollege!

Da ich leider durch Vorlesung verhindert bin, Ihnen meine Glückwünsche zum 70. Geburtstag persönlich auszusprechen, möchte ich wenigstens schriftlich zum Ausdruck bringen, wie sehr ich mich Ihnen verpflichtet fühle. Ihre wissenschaftliche Arbeit habe ich immer mit Respekt verfolgt, vom Lassalle² an, der noch in meine Studentenzeit fiel, bis zu Ihrem monumentalen Werk über das Deutsche Reich und die Vorgeschichte des Weltkriegs³, das ich natürlich ganz besonders gründlich durchgearbeitet habe.

Ganz besonders denke ich auch an das kollegiale Zusammenwirken an der hiesigen Universität, an die Harmonie, in der es sich stets vollzogen hat, an Ihre Mitarbeit an den Fakultätsgeschäften. Lebhaft bedaure ich, daß das alles so früh ein Ende gefunden hat⁴. Aber ich glaube nicht, daß Sie es zu bedauern brauchen. Was Sie geleistet haben, bleibt bestehen und wird sich behaupten, solange sich wahre Wissenschaft bei uns überhaupt treiben läßt. Wie lange das noch der Fall sein wird, das steht dahin. Ich empfinde in den letzten Semestern einen starken Rückgang der Fähigkeit zu wissenschaftlich-kritischer Arbeit bei den Studierenden⁵. Daß die heutige Zeit diesen Mangel beheben wird, glaube ich nicht.

---

[1] Fritz Martiny (1913–1945), Historiker, Schüler und Assistent Kaehlers an der Universität Göttingen.

[2] Hermann Oncken: Lassalle, Stuttgart 1904 (4. Aufl.: Lassalle. Eine politische Biographie, Stuttgart 1923).

[3] Hermann Oncken: Das Deutsche Reich und die Vorgeschichte des Weltkrieges, Bde. 1–2, Leipzig/München 1933.

[4] Hermann Oncken lehrte als Nachfolger von Erich Marcks von 1928 bis zur erzwungenen Emeritierung 1935 an der Friedrich-Wilhelms-Universität Berlin; zu den Vorgängen von 1935, auf die Hartung hier anspielt, siehe oben, Brief Nr. 114.

[5] Siehe dazu oben. Brief Nr. 135.

Aber ich will nicht über unsere Zeit klagen, sondern Sie dazu beglückwünschen, daß Sie auf der in ruhigen Zeitumständen gelegten Grundlage ein stattliches, auch den uns seit einem Vierteljahrhundert umtobenden Stürmen gewachsenes Lebenswerk haben aufbauen können, und zugleich dem Wunsch und der Hoffnung Ausdruck geben, daß Ihnen das häusliche Behagen, das Sie umgibt, auch im neuen Kriege erhalten bleibe. Dann werden Sie uns auch im neuen Lebensjahrzehnt sicher noch mit mancher reifen Frucht erfreuen.

In dieser Hoffnung begrüße ich Sie an Ihrem 70. Geburtstag als

Ihr aufrichtig ergebener
F. Hartung

Nr. 141
An Richard Fester   Berlin, 18. Februar 1940

BAK N 1107, Nr. 246. – Hs. Original.

Sehr verehrter lieber Herr Geheimrat!

Ihr Brief[1] mit der Nachricht von Ihrer Operation hat mich erschreckt, aber zugleich auch wieder beruhigt. Erschreckt, weil eine Operation in Ihren Jahren nicht leicht zu nehmen ist, beruhigt, weil Inhalt und Schrift Ihres Briefes von unverminderter Frische und Kraft zeugen und zu der Hoffnung berechtigen, daß für Sie wie vor Jahren für Max Lenz diese Operation eine Befreiung von Schmerzen und damit ein Freimachen der Kräfte für die geistige Arbeit bedeuten wird. Hoffentlich hat die Erholung angehalten. Das Wetter ist dazu – wenn ich von hier auf München schließen darf – freilich nicht recht angetan. Es sieht zwar vom Zimmer aus entzückend aus, überall blendend weißer Schnee. Aber bei dem Ausfall der Straßenreinigung ist das Ausgehen etwas mühselig. Und dazu die Kälte, die hier bei dem völligen Versagen der Kohlenversorgung katastrophal wirkt. Wir persönlich sind noch verhältnismäßig gut daran, denn die Zentralheizung ist ununterbrochen in Betrieb, wenn auch nicht mehr warm genug [...]. Die Universität heizt zwar die Bureaus noch gut, die übrigen Räume aber nur so, daß die Wasserleitungen nicht einfrieren. Es ist kein Vergnügen, bei 8° Celsius Kolleg zu lesen und Seminar zu halten. Auch das Anhören für die Studenten nicht. Der Rektor hat offenbar nicht den Mut, offiziell zu schließen; ich bin überzeugt, schon die Drohung würde genügen, um Kohlen herbeizuschaffen. Aber das Ministerium könnte die Drohung auch übelnehmen, und so etwas riskiert man nicht gern als „Führer" der Universität[2].

[...]

---

[1] Nicht überliefert.
[2] Die Universitätsrektoren sollten nach nationalsozialistischer Doktrin als „Führer" ihrer Institutionen fungieren; vgl. Hellmut Seier: Der Rektor als Führer. Zur Hochschulpolitik des Reichserziehungsministeriums 1934–1945, in: Vierteljahrshefte für Zeitgeschichte 12 (1964), S. 105–146.

Nr. 141. An Richard Fester, 18. Februar 1940

Überhaupt die Ministerien! Vor ein paar Tagen hatte das Propagandaministerium zu einer Besprechung über die wissenschaftlichen Zeitschriften eingeladen[1], zahlreiche Berliner, auch einige auswärtige Professoren. Von Besprechung war natürlich keine Rede. Vielmehr wurden Gemeinplätze vorgetragen über den „Einsatz" der wissenschaftlichen Zeitschriften, die keine Lobartikel über das feindliche Ausland bringen, aber neutrale Mitarbeiter zu Wort kommen lassen sollen usw. Das einzig Interessante war eine Ansprache des Generals v. Rabenau, der um Mitarbeit der Professoren an der Erhaltung der Stimmung im In- und Auslande bat mit der sehr bezeichnenden, wohl auch von den Herren des Ministeriums verstandenen Begründung: Ihnen glaubt man! Ich für mein Teil werde mich bemühen, dieses Renommée des deutschen Professors zu erhalten; deshalb lasse ich mich auch nicht auf W. Franks Plan einer Vortragsserie gegen England ein[2]. Sie selbst haben im Weltkrieg gezeigt, daß man sehr wohl auf die Stimmung einwirken kann, ohne sich gegen die wissenschaftliche Ehrlichkeit zu versündigen.
[...]
Neulich habe ich wieder einmal Hintze besucht. Er ist sehr vereinsamt, da seine Frau endgültig emigriert ist. Auch geistig ist er vereinsamt, da er nur noch sehr wenig lesen kann. Seine Frische ist aber noch immer bewundernswert. Da ich jetzt die Leitung der Acta Borussica übernommen habe, empfing er mich mit einem längeren Vortrag, daß sie genau so zu Ende geführt werden müßten, wie sie begonnen worden sind. Ich fühlte mich geradezu in meine Studentenzeit zurückversetzt. Hinterher beim Tee war er etwas weniger dozierend[3].

Meinecke war schwer krank, soll aber wieder auf dem Wege der Besserung sein. Ich habe nie im Hause angerufen, denn Frau Meinecke hat neben der Pflege ihres kranken Mannes auch noch ihre aus Saarbrücken vertriebene Tochter[4] mit vier Kindern auf dem Hals. Da wagte ich nicht, mit Telefonanrufen lästig zu fallen.
[...]
Die absolute Geheimhaltung der Verluste, die bei uns eintreten, hat bei der Marine bereits zu der naturnotwendigen Folge geführt, daß die geheimnisvollsten Andeutungen weiter gegeben werden: wenn ihr wüßtet; aber wir dürfen nichts sagen usw. Ich finde die Art unserer Propaganda nicht geschickt; es wird alles zu rosig und zu harmlos gemacht. Das war auch der Eindruck, den ich mit jüngeren Bekannten aus dem Film „Polenfeldzug"[5] davontrug.
[...]

---

[1] Siehe auch oben, Brief Nr. 96.
[2] Dieses Vorhaben Walter Franks kam – wohl auch infolge seiner inzwischen stark geschwächten Position als Direktor des Reichsinstituts für Geschichte des neuen Deutschlands – nicht zustande; vgl. Heiber: Walter Frank und sein Reichsinstitut, S. 631 f.
[3] Siehe oben, Brief Nr. 139.
[4] Sabine Rabl, geb. Meinecke (1903–1981).
[5] „Feldzug in Polen", ein 1940 vom Reichsministerium für Volksaufklärung und Propaganda produzierter Film, der in den deutschen Kinos gezeigt wurde; vgl. Wolf Donner: Propaganda und Film im „Dritten Reich", Berlin 1995, S. 69.

[sic] Mit herzlichen Grüßen und Wünschen auch von meiner Frau an Sie Beide
Ihr stets dankbar ergebener
F. Hartung.

Nr. 142
An Siegfried A. Kaehler   Berlin, 3. Juli 1940

NStUB Göttingen, Cod. Ms. S. A. Kaehler, 1, 59. –
Masch. Original mit hs. Ergänzungen.

Lieber Kaehler!

Es ist sehr nett von Herrn von Srbik, dass er mir zu einem Brief von Ihnen[1] verholfen hat; aber sonst vermag ich der Angelegenheit keinen Geschmack abzugewinnen und finde sie gründlich verfahren[2]. Was wollen Sie machen? Besprechen Sie die beiden Bände in der von Ihnen angedeuteten Weise, d. h. mit einigen Vorbehalten gegenüber dem, was S. als gesamtdeutsch bezeichnet und was Ihnen wie mir als grossösterreichisch erscheint, so wird S. gekränkt sein und darin eine Rache für die „erpresste" Rezension erblicken. Besprechen Sie sie nicht, ist er auch gekränkt. Bleibt als Ausweg nur ein wohlwollendes Referat ohne besondere eigene Stellungnahme. Ich weiss nicht, ob Sie unter diesen Umständen nicht besser tun, sich mit der HZ friedlich zu einigen, dass Sie verzichten und dass nach Erscheinen von Band 3 und 4 ein neuer unbelasteter Rezensent das Ganze anzeigt. Die Möglichkeit, dass Sie sich durch eine lobhudelnde Besprechung bei S. wieder beliebt machen, scheint mir bei Ihrer Natur nicht gegeben. Sonst wäre das der beste Ausweg, etwa mit diesem Anfang: In unserer stürmischen Zeit ist es schwer, die innere Sammlung für eine so bedeutende Erscheinung zu finden usw.

Ich würde deshalb an Ihrer Stelle K. A. v. Müller (kennen Sie ihn persönlich?) die Lage der Dinge vortragen und um Befreiung von der Rezension bitten[3]. Sie können ihm dabei ruhig zu verstehen geben, dass die von ihm aufge-

---

[1] Der Brief Kaehlers an Hartung vom 28.6.1940 hat sich nicht im Original, sondern nur im Durchschlag erhalten (NStUB Göttingen, Cod. Ms. S. A. Kaehler, 1, 59).
[2] Siegfried A. Kaehler hatte 1936 die ersten Bände von Heinrich Ritter von Srbiks umfangreichem Werk „Deutsche Einheit. Idee und Wirklichkeit vom Heiligen Reich bis Königgrätz", Bde. 1–2, München 1935, für die Historische Zeitschrift zur Besprechung übernommen, diese bis 1940 jedoch nicht geliefert. Der hierüber mit Recht enttäuschte Srbik hatte die Besprechung bei Kaehler im Sommer 1940 angemahnt und der Göttinger Kollege ausweichend darauf geantwortet; siehe dazu auch den Brief Srbiks an Kaehler vom 19.6.1940, in: Heinrich Ritter von Srbik: Die wissenschaftliche Korrespondenz des Historikers, hrsg. v. Jürgen Kämmerer, Boppard a. Rh. 1988, S. 515 f. – Kaehler hat die Rezension, trotz mehrmaliger Ankündigung, auch nach dem Erscheinen des dritten und vierten Bandes (1942) nicht geliefert.
[3] Karl Alexander von Müller amtierte seit 1936 in der Nachfolge Friedrich Meineckes als Hauptherausgeber der Historischen Zeitschrift.

nommene Erwiderung Srbiks gegen Brandenburg und mich[1] Ihnen damals die Arbeit unmöglich gemacht hat und dass Sie auf den Schlussband gewartet hätten, mit dessen Erscheinen nach Srbiks Erfurter Vortrag über 1866 damals bald zu rechnen war. Ich weiss nicht, ob K. A.[2], der allem Unangenehmen aus dem Wege zu gehen pflegt, Ihnen antworten wird. Aber Kienast[3] ist zu subaltern, als dass man ihm die Entscheidung allein überlassen sollte.

Den Brief von S. finde ich sehr bezeichnend. Er setzt sich deutlich in Positur, reibt Ihnen auch den Präsidenten der Akademie unter die Nase. Aber einen Anhaltspunkt für eine Verwahrung – Sie schreiben von „nicht bieten lassen" – sehe ich in dem Brief nicht. Jedenfalls nicht in dem, was im Brief steht; und was Sie (und ich) zwischen den Zeilen lesen oder heraushören, kann Ihnen ein anderer, etwa K. A. oder der gute Freund von S., W. Frank, glatt abstreiten. Ich würde schriftlich darüber gar nichts sagen, sondern nur auf die durch die Korrespondenz geraubte Unbefangenheit des Rezensenten hinweisen.

Dass Sie mit Schüssler in der gleichen Verdammnis sind, mag Sie einigermassen trösten. Die disjecta membra[4] der Festschrift[5] zu besprechen würde mich übrigens noch weniger reizen, als es die deutsche Einheit bei mir zum Widerspruch getan hat. Sie verstehen wohl, was ich damit sagen will[6].

Und nun zur Gegenwart und Zukunft! Meinecke hat schon Recht, wenn er Ihnen schreibt, die Weltgeschichte kümmere sich nicht um unsere Hefte. Die ganze Neuzeit mit ihrem Begriff des europäischen Gleichgewichts, mit dem Schwerpunkt in den Westmächten, freilich auch mit dem Prinzip der individuellen Freiheit versinkt vor unseren Augen, und der mittelalterliche Imperialismus steigt aus dem Grabe, in das noch vor wenigen Jahren gerade die gesinnungstüchtigsten Parteigenossen ihn geworfen hatten. Ordnung Europas von Mitteleuropa aus ist jetzt die grosse Parole[7]. Und die von dem Kieler Juristen Ritterbusch[8] betreute Geisteswissenschaft wird mobil gemacht, um mit dem

---

[1] Heinrich Ritter von Srbik: Zur gesamtdeutschen Geschichtsauffassung. Ein Versuch und sein Schicksal, in: Historische Zeitschrift 156 (1937), S. 229–262.
[2] Karl Alexander von Müller.
[3] Walther Kienast (1896–1985), Historiker und Mediävist, o. Professor an der Universität Graz (1939–1945), a.o. und o. Professor an der Universität Frankfurt a.M. (1953–1954 und 1954–1962, bis 1958 als o. Professor ad personam); seit 1935 und erneut seit 1949 Mitherausgeber der Historischen Zeitschrift, für die er den Rezensionsteil betreute.
[4] Lat.: versprengte Teile; meint hier die Buchbindersynthese einer Festschrift.
[5] In seinem Brief an Hartung vom 28.6.1940 teilt Kaehler ebenfalls mit, dass Hartungs Berliner Kollege Wilhelm Schüßler die Rezension der Srbik gewidmeten Festschrift (Gesamtdeutsche Vergangenheit. Festgabe für Heinrich Ritter von Srbik zum 60. Geburtstag am 10. November 1938, München 1938) für die Historische Zeitschrift übernommen und ebenfalls noch nicht geliefert habe.
[6] Dieser Satz ist von Hartung handschriftlich am Rande angefügt.
[7] Diese Auffassung wurde nach 1940 sehr wirkmächtig von zwei nationalsozialistischen Nachwuchshistorikern propagiert, die aus dem Reichsinstitut für Geschichte des neuen Deutschlands hervorgegangen und von Walter Frank protegiert worden waren: Karl Richard Ganzer und Kleo Pleyer; zu Ganzers Deutung des Reichsbegriffs vgl. auch die Bemerkungen Hartungs unten im Brief Nr. 157.
[8] Paul Ritterbusch (1900–1945), Jurist und nationalsozialistischer Wissenschaftsfunktionär, o. Professor an den Universitäten Königsberg (1933–1935), Kiel (1935–1942) – dort von 1937 bis 1941 auch Rektor – und Berlin (1942–1945).

Westen geistig abzurechnen[1]. Platzhoff und Th. Mayer[2] besorgen das für die Geschichte; Hauptheld ist Heinrich VI.[3], weil er sogar den König von England zum Lehnsmann gemacht hat. Ich fürchte, wir blamieren uns nicht weniger als vor 25 Jahren mit Händler und Helden[4] und ähnlichem.

Ihre Warnung vor Grössenwahn kommt, wie ich fürchte, zu spät. Ich war gestern mit allerhand Kollegen zusammen und wunderte mich über die Unersättlichkeit. Der nächste Gegner ist Russland, das ja offenbar in den baltischen Provinzen jetzt die Maske hat fallen lassen und ganz russisch-bolschewistisch auftritt. Aehnliches berichtete Gamillscheg[5], der eben aus Rumänien zurückgekehrt ist, von der dortigen Gegend. Es mag sein, dass in der Zeit der Motorisierung und der Flugzeuge ein Marsch nach Moskau leichter durchzuführen ist als 1812. Aber wo wir die Menschen hernehmen sollen um alle unsere Protektorate usw. im Zaum zu halten, danach fragt anscheinend kein Mensch.

Dabei scheinen die Verluste im Westen doch sehr erheblich zu sein. Ich kenne nur wenige Familien, die noch nicht betroffen sind. Dass auch Sie dazu gehören als Onkel und als Lehrer, tut mir herzlich leid. Von Dozenten der Geschichte sind Wendt-Tübingen[6] und Schünemann-Kiel[7] gefallen. Schünemann ist ein besonders schwerer Verlust, weil er einer der ganz wenigen Historiker war, die sich mit den südosteuropäischen Fragen und Sprachen beschäftigten; er konnte sogar magyarisch. Dass er ausgerechnet nach Kiel geschickt wurde, ist eine der Unbegreiflichkeiten unseres Ministeriums.

---

[1] Ritterbusch organisierte seit 1940 den sog. „Kriegseinsatz der deutschen Geisteswissenschaften" (auch als „Aktion Ritterbusch" bezeichnet) in der Form von propagandistisch angelegten Fachtagungen und der Herausgabe von Sammelbänden; vgl. Frank-Rutger Hausmann: „Deutsche Geisteswissenschaft" im Zweiten Weltkrieg. Die „Aktion Ritterbusch" (1940–1945), Dresden 1998.

[2] Theodor Mayer (1883–1972), Historiker und Wissenschaftsorganisator, a. o. Professor an der Universität Wien (1922–1923), a.o./o. Professor an der Deutschen Universität Prag (1923/27–1930) und an den Universitäten Gießen (1930–1934), Freiburg i.Br. (1934–1938), Marburg (1938–1942), dort 1939–1942 Rektor; Präsident der in „Reichsinstitut für ältere deutsche Geschichtskunde" umbenannten Monumenta Germaniae Historica und zugleich Direktor des Deutschen Historischen Instituts in Rom (1942–1945), Honorarprofessor an der Universität Berlin (1942–1945).

[3] Heinrich VI. (1165–1197), römisch-deutscher Kaiser (1191–1197) und König von Sizilien (1194–1197) aus dem Geschlecht der Staufer. Heinrich ließ 1192 den auf der Rückreise von einem Kreuzzug befindlichen englischen König Richard I. Löwenherz (1157–1199) gefangen nehmen; dieser musste sich zwei Jahre später dem Kaiser als Lehnsmann unterwerfen; vgl. Alfred Haverkamp: Zwölftes Jahrhundert 1125–1198 (Gebhardt. Handbuch der deutschen Geschichte, 10. Aufl., Bd. 5), Stuttgart 2003, S. 161.

[4] Anspielung auf die „Kriegsschriften" deutscher Professoren während des Ersten Weltkriegs, hier besonders auf die antibritische Propagandaschrift von Werner Sombart: Händler und Helden. Patriotische Besinnungen, München/Leipzig 1915.

[5] Ernst Gamillscheg (1887–1971), Romanist, a.o./o. Professor an den Universitäten Innsbruck (1916/19–1925), Berlin (1925–1940) und Tübingen (1946–1956), Direktor des Deutschen Wissenschaftlichen Instituts in Bukarest (1940–1944).

[6] Siehe auch oben, Brief Nr. 132.

[7] Konrad Schünemann (1900–1940), Historiker, a. o. Professor für Mittelalterliche Geschichte an der Universität Kiel (1937–1940); er hatte sich 1927 an der Universität Berlin mit einer Arbeit über die Entstehung des Städtewesens in Südosteuropa habilitiert, die 1929 in Breslau erschien.

Nr. 142. An Siegfried A. Kaehler, 3. Juli 1940

Hintze ist Ende April nach kurzer Krankheit (Bronchitis) gestorben[1]; er war in den letzten Wochen gut versorgt, da sein Bruder, ein eben von der Praxis zurückgetretener Sanitätsrat aus Pyritz, mit Frau bei ihm wohnten[2]. Am 9. Mai fand in der schon halb ausgeräumten Wohnung eine Besprechung statt über die Herausgabe seiner gesammelten Aufsätze. Der Vertreter des Verlags Koehler & Amelang übernahm es, an Frau Hintze im Haag zu schreiben, ob sie einverstanden ist. Aber am 10. rückten unsere Truppen in Holland ein. So ist die Frau wieder zur Wanderung gezwungen, dabei ging es ihr schon im Winter ziemlich kümmerlich. Sie stand bis zuletzt in Verbindung mit ihrem Mann, hat auch seinen Tod noch erfahren. Das nächste Heft der Forschungen zur brandenburgisch-preussischen Geschichte wird einen ausführlichen Nachruf von mir bringen[3]. [...]

Morgen fangen die Schulferien an und dauern bis zum 23. August. Wir dagegen begnügen uns mit etwa fünf Wochen. Mein Kolleg über Verfassungsgeschichte des 19. Jahrhunderts werde ich wohl auch nicht mehr in der bisher üblichen Form halten. Und doch sehe ich im autoritären Staat, dem die nächste Zukunft wohl überall gehören wird, eigentlich nur einen neuen Akt in dem Drama der europäischen Verfassungsgeschichte, die immer wieder aus römischem Erbe neue Kraft holt. Karolingerreich, der Staat des späten Mittelalters, der Absolutismus der Neuzeit, der liberale Staat von 1789–1933, der totale Staat der Gegenwart, sie alle ruhen geistig auf römischem Erbe, das bald kirchlich, bald juristisch und heute wohl einfach machtpolitisch sich auswirkt. Die Römer haben freilich dies Erbe nie selber behaupten können. Auch in unseren Tagen sieht es ja so aus, als kämen die Italiener mit unserem „Fascismus" nicht mehr mit, wie ja auch die Saat Machiavellis mehr in Frankreich als in Italien Frucht getragen hat. Freilich, wer sollte es wagen, jetzt schon die Zukunft zu deuten! Sind unsere Protektorate dauernde Schöpfungen oder Eintagsfliegen à la cisalpinische und parthenopäische Republik?[4] Und wer kann die Rückwirkung der zweifellos gewaltigen Erschütterung des britischen Empires auf die Stellung Europas in der Welt ermessen. Würden wir den Nutzen haben, wenn das britische Empire auseinanderbräche, werden uns die holländischen Kolonien in Hinterindien zufallen und werden wir neben der europäischen Aufgabe die Kraft und die Menschen haben, die ganze Welt zu unterjochen. Ueber

---

[1] Otto Hintze starb nach kurzer Krankheit am 25. April 1940; zu seinen letzten Lebenstagen vgl. Neugebauer: Otto Hintze, S. 581 f.

[2] Dr. med. Konrad Hintze († 1945).

[3] Fritz Hartung: Otto Hintze, in: Forschungen zur brandenburgischen und preußischen Geschichte 52 (1940), S. 201–233; etwas verändert auch als „Einleitung" in: Otto Hintze: Gesammelte Abhandlungen, Bd. 1: Staat und Verfassung, hrsg. v. Fritz Hartung, Leipzig 1941, S. 5–23.

[4] Die Cisalpinische und die Parthenopäische Republik waren nach der Eroberung großer Teile Italiens durch französische Revolutionstruppen als „Tochterrepubliken", damit faktisch als Satellitenstaaten des revolutionären Frankreich gegründet worden; die Cisalpinische (später: Italienische) Republik bestand 1797–1802/05 in Norditalien und die Parthenopäische Republik 1799 kurzzeitig in Süditalien (Neapel ohne Sizilien); vgl. Rudolf Lill: Geschichte Italiens in der Neuzeit, 4. Aufl. Darmstadt 1988, S. 67 ff.

die Vereinigten Staaten finde ich unsere Presse auffallend still. Das scheint mir kein gutes Zeichen zu sein, wenn ich auch an ein unmittelbares Eingreifen nach dem Muster von 1917 nicht glaube, schon weil dazu militärisch keine Möglichkeit mehr besteht.

[...] Hoffentlich bleiben Ihnen, uns und unserm ganzen Volke neue grosse Opfer erspart. Allzu viel Intelligenz haben wir nicht mehr zu verlieren[1]. Überhaupt fehlt mir der Glaube, daß aus diesem Krieg eine schöne Zukunft Deutschlands erwachsen wird und kann. Und deshalb werde ich unserer Siege, so glanzvoll sie sind und so sehr ich die Leistungen von Heerführung und Soldaten bewundere, nicht recht froh.

Herzliche Grüße auch an Ihre Frau, an Frau Hasenclever und Frau Aubin!
Ihr Hartung

Nr. 143
An Richard Fester   Berlin, 18. September 1940

BAK N 1107, Nr. 45. – Hs. Original.

Hochverehrter, lieber Herr Geheimrat!

Der achtzigste Geburtstag pflegt nicht nur Anlaß zu guten Wünschen zu geben, sondern fordert in der Regel auch zu Rückblicken auf das Lebenswerk des Jubilars auf. An den guten Wünschen soll es auf meiner Seite nicht fehlen [...] Zugleich danke ich Ihnen für das wohlwollende Interesse, daß Sie mir von dem nun mehr als 34 Jahre zurückliegenden Beginn unserer Bekanntschaft an erwiesen haben und das ich seit langem als Freundschaft empfinden darf[2]. Trotzdem kann ich mich zum Rückblick auf Ihr Lebenswerk heute noch nicht entschließen. Gewiß ist dieses reichhaltig genug. Mit seltener Vielseitigkeit haben Sie die Wissenschaft durch Arbeiten aus allen Jahrhunderten seit dem späten Mittelalter bereichert; und wenn deren Umfang manchmal nicht sehr groß erscheint, so liegt das nicht daran, daß Sie nicht mehr hätten sagen können, sondern an der besonderen Kunst, auf knappem Raum nur Neues über ein Thema zu sagen, ohne das Bekannte nochmals breit zu treten. So ließe sich mancherlei über Sie sagen. [...] Sie gehören zu den besonders begnadeten Naturen, die bis ins Alter die Kraft und die Frische besitzen, um nicht nur mit der sich heute besonders rasch wandelnden Zeit mitzugehen, sondern auch sich am geistigen Kampf zu beteiligen. Ich bin sehr gespannt auf Ihre angekündigten neuen Schriften. Selbst etwas zu schreiben scheint mir eine neue und originelle, sicher auch nützlichere Form einer Festschrift zu sein als die bunten Sträuße, die sonst wohl bei solchen Gelegenheiten dem Jubilar gewidmet werden.

---

[1] Von hier ab handschriftlich.
[2] Der Beginn der Bekanntschaft datiert auf das Jahr 1906; siehe oben, Brief Nr. 1.

Nr. 143. An Richard Fester, 18. September 1940

Ich habe mich während des Krieges bisher darauf beschränkt, am laufenden Band der Trimester Vorlesungen und Seminare zu halten. Außerdem habe ich das Pech, daß zum ersten Mal in den 10 Jahren, die ich das Amt des stellvertr. Vorsitzenden des wiss. Prüfungsamts innehabe, der Vorsitzende schwer erkrankt ist und ich seit Monaten die Geschäfte dort zu leiten habe. So habe ich nicht viel Neues arbeiten können. Daneben habe ich einen Teil meiner alten Aufsätze in einem Buch vereinigt[1], das Ihnen dieser Tage zugehen wird. Hätte ich voraussehen können, daß das Erscheinen des Buches ungefähr mit Ihrem Geburtstag zusammenfällt, dann hätte ich Ihnen ein Exemplar mit persönlicher Widmung geschickt. Aber der Verleger[2] hat immer wieder erklärt, man könne heutzutage weder beim Druck noch beim Binden sich auf irgendwelche Termine verlassen; ich war deshalb sehr überrascht, als ich heute die ersten Exemplare bekam.

[...]

Die Fliegerangriffe waren nicht ganz so harmlos, wie die amtliche Berichterstattung angibt. Es sind doch auch kriegswichtige Betriebe (Reichsministerium des Innern, Siemenswerke u. a.) getroffen worden. Die Schäden sind aber, wie ich an einigen Stellen selbst gesehen habe, sehr gering, sodaß man sie meiner Ansicht nach ruhig zugeben sollte, statt durch die Verheimlichung, die angesichts so vieler Augenzeugen in Berlin (z. B. am Lehrter Bahnhof) doch nicht durchführbar ist, der Gerüchtemacherei Vorschub zu leisten. Mit dem, was wir in den Wochenschauen der Kinos aus Warschau, Rotterdam und sonst gesehen haben, lassen sich die hier entstandenen Sprengtrichter und abgebrannten Dachstühle nicht entfernt vergleichen. Offenbar können die Engländer bei der weiten Entfernung, die sie zu überwinden haben, nur verhältnismäßig kleine Bomben mitnehmen. Hoffen wir, daß das Wetter bald den großen Angriff auf England möglich mache und damit die Entscheidung herbeiführe.

Dieser Wunsch gilt besonders Ihnen. Ruhige Zeiten werden wir wohl nicht so bald zu erwarten haben. Denn bis die aus den Fugen geratene Welt endgültig neu zusammengefügt sein wird[3], vergehen wohl noch viele Jahre. Aber die kleinen Unannehmlichkeiten der Lebensmittelkarten, der Verdunkelung, der Kohlenknappheit sind gerade für ältere Leute sehr fühlbar.

Die Hauptsache aber ist, daß Sie die Elastizität behalten, die Sie in allen Wechselfällen des Lebens bis heute gezeigt haben. Darin ist alles beschlossen, was ich Ihnen zum 80. Geburtstag wünschen kann.

Mit herzlichen Grüßen von Haus zu Haus
                        Ihr dankbar ergebener
                              Fritz Hartung

---

[1] Fritz Hartung: Volk und Staat in der deutschen Geschichte. Gesammelte Abhandlungen, Leipzig 1940.
[2] Der Band erschien im Verlag Koehler & Amelang.
[3] Ungenaues Zitat aus Shakespeares „Hamlet", I, 5: „Die Zeit ist aus den Fugen; Schmach und Gram/ Daß ich zur Welt, sie einzurichten, kam!" (Übersetzung von Schlegel-Tieck).

Nr. 144
An Willy Andreas   Berlin, 21. Dezember 1940

      GLA Karlsruhe 69 N, Nr. 848. – Masch. Original.

Verehrter Herr Andreas!

    Mit der Zusendung Ihrer Aufsatzsammlung „Geist und Staat" haben Sie mir eine grosse Freude bereitet[1]. Ich kenne wohl viele der darin gedruckten Aufsätze, am besten den über Marwitz, der meinem Arbeitsgebiet am nächsten liegt und mir gleich bei seinem ersten Erscheinen in der HZ starken Eindruck gemacht hat. Auch „Maria Theresia" habe ich vor Jahren bereits mit Nutzen gelesen und werde ich jetzt gern noch einmal durcharbeiten, denn ich sehe es, so wenig ich geneigt bin, bloss der Konjunktur zu folgen, als meine wissenschaftliche und vor allem akademische Pflicht an, mein altüberliefertes Preussentum – ich bin preussischer Beamtensohn trotz dem süddeutschen Einschlag von der Mutter her – nach der gesamtdeutschen Seite zu erweitern und dem österreichischen Element unserer Geschichte nach Möglichkeit gerecht zu werden. Auch die andern Aufsätze werde ich gern nochmals lesen. Ich hoffe ja immer noch, bald die Zeit für die Ausarbeitung einer Darstellung der neueren Verfassungsgeschichte zu gewinnen. Und gerade der mit dem Worte „Geist" angedeutete Teil Ihrer Arbeiten kann meine staatliche Einseitigkeit befruchten.

    Für die Gesamtsituation unserer Wissenschaft und zumal für das Urteil der Verleger über die Erfolgsaussichten ihrer Produktion scheint es mir sehr bezeichnend, dass augenblicklich die Neuauflagen und Neudrucke älterer schon vor 1933 erschienener Werke stark überwiegen.

    Als dem ersten Nachfolger Hintzes[2] lege ich Ihnen meinen eben erschienenen Nachruf auf Hintze[3] bei. Zu S. 209 Anm. 1 kann ich bemerken, dass Koehler & Amelang bereit sind, die Aufsätze Hintzes herauszubringen. Auch zwei im Antiquariat von Weber entdeckte bisher ungedruckte Akademieabhandlungen (vgl. S. 225) sollen im Einvernehmen mit den überlebenden Brüdern darin erscheinen. Aber die ganze Sache ist von der Genehmigung der Parteiamtlichen Prüfungskommission abhängig. Und diese scheint Bedenken dagegen zu haben, sich positiv auszusprechen[4].

    Mit nochmaligem Dank und den besten Weihnachts- und Neujahrsgrüssen und -wünschen für Sie und Ihre verehrte Frau Gemahlin

                    Ihr sehr ergebener
                      Hartung

---

[1] Willy Andreas: Geist und Staat. Historische Porträts, Leipzig 1940.
[2] Willy Andreas hatte für ein Jahr (1922–1923) den Berliner Lehrstuhl Otto Hintzes als dessen direkter Nachfolger innegehabt; Andreas folgte schon 1923 einem Ruf nach Heidelberg und machte dadurch den Weg für die Berufung Hartungs nach Berlin frei.
[3] Siehe oben, Brief Nr. 142.
[4] Siehe dazu unten, Briefe Nr. 147, 157.

Nr. 145

An Richard Fester   Berlin, 22. Dezember 1940

BAK N 1107, Nr. 246. – Hs. Original.

Hochverehrter lieber Herr Geheimrat!

Meine Schreibfaulheit ist allmählich so gewachsen, daß ich besonderer Anlässe bedarf, um sie zu überwinden. Das Zusammentreffen von Weihnachten mit dem Erscheinen meines anliegenden Nachrufs auf Hintze hat mir diesen Stoß gegeben, und so benutze ich den stillen Sonntagabend – hoffentlich bleibt er still und ungestört von Fliegern –, um Ihnen endlich für Ihren Brief vom 25. September[1] zu danken. Sie haben darin das Problem der Ehe von Hintze angeschnitten. Ich habe es in dem Nachruf absichtlich übergangen, nur am Ende mit dem Hinweis auf die Einsamkeit zart angedeutet. Ich glaube, daß er die Anbeterin von Aulard[2] nie geheiratet haben würde. Aber sie hat sich zunächst mit der Anpassungsfähigkeit ihrer Rasse ganz als hingebende Schülerin gezeigt und seine Ideen aufgenommen; auch hat wohl weniger er sie als vielmehr sie ihn geheiratet. Ihr Gedanke war dabei wohl, eine Rolle in Hintzes gelehrtem „Salon" zu spielen, den sie mit offenen Nachmittagen groß und elegant aufzog. Als Hintze krank wurde, ist sie dann geistig ihre eigenen Wege gegangen, zu Aulard und Henri Sée[3], politisch ganz zur Demokratie und zum Pazifismus. Er ist, als er sich seit 1922 wieder allmählich erholte und auf sich selbst besann, diesen Weg nicht mitgegangen und hat gelegentlich in ihrer Gegenwart sich sehr ablehnend zu ihren Ideen geäußert. Seit 1933 war sie meist getrennt von ihm, zuletzt lebte sie in Holland, wo sie auch heute noch ist. Hintzes Freunde und Schüler haben ihr nie verziehen, daß sie, statt ihren Mann bei seinen Arbeiten zu unterstützen, lieber eigene Artikel schrieb und ihn allein ließ, selbst als sie noch bei ihm wohnte. Er selbst hat aber nie ein Wort darüber fallen lassen[4].

---

[1] Nicht überliefert.
[2] François Alphonse Aulard (1849–1928), französischer Historiker, seit 1887 Professor an der Pariser Sorbonne, Spezialist für die Geschichte der Französischen Revolution. Die deutsche Übersetzung seines Hauptwerks wurde von Hedwig Hintze eingeleitet: A[lphonse] Aulard: Politische Geschichte der Französischen Revolution. Entstehung und Entwicklung der Demokratie und der Republik 1789–1804, Bde. 1–2. Berechtigte Verdeutschung von Friedrich von Oppeln-Bronikowski, München/Leipzig 1924 (Hedwig Hintzes Einleitung in Bd. 1, S. IX–XV).
[3] Henri Eugene Sée (1864–1936), französischer Wirtschaftshistoriker, Professor an der Universität Rennes (1893–1920).
[4] Aufschlussreich ist Festers erhalten gebliebener Antwortbrief vom 30.12.1940 (SBBPK, Nl. F. Hartung, K 111) auf dieses Schreiben, in dem sein massiver Antisemitismus zum Ausdruck kommt: „Ihr Nachruf auf Hintze ist der liebevollste Nachruf, den ich je gelesen habe und reiht sich dem Artikel über Schmoller so wundervoll an, daß es Ihrem künftigen Biographen leicht gemacht ist, die Entwicklungslinien von Schmoller zu Hintze und von Hintze zu Ihnen zu ziehen. Wissenschaftlich ist er lückenlos. Die menschliche Ergänzung giebt [sic] Ihr Brief, dem ich doch entnehme, daß die Männlichkeit dieses starken kritischen Denkers einen Knacks hatte, als er sich von dieser Jüdin heiraten ließ. Faktisch,

Zur Herausgabe seiner Aufsätze ist der Verlag Koehler u. Amelang bereit. Aber die amtlichen Stellen machen noch Schwierigkeiten wegen der jüdischen Versippung. Das Unangenehmste dabei ist, daß sie, um keine Verantwortung übernehmen zu müssen, sich jeder Äußerung enthalten. Und der Verlag scheut das Risiko des Drucks ohne vorherige ausdrückliche Genehmigung.

[...]

Mit den Fliegern haben wir bisher Glück gehabt, auch vor acht Tagen, als der Bahnhof Zehlendorf West getroffen und ringsum alle Fensterscheiben zerstört wurden. A. O. Meyer mußte in der gleichen Nacht seine Wohnung räumen wegen Blindgängergefahr. Der militärische Sinn der englischen Angriffe ist mir nicht klar; der Sachschaden ist ganz unbedeutend, auch unsere Bahn war nur ein paar Stunden unterbrochen und fuhr am zweiten Tag schon wieder normal. Auch die moralische Wirkung ist, so weit ich es beurteilen kann, nicht sehr groß. Auf der andern Seite habe ich freilich auch den Eindruck, als ob wir mit der Luftwaffe allein England nicht klein kriegen könnten.

[...]

Meine Frau und ich wünschen Ihnen und den Ihrigen schöne Festtage und ein gesegnetes neues Jahr.
     In alter Verehrung
          Ihr sehr ergebener F. Hartung.

---

wenn auch nicht rechtlich, war er doch von ihr geschieden, als er inne wurde, was sie während seiner Krankheit unter Mißbrauch seines Namens angerichtet hatte und ein Veto gegen eine Sammlung seiner Aufsätze wäre m. E. ausgeschlossen wenn der entscheidenden Instanz dieser Sachverhalt bekannt wäre. Beachten Sie, wie er in dem Aufsatz Nationalität und Rasse Gobineau und Chamberlain charakterisiert. Gobineau klassisch und Frank hätte sich wirklich einen Neudruck der Schemannschen Übersetzung sparen können. Bei Chamberlain weicht er dagegen dessen centraler Auseinandersetzung mit dem Judentum aus, weil das Judentum für ihn tabu ist. Die Folgen der geistigen Beschneidung hat kein Deutscher so tragisch büßen müssen wie er". – Die letzten Bemerkungen Festers beziehen sich auf Otto Hintzes zuerst 1903 in der Zeitschrift „Das Deutschtum im Auslande" publizierten und 1908 erneut abgedruckten Aufsatz „Rasse und Nationalität und ihre Bedeutung für die Geschichte", in: Otto Hintze: Historische und politische Aufsätze, Bd. 4, Berlin o. J. [1908], S. 160–182, sowie in: derselbe: Gesammelte Abhandlungen, Bd. 2: Soziologie und Geschichte. Gesammelte Abhandlungen zur Soziologie, Politik und Theorie der Geschichte, hrsg. und eingel. v. Gerhard Oestreich, Göttingen 1964, S. 46–65. Da Hintze seiner späteren Frau Hedwig Guggenheimer, mit der er sich 1912 verlobte, erst um 1910/11 als Studentin begegnete, ist Festers Behauptung vollkommen abwegig.

Nr. 146
An Gerhard Ritter   Berlin, 30. Dezember 1940

BAK N 1166, Nr. 130. – Masch. Original.

Lieber Herr Ritter!

Zunächst danke ich Ihnen bestens für die freundliche Auskunft[1] in Sachen Ganser[2]. Weitere Bemühungen Ihrerseits sind nicht nötig. Was von hier aus geschehen kann, um eine durch Leistungen noch nicht gerechtfertigte Berufung zu verhindern, ist getan worden. Dass die Entscheidung nach sachlichen Gesichtspunkten getroffen werden wird, wage ich nicht zu hoffen.

Ferner möchte ich Ihnen nochmals für „Machstaat und Utopie"[3] herzlich danken. Ich habe das Buch in diesen Tagen mit sehr starker Anteilnahme gelesen. Das historische Problem, mit dem es sich befasst, beschäftigt mich auch seit längerer Zeit, wenn auch von anderem Ausgangspunkt her, vom Institutionellen aus. Ich habe die Frage, wie der Missbrauch der fürstlichen Gewalt im Staate verhindert werden könne und wie die dagegen geschaffenen Institutionen (Stände, Parlamentarismus) am Missbrauch der ihnen eingeräumten Macht verhindert werden können, gerade auch im Hinblick auf unsere eigene Zeit erforscht. Ein vorbereitendes Teilstück meiner Untersuchungen habe ich neulich in der Akademie vorgetragen[4]; es wird als Abhandlung Ihnen eines Tages zugehen (die Krone als Symbol der monarchischen Gewalt im späten MA). Auch die Trennung der insularen von der kontinentalen Verfassungsentwicklung ist ein Problem, das mich namentlich unter dem Gesichtspunkt: wie kann eine allgemeine Verfassungsgeschichte der neueren Zeit disponiert werden? viel beschäftigt. Deshalb hat mich alles, was Sie über Machiavell und Morus und über die Dämonie der Macht sagen, wissenschaftlich stark angeregt. Wie viel menschlich-politische Gegenwarts- und Zukunftssorge darin mitschwingt, habe ich natürlich auch gespürt. Ich würde mich gern über all diese Dinge einmal mit Ihnen aussprechen, sehe leider keine Gelegenheit dazu. Einen Aufenthalt in St. Blasien habe ich erfreulicherweise nicht nötig[5]. Und zur Mobilisierung der Geschichtswissenschaft, die im vergangenen Frühsommer hier mit

---

[1] Der Brief Ritters ist nicht überliefert.
[2] Gemeint ist vermutlich Wilhelm Hubert Ganser (1907-?), ein Schüler von Willy Andreas, der sich 1940 bei Paul Schmitthenner in Heidelberg mit einer kriegsgeschichtlichen Arbeit habilitierte. Ganser wurde von dort nicht wegberufen, sondern lehrte bis 1945 an der Universität Heidelberg; vgl. Eike Wolgast: Mittlere und Neuere Geschichte, in: Wolfgang U. Eckart/Volker Sellin/Eike Wolgast (Hrsg.): Die Universität Heidelberg im Nationalsozialismus, Heidelberg 2006, S. 491–516, hier S. 498.
[3] Gerhard Ritter: Machstaat und Utopie. Vom Streit um die Dämonie der Macht seit Machiavelli und Morus, München/Berlin 1940; seit der 5. Aufl. (Stuttgart 1948) erschien das Buch mit dem Titel: Die Dämonie der Macht. Betrachtungen über Geschichte und Wesen des Machtproblems im politischen Denken der Neuzeit.
[4] Siehe oben, Brief Nr. 139.
[5] Nach seiner schweren Erkrankung im Sommer 1934 hatte Hartung bis März 1935 insgesamt fast neun Monate Kuraufenthalt in einem Sanatorium in St. Blasien verbringen müssen.

einer grossen Tagung unter Leitung von Ritterbusch-Kiel eingeleitet worden ist[1], ohne dass sie bisher greifbare Resultate ergeben hätte, hat man Sie anscheinend nicht aufgefordert.

Der anliegende Nachruf auf Hintze[2] gibt Ihnen vielleicht eine willkommene Uebersicht über seine wichtigsten Schriften. Eine Bibliographie habe ich nicht beigegeben, weil ich keine genügenden Unterlagen hatte, um sie einigermassen vollständig zu machen. Für die geplante Sammlung der Aufsätze habe ich bereits einen Verlag, aber es fehlt noch die Zustimmung der Parteiamtlichen Prüfungskommission, ohne die der Verlag bei der jüdischen Versippung Hintzes an den Druck nicht herangehen will[3]. Ich habe im Nachruf mit voller Absicht die Frau und die sich daraus ergebenden Schwierigkeiten – Hintze musste aus der Akademie ausscheiden, sie hat von seinem Tode auch keinerlei Notiz genommen – übergangen. Die Frau lebt in Holland.

Zum Schluss nochmals besten Dank für Ihren Brief und Ihr Buch und herzliche Wünsche für Sie und die Ihrigen zum neuen Jahr!
  Ihr
  Hartung

Nr. 147
An Willy Andreas   **Berlin, 22. Januar 1941**

GLA 69 N, Nr. 848. – Masch. Original.

Verehrter Herr Andreas!

Besten Dank für Ihren Brief[4] [...].

Dass Sie Hintze nicht so herb wie ich in Erinnerung haben, mag damit zusammenhängen, dass Sie für ihn nicht so sehr Schüler waren wie ich. Dass

---

[1] Siehe oben, Brief Nr. 142 und unten, Brief Nr. 148.
[2] Siehe oben, Brief Nr. 142.
[3] Siehe unten, Briefe Nr. 147, 157.
[4] Willy Andreas an Fritz Hartung, Heidelberg, 13.1.1941 (SBBPK, Nl. F. Hartung, K 111): „Vielen Dank für Ihren Nachruf auf Hintze: ich sehe Persönlichkeit und Werk ähnlich. Nur habe ich – trotz starker Verschiedenheit unserer Naturen – ihn gar nicht so sehr von seiner herben Seite kennen lernen [sic]. An den Theenachmittagen in seinem Hause war er oft geradezu gütig zu uns, immer aber imponierend. Mein Versuch ihn 1939 kurz vor Kriegsausbruch zu besuchen, schlug leider fehl, da er gerade nicht empfangen konnte in seiner damaligen Situation. Seinen Tod erfuhr ich durch Zufall – monatelang später durch Dr. Fratzscher! Möge doch der Plan, Hintzes Aufsätze herauszugeben, gelingen! Ich wünsche dies von Herzen und traure der Vernichtung seiner allgemeinen vergleichenden Verfassungsgeschichte sehr nach. Sie wäre noch wichtiger gewesen! Darf ich Sie vielleicht bitten, da Sie die mir unbekannten Brüder Hintzes kennen und ich um Anschrift und Nachlaßverwaltung nicht Bescheid weiß, den betr. Herrn um gütige Rücksendung meiner an Hintze geschriebenen Briefe anzugehen; ich möchte sie denn doch nicht gerne in ganz fremden Händen wissen". – Dr. Arnold Fratzscher (1900–1975) war als auf die historischen Wissenschaften spezialisierter Verlagslektor bei den Fachverlagen Koehler & Amelang (Leipzig), später: F. K. Koehler, Stuttgart) sowie Vandenhoeck & Ruprecht (Göttingen) tätig.

er im Verkehr, namentlich mit Damen, etwas sehr Verbindliches hatte, habe ich auch gemerkt. Aber das ist nicht nur mir, sondern manchen von seinen ihm nahestehenden Schülern so gegangen, in uns sah er immer in erster Linie die Schüler. Aber auch in den Sitzungen der Historischen Kommission für Brandenburg hatte er das Unnahbare und oft auch etwas Abweisendes. Zum letzten Mal war ich Anfang 1940 bei ihm.

Für die Aufsätze ist Koehler & Amelang gern bereit, sogar zu drei Bänden, allg. Verfassungsgeschichte, preussische Geschichte, Methodologie. Die einzige Schwierigkeit ist die Parteiamtliche Prüfungskommission, ohne deren Zustimmung der Verlag nicht drucken will. Das Ms der allg. Verfassungsgeschichte ist einstweilen nicht vernichtet sondern ruht bei einer Bank. Das haben Meinecke und ich mit den Brüdern vereinbart. Hintzes Anordnung, es zu vernichten, ist wohl darauf zurückzuführen, dass ein Verlag (Teubner?), mit dem er vor Jahren verhandelt hat, eine Kürzung auf ein Zehntel verlangte; einer solchen Verstümmelung zog Hintze die Vernichtung vor. Ich glaube aber, eine vollständige Veröffentlichung wäre schon in seinem Sinn, und ich möchte, wenn ruhige Zeiten kommen sollten, versuchen, ob ein Verlag dafür zu finden sein wird und ob der Druck juristisch möglich sein wird.

Der handschriftliche Nachlass befindet sich bei dem ältesten Bruder, Sanitätsrat Dr. K. Hintze in Pyritz (Pommern) Holstenstr. 3. Es ist meiner Ansicht nach besser, wenn Sie wegen Ihrer an Hintze gerichteten Briefe unmittelbar an ihn schreiben. Ob die Briefe noch vorhanden sind, ist mir zweifelhaft. Die Auflösung des Haushalts vollzog sich sehr überhastet. Unter den Büchern, die das Antiquariat Weber[1] gekauft hat, befanden sich allerhand Manuskripte, z. B. ein Teil der allg. Verfassungsgeschichte und die in meinem Nachruf als verloren bezeichneten Akademie-Vorträge. Weber war so anständig, mich durch Frauendienst davon in Kenntnis setzen zu lassen und alles an den Bruder zurückzugeben. Sie sehen daraus, dass der Bruder, der mit seiner Frau sich um die letzten Wochen von Hintze gewisse Verdienste erworben hat, für den handschriftlichen Nachlass keine besondere Sorge getragen hat.

Morgen Abend fahre ich für einige Tage nach Polen; ein Divisionskommandeur[2], der s. Zt. als Major im Hinblick auf die Möglichkeit einer frühzeitigen Verabschiedung den Doktor bei Vogel[3] und mir gemacht hat, hat mich eingeladen, in einigen Garnisonen zum Geburtstag Friedrichs des Grossen zu sprechen. Es schneidet etwas ungeschickt in den Semesteranfang hinein, aber die Aufgabe reizt mich, und so habe ich zugesagt.

Ihre Zweifel an der vollen Entscheidung im Jahre 1941 teile ich durchaus. Unsere Generation ist wohl im Weltkrieg zu oft in dieser Beziehung enttäuscht

---

[1] Das auf Geschichts- und Geisteswissenschaften spezialisierte, vorzugsweise Gelehrtenbibliotheken ankaufende Berliner Antiquariat W. Weber befand sich in der Französischen Straße 21 in Berlin-Mitte.
[2] Hans (Johannes) Mundt (1886–1970), Offizier, bis Sommer 1941 Kommandeur der 168. Infanterie-Division im Rang eines Generalleutnants.
[3] Walther Vogel (1880–1938), Historiker und Geograph, a.o./o. Professor für Staatskunde und Historische Geographie an der Universität Berlin (1917/21–1938).

worden, als dass wir noch sehr optimistisch hinsichtlich der Dauer des Krieges sein könnten.

    Mit besten Grüssen
          Ihr F. Hartung

Nr. 148
An Gerhard Oestreich   Berlin, 16. Februar 1941

    SBBPK, Nl. F. Hartung, K. 50/6. – Masch. Durchschlag.

Lieber Herr Oestreich!

Dem eiligen Brief vom 5.[1] lasse ich heute den versprochenen ausführlichen Bericht folgen. Ich beginne mit Nürnberg[2], weil da auch über Sie und Schmitthenners Angriff gesprochen worden ist[3]. Das Urteil über Ihren Aufsatz war nicht ganz einheitlich. Manche, z. B. Ritter, traten sehr warm für ihn ein, andere meinten, das von Ihnen entwickelte Programm der Wehrgeschichte sei zu weit gefasst. Aber einhellig war die Entrüstung über Schmitthenners Angriff und seine ganze Kampfesweise, einhellig auch die Kritik an der Redaktion der HZ, die eine solche unfruchtbare Polemik zum Druck nimmt[4]. Denn abgesehen vom Ton – der Sozialdemokrat Mehring[5] sprach einmal mit Recht über den in seiner Partei üblichen Sauherdenton – ist Schm.s Artikel unerfreulich, weil er die Sache nicht um einen Millimeter weiterbringt. Das empfinden diejenigen, die weder mit Ihnen noch mit mir irgendwie verknüpft sind, natürlich besonders lebhaft. Ihnen könnte es gleichgültig sein, wenn ein junger Mann

---

[1] Nicht überliefert.
[2] Vom 7. bis 8.2.1941 fand in Nürnberg eine Tagung deutscher Historiker im Rahmen des von Paul Ritterbusch initiierten „Kriegseinsatzes der deutschen Geisteswissenschaften" statt; die Tagung stand unter dem Oberthema „Deutschland und die europäische Ordnung"; vgl. zum Ablauf und zum Teilnehmerkreis Hausmann: „Deutsche Geisteswissenschaft" im Zweiten Weltkrieg, S. 181–185. – Hartung hielt am 7. Februar einen Vortrag über „Die Ausbildung des absoluten Staates in Preußen und Österreich". Sieben Vortrage, darunter derjenige Hartungs, wurden im Sammelband „Das Reich und Europa", Leipzig 1941, versehen mit einem Geleitwort von Paul Ritterbusch, veröffentlicht.
[3] Auch Gerhard Oestreich war 1940/41, wie zuvor sein Lehrer Hartung im Jahr 1939 (siehe oben, Brief Nr. 134), in einen Konflikt mit dem nationalsozialistischen „Wehrwissenschaftler" Paul Schmitthenner geraten: Auf Oestreichs Aufsatz: Vom Wesen der Wehrgeschichte, in: Historische Zeitschrift 162 (1940), S. 231–257, reagierte Schmitthenner mit scharfer (vermutlich erneut gegen Oestreichs akademischen Lehrer zielender) Polemik: Wehrpolitik, Wehrpolitische Geschichte, Wehrgeschichte. Entgegnung und Entwirrung, in: ebenda 163 (1941), S. 316–327. Oestreich antwortete abschließend: Nachwort zu Schmitthenners „Wehrpolitik, Wehrpolitische Geschichte, Wehrgeschichte", in: ebenda 163, S. 231–257.
[4] Karl Alexander von Müller und Walther Kienast mussten sich als die verantwortlichen Herausgeber der Historischen Zeitschrift für die Aufnahme der Schmitthennerschen Polemik scharfe Kritik seitens führender Fachvertreter gefallen lassen; vgl. Matthias Berg: Karl Alexander von Müller, S. 257 f.
[5] Franz Mehring (1846–1919), sozialdemokratischer Politiker, Theoretiker und Schriftsteller.

eines auf den Kopf kriegt; denn wenn er einen guten Kopf hat, wird er sich schon wehren. Aber man will doch aus der Lektüre der HZ irgend einen positiven Gewinn haben, und der fehlt bei dieser Art der Polemik ganz.

In Nürnberg waren nur bereits dozierende Historiker anwesend. Damit war das Reichsinstitut von Frank ausgeschaltet. Etwa 100 Kollegen waren anwesend. Mir war es sehr angenehm, viele alte Freunde und Bekannte einmal wiederzusehen, auch einen Teil des jungen Nachwuchses kennen zu lernen. Dass die Wissenschaft als Ganzes von der Tagung einen die Kosten einigermassen lohnenden Vorteil haben wird, glaubt wohl niemand von den Teilnehmern. Die Vorträge waren sehr ungleichartig; auf das rollende Pathos von Rörig folgte Theodor Mayer mit trockenster Sachlichkeit, die aus den Itineraren der deutschen Könige das Wesen des ma. Königtums abzuleiten versuchte[1]. Sehr hübsch war der Vortrag von C. Schmitt, der den Souveränitätsbegriff als raumgebunden aus dem Wesen der Landratten ableitete und demgegenüber den „Leviathan" England als das Seeungeheuer schilderte[2]. Auf der Heimfahrt bat mich C. Schmitt zum ersten Mal seit meinem Artikel in der HZ um eine Unterredung, die zwar unsern alten Streit[3] nicht berührte, sonst aber anregend und befriedigend verlief.

Vorher war ich, wie ich Ihnen geschrieben habe, ein paar Tage in Polen gewesen, um bei General Mundt[4], der vor bald 10 Jahren bei Vogel[5] und mir den Doktor mit einer von B. Schulze[6] zerpflückten Arbeit über die Strassen in der Mark Brandenburg gemacht hat[7], Vorträge über preussisch-deutsche Schicksalskriege zu halten. Ich habe nicht allzu viel von Polen zu sehen bekommen, von Warschau nur den Bahnhof, dann Radom, Kielce, Krakau, wo es zu kalt war, um irgend etwas zu unternehmen, zuletzt Tschenstochau mit der schwarzen Mutter Gottes[8]. Obwohl es sehr nett war, im Kreise der Offiziere zu sein, bin ich nicht gerade begeistert abgereist. Ich war erstaunt über den Pessimismus, mit der man der Dauer des Krieges entgegensieht, und über den scharfen Gegensatz zwischen Wehrmacht und Zivilverwaltung. Das feierlich eingeweihte „Deutsche Haus" in Radom darf von Angehörigen der Wehrmacht nicht betre-

---

[1] Die Vortragsthemen waren: Fritz Rörig: Mittelalterliches Kaisertum und die Wende der europäischen Ordnung (1197); Theodor Mayer: Das deutsche Königtum und sein Wirkungsbereich, beide in: Das Reich und Europa, S. 22–50, 51–63.

[2] Carl Schmitt: Staatliche Souveränität und freies Meer, in: Das Reich und Europa, S. 79–105.

[3] Siehe dazu oben, Brief Nr. 113.

[4] Siehe oben, Brief Nr. 147.

[5] Hartung schreibt versehentlich: „Vogle".

[6] Berthold Schulze (1904–1963), Landeshistoriker und Archivar am Preußischen Geheimen Staatsarchiv (1930–1963).

[7] Hans Mundt: Die Heer- und Handelsstraßen der Mark Brandenburg vom Zeitalter der Kolonisation bis zum Ende des 18. Jahrhunderts, Berlin 1932. Die sehr kritische Rezension dieses Buches durch Berthold Schulze, auf die Hartung hier anspielt, findet sich in: Forschungen zur brandenburgischen und preußischen Geschichte 45 (1933), S. 201f.

[8] Das Gnadenbild der „Schwarzen Madonna" von Tschenstochau gilt bis heute als polnisches Nationalheiligtum.

ten werden¹. Ueberhaupt zeigt sich an vielen Stellen die Kehrseite der Unterbindung jeder Meinungsäusserung. Ist es wirklich notwendig, dass, nachdem W. Frank in München sein Forschungsinstitut für die Judenfrage mit einer Riesenbibliothek errichtet hat, in Frankfurt unter dem Schutz von Rosenberg eine zweite Judenbibliothek errichtet wird, an deren Spitze Herr Grau, der von Frank hinausgeworfen worden ist – ob mit oder ohne triftigen Grund, kann ich nicht beurteilen – gestellt worden ist². Ich las die Frankfurter Gründung vor etwa acht Tagen in der Zeitung. Das Münchner Institut, das schon vor 4 Jahren gegründet worden ist, hat die Oeffentlichkeit natürlich längst vergessen. Aber eine zweckmässige Verwendung öffentlicher Mittel kann ich darin nicht sehen.

Selbst auf die Gefahr hin, dass Sie einstweilen keine Zeit zur Lektüre haben, schicke ich Ihnen meine Abhandlung über die Krone³.

[...] Meiner Frau und mir geht es gut; da wir seit fast zwei Monaten keinen Alarm mehr gehabt haben, haben sich die Nerven sehr ausgeruht.

Herzliche Grüsse!

Nr. 149
An Richard Fester   Berlin, 16. März 1941
        BAK N 1107, Nr. 246. – Hs. Original.

Sehr verehrter und lieber Herr Geheimrat!

Die anliegende Arbeit⁴ möchte ich nicht als Drucksache an Sie schicken, sondern damit den Dank für Ihren inhaltsreichen Brief vom 30. Dezember⁵ und für die darin ausgesprochenen Wünsche zum Neuen Jahr, von dem nun auch schon beinahe ein Viertel verstrichen ist, verbinden.

Mein Leben ist in den letzten Wochen etwas bewegter geworden als sonst seit Kriegsbeginn. Ende Januar war ich auf Einladung eines Divisionskommandeurs, der 1931 etwa als Major bei mir promoviert hat⁶, einige Tage in Polen, um dort vor Offizieren über „preußisch-deutsche Schicksalskriege" zu sprechen. Die Eindrücke waren nicht restlos erfreulich. Das, was ich über die Wehrmacht unmittelbar sah und hörte, war wohl befriedigend, lebhafte geistige

---

¹ Die sog. „Deutschen Häuser", die ab 1940/41 in den wichtigsten Städten des Generalgouvernements Polen eingerichtet wurden, darunter auch in Radom, waren ausschließlich den Angehörigen der dort lebenden deutschen Minderheit zugänglich und sollten als Gemeinschaftseinrichtungen der Förderung des kulturellen und gesellschaftlichen Lebens dienen; vgl. Hans-Christian Harten: De-Kulturation und Germanisierung. Die nationalsozialistische Rassen- und Erziehungspolitik in Polen 1939–1945, Frankfurt a. M./New York 1996, S. 181.
² Siehe oben, Brief Nr. 130.
³ Siehe oben, Brief Nr. 139.
⁴ Es handelt sich vermutlich um Hartungs – in seiner Korrespondenz bereits mehrfach erwähnte – Akademieabhandlung: Die Krone als Symbol der monarchischen Herrschaft im ausgehenden Mittelalter; siehe oben, Brief Nr. 139.
⁵ Richard Fester an Fritz Hartung, 30. Dezember 1940, in: SBBPK, Nl. F. Hartung, K. 111.
⁶ Siehe oben, Brief Nr. 148.

Nr. 149. An Richard Fester, 16. März 1941

Weiterarbeit der Offiziere, Zufriedenheit mit der Stimmung der Mannschaften. Aber meine Vermutung, daß der Krieg noch lange dauern wird, wurde nicht nur nicht entkräftet, sondern eher bestärkt. Und für die Zukunft erweckt auch der schroffe Gegensatz zwischen Heer und Zivilverwaltung (SS) keine erfreulichen Aussichten. Vom Lande selbst habe ich wenig gesehen, das einzige interessante Polnische war die Schwarze Mutter Gottes von Tschenstochau.

Bald darauf war Kriegstagung der Historiker in Nürnberg[1]. Da zwischen dem Verband deutscher Historiker (Platzhoff und Th. Mayer-Marburg) und W. Frank Rivalität besteht, waren nur Dozenten von Universitäten eingeladen (Eingeladen in des Worts verwegenster Bedeutung, denn die Notgemeinschaft[2] zahlte Reise und Aufenthalt). Rund 100 Leute waren gekommen. Und es war erfreulich, nach langer Pause alte Freunde wiederzusehen, und nützlich, einige vom Nachwuchs, z. T. in Uniform, kennen zu lernen. Aber als Ganzes war die Tagung von vornherein unglücklich angelegt. Sie sollte den „Einsatz" der Geschichtswissenschaft im Kriege vorbereiten. Zu diesem Zweck sollten die Vorträge dienen. Aber keinem der Vortragenden, zu denen ich auch gehörte, war darüber auch nur das Leiseste gesagt worden. Infolgedessen liefen die Vorträge nach allen Richtungen auseinander. Und daß sie nun unter einem gemeinsamen Titel (etwa: Das Reich und Europa) als Buch gedruckt werden, wird ihnen die mangelnde innere Einheit auch nicht gerade verschaffen. Sie boten nur Anlaß zu mehr oder minder guten Witzen. Als z. B. Übersberger sein Thema „England und Rußland" zur Mitteilung von allerhand geheimen Beziehungen zwischen englischen Gesandten und Courtisanen benutzte[3], wurde dem Heidelberger Kollegen Ernst, dem Herausgeber der Zeitschrift „Welt als Geschichte" geraten, ein Beiheft „Halbwelt als Geschichte" zu veröffentlichen. Und zu dem Vortrag von Rörig, der Heinrich VI. als Wegbereiter der Achse und der heutigen Anwesenheit deutscher Truppen feierte, sagte ein Jurist: „Es fehlte nur, daß der frühe Tod Heinrichs VI. dem englischen secret service zur Last gelegt wurde".

Fast drei Monate lang haben wir hier sehr friedlich gelebt. Erst am Mittwoch hatten wir wieder englischen Fliegerbesuch. Das Schlimmste dabei sind meiner Ansicht nach die aufgeregten Leute vom Luftschutz, die dauernd mit neuen Vorschriften kommen und dabei die ruhige Bevölkerung nervös machen. Schlimmer hat es meine Frau gehabt, die in der abgelaufenen Woche zum 79. Geburtstag einer Tante in Hamburg gewesen ist; sie mußte drei von vier Nächten im Keller zubringen. [...]

Hoffentlich haben Sie und Ihre Gemahlin den Winter gut überstanden. Hier ist er sehr viel gnädiger gewesen als der vorige; auch die Verpflegung hat nach Aussage meiner Frau besser funktioniert als im Vorjahr. Auf die Veröffentlichungen des Reichsinstituts mit Ihren Beiträgen[4] bin ich sehr gespannt.

---

[1] Siehe oben, Brief Nr. 148.
[2] Gemeint ist die 1920 gegründete „Notgemeinschaft der deutschen Wissenschaft".
[3] Hans Uebersberger: England und Rußland, abgedruckt in: Das Reich und Europa, S. 122–141.
[4] Richard Fester veröffentlichte 1941 im Rahmen der antisemitischen „Judenforschung" des Reichsinstituts für Geschichte des neuen Deutschlands den Aufsatz: Das Judentum als

Hoffentlich kommen sie noch heraus, bevor die Umschulung aller nur „civilistisch" beschäftigten Buchdrucker zur Maschinenindustrie und damit die Schließung der meisten Buchdruckereien Tatsache wird. Daß derartige Pläne bestehen, weiß ich aus guter Quelle. Ich muß offen gestehen, daß ich trotz allen amerikanischen Rüstungen nicht recht begreife, warum wir immer neue Leute einziehen. Ich sehe nirgends einen Kriegsschauplatz, auf dem wir Millionenheere einsetzen könnten. Dagegen halte ich es für dringend notwendig, daß das Wirtschaftsleben im Gang bleibe. Natürlich würde ich auf viel Gedrucktes, auch auf den Druck meines Nürnberger Vortrags, gern verzichten. Aber mir erscheint der Stillegungsplan als Ausdruck einer rage des nombres[1], die mir bedenklich vorkommt.
[...]
   In alter Anhänglichkeit
    Ihr treu ergebener
     F. Hartung

Nr. 150
An Albert Brackmann   Berlin, 15. Juni 1941

GStA PK, VI. HA, Nl. Albert Brackmann, Nr. 118/1. – Masch. Original.

Lieber Brackmann!

[...]

Die Klasse hat am vorigen Donnerstag der Wahl von Hoppe zugestimmt[2]. Franke[3] hat mir noch einmal den Ball zugeworfen, sodass ich die Unzulänglichkeit der Leistung und die Bedenklichkeit einer Wahl aus politischen Rück-

---

 Zersetzungselement der Völker. Weltgeschichtliche Betrachtungen, in: Forschungen zur Judenfrage, Bd. 6, Hamburg 1941, S. 7–41.
[1] Frz.: Zahlenwut, hier wohl gemeint i. S. eines zu ausschließlichen Glaubens an rein zahlenmäßige Überlegenheit. – Gleichzeitig zeigt diese Bemerkung, dass Hartung den deutschen Angriff auf die Sowjetunion (22.6.1941) vermutlich weder vorausgesehen noch auch nur geahnt hat.
[2] Der Landeshistoriker Willy Hoppe, seit 1937 Rektor der Friedrich-Wilhelms-Universität Berlin, war im Frühjahr 1941 von mehreren Akademieangehörigen, offenkundig auf einen Wink des Reichsministeriums für Erziehung, Wissenschaft und Volksbildung, zur Zuwahl in die Preußische Akademie der Wissenschaften vorgeschlagen worden. Vor allem Fritz Hartung und Albert Brackmann als die nächsten Fachvertreter lehnten diesen Aufnahmeantrag, der offenkundig aus politischen Motiven erfolgt war, entschieden ab; sie begründeten dies vor allem mit der mangelnden wissenschaftlichen Leistung Hoppes und dessen fachlicher Enge. Es gelang ihnen schließlich, den Wahlantrag abzuwehren; siehe dazu auch die folgenden Briefe Hartungs. – Knappe Darstellung des Vorgangs auch bei Walther: „Arisierung", Nazifizierung und Militarisierung, S. 112 f. – Laetitia Boehm wertet die Niederlage Hoppes und seiner Unterstützer als „Widerstandserfolg der Preußischen Akademie", siehe dieselbe: Langzeitvorhaben als Akademieaufgabe. Geschichtswissenschaft in Berlin und München, in: Wolfram Fischer/Rainer Hohlfeld/Peter Nötzoldt (Hrsg.): Die Preußische Akademie der Wissenschaften zu Berlin 1914–1945, Berlin 2000, S. 391–434, hier S. 416.
[3] Otto Franke (1863–1946), Sinologe, o. Professor am Kolonialinstitut bzw. an der späteren Universität Hamburg (1910–1923) und an der Universität Berlin (1923–1931).

sichten noch einmal auseinandersetzen konnte. Ich habe prophezeit, dass wir, wenn wir in diesem Falle A sagen, allmählich das ganze Alphabet durchbuchstabieren müssen. Geholfen hat es nicht. Oncken hat mich leider völlig im Stich gelassen und ist weder gekommen noch hat er sich schriftlich geäussert. Am Donnerstag wird nun die Gesamtakademie abstimmen; da wird es wohl keine Schwierigkeit mehr geben. Die Zahl der Männer, die offen mit Nein stimmten, war nicht sehr gross, einige enthielten sich der Stimme, 14 von 26 stimmten dafür.

[...]

    Mit herzlichen Grüssen!
    Ihr Hartung

Nr. 151
An Gerhard Ritter   Berlin, 26. Juni 1941

BAK N 1166, Nr. 358. – Hs. Original.

Lieber Herr Ritter!

Am 11. August feiert Oncken sein goldenes Doktorjubiläum. Ich bin in der wenig angenehmen Lage, für ihn gleich zwei Adressen anfertigen zu sollen, eine für die Akademie und eine für die Fakultät. Mein Vorschlag, die Adresse für die Akademie Ihnen als Korr. Mitglied und als Schüler anzuvertrauen und mir die für die Fakultät zu übertragen, ist von Grapow[1], der zugleich Sekretar und Dekan ist, abgelehnt worden; es sei nicht üblich, Korr. Mitglieder heranzuziehen. Er hat mir aber anheimgestellt, mich mit Ihnen persönlich in Verbindung zu setzen. Ich glaube, es wäre sehr schön, wenn Oncken zwei wirklich verschiedene Adressen bekäme; er wird ja wahrscheinlich aus dem Stil den Verfasser heraus erkennen. Wenn Sie also bereit sind, einen Entwurf für die Akademie zu machen, den ich freilich verlesen müßte vor der Gesamtakademie am 24., dann würde ich vorschlagen, daß Sie vor allem die wissenschaftliche Leistung, zumal seit 1922 (Wahl zum Korr. Mitglied) herausstellen, während ich die Bedeutung des Dozenten (Pd in Berlin, dann Ordinarius) zu schildern versuchen würde. Gewisse Überschneidungen sind natürlich unvermeidlich; denn daß neben dem Berliner Großbetrieb der Jahre 1928/33 das Werk über das Deutsche Reich und den Ursprung des Weltkriegs – ich zitiere den Titel aus dem Gedächtnis – entstanden ist[2], werde ich im Fakultätsglückwunsch natürlich auch sagen.

Wenn Sie sich aber auf den Standpunkt Grapows stellen, daß ich beides machen soll, dann bin ich natürlich bereit. Denn ich habe mit Oncken stets

---

[1] Hermann Grapow (1885–1967), Ägyptologe, Honorarprofessor und o. Professor an der Universität Berlin (1928/38–1945); seit 1939 vom Minister ernannter Sekretar der Philosophisch-historischen Klasse der Preußischen Akademie der Wissenschaften.

[2] Siehe oben, Brief Nr. 140.

vertrauensvoll zusammengearbeitet und schätze seine Leistung hoch ein, möchte mich also nicht etwa drücken, sondern nur die Gratulation durch Ihre Mitwirkung verbessern.

Zuletzt noch eine streng vertrauliche Sache: es liegt ein Antrag Kehr, Vahlen, Heymann[1], Grapow, Bieberbach auf Wahl von Hoppe in die Akademie vor. Ich habe mich wegen unzulänglicher Leistung dagegen ausgesprochen. Da sich die andern Historiker bisher nicht geäußert haben, hat Vahlen den Wunsch nach weiteren Gutachten angesprochen. Falls Sie von Hoppe einen solchen Eindruck haben, daß Sie bis zum 10. Juli über ihn ein Gutachten abgeben können, dann bitte ich um einen Wink. Sie bekommen dann sofort die Unterlagen. Um die Sache nicht ins Uferlose auswachsen zu lassen, habe ich vorgeschlagen, nur die Korr. Mitglieder für Gesch. zu befragen.

Herzlicher Gruß in großer Eile
Ihr Hartung

Nr. 152

An Heinrich Ritter von Srbik/Karl Brandi   Berlin, 27. Juni 1941

SBBPK, Nl. F. Hartung, K 36/5. – Masch. Durchschlag.

Sehr verehrter Herr Kollege!

Zu meinem Bedauern muss ich Sie in einer Angelegenheit der Akademie der Wissenschaften um eine gutachtliche Aeusserung [sic] bitten. Es ist eine heikle Frage, die ich ganz vertraulich zu behandeln bitte; es handelt sich um die Wahl des derzeitigen Rektors unserer Universität Herrn Hoppe zum ordentlichen Mitglied der philosophisch-historischen Klasse.

Schon bald nach meinem Eintritt in die Akademie, im Frühjahr 1939, ist mir mitgeteilt worden, dass das Ministerium die Wahl Hoppes wünsche; Gründe, die diese Einmischung in das freie Wahlrecht der Akademie rechtfertigen könnten, wurden nicht angegeben, sind auch bis heute nicht angegeben worden. Als der Hoppe fachlich und wohl auch menschlich am nächsten stehende Fachmann der Klasse sollte ich den Antrag stellen. Ich habe von Anfang an erklärt, dies nicht tun zu können, weil meiner Ansicht nach die wissenschaftlichen Leistungen von H., die ich im anliegenden Verzeichnis zusammengestellt habe, nicht ausreichen, um einen solchen Antrag zu begründen.

---

[1] Ernst Heymann (1870–1946), Jurist, a. o. Professor an der Universität Berlin (1899–1902), o. Professor an den Universitäten Königsberg (1902–1904), Marburg (1904–1914) und Berlin (1914–1943), Direktor des Kaiser-Wilhelm-Instituts für ausländisches und internationales Privatrecht in Berlin, seit 1944 in Tübingen (1937–1946). Heymann amtierte von 1926 bis 1938 als Sekretar der Philosophisch-historischen Klasse der Berliner Akademie, anschließend bis 1939 als kommissarischer Vizepräsident und von 1939 bis 1942 als Vizepräsident.

Nr. 152. An Heinrich Ritter von Srbik/Karl Brandi, 27. Juni 1941

Dieser Ansicht hat sich auch der inzwischen leider verstorbene H. Meyer[1], der als Rechtshistoriker einem Teil der Arbeiten Hoppes nahestand, angeschlossen. Infolgedessen ruhte die Angelegenheit längere Zeit.

Vor kurzem ist aber der Antrag förmlich eingebracht worden, und zwar von Hrn. Kehr und den vier Mitgliedern des Präsidiums. Der Wortlaut liegt mir nicht vor, ergibt sich aber in der Hauptsache aus meinem anliegenden Votum. Sowohl in der Klasse wie in der Gesamtsitzung ist die Frage gestellt worden, wie sich die andern Historiker zu dem Antrag verhielten. Als der einzige anwesende Historiker habe ich meinen ablehnenden Standpunkt begründet; den ungefähren Wortlaut meiner Ausführungen habe ich nachträglich schriftlich festgelegt und füge ihn in der Anlage bei.

Der Herr Präsident der Akademie hat schon vor längerer Zeit, wohl bald nach meiner ersten ablehnenden Aeusserung, ein Gutachten von K. A. v. Müller eingeholt, dass die Leistungen H.s positiv bewertet, zur Frage der Wahl in die Akademie sich allerdings nicht äussert. So hoch ich K. A. v. Müller als Gelehrten auch einschätze, so glaube ich doch die Arbeiten Hs. zur märkischen Landesgeschichte genauer zu kennen und besser beurteilen zu können als er. Ich habe deshalb an meinem ablehnenden Standpunkt weiter festgehalten.

Da die Meinungen der Fachleute auseinandergehen, die andern Historiker der Klasse (Meinecke, Brackmann und Oncken) sich bisher nicht geäussert haben, hat der Herr Präsident in der letzten Sitzung den Wunsch ausgesprochen, dass weitere Gutachten über die wissenschaftliche Leistung Hs. eingeholt werden sollen. Von diesen will er seine endgültige Stellungnahme abhängig machen. Ich bin zwar durch die Entwicklung der Dinge in dieser Frage Partei geworden, was ich im Interesse meiner langjährigen freundschaftlichen Beziehungen zu H. aufrichtig bedaure, aber ich glaube doch berechtigt zu sein, an Sie als korrespondierendes Mitglied die Bitte zu richten, mir oder, wenn Ihnen das lieber sein sollte, Herrn Grapow als dem Sekretar der Klasse oder dem Herrn Präsidenten selbst Ihr Gutachten über die wissenschaftliche Qualifikation Hs. schriftlich zu übermitteln[2]. Die Abstimmung soll am 10. Juli stattfinden.

---

[1] Herbert Meyer (1875–1941), Jurist und Rechtshistoriker, a.o. Professor an der Universität Jena (1904–1906), o. Professor an den Universitäten Breslau (1906–1918), Göttingen (1918–1937) und Berlin (1937–1941); der ältere Bruder des Historikers Arnold Oskar Meyer war am 6. März 1941 verstorben.

[2] Karl Brandi und Heinrich Ritter von Srbik folgten der Bitte Hartungs; ihre Gutachten über die – eine Kooptation in die Akademie nicht rechtfertigende – wissenschaftliche Bedeutung Hoppes finden sich in: Archiv der Berlin-Brandenburgischen Akademie der Wissenschaften, Berlin, Bestand Preußische Akademie der Wissenschaften (1812–1945), Nr. II–III, 70, Bl. 36 (Brandi) u. 40–42 (Srbik).

Nr. 153
An Albert Brackmann   Badgastein, 23. August 1941

GStA PK, VI. HA, Nl. Albert Brackmann, Nr. 118/2. – Hs. Original.

Lieber Brackmann!

Ihr Brief, für den ich bestens danke, enthält ja merkwürdige Dinge[1]. Zunächst die bedauerliche Tatsache, daß Sie erkrankt sind. Hoffentlich ist die Störung inzwischen überwunden. Aber seien Sie noch recht lange vorsichtig, zumal in der heutigen Zeit, wo recht seltsame Chemikalien als Backpulver usw. verwendet werden und entsprechend seltsame Wirkungen hervorrufen.

Nun zur Hauptsache. Meiner Ansicht nach müßte die Akademie geschlossen dagegen Stellung nehmen, daß der Personalreferent (vielleicht in Vertretung für Frey; auch für die Jahresberichte unterschrieb Harmjanz[2] neulich einen Brief statt Frey) die einzelnen Mitglieder wegen ihrer Abstimmung zur Rechenschaft zieht. Die Antwort, die Sie Nikolai[3] angeraten haben, scheint mir die einzig mögliche zu sein; angesichts der Gutachten aller Fachleute, denen nur die sehr schwache Verteidigung von Kehr entgegenstand, war es doch wirklich kaum möglich, mit Ja zu stimmen.

Zur Ernennung Hoppes zum Ordinarius, die seiner Ernennung zum Prorektor vorherging, kann ich Ihnen nur Folgendes berichten. Ich erinnere mich genau, daß Bieberbach, damals Dekan der noch ungeteilten Fakultät, mich eines Tages mündlich und formlos gefragt hat, wie ich mich dazu stellte. Darauf habe ich gesagt, mir scheine das Gebiet der märkischen Landesgeschichte des Mittelalters zu klein, um darauf ein Ordinariat in Berlin zu begründen. Die Fakultät als Ganzes ist meines Wissens nicht gefragt worden; eine Kommissionssitzung der Historiker hat in meiner Gegenwart nicht stattgefunden. Allerdings spielte sich die Sache im Sommer 35 ab; es könnte sein, daß die Sitzung schon im Frühjahr, vor meiner Rückkehr aus St. Blasien gewesen wäre. Aber wahrscheinlich ist das nicht, denn die Ernennung ist erst während der großen Ferien erfolgt. Bei der Übertragung der Vogelschen Stelle[4] standen wir vor einer Zwangslage; sonst wäre das Holtzmannsche Ordinariat an Hoppe übertragen worden.

---

[1] Albert Brackmann an Fritz Hartung, 19. August 1941, in: SBB PK, Nl. F. Hartung, K 36/5.
[2] Heinrich Harmjanz (1904–1994), Volkskundler und nationalsozialistischer Wissenschaftsfunktionär, o. Professor an den Universitäten Königsberg (1937–1938) und Frankfurt a. M. (1938–1943), Referent für Geisteswissenschaften im Reichministerium für Wissenschaft, Erziehung und Volksbildung (1937–1943).
[3] Gemeint ist vermutlich das Akademiemitglied (seit 1934) Nicolai Hartmann (1882–1950), Philosoph, a.o./o. Professor an den Universitäten Marburg (1920/22–1925), Köln (1925–1931), Berlin (1931–1945) und Göttingen (1945–1950).
[4] Walther Vogel hatte bis 1938 an der Universität Berlin eine Professur für Staatenkunde und Historische Geographie inne.

Am interessantesten ist mir der Brief von Herrn Willikens[1] (so ähnlich heißt der Gaudozentenführer der Kurmark[2]). Zunächst: woher weiß er etwas von der ganzen Sache? Da muß doch jemand das Amtsgeheimnis verletzt haben. Zweitens: was geht ihn das an? Und drittens: wie kommt er dazu, dem Ministerium Vorwürfe zu machen? Ich kombiniere diesen Brief mit dem Gegensatz zwischen dem Dozentenführer der Universität und dem Rektor, der vor einem Jahr bereits zu einer Krisis im Rektorat geführt hat. Damals gab Koch das Dekanat auf[3]. Es wäre eine Ironie des Schicksals, wenn das Streben nach der Akademie nun auch dem Rektorat Hoppes gefährlich würde.

Einen Zusammenhang zwischen Ordinariat und Akademie, wie ihn Harmjanz konstruiert, wenn er die angebliche Zustimmung der Fakultät zum Ordinariat und die Ablehnung der Wahl in die Akademie als Widerspruch hinstellt, kann ich übrigens nicht zugeben. Denn für ein Ordinariat können Lehrerfolge sehr wohl Mängel der literarischen Leistung ausgleichen, nicht aber für die Akademie.

Ich persönlich sehe dem weiteren Verlauf der Sache mit Ruhe entgegen. Denn ich habe Recht behalten mit meiner schon vor mehr als zwei Jahren Grapow gegenüber ausgesprochenen Warnung, ein förmlicher Antrag könne nur mit einer Blamage enden. Blamiert ist außer dem Abgelehnten auch das Präsidium.

[...]

Mit herzlichen Grüßen, auch von meiner Frau für Sie und die Ihrigen

Ihr Hartung

Nr. 154
An Friedrich Meinecke   Badgastein, 14. September 1941

GStA PK, VI. HA, Nl. Friedrich Meinecke, Nr. 14, 135. – Hs. Original.

Sehr verehrter Herr Geheimrat!

Das hübsche Büchlein, das Ihre Erlebnisse von 1862 bis 1901 schildert[4], habe ich mir hierher mitgenommen, um es recht in Muße in mich aufnehmen

---

[1] Gemeint ist vermutlich Werner Willikens (1893–1961), nationalsozialistischer Politiker, Staatssekretär im Reichsministerium für Ernährung und Landwirtschaft (1935–1945).

[2] Gaudozentenführer für die Region Berlin-Brandenburg war seit 1935 Willi Willing (1907–1983), Elektrotechniker, a. o./o. Professor an der Technischen Hochschule Berlin (1937/40–1945).

[3] Der Germanist Franz Koch war im Juli 1940 aus Protest gegen die Einmischung des NS-Dozentenführers in eine Berufungsangelegenheit im Fach Psychologie von seinem Amt als Dekan der Philosophischen Fakultät zurückgetreten; vgl. Wolfgang Höppner: Das Berliner Germanische Seminar in den Jahren 1933 bis 1945, in: Holger Dainat/Lutz Danneberg (Hrsg.): Literaturwissenschaft und Nationalsozialismus, Tübingen 2003, S. 87–106, hier S. 97 f.

[4] Friedrich Meinecke: Erlebtes 1862–1901, Leipzig 1941; erneut in: derselbe: Autobiographische Schriften, hrsg. v. Eberhard Kessel (Friedrich Meinecke: Werke, Bd. 8), Stuttgart 1969, S. 1–134.

zu können. Und nun, nachdem ich es gelesen habe, möchte ich Ihnen recht von Herzen danken für die Freude, die Sie mir damit bereitet haben. Sie haben bei aller Bescheidenheit, mit der Sie Ihr persönliches Erleben schildern, es ausgezeichnet verstanden, das Eigene einzubetten in das Allgemeine und Ihrer eigenen Zeit ihr Recht und ihre Eigenart, die heute unter dem Schlagwort des Liberalismus schlechtweg bestritten werden, mit einer Klarheit und Sicherheit zu geben, die mir in der Literatur noch nicht begegnet sind.

Mir persönlich ist das Buch noch besonders wertvoll, weil ich sehr viele der von Ihnen charakterisierten Persönlichkeiten, zumal vom alten Archiv in der Klosterstraße noch selbst gekannt habe. Und der Streit Lehmann-Naudé[1] schlug seine Wellen noch bis in meine Studentenzeit. Was Sie über Hintze schreiben, war mir nach manchem Gespräch mit Ihnen nicht mehr ganz neu, gibt aber in der Zusammenfassung ein sehr lebendiges Bild seiner gewaltigen Persönlichkeit. Ich darf bei dieser Gelegenheit erwähnen, daß der erste Band seiner „Gesammelten Aufsätze" mit rund 470 Seiten jetzt ausgedruckt ist. Allerdings wird das Einbinden noch einige Zeit kosten; aber ich nehme an, daß er noch in diesem Jahr erscheinen kann[2].

Sehr interessant war mir in Ihrem Buche auch, was Sie über Krauske[3] geschrieben haben. Ich habe ihn nie persönlich kennen gelernt; und aus seinen literarischen Arbeiten ist kein Bild von ihm zu gewinnen. Hintze hat mit mir nie über ihn gesprochen. Aus Ihrer Darstellung erwächst das Bedauern, daß ein so reich veranlagter Mensch sich ohne rechte bleibende Wirkung verausgabt hat.

Mit Freude habe ich in Berlin noch gehört, daß Sie die ernste Krankheit, die Sie in diesem Sommer befallen hat, überwunden haben. Ich habe sie mit Sorge verfolgt, allerdings dieser Sorge nicht durch telefonische Anfragen in Ihrem Hause Ausdruck geben mögen, um nicht zu stören. Daß Ihnen ein unerfreulicher, wenn auch zuletzt befriedigend ausgegangener Kampf in der Akademie durch Ihre Krankheit erspart geblieben ist, werden Sie wohl gehört haben[4].
[...]
Auch das allgemeine Schicksal hält die Sorge lebendig. Aber darüber läßt sich kaum schreiben. Der Krieg in Rußland ist nach allem, was ich von Studenten höre, sehr viel schwerer als alles, was bisher unserer Wehrmacht aufgegeben gewesen ist, dementsprechend auch viel verlustreicher.

---

[1] Großes Aufsehen erregte unter den deutschen Historikern der in den frühen 1890er Jahren zwischen Max Lehmann (1845–1929) und Albert Naudé (1858–1896) geführte Streit um den Ursprung des Siebenjährigen Krieges, über den Meinecke: Erlebtes, S. 98f., 110, knapp berichtet. Vgl. zur Kontroverse auch Johannes Kunisch: Der Historikerstreit um den Ausbruch des Siebenjährigen Krieges (1756), in: derselbe: Friedrich der Große in seiner Zeit. Essays, München 2008, S. 48–105, 208–231.
[2] Otto Hintze: Gesammelte Abhandlungen, Bd. 1: Staat und Verfassung, hrsg. v. Fritz Hartung, Leipzig 1941.
[3] Otto Krauske (1859–1930), Historiker, a. o. Professor an der Universität Göttingen (1895–1902), o. Professor an der Universität Königsberg (1902–1925).
[4] Gemeint ist die Angelegenheit Hoppe, siehe oben, Briefe Nr. 150 ff.

Vielleicht darf ich Sie nach meiner Rückkehr nach Berlin wieder einmal persönlich aufsuchen. Bis dahin bin ich mit nochmaligem Dank und vielen Grüßen auch an Ihre verehrte Frau Gemahlin, Grüßen, denen sich auch meine Frau anschließt,

Ihr sehr ergebener
Hartung

Nr. 155

An Richard Fester Igls bei Innsbruck, 18. September 1941

BAK N 1107, Nr. 246. – Hs. Original.

Sehr verehrter und lieber Herr Geheimrat!

[...]
Ich bin mit meiner Frau seit fast fünf Wochen unterwegs. Zuerst waren wir in Badgastein, wo meine Frau Bäder nahm, um ihre durch die häusliche Arbeit etwas steif gewordenen Gelenke für die bevorstehende Wintersaison zu schmieren. Augenblicklich sind wir zur Nachkur in Igls, wo wir es mit allem, auch mit dem Wetter, sehr günstig getroffen haben. Bei der Rückreise werden wir zwar durch München kommen, aber wir wollen, wenn es möglich ist, d. h. wenn wir Schlafwagenplätze erlangen, nicht Station machen, obwohl ich Sie und die Ihrigen gerne aufsuchen würde. Aber der Schlafwagen erspart einem heutzutage nicht nur den auf großen Bahnhöfe üblichen Sturm auf den Zug und den Kampf um einen Sitzplatz, sondern er bringt einen auch zu alarmfreier Stunde nach Berlin, während die Tageszüge bei Verspätung leicht in den Alarm kommen, und der Aufenthalt in einem öffentlichen Luftschutzraum ist, selbst wenn er komfortabler ist als am Bahnhof Zoolog. Garten in Berlin, wo man die unterirdischen Toiletten dazu benutzt (die andern Zwecke sind nicht ausgeschlossen), niemals eine Annehmlichkeit. Deshalb hoffe ich, daß Sie Verständnis dafür haben werden, wenn wir durch München durchfahren. [...]
Von uns ist Besonderes nicht zu erzählen. Gesundheitlich ist es mir auch im zweiten Kriegsjahr gut gegangen. Für mich als schlechter Esser ist die normalisierte Kost ganz zweckmäßig; was mir zugeteilt ist, muß ich aufessen. In der Universität ist es einstweilen still. Anders wird es werden, wenn der Plan der Heeresleitung, die Abiturienten von 1937, die damals gleich in den Heeresdienst gegangen sind und nun schon vier Jahre Soldaten sind, zum Studium zu beurlauben, ausgeführt werden wird. Ob die Lage im Osten diese Beurlaubung schon zu diesem Wintersemester erlauben wird, ist allerdings zweifelhaft. Der Krieg im Osten ist – das schreibt mir jeder frühere Student – der erste wirklich ernsthafte Kampf, den der deutsche Soldat seit Herbst 1939 zu bewältigen hat. Der Winter wird wohl eine gewisse Ruhe dort erzwingen. Aber wird der Rücken für uns zum Kampf gegen England schon jetzt frei werden?

Meine Frau hat viel zu tun, seitdem unser Mädchen zwangsweise in eine kinderreiche Familie verschickt worden ist. Unsere ganze Lebensführung ist noch zu bürgerlich, zu sehr belastet mit ererbtem Urväterhausrat und bourgeoisen Gewohnheiten, als daß selbst unser kleiner Haushalt ohne fremde Hilfe geführt werden könnte. [...]
Dem dritten Kriegswinter und seinen offenbar noch steigenden Luftgefahren sehen wir mit ernster Fassung entgegen. Im Ganzen gesehen ist die Wirkung selbst eines Großangriffs, der, wie mir ein Bekannter, Artillerist aus dem Weltkriege, geschrieben hat, an Trommelfeuer erinnert hat, sehr gering. Aber wer dabei sein Haus mit allem Inventar verliert, wird doch schwer getroffen. Ich habe meine wichtigsten Manuskripte für die Zeit meiner Abwesenheit im Keller zu sichern versucht. Aber im alltäglichen Leben kann man unmöglich bei jedem Alarm sein ganzes Hab und Gut in den Keller tragen und morgens wieder hinaufnehmen. [...]

    Ihr stets anhänglicher
      F. Hartung

Nr. 156
An Richard Fester   Berlin, 22. Februar 1942

BAK N 1107, Nr. 246. – Hs. Original.

Sehr verehrter, lieber Herr Geheimrat!

[...]

Besonders interessant war mir an Ihrem Brief[1] die Andeutung von „etwaigen Lebenserinnerungen"[2]. Es würde mich sehr freuen, wenn Sie schon kräftig dabei wären, diese Andeutung in die Tat umzusetzen. Meinecke ist Ihnen hierin mit gutem Beispiel vorangegangen[3]. Für einen Berliner, der einen Teil der Geheimen Staatsarchivare und das Staatsarchivgebäude der Meinecke-Zeit noch selbst gekannt hat, sind sie recht lehrreich zu lesen. Auch finde ich es ganz richtig, daß er von den geistigen Regungen seiner „Jugendbewegung" ausführlich spricht und damit der heutigen Jugend zeigt, daß auch das 19. Jahrhundert seine Schattierungen gehabt hat und nicht einfach mit dem Worte „Liberalismus" abgetan werden kann. Für mich persönlich war besonders interessant, was er über Hintze geschrieben hat.

Sie erinnern in dem Brief auch an das Projekt einer Reichskreisgeschichte, das wir vor fast 25 Jahren erörterten[4]. Ich glaube kaum, daß die Zeit heute dafür günstiger ist als damals. Wohl steht das „Reich" heute hoch im Ansehen.

---

[1] Nicht überliefert.
[2] Von Richard Fester liegen keine gedruckten Lebenserinnerungen vor.
[3] Siehe oben, Brief Nr. 154.
[4] Siehe dazu oben, Brief Nr. 4, sowie Kraus: Die alten Reichskreise als Forschungsthema im Kaiserreich, passim.

Nr. 156. An Richard Fester, 22. Februar 1942

Aber es handelt sich dabei, soweit ich sehe, doch immer nur um eine konstruierte „Idee" des Reichs. Schon um diese Konstruktionen nicht zu stören, wird man kaum Neigung haben, an die Realitäten, an die wirklichen Institutionen heranzugehen. Auch wird Ganzer, der angeblich jetzt eingezogen wird, sich nur ungern auf weit ausschauende Pläne einlassen, solange er nur Reichsverweser ist und mit der Rückkehr von Frank noch einigermaßen rechnen muß[1]. Und wer soll die Arbeit wirklich ausführen? Von meinen Schülern sind die besten, darunter meine beiden letzten Assistenten, in Rußland gefallen. Von der augenblicklichen Studentengeneration erwarte ich nicht viel. Sie geht zwar mit Eifer ans Studium, aber mit dem nervösen Ehrgeiz, möglichst rasch zum Ziel zu kommen, da man immer mit der Einberufung rechnen muß.

Mit den Studentenzahlen können wir hier noch zufrieden sein. Ich habe in der Vorlesung etwa 150, im Seminar 50, darunter freilich etwa ¾ Damen. Das Niveau ist aber niedrig. Ich behandle im Seminar die deutsch-englischen Beziehungen von 1904–1914 und muß immer wieder feststellen, daß die heutige Jugend trotz aller angeblichen politischen Schulung durchaus nicht politisch denken kann; sie versteht diplomatische Aktenstücke nicht, vermag weder Motive noch Hintergründe zu erschließen und ist hilflos, wenn das einfache Rezept, daß die Engländer uns betrügen wollten, nicht ohne weiteres anwendbar ist.

[...]

Da meine Gesundheit im Laufe des Winters zu wackeln anfing, habe ich für den Sommer Urlaub beantragt und bekommen, obwohl ich im Ministerium nicht gerade beliebt bin[2].

[...]

Die Kälte hat hier den wissenschaftlichen Betrieb etwas erschwert; der Lesesaal der Staatsbibliothek ist z. B. schon seit Wochen geschlossen. Auch in der Universität ist es ungemütlich. Zu Hause haben wir es zur Zeit noch ganz behaglich, wissen freilich nicht recht, ob die Kohlen bis zur warmen Jahreszeit reichen werden. Wir hoffen also auf einen baldigen Frühling.

[...]

Recht herzliche Grüße von Haus zu Haus!
    In alter Verehrung
        Ihr F. Hartung

---

[1] Nach dem „Sturz" Walter Franks als Direktor des Reichsinstituts für Geschichte des neuen Deutschlands trat Karl Richard Ganzer an dessen Stelle, der das Institut 1941 bis 1943 bis zu seiner Einberufung kommissarisch leitete, vgl. Heiber: Walter Frank und sein Reichsinstitut, S. 1165–1180.

[2] Siehe dazu unten, Brief Nr. 157.

Nr. 157

An Siegfried A. Kaehler   Berlin, 6. April 1942

NStUB Göttingen, Cod. Ms. S. A. Kaehler, 1, 59. – Masch. Original.

Lieber Kaehler!

Die beiden literarischen Beilagen dieses Briefes bedürfen einer kurzen Erläuterung. Zunächst die schon etwas kriegsmässige 5. Auflage: sie unterscheidet sich von der vierten so wenig, dass ich sie niemand geschickt habe, der diese besitzt[1]. Wenn ich mit Ihnen eine Ausnahme mache, so deshalb, weil die einzige wesentliche Erweiterung auf S. 139 auf Ihre Anregung zurückgeht[2]. Die Akademieabhandlung erscheint als Torso, weil augenblicklich bei uns ein Streit der Klassen besteht und meine Klasse ihren Anspruch auf Veröffentlichung der Abhandlungen der Mitglieder durch die Tat verfechten möchte. Sonst hätte ich mich schwerlich entschlossen, die Abhandlung, die doch nur bekannte Dinge von einem bisher nicht eingenommenen, aber nichts Neues bietenden Standpunkt aus beleuchtet, zu drucken[3]. Das Ganze ist als Vorstudie zu der mit H. Aubin geplanten Reihe von Beamtenbiographien[4] gedacht, soll seinen Schwerpunkt also im 19. Jahrh. haben.

Ausserdem danke ich Ihnen herzlich für Ihren ausführlichen Brief zu meinem Geburtstag[5]. Die Fülle der Fragen, die er enthält, hat sich wohl zum Teil von selbst erledigt, wie z.B. die nach W. Frank, den Rosenberg tatsächlich und wohl auch endgültig zu Fall gebracht hat. Das hat W. F. den Mitgliedern seines Instituts selbst mitgeteilt mit Beifügung eines Briefes von Lammers, der es ablehnt, den Führer während des Krieges damit zu behelligen und die durch Rust verfügte Zwangsbeurlaubung, hinter der Bormann[6] steht, ausdrücklich billigt[7]. Dass inzwischen Ihr nächster Fachgenosse in Göttingen die einstwei-

---

[1] Fritz Hartung: Deutsche Geschichte 1871–1919, 5. durchgesehene Auflage, Leipzig 1941. In seinem „Oktober 1941" datierten Vorwort zur neuen Auflage merkt Hartung an, er habe sich „in der Hauptsache darauf beschränken können, kleinere Versehen, die mir selbst aufgefallen sind oder auf die mich freundliche Leser aufmerksam gemacht haben, zu berichtigen" (ebenda, S. 7).
[2] Ein in die 5. Auflage neu eingefügter längerer Absatz (ebenda, S. 139–140) behandelt die Frage nach den Hintergründen und der realen Bedeutung vermeintlicher „Staatsstreichpläne" Bismarcks in den späten 1880er Jahren; hier nimmt Hartung eine eher sachlich-vermittelnde Position ein.
[3] Fritz Hartung: Studien zur Geschichte der preußischen Verwaltung. Teil 1: Vom 16. Jahrhundert bis zum Zusammenbruch des alten Staates im Jahre 1806 (Abhandlungen der Preußischen Akademie der Wissenschaften, Jg. 1941, Phil.-hist. Kl., Nr. 17), Berlin 1942; zwei weitere Teile folgten, ebenfalls in den Abhandlungen der Berliner Akademie, in den Jahren 1943 und 1948.
[4] Dieser Plan wurde angesichts der Zeitverhältnisse nicht in die Wirklichkeit umgesetzt.
[5] Nicht überliefert.
[6] Martin Bormann (1900–1945), nationalsozialistischer Politiker, Leiter der Parteikanzlei der NSDAP und persönlicher Sekretär Adolf Hitlers (1941–1945).
[7] Zu den von Hartung hier knapp geschilderten Vorgängen, die den endgültigen Zerfall des Reichsinstituts für Geschichte des neuen Deutschlands einleiteten, vgl. die detaillierte Darstellung bei Heiber: Walter Frank und sein Reichsinstitut, S. 1142ff. u. passim.

Nr. 157. An Siegfried A. Kaehler, 6. April 1942

lige Leitung des Instituts übernommen hat, nachdem der erste Nachfolger Ganzer zum Heeresdienst geholt worden ist, werden Sie wissen[1]. Haben Sie Ganzers Schrift über das Reich als europäische Ordnungsmacht gelesen?[2] Ich halte das alles für unhistorische Konstruktion, dieses Gerede von dem deutschen Dienst an Europa und dem Verantwortungsbewusstsein. Es gibt übrigens auch Engländer, die ihr Weltreich mit der verantwortungsvollen Aufgabe des weissen Mannes, die farbigen Völker zu erziehen, rechtfertigten, und zwar schon vor dem Krieg[3]. Botzenharts Schrift über die deutsche Revolution ist mir bisher entgangen, obwohl ich sie vermutlich besitze[4].

Von den jüngeren Männern, nach denen Sie mich fragen, ist mir kaum einer bekannt. Am ehesten noch Haussherr, der hier Studienrat ist und mit seinen Dozenturabsichten (er ist Dr. habil.) bisher nicht durchgedrungen ist[5]. Er hat uns neulich im Verein für Geschichte der Mark Brandenburg ein Kapitel aus seiner bereits gesetzten, aber einstweilen nicht erscheinenden Hardenbergbiographie vorgetragen[6]. Wissenschaftlich kann er offenbar etwas, aber menschlich ist der Eindruck nicht sympathisch. Hass[7] kenne ich nur aus der von Ihnen genannten Schrift, Schieder[8] gar nicht, Jacobs[9] nur aus seiner nicht eben ertragreichen Arbeit über Friedr. d. Gr. und das Vaterland[10] und die unerfreuliche Polemik mit Büchsel[11] deswegen. Ich will damit über ihn nicht aburteilen, denn das Thema seiner Arbeit gab nicht viel her, zumal nachdem ihm Büchsel zuvorgekommen war[12] (oder ist das Verhältnis umgekehrt?); ein Litera-

---

[1] Erich Botzenhart leitete nach dem Kriegstod Karl Richard Ganzers (11.10.1943) das Reichsinstitut kommissarisch bis 1945; vgl. Heiber: Walter Frank und sein Reichsinstitut, S. 1180ff.
[2] Karl Richard Ganzer: Das Reich als europäische Ordnungsmacht, Hamburg 1941.
[3] Anspielung auf Rudyard Kiplings (1865–1936) berühmtes, während der Hochphase des Imperialismus verfasstes Gedicht: „Take up the white man's burden" (1899), in dem die Erziehung der farbigen Völker zur europäischen Kultur als „Pflicht des weißen Mannes" bezeichnet wurde.
[4] Erich Botzenhart: Deutsche Revolution 1806/1813, Hamburg 1940 (die Broschüre umfasst 34 Druckseiten).
[5] Hans Haußherr (1898–1960), Historiker, Schüler von Friedrich Meinecke und Fritz Hartung, seit 1926 Studienrat in Berlin, Habilitation 1937, o. Professor für Wirtschafts- und Sozialgeschichte an den Universitäten Halle (1946–1958) und Köln (1958–1960).
[6] Als Teilbiographie erschien im folgenden Jahr: Hans Haußherr: Die Stunde Hardenbergs, Hamburg 1943.
[7] Gemeint ist vermutlich Hermann Hass, Verfasser von Schriften über „Die Agrarpolitik Friedrichs des Großen", Goslar 1937, und „Der Kanzler und das Heer. Bismarcks Weltpolitik in den Grundzügen", Berlin 1939.
[8] Theodor Schieder (1908–1984), Historiker, o. Professor an den Universitäten Königsberg (1942–1945) und Köln (1948–1976).
[9] Hans-Haimar Jacobs (1902–1944), Historiker, o. Professor an der Universität Jena (1942–1944).
[10] Hans-Haimar Jacobs: Friedrich der Große und die Idee des Vaterlandes, Berlin 1939.
[11] Hans-Wilhelm Büchsel (1910–1943), Historiker, Privatdozent an der Universität Breslau (1940–1943).
[12] Hans-Wilhelm Büchsel: Das Volk im Staatsdenken Friedrichs des Großen, Breslau 1937.

Nr. 157. An Siegfried A. Kaehler, 6. April 1942

turbericht über den Absolutismus[1], den er mir einmal zugeschickt hat, machte auf mich einen guten Eindruck.

Unter dem beschämenden Eindruck meines Nichtwissens, den Ihr Brief erneut bei mir hervorgerufen hat, habe ich mir neulich die Mühe gemacht, an Hand der Vorlesungs- und Personalverzeichnisse aller deutschen Universitäten eine Liste der dozierenden Historiker aufzustellen. Ich bin sehr erstaunt gewesen, eine grosse Zahl jüngerer und jüngster Kollegen zu entdecken, die mir bisher noch gänzlich unbekannt geblieben waren. Es ist mir freilich auch nicht gelungen, die literarischen Grundlagen dieser neuen Generation festzustellen. Dazu ist ja auch Zeit, wenn ich einmal mit Berufungen zu tun haben werde. Haben Sie etwas über Halle gehört? Dass Frauendienst hierher in die auslandswissenschaftliche Fakultät berufen worden ist, werden Sie wissen. Besser als der ursprünglich in Aussicht genommene Ziegler[2] oder gar dessen Vertreter Lüpke[3] ist er auf alle Fälle.

[...]

Ueber den Feldzug im Osten habe ich jetzt durch allerhand Augenzeugen vielerlei gehört. Unser Rückzug muss stellenweise schon sehr an 1812 erinnert haben. Ein früherer Schüler von mir musste wegen gebrochenen Schlüsselbeins zurück. Nachdem er 14 Tage ohne jede ärztliche Versorgung im ungeheizten Güterwagen transportiert worden war, war der Bruch von selbst, aber falsch geheilt, sodass er hier von neuem operiert werden musste. Solche Fälle hört man wiederholt.

Unser italienischer Gastprofessor Valsecchi[4] meinte neulich, die Deutschen blicken zu den japanischen Erfolgen auf wie die Italiener zu den deutschen. Ich glaube, das stimmt auch hinsichtlich der Sorge, wie man die Sieger wieder aus den von ihnen besetzten Gebieten hinauskomplimentieren kann. Ich glaube freilich, dass wir ganz Hinterindien endgültig abschreiben müssen für Europa.

[...]

In meinen Mussestunden beschäftige ich mich jetzt mit der Herausgabe von Hintze Band 2, nachdem der erste Band im Winter hat erscheinen können. Der zweite Band[5] bringt vor allem die methodologischen Aufsätze, die Ausein-

---

[1] Hans-Haimar Jacobs: Neue Forschungen zur Geschichte des Absolutismus in Deutschland, in: Die Welt als Geschichte 6 (1940), S. 80–92, 179–192.
[2] Wilhelm Ziegler (1892–1967), Historiker, seit 1933 Referent im Ministerium für Volksaufklärung und Propaganda, Honorarprofessor für neuere Geschichte an der Universität Berlin (1941–1945).
[3] Helmut Lüpke (1905–1994), Historiker, Schüler Willy Hoppes, seit 1933 Studienleiter an der Deutschen Hochschule für Politik, Privatdozent für Geschichte an der Auslandswissenschaftlichen Fakultät der Universität Berlin (1942–1945).
[4] Franco Valsecchi (1903–1991), italienischer Historiker, nach Lehrtätigkeit an den Universitäten Leipzig und Wien Professor an den Universitäten Palermo (1939–1942), Pavia (1942–1947), Mailand (1947–1959) und Rom (1959–1973).
[5] Otto Hintze: Gesammelte Abhandlungen, Bd. 2: Zur Theorie der Geschichte, hrsg. v. Fritz Hartung, Leipzig 1942.

andersetzung mit Lamprecht, Troeltsch[1], Sombart[2]. Die mit Oppenheimer[3] über die Abgrenzung zwischen Geschichte und Soziologie kann leider nicht gedruckt werden, weil sie aus dem Jüdischen nicht herausgelöst werden kann. Auch die mit Scheler[4] ist von der Zensur gestrichen worden[5]. Aber es bleibt auch so noch genug, um ein Bild von Hintzes Wesen und Schaffen zu geben. Deshalb habe ich auch keinen Konflikt mit der Parteiamtlichen Prüfungskommission angefangen, denn es ist besser, wir bringen das, was erlaubt wird, als dass das Ganze gefährdet wird. Selbst mir, der ich doch das Lebenswerk Hintzes immer genau verfolgt habe, ist doch erst aus der Zusammenstellung des 1. Bandes die ganze Fülle seiner verfassungsgeschichtlichen Arbeit klar geworden; die Verzettelung in einzelne Aufsätze hat, wie ich hier deutlich empfunden habe, ihre grossen Nachteile.

[...]

Kennen Sie schon den zweiten Band von Gagliardis[6] Entlassung Bismarcks?[7] Er ist – erst nach Abschluss meiner 5. Auflage – aus dem Nachlass herausgegeben worden, obwohl er offenbar schon seit Jahren im Satz stand, und kommt sehr post festum. Denn wer kümmert sich heute noch um all die Einzelheiten der Vorgänge vom März 1890, wie fern ist uns angesichts des Erlebens und der Sorgen unserer Tage überhaupt die Frage nach den Ursachen der Katastrophe von 1918 gerückt! Amtlich leben wir in ganz andern Perspektiven, das ist mir angesichts der Festartikel zu Karls d. Grossen Geburtstag wieder deutlich geworden. Dabei ist es noch gar nicht so lange her, dass deutsche Professoren sich mit einer Verteidigung des „Sachsenschlächters" unbeliebt machten[8]. Kennen Sie eigentlich meine Anzeige von Reventlows[9] Buch:

---

[1] Ernst Troeltsch (1865–1923), evangelischer Theologe und Philosoph, o. Professor an den Universitäten Bonn (1892–1894), Heidelberg (1894–1915) und Berlin (1915–1923).
[2] Werner Sombart (1863–1941), Nationalökonom und Wirtschaftshistoriker, a.o. Professor an der Universität Breslau (1890–1906), Dozent an der Handelshochschule Berlin (1906–1918) und o. Professor an der Universität Berlin (1917/18–1931).
[3] Franz Oppenheimer (1864–1943), Mediziner, Nationalökonom und Soziologe, a.o. Professor an der Universität Berlin (1909/17–1919), o. Professor an der Universität Frankfurt a.M. (1919–1929), 1934 Emigration, seit 1940 in den USA.
[4] Max Scheler (1874–1928), Philosoph und Soziologe, o. Professor an der Universität Köln (1919–1928).
[5] Gemeint sind Hintzes Aufsätze: „Soziologische und geschichtliche Staatsauffassung. Zu Franz Oppenheimers System der Soziologie" (1929) und „Max Schelers Ansichten über Geist und Gesellschaft" (1926), die Hartung jedoch in seiner Einleitung in Bd. 2 (ebenda, S. 5–11) – unter geschicktem Hinweis auf das im 1941 erschienenen Bd. 1 der „Gesammelten Abhandlungen" (S. 460–468) von Heinrich Otto Meisner zusammengestellte Schriftenverzeichnis Hintzes – ausdrücklich erwähnt. In der von Gerhard Oestreich herausgegebenen Neuauflage von Bd. 2 (Göttingen 1964) sind alle in der ersten Auflage fehlenden Studien aufgenommen.
[6] Ernst Gagliardi (1882–1940), schweizerischer Historiker, o. Professor an der Universität Zürich (1919–1940).
[7] Ernst Gagliardi: Bismarcks Entlassung, Bd. 2: Der Ausgang, Tübingen 1941; Bd. 1: („Die Innenpolitik") war 1927 ebenda erschienen.
[8] Siehe dazu oben, Briefe Nr. 111, 112.
[9] Ernst Graf zu Reventlow (1869–1943), völkisch-nationalsozialistischer Politiker und Schriftsteller, 1924–1943 Mitglied des Deutschen Reichstags.

Nr. 157. An Siegfried A. Kaehler, 6. April 1942

Von Potsdam nach Doorn? Sie ist in den Berliner Monatsheften Dezember 1940 erschienen¹ und hat mir zunächst einen Tadel in „Vergangenheit und Gegenwart" durch Herrn Krüger, den Leiter der Pa-Prü-Ko² eingebracht³, jetzt etwas verspätet auch die mündliche Eröffnung, dass das Ministerium meinen Standpunkt nicht billige und mir nahelegen lasse, keine Rezensionen weltanschaulich-politischer Natur mehr zu schreiben⁴.

Hoffentlich haben Sie die kurze Osterpause zur Erholung ausnutzen können. Mit den besten Grüssen auch von meiner Frau für Sie und Ihre Gattin

Ihr alter
Hartung

---

[1] Fritz Hartung: Rezension von: Graf Ernst zu Reventlow: Von Potsdam nach Doorn, Berlin 1940, in: Berliner Monatshefte 18 (1940), S. 814–818.
[2] Parteiamtliche Prüfungskommission.
[3] Gerhard Krüger: Von Potsdam nach Doorn. Eine Besprechung und zugleich eine deutliche Abwehr, in: Vergangenheit und Gegenwart 31 (1941), S. 95–97. Krüger würdigt hier zuerst Persönlichkeit und Gesamtwerk des Autors, des Altnationalsozialisten Graf Reventlow, anschließend lobt er dessen neuestes Buch in den höchsten Tönen, vor allem die darin enthaltene Entlarvung „der inneren Hohlheit des Wilhelminismus". Ohne Namensnennung greift Krüger anschließend Hartung an, den er als „Universitätsprofessor der älteren Generation" bezeichnet und dem er mangelnde innere Achtung vor dem „politische[n] Kämpfer Reventlow" vorwirft, weil er „in seiner Kritik vier für das Gesamtwerk unerhebliche Einzelpunkte angegeben" habe, wohingegen es darauf ankomme, daß „wir als Nationalsozialisten die Zusammenhänge schärfer und politisch deutlicher sehen". Anschließend wird der akademische Kritiker direkt angesprochen: „Gestatten Herr Professor, daß ich da anderer Auffassung bin [...] Ich glaube feststellen zu dürfen, daß Reventlow das Zeitalter des Wilhelminismus aus seiner politischen Schau in den großen Zügen, nicht in den Einzelheiten richtiger sieht als Sie, Herr Professor, der Sie alle Urteile aus Erinnerungen, aus Briefen und aus sachlichen Darstellungen, alle Tatsachen und Akten sorgfältig und achtenswert gegeneinander ausgewogen haben". Unter Berufung auf Walter Frank stellt Krüger abschließend fest: „Diese Art professoraler ‚Fachkritik', diese Art ‚wissenschaftliche' Verurteilung [...] sollte nunmehr ein Ende haben. Es gibt auch eine andere Art, um auf Irrtümer hinzuweisen. [...] Trotz dem Herrn Professor sollte jeder Geschichtslehrer versuchen, etwas von dem Feuer, das in Reventlows Buch brennt, in seinen Unterricht hineinzutragen" (alle Zitate: ebenda, S. 96 f.).
[4] Wegen seiner kritischen Besprechung des Buchs von Reventlow wurde Hartung im Auftrag des Reichsministeriums für Wissenschaft, Erziehung und Volksbildung am 24.2.1942 vom Rektor der Berliner Universität, Willy Hoppe, vorgeladen und mündlich darüber in Kenntnis gesetzt, er habe „in Zukunft von Buchbesprechungen vorwiegend politisch weltanschaulichen Inhalts, die Ereignisse der letzten Jahrzehnte in Deutschland zum Gegenstand haben, abzusehen" (siehe das Schreiben von Heinrich Harmjanz als Vertreter des Ministeriums an Rektor Willy Hoppe, 17.2.1942, in: Archiv der Humboldt-Universität Berlin, Personalakte F. Hartung, Bd. II, Bl. 165r-165v, mit handschriftlicher Notiz Hoppes).

Nr. 158
An Friedrich Meinecke   Berlin, 21. Juni 1942

GStA PK, VI. HA, Nl. Friedrich Meinecke, Nr. 14, 136. – Masch. Original.

Sehr verehrter Herr Geheimrat!

Als ich Sie neulich wegen der Wahl korrespondierender Mitglieder für die Akademie besuchte, sprachen wir auch von der Möglichkeit, neue ordentliche Mitglieder zu wählen. Rascher als ich dachte, ist die Angelegenheit nun spruchreif geworden, nachdem jemand im Ministerium, wo man die Ablehnung Hoppes[1] noch nicht verschmerzt hat, zu Grapow Andeutungen wegen der Ueberalterung der Historiker gemacht hat. Und zwar soll es jetzt, wie schon die wiederholte Ankündigung von ausserordentlichen Sitzungen andeutet, so schnell gehen, dass die Wahlen noch vor der Sommerpause zu Ende geführt werden können. Deshalb haben Brackmann und ich die Anträge in der letzten ausserordentlichen Klassensitzung einbringen müssen, ohne dass wir Sie vorher haben in Kenntnis setzen können. Es liegt mir aber daran, das wenigstens jetzt noch nachzuholen, bevor am nächsten Donnerstag (25.) die Klasse abstimmt.

Für das Mittelalter wird Rörig vorgeschlagen. Für die Neuzeit wäre natürlich – darüber sprachen wir bereits – A. O. Meyer der gegebene Kandidat. Nach erneuter Erkundung Grapows besteht aber keine Aussicht, dass er bestätigt wird. Mich würde das an sich nicht hindern, seine Wahl vorzuschlagen. Aber nicht nur Grapow und Heymann, sondern auch mehrere andere Mitglieder stehen auf dem Standpunkt, dass einem nichts Schlimmeres passieren könne, als zwar gewählt, aber nicht bestätigt zu werden, und wollen deshalb an die Wahl nicht herangehen. Da es unter diesen Umständen nicht sicher ist, ob der Antrag glatt durchgehen würde, habe ich im Einvernehmen mit Brackmann darauf verzichtet, einen Antrag für A. O. Meyer zu stellen. Ich habe deswegen mit ihm eine Aussprache gehabt, die sehr befriedigend verlaufen ist, und auch vor der Klasse eine entsprechende Erklärung abgegeben.

Zu der wünschenswerten Verjüngung der neueren Geschichte in der Akademie ist – ich weiss nicht, von wem? – die Wahl von Stieve[2] angeregt worden, der freilich auch schon beinahe 58 Jahre alt ist. Er hat aber so achtungswerte Arbeiten aufzuweisen – ich nenne die Herausgabe der Iswolskipapiere[3] mit

---
[1] Siehe oben, Briefe Nr. 150 ff.
[2] Friedrich Stieve (1884–1966), Diplomat und Historiker, deutscher Botschafter in Riga (1928–1932), anschließend Leiter der Kulturpolitischen Abteilung und des Archivs des Auswärtigen Amtes (1932–1945); Publikationen zur Diplomatie- und Zeitgeschichte sowie Überblicke zur deutschen Geschichte.
[3] Alexander Petrowitsch Iswolski (1856–1919), russischer Diplomat und Politiker, 1906–1910 Außenminister, 1910–1917 Botschafter in Paris. Sein politischer Briefwechsel geriet auf Umwegen in den Besitz des Berliner Auswärtigen Amtes, in dessen Auftrag Friedrich Stieve kurz nach dem Ersten Weltkrieg eine großes Aufsehen erregende Publikation in deutscher Übersetzung veranstaltete, ergänzt durch eine wissenschaftliche Untersuchung: Der Diplomatische Schriftwechsel Iswolskis 1911–1914. Aus den Geheimakten der russi-

zwei Bänden Darstellung, die „Tragödie der Bundesgenossen", vor allem seine „Geschichte des deutschen Volkes" und die 1940 erschienenen „Wendepunkte europäischer Geschichte"[1] –, dass ich mit Brackmann gemeinsam den Antrag unterzeichnet habe; Heymann, Grapow und der Germanist Koch haben sich angeschlossen. Ich nehme an, dass die Wahl am Donnerstag ohne Widerspruch erfolgen wird.

Ich hatte und habe in diesen Tagen leider keine Zeit, Sie aufzusuchen und Ihren Rat einzuholen, aber es liegt mir daran, Sie wenigstens von dem zu informieren, was in der neueren Geschichte in der Akademie passiert. Dass wir mehr nach politischen als nach wissenschaftlichen Gesichtspunkten uns gerichtet haben, bestreite ich nicht. Aber ich glaube, dass wir der Würde der Akademie mit der Wahl Stieves nichts vergeben.

Hoffentlich hat der rauhe Juni, der heute erst anfängt, sich zu bessern, Ihrer Gesundheit nicht geschadet.

Der zweite Band von Hintzes Aufsätzen ist jetzt im Satz fertig[2]. Mit freundlichen Grüssen von Haus zu Haus in alter Verehrung
Ihr sehr ergebener
Hartung

Nr. 159
An Richard Fester   Berlin, 18. September 1942
BAK N 1107, Nr. 246. – Hs. Original.

Lieber und verehrter Herr Geheimrat!

[...]

Unsere Reise ist recht befriedigend verlaufen. Zwar erwies sich Weichsel[3] als nicht ganz so nahrhaft, wie man es uns ausgemalt hatte. Es gab keinerlei Besonderheiten mehr, auch keinen Bohnenkaffee oder Schokoladentorten; aber was man bekam, war schmackhaft und gut, und zum Sattessen gab es Kartoffeln in Menge. Dazu hatten wir herrliches Wetter, sodaß wir die vier

---

schen Staatsarchive. Im Auftrage des Deutschen Auswärtigen Amtes in deutscher Übertragung hrsg. v. Friedrich Stieve, Bde. 1–4, Berlin 1924; Iswolski im Weltkriege. Der Diplomatische Schriftwechsel Iswolskis aus den Jahren 1914–1917. Neue Dokumente aus Geheimakten der russischen Staatsarchive. Im Auftrage des Deutschen Auswärtigen Amtes hrsg. v. Friedrich Stieve, Berlin 1924; Friedrich Stieve: Iswolski und der Weltkrieg. Auf Grund der neuen Dokumenten-Veröffentlichung des Deutschen Auswärtigen Amtes, Berlin 1924.

[1] Friedrich Stieve: Die Tragödie der Bundesgenossen Deutschland und Österreich-Ungarn 1908–1914, München 1930; derselbe: Geschichte des deutschen Volkes, München 1934; derselbe: Wendepunkte europäischer Geschichte vom Dreißigjährigen Krieg bis zur Gegenwart, Leipzig 1940.
[2] Siehe oben, Brief Nr. 157.
[3] Die Gemeinde Weichsel (heute: Wisła, seit 1962 Stadt) hatte bis 1919 zu Österreichisch-Schlesien gehört, war 1919 durch den Vertrag von Saint-Germain-en-Laye zu Polen gekommen und 1939–1945 verwaltungsrechtlich der preußischen Provinz Oberschlesien angeschlossen.

Nr. 159. An Richard Fester, 18. September 1942

Wochen, die man uns dort ließ, auch aushielten. Die Gegend gefiel uns recht gut, sie erinnerte an deutsches Mittelgebirge. Die Bevölkerung aber war wenig sympathisch. Sie ist zwar, nachdem man die fanatischen Polen ausgesiedelt hat, als volksdeutsch anerkannt. Aber sie spricht unter sich nur polnisch und zeigt sich sehr deutschfeindlich, offenbar auch – das sagte mir ein 1940 zugewanderter Reichsdeutscher – aus der Befürchtung heraus, daß eines Tages die Polen doch zurückkommen und an denen, die mit den Deutschen zusammengearbeitet haben, Rache nehmen könnten. Auffällig war mir, daß die Mehrzahl der Bevölkerung evangelisch ist. Die im preußischen Osten gültige Gleichung: evangelisch = deutsch, katholisch = polnisch, trifft in Weichsel, das altgalizisches Gebiet ist, aber heute zu Oberschlesien gehört, nicht zu. Die meisten Gasthäuser waren mit Jugend aus dem Rheinland belegt.

Bei meiner Rückkehr fand ich außer Ihrem Brief[1] auch die Bestätigung meiner Wahl zum korr. Mitglied der Bayerischen Akademie vor. Ich freue mich dieser Ehrung, wenn ich sie auch als Alterszeichen empfinde. Auch Ihnen bin ich wohl Dank dafür schuldig.

Ihren „Markgraf Bernhard I. und die Anfänge des badischen Territorialstaats"[2] kenne ich sehr wohl; in der 1. Auflage meiner Deutschen Verfassungsgeschichte habe ich ihn auch zitiert (S. 22), in der späteren fehlt der ganze § auf Wunsch von A. Meister[3]. Auch Ihre Studie über den Lübecker Frieden[4] habe ich s. Zt. mit lebhaftem Interesse gelesen; ich kann allerdings nicht mehr mit Bestimmtheit sagen, ob ich erst aus ihr von Ihrer norddeutschen Abstammung Kenntnis erhalten habe, nachdem ich lange Jahre an Ihre Frankfurter Herkunft geglaubt hatte[5]. An die mecklenburgische Amtsverwaltung werde ich gelegentlich denken. Einstweilen möchte ich annehmen, daß Ihr Ahnherr mit seinem bürgerlichen Vermögen den Mecklenburger Herzögen 1631 ausgeholfen und als Pfand dafür das Amt Zarrentin bekommen hat. In Brandenburg finden sich – da es hier bürgerlichen Reichtum seit dem 16. Jahrhundert kaum noch gab – vielfach adlige Herren in der gleichen Stellung.

---

[1] Richard Fester an Fritz Hartung, 12.9.1942 [Nl. F. Hartung, K 33/1].
[2] Richard Fester: Markgraf Bernhard I. und die Anfänge des badischen Territorialstaates, Karlsruhe 1896.
[3] In der ersten Auflage seiner „Deutschen Verfassungsgeschichte vom 15. Jahrhundert bis zur Gegenwart", Leipzig/Berlin 1914, hatte Hartung in den §§ 8 und 9 über „Die Anfänge der Territorialbildung" sowie über „Die Landeshoheit" gehandelt (S. 20–25). Wie er im Vorwort zur 2., verbesserten Auflage von 1922 (S. III–IV) mitteilt, sind jene Paragraphen in der neuen Fassung weggefallen, da Territorialbildung und Landeshoheit „künftig von A. Meister in der 3. Abteilung dieses Grundrisses behandelt werden sollen" (S. IV). Gemeint ist hiermit die 3. Auflage des vom Herausgeber des „Grundrisses der Geschichtswissenschaft", Aloys Meister, selbst verfassten Bandes: Deutsche Verfassungsgeschichte von den Anfängen bis ins 15. Jahrhundert, 3. Aufl. Leipzig/Berlin 1922. Meister behandelt ebenda „Die Anfänge der Territorialbildung" und „Die Entstehung der Landeshoheit" auf S. 163–172.
[4] Richard Fester: Ein Motto auf dem Lübecker Frieden von 1629, in: Zeitschrift des Vereins für Lübeckische Geschichte und Altertumskunde 28 (1936), S. 133–136.
[5] In seinem Brief an Hartung vom 12.9.1942 (Nl Fritz Hartung, K 33/1) erwähnt Fester knapp seinen Lübecker Ahnherrn, den Kaufmann Michael Fester (1574–1644), der auch in dem kleinen Aufsatz von 1936 (ebenda, S. 135) erwähnt wird.

Unser Akademiepräsident ist tatsächlich Vahlen[1]. Da er nur in den öffentlichen Festsitzungen spricht, bei denen keine Diskussion, auch kein unartikuliertes Gebrumm möglich ist, muß man seine Reden hinnehmen; die schlimmsten Fehler entfernt sein Adlatus vor dem Druck, aber die Plattheiten bleiben auch da unkorrigiert.

[...] Meine Frau und ich haben durch unsere Reise drei Alarme in Berlin uns erspart. Aber Oberschlesien ist jetzt auch nicht mehr so sicher, wie man dort bisher angenommen hat. Eines Nachts haben wir in Weichsel Flugzeuge gehört, die einen anderen Ton hatten als unsere deutschen; in den Industriestädten war auch wiederholt Alarm.

So rüsten wir uns auf den vierten Kriegswinter. Möge er Sie und die Ihrigen sanft anfassen; es braucht ja nicht jeder Winter so kalt zu sein wie die letzten. Dann werden wir die Dunkelheit schon ertragen.

Nochmals die herzlichsten Glückwünsche und viele Grüße, auch im Namen meiner Frau!
        Ihr stets dankbar ergebener
        F. Hartung

Nr. 160
An Richard Fester   **Berlin, 22. November 1942**

BAK N 1107, Nr. 246. – Hs. Original.

Sehr verehrter, lieber Herr Professor!

Sie haben bisher immer so prompt auf meine Briefe geantwortet, daß mir das Ausbleiben der Antwort auf meinen Brief zum 20. September[2] Sorge machte. Vielleicht ist der Brief dem Fliegerangriff zum Opfer gefallen, der Ihren Geburtstag so schaurig eingeleitet hat. Jedenfalls möchte ich wünschen, daß nicht etwa Krankheit die Ursache Ihres Schweigens ist.

Die kleine Beilage dieses Briefes stammt aus dem Meineckeheft der HZ[3]. Ich bin erstaunt, daß v. Müller in der kurzen Zeit seit Anfang Juli eine so große Anzahl von Beiträgen zusammen bekommen hat und fast den ganzen Band braucht, um sie unterzubringen. Die Schreibseligkeit der Historiker ist offenbar durch den Mangel an Papier, Schreibmaschinenfarbbändern und an-

---

[1] Fester hatte sich in seinem letzten Brief an Hartung über den „kümmerliche[n] Vahlen" mokiert.
[2] Geburtstag Richard Festers.
[3] Das erste Heft des Bandes 167 (1943) der Historischen Zeitschrift ist, versehen mit einer Widmung des Herausgebers Karl Alexander von Müller, „Friedrich Meinecke zum 30. Oktober 1942" zugeeignet; am Anfang findet sich der Beitrag Hartungs: Der französisch-burgundische Einfluß auf die Entwicklung der deutschen Behördenverfassung, S. 3–12. – Zu den weiteren Beiträgern gehören u. a. Otto Becker, Karl Brandi, Hans Haußherr, Siegfried A. Kaehler, Wilhelm Mommsen, Peter Rassow, Gerhard Ritter, Wilhelm Schüßler, Rudolf Stadelmann, Otto Vossler.

Nr. 160. An Richard Fester, 22. November 1942

derem Bedarf noch nicht wesentlich gestört worden. Jetzt wird es wohl etwas anders werden; denn auch hier in Berlin, wo wir seit einem Jahr keinen ernsthaften Angriff mehr gehabt haben, sehen Archive und Bibliotheken ihre Aufgabe nur noch darin, ihre Bestände vor feindlichen Fliegern in Sicherheit zu bringen. Das Geh. Staatsarchiv in Dahlem ist für private Benutzer schon ganz geschlossen und auch tatsächlich unbenutzbar da die wertvollen Bestände in die Provinz verschickt worden sind. Auch die Staatsbibliothek hat bereits einen Teil ihrer Bücher für die Dauer des Krieges der Benutzung entzogen und hat angeblich die Absicht, nur die Abteilungen Medizin und Technik offen zu lassen. Da weder Mediziner noch Techniker ihre Kenntnisse aus alten Büchern zu schöpfen pflegen, heißt auch das tatsächlich die Schließung.

Wie sich das auf unsere Studenten auswirken wird, läßt sich noch nicht übersehen. Bei Staatsexamensarbeiten werden wir wohl Nachsicht haben müssen. Aber ich kann mir einstweilen nicht recht vorstellen, daß wir Dissertationen annehmen werden, die nicht einmal die gedruckte Literatur in vollem Umfang benutzt haben. Einstweilen läßt sich noch kein Urteil darüber gewinnen, ob wir für das bevorstehende Semester Hörer finden werden. Die Arbeitsräume unseres Seminars sind gähnend leer. Und auf Urlauber, denen zu Liebe das Semester erst am 1. Dezember anfangen wird, werden wir kaum zu rechnen haben. Für die Ostfront ist der Studienurlaub schon aufgehoben, und die Westfront wird bei der augenblicklichen Lage auch nicht viele Studenten freigeben. Da mein Assistent eingezogen worden ist, und zwar zu den Kraftfahrern, da er wegen eines Beinschadens nicht richtig Soldat werden kann[1], habe ich mir jetzt eine Assistentin[2] nehmen müssen. Ich bin mir noch nicht ganz klar darüber, ob ich mir von ihr die Bücher für das Seminar holen lassen darf oder ob ich sie ihr besorgen muß.

Persönlich geht es mir gut, wenn sich auch beim Gewicht die Kriegsernährung bemerkbar macht. Die gute Luft, die wir in unserer oberschlesischen Sommerfrische gehabt haben[3], tut noch immer ihre Wirkung, zumal da der Herbst ungewöhnlich schön und mild ist. Der Schwiegersohn ist seit mehr als zwei Monaten wieder draußen[4]. Nachricht liegt nicht vor; auch die sonst nach acht Wochen eingetroffene amtliche Mitteilung der Dienststelle, daß es dem Boot gut gehe, ist ausgeblieben. Bei der starken Beanspruchung aller U-Bootdienststellen ist das nicht notwendig ein schlechtes Zeichen, zumal da die Fahrt des Bootes von vornherein auf mindestens vier Monate berechnet war. Aber die Sorge ist natürlich nicht ganz zu unterdrücken angesichts der überraschenden Landung der Amerikaner in Afrika. Ich habe fast den Eindruck, als ob man bei uns selbst an amtlichen Stellen die Wirkung der U-Boote überschätzt habe. Den Frachtraum, der für die beiden Offensiven in

---

[1] Vermutlich Hans-Heinrich Rohde (1914–2005).
[2] Nicht zu ermitteln.
[3] Siehe oben, Briefe Nr. 159.
[4] Der Ehemann von Hartungs Stieftochter Christel, der Kapitänleutnant und Ritterkreuzträger Albrecht Achilles (1914–1943), war Kommandant eines U-Boots.

Nordafrika¹ erforderlich ist, hat man den Angelsachsen kaum noch zugetraut, während umgekehrt für uns eine ausreichende Versorgung des Afrikakorps nicht möglich gewesen ist. Anders kann ich mir den Zusammenbruch dort gar nicht erklären.

[...]

Zu den wenig erfreulichen Kriegserscheinungen rechne ich unser Buhlen um die Gunst auswärtiger Gelehrter von mäßiger Qualität. Berlin hat anscheinend die Aufgabe, vor allem die Beziehungen zum Balkan zu pflegen, wobei wir zwischen Rumänien und Ungarn hin und herpendeln und uns vermutlich eines Tages zwischen beide Stühle setzen werden. Das einzig Gute dabei ist, daß die Anwesenheit bei einem solchen Ausländervortrag mit einem markenfreien Essen honoriert wird. Diese Woche war ich sogar zu einem Tee in der Ungarischen Gesandtschaft, um einen mir gänzlich unbekannten Kollegen aus Budapest zu ehren. Angesichts der belegten Brote, der Blätterteighörnchen, Käsestangen und was es da alles gab, habe ich bedauert, nicht Diplomat geworden zu sein. Es hätte sich für die zwei großen Kriege, die ich erleben mußte, schon gelohnt. So aber bleibt mir nichts anderes übrig als den nächsten Diplomatentee abzuwarten.

Lassen Sie bald einmal von sich hören. Hoffentlich sind meine Besorgnisse um Ihre Gesundheit unbegründet. Herzliche Grüße von Haus zu Haus!

Ihr
F. Hartung

Nr. 161

An Willy Andreas Berlin, 6. Dezember 1942

GLA Karlsruhe, 69 N, Nr. 848. – Hs. Original.

Lieber Herr Andreas!

Mit dem Dank für die freundliche Zusendung der dritten Auflage Ihres Buches „Deutschland vor der Reformation"² habe ich gezögert, weil ich hoffte, damit den zweiten Band von Hintzes Aufsätzen³, dessen erstes Exemplar Meinecke zum 80. Geburtstag überreicht worden ist, Ihnen schicken zu können. Da sich die Auslieferung aber anscheinend sehr verzögert – nicht einmal ich als Herausgeber habe bisher ein Exemplar erhalten –, will ich einen stillen Sonntag Abend benutzen, um Ihnen mit dem Glückwunsch zu dem wohlverdienten Erfolg auch für die liebenswürdige Gabe den gebührenden Dank zu

---

¹ Die gemeinsame britisch-amerikanische Invasion in Nordafrika erfolgte am 7. und 8.11.1942 in Algier, Oran und Marokko; vgl. Michael Salewski: Deutschland und der Zweite Weltkrieg, Paderborn 2005, S. 246.
² Willy Andreas: Deutschland vor der Reformation. Eine Zeitenwende, 3. Aufl., Stuttgart/Berlin 1942.
³ Otto Hintze: Gesammelte Abhandlungen, Bd. 2: Zur Theorie der Geschichte, hrsg. v. Fritz Hartung, Leipzig 1942.

Nr. 161. An Willy Andreas, 6. Dezember 1942

sagen. Ich kenne das Buch natürlich längst und habe es im vergangenen Frühjahr als Unterlage für unsern Akademievorschlag nochmals gründlich angesehen. Von den Korrespondenten, die wir im Sommer gewählt haben, aber auch von den neuen Mitgliedern (Rörig und Stieve) hat keiner etwas Ebenbürtiges aufzuweisen.

Die amtliche Mitteilung von der Akademie werden Sie inzwischen erhalten haben. In der ersten Sitzung nach den Ferien hat Vahlen die erfolgte Bestätigung offiziell mitgeteilt[4]. Viel Freude macht die Akademie den hiesigen Mitgliedern nicht. Die Geschäftsführung durch den Präsidenten ist schauderhaft und hat zu großem Krach innerhalb des Präsidiums geführt[5]; leider blamiert er uns auch bei jeder öffentlichen Festsitzung. Er hat es u.a. fertig gebracht, Erasmus[6], den er als Typus germanischer Heldenhaftigkeit dem insularen Heuchler Th. Morus[7] entgegenzusetzen liebt, als Verfasser der epistolae obscurorum virorum[8] zu bezeichnen. Sie sehen, wir sind nicht mehr weit entfernt von den Zeiten Friedrich Wilhelms I. und seiner närrischen Akademiepräsidenten[9]. Aber auch die Vorträge der Mitglieder finde ich meist langweilig. Ich bedaure es sehr, daß sich die Vortragenden nicht bemühen, einen Einblick in die Hauptfragen ihrer Wissenschaft zu geben, sondern meist eine Spezialität herausgreifen, die niemand begreifen kann.

Freilich ist die Akademie nicht der wichtigste Gegenstand meiner Sorgen. Aber darüber will ich lieber nicht schreiben.

Das Semester scheint, obwohl Urlauber so gut wie gar nicht kommen und die anwesenden Soldaten fast ohne Ausnahme kriegsbeschädigt sind, ziemlich lebhaft zu werden. Fast lauter Studentinnen. Nachdem mein Assistent, den die Nachwirkungen einer Kinderlähmung bisher vom Militär ferngehalten haben,

---

[4] Willy Andreas war am 22.7.1942 auf Vorschlag Hartungs zum korrespondierenden Mitglied der Preußischen Akademie der Wissenschaften gewählt worden.

[5] Aus Protest gegen die Politik des Reichserziehungsministeriums sowie gegen die Amtsführung des Akademiepräsidenten Theodor Vahlen trat der Vizepräsident der Akademie, der Jurist Ernst Heymann, im Dezember 1942 zurück; vgl. Wolfram Fischer/Rainer Hohlfeld/Peter Nötzoldt: Die Berliner Akademie in Republik und Diktatur, in: dieselben (Hrsg.): Die Preußische Akademie der Wissenschaften zu Berlin 1914–1945, Berlin 2000, S. 517–566, hier S. 560f.

[6] Desiderius Erasmus von Rotterdam (um 1467–1536), Theologe und Humanist.

[7] Thomas Morus (1478–1535), englischer Jurist, Politiker und Humanist, katholischer Märtyrer und Heiliger.

[8] Die „Epistolae obscurorum virorum" („Dunkelmännerbriefe") waren ein satirisches Gemeinschaftswerk verschiedener Humanisten im Umfeld und zur Verteidigung von Johannes Reuchlin gegen die Angriffe seitens der Dominikaner und spätscholastischer Theologen aus Köln. Zu den Verfassern der „Briefe" gehörten u.a. Ulrich von Hutten und Crotus Rubianus; vgl. Erich Meuthen: Die ‚Epistolae obscurorum virorum', in: Walter Brandmüller/Herbert Immenkötter/Erwin Iserloh (Hrsg.): Ecclesia militans. Studien zur Konzilien- und Reformationsgeschichte. Remigius Bäumer zum 70. Geburtstag gewidmet, Bd. 2: Zur Reformationsgeschichte, Paderborn 1988, S. 53–80.

[9] Anspielung auf Jakob Paul Freiherr von Gundling (1673–1731), Hofrat und Historiograph König Friedrich Wilhelms I. in Preußen, von diesem jedoch als Hofnarr missbraucht und 1718 zum Präsidenten der Preußischen Akademie der Wissenschaften ernannt; vgl. Adolf Harnack: Geschichte der Königlich Preußischen Akademie der Wissenschaften zu Berlin, Bd. I/1, Berlin 1900, S. 220ff.

jetzt als Kraftfahrer eingezogen worden ist, habe ich seine Stelle auch mit einer Dame besetzen müssen.

Kollegialen Verkehr gibt es hier kaum noch. Die Entfernungen und die Verdunkelung bilden Hindernisse, die man heute nicht durch materielle Genüsse wettmachen kann. Nicht einmal amtlich gibt es noch einen Zusammenhalt; z. B. ist der neue Literarhistoriker berufen worden[1], ohne daß die Historiker dabei gefragt worden wären. Er macht übrigens einen ganz guten Eindruck.

Meine Gesundheit hat dem Krieg bisher gut standgehalten. Daß ich den Sommer über Urlaub gehabt und demgemäß nicht geredet habe, ist mir gut bekommen. [...]

Nochmals herzlichen Dank und beste Grüße

Ihr ergebener Hartung

Nr. 162
An Siegfried A. Kaehler   Berlin, 20. Dezember 1942

NStUB Göttingen, Cod. Ms. S. A. Kaehler, 1, 59. – Masch. Original (mit hs. Zusatz).

Lieber Kaehler!

Den zweiten Band Hintze möchte ich nicht ohne einen begleitenden Gruss an Sie abgehen lassen. Er ist äusserlich leider schon recht kriegsmässig. Innerlich lässt er manches vermissen, so die Auseinandersetzung mit Oppenheimer, die methodisch gerade für die Verfassungsgeschichte sehr wesentlich ist, auch die mit Max Weber und Scheler; das alles hat die Zensur zu verantworten[2]. Der dritte Band mit den Aufsätzen zur preussischen Geschichte hat mehr Gnade vor ihren Augen gefunden, da haben sie gar nichts gestrichen. Er soll demnächst auch in Druck gehen[3].

Ich bin Ihnen noch den Dank für Ihren Brief vom 8. November schuldig[4], der einen bescheidenen Ersatz für die bei der Meineckefeier leider unterbliebene längere Unterhaltung bedeutet hat. Natürlich habe ich volles Verständnis dafür, dass Sie in den zwei Tagen in Berlin mit den besonderen Verpflichtungen bei Meinecke und den bedauerlichen Hemmungen Ihrer Gesundheit nicht mehr Zeit für einen Besuch bei mir gehabt haben. Ich weiss zur Genüge, wie wenig Berlin selbst dem Dauerwohner Zeit zu menschlichem Verkehr lässt. Früher konnte man sich wenigstens gelegentlich in der Stadt zum Essen verabreden, wenn man ohnehin mittags nicht nach Hause gehen konnte. Aber jetzt ist das Essen so schlecht und vor allem die äussere Aufmachung (Geschirr,

---

[1] Gerhard Cordes (1908–1985), Germanist und Niederlandist, o. Professor an den Universitäten Berlin (1942–1946) und Kiel (1952–1974).
[2] Siehe oben, Briefe Nr. 144, 146, 147.
[3] Otto Hintze: Gesammelte Abhandlungen, Bd. 3: Geist und Epochen der preußischen Geschichte, hrsg. v. Fritz Hartung, Leipzig 1943.
[4] Siegfried A. Kaehler an Fritz Hartung, 8.11.1942, in: Nl. F. Hartung, K 53/5.

Nr. 162. An Siegfried A. Kaehler, 20. Dezember 1942

Tischzeug usw.) so dürftig, dass auch das kaum mehr möglich ist. Selbst bei Kranzler[1], wo ich vor ein paar Tagen mit meiner Assistentin gegessen habe, gab es die Suppe aus einer stark ausgezackten Steinguttasse auf Porzellanuntertasse. Die Assistentin ist natürlich auch nur ein Kriegsnotbehelf. Aber nachdem man mir meinen Assistenten trotz spinaler Kinderlähmung zu den Kraftfahrern geholt hat – Infanterie kam beim besten Willen nicht in Frage –, habe ich auch lieber eine Studentin genommen als jedes Semester es mit einem neuen Jüngling zu versuchen.

Der Semesterbetrieb ist hier wieder sehr stark. Auch Studenten sind hier, fast alle mehr oder minder kriegsbeschädigt, darunter der junge Oncken[2], der in Afrika ein paar Finger der rechten Hand verloren hat. Wirkliche Fronturlauber fehlen ganz, wenn nicht ein Glücksfall ihnen Urlaub verschafft hat; so kam vor ein paar Tagen ein Marinemann bei mir an, dessen Schnellboot gerade rechtzeitig einen so schweren Treffer abbekommen hat, dass es mehrere Monate in die Werft muss.

Die Stimmung der Soldaten finde ich gegenüber dem Vorjahr erheblich pessimistischer. Ueber die Kriegsaussichten sprechen sie sich ja vorsichtig nicht aus. Aber dass der Krieg unabsehbar lange dauern wird und dass es deshalb eigentlich keinen Zweck hat zu studieren, weil man viel zu alt werde, um noch etwas Vernünftiges anfangen zu können, das sagen sehr viele. Ich kann es Ihnen sehr nachfühlen. Mir geht es mutatis mutandis[3] ja ebenso. Hat unsere Arbeit noch Sinn angesichts der Lage, der deutlich sich abzeichnenden Erschöpfung unserer physischen Kraft. Die Erörterungen über den Einsatz der Jahrgänge 26 und 27, also der 16 und 15jährigen bei der Heimatflak haben mich sehr bedenklich gemacht. Ich hörte davon aus den Kreisen der höheren Schulen, die ihren Betrieb in den oberen drei Klassen so gut wie zumachen sollten. Sauckel[4] soll in letzter Stunde im Hinblick auf den zukünftigen Bedarf an Technikern und Ingenieuren gegen den Plan Einspruch erhoben haben. Aber dass er überhaupt so weit gedeihen konnte, ist bezeichnend.

In Ihrem Brief fragen Sie nach der von mir verfassten Akademieadresse für Meinecke. Einen Abzug oder auch nur ein Konzept habe ich nicht. Sie wird aber im nächsten Jahrbuch gedruckt werden, falls es erscheinen kann, und ich werde mich dann bemühen, Ihnen ein Exemplar zu beschaffen[5]. Ihre Bemerkungen über A. O. Meyer im Vergleich mit Meineckes Kopf[6] haben mir zum

---

[1] Bekanntes Berliner Restaurant und Café am Kurfürstendamm.
[2] Dirk Oncken (geb. 1919), deutscher Diplomat, Botschafter in Indien, Griechenland und der Türkei.
[3] Lat.: mit den nötigen Änderungen; gemeint etwa: im Großen und Ganzen.
[4] Fritz Sauckel (1894–1946), nationalsozialistischer Politiker, Gauleiter und Reichsstatthalter von Thüringen, seit März 1942 Generalbevollmächtigter für den Arbeitseinsatz.
[5] Nicht erschienen.
[6] In seinem Brief an Hartung vom 8.11.1942 [Nl. Fritz Hartung, K 53/3] schreibt Kaehler: „Ob Sie ebenso, wie ich, so standen, dass Sie M[eine]ckes Kopf in unmittelbarer Nachbarschaft von A. O. M. sehen konnten? Da ließ sich der Abstand vom Vorgänger zum Nachfolger mit unübersehbarer Deutlichkeit erkennen. Aber – unter uns gesagt – kann man ‚an die Lebenskraft des deutschen Geistes' ‚glauben', nach den Wandlungen, die dieser Geist

Nr. 162. An Siegfried A. Kaehler, 20. Dezember 1942

Bewusstsein gebracht, welches Glück ich mit Hintze gehabt habe; er hat sich seit meinem Amtsantritt in Berlin kaum je öffentlich sehen lassen, sodass zu derartigen Bemerkungen der äussere Anlass fehlte. Sie wären noch bissiger geworden, da Hintze mich auch körperlich erdrückte. A. O. M. sah übrigens früher etwas besser aus. Das viele Unglück in der Familie[1] und die Sorge um den Sohn, der zu den unglücklichen Abiturienten von 1937 gehört, weder im vorigen noch in diesem Winter Studienurlaub bekommen hat und jetzt, vor dem Wiederausrücken nach längerem Lazarettaufenthalt geheiratet hat, um wenigstens etwas vom Leben zu haben. Auch wissenschaftlich leidet A. O. M., da er sein geplantes Englandbuch nun nicht schreiben kann. Elzes Rede über die Deutschheit kenne ich nicht[2]. Sein Prinz Eugen[3] genügt mir; von der Vesper im Teutoburger Wald und der beinahe aktuell gewordenen deutschen Krone über Karthago ganz zu schweigen![4] Kennen Sie Westphals neuestes Buch?[5] Ich habe nur hineingesehen und finde es mindestens merkwürdig. Ob er glaubt, sich damit wieder in die Bierehrlichkeit hineinzupauken?[6] Srbiks Band 3 war mir eine Enttäuschung; er kommt doch ganz in die alte Geschichte diplomatischer Verhandlungen hinein. Band 4 will ich in den Weihnachtsfe-

---

während der Lebenszeit unseres Jubilars durchgemacht hat? Das ist doch kein sehr fester Träger eines Lebensglaubens!".

[1] Arnold Oskar Meyer und seine Frau Bertha, geb. Thierfelder, hatten zwei ihrer Töchter verloren, eine weitere war geistig behindert; vgl. Hans-Christof Kraus: Arnold Oskar Meyer, in: derselbe (Hrsg.): Berlinische Lebensbilder, Bd. 10: Geisteswissenschaftler II, Berlin 2012, S. 245–262, hier S. 256.

[2] In seinem Brief an Hartung vom 8.11.1942 bemerkt Kaehler, auch Walter Elze gehöre mit seiner „Rede über die Deutschheit" zu denen, die sich anmaßten, „des ‚deutschen Geistes' Sprachrohr oder Interpret zu sein". Gemeint ist Walter Elze: Rede über die Schöpfung des Reiches, Potsdam 1941, in der Elze den Begriff der „Deutschheit" bereits auf die Spätantike und das beginnende Mittelalter anwendet, vgl. ebenda, S. 9, 31 u. a.

[3] Walter Elze: Der Prinz Eugen. Sein Weg, sein Werk und Englands Verrat, Stuttgart 1940.

[4] Hartung spielt hier an auf Walter Elze: Krieg und Politik von Deutschen in früher Zeit, Berlin 1938; in diesem historischen Essay, erschienen in der Reihe der „Schriften der Kriegsgeschichtlichen Abteilung des Historischen Seminars der Friedrich-Wilhelms-Universität Berlin", interpretierte Elze die Germaneneinfälle in das römische Reich von den Kimbern und Teutonen bis zu den Westgoten in Nordafrika als frühe „deutsche Politik"; die Unternehmungen und Taten der germanischen Stämme und ihrer Herrscher deuteten, so der Autor, „mit ihrer Weite und inneren Gesetzmäßigkeit wie der Kühnheit ihrer Durchführung voraus in die Zeit der vollkommenen Beherrschung von Krieg und Politik durch die Deutschen im Dienste eines hohen Lebens" (ebenda, S. 28). Zur von Hartung ironisierten „Vesper im Teutoburger Wald" und zur „deutschen Krone über Karthago" siehe ebenda, S. 14 ff., 20 ff.

[5] Otto Westphal: Das Reich. Aufgabe und Vollendung, Bd. 1: Germanentum und Kaisertum, Stuttgart 1941.

[6] Hartung verwendet hier einen Ausdruck aus der Sprache der Verbindungsstudenten. Gemeint ist: Westphal versuche, sich mit seinem neuen Buch vor den Fachkollegen zu rehabilitieren – vermutlich eine Anspielung darauf, dass Westphal wegen eines Strafverfahrens im Zusammenhang mit seiner Homosexualität (Vergehen gegen § 175 StGB) im August 1937 gezwungen worden war, aus dem Dienstverhältnis als Professor an der Universität Hamburg unter Verzicht auf Titel, Gehalt und Pension auszuscheiden; vgl. Heiber: Universität unterm Hakenkreuz, Bd. 1, S. 463 f.

rien lesen; hinterher muss ich dann ja auch noch eine Rezension schreiben¹. Also sind wir Leidensgefährten².

Zu Hause geht es gut. Die Enkelin gedeiht und bringt Leben in die Bude, zumal seitdem sie nicht mehr brav in ihrem Ställchen bleibt sondern durch die Zimmer rutscht. Ueber den Schwiegersohn, der seit September draussen ist, liegt eine dienstliche Nachricht vor, dass an Bord³ alles wohl ist. So werden wir die vierte Kriegsweihnacht in Ruhe verleben.

Ihnen und Ihrer verehrten Gattin recht herzliche Weihnachtsgrüße, auch von meiner Frau!

Stets Ihr Hartung

Nr. 163
An Alexander Rüstow   Berlin, 20. Dezember 1942

SBBPK, Nl. F. Hartung, K 90. – Masch. Durchschlag.

Sehr geehrter Herr Kollege!⁴

Ihren mir freundlichst zugeschickten Aufsatz über die Konfession in der Wirtschaftsgeschichte habe ich mit bestem Dank erhalten und mit lebhaftem Interesse gelesen⁵. Ich verdanke ihm ein wesentlich eindringlicheres Bild von dem Inhalt des Buches von Müller-Armack⁶, als ich es aus Zwiedineck-Südenhorsts⁷ Schrift „Weltanschauung und Wirtschaft" (in den Sitzungsberichten der Bayerischen Akademie, Jahrgang 1942, Heft 2) habe gewinnen können⁸.

---

¹ Heinrich Ritter von Srbik: Deutsche Einheit. Idee und Wirklichkeit vom Heiligen Reich bis Königgrätz, Bde. 3–4, München 1942; Hartungs knappe Rezension erschien in den Forschungen zur brandenburgischen und preußischen Geschichte 55 (1944), S. 225–227.

² Siehe oben, Brief Nr. 142.

³ Seit „Bord" handschriftlich.

⁴ Alexander Rüstow (1885–1963), Soziologe und Nationalökonom, zuerst Referent im Reichswirtschaftsministerium und Verbandsfunktionär, o. Professor an den Universitäten Istanbul (1933–1949) und Heidelberg (1950–1956).

⁵ Alexander Rüstow: Die Konfession in der Wirtschaftsgeschichte, in: Revue de la Faculté des Sciences Economiques de l'Universite d'Istanbul 3, Nr. 3/4, Istanbul 1942, S. 362–389.

⁶ Alfred Müller-Armack (1901–1978), Nationalökonom, Soziologe und Politiker (CDU), a. o. Professor an den Universitäten Köln (1934–1938) und Münster (1938–1940), o. Professor an den Universitäten Münster (1940–1950) und Köln (1950–1952), anschließend Ministerialbeamter und Staatssekretär im Bundesministerium für Wirtschaft (1952/58–1963). Gemeint ist hier dessen Buch: Genealogie der Wirtschaftsstile. Die geistesgeschichtlichen Ursprünge der Staats- und Wirtschaftsformen bis zum Ausgang des 18. Jahrhunderts, Stuttgart 1941.

⁷ Otto von Zwiedineck-Südenhorst (1871–1957), Nationalökonom, a.o./o. Professor an der Technischen Hochschule Karlsruhe (1902/03–1920), o. Professor an den Universitäten Breslau (1920–1921) und München (1921–1938).

⁸ Otto von Zwiedineck-Südenhorst: Weltanschauung und Wirtschaft. Kritisches und Positives zu Müller-Armacks Genealogie der Wirtschaftsstile, vorgetragen am 25. Oktober 1941 (Sitzungsberichte der Bayerischen Akademie der Wissenschaften, Philosophisch-Historische Abteilung, 1942, Nr. 2), München 1942.

Nr. 163. An Alexander Rüstow, 20. Dezember 1942

Das Buch selbst habe ich noch nicht gelesen, will es aber nunmehr nachholen. Etwas überrascht war ich über das günstige Gesamturteil, das Sie nach so vielen sehr erheblichen Einwänden zuletzt gegeben haben.

Zu Ihrer Bemerkung über Hintze auf S. 14 Anm. 11 kann ich hinzufügen, dass die von Ihnen gewünschte Sammlung seiner Aufsätze bereits im Gang ist. Erschienen ist bereits Band I mit dem Untertitel Staat und Verfassung, 468 Seiten und Band II, Zur Theorie der Geschichte, 238 Seiten, beide im Verlag Koehler & Amelang, Leipzig, 1941 und 1942. Ein dritter Band, der die Aufsätze zur Brandenburgisch-preussischen Geschichte, darunter auch den auf S. 10 Anm. 8 angeführten über Calvinismus und Staatsräson enthalten wird[1], ist in Vorbereitung. Im zweiten Band wird Sie die Auseinandersetzung mit Sombart[2] besonders interessieren.

Ich möchte freilich hervorheben, dass ich meinem sonst sehr verehrten Lehrer Hintze in der starken Bewertung des Calvinismus für die brandenburgische Geschichte nicht ganz folgen kann. Denn weder bei Johann Sigismund[3], der 1613 den Uebertritt zum Calvinismus vollzog, noch bei Georg Wilhelm[4] kann man einen Einschlag von moderner Staatsräson in der Politik erkennen, vielmehr verharren beide in der kleinstaatlichen Linie der Politik, wie sie in den lutherischen Territorien hergebracht war. Erst mit dem Grossen Kurfürsten zieht der Geist moderner Staatsräson in Brandenburg ein. Auf der andern Seite möchte ich aber nicht zugeben, dass man bei Friedrich Wilhelm I. starke lutherisch-patriarchalische Züge finden kann, wenigstens nicht das Lutherische. Statt diesen Widerspruch zu begründen, werde ich mir erlauben, Ihnen meine freilich mehr populär gehaltene Lebensskizze dieses Königs durch die Akademie der Wissenschaften zugehen zu lassen[5].

Von Ihrem Herrn Vater[6] habe ich seit Jahren nichts mehr gehört. Meine Verbindung mit der Welt hat sich 1934/5, wo ich durch ein neues Aufleben meines Kriegslungenleidens für ein volles Jahr ausgeschaltet gewesen bin, sich [sic] sehr verengt. Immerhin erinnere ich mich nicht, in den Nachrichten meines alten Regiments 171 einen Nachruf für ihn gelesen zu haben. So darf ich hoffen, dass er noch am Leben ist.

Mit nochmaligem Dank für Ihre freundliche Zusendung verbleibe ich als
Ihr sehr ergebener

---

[1] Otto Hintze: Kalvinismus und Staatsräson in Brandenburg zu Beginn des 17. Jahrhunderts (1931), in: derselbe: Gesammelte Abhandlungen, Bd. 3: Geist und Epochen der preußischen Geschichte, hrsg. v. Fritz Hartung, Leipzig 1943, S. 289–346.

[2] Otto Hintze: Der moderne Kapitalismus als historisches Individuum. Ein kritischer Bericht über Sombarts Werk [zuerst 1929], in: derselbe: Gesammelte Abhandlungen, Bd. 2: Zur Theorie der Geschichte, hrsg. v. Friz Hartung, Leipzig 1942, S. 71–123.

[3] Johann Sigismund (1563–1620), Kurfürst von Brandenburg, konvertierte 1613 vom Luthertum zum Calvinismus.

[4] Georg Wilhelm (1595–1640), seit 1619 Kurfürst von Brandenburg und Herzog in Preußen.

[5] Fritz Hartung: König Friedrich Wilhelm I. – Der Begründer des preußischen Staates (Preußische Akademie der Wissenschaften, Vorträge und Schriften, 11), Berlin 1942.

[6] Hans Adolf Rüstow (1858–1943), Offizier, zuletzt Generalleutnant der Artillerie.

Nr. 164

An Richard Fester   Berlin, 4. Februar 1943

BAK N 1107, Nr. 246. – Hs. Original.

Sehr verehrter, lieber Herr Geheimrat!

Wenn ich erst heute für Ihren warmen Glückwunsch zu meinem 60. Geburtstag[1] herzlich danke, so liegt der Grund darin, daß ich zuerst aus der großen Zahl der Glückwünsche die beantwortet habe, die ich kurz abmachen konnte. Jetzt kommen diejenigen an die Reihe, die auf einen ausführlichen und in Ruhe abgefaßten Dankbrief Anspruch haben. Und dazu gehören in allererster Linie Sie, nicht nur wegen der freundlichen Worte, die Sie für mich gefunden haben[2], sondern vor allem wegen der vorbildlichen Treue, die Sie mir seit 1906 erwiesen haben[3].

Eigentlich hatte ich nicht die Absicht, meinen 60. Geburtstag anders zu begehen als die früheren. Und wenn ich geahnt hätte, daß Frauendienst und Treue eine Adresse planten, so würde ich versucht haben, sie daran zu hindern. Einmal bin ich überhaupt wenig geneigt, mich feierlich zu geben, sondern habe mehr Blick für das Komische, nicht nur bei andern, sondern auch bei mir, und dann finde ich den 60. Geburtstag auch noch etwas früh zu festlichen Rückblicken auf die eigene Leistung. Allenfalls kann er Anlaß geben, Bilanz zu ziehen und sich zu überlegen, wie man seine Zeit einteilen soll, um wenigstens einen Teil seiner in jungen Jahren gefaßten Pläne auszuführen.

Immerhin hat es mich in Erinnerung an manche gesundheitliche Krisis meines Lebens gefreut, daß ich den Tag erlebt habe. Und auch die vielen Glückwünsche haben mich gefreut, denn selbst wenn ich die handgreiflichen Übertreibungen, die dabei wie üblich vorgekommen sind, mit historischer Kritik abziehe, so bleibt doch das Bewußtsein übrig, daß viele, auf deren Urteil ich wert lege, und eine ganze Reihe von Schülern mein Bemühen um eine feste und anständige Haltung im Leben und in der Wissenschaft erkannt haben.
[...]
Ich bin zwar in diesem Kriege nie Optimist gewesen und habe auch unsere Heeresberichte immer mit ziemlicher Skepsis gelesen, aber auf eine solche Katastrophe, wie wir sie jetzt an der Ostfront erleben mußten, bin ich nicht gefaßt gewesen[4]. Offenbar rächt sich jetzt die Überspannung unserer Kräfte während des Sommers und Herbstes. Ich glaube freilich, daß auch die Führung große Fehler gemacht hat. Ob es nicht bei rechtzeitiger Konzentration der Kräfte hätte gelingen können, Stalingrad zu entsetzen? Ich sprach vor wenigen Tagen einen Oberst, der Ende Oktober wegen Gelbsucht aus Stalingrad wegge-

---

[1] Hartung feierte seinen 60. Geburtstag am 12.1.1943.
[2] Ein korrigierter Entwurf des Glückwunschschreibens von Richard Fester an Fritz Hartung, datiert 8.1.1943, befindet sich in Festers Nachlass (BAK N 1107, Nr. 246).
[3] Siehe zum Beginn der Zusammenarbeit zwischen Fester und Hartung oben die Briefe Nr. 1 ff.
[4] Kapitulation der deutschen 6. Armee bei Stalingrad am 2.2.1943.

kommen ist¹. Er gab die Stärke der 6. Armee auf 20 deutsche Divisionen, mindestens 200 000 Mann, an; freilich war sein Regiment schon damals auf 1/3 seiner Sollstärke zusammengeschmolzen.

Unter den Studentinnen herrscht große Aufregung wegen der weiblichen Dienstpflicht². Es heißt, daß alle Universitäten geschlossen werden. Aber ich glaube nicht recht daran. Unter den Männern, die ich in Kolleg und Seminar habe, ist nicht mehr viel Kriegsbrauchbares zu finden; sie sind fast ohne Ausnahme kriegsversehrt. Dagegen könnte man aus den verschiedenen Behörden noch viele Arbeitskräfte herausziehen. Der Mann z. B., der verfügt hat, daß statt Kurzschrift Stenografie zu sagen und zu schreiben ist und zwar mit f, nicht mit ph (mitgeteilt an alle Behörden, u. a. in der letzten Fakultätssitzung), ist sicherlich nicht ausreichend mit kriegswichtigen Dingen beschäftigt. Auch die Parteidienststellen würde ich gern aufheben, weil dadurch automatisch etwa die Hälfte aller Staatsbeamten entbehrlich würde.

Bei den Fliegerangriffen auf Berlin ist unsere Gegend unbeschädigt geblieben³. Wir haben bei starkem Flak-Feuer im Keller gesessen, und die kleine Christiane⁴ fand es sehr interessant, daß alle Erwachsenen sich um sie bekümmerten zu einer Zeit, wo sie sonst allein schlafen soll, es freilich oft noch nicht tut. [...] Am 30. hatten wir zur Störung der Reden von Göring und Goebbels sogar Tagesalarm mit lebhafter Schießerei. Passiert ist anscheinend nichts. Am 16. und 17. sind besonders Lichterfelde, wo A. O. Meyer wohnt, und Dahlem heimgesucht worden.

Hoffentlich haben Sie den Winter bis jetzt gut überstanden. Hier ist bereits fast frühlingsmäßiges Wetter; an die Kohlensorgen der letzten Winter denkt man kaum noch.

Meine Frau ist sehr stolz, daß Sie in Ihrem Geburtstagsbrief auch sie erwähnt haben⁵. Aber sie hat es auch verdient, denn wer weiß, ob ich ohne ihre stete Fürsorge so alt geworden wäre.

Nochmals herzlichen Dank, auch noch für Ihren Brief von Ende November⁶, und viele Grüße von Haus zu Haus!

       Ihr stets dankbarer
       F. Hartung

---

[1] Nicht zu ermitteln.
[2] Seit 1941 mussten zahlreiche Studierende, vor allem die Studentinnen, während der vorlesungsfreien Zeit als Hilfslehrkräfte an den Schulen, bald ebenfalls als Hilfsschaffner im öffentlichen Nahverkehr arbeiten; seit 1942 wurden sie in verstärktem Maße auch in der Rüstungsindustrie eingesetzt; vgl. Grüttner: Die Studentenschaft in Demokratie und Diktatur, S. 287 ff.
[3] Hartung wohnte in Berlin-Zehlendorf, Lagardestraße 15 (heute Bergengruenstraße).
[4] Enkelin Hartungs.
[5] Im Entwurf von Festers Geburtstagsbrief (BAK N 1107, Nr. 246) heißt es u. a.: „Ihre Frau Mama hat Sie einmal einen trockenen Peter genannt. Ihre liebe Frau scheint die Geister Ihres nie versiegenden Humors besser begriffen zu haben, der sich nicht unterkriegen läßt und in den Zeiten, die wir zusammen erlebt haben, allein den Kopf über Wasser hielt".
[6] Richard Fester an Fritz Hartung, 24.11.1942, in: Nl. F. Hartung, K 33/1.

Nr. 165
An Willy Andreas Berlin, 14. Februar 1943

GLA Karlsruhe, 69 N, Nr. 848. – Masch. Original.

Lieber Herr Andreas!

Für Ihre freundlichen Glückwünsche zu meinem 60. Geburtstag danke ich Ihnen herzlich[1]. Trotz allem, was Sie bei dieser Gelegenheit gesagt haben, finde ich meine Verdienste überschätzt. Denn das Hauptverdienst besteht doch darin, dass ich nicht vorzeitig gestorben bin, obwohl es manchmal so ausgesehen hat. Aber ich will nicht undankbar sein und auch nicht etwa leugnen, dass ich mich über viele ehrlich klingende Worte der Freundschaft und Anerkennung, zu denen ich ganz besonders auch Ihren Brief rechne, gefreut habe. Ich habe daraus den Eindruck gewonnen, dass meine Bemühungen um eine wenn auch nicht starre, so doch feste Haltung in der Wissenschaft und im akademischen Leben verstanden worden sind.

Was von all dem Bestand haben wird, das ist in den paar Wochen, die seither vergangen sind, freilich noch zweifelhafter geworden, als es mir schon lange gewesen ist. Ich bin während des ganzen Krieges nie Optimist gewesen. Aber mit einer solchen Katastrophe, wie wir sie im Osten erleben, habe ich doch nie gerechnet. Und erklärlich ist sie mir auch nicht, jedenfalls möchte ich der vielleicht zutreffenden Erklärung, dass es der unvermeidliche Rückschlag auf die Ueberspannung der letzten anderthalb Jahre ist, ausweichen, weil die Sache dann hoffnungsloser aussieht, als wenn nur eine einmalige Fehlspekulation vorliegt. Die Stimmung ist hier der Lage entsprechend sehr schlecht geworden, am schlechtesten bei den Leuten, die noch vor einem Jahr die deutsche Grenze bis an den Ural vorschieben und zur Sicherung unserer Herrschaft die Russen nach Sibirien evakuieren wollten. Wie wir den Krieg zu einem einigermassen anständigen Ende bringen wollen, sehe ich freilich auch nicht ein, obwohl ich den schlimmen Pessimismus nicht mitmache. Dass es die U-Boote nicht schaffen werden, davon bin ich nach einem Gespräch mit meinem Schwiegersohn[2], der selbst U-Boot-Kommandant mit Ritterkreuz ist, überzeugt. Er beschrieb mir seine letzte Fahrt an der Westküste von Afrika, wo bereits überall amerikanische Fliegerstationen eingerichtet sind und die Tätigkeit der U-Boote sehr erschweren. Besonders schlimm ist die englische Fliegerei in der Biscaya, die namentlich das Aus- und Einlaufen der Boote sehr erschwert; unsere Gegenwehr dagegen ist fast null.

---

[1] Willy Andreas an Fritz Hartung, 11.1.1943, in: Nl. F. Hartung, K 65/10; es heißt dort u. a.: „Mich persönlich freut es aber immer wieder an diesem Tage feststellen zu können, daß meine eigenen Beziehungen zu Ihnen, seitdem ich Sie in vollem Einverständnis mit unserem hochverehrten Hintze als Amtsnachfolger in der Fakultät vorschlagen durfte, zu immer neuen und fruchtbaren Berührungen und zu einem mir sehr wertvollen kollegialen und menschlichen Vertrauensverhältnis geführt haben".

[2] Kapitänleutnant Albrecht Achilles.

Persönlich habe ich den Krieg bisher gut überstanden. Auch die letzten Fliegerangriffe auf Berlin haben unsere Gegend verschont, während Lichterfelde und Teile von Dahlem ziemlich schwer mitgenommen worden sind.

Die Frage der Einziehung von Studentinnen macht mir insofern viel Arbeit, als ich seit dem Sommer wieder das Wissenschaftliche Prüfungsamt leite und dauernd Anfragen kommen, wie es mit der vorzeitigen Ablegung des Examens stehe. Meine Bemühungen um die Wiederbesetzung der Stelle des Vorsitzenden, der ein Schulmann sein muss, sind bisher erfolglos geblieben. Es muss zu diesem Zweck ein Oberschulrat ernannt werden, und um diesen hohen Posten kämpfen im vierten Kriegsjahr die verschiedenen Instanzen mit einer Energie, die, wie ich neulich dem Referenten im Ministerium erklärt habe, an die Zeiten erinnert, wo jedes höhere Amt in Preussen zwischen Zentrum, Demokraten und Sozialdemokraten ausgehandelt wurde.

Hoffentlich erleben wir noch friedliche Zeiten und sehen uns einmal wieder, sei es bei der Thüringischen Historischen Kommission, sei es am Bodensee[1].

Nochmals herzlichen Dank für Ihre Zeilen und viele Grüsse von Haus zu Haus

Ihr Fritz Hartung

Nr. 166
An Siegfried A. Kaehler   Berlin, 15. Februar 1943

NStUB Göttingen, Cod. Ms. S. A. Kaehler, 1, 59. – Masch. Original (mit hs. Zusatz).

Lieber Kaehler!

Vor langen Jahren gab Fester während der Antrittsvorlesung eines neuen Privatdozenten in Halle, der angeblich etwas Besonderes sein sollte, einen Zettel herum: Wir haben ihn überschätzt. Mutatis mutandis möchte ich das auch von meinem 60. Geburtstag sagen. Denn meine Hauptleistung ist doch gewesen, dass ich nicht wie viele meiner Freunde vor der Zeit gestorben bin. Trotzdem will ich nicht bestreiten, dass ich mich über die vielen freundlichen und anerkennenden Worte, die man mir gesagt und geschrieben hat, sehr gefreut habe. Eigentümlich kam es mir freilich vor, dass selbst ein Mann wie Meinecke, dem gegenüber ich mich stets wenn auch nicht als unmittelbarer Schüler so doch als jugendlicher Lehrling gefühlt habe, mich in einem sehr herzlichen Brief gleichsam auf seine Jubilarstufe gehoben hat[2]. Dass auch Sie mir Ihre

---

[1] Willy Andreas verbrachte die meiste Zeit des Jahres in seinem Haus in Litzelstetten bei Konstanz am Bodensee.
[2] Friedrich Meinecke an Fritz Hartung, 12.1.1943, in: Nl. F. Hartung, K 65/10; es heißt darin u. a.: „[...] der 60. Geburtstag ist noch kein mehr oder minder resignierendes Abschiedsfest, sondern läßt noch den Blick frei für mancherlei noch zu besteigenden Gipfel im Leben. Es ist eine, wenn ich mich recht entsinne, beinahe behagliche Mischung von Mannes- und

Nr. 166. An Siegfried A. Kaehler, 15. Februar 1943

freundliche Anteilnahme an meinem Schicksal im Ganzen und an dem Geburtstag im Besonderen ausgesprochen haben, quittiere ich mit warmem Dank[1]. Sie sind der einzige Historiker aus meiner Generation, mit dem mich wahre Freundschaft verbindet. Was haben wir alles gemeinsam erlebt! Und es sieht so aus, als wäre die Kette der Erlebnisse noch nicht abgeschlossen.

Ich muss offen gestehen, dass ich auf derartige Rückschläge an der Front, wie wir sie augenblicklich durchmachen, nicht gefasst gewesen bin, obwohl ich unseren Wehrmachtberichten immer starke Skepsis entgegengebracht habe. Ich kann sie mir auch nur erklären als physischen und psychischen Rückschlag gegen die Ueberspannung, die der Herbstfeldzug gegen Stalingrad und den Kaukasus für unsere Kräfte bedeutet hat. Das militärisch Zweckmässige, die radikale Zurücknahme der Front in eine erheblich kürzere Linie, die wieder die Bildung von Reserven ermöglichen würde, können wir teils wegen des Prestiges, teils und vor allem der Vorräte der Ukraine wegen nicht tun, ähnlich wie sich Ludendorff im August 1918 weigerte, die im besetzten Gebiet aufgehäuften Vorräte preiszugeben und in die freilich nicht ausgebaute Antwerpen-Maasstellung zurückzugehen[2]. Dass ich in diesem Semester Geschichte des Weltkrieges lese, empfinde ich unter dem Druck der heutigen Lage als sehr schwere Belastung[3]. Auch dem Vortrag über das Problem der einheitlichen Staatsführung in der preussisch-deutschen Monarchie, den ich übermorgen in der Kaiser-Wilhelm-Gesellschaft zu halten habe, ist die eigentliche Grundlage entzogen; er sollte eine Warnung vor der Ueberschätzung des Führerstaats und eine Mahnung zum Ausbau von Institutionen als Garantie sein[4]. Aber braucht man heute noch davor zu warnen?

[...]

Greisenalter, und man denkt nur an die Vorzüge von beiden und braucht sich um das Definitive noch nicht zu kümmern"; der Briefschreiber schließt mit dem Wunsch, „das Ihnen ein langes und gesegnetes Greisenalter bescheert sein möge!" [sic].

[1] Siegfried A. Kaehler an Fritz Hartung, 12.1.1943, in: Nl. F. Hartung, K 65/10; Kaehler wünscht sich in seinem Schreiben u. a. ein gelegentliches Wiedersehen mit Hartung, um „in wechselseitiger Erinnerung die nette und harmlose Zeit vor 1914 wiederaufleben zu lassen u. gemeinsam derer zu gedenken, die an unseren vorwiegenden Nöten und spärlichen Freuden keinen Anteil mehr nehmen".

[2] Trotz der kritischen Lage an der Westfront plädierte Erich Ludendorff Mitte August 1918 dafür, die Frontlinie deutscherseits nicht zurückzunehmen, um ein offenes Eingeständnis der eigenen militärischen Schwäche sowie einen Prestigegewinn der Alliierten zu vermeiden; vgl. ausführlich Manfred Nebelin: Ludendorff. Diktator im Ersten Weltkrieg, München 2010, S. 441ff.

[3] Hartung las zweistündig über „Politische Geschichte des ersten Weltkriegs 1914–1919"; vgl. Friedrich-Wilhelms-Universität zu Berlin, Personal- und Vorlesungsverzeichnis Wintersemester 1942/43, Berlin 1942, S. 84.

[4] Hartung sprach am 17.2.1943 im Rahmen der Dahlemer Vortragsreihe der Kaiser-Wilhelm-Gesellschaft zur Förderung der Wissenschaften über „Das Problem der einheitlichen Staatsführung in der preußisch-deutschen Monarchie". Ein Druck kam nicht mehr zustande, das Originalmanuskript verbrannte infolge eines Bombenangriffs in der Druckerei; erhalten sind aber Teile der Korrekturbögen und einzelne Manuskriptseiten. Gedruckt wurde lediglich eine Kurzfassung: Fritz Hartung: Das Problem der einheitlichen Staatsführung in der preußisch-deutschen Monarchie, in: Forschungen und Fortschritte 19 (1943), S. 171–172.

Nr. 166. An Siegfried A. Kaehler, 15. Februar 1943

Ihren Beitrag zur Meinecke-Ehrung[1], den Sie mir zugeeignet haben, habe ich mit Vergnügen gelesen. Die Verschiedenheit unserer Naturen ist mir dabei zumal im Vergleich zu der Arbeit, die ich gerade fertig habe (Fortsetzung meiner Studien zur Geschichte der preussischen Verwaltung)[2], wieder sehr lebendig vor Augen getreten. Die geistige Ausbeute meines Geburtstags war übrigens trotz der gescheiterten Festschrift recht erfreulich. Aber auch die alkoholische konnte sich sehen lassen; sogar Frau Meinecke erschien, da er[3] bei dem kalten Wetter zu Hause bleiben musste, mit Rheinwein von 1933. Da einige Lokalblätter der Mark Brandenburg meinen Geburtstag erwähnt haben, brachte eine ländliche Kusine meiner Frau eine Ente.

Auf meinem Arbeitsprogramm steht jetzt als nächstes die Lektüre und Besprechung von Srbik 3 & 4. Sehr viel Lust habe ich nicht dazu[4]. Ob er sich geärgert hat, dass er nicht den Verdunpreis bekommen hat? Die Forschungsanstalt hat sich dagegen sehr gefreut[5]; ausser Förster und Schäfer[6] sprach ich bei der Gelegenheit auch Ruppert. Sonst leben wir sehr still und zurückgezogen. Die Fliegerangriffe vom 16. und 17.I. haben durch ihren frühen Beginn, halb 8 Uhr, die bescheidenen Versuche zu geselligem Zusammensein nach dem

---

[1] Siegfried A. Kaehler: Bemerkungen zu einem Marginal Bismarcks von 1887, in: Historische Zeitschrift 167 (1943), S. 171–183.
[2] Fritz Hartung: Studien zur Geschichte der preußischen Verwaltung. Teil 2: Der Oberpräsident (Abhandlungen der Preußischen Akademie der Wissenschaften, Jg. 1943, Phil.-hist. Kl., Nr. 4), Berlin 1943.
[3] Friedrich Meinecke.
[4] Siehe oben, Brief Nr. 162.
[5] Der „Verdun-Preis für deutsche Geschichte", gestiftet 1843 vom preußischen König Friedrich Wilhelm IV. zur Erinnerung an den (im 19. Jahrhundert als Beginn der deutschen Geschichte angesehenen) Teilungsvertrag von Verdun im Jahr 843, sollte alle fünf Jahre für das bedeutendste Werk zur deutschen Geschichte verliehen werden; zur Geschichte des Preises vgl. Katharina Weigand: Geschichtsschreibung zwischen Wissenschaft und nationaler Vereinnahmung: der Verdun-Preis, in: dieselbe/Jörg Zedler/Florian Schuller (Hrsg): Die Prinzregentenzeit. Abenddämmerung der bayerischen Monarchie?, Regensburg 2013, S. 105–127. Während der NS-Zeit erhielten den Preis Karl-Alexander von Müller (1936), Otto Brunner (1941) sowie letztmalig, zum einhundertjährigen Jubiläum des Preises im Jahr 1943, die Kriegsgeschichtliche Forschungsanstalt des Heeres in Potsdam für das sog. „Weltkriegswerk" („Der Weltkrieg 1914 bis 1918. Die militärischen Operationen zu Lande"), die amtliche deutsche Darstellung des Ersten Weltkriegs in 14 Bdn., Berlin 1925–1944; vgl. dazu Markus Pöhlmann: Kriegsgeschichte und Geschichtspolitik: Der Erste Weltkrieg. Die amtliche deutsche Militärgeschichtsschreibung 1914–1956, Paderborn/München/Wien/Zürich 2002, S. 156f.; die Zuerkennung des Preises an die Forschungsanstalt wurde in der Öffentlichen Festsitzung der Preußischen Akademie der Wissenschaften am „Friedrichstag" (28.1.1943) verkündet, siehe: Jahrbuch der Preußischen Akademie der Wissenschaften, Jahrgang 1943, Berlin 1944, S. 114f.; das Akademiemitglied Friedrich Stieve hielt den Festvortrag zum Thema: Elfhundert Jahre Verdun. Deutschland und Europa im Laufe der Geschichte, gedruckt ebenda, S. 99–113 (dieser Band ist nur noch als Kopie eines Korrekturexemplars – mit nachträglich angefertigtem maschinenschriftlichen Inhaltsverzeichnis – in der Bibliothek der Berlin-Brandenburgischen Akademie der Wissenshaften erhalten).
[6] Theobald von Schäfer (1876–1961), Militärhistoriker und Archivar, Direktor an der Kriegsgeschichtlichen Forschungsanstalt des Heeres in Potsdam (1937–1945).

Abendbrot wieder fast restlos getötet. Wir sind in unserer Gegend gut davon gekommen. Lichterfelde hat es dagegen recht schlecht gehabt.

Nochmals[1] herzlichen Dank und viele Grüße auch an die verehrte Gattin
Ihr Hartung

Nr. 167
An Richard Fester Berlin, 18. März 1943

BAK N 1107, Nr. 246. – Hs. Original.

Sehr verehrter Herr Geheimrat!

Seit meiner letzten Karte haben wir hier in Schlachtensee den Krieg aus nächster Nähe kennen gelernt. Von den drei Tagesangriffen, die Berlin erlebt hat, haben zwei ihren Schwerpunkt hier gehabt. Beim ersten Angriff war meine Frau in der Staatsoper, um ein Sinfoniekonzert anzuhören, ich hatte Vorlesung, und wir trafen uns im Luftschutzkeller des Kronprinzenpalais, das jetzt aushilfsweise der Universität zur Verfügung steht. Unser Haus steht noch, aber die Fensterscheiben sind fast alle zerbrochen, Türen schließen nicht mehr, die Wände haben Risse und das Dach ist teilweise abgedeckt, sodaß es in unsere Wohnung von oben hereinregnet. Den zweiten, schwereren Angriff hat meine Frau im Hause aushalten müssen; ich war wieder in der Universität. Unser Haus ist wieder gut davon gekommen; nur alle mühsam angenagelten Pappen waren losgerissen. Aber beim Nebenhaus fängt die Verwüstung an, die sich die ganze Lagardestr. entlang immer mehr steigert bis zum eigentlichen Ziel des Angriffs, das in den Baracken des Oberkommandos u. der Organisation Todt[2] am Ende der Straße zu suchen ist. Ich finde es unerhört, daß man derartige Anlagen mitten in Wohnviertel legt, ohne für einen entsprechenden Schutz der Bevölkerung durch Bunker, wie sie für jeden Prominenten gebaut worden sind, zu sorgen. Der feindliche Nachrichtendienst arbeitet so gut, daß alle derartigen Ziele sehr schnell bekannt werden. Und ihnen gelten dann die Luftangriffe in erster Linie. Wir hoffen, daß wir jetzt verschont bleiben, nachdem die Dienststellen des Oberkommandos schleunigst „ausgewichen" sind, soweit sie nicht abgebrannt sind. [...]

Seit dem 6. März, dem ersten Angriff auf Schlachtensee, führen wir ein sehr primitives Dasein, ohne Wasser, ohne Gas, ohne Telefon. Christel[3] haben

---

[1] Letzter Satz handschriftlich.
[2] Organisation Todt (OT), eine militärisch strukturierte Organisation zur raschen Errichtung militärischer Anlagen, Verkehrswege und Bauten, benannt nach ihrem Begründer Fritz Todt (1891–1942), dem ersten Reichsminister für Bewaffnung und Munition (1940–1942); vgl. Franz W. Seidler: Die Organisation Todt. Bauen für Staat und Wehrmacht 1938–1945, 2. Aufl. Bonn 1998.
[3] Hartungs Stieftochter.

wir schleunigst wieder aufs Land geschickt, das Krankenhaus, in dem sie ihre Entbindung abwarten will (in etwa 3 Wochen), ist ohnehin so zerstört, daß es nicht mehr benutzbar ist. Auch für die kleine Christiane wurde es nach den letzten Angriffen Zeit, daß sie aus Berlin herauskam. Bis dahin hatte sie es im Luftschutzkeller ganz nett gefunden, weil sie von allen Erwachsenen verwöhnt wurde; sie spielte sogar schon mit ihrer Puppe Alarm: schnell anziehen! in den Keller! Aber seit dem 6. war sie sichtlich ängstlich geworden. Von dem Schwiegersohn haben wir nichts gehört; die Hoffnung, daß er noch am Leben ist, ist bereits fast auf Null gesunken.

Das Semester ist nun auch zu Ende gegangen, nachdem der Rektor es zum Ausgleich für die durch Bombenschäden ausgefallenen Stunden bis zum 16. März verlängert hatte. Bei den vielen Störungen ist, wie ich glaube, für niemand etwas Gescheites herausgekommen. Wie und wo soll der Student auch arbeiten, wenn er keine Bibliothek findet u. kein Buch kaufen kann? Es hat deshalb auch eine Massenflucht aus Berlin eingesetzt, nachdem anfangs das Gerücht verbreitet war, daß überhaupt keine Exmatrikulationen stattfinden würden. Aber wo soll der Student (genauer: die Studentin) hingehen, wo findet sie eine bombensichere Universität und wenn, wo findet sie dort eine Wohnung?

Alles ließe sich ertragen, wenn die Aussicht auf ein gutes Ende bestünde. Aber kann man darauf noch hoffen angesichts der fortdauernden russischen Angriffe, denen gegenüber unsere Widerstandskraft doch immer mehr nachzulassen scheint? Von den neuen Waffen und der Vergeltung wird schon so lange geredet, ohne daß sie in Erscheinung treten, daß man da auch skeptisch wird[1]. Aber wie soll man sich ein ungünstiges Ende auch nur vorstellen können? Der einzige Trost dabei ist die Aussicht, bald totgeschlagen zu werden.

[...]

Wissenschaftlich ist dieser Winter für mich sehr unfruchtbar gewesen. Es hat mir an der Stimmung dazu gefehlt; dazu kam die starke Beanspruchung durch die zweimalige Verlegung des Histor. Seminars und die Wegschaffung seiner Bibliothek sowie durch die Vernichtung des von mir vertretungsweise geleiteten Prüfungsamts. Da das Bureau, das dem Oberpräsidium angegliedert ist, nach Templin abgewandert ist, wo übrigens auch schon Bomben gefallen sind, habe ich den gesamten Verkehr mit den Prüflingen selbst zu bewältigen. Um mich etwas zur Arbeit zu zwingen, habe ich in einem privaten Kreis von Kollegen einen Vortrag über den Begriff des „politischen Beamten" in Preußen gehalten; aber druckfertig kann man in Berlin so etwas nicht machen.

Sie wissen ja in München auch, was die Evakuierung der Bibliotheken bedeutet. Sie wirkt sich bei mir um so störender aus, als ich meine Exzerpte zum großen Teil im Keller habe und nicht leicht finde. Man merkt eben auf Schritt u. Tritt, was der totale Krieg bedeutet. Wo sind die Zeiten hingekommen, wo Friedrich d. Gr. sagen konnte, der friedliche Bürger solle gar nicht

---

[1] Siehe dazu unten, Briefe Nr. 180, 181.

merken, wenn der Soldat Krieg führe¹. Den 7jährigen Krieg haben freilich die Berliner auch gemerkt², u. zwar nicht bloß an der Geldentwertung³.

Inzwischen ist es Sonntag geworden, und der Wehrmachtsbericht meldet einen neuen Angriff auf München. Hoffentlich sind Sie ohne Schaden davon gekommen.

Nachdem wir soeben wieder eine Zeitlang im Luftschutzkeller gesessen haben, ohne daß viel passiert ist, will ich doch lieber Schluß machen, damit der Brief morgen früh endlich abgehen kann.

Recht herzliche Grüße, auch von meiner Frau für Sie und die Ihrigen und alle guten Wünsche!
Ihr treu ergebener
F. Hartung

Nr. 168
An Albert Brackmann   Berlin, 13. Juni 1943

GStA PK, VI. HA., Nl. Albert Brackmann, Nr. 117/2. – Masch. Original.

Lieber Brackmann!

[...]

Rörig hat sich bis zum letzten Augenblick gesträubt, den Antrag auf Wahl Baethgens zu stellen. Noch als ich am vorigen Donnerstag in das Sitzungszimmer kam, versuchte er Grapow klar zu machen, dass es ein Pflaster auf die verschiedenen Wunden Th. Mayers sein werde, wenn wir Baethgen erst mit ihm gemeinsam wählten; als er damit kein Glück hatte, hob er die Kränkung für A. O. Meyer hervor. Aber es hat ihm alles nichts geholfen, und da er das Odium der Ablehnung Baethgens nicht auf sich nehmen wollte, hat er schliesslich für die nächste Sitzung einen gemeinsam mit Ihnen und mir zu stellenden Antrag auf Wahl eines ordentlichen Mitglieds für Geschichte angekündigt. Heymann, Schwietering und Stieve erklärten sich gleich bereit, den Antrag zu unterschreiben. Jetzt ist wohl mit Schwierigkeiten nicht mehr zu rechnen.

---

[1] Eine von Hartung hier ungenau zitierte bekannte und später häufig angeführte Feststellung Friedrichs des Großen aus seinem „Politischen Testament" von 1768: „Wenn wir nicht mit ganz Europa zu kämpfen hätten, könnten wir die Grenzen so schützen, daß der friedliche Bürger ruhig und ungestört in seiner Behausung bliebe und nicht wüßte, daß seine Nation sich schlägt, wenn er es nicht aus den Kriegsberichten erführe"; Richard Dietrich (Hrsg.): Die politischen Testamente der Hohenzollern, Köln/Wien 1986, S. 462–697, hier S. 483.

[2] Berlin würde während des Siebenjährigen Krieges zweimal, wenn auch nur sehr kurz, von feindlichen Truppen besetzt, 1757 von kaiserlichen Truppen und 1760 von Russen; vgl. Wolfgang Ribbe: Berlin als brandenburgisch-preußische Residenz und Hauptstadt Preußens und des Reiches, in: Handbuch der Preußischen Geschichte, Bd. 1, hrsg. v. Wolfgang Neugebauer, Berlin/New York 2009, S. 933–1123, hier S. 1013.

[3] Friedrich der Große finanzierte den von ihm geführten Staat während des Siebenjährigen Krieges u.a. durch systematische Münzverschlechterung; vgl. Wolfgang Neugebauer: Brandenburg-Preußen in der Frühen Neuzeit. Politik und Staatsbildung im 17. und 18. Jahrhundert, in: ebenda, S. 113–407, hier S. 339.

Nr. 168. An Albert Brackmann, 13. Juni 1943

Den Antrag wegen Schramm habe ich in Ihrem Namen angemeldet. Rörig ist bereit zu unterschreiben, ich natürlich auch. Ich möchte Sie nur bitten, den Antrag mir oder Grapow rechtzeitig zuzuschicken; die Sitzung ist am 24.

Der Kaffee nach der Sitzung, in der Eugen Fischer sehr interessant und kritisch gesprochen hatte[1], war dünn, aber die Beteiligung war sehr stark. Grapow hatte, wie sich hinterher herausstellte, dazu eingeladen. So sehr ich das Bestreben, den Zusammenhang unter den Mitgliedern zu befestigen, begrüsse, so kann ich mich doch nicht ganz des Verdachts erwehren, als treibe Grapow auch etwas Stimmenfang für die kommende Präsidentenwahl[2].

Schirmers Wahl ist übrigens entgegen allen Befürchtungen Grapows ohne weiteres bestätigt worden. Aber an A. O. Meyer will Grapow doch nicht heran; er sieht die Schwierigkeiten in der Dozentenschaft.

Unser Schwiegersohn ist heute früh ziemlich unerwartet angekommen. Er war auf 11 Uhr zu Dönitz[3] bestellt zur Berichterstattung trotz Pfingstsonntag. Zum Glück hatte sein Zug so viel Verspätung, dass er erst am Dienstag hinzugehen braucht und die Feiertage für sich hat. Er hat sehr schlechtes Wetter gehabt und sehr wenig Erfolg gehabt, da die Abwehr gewaltig gewachsen ist. Dass er schon nach verhältnismässig kurzer Zeit (nicht ganz drei Monate statt vier beim letzten Mal) zurückgekommen ist, erklärt er mit der Erschöpfung des Brennstoffs; weshalb er nicht von einem Tanker neuen Brennstoff bekommen hat, weiss er nicht oder sagt er nicht. Mein vorläufiger Eindruck ist, dass wir uns mit den U-Booten in einer ernsten Krise befinden; die Verluste scheinen in den letzten Monaten sehr gross gewesen zu sein. Der Ersatz an Booten hat durch die Angriffe auf die Werften in Flensburg, Kiel und Stettin sehr gelitten, auch an Menschen scheint es zu fehlen.

Beim Kränzchen am Freitag sprach Diepgen[4]; ausser Ihnen fehlten Franke, Schaeder[5], dem es wieder sehr viel besser geht, und Unverzagt[6]. Mit Rücksicht auf Diepgen werden wir wohl beim Freitag bleiben[7].

---

[1] Eugen Fischer sprach in der Gesamtsitzung der Preußischen Akademie der Wissenschaften am 10.6.1943 über „Judenporträts in der Antike"; kurze Zusammenfassung des Vortrags in: Jahrbuch der Preußischen Akademie der Wissenschaften, Jahrgang 1943, Berlin 1944, S. 87f.

[2] Nach dem Abgang Theodor Vahlens als Präsident der Preußischen Akademie der Wissenschaften wurde diese bis 1945 vom Vizepräsidenten Hermann Grapow geleitet, der sich offenbar – wie sich bald herausstellte: vergebliche – Hoffnungen auf die Nachfolge Vahlens machte; vgl. Thomas L. Gertzen: Die Berliner Schule der Ägyptologie im Dritten Reich. Begegnung mit Hermann Grapow (1885–1967), Berlin 2015, S. 73ff.

[3] Karl Dönitz (1891–1980), Marineoffizier, während des Zweiten Weltkriegs Befehlshaber der U-Bootwaffe (1939–1943), Großadmiral und Oberkommandierender der Kriegsmarine (1943–1945).

[4] Paul Diepgen (1879–1966), Medizinhistoriker, Privatdozent und a. o. Professor an der Universität Freiburg i. Br. (1910/20–1929), o. Professor an der Universität Berlin (1929–1944) und a. o./o. Professor an der Universität Mainz (1947/49–1966).

[5] Hans Heinrich Schaeder (1896–1957), Orientalist, a. o. Professor an der Universität Breslau (1924–1926), o. Professor an den Universitäten Königsberg (1926–1930), Leipzig (1930–1931), Berlin (1931–1946) und Göttingen (1946–1957).

[6] Wilhelm Unverzagt (1892–1971), Prähistoriker, seit 1926 Direktor am Berliner Museum für Ur- und Frühgeschichte, Honorarprofessor an der Universität Berlin (1932–1945); Direktor

Die Nächte waren ruhig; ich rechne damit, dass wir in den ganz kurzen Nächten überhaupt nicht mit Angriffen auf Berlin zu rechnen haben. [...]
Herzliche Grüsse Ihnen und den Ihrigen von der ganzen Familie, insbesondere

von Ihrem Hartung

Nr. 169
An Willy Andreas   **Berlin, 3. August 1943**

GLA Karlsruhe, 69 N, Nr. 848. – Masch. Original.

Lieber Herr Andreas!

Die gestern ergangene Aufforderung des Reichsverteidigungskommissars für Berlin Goebbels, dass Frauen und Kinder Berlin räumen sollen, soweit sie dazu in der Lage sind[1], veranlasst mich, auf meinem Schreibtisch nach Möglichkeit Ordnung zu schaffen und Dankesschulden abzutragen. Zu diesen Schulden gehört auch der Dank für Ihr mir vor kurzem zugegangenes Buch über Staatskunst und Diplomatie der Venezianer[2]. Ich habe Ihre Abhandlung in der HZ[3] mit hohem Genuss gelesen[4] und hoffe, dass sich vielleicht auch noch ruhige Tage für das Buch ergeben werden. Augenblicklich herrscht in Berlin Panikstimmung, die aber auf die überstürzte und planlose Art, wie uns das Verlassen von Berlin angeraten wird, zurückzuführen ist. Meine Frau und ich bleiben einstweilen hier, nachdem unsere in Breitnau[5] gemietete Sommerfrische beschlagnahmt worden ist; unsere Tochter soll mit ihrem kleinen Kind auf ein Gut in der Mark zu Verwandten, ihr Mann läuft morgen noch einmal mit seinem U-Boot aus.

---

    des Instituts für Vor- und Frühgeschichte der Deutschen Akademie der Wissenschaften in Ost-Berlin (1953–1964) und Sekretar der Klasse für Philosophie, Geschichte, Staats-, Rechts- und Wirtschaftswissenschaften der Akademie (1954–1958).

[7] Über das von Hartung hier beiläufig erwähnte Professorenkränzchen ist nichts Näheres bekannt. Es dürfte in den Kontext „gelehrter Geselligkeit" gehören, für die Berlin seit dem frühen 19. Jahrhundert bekannt war; vgl. hierzu vor allem Rüdiger vom Bruch: Die Stadt als Stätte der Begegnung. Gelehrte Geselligkeit im Berlin des 19. und 20. Jahrhunderts, in: derselbe: Gelehrtenpolitik, Sozialwissenschaften und akademische Diskurse in Deutschland im 19. und 20. Jahrhundert, hrsg. v. Björn Hofmeister/Hans-Christoph Liess, Stuttgart 2006, S. 169–185.

[1] Unter dem Eindruck der schweren Bombenangriffe auf Hamburg seit Ende Juli 1943 ordnete Josef Goebbels in seiner Eigenschaft als Berliner Gauleiter und Reichverteidigungskommissar für die Reichshauptstadt die Evakuierung großer Teile der Zivilbevölkerung an; vgl. Christian Engeli/Wolfgang Ribbe: Berlin in der NS-Zeit (1933–1945), in: Wolfgang Ribbe (Hrsg.): Geschichte Berlins, Bd. 2: Von der Märzrevolution bis zur Gegenwart, 2. Aufl. München 1988, S. 925–1024, hier S. 1014 f.

[2] Willy Andreas: Staatskunst und Diplomatie der Venezianer im Spiegel ihrer Gesandtenberichte, Leipzig 1943.

[3] Historische Zeitschrift.

[4] Willy Andreas: Italien und die Anfänge der neuzeitlichen Diplomatie, in: Historische Zeitschrift 167 (1943), S. 259–284, 476–496.

[5] Ferienort im Hochschwarzwald in der Nähe des Titisees.

Nr. 169. An Willy Andreas, 3. August 1943

Wir rechnen natürlich mit starken englischen Fliegerangriffen nach Hamburger Muster¹. Um mein persönliches Schicksal kümmere ich mich wenig. Dazu habe ich schon zu oft mit dem Leben abgeschlossen. Aber das Schicksal des deutschen Volkes geht mir sehr nahe. Aber ich habe keine Hoffnung mehr, dass der Krieg anständig ausgehen kann. Man redet ja noch immer von unserm geheimnisvollen Geschütz, das Raketen 150 km weit schleudern und damit im Umkreis von 60 km alles zerstören soll. Aber wenn das nicht bald in Aktion tritt, dürfte es zu spät sein. Das Schlimmste ist in meinen Augen die Unmöglichkeit, ohne Katastrophe zu einer verhandlungsfähigen Regierung zu kommen. Die Italiener waren insofern besser daran, dass sie noch ihren König hatten. So konnte Badoglio² auf legalem Wege zur Macht gelangen.

Von dem Tag der deutschen Wissenschaft³ haben wir in Berlin durch Teilnehmer seltsame Dinge erfahren, vor allem über die Rolle unseres Ministers⁴. Dieser hat neulich die Leibnizsitzung der Akademie⁵ persönlich besucht, zum ersten Mal in seinem Leben. Sein Interesse galt aber nur der Frage, ob die Akademie nie eine Amtstracht gehabt habe. Er sah ja auch in seiner Uniform besser aus als die meisten von uns in ihren schlichten schwarzen Röcken, denn der sonst übliche Frack ist verpönt.

[...] Der Kurator⁶ hat uns auch aufgefordert, die Seminarbibliotheken in Sicherheit zu bringen. Die zu diesem Zweck angeordnete Fühlungnahme mit der Universitätsbibliothek ergab, dass diese keinen sicheren Raum zur Verfügung stellen kann, sondern es den Seminardirektoren anheimgibt sich in Deutschland geeignete Plätze sowie die zur Versendung erforderlichen Kisten und Arbeitskräfte zu suchen; sie selbst will Wellpappe und Nägel abgeben. Also geschieht gar nichts.

Sie werden wohl bereits Heidelberg verlassen und den Bodensee aufgesucht haben. Ich wünsche Ihnen und den Ihrigen geruhsame und erholungsreiche Tage. Ob wir noch wegkommen, steht dahin. Zunächst lassen wir den Massenstrom der Flüchtenden sich verlaufen. Meine Frau ist natürlich sehr in Sorge um ihre Hamburger Verwandten; bisher war es noch nicht möglich, irgendwie Verbindung zu bekommen. Seit gestern können wir Berliner nicht

---

¹ Große Teile Hamburgs, vor allem Wohngebiete, waren durch massive britische und US-amerikanische Bombenangriffe zwischen dem 24.7. und 3.8.1943 (als „Operation Gomorrha" bezeichnet) durch den Einsatz von neuartigen Brandbomben zerstört worden; die Aktion forderte etwa 40.000 Tote und mehr als 100.000 Verletzte; vgl. Jörg Friedrich: Der Brand. Deutschland im Bombenkrieg 1940–1945, Berlin 2004, S. 192 ff. u. a.
² Pietro Badoglio (1871–1956), italienischer Offizier und Politiker, Marschall von Italien, nach dem Sturz Mussolinis (Juli 1943) von König Viktor Emanuel III. als dessen Nachfolger zum Ministerpräsidenten ernannt (bis Juni 1944).
³ Ein „Tag der deutschen Wissenschaft" ist für 1943 nicht nachweisbar; Hartung meint hier vermutlich eine am 9.7.1943 in Heidelberg abgehaltene „Sonderveranstaltung der Reichsstudentenführung", an der die beiden Reichsminister Bernard Rust und Joseph Goebbels als Ehrengäste teilnahmen; vgl. Keesings Archiv der Gegenwart 13 (1943), S. 6027 f.; Eike Wolgast: Die Universität Heidelberg 1386–1986, Berlin 1986, S. 165 f.
⁴ Bernhard Rust.
⁵ Siehe oben, Brief Nr. 135.
⁶ Karl Büchsel (1885–1965), Verwaltungsjurist, Kurator der Universität Berlin (1936–1944).

mehr nach auswärts telefonieren; offenbar, um den Massenandrang an Gesprächen zu unterbinden. Von auswärts kann dagegen noch angerufen werden.

Mit den besten Grüssen, auch an Ihre verehrte Frau Gemahlin
Ihr F. Hartung

Nr. 170
An Albert Brackmann   **Berlin, 22. August 1943**

GStA PK, VI. HA, Nl. Albert Brackmann, Nr. 121/1. – Masch. Original (mit hs. Zusatz).

Lieber Brackmann!

Besten Dank für Ihre Karte! Hoffentlich erholen Sie sich bei dem schönen Wetter weiterhin gut und sammeln die Kräfte, die wir wohl alle im Herbst und Winter nötig haben werden.
[...]
Im übrigen scheint sich Berlin etwas beruhigt zu haben. Dafür hat die Evakuierung sich wie eine ansteckende Krankheit über ganz Deutschland verbreitet. Jeder Gauleiter will zeigen, dass er im Augenblick der Gefahr ebenso auf dem Posten war wie der Kollege in Berlin[1]. Aber wo sollen alle die Menschen hin, wenn selbst Städte wie Potsdam aufs Land ziehen wollen? Schon jetzt klagen die Evakuierten über die Primitivität ihrer Unterkunft, einige kehren auch schon wieder zurück, auch aus Angst vor Beschlagnahmung der hiesigen Wohnungen. Auch mit der Verlegung der Schulen geht es offenbar langsamer, als man zuerst gedacht hat. Einstweilen ist jeden Tag Appell in den noch nicht verlegten Schulen. Die verschiedenen Alarme, die wir in den mondhellen Nächten gehabt haben, verliefen sämtlich relativ harmlos.
[...]
Die Hamburger Verwandten meiner Frau sind alle am Leben geblieben. Aber die meisten haben fast all ihr Hab und Gut verloren[2]. Ein Haus, dessen Miteigentümerin meine Frau ist, ist binnen 20 Minuten völlig abgebrannt. Die ersten telefonischen Nachrichten, die wir von den Verwandten bekamen, klangen alle sehr froh; das Gefühl, lebend herausgekommen zu sein, herrschte vor. In den seither gekommenen Briefen spürt man schon mehr das bedrückende Gefühl, von vorn anfangen zu müssen. Denn dass der Staat den ganzen Schaden ersetzen kann und wird, daran glaubt keiner mehr.

---

[1] Bis Ende September 1943 wurden etwa 750.000 Personen aus Berlin evakuiert – vor allem ins Brandenburger Umland der Hauptstadt, nach Ostpreußen sowie ins Wartheland –, was etwa einem Viertel der Berliner Bevölkerung entspricht; vgl. die Angaben bei Friedrich: Der Brand, S. 457 f., und Engeli/Ribbe: Berlin in der NS-Zeit, S. 1015 f.

[2] Siehe oben, Brief Nr. 169.

Der durch seine Beziehungen zu Ludendorff bekannte Oberst Bauer[1] schrieb am 28. Juli 1918 zu einer Denkschrift eines Generalstäblers u. a.: „Wir müssen wieder wahrheitsgetreu werden ... Bei uns lügt die offizielle Berichterstattung"[2]. Die Parallelen zur damaligen Zeit sind augenblicklich erschütternd, auch in den ewigen Abwehrsiegen mit den riesigen Verlusten der Feinde. Die Unterschätzung der feindlichen Reserven ist damals unser Ruin gewesen. Immerhin geht die Weltgeschichte nicht den schnellen Gang, den wir nach dem Sturz Mussolinis[3] und dem Räumungserlass von Goebbels[4] erwartet haben. Aber nützen wir diese Zeit richtig aus oder verzehren wir nur unsere Kraft?
[...]
Hoffentlich[5] sehen wir uns bald unzerbombt wieder! Herzlich Ihr Hartung

Nr. 171
An Albert Brackmann   Berlin, 2. September 1943

GStA PK, VI. HA, Nl. Albert Brackmann, Nr. 121/2. –
Masch. Original (mit hs. Zusatz).

Lieber Brackmann!

[...] Die ganze Gegend von Marienfelde (wo Daimler, Stock und Werner[6] restlos zerstört sind), Mariendorf, Südende, Lankwitz, Steglitz und Friedenau ist übrigens ein grosses Trümmerfeld; Schöneberg und Wilmersdorf haben weniger abbekommen. Der Angriff von vorgestern war nicht so konzentriert, hat aber dafür grössere Ausdehnung gehabt. Dieses Mal haben auch Wannsee, Nikolassee und Schlachtensee Bomben erhalten und Schaden gelitten, doch nur vereinzelt; wir selbst sind unversehrt geblieben[7].
[...]

---

[1] Max Bauer (1879–1929), Offizier, zuletzt Oberst; 1914–1918 als Sachverständiger für Festungsbau und Artillerie in der Operationsabteilung der Obersten Heeresleitung tätig.

[2] Das Werk des Untersuchungsausschusses der Deutschen Verfassunggebenden Nationalversammlung und des Deutschen Reichstages 1920–1926. Verhandlungen/Gutachten/Urkunden, Reihe IV, Bd. 1, Berlin 1925, S. 144: Im Zusammenhang der Erörterung der militärischen Lage im Sommer 1918 „schreibt Oberst Bauer damals im Großen Hauptquartier: *Wir müssen wieder wahrheitsgetreu werden. Das Streben, es den anderen an Propaganda gleichzutun, hat uns zur Unwahrhaftigkeit geführt, die unserem inneren Wesen widerspricht und infolgedessen ungeschickt und unwirksam war. Bei uns liegt die offizielle Berichterstattung über dem Strich, während die Presse wahr und objektiv blieb*" (im Original kursiviert).

[3] Mussolini war am 25. Juli 1943 als italienischer Ministerpräsident gestürzt, durch Badoglio ersetzt und kurz danach inhaftiert worden; vgl. Salewski: Deutschland und der Zweite Weltkrieg, S. 270.

[4] Siehe oben, Brief Nr. 169.

[5] Von hier ab handschriftlich.

[6] Gemeint sind in Berlin-Marienfelde ansässige Industriebetriebe: Die Daimler AG (Produktion von Lastkraftwagen), die Fritz Werner AG (Maschinenbau), sowie die Firma R. Stock & Co (Werkzeugherstellung).

[7] Die schweren Luftangriffe auf Berlin Ende August/Anfang September 1943 zerstörten etwa 1,5 Quadratkilometer bebaute Wohnfläche; betroffen waren neben der Innenstadt vor allem

Nr. 171. An Albert Brackmann, 2. September 1943

Meine Geschwister haben wenigstens von ihren Sachen viel gerettet, da sie im ersten Stock eines hohen Hauses wohnten. Als wir am Nachmittag nach dem Angriff, als die S-Bahn wieder fuhr, zu ihnen kamen, war das Feuer noch nicht bis in ihre Wohnung heruntergebrannt; aber da keine Feuerwehr da war, auch der Wasserdruck nicht ausreichte zum Löschen, ist in der folgenden Nacht auch ihre Wohnung bis zum Keller hinunter ausgebrannt. Ueberhaupt hat es in Steglitz usw. noch Tage lang gebrannt, ohne dass etwas Rechtes dagegen geschah; so konnte es kommen, dass noch am Freitag (der Angriff war in der Nacht zum Dienstag gewesen) bisher unversehrte Wohnungen vom Feuer ergriffen wurden[1].

Man fragt sich nur, wie lange soll das noch so weiter gehen? Wollen wir wirklich zusehen, wie eine deutsche Stadt nach der andern zerstört wird? Mit der Vergeltungsaktion hat es offenbar noch gute Weile; angeblich ist die Versuchsanstalt in Swinemünde neulich schwer getroffen worden[2]. Aber ich will Ihnen keine Schauermärchen auftischen. Es gibt nichts Dummes, was zur Zeit nicht erzählt und geglaubt würde. Dass die Stimmung unter den Geschädigten katastrophal ist, kann man aber in Steglitz, wo ich zur Hilfe bei meinen Geschwistern jetzt oft gewesen bin, auf Schritt und Tritt spüren.

Hoppes Haus in Lankwitz[3] soll nach Aussage seines Assistenten[4] unbewohnbar, aber reparaturfähig sein; die Nachbarhäuser sind zerstört, wie überhaupt nach Angabe eines sachlichen und ruhigen Beamten der Reichsbahn, der die ganzen westlichen Vororte mit dem Auto abgefahren hat, von Lankwitz höchstens noch 20% der Häuser stehen. Hoppe selbst ist verreist, hat aber Leute in seinem Haus gehabt, die den Brand gelöscht haben. Bei gewöhnlichen Brandbomben kann man noch löschen. Aber bei den grossen Phosphorbomben soll man, das habe ich von verschiedenen Seiten, auch von einem Kölner, gehört, nur noch Sachen retten und keine Zeit mit den doch vergeblichen Löschungsversuchen verlieren.

An die Jahresberichte[5] habe ich in den letzten 10 Tagen kaum gedacht. Ich habe überhaupt keine rechte Stimmung zur normalen Arbeit. Denn man fragt sich immer, ob sie überhaupt noch Sinn hat angesichts der Entwicklung. Trotzdem habe ich den Entwurf für ein Vorwort gemacht und lege ihn hier bei mit der Bitte, ihn möglichst zu verbessern. Vielleicht gelingt es in der Harzluft[6] besser als hier, wo alle Leute nur von Alarm u. dergl. reden.

[...]

---

die Bezirke Marienfelde, Lichterfelde und Siemensstadt; vgl. Engeli/Ribbe: Berlin in der NS-Zeit, S. 1011 f.

[1] Im Original: worden.
[2] Hartung meint hier vermutlich die seit 1936 errichtete Heeresversuchsanstalt Peenemünde, in der seit 1941/42 die spätere Raketenwaffe V-2 entwickelt wurde; die schwere britische Bombardierung und teilweise Zerstörung Peenemündes erfolgte in der Nacht vom 16./17.8.1943; vgl. John Keegan: Der Zweite Weltkrieg, Berlin 2004, S. 844.
[3] Willy Hoppe wohnte in Berlin-Lankwitz, Franzstraße 11 c.
[4] Nicht zu ermitteln.
[5] Jahresberichte für Deutsche Geschichte.
[6] Albert Brackmann lebte seit seinem Eintritt in den Ruhestand in Blankenburg am Harz.

Sammeln¹ Sie recht viel Kraft für die kommenden Ereignisse!
Alles Gute!
   Ihr Hartung

Nr. 172
An Siegfried A. Kaehler   Berlin, 12. September 1943

NStUB Göttingen, Cod. Ms. S. A. Kaehler, 1, 59. – Masch. Original.

Lieber Kaehler!

Ihr Brief² war mir ein sehr erfreuliches Echo auf meine „unzeitgemäße" Abhandlung über den Oberpräsidenten³, und ich danke Ihnen herzlich dafür, ebenso für die Gegengabe der Frauenholzbesprechung⁴, die die Einseitigkeit und Unzulänglichkeit unserer Wehrgeschichtler sehr eindringlich und klar brandmarkt. Ich habe Frauenholz⁵ vor langen Jahren hier einmal kennen gelernt und auch von ihm persönlich keinen bedeutenden Eindruck gewonnen.

Meine Abhandlung ist in ruhigeren Tagen entstanden als Grundlage für ein von mir in Verbindung mit H. Aubin geplantes Werk über das deutsche Beamtentum, für dessen Unterstützung sich Popitz⁶ bereit gefunden hat. Ich glaube freilich nicht, dass es noch einmal zustandekommen wird. Als ich vor einigen Wochen die Sonderdrucke bekam, dachte ich erst daran, sie liegen zu lassen, bis ich bei den Empfängern auf eine etwas aufnahmebereite [sic] Stimmung rechnen könnte; es war gerade in der Zeit der beginnenden Evakuierung Berlins⁷. Aber ich bin ganz froh, dass ich die Exemplare verschickt habe, denn ich habe ausser von Ihnen auch von andern interessante Urteile gehört, und mit einer wesentlichen Besserung der allgemeinen Lage, die etwa für die Orga-

---

¹ Von hier ab handschriftlich.
² Siegfried A. Kaehler an Fritz Hartung, 14.8.1943, in: Nl. F. Hartung, K 62/3.
³ Fritz Hartung: Studien zur Geschichte der preußischen Verwaltung. Teil 2: Der Oberpräsident (Abhandlungen der Preußischen Akademie der Wissenschaften, Jg. 1943, Phil.-hist. Kl., Nr. 4), Berlin 1943; Kaehler bedankte sich in seinem Brief an Hartung für „das historiograph[ische] Denkmal für die würdigen Mandarine Altpreußens".
⁴ Siegfried A. Kaehler: Besprechung von: Eugen von Frauenholz (Hrsg.): Entwicklungsgeschichte des deutschen Heerwesens. Unter Mitarbeit von Walter Elze und Paul Schmitthenner, Bd. 5: Das Heerwesen des XIX. Jahrhunderts, München 1941, in: Göttingische Gelehrte Anzeigen 204 (1942), S. 391–401.
⁵ Eugen von Frauenholz (1882–1949), Offizier und Militärhistoriker, Syndikus der Bayerischen Akademie der Wissenschaften (seit 1927) und Honorarprofessor an der Universität München (1929–1945).
⁶ Johannes Popitz (1884–1945), Jurist und Politiker, Staatssekretär im Reichsfinanzministerium (1925–1929), Reichsminister ohne Geschäftsbereich (1932/33), preußischer Finanzminister (1932–1944), seit 1922 Honorarprofessor für Steuerrecht und Finanzwissenschaft an der Juristischen Fakultät der Universität Berlin, 1931/32 auch an der Philosophischen Fakultät der Universität Berlin; wegen Beteiligung am Widerstand gegen das NS-Regime zum Tode verurteilt und hingerichtet.
⁷ Siehe oben, Brief Nr. 169.

Nr. 172. An Siegfried A. Kaehler, 12. September 1943

nisation neuer Provinzen mein Thema aktuell machen könnte, rechne ich nicht mehr.

Ganz so schnell, wie wir in den ersten Augusttagen nach der Zerstörung von Hamburg, wo auch fast alle Verwandten meiner Frau abgebrannt sind, und nach dem Sturz Mussolinis annahmen, verläuft ja nun die Entwicklung offenbar nicht. Die Angriffe auf Berlin sind einstweilen lokal sehr begrenzt, dort, wo sie eingeschlagen haben, z.B. in Lichterfelde, Lankwitz, Steglitz, wo meine Geschwister völlig abgebrannt sind, Friedenau, Schöneberg, beim letzten Angriff auch Westend, allerdings sehr gründlich. Wir sind bisher verschont geblieben, haben aber über 14 Tage kein Gas gehabt, sodass meine Frau auf einer einzigen elektr. Kochplatte und mit einem Tauchsieder das Essen kochen musste. Wir sind hier geblieben, da wir nach den bisherigen Erfahrungen unsere Wohnung nicht im Stich lassen wollen. [...]

Ich habe mich, da die Stimmung für die Verfassungsgeschichte des 16. Jahrhunderts, mit der ich mich eigentlich beschäftigen wollte, nicht aufzubringen ist, in den letzten Wochen vor allem mit dem Juli und August 1918 beschäftigt. Dabei stiess ich auf eine interessante Denkschrift des bald darauf zum Kaiser kommandierten Majors Niemann[1] gleich nach dem ersten erfolgreichen französischen Vorstoss Mitte Juli und zu einer sehr bezeichnenden Randbemerkung des bekannten Obersten Bauer dazu: „Wir müssen wieder wahrheitsgetreu werden ... Bei uns lügt die amtliche Berichterstattung"[2]. Auch das Wort des Kaisers nach dem 8. August scheint mir beachtenswert zu sein: „Wir müssen die Bilanz ziehen, wir sind an der Grenze unserer Leistungsfähigkeit, der Krieg muss beendet werden"[3]. Freilich glaubte Wilhelm II. damals wohl noch, dass er den Krieg beenden könne, ohne die Krone zu verlieren. Diese Illusion hegt heute wohl niemand mehr; deshalb wird weitergekämpft, bis wir nicht mehr können. Ich muss gestehen, dass mir die Lage im Osten ebenso viel Sorge macht wie die in Italien. Wenn man die im Wehrmachtsbericht oder die in den PK-Kommentaren[4] genannten Orte auf der Karte findet, merkt man erst, wie weit wir bereits zurückgegangen sind. Konotop liegt näher bei Kiew als bei Charkow; vielleicht hängt es damit zusammen, dass ein bei der Zivilverwaltung von Kiew beschäftigter Bekannter von mir gestern telegrafisch vom Urlaub zurückgerufen worden ist. Und westlich Wjasma stehen wir bereits ziemlich nahe bei Smolensk[5]. Ich fürchte sehr, dass wir wie 1918 aus

---

[1] Alfred Niemann (1876–1946), Generalstabsoffizier, Major, Vertreter der Obersten Heeresleitung beim Kaiser (1918).
[2] Siehe oben, Brief. Nr. 170.
[3] Wiederum überliefert von Alfred Niemann: Revolution von oben – Umsturz von unten. Entwicklung und Verlauf der Staatsumwälzung in Deutschland 1914–1918, Berlin 1927, S. 87, als Äußerung des Kaisers etwa Mitte August 1918: „Ich sehe ein, wir müssen die Bilanz ziehen. Wir sind an der Grenze unserer Leistungsfähigkeit. Der Krieg muß beendet werden".
[4] PK = Propagandakompanie.
[5] Der letzte Versuch der deutschen Wehrmacht, im Hochsommer 1943 die militärische Initiative im Osten zurückzugewinnen und den sowjetischen Frontbogen bei Kursk vom Hinterland abzuschneiden („Unternehmen Zitadelle"), war letztlich zum Scheitern verurteilt.

Prestigegründen versäumen, rechtzeitig eine verkürzte feste Linie einzunehmen. Was ich von Studenten aus dem Osten höre, klingt alles nach Enttäuschung und Sorge wegen der ungeheuren Materialüberlegenheit der Russen und wegen der grossen Blutopfer auf unserer Seite.
[...]
An den Ferienkursen, die uns der Uebereifer unseres Rektors eingebrockt hat und die der Minister dann für alle Universitäten vorgeschrieben hat, beteilige ich mich nicht. Ich muss mich auf ärztlichen Rat schonen und fand es von Anfang an überflüssig, dass alle 8 beamteten Professoren der mittleren u. neueren Geschichte sich hier betätigen. An Meldungen waren bis zum 6. September insgesamt 10 eingegangen; sie werden von Schüssler, Elze und Baethgen abgefertigt. Für Geschichte genügt es meiner Ansicht nach, wenn man den Leuten zeigt, wie man ein Buch zu lesen hat; das können die wenigsten. Dass sie auch keinerlei Verständnis für politische Fragen mitbringen, ist mir im vorigen Winter im Seminar über den U-Bootkrieg ebenso deutlich geworden wie Ihnen bei Ihren Studenten.
[...]
Nochmals herzlichen Dank für Brief und Drucksache. Möge Ihre Gesundheit allem standhalten, was uns dieser Herbst und Winter bescheren werden. Herzliche Grüsse von Haus zu Haus!
    Ihr Hartung

Nr. 173
An Siegfried A. Kaehler   Berlin, 26. November 1943

NStUB Göttingen, Cod. Ms. S. A. Kaehler, 1, 59. – Hs. Original.

Lieber Kaehler!

Sie haben mir schon im September nach den relativ harmlosen Angriffen auf Berlin eine mahnende Karte geschrieben[1], ich solle etwas von mir hören lassen. So will ich denn jetzt, wo es wirklich ernst wird, nicht erst auf eine Mahnung warten, sondern Ihnen gleich heute schreiben, daß meine Frau und ich am Leben sind und sogar in einer unzerstörten Wohnung hausen. Außer ein paar Fensterscheiben und etwas Dachschaden ist in unserm Hause überhaupt nichts passiert, ebenso sieht es in unserer unmittelbaren Umgebung aus.

    Die mit einem bis dahin beispiellosen Materialaufwand geführte Panzerschlacht bei Kursk musste deutscherseits schon seit Mitte Juli als verloren gelten; vgl. Salewski: Deutschland und der Zweite Weltkrieg, S. 269 f.

[1] Siegfried A. Kaehler an Fritz Hartung, 14.9.1943, in: Nl. F. Hartung, K 71/7: Kaehler fragt in seiner Karte aus Göttingen nach Hartungs Ergehen und erbittet ein Lebenszeichen; er fügt an: „Aus unserer bisher ungestörten Unbetroffenheit kann man sich schwer in die Lage versetzen, mit welcher sich neuerdings so viele Tausende (ein Euphemismus) abfinden den müssen. Hier stand und steht man eigentl[ich] mehr unter dem Eindruck der Geschehnisse in Hamb[ur]g, wovon allerhand Augenzeugenberichte uns zugekommen sind".

Nr. 173. An Siegfried A. Kaehler, 26. November 1943

Dagegen ist am Bahnhof Schlachtensee eine Luftmine herunter gekommen, die große Verwüstungen angerichtet hat, ebenso 10 Minuten nördlich von uns in der Argentinischen Allee.

So können wir uns dankbar und froh unseres Lebens erfreuen, wenn wir nicht um unsern Schwiegersohn in größter Sorge wären. Er ist seit Anfang Oktober mit seinem Boot vermißt. Nach der dienstlichen Nachricht, die unsere Tochter bekommen hat, besteht geringe Hoffnung, daß er lebend in Gefangenschaft gekommen ist. Es wird nach bisherigen Erfahrungen drei bis vier Monate dauern, ehe man darüber etwas Sicheres erfährt. Unsere Tochter, die 3 Stunden von Berlin entfernt bei Verwandten auf einem Gut ist, ist erstaunlich hoffnungsvoll. Ich bin es weniger. Und meine Frau, die nun alles zum zweiten Mal erlebt, leidet ganz besonders unter diesem Schicksal[1]. Die Parallele zum ersten Weltkrieg ist in diesem Fall auch besonders genau: wie meine Frau damals, als ihr erster Mann fiel, ihr zweites Kind erwartete, so erwartet auch Christel zum Frühjahr das zweite Baby.

Ich möchte Sie bitten, auf diese Mitteilung nicht mit einem Kondolenzbrief zu antworten, sondern wenn Sie etwas dazu sagen wollen, mehr die Hoffnung auf Kriegsgefangenschaft zu betonen. Es sind ja auch schon viele Kameraden unseres Schwiegersohns in Canada oder sonstwo in Gefangenschaft, sodaß die Möglichkeit besteht, daß auch er eines Tages zurückkehrt.

Diesen Brief nimmt, wenn nichts dazwischen kommt, meine Frau mit, die morgen für zwei Tage zu Christel fährt. Ob von Berlin Post weggeht, ahne ich nicht. Bekommen habe ich seit Tagen nichts mehr. Telefon geht auch nicht, Zeitungen kommen nicht mehr ins Haus, wir leben wie auf einer einsamen Insel, freilich ernährt mit Gerüchten.

Die beiden Angriffe haben nur verhältnismäßig kurz gedauert, jeweils zwei Stunden von Alarm bis zur Entwarnung, davon etwa eine Stunde Schießen und Bombenabwerfen. Aber die Wirkung ist ungeheuer[2]. Ich habe Mittwoch die Universität aufgesucht, was bei dem Ausfall der meisten Verkehrsmittel nicht einfach war. Das Hauptgebäude ist in der Hauptsache erhalten geblieben, freilich alle Fenster und Türen kaputt und ein unvorstellbarer Staub. Das Aulagebäude ist ausgebrannt, ebenso das Palais des alten Kaisers[3]. Die ganze Innenstadt ist eine Ruine, die meisten Ministerien der Wilhelmstraße, darunter auch die alte Reichskanzlei sind ausgebrannt oder durch Sprengbomben zerstört. Spittelmarkt, Alexanderplatz, der Norden (Müller-

---

[1] Anni Hartung hatte ihren ersten Ehemann, einen Marineoffizier und U-Bootkommandanten, im Ersten Weltkrieg verloren; ihr einziger Sohn aus dieser Ehe war 1932 als neunzehnjähriger Seekadett mit dem Segelschulschiff „Niobe" untergegangen; siehe auch oben, Brief Nr. 91.

[2] Die seit dem 18.11.1943 einsetzende große Welle von alliierten Bombenangriffen vernichtete bis Anfang Dezember große Teile des Stadtzentrums und richtete auch im Westen, vor allem in Charlottenburg, verheerende Zerstörungen an. 250.000 Berliner wurden obdachlos; vgl. Engeli/Ribbe: Berlin in der NS-Zeit, S. 1012.

[3] Gemeint ist das Alte Palais Unter den Linden, unmittelbar gegenüber dem Hauptgebäude der Berliner Universität, später als „Kronprinzenpalais" bekannt. Es wurde von Kaiser Wilhelm I. als Wohnsitz genutzt.

Nr. 173. An Siegfried A. Kaehler, 26. November 1943

straße u. Chausseestraße) brennen; besonders schlimm soll es zwischen Lützowplatz und Bahnhof Zoo aussehen. Fuimus Berolinenses, fuit Berolinum et magna Borussorum gloria[1]. In der ersten Nacht hat es bereits (nach amtlicher Angabe) 63000 Obdachlose gegeben; in der 2. aber sind erst die großen Wohnviertel im Norden getroffen worden. Straßenbahnen u. Autobusse können in der inneren Stadt noch nicht verkehren. Aber auch die U-Bahn ist streckenweise (namentlich um den Wittenbergplatz) unterbrochen. Unsere S-Bahn verkehrt wieder bis Stettiner Bhf., auch die Ringbahn fährt zwischen Schöneberg–Ostkreuz–Weißensee, aber die Stadtbahn fährt nicht. Potsdamer Fernbahnhof ist zerstört. Der Fernverkehr ist auch unterbrochen gewesen; ob er jetzt wieder funktioniert, weiß ich noch nicht. Am Mittwoch traf ich in der Bahn viele Soldaten, die verzweifelt suchten, an einen Fernbahnhof zu kommen, um weiterfahren zu können.

Quousque tandem?[2] Aber der Rundfunk, den wir in den kritischen Abendstunden anstellen, weil das Aufhören der Sender Königswusterhausen, Köln und Berlin uns auf einen Angriff vorbereitet (gestern war freilich Alarm, während alle Sender spielten), der Rundfunk tut, als wäre nichts gewesen, und spielt die albernsten Schlager.

Hoffentlich geht es Ihnen gut. Wohl dem, selig muß ich ihn preisen, der in der Stille der ländlichen Flur, fern von des Lebens verworrenen Kreisen, friedlich liegt an der Brust der Natur (ich habe Schiller absichtlich verbessert)[3]. Möge es bei Ihnen so bleiben. [...] Wir rechnen natürlich nach dem Muster von Hamburg mit weiteren Angriffen, zumal da nach den Erfahrungen der Montagnacht schlechtes Wetter nur unsere Abwehr, nicht aber den Feind hindert und das brennende Berlin ein nicht zu verdunkelndes Ziel bietet.

Herzliche Grüße auch von meiner Frau für Sie und Ihre Gattin!
Ihr Hartung

---

[1] Lat., etwa: „Wir waren Berliner und Berlin war der große Ruhm der Preußen"; Abwandlung eines Vergil-Zitats: „[...] fuimus Troes, fuit Ilium et ingens / gloria Teucrorum" (Aeneis II, 325 f.).
[2] Lat. „Wie lange noch?"
[3] Zitat aus Friedrich Schillers „Braut von Messina" (V. 2561–2564): „Wohl dem! Selig muß ich ihn preisen, / Der in der Stille der ländlichen Flur, Fern von des Lebens verworrenen Kreisen, / Kindlich liegt an der Brust der Natur".

Nr. 174
An Richard Fester Berlin, 1. Januar 1944

BAK N 1107, Nr. 246. – Hs. Original.

Sehr verehrter Herr Geheimrat!

Es ist lange Zeit vergangen, seitdem ich das letzte Lebenszeichen von Ihnen erhalten habe[1]. Hoffentlich liegt das nicht an mangelnder Gesundheit oder an Fliegerschaden. Jedenfalls wünsche ich Ihnen und den Ihrigen von Herzen, daß Sie die Kraft behalten, um alles zu überstehen, was uns dieses neue Jahr bringen wird, und daß Sie vor besonderem Schaden bewahrt bleiben mögen.

Seitdem ich Ihnen zu Ihrem Geburtstag geschrieben habe, hat sich die Welt ja nicht gerade zu unsern Gunsten verändert. Was uns persönlich am stärksten bewegt, ist die Tatsache, daß Christels Mann seit Anfang Oktober mit seinem U-Boot vermißt wird. Die Hoffnung, daß das Boot doch noch eines Tages zurückkehre, haben wir inzwischen begraben müssen. So bleibt nur die – nach Mitteilung der Dienststelle freilich geringe – Hoffnung, daß er in Gefangenschaft geraten ist. Es kann Monate dauern, bis wir darüber etwas erfahren, denn das Boot ist zuletzt an der brasilianischen Küste gewesen. Die Verluste der U-Boote sind, wenn man von Christels Bekanntenkreis auf die Gesamtheit schließen darf, in den letzten Monaten sehr groß gewesen. Dönitz hat überhaupt nicht viel Glück mit der Marine.

Sonst haben wir aber nicht zu klagen. Wir haben die Angriffe auf Berlin bisher ohne nennenswerten Schaden überstanden; auch die Luftmine, die am Bahnhof Schlachtensee heruntergekommen ist, hat uns nur einige Scheiben und Dachziegel gekostet. Aber in der Innenstadt sieht es schlimm aus. Auch die Universität hat schweren Schaden erlitten. Das Aulagebäude mit dem angrenzenden Palais des alten Kaisers ist völlig ausgebrannt. Auch im Hauptgebäude haben Spreng- und Brandbomben stark gewirkt. Unser Historisches Seminar hat zum Glück nur Wasserschaden gehabt, mußte aber geräumt werden. Es war keine leichte Arbeit, unsere große Bibliothek von etwa 50 000 Bänden abzutransportieren, und ohne die Hilfe von Soldaten und Kriegsgefangenen wäre es auch kaum geglückt, so eifrig sich auch die Studentinnen betätigt haben; Studenten haben wir nicht mehr, wenigstens keine, die zu körperlicher Arbeit brauchbar wären. Augenblicklich schwimmt unsere Bibliothek auf einem Spreekahn in den Oderbruch, wo sie in einer Kirche untergebracht wer-

---

[1] Richard Fester an Fritz Hartung, 14.8.1943, in: Nl. F. Hartung, K 53/5; dort heißt es u. a.: „In diesem Winter unseres Mißvergnügens beobachte ich trotzdem wesentliche Unterschiede von 1918. Damals ein hoffnungsloses Weiterkämpfen, heute Kämpfen für ein Ziel, das wir erreichen werden, weil wir es erreichen müssen. Damals ein Versiegen der Quellen unserer Kraft, heute ein Sprudeln aller ernsten Kraftquellen. Gegen Störungen unseres Kulturlebens dürfen wir heute gleichgültiger sein, weil wir uns sagen, daß sie vorübergehend sind". – Diesem in der Sache kaum begründbaren Optimismus seines bereits dreiundachtzigjährigen alten Mentors und Förderers Fester versuchte Hartung in seinen Briefen immer wieder vorsichtig zu widersprechen; zur Shakespeare-Anspielung in Festers Formulierung vom „Winter unseres Mißvergnügens" siehe unten, Brief Nr. 203.

Nr. 174. An Richard Fester, 1. Januar 1944

den soll. Ob sie unter Gottes Schutz sicherer sein wird als unter dem der Berliner Flak, bleibt abzuwarten. Wann wir sie wiedersehen werden, steht dahin. Und in welchem Zustand werden wir sie wiedersehen! Schon der Transport von der Universität zum Lastauto und von dort in den Kahn ist den Büchern schlecht genug bekommen. Aber nun steht noch der Transport vom Kahn ins Auto und von da in die Kirche bevor und hinterher die gleiche Prozedur von hinten angefangen noch einmal.

Wie wir ohne Bücher Seminarsitzungen halten, wie die Studenten etwas lernen sollen, das ist mir einstweilen sehr schleierhaft. Zumal da die Studenten auch keine Bücher mehr kaufen können. Das war schon in den letzten Semestern so, und seit der Leipziger Katastrophe[1] wird erst recht kein Buch mehr zu kaufen sein. Koehler u. Amelang[2] ist völlig ausgebrannt[3]. Ich bin insofern noch gut davon gekommen, als meine beiden Bücher, die deutsche Geschichte 1871–1919 u. Volk und Staat, ziemlich ausverkauft waren; und der 3. Hintzeband mit den Aufsätzen zur preußischen Geschichte ist wenigstens zum Teil bereits in den Buchhandel gekommen. Allerdings habe ich noch keine Freiexemplare erhalten. Sehr viel härter ist A. O. Meyer betroffen; seine Bismarckbiographie, die gerade erscheinen sollte, ist vernichtet worden[4]. Auch der laufende Band der Jahresberichte ist anscheinend verbrannt. Eine rechte Übersicht über den Schaden hat wohl noch kein Leipziger Verleger; auch Teubner[5] hat bisher nur ein gedrucktes Rundschreiben geschickt, daß sein Betrieb erheblich geschädigt sei u. daß man nicht unnötig an ihn schreiben soll.

Das Leben in Berlin steht sehr unter dem Druck der ständigen Ungewißheit. Gegen 7 Uhr abends werden alle Leute nervös u. drehen das Radio an, um zu hören, ob der Deutschlandsender sendet oder nicht; stellt er ab, so kommt

---

[1] Beim bis dahin schwersten Luftangriff auf Leipzig am 3./4.12.1943 wurde das alte Verlagsviertel der Stadt fast vollständig vernichtet; es verbrannten dort ca. 50 Millionen Bücher; vgl. Friedrich: Der Brand, S. 347 f.
[2] Leipziger Verlag; dort erschienen die 4. Aufl. von Hartungs „Deutscher Geschichte 1871–1919" (1939) sowie sein Aufsatzband: Volk und Staat in der deutschen Geschichte (1940).
[3] Siehe dazu auch Fritz Hartungs Postkarte an Siegfried A. Kaehler, 19.12.1943 (NStUB Göttingen, Cod. Ms. S. A. Kaehler 1, 59): „In Leipzig muß es auch schlimm aussehen. Dr. Köster schreibt mir, seine Wohnung sei nur demoliert, der Verlag ausgebrannt, darunter A. O. Meyers Bismarck. Haben Sie den 3. Band Hintze bekommen? Der Verlag konnte noch nicht feststellen, ob er auch verbrannt ist. Ich habe ein Exemplar; von A. O. Meyer existiert nur noch ein Korrekturexemplar". Der von Hartung erwähnte Hellmut Köster (1898–1963), Historiker und Verlagslektor, leitete seit 1939 den Verlag Koehler & Amelang.
[4] Arnold Oskar Meyers bereits ausgedruckte Bismarckbiographie, die 1944 bei Koehler & Amelang erscheinen sollte, wurde vollständig vernichtet; das Manuskript war kurz vorher bei einem Bombenangriff auf Berlin ebenfalls verbrannt; erhalten blieb lediglich ein Korrekturexemplar, siehe den Brief Arnold Oskar Meyers an Heinrich Ritter von Srbik, 21.5.1944, in: Srbik: Die wissenschaftliche Korrespondenz des Historikers, S. 558 f. Das Buch lag Dezember 1944 erneut gedruckt in 10.000 Exemplaren vor, gelangte aber infolge der Kriegslage nicht mehr in den Buchhandel. Mit einem neuen Vorwort erschien es 1949 im selben, nun von Leipzig nach Stuttgart gewechselten Verlag; vgl. Kraus: Arnold Oskar Meyer, S. 259 ff.
[5] Wissenschaftsverlag in Leipzig und Berlin; hier waren zwischen 1914 und 1933 die ersten vier Auflagen von Hartungs „Deutsche[r] Verfassungsgeschichte vom 15. Jahrhundert bis zur Gegenwart" erschienen.

Nr. 174. An Richard Fester, 1. Januar 1944

in der Regel etwa 20 Minuten später ein Angriff. Nach 8 Uhr beruhigt man sich wieder, da die letzten Angriffe fast ohne Ausnahme etwa um ½ 8 Uhr angefangen haben. Aber auch zu andern Tageszeiten landet fast jede Unterhaltung bei den Fragen des Luftschutzes. Das geistige Niveau ist demgemäß schon erheblich gesunken. Vom Reichsinstitut habe ich seit November nichts mehr gehört; die geplante Gedächtnisfeier für Ganzer[1] hat nicht stattfinden können, da damals alle Verkehrsmittel versagten. Die Akademie versucht ihre Sitzungen noch durchzuführen, aber mir waren schon neulich ihre ungeheizten, zugigen Räume, wo die Fensterscheiben durch Pappe ersetzt sind, zu ungemütlich, und nachdem sie am 16. Dezember erneut getroffen worden ist, werde ich erst recht nicht mehr hingehen. Dagegen werde ich Vorlesungen und Übungen durchführen, so lange es geht. Unsere Studentinnen haben sich vor Weihnachten so tatkräftig um unsere Bibliothek bemüht, daß sie auch von uns verlangen können, daß wir uns für sie einsetzen. Auch hat es etwas Erfrischendes, sich mit der jungen Generation zu unterhalten, die nicht so sehr mit Vergangenheit belastet ist wie unsereiner, weder an den alten Werten hängt noch unter der Erinnerung des ersten Weltkriegs steht, sondern vor allem an die Zukunft denkt.

Haben Sie den Prof. Christ von der Staatsbibliothek[2] gekannt? Er ist, wenn ich nicht irre, eine Zeitlang Direktor der Bibliothek in Halle gewesen. Beim letzten Angriff auf Berlin hat er sein Leben verloren[3]. Er war in einen Splittergraben gegangen, wie sie seit Hamburg als besonders guter Schutz gelten; aber sie haben sich hier gar nicht bewährt.

Trotz allem wollen wir mutig und gefaßt ins neue Jahr hineingehen. Mag man auch viel über gemachte Fehler unserer Politik nachdenken, jetzt bleibt keine andere Möglichkeit, als bis zum Ende mitzugehen. [...]

Mit herzlichen Grüßen, denen sich meine Frau anschließt, für Sie Alle,
Ihr treu ergebener
F. Hartung

---

[1] Karl Richard Ganzer hatte das Reichsinstitut für Geschichte des neuen Deutschlands bis zu seiner Einberufung kommissarisch geleitet; er fiel am 11.10.1943 an der Ostfront; vgl. hierzu und zum faktischen Erlöschen der Institutsarbeit seit Ende 1943 die Darstellung bei Heiber: Walter Frank und sein Reichsinstitut, S. 1180 ff.
[2] Karl Christ (1878–1943), Romanist und Bibliothekar, Direktor der Universitätsbibliotheken in Halle (1921–1927) und Breslau (1927–1932), Leiter der Handschriftenabteilung der Staatsbibliothek zu Berlin (1932–1943).
[3] Christ kam bei einem Bombenangriff auf Berlin am 16.12.1943 um.

Nr. 175
An Willy Andreas   Berlin, 2. Februar 1944
GLA Karlsruhe, 69 N, Nr. 848. – Masch. Original.

Lieber Herr Andreas!

[...]

Über die Marcksbibliothek[1] kann ich Ihnen heute fast Endgültiges mitteilen. Das Erfreuliche ist, dass sie bei den letzten, z. T. sehr schweren Angriffen, die auch die Universität erneut getroffen u. z. B. den Mittelbau mit Senatssaal und alter Aula durch Brand vernichtet haben, nicht gelitten hat. Sie soll nun in den nächsten Tagen, jedenfalls noch in dieser Woche, mit andern Beständen des Historischen Seminars – wir hatten im Sommer unsere Dubletten u. a. in den Keller des Aulagebäudes gebracht, der jetzt nach der Zerstörung des Gebäudes nicht mehr sicher genug ist –, auf dem Wasserwege in den Oderbruch gebracht und in der Kirche von Altküstrinchen[2], wo sich bereits ein grosser Teil unserer Bibliothek befindet, untergestellt werden. Das Werthernsche Schloss bei Löwenberg[3] erscheint, weil es gerade auf einer der Anflugstrecken liegt, als nicht genügend gesichert; auch waren die Räume bereits beschlagnahmt und nicht ohne weiteres freizubekommen. Ob wir im Oderbruch mehr Glück haben werden, kann natürlich niemand wissen.

Für den Fall der völligen Zerstörung Ihrer Bibliothek möchte ich nach Rücksprache mit den meisten der hiesigen Kollegen einen Vorschlag machen, der wohl Ihren Wünschen wie meinen neulich vorgebrachten Bedenken in befriedigender Weise Rechnung trägt: Das Seminar wird in diesem Fall Ihnen aus der Marcksbibliothek die von Ihnen gewünschten Bücher als Leihgabe auf Lebenszeit zur Verfügung stellen. Wenn Sie damit einverstanden sind, bitte ich um kurze Nachricht. Ich werde dann Ihrer Frau Schwiegermutter eine förmliche, vom geschäftsführenden Direktor unterzeichnete Abmachung mit allen von ihr gewünschten Bedingungen zusenden, da mein letzter Brief formell nur mich bindet. Die anderen Direktoren haben bereits allem zugestimmt, sodass die Sache nur formelle Bedeutung hat. Aber gerade in der heutigen Zeit, wo man nie weiss, wie lange man noch am Leben ist, empfiehlt es sich, alles formell korrekt abzumachen.

Berlin sieht wieder schlimm aus. Hier draussen[4] ist nicht viel passiert, immerhin war es ungemütlich genug. Aber je näher man der Stadt kommt,

---

[1] Die Witwe von Erich Marcks und Schwiegermutter von Willy Andreas, Friederike Marcks, geb. von Sellin (1865–1951), hatte die Bibliothek ihres am 21.11.1938 verstorbenen Mannes dem Historischen Seminar der Berliner Universität überlassen; vgl. dazu den Dankbrief Fritz Hartungs an Friederike Marcks vom 19.1.1944 (GLA Karlsruhe, 69 N, Nr. 848).

[2] Dorf an der Oder, ca. 80 Kilometer nordöstlich von Berlin, gelegen an der Westgrenze Pommerns (heute: Stary Kostrzynek).

[3] Das nordwestlich von Berlin gelegene Schloss Löwenberg (im sog. Löwenberger Land bei Neuruppin, Kreis Gransee) gehörte 1860 bis 1872 der Familie von Werthern; vgl. Liselott Enders: Historisches Ortslexikon für Brandenburg, Teil II: Ruppin, Weimar 1970, S. 157.

[4] Schlachtensee und Zehlendorf.

Nr. 175. An Willy Andreas, 2. Februar 1944

desto wüster wird es. Vor dem Potsdamer Bahnhof (gesehen von der S-Bahn Grossgörschenstrasse) brennen seit Sonnabend die Koksvorräte der Reichsbahn. In der Leipzigerstrasse ist der Riesenbau von Awag (früher Wertheim)[1] völlig ausgebrannt. Auch die neue Reichskanzlei soll (gesehen habe ich nur, dass die Vosstr. am Sonnabend abgesperrt war) zum grössten Teil, auch mit den Räumen des Führers ausgebrannt sein. Dorotheenstr. u. Mittelstr. waren heute noch zum Teil abgesperrt, weil grosse Gebäude auf die Strasse gestürzt waren. In der Universität ist das Gefallenendenkmal völlig zerstört, ebenso der rückwärtige Ostflügel mit dem Germanischen Seminar. Die Ersatzräume, die uns zugewiesen worden waren, sind ebenfalls vernichtet, sodass wir uns jetzt mit dem Institut für Altertumskunde zusammentun wollen. Aber hat es wirklich Sinn, unter solchen Umständen das Semester fortzusetzen? Ich finde auch bereits eine deutliche Abspannung bei den Studentinnen. Nach den ersten Angriffen im November, auch noch nach dem 16. Dezember hatten wir ohne Aufruf gleich eine Menge freiwilliger Hilfskräfte zum Aufräumen. Heute habe ich niemand in der Univ. getroffen und muss sogar die bezahlten Assistenten dienstlich auffordern, sich in der Universität einzufinden. Verstehen kann ich es schon, abgesehen davon, dass manche von ihnen selbst Schaden erlitten haben; es ist ja eine Danaidenarbeit[2], unter den heutigen Umständen Glasscherben wegzufegen und öde Fensterhöhlen mit Pappe zu verkleiden. Aber schliesslich muss es doch immer wieder geschehen.

Verhältnismässig rasch kommt ja immer die S-Bahn wieder in Gang. Sie hat zwar auch schon viele Verluste, denn wenigstens bei den Angriffen in den Abendstunden werden immer mehrere Züge vernichtet. Aber lebenswichtige Stellen sind anscheinend noch nie getroffen worden. Am Montag waren wohl grosse Störungen, da bin ich auch stadtwärts nicht über Steglitz vorgedrungen. Aber seit gestern fahren die Züge wieder auf fast allen Strecken. Allerdings ist die Ueberfüllung geradezu lebensgefährlich. Meiner Tochter, die Anfang April ein Kind erwartet, habe ich die Benutzung der öffentlichen Verkehrsmittel streng verboten, weil man zu sehr gedrückt wird und bei dem Drängen von aussen, das an jeder Station einsetzt, Rücksichtnahme überhaupt unmöglich ist.

[...] Sie haben ja wohl auch die Anfrage von Ziegler[3] wegen der ‚vordringlichsten wissenschaftlichen Literatur' bekommen. Aber wie lange wird es dauern, bis dieser ‚Sofortweg' zum Ergebnis führt. Und wird das nicht eine versteckte Zensur werden, durch die unerwünschte Bücher erdrosselt werden?

---

[1] Das Kaufhaus der AWAG (Abkürzung für: Allgemeine Warenhaus Gesellschaft), eines der größten Berlins, das im Januar 1944 durch Bombenangriffe weitgehend zerstört wurde, befand sich zwischen Leipziger- und Voßstraße, dort direkt gegenüber der Neuen Reichskanzlei. Die AWAG war 1937 infolge der Enteignung der jüdischen Kaufmannsfamilie Wertheim entstanden.

[2] Synonym für vergebliche Arbeit: Nach der antiken Mythologie wurden die Töchter des argivischen Königs Danaos dazu verurteilt, in der Unterwelt Wasser in ein durchlöchertes Fass zu schöpfen.

[3] Gemeint ist vermutlich der Historiker und Berliner Honorarprofessor Wilhelm Ziegler, der gleichzeitig als Referent für Wissenschaft im Propagandaministerium tätig war; über die von Hartung erwähnte Anfrage war nichts Weiteres zu ermitteln.

Sehr beruhigt hat mich die Nachricht, dass Ihr Sohn noch nicht Flakhelfer wird. Wir haben ja hier viel Gelegenheit, solche Flakhelfer zu sehen; aber ich kann mir nicht helfen, ich finde es eine Versündigung an der Jugend, die 15jährigen bereits in dieser Weise zum Kriegsdienst heranzuziehen. Was das für unser Bildungsniveau bedeutet, wird sich erst später herausstellen.
[...]
Bitte, empfehlen Sie mich Ihrer Frau Schwiegermutter und seien Sie selbst mit Ihrer Gattin[1] herzlich gegrüsst!
Mit vielen guten Wünschen
Ihr
F. Hartung

Nr. 176
An Siegfried A. Kaehler   Berlin, 7. April 1944

NStUB Göttingen, Cod. Ms. S. A. Kaehler, 1, 59. – Masch. Original.

Lieber Kaehler!

[...]
Als Ihre Karte mit der Andeutung eines Gastbetts ankam[2], überlegte ich zunächst, ob ich davon Gebrauch machen sollte. Aber ich kann meine Frau nicht allein lassen – der eine schwere Angriff, den sie hier allein hat aushalten müssen, während ich relativ sicher in der Stadt war, hat sie sehr mitgenommen –, und mitnehmen kann ich sie schon deswegen nicht, weil sie in höchster Alarmbereitschaft auf eine Nachricht aus Beeskow[3] wartet, dass dort ein Enkelkind zur Welt gekommen sei; dann wird sie gleich hinfahren, damit unsere Tochter nicht ganz allein ist. Beeskow – dessen Geschichte, vereint mit der von Storkow, der Kieler Petersen geschrieben hat[4] – liegt so nahe an Berlin, dass meine Frau bequem morgens hinfahren und abends zurückkommen kann, falls sie dort keine Unterkunft finden könnte. Wir haben es neulich selbst ausprobiert und bei dieser Gelegenheit unsere Tochter besucht; sie ist auf einem Gut in der Nähe von Beeskow und soll zur Entbindung ins Krankenhaus. Die Fahrt war etwas abenteuerlich, wir fuhren am Morgen nach dem letzten Grossangriff auf Berlin, mussten aber, da die Strecke Lichterfelde-Schöneberg gesperrt war, über Nikolassee Stadtbahn fahren, kamen unterwegs in Luftwarnung, erreichten aber doch in Königswusterhausen unsern Zug nach Beeskow. Auf der Rückfahrt mussten wir am Bhf. Friedrichstr. eine volle Stunde auf ei-

---

[1] Gerta Andreas, geb. Marcks (1897–1985).
[2] Nicht überliefert.
[3] Kleinstadt an der Spree, ca. 80 Kilometer südöstlich von Berlin gelegen.
[4] Carl Petersen: Die Geschichte des Kreises Beeskow-Storkow, Beeskow/Mark 1922; es handelt sich um die Habilitationsschrift von Hartungs früherem Kieler Kollegen; siehe auch oben, Briefe Nr. 63, 65.

nen Zug nach Zehlendorf warten, hatten aber insofern noch Glück, als der Alarm uns erst kurz vor unserer Wohnung erreichte und wir also noch nach Hause kamen. Seither ist es hier ruhig geworden, wir haben wohl ein paar Alarme, meist bei Tage gehabt, aber keinen Angriff mehr. Infolgedessen sind wir nicht nur ausgeschlafen, sondern auch mit den Aufräumungsarbeiten so ziemlich zu Ende gekommen, zumal da wir auch kriegsgefangene oder dienstverpflichtete Hilfskräfte bekommen haben. Ein Franzose, im Zivil Bureaubeamter, hat unser Dach repariert, sodass es nur noch bei schweren Regenfällen in die Wohnung tropft, ein Tischler aus Polen hat die Türen ausgebessert, zwei Knäblein aus Oberschlesien haben neue Scheiben wenigstens an den Aussenfenstern eingesetzt, sodass wir uns wieder des Tageslichts ungehemmt durch Pappe erfreuen. Die Kehrseite dieser erfreulichen Unterstützung war, dass meine Frau diese Leute sämtlich verpflegen musste. Sie hat das mit solchem Erfolg getan, dass der Franzose drei Tage und der Pole sogar vier Tage gearbeitet haben und erst auf Aufforderung weggeblieben sind. Wenn wir nicht acht Tage von der NSV[1] markenfrei verpflegt worden wären, als wir weder Wasser noch Gas hatten, hätte aber selbst meine Frau diese Aufgabe kaum bewältigen können.

Der menschliche Verkehr hat unter der Einwirkung der Tagesangriffe so gut wie aufgehört. Sobald die Luftlagemeldung hier irgendwo Feindeinflüge meldet, macht sich ein Teil der Schlachtenseer zum einzigen Bunker unserer Gegend auf, in der Hoffnung, dann noch dort unterzukommen. Alle übrige Arbeit ruht. Wer ernsthaft berufstätig ist, kann sich das natürlich nicht leisten, aber jede nicht unbedingt notwendige Besorgung unterbleibt. Wie das weiter gehen soll, ist mir unklar, es sei denn, dass eine wirklich längere Pause in den Luftangriffen uns wieder mutiger macht. Selbst der Besuch des Friseurs ist für die Damen jetzt ein Problem geworden.

Wie das Semester ausfallen wird, ahne ich noch nicht. Die Verlängerung finde ich eine glänzende Idee des Ministers[2]; jetzt wird jeder Professor, der sonst sein Kolleg nicht zu Ende brachte, den ganzen Stoff bringen können, vorausgesetzt, dass er ihn überhaupt ausgearbeitet hat. Und wenn er sonst rechtzeitig fertig wurde, muss er jetzt durch Literaturangaben usw. seinen Stoff strecken. Ich habe in weiser Voraussicht mein Kolleg über preussische Geschichte bis 1740 statt vier- nur dreistündig angekündigt. Mit vielen Hörern rechne ich nicht; sehr viele gehen weg. Allerdings macht z.B. Tübingen die Immatrikulation vom Besitz eines Zimmers abhängig. Im Seminar werde ich Bismarcks Gedanken und Erinnerungen lesen. Ich hoffe, dass ich da wenigstens einige Exemplare auftreiben kann; auch haben wir die Gesammelten Werke hier zurückbehalten. In der Neuzeit lässt sich ja kaum ein Text von so

---

[1] Abkürzung für: Nationalsozialistische Volkswohlfahrt; staatlicher Wohlfahrts- und Sozialverband im Dritten Reich, der während des Zweiten Weltkrieges u.a. die Betreuung der Soldatenfrauen und ihrer Kinder sowie die Kinderlandverschickung organisierte; vgl. Herwart Vorländer: Die NSV – Darstellung und Dokumentation einer nationalsozialistischen Organisation, Boppard a. Rh. 1988.
[2] Bernhard Rust.

bescheidenem Umfang ausfindig machen, dass man ihn vervielfältigen könnte. Uebrigens fehlt es auch an Vervielfältigungsapparaten. So musste ein Rundschreiben, dass ich an alle Mitglieder des Wissenschaftlichen Prüfungsamts, etwa 60, gerichtet habe, mit der Schreibmaschine geschrieben werden, weil das Oberpräsidium der Provinz Brandenburg, dem unser Bureau angegliedert ist, keinen Vervielfältigungsapparat gerettet hat. Ueberhaupt unser Behördenbetrieb! Ich hatte neulich im Kultusministerium zu tun, Abteilung Wissenschaft, z. Zt. in Dahlem, Gertraudenschule. In kalten Schulzimmern hausen jeweils mehrere Beamten zusammen, es fehlt an allem, an Schreibpapier, an Telefon usw. Wenn es in kriegswichtigen Behörden nicht wesentlich besser ist, dann verlieren wir den Krieg bestimmt. Bei unserm Ministerium kann man ja in der Regel froh sein, wenn der Betrieb keine Resultate produziert.

Nicht ganz verständlich ist mir, weshalb eine Bemerkung von mir über den Gegensatz unseres wissenschaftlichen Arbeitens bei Ihnen elegische Betrachtungen über Ihre „Anlage zum Dilettantismus" ausgelöst hat[1]. Es gibt doch noch andere Nuancen als meine, mehr nach der „Stoffhuberei" neigende Art u. Ihre „A[n]lage zum Dilettantismus". Ich habe meine Bemerkung keineswegs als Kritik gemeint, sondern als Anerkennung Ihrer mir abgehenden Fähigkeit, an ein kurzes Aktenstück weiterführende Gedanken anzuknüpfen. Und ich bin, auch abgesehen von unserer persönlichen Freundschaft, der Meinung, dass es ein Glück ist, wenn neben den Stoffhubern immer wieder jemand auftaucht, der mit dem Stoff etwas Neues und Geistreiches anzufangen weiss. Mit der alten Garde wie Meinecke u. Hintze zu konkurrieren, das lassen wir beide natürlich bleiben. Auch G. Ritter ist für mich ein seltenes Phänomen mit seiner gewaltigen Produktivität. Aber wie lange wird unsere bürgerliche Wissenschaft überhaupt noch Bestand haben, mag der Krieg so oder so ausgehen?

Einen merkwürdigen Optimismus trägt mein alter Freund Fester zur Schau. Ich stehe mit ihm noch immer im Briefwechsel und bin erstaunt, mit welch unveränderter geistiger Frische und mit wie unveränderter Schrift er sich mit seinen beinahe 84 Jahren äussert. Zum 84. Geburtstag will er noch ein Buch veröffentlichen[2]. Hoffentlich ist es nicht zu verzwickt. Was er vor Monaten in der DAZ über Ahriman geschrieben hat, haben die wenigsten Leser begriffen[3]. Mich wundert es, dass er, der sich im ersten Weltkrieg gerade nicht als Mann von politischem Weitblick erwiesen hat, nicht auf seine alten Tage vorsichtiger geworden ist. Aber schön muss es sein, so unbeschwert hoffen zu können. Ebenso schön, gläubig zu vertrauen, dass man überall in Gottes Hand ist, wie ich dieser Tage hörte.

Herzliche Grüsse auch von meiner Frau für Sie und Ihre Gattin!
Ihr Hartung

---

[1] Nicht überliefert.
[2] Siehe unten, Brief Nr. 177.
[3] Richard Fester: Die bolschewistische Verkörperung Ahrimans, in: Deutsche Allgemeine Zeitung, 3.9.1943.

Nr. 177
An Richard Fester **Berlin, 23. April 1944**

BAK N 1107, Nr. 246. – Hs. Original.

Sehr verehrter, lieber Herr Geheimrat!

Ihr mutiger Brief vom 22. März[1] hat mich sehr erfreut. Es ist fabelhaft, mit welcher Energie Sie dem Alter und dem Bombenterror trotzen. Auch wir Berliner haben uns in den letzten Wochen etwas beruhigt. Wir haben wenigstens unsere Wohnungen wieder instand gesetzt, wobei ich mich besonders als Dachdecker betätigt habe. Und da wir wenigstens für die Außenfenster Scheiben bekommen haben, so sieht es schon wieder einigermaßen gemütlich bei uns aus. Auf den Straßen freilich ist es schlimm. Noch klaffen viele Trichter, sodaß nur der Ortskundige bei Dunkelheit gehen kann, und der Schutt liegt bergehoch, ein Symbol für die Schwierigkeiten, die wir noch überwinden müssen.

[...]

Sehr gespannt bin ich auf Ihr Buch über „Ursprung u. Entwicklung der französischen Revolution"[2]. Hoffentlich haben Sie keine Schwierigkeiten mit Verlag u. Druckerei. Ich habe wegen der Jahresberichte viel Ärger mit dem Verlag K. F. Koehler, von dem keine klare Antwort über den Umfang des Schadens zu bekommen ist. Zum geistigen Training habe ich die Arbeit an einer allgemeinen Verfassungsgeschichte wieder aufgenommen, die mich seit Jahren beschäftigt[3]. Es arbeitet sich aber etwas mühselig, wenn man immer nur einen Teil seines Materials zur Hand hat, während die Hauptsache im Keller ist.

Mit dem Semester will ich am Donnerstag anfangen. Im Seminar will ich die Gedanken u. Erinnerungen Bismarcks lesen. Ich bin gespannt, wie viele Exemplare ich auftreiben kann. Wir sind ja z. Zt. hier mit Büchern ganz aufs Trockene gesetzt, aber ich rechne darauf, daß einige Studenten das Werk privatim besitzen. Nach meinen Prüfungserfahrungen ist es nicht überflüssig, die Gedanken u. Erinn[erungen] einmal im Seminar zu behandeln. Die bloße Mahnung an die Studenten, sie zu lesen, wirkt nicht genug. Schon in den Zeiten, wo allein unser Seminar den Studenten 60 000 Bände vor Augen stellte, wurde zu wenig gelesen. Wie mag es jetzt werden, wo der Student wahrheitsgemäß sagen kann, er habe die Bücher nicht bekommen!

---
[1] Nicht überliefert.
[2] Nicht erschienen.
[3] Seit etwa Mitte der 1920er Jahre plante Hartung eine „Allgemeine Verfassungsgeschichte der Neuzeit", von der er im Laufe der Jahrzehnte auch große Teile fertigstellte; die Manuskripte befinden sich in seinem Nachlass. Das Buch sollte im Verlag Felix Meiner erscheinen, wurde jedoch, was vermutlich mit der Ungunst der Zwischen- und Nachkriegszeit sowie mit Hartungs schwankendem Gesundheitszustand zusammenhängt, niemals fertig gestellt. Aus einem im Nachlass Hartungs überlieferten Brief des Verlegers Felix Meiner an Hartung vom 17.7.1944 geht hervor, dass Hartung in einem ausführlichen Schreiben an Meiner vom 25.6.1944 um Auflösung des Verlagsvertrags bat; der Verleger entsprach diesem Wunsch (Nl. F. Hartung, K 59/6).

Mit herzlichen Grüßen auch an Ihre Damen!
Ihr
F. Hartung

Nr. 178
An Siegfried A. Kaehler   **Berlin, 7. Juni 1944**

NStUB Göttingen, Cod. Ms. S. A. Kaehler, 1, 59. – Hs. Original.

Lieber Kaehler!
[...]
Der plötzliche Tod von A. O. Meyer, der bei seinem Freunde v. Keudell[1] vom Pferde gestürzt ist, sich einige Rippen gebrochen hat u. dann wohl an Embolie gestorben ist, ist für uns hier ein schwerer Schlag[2]. Er hat sich zwar in den letzten Jahren sehr zurückgehalten, aber er war doch da und in allem solide u. zuverlässig. Es wird nicht leicht sein, ihn passend zu ersetzen.

Meine Frau und ich haben Pfingsten, während die Berliner im Luftschutzkeller saßen, drei ruhige Tage u. Nächte auf dem Lande bei unserer Tochter verlebt u. uns gründlich ausgeschlafen. Seitdem wir wieder hier sind, haben wir Ruhe gehabt. Und ich denke, während der nächsten Tage werden die Flieger im Westen genug zu tun haben. Dann wird es freilich wohl wieder losgehen, und zwar sowohl wenn die Invasion scheitert, was ich noch für keineswegs ausgemacht halte, wie wenn sie Erfolg haben sollte[3].

Von Kienast hörte ich, daß in München die ganzen Mss. für ein Heft HZ vernichtet worden sind. Ich habe den Eindruck, als ob die äußere Zerstörung unserer Bibliotheken nur symbolisch die Umwertung aller geistigen Werte andeute, die aus diesem Krieg erwachsen wird. Ich glaube nicht, daß die kommende Zeit noch Geisteswissenschaft in unserem Stil treiben wird u. sich über das Verhältnis von Wahl, Designation u. Geblütsrecht bei der Erhebung der deutschen Könige die Köpfe zerbrechen wird. Auch die kleinen Kämpfe, die sich z. Zt. in unserer Akademie abspielen, empfinde ich als durchaus zeitwidrig[4].

Was macht Ihre Gesundheit?
Herzliche Grüße von Haus zu Haus!
Ihr Hartung

---

[1] Walter von Keudell (1884–1973), Jurist und Politiker, Landrat in Königsberg/Neumark (1916–1920, 1941–1943), Reichstagsabgeordneter und Reichsinnenminister der DNVP (1927/28).
[2] Arnold Oskar Meyer starb am 3.6.1944 in einem Krankenhaus in Königsberg/Neumark an den Folgen seines Reitunfalls.
[3] Die Invasion der alliierten Truppen in der Normandie hatte einen Tag vorher (6. Juni 1944) begonnen.
[4] Im Juli 1944 wurde die Neuwahl eines Präsidenten der Preußischen Akademie der Wissenschaften (dessen Posten seit Theodor Vahlens Rücktritt im April 1943 vakant war) durch eine Anordnung des Ministers Bernhard Rust untersagt, da er nicht sicher sein konnte, dass der von ihm gewünschte Kandidat, der in der Akademie umstrittene Vizepräsident Hermann Grapow, auch gewählt würde; vgl. Fischer/Hohlfeld/Nötzoldt: Die Berliner Akademie in Republik und Diktatur, S. 563 f.

Nr. 179

An Richard Fester Berlin, 16. Juli 1944

BAK N 1107, Nr. 246. – Hs. Original.

Sehr verehrter, lieber Herr Geheimrat!

Mit Sorge denken wir Berliner, die wir den letzten Terrorangriff am 21. Juni gehabt haben u. seither nur durch kurze Störangriffe in der Nacht geweckt worden sind, an das Schicksal von München u. an seine Bewohner[1]. Ich möchte nur wünschen, daß Sie rechtzeitig nach Tutzing gekommen sind u. dort einigermaßen Ruhe haben. „Vorfeld" zu sein, ist manchmal gewiß unangenehm, etwa wenn man in der Nähe von Flakstellungen liegt. Aber besser als Angriffsziel ist es immer noch. Möge es München bald vergönnt sein, wieder in Ruhe gelassen zu werden. Viel Zerstörbares kann ja kaum noch dort sein. Hier in Berlin sieht es noch immer sehr unterschiedlich aus. Neben Gegenden, die wie Pompeii aussehen, gibt es, namentlich im Osten u. Südosten, noch immer fast unberührte Straßen. Sehr schlimm ist es beim letzten Angriff der Stadtmitte ergangen. Der Bahnhof Friedrichstraße ist völlig ausgebrannt, ebenso die Häuserblocks in seiner Nähe, Zentralhotel mit Wintergarten[2] u. viele andere Hotels. Die Universität hat keinen neuen Schaden erlitten, u. das Semester ist gegen alles Erwarten weniger turbulent verlaufen als der Winter.

A. O. Meyers Tod[3] ist eigentlich eine dumme Sache. Er war über Pfingsten zu seinem Freunde v. Keudell gefahren u. machte mit ihm am Morgen der geplanten Heimreise einen Ritt, den er mit einem Galopp beenden wollte. Dabei ist er vom Pferd gestürzt u. hat sich neben einigen Rippenbrüchen auch innere Verletzungen zugezogen, denen er nach zwei Tagen erlegen ist. Das Bewußtsein, sterben zu müssen, hat er offenbar nicht gehabt, denn er hat am Todestag noch an das Seminar wegen der Wiederaufnahme seiner Vorlesungen geschrieben. Daß ihm die Todesangst erspart geblieben ist, freut mich für ihn. Er machte sich auch ohne das schon schwere Sorgen um das Schicksal Deutschlands u. um die Zukunft seines Sohnes, der als Abiturient von 1937 seit Oktober 37 Soldat ist u. es zwar zu Frau u. Kind, aber sonst noch zu nichts gebracht hat. Frau Meyer lebt seit etwa 2 Jahren in Mittelfranken bei ihrem Schwiegersohn, da ihre Tochter im Wochenbett gestorben ist u. sie die Pflege des Kindes übernehmen mußte[4]. So hat A. O. in den letzten Jahren sehr einsam gelebt. Er war ja überhaupt eine verschlossene Natur; ich bin ihm menschlich niemals nahe

---

[1] Im Juli 1944 führte die US-amerikanische Luftwaffe insgesamt sieben schwere Bombenangriffe gegen München, die große Teile vor allem der historischen Innenstadt zerstörten; vgl. Friedrich: Der Brand, S. 332.
[2] Das kurz nach der Reichsgründung errichtete Berliner „Central-Hotel" und das ihm angeschlossene Varieté „Wintergarten" an der Friedrichstraße gehörten zu den Hauptattraktionen der Reichshauptstadt.
[3] Siehe oben, Brief Nr. 178.
[4] Siehe oben, Brief Nr. 162.

gekommen. Aber ich hatte doch immer Vertrauen zu der Zuverlässigkeit seines Wesens u. konnte mich auf ihn unbedingt verlassen.

Die Kriegslage macht mir erneut Sorge. Besonders betrübt mich in Erinnerung an meine eigenen Erlebnisse bei Wilna u. am Narotschsee[1] der starke Einbruch im Osten, der in Ostpreußen auch schon zu allerhand Fluchtplänen u. hier zu wilden Gerüchten Anlaß gibt. Anscheinend ist den Russen nach dem ersten raschen Vorstoß zunächst die Luft ausgegangen; in den letzten Wehrmachtsberichten sind keine nennenswerten Fortschritte mehr gemeldet. Aber erstaunlich ist es, daß sie überhaupt so weit vorstoßen konnten. Von der Absicht unserer Heeresleitung an der Invasionsfront habe ich keine rechte Vorstellung. Ich könnte mir denken, daß sie erst genügend Engländer u. Amerikaner herüberkommen läßt, um dann einen schweren Vernichtungsschlag zu führen. Aber das ist immer ein gefährliches Experiment, wie die Österreicher 1914 bei Iwangorod erfahren haben[2]. Und die Kaltstellung von Rundstedt[3] deutet, ebenso wie die Opfer in Cherbourg[4], daraufhin [sic], daß nicht alles nach Wunsch verläuft.

Unsere Akademie hat am Donnerstag Ferien gemacht, ohne die seit mehr als einem Jahr bestehende Vakanz im Präsidium durch eine Neuwahl beseitigt zu haben[5]. Ich kann dem ganzen Betrieb der Akademie keinen Geschmack abgewinnen. Bei den Vorträgen wird meist geschlafen, verstehen kann man sie in der Regel überhaupt nicht; und die wissenschaftlichen Unternehmungen leiden häufig daran, daß der Plan aus einer längst vergangenen Zeit stammt u. unserer Zeit nichts mehr rechtes zu sagen hat.

[...]

Meine Frau und ich wünschen Ihnen und Ihrer verehrten Gattin recht erholsame Wochen in Tutzing ohne anstrengende Kur, aber mit guter Verpflegung und ruhiger Luftlage. Recht herzliche Grüße von uns beiden, auch an Fräulein Marianne[6]!

Ihr getreuer
F. Hartung

---

[1] Siehe oben, Briefe Nr. 34 ff. – Im März 1916 versuchte die russische Armee in einem breit angelegten Gegenangriff, die Truppen der Mittelmächte zurückzudrängen; in der „Schlacht am Narotschsee" (seit 18.3.1916) wurde angesichts des besonders zähen deutschen Verteidigung jedoch kein russischer Durchbruch erreicht; vgl. Keegan: Der Erste Weltkrieg, S. 421 f.

[2] Ivangorod (deutsch: Demblin, polnisch: Deblin), Kleinstadt an der Weichsel im Bezirk Lublin. Im September/Oktober 1914 hatte die russische Militärführung ihre Truppen zurückgezogen, um die anschließend einrückenden deutschen und vor allem österreichischen Truppen mittels einer Zangenbewegung einschließen zu können; Teile der österreichischen Truppen wurden durch den russischen Gegenangriff eingeschlossen; vgl. Keegan: Der Erste Weltkrieg, S. 239 ff.

[3] Gerd von Rundstedt (1875–1953), deutscher Offizier, Generalfeldmarschall, Anfang Juli 1944 angesichts der Erfolge der Alliierten nach Beginn der Invasion in Nordfrankreich als Oberbefehlshaber West von Hitler abgelöst.

[4] Um die nordfranzösische Stadt Cherbourg wurde nach den ersten Erfolgen der alliierten Invasion besonders heftig gekämpft; die „Schlacht um Cherbourg" endete erst am 26./27.7.1944 mit der Kapitulation der deutschen Besatzung; vgl. Keegan: Der Zweite Weltkrieg, S. 573 f.

[5] Siehe oben, Brief Nr. 178.

[6] Tochter Richard Festers.

Nr. 180
An Richard Fester   Marienbad, 22. August 1944

BAK N 1107, Nr. 246. – Hs. Original.

Sehr verehrter, lieber Herr Geheimrat!

[...]

Meine Frau und ich sind nun drei Wochen hier. Von Marienbad merken wir nur dadurch etwas, daß wir die dortige Kurtaxe bezahlen. Unsere Alm liegt etwa 200 m oberhalb des Ortes mitten zwischen Wäldern u. Wiesen und wird noch recht gut geführt. Unsere Tageseinteilung ist sehr bequem. Morgens liegen wir auf der Liegewiese. Hier wird auch die Korrespondenz erledigt; mit den Unbequemlichkeiten der Liegewiese bitte ich die äußeren Mängel des Briefs zu entschuldigen. Nachmittags gehen wir in die Wälder u. sammeln Beeren u. Pilze, die wir als zusätzliche Nahrung ganz gut gebrauchen können. Für 2–3 Zigaretten kocht der Koch jede Menge von Pilzen.

Nach Marienbad gehen wir nur selten, wenn etwas besorgt werden muß. Von der Eleganz des ehemaligen Weltbades und den Zeiten Eduards VII.[1] merkt man nur sehr wenig. Einzelne Hotels sind wohl noch richtige Protzkästen aus der Zeit des kitschigsten Geschmacks; auch muß es einmal prächtige Geschäfte gegeben haben. Aber die Geschäfte sind geschlossen, u. die meisten Hotels sind beschlagnahmt entweder als Lazarette oder für die Stadt Berlin, die einen Teil ihrer Krankenhäuser hierher evakuiert hat. Das Publikum, das die Kurpromenaden bevölkert, ist demgemäß sehr einfach, viele Verwundete, viele Berliner Rekonvaleszenten aus den Kreisen des einfachen Mittelstandes, dazwischen wenige elegante Erscheinungen aus der Welt u. Halbwelt, die sich einst in Marienbad traf. Auch die Zahl derjenigen, die durch ihr Äußeres verraten, daß sie eine Entfettungskur nötig haben, ist gering.

Wir verzichten auf die Kur u. genießen das herrliche Wetter u. die gute Luft. Für uns Berliner ist es ja schon eine Erholung, daß wir [uns] nicht alle Stunde um die Luftlage zu kümmern brauchen und uns abends richtig ausziehen können, ohne mit Alarm rechnen zu müssen. Aus Berlin haben wir bisher gute Nachrichten; die letzten Angriffe haben unsere Wohnung nicht getroffen.

Sonst höre ich aus Berlin kaum etwas. Wie sich der verstärkte totale Krieg auf die Universitäten auswirken wird, ahne ich nicht. Viele Männer können wir kaum noch frei machen, Mädchen um so mehr. Aber da ist wohl die Schwierigkeit, sie zweckentsprechend unterzubringen. Eine Schülerin von mir, die sich Ende Juli in echtem Arbeitseifer beim Wehrkreiskommando Berlin meldete, wurde abgewiesen, da man schon jetzt nicht wisse, wie man die

---

[1] Eduard VII. (1841–1910), König von Großbritannien und Irland. Hartung spielt auf die Vorliebe des langjährigen britischen Kronprinzen für einen luxuriösen Lebensstil an. Sowohl als Kronprinz wie auch als König verbrachte Eduard VII. insgesamt neun Sommer in Marienbad (1897, 1899 und in den Jahren 1903–1909). Vgl. Christopher Hibbert: Edward VII – The Last Victorian King, New York, N.Y. 2007, S. 242–248.

Tausende von Stabs- u. Nachrichtenhelferinnen, die aus den geräumten Gebieten des Ostens zurückströmten, nützlich beschäftigen könne. Aus einem Gespräch mit einem Herrn aus der Industrie gewann ich den Eindruck, daß das eigentliche Problem weniger die Beschaffung der Menschen als vielmehr die des Materials sei.

Vom 20. Juli[1] habe ich in Berlin gar nichts bemerkt. Und was ich seither darüber erfahren habe, ist wenig u. eignet sich nicht zur schriftlichen Mitteilung. Von einem besonderen bayrischen Einschlag ist mir nichts bekannt geworden. Aber wer wird es wagen, sich auf Grund der amtlichen Berichte u. einzelner Mitteilungen, die selbst wenn sie gut beglaubigt sind, doch immer nur Bruchstücke geben, ein Bild von den Vorgängen u. vor allem von den Hintergründen zu zeichnen? Ein Historiker jedenfalls nicht.

Hier lebt man den Zeitereignissen sehr fern. Nur der Rundfunk am Abend hält die Verbindung einigermaßen aufrecht; die Zeitungen kommen sehr verspätet hier herauf, und ob man eine in Marienbad kaufen kann, ist immer sehr zweifelhaft. Mein Ferienbedarf an Aufregungen wird durch den täglichen Wehrmachtsbericht[2] mehr als gedeckt. Ich habe immer mehr die Sorge, daß unsere neuen Waffen zu spät kommen u. daß die zur Beschießung Englands durch V 1[3] u. folgende geeigneten Gebiete verloren gehen könnten. Auch die von der Marine gehegten Hoffnungen werden unerfüllbar, wenn wir die Stützpunkte für unsere Schiffe der Reihe nach verlieren.

So bleiben Sorgen, Fragen, Zweifel genug. Die Hauptsache ist, daß man sich durch sie nicht erdrücken läßt.

Mit vielen Grüßen u. Wünschen in alter Treue
Ihr F. Hartung

Nr. 181
An Richard Fester   Berlin, 17. September 1944

BAK N 1107, Nr. 246. – Hs. Orginal.

Hochverehrter und lieber Herr Geheimrat!

Es fällt in der heutigen Zeit nicht leicht, Festtage zu begehen; und so wird auch Ihr 84. Geburtstag[4] wohl still ohne Geburtstagstorte u. ohne eine Schar von Besuchern verlaufen. Aber gerade darum möchte ich nicht unterlassen,

---
[1] Tag des Attentats auf Adolf Hitler.
[2] Tägliche Radiomeldungen über die aktuelle Kriegslage aufgrund amtlicher Verlautbarungen des Oberkommandos der Wehrmacht.
[3] Abkürzung für „Vergeltungswaffe 1"; von deutschen Waffentechnikern entwickelter selbstfliegender Marschflugkörper, von dem zwischen Mitte 1944 und Anfang 1945 etwa 9000 Stück, vor allem in Richtung Großbritannien, abgeschossen wurden; vgl. Heinz Dieter Hölsken: Die V-Waffen. Entstehung – Propaganda – Kriegseinsatz, Stuttgart 1984, S. 126 ff. u. passim.
[4] 20. September 1944.

Nr. 181. An Richard Fester, 17. September 1944

Ihnen von Herzen den Wunsch auszusprechen, daß Sie mit den Ihrigen auch diese Zeit überstehen mögen und daß Sie u. wir alle noch einen leidlichen Ausgang des Krieges erleben.

Meine Frau u. ich sind erst vor wenigen Tagen aus Marienbad zurückgekommen, da wir dort über die bewilligten 4 noch 2 weitere Wochen haben bleiben dürfen. Unsere Reise verlief abenteuerlich. Wir hatten uns einen in Eger anfangenden Tages-D-Zug nach Berlin ausgesucht, der um 6 ½ abends ankommen sollte; das schien uns besser als der immer überfüllte, von Wien kommende Nachtzug. Aber wir kamen in der Gegend von Brambach in einen Alarm hinein. Es war ein majestätisches Bild, all die Bombengeschwader wunderbar wie zur Parade ausgerichtet in der Sonne blinken u. dahin fliegen zu sehen. Als dann auch Tiefflieger kamen, wurde es freilich ungemütlich, zumal da überhaupt keine deutsche Abwehr zu spüren war. Unser Zug hatte Glück u. kam ohne Angriff weg; aber bei Adorf fuhren wir an einem Güterzug mit Kriegsmaterial vorbei, der beschossen worden war, Lokführer u. Heizer verwundet, die Lokomotive zerschossen. Da Plauen Mittelpunkt des Angriffs gewesen u. gerade am Bahnhof schwer getroffen war, wurde unser Zug umgeleitet. So kamen wir mit 4 Stunden Verspätung nach Reichenbach i.V., erlebten dort einen zweiten, aber harmlosen Alarm, wurden vor Leipzig noch einmal umgeleitet u. kamen nach 6 Stunden Verspätung in Leipzig an. Hier mußten wir unsern D-Zug verlassen u. auf einen andern Zug umsteigen. Da es seit Mittag der erste Zug war, der von Leipzig, das ebenfalls einen schweren Angriff hinter sich hatte, nach Berlin fuhr, war der Andrang entsprechend groß. Immerhin bekamen wir Sitzplätze u. rechneten uns aus, daß wir gerade noch zum letzten Zug nach Wannsee in Berlin zurecht kommen würden. Diese Rechnung wurde hinfällig durch einen nächtlichen Angriff auf Berlin, der unsern Zug zwang, eine halbe Stunde unterwegs still zu liegen. Mit 8 Stunden Verspätung landeten wir schließlich unbeschädigt in Berlin, warteten 2 Stunden auf den ersten Vorortzug u. kamen um ½ 6 Uhr früh in unserer Wohnung an, wo in der Nacht wieder einmal ein Fenster kaputt gegangen war. Vorgestern Nacht ist ihm ein weiteres gefolgt.

Das alles ließe sich ertragen, wenn die allgemeinen Aussichten rosiger wären. Kommen die neuen Waffen überhaupt noch, kommen sie noch zur rechten Zeit, werden sie die erhoffte Wirkung haben? Die Ergebnisse von V 1 stimmen skeptisch. Hält die Stimmung stand? An eine offene Erhebung, an einen zweiten 9. November glaube ich nicht; auch an eine Wiederholung des Versuchs vom 20. Juli ist meiner Ansicht nach nicht zu denken[1]. Aber ich fürchte eine allgemeine Ermüdung, die sich auf die Produktion der Fabriken nachteilig auswirken könnte.

Was aus mir wird, weiß ich noch nicht. Überhaupt ist der Einsatz von Studenten u. Professoren noch reichlich ungeklärt. Für den verbleibenden Restbestand der Studenten sind selbst hier in Berlin nicht 7 beamtete Professo-

---

[1] Anspielung auf die Abdankung Kaiser Wilhelms II. und den Übergang zur Republik am 9.11.1918 sowie auf das gescheiterte Attentat auf Adolf Hitler am 20.7.1944.

ren für mittl. u. neuere Geschichte erforderlich. Einstweilen läuft alles so weiter wie bisher, unsere Bibliothekarin ist noch hier, als gäbe es noch eine Seminarbibliothek zu verwalten, unsere Assistentinnen tun so, als wären noch Studenten zu beraten u. für Professoren Anfragen zu erledigen. Es macht alles einen etwas gespenstischen Eindruck, vor allem wenn wir uns über die Nachfolge von A. O. Meyer den Kopf zerbrechen, während im Westen selbst die alte Reichsgrenze schon überschritten[1] ist u. im Osten der Feind ebenfalls hart an der Grenze steht.

[...]

Nochmals viele gute Wünsche, auch von meiner Frau, und herzliche Grüße!

In alter Verehrung
Ihr F. Hartung

Nr. 182
An Siegfried A. Kaehler   Berlin, 4. Februar 1945

NStUB Göttingen, Cod. Ms. S. A. Kaehler, 1, 59. – Hs. Original.

Lieber Kaehler!

Zwar sieht es so aus, als ob wir Berliner noch eine Galgenfrist bekommen, denn die Russen bleiben zunächst an der Oder u. wenden sich Pommern zu, wo sie heute Pyritz, die Geburtsstadt von Hintze[2], erreicht haben. Aber es empfiehlt sich wohl doch, mit der Beantwortung Ihres freundlichen Geburtstagsbriefes[3] nicht zu lange zu warten. Ich habe in merkwürdiger Harmonie mit Ihnen den Tag im Bett verlebt wegen einer Erkältung, die ich jetzt ziemlich überwunden habe. Als störend habe ich dabei besonders die Alarme empfunden, dreimal bei Tag u. bei Nacht aus dem Bett ist unerfreulich. Hoffentlich sind Sie inzwischen aus dem Krankenhaus entlassen worden oder wenigstens auf dem Wege zur Besserung.

Ihre Wohnung muß ja riesengroß sein, wenn Sie so viele Personen aufnehmen können[4]. Heimpel[5] bitte ich von mir zu grüßen. Wir waren vor Jahren einmal kurze Zeit in Meran zusammen. Bei uns war das Haus, u. damit der

---

[1] Das VII. US-Corps hatte am 12. September 1944 bei Aachen die deutsche Grenze überschritten und am 14. September den Ort Kornelimünster südlich von Aachen eingenommen. Die Stadt Aachen sollte am 21. Oktober von den Amerikanern eingenommen werden.
[2] Otto Hintze wurde am 27.8.1861 in Pyritz geboren.
[3] Nicht überliefert.
[4] Siegfried A. Kaehler hatte seit Ende 1944 in sein Göttinger Haus am Hainholzweg 62 mehrere aus dem Osten geflüchtete Familienangehörige und außerdem seinen aus Straßburg geflohenen Kollegen Hermann Heimpel aufgenommen; vgl. Siegfried A. Kaehler: Briefe 1900–1963, hrsg. v. Walter Bußmann/Günther Grünthal, Boppard a. Rh. 1993, S. 284ff.
[5] Hermann Heimpel (1901–1988), Historiker, o. Professor an den Universitäten Freiburg i. Br. (1931–1934), Leipzig (1934–1941), Straßburg (1941–1944) und Göttingen (1946–1965), 1956 Gründungsdirektor des Max-Planck-Instituts für Geschichte.

Nr. 182. An Siegfried A. Kaehler, 4. Februar 1945

Luftschutzraum, auch tagelang überfüllt, da nicht weniger als 10 Flüchtlinge aus Schlesien u. Landsberg a. W., alles Kinder u. Enkel unserer Hausbesitzerin, hierher gekommen waren. Nur 3 sind jetzt noch im Haus, die andern sind teils anderswo untergekommen, teils weitergereist. Die meisten Flüchtlinge aus dem Osten, die bisher vom Kriege kaum etwas gemerkt hatten, wollen nämlich sofort weiter, sobald sie auf einem der zerstörten Bahnhöfe ankommen. Der gestrige Angriff, bei dem etwa 900–1000 Bomber die Innenstadt ziemlich erledigt haben, wird diese Neigung nur verstärkt haben. Wie weit die Bahn die Aufgabe bewältigen kann, ist eine andere Frage. Und wohin die unglücklichen Flüchtlinge sollen, das weiß wohl kein Mensch. [...]

Von den Flüchtlingserlebnissen werden Schauerdinge erzählt. Vieles ist handgreiflich übertrieben u. knüpft an die Kindermordgeschichten aus dem 1. Weltkrieg[1] an. Aber was unsere Flüchtlinge im Haus erzählt u. was ich selbst in den Bahnhöfen gesehen habe, genügt mir. Meine Frau u. ich wollen deshalb – u. das ist die Stimmung fast aller älteren Leute – hier bleiben. Aber vielleicht werden wir eines Tages kurzer Hand zwangsevakuiert. Wir haben schon entsprechend gepackt. Aber ich muß offen sagen, daß der Gedanke, für den Rest meiner Tage omnia mea mecum portare[2] u. aus einem Handkoffer u. einem Rucksack zu leben, mir wenig verlockend erscheint.

Vielleicht werden wir auch schon vorher aus der Luft erledigt. Der gestrige Angriff war ein durchaus passender Auftakt dazu. Da die Flugzeuge von Potsdam aus einflogen, haben wir sie aus erster Hand genossen, über eine Stunde lang ein unaufhörliches Brausen. Bomben sind aber bei uns nicht gefallen. Dafür um so mehr und um so schwerere in der Innenstadt, Dom, Schloß, Staatsoper (1942 völlig neu u. sehr üppig aufgebaut, nachdem sie schon einmal ausgebrannt war), Reichsbank usw. alles ausgebrannt[3]. Auch die Reste der Universität haben gebrannt, und ich nehme an, daß das Semester damit zu Ende sein wird.

Bis dahin war es eigentlich ganz befriedigend gegangen. Wir hatten überwiegend ältere Semester, aber da es keine Bücher mehr gibt, waren sie besonders eifrig in den Vorlesungen u. im Seminar, wo ich über 40 Teilnehmer hatte. Das letzte Seminarreferat – ich behandle die preuß. Reform – war dem preußischen Landsturm von 1813 gewidmet. Man merkte es ihm an, wie schwer es dem heutigen Studenten wird, Ergebnisse festzustellen, die der herrschenden Auffassung widersprechen. Aber bei halbwegs gewissenhafter Arbeit stellt sich eben heraus, daß der Landsturm 1813 nur auf dem Papier – u. auch da nur zeitweise – gestanden hat[4], daß an der Schlacht von Leipzig keine Landsturm-

---

[1] Anspielung auf die westliche Kriegspropaganda im Ersten Weltkrieg und die von der alliierten Presse fingierten Gräuelmeldungen über angeblich von deutschen Soldaten verstümmelte und ermordete belgische Kinder; vgl. Klaus-Jürgen Bremm: Propaganda im Ersten Weltkrieg, Darmstadt 2013, S. 41 ff.

[2] Lat. „meine ganze Habe mit mir zu tragen".

[3] Im Februar und März 1945 wurde die Reichshauptstadt, vor allem im Zentrum, fast pausenlos bombardiert und zu großen Teilen zerstört; vgl. Engeli/Ribbe: Berlin in der NS-Zeit, S. 1014.

[4] Das von der preußischen Regierung zu Beginn der Befreiungskriege im April 1813 erlassene „Landsturmedikt" wurde bereits wenige Wochen später wieder aufgehoben, da man

bataillone, wohl aber Russen mitgekämpft haben u. daß ein Hauptmitarbeiter am Landsturmedikt der Jude Bartholdy[1] gewesen ist. Nach meinen hiesigen Eindrücken steht es mit dem Volkssturm nicht anders; die meisten Bekannten, die sich pflichtgemäß zum Volkssturm gemeldet haben, haben seither nichts von ihm gehört.

Wenn Sie Onckens sehen, dann grüßen Sie sie, bitte, von mir. Frau Oncken hat eine gute Nase gehabt, daß sie rechtzeitig Breslau verlassen hat. Von seinem ritterlichen Schüler in Freiburg weiß ich nichts Genaues[2], deshalb auch nicht, ob er den Fliegerangriff dort erlebt hat. Die Altstadt scheint ziemlich erledigt zu sein, während die Wiehre noch einigermaßen erhalten sein soll[3].

Das „Rätsel" der Bismarckauswahl ist mir ebenso unbekannt wie diese[4]. Wir bekommen hier kaum noch neue Bücher zu sehen. Und unsere alte Seminarbibliothek haben wir im Dezember 43 mit viel Mühe – ich habe mehrere Tage bei Wind u. Wetter auf unserm Spreekahn gestanden – in den Oderbruch gebracht, wo sie jetzt wohl von den Russen beschossen wird.

Wer nicht vor 1914 gelebt hat, der weiß nicht, was Leben heißt. Das habe ich seit 1920 oft gesagt. Und ich empfinde es heute besonders stark, vielleicht auch als Belastung mit Idealen u. Ansprüchen, die man nicht aufgeben mag, aber doch vor allem als inneren Reichtum, von dem wir vielleicht eines Tages noch zehren können. Der erste Weltkrieg hat meine Freunde aus Studenten- u. erster Dozentenzeit alle hinweggerafft. Um so lebhafter halte ich die Erinnerung an die Nachkriegszeit in Halle fest, die uns beide verknüpft hat. Ich gebe auch die Hoffnung nicht auf, daß wir uns noch einmal gemeinsam dieser Zeit freuen können.

Daß Fester gestorben ist[5], haben Sie vielleicht auf dem Umweg über Fr. Hasenclever[6] schon gehört. Wissen Sie etwas von H. Aubin[7]?

---

an dessen Umsetzbarkeit zweifelte; vgl. Hans-Christof Kraus: Freiheitskriege als heilige Kriege. 1792–1815, in: Heilige Kriege. Religiöse Begründungen militärischer Gewaltanwendung: Judentum, Christentum und Islam im Vergleich, hrsg. v. Klaus Schreiner unter Mitarbeit von Elisabeth Müller-Luckner, München 2008, S. 193–218, hier S. 214f.

[1] Salomon Bartholdy (1779–1825), preußischer Staatsbeamter und Diplomat, 1813–1814 enger Mitarbeiter Hardenbergs; die These, Bartholdy sei Verfasser des Landsturmedikts gewesen, findet sich bereits bei Heinrich von Treitschke: Deutsche Geschichte im neunzehnten Jahrhundert, Bd. 1 [zuerst 1879], Leipzig 1927, S. 429.

[2] Hartung wusste nicht, dass Gerhard Ritter am 2.11.1944 wegen seiner Verbindungen zu Carl Friedrich Goerdeler (1884–1945) von der Gestapo verhaftet und inhaftiert worden war; seit Mitte Januar 1945 befand er sich in einem Berliner Gefängnis; vgl. Cornelißen: Gerhard Ritter, S. 362f.

[3] Freiburg i. Br. war Ende November 1944 schwer bombardiert und stark zerstört worden; vgl. Friedrich: Der Brand, S. 309ff.

[4] Es könnte sich hierbei um eine – von Kaehler in seinem nicht erhaltenen Brief an Hartung vermutlich erwähnte – Propagandaschrift des in der Sowjetunion tätigen „Nationalkomitees Freies Deutschland" handeln, die 1944/45 mit dem Tarnumschlag eines Reclamheftes und dem Titel: „Bismarck. Im Kampf um das Reich" verbreitet wurde.

[5] Richard Fester war am 5.1.1945 in Garmisch-Partenkirchen gestorben.

[6] Luise Hasenclever, geb. Jobst, Witwe von Hartungs Freund und Kollegen Adolf Hasenclever.

[7] Siehe unten, Brief Nr. 183.

A. O. Meyers Nachfolge ruht beim Ministerium. Es hat auch keinen Zweck, jemand zu berufen, denn z. Zt. kommt doch niemand nach Berlin. Von seinem Bismarck[1] weiß ich ebenso wenig wie von meinem Nachruf auf A. O. Meyer, der in der Zeitschrift für Geschichte Schleswig-Holsteins erscheinen soll[2].

Herzliche Grüße, auch an Ihre Frau, auch im Namen meiner Frau
Ihr Hartung

Nr. 183
An Siegfried A. Kaehler   Berlin, 25. Februar 1945

NStUB Göttingen, Cod. Ms. S. A. Kaehler, 1, 59. – Hs. Original (Postkarte).

Lieber Kaehler!

Zunächst möchte ich Ihnen einen Gruß von H. Aubin ausrichten, den ich gestern im Krankenhaus der SS, Bln.-Lichterfelde, Unter den Eichen, Abt. II c besucht habe. Er hat einen anscheinend unkomplizierten Schuß durch den rechten Oberarm, kann natürlich nicht schreiben, ist sonst aber frisch u. lebendig u. wird für Briefe sehr empfänglich sein. Er ist mit Flugzeug noch aus Breslau herausgekommen, vielleicht die beste Lösung, die es für ihn geben konnte[3].

Sonst hat sich unsere Lage nicht geändert. Die Berliner haben sich an die Nähe der Front gewöhnt. Die Luftangriffe haben wir lebend überstanden, am Mittwoch freilich wieder allerhand Schaden in der Wohnung, sodaß ich mich auch wieder als Dachdecker betätigen konnte. In den alarmfreien Abendstunden wird häufig das Licht gesperrt, sodaß die Arbeitsleistung des Gelehrten erheblich herabgesetzt ist. Freilich empfinde ich die seelische Spannung als stärkere Störung; ich kann mich einfach nicht auf den Staat des 16. Jahrh. konzentrieren. Selbst Habilitationen u. dergl. akademische Angelegenheiten, die ich sonst gewissenhaft zu betreiben bemüht war, kommen mir sehr unzeitgemäß vor. Unsere Akademie erscheint mir sogar gespensterhaft. Vorlesungen habe ich nach dem 3. Februar nicht wieder aufgenommen, da ich nicht in einem ungeheizten Hörsaal ohne Fenster lesen kann. Der Luftschutzkeller als

---

[1] Zum Schicksal von Arnold Oskar Meyers Bismarck-Biographie siehe oben, Brief Nr. 174.
[2] Fritz Hartung: Arnold Oskar Meyer †, in: Zeitschrift der Gesellschaft für Schleswig-Holsteinische Geschichte 72 (1944), S. XI–XVIII.
[3] Hermann Aubin hatte sich dem Dienst im Volkssturm bewusst nicht entzogen und war, nachdem er Frau und Tochter nach Freiburg i. Br. in Sicherheit gebracht hatte, um die Jahreswende 1944/45 nach Breslau zurückgekehrt, um dort „das eigene Ende vor Augen", gegen die anrückende Rote Armee zu kämpfen. Unter das eigene Leben hatte er nach eigenem Bekunden bereits „einen festen Strich" gezogen (so in einem Brief an Herbert Grundmann vom 14.12.1944). Durch eine Verwundung am rechten Arm am 17.2.1945 kriegsuntauglich geworden, wurde er mit einem Flugzeug aus der inzwischen eingeschlossenen „Festung Breslau" nach Berlin ausgeflogen; vgl. Eduard Mühle: Für Volk und deutschen Osten. Der Historiker Hermann Aubin und die deutsche Ostforschung, Düsseldorf 2005, S. 121–126 (die Zitate S. 123, 125).

Ersatzhörsaal paßt mir auch nicht, denn er ist ebenfalls kalt u. noch dazu ganz dunkel, wenn wie jetzt meist in den Vormittagsstunden das Licht gesperrt wird.

Möge es Ihnen noch gut gehen, vor allem gesundheitlich. Viele Grüße auch an Ihre Frau!

Ihr Hartung

Nr. 184
An Siegfried A. Kaehler   Berlin, 16. November 1945

NStUB Göttingen, Cod. Ms. S. A. Kaehler, 1, 59. – Hs. Original.

Lieber Kaehler!

Gerade hatte ich einen Brief an Frau Hasenclever in den Briefkasten gesteckt, als Ihr Brief ankam[1]. Ich freue mich sehr, daß Sie gut davon gekommen sind. In Anbetracht der Tatsache, daß Berlin über 8 Tage sich verteidigt hat, ist es uns sehr gut gegangen. Wir waren niemals in der eigentlichen Kampfzone, abgesehen von den Bomben- u. Tieffliegern. Zwar war auch hier (Schlachtensee) der Volkssturm aufgeboten, u. am Bahnhof standen einige Geschütze. Aber als die Russen kamen, löste sich der Volkssturm auf u. nach kurzer Schießerei am Nachmittag des 24. u. am frühen Morgen des 25. April waren die Russen hier durch u. zogen gen Zehlendorf, wo es etwas schlimmer war. Dagegen hat Dahlem u. meine alte Gegend am Fehrbelliner Platz sehr gelitten[2]. Mit den russischen Soldaten haben wir Glück gehabt; wir sind nicht geplündert worden. Dagegen ist die Wohnung unserer Tochter von Russen u. Amerikanern beehrt u. gänzlich ausgeräumt worden. Was wir von unserer Wohnung dereinst wiedersehen werden, ahnen wir nicht. Einstweilen sieht es dort noch ganz gut aus, denn unsere Räume werden von der Keeperin des Hauses u. ihrer Mutter bewohnt u. deshalb etwas bewacht. Ich gehe jede Woche etwa 2mal in mein Arbeitszimmer, um meine Bücher zu benutzen. Das ist eine besondere Vergünstigung, die ich einem Schüler[3] verdanke.

Auch die Kollegen haben den Krieg im allgemeinen ohne leiblichen Schaden überstanden. Wer allerdings seine Bücher im Osten sicher zu stellen versucht hat, ist reingefallen. Baethgen u. Rörig sehe ich regelmäßig bei den Sitzungen der Akademie und den Besprechungen der Fakultät. Schüßler nimmt daran nicht teil; er gilt als politisch belastet durch seine unklare Stellung zum angeblichen Testament Peters u. s. w., die nach seinen Angaben freilich nicht

---

[1] Der (aus zwei Karten bestehende) undatierte Brief Kaehlers an Hartung (wohl Oktober/November 1945) befindet sich in: Nl. F. Hartung, K 33/1.
[2] Hartung hatte in den ersten Jahren seiner Berliner Professur ab 1924 in der Konstanzer Straße in der Nähe des Fehrbelliner Platzes gewohnt.
[3] David Glen White, als Leutnant Angehöriger der amerikanischen Besatzungstruppen in Berlin, stellte Hartung eine entsprechende, auf den 22.10.1945 datierte Bescheinigung aus („To whom it may concern"); erhalten in: Nl. F. Hartung, K 32/2.

auf ihn, sondern auf das Propagandaministerium zurückzuführen ist[1]. Gesehen habe ich ihn noch nicht, da mit Potsdam noch keine Verbindung besteht. Telefon gibt es auch innerhalb Berlins noch nicht. Es soll ihm gesundheitlich nicht gut gehen. Immerhin ist er noch nicht entlassen, sondern zur weiteren Prüfung der Sache zurückgestellt. Dagegen ist Elze als Pg, der noch dazu ohne Rücksicht auf die Fakultät ernannt worden ist, entlassen worden, ebenso Pinder[2]. Die Rechtmäßigkeit dieser Entlassungen wird von Juristen bestritten. Aber was heißt das, wo es z. Zt. überhaupt kein Recht gibt. Ich meine damit nicht nur die Bodenreform[3], sondern auch das Beamtenrecht, das einfach aufgehört hat. Es gibt. z. Zt. nur Angestellte, Pensionen werden nicht gezahlt. Das hat die Folge, daß die ältesten Männer, auch der fast taube R. Holtzmann, sich wieder aktiv gemeldet haben.

Von den andern Universitäten wissen wir noch sehr wenig. Frauendienst ist in Halle von den Russen verhaftet worden, vermutlich wegen seiner Stellung im Ausw[ärtigen] Amt; aber auch Maschke-Leipzig hat dieses Schicksal getroffen[4]. In Rostock soll Luckwaldt als mittelalterl. Historiker untergekommen sein[5]. Th. Mayer haben die Amerikaner verhaftet.

Obwohl wir seit Ende Mai viel Eifer u. Fleiß an den Tag legen, ist es uns noch nicht gelungen, den „Befehl" zur Eröffnung der Univ. zu erreichen. Erst soll wohl alles nach russischem Stil organisiert sein. Es werden Lehrpläne für 8–10 Semester eingefordert, ferner Inhaltsangaben der geplanten Vorlesungen mit genauer Angabe der Kapiteleinteilung u. der vorgesehenen Stundenzahl für jedes Kapitel. Ob wir Historiker überhaupt schon im ersten Semester lesen

---

[1] Das angebliche „Testament Peters des Großen", eine um 1800 entstandene antirussische Propagandafälschung, die angebliche Pläne für die Etablierung einer russischen Herrschaft über Europa zu enthüllen beanspruchte, wurde 1943 von Wilhelm Schüßler in einer von ihm verfassten antirussischen Propagandaschrift zwar als „Fälschung" bezeichnet, aber dennoch erneut abgedruckt, weil diesem „Testament" nach seiner Behauptung insofern ein „völkerpsychologische[r] Wert" zukomme, „als es den russischen Macht- und Eroberungswillen schon im 18. Jahrhundert erkannt" habe, so Wilhelm Schüßler: Rußland, Reich und Europa, Münster 1943, S. 22 (der Neuabdruck des „Testaments" ebenda, S. 22–26). – Zur Genese und Bedeutung dieser Fälschung vgl. Erwin Oberländer: Zur Wirkungsgeschichte historischer Fälschungen. Das „Testament" Peters des Großen, in: Jahrbücher für Geschichte Osteuropas N. F. 21 (1971), S. 46–60.

[2] Wilhelm Pinder (1878–1947), Kunsthistoriker, o. Professor an der Technischen Hochschule Darmstadt (1911–1916) und an den Universitäten Breslau (1916–1918, 1919–1920), Straßburg (1918–1919), Leipzig (1920–1927), München (1927–1935) und Berlin (1935–1945).

[3] Als „Bodenreform" wurde die entschädigungslose Enteignung der Inhaber von Grundbesitz im Umfang von mehr als 100 Hektar Land 1945/46 in der sowjetischen Besatzungszone Deutschlands bezeichnet; vgl. Arnd Bauerkämper (Hrsg.): Junkerland in Bauernhand? Durchführung, Auswirkungen und Stellenwert der Bodenreform in der Sowjetischen Besatzungszone, Stuttgart 1996.

[4] Erich Maschke (1900–1982), Historiker, a. o. Professor an der Universität Königsberg (1935–1937), o. Professor an den Universitäten Jena (1937–1942), Leipzig (1942–1945) und Heidelberg (1956–1968); Maschke kehrte erst 1953 aus sowjetischer Gefangenschaft zurück; vgl. Barbara Schneider: Erich Maschke. Im Beziehungsgeflecht von Politik und Geschichtswissenschaft, Göttingen 2016, S. 189–215.

[5] Siehe unten, Brief Nr. 193.

werden, steht auch noch nicht fest. Dagegen haben auch die Amerikaner Bedenken, als deren Repräsentant neulich Veit Valentin mich aufgesucht hat. Ich würde es in mancher Beziehung begrüßen, wenn wir noch nicht Vorlesungen zu halten brauchten. Denn erst muß man sich doch darüber klar werden, ob wir noch eine Zukunft haben, bevor man den Sinn der deutschen Geschichte neu zu deuten unternehmen kann. Darüber ließe sich auf Grund dessen, was wir hier erleben, viel sagen; aber zum Schreiben ist es zu weitläufig. Jedenfalls steht mein Sinn augenblicklich nicht nach einer Vorlesung über 1919–1939[1].

Besser als die Universität ist die Akademie in Gang gekommen. Da sie keine Lehrtätigkeit ausübt, war es für sie leichter. Aber kürzlich wurde ihr der gesamte Etat gestrichen; ich nehme an daß die Abneigung gegen alles Preußische dabei entscheidend mitgewirkt hat. Die Streichung geht von der interalliierten Kommandantur, nicht vom Magistrat aus. Ob es dabei bleiben wird, ahnen wir noch nicht. Aber man wird, wenn man uns am Leben läßt, uns wohl auch unter Kontrolle nehmen. An den Abschluß der Pol. Corr. Friedrichs d. Gr. werden wir zunächst schwerlich denken dürfen[2].

Meine Hauptsorge ist, daß der Rest von Ostdeutschland, der uns noch verblieben ist, geistig vom Westen ganz abgesperrt werden wird. 1648 hat sich Österreich freiwillig vom deutschen Geistesleben abgesondert. Uns wird das gleiche Schicksal vielleicht zwangsweise auferlegt werden. Dabei ist es ganz klar, daß bei halbwegs demokratisch freien Wahlen der Kommunismus auch in Berlin keine Mehrheit erlangen wird, von Wahlen unter der Studentenschaft ganz zu schweigen.

Meine Frau hat es bisher verstanden, uns so weit zu ernähren, daß wir von Krankheiten verschont geblieben sind. Es geht jetzt auch einigermaßen regelmäßig mit den Lieferungen; Juni und Juli waren schlimm.

Haben Sie Dank für Ihren Brief, grüßen Sie die Bekannten u. seien Sie selbst samt Ihrer Gattin herzlich gegrüßt von
      Ihrem alten Hartung.

Meine Frau läßt vielmals grüßen!

---

[1] Kaehler kündigt in seinem Brief an Hartung (Oktober/November 1945) eine öffentliche Vorlesung über dieses Thema an: „Ich halte ein Publikum von 1919–1939, aufgrund der eigenen Lebenserfahrung u. der verschiedenen Farbbücher für Sommer 39, in deren Besitz ich im Lauf des Krieges gelangte. Es handelt sich um den Schlussakt der rätselhaften deutschen Geschichte seit 1815, deren Rätsel wir ungelöst ins Grab mitnehmen müssen". Die Vorlesungseinleitung veröffentlichte Siegfried A. Kaehler schon 1945: Vom dunklen Rätsel deutscher Geschichte. Eröffnungsstunde der Göttinger Vorlesung „Das Zeitalter des Imperialismus", gehalten am 18. September 1945, in: Die Sammlung 1 (1945), S. 140–153, erneut in: derselbe: Studien zur deutschen Geschichte des 19. und 20. Jahrhunderts. Aufsätze und Vorträge, hrsg. v. Walter Bußmann, Göttingen 1961, S. 363–375.

[2] Die bis 1938 von Gustav Berthold Volz edierte, bis zum Band 46 (1782) gediehene „Politische Correspondenz Friedrich des Großen" wurde zu Hartungs Lebzeiten nicht weitergeführt, sondern erst Jahrzehnte später wieder aufgenommen; die Bde. 47 und 48 erschienen 2003 und 2015.

Nr. 185
An Heinrich Otto Meisner   Berlin, 27. Dezember 1945

BBAdW-Archiv, Nl. H. O. Meisner, Nr. 104. – Hs. Original.

Verehrter Herr Meisner!

Erst vor wenigen Tagen hörte ich durch eine Studentin, die jetzt in einem Zehlendorfer Krankenhaus arbeitet, daß Sie das Kriegsende überstanden haben u. sogar um die Rettung der Reste des Reichsarchivs bemüht sind[1]. Und nun ist auch Ihr freundlicher Brief[2] gekommen, für den ich Ihnen herzlich danke und dessen Wünsche ich zugleich im Namen meiner Frau aufrichtig erwidere. Sie haben Recht, daß wir viel mit einander zu bereden hätten, wenn die Zeiten so wären, daß man sich besuchen könnte.

Uns ist es verhältnismäßig gut ergangen. Wir sind ungeplündert durch die Eroberung gekommen. Erst im August ist das Haus, in dem wir wohnten, von den Amerikanern beschlagnahmt worden. Seither hausen wir im Nebenhaus, das bombengeschädigt ist u. deshalb der Beschlagnahme entgangen ist. Immerhin haben wir 2 Zimmer, u. es regnet nur ins Badezimmer. Ich darf sogar meine Bücher benutzen.

Aus Halle habe ich gehört, daß Frauendienst von den Russen verhaftet worden ist. In Göttingen soll geradezu friedensmäßiger Betrieb sein; Kaehler liest, wie er mir schreibt, deutsche Geschichte 1919/39[3]. Wir Berliner sind noch bei der Planung, füllen Fragebogen aus u. entwerfen Lehrpläne. Es sieht aber nicht so aus, als ob wir schon bald beginnen würden. Immerhin wird die Universität u. nicht das Schloß Köpenick hergerichtet.

Mit den besten Wünschen für 1946 für Sie u. Ihre Gattin[4]
Ihr F. Hartung

---

[1] Heinrich Otto Meisner hatte bereits im Juli 1945 die Leitung des Reichsarchivs in Potsdam übernommen und mit ersten Arbeiten für dessen Neuaufbau und Reorganisation begonnen; vgl. Jürgen Kloosterhuis: Staatsarchiv ohne Staat. Das GStA in den ersten Nachkriegsjahren, 1945 bis 1947. Eine archivgeschichtliche Dokumentation, in: Sven Kriese (Hrsg.): Archivarbeit im und für den Nationalsozialismus. Die preußischen Staatsarchive vor und nach dem Machtwechsel von 1933, Berlin 2015, S. 479–599, hier S. 502f.
[2] Nicht überliefert.
[3] Siehe oben, Brief Nr. 184.
[4] Margarethe Meisner, geb. Wohlgemuth (1898–?).

Nr. 186

An Siegfried A. Kaehler   Berlin, 25. Januar 1946

    NStUB Göttingen, Cod. Ms. S. A. Kaehler, 1, 59. –
    Masch. Original (mit hs. Zusätzen).

Lieber Kaehler!

[...] Es freut mich sehr, dass Sie die Attacke überwunden haben u. an die Heimfahrt denken können. Aber ich muss Sie doch in aller Freundschaft ermahnen, sich etwas mehr Zurückhaltung aufzuerlegen u. keine Vortragsreisen mehr zu machen, bevor sich die Verhältnisse so gestaltet haben, dass das Reisen keine Strapaze mehr ist[1]. Ich habe schon so viele meiner Freunde, die mir einst besorgte Krankenbesuche gemacht haben, überlebt, dass ich unbedingt Wert darauf lege, einige noch weiterhin zu behalten; ich muss es unbedingt ablehnen, Nachrufe auf jüngere Freunde zu halten. Aber auch von meiner Person abgesehen muss ich Ihnen nahe legen, sich zu schonen u. für den Versuch eines Wiederaufbaus des deutschen Geisteslebens möglichst lange zu erhalten. Gerade in Göttingen scheinen dafür einige Möglichkeiten zu bestehen, also bleiben Sie dort u. verzichten Sie auf die Rolle des Wanderredners. Die Pflege der Gattin läßt sich heute nirgends ersetzen.

    Aeusserlich geht unser Leben hier ganz friedlich. Wir haben zu essen – Gelehrte bekommen hier die Ration der Schwerarbeiter –, wir haben einen Kachelofen, für den ich als Schwerkriegsbeschädigter bereits 1 Zentner Briketts bekommen habe u. für den wir im Sommer u. Herbst eifrig Holz gesammelt haben. Dass man uns kürzlich einen Teppich unter den Füssen weggenommen hat, um ihn den Amerikanern auszuliefern – er gehört nicht uns, sondern unserm evakuierten Hauswirt –, hat uns weniger erschüttert, als dass aus unserer alten Wohnung schon allerhand Gegenstände abhanden gekommen sind. Aber man gewöhnt sich ja an alles, auch an das möblierte Zimmer, auf das ich nun am Ende meiner Gelehrtenlaufbahn wieder zurückgekommen bin, nachdem ich als Privatdozent bereits das Bedürfnis einer eigenen Wohnung gehabt habe. Wir haben uns sogar schon wieder erholt, seitdem es die zugebilligten Rationen rechtzeitig u. ohne langes Anstehen gibt. Hinzu kommt,

---

[1] Kaehler hatte im Herbst und Winter 1945 im Auftrag Adolf Grimmes, der unter britischer Besatzungsherrschaft die Kultusverwaltung in der ehemaligen preußischen Provinz Hannover leitete, zumeist vor Schullehrern mehrfach Aufklärungsvorträge über die nationalsozialistische Außenpolitik gehalten; siehe Siegfried A. Kaehler: Darstellung und Kritik der Außenpolitik des Nationalsozialismus, in: Adolf Grimme/Otto Haase (Hrsg.): Befreiter Geist. Vorträge der kulturpolitischen Woche in Hannover vom 25. bis 27. September 1945, Hannover 1946, S. 75–125. In einem Brief Kaehlers an Hermann Heimpel vom 18.10.1945, in: Kaehler: Briefe 1900–1963, S. 334, heißt es: „Ende September hielt ich in Hannover [...] auf einer pädagogischen Woche vor 800 Lehrpersonen einen Vortrag ‚Darstellung und Kritik der Außenpolitik des Nationalsozialismus‘, in welchem ich den verblüfften Hörern die Kriegsschuld Hitlers für 1939 auf Grund der verschiedenen Farbbücher vor Augen geführt habe. Kein sehr erfreuliches Beginnen, aber doch liegt in der Möglichkeit, die Hergänge zu schildern, wie sie ‚wirklich' waren, eine Art von bitterem Glücksgefühl".

Nr. 186. An Siegfried A. Kaehler, 25. Januar 1946

dass wir von unserer Tochter in Braunschweig u. ihren Kindern regelmässig gute Nachrichten haben.

Wissenschaftlich stehen wir offenbar jetzt ausschliesslich unter russischer Verwaltung. Wie sich damit die alte deutsche Universität vertragen wird, bleibt abzuwarten. An einigen Besprechungen habe ich teilgenommen. Sie verliefen menschlich in durchaus angemessenen Formen. Es hat nur etwas Befremdendes, wenn man sich nur mit Dolmetscher unterhalten kann u. nie weiss, ob der Dolmetscher einen richtig verstanden u. richtig übersetzt hat. Die Hauptfrage ist immer, ob es gelingen werde, den Fascismus aus der deutschen Jugend zu entfernen. Ich sage immer: Ja, wenn wir sie in wirklich wissenschaftlicher Weise zum Nachdenken erziehen dürfen, aber schwerlich, wenn wir ihnen eine Dogmatik vorsetzen sollen. In dieser Beziehung bin ich nicht ohne Sorge angesichts der Lehrpläne, die jetzt von uns gefordert werden. Wir sollen z. B. für jedes Semester eines insgesamt 8 Semester umfassenden Lehrgangs genau die Vorlesungen u. Uebungen festlegen, die der Historiker hören muss. Dabei kommen weit mehr Fachvorlesungen heraus, als Sie u. ich jemals als Studenten gehört haben. Aber für die Bildung, für Vorlesungen aus andern Gebieten, die man doch nicht festlegen kann, weil sie durch die Neigungen u. Fähigkeiten des Studenten, aber auch durch die jeweils vorhandenen Professoren bedingt werden – Harnack[1] zu hören, war in meiner Studentenzeit selbstverständlich, aber muss deswegen jeder Historiker Kirchengeschichte hören, u. zwar im 4. oder 6. Semester? –, bleibt kein Raum. U. wie sollen wir die Vorlesungen systematisch aufbauen? Fängt man mit Adam im 1. Semester an und endet man im 8. Semester bei Truman[2], Attlee[3] u. Stalin[4]? Oder welche Jahrhunderte sind für Anfänger, welche für die Mittelstufe besonders geeignet?

Noch können wir nicht übersehen, was aus all den Lehrplänen, Programmen u. Denkschriften, mit denen wir uns seit Monaten beschäftigen, praktisch herauskommen wird. Aber dass die alte Universität hierzulande in grosser Gefahr ist, daran kann kaum ein Zweifel bestehen. Ich fürchte, dass die Grenze der russischen Zone ein tiefer geistiger Grenzgraben werden wird. Wir bemühen uns mit allen Kräften, Brücken über diesen Graben zu errichten, haben aber leider den Eindruck, als ob wir von Göttingen in dieser Beziehung nicht unterstützt, sondern im Gegenteil eher gehemmt würden. Ich kann es verstehen, dass diejenigen Berliner Kollegen, die rechtzeitig aus unserer Zone in den Westen gekommen sind, oder die wie N. Hartmann dorthin berufen werden[5],

---

[1] Adolf von Harnack (1851–1930, 1914 geadelt), evangelischer Theologe, Kirchenhistoriker und Wissenschaftsorganisator, a. o. Professor an der Universität Leipzig (1876–1879), o. Professor an den Universitäten Gießen (1879–1886), Marburg (1886–1888) und Berlin (1888–1924), Generaldirektor der Berliner Staatsbibliothek (1905–1921), Präsident der Kaiser-Wilhelm-Gesellschaft (1911–1930).
[2] Harry S. Truman (1884–1972), 33. Präsident der USA (1945–1953).
[3] Clement Attlee (1883–1967), sozialistischer britischer Politiker, Premierminister Großbritanniens (1945–1951).
[4] Josef Wissarionowitsch Stalin (1878–1953), Diktator der Sowjetunion (1922–1953).
[5] Nicolai Hartmann war bald nach Kriegsende nach Göttingen berufen worden und trat dort im Dezember 1945 seine Stelle an; vgl. Günther Patzig: Nicolai Hartmanns Göttinger Zeit

Nr. 186. An Siegfried A. Kaehler, 25. Januar 1946

sich drüben eine neue freiere Existenz zu gründen versuchen. Aber ich habe kein Verständnis dafür, wenn die Göttinger Akademie sich die Monumenta Germaniae[1] oder die Deutsche Literaturzeitung[2] anzueignen versucht. Baethgen, Rörig u. ich, die einzigen Historiker, die z. Zt. an der hiesigen Akademie tätig sind, haben die Absicht, eine Hist. Kommission beim Verband der Akademien vorzuschlagen, die die beiden unhaltbar gewordenen Reichsinstitute[3], die Hist. Komm. München u. ähnliche Unternehmungen zusammenfassen soll. Aber hat so etwas überhaupt noch Sinn? Zunächst wollen wir noch abwarten, bis wir hier etwas klarer sehen. Ich denke, dass die jetzt geplante Eröffnung der Universität Berlin[4] diese Klarheit so oder so bringen wird. Wir Historiker werden übrigens im 1. Semester noch nicht lesen, kriegen aber Gehalt u. werden stark beschäftigt mit Sitzungen über die demokratische Erneuerung des Geschichtsunterrichts[5]. Bei dieser müssen wir versuchen, zwischen der Scylla eines gänzlich unpolitischen verwaschen kulturgeschichtlichen Unterrichts u. der Charybdis eines politisch stramm ausgerichteten, vom Nat.sozialismus nur durch das Vorzeichen unterschiedenen Unterrichts hindurchzusteuern. Bis zum Herbst sollen nicht nur die Pläne, sondern auch die darauf aufgebauten Lehrbücher fertig sein. Vielleicht kann der Marburger Kollege sein Lehrbuch von 1934 entsprechend umarbeiten[6].

(1945–1950), in: Symposium zum Gedenken an Nicolai Hartmann (1882–1950), Göttingen 1982, S. 9–12, hier S. 9.

[1] Die Monumenta Germaniae Historica, die seit 1819 bestehende „Gesellschaft für ältere deutsche Geschichtskunde", hatte sich als führendes deutsches Forschungsinstitut für mittelalterliche Geschichte in Berlin etabliert, seit 1935 unter dem Namen „Reichsinstitut für ältere deutsche Geschichtskunde"; siehe Horst Fuhrmann: „Sind eben alles Menschen gewesen" – Gelehrtenleben im 19. und 20. Jahrhundert. Dargestellt am Beispiel der Monumenta Germaniae Historica und ihrer Mitarbeiter, München 1996, passim. Siehe auch unten, Brief Nr. 187.

[2] Die „Deutsche Literaturzeitung für Kritik der internationalen Wissenschaft" erschien in Berlin zwischen 1880 und 1993 als führendes deutsches Besprechungsorgan für neue wissenschaftliche Literatur.

[3] Gemeint sind hier das „Reichsinstitut für ältere deutsche Geschichtskunde" (seit 1947 unter dem alten Namen „Monumenta Germaniae Historica" neu organisiert) und das 1945 aufgelöste „Reichsinstitut für Geschichte des neuen Deutschlands".

[4] Die zuerst für den 12.11.1945 geplante, dann jedoch verschobene feierliche Wiedereröffnung der Berliner Universität fand am 29.1.1946 im Rahmen eines Festaktes statt; vgl. Reimer Hansen: Von der Friedrich-Wilhelms- zur Humboldt-Universität zu Berlin, in: Geschichte der Universität Unter den Linden, hrsg. v. Heinz-Elmar Tenorth, Bd. 3: Sozialistisches Experiment und Erneuerung der Demokratie – die Humboldt-Universität zu Berlin 1945–2010, Berlin 2012, S. 17–123, hier S. 66.

[5] Seit Januar 1946 tagte eine im Auftrag der Deutschen Zentralverwaltung für Volksbildung zusammengetretene „Kommission zur demokratischen Erneuerung des Geschichtsunterrichts", der neben Fritz Hartung die Berliner Professoren Friedrich Baethgen und Eugen Meyer angehörten; vgl. Werner Berthold: Marxistisches Geschichtsbild – Volksfront und antifaschistisch-demokratische Revolution. Zur Vorgeschichte der Geschichtswissenschaft der DDR und zur Konzeption der Geschichte des deutschen Volkes, Berlin[-Ost] 1970, S. 212 ff.

[6] Anspielung auf Wilhelm Mommsen und sein (kurz vor 1933 fertiggestelltes, anschließend rasch umgearbeitetes) Buch: Politische Geschichte von Bismarck bis zur Gegenwart 1850–1933, Frankfurt a. M. 1935.

Nr. 187. An Siegfried A. Kaehler, 11. März 1946

Unsere Akademie arbeitet übrigens sehr fleissig, obwohl sie in ihrer Mitgliederzahl ziemlich reduziert ist, zumal seitdem sich die Pgs, ohne dass sie ausgeschlossen wären, an den Sitzungen nicht mehr beteiligen; augenscheinlich weht der Wind in allen Sektoren Berlins sehr scharf gegen die Pgs. Infolgedessen kommt man sehr häufig mit Vorträgen an die Reihe, immerhin ein heilsamer Zwang, sich zu konzentrieren. Augenblicklich bin ich dabei, eine weitere Studie über die preussische Verwaltung im 19. Jahrh. abzuschliessen. Auch hätte ich schon einiges für die neue HZ bereit, aber ich zweifle noch, ob sie so schnell von der Licenz zur Tat gelangen wird.

[...] Ihre Betrachtungen zur deutschen Geschichte[1] erwarte ich mit Spannung als eine Fortsetzung manchen Gesprächs, das wir in Halle mit einander geführt haben. Damals sprach man schon vom Zusammenbruch, was soll man heute sagen?

Trotzdem rüsten wir uns, am Dienstag die Eröffnung der Universität Berlin im Admiralspalast, der z. Zt. von der Staatsoper benutzt wird, zu „feiern"; eigene passende Räume hat die Universität ja nicht mehr. Vormittags ist akademische Feier etwa im alten Rahmen, am Nachmittag Theatervorstellung. Vielleicht bleibt es beim „Theater"[2].

Meine Frau und ich wünschen Ihnen von Herzen gute Besserung und grüssen Sie und Ihre verehrte Gattin herzlich.

Viele Grüße auch an Aubin![3]   Stets Ihr

Hartung

Nr. 187

An Siegfried A. Kaehler   Berlin, 11. März 1946

NStUB Göttingen, Cod. Ms. S. A. Kaehler, 1, 59. – Masch. Original (mit hs. Zusätzen).

Lieber Kaehler!

[...]

Der unmittelbare Anstoss zu diesem Brief u. damit auch die Rechtfertigung dieses Briefbogens[4] sind Sorgen, die sich in unserer Akademie erhoben haben u. uns Historiker besonders angehen. Schon bald nach dem Zusammenbruch haben wir uns Gedanken über das Schicksal der verschiedenen mit der Geschichtsforschung in Deutschland betrauten Institute gemacht, von denen

---

[1] Gemeint ist wohl Siegfried A. Kaehlers Text: Vom dunklen Rätsel deutscher Geschichte. Eröffnungsstunde der Göttinger Vorlesung „Das Zeitalter des Imperialismus", gehalten am 18. September 1945, in: Die Sammlung 1 (1945/46), S. 140–153.
[2] Dieser Satz handschriftlich.
[3] Dieser Satz handschriftlich.
[4] Der Briefbogen trägt die gedruckte Überschrift „Preußische Akademie der Wissenschaften".

zum mindesten die Reichsinstitute einer gründlichen Erneuerung bedürfen. Wir, d. h. Baethgen, Rörig u. ich, sind zu der Ueberzeugung gekommen, dass es sich empfehle, die verschiedenen Kommissionen u. Institute u. Gesellschaften zusammen zu legen, um eine Doppelarbeit u. ein unvermitteltes Nebeneinander zu vermeiden, wie ich es s. Zt. bei der Historischen Reichskommission erlebt habe, die mehrere Tage[1] gebraucht hat, bis sie sich neben der Hist. Kommission bei der bayer. Akademie, der Preuss. Kommission unserer Akademie u. dem Kaiser-Wilhelm-Institut[2] für deutsche Geschichte ein eigenes Arbeitsgebiet abgegrenzt hatte. Natürlich muss, wenn wir zusammenlegen, vermieden werden, dass in der neuen Einheitskommission diktatorisch regiert u. die Forschung einseitig gelenkt wird. Deshalb erscheint uns als die geeignetste Organisation eine zunächst einmal aus den Historikern der zum Kartell der deutschen Akademien gehörenden Akademien bestehende Historische Kommission zu sein. Wenn wir jetzt mit diesem Plan zunächst unverbindlich an gute Freunde u. Kollegen mit der Bitte um Aeusserung herantreten, so haben wir einen besonderen Anlass: die in Pommersfelden befindliche Ausweichstelle des Reichsinstituts für ältere deutsche Geschichtskunde (auf deutsch: die Monumenta Germ[aniae] hist[orica]) ist drauf u. dran, dieses Unternehmen, das seit 1842, der Berufung von Pertz[3] nach Berlin, hier seinen, im Statut der 1875 eingerichteten Zentraldirektion ausdrücklich festgelegten Sitz gehabt hat, nach München zu verschieben[4]. Wir werden uns das natürlich nicht gefallen lassen. Aber wir glauben, dass wir nicht nur negativ diese Leichenfledderei von uns abwehren, sondern auch mit einem positiven Vorschlag zur besseren Organisation der Forschung uns rühren sollten.

Ueber Einzelheiten der von uns geplanten Kommission zu sprechen, ist es noch zu früh. Einstweilen möchten wir nur die Stimmung der Fachgenossen zu dem Plan ergründen. Wenn etwas dieser Art gemacht werden soll, so ist jetzt der geeignete Zeitpunkt, da die Hist. Kommission bei der bayr. Akademie, wenn man von Heimpel absieht, kein Mitglied unter 60 Jahren hat, die meisten sogar näher an 80 als an 70 sind. Wer in Leipzig z. Zt. die Historie in der Akademie vertritt, ahne ich nicht.

Ich wäre Ihnen dankbar, wenn Sie mir gelegentlich mitteilen wollten, wie Sie über den Plan denken. Dass wir bald eine gemeinsame Besprechung der Historiker veranstalten, daran ist ja leider nicht zu denken. Dass das Reisen, selbst wenn man es legal mit Passierschein u. allen erforderlichen Stempeln

---

[1] Gemeint ist vermutlich: Jahre.
[2] Verbessert aus: „... der Kaiser-Wilhelm-Gesellschaft".
[3] Georg Heinrich Pertz (1795–1876), Historiker, Archivar und Bibliothekar, Leiter der Monumenta Germaniae Historica (1823–1873), seit 1842 gleichzeitig Oberbibliothekar an der Königlichen Bibliothek Berlin.
[4] Die Monumenta Germaniae Historica, die seit Ende 1943 nach Schloss Weißenstein bei Pommersfelden in Bayern ausgelagert worden waren, wurden 1948, inzwischen geleitet von Friedrich Baethgen, nach München verlegt; vgl. Winfried Schulze: Deutsche Geschichtswissenschaft nach 1945, München 1989, S. 145 ff.; Joseph Lemberg: Der Historiker ohne Eigenschaften. Eine Problemgeschichte des Mediävisten Friedrich Baethgen, Frankfurt a. M./New York 2015, S. 356 ff.

Nr. 187. An Siegfried A. Kaehler, 11. März 1946

versucht, eine Strapaze ist, hat mir eben wieder ein Kollege erzählt, der wesentlich rüstiger u. abenteuerlicher veranlagt ist als ich. Aubin bitte ich von dem Plan auch in Kenntnis zu setzen u. um sein Gutachten zu bitten.

Dass wir Historiker in diesem Semester, das bis zum Juli dauern soll, hier nicht lesen, werden Sie wissen. Trotzdem liegen wir nicht etwa auf der faulen Haut. Erstens muss ich als Prodekan – alle nach 1934 ernannten Dekane sind Pgs. gewesen – den kranken Dekan[1] seit 14 Tagen vertreten u. werde diese Beschäftigung wohl noch längere Zeit fortsetzen müssen, und zweitens u. vor allem sind Baethgen und ich eifrig dabei, gemeinsam mit Männern der Schule die neuen Lehrpläne für Geschichte an den Schulen der sowjetischen Zone auszuarbeiten. Ich bin angenehm überrascht, wie sachlich es dabei zugeht. Namentlich bei den Herren der Zentralverwaltung[2] bestehen recht vernünftige Ansichten. Wie weit sie sich damit durchsetzen, das vermag ich freilich nicht zu beurteilen. Zuerst hiess es, dass auch die neuen Lehrbücher bis zum Herbst vorliegen sollten. Aber man ist davon inzwischen abgekommen. Vielleicht hat der Marburger Kollege sein 1933 etwas zu spät gekommenes Werk noch vorrätig[3].

Persönlich ist es meiner Frau u. mir in diesem Winter gut ergangen. Wir haben genug zu essen gehabt – Professoren gelten hier als Schwerarbeiter – u. haben auch einen einigermassen warmen Kachelofen. Dass sich das ganze Leben in dem einen geheizten Zimmer abspielen muss, ist manchmal etwas störend, denn erst seitdem ich den Dekan vertrete, kann ich Besuche in einem geheizten Amtszimmer empfangen, das ich freilich mit dem theologischen Dekan u. 3 Schreibfräuleins teile. Sonst haben alle Besprechungen in meiner Notwohnung stattgefunden, aber das ist auch bei den Kollegen nicht anders, die noch ihre ganze Wohnung zur Verfügung haben.

[...]

Es ist schade, dass man sich heutzutage nicht mehr sehen u. sprechen kann. Es sind so mancherlei Dinge, über die ich mich gern mit Ihnen unterhalten möchte, in Erinnerung an unsere Spaziergänge an der Saale hellem Strande im Frühjahr 1920[4]. Ein merkwürdiges Fest war z. B. die Eröffnung der Univer-

---

[1] Als zweiter Dekan der Berliner Philosophischen Fakultät nach Kriegsende, nach dem Rücktritt Eduard Sprangers am 4.7.1945, amtierte der Altphilologe und Religionshistoriker Ludwig August Deubner (1877–1946), der jedoch Anfang 1946 erkrankte (er starb am 25.3.1946) und vom Prodekan Fritz Hartung vertreten wurde; vgl. Hansen: Von der Friedrich-Wilhelms- zur Humboldt-Universität zu Berlin, S. 22.

[2] Die Deutsche Zentralverwaltung für Volksbildung war kurz nach Kriegsende von der Sowjetischen Militäradministration in Deutschland (SMAD), der sie bis 1949 unterstand, in Berlin gegründet worden; sie wurde von dem KPD-Politiker Paul Wandel (1905–1995) geleitet und begann im Auftrag der östlichen Besatzungsmacht zuerst in Berlin mit der Neuordnung des Schul- und des akademischen Bildungswesens. Die Aufgaben der Deutschen Zentralverwaltung wurden 1949 vom Ministerium für Volksbildung der DDR übernommen; vgl. Helga A. Welsh: Deutsche Zentralverwaltung für Volksbildung (DVV), in: Martin Broszat/Hermann Weber (Hrsg.): SBZ-Handbuch. Staatliche Verwaltungen, Parteien, gesellschaftliche Organisationen und ihre Führungskräfte in der Sowjetischen Besatzungszone Deutschlands 1945–1949, München 1990, S. 229–238.

[3] Siehe oben, Brief Nr. 186.

[4] Anspielung auf das früher in Deutschland sehr populäre Volkslied „An der Saale hellem Strande" von Franz Kugler, entstanden 1826.

sität, wir Professoren in Talaren, die übrigens nicht einmal aus Berlin stammten, sondern irgendwoher gepumpt waren, das Ganze im Theater[1] u. zum mindesten teilweise ein Theater. Hinterher ein Imbiss markenfrei mit reichlich Wodka im Schlösschen Niederschönhausen, in dem vor 200 Jahren Elisabeth Christine auf Befehl ihres Ehegatten Friedrich d. Gr. ihr Leben vertrauert hat[2], zuletzt Rigoletto[3].

Kennen Sie den Artikel von G. Ritter über seine Erlebnisse im 3. Reich? Ich finde es sehr erfreulich, dass er einmal auf den Umfang, aber auch die Grenzen des auf uns lastenden Zwangs aufmerksam gemacht hat[4]. Wenigstens wir von der älteren Generation, die keine Carrière mehr zu machen brauchten, haben es wirklich nicht nötig gehabt, der Partei beizutreten. Etwas anders steht es mit den Jüngeren, die tatsächlich nicht weiter kommen konnten, ohne sich ihr anzuschliessen. Mein Schüler Dr. Treue, der jetzt in Göttingen Dozent zu sein u. bereits einen Ruf in der Tasche zu haben scheint[5], hat das selbst erfahren. Wissen Sie etwas über das Schicksal von Frauendienst u. Botzenhart?

Hoffentlich findet der Brief Sie in einer Verfassung, dass Sie ihn nicht nur als Belastung empfinden. Ich wünsche Ihnen eine gute Erholung u. grüsse Sie u. Ihre verehrte Gattin zugleich im Namen meiner Frau herzlich.

Ihr

Hartung

---

[1] Die feierliche Neueröffnung der Universität Berlin wurde im Saal des Admiralspalastes an der Friedrichstraße zelebriert; siehe die detaillierte Schilderung bei Hansen: Von der Friedrich-Wilhelms- zur Humboldt-Universität zu Berlin, S. 68–72.
[2] Elisabeth Christine von Braunschweig-Wolfenbüttel-Bevern (1715–1797), Königin von Preußen, lebte seit 1740 von ihrem Gemahl getrennt und war während der Sommermonate meist in Schloss Schönhausen ansässig.
[3] Oper von Giuseppe Verdi (1813–1901), uraufgeführt 1851.
[4] Gerhard Ritter: Der deutsche Professor im „Dritten Reich", in: Die Gegenwart 1 (1945), S. 23–26. Ritter betont in seinem auf eigenen Erlebnissen zwischen 1933 und 1945 beruhenden und viele Einzelbeispiele heranziehenden Beitrag, dass „es für einen Professor von anerkanntem wissenschaftlichem Ruf immer noch gewisse Möglichkeiten gab, ohne Preisgabe seiner antinazistischen Überzeugungen sich im Amt zu behaupten: der scheinbar so straffe, geschlossene Bau des Nazireiches wies einen tiefen inneren Riß auf, der die politische Exekutive manchmal lähmte oder doch ihr Handeln verzögerte: den Riß zwischen staatlichen Behörden und Parteistellen" (S. 25). Die schmalen Freiräume, die sich hier gelegentlich auftaten, hätten durchaus genutzt werden können: „Und wer sich von einer Schar aufrechter, tapferer Männer in seinem Berufsstand umgeben und gedeckt wußte, der konnte immerhin hoffen, wenigstens eine Zeitlang sich der Verfolgung zu entziehen – wenn er nur die nötige Klugheit im öffentlichen Auftreten mit der inneren Wahrhaftigkeit und Unerschrockenheit verband. – Daß es dabei nicht ohne qualvolle Situationen und auch nicht ohne mancherlei äußere Anpassung an den verhaßten Gegner (wie Ausübung des Hitlergrußes und ähnliche Dinge) abging, bedarf keiner Erklärung. Die schrecklichste der Qualen blieb nicht auf den Professorenstand beschränkt: der Zwang, das Kriegsschicksal Deutschlands mit zerrissenem Herzen mitzuerleben, ja einen deutschen Sieg im Grunde noch mehr fürchten zu müssen als den Triumph der anderen" (S. 26).
[5] Wilhelm Treue erhielt erst 1947 einen Ruf auf ein Extraordinariat der TH Hannover, das schon ein Jahr später in ein Ordinariat umgewandelt wurde; vgl. Hans Jürgen Teuteberg: Wilhelm Treue als Nestor der Unternehmensgeschichte, in: Zeitschrift für Unternehmensgeschichte 47 (1992), S. 123–157, hier S. 129.

Nr. 188
An Hermann Heimpel   Berlin, 13. März 1946

SBBPK, Nl. F. Hartung, K 85/12. – Masch. Durchschlag.

Lieber Herr Heimpel!

Bevor ich auf den eigentlichen Zweck meines Briefes eingehe, möchte ich zunächst meiner Freude darüber Ausdruck geben, dass Sie das furchtbare Ende des Krieges lebendig überstanden haben u. dass Sie in München einen neuen Wirkungskreis bekommen[1]. Ich war deswegen nicht ganz ohne Sorge, weil ich annahm, dass alle Strassburger Professoren zwangsläufig Pgs. gewesen seien. Ob Sie freilich schon jetzt zur akademischen Tätigkeit gelangen werden, ist mir noch zweifelhaft, denn ein amerikanischer Schüler von mir, der mich neulich besuchte[2], meinte, dass Geschichte vorläufig an den Universitäten überhaupt nicht gelesen werden dürfe – was auf die britische Zone aber nicht zutrifft. Wir in der russischen Zone sind jedenfalls noch stillgelegt, werden aber eifrig herangezogen zur Ausarbeitung der neuen Lehrpläne für Geschichte an den Schulen, sodass wir hoffen können, auch in absehbarer Zeit wieder zur Ausbildung der Lehrer für Geschichte zugelassen zu werden. Einstweilen habe ich den Eindruck, dass die Herren der Schulverwaltung, mit denen wir zu tun haben, durchaus vernünftige Ansichten haben. Ob sie sie gegenüber den verschiedenen politischen Instanzen, die sich vermutlich einmischen werden, durchsetzen oder gar durchfechten werden, ist eine andere Frage, die ich nicht ohne weiteres mit Ja beantworten möchte.

Die unmittelbare Veranlassung zu diesem Brief sind die Sorgen, die wir Berliner Historiker wegen der Zukunft der geschichtlichen Forschung in Deutschland seit der Katastrophe haben. Rörig, Baethgen u. ich glauben, dass man die Gelegenheit benutzen solle, der Vielzahl von Instituten u. Kommissionen, die sich bisher der Organisation der Forschung auf dem Gebiet der mittleren u. neueren Geschichte gewidmet haben, ein Ende zu machen, um für die Zukunft Doppelarbeit u. ein unvermitteltes Nebeneinander zu verhüten, wie ich es s. Zt. bei der Gründung der Hist. Reichskommission[3] erlebt habe, die

---

[1] Hermann Heimpel, der nach dem Krieg gerne in seiner Geburtsstadt München eine neue berufliche Wirkungsstätte gefunden hätte, nahm jedoch 1946 einen Ruf an die Universität Göttingen an; vgl. Hartmut Boockmann: Der Historiker Hermann Heimpel, Göttingen 1990, S. 27f.; zu den Hintergründen des Scheiterns einer Berufung Heimpels an die Ludwig-Maximilians-Universität siehe ebenfalls Peter Herde: Kontinuitäten und Diskontinuitäten im Übergang vom Nationalsozialismus zum demokratischen Neubeginn. Die gescheiterten Berufungen von Hermann Heimpel nach München (1944–1946) und von Franz Schnabel nach Heidelberg (1946–1947), München 2007, S. 18ff. u. passim.
[2] Es dürfte sich um David Glen White (1909–1974) gehandelt haben; siehe oben, Brief Nr. 137. White war 1945/46 als Angehöriger des US-Militärnachrichtendienstes OSS (Office of Strategic Services) im besetzten Deutschland tätig und veröffentlichte im folgenden Jahr zusammen mit Frederick H. Cramer den Artikel: Is Our Occupation Policy in Germany a Failure?, in: Forum 108 (1947), S. 164–174.
[3] Siehe oben, Briefe Nr. 79, 80.

mehrere Sitzungen gebraucht hat, bis sie sich neben der Hist. Kommission in München, der preuss. Kommission unserer Akademie u. dem Kaiser-Wilhelm-Institut für Geschichte einen eigenen Arbeitskreis abgegrenzt hatte.

Dass die beiden Reichsinstitute in ihrer bisherigen Gestalt verschwinden müssen, ist klar. Das Führerprinzip, wie es namentlich unter W. Frank im R[eichs]institut f. Geschichte des neuen Deutschland angewendet wurde, scheint mir für wissenschaftliche Aufgaben so ungeeignet wie möglich zu sein. Bei den Ueberlegungen, was an die Stelle treten könne, sind wir auf den Gedanken gekommen, dass am besten eine Hist. Kommission beim Kartell der deutschen Akademien zum Träger der Forschung gemacht werde. Ihr gehörten zunächst die Historiker der einzelnen Akademien an, u. sie könnte auch das Recht erhalten, geeignete Kräfte hinzuzuwählen.

Ueber Einzelheiten unseres Planes zu sprechen, scheint es uns noch zu früh zu sein, zumal da ja der Zustand der Archive u. Bibliotheken eine sofortige Wiederaufnahme der Forschungsarbeiten nicht möglich macht. Immerhin halten wir es jetzt aus einem besonderen Anlass für geboten, an die Fachgenossen zunächst privatim u. unverbindlich mit der Frage heranzutreten, ob sie mit uns grundsätzlich übereinstimmen u. den von uns ins Auge gefassten Weg für gangbar halten. Der Anlass ist in dem Verhalten der in Pommersfelden befindlichen Ausweichstelle des Reichsinstituts f. ältere deutsche Gesch.kunde zu sehen. Diese ist drauf u. dran, die Monumenta, die seit mehr als 100 Jahren, seit der Berufung von Pertz an die damalige kgl. Bibliothek, eng mit Berlin verbunden sind, nach München zu verschieben[1]. Dass wir uns das nicht schweigend gefallen lassen, ist wohl verständlich[2]. Aber wir glauben, dass wir nicht bloss protestieren sollen, sondern auch mit positiven Vorschlägen für die künftige Neuorganisation unserer wissenschaftlichen Arbeit hervorzutreten haben.

Am besten würde man ja über diese Dinge einmal mündlich verhandeln. Aber noch sind die Zonengrenzen ein sehr schwer zu übersteigendes Hindernis. So bleibt einstweilen nur der Weg der schriftlichen Verständigung. Ich wäre Ihnen dankbar, wenn Sie mir gelegentlich Ihre Ansicht über unsere Vorschläge mitteilen wollten. Baethgen schreibt in der gleichen Sache an Goetz[3].

---

[1] Siehe oben, Brief Nr. 187.
[2] In einem Brief an den Mediävisten und kommissarischen Leiter der Monumenta in Pommersfelden, Otto Meyer (1906–2000), vom 21.3.1946 (Durchschlag in: Nl. F. Hartung 46/1) übermittelt Hartung in seiner Eigenschaft als Sekretar der Philosophisch-historischen Klasse der Berliner Akademie der Wissenschaften dem Adressaten das „lebhafte[...] Befremden", das die Bemühungen zu einer dauerhaften Ansiedlung der Monumenta in Bayern in der Akademie hervorgerufen habe: „Über die erforderliche Umgestaltung des Reichsinstituts kann eine Entscheidung wohl erst fallen, wenn eine künftige Staatsform Deutschlands feststeht. Bis dahin kann ohne die Zustimmung der Berliner Akademie der Wissenschaften keine Änderung der bisherigen Organisation, insbesondere keine Verlegung des Sitzes erfolgen".
[3] Der im Jahr 1946 bereits achtundsiebzigjährige Walter Goetz, der sich als überzeugter Demokrat und Gegner des Nationalsozialismus nach 1933 in die innere Emigration zurückgezogen hatte, wurde 1946 zum ersten Nachkriegspräsidenten der Historischen Kommission bei der Bayerischen Akademie der Wissenschaften gewählt und spielte gleichzeitig eine zentrale Rolle bei der Neuformierung der deutschen Geschichtswissenschaft in den west-

Auf die Stellung der Hist. Kommission bei der bayerischen Akademie kommt ja sehr viel dabei an.
[...]
Mit freundlichen Grüssen

Nr. 189
An Fritz Rörig   Berlin, 26. März 1946

SBBPK, Nl. F. Hartung, K 59/26. – Masch. Durchschlag.

Lieber Herr Rörig!

Es ist vielleicht ganz gut, wenn wir das Gespräch von neulich schriftlich fortsetzen. Denn die unvermeidliche Unruhe des Strassen- u. S-Bahnverkehrs sowie die Rücksicht auf unerwünschte Zuhörer führt leicht zu Missverständnissen. So zeigt mir auch Ihr Brief[1], dass Ihnen meine Bedenken gegen Ihre Rundschau-Artikel nicht ganz deutlich geworden sind.

Zunächst habe ich gar nichts dagegen gesagt, dass Sie Artikel für die Tägl[iche] Rundschau[2] schreiben. Ich habe lediglich auf Ihre Frage nach meiner Beteiligung an der TR erklärt, eine weitere Aufforderung der Russen abzuwarten. Inzwischen hat sich Major Scheinis[3] an mich gewendet, u. ich werde versuchen, ob ich mit ihm einig werden kann[4].

Ich habe auch nichts gegen die wissenschaftliche Grundlage Ihrer Artikel[5] gesagt. Dass sie etwas in Schwarz-Weiss-Manier gehalten sind u. z. B. der Lei-

---

lichen Besatzungszonen und der frühen Bundesrepublik Deutschland; vgl. Wolf Volker Weigand: Walter Wilhelm Goetz 1867–1958. Eine biographische Studie über den Historiker, Politiker und Publizisten, Boppard a. Rh. 1992, S. 343ff.

[1] Fritz Rörig an Fritz Hartung, 22.3.1946, in: Nl. F. Hartung, K 59/26.
[2] Die „Tägliche Rundschau" wurde 1945–1955 als Tageszeitung für die Bevölkerung der SBZ und der DDR von der Sowjetischen Militäradministration in Deutschland herausgegeben.
[3] Der sowjetische Major Sinowi Saweljewitsch Scheinis (1913–?) leitete 1946 die Abteilung „Antifaschistische Propaganda" der „Täglichen Rundschau"; vgl. Maxim A. Perkow: Verwaltung Information, in: SMAD-Handbuch. Die sowjetische Militäradministration in Deutschland 1945–1949, hrsg. v. Horst Möller/Alexandr O. Tschubarjan in Zusammenarbeit mit Wladimir P. Koslow/Sergei W. Mironienko/Hartmut Weber, München 2009, S. 243–271, hier S. 255.
[4] Fritz Hartung veröffentlichte weder jetzt noch später Artikel in der „Täglichen Rundschau", auch nicht nach der von ihm erwähnten Anfrage durch den Propagandaoffizier der Roten Armee. Rörig erinnert an eine gemeinsame „Besprechung" in der Redaktion der „Täglichen Rundschau" am 1.2.1946, in deren Verlauf sich alle anwesenden Historiker – Rörig erwähnt neben sich selbst und Hartung auch Friedrich Baethgen und Karl Griewank – angeblich bereit erklärt hätten, Artikel für die Zeitung zu verfassen (Rörig an Hartung, 22.3.1946, in: Nl. F. Hartung, K 59/26).
[5] Zwischen Februar und August 1946 verfasste Rörig insgesamt sieben historische und politische Artikel für die „Tägliche Rundschau": „Deutsche Fürstenstaaten und Residenzen" (16.2.1946), „Das ‚Reich' und das deutsche Gegenwartsproblem" (5.3.1946), „Politisch unreif? Politisch unfähig?" (28.3.1946), „Deutsche Staatenbildung in europäischer Schau"

stung des deutschen Territorialstaats nicht voll gerecht werden, liegt am Wesen eines Zeitungsartikels, der auf beschränktem Raum eine bestimmte Ansicht vertreten muss u. die Dinge nicht von so vielen Seiten beleuchten kann, wie es eine wissenschaftliche Abhandlung tun soll u. gelegentlich bis zur Verwirrung des Lesers tut.

Was mir an Ihren Artikeln missfällt, ist vielmehr die Tatsache, dass Sie, der Sie jahrelang den Eroberungskrieg Hitlers begeistert mitgemacht haben u. als Redner für ihn eingetreten sind u. seine Schlagworte z. B. vom diabolischen Prinzip des europäischen Gleichgewichts angewendet haben, jetzt mit fliegenden Fahnen ins entgegengesetzte Lager übergegangen sind u. von der imperialistischen Gewaltorganisation übelster Prägung usw. schreiben, als ob Sie nie eine andere Ansicht gehabt u. öffentlich vertreten hätten[1].

Dabei stehen Sie innerlich auch heute noch auf dem Boden des Hitlerschen Eroberungskriegs, denn bei jedem Gespräch kommen Sie auf Ihre These zurück, dass wir Gibraltar hätten nehmen müssen. Verbrecherische Handlungen aber bleiben verbrecherisch, auch wenn sie erfolgreich ausgehen. Meiner Ansicht nach musste ein Historiker, der Quellenkritik gelernt hat, von Anfang an erkennen, dass dieser Krieg eine Auflehnung gegen die sittlichen Grundsätze des Gemeinschaftslebens der Völker war, dass er alle im Lauf der Jahrhunderte für Frieden u. Krieg entwickelten Regeln des Völkerrechts verletzte u. nur zum Chaos führen konnte. Das habe ich als das Schwerste empfunden, dass wir in diesem Krieg unserm Volk den Sieg gar nicht wünschen durften. Sie sind anderer Ansicht gewesen, darüber rechte ich nicht mit Ihnen. Aber die Art, wie Sie Ihre bisherige Ansicht verleugnen, entspricht nicht meinem Geschmack. Das musste ich Ihnen offen erklären.

Nur noch eine unwesentliche Richtigstellung einer Einzelheit: ich habe nicht einen Studenten als Kronzeugen dafür angeführt, dass Sie das Gegenteil gegen früher gesagt haben. Vielmehr habe ich Ihre jetzige Ansicht als Gegenteil von dem empfunden, was ich von Ihnen selbst u. von Studenten (noch während des Krieges) als Ihre damalige Ansicht gehört habe.

Mit besten Grüssen
        Ihr

(23.6.1946), „Um das Schicksal Deutschlands" (16.7.1946), „Selbstverwaltung in der deutschen Stadtgeschichte" (2.8.1946), „Das Rhein-Ruhr-Problem in Vergangenheit und Gegenwart" (25.8.1946). Alle Artikel erschienen, versehen noch mit einem als „Schlußwort" überschriebenen achten Artikel, unter dem Titel „Geschichte und Gegenwart" als Broschüre: Fritz Rörig: Geschichte und Gegenwart. Eine Aufsatzfolge aus der „Täglichen Rundschau", Berlin 1946.

[1] In Rörigs zweitem Artikel vom 5.3.1946 findet sich die Formulierung, es sei „eine selbstverständliche deutsche, nicht etwa uns vom Ausland aufgezwungene Notwendigkeit, daß nichts, aber auch gar nichts, was mit dem imperialistischen Gewaltreich Hitlers und seinen verbrecherischen Methoden zu tun hat, Bestand haben darf" (ebenda, S. 15).

Nr. 190
An Fritz Rörig   Berlin, 1. April 1946

SBBPK, Nl. F. Hartung, K 59/26. – Masch. Durchschlag.

Lieber Herr Rörig!

Noch einmal wähle ich den schriftlichen Weg, einmal weil ich nicht weiss, ob wir uns in dieser Woche irgendwo in Ruhe sprechen können, dann aber auch, weil ich aus Ihrem ersten Brief den Eindruck gewonnen habe, dass Sie meine mündlich vorgebrachten Bemerkungen nicht ganz richtig aufgefasst haben[1]. Deshalb habe ich scharf präzisiert, was ich an Ihrer politischen Haltung auszusetzen finde. Ich möchte aber ausdrücklich versichern, dass es mir völlig fern liegt, die subjektive Ehrlichkeit u. Folgerichtigkeit Ihrer Haltung irgendwie anzuzweifeln. Das Ziel, das Sie auch in Ihrem letzten Brief angeben, die Erhaltung der deutschen Einheit als der für das deutsche Volk notwendigen Lebensform, ist in Ihrem Partikularismusvortrag[2] ebenso ausgesprochen wie in Ihren neuerlichen Artikeln. Das, was mich befremdet, ist das Beiwerk.

Ich habe mich verpflichtet gefühlt, Sie darauf aufmerksam zu machen, weil ich aus Gesprächen, die ich nicht angefangen habe, und aus Briefen weiss, dass Kollegen, die Sie nicht so gut kennen wie ich, zwischen Ihrer auch in den Beziehungen zu Rust nach aussen zutagegetretenen Haltung im Kriege u. Ihren jetzigen Zeitungsartikeln einen Widerspruch finden. Und deshalb fände ich es ratsam, wenn Sie sich in der Kritik der deutschen Politik zwischen 1933 u. 1945 etwas mehr zurückhalten wollten. Sie werden, das wissen Sie ja selbst, von vielen für einen Nazi gehalten. Ich bin dieser Behauptung ebenso wie meines Wissens Baethgen stets entgegengetreten. Aber die Ansicht, dass Sie innerlich der Partei nahe gestanden haben, ist nun einmal verbreitet u. stützt sich auf Aeusserungen von Ihnen, die Sie mündlich u. schriftlich vor Studenten getan haben sollen[3]. Ich glaube, es liegt in Ihrem Interesse, darüber Gras

---

[1] Rörig schrieb noch einen zweiten Brief an Hartung, datiert auf den 28.3.1946 (in: Nl. F. Hartung, K 59/26).

[2] Fritz Rörig: Ursachen und Auswirkungen des deutschen Partikularismus, Tübingen 1937.

[3] Rörig verteidigte sich in seinem ausführlichen Brief an Hartung vom 28.3.1946 (Nl. F. Hartung, K. 59/26) gegen den, wie er sagt, „politisch ungemein gefährlichen Vorwurf", er habe den Krieg zuerst begeistert mitgemacht, sei nach der Niederlage jedoch „mit fliegenden Fahnen ins gegenteilige Lager gegangen", mit folgenden Bemerkungen: „Diesen Vorwurf kann ich nicht anerkennen. Als der Krieg, den ich weder wollte noch wünschte noch irgendwie an meinem Teil mir vorbereitet habe, nun einmal da war, gab es für mich nur zwei Wege: <u>Entweder</u>: ihn deutlich ablehnen und dann aber auch offen die Konsequenzen daraus ziehen. <u>Oder</u>: den Krieg als den Krieg, in dem nun einmal unser Volk drinstand, in seiner ganzen Gefährlichkeit für den Bestand unseres Volkes zu erkennen und dann alles innerhalb der Grenzen des sittlich Erlaubten zu tun, daß Deutschland den Krieg als verhandlungsfähiger Partner übersteht, um dann mit Hilfe der Frontkämpfer eine innere Reinigung durchzuführen. Eine dritte Möglichkeit, meine eigene wirkliche Meinung über den Krieg so zu tarnen, daß auch die mir näher Stehenden selbst bei längeren Gesprächen über den Krieg unter vier Augen nicht ahnen konnten, was ich denn nun eigentlich wirklich meine, war mir bei meinem Temperament und meinem Charakter unmöglich. Da ich bei

wachsen zu lassen. Und dazu gehört, dass Sie Ihrem Temperament in der politischen Publizistik etwas Zügel anlegen.

Auf die einzelnen Argumente Ihres Briefes möchte ich schriftlich nicht eingehen, denn sonst müsste ich, um Missverständnisse auszuschliessen, eine Abhandlung schreiben, wozu ich keine Zeit habe. Vielleicht können wir den einen oder andern Punkt gelegentlich mündlich erörtern. Ich hoffe, dass ich bald mehr Zeit haben werde, sobald die Fakultät wieder einen richtigen Dekan hat u. die Beratungen in der Zentralverwaltung[1] beendet sein werden.

Zum Schluss nochmals die Versicherung, dass es mir ganz fern liegt, Ihnen einen moralischen Vorwurf zu machen, u. ich bedaure es, dass mein letzter, ebenfalls in Eile geschriebener Brief diesen Eindruck auf Sie hat machen können.

Mit freundlichen Grüssen
Ihr

Nr. 191
An Friedrich Meinecke Berlin, 6. April 1946

GStA PK, VI. HA, Nl. Friedrich Meinecke, Nr. 14, 137. – Hs. Original.

Hochverehrter Herr Geheimrat!

Ihren Aufsatz über Militarismus u. Hitlerismus, für dessen Zusendung ich mich bestens bedanke, habe ich mit großem Interesse gelesen[2]. Obwohl ich mich mit Ihnen darin einig glaube, daß Hitler das Preußentum mißbraucht u. unverdient in Mißkredit gebracht hat, so muß ich Ihnen doch darin Recht geben, daß zwischen Militarismus u. Hitlerismus eine Verwandtschaft besteht. Es ist die Schwäche Preußens gewesen, daß es die Enge u. Härte, die ihm von

---

Ausbruch des Krieges und auch bis gegen Ende des Krieges auch nicht im Entferntesten ausreichend über die Hintergründe des Ganzen unterrichtet war, so habe ich den zweiten Weg gewählt". – Zu Hartungs Kritik an seiner Bemerkung über eine mögliche Eroberung Gibraltars merkt Rörig hier ebenfalls an: „Ich habe allerdings gesagt, in einem bestimmten Punkte des Krieges wäre es richtig gewesen, mit der Einnahme oder Belagerung von Gibraltar das Mittelmeer zu schließen. Dabei handelte es sich – ich wundere mich, daß ich das jetzt noch einmal sagen muß – um die Erörterung einer rein strategischen Frage, die mit meiner persönlichen Stellung zu dem Kriege selbst und seinen politischen Zielen überhaupt nichts zu tun hat. Daß es auch bei einem ‚ungerechten' Kriege Fragen rein taktischer und strategischer Art giebt [sic], werden Sie gewiß nicht in Abrede stellen wollen. Gerade ein Unternehmen gegen Gibraltar ist aber auch als Beleg des ‚Eroberungskriegs' unbrauchbar. Denn es hätte nicht dem ‚Imperialismus' gedient, sondern wäre ein Schlag gegen den (englischen) Imperialismus gewesen, indem es zu einer Rückgabe Gibraltars an die Spanier geführt hätte".
[1] Siehe oben, Brief Nr. 187.
[2] Friedrich Meinecke: Militarismus und Hitlerismus, in: Die Sammlung 1 (1945/46), S. 344–351; Fußnote 1 auf S. 344 erläutert: „Aus einer bisher ungedruckten Schrift über ‚Die deutsche Katastrophe'."

Nr. 191. An Friedrich Meinecke, 6. April 1946

seiner Entstehung an anhaftete u. die in dem Mißverhältnis zwischen den zur Verfügung stehenden materiellen Kräften u. der selbst gewählten Aufgabe der Großmachtbildung begründet war, niemals hat überwinden können. Alle Anläufe, aus der Enge herauszukommen u. wahrhaft deutsch zu werden, sind immer wieder gescheitert u. haben das Junkerliche u. Ungeistige nur immer stärker ausgeprägt, sodaß es jetzt wohl mit Preußen endgültig vorbei ist.

Meine Frau u. ich haben die Kampfzeit vor einem Jahr gut überstanden, im August freilich unsere Wohnung den Besatzungsbehörden überlassen müssen. Seither hausen wir im Nebenhaus in zwei Zimmern, von denen wir aber wenigstens das eine leidlich haben heizen können. Durch die Vermittlung eines ehemaligen Doktoranden[1], der als amerikanischer Offizier im Kontrollrat[2] sitzt, habe ich die Erlaubnis erhalten, meine Bücher weiter zu benutzen, habe aber gerade jetzt, nachdem eine neue Dienststelle eingezogen ist, allerhand Schwierigkeiten damit.

Die Universität ist wenigstens teilweise in Gang gekommen; in unserer Fakultät werden aber nur die europäischen Sprachen gelesen. Philosophie, Geschichte, Kunst, die ganzen orientalischen Sprachen ruhen noch. Der Bestand der Fakultät ist sehr klein geworden. Mit Einschluß von Hoetzsch, Holtzmann u. Vierkandt[3], die als Professoren wenn auch ohne Lehrstuhl wieder angestellt worden sind, sind noch 15 Ordinarien vorhanden, nachdem Deubner vor kurzem gestorben ist[4]. Er war bei der Wiederaufnahme der Arbeiten an der Universität Dekan geworden. Da alle Dekane der Jahre 1934/45 Pgs gewesen sind, amtiere ich zur Zeit als Prodekan. Die Aufgabe ist nicht gerade erfreulich, da wir sehr stark beaufsichtigt werden. Aber eine günstige Nachricht habe ich doch, die vielleicht auch für Sie Interesse hat. Es besteht die Möglichkeit, emeritierten Kollegen, denen ja hierzulande keine Pensionen gezahlt werden, Forschungsaufträge zu erteilen. Ich dachte mir, daß Sie einen entsprechenden Auftrag für die Fortführung der in Ihrem Aufsatz angedeuteten Studien über die deutsche Katastrophe erhalten könnten. Eine Schwierigkeit besteht nur darin, daß einstweilen Zahlungen nicht die Zonengrenze überschreiten können. Solche Aufträge sind z.B. an Brackmann u. Franke erteilt worden, auch an Triepel. Ich bin gern bereit, die Angelegenheit weiter zu verfolgen, wenn Sie einverstanden sind. Das Dekanat werde ich allerdings demnächst wieder abgeben, aber das hat auch damit nichts zu tun.

Von den hiesigen Historikern sind W. Weber, Hoppe und Elze entlassen worden. Schüßler hat sich freiwillig zurückgezogen. So sind Baethgen, Rörig,

---

[1] Siehe oben, Brief Nr. 188.
[2] Der Alliierte Kontrollrat, bestehend aus Vertretern der Regierungen der vier Siegermächte, übte seit Anfang Juni 1945 als oberste Besatzungsbehörde mit Sitz in Berlin die Regierungsgewalt im besetzten Deutschland aus; vgl. Gunther Mai: Der Alliierte Kontrollrat in Deutschland 1945–1948. Alliierte Einheit – Deutsche Teilung?, München/Wien 1995.
[3] Alfred Vierkandt (1867–1953), Soziologe, a.o./o. Professor an der Universität Berlin (1921/25–1934).
[4] Siehe oben, Brief Nr. 187.

E. Meyer¹ und ich übrig geblieben, von Dozenten nur Griewank². Vorlesungen halten wir zwar noch nicht, aber zu tun haben wir trotzdem. In den letzten drei Monaten haben Baethgen u. ich eifrig an den Lehrplänen für den Geschichtsunterricht an der Aufbauschule, die sich auf die hier geplante Einheitsschule aufbauen soll, mitgearbeitet. Dank der Unterstützung, die wir bei einigen sehr vernünftigen u. sachkundigen Referenten der Zentralverwaltung fanden, ist etwas ganz Vernünftiges herausgekommen, obwohl manche Schulmänner sehr radikale Anschauungen vertraten. Aber wie unsere Arbeit aussehen wird, wenn sie von den politischen Instanzen zurückkommt, das wissen die Götter. Augenblicklich machen wir Denkschriften über die Gestaltung der geschichtlichen Vorlesungen an der Universität, die im Wintersemester wieder beginnen sollen. Einstweilen hat man uns wenigstens noch keine bindenden Vorschriften gemacht, was u. wie wir dozieren sollen. Aber ich glaube nicht, daß wir schon über dem Berg sind [sic].

In der Akademie wird die Mitgliedschaft nachgerade etwas anstrengend, denn auch bei ihr ist die Zahl der mitarbeitenden Mitglieder sehr zurückgegangen, während wir seit dem Sommer ohne Ferienpause unsere Sitzungen abhalten, seit einiger Zeit freilich nur noch alle 14 Tage. Infolgedessen kommt man sehr häufig mit Vorträgen an die Reihe. Die Erlaubnis zum Drucken der Abhandlungen ist noch nicht erteilt worden.

Göttingen gilt uns hier als der Inbegriff eines ungestörten Daseins. [...] Von Kaehler habe ich leider seit langem nichts gehört; hoffentlich ist das kein schlechtes Zeichen für seine Gesundheit. Die Verkürzung der Lebensmittelrationen trägt auch dazu bei, die Sorgen zu vermehren. Hoffentlich halten Sie sich trotzdem aufrecht und arbeitsfreudig wie bisher.

Mit nochmaligem Dank u. vielen Grüßen für Sie und Ihre verehrte Frau Gemahlin auch im Namen meiner Frau
  Ihr sehr ergebener
  Hartung

Nr. 192
An Walter Goetz   **Berlin, 25. Mai 1946**

MGH München, Archiv, Nr. B 716. – Masch. Original (mit hs. Zusätzen).

Sehr verehrter Herr Kollege Goetz!

Zwar hofft Baethgen, dass er in der nächsten Woche nach dem Süden abreisen und dann auch Sie besuchen kann, aber ich möchte doch nicht unter-

---

[1] Eugen Meyer (1893–1972), Archivar und Historiker, a.o./o. Professor an den Universitäten Berlin (1939/46–1949) und Saarbrücken (1949–1961).
[2] Karl Griewank (1900–1953), Historiker, Professor mit vollem Lehrauftrag an der Universität Berlin (1946–1947), o. Professor an der Universität Jena (1947–1953), Sekretär der Historischen Kommission bei der Bayerischen Akademie der Wissenschaften (1951–1953).

lassen, Ihnen für Ihr freundliches Schreiben vom 1. Mai[1] bestens zu danken. Ihre Worte haben mich wesentlich beruhigt. Sie dürfen überzeugt sein, dass es uns bei der ganzen Aktion für die Neugestaltung der MGH keineswegs darauf ankommt, persönlich oder auch örtlich eine Rolle zu spielen. Der Hauptgedanke ist, die Gelegenheit zu benutzen, um nach der Politisierung unserer Forschungsanstalten in der Form von „Reichsinstituten" mit „Führern" wieder zu Formen zu gelangen, die den wissenschaftlichen Bedürfnissen entsprechen, dabei womöglich an alte Traditionen wieder anzuknüpfen und wenn es möglich ist, auch die Zersplitterung in den Organisationen zu überwinden, die wir uns weder mit unsern finanziellen Kräften noch im Hinblick auf die verfügbaren Arbeitskräfte in Zukunft werden leisten können. Wir haben auch von vornherein an die Lösung gedacht, die Sie in Ihrem Brief andeuten, nämlich an eine Anlehnung an das Kartell der Akademien als die wohl einzige Instanz, die eine über die Zonengrenzen hinausgehende Gemeinschaftsarbeit in die Wege leiten u. vielleicht sogar die alten Verbindungen mit den Wiener Gelehrten, vielleicht auch mit den schweizerischen, aufnehmen könnte.

Ich bin auch überzeugt, dass selbst der Berliner Magistrat, als er die Akademie (nicht Baethgen persönlich) mit der Sorge für die Institute der Geschichtsforschung beauftragte, lediglich an die Berliner Stellen gedacht hat. Praktisch ist dabei nicht viel herausgekommen. Vom ehemaligen Reichsinstitut für die Geschichte des neuen Deutschland ist nichts mehr vorhanden, das Gebäude, in dem es sich befand, ist restlos zerstört. Auch das Kaiser-Wilhelm-Institut für deutsche Geschichte[2] ist einstweilen erledigt, da sein Leiter Kehr ebenso wie der Bearbeiter der Germania sacra Dr. Wentz[3] verstorben sind[4]. Das Ganze sollte nur verhüten, daß etwaige Bibliotheksreste verschwänden; viel war leider nicht mehr zu machen.

Aber bei aller Einsicht in die Schwierigkeiten der augenblicklichen Lage kann ich doch mein Einverständnis mit dem Vorgehen von Dr. Meyer, der mir seit seiner Studienzeit sehr gut bekannt, in seiner persönlichen Zuverlässigkeit

---

[1] Walter Goetz an Fritz Hartung, 1.5.1946, in: Nl. F. Hartung, K 46/1. Der damals in Gräfelfing bei München lebende Goetz antwortet mit diesem Brief auf das, wie er sagt, „scharfe Schreiben" Hartungs an Otto Meyer vom 21.3.1946 (siehe oben, Brief. Nr. 188); er versichert dem Berliner Kollegen, dass Meyer „sicherlich nicht" die Absicht habe, die Monumenta Germaniae Historica dem bayerischen Staat zu unterstellen. Gegenwärtig könne es nur darum gehen, die Existenz der noch bestehenden deutschen historischen Forschungsinstitutionen sicherzustellen. Dies sei aber nur durch „staatliche Unterstützung" möglich; für die derzeit nun einmal in Bayern befindlichen MGH sei, „so viel ich sehe [...] eine solche zur Zeit nur in München zu haben. Wir haben von München aus Verhandlungen eingeleitet, die anderen deutschen Länder zu Beiträgen für die MG heranzuziehen, nachdem Baiern [sic] zunächst für das laufende Jahr die Gesamtkosten übernommen hat. [...] Berlin kann zur Zeit nicht in Frage kommen; sollten wir uns nicht auf ein Münchner Provisorium für einige Jahre einigen können?"

[2] Das Reichsinstitut für Geschichte des neuen Deutschlands befand sich in Berlin-Tiergarten, Viktoriastraße 31, das Kaiser-Wilhelm-Institut für deutsche Geschichte hatte seine Dienst- und Arbeitsräume im (ebenfalls weitgehend kriegszerstörten) Berliner Stadtschloss.

[3] Gottfried Wentz (1894–1945), Historiker und Archivar, Tätigkeit am Preußischen Historischen Institut Rom (1924–1927) und am Geheimen Staatsarchiv Berlin (1928–1945).

[4] Paul Fridolin Kehr war am 9.11.1944 auf Schloss Wässerndorf in Unterfranken verstorben.

freilich schon vor Jahren etwas zweifelhaft geworden ist, nicht ohne weiteres erklären. Als wir uns am 27. XI. v. J. in der Wohnung von Stroux[1] besprachen [...], hat er versprochen, mit uns in Fühlung zu bleiben, aber diese Zusage hat er nicht recht eingehalten.

Ueber die Einzelheiten einer neuen Organisation für die MGH wird sich Baethgen mit Ihnen unterhalten können. Ich hege nicht nur wie Sie die Hoffnung, dass die Verhandlungen in fruchtbarem Zusammenwirken geführt werden, sondern bin fest überzeugt, dass es bei dem anscheinend überall vorhandenen guten Willen bald dahin kommen wird.

Ich hätte Ihnen unmittelbar nach Ihrem Brief geantwortet, wenn ich nicht durch die Vorbereitung einer Historikertagung für die Universitäten der sowjetischen Zone, die ich neben den Dekanatsgeschäften zu besorgen hatte, stark in Anspruch genommen gewesen wäre[2]. Erschienen waren alle z. Zt. zugelassenen Lehrkräfte der Geschichte. Es waren erschütternd wenige. Aus Leipzig kamen Kötzschke[3], der noch immer eine Seele von Mensch, aber doch recht alt und zittrig ist, ein Dozent Dr. Mau[4], der äusserlich wenigstens seinem Namen Ehre macht, fürs MA[5] u. Dr. Köster vom Verlag Koehler & Amelang als Lehrbeauftragter für neuere Geschichte, aus Greifswald Hofmeister[6], aus Rostock Hohl[7] (alte Gesch.) u. ein Studienrat Fiesel[8], der angeblich etwas vom MA versteht, aus Halle Lintzel[9] und Hinrichs, aus Jena Fr. Schneider[10] und Haussherr. Die Tagung diente der Aussprache über die Aufgaben der Geschichtswissenschaft in der heutigen Zeit, vor allem über die Möglichkeit, im Winter mit Vorlesungen wieder anzufangen. Darüber wurde zwei Tage mehr oder minder

---

[1] Johannes Stroux (1886–1954), klassischer Philologe, a.o./o. Professor an der Universität Basel (1914/17–1922), o. Professor an den Universitäten Kiel (1922–1923), Jena (1923–1924), München (1924–1935) und Berlin (1935–1954), Rektor der Universität Berlin (1945–1947) und Präsident der Deutschen (ehemals Preußischen) Akademie der Wissenschaften zu Berlin (1945–1951).
[2] Diese Tagung fand vom 21. bis 23.5.1946 in Berlin statt; vgl. Anke Huschner: Deutsche Historiker 1946. Aus dem Protokoll der ersten Historiker-Tagung in der deutschen Nachkriegsgeschichte vom 21. bis 23. Mai 1946, in: Zeitschrift für Geschichtswissenschaft 41 (1993), S. 884–918.
[3] Rudolf Kötzschke (1867–1949), Historiker, a.o./o. Professor für sächsische Landesgeschichte an der Universität Leipzig (1906/30–1935).
[4] Hermann Mau (1913–1952), Historiker, Dozent an den Universitäten Jena (1944–1945), Leipzig (1945–1947) und München (1951–1952); seit 1951 ebenfalls Generalsekretär des dortigen Instituts für Geschichte der nationalsozialistischen Zeit (des heutigen Instituts für Zeitgeschichte).
[5] Mittelalter.
[6] Adolf Hofmeister (1883–1956), Historiker, a. o. Professor an der Universität Berlin (1912–1921), o. Professor an der Universität Greifswald (1921–1955).
[7] Ernst Hohl (1886–1957), Althistoriker, a.o./o. Professor an der Universität Rostock (1919/29–1950) und an der Humboldt-Universität Berlin (1950–1953).
[8] Ludolf Otto Fiesel (1888–1979), Gymnasiallehrer, Archivar und Lehrbeauftragter an der Universität Rostock.
[9] Martin Lintzel (1901–1955), Historiker, a. o. Professor an den Universitäten Kiel (1935–1936) und Halle (1936–1942), o. Professor an der Universität Halle (1942–1955).
[10] Friedrich Schneider (1887–1962), Historiker, a.o./o. Professor an der Universität Jena (1924/47–1956).

klug geredet, am 3. Tage wo wir unter uns waren, während an den beiden Haupttagen allerhand Vertreter der Zentralverwaltung u. sonstige Interessenten dabei gewesen waren, machten wir dann einen Lehrplan, der nicht weniger als 46 Vorlesungen aufführt. Zwei Hauptfragen blieben dabei freilich unbeantwortet, nämlich, welche Universität einen Lehrkörper hat oder bald haben wird, um alle diese 46 Vorlesungen in 8 Semestern darzubieten und welcher Student in der Lage sein wird, sie alle in sich aufzunehmen. Immerhin haben wir für die Studenten insofern gesorgt, als wir ausdrücklich gesagt haben, dass niemand verpflichtet sein soll, sie alle zu hören.

Die Erfahrungen, die Baethgen u. ich bei der Besprechung der Lehrpläne für den Geschichtsunterricht an den Schulen gemacht haben, berechtigen uns zu der Hoffnung, dass schliesslich auch aus unsern Plänen für die Universitäten etwas herauskommen wird, mit dem sich arbeiten läßt. Für den Augenblick können wir eine gewisse Planung im akademischen Unterricht nicht entbehren, denn die Studierenden sind hilfloser, als wir in unserm 1. Semester gewesen sind. Wenn dereinst die Abiturienten auf die Universität kommen, die alles Wissen u. Verständnis mitbringen, die der neue Lehrplan für die Schulen vorschreibt, dann können wir auf den etwas schulmässigen Lehrplan verzichten. Aber diese Zeit werde ich schwerlich erleben. Denn wenn ich oben gefragt habe, wo die Universitäten einen unsern Plänen gewachsenen Lehrkörper hernehmen sollen, so ist diese Frage erst recht für die Schulen zu stellen.

Aber die Hauptsache scheint mir zu sein, dass wir anfangen u. das Beste, was wir können, aus der Situation herausholen.

Mit den besten Grüssen
Ihr ergebener
Hartung

Nr. 193
An Siegfried A. Kaehler   Berlin, 2. Juni 1946

NStUB Göttingen, Cod. Ms. S. A. Kaehler, 1, 59. – Masch. Original.

Lieber Kaehler!

Sie sind im vorigen Jahr wohl den meisten Ehrungen entgangen, die Ihnen in normalen Zeiten Ihr 60. Geburtstag eingebracht haben würde. So will ich wenigstens den diesjährigen[1] benutzen, um Ihnen zu wünschen, dass Sie noch lange genug leben und wirken können, bis man aus dem Chaos dieser Zeit einen Ausweg sieht. Manchmal bin ich mir allerdings zweifelhaft, ob man das jemand[em], mit dem man es ehrlich gut meint, wünschen soll, ob unsere ganze Arbeit noch Sinn hat, ob wir eine ausreichende materielle Basis behalten werden, um als Volk weiter zu leben, und ob wir uns, wenn man diese

---

[1] Am 4.6.1946 wurde Siegfried A. Kaehler 61 Jahre alt.

Frage bejahend beantwortet, nicht in inneren Kämpfen, Gehässigkeit, Denunziantentum usw. gegenseitig aufzehren werden. Aber wir beide haben ja lange genug in Halle gelebt, um zu wissen, dass man nur so tun muss, „als ob" das, was man tut, einen Sinn hätte[1]. Und aus dieser Gesinnung heraus wünsche ich Ihnen zum 4. Gesundheit und Kraft!

Ich lebe seit Monaten durchaus so, „als ob". Seit Februar führe ich die Geschäfte des Dekans. Ich bin dazu gekommen, weil mein Vorgänger in diesem Amt nur 5 Minuten von mir wohnte u. mir eines Morgens sagen liess, ich möchte ihn vertreten, da er krank sei. Ich habe das getan, denn anders liess sich bei dem hier noch immer fehlenden Telefon in den Wohnungen die Vertretung nicht regeln. Aber dann tat er mir den Schmerz an, zu sterben, Schmerz nicht nur, weil die Vertretung seither an mir hängen geblieben ist, sondern weil er ein ordentlicher Mann war[2]. Seither, d. h. seit Ende März warte ich darauf, dass die Fakultät einen Dekan wählen darf, aber das ist einstweilen noch nicht gestattet, nachdem einmal schon der Termin festgesetzt war.

Mindestens zwei Tage in der Woche gehen auf diese Weise drauf. Man plagt uns mit Lehrplänen und Aufstellungen und mit stundenlangen Unterredungen, bei denen ich nie weiss, ob der Dolmetscher auch versteht, was ich meine. Neulich sprachen wir z. B. über historische Hilfswissenschaften, worunter aber mein russischer Unterhändler Lateinisch und Griechisch verstand, weil man diese Sprachen zum Studium der Geschichte brauche. Immerhin sind wir wenigstens in den philosophischen Fächern so weit, dass die Vorlesungen ohne Anstoss gehalten werden.

Noch mehr im Zeichen des „Als ob" stand eine Historikertagung, die wir auf Veranlassung der Zentralverwaltung vom 21. bis 23. Mai gehalten haben, um uns über die Aufgabe der Geschichtswissenschaft in der heutigen Zeit u. einen Lehrplan für das Studium an der Universität klar zu werden[3]. Eingeladen wurden nur die Historiker der sowjetischen Zone. Es kamen: aus Greifswald Hofmeister, aus Halle Hinrichs und Lintzel, aus Jena Fr. Schneider und Haussherr, aus Leipzig Kötzschke, der ja wohl niemals ein Jüngling war, aber jetzt sehr alt u. klapprig wirkte, Dr. Köster (von Koehler & Amelang) als Lehrbeauftragter für neuere Geschichte, Dr. Mau, ein jüngerer, seinem Namen entsprechender Dozent für MA, Dr. Buchheim[4], ein Mann meines Alters, neu habilitiert für Parteigeschichte, endlich aus Rostock Hohl (alte Gesch.) u. ein Studienrat Fiesel, der den ma.lichen Lehrstuhl verwest. Die Kollegen wohnten im Adlon, wo wir auch gemeinsam assen. Aber Sie dürfen sich unsere Tagung nicht zu grossartig vorstellen. Die eigentlichen Räume des Adlon sind zerstört.

---

[1] Anspielung auf den zwischen 1884 und 1906 an der Universität Halle lehrenden Philosophen Hans Vaihinger (1852–1933), dessen 1911 erstmals erschienenes Hauptwerk den damals sehr bekannten Titel „Philosophie des Als Ob" trug.
[2] Siehe oben, Brief Nr. 187.
[3] Siehe oben, Brief Nr. 192.
[4] Karl Buchheim (1889–1982), Philosoph und Historiker, Dozent für Geschichte an der Universität Leipzig (1946–1950), a. o. Professor für Neuere Geschichte an der Technischen Hochschule München (1950–1957).

Nr. 193. An Siegfried A. Kaehler, 2. Juni 1946

Man geht von der Wilhelmstr. durch zwei Höfe mit ausgebrannten Gebäuden zum 2. Hinterhaus, wo eine Hintertreppe zu den Hotelräumen führt. Von diesen aus haben Sie dafür einen freien Blick über die öde Fläche, die einstmals der Tiergarten war. Als Fleischgerichte gibt es nur Klops u. ähnliche, des Messers nicht bedürftige Speisen, weil keine Messer aufzutreiben sind. Die Wasserleitung funktioniert auch nicht, deshalb bringt Ihnen frühmorgens ein Hausdiener Wasser u. giesst es in das Becken mit der Aufforderung, sofort aufzustehen, weil es sonst wieder versickere.

Da die Zentralverwaltung, die sich in den Räumen des ehemaligen Kultusministeriums allmählich ganz nett einrichtet, die Vorträge der Tagung drucken lassen will, verzichte ich auf einen Bericht über den Verlauf. Sie ist offenbar ganz zufrieden gewesen, sonst würde sie nicht drucken lassen. [...]

Dieser Tage hatte ich Besuch vom Grafen Stolberg[1], der als Pg in Rostock entlassen ist. Er erzählte vom Tode Luckwaldts, der auf der Flucht aus Danzig von den Polen völlig ausgeplündert worden ist u. ohne irgend welchen Besitz nach Rostock gekommen ist. Man kann ihm die Ruhe nur gönnen. Bei der Tagung habe ich versucht, etwas über Frauendienst zu erfahren, aber die Hallenser wussten selbst nichts. Jetzt kommen auch die Berufungen in Gang. In Würzburg denkt man an meinen Schüler Treue, an Herzfeld, Noack u. a., in Jena an Griewank, den wir hier zum Extraordinarius gemacht haben, weil wir ihn für allerhand organisatorische Dinge gern behalten würden; an ein Ordinariat hier ist aber nicht gedacht[2].

Im Hause steht mir eine furchtbare Arbeit bevor. Der Mann, der unsere frühere Wohnung innehat, läßt mich nicht mehr an meine Bücher heran. Ich werde sie also hier herüber nehmen müssen, habe aber eigentlich keinen Platz dafür. Aber wenn ich sie nicht hole, sind sie für mich ganz verloren, es ist ohnehin schon manches gestohlen. Besser steht es mit unserer Seminarbibliothek, die augenblicklich auf Lastautos nach Berlin zurückrollt; es sind etwa 95% des Bestandes erhalten. Allerdings kommt nun die Reinigungsaktion; ein Verzeichnis der verbotenen Bücher, das die Zentralverwaltung herausgegeben hat, war recht massvoll, freilich ist es für Leih- u. Volksbibliotheken berechnet.

Im übrigen leben wir wie in den früheren Monaten bescheiden u. zurückgezogen, aber wenigstens gesund u. ohne Hunger; die Rationen gibt es ohne besondere Mühe für die Hausfrauen. Im Garten wächst Löwenzahn u. anderes Wildgemüse, ausserdem hat meine Frau Tomaten angepflanzt. Weiteren landwirtschaftlichen Ehrgeiz haben wir nicht, zumal da Kaninchen u. Nachbarn es zweifelhaft erscheinen lassen, ob die Ernte die Anstrengungen lohnen würde.

---

[1] Otto Graf zu Stolberg-Wernigerode (1893–1984), Historiker, a.o./o. Professor an der Universität Rostock (1936/42–1945), apl. Professor und – nach § 131 GG – o. Professor „zur Wiederverwendung" für Europäische Geschichte mit besonderer Berücksichtigung Westeuropas an der Universität München (1950/55–1960).
[2] Einen Ruf nach Würzburg erhielt 1946 Ulrich Noack, ein Jahr später wechselte Karl Griewank von Berlin nach Jena.

Nochmals die herzlichsten Wünsche zum 61. Geburtstag und viele Grüsse auch von meiner Frau für Sie und die verehrte Gattin!
Ihr
F. Hartung

Nr. 194
An Franz Koch   Berlin, 6. Juli 1946

SBBPK, Nl. F. Hartung, K 61/1. – Masch. Durchschlag.

Sehr verehrter Herr Kollege Koch!

Unter den zahlreichen Briefen, die ich seit dem Zusammenbruch, zumal seit der Uebernahme der Dekanatsgeschäfte von ehemaligen Parteimitgliedern bekommen habe, ist der Ihrige vom 24. v. M.[1] einer der wenigen wirklich anständigen u. männlichen, denn er bekennt sich zu dem, was Sie getan haben, während nur zu viele den Anschein erwecken wollen, als habe man sie beim Eintritt in die Partei vergewaltigt[2]. Den gleichen Eindruck von Ihrer Persön-

---

[1] Vorigen Monats.
[2] Franz Koch an Fritz Hartung, 24.6.1946 (Nl. F. Hartung, K 61/1). Koch teilt mit, ihm sei sein Arbeitsauftrag, die honorierte Mitarbeit an der Jean-Paul-Ausgabe der Akademie der Wissenschaften, im Januar 1946 faktisch entzogen worden und bittet Hartung um Unterstützung bei Vermittlung eines neuen Auftrags. Zu seiner politischen Haltung vor 1945 merkt Koch bei dieser Gelegenheit an: „Ich bin meiner ganzen Art nicht der Mensch, der sich den Folgerungen seines Denkens oder Tuns entzieht. Gewiss, ich war Pg. Ich werde auch niemals sagen, ich sei es – ‚kein Mensch muss müssen‘ – aus einer unausweichlichen Notwendigkeit geworden. Ich war es aus Ueberzeugung, ich glaubte an die an sich wertvollen Ziele, ich bin als Gymnasiast im Volkstumskampfe in Prag herangewachsen und da steht man, ich habe das immer wieder erfahren, in Volkstumsfragen anders als der Binnendeutsche. Für mich war der Anschluss Oesterreichs wie für Millionen anderer Oesterreicher die Erfüllung einer generationenalten Sehnsucht. Aber ich war auch ganz gewiss wiederum nicht das, was man im Sinne des amerikanischen Gesetzes, das allein den Begriff des ‚Aktivismus‘ zu definieren sucht, einen Aktivisten nennen könnte. Gleichwohl hat Herr Spranger unter dem Einfluss mir feindlich gesinnter Kollegen wie Herrn Vasmers u. a. zu einer Zeit, wo ein fester Begriff überhaupt noch nicht existierte, und jeder sich unter Aktivismus etwas anderes dachte, das Wort auf mich angewendet und seitdem hängt es mir so an, dass ich keine auch nur dürftige Lebenssicherheit mehr gewinnen konnte. Ich empfinde daher die Härte eines Schicksals, das in keinem Verhältnis zu dem steht, was man mir auch bei rigorosester Beurteilung vorwerfen mag, als ein Unrecht. Ich habe kein Amt in der Partei bekleidet, obwohl ich dort leicht eine bedeutende Rolle hätte spielen können, habe es vielmehr immer unter dem ausdrücklichen Hinweis abgelehnt, frei bleiben zu wollen. Ich habe als Dekan, wofür mir damals die Kollegen die schönsten Dinge gesagt und geschrieben haben, die Interessen der Wissenschaft und der Partei so vertreten, dass ich zuletzt mein Dekanat im Konfliktfalle, der sich bei der Besetzung des psychologischen Lehrstuhls ergab, niederlegte [...] ich habe als Dekan immer wieder meine Kollegen, gerade Herren wie Spranger und Vasmer, gegen Angriffe in Schutz genommen und gedeckt, ohne dass sie überhaupt etwas davon erfuhren. So empfinde ich die Art und Weise, wie man mich behandelt, als ein ausgesprochenes Unrecht". – Der russlanddeutsche Slawist Max Vasmer (1886–1962) war als Professor an der Frauenhochschule (Bestuschewskije kursy) in Sankt Petersburg (1912–1917) und als o. Professor an den Universitä-

lichkeit hat übrigens auch Stroux gewonnen. Deshalb ist der Versuch, Ihnen nach dem Muster anderer Kollegen einen honorierten Forschungsauftrag zu erwirken, auch schon vor längerer Zeit gemacht, leider aber wegen der aus der Schrift „Goethe und die Juden"[1] ersichtlichen antisemitischen Haltung strikt abgelehnt worden. Dafür trägt die Zentralverwaltung die Verantwortung.

Die Einstellung der Vergütung seitens der Akademie beruht auf einer ausdrücklichen Anweisung des Magistrats, der bisher für die Finanzen der Akademie zuständig gewesen ist. Nachdem am Donnerstag die Akademie von den Russen bestätigt worden ist, ergibt sich für sie eine neue u., wie man versichert, finanziell wesentlich günstigere Situation. Ich habe gestern mit Stroux darüber gesprochen, und ich kann Ihnen mitteilen, dass er dadurch auch für Sie etwas zu erreichen hofft. Wenn die Akademie über ihre Mittel selbständig verfügen kann, werden Sie sicherlich einen entsprechenden Auftrag seitens der Akademie wieder erhalten.

Bis dahin bitte ich Sie, sich noch etwas zu gedulden. Ich will aber daneben für alle Fälle auch alles vorbereiten, um beim Scheitern des akademischen Planes von der Fakultät aus bei der Zentralverwaltung einen Vorstoss zu unternehmen. Dazu rechne ich vor allem die erneute Lektüre Ihrer Schrift über Goethe u. die Juden. Augenblicklich kann ich sie nicht erreichen. Ich musste im August vorigen Jahres meine Wohnung der Besatzungsbehörde überlassen; durch die Vermittlung eines früheren Schülers, der im Kontrollrat sitzt, bekam ich damals die Erlaubnis, meine Bibliothek drüben zu lassen u. an Ort u. Stelle zu benutzen. Diese Erlaubnis ist mir vor kurzem entzogen worden, u. ich versuche jetzt, die Bücher herauszubekommen. Das wird sich in kurzem entscheiden.

Am besten wäre es natürlich, wenn das von Ihnen erwähnte Verfahren wirklich in Gang käme. Ich bin gern bereit, zu Ihren Gunsten über Ihre Tätigkeit als Dekan auszusagen, ebenso über Ihr Verhalten in der Akademie. Freilich müsste ich, falls ich als Zeuge vernommen würde, auf Befragen auch zugeben, dass Studenten u. Studentinnen häufig behaupteten, Ihre Vorlesungen trügen nat.soz. Charakter; etwas Positives ist mir in dieser Beziehung aber nie bekannt geworden.

Jedenfalls dürfen Sie überzeugt sein, dass sowohl Stroux wie ich die Härte Ihres Schicksals durchaus empfinden und bemüht sein werden, es zu mildern, soweit es in unsern Kräften steht.

    Mit freundlichen Grüssen
        Ihr ergebener

---

    ten Saratow (1917–1919), Dorpat (1919–1921), Leipzig (1921–1925), Berlin (1925–1947) sowie an der Freien Universität Berlin (1949–1956) tätig.

[1] Franz Koch: Goethe und die Juden, Hamburg 1937.

Nr. 195
An Albert Brackmann   **Berlin, 12. Juli 1946**

SBBPK, Nl. F. Hartung, K 37/1. – Masch. Durchschlag.

Lieber Brackmann!

Besten Dank für Ihren freundlichen Brief vom 26. v. M.[1], den ich nur kurz beantworten will, in der Hoffnung, dass wir uns bei der Akademiefeier[2] sehen werden. Der Hauptzweck dieses Schreibens ist, Sie zu animieren, hierher zu kommen bei dieser Gelegenheit, die sich vielleicht nicht so bald wieder in ähnlicher Annehmlichkeit stellt. Wenigstens wird augenblicklich alles versprochen, was Ihnen die Reise erleichtern könnte, so sagte wenigstens Stroux gestern in der Sitzung. Es sollen sogar Autos von der Zonengrenze ab zur Verfügung gestellt werden, damit die Mitglieder bequem hier[her] kommen können. Die Feier soll am 1. August sein, in ähnlichem Rahmen wie die Eröffnung der Universität, Vormittags Festakt mit Reden, Mittags ein Essen, gegen Abend ein Konzert.

Aber das ist gar nicht die Hauptsache, weswegen ich Ihnen zureden möchte, die Gelegenheit zu benutzen. Vielmehr scheint es Baethgen u. mir ratsam, dass wir die Aufgaben der Akademie auf historischem Gebiet einmal gemeinsam durchsprechen. Es geht ja augenblicklich – wir haben uns allmählich an dieses Tempo gewöhnt – alles im Geschwindschritt. Seit dem vorigen Jahr hat die Akademie auf ihre Bestätigung gewartet, am 3. abends erfuhren wir, dass sie am 4. bei der Leibnizfeier bekanntgegeben werden soll. Und nun soll bis zum 15. der Etat bereits genehmigt u. die Arbeitspläne vorgelegt sein. Dafür verspricht man uns aber auch so viel Geld, wie wir haben wollen. Obwohl ich überzeugt bin, dass wir das Gericht nicht so heiss essen werden, wie man es uns jetzt vorzusetzen verspricht, meine ich doch, dass wir zugreifen müssen, u. habe für die Historische Kommission der Akademie zunächst einmal einen Etat von 100 000 RM verlangt. Ich denke dabei auch an die Jahresberichte u. die Internationale Bibliographie. Aber über all das müssten wir einmal in Ruhe sprechen können u. wenn die Reiseerleichterungen wirklich praktisch werden, nicht nur in Berlin auf dem Papier stehen, dann möchte ich Ihnen wirklich raten, herzukommen.

Bei der Akademie wird es auch mit den ehemaligen Pgs. nicht so streng genommen wie bei der Universität, vielmehr dürfen Grapow, Ludin[3] u. Guthnick[4] ihre Rechte als Mitglieder wieder ausüben, auch die auswärtigen wie

---

[1] Albert Brackmann an Fritz Hartung, 26.6.1946, in: Nl. F. Hartung, K 37/21.
[2] Am 1.8.1946 wurde die ehemalige Preußische Akademie der Wissenschaften unter dem neuen Namen „Deutsche Akademie der Wissenschaften" im Rahmen eines Festakts in Berlin neu eröffnet; vgl. Josef Naas: Bericht über die Arbeit der Akademie seit 1. August 1946, in: Jahrbuch der Deutschen Akademie der Wissenschaften zu Berlin 1946–1949, Berlin[-Ost] 1950, S. 45–120, hier S. 50.
[3] Adolf Ludin (1879–1968), Ingenieur, o. Professor für Flussbau, Wasserwirtschaft und Kulturbau an der Technischen Hochschule Berlin (1923–1945).
[4] Paul Guthnick (1879–1947), Astronom, a. o./o. Professor für Astrophysik an der Universität Berlin (1916/21–1945) und Direktor der Sternwarte Babelsberg (1921–1946).

Kuhn[1], Specht[2] u.a. sind wieder als Mitglieder zugelassen. Ob das auch für Th. Mayer gilt, weiss ich noch nicht; wahrscheinlich gilt er aber als Aktivist, obwohl er, wie Baethgen nach einer Münchener Reise berichtet hat, jetzt aus der Haft entlassen ist u. sich in Pommersfelden um die Wiedereinsetzung in sein Amt bemüht.

In diese Rubrik wird wohl auch Koch fallen, was mir in mancher Beziehung leid tut. Denn während ich, wie ich Ihnen schon schrieb, von manchen ehemaligen Pgs. recht klägliche Briefe bekommen habe, in denen ich um Leumundszeugnisse gebeten werde, hat er sich in einem Briefe an mich aufrecht u. mannhaft zu seinem allerdings enttäuschten, aber zunächst echten Glauben an den Nationalsozialismus bekannt[3]. Ich will auch versuchen, für ihn bei der Akademie wenigstens das Existenzminimum zu erreichen; belastet ist er vor allem durch seine Schrift über Goethe u. die Juden.

Seit ein paar Tagen sind Meineckes wieder in Berlin[4]. Am 4. August ist sein 60jähriges Doktorjubiläum. Die Akademie wird ihm eine Adresse widmen, für die Fakultät werde ich mich auf ein einfaches Glückwunschschreiben beschränken, zumal da ich beide selbst verfassen muss.

Sie fragen wegen der Pensionen an. So viel ich weiss, wird in Berlin noch gar nichts gezahlt, wenn auch Nachzahlung ab 1. April in den Zeitungen in Aussicht gestellt ist. Da hier allem, was geschieht, eine Einigung der vier Besatzungsmächte vorhergehen muss, ist dies besonders schwierig. Aber mehr als der Ihnen bewilligte Betrag wird auch hier kaum bewilligt werden, denn es ist ja Tendenz, uns alle möglichst dem Niveau des Arbeiters anzunähern. Es ist hier auch beabsichtigt, die Auszahlung der Sozialversicherung zu übertragen, womit die Beamtenpension auch äusserlich als Sozialrente abgestempelt wäre. Wenn wir Zeit haben, werde ich in der nächsten Senatssitzung einmal die Frage anschneiden. Dass der Forschungsauftrag daneben bestehen bleibt, halte ich für selbstverständlich. Dafür leisten Sie doch auch noch Arbeit.

Das Dekanat macht augenblicklich noch mehr Arbeit als je zuvor, weil wir auf russischen Wunsch neue Lehrpläne ausarbeiten müssen. Erfreulich ist dabei, dass wir doch schon unserer alten Tradition näher kommen. Es wird nicht mehr, wie es noch vor 2 Monaten ausdrücklich eingeschärft wurde, nur <u>ein</u> Fach studiert, sondern ein Hauptfach, ein Nebenfach u. darüber hinaus auch ohne Examenszwang Ergänzungsfächer. Die Gefahr, dass die Universität bloss Lehranstalt wird, ist aber immer noch nicht abgewendet, u. die Einführung von Zwischenprüfungen am Ende jedes Studienjahres zeigt ja auch die Tendenz zur Verschulung. Mit der Fakultät komme ich in diesen Fragen sehr gut

---

[1] Hans Kuhn (1899–1988), Skandinavist und Altgermanist, a. o. Professor an der Universität Leipzig (1938–1941), o. Professor an den Universitäten Berlin (1941–1946) und Kiel (1946–1964).

[2] Franz Specht (1888–1949), Sprachwissenschaftler, o. Professor an den Universitäten Halle (1923–1937), Breslau (1937–1943), Berlin (1943–1945) und Mainz (1946–1949).

[3] Siehe oben, Brief Nr. 194.

[4] Friedrich Meinecke war am 9.7.1946 in sein Haus in Berlin-Dahlem zurückgekehrt; vgl. Meinecke: Neue Briefe und Dokumente, S. 449 (Friedrich Meinecke an Gustav Mayer, 1.9.1946).

aus, u. ich muss dankbar anerkennen, dass die Kollegen mich nach Kräften unterstützen. Die Lehrpläne der einzelnen Fächer, für deren rechtzeitige Ablieferung die Dekane verantwortlich gemacht waren, habe ich sämtlich zum angegebenen Termin in Händen gehabt.

Für heute Schluss! Ich habe noch viel zu erledigen, nachdem ich heute bis nach 3 Uhr im Dekanat gewesen bin u. ohne Mittagessen um 5 Uhr eine Besprechung mit den Historikern bei herrlichem Wetter in meinem Garten gehabt habe. Ich hoffe Sie demnächst wohl u. munter hier wieder zu sehen.

Herzliche Grüsse von Haus zu Haus

Nr. 196
An Max Dessoir Berlin, 7. August 1946

SBBPK, Nl. F. Hartung, K 59/31. – Masch. Durchschlag.

Lieber Herr Dessoir!

Sie haben mir durch Dr. Schantz[1] Grüsse ausrichten lassen, u. diese erwidere ich mit einem langen Brief, der freilich keineswegs selbstlos ist. Er hat seinen Ausgangspunkt in der schwierigen Lage, in die die mir immer noch anvertraute Fakultät durch den Weggang von Spranger[2] u. Nicolai Hartmann gekommen ist. Wir haben jetzt als Philosophen nur noch P. Hofmann[3], der seit einigen Monaten Ordinarius ist. Ich habe gar kein Bild von seinen Leistungen, aber körperlich ist er offenbar eine Ruine, sodass wir schon aus diesem Grunde an eine baldige Wiederbesetzung der beiden freien Ordinariate denken müssen. Ausserdem hat die Fakultät beschlossen, in der Dr.-Prüfung künftig wieder Philosophie obligatorisch zu prüfen, u. diesen Beschluss können wir nur ausführen, wenn wir das Fach so besetzen, dass wir den Studenten verschiedener Veranlagung auch verschiedene Philosophen zur Auswahl darbieten können.

Ausser Hofmann haben wir mit der Rückkehr von Liebert[4] zu rechnen; auch hat sich jetzt ein Frl. Dr. Richter[5] habilitiert, sicherlich eine gescheite

---

[1] Reinhard Schantz (1907–1979), Philosoph und Medizinhistoriker, Privatdozent an der Universität Würzburg (1948).
[2] Eduard Spranger hatte im Sommer 1946 einen Ruf an die Universität Tübingen angenommen.
[3] Paul Hofmann (1880–1947), Philosoph; 1914 an der Universität Berlin habilitiert, wurde er dort 1922 a. o. Professor und 1937 aus „rassischen" Gründen entlassen; seit 1946 amtierte er als o. Professor an der Lindenuniversität.
[4] Arthur Liebert (1878–1946, bis 1911: Arthur Levy), Philosoph, a.o./o. Professor an der Universität Berlin (1928/31–1933, 1946); 1933 aus „rassischen" Gründen zwangsemeritiert, zwischen 1933 und 1946 Emigration nach Jugoslawien und Großbritannien. Liebert amtierte an der Lindenuniversität bis zu seinem Tod am 5. November 1946 als o. Professor für Philosophie in der Pädagogischen Fakultät sowie als deren erster Dekan.
[5] Liselotte Richter (1906–1968), Philosophin und Theologin, o. Professorin an der Humboldt-Universität Berlin (1948–1968) – bis 1951 in der Philosophischen Fakultät, danach in der Theologischen Fakultät.

Nr. 196. An Max Dessoir, 7. August 1946

Person, aber eben doch noch Anfängerin in Forschung u. Lehre. Das ist alles, womit wir sicher in das Wintersemester hineingehen werden.

Die Fakultät hat bereits im vorigen Winter Vorschläge gemacht, aber nachdem man alle politisch belasteten Namen wie Wundt[1], Heimsoeth[2], Bollnow[3], gestrichen hatte, war nur Leisegang[4] übrig geblieben, und den mag anscheinend die Zentralverwaltung, die in den restlichen Räumen des Kultusministeriums die restlichen Befugnisse Preussens ausübt, nicht. Spranger hat schon geraume Zeit vor seinem begreiflicherweise sehr insgeheim betriebenen Weggang erklärt, keine weiteren Namen zu wissen. Wenn das schon der Fachmann erklärt, wo soll unsereiner noch eine Liste zusammensuchen? Hofmann sagt, er habe sich seit 13 Jahren nicht um den Nachwuchs gekümmert.

In dieser Not wende ich mich an Sie mit der Bitte, der Fakultät womöglich mit Ihrem Rat u. Ihrer Erfahrung auszuhelfen. Ich schreibe persönlich, weil ich Ihnen ganz offen die Lage schildern möchte, werde auch diesen Brief nicht zu den Akten geben. So wie die Dinge augenblicklich liegen, kann man als deutscher Professor seine Lehrtätigkeit in Berlin noch mit gutem Gewissen ausüben. Es wird zwar sehr viel an Lehrplänen gearbeitet, das war in den letzten Wochen ein sehr erheblicher Teil meiner Tätigkeit im Dekanat. Aber einmal sind diese Lehrpläne nur für die künftigen Studienräte verbindlich, zweitens lassen sie selbst diesen noch gewisse Freiheiten, neben ihrem Haupt- u. dem Nebenfach auch ergänzende Vorlesungen zu hören, u. drittens u. vor allem wird der Inhalt der Vorlesungen bis jetzt nicht kontrolliert. Es muss zwar für jede Vorlesung ein Programm zur Genehmigung eingereicht werden, aber das ist lediglich eine ausführliche Disposition, u. wenn ein Philosoph etwa 4 Stunden für Hegel in seinem Programm vorsieht, so ist er doch frei in dem, was er über Hegel sagen will. So ist wenigstens augenblicklich die Lage. Ich habe sehr viel mit einer recht intelligenten Russin zu verhandeln gehabt. Sie hat Germanistik studiert u. arbeitet über Grimmelshausen u. den deutschen Schelmenroman des 17. Jahrhunderts. Dass sie etwas von Wissenschaft versteht, zeigte mir ihre Bemerkung, dass sie auch den französischen u. spanischen Roman zum Vergleich heranziehen wolle.

Man kann also zur Zeit mit gutem Gewissen noch Leute nach Berlin berufen. Das bitte ich bei Ihren Vorschlägen zu berücksichtigen. Und wenn auch nur der vierte Teil von dem erfüllt wird, was man bei der Wiedereröffnung der Akademie der Wissenschaften uns vor 8 Tagen versprochen hat, dann gehen wir in Berlin überhaupt herrlichen Zeiten für die Forschung entgegen.

---

[1] Max Wundt (1879–1963), Philosoph, a. o. Professor an den Universitäten Marburg (1918–1920) und Dorpat (1918/19), o. Professor an den Universitäten Jena (1920–1929) und Tübingen (1929–1945); 1945 aus politischen Gründen entlassen.

[2] Heinz Heimsoeth (1886–1975), Philosoph, a. o. Professor an der Universität Marburg (1921–1923), o. Professor an den Universitäten Königsberg (1923–1931) und Köln (1931–1954).

[3] Otto Friedrich Bollnow (1903–1991), Philosoph, a. o. Professor an der Universität Göttingen (1938–1939), o. Professor an den Universitäten Gießen (1939–1945), Mainz (1946–1953) und Tübingen (1953–1970).

[4] Hans Leisegang (1890–1951), Philosoph und Physiker, a. o. Professor an der Universität Leipzig (1925–1930), o. Professor an der Universität Jena (1930–1934, 1945–1948) und an der Freien Universität Berlin (1948–1951).

Daraus, dass ich nun schon ein halbes Jahr das Dekanat als Nachfolger Deubners verwese, können Sie erschliessen, dass ich den Krieg verhältnismässig gut überstanden habe. [...] Unsere unzerstörte Wohnung bewohnen die Amerikaner. So hausen meine Frau u. ich in zwei möblierten Zimmern des stark bombengeschädigten Nebenhauses. Immerhin sind wir am Leben geblieben, u. das ist ja schon etwas. Man kann sich einbilden, etwas von dem geistigen Kapital, das die Vergangenheit angesammelt hat, über die Krise der Zeit hinwegzuretten, u. kann hoffen, auch seinen Kindern u. Enkeln etwas helfen zu können.

Sehr erfreut wäre ich, wenn Sie wirklich, wie Vierkandt andeutet, nach Berlin zurückkehren würden. Meinecke hat es eben getan, wir haben am Sonntag sein 60jähriges Dr.-Jubiläum gefeiert. Er will sogar im Semester eine Uebung abhalten. Allerdings weiss ich nicht, ob ich Ihnen raten soll, hierher zu kommen. Aufnahme in die Fakultät kann ich Ihnen garantieren, wohl auch die Lebensmittelkarte für Schwerarbeiter. Aber Wohnung, Heizung, zusätzliche Lebensmittel über die Karte hinaus, das alles hat die Universität nicht in ihrer Hand. Und wenn Sie es dort sehr gut in diesen Dingen haben sollten, dann warten Sie vielleicht besser bis zum Frühjahr[1].

Hoffentlich verfluchen Sie den Dr. Schantz nicht, dass er mit seinem harmlosen Gruss eine so lange u. dazu begehrliche Epistel ausgelöst hat. Aber ich hätte auch ohne diesen Anstoss demnächst an Sie geschrieben. Denn abgesehen von den Sorgen des Dekanats, die ich im September an eine jüngere Kraft abgeben werde, hatte ich schon lange den Wunsch, mit Ihnen wieder in Verbindung zu treten.

Mit herzlichen Grüssen von Haus zu Haus

Ihr

Nr. 197
An Wilhelm Mommsen   **Berlin, 25. August 1946**

BAK N 1478, Nr. 385. – Masch.Original.

Sehr geehrter Herr Mommsen!

[...] Ueber Ihr persönliches Schicksal[2] hatte ich bereits vor längerer Zeit einmal durch Ihren Onkel, den Admiral[3], gehört. Ich habe ihn im vorigen Jahr

---

[1] Der im Jahr 1946 bereits neunundsiebzigjährige Max Dessoir kehrte nicht mehr nach Berlin zurück; er starb am 19.7.1947 in Königstein/Ts.
[2] Wilhelm Mommsen hatte Ende 1945 seinen Marburger Lehrstuhl aus politischen Gründen verloren; seine in den folgenden Jahren unternommenen Bemühungen um eine Wiedereinstellung blieben vergeblich; vgl. Anne C[hristine] Nagel: Von der Schwierigkeit, in Krisenzeiten liberal zu sein. Der Fall Wilhelm Mommsen, in: Ewald Grothe/Ulrich Sieg (Hrsg.): Liberalismus als Feindbild, Göttingen 2014, S. 229–251.
[3] Konrad Mommsen (1891–1946), Sohn Theodor Mommsens, Marineoffizier, 1927 Admiral, 1946 verhungert.

kennen gelernt, da er kurze Zeit hindurch unser Nachbar war. Inzwischen ist er mehrfach durch Beschlagnahmung seiner Wohnung zum Umziehen gezwungen worden. Auch uns hat dieses Schicksal getroffen, immerhin nur einmal. Aber das genügt, um unsereinen nicht nur auf das möblierte Dasein seiner Studenten- u. Wanderjahre zurückzuwerfen – ich habe mich als Privatdozent in weiser Voraussicht der langen Dauer dieses Zustands gleich mit eigenen Möbeln eingerichtet –, sondern auch seiner wesentlichen Besitztümer zu berauben. Nehme ich hinzu, dass in unserer Zone die Bankkonten alle eingefroren sind u. schwerlich je wieder auftauen werden, u. dass es keine Emeritierung, geschweige denn Witwenpensionen gibt, so kann ich nur sagen, dass die Sozialisierung u. Proletarisierung hier ziemlich weit fortgeschritten ist.

Meine Bücher habe ich allerdings gerettet. [...] nach langen zeitraubenden Bemühungen bekam ich die Ermächtigung, meine Bücher, Regale u. Schreibtische herüberzunehmen. Das hat mich in den letzten Wochen sehr in Anspruch genommen, dadurch hat sich meine Antwort auf Ihren Brief[1] verzögert.

Ausserdem bin ich seit Februar Dekan, was sehr viel Arbeit macht, mehr als 1932/33, wo ich schon einmal Dekan war u. 100 Ordinarien in der Fakultät hatte; z. Zt. sind es keine 20. Ueberdies bin ich Sekretar der Akademie, u. da diese nun auch ganz neu u. gross aufgezogen werden soll, so habe ich wirklich genug zu tun, obwohl wir Historiker im Sommer noch nicht gelesen haben.

Sie fragen nach den hiesigen Kollegen. Aktiv sind ausser mir noch Baethgen, E. Meyer, Rörig u. Griewank, dem ein Ruf nach Jena ein Extraordinariat eingebracht hat. Die Zeitungsnotiz, dass er Ordinarius geworden sei, ist aber falsch, u. wir denken auch nicht daran. Schüssler ist in Holzminden u. will offenbar nicht um seine Wiederzulassung kämpfen; er hätte bei seiner nie verhehlten Kühle gegenüber Preussen gewisse Aussichten, denen freilich sein ausgeprägter grossdeutscher Standpunkt entgegenwirkt. Hoppe u. Elze sind entlassen, W. Weber nicht wieder zugelassen. Dafür ist Hoetzsch wieder aktiv geworden, aber er ist körperlich eine Ruine, sodass ich mir nicht mehr viel von seiner Wirksamkeit verspreche[2]. Meinecke ist seit ein paar Wochen hier[3], ich finde ihn geistig sehr frisch u. möchte das Urteil „wirr u. eng", das über ihn gefällt worden sein soll[4], nicht unterschreiben; körperlich ist er dagegen recht wacklig, vor allem scheint sein Augenlicht sehr nachzulassen. Immerhin hat er neulich die festliche Wiedereröffnung der Akademie mitgemacht u. ist heute zu einem Frühstück zu Ehren unseres Rektors eigens in die Stadt gefahren, was keine Kleinigkeit ist. Vor kurzem hat er sein 60jähriges Doktorjubiläum gefeiert. Meinen Wunsch, dass er Ranke auch in der Lebensdauer zum Vorbild nehme, hat er aber zurückgewiesen.

---

[1] Wilhelm Mommsen an Fritz Hartung, 12.7.1946, in: Nl. F. Hartung 59/19.
[2] Otto Hoetzsch verstarb zwei Tage nach der Abfassung dieses Briefes am 27.8.1946 in Berlin.
[3] Siehe oben, Brief Nr. 195.
[4] Der Urheber dieses Fehlurteils ist nicht zu ermitteln.

Voraussichtlich werden wir im Winter wieder lesen. Jedenfalls sind wir aufgefordert worden, Programme der geplanten Vorlesungen einzureichen. Der Inhalt der Vorlesungen wird, einstweilen wenigstens, noch nicht kontrolliert.

Zur eigenen Arbeit bin ich in den letzten Monaten nicht gekommen. Dekanat u. Akademie nehmen meine Zeit fast ganz in Anspruch, zumal da die äusseren Lebensbedingungen noch recht schwierig sind. Es gibt keine Autos, man ist auf die zeitraubenden Fahrten in U-Bahn usw. angewiesen, es gibt kein Telefon in Privatwohnungen, und das bedeutet viele unnötige Wege u. Botengänge. Immerhin merkt man in diesen Dingen einen langsamen Fortschritt.

Ich wünsche Ihnen von Herzen einen günstigen Ausgang Ihrer Angelegenheit. Sie sind ja noch ein junger Mann, der wohl das Bedürfnis nach Tätigkeit hat[1]. Ich würde mir eine Entlassung mit ausreichender Versorgung für mich u. später meine Frau ruhig gefallen lassen.

Mit freundlichen Grüssen
Ihr
Hartung

Nr. 198
An Hans Nabholz Berlin, 17. September 1946

SBBPK, Nl. F. Hartung, K 59/20. – Durchschlag.

Sehr verehrter Herr Kollege![2]

Ihr freundlicher Brief vom 20. August, der vor wenigen Tagen bei mir eingetroffen ist, ist für meine Frau und mich eine freudige Ueberraschung gewesen[3]. Ich glaube, Sie können sich keine Vorstellung davon machen, wie wohltuend es uns berührt, eine solche menschliche Stimme aus dem Ausland zu hören. Wir danken Ihnen, den Kollegen Largiadèr[4] und v. Muralt[5] sowie Ihren

---

[1] Wilhelm Mommsen war im August 1946 vierundfünfzig Jahre alt.
[2] Hans Nabholz (1874–1961), schweizerischer Archivar und Historiker, Tätigkeit am Staatsarchiv Zürich (1903–1931), a.o./o. Professor an der Universität Zürich (1924/31–1945).
[3] Hans Nabholz an Fritz Hartung, 20.8.1946, in: Nl. F. Hartung, K 59/20: „Vor einigen Tagen habe ich mit meinen Kollegen Largiadèr und v. Muralt abgemacht, dass wir drei zusammen Sie und Ihre verehrte Gemahlin bitten wollten, für 3 Wochen als unsere Gäste nach der Schweiz zu kommen. Leider ist keiner von uns im Besitz einer genügend grossen Wohnung, um Ihnen im eigenen Heim Gastfreundschaft anzubieten. Darum schlagen wir Ihnen vor, Logis im alkoholfreien Kurhaus auf dem Zürichberg zu nehmen. Es ist sehr schön am Walde gelegen und hat gute Zimmer. [...] Auf diese Weise könnten wir uns gleichzeitig wohl häufig sehen und zusammen Spaziergänge machen. – Da Sie wohl keine Devisen bekommen, würden wir natürlich auch für Ihre Rückreise besorgt sein. Gestützt auf meinen Brief werden Sie wohl bei der schweizerischen Gesandtschaft in Berlin die Einreisebewilligung in der Schweiz ohne weiteres erhalten. Im anderen Fall würde ich von hier aus die notwendigen Schritte unternehmen".
[4] Anton Largiadèr (1893–1974), schweizerischer Archivar und Historiker, Staatsarchivar von Zürich (1931–1958), a.o. Professor an der Universität Zürich (1944–1958).
[5] Leonhard von Muralt (1900–1970), schweizerischer Historiker, o. Professor an der Universität Zürich (1940–1970).

Nr. 198. An Hans Nabholz, 17. September 1946

verehrten Damen von ganzem Herzen für das schöne Angebot, das Sie uns machen. Wir würden ihm sehr gern folgen und das peinliche Gefühl, dass wir wohl nie wieder in die Lage kommen werden, Ihnen auch nur eine bescheidene Gegengabe zu bieten, unterdrücken. Denn es ist eine verlockende Aussicht, sich einmal für ein paar Wochen in einer Umgebung zu bewegen, die nicht auf Schritt und Tritt an den Krieg und seine Zerstörungen erinnert, und zugleich im Gespräch mit Kollegen wieder in die geistige Welt Europas eingeführt zu werden, von der wir lange Zeit abgesperrt gewesen sind.

Freilich waren wir von Anfang an etwas im Zweifel, ob sich Ihr schön ausgedachter Plan verwirklichen lassen werde. Denn wir wissen von den Schwierigkeiten, auf die die Gattin unseres Rektors Stroux, eine geborene Schweizerin[1], bei dem Versuch, ihr in der Schweiz bei Verwandten untergebrachtes jüngstes Kind zu besuchen, stösst. So war ich nicht allzu enttäuscht, als mir auf der Schweizer Gesandtschaft gesagt wurde, dass Einreisebewilligungen für deutsche Staatsangehörige auf Anordnung des interalliierten Kontrollrats überhaupt nicht gewährt werden. [...] So müssen wir schweren Herzens verzichten, und es bleibt uns nur das Gefühl der aufrichtigen Dankbarkeit für Ihre Einladung, die Erinnerung an die schönen Tage, die wir vor acht Jahren beim internationalen Historikerkongress in Zürich und im Anschluss daran in Locarno verlebt haben[2], und schliesslich die Hoffnung, dass es eines Tages auch für uns wieder Frieden und Reisemöglichkeiten geben wird.

[...] Ich bin froh, noch arbeitsfähig zu sein und meine Professur weiter bekleiden zu können. Allerdings war Geschichte bisher noch nicht zugelassen, doch werden wir mit Beginn des Wintersemesters mit unsern Vorlesungen wieder anfangen dürfen.

Von den Berliner Kollegen sind Oncken und R. Holtzmann im Lauf des letzten Jahres gestorben[3]. Meinecke, der im Herbst 44 den Bombenangriffen mit den für seine Konstitution besonders bedenklichen Aufenthalten im Keller ausgewichen war, ist vor zwei Monaten hierher zurückgekehrt. Er ist körperlich etwas wacklig geworden, aber seine geistige Frische ist erstaunlich. Er hat auch bereits den Versuch gemacht, die deutsche Katastrophe des 3. Reiches historisch zu erfassen[4]; mehr als ein erster Versuch ist es freilich nicht, und es wird uns noch viel Kopfzerbrechen kosten, bis wir die Wurzeln der geistigen Entartung des deutschen Volkes aufgedeckt haben. Brackmann lebt seit etwa 3 Jahren in Blankenburg a. H. und möchte wohl gern zurückkehren; aber das ist nicht einfach, denn der Zuzug nach Berlin ist wegen der Ernährungsschwierigkeiten untersagt, auch ist sein Haus beschlagnahmt. Er war neulich für ein paar Tage hier zur Wiedereröffnung der Akademie der Wissenschaften. Aktiv tätig sind ausser mir an der Universität von Historikern noch Baethgen, Rörig

---

[1] Paula Stroux, geb. Speiser(-Sarasin) (1892–1954), Violonistin.
[2] Siehe oben, Brief Nr. 131.
[3] Hermann Oncken starb am 28.12.1945 in Göttingen, Robert Holtzmann am 27.6.1946 in Halle.
[4] Friedrich Meinecke: Die deutsche Katastrophe. Betrachtungen und Erinnerungen, Wiesbaden 1946.

und E. Meyer (Hilfswissenschaften). A. O. Meyer ist schon im Sommer 44 infolge eines Unfalls gestorben, während Schüssler freiwillig auf seine Stelle verzichtet hat. Schwierig ist es mit dem Nachwuchs für das akademische Lehramt. Von den jüngeren Kollegen sind sehr viele in der NSDAP gewesen. Ich möchte ihnen mildernde Umstände zubilligen, denn auf sie wurde tatsächlich ein starker Druck ausgeübt; ohne Eintritt in die Partei war die Dozentur kaum zu erlangen. Bei den Aelteren dagegen wurde kein Zwang angewendet; wer von diesen der Partei angehört hat, hat es entweder aus Ueberzeugung getan oder aus Opportunität.

Die durch den Ausfall vieler Jüngeren entstehenden Schwierigkeiten – auch die Kriegsverluste kommen hinzu – steigen noch durch die weit verbreitete Scheu vor Berlin, die uns Berufungen aus den westlichen Zonen nach Berlin so gut wie unmöglich macht, ja sogar eine Abwanderung von hier selbst an kleinere Universitäten (Spranger nach Tübingen) zur Folge hat. Dass die Lebensverhältnisse hier nicht rosig sind, bestreite ich nicht. Aber einstweilen haben wir noch die Möglichkeit zur wissenschaftlichen Forschung und Lehre im gleichen Umfang wie in den anderen Zonen. Auch die äusseren Arbeitsmöglichkeiten bestehen noch, wenn auch nach Fächern verschieden. Wir Historiker sind insofern begünstigt, als wir unsere sehr stattliche Seminarbibliothek fast ohne Verluste durch den Krieg hindurch gerettet haben. Auch die Universitätsbibliothek ist gut erhalten, während die Verluste der Staatsbibliothek noch nicht zu übersehen sind. Es ist aber erfreulich zu sehen, dass dauernd noch gerettete Bücher ankommen. Unsere erste Arbeit wird es jetzt sein, wieder den Anschluss an die wissenschaftliche Produktion des Auslands zu finden. Wenn Sie uns da behilflich sein können, werden wir es mit besonderem Dank aufnehmen.

Ich bin vom Persönlichen allmählich immer mehr ins Berufliche gekommen, das mich in den letzten Monaten besonders viel beschäftigt hat, da ich lange Zeit die Dekanatsgeschäfte geführt habe u. gleichzeitig in der Akademie als Sekretar der philosophisch-historischen Klasse tätig bin. Aber ich möchte zum Schluss doch wieder auf das Persönliche zurückkommen und Ihnen zugleich im Namen meiner Frau nochmals herzlich danken für die grossartige Einladung und Sie bitten, auch den Kollegen Lagiardèr [sic] und v. Muralt unsern Dank auszusprechen. Ihrer verehrten Frau Gemahlin lassen wir uns bestens empfehlen.

Mit freundlichen Grüssen
Ihr sehr ergebener

Nr. 199
An Gerhard Ritter   Berlin, 30. September 1946

BAK N 1166, Nr. 328. – Masch. Original.

Lieber Herr Ritter!

Frl. Melcher, die ich gerade noch vor dem Zusammenbruch durch die Doktorprüfung hindurchbugsiert habe[1], hat mir Ihre Grüsse überbracht, u. ich danke Ihnen herzlich dafür. Ich habe mich s. Zt. sehr gefreut zu hören, dass Sie dem sich wild überschlagenden Fanatismus der Nazis glücklich entgangen sind, habe auch Ihre Erlebnisse mit Interesse gelesen[2] und habe mich eben mit Ihrer Broschüre „Geschichte als Bildungsmacht", die mir Meinecke geliehen hat, intensiv beschäftigt[3]. Es ist ein Thema, das uns hier natürlich auch sehr angeht. Wir haben im Frühjahr eine Tagung der Historiker unserer Zone hier gehabt, bei der ich über die Aufgaben der Geschichtswissenschaft in der heutigen Zeit zu sprechen hatte[4]. Die Verhandlungen sollten gedruckt werden, aber die Russen haben sie noch nicht freigegeben, obwohl sie mit dem Gesamtverlauf der Tagung anscheinend zufrieden gewesen sind, wenigstens gleich hinterher die Erlaubnis, Geschichte an der Universität zu lehren, gegeben haben. Da wir hier z. Zt. wenigstens Bücher aus andern Zonen nicht kaufen können, wage ich die unbescheidene Frage, ob Sie mir ein Exemplar Ihrer Broschüre zuschicken können. Ich bin gern bereit, sie Ihnen später, wenn der Geldverkehr eröffnet sein wird, oder wenn wir wieder etwas publizieren können, zu bezahlen oder eine Gegengabe zu schicken. Verzeihen Sie diese plumpe Frage, aber die heutige Zeit bringt merkwürdige Situationen.

[...]

Der Akademie sind grosse Geldmittel zur Verfügung gestellt worden: Ich werde dabei aber das Gefühl: timeo Danaos[5] nicht recht los. Man spürt immer wieder, dass wir von ganz andern Voraussetzungen ausgehen als die Aufsichtsmacht. Es ist merkwürdig, dass sich Engländer, Amerikaner u. Franzosen von den Russen auf allen geistigen Gebieten haben ausschalten lassen. Im höheren Schulwesen der Stadt Berlin scheinen Sie jetzt etwas einzugreifen. In dieser Beziehung hat sich der Berliner Magistrat sehr radikal benommen, das sieht man auch an den von ihm herausgegebenen Richtlinien für den Geschichtsunterricht, während die Zentralverwaltung für die sowjetische Zone unter Zuzie-

---

[1] Marianne Melcher promovierte im Wintersemester 1944/45 bei Hartung mit einer Dissertation zum Thema „Vernunftideal und Staatsräson bei Friedrich dem Großen".
[2] Siehe oben, Brief Nr. 188.
[3] Gerhard Ritter: Geschichte als Bildungsmacht. Ein Beitrag zur historisch-politischen Neubesinnung, Stuttgart 1946.
[4] Siehe oben, Brief Nr. 192.
[5] Zitat aus Vergils „Aeneis" (II, 49): „Ich fürchte die Danaer, auch wenn sie Geschenke bringen". Die Bemerkung bezieht sich auf das Verderben bringende Trojanische Pferd, gemeint ist hier also: ein Geschenk, das für den Empfänger Unheil bringt.

hung von Schadewaldt¹, Baethgen u. mir einigermassen brauchbare Pläne geschaffen hat.

[...] Griewank, der angeblich nicht in der NSDAP gewesen ist, hat einen Ruf nach Jena; er ist hier Extraordinarius geworden, aber das Ordinariat verweigern wir ihm. Wir verhandeln eben über die Nachfolge A. O. Meyer. Ich habe eine sehr schöne Liste aufgestellt: 1. Ritter, 2. Schnabel, 3. Stadelmann². Aber wir fürchten, dass keiner von diesen Berlin annehmen wird. So suchen wir jetzt noch nach weniger prominenten Kandidaten, für die Berlin noch Reiz haben könnte. Ich weiss nicht, ob ich Ihnen raten soll, hierher zu kommen. Von Ihren gesammelten Aufsätzen „Lebendige Vergangenheit" hat mir Dr. Köster ein Exemplar geschenkt; gerade der Schluss gibt viel zu denken³.

[...]

Auch wenn Sie meine Bitte nicht erfüllen können oder wollen, würde ich mich über eine briefliche Antwort sehr freuen. Ich empfinde sehr das Bedürfnis, den geistigen Graben, der durch die Zonengrenze gezogen ist, zu überbrükken.

Mit vielen Grüssen
Ihr
F. Hartung

---

[1] Wolfgang Schadewaldt (1900–1974), Klassischer Philologe, o. Professor an den Universitäten Königsberg (1928–1929), Freiburg i.Br. (1929–1934), Leipzig (1934–1941), Berlin (1941–1950) und Tübingen (1950–1968).
[2] Rudolf Stadelmann (1902–1949), Historiker, o. Professor an den Universitäten Gießen (1936–1938) und Tübingen (1938–1949).
[3] Gerhard Ritter: Lebendige Vergangenheit. Beiträge zur historischen Selbstbesinnung, Leipzig 1944. Diese erste Auflage des Ritterschen Aufsatzbandes wurde 1945 fast vollständig vernichtet; eine zweite, z.T. stark veränderte Auflage erschien München 1958. Die erste Auflage von 1944 endet mit Ritters Vortrag „Das Rätsel Rußland" aus dem Jahr 1943, dessen letzte Passage, die Hartung in seinem Brief erwähnt, lautet (S. 389): „Der russische Staat und seine Geschichte bietet dem Abendländer einen Anblick, der ebenso erschütternd wie lehrreich für uns ist. Er lehrt uns den Sinn des Lebenskampfes verstehen, in dem wir als Schildträger der abendländischen Menschheit stehen. Er lehrt uns vor allem auch unsere eigene Aufgabe als Abendländer, als Europäer deutlich erkennen: eine staatliche Gemeinschaft zu bauen, die echte sittliche Gemeinschaft ist, eine Gemeinschaft der Gerechtigkeit und der wahren, der in innerer und äußerer Freiheit geleisteten Hingabe für Staat und Volk".

Nr. 200
An Leo Raape   Berlin, 10. November 1946

SBBPK, Nl. F. Hartung, K 59/22. – Masch. Durchschlag.

Lieber Raape![1]

Nachdem Sie meine kurze Karte mit einem so erfreulich ausführlichen Briefe beantwortet haben[2], haben Sie Anrecht auf eine ebenso ausführliche Nachricht von meiner Seite. Zunächst danke ich Ihnen für Ihren Brief und gebe meiner Befriedigung darüber Ausdruck, dass Sie das furchtbare Kriegsende, das selbst Pessimisten wie ich nicht so vorausgeahnt hatten, wenigstens heil u. mit ungebrochenem Mut zum Leben überstanden haben. Sie erinnern in Ihrem Brief an den alten Vaihinger u. seine Philosophie des Als ob[3]. Ich finde diese gerade in unseren Verhältnissen besonders aktuell. Denn alles, was wir in der Universität u. der Akademie der Wissenschaften tun, tun wir als ob wir sicher seien, dass diese Arbeit Sinn hat u. zum Erfolg führt. Ich gebe offen zu, dass ich darüber je nach Stimmung bald mehr bald weniger skeptisch denke, ja dass der Skeptizismus angesichts der minimalen Erfolge unseres wirtschaftlichen Wiederaufbaus – vom politischen lässt sich ja überhaupt noch nicht reden, bevor wir wenigstens einen formellen Frieden haben werden – eher zu- als abnimmt. Aber wenn wir auch nur im geringsten in unserer Arbeit nachliessen u. sie nicht mit der Gewissenhaftigkeit erfüllten, als ob wir uns durchsetzten, dann wäre endgültig alles verloren. Das ist der Standpunkt, von dem aus ich meine Aufgabe an der Universität ansehe. Seit Februar bin ich Dekan meiner Fakultät u. habe als solcher sehr viele Verhandlungen mit Vertretern der sowjetischen Besatzungsbehörde geführt, der wir allein unterstellt sind; die andern Besatzungsmächte in Berlin haben auf jeden Anteil an der Universität verzichtet. Es war mir sehr interessant zu sehen, mit welchen Voraussetzungen die russischen Herrn, die leider häufig wechseln, an ihre Aufgabe herantraten. Für sie ist die Universität im Grunde nur eine Schule, u. es hat viele Besprechungen u. Denkschriften gekostet, bis sie eingesehen haben, dass wir höhere Aufgaben haben u. unsere Studenten auch freier behandeln müssen. Vielleicht haben Sie von der Zeitungspolemik gehört, die hier augen-

---

[1] Leo Raape (1878–1964), Jurist, a. o./o. Professor an den Universitäten Halle (1908/15–1924) und Hamburg (1924–1948). Raape hatte zwischen 1919 und 1923 zum engeren Freundes- und Bekanntenkreis Hartungs an der Universität Halle gehört.
[2] Leo Raape an Fritz Hartung, 3.10.1946, in: Nl. F. Hartung, K 59/22.
[3] Siehe oben, Brief Nr. 193; in Raapes Brief heißt es u. a.: „Dass ich bei der Universitätsfeier am 1.7.1944 die hiesige Universität vertrat, schrieb ich Ihnen wohl noch. Es war schon allen schwer ums Herz, aber jeder tat ‚Als OB', so wie der selige Vaihinger [sic]. Wenn ich an Halle denke, und das tue ich gerade jetzt sehr oft, wird mir immer wehmütig ums Herz. [...] Und unser liebes Vaterland?! Wie war es möglich, dass wir so sanken und was soll daraus werden? Das Rückgrat, das alte, ehrenvolle von mir über alles geliebte Preussen, ist dahin. Die törichten Menschen, die noch heute darüber schelten – wie werden sie einmal klug werden!". – Raapes Bemerkung über die „Universitätsfeier" bezieht sich auf das zweihundertfünfzigjährige Jubiläum der Friedrichs-Universität Halle.

blicklich um die Universität im Gang ist u. die Zulassungsbeschränkungen zum Ausgangspunkt hat¹. Ich will das Verfahren des Zulassungsausschusses keineswegs verteidigen, es sind dabei zweifellos Fehler gemacht worden u. zwar aus parteipolitischem Uebereifer. Aber glauben Sie, dass ein Ausschuss, der bei ein paar Tausend [sic] Anträgen etwa 1000 genehmigen kann, überhaupt so entscheiden kann, dass über ihn nicht geschimpft wird? Aber abgesehen davon, die Studenten, die wir jetzt haben, sind fleissige junge Leute, die nicht nur physisch, sondern auch geistig ausgehungert sind u. eifrig zu lernen versuchen. Ob sie etwas lernen u. ob es bei denen, die parteipolitisch befangen u. voreingenommen zur Universität gekommen sind, gelingen wird, ihren Gesichtskreis zu erweitern u. sie daran zu gewöhnen, die Dinge vielseitig anzusehen u. sich um solide Kenntnisse zu bemühen, bevor sie urteilen, das hängt ja zum Glück nicht vom Zulassungsausschuss, sondern von uns Professoren ab. Und ich glaube, dass sich Berlin mit seinem Lehrkörper immerhin noch sehen lassen kann, wenn gleich wir manch schmerzlichen Verlust zu verzeichnen haben, zuletzt noch Spranger.

Bei den Juristen ist vom alten Bestand Kohlrausch geblieben, Peters[2] (öff. Recht, Mann der CDU) Ordinarius geworden, Dersch[3] (Arbeitsrecht) zurückgekehrt. Ein für uns Historiker sehr erfreulicher Zuwachs ist Mitteis[4], den Sie von seiner kurzen Gastrolle in Halle wohl noch in Erinnerung haben. Die andern hat alle der Umsturz verschlungen, darunter Hedemann[5], C. Schmitt, der als ehemaliger Staatsrat verhaftet worden ist u. in einem amerikanischen Lager sitzt[6]; Gieseke[7], der Sohn des Hallischen Bierrichters[8], ist ins Rheinland zu

---

[1] Im Sommer und Herbst 1946 kam es zu einem heftigen öffentlichen Streit um die nach politischen Gründen vorgenommene Reglementierung der Zulassung von Studenten an die neu eröffnete Universität Berlin; vgl. dazu Hansen: Von der Friedrich-Wilhelms- zur Humboldt-Universität zu Berlin, S. 77–84.

[2] Hans Peters (1896–1966), Jurist, Wissenschaftsorganisator und Politiker (Zentrum, CDU), a.o./o. Professor an den Universitäten Berlin (1928/46–1949) und Köln (1949–1966), Vorsitzender der Görres-Gesellschaft zur Pflege der Wissenschaft im katholischen Deutschland (1940/41, 1945–1966); Peters agierte als Mitbegründer der CDU von 1945–1948 und als deren Co-Fraktionsvorsitzender in der Gesamt-Berliner Stadtverordnetenversammlung.

[3] Hermann Dersch (1883–1961), Jurist, a.o./o. Professor an der Universität Berlin (1929/31–1937, 1946–1951).

[4] Heinrich Mitteis (1889–1952), Jurist und Rechtshistoriker, o. Professor an den Universitäten Köln (1921–1924), Heidelberg (1924–1934), München (1934–1936), Wien (1936–1938), Rostock (1940–1946), Berlin (1946–1948), München (1948–1952) und Zürich (1952). Mitteis war 1919 an der Universität Halle für Deutsche Rechtsgeschichte und Privatrecht habilitiert worden.

[5] Justus Wilhelm Hedemann (1878–1963), Jurist, o. Professor an den Universitäten Jena (1909–1936) und Berlin (1936–1945).

[6] Carl Schmitt befand sich seit Ende Oktober 1945 bis Mitte Oktober 1946 in verschiedenen Internierungslagern der amerikanischen Besatzungsmacht; vgl. Mehring: Carl Schmitt, S. 442 ff.

[7] Paul Gieseke (1888–1967), Jurist, o. Professor an der Universität Rostock (1922–1929), an der Handelshochschule Berlin (1929–1934), sodann an den Universitäten Marburg (1934–1939), Berlin (1939–1945), Saarbrücken (1950–1952) und Bonn (1952–1955).

[8] Ludwig Gieseke (1853–1920), Rechtsanwalt und Notar in Halle.

Nr. 200. An Leo Raape, 10. November 1946

Verwandten gegangen, wo er in Bonn eine Gastprofessur bekommen soll, Reicke[1] ist in Marburg, Ritterbusch soll tot sein[2].

Wir Historiker haben hier im ersten Semester nicht lesen dürfen. Jetzt haben wir angefangen u. zwar, wie ich ausdrücklich betonen möchte, ohne jede Vorschrift hinsichtlich des Inhalts unserer Vorlesungen. Das gilt übrigens auch von den andern Fächern, auch der Philosophie. Insofern hat Spranger die Flinte vorzeitig ins Korn geworfen.

Natürlich empfinden wir es als eine Belastung Berlins, dass hier radikal alle ehemaligen Pgs. aus der Lehrtätigkeit entfernt worden sind, während man in den andern Zonen sehr viel milder verfährt, sodass z. B. unser wissenschaftlich sehr tüchtiger u. politisch wohl harmloser Sprachvergleicher Specht[3] (eine Zeitlang in Halle als Nachfolger Bechtels[4]) nach Mainz gegangen ist, wo man ihn mit offenen Armen aufgenommen hat. Aber vielleicht ist es für uns auf die Dauer ein Vorteil, dass die Reinigung gleich zu Beginn stattgefunden hat. Denn sicher ist wohl niemand in den andern Zonen, dass er auf die Dauer im Amt bleibt, wenn er Pg. gewesen war. Ich hörte jetzt z. B. aus Hannover, dass dort alle Lehrer, die in der Partei gewesen waren, jetzt entlassen worden sind, was sich auf den Schulbetrieb verheerend auswirkt.

Persönlich habe ich, wie ich Ihnen schon schrieb, nur wenige Verluste erlitten, freilich bin ich durch den Wegfall aller Vermögen in unserer Zone u. meiner Möbel, die wir sicher nie wieder sehen werden, da sie z. T. schon jetzt weggebracht worden sind, auf die Stufe des von seiner Arbeitskraft abhängigen Proletariers herabgesunken. Meine Frau leidet sehr unter den primitiven Verhältnissen, in denen wir wohnen; immerhin haben wir einen guten Kachelofen u. sogar Brennstoff. Noch mehr leidet sie unter der Trennung von unserer Tochter, deren Mann schon 1943 gefallen ist u. die nun mit ihren 2 Kindern in Braunschweig lebt.

[...]

Damit mag es für heute genug sein. Hoffentlich reisst die Verbindung unter uns nicht noch einmal ab. Je älter u. je einsamer man wird, desto mehr soll man die Verbindung mit den Freunden aus besseren Zeiten pflegen u. es waren doch schöne Zeiten in Halle. Wer hätte je an die Möglichkeit eines solchen Zusammenbruchs gedacht.

Mit herzlichen Grüssen u. vielen guten Wünschen für Sie u. Ihre Familie

---

[1] Siegfried Reicke (1897–1972), Jurist, Rechtshistoriker und Kirchenrechtler, o. Professor an den Universitäten Königsberg (1933–1936), Marburg (1936–1941), Berlin (1941–1945), Marburg (1945–1946), Göttingen (1946–1949) und Heidelberg (1949–1965).
[2] Paul Ritterbusch hatte am 26.4.1945 Selbstmord begangen.
[3] Franz Specht (1888–1949), Sprachwissenschaftler, o. Professor an den Universitäten Halle (1923–1937), Breslau (1937–1943), Berlin (1943–1945) und Mainz (1946–1949).
[4] Friedrich Bechtel (1855–1924), Sprachwissenschaftler, a. o. Professor an der Universität Göttingen (1884–1895), o. Professor an der Universität Halle (1895–1924).

Nr. 201
An Hellmut Kretzschmar Berlin, 17. November 1946

SBBPK, Nl. F. Hartung, K 59/9. – Masch. Durchschlag.

Sehr verehrter Herr Kollege![1]

Ein Vierteljahr ist vergangen, seitdem Sie mir aus Anlass des Artikels von Kuczynski[2] über die deutsche Geschichtsschreibung[3] geschrieben haben[4]. Damals dachte ich noch daran, auf den Artikel unmittelbar zu antworten, K. hatte mich geradezu darum gebeten u. der „Aufbau"[5] hatte mir Raum zur Verfügung gestellt. Daraus ist nun nichts geworden. Zu einer unmittelbaren Erwiderung fehlt mir die Zeit. Mitte August bekam ich meine Bücher aus meiner beschlagnahmten Wohnung heraus. Ich weiss nicht, ob Sie sich eine Vorstellung davon machen können, was es heisst, eine Bibliothek von etwa 4000 Bänden in einer an sich schon übervollen Zweizimmerwohnung, in der bereits eine ganz stattliche Büchersammlung des evakuierten Besitzers steht, unterzubringen, die Bücherstapel zunächst einmal zu entwirren. [...] Nebenher musste ich die Geschäfte des Dekans und die im Zusammenhang mit der Neuordnung besonders zeitraubenden Aufgaben des Sekretars der historisch-philosophischen Klasse der Akademie erledigen. Und inzwischen ist mir die Lust vergangen, mich mit Kuczynski unmittelbar zu befassen. Sie heben ja selbst seinen überheblichen Stil hervor[6]. Ich weiss nicht, ob Sie die ebenfalls im Aufbau (einem früheren

---

[1] Hellmut Kretzschmar (1893–1965), Landeshistoriker und Archivar am Hauptstaatsarchiv Dresden (1928–1958), seit 1937 Archivdirektor.
[2] Jürgen Kuczynski (1904–1997), Statistiker und marxistischer Wirtschaftshistoriker, o. Professor an der Humboldt-Universität Berlin (1946–1968).
[3] Jürgen Kuczynski: Betrachtungen zur deutschen Geschichtsschreibung, in: Aufbau 2 (1946), S. 742–747. Der Autor entwirft in diesem knappen Text das Programm einer künftigen marxistischen Wirtschaftsgeschichtsschreibung, die sich in den Dienst der „fortschrittlichen" politischen Entwicklung Deutschlands stellen soll.
[4] Hellmut Kretzschmar an Fritz Hartung, 17.8.1946 [Nl. F. Hartung, K 59/9]. Kretzschmar nimmt hier zu Kuczynskis „Aufbau"-Aufsatz „Betrachtungen zur deutschen Geschichtsschreibung" sehr kritisch Stellung: „Man könnte diese Arbeit vielleicht wegen ihrer wohl nicht nur einseitig und unhaltbar erscheinenden Grundthese vom verhängnisvollen Primat der Außenpolitik als unerheblich übersehen, stünde sie nicht an so prominenter Stelle und beruhte sie nicht mit so betonter Selbstverständlichkeit auf der marxistischen Geschichtstheorie, die bei allem Respekt doch immer nur eine Auffassung der geschichtlichen Welt neben anderen möglichen ist". Nach einigen Bemerkungen über Kuczynskis Tendenz zu „mitleidig-souveräner Überheblichkeit" in der Behandlung der älteren deutschen Geschichtsschreibung, zumal Rankes, fügt Kretzschmar an: „Droht hier nicht eine neue geistige Zwangstotalität? Und was wäre dagegen zu tun? [...] Es wäre doch zu wünschen, daß im ‚Aufbau' auch die nicht marxistische Richtung im Maße ihrer wirklichen Bedeutung Ausdruck fände oder daß ein anderes Organ geschaffen werde, das die Tradition der alten ‚historischen Zeitschrift' [sic] auf breiterer allgemein kultureller Basis fortsetzte".
[5] Der „Aufbau" war die zwischen 1945 und 1958 in der SBZ und der frühen DDR erscheinende kulturpolitische Zeitschrift des ebenfalls 1945 gegründeten „Kulturbundes zur demokratischen Erneuerung Deutschlands".
[6] Kuczynski führt in seinem Aufsatz „Betrachtungen zur deutschen Geschichtsschreibung" einen plakativ-polemischen und oberflächlichen Angriff gegen die bisherige deutsche Ge-

Nr. 201. An Hellmut Kretzschmar, 17. November 1946

Heft) veröffentlichten Teile seiner Berliner Antrittsvorlesung kennen, wo er über die deutsche Wirtschaftsgeschichtsschreibung des 19. Jahrhunderts ebenso überlegen u. verächtlich sich ausspricht[1] u. nur 3 Namen gelten lässt, Marx[2], Engels[3], Mehring. Sombart wird mit einer leichten Handbewegung beiseite geschoben, M. Weber[4] überhaupt nicht erwähnt[5].

Augenblicklich bin ich wieder einmal guter Hoffnung, Zeit für wirklich wissenschaftliche Arbeit zu gewinnen, denn gestern sind die Einladungen an die Fakultätsmitglieder hinausgegangen zur Wahl eines neuen Dekans. Vielleicht komme ich im Dezember dazu, ohne allzu viel Gewicht Herrn Kucz. beizulegen, die Aufgaben der Geschichtswissenschaft in der heutigen Zeit zu behandeln. Der Plan, die Verhandlungen unserer Historikertagung vom Mai drucken zu lassen, ist offenbar auf Zensurschwierigkeiten gestossen, wird jedenfalls nicht weiter verfolgt. Kennen Sie übrigens die Broschüre von G. Ritter, Geschichte als Bildungsmacht? Da steht sehr viel Beherzigenswertes drin[6]. Wir würden Ritter sehr gern als Nachfolger für A. O. Meyer hierher berufen, aber wir fürchten, dass er nicht kommen wird.

Sie fragen am Schluss Ihres Briefes nach geeignetem Nachwuchs für den Archivdienst. Ich antworte mit der Gegenfrage: was heisst bei Ihnen politische oder militärische Belastung? Gilt jeder, der etwa in der HJ oder Offizier war, als belastet? Die in den Zeitungen ja genügend, zum Teil über Gebühr angegriffene Zulassungspraxis in Berlin[7] droht übrigens, den älteren Semestern den Abschluss ihres Studiums unmöglich zu machen. Es wurden nämlich fast nur junge Semester zugelassen, mit der ausdrücklichen Begründung, dass nur diese noch nicht durch Studium in der Nazizeit beeinflussten Menschen geeignete Träger der künftigen Demokratie sein werden. Das Ergebnis sehen wir in unsern Seminaren: es fehlt fast völlig an Studenten vom 5. Semester an aufwärts. So wird der Nachwuchsmangel, den wir hier natürlich auch spüren – noch haben wir keinen Dozenten für Geschichte –, immer schlimmer werden.

---

schichtswissenschaft, der er vorwirft, sie habe in der Nachfolge Leopold Rankes so gut wie ausschließlich im Bann einer „Lehre vom Primat der Außenpolitik" gestanden, die wiederum „all denen in die Hände" gespielt habe, „die den Krieg zu Raubzwecken vorbereiteten"; Bismarck wird von ihm u. a. als „reaktionärer Holzkopf" (S. 746) bezeichnet.

[1] Jürgen Kuczynski: Warum studieren wir deutsche Wirtschaftsgeschichte?, in: Aufbau 2 (1946), S. 356–361.
[2] Karl Marx (1818–1883), Ökonom und Philosoph, Theoretiker des Sozialismus und Kommunismus.
[3] Friedrich Engels (1820–1895), Unternehmer, Ökonom, Theoretiker des Sozialismus und Kommunismus.
[4] Max Weber (1864–1920), Jurist, Nationalökonom, Wirtschaftshistoriker und Soziologe, a. o. Professor an der Universität Berlin (1893–1894), o. Professor an den Universitäten Freiburg i. Br. (1894–1896) und Heidelberg (1896–1903), Honorarprofessor an der Universität Heidelberg (1903–1917), o. Professor an den Universitäten Wien (1917–1918) und München (1919–1920).
[5] Die erwähnten Passagen bei Kuczynski: Warum studieren wir deutsche Wirtschaftsgeschichte?, S. 357.
[6] Siehe oben, Brief Nr. 199.
[7] Siehe oben, Brief Nr. 200.

Es wird mich freuen, wenn wir den eingeleiteten Gedankenaustausch gelegentlich fortsetzen können. Historikertagungen u. dergl. wird es freilich wohl nicht so bald wieder geben.

Mit freundlichen Grüssen
Ihr ergebener

Nr. 202
An Wilhelm Schüßler   Berlin, 21. Dezember 1946

SBBPK, Nl. F. Hartung, K 37/2. – Masch. Durchschlag.

Lieber Herr Schüssler!

Für Ihren freundlichen Brief vom 22. v. M. u. die prompte Mitteilung der Anschrift von Valjavec[1] danke ich Ihnen herzlich. Ich habe nun gleich an Valj. geschrieben u. mich für seine Zusendung bedankt[2]; von Bonn ist aber noch keine Anfrage an mich gekommen. Das braucht noch kein schlechtes Zeichen für Valj. zu sein, eher Ausdruck des in den westlichen Zonen weitverbreiteten Gefühls, dass wir Berliner in der Wissenschaft nicht mehr mitzählen. Das ist, wie ich nach Ablauf der ersten Hälfte des Semesters erneut versichern kann, zum mindesten übertrieben. Wir stehen zwar unter einer Aufsicht, die genauer ist, als wir anfangs geglaubt haben, aber sie erstreckt sich vorläufig nur auf das Formale u. hat noch nicht versucht, den Geist der Vorlesungen zu beeinflussen.

Sehr gefreut hat es mich, dass Ihre Pläne bei der Ev. Akademie nun feste Gestalt gewonnen haben, wie Ihre Postkarte vom 23. meldete[3]. Hoffentlich finden Sie dort nicht nur eine gesicherte äussere Existenz, sondern auch eine Sie befriedigende Tätigkeit. Hier in Berlin lebt die Theol. Fakultät anscheinend ziemlich kümmerlich, sehr wenige Professoren u. auch sehr wenig Studenten. Dafür hat die Akademie in Zehlendorf grossen Zulauf[4]. Das Misstrauen gegen

---
[1] Fritz Valjavec (1909–1960), Historiker, a. o. Professor an der Universität Berlin (1943–1945), o. Professor an der Universität München (1958–1960); Leiter des Münchner Südost-Instituts (1955–1960).
[2] Valjavec hatte, wie aus einer von ihm angefertigten Briefkopie hervorgeht, am 14.10.1946 ein Schreiben und ein Exemplar seiner letzten Buchveröffentlichung (Fritz Valjavec: Der Josephinismus. Zur geistigen Entwicklung Österreichs im 18. und 19. Jahrhundert, Brünn 1944) an Hartung geschickt und ihn um eine Beurteilung des Buches gebeten (BayHStA, Südost-Institut, Nr. 57, 144); in seinem Dankschreiben an Valjavec vom 8.12.1946 (ebenda, Nr. 57, 145) bemerkt Hartung, „dass ich Ihre Schrift mit grossem Gewinn gelesen habe; ich verdanke ihr eine wesentliche Erweiterung u. Vertiefung meiner bisher nur auf den landläufigen Darstellungen beruhenden Kenntnisse dieser Erscheinung, die gerade auch durch die von Ihnen hervorgehobene Berührung mit dem aufgeklärten Absolutismus mein Interesse fesselt".
[3] Nicht überliefert. – Wilhelm Schüßler arbeitete ab 1947 (bis 1958) an der Evangelischen Akademie Christophorus-Stift in Hemer/Westfalen.
[4] Die Kirchliche Hochschule in Berlin-Zehlendorf, hervorgegangen aus einer 1935–1941 bestehenden illegalen Ausbildungsstätte der Bekennenden Kirche, wurde 1945 neu begründet; sie bestand bis 1992 als eigenständige, staatlich anerkannte wissenschaftliche

Nr. 202. An Wilhelm Schüßler, 21. Dezember 1946

alles von oben her gelenkte u. beaufsichtigte geistige Leben scheint weit verbreitet zu sein, ein sehr verständliches Erbe der Hitlerzeit, das aber unter dem Eindruck der derzeitigen Bildungspolitik noch stark anwächst. Vielfach bestehen bei den heutigen Machthabern ganz falsche Vorstellungen über den Zwang, unter dem die Wissenschaft in der Hitlerzeit gestanden haben soll, deshalb fühlt man sich berechtigt, ihn noch zu übertrumpfen. Man wollte mir z. B. nicht glauben, dass die letzten Bände von Stählins[1] Geschichte Russlands unangefochten haben erscheinen können, obwohl sie keine antisowjetische Propaganda treiben[2].

Seit acht Tagen bin ich das Dekanat los. Mein Nachfolger ist Meusel[3], Marxist, deswegen 1933 als Prof. der Nationalökonomie in Aachen abgesetzt, dann in England, seit dem Sommer hier u. seit Semesterbeginn als Ordinarius für politische u. soziale Probleme der Gegenwart hier bei uns tätig. Seine Aufgabe ist eine Art politischer Pädagogik; zugleich ist er das Gegengewicht gegen die Historiker, die noch auf dem Boden der idealistischen Geschichtsauffassung stehen. Dass es solche noch gibt, ist kürzlich in einer kommunist. Besprechung erstaunt festgestellt worden, übrigens ohne jede Wirkung auf den Lehrbetrieb. Meusel macht aber einen sehr guten Eindruck, er ist ruhig u. klar, hat gute Kenntnisse auf geschichtlichem Gebiet u. ist keineswegs einseitig. Das zeigte er auch am Montag in der Diskussion über einen Vortrag eines Grafen Stenbock-Fermor[4] über Goethe u. Friedrich II., der lediglich die heute üblichen Vorwürfe gegen Friedrich II. zusammentrug, das eigentliche Thema aber überhaupt kaum behandelte. Ich konnte mich in der Diskussion nicht enthalten, an Goethes Berliner Aufenthalt 1778 zu erinnern, wo er dem alten Fritzen recht nah gekommen ist, einen Eindruck vom Mechanischen des Staates (das Uhrwerk mit der Walze FR[5]) gewonnen u. über den grossen Mann seine eigenen Lumpenhunde hat räsonnieren hören[6]. Ausser mir sprach auch Griewank u.

Ausbildungsstätte mit Promotions- und Habilitationsrecht. Im Rahmen der Neuordnung der Humboldt-Universität ging die Kirchliche Hochschule 1992 in der Theologischen Fakultät der Humboldt-Universität auf; vgl. Wolf Knötke: Die Theologische Fakultät der Humboldt-Universität zu Berlin 1945–2010, in: Geschichte der Universität Unter den Linden 1810–2010, Bd. 6: Selbstbehauptung einer Vision, hrsg. v. Heinz-Elmar Tenorth, Berlin 2010, S. 47–87, hier S. 81 ff.

[1] Karl Stählin (1865–1939), Historiker, a. o. Professor an der Universität Heidelberg (1910–1914), o. Professor an den Universitäten Straßburg (1914–1919) und Berlin (1920–1933).
[2] Karl Stählin: Geschichte Russlands von den Anfängen bis zur Gegenwart, Bde. 1–4/2, Stuttgart/Berlin 1923–1939; die Bde. 3, 4/1 und 4/2 erschienen 1935 und 1939.
[3] Alfred Meusel (1896–1960), marxistischer Ökonom, Soziologe und Historiker, a. o./o. Professor an der Technischen Hochschule Aachen (1925/30–1933), o. Professor an der Universität Berlin (1946–1960), seit 1952 Direktor des Museums für Deutsche Geschichte in Ost-Berlin.
[4] Alexander Graf Stenbock-Fermor (1902–1972), Schriftsteller, Widerstandskämpfer gegen den Nationalsozialismus, nach 1945 in der SBZ und DDR als Verlagslektor und Drehbuchautor tätig.
[5] Fridericus Rex.
[6] Goethe hielt sich im Mai 1778 in Begleitung Herzog Carl Augusts von Sachsen-Weimar-Eisenach für zehn Tage in Berlin auf; Hartung zitiert hier indirekt verschiedene Briefstellen Goethes, in denen dieser über seine sehr gemischt ausgefallenen Berliner Eindrücke be-

zuletzt gab Meusel uns gegen den Vortragenden Recht. Ich glaube also, dass die Fakultät mit ihrem neuen Dekan gut fahren wird, zumal da seine Beziehungen zu den massgebenden Kreisen besser u. unmittelbarer sind als die meinigen.

Meinecke hat wieder einmal eine Bronchitis gehabt, befindet sich aber auf dem Wege der Besserung. Hoffentlich schadet ihm die Kälte, unter der wir z. Zt. leiden, nicht von neuem. Obwohl wir Professoren eine besondere Kohlenzuteilung bekommen haben, können wir doch nicht gegen Temperaturen von unter 10 Grad anheizen, vor allem kann man nicht die ganze Wohnung durchheizen, sondern allenfalls ein Zimmer. Und das Haus von Meinecke habe ich immer kalt gefunden.

Für die Nachfolge von A. O. Meyer haben wir jetzt nach langen Beratungen eine bescheidene Liste aufgestellt, Beyerhaus, der in Bottrop lebt u. sicher zu haben ist, oder Rassow[1]. Die besseren Namen wie Ritter, Schnabel, Stadelmann haben wir gar nicht erst auf die Liste gesetzt, denn sie kommen doch nicht. Etwas erschüttert hat mich ein Brief von Rassow[2], bei dem ich mich nach dem Kölner Anglisten erkundigt habe u. der mir geantwortet hat: „Wenn ich Ihre Fakultät so eifrig an der Berufungsarbeit sehe u. andererseits höre, wer alles von Berlin wegstrebt, so fühle ich mich an die Szene bei Münchhausen[3] erinnert, wo er seinen Gaul saufen lässt ... u. schließlich merkt, dass der Gaul seine hintere Hälfte verloren hat u. das Wasser sogleich hinten herausfliesst". Ob es wirklich schon so weit mit uns gekommen ist? Ein Motiv zum Weggehen ist natürlich die mangelnde Sicherung des eigenen Alters u. vor allem der Witwen. Dagegen sind die aktiven Professoren mit Gehalt wenigstens zur Zeit sehr gut gestellt, was vor allem der Steuer zugute kommt. Der Steuerabzug beträgt bei mir etwa 50 % des Gehalts.

Der Brief wird nicht mehr rechtzeitig eintreffen, sodass meine Weihnachtswünsche wohl zu spät kommen. Aber er soll Ihnen und Ihrer Familie wenigstens ein gutes Jahr wünschen, das Sie wieder zu einer unmittelbar produktiven Arbeit kommen lassen, Sie, die Gattin u. die Kinder gesund erhalten u.

---

richtete, so an Charlotte von Stein (17.5.1778): „Wenn ich nur gut erzählen kann von dem grosen Uhrwerck das sich vor einem treibt, von der Bewegung der Puppen kann man auf die verborgnen Räder besonders auf die grose alte Walze FR gezeichnet mit tausend Stiften schliesen die diese Melodieen eine nach der andern hervorbringt"; und etwas später aus Weimar an Johann Heinrich Merck (5.8.1778): „Auch in *Berlin* war ich im Frühjahr; ein ganz ander Schauspiel! Wir waren wenige Tage da, und ich guckte nur drein wie das Kind in Schön-Raritäten Kasten. Aber Du weißt, wie ich im Anschaun lebe; es sind mir tausend Lichter aufgegangen. Und dem *alten Fritz* bin ich recht nah worden, da hab ich sein Wesen gesehn [...] und hab über den großen Menschen seine eignen Lumpenhunde räsonniren hören"; beide Zitate in: Goethes Briefe, hrsg. v. Karl Robert Mandelkow/Bodo Moraw, Bd. 1, München 1986, S. 250, 253.

[1] Peter Rassow (1889–1961), Historiker, a. o. Professor an der Universität Breslau (1936–1941), o. Professor an der Universität Köln (1941–1958).
[2] Nicht erhalten.
[3] Hieronymus von Münchhausen (1720–1797), Offizier in russischen Diensten, später bekannt geworden als Erzähler abenteuerlicher „Lügengeschichten", die seit dem späten 18. Jahrhundert vielfach literarisch bearbeitet und verwertet wurden.

unser ganzes gequältes Vaterland wenigstens ein paar Schritte vorwärts führen möge.

Mit herzlichen Grüssen auch von meiner Frau
Ihr

Nr. 203
An Albert Brackmann   **Berlin, 9. März 1947**

SBBPK, Nl. F. Hartung, K 37/1. – Masch. Durchschlag.

Lieber Brackmann!

Besten Dank für Ihren letzten Brief![1] Meine Korrespondenz hat unter diesem Winter des Missvergnügens[2] mit seiner Kälte u. den vielen lichtlosen Stunden – besonders hässlich finde ich die Stromsperre abends von 18 bis 22 Uhr – sehr gelitten; im Februar kam auch noch eine Grippe dazu. Jetzt scheint es ja trotz allem doch etwas wärmer zu werden. Jedenfalls kann ich in unserm Zimmer an der Maschine schreiben, ohne steife Finger zu bekommen.

Die Hauptsache für uns scheint mir die Wiederbelebung der Jahresberichte zu sein. Ich habe für sie jetzt die Lizenz beantragt u. deswegen vor einigen Tagen eine Besprechung mit dem einstweiligen Leiter des Akademieverlages Kaesser[3] gehabt. Er ist, da er vom Verlag Volk u. Wissen[4] herkommt, für die mehr äusserlichen Dinge, namentlich für die Lizenzverhandlungen mit den Russen, sicher sehr geeignet; dass er auf die Dauer der richtige Mann für den Akademieverlag ist, wird allgemein bezweifelt u. die Akademie sucht bereits nach einem wissenschaftlich besser qualifizierten Mann. Da jetzt auch die Akademie die Jahresberr. übernommen hat, glaube ich, dass wir sie auch in den Akademieverlag übernehmen sollten. Ich konnte Sie, da alles zuletzt ziemlich rasch gehen musste, nicht mehr fragen, ob Sie damit einverstanden seien. An unsern alten Verlag K. F. Koehler sind wir juristisch sicher nicht gebunden, da die Gesellschaft Jahresberr., als deren Vorstand wir s. Zt. den Vertrag mit ihm geschlossen haben, nicht mehr existiert, auch hat Koehler wenig Aussicht auf Lizenzerteilung. Moralisch sind wir auch nicht an Koehler gebunden, da wir mit seiner Geschäftsführung seit Jahren nicht mehr zufrieden gewesen sind.

---

[1] Albert Brackmann an Fritz Hartung, 7.2.1947, in: Nl. F. Hartung, K 37/1 (unvollständig erhalten).

[2] Bekanntes Shakespeare-Zitat aus: „The Tragedie of Richard the Third", v. 1–2: „Nun ward der Winter unsers Mißvergnügens / Glorreicher Sommer durch die Sonne Yorks" („Now is the winter of our discontent / Made glorious summer by this sun of York"); deutsche Übersetzung in der Fassung von August Wilhelm Schlegel (1767–1845).

[3] Hans Kaesser (1905-?), Verlagskaufmann, Leiter des Akademie-Verlags in Berlin (1946–1951).

[4] 1945 gegründeter Fachverlag für Schulbücher und Lehrmaterial in der SBZ/DDR.

Nr. 203. An Albert Brackmann, 9. März 1947

Das erste Ergebnis meiner Besprechung mit Kaesser haben Sie wohl schon durch das Bureau der Akademie erhalten, nämlich die Aufforderung, für den Lizenzantrag [einen] Fragebogen auszufüllen; ich werde das gleiche tun. Ausserdem müssen wir eine Uebersicht des Inhalts einreichen. Sie wird sich natürlich an die bisherige Anordnung unserer Bibliographie anlehnen, aber bedenkliche Punkte wie Rassenkunde, Wehrgeschichte, völkischen Gedanken stillschweigend fallen lassen. Ich möchte auch die Raumgeschichte wegen des mit dem Begriff „Raum" getriebenen Missbrauchs wieder als Historische Geographie bezeichnen.
[...]
Auch die Anlage künftiger Jahresberr. bedarf noch eingehender Ueberlegung. Sollen wir die Forschungsberichte beibehalten? Wenn ja, wie sollen sie gegliedert werden? Ich bin der festen Ueberzeugung, dass wir die landschaftlichen Berichte fallen lassen müssen, denn wir werden die verlorenen Landschaften nicht in besonderen Berichten behandeln können. Aber ebenso wenig können wir, wenn wir Berichte über Brandenburg, Thüringen usw. bringen, Schlesien einfach totschweigen.
[...]
Für die Akten des ehem. Geh. Staatsarchivs habe ich mich dieser Tage mündlich u. schriftlich noch einmal eingesetzt, als wir auf Wunsch der SMA über die Aussichten unserer Forschungen zu berichten hatten. Ich habe betont, dass wir im Unterschied zu den Naturwissenschaften, die sehr über das Fehlen von Apparaten u. Material zu klagen hatten, keine besonderen Einrichtungen brauchen, aber auf die Bibliotheken u. Archive unbedingt angewiesen sind. Ob es etwas helfen wir[d], steht dahin.
An der Universität haben wir seit dem 1. Ferien. Es ist im Ganzen alles gut gegangen, ohne Konflikte mit der SMA. Dass die Zeitungen, zumal der Tagesspiegel[1], dauernd gegen den Rektor u. die Zentralverwaltung Stimmung machen, empfinde ich als sehr ungehörig, obwohl ich zugebe, dass beide Instanzen etwas zu rechthaberisch u. zu wenig demokratisch vorgehen. Hoffentlich tritt nach den Ferien etwas Ruhe ein. Stroux verreist morgen für 4 Wochen nach Bad Elster. Das Sommersemester soll schon am 9. April anfangen u. bis zum 12. August dauern; ich hoffe, dass die Studenten Ende Juli von sich aus Schluss machen. Ich sehe dem Semester etwas bänglich entgegen, weil ich nach Griewanks Berufung nach Jena der einzige neuere Historiker bin. Wir haben zwar für die Professur von A. O. Meyer Beyerhaus vorgeschlagen, aber bis jetzt ist noch nichts erfolgt[2].
Vorgestern haben meine Frau u. ich Unverzagt in seinem Notquartier im Zoobunker[3] besucht. Es hat den Vorteil, dass er wegen des dort untergebrachten Krankenhauses gut geheizt ist, auch wird er vom Krankenhaus zum

---

[1] Die im September 1945 gegründete Zeitung „Der Tagesspiegel" entwickelte sich zur meistgelesenen Tageszeitung in den drei Westzonen Berlins.
[2] Der bis 1945 in Breslau lehrende Gisbert Beyerhaus wurde nicht an die Universität Berlin berufen.
[3] Berliner Hochbunker (mit Flakturm) in der Nähe des Zoologischen Gartens.

Teil verpflegt. Aber ich möchte nicht in einem Zimmer leben, das überhaupt kein Fenster hat, vom Tageslicht völlig abgeschnitten ist u. nur künstlich mit frischer Luft versorgt werden kann. Augenblicklich ist der Aufenthalt noch schlimmer, da auf seinem Stockwerk, ja selbst auf dem zu seinem Zimmer führenden Gang Notlager für halb verhungerte u. erfrorene Leute angelegt worden sind, wodurch die Luft noch verschlechtert worden ist. Die Leitung des Instituts wird wohl Rörig übernehmen; wegen der Unterschriften, die Unverzagt als Pg nicht leisten kann, brauchen wir einen persönlichen Leiter, nicht, wie Sie sachlich sehr berechtigt vorschlagen, eine Sachverständigenkommission. Ob eine solche zur Beratung des Arbeitsplans noch gebildet werden soll, ist noch zu überlegen.

[...]

Hoffentlich überstehen Sie auch den Rest des langen Winters in Gesundheit. Mit herzlichen Grüssen auch von meiner Frau für Sie und Ihre Familie

Ihr

Nr. 204

An Hans Nabholz Berlin, 30. März 1947

SBBPK, Nl. F. Hartung, K 59/20. – Durchschlag.

Sehr verehrter Herr Kollege Nabholz!

Auf Ihren freundlichen Brief vom 4. November[1] habe ich lange Zeit nicht geantwortet, obwohl Sie darin sogar einige Fragen an mich gerichtet haben. Aber meine Korrespondenz ist bei dem kalten Wetter u. den vielen dunkeln Stunden, die uns durch die langwierigen Abschaltungen des el[ektrischen] Lichts beschert wurden, ganz eingefroren u. taut erst jetzt, wo es wärmer geworden ist, allmählich wieder auf.

[...]

Auch die Universität hat das Wintersemester, ohne Kohleferien machen zu müssen, mit geheizten Auditorien durchgeführt. Die gelegentliche Polemik der Zeitungen, hinter der ziemlich durchsichtige politische Absichten stehen, darf darüber nicht täuschen. Natürlich ist nicht alles rosig an der Universität, politische Missgriffe sind vorgekommen. Aber der Kern der Zeitungsangriffe, die einseitige Auswahl der Studenten unter parteipolitischen Gesichtspunkten, hängt mit der notgedrungenen Ausschliessung vieler, die studieren möchten, wegen Raummangels zusammen; das hat auch an den Universitäten der

---

[1] Hans Nabholz an Fritz Hartung, 4.11.1946 (Nl. F. Hartung, K 59/20): Nabholz merkt zur Begründung der von ihm ausgestreckten brieflichen Fühler zu deutschen Kollegen u. a. an: „Die geistige und besonders die wissenschaftliche Autarkie, die uns die Verhältnisse aufnötigen, ist nicht nach meinem Geschmacke. Bei der Kleinheit unserer Verhältnisse besteht leicht die Gefahr, dass wir in selbstgenügsamer Zufriedenheit geistig einschlafen. Die geistig Trägen allerdings finden den Zustand recht angenehm!"

andern Zonen zu Reibungen geführt, denn jeder, der abgewiesen wird, behauptet natürlich, er sei aus unsachlichen Gründen abgewiesen worden. Mit denen, die wirklich studiert haben, habe ich ebenso wie die meisten andern Kollegen gute Erfahrungen gemacht. Es fehlt wohl vielfach an Kenntnissen, auch infolge des Schulbetriebs der Nazizeit an geistiger Schulung, an kritischem Denken; aber der Wille zu lernen ist überall vorhanden. Dass sie gegen alle politische Beeinflussung misstrauisch sind, kann ich nach den Erfahrungen, die unser ganzes Volk mit 12 Jahren amtlicher Propaganda gemacht hat, gut verstehen u. halte es für besser, als wenn sie mit der gleichen Blindheit wie 1933 auf eine neue politische Ideologie hereinfallen würden. Auf der andern Seite begreife ich durchaus, dass Amerikaner, mit denen ich über diese Fragen kürzlich zu sprechen Gelegenheit hatte, in der politischen Gleichgültigkeit gerade der akademischen Jugend eine Gefahr für unsere künftige Entwicklung erblicken, die sich ja nur auf demokratischer Grundlage vollziehen kann. Ich hoffe auch u. versuche nach Kräften darauf hinzuwirken, dass die Studenten durch den akademischen Unterricht an die politischen Probleme herangeführt u. zu Verständnis für die ihnen erwachsenden Aufgaben gebracht werden. Nur scheint es mir dauerhaftere Ergebnisse zu versprechen, wenn wir das politische Verständnis aus dem historischen Denken heraus entwickeln, als wenn wir mit politischer „Schulung" kommen. Das gilt vor allem auch für die aussenpolitischen Aufgaben, die ich ganz so beurteile wie Sie in Ihrem letzten Brief[1]. Die Zeit des nationalen Egoismus ist vorbei, nicht nur für uns Deutsche, die wir auf absehbare Zeit überhaupt keine aktive Rolle mehr in der grossen Politik werden spielen können, sondern allgemein für Europa, falls es sich neben den grossen Weltmächten behaupten will. Aber gerade auch die Geschichte der Schweiz, die seit langem sich ihrer europäischen Rolle bewusst ist, scheint mir zu zeigen, dass Ueberwindung des nationalen Egoismus nicht gleichbedeutend ist mit Verzicht auf nationale Würde u. mit Preisgabe aller geschichtlichen Vergangenheit. Ich bedaure, dass die beste Zeitung, die wir in Berlin haben, der Tagesspiegel, sein politisches Programm, uns zur Demokratie zu erziehen, auf diese Weise diskreditiert u. mit seiner Polemik gegen unsere ganze Vergangenheit – nicht nur gegen die Ueberspannung des „deutschen Wesens, an dem die Welt genesen soll", wie sie seit 1871 begann u. seit 1890 auch unsere Poli-

---

[1] Nabholz schreibt in seinem Brief an Hartung vom 4.11.1946 u. a.: „Bis dass die Menschheit wieder zur Vernunft und Ruhe kommt, wird es allerdings noch lange gehen. Notwendige Voraussetzung dazu ist die Einsicht, dass die Zeiten eines rein national eingestellten Patriotismus, oder besser gesagt Egoismus endgültig vorbei sind und die Bereitschaft zu internationaler Zusammenarbeit der einzige Ausweg aus dem Chaos ist. Ob diese andere Einstellung besonders in Westeuropa möglich ist, scheint nach den gegenwärtigen Vorgängen sehr fraglich zu sein. Die Gefahr ist gross, dass sonst das Schwergewicht des wirtschaftlichen, politischen und schliesslich auch des kulturellen Lebens endgültig nach Amerika auswandert und Europa in der Familie der Völker etwa die Rolle spielt, wie vor dem ersten Weltkrieg [sic] Spanien in der europäischen Völkerfamilie. – Zum Glück bleibt die Hoffnung, dass dieser Pessimismus ungerechtfertigt ist, und dass es doch noch gelingen wird, wieder ein glücklicheres Europa zu schaffen, wobei auch Deutschland wieder eine wichtige Rolle auf kulturellem Gebiete zufallen würde".

tik verdarb – manche Menschen abschreckt. Es scheint uns Deutschen furchtbar schwer zu werden, zwischen Ueberheblichkeit u. Würdelosigkeit den richtigen Weg zu finden.

Sie fragen nach Meineckes Anschrift. Er wohnt in seinem alten Haus in Berlin-Dahlem, Hirschsprung 13. [...] Die Frische von Meinecke ist erstaunlich; ich habe sie neulich wieder einmal bewundert, als ich bei ihm mit einigen Amerikanern zusammen war u. eine lebhafte Diskussion über politische Fragen entstand, in die er trotz seiner Schwerhörigkeit eingriff. Er hat trotz seinen 84 Jahren in diesem Winter Uebungen für ältere Studenten gehalten, u. diese haben sich alle für das kommende Semester wieder angemeldet. Demnächst will er wieder einmal in der Akademie sprechen.

[...]

Die Akademie der Wissenschaften hat jetzt die Erlaubnis bekommen, ihre Publikationen wieder aufzunehmen; so werden wir nach einer Pause von etwa drei Jahren wieder drucken können. Mit den historischen Zeitschriften sind wir dagegen noch nicht weiter gekommen. Besonders schwierig ist die Wiederaufnahme da, wo Herausgeber u. Verlag in verschiedenen Sektoren Berlins oder gar in verschiedenen Zonen Deutschlands wohnen. Es wäre sehr zu wünschen, dass die Moskauer Konferenz uns wieder zu einem einheitlichen Wirtschaftsgebiet zusammenführte[1]. Ich glaube, dass man sich ausserhalb Deutschlands von den Folgen der Zonengrenzen keine richtige Vorstellung macht, wenn das Gerücht, die Sektoren Berlins seien durch Stacheldraht gegeneinander abgegrenzt, auch völliger Unsinn ist. Die Sektorengrenzen merkt man beim Gehen oder Fahren in Berlin überhaupt nicht. Wohl aber kann es Ihnen im Bäckerladen passieren, dass Sie kein Brot bekommen, weil er in einem andern Bezirk liegt als Ihre Wohnung. Hoffentlich erlebe ich es noch, über solche Dinge sagen zu können: meminisse juvat[2].

Zugleich im Namen meiner Frau sende ich Ihnen u. Ihrer verehrten Frau Gemahlin die besten Grüsse

Ihr ergebener

---

[1] Die Moskauer Außenministerkonferenz der vier alliierten Siegermächte (10.3. bis 24.4. 1947) endete ergebnislos; die Vertreter der USA, Großbritanniens, Frankreichs und der Sowjetunion konnten sich nicht auf eine gemeinsame Verwaltung und auf Grundlinien für eine politische Neugestaltung des besetzten Deutschlands einigen; vgl. Wilfried Loth: Die Teilung der Welt. Geschichte des Kalten Krieges 1941–1955, München 1980, S. 155f.
[2] Lat. „die Erinnerung macht Vergnügen".

Nr. 205
An Ernst Friedländer Berlin, 18. Mai 1947

SBBPK, Nl. F. Hartung, K 37/1. – Masch. Durchschlag.

Lieber Ernst![1]

Wieder sind wir Dir zu herzlichem Dank verpflichtet, denn seit dem letzten Brief, den ich vor etwa 2 Monaten an Dich geschrieben habe, ist das angekündigte Carepaket angekommen, dessen gewichtiger u. wertvoller Inhalt darauf schliessen lässt, dass es für Dich eine erhebliche finanzielle Last sein muss. Ich kann darum nur meinen neulich schon gemachten Vorschlag wiederholen, dass ich Zahlungen übernehme, die Verwandten oder Bekannten hierzulande zugute kommen sollen, falls dieses Verfahren nach Euern Vorschriften zulässig ist.

Leider haben wir mit dem schönen Paket kein Glück gehabt. Denn wenige Tage später wurde bei uns eingebrochen, als Anni u. ich um die Mittagszeit bei einer studentischen Feier zum Semesterbeginn in der Stadt waren; ich hatte die Ansprache dort übernommen. Dem Einbruch ist das noch fast völlig erhaltene Carepaket zum Opfer gefallen, leider auch sehr viel andere Sachen, darunter Annis Pelzmantel u. ihre Schmucksachen. Wegen des Pakets habe ich beim hiesigen Komité einen Antrag auf Ersatz eingereicht u. hoffe auf Erfolg[2]. Die andern Sachen sind wohl nicht wieder zu kriegen, selbst wenn die Einbrecherin, eine Frau aus der Nachbarschaft, die bereits wegen eines andern Einbruchs in Untersuchungshaft gewesen, dann aber, da der Tatbestand klar war, bis zur Gerichtsverhandlung wieder auf freien Fuss gesetzt worden ist, gefunden werden sollte; einstweilen ist sie verschwunden. Leider nimmt Anni die Sache sehr tragisch, zermartert sich das Hirn, warum gerade sie so vom Unglück verfolgt sei, u. macht sich Vorwürfe, dass sie mich an jenem Tage begleitet hat, obwohl alle Hausbewohner mit Ausnahme einer Frau, die im Keller krank lag, weggegangen war[en]. Ich gebe mir alle Mühe, sie zu trösten u. aufzurichten […].

Zum Glück haben wir jetzt ein ungewöhnlich schönes u. warmes Frühjahr. Im Hause ist alles aufgetaut. Allerdings muss ein Teil der Wasserleitung noch abgesperrt bleiben, weil die Rohrbrüche nicht repariert sind, aber wir haben doch wieder laufendes Wasser in der Küche, u. unser Clo gehört nicht zu den 30 000 des amerikanischen Sektors von Berlin, deren Becken geplatzt sind, ist vielmehr benutzbar. Die Trockenheit ist vielleicht für die Landwirtschaft zu gross, für unser regendurchlässiges Dach aber ist sie uns sehr er-

---

[1] Ernst Friedlaender (1878–1957), Germanist, seit 1921 Professor an der Universität Stellenbosch/Südafrika; Vetter von Fritz Hartung.
[2] Die Lebensmittel enthaltenden sog. „Care"-Pakete wurden von der amerikanischen Hilfsorganisation CARE (Cooperative for American Remittances to Europe) an die notleidenden Bevölkerungen der am Krieg beteiligten europäischen Staaten unter der Leitung von sog. Care-Komitees in den größeren Städten verteilt; vgl. Volker Ilgen: CARE-Pakete & Co. Von der Liebesgabe zum Westpaket, Darmstadt 2008, S. 69 ff.

wünscht. Seit drei Wochen arbeiten ein Mann u. 2 Frauen an der Wiederherstellung des Daches; so weit der Dachstuhl erhalten ist, wird es mit Ziegeln gedeckt, sonst muss Dachpappe genügen. Immerhin ist es ein bescheidenes Stück Aufbau. Die Leute machen einen netten Eindruck, aber sie arbeiten für meinen Begriff entsetzlich langsam. Die Ernährung reicht nicht aus zu intensiver Arbeit, das ist die Entschuldigung, die man überall zu hören bekommt, auch bei den Dienern der Univ.bibliothek, die nur langsam die bestellten Bücher heranbringen.

Das Semester entwickelt sich recht erfreulich. Ich habe ein fast zu gut besuchtes Seminar mit fast 50 Teilnehmern, in dem ich die Entwicklung der Menschenrechte seit 1776 durchnehme. Es wird fleissig gearbeitet, u. viele sind offenbar mit wirklichem Interesse bei der Sache. Bei der Vorbereitung habe ich festgestellt, dass die heute gültige russische Verfassung von 1936 die 1918 proklamierten „Rechte des werktätigen u. ausgebeuteten Volkes" nicht wieder aufgenommen, sondern durch einen fast bürgerlich anmutenden Abschnitt über „Grundrechte u. Grundpflichten der Bürger" ersetzt hat[1].

Vor ein paar Tagen fand in Dahlem im Hause eines amerikanischen Kontrolloffiziers für Erziehungswesen, der früher einmal nach seiner Angabe als Austauschlehrer am Realgymnasium Stettin tätig gewesen war, eine Aussprache zwischen mehreren Professoren u. Studenten über die Möglichkeit engeren Kontakts zwischen Professoren u. Studenten in Deutschland statt. Vorhergegangen waren regelmässige Aussprachen des Amerikaners mit deutschen Studenten über Studienverhältnisse in USA u. Deutschland. Sehr deutlich wurde uns dabei, wie viel einfacher vieles in den USA liegt, schon räumlich durch das Collegesystem, dann auch durch die geringere Zahl von Studenten, die auf den einzelnen Professor entfallen. Augenblicklich ist es für uns besonders schwierig, Fühlung mit den Studenten zu bekommen. Wir haben nicht die Möglichkeit, mit ihnen, wie ich das früher häufig gemacht habe, nach dem Seminar im Gasthaus zusammen zu kommen[2] oder gar einen engeren Kreis in die Wohnung einzuladen. Auch die Beratung in der Sprechstunde war im Winter bei dem Fehlen warmer Sprechzimmer fast unmöglich. Bezeichnend war, dass bei der Diskussion manche bereits den Kontakt organisieren wollten, fast nach dem Muster der Nazis, die vom Doktoranden bei der Meldung zum Examen eine Bescheinigung über kameradschaftliche Zusammenarbeit mit seinem Professor verlangten.

---

[1] Die am 5.12.1936 in Kraft getretene „Verfassung der Union der Sozialistischen Sowjetrepubliken" enthielt im X. Kapitel (Artikel 118–133) Bestimmungen über die „Grundrechte und Grundpflichten der Bürger"; diese umfassten etwa das Recht auf Arbeit, auf Erholung, auf Bildung, auf materielle Versorgung im Alter sowie ebenfalls (im Artikel 125) das Recht auf Rede-, Presse-, Kundgebungs- sowie Versammlungs- und Demonstrationsfreiheit; vgl. Günther Franz (Hrsg.): Staatsverfassungen. Eine Sammlung wichtiger Verfassungen der Vergangenheit und Gegenwart, 3. Aufl. Darmstadt 1975, S. 560–582, hier S. 577 ff.
[2] Das wird bestätigt von Hartungs Schüler Theodor Eschenburg: Also hören Sie mal zu. Geschichte und Geschichten 1904 bis 1933, Berlin 1995, S. 195.

Am Donnerstag wird der 84jährige Meinecke noch einmal in der Akademie sprechen über Ranke u. J. Burckhardt[1]. Es wird wohl das letzte Mal sein, denn sein Augenlicht nimmt sehr ab, aber seine geistige Frische ist mir immer wieder eine Freude. Der Besuch der Sitzungen ist in der Akademie, aber auch in der Fakultät wesentlich besser als früher; die Mitglieder fühlen sich, seitdem sie wieder abstimmen, mehr für die Beschlüsse verantwortlich als in der Nazi-Zeit, wo der „Führer" einfach befahl. Mit dem Druck unserer Abhandlungen sind wir leider noch nicht weiter gekommen, immerhin haben wir die Lizenz.

[...]

Vor einigen Wochen waren Anni u. ich bei einem Vortrag, den ein hiesiger Pfarrer über die geistige u. geistliche Lage der Gegenwart hielt. Dem historischen Teil konnte ich mit Zustimmung folgen; er setzte die Entstehung der Kulturkrise seit der Auflösung der mittelalterlichen Einheitlichkeit des Weltbildes, seit der rationalistischen Entzauberung der Welt, seit dem Ueberhandnehmen der Technik usw. sehr klar auseinander. Aber positiv gab er eigentlich nichts, denn wenn er auch zum Schluss auf die Religion hinwies, so blieb er doch jede Andeutung darüber schuldig, wie sich die protestantische Kirche ihre Stellung wieder erringen könne. So wirkte sein Hinweis auf Christus nach dem Urteil einer Dozentin wie die künstlich auf ein Törtchen draufgesetzte Haselnuss.

Sehr viel stärker dringt offenbar die katholische Kirche vor, das höre ich von allen westlichen Universitäten, ja selbst in Göttingen ist, wie die heutige Zeitung meldet, eine Professur für Scholastik eingerichtet worden. Ob von hier aus die Ueberwindung des platten Materialismus kommen wird, der in dieser Zeit der materiellen Not unser Volk moralisch verdirbt? Politisch glaube ich nicht, dass aus den wiederauflebenden Kreisen der Zentrumspartei der Neuaufstieg kommen wird. Ob überhaupt noch einmal neues Leben aus den Ruinen erblühen wird[2], zwischen denen wir leben müssen?

Hoffentlich könnt Ihr in Anlehnung an Goethe von Eurer Welt sagen: Afrika hat es besser als unser Kontinent... hat keine verfallenen Schlösser usw.[3] Jedenfalls wünschen wir Dir und Deiner ganzen lieben Familie,[4]

---

[1] Friedrich Meinecke hielt seinen viel beachteten Vortrag am 22.5.1947 in der Akademie der Wissenschaften; er erschien im folgenden Jahr im Druck: Ranke und Burckhardt (Deutsche Akademie der Wissenschaften zu Berlin. Vorträge und Schriften, 27), Berlin 1948.

[2] Indirektes Zitat aus Schillers „Wilhelm Tell", IV, 2, v. 2425 f.: „Das Alte stürzt, es ändert sich die Zeit, / Und neues Leben blüht aus den Ruinen"; Schiller: Sämtliche Werke, Bd. 2, S. 998.

[3] Anspielung auf Goethes Gedicht „Den Vereinigten Staaten", in dem es heißt: „Amerika, Du hast es besser / Als unser Kontinent, das alte, / Hast keine verfallene Schlösser / Und keine Basalte" (Johann Wolfgang Goethe: Sämtliche Werke, Artemis-Ausgabe, Zürich 1977, Bd. 2, S. 405).

[4] Ende des erhaltenen Durchschlagtextes.

Nr. 206
An Albert Brackmann　　　　　　　　　　　　　　　　Berlin, 25. Mai 1947

SBBPK, Nl. F. Hartung, K 37/1. – Masch. Durchschlag.

Lieber Brackmann!

[...]

Mit den Jahresberr. sind wir noch nicht recht weiter gekommen. Nachdem Ihr Fragebogen eingegangen war, ist der Antrag auf Lizenzerteilung bei der SMA gestellt worden. Außerdem habe ich Frl. Starck[1] mit ihrem alten Gehalt von 100 RM für die Jahresberr. in Dienst genommen; sie bearbeitet an Hand des Buchhändlerbörsenblattes die Bibliographie. Sie ahnen übrigens nicht, welch seltsame Blüten der Bureaukratismus bei der Akademie treibt. Es machte erhebliche Schwierigkeiten, die nebenamtliche Beschäftigung durchzusetzen, obwohl ich erklärte, dass wir eine hauptamtliche Kraft gar nicht voll zu beschäftigen vermögen. Ich habe Frl. Starck gebeten, Ihnen aus den geretteten Beständen Briefpapier u. Umschläge zu senden; hoffentlich hat sie es getan. Wegen der ausserdeutschen Literatur stehen wir in Arbeitsgemeinschaft mit der Deutschen Literaturzeitung, die diese auf breiter Basis zu erfassen versucht; dort arbeitet mein Schüler Dr. Oestreich, der auf diese Weise wohl auch den Makel der Parteizugehörigkeit (Pg seit 1937) überwinden u. zur Wissenschaft zurückkehren kann. Ersatz für Sattler[2] u. Eichstädt brauchen wir augenblicklich noch nicht. Dass wir auf die Dauer die Mitarbeit wissenschaftlicher Bibliothekare nicht entbehren können, darin bin ich mit Ihnen völlig einverstanden, u. bei dem Direktor der Univ.bibl. werden wir auch auf Unterstützung stossen. Eine Schwierigkeit sehe ich nur in den Steuersätzen. Sobald das Einkommen über 500 RM im Monat beträgt, steigt die Steuer so, dass jede Mehrarbeit kaum etwas einbringt. Baethgen ist sehr bekümmert, dass das Honorar für die letzte Auflage von Hampe sich für ihn völlig verflüchtigt[3]. Der Anreiz zur Mitarbeit ist deshalb gering, solange die jetzigen Steuersätze bleiben.

Wenn wir mit den Vorbereitungen für die Jahresberr. weiter sind, werden wir uns natürlich über die Neugestaltung u. über die Heranziehung von Mitarbeitern einmal aussprechen müssen. Valjavec hat sich bei mir bereits angeboten. Aber ich halte es für längere Zeit nicht für möglich, einen Bericht über das Deutschtum in Südosteuropa zu bringen. Wenn darüber etwas erscheinen würde, etwa ein Schwanengesang wie Wittrams[4] Geschichte der Baltendeut-

---

[1] Liselotte Starck († 1949), Bibliothekarin an der Universitätsbibliothek Berlin.
[2] Paul Sattler (1901–1945), Bibliotheksrat an der Preußischen Staatsbibliothek Berlin, seit 1933 als Schriftleiter in der Redaktion der „Jahresberichte für deutsche Geschichte" tätig.
[3] Karl Hampes Standardwerk „Deutsche Kaisergeschichte in der Zeit der Salier und Staufer" (zuerst 1909) wurde seit der 7. Aufl. (1937) bis zur 12. Aufl. (1968) von dessen Schüler Friedrich Baethgen bearbeitet und herausgegeben; Hartungs Bemerkung bezieht sich auf die 1945 erschienene 9. Aufl. des Buches.
[4] Reinhard Wittram (1902–1973), Historiker, a.o./o. Professor am Herder-Institut Riga (1935/38–1941), o. Professor an den Universitäten Posen (1941–1945) und Göttingen (1955–1970).

schen[1], dann müssten wir den Bericht in einem allgemeinen Abschnitt unterbringen. Es wäre natürlich für die Jahresberr. u. für mich persönlich am besten, wenn Sie dauernd hierher kämen. Auch wenn das aus Wohnungsgründen nicht sein kann, können Sie auch von dort aus[2] die Herausgebertätigkeit ausüben. Ueber die Möbel in beschlagnahmten Häusern ist übrigens jetzt eine neue Anordnung ergangen. Seit einiger Zeit wurde, u. zwar rückwirkend seit dem Tage der Beschlagnahmung, eine Miete für die Möbel gezahlt, neben der dem Hauseigentümer zustehenden Miete für die Wohnräume. Jetzt ist bestimmt worden, dass Möbelmiete nicht mehr gezahlt wird, vielmehr wird für das in den Wohnungen zurückgelassene Mobiliar eine einmalige Abfindung gezahlt, auf die die bereits gezahlte Miete angerechnet wird. Das heisst, dass man seine Sachen endgültig los ist. Der Antrag auf Abfindung ist auf sehr komplizierten Formularen unter Benennung von Zeugen usw. zu stellen.

Sehr bedauerlich finde ich Ihre Mitteilungen über Ihren Gesundheitszustand. Hoffentlich halten Sie die schwierige Ernährungszeit jetzt durch; nach der Ernte wird es ja wohl etwas besser werden, wenigstens mit Kartoffeln. Wir essen jetzt fast täglich Salat von Löwenzahn u. andern Pflanzen, die im Garten wachsen.

Aus der Akademie kann ich berichten, dass am Donnerstag Meinecke über Ranke u. J. Burckhardt gesprochen hat, eine für sein Alter erstaunliche Leistung, da sie zeigte, wie sehr Meinecke noch immer produktiv arbeitet[3]. Ohne von Ranke abzurücken erkannte er doch an, dass Burckhardt die Probleme der Zukunft besser erkannt habe. Dass Pinder ziemlich plötzlich gestorben ist, haben Sie wohl erfahren[4]. Der Geschäftsbetrieb bei der Akademie liegt infolge der Ueberlastung von Stroux ziemlich darnieder. Deswegen ist z. B. auch noch nichts wegen der Bezüge der Kommissionsvorsitzenden erfolgt, auch die Neuwahl von Mitgliedern kommt nicht vorwärts. Ueber das Schicksal der Archivalien des Geh[eimen] St[aats]a[rchivs] ist auch noch nichts Neues bekannt. Manchmal ist das ein gutes Zeichen. Aber garantieren möchte ich dafür nicht.

Als gut hat sich das entgegenkommende Warten für die Universität erwiesen. Wir haben vor einem Jahr mit vieler Mühe Lehrpläne ausgearbeitet, gegen die wir wegen der allzu strengen Bindung der Studierenden, wegen der Ueberlastung mit Pflichtvorlesungen u. wegen der ein wirklich wissenschaftliches Studium störenden Einführung von alljährlichen Zwischenprüfungen Bedenken hatten u. auch vorbrachten. Wir haben damals keinen rechten Erfolg gehabt, trotzdem aber die Pläne ausgearbeitet. Jetzt wird bekannt, dass in diesem Jahr keine Zwischenprüfungen sein werden u. dass in einzelnen Fächern auch eine Vereinfachung der Lehrpläne eintreten soll. Das Semester läuft ruhig seinen Gang. Ich habe schon wieder fast zu viel Mitglieder im Seminar, aber sie sind auffallend fleissig u. eifrig. [...]

---

[1] Reinhard Wittram: Geschichte der baltischen Deutschen – Grundzüge und Durchblicke, Stuttgart 1939.
[2] Albert Brackmann lebte 1947 in Blankenburg am Harz.
[3] Siehe oben, Brief Nr. 205.
[4] Wilhelm Pinder starb am 13.5.1947.

Neulich hatte ich Besuch vom philos. Dekan aus Köln, einem Naturwissenschaftler[1], der eine Berliner Reise benutzte, um mit mir die Nachfolge von Ziekursch u. Spahn[2] zu besprechen. Er machte dabei interessante Bemerkungen über die Machtansprüche des Katholizismus im Westen. Wenige Tage später las ich in der Zeitung, dass in Göttingen eine Professur für die Philosophie der Scholastik eingerichtet werden soll.
[...]
Mit herzlichen Grüssen und guten Wünschen auch von meiner Frau

Nr. 207
An Wilhelm Mommsen   Berlin, 22. Juni 1947

BAK N 1478, Nr. 385. – Masch. Original.

Sehr geehrter Herr Mommsen!

Die Nachricht von Ihrer Entlassung hat mich sehr überrascht, zumal wenn ich dazu nehme, dass Herr Wagner aus München Ihr Nachfolger geworden ist. Denn wenn ich allenfalls verstehen kann, dass man die politisch wichtigen Professuren der neueren Geschichte nur mit politisch in jeder Weise einwandfreien, auch nicht mit der leichtesten Konzession an Nationalsozialismus, Militarismus und Imperialismus belasteten Gelehrten besetzten will, so scheint mir gerade Herr Wagner, unter dem ich mir Fritz Wagner[3] (Arbeit über Karl VII. u. die grossen Mächte)[4] vorstelle, so ungeeignet wie möglich zu sein. Denn er ist hier in den letzten Kriegsjahren Extraordinarius in der auslandswissenschaftl. Fakultät gewesen und hat als Stellvertreter von Six eine sehr erhebliche, aber keineswegs erfreuliche Rolle gespielt[5]. Er ist formell vielleicht nicht Pg gewesen, obwohl mir das bei dem Sixschen Institut sehr unglaubhaft erscheint, aber er hat alles mitgemacht, was dort verlangt wurde, u. würde hier in Berlin sicher nicht mehr angestellt werden.

Obwohl die mir in Aussicht gestellte Abschrift der Begründung des gegen Sie ergangenen Urteils [mir] noch nicht zugegangen ist, schicke ich Ihnen

---

[1] Robert Wintgen (1882–1966), Chemiker, a. o. Professor an der Universität Göttingen (1922–1924), o. Professor an der Universität Köln (1924–1950); er amtierte 1946/47, wie schon 1928/29, als Dekan der dortigen Philosophischen Fakultät; vgl. Leo Haupts: Die Universität zu Köln im Übergang vom Nationalsozialismus zur Bundesrepublik, Köln/Weimar/Wien 2007, S. 157.
[2] Martin Spahn (1875–1945), Historiker, a. o. Professor an der Universität Bonn (1901–1902), o. Professor an den Universitäten Straßburg (1902–1918) und Köln (1920–1945).
[3] Fritz Wagner (1908–2003), Historiker, o. Professor an den Universitäten Marburg (1946–1966) und München (1966–1974).
[4] Fritz Wagner: Kaiser Karl VII. und die großen Mächte 1740–1745, Stuttgart 1938.
[5] Hartung verwechselt hier den Historiker Fritz Wagner mit dem Philosophen und Soziologen Friedrich Wagner (1907–1974), der 1942–1945 an der Auslandswissenschaftlichen Fakultät der Universität Berlin eine a. o. Professur für Staats- und Kulturphilosophie innehatte.

heute ein vorläufiges Urteil über Ihr Buch¹. Was ich darin geschrieben habe, glaube ich alles verantworten zu können. Aber ich möchte Ihnen bei dieser Gelegenheit doch sagen, dass ich mich ebenso wie viele andere Kollegen seiner Zeit über das Buch gewundert habe, weil wir es doch als eine Verleugnung Ihrer bis dahin offen bekundeten demokratischen Gesinnung empfanden. Dass Sie damit nicht etwa Ihre wissenschaftliche Haltung verleugneten, das gebe ich ohne weiteres zu; deshalb hat das Buch ja auch bei W. Frank keine Gnade gefunden, und Engel, der nur der junge Mann von Frank war, verlangte daraufhin auch noch Ihre Ausschiffung bei den Jahresberichten.

Wenn man Ihnen auch Ihr Urteil über Bismarck heute zum Vorwurf macht, so muss ich sagen, dass damit doch jede freie wissenschaftliche Betätigung aufhört. Danach müsste ich meinen Lehrstuhl auch verlieren. Vielleicht kommt das auch noch, aber einstweilen erfreuen wir uns hier einer ungestörten akademischen Freiheit. Es gibt zwar immer zum Semesterbeginn Krach, der namentlich in gewissen Zeitungen ausgetragen wird, u. die Zulassungen zum Gegenstand hat. Es müssen angesichts des grossen Andrangs sehr viele, die studieren möchten, abgewiesen werden, und die Abgewiesenen beschweren sich dann über die unbestreitbare politische Einseitigkeit der Auswahl. Aber die Zugelassenen studieren mit Eifer. Und um das, was wir Professoren vortragen, kümmert sich die Aufsichtsbehörde so gut wie gar nicht. Ob es immer so bleiben wird, das ahnen wir natürlich nicht.

Das wirklich wissenschaftliche Leben kommt nur sehr langsam in Gang. Die Arbeitsmöglichkeiten sind, da ein grosser Teil der Staatsbibliothek nicht zurückgekommen ist, noch beschränkt, und gedruckt ist bisher auch so gut wie nichts. Immerhin hat jetzt die Akademie das Recht erhalten, ihre Abhandlungen wieder herauszugeben.

Persönlich geht es mir ganz gut, ich wundere mich manchmal selbst, dass meine Gesundheit der Ernährung u. den Strapazen des heutigen Lebens in Berlin standhält.

Mit freundlichen Grüssen

Ihr
Hartung

Nr. 208
An Alexander Rüstow Berlin, 14. September 1947

SBBPK, Nl. F. Hartung, K 59/28. – Masch. Durchschlag.

Sehr verehrter Herr Kollege Rüstow!

Ihre Studie über die geistesgeschichtlich-soziologischen Ursachen des Verfalls der abendländischen Baukunst im 19. Jahrh. habe ich vor kurzem rich-

---

¹ Siehe oben, Brief Nr. 186.

Nr. 208. An Alexander Rüstow, 14. September 1947

tig erhalten¹. Sie war mir eine aufrichtige Freude als Zeichen dafür, dass Sie die Katastrophe Europas verhältnismässig gut überstanden, jedenfalls Ihre Arbeitskraft bewahrt haben, zugleich auch als Ausdruck Ihrer freundschaftlichen Gesinnung mir gegenüber. Ich danke Ihnen herzlich dafür u. hoffe, Ihnen bald eine Gegengabe zusenden zu können.

Der Gegenstand, den Sie in Ihrer Arbeit behandeln, findet naturgemäss in der heutigen Zeit besondere Aufmerksamkeit bei uns, da die dringlichste Aufgabe der Wiederaufbau unserer grossen Städte ist, die zum guten Teil in einem fast unvorstellbaren Masse zerstört sind. Dass es um viele Viertel von Berlin nicht schade ist, das wird jeder zugeben, der sie gekannt hat mit den auch in Ihrer Schrift gebührend hervorgehobenen Scheusslichkeiten an Mietskasernen, Hinterhöfen und dergleichen. Leider sind auch die wenigen anständigen Teile von Berlin, z.B. die Wilhelmstr. sehr schwer mitgenommen worden. Und die allgemeine Not steht einem systematischen Neuaufbau im Wege; man wird sich in der Hauptsache, schon wegen der im Boden liegenden meist unzerstörten Anlagen für Gas, Wasser, Strom, Kanalisation an die alten Strassenzüge halten müssen. Eine so geschmacklose und unsoziale Bauweise wie die Mietskasernen wird freilich wohl nicht wiederkehren, schon weil nicht damit zu rechnen ist, dass Berlin seine alte Einwohnerzahl jemals wieder erreichen wird; selbst die heutige von etwas über 3 Millionen wird es auf die Dauer kaum ernähren können.

[...] Die Hoffnung, dass sich die Lebensverhältnisse noch zu unsern Lebzeiten nennenswert bessern werden, haben meine Frau u. ich allmählich aufgegeben, nachdem es in den Jahren nach dem Zusammenbruch eigentlich immer schlimmer geworden ist u. die Ernährungsaussichten angesichts der unheimlichen Trockenheit dieses sonst sehr schönen Sommers sehr trübe geworden sind. Immerhin hoffen wir, nachdem wir die beiden letzten Winter überstanden haben, ohne zu erfrieren oder zu verhungern, auch jetzt noch einmal durchzukommen.

Da ich nicht Pg gewesen bin, bin ich in meiner Professur geblieben. Das trifft auf viele der älteren Generation zu, während in der mittleren u. jüngeren Generation sehr grosse Lücken entstanden sind. Da die Universität im russischen Sektor in Berlin liegt, untersteht sie der russischen Oberaufsicht. Bisher wird diese in sehr erträglichen Formen ausgeübt, sodass wir ohne Gewissenskonflikte unsere Lehrtätigkeit ausüben können. Mit den heutigen Studenten arbeitet es sich trotz der Mangelhaftigkeit ihrer Schulbildung sehr erfreulich, denn sie sind eifrig bemüht, etwas Solides zu lernen, u. sind auch geistig recht aufgeschlossen.

Vor kurzem war ich ein paar Tage in München, um die erste Sitzung der Historischen Kommission mitzumachen². Die Fahrt von Berlin nach München

---

[1] Alexander Rüstow: Die Ursachen des Verfalls der abendländischen Baukunst im 19. Jahrhundert, in: Archiv für Philosophie 2 (1947), S. 123–190.
[2] Fritz Hartung wurde 1946 zum ordentlichen Mitglied der Historischen Kommission bei der Bayerischen Akademie der Wissenschaften gewählt und nahm erstmals an der 73. Plenarversammlung am 1./2.9.1947 in München teil; vgl. Helmut Neuhaus: 150 Jahre

erfordert einen Interzonenpass, geht über Hannover u. dauert 29 Stunden. Ob ich zur nächsten Jahressitzung werde reisen können, ist mir noch nicht sicher. Ich habe den Eindruck, als ob man in Süd- u. Westdeutschland den deutschen Osten, d.h. die sowjetische Besatzungszone, bereits endgültig abgeschrieben habe, was für uns in Berlin die völlige Absperrung von unserer Welt bedeuten würde.

Hoffentlich ist es Ihrem Vater erspart geblieben, diese Katastrophe noch zu erleben[1].

Es würde mich freuen, [...] gelegentlich einmal wieder von Ihnen zu hören.

Mit freundlichen Grüssen
Ihr ergebener

Nr. 209
An Otto Graf zu Stolberg-Wernigerode   Berlin, 20. September 1947

SBBPK, Nl. F. Hartung, K 37/2. – Masch. Durchschlag.

Verehrter Herr Kollege!

Es freut mich, noch ein vollständiges Exemplar der letzten Bibliographie (1939/40) der Jahresberichte[2] gefunden zu haben, das ich Ihnen anbei zugehen lasse. Von den Berichten scheint leider überhaupt kein vollständiges Exemplar mehr vorhanden zu sein. Nachdem beim Brand von Leipzig Ende 1943 der Satz zum grossen Teil zerstört worden war, habe ich meine Druckfahnen zur Wiederherstellung des Vernichteten an den Verlag geschickt, und dort sind sie auch untergegangen[3].

Ueber die Zukunft der Jahresberichte kann ich noch gar nichts sagen. Die Akademie hat wohl das Vorhaben unter ihre Fittiche gestellt, aber wir haben noch keine Lizenz dafür, u. so kommen wir nicht weiter. Immerhin lasse ich die Titel seit 1945 aufnehmen u. versuche auch an die ausländischen Titel heranzukommen. Aber es hapert noch an allen Ecken u. Enden, u. ich rechne nicht mit baldiger Besserung. Vor einigen Tagen war der englische Historiker Webster[4], dessen Arbeiten über Wiener Kongress und Castlereagh Sie wohl kennen[5], im Auftrag der British Academy hier u. hat in sehr angenehmer Weise über die

---

Historische Kommission bei der Bayerischen Akademie der Wissenschaften. Eine Chronik, München 2008, S. 80f.

[1] Generalleutnant a.D. Hans Adolf Rüstow war 1943 gestorben.
[2] Jahresberichte für deutsche Geschichte.
[3] Siehe oben, Briefe Nr. 174, 177.
[4] Charles Webster (1886–1961), britischer Historiker, Professor an den Universitäten Liverpool (1914–1922), Cardiff (1922–1932) und an der London School of Economics (1932–1953), Präsident der British Academy (1950–1954).
[5] Charles Webster: The Congress of Vienna 1814–1815, London 1919; derselbe: The Foreign Policy of Castlereagh, 1815–1822, London 1925. – Robert Stuart, Marquess of Londonderry, Viscount Castlereagh (1769–1822), britischer Politiker, Außenminister (1812–1822).

Nr. 209. An Otto Graf zu Stolberg-Wernigerode, 20. September 1947

Möglichkeit der Wiederanknüpfung der wissenschaftlichen Beziehungen gesprochen. Sehr optimistisch sieht auch er die Lage nicht an. Ein Hindernis ist schon der überall bestehende Papiermangel; selbst bei bestem Willen können viele Bücher nicht ausgetauscht werden, weil es an Exemplaren fehlt. Gooch hat z. B. ein Buch über Friedrich d. Gr. geschrieben[1], das er Meinecke nur leihen, nicht schenken konnte.

Anfang September war ich in München zur Tagung der Hist. Kommission. Goetz, der demnächst 80 wird, hat sie sowohl wie die anschliessende, ebenfalls 2tägige Sitzung der Zentraldirektion der Monumenta, bei der ich die Berliner Akademie vertreten habe, mit erstaunlicher Frische geleitet. Ueber Ihre Verwendung wurde auch gesprochen, u. ich freue mich, dass sie einstimmig gebilligt wurde. Eine rechte Uebersicht über die vorhandenen Bestände an Akten u. Büchern, die für die Weiterführung unserer Quellenpublikationen erforderlich sind, haben freilich auch die Münchener Herren noch nicht; hier in Berlin sind wir in dieser Beziehung noch schlechter dran. Die Reise nach München war übrigens eine ziemliche Strapaze, man muss über Hannover fahren, insgesamt 29 Stunden in der 3. Klasse, was bei den fehlenden natürlichen Fettpolstern – bei mir waren diese nie sehr stark entwickelt – ein zweifelhaftes Vergnügen ist, aber 2. Klasse gibt es nicht für den normalen Deutschen. Auch der Aufenthalt in München war anstrengend, denn wegen des durch die Trockenheit hervorgerufenen niedrigen Wasserstandes gibt es keinen Strom u. deshalb fahren die Strassenbahnen nur ganz selten, sodass ich jeweils ¾ Stunden von Bogenhausen, wo man mich untergebracht hatte, bis zur Akademie zu gehen hatte. Der Weg durch den englischen Garten weckte im Hinblick auf den völlig verwüsteten Berliner Tiergarten Neidgefühle. Der chinesische Turm ist freilich weg, aber die Bäume sind noch vorhanden.

Seltsam hat mich als norddeutschen Republikaner, der seit bald 30 Jahren die Empfindlichkeit der Behörden kennt, die Tatsache berührt, dass Kronprinz Rupprecht[2] an den öffentlichen Vorträgen aus Anlass der Tagung u. am gemeinsamen Essen nicht nur teilnahm, sondern auch vom Vorsitzenden offiziell begrüsst wurde, ohne dass die Vertreter der Staatsregierung Anstoss nahmen.

In Berlin haben wir uns vergeblich bemüht, einen Ersatz für A. O. Meyer u. Schüssler aufzutreiben; die Ostzone steht augenblicklich so niedrig im Kurs, dass selbst Beyerhaus, der doch noch nirgends fest untergekommen ist, die Einladung zu einem Gastsemester rundweg abgelehnt hat. Ich denke jetzt daran, einen jungen Dozenten als Extraordinarius zu holen, weiss freilich noch nicht, wer dafür in Frage kommt u. wer bereit ist, einen Ruf nach Berlin anzunehmen.

---

[1] George Peabody Gooch: Frederick the Great – The Ruler, the Writer, the Man, London 1947; dt: Friedrich der Große – Herrscher, Schriftsteller, Mensch. Berechtigte Übersetzung aus dem Englischen von Klaus Dockhorn. Mit einem Geleitwort von Willy Andreas, Göttingen 1951.

[2] Rupprecht von Bayern (1869–1955), letzter bayerischer Kronprinz, Generalfeldmarschall und Heerführer im Ersten Weltkrieg, 1939–1945 emigriert, seit 1911 Ehrenmitglied der Bayerischen Akademie der Wissenschaften, ab 18.5.1949 Ehrenbürger der Universität München.

Dabei kann ich ehrlich erklären, dass es sich mit den heutigen Studenten sehr angenehm arbeiten lässt, da sie erstaunlich eifrig u. aufgeschlossen sind. Und amtliche Schwierigkeiten haben wir in den beiden Semestern seit der Wiederaufnahme des Geschichtsunterrichts an der Univ. noch nicht gehabt.

Demnächst kommt die hiesige Akademie wieder mit Abhandlungen heraus. Ich bin darunter mit einer Untersuchung über Bismarck u. Harry Arnim[1] vertreten[2], die wohl auch Ihr Interesse finden wird, zumal da der Kampf Bismarcks gegen Arnim nur die Fortsetzung seines Kampfs gegen Goltz[3] gewesen ist.

Meine Gesundheit hat dank der Schwerarbeiterernährung, die dem Univ.professor in Berlin zusteht, alle Nöte der Zeit gut ausgehalten. Dicker bin ich allerdings noch nicht geworden.

Ihre Grüsse an Mitteis werde ich ausrichten, sobald er von seinen Münchener Gastvorlesungen wieder zurück sein wird. Hoffentlich bleibt er nicht endgültig in München.

Mit den besten Wünschen u. Grüssen
Ihr ergebener

Nr. 210
An Anton Largiadèr Berlin, 28. September 1947

SBBPK, Nl. F. Hartung, K 59/11. – Durchschlag.

Sehr verehrter Herr Largiardèr!

Ueber ein Jahr ist es her, seitdem meine Frau und ich durch die Mitteilung von Herrn Nabholz überrascht u. erfreut worden sind, dass er gemeinsam mit Ihnen und Herrn v. Muralt uns zu einem Herbstaufenthalt nach Zürich einlade[4]. Dass daraus nach den für uns Deutsche bestehenden Bestimmungen nichts hat werden können, ist für uns natürlich eine rechte Enttäuschung gewesen, denn es war ein sehr verlockender Gedanke, dass wir für ein paar Wochen die Trümmer Berlins u. die täglichen Nöte des Daseins verlassen könnten. Aber wir müssen das Schicksal, das uns der Nationalsozialismus eingebrockt

---

[1] Harry Graf von Arnim (1824–1881), preußisch-deutscher Diplomat, Gesandter in Lissabon (1862–1864), am päpstlichen Stuhl in Rom (1864–1871) und in Paris (1871–1874); nach einem schweren Konflikt mit Bismarck musste Arnim seinen Posten räumen; 1875 floh er ins Ausland, um einer drohenden Verurteilung wegen angeblichen Verrats von Dienstgeheimnissen zu entgehen. Fritz Hartung verfasste für den ersten Band der Neuen Deutschen Biographie den Artikel über Harry von Arnim (NDB 1, 1953, S. 373–375).

[2] Der Artikel erschien später allerdings nicht in den Sitzungsberichten der Deutschen Akademie der Wissenschaften in Ost-Berlin, sondern im Westen: Fritz Hartung: Bismarck und Graf Harry Arnim, in: Historische Zeitschrift 171 (1951), S. 47–77, erneut in: derselbe: Staatsbildende Kräfte der Neuzeit, S. 345–375.

[3] Robert Graf von der Goltz (1817–1869), preußischer Politiker und Diplomat, Gesandter in Athen (1857–1859), Konstantinopel (1859–1862), St. Petersburg (1862–1863) und Paris (1863–1869).

[4] Siehe oben, Brief Nr. 198.

Nr. 210. An Anton Largiadèr, 28. September 1947

hat, auf uns nehmen, und wir tun das auch mit der Resignation, die wir uns in den langen Jahren seit dem Kriegsausbruch allmählich angeeignet haben.

Seither habe ich immer wieder vorgehabt, Ihnen zu schreiben u. zu sagen, wie sehr wir Ihnen u. Ihrer verehrten Gattin für die gute Gesinnung dankbar sind, die aus Ihrer Einladung sprach. Wenn aus diesem Vorsatz lange Zeit nichts geworden ist, so liegt das lediglich an inneren Hemmungen, die sich aus unserer Situation leicht ergeben, aus der Scheu, dass ein Brief, der nur einem ehrlichen Dankgefühl Ausdruck geben möchte, falsch aufgefasst werden könnte, aus dem Wunsch, zugleich etwas Positives über unsere wissenschaftlichen Arbeiten berichten zu können. Aber wenn ich warte, bis ich Ihnen etwas Gedrucktes beilegen kann, dann geht noch mehr Zeit dahin, da die Papierknappheit auch bei unserer Akademie der Wissenschaften dem Erscheinen neuer Abhandlungen, das an sich geplant u. genehmigt ist, immer wieder Hindernisse in den Weg legt.

Den Krieg haben wir verhältnissmässig gut überstanden. [...] Aber die Sorge, dass der eiserne Vorhang, der Berlin von Mittel- u. Westdeutschland trennt, das Reisen noch schwieriger machen wird, als es schon jetzt ist, drückt sehr auf uns. Es ist so schwer, über die Zonengrenze hinweg wirksam zu helfen. Immerhin sind meine Frau u. ich lebendig u. ohne Schaden an der Gesundheit durch den Bombenkrieg hindurchgekommen. Unsere Wohnung u. den grössten Teil unserer Sachen haben wir im Sommer 45 durch Beschlagnahmung für die Besatzungsmacht verloren, aber da ich meine Bücher u. wissenschaftlichen Papiere nicht verlagert hatte, besitze ich diese wenigstens u. bin arbeitsfähig geblieben.

Von dieser Arbeitsfähigkeit darf ich auch Gebrauch machen, da ich, was meiner Ansicht nach für jeden Historiker selbstverständlich sein musste, der NSDAP niemals angehört habe. So kann ich wieder Vorlesungen halten. Entgegen vielen Gerüchten, die draussen – ich war kürzlich in München – umlaufen, unterliegt unsere Lehrtätigkeit keinerlei Beschränkungen. Die Studenten sind von einem erstaunlichen Eifer erfüllt, weit mehr als in früheren Zeiten. Es sieht so aus, als seien sie sich darüber klar, dass angesichts der Unsicherheit der deutschen Zukunft eine gründliche wissenschaftliche Ausbildung das wertbeständigste Kapital ist, das sie erwerben können. Die äusseren Hemmungen des Studiums sind freilich gross, es fehlt an Büchern – obwohl wir Historiker so glücklich sind, unsere Seminarbibliothek fast ohne Verluste gerettet zu haben –, es fehlt sogar an Schreibpapier. Die Ernährung der Studenten, die bisher recht schlecht gewesen ist, soll jetzt endlich verbessert werden, sie bekommen jetzt die Arbeiterrationen. Wir Professoren sind sogar als Schwerarbeiter anerkannt.

Die wissenschaftliche Forschung ist dadurch noch sehr gehindert, dass wir noch nicht recht übersehen, was im Ausland seit 1939 erschienen ist. Wir haben zwar einmal etwas von einer Schweizer Bücherspende gehört u. unsere Wünsche an die dafür zuständige deutsche Zentralverwaltung gelangen lassen, aber es scheint, als ob nur die westlichen Zonen daran beteiligt seien. Vor wenigen Tagen war der englische Historiker Webster, den Sie wohl beim Kongress in Zürich kennen gelernt haben, gemeinsam mit dem Präsidenten der

British Academy¹ hier zu Besuch. Da haben wir auch die Frage des Bücheraustauschs zur Sprache gebracht. Er erzählte auch von dem internationalen Verband² und dem Schicksal von M. Lhéritier³.

[...]

Kürzlich bin ich in München gewesen, um die Tagung der Historischen Kommission in München mitzumachen. Für diesen Zweck konnte ich einen Interzonenpass bekommen, u. um überhaupt einmal wieder aus Berlin herauszukommen u. mit den Kollegen der Westzonen in persönliche Verbindung zu treten, habe ich die Strapaze der Reise auf mich genommen. [...] Leider war Herr Nabholz, der auch Mitglied der Kommission ist, nicht gekommen. Vielleicht hat er gut daran getan, denn infolge der Einschränkungen der Münchener Strassenbahn war man zu grossen Fussmärschen gezwungen. Erstaunlich u. erfreulich war die Frische, mit der Walter Goetz, der in einigen Wochen 80 Jahre alt wird, 4 Tage lang von früh um 9 bis abends um 6 Uhr die Verhandlungen geleitet hat.

Geistig nimmt der bald 85jährige Meinecke es mit Goetz auf. Er hat, wie Sie wohl wissen, eine Schrift über die deutsche Katastrophe veröffentlicht u. hat in diesem Sommer in der Akademie über Ranke u. J. Burckhardt einen Vortrag gehalten⁴, der einen sehr interessanten Wandel seiner Geschichtsauffassung erkennen liess, eine Abkehr von Rankes optimistisch-harmonisierender Betrachtung u. eine Hinneigung zu Burckhardts Pessimismus. Gewiss liegt uns Deutschen der Pessimismus jetzt sehr nahe, aber bei einem 85jährigen finde ich die Fähigkeit zum Umdenken bemerkenswert, zumal da Meinecke fast taub ist u. auch mit den Augen sehr behindert ist.

Es würde mich sehr freuen, wenn Sie auf dieses Stimmungsbild mir antworten würden. Denn wir fühlen hier sehr die Gefahr, geistig von der Welt abgesperrt zu bleiben, wie wir es nun schon bald 10 Jahre hindurch gewesen sind. Auch über Ihr persönliches Schicksal u. das Ergehen Ihrer Familie würden meine Frau u. ich gern etwas hören⁵. Unser Aufenthalt in der Schweiz 1938 ist unsere letzte glanzvolle Erinnerung.

Mit herzlichem Dank für die freundliche Gesinnung, die Sie uns er[...]⁶

---

[1] Sir (Harold) Idris Bell (1869–1967), britischer Papyrologe, Direktor der Handschriftenabteilung des Britischen Museums in London (1929–1944); er amtierte von 1946 bis 1950 als Präsident der British Academy.

[2] Comité international des sciences historiques.

[3] Michel Lhéritier hatte 1942 gegen den Willen der Fakultät eine Professur in Paris übernommen, die zuvor ein auf Druck der deutschen Besatzer schon 1940 entlassener jüdischer Gelehrter innegehabt hatte; vgl. Olivier Dumoulin: Le rôle social de l'historien. De la chaire au prétoire, Paris 2003, S. 304.

[4] Siehe oben, Brief Nr. 205.

[5] Anton Largiadèr antwortete Fritz Hartung am 29.12.1947, in: Nl. F. Hartung, K 59/11; in seinem Schreiben bemerkt er u. a.: „Unser Universitätsbetrieb litt während des Krieges und leidet auch heute noch sehr unter der durch die politische Lage gegebenen Abschliessung. Zuerst war es durch die Angriffslust der nationalsozialistischen Machthaber bedingt, und heute spüren wir die Wirkung des Fehlens aller wissenschaftlichen Anregung aus Deutschland – eine Folge der heutigen politischen Lage, über die ich mich nicht weiter auslassen will".

[6] Hier bricht der erhaltene Briefdurchschlag ab.

Nr. 211

An Gerhard Ritter   Berlin, 7. Dezember 1947

BAK N 1166, Nr. 330. – Masch. Original.

Lieber Herr Ritter!

Es ist richtig, dass Brackmann u. ich an die Wiederaufnahme der Jahresberichte denken[1]. Den finanziellen Rückhalt wird die Akademie geben, als Verlag ist der Akademieverlag in Aussicht genommen. Aber bis heute ist die Lizenz noch nicht erteilt, u. deshalb begnügen wir uns mit den einfachsten Vorbereitungen. Unsere frühere Sekretärin stellt an Hand der in Leipzig erscheinenden Nationalbibliographie die Titel der seit 1945 erschienenen Geschichtswerke zusammen, verfolgt auch das, was durch die ehemalige Staats- jetzige „öffentliche wissenschaftliche Bibliothek"[2] erfasst werden kann. Wir stehen auch durch meinen Schüler Dr. Oestreich mit der DLZ in Verbindung, um einen Teil der ausländischen Literatur kennen zu lernen. Was bei uns gesammelt wird, stellen wir natürlich gern Ihnen zur Verfügung. Aber einstweilen ist es nur bescheidenes Stückwerk, was wir haben. Für die Jahre 1941–1945 hat die Deutsche Bücherei[3] für die Jahresberichte die Titel der in Deutschland erschienenen Schriften gesammelt; ob sie das Material noch hat, wissen wir noch nicht.

Unsere Sekretärin, eine gelernte Bibliothekarin, machte mich, als ich sie dieser Tage nach dem Stand unserer Vorarbeiten fragte, darauf aufmerksam, dass in Frankfurt a. M. oder in Wiesbaden ein Ableger der Leipziger Nationalbibliographie für die Westzonen erscheine, den wir hier einstweilen noch nicht kriegen können[4]. Sie würde gern, wenn wir überhaupt erst lizensiert u. damit voll arbeitsfähig sein werden, davon profitieren, etwa als Gegengabe für die Auszüge aus der Leipziger Bibliographie.

Das ist es, was ich Ihnen auf Ihre Anfrage vom 20. v. M.[5] mitteilen kann. Es ist nicht viel Positives. Aber so geht es hier eben zu. Es wird viel versprochen u. sehr wenig gehalten. Dafür müssen wir aber alle 4 Monate berichten, zu welchen neuen Ergebnissen unsere Arbeiten geführt haben.

---

[1] Siehe oben, Briefe Nr. 195, 203.
[2] Die alte Preußische Staatsbibliothek wurde 1946 in „Öffentliche Wissenschaftliche Bibliothek" umbenannt; 1954 erhielt sie den Namen „Deutsche Staatsbibliothek"; vgl. Wolfgang Schmitz: Deutsche Bibliotheksgeschichte, Bern/Frankfurt a. M./New York 1984, S. 176; zum Zusammenhang siehe auch Werner Schochow: Die Berliner Staatsbibliothek und ihr Umfeld. 20 Kapitel preußisch-deutscher Bibliotheksgeschichte, Frankfurt a. M. 2005, S. 89 ff.
[3] Deutsche Bücherei, Leipzig.
[4] Im November 1946 wurde in Frankfurt a. M. die Deutsche Bibliothek als westliches Pendant zur (seit 1913 bestehenden) Deutschen Bücherei in Leipzig gegründet.
[5] Gerhard Ritter hatte in seinem Brief an Fritz Hartung vom 20.11.1947 [Nl. F. Hartung, K 46/8] nach dem Stand der Vorarbeiten für eine Neubegründung der „Jahresberichte für deutsche Geschichte" gefragt, um diese eventuell für eine von der französischen Besatzungsbehörde in Auftrag gegebene „Bibliographie deutscher Arbeiten auf dem Gebiete aller Geisteswissenschaften" nutzen zu können, für die er die Bearbeitung der Abteilung „Geschichtswissenschaft" übernommen habe.

Nr. 211. An Gerhard Ritter, 7. Dezember 1947

An der Univ. ist wieder Streit um die Zulassungen[1], die sich infolgedessen sehr verzögert haben u. erst in der letzten Novemberwoche bekannt gegeben worden sind. Wir selbst spüren davon noch nichts, die Nichtzugelassenen können zwar in den Zeitungen gegen die Einseitigkeit der Auswahl schreiben, aber in den Vorlesungen u. Seminaren herrscht Ruhe u. rühmlicher Fleiss. Abzuwarten bleibt freilich, ob nicht in einigen Semestern, wenn die neuen Elemente seminarreif sein werden, Schwierigkeiten entstehen werden. Das zu erwartende Versagen der nicht ausreichend vorgebildeten Elemente (von denen bereits auf der die Schulbildung ersetzenden „Vorstudienanstalt"[2] bis zu 50 % wegen der zu erlernenden Fremdsprachen versagen) wird vermutlich der reaktionären Lehrmethode der Professoren alten Schlages zur Last gelegt werden.

Die Akademie hat endlich ihre ersten Schriften herausgebracht. Auch dabei gibt es Hindernisse, denn die Papierzuteilung ist wie in Zeiten des Propagandaministeriums eine getarnte Zensur.

Meinecke war recht krank, hat sich aber dank der durch Epstein[3] vermittelten Penicillinkur wieder sehr gut erholt. Er nimmt sogar sein Colloquium wieder auf. Mit Epstein habe ich neulich wegen Ihrer vor längerer Zeit an mich gerichteten Frage nach Benutzungsmöglichkeiten der Akten unseres ehemaligen Ausw. Amtes gesprochen. Er meint, dass daran im Augenblick noch nicht zu denken sei.

V. Valentins Deutsche Geschichte[4] hat mich angenehm enttäuscht. Ich war auf ein schnoddriges Machwerk etwa mit der Auffassung des Tagesspiegels gefasst u. freue mich, dass er die Dinge, soweit ich bisher in der Lektüre gekommen bin – Friedr. d. Gr., wie er ihn ganz gegen die heutige Gewohnheit nennt, Bismarck, 1. Weltkrieg, Weimarer Zeit – ruhig u. sachlich darstellt u. dass er vor allem die These von der einheitlichen Linie der Eroberungspolitik von Friedrich über Bismarck bis Hitler ablehnt.

Sehr schmerzlich berührt hat mich das Buch von U. v. Hassell[5]. Das politische Versagen unserer hohen Generalität ist noch schlimmer, als ich vermutet hatte.

---

[1] Siehe oben, Briefe Nr. 200, 201.
[2] Seit 1946 existierten in der Sowjetischen Besatzungszone sog. „Vorstudienanstalten", in denen aus Arbeiter- und Bauernfamilien stammende Jugendliche ohne Gymnasialbildung auf ein akademisches Studium vorbereitet werden sollten (1949 umbenannt in: „Arbeiter- und Bauernfakultäten"); vgl. Frank-Lothar Kroll: Kultur, Bildung und Wissenschaft im 20. Jahrhundert, München 2003, S. 47.
[3] Fritz T. Epstein (1898–1979), Historiker, 1933 nach Großbritannien emigriert, seit 1937 Lehr- und Forschungstätigkeit an US-amerikanischen Universitäten und Forschungsinstitutionen (1937–1943 Harvard University, 1948–1951 Stanford University, 1951–1960 Library of Congress in Washington, D.C., seit 1962 als Professor an der Indiana University in Bloomington), 1969 Rückkehr nach Deutschland.
[4] Veit Valentin: Geschichte der Deutschen, Berlin 1947.
[5] Ulrich von Hassell (1881–1944), deutscher Diplomat und Widerstandskämpfer, diplomatische Tätigkeit in Barcelona (1921–1926), Kopenhagen (1926–1930) und Belgrad (1930–1932), anschließend Botschafter beim Königreich Italien in Rom (1932–1938); als Angehöriger der Widerstandsbewegung vom 20. Juli 1944 zum Tode verurteilt und hingerichtet. Schon bald nach Kriegsende erschienen erstmals Auszüge aus seinen Tagebüchern, auf die

Nr. 211. An Gerhard Ritter, 7. Dezember 1947

Von mir kommt demnächst eine Sammlung von Texten der Menschenrechte von 1776–1946 mit einer Einleitung heraus[1]. Es ist ein Thema, das ich schon oft in Uebungen behandelt habe, zuletzt im vergangenen Semester. Da hielt ein Verleger die Gelegenheit für günstig, Quellen u. Einleitung der weiteren Oeffentlichkeit vorzulegen. Auch für die Akademie habe ich 3 Abhandlungen fertig, es lässt sich nur noch nicht absehen, wann sie gedruckt werden. Im übrigen wirft das Jahr 48 jetzt seine Schatten voraus[2]; ich werde im Rahmen der öffentl. Akademievorträge darüber sprechen[3].

Ein hiesiger, in der Geschichtswissenschaft mir bisher noch unbekannter Verlag hat sich kürzlich an mich wegen der Begründung einer historischen Zeitschrift gewendet. Ich habe abgelehnt[4]; selbst wenn ich mich für geeigneter zum Herausgeben einer Zeitschrift hielte, als ich bin, würde ich Dehio und der alten HZ nicht in den Rücken fallen. Aber es wäre an der Zeit, dass die HZ jetzt bald zu neuem Leben erwachte[5].

Vom Institut für Geschichte des Nationalsozialismus[6] habe ich durch meinen Schüler Dr. Eschenburg[7], über den wir in München gesprochen haben, erfahren; ihm ist die wissenschaftliche Leitung angeboten worden. Ueber das Kuratorium war eine Notiz in der Zeitung; danach ist Goetz als Vertreter der Hist. Komm. eingetreten. Meiner Erinnerung nach hatten wir in München Sie in Aussicht genommen.

Habe ich mich eigentlich schon für den schönen Nachruf auf Oncken[8] bedankt? Wenn nicht, so sei es hiermit geschehen.

Mit den besten Grüssen u. guten Wünschen für die Festtage u. das kommende neue Jahr

    Ihr

        F. Hartung

---

   sich Hartung hier bezieht: Ulrich von Hassell: Vom andern Deutschland. Aus nachgelassenen Tagebüchern 1938–1944, Zürich/Freiburg i. Br. 1946.

[1] Fritz Hartung: Die Entwicklung der Menschen- und Bürgerrechte von 1776–1946, Berlin 1948. Der als „Schrift 1" der von Wilhelm Treue bei der Wissenschaftlichen Editionsgesellschaft herausgegebenen neuen Reihe „Quellensammlung zur Kulturgeschichte" erschienene Band enthielt achtzehn Quellentexte, die Hartungs Schüler Ernst Schraepler (1912–1998) zusammengestellt hatte; Hartung selbst verfasste eine historische „Einführung" (ebenda, S. 5–21).

[2] Jubiläum der deutschen Revolution von 1848.

[3] Siehe unten, Briefe Nr. 219, 229.

[4] Siehe unten, Brief Nr. 213.

[5] Die Historische Zeitschrift erschien erstmals nach dem Zweiten Weltkrieg wieder im Jahr 1949.

[6] Um die Errichtung des seit 1945/46 geplanten, 1950 eröffneten „Instituts zur Erforschung der Geschichte der nationalsozialistischen Zeit" (später umbenannt in „Institut für Zeitgeschichte") gab es heftige politisch-wissenschaftliche Kontroversen, in die sich auch Fritz Hartung einschaltete; vgl. zusammenfassend Schulze: Deutsche Geschichtswissenschaft nach 1945, S. 229ff.; siehe auch unten, Briefe Nr. 217, 218 u.a.

[7] Theodor Eschenburg (1904–1999), Historiker und Politikwissenschaftler, Verbandsfunktionär und Politiker, o. Professor an der Universität Tübingen (1952–1973).

[8] Gerhard Ritter: Zum Gedächtnis an Hermann Oncken †28.XII.1945, in: Geistige Welt. Vierteljahresschrift für Kultur- und Geisteswissenschaften 1 (1946), H. 3, S. 26–30.

Nr. 212
An Albert Brackmann   Berlin, 1. Januar 1948

SBBPK, Nl. F. Hartung, K 37/1. – Masch. Durchschlag.

Lieber Brackmann!

Zunächst die herzlichsten Glückwünsche, auch im Namen meiner Frau, zum neuen Jahr. Gewiss kann man zweifelhaft sein, ob es ein Glück ist, dieses Jahr noch erlebt zu haben. Aber Sie wie ich müssen doch darüber froh sein, dass wir noch leben, arbeiten u. damit etwas für Frau, Kinder u. Enkel sorgen können. Und wenn W. Vogel mit seiner Theorie vom 300jährigen Rhythmus in der Geschichte Recht hat[1], dann müssten wir 1948 ebenso wie 1648 den Frieden bekommen. Wobei freilich gleich die Erinnerung daran wach wird, dass der Friede von 1648 keineswegs allgemein war u. dass der Krieg zwischen Frankreich u. Spanien noch volle 11 Jahre weiterging. Aber da sich die Geschichte nie bis in die Einzelheiten hinein wiederholt, wollen wir uns an den allgemeinen Rhythmus halten u. auf den Frieden in diesem Jahr hoffen. Dazu gebe ein gnädiges Geschick Ihnen Gesundheit u. Kraft, um all die Wechselfälle, die bis zu diesem Zeitpunkt noch eintreten werden, zu überstehen.

Ich beantworte zunächst Ihren letzten Brief vom 16. wegen der Möglichkeit eines Akademieautos für eine Fahrt nach Berlin[2]. Ich konnte darüber noch vor den Festtagen mit Stroux sprechen, der inzwischen das Rektorat endgültig losgeworden ist u. augenblicklich in der Schweiz ist, aber etwa Mitte des Monats zurückkehren wird. Er ist guten Willens, Ihnen für Ihre gewiss nötige Reise ein Auto zu verschaffen, aber das hängt in der Hauptsache von der Verwaltung ab, die noch nicht einmal ein Auto für den Präsidenten hergegeben hat, vielmehr das für diesen bestimmte Auto für ihre Zwecke benutzt. Ueberhaupt steht die Akademie, auch der Präsident, etwas sehr unter der Diktatur des Direktors, ähnlich wie es Stählin in seiner Geschichte Russlands von der Petersburger Akademie nach 1730 berichtet[3]. Es wurde darüber auch neulich in der Klasse gesprochen, da unsere Unternehmungen u. Kommissionen dem Raumbedürfnis der sich unheimlich ausbreitenden Verwaltung weichen u. das Akademiegebäude verlassen sollen. Leider findet unser Widerstand dagegen bei Stroux keinerlei Unterstützung.

[...]

Eigentümlich berührt mich das Schicksal von Wendland[4]. Wenn er wirklich, wie mir erzählt worden ist, auf den Vorwurf der Fragebogenfälschung

---

[1] Walther Vogel: Über den Rhythmus im geschichtlichen Leben des abendländischen Europa, in: Historische Zeitschrift 129 (1924), S. 1–68.
[2] Albert Brackmann an Fritz Hartung, 16.12.1947, in: Nl. F. Hartung, K 37/1.
[3] Vgl. Karl Stählin: Geschichte Rußlands von den Anfängen bis zur Gegenwart, Bd. 2, S. 240: Die St. Petersburger Akademie der Wissenschaften hatte in den 1730er Jahren „eine Leidenszeit aufzuweisen", denn: „Sie befand sich, während die Präsidenten allzu rasch wechselten, unter der despotischen Leitung des Kanzleivorstandes Johann Daniel Schumacher".
[4] Ulrich Wendland (1897–1957), Historiker und Archivar, Berufstätigkeit in Danzig (1934–1945), Berlin (1945–1947) und Lüneburg (1952–1957). Kurz nach dem Zweiten Weltkrieg

nichts anderes zu sagen hat, als er könne sich nicht erinnern, Parteibeiträge gezahlt zu haben, dann halte ich seine Sache für faul. So etwas weiss man doch. Aber ich will nicht urteilen, da ich ihn nicht selbst gesprochen habe.

Baethgen ist jetzt als Präsident der Monumenta bestätigt u. wird Berlin wohl im Januar verlassen[1]. Ich bedaure seinen Weggang sowohl menschlich wie wegen seiner Stellung in der Fakultät u. Akademie. Er wird nirgends leicht zu ersetzen sein, weil niemand in erreichbarer Nähe zu finden ist, obwohl ich ein Gegengewicht gegen Rörig für dringend erwünscht halte. E. Meyer ist das in seiner kühlen Ruhe bis zu einem gewissen Grade in Seminar u. Fakultät, aber für die Akademie kommt er angesichts der Geringfügigkeit seiner wissenschaftlichen Leistung nicht in Betracht. Wir suchen ja überhaupt krampfhaft neue Mitglieder für die Akademie, u. wenn Sie jemand wissen, dann schreiben Sie mir, bitte, bald. Freilich muss es sich um Leute handeln, die durch ihren Wohnsitz in der Lage sind, aktiv an den Arbeiten der Akademie teilzunehmen, d.h. um Leute innerhalb der Zone.

Gerade für unsere Klasse wäre es sehr wichtig, wenn sie ihr Gewicht etwas verstärken könnte. Die Gefahr, dass wir hinter der andern Klasse, für deren Arbeiten sich die Besatzungsmacht mehr interessiert, zurückbleiben, ist sehr gross. Und der Trost, dass es auch bei ihr im wesentlichen nur Leerlauf gibt u. dass die Verwaltung sich als Selbstzweck aufbläht, ist in Wirklichkeit kein Trost. Die 3 Abhandlungen sind als Auftakt recht erfreulich, aber es sieht nicht so aus, als ob es nun in raschem Tempo weitergehen werde[2]. Mit der Lizenz für die Jahresberichte sind wir auch nicht weiter gekommen, angeblich werden wegen Papiermangels keine neuen Lizenzen erteilt.

Wegen Ihres Forschungsauftrags habe ich noch keine Schritte beim neuen Rektor[3] unternommen. Ich möchte überhaupt die Frage seiner zeitlichen Begrenzung nicht ohne Not aufwerfen u. bitte deshalb um Bescheid, ob er an irgend welche Bedingungen gebunden ist, zeitlich oder sonst. Besser als die Pensionen, die in Berlin u. der Ostzone gezahlt werden, ist er sicher. Auf ein

---

kommissarischer Direktor des ehemaligen Preußischen Geheimen Staatsarchivs, wurde Wendland im November 1947 wegen seiner von ihm bis dahin verschwiegenen NSDAP-Mitgliedschaft entlassen; vgl. Kloosterhuis: Staatsarchiv ohne Staat, S. 489.

[1] Friedrich Baethgen wurde am 4.9.1947 zum neuen Präsidenten der nunmehr nach München verlegten Monumenta Germaniae Historica gewählt; vgl. Lemberg: Der Historiker ohne Eigenschaften, S. 356f.

[2] Unter den ersten Publikationen der Philosophisch-historischen Klasse der Deutschen Akademie der Wissenschaften für den nachträglichen Doppeljahrgang 1945/46, die unter den Publikationsdaten 1947 und 1948 erschienen, befanden sich auch Fritz Rörigs Studie „Geblütsrecht und freie Wahl in ihrer Auswirkung auf die deutsche Geschichte – Untersuchungen zur Geschichte der deutschen Königserhebungen (911–1198)" (Nr. 6) sowie der dritte Teil von Fritz Hartungs „Studien zur Geschichte der preußischen Verwaltung" („Zur Geschichte des Beamtentums im 19. und 20. Jahrhundert", Nr. 8), deren erster und zweiter Teil schon 1942 und 1943 erschienen waren; siehe hierzu auch die Gesamtbibliographie von Pál Vezényi: Abhandlungen und Sitzungsberichte der Deutschen Akademie der Wissenschaften (Königl. Preußische Akademie) zu Berlin 1900–1960, München 1968.

[3] Hermann Dersch amtierte in den Jahren 1947–1949 in der Nachfolge von Johannes Stroux als zweiter Nachkriegsrektor der Universität Berlin; vgl. Hansen: Von der Friedrich-Wilhelms- zur Humboldt-Universität zu Berlin, S. 81 ff.

Emeritierungsgehalt, wie es jetzt für Professoren bewilligt ist, haben Sie leider keinen Anspruch.

Weihnachten haben meine Frau u. ich still verlebt, ebenso den Silvesterabend. Da es nichts Gescheites zu kaufen gibt, haben wir uns gegenseitig nichts geschenkt. Durch Pakete von den Verwandten aus Südafrika[1] wurde es aber doch recht festlich für uns. Und ein Schüler von Gustav Mayer, dem ich 1933 noch die Ablegung der Dr.-Prüfung ermöglicht habe, hat mir heute eine Kaffeesendung angekündigt[2]. [...]

In der Hoffnung, dass wir uns im Frühjahr hier gesund wieder sehen werden, grüsse ich Sie zugleich im Namen meiner Frau sehr herzlich.

Ihr

Nr. 213
An Ludwig Dehio Berlin, 17. Januar 1948

HessStA Marburg, Nl. G. Dehio, C 14. – Masch. Original
[Durchschlag: SBBPK, Nl. F. Hartung, K 37/1].

Sehr verehrter Herr Dehio!

Anlass dieses Schreiben ist, dass vor einigen Wochen ein hiesiger Verlag – er nennt sich: Wissenschaftliche Editionsgesellschaft – an mich herangetreten ist mit der Frage, ob ich bereit sei, die Herausgabe einer neuen Historischen Zeitschrift zu übernehmen. Ich bin mit dem Verlag (französ. Lizenz) dadurch in Fühlung gekommen, dass ich eine von ihm geplante Ausgabe der Texte der wichtigsten Erklärungen der Menschenrechte mit einer Einleitung versehen habe[3]. Die Mitwirkung an einer Hist. Zeitschrift habe ich rundweg abgelehnt, nicht nur weil ich mich nicht für geeignet halte, all die damit notwendig verbundene Arbeit zu leisten, sondern weil ich es für ein dringendes Bedürfnis halte, die Tradition der alten HZ aufrechtzuerhalten. Ich habe dem Vertreter des Verlags auch gesagt, dass meiner Ansicht nach kein namhafter deutscher Historiker [bereit sei,] der alten HZ, an deren Wiedererstehen gearbeitet werde, durch ein Konkurrenzunternehmen in den Rücken zu fallen.

Da sowohl Dr. Epstein wie Meinecke mir sagten, dass Sie vermutlich am 1. Heft schon druckten, habe ich Ihnen zunächst nicht geschrieben. Inzwischen habe ich aber von Ritter erfahren, dass der Verlag an ihn herangetreten ist, übrigens ebenfalls ohne Erfolg. Und deshalb möchte ich Sie bitten, all derarti-

---

[1] Siehe oben, Brief Nr. 205.
[2] Ernst Engelberg (1909–2010), Historiker, Professor an der Universität Leipzig (1949–1960, ab 1957 mit Lehrstuhl) und Direktor des Akademieinstituts für deutsche Geschichte in Ost-Berlin (1960–1974). Engelberg, Schüler des 1933 aus politischen Gründen entlassenen Gustav Mayer, promovierte 1933 bei Hermann Oncken und Fritz Hartung mit der Arbeit „Die deutsche Sozialdemokratie und die Bismarcksche Sozialpolitik". Anschließend emigrierte Engelberg in die Schweiz (1934–1940), später in die Türkei (1940–1948).
[3] Siehe oben, Brief Nr. 211.

gen Bestrebungen durch ein möglichst rasches Herausbringen des ersten Heftes die Spitze abzubrechen. Verlassen Sie sich, bitte, nicht darauf, dass noch viel Zeit vergehen wird, bevor der Berliner Konkurrenzverlag seine Zeitschrift versandfertig hat[1]. Meist dauert ja heute das Drucken usw. länger, auch meine Menschenrechte sollen zu Weihnachten erscheinen u. sind noch nicht einmal fertig gesetzt. Manchmal geht es doch schneller.

Sonst ist aus Berlin nichts Besonderes zu berichten. Meinecke, den ich vor ein paar Tagen besucht habe, hat seine schwere Herbstbronchitis auffallend gut überstanden, ich fand ihn frischer als vorher. Er hat auch sein Colloquium wieder aufgenommen[2]. An anderen Lichtblicken fehlt es dagegen an der Universität; der Lehrkörper wird langsam älter, aber neue Berufungen kommen nicht zustande. Dagegen sind die Studenten erstaunlich fleissig und geistig aufgeschlossen. Ob es so bleiben wird, wenn demnächst die unter parteipolitischen Gesichtspunkten ausgesuchten neuen Studenten in unsere Seminare eintreten, bleibt freilich abzuwarten.

Hoffentlich haben Sie den Winter bisher gut überstanden.
Mit freundlichen Grüssen
    Ihr sehr ergebener
        Hartung

Nr. 214
An Gerhard Ritter   Berlin, 17. Januar 1948

BAK N 1166, Nr. 331. – Masch. Original.

Lieber Herr Ritter!

[...] Ich bin ganz Ihrer Ansicht, dass es für die deutsche Geschichtswissenschaft vor allem darauf ankommt, die alte HZ wieder ins Leben zu rufen[3]. Ich habe auch dem Vertreter des Verlags[4] deutlich gesagt, dass meiner Ansicht

---

[1] Die „Zeitschrift für Geschichtswissenschaft" (ZfG) begann erst mehrere Jahre nach Gründung der DDR, ab 1953 im Ost-Berliner „Deutschen Verlag der Wissenschaften" zu erscheinen; vgl. zur Vorgeschichte und zu den Anfängen der ZfG auch Martin Sabrow: Klio mit dem Januskopf. Die Zeitschrift für Geschichtswissenschaft, in: Matthias Middell (Hrsg.): Historische Zeitschriften im internationalen Vergleich, Leipzig 1999, S. 297–329, bes. S. 299 ff.

[2] Friedrich Meinecke begann seit 1946 eine, wie er es nannte, „kleine Lehrtätigkeit im eigenen Hause" abzuhalten, die er als sein „Historisches Colloquium" bezeichnete; vgl. seine brieflichen Äußerungen in: Meinecke: Neue Briefe und Dokumente, S. 455 ff. (Briefe an Aage Friis, 24.1.1947, und an Felix Gilbert, 2.4.1947), die Zitate ebenda, S. 457.

[3] Vgl. Gerhard Ritter an Fritz Hartung, 16.12.1947 (in: Nl. F. Hartung, K 46/8): „[...] Die Hauptsache wäre doch wohl, die Historische Zeitschrift wieder zu beleben, die nun einmal einen alten renommierten Namen hat, trotz des üblen Zwischenspiels K. A. v. Müller. Sind Sie nicht auch dieser Meinung? Es wird ohnedies schwer werden, wirklich brauchbare Forschungsbeiträge unter heutigen Verhältnissen zusammenzubringen, um eine anständige, repräsentative Zeitschrift damit auf würdige Weise zu füllen".

[4] Die Historische Zeitschrift erschien im R. Oldenbourg Verlag, München.

nach kein namhafter Historiker in diesem Augenblick, wo wir alle auf das Wiedererscheinen der HZ unter Dehios Leitung u. im alten wenn auch umbenannten Verlag hoffen[1], durch Herausgabe eines Konkurrenzunternehmens der HZ in den Rücken fallen wird. Da der Verlag sehr rührig ist u. eine Fülle von Projekten erwägt, für die er mich in enger oder lockerer Bindung einzufangen versucht hat, habe ich ihm Namen genannt, die meiner Ansicht nach besser als ich für die Leitung von Encyklopädien u. dergl. geeignet sind. Dabei ist wohl auch Ihr Name gefallen, denn ich habe vor Ihrer Leitungsfähigkeit ebenso wie vor Ihrer wissenschaftlichen Qualifikation einen unbegrenzten Respekt u. bin überzeugt, dass ein Unternehmen, dem Sie sich mit Ihrer Kraft widmen, etwas wird. Aber die Zeitschrift habe ich Ihnen nicht zugemutet.

Nachdem ich sowohl von Epstein wie von Meinecke gehört habe, dass Dehio vermutlich bereits am 1. Heft drucke, habe ich heute an ihn geschrieben, um etwas Druck dahinter zu setzen[2]. Denn es wäre in jeder Weise unerfreulich, wenn der Verlag mit Kräften 2. u. geringeren Ranges aber vor Dehio mit einer Zeitschrift herauskäme.

Meinecke geht es erfreulich gut, ich bin in den Weihnachtsferien einmal bei ihm gewesen u. habe ihn frischer gefunden als vor seiner Erkrankung. Er hält auch sein Colloquium wieder. Er selbst klagt freilich über Abnahme der Kräfte u. fühlt sich vereinsamt. Ich hätte nicht gedacht, dass die politischen Differenzen, die uns vor 25 Jahren trennten, eines Tages so bedeutungslos würden.

An der Universität herrscht augenblicklich Ruhe. Mit dem baulichen Wiederaufbau kommen wir auch, wenn auch nur sehr langsam, vorwärts. Nur mit dem Lehrkörper steht es schlimm. Mein Assistent hat dieser Tage seinen Doktor gemacht[3], lehnt aber ein Stipendium seitens der Zentralverwaltung ab, weil er keine politische Bindung eingehen möchte. Verlangt wird sie in den Bestimmungen nicht, aber er traut dem Frieden nicht. Das ist überhaupt unsere Situation. Es geht uns nicht schlecht, aber es fehlt die innere Sicherheit u. Ruhe.

Mit vielen Grüssen
Ihr
Hartung

---

[1] Aus Gründen der Lizenzerteilung in der US-amerikanischen Besatzungszone war der Oldenbourg Verlag in den ersten Nachkriegsjahren in „Leibniz Verlag" umbenannt.
[2] Siehe oben, Brief Nr. 213.
[3] Ernst Schraepler promovierte Ende 1947 bei Fritz Hartung mit der (unpubliziert gebliebenen) Arbeit: Preußens auswärtige Politik im zweiten Koalitionskrieg 1799–1802. Ein Beitrag zur Geschichte des preußischen Machtverfalls zu Beginn des 19. Jahrhunderts.

Nr. 215
An Friedrich Meinecke   **Berlin, 18. Januar 1948**

GStA PK, VI. HA, Nl. Friedrich Meinecke, Nr. 14, 138. – Hs. Original.

Hochverehrter Herr Geheimrat!

Sie sowohl wie Ihre verehrte Frau Gemahlin haben mich durch Glückwünsche zum 65. Geburtstag überrascht und erfreut, und ich danke Ihnen sehr herzlich dafür. Ich selbst hatte nicht die Absicht, diesem Quinquennium[1] irgendwelche Bedeutung beizulegen, zumal da die Emeritierungsgrenze jetzt wieder bei 68 liegt u. bei der augenblicklichen Lage auch dann kaum praktisch werden wird. Der Ertrag des Quinquenniums, das eben abgelaufen ist, könnte mich sehr traurig stimmen, wenn ich seine Dürftigkeit nicht mit den Zeitumständen entschuldigte. Die Losung: „Und dennoch", die Sie mir zurufen, ist für mich Mahnung und Trost zugleich.

Dr. Epstein hat mich von der hohen Ehrung unterrichtet, die die American Historical Association Ihnen hat zuteil werden lassen[2]. Ich spreche Ihnen dazu meine aufrichtigen Glückwünsche aus. Es ist eine schöne und wohlverdiente Anerkennung der Leistung, die Sie als deutscher Historiker für die gesamte Geschichtswissenschaft vollbracht haben, und Sie können stolz darauf sein, daß Sie damit die Verbindung wieder knüpfen helfen, die uns aus der selbstverschuldeten Isolierung wieder hinausführen wird.

Die mir freundlichst überlassenen Zeitungsausschnitte über die internationalen Studententage in Göttingen lege ich mit bestem Dank wieder bei[3]. Ich halte den Hinweis auf die Gefahren eines entpolitisierten Lebens für sehr beachtenswert, so sehr ich es verstehe, daß unsere heutige Jugend von dem, was ihr an Parteipolitik gegenübertritt, abgestoßen wird.

[...]

Mit nochmaligem Dank und Glückwunsch, dem sich auch meine Frau anschließt, und mit vielen Grüßen von uns für Sie und Ihre Frau Gemahlin
    Ihr sehr ergebener
    Hartung

---

[1] Lat. Jahrfünft.
[2] Friedrich Meinecke wurde im Dezember 1947 – als erster Deutscher seit Theodor Mommsen – Ehrenmitglied der American Historical Association; vgl. Gerhard A. Ritter: Friedrich Meinecke, die Gründung der Freien Universität Berlin und das Friedrich-Meinecke-Institut, in: Gisela Bock/Daniel Schönpflug (Hrsg.): Friedrich Meinecke in seiner Zeit. Studien zu Leben und Werk, Stuttgart 2006, S. 193–210, hier S. 201, Anm. 38.
[3] Nicht überliefert.

Nr. 216
An Max Braubach   Berlin, 20. Februar 1948

UA Bonn, Nl. M. Braubach, Nr. 201. – Masch. Original.

Lieber Herr Braubach!

Es hat mich sehr gefreut, von Ihnen ein so gewichtiges Lebenszeichen zu bekommen, das ganz besonders stark mein Interessengebiet berührt u. dessen Lektüre zu meinen ersten Ferienbeschäftigungen gehören wird[1]. Gern hätte ich bei dieser Gelegenheit auch etwas über Ihr persönliches Wohlergehen gehört, das hoffe ich nun durch eine direkte Anfrage aus Ihnen herauszulocken.

Freilich beruht diese Anfrage nicht nur auf meinem menschlichen Anteil an Ihrem Schicksal, sondern hat noch einen persönlichen Anlass. Wir bemühen uns seit einiger Zeit um die Wiederbesetzung des durch den Tod von Hoetzsch seit über einem Jahr vakanten Lehrstuhls für osteuropäische Geschichte. Das Wirkungsfeld dafür ist hier infolge der politischen Entwicklung, die uns hart an die Grenze Osteuropas gestellt hat, natürlich besonders gross, das Angebot an Lehrkräften ist dagegen sehr klein. Nun wird uns von einer Seite mit Nachdruck Herr Markow[2] genannt, der jetzt in Leipzig wirkt, nachdem er zuerst Schüler von F. Kern[3] gewesen ist. Ich bemühe mich gerade um seine Werke, um mir ein Urteil über seine wissenschaftliche Leistung zu verschaffen. Dass er politisch sehr ausgeprägt ist, ist mir bekannt; er ist in dieser Eigenschaft auch auf der Historikertagung hervorgetreten, die wir im Frühjahr 1946 hier im wesentlichen mit den Kräften der Ostzone abgehalten haben[4]. Ich nehme an, dass Sie ihn in seiner Bonner Zeit kennen gelernt haben, u. wäre Ihnen dankbar, wenn Sie mir etwas über sein persönliches Wesen mitteilen könnten. Ob Sie Ihre Mitteilung nur zu meiner persönlichen Information oder auch zur Weitergabe an die Kommission machen wollen, steht natürlich ganz in Ihrer Hand[5].

---

[1] Es handelt sich vermutlich um: Max Braubach: Der Westfälische Friede, Münster 1948.
[2] Walter Markov (1909–1993), Historiker, o. Professor an der Universität Leipzig (1949–1974).
[3] Fritz Kern (1884–1950), Historiker, a.o. Professor an der Universität Kiel (1913–1914), o. Professor an den Universitäten Frankfurt a.M. (1914–1922) und Bonn (1922–1947).
[4] Siehe oben, Briefe Nr. 192, 193, 201.
[5] In dem Antwortschreiben Braubachs an Hartung, 29.2.1948 (Nl. F. Hartung, K 59/31), heißt es hierzu: „Markow, nach dem Sie fragen, kenne ich persönlich nicht, wenigstens erinnere ich mich seiner (d.h. seines Aussehens) nicht. Er hat in der Nazizeit als Kommunist gesessen, bemühte sich dann 1945/46 hier ein Osteuropainstitut aufzuziehen und trat dabei in einer Art und Weise auf, die zu erheblichen Spannungen zwischen ihm und der Universitäts- bzw. Fakultätsführung von damals führte. Man war hier wohl sehr froh, als er nach Leipzig abwanderte. Da Kern noch in der Schweiz sitzt, ich auch mit ihm in keiner Verbindung stehe, kann ich von ihm keine Auskunft erhalten (gegen die zudem sicher mit Misstrauen geboten wäre). Bei der sehr betonten politischen Einstellung von M. kann ich mir denken, dass er auch die Fakultät in dieser Richtung beeinflussen wird. Von seinen wissenschaftlichen Leistungen kenne ich nur seine Dissertation ‚Serbien zwischen Österreich

Nr. 216. An Max Braubach, 20. Februar 1948

Dass wir hier auch nicht ganz untätig sind, soll Ihnen zunächst einmal das anliegende Schriftchen zeigen, die Frucht meines im Sommer gehaltenen Seminars[1]. Bei der Akademie ruhen auch noch ein paar Sachen von mir u. harren der Drucklegung, die angeblich zensurfrei ist, aber nach berühmten Mustern durch Bewilligung oder Versagung von Papier „gelenkt" wird. Gelegentlich entstehen da „Versehen" oder „Missverständnisse", so jetzt bei einer Abhandlung von mir mit dem Titel: L'Etat c'est moi, bei der ich, als ich sie 1944 niederschrieb, wohl an Hitler, nicht aber an die jetzigen Zeiten gedacht habe[2]. An der Universität haben sich solche „Missverständnisse" noch nicht gezeigt. Abgesehen davon, dass wir vor Semesterbeginn eine Disposition einreichen müssen, die etwa 1 bis höchstens 2 Schreibmaschinenseiten für das ganze Semester umfasst, spüren wir bis jetzt keinerlei Beschränkung unserer Lehrfreiheit. Z. B. habe ich im vorigen Sommer Verfassungsgeschichte von der amerikanischen Verfassung an bis zur sowjetischen von 1936 gelesen, ohne dass sich irgend jemand eingemischt hätte. Dass in den Vorlesungen Leute sitzen, die aufpassen u. allenfalls berichten, davon bin ich überzeugt. Aber bis jetzt ist nichts passiert. Und das Gleiche sagte dieser Tage der Jurist Peters, der als Staatsrechtslehrer u. als führende Persönlichkeit der Berliner CDU doppelt gefährdet sein könnte.

[...]

Ich habe im vorigen Herbst die Tagung der Historischen Kommission in München mitgemacht u. zu diesem Zweck die Reise gewagt. Da es eine Dienstreise war, machte die Besorgung von Pass u. Fahrkarte keine besonderen Schwierigkeiten; ich habe ja auch den Vorteil, anerkannter Schwerkriegsbeschädigter mit Ausweis zu sein u. bei Amtsstellen gleich dran zu kommen. Aber die Reise von Berlin nach München dauert heutzutage 29 Stunden, denn man muss über Hannover fahren u. sich an der Grenze der Zonen mehr oder weniger gründlich über seine Person ausweisen, was Stunden kostet. Ich weiss noch nicht, ob ich im kommenden Herbst das Verfahren wiederhole. Immerhin war es lehrreich, einmal die westliche Welt zu sehen u. mit den Kollegen von drüben sprechen zu können.

Mit den besten Grüssen auch von meiner Frau

Ihr

Hartung

---

und Russland', eine sicherlich gescheite und kenntnisreiche Arbeit mit überraschenden Schlussfolgerungen".

[1] Fritz Hartung: Die Entwicklung der Menschen- und Bürgerrechte von 1776–1946, Berlin 1948.
[2] Siehe unten, Brief Nr. 221.

Nr. 217
An Walter Goetz Berlin, 2. März 1948

BAK N 1215, Nr. 49. – Masch. Original (mit hs. Zusätzen).

Sehr verehrter Herr Kollege!

In Ihrem sehr freundlichen Brief vom 4.2., über den ich mich sehr gefreut habe[1], fragen Sie mich auch nach Eschenburg u. meiner Ansicht über die für ihn geplante Stellung. Da er für den Februar die Möglichkeit eines Besuches in Berlin in Aussicht gestellt hatte, habe ich mit der Antwort gezögert. Aber wenn ich warten wollte, bis er nach Berlin kommt u. Zeit zu einem Besuch bei mir findet, könnte meine Antwort an Sie zu spät kommen. Deshalb schreibe ich Ihnen, ohne mit Eschenburg über die Angelegenheit mündlich oder schriftlich Fühlung genommen zu haben.

Es ist richtig, dass E. mein Schüler ist. Er kam etwa 1926 nach Berlin u. übernahm auf meinen Rat als Thema seiner Dissertation eine Darstellung der Haltung der Nationalliberalen während des Bülowblocks[2]. Er hat auf Grund persönlicher Beziehungen zu Stresemann[3] sich den Zugang zum Nachlass von E. Bassermann[4] verschafft, auch sonst mit Energie u. Geschick sich weitere Quellen erschlossen. Die Arbeit ist 1929 unter dem Titel „Das Kaiserreich am Scheidewege, Bülow, Bassermann u. der Block" erschienen[5]. Ihr Wert besteht nicht nur in den neuen Quellen, sondern auch in der gründlichen Verarbeitung u. in dem selbständigen eigenen Urteil. Es hätte E. daraufhin wohl der Weg in die akademische Laufbahn offen gestanden, aber er hoffte damals wohl auf Stresemann, der ihn in die diplomatische Karriere aufnehmen wollte. Der Tod von Str. hat diesen Plan vereitelt. E. ging in die Politik, gehörte 1930 zu den Gründern der „Staatspartei" u. trat 1933 in einen wirtschaftlichen Verband ein, in dem er es durch seine unbezweifelbare Intelligenz u. Tüchtigkeit offenbar bald zu einer angesehenen Stellung brachte. Er hat dauernd mit mir in Fühlung gestanden, was dadurch erleichtert wurde, dass er knapp 10 Minuten von mir entfernt wohnte. Wir haben auch, zumal nachdem er Frau u. Kinder aus dem bombenbedrohten Berlin weggebracht hatte, manches politische Gespräch mit einander geführt. Wissenschaftlich hat er, so viel ich weiss, seit seiner

---

[1] Nicht überliefert.
[2] Das als „Bülowblock" bezeichnete Wahlbündnis der beiden konservativen und der liberalen Parteien vor der Reichstagswahl von 1907 konnte die Parlamentsmehrheit erringen und unterstützte anschließend bis 1909 die Politik des Reichskanzlers Bernhard von Bülow; vgl. Thomas Nipperdey: Deutsche Geschichte 1866–1918, Bd. 2: Machtstaat vor der Demokratie, München 1998, S. 729ff.
[3] Gustav Stresemann (1878–1929), Politiker (Nationalliberale Partei, DVP), Reichskanzler (1923), Reichsaußenminister (1923–1929).
[4] Ernst Bassermann (1854–1917), Politiker und nationalliberaler Parlamentarier, Mitglied des Deutschen Reichstags (1893–1917).
[5] Theodor Eschenburg: Das Kaiserreich am Scheideweg – Bassermann, Bülow und der Block. Nach unveröffentlichten Papieren aus dem Nachlass Ernst Bassermanns, Berlin 1929 (das Buch enthält eine Einleitung von Gustav Stresemann).

Nr. 217. An Walter Goetz, 2. März 1948

Dissertation nicht mehr aktiv gearbeitet. Mir ist nur ein kurzer Aufsatz in der „Deutschen Rechts-Zeitschrift" vom November 1947 bekannt geworden, der den 80. Geburtstag des Freizügigkeitsgesetzes vom 1.11.1867 als „ein ernstes Jubiläum" feiert[1].

Auf Grund meiner langjährigen Bekanntschaft darf ich wohl sagen, dass ich E. für durchaus befähigt zur Leitung eines wissenschaftlichen Instituts halte. Insofern verstehe ich durchaus Glums[2] Stellungnahme. Ob E. Konvertit ist, weiss ich nicht; ich kann es mir auch nicht recht denken. Aber seit Ende 1944 habe ich nichts mehr von seiner Entwicklung gehört. Das kann ich allerdings bestimmt versichern, dass er kein „ausgesprochener Berliner" ist; er entstammt dem Lübecker Patriziat, sein Grossvater ist mehrmals regierender Bürgermeister von Lübeck gewesen[3], u. der Enkel gedachte gern der Tatsache, dass der Grossvater „Verbündeter", also gleichsam Kollege von Wilhelm II. gewesen ist[4].

Wie gesagt, ich halte E. für sehr geeignet zur Leitung. Die Frage ist nur, was man sich unter „Leitung" des Instituts für Erforschung des Nationalsozialismus vorzustellen hat. Ein hoch besoldeter Leiter muss, selbst wenn er nebenher Professor an der Univ. wäre, doch einen grossen Teil der Arbeit, natürlich unterstützt von Assistenten, die nach seinen Weisungen zu arbeiten haben, selbst übernehmen; sonst ist der Posten eine Sinecure. Dann ist das Ganze aber kein wirkliches Institut, sondern die Arbeitsstelle eines einzelnen Forschers. Zu einem Institut gehören meiner Ansicht nach – u. Ihr Hinweis auf den Münchener Kreis von jüngeren Historikern zeigt, dass Ihnen das Gleiche vorschwebt – mehrere selbständig arbeitende jüngere Gelehrte, denen das Thema wohl gegeben wird, die auch Richtlinien erhalten müssen, aber ihre Aufgabe dann doch selbständig durchführen, wie Sie es in jungen Jahren bei der Münchener Hist. Kommission, ich bei der Gesellschaft für fränkische Geschichte getan haben[5]. Für einen gut besoldeten „Leiter" ist bei einer solchen Organisa-

---

[1] Theodor Eschenburg: Ein ernstes Jubiläum. Zum Freizügigkeitsgesetz vom 1. November 1867, in: Deutsche Rechts-Zeitschrift 2 (1947), S. 353–356.

[2] Friedrich Glum (1891–1974), Jurist und Wissenschaftspolitiker, Direktor der Kaiser-Wilhelm-Gesellschaft zur Förderung der Wissenschaften (1922–1937), Ministerialdirigent in der Bayerischen Staatskanzlei in München (1946–1952).

[3] Johann Georg Eschenburg (1844–1936), Jurist und Senator in Lübeck, Bürgermeister (1905–1906, 1909–1910, 1913–1914).

[4] Anspielung auf die Tatsache, dass die Freie und Hansestadt Lübeck bis 1918/37 ein selbständiger Bundesstaat innerhalb des Deutschen Reiches gewesen ist.

[5] Walter Goetz gab seit 1901 (nebenamtlich seit 1905) im Auftrag der Historischen Kommission bei der Bayerischen Akademie der Wissenschaften insgesamt vier Bände der „Politischen Korrespondenz des Kurfürsten Maximilians I. von Baiern und seiner Verbündeten während des Dreißigjährigen Krieges" heraus; vgl. Walter Goetz: Aus dem Leben eines deutschen Historikers, in: derselbe: Historiker in meiner Zeit – Gesammelte Aufsätze, Köln/Graz 1957, S. 1–87, hier S. 38. Sie erschienen in der Abteilung: Briefe und Acten zur Geschichte des Dreißigjährigen Krieges: Die Politik Maximilians I. von Bayern und seiner Verbündeten 1618–1651, N. F., Teil 2, Bd. 1 (1623, 1624), München 1907; Bd. 2 (1625), ebenda 1918; Bd. 3 (1626, 1627), ebenda 1942; Bd. 4 (1628–Juni 1629), ebenda 1948. – Zu Hartungs früher Tätigkeit in den Diensten der Gesellschaft für fränkische Geschichte siehe oben, Briefe Nr. 1 ff.

tion kein Platz; ich hatte vor 40 Jahren erst Fester, dann Chroust als Leiter über mir, später habe ich dann bei der Hist. Kommission für Brandenburg selbst jüngere Gelehrte beaufsichtigt, ebenso mache ich es jetzt bei der hiesigen Akademie, aber ich habe nie daran gedacht, dass man dafür ein Gehalt bekommen könnte u. daß die Arbeit einen ausfüllen könnte[1].

Was ein „Geschäftsführer" bei einem historischen Forschungsinstitut zu tun haben soll, ist mir nicht recht klar. Denn der Umfang der nicht wissenschaftlichen, sondern verwaltungsmässigen Geschäfte ist doch so klein, dass sie von irgend einer Verwaltungsstelle der Akademie, der Universität oder dergl. (die Hist. Kommission für Brandenburg benutzte das Stadtarchiv Berlin) gegen eine kleine Vergütung besorgt werden können. Soll aber seine Aufgabe sein, die wissenschaftliche Arbeit der einzelnen Mitarbeiter gegeneinander abzugrenzen, ihr bestimmte Richtlinien zu geben usw., sie zu „koordinieren", wie man heute sagt, dann läuft die Aufgabe auf die wissenschaftliche Leitung hinaus.

Nicht ohne Neid habe ich vor einigen Tagen eine stattliche Anzahl von Sitzungsberichten der Münchener Akademie erhalten. Wir sind hier trotz allen grossen Worten von der hohen Stellung der „Deutschen Akademie der Wissenschaften" praktisch noch sehr gehemmt u. haben bisher noch kaum etwas drucken können. Ende März soll Meineckes Vortrag über Ranke u. J. Burckhardt erscheinen[2]. Meinecke hat sich übrigens fabelhaft erholt von seiner herbstlichen Lungenentzündung, dank seinen amerikanischen Schülern, die ihm Penicillin verschafften, aber auch dank seiner guten Natur. Vielleicht erreicht er noch das Rankische Alter.

Sie machen ja noch einen so frischen Eindruck, dass ich bei Ihnen in dieser Beziehung guten Mutes bin.

Mit den besten Grüssen
Ihr sehr ergebener
Hartung

Nr. 218

An Theodor Eschenburg   Berlin, 2. März 1948

SBBPK, Nl. F. Hartung, K 37/1. – Durchschlag.

Lieber Herr Eschenburg!

Zunächst danke ich Ihnen bestens für Ihren Aufsatz zum Jubiläum des Freizügigkeitsgesetzes[3], aus dem ich viel Neues u. zwar nicht nur hinsichtlich der heutigen Zustände, sondern auch über die historische Entwicklung gelernt

---

[1] Von „u. daß" bis „könnte" von Hartung handschriftlich hinzugefügt.
[2] Siehe oben, Brief Nr. 205.
[3] Siehe oben, Brief Nr. 217.

Nr. 218. An Theodor Eschenburg, 2. März 1948

habe. Dann danke ich Ihnen auch für Ihren Brief vom 16.1., der mir mit der Unterschrift „gez. Dr. E., f. d. R. ..." einen starken Eindruck von Ihrer hohen Stellung gegeben hat[1]. Leider ist aus dem angekündigten Besuch in Berlin noch nichts geworden. Ich hatte immer darauf gehofft, mit Ihnen die Frage Ihrer Münchener Stellung einmal mündlich erörtern zu können. Inzwischen hat W. Goetz mich deswegen um Rat gefragt, u. ich möchte Ihnen mitteilen, was ich ihm geschrieben habe[2]. Sie sollen nicht etwa den Eindruck bekommen, als ob ich intriguierte.

Was zunächst Ihre Person angeht, so habe ich Sie unbedingt empfohlen; auch das Bedenken, dass mit Ihnen „ein ausgesprochener Berliner" berufen würde, konnte ich leicht beseitigen. Aber ich hege Zweifel, ob ein solches Institut einen hauptamtlichen „Leiter" braucht oder vertragen kann, selbst wenn dieser nebenher Professor an der Universität ist. Ich kann mir nur zweierlei denken, entweder eine starke leitende Persönlichkeit, die die wissenschaftliche Arbeit fest in der Hand hält u. die Einzelausführung mit festen Weisungen an unselbständige Assistenten austeilt. Oder die eigentliche Arbeit wird nach bestimmten Richtlinien von jüngeren Gelehrten selbständig u. unter eigener wissenschaftlicher Verantwortung geleistet. Darüber muss natürlich eine wissenschaftliche Autorität stehen, sei es ein Beirat, Historische Kommission oder wie man das Gremium nennen mag, sei es ein einzelner Gelehrter. Aber eine die ganze Arbeitskraft eines Mannes ausfüllende Tätigkeit lässt sich daraus nicht gewinnen, oder es gibt Krach mit den Mitarbeitern. Ich bin in jungen Jahren als Mitarbeiter bei der Gesellschaft f. fränkische Geschichte einer solchen Kommission unterstellt gewesen u. zwar speziell einem Abteilungsleiter, zuerst Fester, dann Chroust, aber keiner von ihnen hat je gedacht, daraus eine hauptamtliche Stellung zu machen. Später habe ich im Auftrag der Hist. Kommission für Brandenburg die Arbeit von Croon an den Kurmärkischen Ständeakten überwacht[3], jetzt tue ich das für die Akademie der Wiss. hier bei wirtschaftsgeschichtlichen Studien.

Nun ist die Aufgabe des geplanten Münchener Instituts nicht ganz mit denen zu vergleichen, von denen ich hier ausgehe. Sie wird mehr ins Breite gehen, etwa in mehrere Abteilungen gegliedert werden müssen. Dazu hat sie einen sehr politischen Charakter u. erfordert wohl ständige Fühlung mit den politischen Instanzen. Aber es ist mir doch, je mehr ich aus Anlass der Anfrage von Goetz darüber nachgedacht habe, zweifelhaft geworden, ob die Leitung des Instituts eine befriedigende Aufgabe für einen Mann in den besten Jahren

---

[1] Theodor Eschenburg an Fritz Hartung, 16.1.1948, in: Nl. F. Hartung, K 37/1; Eschenburg teilt seinem akademischen Lehrer hierin knapp mit, in der Angelegenheit einer eventuellen Übernahme der Leitung des neuen Forschungsinstituts fahre er selbst „in den nächsten Tagen nach München, um zunächst einmal zu verhandeln". – Hartung spielt hier darauf an, dass Theodor Eschenburg seit 1947 (bis 1951) als stv. Innenminister des Landes Württemberg-Hohenzollern in Tübingen/Bebenhausen amtierte. Vgl. Wengst: Theodor Eschenburg, S. 135–168.
[2] Siehe oben, Brief Nr. 217.
[3] Helmuth Croon (Hrsg.): Brandenburgische Ständeakten 1: Die kurmärkischen Landstände 1571–1616, Berlin 1938.

sein kann. Jedenfalls müssten Sie sich einen entsprechenden Wirkungskreis sichern, gegenüber den anzustellenden (oder etwa schon angestellten?) Mitarbeitern, gegenüber dem wissenschaftlichen Beirat, der wenigstens im Herbst geplant war u. der leicht geneigt sein könnte, Ihnen Vorschriften zu machen, endlich gegenüber den politischen Instanzen. Ich traue Ihnen zu, dass Sie ein solches Institut mit sicherer Hand leiten werden, aber Sie müssen dazu auch die nötige Bewegungsfreiheit bekommen.

[...]

Nächstens hoffe ich mich für Ihre literarische Gabe in ähnlicher Weise revanchieren zu können. Einstweilen bin ich mit den besten Grüssen auch von meiner Frau für Sie u. Ihre ganze Familie

Ihr alter

Nr. 219
An Ernst Friedlaender　　　　　　　　　　　　**Berlin, 18. März 1948**

SBBPK, Nl. F. Hartung, K 37/1. – Masch. Durchschlag.

Lieber Ernst!

Dein herannahender Geburtstag gibt mir Veranlassung, Dir, ohne den angekündigten Brief abzuwarten, zu schreiben. Ob der Brief rechtzeitig bei Dir eintreffen wird, das kann ich freilich nicht wissen; das können wir nicht einmal innerhalb Deutschlands berechnen. Jedenfalls soll er Dir zeigen, dass wir Deiner mit den besten Wünschen gedenken, zugleich mit herzlicher Dankbarkeit für all die Gaben, mit denen Du uns so beschämend reichlich versorgst. Ich bin erfreulicherweise in der Lage, eine kleine Gegengabe auf Deinen Geburtstagstisch zu legen, eine von mir eingeleitete Ausgabe der wichtigsten Erklärungen der Menschenrechte; sie ist der Ertrag von Seminarübungen, die ich wiederholt, auch unter der nat.soz. Herrschaft gehalten habe, unmittelbar hervorgegangen aus den Uebungen des vorigen Sommers, die nicht nur mir, sondern offenbar auch den Studenten Freude gemacht haben. Eines Tages erschien ein Verleger bei mir u. regte auf Grund von Mitteilungen aus dem Hörerkreis die Ausgabe an[1].

Augenblicklich stehen wir im Zeichen der Gedächtnisfeiern für 1848. Leider stehen sich auch dabei die beiden grossen Gruppen, in die Europa, ja die Welt zerfallen ist, feindlich gegenüber, u. die deutschen Parteien nutzen diese Gegensätze aus, um sich leidenschaftlich zu bekämpfen. Heute Vormittag demonstrierten die Kommunisten bei den Gräbern der Märzgefallenen[2] für den kommunistischen Charakter der Bewegung von 1848, woraus dann mit Leich-

---

[1] Siehe oben, Briefe Nr. 205, 211.
[2] Der Friedhof der „Märzgefallenen", d. h. der in den Barrikadenkämpfen des 18./19. März 1848 vom preußischen Militär getöteten Berliner Revolutionäre, befindet sich im Stadtteil Friedrichshain.

tigkeit der „Verrat" des Bürgertums gefolgert werden kann, heute Nachmittag demonstrierten die andern Parteien für den freiheitlichen Charakter von 1848 vor dem Reichstagsgebäude; der Wettergott zeigte sich neutral, indem er einen kalten Regen in Strömen herunterschickte und wohl beiden Kundgebungen den Hauptteil der erwarteten Zuschauer raubte. Als bleibenden Vorteil verzeichnet Berlin die gründliche Reinigung sowohl des Gendarmenmarkts, auf dem die kommunistische Feier anfing, wie des Platzes vor dem Reichstag von all den Trümmern, die seit 3 Jahren dort herumgelegen hatten.

An mir ist die Feier auch nicht spurlos vorübergegangen. Ich habe nicht weniger als dreimal über 1848 reden müssen, das erste Mal bei einem öffentlichen Vortrag der Akademie der Wiss.; hier habe ich das Thema formuliert: die europäische Bedeutung der Revolution von 1848. Sobald der Vortrag gedruckt wird, schicke ich ihn Dir ebenfalls zu. Die beiden andern Vorträge beschränkten sich auf die deutsche Bewegung, sie sollen aber nicht gedruckt werden[1].

Augenblicklich habe ich Ferien. Freilich ist das auch nur ein relativer Begriff u. bedeutet nur, dass keine Vorlesungen stattfinden. In der vorigen Woche z. B. habe ich an 5 Tagen Sitzungen oder Besprechungen in Angelegenheiten der Akademie gehabt. Ich würde darüber kein Wort verlieren, wenn ich das Gefühl hätte, damit produktive Arbeit zu ermöglichen, vielleicht sogar selbst zu leisten. Aber ich habe das Gefühl, dass wir immer nur auf der Stelle treten. Das ist aber nicht nur in Berlin so, das in wissenschaftlicher Beziehung durchaus als Teil der sowj. Zone behandelt wird, sondern scheint nach den Eindrükken, die ich im vergangenen September bei einer Tagung der Historischen Kommission in München gewonnen habe, auch in den Westzonen nicht besser zu sein. Der Mangel an Büchern u. Handschriften hemmt die Forschung auf den geisteswissenschaftlichen Gebieten sehr empfindlich, von den Naturwissenschaften, denen es an allen Rohmaterialien zu Versuchen, an Chemikalien, an Versuchstieren usw. fehlt, ganz zu schweigen.

Die Reise nach München war übrigens auch sonst sehr lehrreich. Natürlich habe ich mir einen Pass besorgt. „Schwarz" über die Grenze zu gehen u. dabei allenfalls geschnappt u. für ein paar Tage in Haft gesetzt zu werden, möchte ich in meinem Alter vermeiden. Auf den Ausweis der Akademie hin, dass ich eine Dienstreise unternähme, bekam ich den Pass auch ohne besondere Schwierigkeiten; meine Eigenschaft als anerkannter Schwerkriegsbeschädigter kam mir dabei sehr zu statten, denn ich brauche bei Amtsstellen nicht so lange anzustehen wie die andern. Die Reise von Berlin nach München dauert 29 Stunden u. führt über Hannover. Es liegt nicht nur an der russischen Zone, dass die Reise strapaziös ist u. lange dauert. Der Kampf um die Zulassungskarte für den Anschlusszug in Hannover u. der Aufenthalt auf dem Bahnhof Hannover, wo in allen Gängen Menschen herumliegen (es war mitten in der Nacht) war schreck-

---

[1] Von dem erstgenannten Vortrag, den Hartung am 12.2.1948 in der Berliner Akademie der Wissenschaften gehalten hatte, erschien im Druck lediglich eine knappe Zusammenfassung: Fritz Hartung: Die europäische Bedeutung der Revolution von 1848, in: Forschungen und Fortschritte 24 (1948), S. 25–27; der zweite Vortrag blieb ungedruckt.

lich. Die Fahrt von Hannover bis München dauerte auch volle 19 Stunden. In München kam ich Sonntags am Abend an. Meine Unterkunft, von der bayrischen Akademie besorgt, lag weit draussen, denn die Innenstadt ist stark zerstört. Strassenbahnen fuhren wegen der Trockenheit u. der dadurch erschwerten Stromversorgung am Sonntag gar nicht, werktags nur zu Zeiten, die für unsere Sitzungen so unbequem wie möglich lagen. Es war aber interessant, mit den Kollegen der andern Zonen zusammenzukommen. Wir Männer der Ostzone (3 unter etwa 20) wurden sehr angestaunt, öffentlich auch bewundert wegen unseres Mutes, heimlich aber mehr bemitleidet. Man stellt sich im Westen unsere Lage schlimmer vor, als sie ist. Bisher sind wir immer noch freie deutsche Professoren. Ich habe im vorigen Sommer im Kolleg gewiss ein brenzliches Thema behandelt, allgemeine Verfassungsgesch. von Amerika 1776/87 an bis zur russischen Verfassung von 1936, aber nicht die geringste Unannehmlichkeit gehabt, obwohl ich als Nichtmarxist bekannt bin.

Dass die allgemeine politische Lage bedenklich ist, das wissen wir natürlich so gut wie die übrige Welt, u. wir sehen einstweilen nicht, wie sich die Dinge für uns weiter entwickeln werden. Ich glaube nicht recht daran, dass es bald zum Kriege kommen wird, obwohl es gerade dann leicht dazu kommt. Aber wenn sich nun die 3 Westzonen zusammenschliessen u. die Währungsreform durchführen werden, sitzen wir vermutlich auf der andern Seite des eisernen Vorhangs u. sind vielleicht sogar gezwungen, wenn wir nach dem Westen reisen wollen, uns ausser dem Pass u. den Lebensmittelkarten auch Devisen zu besorgen. Dabei ist freilich vorausgesetzt, dass die 3 Westmächte Berlin wirtschaftlich ganz in die Ostzone aufgehen lassen. Ob sie das tun werden, ist mir zweifelhaft. Wir sind zwar schlecht unterrichtet, was in der Welt vorgeht, denn wir bekommen kaum ausländische Zeitungen, vor allem keine neutralen, etwa schweizerische, aber aus den verschiedenen Zeitungen, die in Berlin in den verschiedenen Sektoren herauskommen, gewinnen wir doch ein buntes Bild von den verschiedenen Strömungen in der Politik, u. da scheint mir, als ob man sich im Westen darüber klar geworden sei, dass die legère Art der Politik, wie sie zur Zeit des Potsdamer Abkommens betrieben wurde, als falsch erkannt sei.

[...]

Kennst Du den Germanisten unserer Universität Kunisch[1] dem Namen nach? Sein Buch über Rilke wird gerühmt[2], sonst ist er literarisch noch kaum hervorgetreten. Aber er hat grossen Zulauf bei den Studenten. Dagegen wurde der Studienrat, der vor Kunisch vertretungsweise die neuere Literaturgeschichte übernommen hatte[3] und zunächst beibehalten wurde, da wir ja ruhig

---

[1] Hermann Kunisch (1901–1991), Germanist, o. Professor an der Universität Berlin (1947–1948), der Freien Universität Berlin (1948–1955) und der Universität München (1955–1969).
[2] Hermann Kunisch: Rainer Maria Rilke. Dasein und Dichtung, Berlin 1944.
[3] Heinz Stolte (1914–1992), Germanist, Studienrat und Universitätsdozent, a.o./o. Professor an der Universität Jena (1946–1949, 1949), o. Professor an der Humboldt-Universität (1949–1950), anschließend Flucht in den Westen, dort Tätigkeit als Lehrer und Studienrat,

Nr. 219. An Ernst Friedlaender, 18. März 1948

zwei Vertreter brauchen können, von den Studenten in der Weihnachtszeitung der Germanisten durch ein Inserat charakterisiert: Selbst im feuchten Auditorium trägt die deutsche Literatur trocken vor: Dr. N. N.

Immerhin ein Zeichen erfreulicher Kritik bei den Studenten. Ueber diese kann ich eigentlich auch nur Gutes sagen. Sie sind von unheimlichem Eifer u. besuchen die Vorlesungen mit einer Regelmässigkeit, wie ich sie weder als Student noch in nunmehr 38 Dozentenjahren je erlebt habe. Das liegt ja wohl auch in dem Mangel an Lehrbüchern begründet, der eben dazu zwingt, sich den Stoff in den Vorlesungen zu erarbeiten. Aber auch im Seminar zeigen sie Eifer u. vor allem eine erfreuliche geistige Beweglichkeit u. Aufgeschlossenheit. Ich bin nun gespannt, wie sich die Studentenschaft entwickeln wird. Bisher haben wir ja hauptsächlich Studenten mit normaler Vorbildung, d. h. dem Abschlusszeugnis einer höheren Schule. Aber seit der Wiedereröffnung 1946 bemüht sich unsere ausschliesslich kommunistische Verwaltung, auch ohne entsprechende Vorbildung zum Studium zuzulassen, wen sie für geeignet hält. Diese Studenten müssen zunächst ein paar Semester die sog. Vorstudienanstalt besuchen, wo sie ihre Schulbildung ergänzen sollen. Sie werden bald so weit sein, dass sie in unsere Seminare aufgenommen werden müssen. Ich bin gespannt, wie sie sich in unsern Betrieb einfügen werden.

Erfreulicher Weise öffnen sich für unsere Studenten bereits wieder die Wege ins Ausland; sowohl in der Schweiz wie in USA können deutsche Studenten zugelassen werden. Ein Verhältnis auf Gegenseitigkeit ist es noch nicht, denn wer hätte Neigung, in unsern zerstörten Universitäten mit all den Schwierigkeiten des deutschen Lebens zu kämpfen?

Denn ein Kampf ist das Leben hierzulande immer noch. Und es ist deprimierend, wie wenig wir in den rund 3 Jahren seit dem Ende der Feindseligkeiten weiter gekommen sind. Jeder kleine Ankauf, etwa ein Paar Schnürsenkel, Seife, ein Kamm, lauter Dinge, die man braucht u. die früher zu den Selbstverständlichkeiten gehörten, über die man kein Wort zu verlieren brauchte, sind heute ein Problem, dessen Lösung nicht nur Geld, sondern auch Zeit u. viel freundliche, höfliche, bittende Worte erfordert. Und wenn ich Schuhe zum Schuster zu bringen habe, damit er neue Absätze dran macht – von Sohlen ganz zu schweigen –, dann habe ich mehr Herzklopfen als vor 50 u. mehr Jahren, wenn ich zum Direktor gerufen wurde. Die Schuld an diesen Zuständen liegt nicht nur an uns, sondern zum guten Teil an der naturwidrigen Zerreissung Deutschlands in Zonen u. Berlins in Sektoren, zwischen denen künstliche Grenzen aufgerichtet worden sind. Die Umgebung von Berlin ist russische Zone u. liefert nichts in die nichtrussischen Sektoren Berlins.

Einen grossen Teil dieses Kampfs um den Alltag haben die Hausfrauen auszuhalten. Man sieht es ihnen auch an, so selten man auch eine andere als seine eigene zu sehen bekommt. Denn der gesellschaftliche Verkehr hat fast ganz aufgehört, man hat ja weder Räumlichkeiten noch Speise u. Trank noch

---

später als Dozent sowie als Wissenschaftlicher Rat und Professor an der Universität Hamburg (1957/70–1976).

Zeit dazu. Aber alle paar Wochen treffen sich die Damen der Universität u. der Akademie zum Kaffee in der Stadt u. hinterher kommen ein paar Kollegen dazu u. wir essen gemeinsam. Immerhin ist es erstaunlich, dass unsere Frauen, die es in ihren jüngeren Jahren meist gar nicht nötig gehabt haben, die schwere Arbeit zu tun, sich überhaupt noch so tapfer halten. Das gilt auch von Anni. Ich würde ihr so gerne mal eine Ausspannung gönnen, aber ich weiss nicht, wie ich das machen soll. Erstens wird sie die Wohnung hier nicht allein lassen, zumal seit dem Einbruch vom Vorjahr[1], zweitens weiss ich nicht, wohin man reisen kann, ohne dort Hunger zu leiden, denn zu Hause bekommt man doch wesentlich reichlicheres u. besseres Essen als im Gasthaus, das habe ich auch in den 6 Tagen München gemerkt. So bleiben wir also vorläufig hier u. warten darauf, ob die Zeiten besser werden, nachdem wir die Suppe ausgelöffelt haben werden, die uns der Nat.sozialismus eingebrockt hat. Eigentlich könnte ich am 1. April in den Ruhestand treten. Aber die Altersgrenze ist abgeschafft, wenn auch grundsätzlich die Emeritierung wieder besteht. So bleibe ich noch im Amt, u. wenn ich auch gern noch ein grosses Buch schreiben möchte, so will ich doch, zumal bei den augenblicklichen Schwierigkeiten in der Besetzung von Professuren in Berlin, auch die Studenten nicht im Stich lassen. Vielleicht ist es in 5 Jahren so weit.
[...]
Mit herzlichen Grüssen für Dich und Aenne[2]

Nr. 220

An Anton Largiadèr   Berlin, 2. Mai 1948

SBBPK, Nl. F. Hartung, K 59/11. – Durchschlag.

Sehr verehrter lieber Herr Largiardèr!

Sie haben mich sehr beschämt. Noch bevor ich Ihren freundlichen Brief vom 29. Dezember[3] beantwortet habe, ist ein weiterer Brief von Ihnen angekommen[4] mit einer sehr erfreulichen und wertvollen Beilage, die meine Frau gleich eingelöst hat. Wir danken Ihnen sehr herzlich dafür. Es sind lauter Sachen, die unsere Ernährung nicht nur kalorienmäßig verstärken, sondern zugleich in sehr erwünschter Weise mannigfaltiger u. schmackhafter gestalten. Wenn wir versuchen, den Wert des Pakets nach den hiesigen Schwarzmarktpreisen zu berechnen, dann fängt uns an zu schwindeln, und die Unmöglichkeit, solche Dinge mit einem an sich recht anständigen Professorengehalt zu bezahlen, macht uns sehr deutlich, wie arm wir durch den Versuch, eine europäische Grossraumherrschaft zu erlangen, geworden sind. Wir wissen aber

---

[1] Siehe oben, Brief Nr. 205.
[2] Aenne Friedlaender, Ehefrau von Ernst Friedlaender.
[3] Siehe oben, Brief Nr. 210.
[4] Anton Largiadèr an Fritz Hartung, 30.3.1948, in: Nl. F. Hartung, K 59/11.

Nr. 220. An Anton Largiadèr, 2. Mai 1948

auch, dass nicht nur Deutschland, sondern auch die andern Länder Europas unter den Nachwirkungen des Krieges zu leiden haben und dass das Paket für Sie ein erhebliches Opfer bedeutet. Gerade um nicht den Anschein zu erwekken, als spekulierte ich auf ein Paket, habe ich mit der Beantwortung Ihres Briefes gezögert. Auch mein Büchlein über die Menschenrechte habe ich aus diesem Grunde Ihnen noch nicht zugehen lassen. Heute lege ich es bei als Zeichen nicht nur des Dankes, sondern auch des Wunsches, den geistigen Austausch mit Ihnen wieder aufzunehmen.

[...]

Das Leben in Berlin steht natürlich stark unter dem Eindruck der politischen Spannungen. Der Historiker denkt dabei zum Troste an die Gegensätze, die der Wiener Kongress zwischen den Siegermächten hat entstehen sehen; aber ich bin mir darüber klar, dass wir Deutschen bei dem jetzigen Konflikt nicht wie einst die Franzosen die lachenden Dritten sein werden, und das Heilmittel von 1815, das erneute Auftreten Napoleons, möchte ich auch nicht erleben. Selbst bei ruhiger Betrachtung, die nicht mit dem Ausbruch eines 3. Weltkriegs rechnet angesichts der noch nicht überwundenen Nahrungsnot in der ganzen Welt, bleibt für uns die grosse Sorge vor einer Verschärfung der Absperrung vom übrigen Deutschland [...].

Auch das Leben an der Universität leidet unter dem politischen Druck, der sich wenigstens mittelbar auswirkt durch das Bestreben der Parteien, auch die Universität zum Streitobjekt zu machen. Praktisch wird dabei kaum etwas herauskommen, denn an der gegenwärtigen Rechtsstellung, nach der die Universität allein der russischen Oberaufsicht untersteht, ist natürlich durch Zeitungsartikel nichts zu ändern. Aber eine gewisse Unruhe entsteht doch, sie hat auch schon zu Relegationen geführt. Es wird von einigen Gruppen bewusst darauf hin gearbeitet, das Vertrauen der Studenten zu ihren Lehrern zu untergraben. Ich glaube nicht, dass damit ein Erfolg erreicht wird, wenigstens nicht solange wir mit gutem Gewissen sagen können, dass unsere Lehrtätigkeit völlig ungehindert ist. Ich habe z. B. im vorigen Sommer mein verfassungsgeschichtliches Kolleg von der Unabhängigkeitserklärung Amerikas bis zur Sowjetischen Verfassung von 1936 völlig frei halten können. Ich hoffe sehr, dass der junge Dr. v. Wartburg[1] demnächst einmal ein Semester lang bei uns dozieren wird. Leider ist die amtliche Genehmigung zu spät eingetroffen, als dass er wie geplant in diesem Semester hier lesen könnte. Aber für den Winter hoffe ich sehr auf seine Mitwirkung an unserm Lehrplan, denn auf die Dauer reicht meine Lehrtätigkeit für die Bedürfnisse der vielen Historiker keineswegs aus. Es will aber nicht gelingen, die durch den Tod von A. O. Meyer u. den Weggang von Schüssler gerissenen Lücken auszufüllen. Für ältere Professoren besitzt Berlin keine Anziehungskraft mehr, und an Nachwuchs fehlt es sehr, da die jüngeren Jahrgänge durch die Kriegsverluste u. die hier sehr streng durchgeführte Ausmerzung der ehemaligen Pgs. fast ganz ausfallen.

---

[1] Wolfgang von Wartburg (1914–1997), schweizerischer Historiker und Pädagoge, a. o. Professor an der Universität Basel (seit 1965), lehrte 1948/49 an der Universität Berlin.

[...]
So weit es meine vielen Verpflichtungen an der Universität u. an der Akademie erlauben, beschäftige ich mich mit einer allgemeinen Verfassungsgeschichte der Neuzeit. Mein Züricher Vortrag[1] war ein Ausschnitt aus diesen Studien, auch die Schrift über die Menschenrechte gehört dazu. Für meinen nächsten, im Spätherbst fälligen Akademievortrag plane ich eine Untersuchung über den aufgeklärten Absolutismus, die die Arbeiten der Kommission des Int. Historikerverbandes über dieses Thema zusammenfassen soll. Die nächste Aufgabe, die mir vorschwebt, ist eine Untersuchung über föderative Staatsbildungen, für die die Eidgenossenschaft u. die Republik der Vereinigten Niederlande die Grundlage abgeben werden. Leider werden unserer Staatsbibliothek noch grosse Bestände, die sich jetzt in Marburg befinden, vorenthalten. Einen Leihverkehr gibt es noch nicht wieder, u. die Möglichkeit zu Studienreisen ist einstweilen auch noch nicht gegeben.

Mit nochmaligem herzlichem Dank und vielen Grüssen auch an die verehrte Frau Gemahlin[2]

Nr. 221
An Ludwig Dehio Berlin, 6. Mai 1948

HessStA Marburg, Nl. L. Dehio, C 14. – Masch. Original
[Durchschlag: SBBPK, Nl. F. Hartung, K 37/1].

Sehr verehrter Herr Dehio!

Wenn ich heute Ihren freundlichen Brief vom 22.1. beantworte[3], so leitet mich dabei nicht nur der Wunsch, die persönliche Fühlung mit Ihnen nicht ganz abreissen zu lassen und etwas über die Aussichten der HZ zu hören, sondern ich habe auch ein persönliches Interesse.

Im Sommer 1944 habe ich in der Akademie einen Vortrag gehalten mit dem Thema: L'Etat c'est moi. Er sollte in der Festschrift für W. Andreas erscheinen. Da diese nicht mehr zustande kam, habe ich ihn für die Abhandlungen unserer Akademie bestimmt, die jetzt wieder in Gang gekommen sind. Vor kurzem wurde mir aber mitgeteilt, dass dafür kein Papier bewilligt worden sei. Versehentlich lag dem mir zurückgegebenen Ms[4] ein Zettel mit Notizen bei, der die Gründe der Papiernichtbewilligung klar legte; er verwies nämlich auf die in der Abhandlung vorkommenden Erwähnungen Machiavellis, Friedr.

---

[1] Fritz Hartung: Die geschichtliche Bedeutung des aufgeklärten Despotismus in Preußen und in den deutschen Kleinstaaten, in: Bulletin of the International Comittee of Historical Sciences, Bd. 9, Paris 1937, S. 3–21.
[2] Lydia Largiadèr, geb. Reinhart.
[3] Ludwig Dehio an Fritz Hartung, 22.1.1948, in: Nl. F. Hartung, K 37/1. – Dehio teilt in diesem Schreiben mit, dass sich der Druck des bereits gesetzten ersten Heftes der Historischen Zeitschrift nach Kriegsende aus Mangel an Papier weiterhin verzögern werde.
[4] Manuskript.

Nr. 221. An Ludwig Dehio, 6. Mai 1948

Wilhelms I., Friedr. d. Gr. u. Bismarcks. Ich habe diese offenkundige politische Zensur im Präsidium der Akademie zur Sprache gebracht, es wird mir auch hoch u. heilig versprochen, dass es sich nur um ein Versehen handle u. nicht wieder vorkommen werde. Aber ich habe keine rechte Lust, den Vortrag bei der Akademie doch noch durchzudrücken, sondern frage lieber bei Ihnen an, ob Sie ihn in absehbarer Zeit in der HZ werden bringen können und wie viel Raum Sie dafür zur Verfügung stellen könnten[1].

In die Lehrtätigkeit hat man uns dagegen noch nicht hineingeredet. Immerhin ist die Lage prekär, namentlich angesichts der Zwistigkeiten, die zwischen Zentralverwaltung u. Studentenrat entstanden sind u. die der Rektor keineswegs geschickt behandelt hat[2]. Dahinter steht, wie bei allen Dingen, die z. Zt. hier geschehen oder meist nicht geschehen, der grosse Machtgegensatz, der die Welt in 2 Lager trennt u. augenblicklich hier einen Brennpunkt hat. Das Gros der Studenten möchte am liebsten sein Studium in Ruhe weiterführen, ist aber durch die Spannung zwischen Verwaltung u. Studentenrat ernstlich in Sorge versetzt.

Ich rechne damit, dass bis zum Spätherbst, d. h. bis zur amerikanischen Präsidentenwahl keine Klärung der Situation erfolgen wird. Ein mir unwahrscheinlicher Erfolg der 3. Partei in USA würde uns wohl endgültig vom Westen abschneiden[3]. Aber ich will über die Möglichkeiten des politischen Lebens nicht weiter orakeln. Einstweilen versuchen wir hier die Studenten im wissenschaftlichen Geiste zu erziehen, u. es macht Freude zu sehen, wie willig sie folgen.

    Mit freundlichen Grüssen
        Ihr ergebener
           Hartung

---

[1] Dehio nahm den Aufsatz, der auf einem Vortrag beruhte, den Hartung 1944 in der Preußischen Akademie der Wissenschaften gehalten hatte, schon in das erste Heft des Jahrgangs 1949 auf: Fritz Hartung: L'Etat c'est moi, in: Historische Zeitschrift 169 (1949), S. 1–30.

[2] Zwischen dem gewählten Studentenrat der Universität Berlin und der Universitätsleitung unter dem Rektor Hermann Dersch, der wiederum unter starkem Druck der Deutschen Zentralverwaltung und der Sowjetischen Militäradministration stand, kam es im Frühjahr 1948 zu heftigen Konflikten über den Umfang der Rechte des Studentenrats sowie über die künftige Gestaltung der Lehrpläne und der Zulassung zum Studium; vgl. Hansen: Von der Friedrich-Wilhelms- zur Humboldt-Universität zu Berlin, S. 91 ff.

[3] Bei den US-amerikanischen Präsidentschaftswahlen vom November 1948 kandidierte neben dem (wiedergewählten) demokratischen Präsidenten Harry S. Truman und seinem republikanischen Gegenkandidaten Thomas E. Dewey (1902–1971) ebenfalls der Exponent einer „dritten Partei", der auch als „Dixikraten" bezeichneten „States' Rights Party" (einer 1948 gegründeten konservativen Abspaltung der Demokraten im amerikanischen Süden), der Gouverneur von South Carolina und spätere Senator Strom Thurmond (1902–2003), der allerdings chancenlos blieb; vgl. Helmut Klumpjan: Die amerikanischen Parteien. Von ihren Anfängen bis zur Gegenwart, Opladen 1998, S. 528 f.

Nr. 222
An Nicolai Hartmann   Berlin, 30. Mai 1948

SBBPK, Nl. F. Hartung, K 37/1. – Masch. Durchschlag.

Sehr verehrter Herr Hartmann!

Ihr Brief vom 9. war für mich, wie Sie sich denken können, eine gewisse Enttäuschung[1]. Denn obwohl ich mir von Anfang an darüber klar gewesen bin, dass eine Berufung nach Berlin heutzutage nichts Verlockendes mehr hat, und auch gespürt habe, wie viel schwieriger die Situation seit meinem ersten Brief an Sie geworden ist, so hatte ich doch immer noch eine leise Hoffnung gehabt, dass es Sie reizen könne, gerade auch unter den heutigen Verhältnissen einmal ein Semester hier zu lesen und unsern durch Frau Liselotte Richter u. H.rn Müller-Freienfels[2], der an der Wirtschaftswiss. Fakultät als Lehrbeauftragter wirkt, nicht eben verwöhnten Studenten einmal wirkliche Philosophie vorzutragen. Auch die Fakultät, der ich am Mittwoch vertraulich davon Kenntnis gegeben habe, dass wir auf Sie nicht rechnen können, bedauert das natürlich lebhaft, hat aber auch volles Verständnis.

Ich möchte, da Sie sich vermutlich noch nicht auf die hoffentlich inzwischen eingegangene amtliche Einladung geäussert haben, Ihnen nur nahelegen, ob Sie nicht den dehnbaren Begriff der „Gastvorlesung", bei dem wir an eine semesterfüllende Vorlesung gedacht haben, auf einen oder ein paar Vorträge erstrecken wollen und zu irgend einer Zeit nach Ihrem Belieben zu diesem Zweck einmal herkommen[3] können. Wenn es nicht im Semester möglich sein könnte, würde die Einladung ebenso leicht von der Akademie ausgehen können. Diese hat seit Beginn des neuen Rechnungsjahres reichliche Mittel, um ihre auswärtigen Mitglieder zur Beteiligung an ihren Arbeiten einzuladen. Vielleicht lassen Sie sich diesen Gedanken durch den Kopf gehen. Ich möchte Ihnen nicht lästig fallen mit Drängen, aber Sie sollen doch wissen, wie sehr wir bemüht sind, die Verbindung mit den Westzonen auf dem geistigen Gebiet aufrecht zu erhalten und auch unsere Studenten daran teilnehmen zu lassen.

---

[1] Nicolai Hartmann an Fritz Hartung, 9.5.1948, in: Nl. F. Hartung, K 37/1. Hartmann lehnt in diesem Brief eine (von Hartung in einem verloren gegangenen Brief an ihn vom 23.4.1948 vermutlich angeregte) auch nur vorübergehende Rückkehr nach Berlin ab, da hierfür „die Symptome [...] nicht günstig" seien: „Es gibt nicht wenige hier, die sich Gedanken über den deutschen Osten machen und mit Besorgnis an den drohenden Niedergang der Geisteswissenschaften dort denken"; er selbst werde angesichts der – auch im westlichen Ausland sehr kritisch beurteilten – Lage im sowjetisch besetzten Teil Berlins und nicht zuletzt auch mit Rücksicht auf seine Familie den Weg nach Berlin nicht mehr zurückgehen können.
[2] Richard Müller-Freienfels (1882–1949), Philosoph und Psychologe, Lehrbeauftragter für Psychologie an der Handelshochschule Berlin (1933–1938), Professor an der Universität Berlin (1946–1948).
[3] Im Original: hierkommen.

Nr. 222. An Nicolai Hartmann, 30. Mai 1948

Ein kurzes aufklärendes Wort möchte ich noch über die Studentenaffaire sagen, die offenbar nicht nur in Berlin viel Staub aufgewirbelt hat[1]. Offen zuzugeben ist, dass die verantwortlichen Instanzen der Universität, zu denen ich mich nicht rechne, da ich erst seit Anfang April als Prodekan amtiere, die Angelegenheit sehr ungeschickt angepackt haben. Auf Deutsch gesagt, haben sie gemeint, sich vor der Verantwortung drücken zu können. Deshalb haben sie die Entscheidung zunächst der Zentralverwaltung überlassen. Als dann die Zeitungen sich über die Beeinträchtigung der Meinungsfreiheit aufregten, haben Rektor u. Senat hinterher sich des Falles angenommen. Aber nun weigerten sich 2 Studenten, vor dem Disziplinarausschuss zu erscheinen, während der 3. erklärte, zu allen Sätzen der beanstandeten Artikel zu stehen. In diesen Artikeln wird aber den Dekanen vorgeworfen, sie hätten sich erst während der Rektoratsübergabe Gedanken darüber gemacht, weshalb sie Dersch zum Rektor gewählt haben, u. von den Professoren heisst es, sie dächten nur an ihre Esspakete. Diese Verletzung der schuldigen Achtung hätte wohl durch einen Verweis genügend geahndet werden können. Aber nachdem die Studenten jede Entschuldigung der formalen Entgleisung verweigert haben, konnte der Senat sich nicht entschliessen, bei der Zentralverwaltung eine Milderung der verfügten Entziehung der Studienerlaubnis zu beantragen. Wohl aber hat er beschlossen, die Bestimmungen über die Disziplinarvergehen abzuändern, um für die Zukunft einseitige Massnahmen der Zentralverwaltung zu verhüten. Dass es auf beiden Seiten Scharfmacher gibt, denen es lediglich auf parteipolitische u. nicht auf wissenschaftliche Zwecke ankommt, ist leider klar. Aber für den Senat ist lediglich die Rücksicht auf das Ansehen der Universität massgebend gewesen, er hat sich ausdrücklich zur Freiheit auch der politischen Meinungsäusserung der Studenten bekannt. Dass auf die Besatzungsmacht dabei Rücksichten genommen werden müssen, versteht sich von selbst, das dürfte in allen Zonen so sein.

Jedenfalls ist die Situation so, dass wir Professoren zur Zeit noch unsere Lehrtätigkeit frei ausüben können. Kein Historiker ist verpflichtet, sich nach der Methode des historischen Materialismus zu richten. Und ich bin überzeugt, dass das Entsprechende auch für die Philosophieprofessoren gelten würde, wenn wir welche hätten. Dass es immer so bleiben wird, dafür möchte ich mich freilich nicht verbürgen; es wird, wie ich glaube, nicht allein von uns abhängen, sondern auch von der Gestaltung der grossen Politik.

Einer Antwort bedarf dieser Brief nicht. Einstweilen genügt mir, dass Sie im Herbst zu einem Vortrag an die TU[2] kommen werden. Das wird hoffentlich

---

[1] Am 16.4.1948 waren drei opponierende Studenten wegen ihrer Opposition gegen die Entwicklungen an der Berliner Universität, besonders gegen die verstärkten Versuche einer politischen Einflussnahme durch die SED mit Unterstützung der sowjetischen Militärverwaltung, vom Rektor der Universität relegiert wurden. Der sich hieran anschließende schwere Konflikt innerhalb der Universität fand starken Widerhall in der gesamten deutschen Öffentlichkeit und mündete schließlich im Dezember 1948 in die Gründung der Freien Universität im Westteil Berlins; vgl. Hansen: Von der Friedrich-Wilhelms- zur Humboldt-Universität zu Berlin, S. 100 ff.
[2] Technische Universität Berlin-Charlottenburg.

Gelegenheit zu einer mündlichen Aussprache geben. Ich bitte nur, dass Sie nicht vorher jede Möglichkeit, an der Universität oder der Akademie zu sprechen – die um diese Zeit allerdings beide Ferien haben werden –, abschneiden.

Mit den besten Grüssen
               Ihr sehr ergebener

Nr. 223
An Wilhelm Schüssler   **Berlin, 4. Juli 1948**

SBBPK, Nl. F. Hartung, K 27/2. – Masch. Durchschlag.

Lieber Herr Schüssler!

Zwar habe ich Ihnen erst vor ganz kurzer Zeit geschrieben, aber Ihren 60. Geburtstag[1] möchte ich doch nicht ohne ein Zeichen meines herzlichen Gedenkens vorübergehen lassen. Unsere Beziehungen sind ja leider nie so eng gewesen, wie ich sie in Halle, ja selbst in der kurzen Zeit meiner Kieler Tätigkeit mit manchen Kollegen gehabt habe. Aber das hat, soweit es von mir abhing – u. ich habe die Empfindung immer gehabt, dass es bei Ihnen genauso war – seinen Grund nicht in mangelnder persönlicher Harmonie gehabt, sondern in den besonderen Lebensbedingungen Berlins, die bei uns beiden noch durch die notgedrungene Rücksicht auf die Gesundheit verschärft worden sind. Jedenfalls denke ich mit ungetrübter Freude an die Zeit zurück, wo wir hier gemeinsam die neuere Geschichte vertreten haben, und ich vermisse Sie schmerzlich, denn der Kollege Meusel, der sich trotz seiner rein nationalökonomischen Vergangenheit jetzt immer mehr als neuerer Historiker aufspielt, ist nicht einmal fachlich ein Ersatz für Sie, geschweige denn menschlich.

Aber dieser Brief soll ja nun keine Elegie eines Zurückgebliebenen werden, sondern ein Glückwunsch zum 60. Geburtstag. Früher blickte man an diesem Tag wohl zurück auf das, was man geleistet hatte u. nahm sich vor, die noch unausgeführten Pläne nunmehr mit aller Energie zum Abschluss zu bringen. Heute blickt man wohl auch zurück, und Sie dürfen es insofern mit Befriedigung tun, als Sie sich eine feste Position in unserm Fach erworben haben. Dass vieles von dem, für das Sie gekämpft haben, mit unter den Trümmern begraben ist, die heute unser armes Vaterland bedecken, das werden Sie mit Schmerz empfinden. Aber die Hauptgedanken an Ihrem Geburtstag sollen nicht dem Rückblick in die Vergangenheit gehören, sondern dem Ausblick in die neuen Aufgaben, die vor Ihnen stehen. Und mein Hauptwunsch für Sie zum 12. ist, dass Sie in der neuen Aufgabe einen vollen Ersatz für das finden mögen, was Sie hier aufgegeben haben, dass Ihre Gesundheit allen Ansprüchen, die der Beruf u. die allgemeinen Lebensverhältnisse an Sie stellen, gewachsen sein möge.

---
[1] 12.7.1948.

Nr. 223. An Wilhelm Schüssler, 4. Juli 1948

In meinen Hallischen Dozentenjahren habe ich den 12. Juli immer festlich begangen, denn er ist zugleich der Geburtstag des ersten Preussenkönigs[1], u. da dieser die Universität Halle gestiftet hat, so war an diesem Tage Rektorwechsel mit grossem Festessen. Ich bin augenblicklich sehr mit meinen Gedanken in diese Hallische Zeit, zumal die Jahre 1910–14 zurückversetzt worden, denn ein Freund von mir aus dieser Zeit, der Orientalist Kahle[2], der 1939 vor der Gestapo aus Bonn emigriert ist u. jetzt in Oxford tätig ist, war ein paar Tage hier u. wir haben viele alte Erinnerungen aufgefrischt.

Im übrigen leben wir aber nicht in der Vergangenheit, sondern in den Sorgen der Gegenwart u. der Zukunft. So schlimm, wie man im Westen denkt, ist es hier freilich nicht; das wurde uns gestern deutlich, als eine Kusine meiner Frau, die im Westen von der Währungsreform[3] u. der Verkehrssperre überrascht worden war und jetzt glücklich zurückgekehrt ist, uns über ihre Erlebnisse berichtete. Da sie zuletzt bei unserer Tochter in Braunschweig gewesen war, war uns ihr Bericht besonders wertvoll. Den kalten Krieg spüren wir unmittelbar vor allem in den Stromsperren, die meine Frau zwingen, ihr Essen am späten Abend vorzukochen u. mittags auf dem Gaskocher einer Hausgenossin wieder aufzuwärmen, weil wir nur elektrisch kochen können. Auch das dauernde Brummen der Versorgungsflugzeuge zeigt uns die kritische Lage[4]; es ist nicht so nervenaufreibend wie während des Krieges, wo man mit Bombenabwürfen rechnen musste, aber der Schlaf wird doch gestört. Das Durcheinander der beiden Währungen erfordert auch allerhand Nachdenken u. Rechenkünste. Auf die Dauer wird es für uns Bewohner des Westsektors, die ihr Geld aus dem Ostsektor bekommen, etwas schwierig, denn nur der allerelementarste Lebensbedarf, zu dem Zahnpulver, Haarschneiden usw. nicht gehören, kann im Westen mit Ostgeld bezahlt werden.

Die grosse Frage für uns ist natürlich, wer es am längsten aushält. Die Westmächte haben sich zwar sehr festgelegt, u. ich bin auch überzeugt, dass ein Rückzug aus Berlin auch ihre Stellung in ganz Westeuropa, vor allem auch in Italien u. Frankreich erschüttern würde. Aber können sie ohne die ultima ratio die Gegenseite zu einem Kompromiss bewegen? Alle Schikanen, die jetzt auf beiden Seiten ausgeheckt werden, treffen ja nur die Deutschen, z. B. die Sperrung der Frischmilchlieferungen selbst für Säuglinge in den Westzonen[5],

---

[1] Der spätere König Friedrich I. in Preußen (Kurfürst Friedrich III. von Brandenburg) wurde am 11.7.1657 in Königsberg i. Pr. geboren.
[2] Paul Kahle (1875–1964), Orientalist und evangelischer Theologe, o. Professor an den Universitäten Gießen (1918–1923) und Bonn (1923–1939), 1939 Emigration nach England und Tätigkeit an der Universität Oxford, 1963 Rückkehr nach Deutschland.
[3] Die Einführung der neuen „Deutschen Mark" erfolgte in den drei Westzonen am 20. Juni 1948, vier Tage später in den drei Westsektoren Berlins.
[4] Die von der Sowjetunion verhängte Blockade West-Berlins zwischen dem 23.6.1948 und dem 12.5.1949 wurde von den drei Westmächten mit der Einrichtung einer Luftbrücke zur Versorgung der Bevölkerung in den drei Berliner Westsektoren (2,2 Millionen Menschen) beantwortet; vgl. Rudolf Morsey: Die Bundesrepublik Deutschland. Entstehung und Entwicklung bis 1969, 5. Aufl. München 2007, S. 18 f., 22 f.
[5] Gemeint sind hier die drei Westsektoren Berlins.

das Verbot für die Feuerwehren, in andern Sektoren zu löschen u. dergl. Und was die Welt dazu sagt, ist wenigstens den Russen ganz gleich, die beherrschen die Nachrichtenmittel in ihrem Machtbereich ebenso unbedingt wie s. Zt. die Nazis hier, u. wir wissen ja aus eigener Erfahrung, welche Erfolge eine konsequente Bearbeitung der öffentlichen Meinung erzielen kann.

An der Universität ist eine Wirkung der Währungsreform noch nicht zu spüren. Die Studenten, die Stipendien bekommen, werden ja auch nicht betroffen, wohl aber diejenigen, die vom Verkauf auf dem Schwarzen Markt ihr Studium finanzierten. Zunächst ist die Wirkung sogar günstig, denn kein Mensch spricht noch von dem Zwist zwischen Senat u. Studentenrat.

Vor ein paar Tagen hat die Akademie den traditionellen Leibniztag benutzt, um eine Gedenkfeier für Planck[1] zu veranstalten. Sie ist, wenn auch natürlich niemand von auswärts hatte kommen können, so gut verlaufen, wie es nur sein konnte. Trotzdem bin ich deprimiert. Schon zahlenmässig waren wir Akademiker kümmerlich, obwohl sogar Meinecke mit Hilfe eines Autos zur Feier aufgeboten worden war. Und die Qualität kommt an die früheren Zeiten erst recht nicht heran. An der 1. Kommissionssitzung[2], die ich 1932 als Dekan zu leiten hatte, nahmen nicht weniger als 4 Nobelpreisträger teil. Und jetzt mussten wir uns den Festredner aus Jena kommen lassen[3].

Baethgen lernt anscheinend in München kennen, was man ein Schisma nennt. Der bisherige Präsident der Monumenta, Th. Mayer, agitiert mit Hilfe eines ebenfalls katholischen Mitarbeiters[4] sehr lebhaft gegen Baethgen, der als Preusse u. Protestant bei den heutigen Stimmungen in Bayern natürlich keinen leichten Stand hat[5]. Mir persönlich wäre es lieber gewesen, wenn er hier geblieben wäre. Aber ich verstehe es durchaus, dass er die Gelegenheit benutzt,

---

[1] Max Planck (1858–1947), Physiker, Habilitation an der Universität München (1880), a.o. Professor an der Universität Kiel (1885–1889), a.o./o. Professor an der Universität Berlin (1889/92–1926), „beständiger Sekretär" der Physikalisch-mathematischen Klasse der Preußischen Akademie der Wissenschaften (1912–1938).

[2] Gemeint ist hier wohl: Fakultätssitzung.

[3] Friedrich Hund (1896–1997), Physiker, a.o./o. Professor an den Universitäten Rostock (1927/28–1929), o. Professor an den Universitäten Leipzig (1929–1946), Jena (1946–1951), Frankfurt a.M. (1951–1957) und Göttingen (1957–1964). Hund, der im Sommersemester 1948 auch als Rektor der Universität Jena amtierte, sprach am 1.7.1948 im Rahmen der Gedenkfeier für Max Planck zum Thema „Wirkungsquantum und Naturbeschreibung" (erschien 1949 in Ost-Berlin als Nr. 35 der Reihe „Vorträge und Schriften" der Deutschen Akademie der Wissenschaften zu Berlin).

[4] Dieser „katholische Mitarbeiter" ist nicht genau zu identifizieren; es könnte sich um Mayers Schüler Otto Feger (1905–1968) handeln, vor 1933 Politiker der Zentrumspartei, später Stadtarchivar von Konstanz (1945–1965) und einer der Initiatoren der von Mayer später dort regelmäßig abgehaltenen mediävistischen Arbeitstagungen; vgl. Reto Heinzel: Theodor Mayer. Ein Mittelalterhistoriker im Banne des „Volkstums" 1920–1960, Paderborn 2016, S. 236 ff.

[5] Theodor Mayer versuchte in den Jahren 1948/49, mit Hilfe einer von ihm inszenierten Kampagne seinen Nachfolger in der Leitung der Monumenta Germaniae Historica, Friedrich Baethgen, persönlich und wissenschaftlich zu diskreditieren. Da sich die Fachkollegen geschlossen hinter Baethgen stellten, blieben Mayers Bemühungen vergeblich; vgl. Lemberg: Der Historiker ohne Eigenschaften, S. 357 ff.

ja vielleicht sogar geschaffen hat, rechtzeitig Berlin zu verlassen. Er hat ja auch das Glück gehabt, dass er seine Möbel mitnehmen konnte, was Mitteis nicht mehr gelungen ist.

Nochmals die herzlichsten Glückwünsche zu Ihrem Geburtstag. Hoffentlich sind die Zeiten in 10 Jahren besser, damit der 70. mit den üblichen Ehrungen wie Festschrift begangen werden kann.

Nr. 224
An Otto Vossler   Berlin, 11. November 1948

SBBPK, Nl. F. Hartung, K 37/2. – Masch. Durchschlag.

Lieber Herr Kollege![1]

[...]
Hier herrscht, vom Politischen abgesehen, ziemliche Unruhe an der Universität, hervorgerufen durch einen Vorstoss der pädagogischen Fakultät, die alle Studierenden, deren Ziel der Lehrerberuf ist, für sich beschlagnahmen u. die mindestens zur Hälfte mit Pädagogik belastete 6semestrige Ausbildung des Volksschullehrers uns als Studium mit normalen Anforderungen aufzwingen wollte[2]. Meinecke ist daraufhin an die sog. „freie Univ." gegangen[3]. Ich habe meine Vorlesungstätigkeit eingestellt, da ich nicht an dieser Umwandlung der Univ. in eine Lehrerbildungsanstalt mitwirken kann. An die freie Univ. zu gehen, kann ich mich einstweilen nicht entschliessen, da sie mir weder personell noch mit ihren Instituten die Gewähr der Dauer verspricht u. mir die Verantwortung gegenüber den Studenten zu gross erscheint: sie können weder richtig studieren, noch besteht, solange die augenblickliche Lage anhält, für sie die Möglichkeit, ein ausserhalb der Westsektoren Berlins gültiges Examen abzulegen. Die Zentralverwaltung für Volksbildung hat inzwischen den Plan der pädagog. Fakultät fallen lassen. Aber da hinter ihm die ganze Gewerkschaft der Lehrer steht, wird er damit noch keineswegs begraben sein. Immerhin ist [...][4], dass wir einmal deutlich gezeigt haben, welche Konsequenzen die fortschreitende „Pädagogisierung" der Universität haben muss. Der eigentliche

---

[1] Otto Vossler (1902–1987), Historiker, 1929 Habilitation an der Universität Berlin, a. o. Professor an der Universität Leipzig (1930–1938), o. Professor an den Universitäten Leipzig (1938–1945) und Frankfurt a. M. (1946–1967).

[2] Zum Streit um die schon 1946 unter politischen Vorzeichen errichtete und ganz im Dienst der Bildungskonzepte der SED stehenden „Pädagogischen Fakultät" an der Universität Berlin vgl. Ilko-Sascha Kowalczuk: Geist im Dienste der Macht. Hochschulpolitik in der SBZ/DDR 1945 bis 1961, Berlin 2003, S. 175 ff.; nur sehr knapp dagegen Heinz-Elmar Tenorth: Pädagogik seit 1945: Sozialistische Tradition, ideologisierter Alltag, forschende Sozialwissenschaft, in: derselbe (Hrsg.): Geschichte der Universität Unter den Linden 1810–2010, Bd. 6: Selbstbehauptung einer Vision, Berlin 2010, S. 209–231, hier S. 214 f.

[3] Friedrich Meinecke wechselte im Oktober 1948 von der alten Berliner Universität an die noch in Gründung befindliche Freie Universität in Dahlem; vgl. Ritter: Friedrich Meinecke, die Gründung der Freien Universität Berlin und das Friedrich-Meinecke-Institut, S. 202 ff.

[4] Textverlust.

Gegensatz ist aber politisch. Die Pädagogik ist ähnlich der Dialektik des Marxismus eine Methode, mit der den Studenten die marxistischen Lehren beigebracht werden sollen. Unsere Bemühungen, die Studenten zu selbständigem Denken zu erziehen, gelten demgegenüber als reaktionär.

Diese Kämpfe sind für uns Professoren eine Zugabe zu dem kalten Krieg, den Amerikaner u. Russen auf unserem Rücken ausfechten. Zu hungern brauchen wir einstweilen noch nicht; das scheint im Westen vielfach geglaubt zu werden, wie ich aus manchen Liebesgaben schliesse. Sehr viel störender ist die Dunkelheit, es gibt Bezirke, die in 24 Stunden insgesamt 4 Stunden lang elektr. Strom haben, u. zwar jeweils 2 Stunden bei Tage u. in der Nacht[1]. Wir gehören zu einem bevorzugten Bezirk, in dem viele Amerikaner wohnen – deshalb hat man uns auch 1945 aus unserer Wohnung vertrieben – und haben früh bis halb 9 Uhr u. abends von 6 bis 11 Uhr Licht, am Nachmittag sitzen wir altmodisch bei der Petroleumlampe. Petroleum gibt es wenigstens zur Zeit noch auf dem Schwarzen Markt. Auch an Kohlen herrscht ein empfindlicher Mangel, u. es ist zweifelhaft, ob der Schwarze Markt auf die Dauer leistungsfähig bleibt. Das Deprimierende des hiesigen Zustands ist der Eindruck, dass wir jetzt, wo bereits mehr als 3 ½ Jahre seit der bedingungslosen Kapitulation vergangen sind, nicht nur keinen Frieden haben, sondern in manchen Dingen noch schlechter dran sind als im Winter 1945/6.

Kennen Sie das Buch von Rothfels, The german opposition to Hitler?[2] Es zeigt einmal, wie beneidenswert reich drüben die bibliographischen Hilfsmittel sind, dann aber auch, u. das ist das Erfreuliche, eine sehr mannhafte Haltung auch gegenüber den Amerikanern, namentlich eine scharfe Kritik an der Forderung der bedingungslosen Kapitulation.

[...]

Mit den besten Grüssen

Nr. 225

An Hans Rothfels   Berlin, 12. November 1948

SBBPK, Nl. F. Hartung, K 59/27. – Masch. Durchschlag.

Lieber Herr Rothfels!

Seit Februar liegt Ihr Brief in meinem Fach, das für die zu beantwortenden Briefe bestimmt ist. Aber ich habe Hemmungen, ohne besonderen Anlass an Bekannte im Ausland zu schreiben, denn ich weiss von meinem Schwager, der

---

[1] Die Blockade der Westsektoren Berlins war mit spürbaren Gas- und Stromsperren verbunden, da sich die meisten Kraftwerke der alten Reichshauptstadt im sowjetischen Sektor befanden und ein neues Kraftwerk im Westteil der Stadt erst errichtet werden musste; vgl. Wolfgang Ribbe: Berlin zwischen Ost und West (1945 bis zur Gegenwart), in: derselbe (Hrsg.): Geschichte Berlins, Bd. 2: Von der Märzrevolution bis zur Gegenwart, 2. Aufl. München 1988, S. 1064.

[2] Hans Rothfels: The German Opposition to Hitler. An Appraisal, Hinsdale, Ill. 1948.

Nr. 225. An Hans Rothfels, 12. November 1948

seit 1920 Professor in Stellenbosch in Südafrika ist[1], wie viele Briefe aus Deutschland ins Ausland geschrieben werden mit der mehr oder meist minder zarten Anspielung auf eine nahrhafte Erwiderung. Und den Anschein, als ob ich auch solche Absichten hätte, möchte ich nicht erwecken. Nicht als ob ich ein besserer Mensch wäre, sondern weil ich es wirklich nicht nötig habe. Ich bin zeitlebens ein schlechter Esser gewesen u. habe als Kind viel Tadel deswegen bekommen; das kommt mir jetzt zugut [sic]. Auch sind die Rationen, die wir über die Luftbrücke bekommen, mindestens ausreichend.

Wenn ich Ihnen heute schreibe, so ist der besondere Anlass Ihr Buch über die deutsche Widerstandsbewegung, das ich Ende August bei der Rückkehr von einer kurzen Erholungsreise, die ich mit meiner Frau nach Bad Elster unternommen hatte, um einmal keine Ruinen sehen u. Flugzeuge hören zu müssen, vorgefunden habe. Ich habe die Absicht, darüber in der DLZ zu berichten[2], denn wir sind hierzulande noch nicht in der Lage, mit einer so souveränen Beherrschung des Materials zu arbeiten, von der geistigen Leistung ganz abgesehen, die sich bei Ihnen ja von selbst versteht. Ich habe über das Buch auch mit Meinecke gesprochen, dessen Frische geradezu fabelhaft ist, und da kamen wir von der Schwierigkeit des rechtzeitigen Absprungs, die die deutschen Offiziere nicht überwunden haben, auf unsere eigene Lage an der Universität. Noch haben wir zwar die Freiheit der Lehre. Aber die Auswahl der Studenten wird immer einseitiger, die Aufnahme neuer Studenten ist in diesem Herbst allein vom kommunistischen Dekan mit Zuziehung seiner Assistenten ohne Berücksichtigung der Professoren vorgenommen worden. Dazu kam dann vor etwa 4 Wochen ein Vorstoss der pädagogischen Fakultät, die uns alle Studenten mit dem Ziel des Lehrerberufs wegnehmen u. den Ausbildungsplan der künftigen Volksschullehrer mit 6semestrigem, vor allem der Pädagogik gewidmeten Studium als das Studium mit normalen Anforderungen aufzwingen wollte. Meinecke hat daraufhin den Absprung vollzogen u. ist zu der „Freien Universität" übergetreten, die dieser Tage eröffnet werden soll. Ich habe mich auch geweigert, meine Vorlesungen usw. unter diesen Umständen anzufangen. Zur Freien Univ. zu gehen habe ich mich trotz vielen Verlockungen noch nicht entschliessen können. Ich halte sie nicht für lebensfähig einstweilen, solange die politische Situation die Berufung von Professoren aus dem Westen unmöglich macht u. jede Gewähr der Dauer fehlt. Vor allem kann ich es nicht vor mir verantworten, Studenten zum Uebertritt zur freien Univ. zu veranlassen, solange die Studiermöglichkeiten so gering sind wie augenblicklich, für viele Fächer keine Lehrkräfte da sind, keine Bibliothek vorhanden ist, vor allem solange die Zukunftsaussichten für die Studenten sehr unsicher sind. Ein Examen der freien Univ. wird allenfalls in den Westsektoren Berlins anerkannt werden, in der Ostzone sicher nicht, u. die westlichen Universitäten verhalten sich noch sehr abwartend, denn sie haben Mühe genug, ihre eigenen Studenten durchzubringen.

---

[1] Ernst Friedlaender.
[2] Hartung konnte diese Absicht nicht verwirklichen.

Denn allmählich kommt es uns Deutschen zum Bewusstsein, dass der verlorene Krieg unsere Lebensmöglichkeiten sehr verringert hat. Die Ostzone hat das zum Teil schon im Frühjahr 45 begriffen, als kurzerhand alle Bankkonten, Sparkassenguthaben, Wertpapiere u. dergl. sozialisiert wurden. Damals wunderten wir uns, dass wir überhaupt noch am Leben waren, u. kamen über die Verarmung verhältnismässig leicht hinweg. Der Westen behielt damals seine Vermögen u. ist in diesem Sommer durch die Währungsreform[1] unsanft aus seinen Träumen gerissen worden. Dabei ist mir nicht einmal sicher, ob nicht eines Tages eine weitere Währungsreform wird erfolgen müssen, denn der Geldumlauf ist immer noch sehr viel höher als vor dem Krieg. Aber das hat Sinn erst dann, wenn die Frage der deutschen Einheit erst einmal geregelt sein wird. Vom Standpunkt der heutigen Lage aus gesehen erweist sich die bedingungslose Kapitulation, an der Sie in Ihrem Buch ja schon eindringlich Kritik geübt haben[2], als besonders verhängnisvoll. Aber ich will auf die Politik nicht eingehen, sie bestätigt nur allzu sehr den Satz des alten Oxenstierna über das geringe Mass von Verstand, mit dem die Welt regiert wird[3].

Als Zeichen meines Fleisses lege ich Ihnen eine Akademieabhandlung[4] bei, die an einer Stelle auch Ihre Arbeit über Schön zitiert[5]. Auf die Arbeit von L. W. Muncy, The Junker in the Prussian administration[6], bin ich leider erst nach dem Druck aufmerksam geworden; das macht insofern nichts aus, als ich sie doch noch nicht habe auftreiben können. Meine Abhandlung ist herausgewachsen aus einem mit Popitz besprochenen Plan, durch eine Reihe von Biographien ein Denkmal der preussischen Verwaltung zu errichten. Ich hatte von Popitz den Eindruck eines sehr gebildeten u. sehr klugen Mannes; die pupillarische Sicherheit[7] schien mir nicht ganz so unbedingt vorhanden zu sein. In seinem Vorzimmer hatte er eine Ahnengalerie, Bilder aller preussischen Finanzminister seit dem 18. Jahrhundert; es war sehr interessant, mit ihm über die sich darin dokumentierende Entwicklung zu sprechen. Wenn Sie Interesse

---

[1] Einführung der „Deutschen Mark" in den drei Westzonen am 20.6.1948.
[2] Rothfels: The German Opposition to Hitler, S. 149–157.
[3] Axel Oxenstierna (1583–1654), schwedischer Staatsmann; ihm wird das Wort zugeschrieben: „An nescis, mi fili, quantilla prudentia mundus regatur", ein angebliches Zitat aus einem Brief Axel Oxenstiernas an seinen Sohn Johan (1611–1657), schwedischer Gesandter auf dem Friedenskongress zu Münster und Osnabrück; vgl. William Francis Henry King: Classical and Foreign Quotations. Law Termms and Maxims, Proverbs, Mottoes, Phrases, and Expressions in French, German, Greek, Italian, Latin, Spanish and Portugese, With Translations, References, Explanatory Notes and Indexes, new. ed. London 1889, S. 40 (Nr. 300).
[4] Fritz Hartung: Studien zur Geschichte der Preußischen Verwaltung. Dritter Teil: Zur Geschichte des Beamtentums im 19. und 20. Jahrhundert (Abhandlungen der Deutschen Akademie der Wissenschaften zu Berlin, Jahrgang 1945/46. Philosophisch-historische Klasse, Nr. 8), Berlin 1948.
[5] Vgl. ebenda, S. 22: Hans Rothfels: Theodor von Schön, Friedrich Wilhelm IV. und die Revolution von 1848 (Schriften der Königsberger Gelehrten Gesellschaft; Geisteswissenschaftliche Klasse, Nr. 13, 2), Halle a. S. 1937.
[6] Lysbeth Walker Muncy: The Junker in the Prussian Administration under William II, 1888–1914, Providence 1944.
[7] Eigentlich „Mündelsicherheit", hier etwa im Sinne von Risikoarmut gebraucht. Hartung meint vermutlich, dass Popitz gelegentlich zu politisch unvorsichtigen Äußerungen neigte.

an der vorhergegangenen Abhandlung über den Oberpräsidenten[1] haben, kann ich Sie Ihnen schicken.

Meine Frau vermisste in Ihrem Brief Angaben über Ihre Familie. Vielleicht holen Sie das gelegentlich nach. Wir haben kürzlich unsere silberne Hochzeit begangen u. dabei festgestellt, wie viel der Mensch aushält. Als wir im Endstadium der Inflation heirateten, nahmen wir an, dass die Welt nicht noch verrückter werden könne. Und sie ist es doch geworden.

Mit vielem Dank für Brief und Buch und herzlichen Grüssen

Nr. 226
An Friedrich Baethgen   **Berlin, 16. November 1948**

SBBPK, Nl. F. Hartung, K 46/1. – Masch. Durchschlag.

Lieber Herr Baethgen!

[...]
Ich habe inzwischen meine Emeritierung beantragt u. halte keine Vorlesungen. Die Konsequenz, die Meinecke aus der Lage an der Uni gezogen hat, nämlich ganz auszuscheiden u. an die sog. „Freie" Univ. zu gehen, habe ich noch nicht gezogen[2], vor allem der kurz vor dem Examen stehenden Studenten wegen, die an der freien Univ. kein für die Ostzone gültiges Examen machen können. Ueberhaupt ist diese freie Univ. eine etwas problematische Gründung, getragen vom Ehrgeiz Redslobs[3], dem politischen Eifer des Tagesspiegels u. einiger Stadtverordneten. Trotz aller Bemühungen fehlt es noch völlig an einem halbwegs ausreichenden Lehrkörper u. an einer genügenden Bibliothek. Meinecke ist trotz seiner erstaunlichen Frische, die ich an seinem 86. Geburtstag[4] wieder bewundert habe, doch keine Lehrkraft mehr, u. die Wahl zum Rektor wird er hoffentlich ablehnen. Die Stütze des Ganzen ist einstweilen Kunisch, denn Dovifat[5] und Knudsen[6] vertreten ja nur Sondergebiete.

---

[1] Fritz Hartung: Studien zur Geschichte der Preußischen Verwaltung. Zweiter Teil: Der Oberpräsident (Abhandlungen der Preußischen Akademie der Wissenschaften, Jahrgang 1943. Philosophisch-historische Klasse, Nr. 4), Berlin 1943.

[2] Fritz Hartung hatte, wohl auf Anregung Friedrich Meineckes, im Oktober 1948 einen Ruf an die Freie Universität Berlin erhalten; vgl. Edwin Redslob an Fritz Hartung, 28.10.1948, in: Nl. F. Hartung, K 59/29.

[3] Edwin Redslob (1884–1973), Kunsthistoriker und Kulturpolitiker, Reichskunstwart (1920–1933), Honorarprofessor an der Linden-Universität Berlin (1945–1946), Honorarprofessor und o. Professor an der Technischen Universität Berlin-Charlottenburg (1946/47–1948), geschäftsführender Gründungsrektor der Freien Universität (1948–1950) und o. Professor für Kunstgeschichte (1948–1954).

[4] 30.10.1948.

[5] Emil Dovifat (1890–1969), Zeitungswissenschaftler und Mitbegründer der wissenschaftlichen Publizistik, a. o. Professor an der Universität Berlin (1926–1948), o. Professor an der Freien Universität (1948–1959).

[6] Hans Knudsen (1886–1971), Journalist und Theaterwissenschaftler, a. o. Professor an der Universität Berlin (1944–1948), o. Professor an der Freien Universität (1948–1956).

Nr. 226. An Friedrich Baethgen, 16. November 1948

Die Krisis der Univ. wurde ausgelöst durch einen Vorstoss der pädagogischen Fakultät. Seit diesem Frühjahr war ein harter Kampf entbrannt zwischen den philos. u. den pädag. Fakultäten der Ostzone um den Anspruch der Pädagogen, dass alle künftigen Lehrer in ihrer Fakultät inskribiert werden müssten. Wir wehrten uns dagegen, weil wir die Konsequenz voraussahen, dass wir unsern Lehrbetrieb nach den Forderungen der Pädagogen zu richten hätten. Zum 15. Okt. hatte Heise[1] als Vorsitzender des neu errichteten Prüfungsamts eine Sitzung aller in Aussicht genommenen Prüfer anberaumt, und bei dieser liess er einen Brief von Brugsch[2] an Dersch verlesen, in dem der neue Modus der Immatrikulationen angekündigt wurde. Zugleich wurde eine neue Prüfungsordnung verlesen, in der die Ausbildung der Volksschullehrer (6 Semester, vor allem Pädagogik, dazu 2 wiss. Fächer nach dem Lehrplan des Nebenfachs) als das normale Studium bezeichnet ist; daneben gibt es das Studium mit erhöhten Anforderungen. Ausserdem kündigte Heise an, dass von dieser Prüfungsordnung aus der Lehrplan revidiert werden müsse, denn 95 % unserer Hörer würden nun einmal Volksschullehrer, u. danach hätten wir uns zu richten. Es entstand eine allgemeine Aufregung; als Meusel meinte, als 1. Semester wisse man doch oft noch gar nicht, welchen Beruf man ergreifen wolle, er sei z. B. lediglich mit dem Wunsche, etwas gründlich zu lernen, auf die Universität gekommen, wurde ihm von der Vertreterin des Landes Brandenburg im Prüfungsamt gesagt, das seien bürgerliche Reste, für die heute kein Platz mehr sei.

Bei der bald danach zur Besprechung dieser Lage anberaumten Fakultätssitzung erklärte Meusel zwar, dass die Entscheidung über die Wünsche der Pädagogen noch nicht gefallen sei, der Brief von Brugsch beruhe auf einem Missverständnis u. sei privater Natur (wozu nicht ganz passt, dass er uns aus den Akten der pädagog. Fak. vorgelesen worden ist). Ausserdem aber sagte Meusel, dass die angekündigte Neuordnung des Studiums zweifellos kommen werde u. dass er das begründen müsse. Wir hatten eine bewegte Aussprache mit dem Ergebnis, dass Kunisch zur freien Univ. ging u. ich mich weigerte, meine Vorlesungen anzufangen. Wandel[3] griff dann ein, veranstaltete eine Aussprache mit allen Fakultäten, pfiff die Pädagogen wegen ihrer in der Tat unzeitgemässen Attacke zurück, aber im Grunde ist dabei nichts anderes herausgekommen als ein Aufschub. Deshalb mache ich nicht mehr mit, obwohl Brugsch [sich] in einer fast 2stündigen Unterhaltung bemüht hat, meine Bedenken zu entkräften. Einstweilen hat man mir Urlaub für dieses Semester versprochen.

---

[1] Wilhelm Heise (1897–1949), Pädagoge, seit August 1945 Leiter der Schulabteilung des deutschen Erziehungsrates für Volksbildung, Professor mit vollem Lehrauftrag an der Universität Berlin (1946–1949), gleichzeitig seit 1946 Dekan der Pädagogischen Fakultät.

[2] Theodor Brugsch (1878–1963), Mediziner, a. o. Professor an der Universität Berlin (1921–1927), o. Professor an den Universitäten Halle (1927–1935) und Berlin (1945–1957, zugleich Direktor der I. Medizinischen Klinik der Charité), Abgeordneter der Volkskammer der DDR, Vizepräsident des Kulturbundes.

[3] Paul Wandel (1905–1995), kommunistischer Politiker, Leiter der Zentralverwaltung für Volksbildung in der Sowjetischen Besatzungszone (1945–1949) und erster Minister für Volksbildung der DDR (1949–1952).

Nr. 226. An Friedrich Baethgen, 16. November 1948

Vielleicht kommt es im Lauf dieses Winters auch bei der Akademie noch zum Konflikt. Die Neuwahlen sollen offenbar dazu dienen, einige linientreue Mitglieder hineinzubringen. Dass wir Nachwuchs brauchen, bestreitet wohl niemand, der unsere kleine, aber zum Teil (Thurnwald[1], Mitscherlich[2]) doch schon recht alte Schar betrachtet. Aber können wir Meusel als Soziologen wählen, wenn er seit mehr als 2 Jahren hier lediglich als politischer Historiker auftritt, in der Täglichen Rundschau, der Berliner Illustrierten u. sonst? Für ihn wird stark Stimmung gemacht, ich bin freilich überzeugt, dass er nicht gewählt werden wird.

Jedenfalls können Sie froh sein, dass Sie im friedlicheren München sitzen. Zum glücklichen Abschluss der Tagung der MGH gratuliere ich Ihnen. Hier macht die Finanzierung der Druckkostenzuschüsse gewisse Schwierigkeiten, die zum Teil auf der von Stroux u. durch ihn auch von Naas[3] vertretenen Ansicht beruhen, die Bayern hätten der Akademie Berlin die MGH geraubt, zum Teil aber auf den Karlshorster Etatsgrundsätzen beruhen, dass alle nicht verbrauchten Beträge zum Schluss jedes Vierteljahrs eingezogen werden. Zur Zeit macht sich auch in der Ostzone die Währungsreform sehr bemerkbar, der Staat hat kein Geld u. muss sparen. Auf die Dauer aber werden die MGH vernünftig nur wirtschaften können, wenn sie entweder von den Regierungen oder von den Akademien feste Jahressummen bekommen, über die sie frei verfügen, die sie gelegentlich auch als Druckreserven zurücklegen können. Voraussetzung dafür sind natürlich einigermassen stabile Währungsverhältnisse. Dann fällt auch die Frage fort, ob die Berliner Akademie mit der hiesigen Dienststelle u. den Druckzuschüssen an Böhlau[4] nicht mehr zahlt als die andern Akademien.

Sehr interessant waren mir Ihre Mitteilungen über unsere Vertretung im Internationalen Historikerverband u. die dadurch in Gang gebrachte Wiederbelebung des deutschen Verbandes[5]. Ich hatte bereits von Uhlendahl[6] gehört,

---

[1] Richard Thurnwald (1869–1954), Jurist und Völkerkundler, Honorarprofessor an der Universität Berlin (1937–1948) und an der Freien Universität (1949–1954).
[2] Eilhard Alfred Mitscherlich (1874–1956), Agrarwissenschaftler, o. Professor an den Universitäten Königsberg (1906–1941) und Berlin (1946–1956).
[3] Josef Naas (1906–1993), Mathematiker, Direktor der Deutschen Akademie der Wissenschaften (1946–1953), Professor an der Akademie (1953–1971).
[4] Gemeint ist der (1853 gegründete) Wissenschaftsverlag Hermann Böhlau in Weimar.
[5] Friedrich Baethgen an Fritz Hartung, 16.10.1948, in: Nl. F. Hartung, K 46/1: „In der Sitzung der Historischen Kommission gab es nichts von Belang, abgesehen von der sehr ungünstigen Finanzlage. Wichtig war dagegen eine gemeinsame Sitzung von Z. D. [Zentraldirektion der Monumenta Germaniae Historica; H.-C. K.] und Histor. Kommission, d. h. aller erreichbaren Historiker. Aus Paris war nämlich die Aufforderung gekommen, Vertreter für den Internationalen Historikerverband zu benennen. Dazu war es nötig, zunächst den Deutschen Historikerverband wieder ins Leben zu rufen, was in vorläufiger Form geschah mit einem ebenso vorläufigen Vorstand, bestehend aus Ritter, Aubin, Heimpel, Grundmann. Dieser soll den Verband in der nächsten Zeit organisieren und bis 1949 eine Tagung vorbereiten; 1950 soll ein Internationaler Historikerkongreß in Paris stattfinden. Zu Vertretern im Internationalen Komité wurden dazu Stadelmann und ich bestellt. Wir alle hoffen sehr, daß 1949 auch die ostdeutschen Fachgenossen werden dabei sein können".
[6] Heinrich Uhlendahl (1886–1954), Bibliothekar, Generaldirektor der Deutschen Bücherei Leipzig (1938–1954).

Nr. 226. An Friedrich Baethgen, 16. November 1948

dass Caron¹ an ihn wegen der weiteren Bearbeitung der Internationalen Bibliographie² geschrieben hat; er fragte, ob die Akademie die Finanzierung bei der Zentralverwaltung unterstützen werde. Zweifelhaft ist mir allerdings, ob ein so westliches Unternehmen wie die Internat. Bibl. bei unserer Zentralverwaltung Förderung findet. Bei dieser wird der Kurs immer schärfer, Hadermann³ ist ausgeschieden. Auch der Klub in der Jägerstr.⁴ verlangt jetzt ein politisches Bekenntnis, indem er die Mitgliedschaft von der Zugehörigkeit zum Kulturbund abhängig macht. Stille⁵, Heubner⁶, die beiden Mathematiker Schmidt⁷ u. ich sind daraufhin ausgetreten.
[...]
Rörig hat sich in der letzten Zeit ziemlich ruhig verhalten, nachdem ich seinen Vorwurf, dass ich meine Emeritierung nicht mit ihm besprochen habe, ziemlich deutlich zurückgewiesen habe. So etwas muss man doch allein verantworten. Er ist übrigens mit seiner Arbeit für die hiesige Dienststelle der MGH sehr zufrieden, offenbar mehr als Sie u. die Mitarbeiter.
[...]
Meine Frau und ich senden Ihnen und Frau Piontek⁸ herzliche Grüsse
Ihr

---

[1] Pierre Caron (1875–1952), französischer Historiker und Archivar, Direktor der Archives Nationales in Paris (1937–1941).
[2] Gemeint ist die seit 1926 erscheinende „Bibliographie Internationale des Sciences Historiques", herausgegeben vom Comité International des Sciences Historiques.
[3] Ernst Hadermann (1896–1968), Kulturpolitiker und Germanist, Leiter der Schulabteilung der Deutschen Zentralverwaltung für Volksbildung (1945–1948), Professor mit Lehrstuhl an der Brandenburgischen Landeshochschule (seit 1951: Pädagogische Hochschule „Karl Liebknecht") Potsdam (1950–1955) und an der Universität Halle (1955–1962).
[4] Der „Club der Kulturschaffenden", 1946 eingerichtet von der Sowjetischen Militäradministration, befand sich in der Jägerstraße 2 im Zentrum Berlins. Den Mitgliedern – nicht nur Künstlern, sondern auch Angehörigen der „Intelligenzberufe", also Professoren der Universität – standen Gutscheine zur Verfügung, mit denen sie dort monatlich fünfzehn warme Mahlzeiten einnehmen konnten; vgl. Jürgen Engler: „Geistige Führer" und „arme Poeten". Autorenbilder in der Nachkriegszeit, in: Ursula Heukenkamp (Hrsg.): Unterm Notdach. Nachkriegsliteratur in Berlin 1945–1949, Berlin 1996, S. 47–87, hier S. 66 ff.
[5] Hans Stille (1876–1966), Geologe, o. Professor an der Technischen Hochschule Hannover (1908–1912) und an den Universitäten Leipzig (1912–1913), Göttingen (1913–1932) und Berlin (1932–1950).
[6] Wolfgang Heubner (1877–1957), Pharmakologe, o. Professor an der Universität Göttingen (1908–1929), der Medizinischen Akademie Düsseldorf (1929–1930) und den Universitäten Heidelberg (1930–1932) und Berlin (1932–1948); nach seiner Emeritierung war er an der Freien Universität tätig (1949–1953).
[7] Erhard Schmidt (1876–1959), Mathematiker, o. Professor an den Universitäten Zürich (1908–1910), Erlangen (1910–1911), Breslau (1911–1917) und Berlin (1917–1950); Hermann Ludwig Schmid (1908–1956), Mathematiker, o. Professor an den Universitäten Berlin (1946–1953) und Würzburg (1953–1956).
[8] Nicht ermittelt.

Nr. 227
An Wilhelm Schüssler   **Berlin, 19. November 1948**

SBBPK, Nl. F. Hartung, K 59/29. – Masch. Durchschlag.

Lieber Herr Schüssler!

Ihr Brief vom 7. ist gestern hier angekommen[1], und ich beeile mich, ihn so klar wie möglich zu beantworten. Zunächst möchte ich bemerken, dass der Gedanke, Sie an die freie Univ. zu berufen, von den Studenten ausgegangen ist. Diese, die sich dem politischen Druck Unter den Linden entzogen haben, sind der erfreulichste Teil der neuen Gründung. Freilich macht mir ihre Zukunft trotzdem Sorge. Was kann ihnen die freie Univ. für die Zukunft bieten? Ein Examen, das jedenfalls unter den heutigen Zuständen weder in der Ostzone noch im östlichen Berlin anerkannt wird u. in den Westzonen bei den stark verringerten Aussichten für Akademiker schwerlich grosse Lebensmöglichkeiten eröffnet. Und die Westsektoren Berlins sind doch nur eine schmale Lebensbasis, selbst wenn man die neue Gründung einer Hochschule (wohl Lehrerbildungsanstalt) in Potsdam[2] nur komisch nimmt. Bedenklich scheint mir auch, dass die Möglichkeiten des Studiums beschränkt sind, wenigstens in den Geisteswissenschaften, in denen man Bücher braucht. Dass die Büchereien der alten Univ. einschl. der Seminarbibliothek für Weststudenten nicht zugänglich sein werden, halte ich für sicher. So stehen für Historiker der WestUniv.[3] einstweilen zur Verfügung die Bibliothek des Geh. Staatsarchivs, die für brandenburg. u. preuss. Gesch. gut ist, darüber hinaus aber versagt, vor allem für ausserdeutsche Gesch., ferner die noch in Dahlem stehenden Bibliotheken von Brackmann u. Oncken.

Ich bin über diese Dinge informiert, weil mit mir auch viel verhandelt worden ist[4]. Auch mit Meinecke habe ich wiederholt gesprochen. Bis zum 15. Okt. war ich fest entschlossen, der alten Univ., an der ich nun gerade 25 Jahre tätig gewesen bin, treu zu bleiben. Aber an diesem Tage fand eine Sitzung des neu geschaffenen Prüfungsamts der Univ. statt, u. in dieser Sitzung überraschte uns der Dekan der pädagogischen Fakultät[5] mit der Mitteilung, dass in Zukunft alle Studenten, die Lehrer werden wollen, zur pädagog. Fakultät gehören werden, dass ein 6semestr. Studium der Pädagogik mit 2 wiss. Nebenfächern das normale Studium sei, dass es daneben wohl auch ein 8semestr. „Studium mit erhöhten Anforderungen" gebe, dass wir uns aber

---

[1] Wilhelm Schüssler an Fritz Hartung, 7.11.1948, in: Nl. F. Hartung, K 59/29. Schüssler teilt mit, er habe von Redslob die Anfrage erhalten, ob er eventuell einem Ruf an die Freie Universität folgen werde; deshalb bittet er Hartung, „mir über diese Neugründung Auskunft geben zu wollen! Hier hört man sehr verschiedene Urteile. Wie wäre es mit Gastvorlesungen?".

[2] Die Brandenburgische Landeshochschule Potsdam wurde 1948 gegründet und hieß ab 1951 Pädagogische Hochschule „Karl Liebknecht".

[3] Gemeint ist die „Freie Universität" in Berlin-Dahlem.

[4] Siehe oben, Brief Nr. 226.

[5] Wilhelm Heise.

nach den Bedürfnissen der 95%, die Volksschullehrer werden, zu richten hätten. Es gab eine grosse Aufregung, ich bat unsern Dekan, eine Fakultätssitzung zur Besprechung der neuen Lage anzuberaumen, u. als er in dieser Sitzung zwar versicherte, dass die Pläne der Pädagogen noch keineswegs genehmigt seien, dass es aber sicher dahin kommen werde u. dass er diese Entwicklung begrüsse, habe ich erklärt, das bedeute das Ende der wissenschaftlichen Arbeit an der Univ. Meinecke hat daraufhin seinen Austritt aus der alten Univ. erklärt u. ist inzwischen zur freien Univ. übergegangen. Von den Ordinarien der Fakultät ist nur 1, der sehr tüchtige Literarhistoriker Kunisch, übergetreten. Ich selbst lese nicht, habe meine Emeritierung beantragt u. einstweilen Urlaub genommen. Einen Bruch suche ich zu vermeiden, vor allem der Studenten wegen, die kurz vor dem Examen stehen (Ende dieses Jahres läuft die Uebergangsfrist für diejenigen ab, die ihr Studium vor 45 begonnen haben).

Hinzu kommt mein Zweifel an der Lebensfähigkeit der neuen Gründung. Sie hat Geld nur für 1 Jahr. Hinterher soll der Berliner Magistrat einspringen. Aber wer ist heute der Berliner Magistrat? Wir sind ja schärfer auseinandergerissen als Katholiken u. Protestanten in der Gegenreformation, wir haben zwar noch einen einheitlichen Kalender, aber alles andere, Magistrat, Post, Polizei, Ernährung usw. ist getrennt u. versucht sich gegenseitig lahmzulegen. Es wird von dem politischen Ausgang des Kampfes um Berlin abhängen, ob der Magistrat etwas für die freie Univ. tun darf; aber selbst wenn er darf, ist mir nicht sicher, ob die reichlich spiesserhaften Berliner Stadtverordneten etwas tun wollen. Schon jetzt machen sich allerhand wenig erfreuliche, zum mindesten wenig akademische Kräfte bemerkbar, u. manch guter Kopf ist deswegen aus dem Gründungskomité ausgeschieden[1].

Bis jetzt ist noch kein wirklich brauchbarer Lehrkörper zustande gekommen. Besetzt sind in der phil. Fak. die Germanistik mit Kunisch, Zeitungswiss. (Dovifat), Theaterwiss. (Knudsen), Religionswiss. (Braune[2]), Archäologie (Goethert[3]); in Aussicht steht Hübner[4] als Anglist u. vielleicht W. Weber als Althistoriker. Meinecke ist zwar zum Rektor gewählt, aber als aktive Kraft kann er nicht mehr gelten, so dankbar die Studenten seines Colloquiums ihm sind u. so frisch er noch wirkt. Gewiss wäre die Besetzung mancher Professur noch geglückt, wenn die politischen Verhältnisse nicht jede Berufung nach Berlin zur Zeit verhinderten.

Und das scheint mir doch auch für Sie Geltung zu haben. Es wäre leichtsinnig, wenn Sie jetzt eine Berufung an die freie Univ. annähmen. Selbst eine

---

[1] Die Planung und die Gründung der Freien Universität war auch im Westteil Berlins keineswegs unumstritten, sondern führte zu heftigen öffentlichen Kontroversen; vgl. James F. Tent: Freie Universität Berlin 1948–1988. Eine deutsche Hochschule im Zeitgeschehen, Berlin 1988, S. 104ff., 128ff. u. passim.
[2] Walther Braune (1900–1989), Orientalist und Religionswissenschaftler, o. Professor an der Freien Universität Berlin (1948–1968).
[3] Friedrich Wilhelm Goethert (1907–1978), Archäologe, Professor mit Lehrauftrag an der Universität Berlin (1946–1948), o. Professor an der Freien Universität Berlin (1948–1977).
[4] Walter Hübner (1884–1970), Anglist und Schulrat in Berlin, Honorarprofessor und o. Professor an der Freien Universität Berlin (1948/51–1954).

Gastprofessur würde ich an Ihrer Stelle erst für das Frühjahr oder den Sommer annehmen. In den meisten Westbezirken gibt es jetzt 2 Stunden elektr. Licht in den Abend- u. Nachstunden; im übrigen ist man auf Kerzen oder Petroleum angewiesen, mit denen uns der Schwarze Markt zu wachsenden Preisen versorgt. Heizung gibt es nicht, selbst der Schwarze Markt beginnt hier zu versagen. Dagegen haben wir einstweilen wenigstens genug zu essen, wenn auch manche Leute über das Büchsenfleisch u. die Trockenkartoffeln klagen.

Ich würde Ihnen also raten, den Ruf dilatorisch zu behandeln, die Gastprofessur aber, schon um die Dinge kennen zu lernen, anzunehmen für einen Ihnen genehmen Termin. Vielleicht können Sie auch schon bald einmal zu Verhandlungen hierher kommen.

Nach Mitteilung der Studenten würden Sie vielleicht Kienast hier als Kollegen vorfinden (Rörig wird ziemlich einhellig abgelehnt); er selbst hat mich nur kurz nach den Möglichkeiten der Bewerbung gefragt, als er in Angelegenheiten der endlich anlaufenden HZ an mich schrieb. Ob Sie auch mit mir zusammen kommen würden, vermag ich noch nicht zu sagen. Wenn mir die Emeritierung abgeschlagen wird, würde ich wohl versuchen, auch an die freie Univ. zu kommen; aber ich weiss nicht, ob der an mich ergangene Ruf so lange aufrecht erhalten wird. Da das offizielle Schreiben an mich ungefähr gleichzeitig mit dem an Sie ergangen sein wird, scheint man anzunehmen, dass wir beide neben einander Platz haben würden. Ich selbst würde mich sehr freuen, wenn etwas daraus würde, möchte Sie aber bitten, auf mich bei Ihren Entschliessungen keine Rücksichten zu nehmen. Ich selbst habe mich bemüht, Ihnen so reinen Wein wie möglich einzuschenken. Für die Studenten würde ich mich freuen, wenn Sie kommen würden; ob es in Ihrem Interesse wäre, ist mir nicht so unbedingt sicher.

Es ist 11 Uhr nachts, gleich geht das Licht aus. Deshalb mache ich Schluss, ohne noch weiter von meinen Erlebnissen u. Arbeiten zu schreiben. Die Hauptsache ist, dass Sie diesen Brief bald bekommen.

Sehr herzliche Grüsse
Ihr

Nr. 228
An Wilhelm Mommsen Berlin, 20. November 1948

BAK N 1478, Nr. 396. – Masch. Original.

Sehr geehrter Herr Mommsen!

Ihre Frage, „wie es mit der sog. freien Univ. in Berlin ist"[1], ist nicht so ganz einfach zu beantworten. Bis vor etwa einem Monat habe ich sehr wenig

---

[1] Wilhelm Mommsen an Fritz Hartung, 20.10.1948 (Durchschlag), in: BAK, N 1478, Nr. 235: „Darf ich einmal fragen, wie es mit der sogenannten freien Universität in Berlin ist? Das wäre ja wohl sicher nur eine vorübergehende Möglichkeit, aber doch eine Tätigkeit. Wie

davon gehalten u. war demgemäss entschlossen, nicht zu ihr zu gehen. In diesem Sinne hatte ich auch mit Meinecke gesprochen. Inzwischen ist der Versuch gemacht worden, die alte Univ., soweit sie mit Schulfächern sich befasst, zu einer Volksschullehrerbildungsanstalt herabzudrücken. Deshalb hat Meinecke seinen Austritt aus der Univ. erklärt u. ist zur freien Univ. übergetreten, wo man ihn prompt zum Rektor gewählt hat. Ich selbst habe meine Emeritierung beantragt u. einstweilen Urlaub genommen. Und wenn man mir die Emeritierung verweigert, müsste ich mich wohl um ein Unterkommen an der freien Univ. bewerben, denn ich glaube nicht, dass diese den an mich ergangenen Ruf so lange freihält. Vor allem im Interesse meiner Studenten, die vor dem Examen stehen, möchte ich den Bruch mit der alten Univ. vermeiden.

Damit ist freilich nicht gesagt, dass die freie Univ. wirklich lebensfähig ist. Ihre Geldmittel reichen angeblich für ein Jahr, danach soll die Stadt Berlin eintreten. Ob sie das kann u. darf, hängt von der politischen Lage ab. Ob die stets spiessigen Stadtverordneten es tun wollen, ist mir auf die Dauer zweifelhaft. Ausreichend vorhanden sind für die neue Univ. Studenten, teils ältere, die sich nicht in den russischen Sektor trauen, teils jüngere, die nicht zum Studium zugelassen worden sind. Aber es fehlt an den nötigen Einrichtungen, vor allem an Seminaren u. Büchern. Die Luftbrücke wird noch lange nicht in der Lage sein, die Marburger Bestände der Staatsbibliothek hierher zu tragen. Es fehlt vor allem an einem Lehrkörper. Im Gründungsausschuss haben viele ungeeignete Leute gesessen, sodass manche der vernünftigen Elemente ausgeschieden sind. Immerhin ist es offenbar gelungen, den Ehrgeiz einiger politisierender Studienräte, die gern Professoren werden wollten, abzuwenden. Aber vom Westen ist bisher niemand gekommen, was ich angesichts der hiesigen Lage verstehen kann. So hat die phil. Fak. einstweilen fast nur Randfächer besetzt, Theaterwiss., Zeitungswiss. (Dovifat), Religionswiss., Archäologie, Kunstgesch. (Redslob). Philologien fehlen noch fast ganz, abgesehen von einem sehr tüchtigen Germanisten, der bisher Unter den Linden Ordinarius gewesen u. bei der jetzigen Krise ausgeschieden ist, u. einem früheren Oberschulrat u. Honorarprofessor für Englisch, einem sicher tüchtigen Mann, aber eben kein Professor von Haus aus[1].

Wenn ich Ihnen einen Rat geben darf, so ist es der: Schreiben Sie an die freie Univ. (Berlin-Dahlem, Boltzmannstr. 3), dass Sie zu Gastvorträgen bereit seien, natürlich gegen entsprechendes Honorar. Dann können Sie sich die Sache in Ruhe ansehen u. die weitere Entwicklung noch etwas abwarten. Ohne gesicherte Rückzugslinie würde ich aber unter den heutigen Umständen nicht nach Berlin kommen.

Mit besten Grüssen
       Ihr
          Hartung

---

ich höre, sollen dabei Parteibeziehungen eine grosse Rolle spielen, aber über die würde ich zur Not verfügen".
[1] Zum Voranstehenden siehe oben, Brief Nr. 227.

Nr. 229
An Gerhard Ritter   Berlin, 16. Dezember 1948

BAK N 1166, Nr. 333. – Masch. Original (mit hs. Zusätzen).
[Durchschlag: SBBPK, Nl. F. Hartung, K 46/8].

Lieber Herr Ritter!

Ich bin Ihnen seit langem Dank schuldig, für Ihren grossen Brief vom Frühjahr nach Ihrem 60. Geburtstag[1], für mehrere Bücher, dann für die nett ausgedachte und sehr willkommene Spende von Lichtern und Rasierseife, die mich gerade noch erreicht hat, bevor auch die westliche Post uns zu blockieren anfing, und nun ist heute noch Ihr Brief vom 2. wegen der Neugründung des „Deutschen Historikerverbandes" gekommen[2].

Zunächst möchte ich auf diesen antworten, das wird mir Gelegenheit geben, Ihnen meine Situation auseinanderzusetzen u. damit mein langes Schweigen zu erklären. Sie haben mich als Vertreter der östlichen Hochschulen cooptiert. Aber bin ich das noch? Die Lage an den östlichen Universitäten ist im Laufe der letzten Monate so unerfreulich geworden, dass ich mich geweigert habe, in diesem Semester Vorlesungen zu halten und meine Emeritierung beantragt habe. Meinecke ist, wie Sie vielleicht gehört haben, noch weiter gegangen u. hat sich der neu gegründeten „Freien Univ." angeschlossen. Ich bin ihm auf diesem Weg nicht gefolgt, weil ich die Lebensfähigkeit dieser Univ. skeptisch beurteile, auch die Personalpolitik des amtierenden Rektors Redslob für nicht glücklich halte, ausserdem die Akademie der Wiss. nicht aufgeben möchte, zumal jetzt, wo auch für diese offenbar der Kampf um ihre Unabhängigkeit beginnt. Immerhin weiss ich noch nicht, ob man mich emeritiert, u. wenn man mich entlässt, werde ich doch zur freien Univ. gehen müssen.

Deshalb möchte ich Ihnen und den andern Herren des Vorstands anheimstellen, einen andern Vertreter der Historiker der Ostuniversitäten zu wählen[3].

---

[1] Gerhard Ritter an Fritz Hartung, 23.4.1948 (SBB PK, Nl. Fritz Hartung, K 46/8; mit einem ausführlichen gedruckten Dankbrief für die Glückwünsche zum 60. Geburtstag am 6.4.1948); in dem vier Seiten langen handschriftlichen Zusatz Ritters zeigt sich der Freiburger Historiker erschüttert über „die wahre Lage im Osten. Herr H. in Halle schickte mir einen schönen Beitrag zu meiner Festschrift – aber mit der dringenden Bitte, ihn ungedruckt zu lassen und ihm nur über eine Deckadresse zu antworten! Es hat mich tief deprimiert. So weit sind wir also – der Westen feindliches Ausland! Wie soll man da helfen?" – Mit „H." ist Carl Hinrichs gemeint, dessen Beitrag in der erst zwei Jahre später erschienenen Festschrift dennoch abgedruckt wurde: Carl Hinrichs: Rankes Lutherfragment von 1817 und der Ursprung seiner universalhistorischen Anschauung, in: Festschrift für Gerhard Ritter zu seinem 60. Geburtstag, [hrsg. v. Richard Nürnberger], Tübingen 1950, S. 299–321.

[2] Gerhard Ritter an Fritz Hartung, 2.12.1948 (Durchschlag), in: BAK, B 510 (Korrespondenzen des VHD): Ritter teilt hierin mit, dass der soeben konstituierte vorläufige Vorstand des Deutschen Historikerverbandes Fritz Hartung „als Vertreter der deutschen Historiker auf den östlichen Universitäten" kooptiert habe.

[3] Ritter unterstreicht „andern Vertreter" und merkt am Rand handschriftlich an: „nein!". Oben auf dem Brief (rechts neben der Postanschrift) die handschriftliche Bemerkung Rit-

Nr. 229. An Gerhard Ritter, 16. Dezember 1948

Gross ist die Auswahl freilich nicht. An Rörig werden Sie u. namentlich Aubin nicht gern herantreten, er ist auch durch seine Aufgeregtheit u. sein Geltungsbedürfnis ein schwieriger Partner in allen Gremien; Eugen Meyer wird wahrscheinlich demnächst in den Westen abwandern[1], damit ist Berlin erschöpft, denn an Meusel, der im Besitz der materialistischen Dialektik vom Nationalökonomen jetzt zum Historiker sich umstellt, werden Sie nicht denken. In der Zone kommen, da der 81jährige Kötzschke, mit dem ich diesen Sommer 3 Wochen in Bad Elster zusammen gewesen bin, doch wohl zu alt ist, nur Kühn[2] oder Griewank in Frage. Von ihnen ist Kühn zweifellos der feinere Kopf, aber Griewank geschäftlich wohl brauchbarer.

Wie weit bei den derzeitigen Geld- u. Reiseverhältnissen eine Beteiligung eines Vertreters der Ostzone praktisch werden kann, ist mir noch zweifelhaft. Berliner in den Westsektoren bekommen wohl ohne besondere Schwierigkeiten einen Pass, aber schon viel mühsamer einen Platz im Flugzeug, ausserdem ist dieser sehr teuer, u. da wir hier mit Ostgeld bezahlt werden u. die Westmark fast 4 Ostmark gilt, so werden die Reisekosten sehr hoch. Aus der russ. Zone ist es z. Zt. kaum möglich, einen Pass nach dem Westen zu bekommen.

Mein Entschluss, zunächst nicht zu lesen und mich jetzt emeritieren zu lassen, ist durch einen Vorstoss der pädagogischen Fakultät ausgelöst worden[3]. Diese überraschte uns kurz vor Semesterbeginn mit einer Verfügung der Zentralverwaltung, wonach alle künftigen Lehrer in Zukunft zur päd. Fakultät gehören sollen. Um diese Pädagogisierung des Studiums zu unterstreichen, wurden den rein wissenschaftlichen Fächern unserer Fakultät, z. B. der Philosophie, der Orientalistik u. a. überhaupt kein Kontingent für neue Immatrikulationen zugebilligt. Um auch den kurzsichtigsten unter uns zu zeigen, wohin die Sache abzielt, erschien gleichzeitig eine Prüfungsordnung, die ein Studium von 6 Semestern ohne Hauptfach, mit 2 Nebenfächern u. viel Pädagogik als Studium mit „normalen Anforderungen" bezeichnete, darüber hinaus für die Lehrer an den Oberklassen eine Prüfung mit erhöhten Anforderungen nach weiteren 2 Semestern anordnete. Ich habe dagegen in der Fakultät wie in einer vom Präsidenten der Zentralverwaltung veranstalteten Aussprache des Lehrkörpers[4] energisch protestiert u., da gerade die Eröffnung der „Freien Univ." in Aussicht stand, auch einen gewissen Erfolg gehabt; die Immatrikulation aller Lehrer in der päd. Fakultät ist widerrufen worden, und es sind bescheidene Kontingente (durchschnittlich 5) für die wiss. Fächer bewilligt worden. Die Prüfungsordnung aber bleibt bestehen, und der Anspruch der päd. Fakultät, dass wir unsern Lehrbetrieb auf ihre Bedürfnisse, d. h. auf die künftigen Volks-

---

ters: „der Poststau beendet 21/12. Es bleibt bei seiner Wahl in den Vorstand. Durchschlag der Antwort siehe Mappe DHV".

[1] Eugen Meyer, Vertreter der Historischen Hilfswissenschaften, wechselte 1949 an die Universität des Saarlandes in Saarbrücken.
[2] Johannes Kühn (1887–1973), Historiker, a. o. Professor an der Universität Leipzig (1927–1928), o. Professor an der Technischen Hochschule Dresden (1928–1945) und an den Universitäten Leipzig (1947–1949) und Heidelberg (1949–1955).
[3] Siehe auch oben, Briefe Nr. 224, 226.
[4] Von „veranstalteten" bis „Lehrkörpers" nachträglich handschriftlich eingefügt.

schullehrer abstellen sollen, bleibt auch. Ueberhaupt ist für den, der die Entwicklung an der Universität seit 1945 betrachtet, die planmässige Sowjetisierung ganz deutlich: erst die Forderung, dass in das Studium der Schulfächer gewisse päd. Vorlesungen u. Uebungen aufgenommen werden sollen, Herbst 46 die Errichtung der päd. Fakultäten, Herbst 47 Vorschrift für die Stud. der päd. Fak., d.h. die künftigen Volksschullehrer, fachwiss. Vorlesungen bei uns zu hören, Herbst 48 die Prüfungsordnung. Wenn auch bis heute noch keinem von uns irgend welche Vorschriften über den Inhalt seiner Vorlesungen gemacht worden sind, so ist die ganze Behandlung der Univ., zumal der Studenten, doch schlimmer als je nach 1933 u. für mich ist nunmehr die Grenze erreicht, hinter die ich mich nicht zurückdrängen lasse. Es gibt natürlich Kollegen, die meinen, ich sollte aushalten u. kämpfen, bis es wirklich zum offenen Konflikt kommt. Ich würde mich darauf vielleicht eingelassen haben, wenn ich nicht in der nat.soz. Zeit gesehen hätte, wie leicht man auf der schiefen Ebene, die man den Boden der Tatsachen nennt, ins Bodenlose abrutscht.

In der Akademie beabsichtige ich noch zu bleiben. Auch hier wird ja sehr bald der Kampf angehen, das ist aus einer Ansprache, die Marschall Sokolowski[1] an den sog. Oberbürgermeister von Berlin, Fritze Ebert II.[2], gerichtet hat, ganz deutlich zu ersehen[3]. Zwar soll die materielle Lage der Intelligenz gehoben werden, aber dafür soll sie sich auch aktiv in den Wiederaufbauplan einschalten u. die Akademie insbesondere soll mit den Gewerkschaften in dieser Richtung zusammen arbeiten. Einstweilen treibt die Verwaltung uns gegenüber Obstruktionspolitik, sie hält die dringend notwendige allerdings sehr schwie-

---

[1] Wassili Danilowitsch Sokolowski (1897–1960), sowjetischer Marschall, Chef der Sowjetischen Militäradministration in Deutschland (1946–1949).
[2] Friedrich Ebert (1894–1979), SED-Politiker, Sohn des gleichnamigen Reichspräsidenten, Oberbürgermeister von Ost-Berlin (1948–1967).
[3] Siehe die „Mitteilung über eine Unterredung zwischen dem Obersten Chef der Sowjetischen Militäradministration in Deutschland, W. D. Sokolowski, und dem Oberbürgermeister der Stadt Berlin, Friedrich Ebert, über das Programm des demokratischen Magistrats von Groß-Berlin", zuerst in: Tägliche Rundschau, 3.12.1948, neu abgedruckt in: Um ein antifaschistisch-demokratisches Deutschland. Dokumente aus den Jahren 1945–1949, Berlin[-Ost] 1968, S. 716–720 (Nr. 247), hier S. 718f.: [Sokolowski:] „Bekanntlich steht die Intelligenz in Berlin auch jetzt zu einem bedeutenden Teil noch immer am Scheidewege, ohne zu wissen, welchen Weg sie einschlagen soll, und ist sogar zu einem gewissen Teil reaktionär und den demokratischen Umwandlungen gegenüber ablehnend eingestellt. Die Lage in Berlin setzt die Intelligenz Tag für Tag dem Einfluß der Lüge der Reaktionäre und der antidemokratischen Elemente aus. [...] In Berlin besteht die Deutsche Akademie der Wissenschaften, die zu einem Zentrum des wissenschaftlichen Denkens ganz Deutschlands werden könnte. Es gibt ferner wissenschaftliche Gesellschaften und andere wissenschaftliche Einrichtungen, die auf verschiedenen Gebieten der Friedenswissenschaft arbeiten. Es wäre zweckmäßig, diese Einrichtungen der Wissenschaft sowie die kulturellen Einrichtungen Berlins auszunutzen, indem man sie in den Dienst des Volkes stellt. Dabei ist es notwendig, daß die Hauptfragen der Entwicklung der Wissenschaft, Kultur und Kunst in Berlin und in der Sowjetischen Besatzungszone von den prominentesten Vertretern der entsprechenden Gebiete des Wissens und der Kultur zusammen mit den demokratischen Organisationen der Bevölkerung behandelt und gelöst werden. Das alles wäre nicht nur für Berlin, sondern auch für die Sowjetische Besatzungszone sowie für ganz Deutschland von Nutzen".

rige Auffrischung des Mitgliederbestandes hin, sie bewilligt keine Mittel für neue Unternehmungen, sie legt unsere wissenschaftlichen Publikationen lahm, indem sie frei nach Goebbels den kulturellen Beirat als Instanz für die Papierbewilligung einschiebt. Aber schon sind Hinweise auf geeignete Kandidaten erfolgt, die wir für unmöglich halten, also auch hier kommt es wohl zum Kriege.

Sie werden verstehen, dass in dieser Situation die eigene Arbeit nicht recht gedeiht, dass die Frage, ob es überhaupt noch Sinn hat, geistig zu produzieren, sich immer wieder lähmend auf mich legt. Darunter hat auch meine Korrespondenz sehr gelitten. Hinzu kommen die äusseren Schwierigkeiten unseres Lebens, die Stromsperren, wobei wir in Schlachtensee noch verhältnismässig gut dran sind, indem wir frühmorgens bis halb 9 u. abends stets von 6–11 Uhr Licht haben; es gibt aber auch Bezirke, wo es in den Zeiten der Dunkelheit nur insgesamt 2 Stunden Licht gibt, manchmal zu den unmöglichsten Zeiten, etwa zwischen 1 u. 3 Uhr früh; die Studenten klagen sehr darüber. Es sind allerdings nur die Westsektoren, die darunter leiden. Trotzdem bin ich froh im Westen zu wohnen. Meine Frau klagt natürlich sehr, dass sie von unserer Tochter u. den Enkeln sowie von den Verwandten in Hamburg abgeschnitten ist, dass es so schwer ist, unserer Tochter, die als Offizierswitwe mit 90 Mark Unterstützung ihre 2 Kinder ernähren soll, – hier ging gestern abend das Licht aus, und heute Vorm. musste ich eine eilige Sache schreiben, da kriege ich den Bogen nicht mehr richtig in die Reihe – Geld zu schicken; dazu ändern sich die Vorschriften ungefähr alle zwei Tage. Es sind also viele Klagen der Westberliner berechtigt, dagegen kann ich nicht zugeben, dass wir hungern. Vielmehr bekommen wir geistigen – ebenso wie die körperlichen Schwerarbeiter noch die gleichen Rationen wie seit 3 Jahren, u. die Rationen der Normalverbraucher sind etwas erhöht worden, vor allem an Fett u. an Zucker.

Ihre Produktivität setzt nicht nur mich in Erstaunen. Ich danke Ihnen, dass Sie mir Ihre Sachen geschickt haben, denn hier sind sie immer noch schwer zu bekommen, und der Versuch, sie gegen Ostgeld für das Seminar zu erwerben, missglückt meist. Besonders stark bewegt mich Ihre Schrift „Europa und die deutsche Frage"[1] und zwar nicht nur allgemein, sondern im besonderen angesichts der mich in diesen Wochen beschäftigenden Aufgabe, eine neue Auflage meiner Deutschen Verfassungsgeschichte zu bearbeiten. Das Buch ist 1922 zum letzten Mal neu gesetzt worden, die beiden folgenden Auflagen sind mit einigen Verbesserungen, die sich meist nur auf die Literaturangaben, selten auf den Text bezogen, photomechanisch neu gedruckt worden. Es ist nach 26 bewegten Jahren, in denen ich ein alter Mann geworden bin, nicht leicht, den richtigen Ton zu treffen. Ich werde auch wohl grosse Partien unverändert lassen, aber an einigen Stellen die innere Problematik unseres Staatslebens schärfer hervortreten lassen[2].

---

[1] Gerhard Ritter: Europa und die deutsche Frage. Betrachtungen über die geschichtliche Eigenart des deutschen Staatsdenkens, München 1948.
[2] Die stark veränderte 5. Aufl. von Fritz Hartungs „Deutscher Verfassungsgeschichte" erschien in einer gegenüber der 4. Aufl. (1933) neu gesetzten und (von 235 auf 378 Seiten) deutlich erweiterten Fassung 1950 in einem neuen Verlag, bei F. K. Koehler in Stuttgart.

Nr. 229. An Gerhard Ritter, 16. Dezember 1948

Sehr viel gelernt habe ich auch aus Rothfels: The german opposition to Hitler[1]. Er hat es an mich geschickt und ich stelle nicht ohne Neid fest, wie viele Bücher, Broschüren, Zeitschriften man in Amerika erreichen kann, die uns hier nicht nur in den deutschen Bibliotheken, sondern auch in den an sich sehr dankenswerten amerikanischen Information Centers unzugänglich sind. Auch den Eyckschen Bismarck[2] habe ich noch nicht bekommen können, habe aber jetzt Aussicht, ihn durch das Amerikahaus in der Kleiststr. zu erhalten; ein kirchlicher Kreis, der sich um die kirchliche Hochschule in Zehlendorf gruppiert[3], will in diesem Winter das Thema Bismarck behandeln und wollte dabei A. O. Meyer zugrunde legen[4]. Der scheint mir doch zu Bismarck-orthodox zu sein, als dass sich an ihn eine fruchtbare Aussprache anknüpfen könnte, deshalb habe ich Eyck vorgeschlagen, muss aber selbst das Referat übernehmen. Ich kenne ihn einstweilen nur aus einer Anzeige von Rothfels[5] u. aus der ausführlichen aber doch nicht sehr präzisen Besprechung von Herzfeld in der DLZ[6]. Sehr enttäuscht hat mich der Bismarck von M. Lehmann, den die Tochter aus dem Nachlass herausgebracht hat[7]; ich finde ihn spiessig-moralisch, ohne jedes politische Verständnis. Ich möchte auch wissen, was das für ein MS gewesen ist. Man hat doch nie gehört, dass Lehmann vor 1914 ein derartiges Kolleg gelesen habe; u. nach 1919 kann er es doch nicht oft mehr vorgetragen haben, denn seit Ostern 22 war A. O. Meyer in Göttingen, u. der hätte es mir sicher erzählt oder geschrieben, wenn Lehmann seiner Bismarckauffassung so brutal entgegengetreten wäre.

Was Sie über Ihren geistigen Austausch mit dem nahen u. ferneren Westen geschrieben haben, hat mich auch sehr interessiert. Recht im Gegensatz dazu fehlt hier jeder Versuch, Beziehungen zwischen uns u. dem Osten aufzunehmen; noch nicht einmal der Schriftenaustausch mit der russ. Akademie ist zustande gekommen. Vielleicht weil man drüben ahnt, dass wir wohl bald zum Stillstand kommen werden. Der Druck der Abhandlungen stockt, der der Sitzungsberichte hat noch gar nicht angefangen, auch mein längst gesetzter Vortrag über 1848 kann nicht erscheinen[8]. Mit den Forschungen u. Fortschrit-

---

[1] Siehe oben, Briefe Nr. 224, 225.
[2] Erich Eyck: Bismarck. Leben und Werk, Bde. 1–3, Erlenbach/Zürich 1941–1944. – Erich Eyck (1878–1964), Jurist und Historiker, Rechtsanwalt in Berlin, 1937 Emigration nach Großbritannien.
[3] Siehe oben, Brief Nr. 203.
[4] Siehe oben, Brief Nr. 174.
[5] Hans Rothfels: Problems of a Bismarck Biography, zuerst in: The Review of Politica 9 (1947), S. 362–380; Hartung las vermutlich die von Rothfels nicht autorisierte deutsche Übersetzung: Hans Rothfels: Probleme einer Bismarck-Biographie, in: Deutsche Beiträge 1 (1948), S. 162–183. Zu Rothfels' Beteiligung an der Bismarck-Kontroverse der frühen Nachkriegszeit siehe auch Eckel: Hans Rothfels, S. 308 ff.
[6] Hans Herzfeld: Rezension von: Erich Eyck: Bismarck, in: Deutsche Literaturzeitung 69 (1948), Sp. 328–340.
[7] Max Lehmann: Bismarck. Eine Charakteristik, hrsg. v. Gertrud Lehmann, Berlin 1948. Das Buch erschien mit einer Einleitung der Herausgeberin (S. 5–25) in der Reihe „Beiträge zur Erneuerung des Geschichtlichen Denkens" des Oswald Arnold Verlags.
[8] Siehe oben, Brief Nr. 219.

ten¹ sind wir in ernsten Schwierigkeiten, u. wie lange es mit der DLZ gut geht, ist auch noch fraglich, so geschickt auch Griewank ist. Hoffentlich kommt die HZ bald heraus, damit wir ein geeignetes Publikationsorgan haben. Aber ich fürchte, dass Dehio es an der erforderlichen Energie fehlen lässt. Vor Monaten hat er das 1. Heft auf Weihnachten angekündigt, aber bis heute habe ich nichts weiter gehört, auch eine Korrespondenz mit Kienast wegen der Nachrufe auf Fester u. A. O. Meyer ist wieder eingeschlafen².

Inzwischen ist auch ein Brief von Heimpel mit dem Satzungsentwurf des Historikerverbandes eingegangen³. Ich werde unabhängig von der Frage meiner Zugehörigkeit zum vorläufigen Vorstand demnächst Bemerkungen an ihn schicken. Wir haben ja schon vor rund 20 Jahren über eine Satzungsänderung des alten Verbandes verhandelt, u. es scheint mir gerade im Hinblick auf die Repräsentation im Ausland unbedingt geboten, dass der Vorsitzende nicht mit Rücksicht auf das Vergnügungskomité des nächsten Historikertages gewählt wird. Mit Ihrer Wahl bin ich natürlich sehr einverstanden, Sie sind ohne Zweifel jetzt der geeignetste Mann, um die deutsche Geschichtswissenschaft zu repräsentieren. Meinecke ist natürlich zu alt, so frisch er auch noch ist; aber er tat gut daran, nicht persönlich bei der Eröffnung der Freien Univ.⁴ zu erscheinen.

Im August war ich mit meiner Frau 3 Wochen in Bad Elster. Dort konnten in einer Villa, die zu dem von den Russen beschlagnahmten Sanatorium gehörte, aber ihnen nicht gut genug war, jeweils 6 Professorenehepaare Unterkunft finden. Da die Villa etwas abseits vom Sanatorium lag u. die Russen sich überhaupt sehr zurückhielten, da ausserdem die Gesellschaft sich sehr gut verstand, haben wir drei sehr angenehme Wochen dort verlebt. Es tat so wohl, keine Ruinen zu sehen, keine Flugzeuge über eine Luftbrücke brummen zu hören, sich in einem gut gepflegten Haus im alten Stil bedienen lassen zu können.

Es wird Zeit, dass ich diesen langen Brief beende. Er soll Ihnen vor allem Dank bringen für Ihre literarischen und materiellen Gaben, aber auch Glückwünsche zum wohlverdienten Dr. jur. h.c., denn Sie haben mannhaft den zeitweise schweren Kampf um das Recht der geistigen Freiheit geführt⁵, und soll Ihnen alles Gute für das kommende Jahr wünschen. Ich würde mich sehr

---

[1] Die Zeitschrift „Forschungen und Fortschritte. Nachrichtenblatt der deutschen Wissenschaft und Technik" erschien zwischen 1925 und 1967 in Berlin, zuerst als Organ des Reichsforschungsrates, später im Auftrag der deutschen Wissenschaftsakademien.

[2] Nur der Nachruf auf Fester erschien im ersten Nachkriegsjahrgang der Historischen Zeitschrift: Fritz Hartung: Richard Fester (1860–1945), in: Historische Zeitschrift 169 (1949), S. 446f.

[3] Nicht überliefert.

[4] Friedrich Meinecke konnte an der Gründungsfeier der Freien Universität, die am 4.12.1948 im Titania-Palast in Berlin-Steglitz stattfand, wegen einer Erkrankung nicht persönlich teilnehmen; vgl. Ritter: Friedrich Meinecke, S. 202.

[5] Gerhard Ritter hatte anlässlich seines 60. Geburtstages die Ehrendoktorwürde der Juristischen Fakultät seiner Heimatuniversität Freiburg i. Br. erhalten; vgl. Klaus Schwabe: Ritter, Gerhard Georg Bernhard, in: Baden-Württembergische Biographien, Bd. 1, Stuttgart 1994, S. 299–303, hier S. 300.

freuen, wenn die Verhältnisse es uns Berlinern ermöglichen würden, im Herbst den Historikertag mitzumachen u. wenn ich Sie dann wiedersehen könnte.

Mit herzlichen Grüssen
Ihr
Hartung

Nr. 230
An Hermann Heimpel   Berlin, 20. Dezember 1948

BAK, B 510 (Korrespondenzen des VHD). – Masch. Original.
[Durchschlag: SBBPK, Nl. F. Hartung, K 46/8].

Lieber Herr Heimpel!

In der Anlage schicke ich Ihnen ein Blatt mit Bemerkungen zu Ihrem Satzungsentwurf, die keinerlei wesentliche Aenderung vorschlagen, wohl aber einige in meiner Eigenschaft als Vorstandsmitglied der Jahresberichte für deutsche Geschichte e.V. wie als stellv. Vorsitzender des Vereins für märkische Geschichte erworbenen Kenntnisse u. Erfahrungen verwertet[1]. Im märk. Verein mussten wir z.B. alle paar Jahre einen Notar zuziehen, um die in der Regel erfolgende Wiederwahl des Vorstands protokollieren zu lassen. Das macht nur unnötige Schererei u. Kosten. Deshalb auch meine Schlussbemerkung wegen Beratung mit einem lebens-, d.h. auch akademisch lebensnahen Juristen.

Im übrigen liegt mir mehr daran, Ihnen über meine hiesige Lage zu berichten. Denn ich möchte nicht, dass der Eindruck im Westen entsteht, ich hätte mich leichten Herzens der Aufgabe des Kampfes gegen den Ansturm der Volksschullehrergewerkschaft entzogen.[2] Zu Beginn dieses Semesters kam eine Prüfungsordnung für den Abschluss des Studiums in der philos. u. der pädagog. Fakultät heraus. Darin ist als Normalfall vorgesehen, dass der Student 6 Semester studiert, kein wissenschaftl. Hauptfach hat, wohl aber zwei Nebenfächer u. dazu viel Pädagogik u. Didaktik u. dergleichen. Damit wird man Volksschullehrer. Das brauchte uns nicht zu stören, wenn nicht 1) diese Studenten unsere Vorlesungen u. Uebungen besuchen sollten, 2) wenn uns nicht ausdrücklich gesagt worden wäre, dass wir unseren Unterricht auf diese Stud. einzurichten hätten, da sie etwa 95% unserer Hörer ausmachten und 3) wenn wir die Ausbildung der Lehrer mit erhöhten Anforderungen in alter Weise behalten würden. Diese haben bei uns wie bei Ihnen bisher 8 Semester studiert mit einem wiss. Hauptfach als Mittelpunkt u. 1–2 Nebenfächern. Seit

---

[1] Die zweiseitigen „Bemerkungen zum Entwurf der Satzungen", in: BAK, B 510 (Korrespondenzen des VHD), enthalten zumeist Verbesserungsvorschläge, die formale Dinge betreffen. Bemerkenswert ist Hartungs Vorschlag zu § 1: „Statt ‚Historiker Deutschlands' würde ich sagen: ‚deutsche Historiker'; das gäbe emigrierten Historikern – ich denke an Rothfels – die Möglichkeit, sich anzuschliessen".

[2] Dazu auch oben, Briefe Nr. 224 ff.

1946 mussten sie während des 3. bis 6. Semesters bereits pädagog. u. methodisch-didaktische Vorlesungen u. Kurse besuchen, das haben wir uns gefallen lassen. Aber jetzt soll die pädag. Fakultät nach dem Ausfall der normalen Prüfung entscheiden, ob der Kandidat noch 2 weitere Semester studieren darf, um sich dann mit erhöhten Anforderungen in 1 Haupt- u. 1 Nebenfach sowie in Pädagogik prüfen zu lassen. D. h., dass statt wissenschaftlicher Ausbildung, deren Ergebnisse ich gewiss nicht überschätze, eine 2semestrige „Schulung" genügt, um aus einem Volksschullehrer einen Lehrer für die Oberklassen zu machen. Es gab eine ziemliche Aufregung, ich erklärte unter diesen Umständen nicht mehr zu lesen, Meinecke ging demonstrativ zur „Freien Univ." hinüber, unser Germanist Kunisch, der Volksschullehrer u. Studienrat gewesen ist, also gewiss etwas von Pädagogik weiss, ist ebenfalls an die Freie Univ. gegangen. Deswegen wurden nach einer grossen Aussprache des Lehrkörpers mit den Herren der Zentralverwaltung, die bei uns das Ministerium repräsentiert, einige Massnahmen, z. B. die bereits angekündigte Immatrikulation aller Lehrer an der päd. Fak., die damit zusammenhängende Streichung von Kontingenten für neue Studenten in den rein wissenschaftlichen Fächern unserer Fakultät u. a. wieder zurückgenommen u. uns hoch u. heilig versprochen, dass diese Massnahmen auch später nicht kommen werden. Aber der Kern des Uebels, die uns aufgezwungene Prüfungsordnung, bleibt bestehen, u. deshalb mache ich nicht mehr mit, lese nicht u. habe jetzt meine Emeritierung beantragt. Wird sie mir verweigert – Rechtsanspruch habe ich erst mit 68, d. h. in 2 Jahren, u. ich habe mein Ausscheiden mit der sachlichen Differenz, nicht mit Gesundheitsrücksichten begründet –, so muss ich wohl, um leben zu können, an die Freie Univ. gehen, deren Lebensfähigkeit mir sehr zweifelhaft erscheint, auch wenn es eines Tages fester stehen wird als heute, dass die westlichen Sektoren Berlins nicht unter russische Kontrolle kommen. Die SPD, die neulich bei den Wahlen fast 2/3 aller Stimmen bekommen hat, ist meiner Ansicht [nach] eine Neuauflage des spiessigen Philistertums, wie es früher vom Kommunalfreisinn[1] repräsentiert wurde; sie wird schwerlich das Verständnis für die geistigen u. die damit verbundenen materiellen Bedürfnisse einer Univ. aufbringen.

Ich würde den Kampf nicht aufgegeben haben, wenn es sich bloss um die Ansprüche der Volksschullehrergewerkschaft handelte. Aber dahinter steckt natürlich der Gegensatz zwischen dogmatisch gebundener u. freier Wissenschaft. Bis jetzt ist noch immer keinem von uns irgend eine Vorschrift hinsichtlich des Inhalts seiner Vorlesungen gemacht worden. Aber man untergräbt unsere Lehrtätigkeit von unten her, indem man ganz einseitig nur oder fast nur

---

[1] Als „Kommunalfreisinn" bezeichnete man allgemein die Berliner Spielart des kommunalen Liberalismus in Europa vor 1914, der (aufgrund des noch weitgehend ungleichen, d. h. die besitzenden Schichten begünstigenden Wahlrechts) in den parlamentarischen Vertretungen vieler Großgemeinden über die Mehrheit verfügte und damit die innere Entwicklung größerer Städte und Kommunen maßgeblich prägen konnte; vgl. dazu Detlef Lehnert: Kommunalfreisinn, Ringstraßen-Liberalismus und Progressives. Berlin, Wien und London vor dem Ersten Weltkrieg, in: derselbe (Hrsg.): Kommunaler Liberalismus in Europa. Großstadtprofile um 1900, Köln/Weimar/Wien 2014, S. 73–112, bes. S. 92 ff. (Berlin).

Nr. 230. An Hermann Heimpel, 20. Dezember 1948

Söhne von Arbeitern u. Bauern immatrikuliert, die Kinder von akademisch Gebildeten aber grundsätzlich zurücksetzt. Als „belastet" in diesem Sinne gelten auch Enkel von Briefträgern, Lokomotivführern u. dergl. Werktätigen, deren Väter unter Schwierigkeiten u. Entbehrungen ihr Studium durchgeführt, das niemals geradezu kapitalistische Amt eines Studienrats oder dergl. erreicht haben u. sich darauf freuten, ihren Kindern den Zugang zur akademischen Bildung leichter gestalten zu können, als er für sie gewesen war. Aber auch unter den Arbeiterkindern ist die Auswahl sehr einseitig, man sagt Arbeiter oder Bauer (deren Söhne melden sich kaum) u. meint SED.

Persönlich geht es mir ganz gut, an den Krieg haben wir uns verhältnismässig rasch wieder gewöhnt, vor allem an das dauernde Brummen der Flieger, die wenigstens keine Bomben mehr schmeissen, auch an Büchsenfleisch u. Trockenkartoffeln u. -gemüse. Am unangenehmsten sind der Mangel an Kohlen, die jetzt selbst hintenherum kaum zu kriegen sind, sodass viele Menschen nur Sonnabends u. Sonntags heizen, u. die Stromsperren. Ich bin gut dran, denn ich habe früh bis halb 9 u. abends von 6 bis 11 Licht; aber es gibt Bezirke, die überhaupt nur 2 Stunden Licht zwischen abends 6 u. morgens 6 Uhr haben, manchmal zwischen 2 u. 4 Uhr; die betroffenen Studenten sind verzweifelt. Wir sind zu der guten alten Petroleumlampe zurückgekehrt für die Nachmittagsstunden und gehen abends um 11 Uhr zu Bett.

Ich habe Ritter, der mir seine Cooptation in den vorläufigen Ausschuss mitgeteilt, geschrieben[1] u. ihm u. den andern Herrn anheimgestellt, einen andern Vertreter der östlichen Historiker in den Ausschuss aufzunehmen. Denn als Vertreter der Ostuniversitäten kann ich ja nicht mehr gelten. Aber zwischen Ost u. West wird auf die Dauer überhaupt keine gemeinsame Arbeit möglich sein, solange die politische Lage so bleibt wie jetzt. Wenn Sie das Novemberheft der Forschungen u. Fortschritte haben, dann beachten Sie, bitte, die von Kienle[2] gezeichnete „Berichtigung" auf der letzten Seite. Wenn Sie zwischen den Zeilen zu lesen verstehen, dann werden Sie meine Skepsis verstehen[3].

Ihnen wünsche ich gute Feiertage und ein gutes erfolgreiches Jahr. Ich hoffe noch immer, dass ich zu den geplanten Tagungen im Herbst werde kommen können.

Mit den besten Grüssen
Ihr
Hartung

---

[1] Oben Brief Nr. 229.
[2] Hans (Johann Georg) Kienle (1895–1975), Astronom, a.o./o. Professor an der Universität Göttingen (1924/27–1939), o. Professor an den Universitäten Berlin (1939–1950) und Heidelberg (1950–1965).
[3] Gemeint ist die bereits recht deutlich den auf der Zeitschrift lastenden Zensurdruck andeutende „Berichtigung" in: Forschungen und Fortschritte 24 (1948), S. 272: „Durch ein bedauerliches Versehen ist in das Oktoberheft 1948, S. 238, ein Aufsatz von Professor Dr.-Ing. Richard Winkel: ‚Erddynamische Ursachen der Eiswanderung im Eiszeitalter' aufgenommen worden, der in seinen Grundvoraussetzungen nicht richtig ist. Dem Verfasser wird Gelegenheit zu einer Stellungnahme gegeben werden. H. Kienle".

Nr. 231
An Albert Brackmann   Berlin, 27. Dezember 1948

SBBPK, Nl. F. Hartung, K 37/1. – Masch. Durchschlag.

Lieber Brackmann!

Zugleich im Namen meiner Frau danke ich Ihnen herzlich für die freundlichen, überaus pünktlich eingetroffenen Weihnachtsgrüsse und erwidere sie mit den aufrichtigsten Wünschen für Sie und alle die Ihrigen zum Neuen Jahr. Was es uns bringen wird, ist mehr als sonst im Dunkel. Aber davon bin ich fest überzeugt, dass es unsere nunmehr volle 35 Jahre bestehende Freundschaft nur noch fester knüpfen wird. Besonders schön wäre es, wenn sich Ihr Plan verwirklichen liesse, wieder nach Berlin zu kommen. Denn es lässt sich mündlich vieles sehr viel besser erläutern, als es auf dem zeitweilig wohl etwas unzuverlässigen Postweg geschehen kann.

Ferner danke ich Ihnen für Ihre Briefe vom 27.11. und vom 5.12.[1] Ich bin sehr betrübt, dass die Adresse der Akademie nicht pünktlich eingetroffen ist[2]; die Klasse war rechtzeitig damit fertig geworden. Aber der Verwaltungsapparat funktioniert um so mangelhafter, je grösser er geworden ist. Am 18. veranstaltete der Betriebsrat der Akademie ein Weihnachtsfest; ich bin immer wieder erstaunt, wie viele Menschen zur Akademie gehören, von denen ich nicht einmal als Sekretar etwas weiss. Bei dem weihnachtlichen Teil dominierte übrigens in sehr erfreulicher Weise das wissenschaftliche Element; es wurde ein nachdenkliches Krippenspiel aufgeführt. Den Schluss des sich bis zum andern Morgen hinziehenden Festes haben meine Frau u. ich nicht mitgemacht. Diese Ausdehnung von Festen ist aber kein sicheres Zeichen von Unsolidität, sondern zum guten Teil eine Anpassung an die Verkehrsverhältnisse. Da die U-Bahn und die Strassenbahnen in den Westsektoren um 18 Uhr den Betrieb einstellen, müssen diejenigen, die nicht mit der S-Bahn fahren können, entweder ganz früh aufhören oder die Nacht über zusammenbleiben, und dass die Jugend dann bis zum Morgen bleibt, kann man ihr gewiss nicht übel nehmen, wenn man bedenkt, wie wenig Freude der heutigen Jugend beschieden ist.

[...]

Meine Situation hat sich nicht verändert, ich lese nicht u. habe vor kurzem mein Emeritierungsgesuch offiziell eingereicht. Damit meine Studenten nicht die Hauptleidtragenden an der ganzen Sache sind, halte ich ganz privat ein Colloquium mit etwas über 20 Teilnehmern. Ich bin erfreut, mit welcher Frische die Studenten dabei mitmachen; es ist ordentlich zu spüren, wie viel freier sie sich fühlen ohne den offiziellen Charakter.

---

[1] Albert Brackmann an Fritz Hartung, 27.11.1948 und 5.12.1948, in: Nl. F. Hartung, K 37/1. Der zweite Brief enthält den Dank für die privaten Glückwünsche zum 50. Doktorjubiläum und teilt mit, dass die offizielle Akademieadresse noch nicht eingetroffen ist.
[2] Glückwunschadresse der Berliner Akademie der Wissenschaften zum 50. Doktorjubiläum ihres langjährigen Mitglieds Brackmann.

Nr. 231. An Albert Brackmann, 27. Dezember 1948

Wenige Tage vor Weihnachten fand noch ein Staatsexamen statt[1], das ein bezeichnendes Licht auf die verrückte Situation von Berlin warf. Ort der Handlung das Archäolog. Institut am Nollendorfplatz, Leiter der Vorsitzende des Prüfungsamts für West-Berlin, Akten nicht vorhanden, da sie sich in Ost-Berlin befinden, Prüfer Stroux, Kunisch (Deutsch, Freie Univ.) und ich. Wir erklärten aber alle, dass wir den Streit der grossen Mächte, der Berlin zerrissen hat, nicht auf dem schwachen Rücken der Examenskandidaten austragen wollen. Allerdings kann keiner von uns sagen, wie weit das von uns ausgestellte Zeugnis der im übrigen recht tüchtigen Kandidatin Gültigkeit besitzt.

In der Akademie geht das normale Leben weiter, aber alles andere stockt offenbar. Dazu gehören z. B. die Neuwahlen, ein dringliches, aber auch sehr schwieriges Kapitel. Auch die Jahresberichte liegen noch immer fest, u. ich bin nach den Erfahrungen, die die Forschungen u. Fortschritte gemacht haben, sehr im Zweifel, ob wir überhaupt damit werden anfangen können. Das müssten wir unbedingt einmal mündlich erörtern. Ich halte einstweilen auch die von Ihnen geplante Denkschrift über die notwendigen Veränderungen nicht für zweckmässig. Ein kurzer Plan, was wir bringen wollen, ist s. Zt. vorgelegt worden.

Die HZ soll ja jetzt endlich wirklich erscheinen. Ob wir Ostleute sie werden beziehen können, ist mir noch nicht klar. Bei dem üblichen Wechselkurs zwischen Ost- u. Westgeld wird das Abonnement für unsereinen recht teuer werden. Wie mir Ritter geschrieben hat, soll jetzt der Verband deutscher Historiker neu ins Leben gerufen werden[2]. Die internat. Historikervereinigung hat sich an die Hist. Komm. in München gewendet wegen Benennung von deutschen Mitgliedern für den internat. Ausschuss, u. die in München zur Tagung der Hist. Komm. u. der Monumenta vereinigten Historiker haben die Bildung eines deutschen Verbandes unter Vorsitz von Ritter u. Aubin in die Wege geleitet. 1949 soll ein deutscher Historikertag in München stattfinden, 1950 ein internationaler Kongress in Paris, zu dem anscheinend unsere Zuziehung erwogen wird. Wahrscheinlich will man uns dadurch fest in die westliche Historikerwelt eingliedern.

[...]

Und nun wollen wir mit Ruhe u. Fassung in das neue Jahr hineingehen. Sie werden Sylvester wohl ebenso wenig festlich begehen oder gar „begiessen" wie wir hier. Aber wir wollen den Mut nicht sinken lassen, dass auch diese Krisis vorübergehen wird u. dass unseren Kindern u. Enkeln noch bessere Tage beschieden sein werden. Meine Frau lässt auch sehr herzlich grüssen und schliesst sich meinen Wünschen an.

---

[1] Hartung schreibt versehentlich „ab".
[2] Siehe oben, Brief Nr. 226.

Nr. 232

An Fritz Valjavec   Berlin, 6. Januar 1949

    SBBPK, Nl. F. Hartung, K 37/2. – Masch. Durchschlag.

Verehrter Herr Kollege!

[...] Machen Sie sich nicht allzu viele Sorgen um uns Berliner[1]. Verhungern werden wir nicht; unangenehmer könnte sich der Mangel an Brennmaterial und vor allem an Beleuchtung auswirken.

Mein Schicksal als Professor ist noch nicht entschieden, wenigstens habe ich noch keine Antwort, ob ich zum April emeritiert werde. Dass ich richtig gehandelt habe, als ich mich weigerte, weiter Vorlesungen zu halten, hat die fortschreitende Krise an der alten Universität gezeigt[2]. In diesen Tagen haben zwei Ordinarien der Wirtschaftswissenschaftlichen Fakultät, darunter der Dekan, ebenfalls ihren Rücktritt erklärt[3]. Ich habe durchaus den Eindruck, als ob die Universität nur noch als kommunistisches Parteiunternehmen lebensfähig sei, aber gerade das wäre ihr sicherer Tod. Demnächst kommt dann wohl die Akademie der Wissenschaften an die Reihe. Wir leisten Widerstand, aber ob er Erfolg haben wird, hängt vom Verhalten der grossen Mächte ab.

---

[1] Vgl. Fritz Valjavec an Fritz Hartung, 12.12.1948 (Nl. F. Hartung, K 37/2): „Die Lage in Berlin, die immer schlechter werden dürfte, bereitet uns auch hier große Sorgen, denn es steht ja immerhin moralisch und politisch sehr viel mit auf dem Spiel. Es ist mir schleierhaft, wie die Staatsmänner aus dieser Sackgasse herauskommen wollen. Inzwischen aber sind Millionen von Menschen in eine üble und auch in ihren Folgen bedenkliche Situation gebracht worden".

[2] Siehe oben, Briefe Nr. 224 ff.

[3] Bruno Gleitze (1903–1980) legte Ende 1948 sein Amt als Dekan der Wirtschaftswissenschaftlichen Fakultät aus Protest gegen die Politik der SED in der sowjetischen Besatzungszone nieder, ebenso hatte bereits Friedrich Lenz (1885–1968) die Fakultät und die Universität in Richtung Westen verlassen; freundliche Auskunft von Prof. Dr. Frank E. W. Zschaler/Eichstätt. – Bruno Gleitze lehrte an der Universität Berlin 1946–1948 als o. Professor für Statistik, war anschließend am Deutschen Institut für Wirtschaftsforschung in West-Berlin sowie am Wirtschaftswissenschaftlichen Institut des Deutschen Gewerkschaftsbundes tätig; kurzzeitig amtierte er als Wirtschaftsminister des Landes Nordrhein-Westfalen (1966/67). – Der Wirtschaftswissenschaftler Friedrich Lenz (1885–1968), Sohn des Historikers Max Lenz, lehrte als a.o. Professor an der Technischen Hochschule Braunschweig (1912–1919), als a.o./o. Professor an der Universität Gießen (1919/21–1933), als o. Professor an der Universität Berlin (1947–1948), anschließend als Gast- und Honorarprofessor an der Hochschule für Politik, Arbeit und Wirtschaft in Wilhelmshaven und an der Universität Göttingen; vgl. den Brief von Friedrich Lenz (aus Bielefeld) an Fritz Hartung, 27.12.1948 (Nl. F. Hartung, K 59/13): „Aus sachlichen Erwägungen, aber mit dem grösstem Bedauern habe ich mich veranlasst gesehen, meine Rücktrittserklärung als ordentlicher Professor der Universität Berlin dem Herrn Rektor sowie dem Dekan Professor Gleitze mitzuteilen. Abgesehen von allen persönlichen Beschwernissen, die ein abermaliger Verzicht auf die mir liebgewordene Lehrtätigkeit in meinem Alter mit sich bringt, binden mich vielfache Traditionen an unsere alte Berliner alma mater, der ich mich auch künftig verbunden fühlen werde. Aber Sie wissen ja als Historiker am besten, dass der Lauf der Begebenheiten über Wünsche und Absichten des Einzelnen hinweggeht".

Meine Frau lässt für Ihre freundlichen Zeilen durch mich bestens danken. Wir beide grüssen Sie herzlich in dankbarer Erinnerung an ihre oft gewährte nachhaltige Unterstützung.

Ihr sehr ergebener

Nr. 233
An Eduard Spranger   **Berlin, 18. Januar 1949**

BAK N 1182, Nr. 186. – Hs. Original.

Lieber Herr Spranger!

Dem geschäftlichen Schreiben, das ich vor einigen Tagen in Sachen der akademischen Kantausgabe[1] an Sie gerichtet habe, will ich nun endlich auch einmal ein persönliches Wort folgen lassen. Daß ich so lange damit gezögert habe, werden Sie hoffentlich verstehen. Unsere Lage ist äußerlich zwar einigermaßen gesichert; wir haben genug zu essen, ich persönlich habe auch noch Kohlen u. zu halbwegs vernünftigen Zeiten, nämlich regelmäßig von 6 bis 11 Uhr abends elektr. Licht, meine Frau und ich sind auch gesund. Aber innerlich besteht doch die Sorge, wie das alles weitergehen soll mit doppelter Währung, Post, Polizei, Verwaltung. Es läßt sich trotz allen großen Worten über die Luftbrücke nicht verheimlichen, daß die Wirtschaft von Westberlin nicht ausreichend mit Rohstoffen versorgt werden kann u. daher langsam zum Stillstand kommt. Und wenn man uns auch immer versichert, daß man unser tapferes Aushalten bewundere, so wird doch der Tag kommen, wo den Westzonen der Beitrag von 50 Mill. DM monatlich zu hoch erscheinen wird.

Mich persönlich beschäftigt zur Zeit vor allem meine Stellung zur Universität. Bis zum Beginn dieses Semesters war es erträglich. Die Studenten – von denen die seit 1946 neu aufgenommenen „Arbeiter- u. Bauernsöhne" freilich noch nicht bis in die Seminare gekommen waren – lohnten die Mühe, die man sich mit ihnen gab, durch großen Fleiß u. eine erfreuliche Aufgeschlossenheit. Und in die Vorlesungen und Übungen redete uns niemand hinein, wenn wir auch sicherlich bespitzelt wurden. Im Oktober kam aber eine neue Prüfungsordnung heraus, nach der das „normale" Studium 6 Semester dauert u. nur 2 Nebenfächer umfaßt, im übrigen Pädagogik und Didaktik. Daneben noch ein Studium „mit erhöhten Anforderungen", die in 2 weiteren Semestern erfüllt werden können. Ich habe mich geweigert, nach diesem Plan mich zu richten u. halte deswegen keine Vorlesungen. Man hat mich zu beschwichtigen versucht.

---

[1] In Ermangelung eines in Berlin anwesenden Fachvertreters an der Akademie der Wissenschaften hatte Fritz Hartung die Leitung der dortigen Arbeitsstelle „Ausgabe der Werke Kants" zu übernehmen; weitere Mitglieder waren das auswärtige Akademiemitglied Eduard Spranger/Tübingen sowie, als Nichtmitglied, der emeritierte Philosoph Paul Menzer/Halle; vgl. Jahrbuch der Deutschen Akademie der Wissenschaften zu Berlin 1950–1951, Berlin 1951, S. 43.

Nr. 233. An Eduard Spranger, 18. Januar 1949

Brugsch hat 1 Stunde lang auf mich eingeredet, u. er versteht es ja glänzend, um die Dinge herum zu reden. Aber da keinerlei konkretes Zugeständnis gemacht wurde, auch nicht gemacht werden kann, weil die Volksschullehrergewerkschaft hinter dieser Prüfungsordnung steht, habe ich meine Weigerung aufrecht erhalten u. meine Emeritierung beantragt. Ob man sie mir bewilligt, steht noch nicht fest.

Daß Meinecke zur Freien Univ. übergetreten ist, werden Sie wissen. Ich habe mich einstweilen dazu nicht entschließen können. Denn so weit ich in vielen Unterredungen gespürt habe, steht hinter diesem Unternehmen auch ein sehr einseitiger politischer Wille und starker persönlicher Ehrgeiz. Die ganze Gründung scheint mir übereilt zu sein. In Berlin ist kein Lehrkörper für eine neue Universität zusammenzukriegen – auch nicht für die alte Univ., es sei denn, man hole sich den Nachwuchs aus der Parteischule in Klein-Machnow[1] –, und aus dem Westen kommt unter den heutigen Verhältnissen natürlich niemand nach Berlin. Infolgedessen sind wichtige Fächer an der neuen Univ. gar nicht besetzt, so die ganze klass. Philologie u. die Romanistik oder unzulänglich wie die Geschichte, denn Meinecke, dessen geistige Frische erstaunlich ist, kommt nur für einen ganz kleinen Hörerkreis in Betracht, den er in seiner Wohnung um sich versammelt, u. außer ihm u. dem 82jährigen Roloff wirken noch 2 junge u. unerfahrene Lehrbeauftragte[2].

Die Akademie ist anscheinend in Ungnade gefallen. Wenigstens ist von den großen Versprechungen, mit denen sie s. Zt. bei der Wiedereröffnung beglückt worden ist, so gut wie nichts erfüllt worden, u. ihre Publikationsmöglichkeiten sind sehr gering. Am meisten Sorge bereitet mir der Mitgliederbestand, der immer mehr zurückgeht u. dessen Auffrischung so gut wie unmöglich ist. Wir brauchen Leute, die sich hier in Berlin aktiv an den Arbeiten beteiligen können. Aber wo sind diese? Die große Ausschreibung vakanter Stellen, die in diesem Sommer nach russ. Muster veranstaltet worden ist, hat keinerlei Ergebnis gehabt, was mir von vornherein klar war. Wie sollte der Präsident der Akademie in München oder der Rektor von Tübingen dazu kommen, uns Berlinern geeignete Kandidaten vorzuschlagen? Das müßten wir doch allein können. Einstweilen halten wir alle 14 Tage eine Sitzung mit einem mehr oder minder interessanten Vortrag. Aber wenn wir nicht bald Nachwuchs finden, läßt sich dieses Programm auch nicht mehr durchführen; schon jetzt ist es davon abhängig, daß die 70jährigen von ihrem Privileg, nicht mehr zu lesen, keinen Gebrauch machen.

Davon lebt ja sowohl die Akademie wie die Universität, daß noch ein Stamm von Gelehrten aus der besseren alten Zeit (gut kann man sie ja auch

---

[1] In Klein-Machnow befand sich von 1946–1990 die Parteihochschule „Karl Marx" der SED.
[2] Neben Gustav Roloff vertraten anfangs lediglich Richard Dietrich, ein Schüler Hartungs, und Paul Kluke (1908–1990), später a.o./o. Professor an der Universität Frankfurt a. M. (1958/63–1974), das Fach der Neueren Geschichte an der Freien Universität; vgl. Henning Köhler: Die Neuere Geschichte am Friedrich-Meinecke-Institut, in: Karol Kubicki/Siegward Lönnendonker (Hrsg.): Die Geschichtswissenschaften an der Freien Universität Berlin, Göttingen 2008, S. 62–75, hier S. 63.

nicht mehr nennen) vorhanden ist u. sich bemüht, das alte Niveau zu halten. An der Akademie mache ich einstweilen noch mit, denn da gibt es noch etwas zu halten. Aber an der Universität habe ich den Kampf aufgegeben, nicht aus Feigheit, auch nicht aus Müdigkeit, sondern aus dem Gefühl heraus, daß ich mich an dem Rückgang mitschuldig mache, wenn ich weiter lese u. den Kurs der Verwaltung ignoriere.

Jedenfalls haben Sie mit der Übersiedlung nach Tübingen das bessere Teil erwählt. Ich hoffe, daß Sie sich bei den Schwaben immer fester eingelebt haben. Mit den besten Grüßen auch an Ihre verehrte Gattin zugleich im Namen meiner Frau

Ihr F. Hartung

Nr. 234
An Gerhard Ritter   Berlin, 9. April 1949

BAK, B 510 (Korrespondenzen des VHD). – Hs. Original[1].

Lieber Herr Ritter!

Wenn Sie in diesen Tagen bei Ihrer Münchener Sitzung E. Kaufmann gesprochen haben, hat er Ihnen vielleicht erzählt, daß er mich bei seinem Besuch im Bett vorgefunden hat. Morgen liege ich 9 Wochen, zuerst ziemlich schwere Lungenentzündung, jetzt noch ein leichtes Aufflackern meines alten Lungenleidens; immerhin bin ich seit 3 Wochen fieberfrei u. darf zeitweise, bis zu 2 Stunden täglich aufstehen. Ich lege aber Wert auf die Feststellung, daß ich meine Emeritierung lange vor meiner Erkrankung beantragt u. auch erhalten habe.

Das Protokoll der Frankfurter Sitzung habe ich durch Heimpel bekommen[2]. Ich freue mich, daß die Absicht besteht, eine Reihe von jüngeren Kollegen sprechen zu lassen; sie haben ja nur wenig Gelegenheit, sich in der Öffentlichkeit bekannt zu machen[3]. Daß der ursprünglich gewählte Termin mit dem Oktoberfest kollidiert, ist bedauerlich; aber daß für die Münchener das Oktoberfest vorangeht, ist ja selbstverständlich. Die Festsetzung des neuen Termins überlasse ich Ihnen in Verbindung mit den Münchener Herren, namentlich auch wegen der wünschenswerten Koordinierung von Historikertag, Hist. Komm. München u. Zentraldirektion der Monumenta. Beneidenswert erscheinen mir alle die, die auch Rücksicht auf ihre sommerliche Reise in die Berge genommen haben wollen. Ich soll ja eigentlich jetzt auch verreisen, Schwarz-

---

[1] Aufschrift des Empfängers oben: „An Grundmann: Einstweilen […]" (Rest unleserlich).
[2] Durchschlag des Protokolls der Sitzung des vorläufigen Ausschusses des Verbands der Historiker Deutschlands in Frankfurt a. M. am 5./6.2.1949, in: Nl. F. Hartung, K 46/8.
[3] Im Protokoll der Sitzung des vorläufigen Ausschusses des Verbands der Historiker Deutschlands werden als Referenten für den nächsten Deutschen Historikertag für die Neuere Geschichte die Namen von Rudolf Stadelmann/Tübingen und Fritz Fischer/Hamburg genannt.

Nr. 234. An Gerhard Ritter, 9. April 1949

wald oder gar Schweiz. Aber es ist praktisch fast ausgeschlossen, aus Berlin herauszukommen, namentlich wenn man zu den sog „Grenzgängern" gehört, d.h. in einem andern Sektor wohnt als arbeitet.

Das macht sich jetzt auch finanziell sehr fühlbar. Bei der neuesten Währungs„reform", die die Westmark zum gesetzl. Zahlungsmittel in Westberlin gemacht hat, sind die Grenzgänger besonders schlecht behandelt worden. Wir bekommen nur 300 Mark monatlich zu pari umgetauscht, den Rest müssen wir nach dem Wechselkurs umtauschen, wobei z.Zt. 4,20 Ostmark = 1 Westmark ist.

Da ich gerade beim Geld bin, will ich Ihnen nicht nur den Durchschlag meines Briefes an Grundmann[1] mitteilen, sondern diesen auch durch Mitteilung des Ergebnisses meiner gestrigen Besprechung mit Griewank ergänzen. Gr. ist mit mir der Ansicht, daß für einen im Osten nicht ausdrücklich zugelassenen Verband ein Postscheckkonto kaum zugelassen werden wird u. wenn, so muß man jederzeit mit willkürlicher Beschlagnahmung rechnen. Ebenso steht es mit mir u. jedem andern Kollegen im Westsektor; bei der sich immer mehr zuspitzenden Feindseligkeit der beiden Hälften von Berlin weiß man nie, wie lange das Privateigentum eines Westberliners im Ostsektor anerkannt wird. Ein Ausweg, mit dem Griewank einverstanden ist, wäre, daß Griewank als Bewohner der Zone das Konto für sich, etwa mit einem unverfänglichen Zusatz, einrichten läßt. Allerdings habe ich den Eindruck gewonnen, daß er sich auch nicht mehr so ganz sicher fühlt in Jena; es ist also nicht ausgeschlossen, daß er eines schönen Tages Jena u. die Ostzone verläßt, u. dann wäre das Konto auch verloren.

Der Akademie steht ein stürmischer Sommer bevor. Es ist für die gesamte Kulturpflege in der Ostzone ein großes Reformprogramm ausgearbeitet worden, das formell die „Deutsche Wirtschaftskommission"[2] veröffentlicht hat, aber hinter dem die Russen stehen[3]. Der Akademie ist eine große Aufbesserung u. Erweiterung darin versprochen; sie soll 6 Klassen zählen mit insgesamt 120 Mitgliedern. Meiner Überzeugung nach ist das erste Ziel dabei, allerhand Kandidaten, die wir bei den eben jetzt vorgenommenen Neuwahlen von vornherein abgelehnt oder haben durchfallen lassen, uns aufzuzwingen. Ich hoffe, daß die Akademie im 249. Jahr ihres Bestehens sich lieber auflösen läßt als sich unterwirft. Leider hat Stroux gar kein Gefühl für die politischen Hintergründe u. hat in einem Interview, das die ganz russische Tägl[iche] Rundschau ge-

---

[1] Fritz Hartung an Herbert Grundmann, 4.4.1949, Durchschlag in: BAK, B 510 (Korrespondenzen des VHD).
[2] Die „Deutsche Wirtschaftskommission" war zwischen 1947 und 1949 vor der Gründung der DDR die oberste deutsche Verwaltungsinstanz in der Sowjetischen Besatzungszone; vgl. Bernd Niedbalski: Deutsche Zentralverwaltungen und Deutsche Wirtschaftskommission (DWK). Ansätze zur zentralen Wirtschaftsplanung in der SBZ 1945–1948, in: Vierteljahrshefte für Zeitgeschichte 33 (1985), S. 456–477.
[3] Kulturverordnung der Deutschen Wirtschaftskommission vom 31.3.1949, in: Andreas Malycha (Hrsg.): Geplante Wissenschaft. Eine Quellenedition zur DDR-Wissenschaftsgeschichte 1945–1961, o.O. [Leipzig] 2003, S. 261–269 (Nr. 58); die Abschnitte über die geplante Neustrukturierung der Deutschen Akademie der Wissenschaften ebenda, S. 267f.

bracht hat, den Plan ohne jeden Vorbehalt gebilligt, ja eigentlich so getan, als bedeute die Bekanntmachung bereits die Annahme durch die Akademie[1]. Ich bin entschlossen, eher auszuscheiden als nicht qualifizierte Kommunisten als Mitglieder zu begrüßen, u. bin überzeugt, daß ich nicht der einzige sein werde, der diese Konsequenz ziehen wird. Ob Schadewaldt zu diesen gehören wird, ist mir allerdings zweifelhaft; er läßt sich offenbar durch die äußerlich gute, ja geradezu respektvolle Art, mit der wir als Individuen von den Leitern der Zentralverwaltung behandelt werden, blenden.

Vielleicht wäre es klüger gewesen, wenn ich mich der „Freien Univ." angeschlossen hätte. Aber trotz Meinecke habe ich noch immer Bedenken gegen diese Gründung, die auch in Gefahr ist, parteipolitisch einseitig zu werden (SPD). Deshalb wiederhole ich meine schon E. Kaufmann vorgetragene Frage, ob es bei dem geplanten Institut für Gesch. des Nat.soz. für mich eine geeignete Stellung gibt.

Ich habe Ihnen noch zu danken für Ihren italienischen Bericht über die Lage der Historie in Deutschland[2]. Im Abschnitt 5 habe ich Haußherr (Halle, pädagog. Fakultät) und meinen Schüler Treue-Göttingen vermißt; Meusel haben Sie wohl noch nicht zu den Historikern gerechnet. Daß Zechlin[3], der Mann der Seegeltung, ausgerechnet in Hamburg zu einer Professur kommen würde, hätte ich nicht für möglich gehalten. Und der wesentlich bessere, wohl auch menschlich erfreulichere Hinrichs ist immer noch nicht wieder zu einem Lehramt gekommen[4].

Auch für die Abschrift Ihres Briefes an Dr. Tritsch-Speyer[5] danke ich bestens. Ich habe den Eindruck, als ob diese mittelrheinische Gegend mit Mainz als Mittelpunkt sich mit gefährlicher Geschäftigkeit um den Anschluß an die internationale Wissenschaft bemühe, u. ich fürchte, daß sie dabei nur die Interessen bestimmter nichtdeutscher Kreise fördert[6].

---

[1] Die Anordnung der „Kulturverordnung" zur Neugliederung und Öffnung der Akademie wurde von der Akademieleitung unter Johannes Stroux ohne jeden Widerspruch umgesetzt; vgl. Peter Nötzoldt: Deutsche Akademie der Wissenschaften zu Berlin in Gesellschaft und Politik. Gelehrtengesellschaft und Großorganisation außeruniversitärer Forschung 1946–1972, in: Jürgen Kocka/Peter Nötzoldt/Peter Th. Walther (Hrsg.): Die Berliner Akademien der Wissenschaften im geteilten Deutschland 1945–1990, Berlin 2002, S. 39–80, hier S. 43 ff.

[2] Ein solcher Bericht ist in Ritters Schriftenverzeichnis nicht nachweisbar; er blieb eventuell ungedruckt.

[3] Egmont Zechlin (1896–1992), Historiker, a. o. Professor an der Universität Marburg (1933–1936), Lehrstuhlvertreter an der Universität Hamburg (1936–1937), o. Professor an den Universitäten Berlin (1939–1945) und Hamburg (1947–1967); in Berlin war Zechlin an der Auslandswissenschaftlichen Fakultät tätig, daneben leitete er das „Reichsinstitut für Seegeltungsforschung".

[4] Carl Hinrichs wurde 1951 an die Freie Universität Berlin berufen.

[5] Walther Tritsch (1892–1961), österreichischer Schriftsteller und Historiker, 1938 Emigration, Professor am Katholischen Institut in Paris (1938–1941, 1946–1952).

[6] Gerhard Ritter an Walther Tritsch, 20.3.1949 (Durchschlag in: Nl. F. Hartung 46/8): Ritter teilt Tritsch, der in Speyer eine deutsch-französische Historikertagung zu organisieren beabsichtigte, sein Fernbleiben von dieser Veranstaltung mit, da diese – entgegen den ursprünglichen Angaben von Tritsch – keinen privaten, sondern einen offiziellen Charakter

[...]
Auf die HZ warte ich auch schon lange. Mein Aufsatz: L'État c'est moi, den das 1. Heft bringen wird, ist bereits vor mehr als 2 Monaten im Umbruch mit Seitenzahlen von mir erledigt worden. Ich weiß nicht, ob die Langsamkeit am Verlag liegt oder ob Dehio[1], dessen Geistigkeit ich sehr hoch schätze, nicht energisch genug drängt[2].

Meine Frau, die mit meiner Pflege u. Ernährung im blockierten Berlin – wir leben seit Monaten von Büchsenfleisch, Trockenkartoffeln u. Trockengemüse – viel Mühe gehabt hat u. noch hat, mahnt, Schluß zu machen. Ein amerikanischer Schüler von mir, der z. Zt. hier ist[3], hat mit frischem Obst u. Büchsenmilch wesentlich geholfen.

Mit besten Grüßen
Ihr F. Hartung

Nr. 235
An Friedrich Meinecke Berlin, 14. April 1949

GStA PK, VI. HA, Nl. F. Meinecke, Nr. 14, 139. – Hs. Original.

Hochverehrter Herr Geheimrat!

Leider wird es noch einige Zeit dauern, bis ich Sie in Ihrer Wohnung aufsuchen und Ihnen und Ihrer Frau Gemahlin persönlich für das lebhafte Interesse an meiner Gesundheit und für die reichen Gaben, mit denen Sie dieses Interesse be[s]tätigt und zu meiner Kräftigung beigetragen haben, herzlich danken kann. So möchte ich meinen Dank, dem sich meine Frau anschließt, zunächst schriftlich zum Ausdruck bringen.

---

trage. Zudem sei eine (mit Ritter nicht abgesprochene) Teilnahme von Angehörigen der französischen Militärregierung an der Tagung vorgesehen. – Tatsächlich waren die insgesamt vier deutsch-französischen Historikertreffen in Speyer zwischen 1948 und 1950 geprägt durch den Versuch einer massiven politischen Einflussnahme der französischen Besatzungsmacht auf die Herausbildung eines neuen, vermeintlich „abendländischen" westdeutschen Geschichtsbildes, das zudem von starken Aversionen gegen das Bismarckreich sowie gegen ein politisch geeintes Deutschland geprägt war. Nicht zuletzt aus diesem Grund lehnten Ritter wie Hartung eine Teilnahme von Vertretern des neuen deutschen Historikerverbandes strikt ab; es blieb deutscherseits lediglich bei der Beteiligung einiger rheinisch-katholischer Fachvertreter. Vgl. Corine Defrance: Die internationalen Historikertreffen von Speyer. Erste Kontaktaufnahme zwischen deutschen und französischen Historikern nach dem Zweiten Weltkrieg, in: Ulrich Pfeil (Hrsg.): Die Rückkehr der deutschen Geschichtswissenschaft in die „Ökumene der Historiker". Ein wissenschaftsgeschichtlicher Ansatz, München 2008, S. 213–237.

[1] Ludwig Dehio (1888–1963), Archivar und Historiker, Archivrat am Preußischen Geheimen Staatsarchiv in Berlin (1921–1945), Direktor des Staatsarchivs Marburg und Honorarprofessor an der dortigen Universität (1946–1954), Herausgeber der Historischen Zeitschrift (1948–1957).
[2] Siehe oben, Brief Nr. 221.
[3] Vermutlich David Glen White.

Wenn ich nicht einen so überaus vorsichtigen Arzt hätte, wäre ich vermutlich längst als geheilt aus der Behandlung entlassen worden, denn ich bin schon etwa 4 Wochen fieberfrei. Aber er hat den Ehrgeiz, auch die letzten Spuren der Lungenaffektion durch möglichste Ruhe zu beseitigen. So muß ich noch einen großen Teil des Tages liegen. Ich hoffe aber nach Ostern wieder an den Akademiesitzungen teilnehmen zu dürfen. Diese können sehr wichtig werden, denn es wird versucht, der Akademie gegen finanzielle Vorteile neue Satzungen zu geben, deren Ziel ich nur darin erblicken kann, die Wahl derjenigen, die bei dem letzten Termin entweder überhaupt nicht aufgestellt oder nicht gewählt worden sind, doch noch durchzusetzen[1]. Wenn die Akademie 120 Mitglieder haben soll, muß ja auch das Niveau erheblich gesenkt werden. Ich hoffe aber, daß die Mehrheit der bisherigen Mitglieder sich nicht wird breitschlagen lassen. Auf die von der Akademie an alle in den Westsektoren wohnenden Angehörigen gerichtete Frage, ob sie angesichts der schwierigen Finanzlage für die „Grenzgänger" bevorzugt in den Ostsektor umziehen möchten, ist nur 1 Zusage eingegangen. Stroux scheint leider Feuer u. Flamme für das von den sowjetischen Danaern gebotene Geschenk zu sein.

Meine Frau und ich wünschen Ihnen und Ihren verehrten Damen gute und ruhige Ostertage und grüßen herzlich.

Mit nochmaligem Ausdruck meines aufrichtigen Dankes

Ihr sehr ergebener
F. Hartung

Nr. 236
An Albert Brackmann Berlin, 1. Juni 1949

SBBPK, Nl. F. Hartung, K 37/1. – Masch. Durchschlag.

Lieber Brackmann!

[...]

Es freut mich, dass es Ihnen auch weiterhin besser geht und dass Sie mit einem Besuch in Berlin Ende Juni (am 30. ist Leibnizsitzung) rechnen. Sie müssen sich allerdings viel Geld mitbringen, denn die Ostmark gilt hier nur etwa 30 Westpfennige, u. es ist augenblicklich nicht einmal sicher, dass sie einem überhaupt umgewechselt wird. Natürlich ist dabei viel Spekulation, aber es ist unangenehm, wenn man nur Ostgeld bei sich hat u. deshalb zu Fuss gehen muss, weil die Strassenbahn nur Westgeld annimmt. Infolgedessen haben wir Westberliner Akademiker von der Erhöhung der Bezüge keinen rechten Vorteil, um so mehr empfinden wir das Ausbleiben der Lebensmittelpakete

---

[1] Siehe oben, Briefe Nr. 226, 234.

seit dem 1. April, obwohl die Kulturverordnung auch da eine Verbesserung versprochen hatte[1].

Das Interview von unserm Präsidenten aus Anlass dieser Verordnung, das Sie in Ihrem Brief erwähnen, finde ich übrigens recht unglücklich. War es wirklich nötig, der alten Akademie, deren wissenschaftliches Niveau turmhoch über dem heutigen stand, Vorwürfe zu machen? Ich komme überhaupt sehr oft nicht mit ihm mit.

Für Ihre Ergänzungsvorschläge besten Dank. Ich werde sie morgen vor der Klassensitzung mit Rörig besprechen. Ich bin ganz Ihrer Ansicht. E. Meyer kommt natürlich nicht in Frage, ich wüsste nicht, auf welche literarische Leistung ein Antrag sich berufen könnte, ausserdem steht er mit Rörig schlecht. Hofmeister war einmal eine Hoffnung, heute ist er aber ein vertrockneter Pedant, u. ich habe wenig Neigung, ihn zu wählen, denn abgesehen von der räumlichen Schwierigkeit, aus Greifswald aktiv hier mitzuarbeiten, verspreche ich mir höchstens unfruchtbare Kleinigkeitskrämerei von ihm. Ueber Sproemberg[2] denke ich genau wie Sie, er ist gewiss ein gründlicher Kenner der flandrischen Territorialgeschichte, aber es eilt wirklich nicht, ihn aufzunehmen, denn er wird sofort anfangen, sich auszudehnen. Cartellieri[3] ist, wie mir Griewank mitgeteilt hat, schon längere Zeit tot, nachdem er vor 2 Jahren anscheinend ganz munter den 80. Geburtstag gefeiert hat[4]. Schneider hat meiner Ansicht nach auch nicht genug geleistet, um ihn in die Akademie zu wählen, da kämen Leute aus dem Westen wie Heimpel u. Grundmann weit eher in Frage. In Ihrer Liste fehlt Lintzel-Halle[5]. Ich habe lange Zeit gehofft, dass er sich einmal für Berlin qualifizieren werde, u. bin auch jetzt noch davon überzeugt, dass er etwas kann, aber ich finde ihn in der Polemik unerfreulich u. fürchte, er wird allmählich Querulant. Ganz schwierig ist es mit der neueren Geschichte; Griewank scheint mir wenigstens zur Zeit noch nicht das Format zu haben, wir müssen doch immer an die Leute im Westen denken, unter denen Stadelmann ihm weit überlegen ist. Ich finde den Augenblick sehr wenig geeignet, um viele Wahlen vorzunehmen. Sollte aus Paris etwas Positives herauskommen[6], dann hätten wir eine grössere Auswahl; andernfalls müssten wir wohl resignieren u. uns auf die Ostzone beschränken.

[...]

---

[1] In der „Kulturverordnung der Deutschen Wirtschaftskommission vom 31.3.1949" (siehe oben, Brief Nr. 234) war eine Erhöhung der „Sonderzuwendungen für die zusätzliche Versorgung der Intelligenz, der Professoren, Ingenieure, Wissenschaftler, Schriftsteller und Künstler" angekündigt worden, vgl. Malycha (Hrsg.): Geplante Wissenschaft. Eine Quellenedition zur DDR-Wissenschaftsgeschichte 1945–1961, S. 263.
[2] Heinrich Sproemberg (1889–1966), Historiker, o. Professor an den Universitäten Rostock (1946–1950) und Leipzig (1950–1958).
[3] Alexander Cartellieri (1867–1955), Historiker, a.o./o. Professor an der Universität Jena (1902/04–1935).
[4] Eine Fehlinformation: Cartellieri starb erst am 16.1.1955 in Jena.
[5] Martin Lintzel (1901–1955), Historiker, a.o. Professor an den Universitäten Kiel (1935–1936) und Halle (1936–1942), o. Professor an der Universität Halle (1942–1955).
[6] Gemeint ist hier der 9. Internationale Historikerkongress in Paris (28.8. bis 3.9.1950); vgl. Erdmann: Die Ökumene der Historiker, S. 265 ff.

Auf Ihre Vorfühlung wegen meiner eventuellen Beteiligung an einer ostzonalen Archivschule habe ich in dem diktierten Brief[1] absichtlich nicht geantwortet. Einstweilen bin ich noch nicht beweglich genug, um eine solche Aufgabe zu übernehmen, ich bin noch zu kurzluftig, um viel zu sprechen u. muss Digitalis schlucken, um mein Herz aufzubessern. Hoffentlich kann ich im Wintersemester wieder ein Colloquium mit einem kleinen Kreis von Studenten halten.

Posner, dessen bevorstehenden Besuch in Deutschland Sie mir ankündigten, hat es anscheinend sehr schwer gehabt, in USA festen Boden zu fassen, trotz seiner unbestreitbaren Tüchtigkeit. So hat mir vor wenigen Tagen Prof. Hans Rosenberg[2], einst Mitarbeiter der Hist. Reichskommission, 1933 emigriert u. zur Zeit als Gastprofessor an der Freien Univ., erzählt. Ich würde mich freuen, wenn ich auch Posner wieder sehen könnte.

Seltsam ist, dass die HZ noch immer nicht herausgekommen ist. Ich höre auch von Kienast, der mich eine Zeit lang – gerade während meiner Krankheit – mit Anfragen bombardierte, nichts mehr darüber. Dabei sollte das 1. Heft auch den Aufruf zur Neugründung des deutschen Historikerverbandes u. die Ankündigung des Historikertags, der im September in München sein soll, bringen[3].

Meine Frau mahnt, dass es Zeit ist, ins Bett zu gehen, und ich wage nicht zu widersprechen, nachdem Sie mit mir Monate lang so viel Mühe gehabt hat. So mache ich für heute Schluss.

In der Hoffnung, dass Sie Ihren Berliner Reiseplan werden ausführen können, grüsse ich Sie zugleich im Namen meiner Frau herzlich.

Nr. 237
An Gerhard Ritter Berlin, 3. Juni 1949

SBBPK, Nl. F. Hartung, K 46/8. – Masch. Durchschlag.

Lieber Herr Ritter!

Bei der gestrigen Akademiesitzung überraschte mich der Rostocker Althistoriker Hohl[4], der seit kurzem ord. Mitglied ist, mit der Mitteilung, dass den

---

[1] Die Bemerkung bezieht sich auf den (hier fortgelassenen) Anfang des Briefes, in dem Hartung knapp seinen letzten, in der Akademie der Wissenschaften diktierten Brief an Brackmann vom 13.5.1949 erwähnt (nicht überliefert).
[2] Hans Rosenberg (1904–1988), Historiker, emigrierte 1935 in die Vereinigten Staaten, dort Professor am Brooklyn College New York City (1938–1959) und an der University of California in Berkeley (1959–1972).
[3] Diese Ankündigung – unterzeichnet von Hermann Aubin, Matthias Gelzer, Herbert Grundmann, Fritz Hartung, Hermann Heimpel und Gerhard Ritter – ist abgedruckt in: Historische Zeitschrift 169 (1949), S. 26 f.
[4] Ernst Hohl (1886–1957), Althistoriker, a.o./o. Professor an der Universität Rostock (1919/29–1950) und an der Humboldt-Universität Berlin (1950–1953).

Rostocker Historikern der Beitritt zum Historikerverband verboten worden sei; sie mussten auf dem Rektorat den Empfang des Befehls schriftlich bestätigen. Wer das Verbot hat ergehen lassen, konnte er leider nicht angeben. Vielleicht ist es ein partikularer Uebereifer, dem Besatzung und Deutsche Zentralverwaltung der Zone fernstehen. Sonst wäre nicht recht zu verstehen, warum weder ich, der [ich] als Mitglied des allgemeinen Vorstands genannt bin, noch Rörig bis heute etwas von dem Verbot erfahren haben. Ich habe aber die Absicht, bei der Zentralverwaltung deswegen anzufragen. Es wäre ja grotesk, wenn zur gleichen Zeit der deutsche Volksrat[1] (Präsidialmitglied ist Hr. Stroux) dauernd von deutscher Einheit redet, wo die Akademie bei Neuwahlen absichtlich auch Gelehrte der Westzonen aufstellt, nun gerade den Historikern die Verbindung verboten werden sollte, was nebenbei ja auch ein Verstoss gegen das Koalitionsrecht wäre. Meine Vorsicht bei der Anlegung eines Kontos für ostzonale Mitglieder ist offenbar berechtigt gewesen; solange dieser Wind weht, können wir hier kein Geld auf ein Konto legen. Ich will bei Griewank anfragen, ob in Jena auch so ein Verbot ergangen ist, ebenso bei Lintzel in Halle. Allerdings kann ich die Briefe erst am Mittwoch abschicken, denn aus Westberlin kann man keine Post direkt in die Ostzone schicken, vielmehr muss man sich dafür ostzonale Marken beschaffen und einen ostsektoralen Briefkasten benutzen. Dabei ist die Blockade aufgehoben! Aber damit wir es nicht zu gut haben, blockieren uns nun auf einmal die westsektoralen Eisenbahner mit ihrem Verkehrsstreik. Post aus dem Westen bekommen wir schon seit Tagen nicht mehr. Da trotz allen schönen Reden über die Luftbrücke keine Flugzeuge für die Briefbeförderung bis Berlin eingesetzt werden, lassen die Russen alle Briefpost in ihren Sektor gehen u. kontrollieren sie offenbar gründlich.

Ihren Brief vom 21.4. u. das Rundschreiben vom 9.5. habe ich mit Dank erhalten[2]. Ueber die Speierer Angelegenheit habe ich mich schon geäussert[3].

---

[1] Der „Deutsche Volksrat", dem 400 Personen angehörten, tagte 1948–1949 als Ausschuss des sog. zweiten „Deutschen Volkskongresses" der SBZ und war als eine Art Pseudoparlament an der Vorbereitung der Gründung der DDR im Oktober 1949 beteiligt. Die SED und deren Sympathisanten besaßen im Volkskongress und im Volksrat eine sichere absolute Mehrheit; vgl. Rolf Steininger: Deutsche Geschichte. Darstellung und Dokumente in vier Bänden, Bd. 2: 1948–1955, Frankfurt a. M. 2002, S. 88 ff.

[2] Gerhard Ritter an Fritz Hartung, 21.4.1949; Rundschreiben des Vorsitzenden des Deutschen Historikerverbandes an die Vorstandsmitglieder Aubin, Gelzer, Grundmann, Hartung und Heimpel, 9.5.1949, beide in: Nl. F. Hartung, K 46/8.

[3] Siehe oben, Brief Nr. 234. – Ritter bemerkt in seinem Brief an Hartung vom 21.4.1949, dass „die Angelegenheit Speier [...] sehr unerfreulich verlaufen" sei und „mit einer grossen Zeitungspolemik gegen mich und mein Fernbleiben geendet" habe, „hinter der süddeutscher Parlamentarismus zu stehen scheint, aber auch zuletzt das M. G." (mit letzteren ist wohl die Militärregierung in der französischen Zone gemeint). Im Rundschreiben vom 9.5.1949 wird Ritter noch deutlicher: Im „Rheinischen Merkur" sei, teilt er hier mit, „ein heftiger Angriff auf mich als Saboteur der internationalen Verständigung" erschienen, nur weil er eine Teilnahme an dem Speyerer Treffen abgelehnt habe. Diesem öffentlichen Angriff auf ihn gehe „eine Aktion parallel, die sich in der Form von Schulungswochen südbadischer Volksschullehrer und Gymnasiallehrer vollzieht. Es handelt sich um eine Schulungstagung im Stil der Nazizeit nur mit umgekehrten Vorzeichen. Auf die Lehrer werden Redner losgelassen, die eine antipreussische und grossdeutsch-katholische, profranzösi-

Nr. 237. An Gerhard Ritter, 3. Juni 1949

Ich habe den Eindruck, dass in jener Ecke sich allerhand unerfreuliche Elemente gesammelt haben, die z. T. politisch aus der Nazizeit her belastet sind u. diesen Makel durch Eifer in der entgegengesetzten Richtung nun verdecken möchten. Wir haben hierzulande auch solche Leute, nur mit anderem Vorzeichen. Etwas merkwürdig berührt demgegenüber der Wunsch des Herrn Fawtier[1], dass nach Paris nur Herren kommen, „dont le passé est absolument sans reproche"[2].

Auch hinsichtlich der Geschichtslehrer stehe ich ganz auf Ihrem Standpunkt. Wir müssen versuchen, die Lehrer etwas stärker als früher in Verbindung mit der Wissenschaft zu halten; man könnte ihnen ähnlich, wie es früher geschehen ist, einen Tag vor oder nach dem eigentlichen Historikertag zu Diskussionen über pädagogische Fragen überlassen.

Der Aufruf ist, wie ich gehört habe, bei der Freien Univ. eingegangen, bei der Lindenuniv. anscheinend noch nicht, wenigstens wusste Rörig gestern noch nichts davon. Ueber das Ausbleiben der HZ wundere ich mich auch, Kienast, der mich im Februar mit Anfragen bombardierte, ist auf einmal ganz still geworden. Einen 1000-Westmark-Mäzen werden Sie in Berlin schwerlich auftreiben, denn die Wirtschaftslage ist ziemlich katastrophal, Berlin kann trotz aller politischen Sympathie für den Westen die wirtschaftliche Verbindung mit dem Osten auf die Dauer nicht entbehren, u. der Versuch, mit Berliner Erzeugnissen der westdeutschen Industrie Konkurrenz zu machen, wird Berlin nur unbeliebt machen. Ich bedaure sehr, dass die Westzonen bei dem Notopfer Berlin[3] nicht darauf bestanden haben, einen Sparkommissar nach Berlin zu schicken. Es wäre nur heilsam, wenn ein grosser Teil der Behörden abgebaut würde.

Meine Gesundheit hat sich gebessert, ich bin allerdings noch sehr kurzatmig u. kriege herzstärkende Mittel. Daraufhin habe ich bei der Akademie durchgesetzt, dass man mich für alle dienstlichen Besuche in der Stadt mit dem Auto abholt u. wieder zurückbringt. So kann ich die überfüllten öffentlichen Verkehrsmittel vermeiden, was augenblicklich während des S-Bahnstreiks ein besonderer Vorteil ist. Die Reform der Akademie, von der ich Ihnen schrieb[4], beginnt mit Zuwahlen. So weit ich es bisher überblicken kann, sind nur wissenschaftlich brauchbare Leute in Aussicht genommen; Rörig u. ich sind übereingekommen, im Augenblick weder einen Historiker, noch einen Soziologen vorzuschlagen. Die Frage ist nur, ob man uns nicht Namen nennen wird, die wir ablehnen müssen, und ob wir sie dann auch wirklich ablehnen. Das wird sich in den nächsten Wochen zeigen; ich bin keineswegs Optimist.

---

sche und ‚föderalistische' Haltung vertreten. Unter diesen Rednern ist Dr. Tritsch, [...] bei dessen Reden hier in Freiburg auch eine Vertretung der Militärregierung erschien".

[1] Robert Fawtier (1885–1966), französischer Historiker, Professor an den Universitäten Kairo (1926–1928), Bordeaux (1928–1949) und Paris (1949–1958).

[2] Frz.: „... deren Vergangenheit absolut untadelig ist".

[3] In Westdeutschland erhobene geringe Zusatzsteuer zur Unterstützung West-Berlins, auch als 2 Pfennig-Zuschlag zu Postsendungen innerhalb der Bundesrepublik Deutschland.

[4] Siehe oben, Brief Nr. 234.

In Ihrem Brief vom 21.4. fragen Sie nach Meusel. Er ist von Haus aus Nationalökonom, war bis 33 Ordinarius an der TH Aachen, ging dann aus politischen, nicht rassischen Gründen nach England u. ist seit 46 in Berlin. Er bekam zuerst eine Professur für politische u. soziale Probleme der Gegenwart, wurde dann Dekan, wofür er unzweifelhafte Verwaltungstalente hat, aber er ist ausgesprochener Mann der SED u. zwar Aktivist. Er ist inzwischen in eine der freien Geschichtsprofessuren eingerückt, so etwas hinter unserm Rücken, hält sich offenbar auch für qualifiziert, meine Stelle mitzuversehen, aber Historiker ist er natürlich nicht. Als Dozent hat er sehr geringe Erfolge, sein Winterkolleg über die Entwicklung von Geschichtsschreibung und -auffassung war nach den übereinstimmenden Aussagen der Studenten ein z. T. wörtlicher Auszug aus Meineckes Historismus, ohne dass das Buch genannt worden wäre[1].

Irgend welche Reisepläne habe ich angesichts der ungeklärten Lage noch nicht gefasst; vor allem müsste die Währungsfrage irgendwie geregelt sein, denn solange ich in Ostmark bezahlt werde, die ich nur mit grosser Mühe und mit schweren Verlusten (z. Zt. 4,30 Ostmark = 1 Westmark) [loswerde], kann ich mir eine Reise nach Westdeutschland nicht leisten. Aber es sieht ja so aus, als gäbe man sich in Paris Mühe, den endgültigen Bruch zu vermeiden. Hoffen wir, dass wir uns im Herbst in München sehen können!

Mit herzlichen Grüssen

Ihr

Nr. 238
An Friedrich Baethgen Berlin, 17. Juni 1949

SBBPK, Nl. F. Hartung, K 46/1. – Masch. Durchschlag.

Lieber Herr Baethgen!

[...]

Das erste Heft der neuen HZ ist hier übrigens noch nicht bekannt, ich habe auch noch keine Sonderdrucke, wohl aber habe ich aus dem Westen schon Nachrichten, dass es herausgekommen ist. Da wir uns augenblicklich selbst blockieren unter Führung der Westberliner Eisenbahner, können wir uns ja auch nicht wundern, dass die westliche Post nur mit erheblichen Verspätungen uns erreicht.

In der Akademie ist augenblicklich alles auf die Neuwahlen eingestellt, die im Lauf des Juli erledigt werden sollen. Wir Historiker gehören jetzt zur Klasse der Gesellschaftswissenschaften. Da es schon lange der Wunsch der Verwaltung ist, Meusel in die Akademie einziehen zu sehen, ich aber auf dem Standpunkt stehe, dass seine wissenschaftlichen Verdienste dazu nicht ausreichen, hatte ich mich mit Rörig geeinigt, überhaupt keinen Historiker vorzu-

---

[1] Friedrich Meinecke: Die Entstehung des Historismus, Bde. 1–2, München 1936.

Nr. 238. An Friedrich Baethgen, 17. Juni 1949

schlagen. In der Ostzone ist ja auch nur noch Griewank für neuere Gesch., Hofmeister, Lintzel, Sproemberg u. F. Schneider für MA¹. Auf diese zu verzichten, fällt mir nicht schwer. Nun hat aber Wandel die Kandidatur Meusel erneut aufgestellt, u. in der gestrigen Sitzung [sind] Rörig und Baumgarten², der frühere Baseler Strafrechtler u. Rechtsphilosoph, nebenbei Kommunist, [...] dafür eingetreten, Hohl enthielt sich der Stimme – offenbar will er sich die Möglichkeit der Berufung nach Berlin nicht verscherzen –, andere Mitglieder der Klasse (Spamer³ u. Unverzagt) waren nicht anwesend, so blieb ich allein mit meinem Widerspruch. Die Diskussion soll nächsten Donnerstag weiter gehen. Ich werde aber unter keinen Umständen nachgeben. Ich fürchte, dass auch in andern Klassen ähnliche politische Kandidaten gewählt werden. Dann müssen wir überlegen, welche Konsequenzen wir daraus zu ziehen haben. Wenn ich zu den mir von Ihnen berichteten Plänen eines Zusammenschlusses der in München (oder in den Westzonen überhaupt) wohnenden Mitglieder der Akademien Berlin u. Leipzig meine Meinung sagen darf, so ist es vor allem die, dass ein vorzeitiges Hervortreten der Vereinigung etwa mit korporativem Austritt oder dergl. mir unerwünscht erscheint; der Ausgang der jetzigen Wahlen, vielleicht sogar die Statutenberatung, sollte abgewartet werden, damit wir das Argument nicht verlieren, dass mit dem Verlust wertvoller u. allgemein anerkannter Mitglieder gerechnet werden müsse. Wenn allerdings die Berliner Mitglieder versagen, dann könnte ein solcher Schritt sehr eindrucksvoll sein, nur dürfte er nicht von Scheel⁴, der niemals Mitglied der Ak[ademie] gewesen ist, ausgehen, sondern es müssten prominente Mitglieder mit ungetrübter Vergangenheit mindestens nach aussen hin die Initiative haben. Es soll kein Racheakt von Scheel sein, sondern Ausdruck der Ueberzeugung der Mitglieder. Vielleicht erfolgt die von Schwietering⁵ gewünschte Klärung der Mitgliedschaft der auswärtigen Mitglieder im Zusammenhang der derzeitigen Umgestaltung; schon die Zuteilung der Mitglieder zu den neuen Klassen zwingt ja dazu.

[...]

---

[1] Mittelalter.
[2] Arthur Baumgarten (1884–1966), Jurist und marxistischer Rechtsphilosoph, a. o. Professor an der Universität Genf (1909–1920), o. Professor an den Universitäten Köln (1920–1923), Basel (1923–1930), Frankfurt a. M. (1930–1933) und Basel (1934–1946), Gastprofessor an der Universität Leipzig und an der Humboldt-Universität Berlin (1947–1949), o. Professor an der Humboldt-Universität Berlin (1949–1953), Rektor der Brandenburgischen Landeshochschule Potsdam (1951–1952).
[3] Adolf Spamer (1883–1953), Germanist und Volkskundler, a. o. Professor an der Technischen Hochschule Dresden (1926–1936), o. Professor an der Universität Berlin (1936–1945), an der Technischen Hochschule Dresden (1947–1950) und an der Universität Leipzig (1950–1951).
[4] Helmuth Scheel (1895–1961), Orientalist, Dozent und Honorarprofessor an der Universität Berlin (1933/41–1945), Direktor der Preußischen Akademie der Wissenschaften (1938–1946), o. Professor an der Universität Mainz (1946–1963), Mitbegründer und erster Generalsekretär der dortigen Akademie der Wissenschaften und der Literatur.
[5] Julius Schwietering (1884–1962), Germanist und Volkskundler, a. o. Professor an der Universität Leipzig (1924–1928), o. Professor an den Universitäten Münster (1928–1932), Frankfurt a. M. (1932–1938, 1945–1952) und Berlin (1938–1945).

Persönlich geht es mir ganz gut, ich habe mich ziemlich erholt u. schon wieder 6 Pfund zugenommen. Die Ernährung ist auch seit der Aufhebung der Blockade erheblich leichter geworden. Aber im Grunde ist es unwürdig, wie wir Berliner von den verschiedenen Obrigkeiten behandelt werden. Mit Ihnen kann ich korrespondieren, sogar mit meinem Schwager in Südafrika[1]. Aber mit der Akademie nicht mehr, wenigstens nicht ohne dass das Porto sowohl in West- wie in Ostgeld entrichtet wird. Dazu der Verkehrsstreik, der nun 4 Wochen andauert u. für alle Gegenden, die auf die S-Bahn angewiesen sind, katastrophal wirkt. Ich persönlich leide nicht allzu sehr darunter, weil ich zu Fahrten in die Akademie u. zurück mir ein Auto stellen lasse. Aber bei der Fahrt durch Zehlendorf, Steglitz usw. sehe ich die überfüllten Verkehrsmittel u. die dicht umlagerten Haltestellen, an denen immer nur ein kleiner Teil der Wartenden mitkommt. Ich bewundere die Geduld der Menschen, die sich das alles gefallen lassen.

Trotz allem will ich die Hoffnung nicht aufgeben, dass ich im September nach München werde reisen können.

Mit herzlichen Grüssen auch von meiner Frau und der Bitte um eine Empfehlung an Frau Piontek

Ihr

Nr. 239
An Friedrich Baethgen Berlin, 30. Juni 1949

SBBPK, Nl. F. Hartung, K 46/1. – Masch. Durchschlag.

Lieber Herr Baethgen!

[...]

Und damit komme ich zu dem Hauptanliegen Ihres Briefes, die geplante Zusammenfassung der in den Westzonen wohnenden Mitglieder der Berliner u. Leipziger Akademie[2]. Die Namen der beiden treibenden Männer, die Sie mir

---

[1] Ernst Friedlaender.
[2] Friedrich Baethgen an Fritz Hartung, 17.6.1949 (Nl. F. Hartung, K 46/1): Baethgen teilt mit, für den 9.7.1949 plane man in Worms „eine konstituierende Sitzung" der in den Westzonen ansässigen Mitglieder der Berliner und der Leipziger Akademien der Wissenschaften; er fügt an: „Meinerseits werde ich nicht hinfahren, denn ich habe gegen den ganzen Plan die stärksten Bedenken und muss eine Beteiligung ablehnen. Die Hintergründe kann ich Ihnen nicht alle schriftlich entwickeln; mir genügt schon, dass bei der ganzen Sache Herr Emge und Herr Scheel eine massgebliche Rolle spielen. Aus diesem Grunde läge mir daran, eine Liste der Mitglieder zu erhalten, die im Sommer 1945 von uns als untragbar bezeichnet und deshalb ausgeschlossen wurden. Anscheinend will man nämlich die Rechtsgültigkeit dieser Massnahme bestreiten, womit dann ja wieder ein energischer Schritt auf dem Wege zur fröhlichen Renazifizierung getan wäre. Weiter wüsste ich gern, ob man in irgendeiner Weise mit den Berliner Kollegen Fühlung genommen oder sie von den beabsichtigten Schritten benachrichtigt hat. Da immer wieder versichert wird, man wolle sich keineswegs in Gegensatz zu Berlin stellen, hätte das ja nahegelegen. Da das Hauptinteresse offenbar von der naturwissenschaftlichen Seite herkommt, wäre es auch wohl gut, wenn

Nr. 239. An Friedrich Baethgen, 30. Juni 1949

genannt haben, beweisen, dass an nichts Gutes für Berlin dabei gedacht ist. Aber wie ich von Kienle gehört habe, sind auch die Göttinger Naturwissenschaftler daran interessiert. Für sie ist entscheidend die Kulturverordnung der Deutschen Wirtschaftskommission vom 1.4. d.J., die letzten Endes auch die Arbeit u. Forschung der Akademie der „Planung" unterstellt[1].

Ich habe auch nicht den Eindruck, als wollte die Akademie die Unabhängigkeit ihrer Forschung u. ihre Autonomie bei den Wahlen bis ins letzte verteidigen. Anscheinend wirkt die Erhöhung der Bezüge auf 1000 Mark u. die Vergrösserung des Lebensmittelpakets für die „schaffende Intelligenz" der Norm I stärker als alle Tradition. Das wird sich sehr bald zeigen. Heubner ist, seitdem er an die Freie Univ. gegangen ist, an den Verhandlungen der Akademie nicht mehr beteiligt, wenn er auch ebenso wie Meinecke formell noch Mitglied ist.

Von dem Beschluss über die sog. Ausschliessung lege ich eine Abschrift aus dem Sitzungsprotokoll bei[2]. Sie werden daraus sehen, dass die Akademie sehr vorsichtig vorgegangen ist. Auch die 8 Mitglieder (Koch, Emge[3], Stieve, der bereits tot war[4], Th. Mayer, Bieberbach, Vahlen, der ebenfalls bereits schon tot war, Konrad Meyer[5] und Thiessen[6]) sind nicht ausgeschlossen worden, sondern das Präsidium hat nur erklärt, ihre Zugehörigkeit zur Akademie erscheine nicht mehr möglich. Es ist den Beteiligten, soweit sie damals überhaupt erreichbar waren, auch mitgeteilt worden, sie möchten nicht mehr zu Sitzungen kommen, was Koch einmal versucht hatte. Weiter ist meines Wis-

---

Sie die Angelegenheit einmal mit Kienle oder Heubner oder sonst einem geeigneten Vertreter der andern Klasse besprechen wollten, damit diese sich mit ihren Fachgenossen hier im Westen in Verbindung setzen. Jedenfalls sehe ich keinen Grund mehr über die Sache zu schweigen. Vielmehr dürfte Eile geboten sein, wenn sich hier nicht Dinge ereignen sollen, die ein recht bedenkliches Gesicht haben dürften".

[1] In der „Kulturverordnung der Deutschen Wirtschaftskommission vom 31.3.1949" (siehe oben, Brief Nr. 236) findet sich die Ankündigung: „Für die Planung und Leitung wissenschaftlicher Forschungsarbeit und wissenschaftlicher Forschungsorganisation im Zusammenhang mit den Grundaufgaben des Wirtschaftsplanes und für die Schaffung einer notwendigen Kontrolle zur Nutzbarmachung der Forschungsergebnisse für Industrie, Transport und Landwirtschaft wird bei der Deutschen Wirtschaftskommission eine Hauptvertretung für Wissenschaft und Technik unter der Leitung eines der stellvertretenden Vorsitzenden der DWK und unter Heranziehung von hervorragenden Gelehrten gebildet", Malycha (Hrsg.): Geplante Wissenschaft. Eine Quellenedition zur DDR-Wissenschaftsgeschichte 1945–1961, S. 268.

[2] Nicht überliefert.

[3] Carl August Emge (1886–1970), Jurist und Rechtsphilosoph, a.o. Professor an den Universitäten Gießen (1922–1928) und Jena (1928–1933), o. Professor an den Universitäten Jena (1933–1935), Berlin (1935–1945) und Würzburg (1949–1957).

[4] Fehlinformation Hartungs: Friedrich Stieve starb erst am 3.1.1966.

[5] Konrad Meyer (1901–1973), nationalsozialistischer Agrarwissenschaftler und Raumplaner, o. Professor an den Universitäten Jena (1934), Berlin (1934–1945) und an der Technischen Hochschule Hannover (1956–1968).

[6] Peter Adolf Thiessen (1899–1990), Chemiker, Direktor am Kaiser-Wilhelm-Institut für physikalische Chemie in Berlin (1935–1945), Leiter einer Arbeitsgruppe zum sowjetischen Atomprogramm in der UdSSR (1945–1956), Direktor des Instituts für physikalische Chemie an der Deutschen Akademie der Wissenschaften in Ost-Berlin und o. Professor an der Humboldt-Universität (1956–1964), Vorsitzender des Forschungsrats der DDR (1957–1965); Thiessen wurde 1956 erneut in die Akademie aufgenommen.

sens nichts erfolgt. Vielmehr ist man bei der Bestätigung der Akademie im Sommer 46 den umgekehrten Weg gegangen, man hat – genauer gesagt: Stroux hat, ohne mich als Mitglied des Präsidiums dabei zu Rate zu ziehen, mit den Russen die Liste der Berliner Mitglieder durchgegangen u. diese sind dann mit einigen Ausnahmen, darunter Eitel[1], der nicht auf der Liste der 8 gestanden hatte, bestätigt worden, darunter auch Grapow. Auch von den auswärtigen sind die meisten bestätigt worden, bei einigen wie Specht, Gamillscheg, Schwietering ist zwar keine Bestätigung, aber auch kein Ausschluss erfolgt.

Ich habe keinerlei Verbindung zu dem Wormser Kreis. Ich würde es begrüssen, wenn von Worms aus eine ernsthafte Mahnung u. Warnung an die jetzigen Berliner Mitglieder erginge, vorausgesetzt, dass sich in Worms nicht ein Kreis von Querulanten nazistischer Herkunft, sondern anerkannte Gelehrte von wissenschaftlichem Ruf u. einwandfreier politischer Vergangenheit zusammenfindet. Durch ungeschicktes Vorgehen kann vieles verdorben werden. Wenn es zu einer Spaltung kommt, so darf es nicht so aussehen, als stünde auf der einen Seite die Gruppe ehemaliger Nazis, die sich aus guten Gründen scheuen, nach Berlin zurückzukehren, auf der andern Seite aber die wahrhaft fortschrittlich gesinnte wahre Akademie unter der Leitung von Stroux. Laue[2], Hahn[3], Spranger, Hartmann könnten starken Eindruck machen; Scheel, der nie Mitglied gewesen ist, Emge, Th. Mayer dagegen können nur schaden. Das ist wenigstens meine Meinung, wie ich sie mir bei den derzeitigen Auseinandersetzungen in der Akademie gebildet habe.

Das Leben in Berlin ist durch den noch immer fortdauernden S-Bahn-Streik etwas kompliziert. Dazu kommt, dass die Verkehrsbeschränkungen keineswegs so beseitigt worden sind, wie es dem Abkommen der 4 Mächte entspricht. Im Gegenteil, Auslandspakete, die man früher in der Luckenwalderstr. am Gleisdreieck bekam, muss man jetzt im russ. Sektor am Schlesischen Bahnhof abholen. Trotzdem ist die Versorgung an Lebensmitteln sehr reichlich, reichlicher als es der finanziellen Lage der meisten Berliner entspricht, selbst wenn sie nicht zu den Grenzgängern mit höchstens 300 Westmark gehören wie unsereiner.

Sobald in der Akademie etwas Entscheidendes passiert ist, gebe ich Ihnen Nachricht. Ich vermisse Sie augenblicklich ganz besonders.

Mit herzlichen Grüssen, auch von meiner Frau
Ihr

---

[1] Wilhelm Eitel (1891–1979), Mineraloge, a. o. Professor an der Universität Leipzig (1920–1921), o. Professor an der Universität Königsberg (1921–1926) und an der Technischen Hochschule Berlin, dort zugleich Direktor des Kaiser-Wilhelm-Instituts für Silikatforschung (1926–1945); nach 1945 in den USA tätig.

[2] Max von Laue (1879–1960), Physiker, a. o. Professor an der Universität Zürich (1912–1914), 1914 Nobelpreis für Physik, o. Professor an den Universitäten Frankfurt a. M. (1914–1919) und Berlin (1919–1943), Direktor am Fritz-Haber-Institut der Max-Planck-Gesellschaft in Berlin (1951–1960).

[3] Otto Hahn (1879–1968), Chemiker, a. o. Professor an der Universität Berlin (1910–1934), Direktor am Kaiser-Wilhelm-Institut für Chemie in Berlin (1928–1944), 1944 Nobelpreis für Chemie, Präsident der Max-Planck-Gesellschaft zur Förderung der Wissenschaften in Göttingen (1948–1960).

Nr. 240
An Gerhard Ritter   Berlin, 6. Juli 1949

BAK, B 510 (Korrespondenzen des VHD). – Masch. Original.

Lieber Herr Ritter!

Besten Dank für das Rundschreiben vom 24., das ich vor 8 Tagen erhalten habe[1]; ich hätte unmittelbar geantwortet, wenn ich irgend etwas Besonderes dazu zu sagen hätte. Aber alles, was Sie vorschlagen, leuchtet mir durchaus ein, und nach dem Satz: qui tacet, consentire videtur[2] haben Sie wohl schon Ihre Entschliessungen getroffen. Es war mir interessant zu erfahren, dass in Ihrer Zone noch ein Verbot der Zugehörigkeit zu nicht ausdrücklich lizensierten „nationalen" Vereinen besteht. Dass für die russische Zone ein solches generelles Verbot nicht besteht, schliesse ich aus der Tatsache, dass das für Rostock u. Greifswald ergangene Verbot des Beitritts zu unserm Verband förmlich zurückgenommen worden ist, wie mir Hohl am vorigen Donnerstag mitgeteilt hat. Da Greifswald dem gleichen Lande angehört, gilt das wohl auch für Hofmeister[3].

Die Frage der Ausländer u. ihrer Beteiligung an unseren Kongressen hat dieser Tage auch zu einer Erörterung in der phil.-hist. Klasse der Akademie geführt. Anlass war der Vorschlag des Vorgeschichtsmuseums in Halle, eine Tagung mit Unterstützung der Akademie zu veranstalten u. dazu auch Ausländer einzuladen. Die Akademie wird sich aus grundsätzlichen Erwägungen auf diese Unterstützung nicht einlassen, weil sonst jeder Verband kommen könnte. Und hinsichtlich der Ausländer war die einhellige Meinung, dass man sie offiziell nicht einladen solle, schon um unhöfliche Ablehnungen nicht herauszufordern. Wer ausländische Verbindungen hat, kann ja sie benutzen, um auf diese Tagung hinzuweisen; wenn ein Ausländer darauf positiv reagiert, werden wir uns freuen. Es ist ja auch früher nicht üblich gewesen, Ausländer von Verbands wegen einzuladen.

Nun habe ich Ihnen noch eine Sache im Auftrage von Meinecke, der augenblicklich wieder krank ist, vorzutragen. Ausgangspunkt ist ein Artikel des „Tagesspiegels" vom 11.6. über „Französisch-deutsche Realität", in dem u. a. Folgendes steht: Nach 2 grauenhaften Weltkriegen, in denen ein ungeistig-militantes Deutschland, nicht Weimar, sondern Potsdam u. der Krähenhorst auf dem Obersalzberg, die dämonischen Initiatoren waren, muss es naturnotwendig für alle Franzosen eine ständige deutsche Frage geben[4]. Ueber diesen Satz

---
[1] Rundschreiben Gerhard Ritters an die Mitglieder des vorläufigen Ausschusses des Deutschen Historikerverbandes, 24.6.1949, in: Nl. F. Hartung, K 46/8.
[2] Lat.: „Wer schweigt, scheint zuzustimmen"; Sentenz aus dem Corpus Iuris Canonici, liber VI.
[3] Siehe oben, Brief Nr. 238.
[4] Der von dem Journalisten Erich Lüth (1902–1989) verfasste Artikel „Deutsch-französische Realität", erschienen im „Tagesspiegel" vom 11.6.1949, S. 1–2, plädiert zwar für eine erneute geistige Annäherung zwischen Deutschen und Franzosen, die nicht zuletzt von vie-

hat sich Rörig aufgeregt u. er hat mir nahegelegt, wir Historiker sollten dagegen Stellung nehmen. Ich habe das abgelehnt, weil ich mir davon bei der jedenfalls in Berlin sattsam bekannten Haltung des Tagesspiegels nichts verspreche; selbst eine noch so schöne, wissenschaftlich fundierte Erklärung würde allenfalls verstümmelt u. mit gehässigen Bemerkungen versehen abgedruckt werden, wahrscheinlich aber würde sie im Papierkorb der Redaktion enden.

Dann hat sich Rörig an Meinecke gewendet. Dieser hat, wie mir Frau Meinecke am Telefon mitteilte, abgelehnt, von sich aus eine Erklärung zu verfassen, hat mich aber fragen lassen, was ich darüber denke u. ob etwa unser Verband und sein Ausschuss sich mit der Sache befassen solle. Er wäre, vorbehaltlich der Prüfung des Wortlauts, allenfalls bereit, eine gemeinsame Erklärung zu unterschreiben. Ich habe sofort erklärt, dass ich nicht an die Möglichkeit glaube, eine für die Oeffentlichkeit bestimmte Kundgebung über das deutsch-französische Verhältnis und die Kriegsursachen von 1914 u. 1939 in eine Form zu bringen, dass die namhaftesten deutschen Historiker mit Meinecke an der Spitze sie unterschreiben könnten. Aber den Wunsch Meineckes, mit Ihnen deswegen in Fühlung zu treten, erfülle ich selbstverständlich gern.

Ich glaube allerdings mit Ihnen darin einig zu sein, dass es nicht Aufgabe des Verbandes oder seines vorläufigen Ausschusses sein kann, gleichsam ex cathedra historische Wahrheiten mit bindender Gewalt für alle Mitglieder zu proklamieren. Aber selbst wenn uns die Feststellung von solchen Wahrheiten als eine neue Aufgabe des Verbandes vor Augen stünde, würden wir schwerlich mit einem so schwierigen Problem wie dem der deutsch-französischen Beziehungen den Anfang machen. Wenn es sich bloss um Rörig handeln würde, würde ich Sie gar nicht damit behelligt haben. Aber dem ausdrücklichen Wunsch von Meinecke wollte ich nicht widersprechen. Uebrigens sagte Frau Meinecke, als ich meine ablehnende Antwort gab, dass ihr Mann genau das Gleiche zu ihr gesagt habe.

Eher könnte ich mir vorstellen, dass man das Problem einmal auf einem Historikertag behandelte. Aber selbst dann würde ich nicht vorschlagen, das Ergebnis der Diskussion in eine Resolution zu kleiden.

Für die freundlichen Worte, die Sie in Ihrem Rundschreiben mir gewidmet haben, herzlichen Dank[1]. Ich habe manchmal ein schlechtes Gewissen, dass ich Ihre Zeit mit langen Briefen belaste. Aber daraus spricht der Wunsch,

---

len an Deutschland und der deutschen Kultur interessierten Franzosen gewünscht werde, spielt jedoch andererseits auch mit historischen Klischees und Zerrbildern, indem er etwa feststellt: „Nach zwei grauenhaften Weltkriegen, in denen ein ungeistig-militantes Deutschland, nicht Weimar, sondern Potsdam und der Krähenhorst auf dem Obersalzberg, die dämonischen Initiatoren waren, muß es naturnotwendig für alle Franzosen eine ständige deutsche Frage geben".

[1] In Gerhard Ritters Rundschreiben an die Ausschussmitglieder des Verbands der Historiker Deutschlands vom 24.6.1949 (in: Nl. F. Hartung, K 46/8) heißt es am Schluss u. a.: „[...] ich [...] möchte nicht versäumen, Herrn Hartung am Schluss noch ganz besonders herzlich für seine langen und interessanten Briefe zu danken. Ich verstehe vollkommen, lieber Herr Hartung, dass Sie jetzt nicht zu einer Sitzung kommen können, freue mich aber umso mehr darauf, wie gewiss wir alle, Sie in München wiederzutreffen".

die Fühlung mit der Fachwissenschaft über alle Zonenschwierigkeiten aufrecht zu erhalten.

Mit herzlichen Grüssen
Ihr
Hartung

Nr. 241
An Friedrich LenzBerlin, 7. August 1949

SBBPK, Nl. F. Hartung, K 40/7. – Masch. Durchschlag.

Sehr verehrter und lieber Herr Lenz!

[...]
Wenn ich einen Akademiebriefbogen verwende, obwohl ich in der Wohnung schreibe u. den Brief im Westsektor in den Kasten stecken werde, so berechtigt mich dazu die folgende Bitte an Sie. Die Akademie sucht händeringend einen Soziologen, zumal da ihr jetzt die Errichtung einer gesellschaftswissenschaftlichen Klasse aufgetragen worden ist. Für diese haben wir einstweilen nur Mitglieder aus dem Fach der Geschichte, den Rechtsphilosophen Baumgarten u. die abwesenden Philosophen Spranger u. Hartmann. Sie haben sich der für den Februar geplanten Wahl entzogen. Aber bei Ihrer Verbundenheit mit der guten alten Tradition der Berliner Universität u. Akademie, zu deren Zierden Ihr Vater[1] lange Jahre gehört hat, darf ich Sie vielleicht rein persönlich u. nur zu meiner Information fragen, ob Sie mir einen Vertreter der Gesellschaftswissenschaft im engeren Sinn nennen können, der wissenschaftlich so qualifiziert ist, dass seine Wahl die Akademie nicht blamiert, u. doch politisch tragbar erscheint. Wir haben uns den Sommer über darum bemüht, einen solchen Mann, womöglich mehrere, ausfindig zu machen. Aber es ist uns nicht gelungen. Das mag bei mir an dem Mangel an Kenntnissen auf diesem Gebiet liegen. Aber auch Baumgarten, der politisch dem hiesigen Kurs wesentlich näher steht als ich, überdies Schwiegervater von Rompe[2] ist, also über die Wünsche der Zentralverwaltung hinlänglich informiert sein dürfte, hat erklärt, keinen Vorschlag machen zu können.

Natürlich liegt die Kandidatur Meusel nahe, mit ihm wären wir aus allen Schwierigkeiten heraus, er würde dafür sorgen, dass die weitere Ergänzung der gesellschaftswissenschaftlichen Klasse in linientreuer Richtung erfolgen würde. Aber ich habe, wie ich Ihnen natürlich mit der Bitte um vertrauliche

---

[1] Hartungs Lehrer Max Lenz.
[2] Robert Rompe (1905–1993), Physiker und Wissenschaftspolitiker in der SBZ/DDR, o. Professor an der Humboldt-Universität Berlin (1946–1968) und Leiter der Hauptabteilung für Hochschulen und wissenschaftliche Institutionen in der Zentralverwaltung für Volksbildung (1945–1949).

Nr. 241. An Friedrich Lenz, 7. August 1949

Behandlung der ganzen Angelegenheit klipp u. klar aussprechen möchte, nicht das Gefühl, dass M. wissenschaftlich für die Wahl in die Akademie qualifiziert ist. Was er bis 1933 als Soziologe geleistet hat, beschränkt sich auf ein einziges Buch u. einige Aufsätze. Immerhin liesse sich darüber diskutieren, wenn er bei der Stange geblieben wäre u. man erwarten könnte, dass er auf diesem Gebiet noch etwas Bedeutendes veröffentlichen wird. Aber im Exil hat er eine unglückliche Liebe zur Geschichte gefasst, er will jetzt Historiker sein, hat eine Professur für neuere Geschichte, leitet ein eigenes Institut für neuere Geschichte usw. Aber sein ganzes Wesen widerstrebt der Geschichtswissenschaft, wie sie in Berlin seit Ranke gelehrt worden ist. Ihm sind die Quellen gleichgültig, denn er hat ein festes Schema, in das er die Ereignisse eingliedert. Bisher liegen von ihm nur ein paar Aufsätze vor, die sich mit 1848 und mit der englischen Revolution von 1647/9 beschäftigen[1]. Beide beurteilt er nach dem Verlauf der russischen Revolution von 1917. Dass weder in England noch in Deutschland die Revolution zur Diktatur des Proletariats geführt hat, ist für ihn ein Beweis für die Feigheit der Bourgeoisie. Ob für eine solche Diktatur die Voraussetzungen gegeben waren, das interessiert ihn überhaupt nicht. Deshalb kümmert er sich auch nicht um die Literatur. Wenn ich mich nicht irre – ich besitze den in der Vierkandtfestschr. erschienenen Aufsatz über die engl. Revol. nicht –, zitiert er zwar Ihren Bruder[2], aber das Buch von Gooch über die demokratischen Ideen[3] kennt er offenbar ebenso wenig wie die andere Spezialliteratur. Diese Mängel des Historikers Meusel werden aber nicht etwa verschwinden, wenn er mehr Zeit für historische Forschung haben wird, denn sie wurzeln in seiner ausgesprochen politischen Natur, er ist Kämpfer, nicht Gelehrter. So würde seine Wahl nicht nur nach aussen hin als eine Unterwerfung der Akademie unter ein politisches Verlangen erscheinen, sondern sie würde auch den politischen Kampf unmittelbar in die Akademie hineintragen.

Unter diesen Umständen wäre es mir natürlich sehr wertvoll, wenn ich Kandidaten nennen könnte, die keine solche Gefahr für die weitere Entwicklung der Berliner Akademie bedeuten würden.

Sie sehen, ich habe auch als Emeritus noch Sorgen genug. Lange Zeit kamen dazu auch noch gesundheitliche Sorgen, ich habe von Februar bis April an einer schweren Lungenentzündung gelegen. In den nächsten Tagen hoffe ich nach Masserberg in Thür. zur Erholung reisen zu können; ich hoffe morgen die „Einweisung" durch den „Förderungsausschuss" zu bekommen, der für

---

[1] Alfred Meusel: Nationale Probleme in der deutschen Revolution von 1848, in: Aufbau 2 (1946), S. 771–777; derselbe: Das europäische Sturmjahr, Berlin 1948; derselbe: Die deutsche Revolution von 1848, Berlin 1948; derselbe: Die große englische Revolution. Vom Ende des ersten bis zum Ausbruch des zweiten Bürgerkrieges, in: Gegenwartsprobleme der Soziologie. Alfred Vierkandt zum 80. Geburtstag, hrsg. v. Gottfried Eisermann, Potsdam 1949, S. 24–44.
[2] Georg Lenz: Demokratie und Diktatur in der englischen Revolution 1640–1660, München/Berlin 1933.
[3] George P[eabody] Gooch: The History of English Democratic Ideas in the Seventeenth Century, Cambridge 1898.

die „schaffende Intelligenz" eine Art Ersatz für den FDGB¹ ist, ohne dessen Zustimmung kein Werktätiger eine Sommerreise machen darf. Meine Frau ist bereits vor ein paar Tagen nach Braunschweig zu unserer Tochter gereist.

Von der Hochschule in W[ilhelms]haven² habe ich bisher noch keine rechte Vorstellung. Vor ein paar Tagen habe ich an den komm[issarischen] Rektor dort ein Gutachten über einen Schüler von mir, Studienrat Dr. Baum³, der für einen Lehrauftrag für Geschichte in Aussicht genommen ist, geschickt. Ich kann mir aber vorstellen, dass die Tätigkeit bei einem neuen, nicht traditionsbelasteten Institut ihre Reize hat, gerade auch für einen Mann wie Sie, der in der guten alten Tradition aufgewachsen ist u. so Altes u. Neues verknüpfen kann.

Mit den besten Grüssen u. Wünschen u. mit der Bitte um eine Empfehlung an Ihre verehrte Gattin

Nr. 242
An Friedrich Baethgen   Berlin, 18. August 1949

SBBPK, Nl. F. Hartung, K 46/1. – Masch. Durchschlag.

Lieber Herr Baethgen!

Den Dank für Ihren freundlichen Brief vom 3.7. und die feinsinnige Dantestudie habe ich bisher ungeschrieben gelassen⁴ in der Hoffnung, dass wir uns bei den Historikertagungen in München demnächst sehen werden. Nachdem aber die Historische Kommission durch Rundschreiben mitgeteilt hat, dass sie kein Geld hat, ihren Mitgliedern die Reisekosten zu ersetzen, ist mir sehr zweifelhaft geworden, ob ich mir die Reise nach München leisten kann. Das Verhältnis der Ostmark zur Westmark ist seit längerer Zeit 5,8 zu 1, und da der Autobus Berlin-München hin u. zurück 100 Westmark kostet, brauche ich allein für die Fahrt 580 Ostmark, wozu noch die Aufenthaltskosten kommen. Dass die Eisenbahn über Marienborn-Hannover wesentlich billiger sein wird, glaube ich nicht, da der Umweg sehr gross ist; ausserdem braucht man dazu mindestens anderthalb Tage. Ich habe an Spindler⁵ geschrieben u. ihn gebeten,

---

[1] Freier Deutscher Gewerkschaftsbund; mitgliederstärkste Massenorganisation der SBZ und der späteren DDR.
[2] Gemeint ist die Hochschule für Politik, Arbeit und Wirtschaft in Wilhelmshaven (1948–1962).
[3] Walter Baum (1914-?), Historiker, Studienrat in Wilhelmshaven, promovierte in Berlin bei Robert Holtzmann mit der Arbeit: Die politischen Anschauungen Liudprands von Cremona. Seine Stellung zum Kaisertum, phil. Diss. Berlin 1936.
[4] Friedrich Baethgen an Fritz Hartung, 3.7.1949, in: Nl. F. Hartung, K 46/1; die „Dantestudie": Friedrich Baethgen: Dante und wir, Bremen 1949.
[5] Max Spindler (1894–1986), bayerischer Landeshistoriker, o. Professor an der Universität München (1946–1959), Sekretär der Historischen Kommission bei der Bayerischen Akademie der Wissenschaften (1947–1950).

wenn möglich für die beiden Ostzonenmitglieder der Kommission, Griewank u. mich, eine höhere Entschädigung herauszuschlagen[1]. Wenn Sie Gelegenheit haben sollten, bei ihm, Goetz, oder einem der Herrn vom Ministerium in diesem Sinne zu wirken, wäre ich dankbar. Ich stehe auf dem Standpunkt, dass der Westen auch ein Interesse daran hat, die geistige Diaspora im Osten zu unterstützen. Natürlich kann sich die Kommission auch auf den Standpunkt stellen, dass sie kein Geld hat, ihre Unternehmungen fortzusetzen u. darum auch kein Interesse daran hat, ihre Mitglieder um sich zu versammeln.

Die Akademie hat im Juli ihre Neuwahlen beendet. Dabei haben die neu gebildeten Klassen[2] allerhand seltsame Leute gewählt, die Mediziner neben den Kanonen der Kliniken wie Stöckel[3] u. Eicken[4] auch Brugsch, die Techniker u. a. den Chemiker Franck[5] von der TU. Die Landwirte unter der verständigen Leitung des alten Mitscherlich haben sich sehr bescheiden verstärkt. Die gesellschaftswissenschaftliche Klasse, deren Sekretar ich jetzt bin, hat sich tot gestellt u. niemand gewählt. Für Meusel trat nicht einmal der Schwiegervater von Rompe, Baumgarten, ein, so liess Rörig seinen Plan fallen. Mein einziges Zugeständnis war, dass wir, um die Kränkung für Meusel nicht so deutlich werden zu lassen, überhaupt niemand wählten. Das fiel mir nicht schwer, denn vorgeschlagen war nur Winter[6] aus Halle, früher Prag, jetzt SED, aber ich möchte mir mal sein 1938 erschienenes Buch „1000 Jahre Geisteskampf im Sudetenraum" ansehen[7], der Titel klingt mir sehr nach Nationalsozialismus.

---

[1] Fritz Hartung an Max Spindler, 11.8.1949, in: Archiv der Historischen Kommission bei der Bayerischen Akademie der Wissenschaften, Mitgliederakte Fritz Hartung.

[2] Die sog. Akademiereform von 1949 nach sowjetischem Vorbild erhöhte die Zahl der ordentlichen Mitglieder von 76 auf 120 und brachte vor allem eine deutliche Marginalisierung der Geisteswissenschaften, indem in der Akademie statt zwei nun sechs Klassen vorhanden waren: neben der Klasse für Gesellschaftswissenschaften auch jeweils eine für Mathematik und Naturwissenschaften, für Medizin, für „landwirtschaftliche Wissenschaften", für Technische Wissenschaften sowie für Sprachen, Literatur und Kunst; vgl. Nötzoldt: Die Deutsche Akademie der Wissenschaften, S. 44.

[3] Walter Stoeckel (1871–1961), Mediziner, Gynäkologe, a. o. Professor an der Universität Berlin (1905–1907), o. Professor an den Universitäten Marburg (1907–1910), Kiel (1910–1922), Leipzig (1922–1926) und Berlin (1926–1936), Direktor der Berliner Universitätsfrauenklinik (1928–1951).

[4] Carl Otto von Eicken (1873–1960), Mediziner, a. o. Professor an den Universitäten Freiburg i. Br. (1909–1910) und Gießen (1910–1911), o. Professor an den Universitäten Gießen (1911–1922) und Berlin (1922–1950), Leiter der Hals-Nasen-Ohren-Klinik an der Berliner Charité (1926–1950), Generalarzt des Heeres der Wehrmacht (1943–1945).

[5] Hans Heinrich Franck (1888–1961), Chemiker und Technologe, a. o. Professor an der Technischen Hochschule Berlin (1927–1937), o. Professor an der Technischen Universität Berlin (1945–1950) und an der Humboldt-Universität Berlin (1950–1959).

[6] Eduard Winter (1886–1982), katholischer Theologe und (seit 1941 exkommunizierter) Priester, Philosoph und Historiker, a. o. Professor für Christliche Philosophie (1927–1934) und o. Professor für Kirchengeschichte und Patristik (1934–1941) in der Theologischen Fakultät der Deutschen Universität Prag, anschließend Professor für Europäische Geistesgeschichte in der dortigen Philosophischen Fakultät (1941–1945); als österreichischer Staatsbürger o. Professor für Osteuropäische Geschichte an der Universität Halle (1947–1951) – dort von 1948 bis 1951 auch Rektor – und an der Humboldt-Universität Berlin (1951–1966).

[7] Eduard Winter: Tausend Jahre Geisteskampf im Sudetenraum. Das Ringen zweier Völker, Salzburg/Leipzig 1938.

Ende Juli wurden einige Mitglieder der Akademie, die man in der üblichen Eile hatte zusammentrommeln können, in Karlshorst empfangen. Es war ähnlich wie bei den Besprechungen vor 3 Jahren, eitel Liebenswürdigkeit u. Entgegenkommen. Auch über die Geschichtswissenschaft wurde gesprochen. Der Botschafter[1], der übrigens glänzend Deutsch spricht, vermisste den richtigen Einsatz im Kampf um die deutsche Einheit u. nannte in Gegenwart von Rörig die Hanse eine Ausbeuterorganisation[2]. Real waren bei der ganzen Unterhaltung wohl nur die Schnäpse, der süsse Wein aus Georgien u. der Kaviar.

Meine Sommerpläne haben sich zerschlagen, ich bin in die Planung des Förderungsausschusses für die Intelligenz hineingeraten, aber für seine Sommerfrischen entweder nicht krank genug oder nicht gesund genug. [...]

Kürzlich war das Ehepaar Rothfels bei uns, sehr nett u. behaglich wie früher. Er ist von all den Emigrierten, die mich im Laufe der Jahre besucht haben, am deutschesten geblieben, in der Sprache u. allem Aeusserlichen, im Wesen wohl erst recht. Frau R.[3] war erschüttert durch den Anblick der Gegend am Bahnhof Bellevue, wo sie geboren u. aufgewachsen ist.

[...]

Mit den besten Grüssen

Nr. 243

An Eduard Spranger   Berlin, 28. Oktober 1949

BAK N 1182, Nr. 186. – Masch. Original (mit hs. Zusätzen).

Sehr verehrter, lieber Herr Spranger!

Zunächst möchte ich Ihnen herzlich danken für Ihr Gutachten über die Mulertschen Pläne einer Schleiermacher-Ausgabe[4]. Und dann möchte ich Ihre Anfrage wegen der Nachfolge Stadelmann beantworten[5]. Ich benutze dazu die Schreibmaschine, die ich selbst bediene, denn ich habe von solchen Briefen gern einen Durchschlag für mich, der bei etwaigen späteren Anfragen als Anhaltspunkt dienen kann.

Da ich selbst mit meinen 66 Jahren für Tübingen nicht mehr in Betracht komme, kann ich Ihnen mit ziemlicher Objektivität über die meiner Ansicht

---

[1] Vermutlich Georgi Maximowitsch Puschkin (1909–1963), der offiziell erst Anfang November 1949 zum ersten diplomatischen Vertreter der Sowjetunion in der neu gegründeten DDR ernannt wurde; er blieb bis 1952 im Amt.
[2] Fritz Rörig galt als führender deutscher Hansehistoriker seiner Generation.
[3] Hildegard Rothfels, geb. Consbruch (1893–1961).
[4] Hermann Mulert (1879–1950), evangelischer Theologe und Kirchenhistoriker, a. o./o. Professor an der Universität Kiel (1917/20–1935), Lehrbeauftragter an den Universitäten Jena (1945–1946) und Leipzig (1948–1950); die bereits in den 1920er Jahren von Mulert angeregte kritische Neuedition der Sämtlichen Schriften und Briefe Friedrich Daniel Ernst Schleiermachers (1768–1834) wurde erst in den 1970er Jahren in Angriff genommen.
[5] Rudolf Stadelmann, seit 1938 o. Professor an der Universität Tübingen, war am 17.8.1949 im Alter von erst 47 Jahren überraschend gestorben.

nach in Frage kommenden Persönlichkeiten berichten. An 1. Stelle nenne ich Ihnen C. Hinrichs, z. Zt. in Halle. Er stammt aus der preussischen Archivlaufbahn, hat sich aber stets wissenschaftlich betätigt, war lange Zeit Mitarbeiter der Acta Borussica, wo er die Wollindustrie bearbeitete; ich weiss, dass Hintze grosse Stücke auf ihn hielt. Daraus erwuchs der Plan einer Biographie Friedrich Wilhelms I. Er hat ihn sehr breit angelegt, sodass er den 1. Band erst 1942 abschliessen konnte, zumal er durch die ihm wenig wohlwollende Archivverwaltung (Zipfel, den Nachfolger Brackmanns) nach Königsberg versetzt wurde[1]. Dieser Band reicht nur bis 1713, weil H. seiner Biographie eine feste Grundlage geben wollte[2]. Ich halte das Buch für eine imponierende Leistung, die beweist, dass H. den Stoff nicht nur zusammenbringen, sondern auch geistig zu beherrschen u. zu gestalten versteht u. dass er ein vielseitiger u. selbständiger Denker ist. Ausser der auswärt. Politik, dem Heerwesen u. den Finanzen in der Zeit des 1. preussischen Königs werden vor allem auch die geistigen Strömungen, z. B. der Pietismus sachkundig behandelt mit vielen neuen Ergebnissen. Ausser diesem Buch und dem in der Form einer relatio ex actis gehaltenen Acta-Borussica-Band über die Wollindustrie[3], den Hintze als „ein verfeinertes Produkt wirtschaftsgeschichtlicher Bearbeitung mit psychologischer Vertiefung und sachkundigem Urteil" bezeichnet hat[4], liegen zahlreiche andere Arbeiten meist zur preussischen Geschichte des 18. Jahrh. vor. Dass er nicht nur Preussisches kennt, hat er in seiner Dissertation über die ostfriesischen Landstände vor der preussischen Zeit gezeigt[5]. Auf die Wollindustrie hin hat er sich etwa 1936 habilitiert, 1944 wurde er Ordinarius in Halle. Dort ist er als Pg nicht wieder zum Lehramt zugelassen worden. Er hat der Partei angehört, davon aber so wenig Gebrauch gemacht, dass er wie erwähnt von Zipfel, der aus dem Archiv einen NS-Musterbetrieb machen wollte, strafversetzt wurde. Er ist etwa 50 Jahre alt, ich empfehle ihn warm.

An 2. Stelle nenne ich Fritz Valjavec, bis zum Zusammenbruch ao. Prof. an der auslandswiss. Fakultät in Berlin, vermutlich Pg, zur Zeit ohne Amt, anscheinend persönlich auf dem Lande gut untergebracht, sodass er es aushalten konnte. Ich habe ihn schon 1947 in Bonn empfohlen, erfuhr dann aber, er scheine keine Lust zu haben, die bayerischen Fleischtöpfe zu verlassen. Das hat sich offenbar geändert, wenigstens schrieb mir Schüssler, der ihn gut kennt, nach dem Tode von Stadelmann, ob ich nicht etwas für V. tun könne. Ich hätte mich ohne direkte Aufforderung nicht eingemischt, aber auf Ihre Anfrage hin

---

[1] Siehe oben, Brief Nr. 132.
[2] Carl Hinrichs: Friedrich Wilhelm I., König in Preußen – Eine Biographie. Jugend und Aufstieg, Hamburg 1941.
[3] Carl Hinrichs: Die Wollindustrie in Preußen unter Friedrich Wilhelm I. Darstellung und Aktenbeilagen (Acta Borussica). Denkmäler der Preußischen Staatsverwaltung im 18. Jahrhundert: Die einzelnen Gebiete der Verwaltung, Teil B: Wollindustrie, [Bd. 1]), Berlin 1933.
[4] Otto Hintze: Vorwort, in: Hinrichs: Die Wollindustrie in Preußen, S. V–VII, hier S. VI.
[5] Carl Hinrichs: Die ostfriesischen Landstände und der preußische Staat 1744–1756. Ein Beitrag zur Geschichte der inneren Staatsverwaltung Friedrichs des Großen, Teil 1: 1744–48, in: Jahrbuch für Geschichte der bildenden Kunst und vaterländische Altertümer zu Emden 22 (1927), S. 1–268.

hätte ich auch ohne Schüsslers Hinweis Sie auf V. aufmerksam gemacht. Ich habe ihn s. Zt. nur flüchtig kennen gelernt, aber einen guten Eindruck von seiner lebendigen Art gewonnen. Er stammt aus Südostdeutschland[1] u. hat sich zunächst als Forscher auf dem Gebiet der Siedlungsgeschichte seiner Heimat betätigt[2]. Hervorzuheben ist, dass er auch die fremdvölkische Umwelt gründlich berücksichtigt hat, wobei ihm die Kenntnis der Sprachen nützlich gewesen ist. So hat er sich von nationalistischer Einseitigkeit freihalten können. Dass er auch allgemeingeschichtlich interessiert u. durchgebildet ist, zeigt sein in 2. Auflage vorliegendes Buch über den Josefinismus, in dem er diesen als „eine ins Bürokratische abgewandelte Abart des aufgeklärten Absolutismus" auf breiter ideengeschichtlicher Grundlage behandelt[3]. Eine weitere grössere Arbeit von ihm zur deutschen Geistesgeschichte um die Wende vom 18. zum 19. Jahrhundert ist noch nicht erschienen, ich kenne sie aus den Druckfahnen u. finde sie sehr aufschlussreich, zugleich eine gewaltige Arbeitsleistung in der Bewältigung eines sehr zersplitterten Materials[4]. V. ist wohl etwas jünger als Hinrichs.

Als 3. nenne ich Hans Herzfeld (1892 geb.)[5], z. Zt. ao. Prof. in Freiburg. Er hat zwei grosse gute Arbeiten verfasst, eine über die deutsche Sozialdemokratie u. den Zusammenbruch der nationalen Einheitsfront während des 1. Weltkriegs, etwa 1929 erschienen, die zweite über Miquel, 2 Bde. 1938[6]. Er hat viel Pech gehabt, in der Aera Grimme kam er für Preussen nicht in Betracht[7], nach 1933 schloss ihn sein jüdisches Blut aus; augenblicklich steht er für die Freie Univ. Berlin auf der Vorschlagsliste[8]. Was er geschrieben hat, ist alles sehr gut, vielleicht zeitlich eng begrenzt, Zeit von 1871–1919, aber von ausgebreiteter Kenntnis auch auf wirtschaftlichem Gebiet, die namentlich im Miquelbuch zutage tritt[9]. Ritter, mit dem ich in München über H. sprach, empfiehlt ihn ebenfalls.

---

[1] Hartung meint hier wohl eher: Südosteuropa, denn Valjavec, Sohn eines Kroaten und einer Donauschwäbin, wuchs im Banat auf und war dementsprechend nach 1918 zunächst jugoslawischer Staatsbürger.
[2] Fritz Valjavec: Der deutsche Kultureinfluss im nahen Südosten. Unter besonderer Berücksichtigung Ungarns, München 1940.
[3] Fritz Valjavec: Der Josephinismus. Zur geistigen Entwicklung Österreichs im achtzehnten und neunzehnten Jahrhundert, 2. Aufl. München 1945, das Zitat S. 133.
[4] Fritz Valjavec: Die Entstehung der politischen Strömungen in Deutschland 1770–1815, München 1951.
[5] Das Geburtsjahr handschriftlich ergänzt.
[6] Hans Herzfeld: Die deutsche Sozialdemokratie und die Auflösung der nationalen Einheitsfront im Weltkriege, Leipzig 1928; derselbe: Johannes von Miquel. Sein Anteil am Ausbau des Deutschen Reiches bis zur Jahrhundertwende, Bde. 1–2, Detmold 1938.
[7] Herzfeld hatte in seiner Habilitationsschrift die Politik der deutschen Sozialdemokratie im Ersten Weltkrieg scharf kritisiert und der SPD sogar eine indirekte Mitschuld an der deutschen Niederlage von 1918 gegeben; aus diesem Grund war er, so Hartungs (wohl zutreffende) Einschätzung, vom sozialdemokratischen Kultusminister Adolf Grimme bei Lehrstuhlbesetzungen übergangen worden.
[8] Herzfeld nahm 1950 den Ruf auf ein neu eingerichtetes Ordinariat für Neuere Geschichte an der Freien Universität Berlin an; vgl. Köhler: Die Neuere Geschichte am Friedrich-Meinecke-Institut, S. 64.
[9] „zutage tritt" handschriftlich ergänzt.

Durch ihre Leistungen hätten es sowohl Haussherr-Halle wie mein Schüler Wilhelm Treue, Dozent in Göttingen mit Lehrauftrag an der T. H. Hannover, verdient, mit auf die Liste zu kommen. Aber ich glaube, dass Ihre Fakultät an den zuerst genannten unter menschlich-persönlichen Gesichtspunkten mehr Freude erleben wird.

G. Beyerhaus, der früher Ordinarius in Breslau gewesen und seither stellungslos ist – Berlin hat er 1947 ausgeschlagen –, ist mit 67 Jahren wohl zu alt für Tübingen; er ist lebendig u. geistreich, aber unproduktiv.

Fritz Fischer-Hamburg[1], ein Schüler von E. Seeberg, ein zur Profanhistorie übergegangener Theologe, ist gewiss kenntnisreich u. begabt, aber sein Vortrag in München beim Historikertag war so formlos u. so mangelhaft aufgebaut, dass er nach anderthalb Stunden (zugebilligt waren 45 Minuten) noch immer nicht bei der Hauptsache war[2]; ich hege deshalb Zweifel an seiner Lehrbefähigung.

Aber ich möchte nun nicht noch eine Liste von denen aufstellen, die ich nicht oder noch nicht empfehle, sondern mache Schluss, erkläre mich aber bereit, etwaige weitere Fragen zu beantworten.

    Mit besten Grüssen
          Ihr
            Hartung

Nr. 244
An Eduard Spranger   Berlin, 28. Oktober 1949

BAK N 1182, Nr. 186. – Hs. Original.

Lieber, verehrter Herr Spranger!

Meinem Gutachten über einen geeigneten Nachfolger Stadelmanns, dessen frühen Tod ich als schmerzlichen Verlust für unsere Wissenschaft empfinde[3], möchte ich noch ein paar persönliche Worte hinzufügen, zugleich als Dank für Ihren freundlichen Brief vom 30.1., der infolge meiner langwierigen Wintererkrankung unbeantwortet geblieben ist[4], und für die Zeilen, die Sie Ihrem Gutachten über Schleiermacher hinzugefügt haben.

---

[1] Fritz Fischer (1908–1999), Historiker, a.o./o. Professor an der Universität Hamburg (1942/48–1973).
[2] Der Vortrag erschien zwei Jahre später im Druck: Fritz Fischer: Der deutsche Protestantismus und die Politik im 19. Jahrhundert, in: Historische Zeitschrift 171 (1951), S. 473–518.
[3] Siehe oben, Brief Nr. 243.
[4] Eduard Spranger an Fritz Hartung, 30.1.1949, in: Nl. F. Hartung, K 33/3; mit Bezug auf die kritische Lage der Berliner Akademie der Wissenschaften schreibt Spranger: „Wir sind über die Vorgänge ziemlich genau orientiert und nehmen durchaus verständnisvollen Anteil. Was manchen als Neugründung erscheint, kann ev[entuell] auch nur eine Form des Verfalls- und Zerfallsprozesses sein, wie er eben bei sehr großen, früher kräftigen Organismen verläuft. So überrascht es mich nicht, daß Sie in der Mitte stehen. Aber auch dies ist auf die Dauer kaum möglich. Dem Einzelnen ist heute so wenig wie 33/45 möglich, den Kurs im Großen zu beeinflussen. Hätte ich im Sommer vor 4 Jahren die große Mehrzahl

Nr. 244. An Eduard Spranger, 28. Oktober 1949

Ich möchte Ihnen vor allem über die Situation an der Akademie Aufschluß geben. Einstweilen hält sich die Akademie noch. Allerdings hat sie sich im Frühjahr, als ich krank war, anscheinend ohne Widerspruch in die Zerlegung in 6 Klassen gefügt[1]. Aber bei den Neuwahlen ist, so weit ich es beurteilen kann, doch das Niveau, so weit man heute davon noch sprechen kann, gehalten worden. Bei den Technikern, die gewählt worden sind, habe ich allerdings kein Urteil, und bei den Medizinern ist die praktisch-klinische Tätigkeit wohl ebenso bewertet worden wie die wissenschaftliche. Aber die beiden geisteswissenschaftlichen Klassen, deren Trennung sich fast in jeder Sitzung als unhaltbar erweist, haben gegen bloße Parteileute Widerstand geleistet. Das Ergebnis ist allerdings, daß z. B. die gesellschaftswissenschaftliche Klasse überhaupt niemand [sic] gewählt hat. Ich suche krampfhaft nach einem Soziologen, der wissenschaftliche Leistungen aufzuweisen hat u. bei der derzeitigen politischen Situation Aussicht auf Bestätigung hat. Aber ich habe noch keinen gefunden. Wenn Sie mir einen solchen nennen können, bin ich sehr dankbar. Auf die Dauer werde ich ja mit meiner Opposition gegen Neuwahlen kaum durchdringen können; aber ich bin z. B. entschlossen, Meusel nicht zu schlucken.

Kürzlich war v. Ficker[2] hier. Stroux veranstaltete für ihn ein Essen; dabei kam wieder einmal erschreckend zutage, wie wenige noch von der alten Garde in Berlin sind. Selbst unter den 12 Anwesenden waren mehrere, die Ficker von früher nicht kannten. Auch Brackmann ist vier Wochen hier gewesen. Er möchte gern zurückkommen, denn er fühlt sich geistig in Blankenburg sehr isoliert; auf der andern Seite hat er Sorgen, ob er mit seinem Geld auskommen wird. Aber die haben ja zur Zeit alle, die in Westberlin wohnen u. nur Ostgeldeinnahmen beziehen.

Im übrigen haben sich die Lebensverhältnisse wenigstens in Westberlin erheblich gebessert, so daß wir auf einen normalen Winter hoffen. Daß es in den Westzonen auch nicht viel glänzender zugeht als hier, daß es zwar sehr viel zu kaufen gibt, aber an Geld fehlt, habe ich in München gemerkt. Die öffentlichen Gebäude kommen auch im Westen nur langsam vorwärts; der Hauptbahnhof München u. die Universität haben in den 2 Jahren, die ich sie nicht gesehen habe, keine erkennbaren Fortschritte gemacht. Sehr starken Eindruck hat auf mich die vom Kriege völlig unberührte Gegend bei Kiefersfelden (letzte deutsche Station vor Kufstein) gemacht; ich war dort von München aus ein paar Tage bei Freunden u. genoß es sehr, keine Ruinen zu sehen. Allerdings spürt man die Kriegsfolgen an der engen Belegung aller Wohnungen durch Flüchtlinge. Doch das sind Dinge, die Ihnen längst geläufig sind.

[...]

---

hinter mir gehabt, so wäre damals vielleicht noch etwas zu machen gewesen, ähnlich wie bei meiner Aktion 33. Aber das ist eine abgetane Sache". – Zu Sprangers Konflikt mit den nationalsozialistischen Behörden im Jahr 1933 siehe oben, Brief Nr. 93.

[1] Siehe oben, Brief Nr. 243.
[2] Heinrich von Ficker (1881–1957), Meteorologe, a. o./o. Professor an den Universitäten Graz (1911/19–1923), Berlin (1923–1937) und Wien (1937–1952).

Wir beide grüßen Sie und Ihre verehrte Gattin[1] herzlich in alter Treue!
Ihr F. Hartung

Nr. 245
An Siegfried A. Kaehler   Berlin, 13. November 1949

NStUB Göttingen, Cod. Ms. S. A. Kaehler, 1, 59. – Masch. Original.

Lieber Kaehler!

Kriegen Sie, bitte, keinen Schreck, ich will nichts Amtliches von Ihnen, sondern brauche nur dieses, übrigens qualitativ sehr mangelhafte Briefpapier, dessen Adresse durch die Ereignisse überholt ist[2], langsam auf und habe im übrigen nur die Absicht, Ihnen auf Ihren freundlichen Brief vom Januar, den Ihre Gattin auf Ihr Diktat geschrieben hat[3], endlich zu antworten u. den Empfang mehrerer Drucksachen mit bestem Dank zu bestätigen.

Dass es fast ein Jahr gedauert hat, bis ich mich zu dieser Antwort aufraffe, dafür haben Sie wohl Verständnis u. Nachsicht, obwohl Ihr Brief eine Frage enthält, auf die Sie mit Recht eine frühere Antwort hätten erwarten können. Aber wenige Tage nach dem Eintreffen Ihres Briefs bin ich selbst schwer erkrankt u. habe über 2 Monate fest im Bett gelegen. Es hat dann ziemlich lange gedauert, bis ich wieder Lust zum Schreiben bekam, dann tauchte die Hoffnung auf, Sie beim Historikertag zu sehen. Und so ist die Zeit vergangen.

Nun will ich aber nicht länger wie die Katze um den heissen Brei herumgehen, sondern Ihre Frage beantworten, ob ich die mich betreffende Stelle Ihres „Legendenvortrags" beanstande[4]. Keineswegs, ich hätte es nur lieber gesehen, wenn Sie mich früher von dem Wortlauf in Kenntnis gesetzt hätten, denn ich hörte davon natürlich sehr viel früher als durch Ihren Brief, ohne mich bei den hier bestehenden Schwierigkeiten der Literaturbeschaffung vom Wortlaut überzeugen zu können. Und so konnte ich auf kollegiale Hinweise, dass Sie etwas gegen mich geschrieben hätten, nichts Rechtes erwidern. Sachlich haben Sie vollkommen Recht, und die Form ist absolut einwandfrei. Selbst wenn Sie

---

[1] Susanne Spranger, geb. Conrad (1890–1963).
[2] Das Briefpapier trägt die Überschrift: „Deutsche Akademie der Wissenschaften zu Berlin. Historische Kommission".
[3] Nicht überliefert.
[4] In seinem zuerst im Dezember 1946 gehaltenen Vortrag „Neuere Geschichtslegenden und ihre Widerlegung", gedruckt in: Siegfried A. Kaehler: Vorurteile und Tatsachen. Drei geschichtliche Vorträge, Hameln 1949, S. 5–35, 90–95, zitiert Kaehler – ohne Namensnennung und ohne Nachweis in den Anmerkungen! – die Schilderung des letzten Kriegsjahres 1918 durch einen „deutsche[n] Historiker von anerkannlich Rang wie bewährter Vaterlandsliebe" (ebenda, S. 15), in welcher der eigentlich „kenntnisreiche und vorsichtig urteilende Verfasser" dennoch von einem „Dolchstoß in den Rücken des deutschen Heeres" gesprochen habe (ebenda, S. 16). Kaehler zitiert hier eine kurze Passage aus Hartungs „Deutsche[r] Geschichte 1871–1918" in der 4. überarbeiteten und erweiterten Auflage, Leipzig 1939, S. 352 f.

Nr. 245. An Siegfried A. Kaehler, 13. November 1949

meinen Namen genannt hätten, würde ich es keineswegs als Denunziation auffassen. Sie sind sachlich so sehr im Recht, dass ich Ihnen erklären möchte, wie ich zu der Formulierung gekommen bin. Ich habe 1938 für die Neue Propyläenweltgeschichte den Abschnitt „Weltkrieg" bearbeitet[1]; da hat Andreas als Herausgeber bemängelt, dass weder der Dolchstoss noch die Juden gebührend angeprangert würden. So habe ich dann in die neue Auflage der „Deutschen Geschichte" wenigstens den Dolchstoss hineinzubringen mich verleiten lassen.

Meine persönliche Situation ist in der Göttinger Universitätszeitung s. Zt. sehr ungenau geschildert worden[2]. Ich habe zwar vor einem Jahr aus Protest gegen die uns aufgezwungene neue Prüfungsordnung, die als Normalstudium 6 Semester Pädagogik mit 1 wissenschaftlichen Nebenfach vorsieht u. danach die Möglichkeit eines weiteren 2semestrigen Studiums zur Erlangung eines Hauptfachs eröffnet, meine Lehrtätigkeit eingestellt, bin aber nicht an die Freie Univ. gegangen, da ich trotz Meinecke gegen diese Gründung sehr erhebliche Bedenken hatte. Ich bin jetzt Emeritus der alten Lindenuniversität, die sich mit dem Namen Humboldts schmückt, mit seinem Geist freilich sehr wenig zu tun hat. Daneben bin ich auch noch an der Akademie tätig; abgesehen von meinen wissenschaftlichen Arbeiten – ich habe kürzlich über „Föderalismus als Verfassungsform" gesprochen[3] – ist diese Tätigkeit in diesem Jahr wesentlich negativ gewesen, indem ich verhindert habe, dass die gesellschaftswissenschaftliche Klasse unzulängliche, aber parteipolitisch bewährte Mitglieder wählte. Wie lange ich damit durchkomme, ist mir zweifelhaft, vor allem weil unser Mitgliederbestand zahlenmässig klein u. altersmässig überaltert ist. Wenn Sie einen Soziologen kennen, der wissenschaftlich brauchbar ist u. so wohnt, dass man mit gelegentlicher Anwesenheit in Berlin rechnen kann, dann wäre ich Ihnen für die Namensnennung sehr dankbar. Augenblicklich sind wir als gesellschaftswissenschaftliche Klasse ein lucus a non lucendo[4], denn wir haben überhaupt keinen Gesellschaftswissenschaftler unter unsern Mitgliedern.

Von München[5] wird Ihnen Heimpel berichtet haben. Obwohl die Tage reichlich anstrengend waren, freue ich mich, dabei gewesen zu sein. Allerdings bin ich nicht etwa von dem Goetheschen Eindruck erfüllt, dass von hier eine neue Epoche ausgegangen sei[6]. Aber vielleicht ist es besser, wenn wir

---

[1] Hartungs Beitrag über den Ersten Weltkrieg war für den sechsten (und letzten) Band der von Willy Andreas herausgegebenen und seit 1940 erscheinenden „Neuen Propyläen Weltgeschichte" geschrieben worden; infolge des Kriegsausgangs erschien dieser Band nicht mehr.
[2] Hartung spielt hier vermutlich darauf an, dass die „Göttinger Universitätszeitung", Nr. 1, 14. Januar 1949, S. 15, fälschlicherweise gemeldet hatte, Hartung sei von der Berliner Linden-Universität an die Freie Universität gewechselt.
[3] Der Vortrag blieb ungedruckt.
[4] Lat. (im übertragenen Sinne): „Eine Leuchte, die nicht leuchtet".
[5] Gemeint ist der im September 1949 in München stattfindende erste Deutsche Historikertag nach dem Zweiten Weltkrieg; vgl. Schulze: Deutsche Geschichtswissenschaft, S. 169 ff.
[6] Ironische Anspielung Hartungs auf die bekannte Formulierung Goethes in seiner „Kampagne in Frankreich 1792", bezogen auf die preußischerseits fehlgeschlagene „Kanonade von Valmy" am 20.9.1792: Johann Wolfgang Goethe: Sämtliche Werke, Artemis-Ausgabe, Zü-

Historiker unsere Gedanken über eine Umwertung unserer bisherigen Urteile erst etwas ausreifen lassen. Von den Vorträgen war der Rothfelssche zweifellos der beste[1]. Fischer hat sich durch allzu grosse Breite leider ganz um die Wirkung gebracht, die sein Thema hätte haben können[2]. Er breitete eine Fülle von Wissen vor uns aus, aber er hatte es nicht zu gestalten vermocht u. musste nach anderthalb Stunden ziemlich plötzlich abbrechen; er suchte sich bei mir zu rechtfertigen, dass die Bonbons seines Vortrags erst hätten kommen sollen, als Schnabel zum Schluss mahnte. Aber ich habe ihm herzlos erwidert, gegen 1 Uhr hätten wir Hunger auf ein Mittagessen, nicht auf Bonbons gehabt. Wie alle Historikertage, die ich mitgemacht habe, war auch dieser überlastet, schon im Programm, mehr noch dadurch, dass kein Redner sich an die vorgeschriebene Zeit hielt. Ritter schien mir reichlich nervös u. zeigte gelegentlich Führer-Allüren. Der Besuch der Tagung war sehr gut, ich freue mich, viele Bekannte u. Schüler wieder zu sehen, darunter Frau Oberstudiendirektorin Brigitte Hasenclever[3], die sich über manche Vorträge recht kritisch äusserte. Bei manchen wunderte ich mich über die Unverfrorenheit, mit der sie auftraten, z. B. Zechlin und Hölzle, der s. Zt. zur SS gehört hat. Auch Ihr Schüler Birke[4] war da, aber er macht wenigstens keinen Anspruch auf ein akademisches Lehramt. [...]
Nun muss ich Ihnen aber noch auf Ihre Anregung, ich solle eine Geschichte Preussens schreiben, antworten[5]. Ihr Vertrauen ehrt mich, aber ich arbeite jetzt, wie die schon erwähnten Studien über Föderalismus zeigen, vor allem an einer allgemeinen Verfassungsgeschichte der Neuzeit u. möchte zunächst einmal damit fertig werden[6]. Ich hoffe diese Arbeit noch bewältigen zu können, obwohl ich seit meiner letzten Erkrankung ein alter, sehr kurzatmiger Mann bin. Ich lege aber Wert auf die Feststellung, dass ich mich nicht wegen Alters oder

---

rich 1949, Bd. 12, S. 289: „Von hier und heute geht eine neue Epoche der Weltgeschichte aus, und ihr könnt sagen, ihr seid dabei gewesen".

[1] Der am 14.9.1949 in München gehaltene Vortrag wurde ein Jahr später veröffentlicht: Hans Rothfels: Bismarck und das neunzehnte Jahrhundert, in: Walther Hubatsch (Hrsg.): Schicksalswege deutscher Vergangenheit – Beiträge zur geschichtlichen Deutung der letzten hundertfünfzig Jahre. Festschrift für Siegfried A. Kaehler zu seinem 65. Geburtstag am 4. Juni 1950, Düsseldorf 1950, S. 233–248 [etwas gekürzt auch in: Hans Rothfels: Zeitgeschichtliche Betrachtungen. Vorträge und Aufsätze, Göttingen 1959, S. 54–70], hier S. 256 f.

[2] Siehe oben, Brief Nr. 243.

[3] Brigitte Hasenclever (1911–1991), Gymnasialdirektorin in Lüneburg (1949–1976), Tochter von Adolf Hasenclever.

[4] Ernst Birke (1908–1980), Historiker, Mitarbeiter des Herder-Instituts in Marburg (1955–1963), Direktor des Gerhart-Hauptmann-Hauses Düsseldorf (1963–1966), a. o. Professor an der Universität Breslau (1944–1945) und o. Professor an der Pädagogischen Hochschule Ruhr/Duisburg (1966–1974).

[5] Vgl. hierzu auch Siegfried A. Kaehler an Friedrich Meinecke, 22.4.1951, in: Friedrich Meinecke: Ausgewählter Briefwechsel, hrsg. u. eingel. v. Ludwig Dehio/Peter Classen (Friedrich Meinecke: Werke, Bd. 6), Stuttgart 1962, S. 566: „Leider versagt sich Hartung [...] der Aufgabe einer ‚Preußischen Geschichte im 19. Jahrhundert', die er allein unter den heut lebenden zu schreiben der Mann wäre – gerade wegen seiner unanfechtbaren Nüchternheit und Sachlichkeit".

[6] Siehe oben, Brief Nr. 177.

leidender Gesundheit habe emeritieren lassen, sondern aus politischen Gründen, die ich auch bei meinem Emeritierungsgesuch allein angeführt habe.

Obwohl ich gerade seit dem Zusammenbruch mit den Studenten sehr gern zusammengearbeitet habe, weil ich selten so viele geistig aufgeschlossene u. arbeitsfreudige Studenten gehabt habe, so bin ich jetzt doch froh, von den Verpflichtungen des Lehramts befreit zu sein. Denn es war allmählich recht anstrengend für mich, wozu die Berliner Verkehrsverhältnisse ja auch ihr Teil beitrugen. Für meine Verpflichtungen in der Akademie habe ich jetzt ein Dienstauto zur Verfügung, das ist eine wesentliche Kraftersparnis.

Hoffentlich ist Ihnen Ihre Sommerkur gut bekommen, sodass Sie sich mit Emeritierungsfragen nicht zu beschäftigen brauchen. Meine Frau u. ich wünschen Ihnen u. Ihrer Gattin von Herzen einen recht guten Winter.

Mit den besten Grüssen
Ihr
Hartung

Nr. 246

An Gerhard Ritter Berlin, 15. Januar 1950

BAK N 1166, Nr. 335. – Masch. Original.

Lieber Herr Ritter!

Ihren Brief vom 12. beantworte ich postwendend[1]. Das Institut für Zeitgeschichte, das Sie zu einem Vortrag eingeladen hat, ist mir nicht näher bekannt[2]. Altfriedrichsfelde liegt so weit im Osten Berlins, natürlich im russischen Sektor, dass ich mich nie habe entschliessen können, den Einladungen seines früheren Direktors, eines Dr. Reinherz[3] (SPD), der hier 1946 bei der Habilitation gescheitert ist, zu folgen. Dass er seinen Posten hat aufgeben müssen, bringt mich auf die Vermutung, dass der kommunistische Einschlag sich dort

---

[1] Gerhard Ritter an Fritz Hartung, 12.1.1950, in: Nl. F. Hartung, K 46/8: Ritter berichtet von der Einladung an das „Deutsche Institut für Zeitgeschichte" in Ost-Berlin (Altfriedrichsfelde); ihm sei „nicht ganz klar geworden, wie weit das Institut kommunistischen Charakter trägt. Bittel soll früher hier in Offenburg als kommunistischer Schriftsteller tätig gewesen sein. Weshalb er mich nach Berlin holen will, ist mir unklar. Er nimmt an, dass das von uns beantragte Bundesarchiv und Bundesinstitut für Zeitgeschichte unter meiner Leitung stehen würde und möchte ‚Verbindung damit aufnehmen'. Ehe ich ihm antworte, hätte ich gerne Ihre Meinung, ob Sie mir raten, hinzugehen. Unter irgendwelchem kommunistischem Zwang möchte ich keinesfalls sprechen. Andererseits halte ich es für wichtig, im Interesse deutscher Geschichtswissenschaft ost-westliche Verbindungen zu pflegen".

[2] Hervorgegangen aus der 1946 gegründeten „Zentralstelle für Zeitgeschichte" wurde das „Deutsche Institut für Zeitgeschichte" 1949 gegründet. Es bestand bis 1971 und betätigte sich weniger im wissenschaftlichen Sinne, sondern diente, wie seine Publikationen zeigen, eher als Propagandainstrument im ideologischen Kampf gegen die Bundesrepublik Deutschland.

[3] Heinz Wilhelm Reinherz (1904–1960), Historiker, Schriftsteller und Journalist.

wesentlich verstärkt hat. Dr. Bittel[1] ist mir persönlich nicht bekannt, er fragte vor längerer Zeit bei mir an, ob ich ihm einen Bericht über München geben könne, entzog sich aber meinem Vorschlag, er möge mich einmal in der Akademie aufsuchen, schickte statt dessen die wohl auch Ihnen zugegangene Nr. 1 der Dokumentation. Was da auf S. 40 über München gesagt wird, ist gewiss nicht unrichtig, aber in der beliebten Weise sehr einseitig[2]. Ich hatte wenigstens nicht den Eindruck, dass wir die Erschwerung des Austausch- u. Reiseverkehrs mit der Ostzone vor allem in Massnahmen der Bonner Regierung erblicken. Ich rate deshalb zur Vorsicht. Dass Ihnen persönlich etwas geschehen könnte, etwa Verschleppung in ein KZ, glaube ich nicht. Bisher ist mir kein Fall bekannt, wo ein Professor heimlich verschwunden wäre.

Dass wir nicht grundsätzlich die ost-westliche Verbindung ablehnen sollen, ist auch ganz meine Meinung. Es hat mich deshalb auch gefreut, dass Dr. Korfes[3], früher Reichsarchivrat, dann am Heeresarchiv, während des Krieges Offizier, seit Stalingrad in russ. Gefangenschaft u. seit einigen Monaten Leiter der Archivverwaltung der Ostzone, sich bei der am Mittwoch hier erfolgten Gründung einer Historischen Gesellschaft[4] offiziell hat vertreten lassen. Dagegen hatte es Rörig vorgezogen, nicht zu kommen, denn der Schwerpunkt der Gesellschaft liegt natürlich in den Westsektoren. Er ist übrigens sehr traurig, dass das Protokoll der Münchener Tagung seine goldenen Worte der Nachwelt überliefert[5].

Freilich bleibt die ost-westliche Verbindung in der Regel bei Worten. Die Taten lassen auf sich warten. So habe ich immer noch keine Lizenz für die

---

[1] Karl Bittel (1892–1969), marxistischer Journalist, Schriftsteller und Historiker, Leiter des Deutschen Instituts für Zeitgeschichte in Ost-Berlin (1949–1957) und o. Professor an der Humboldt-Universität (1957–1964).

[2] Die Dokumentation der Zeit – Deutschland-Archiv, hrsg. v. Deutschen Institut für Zeitgeschichte Berlin 1 (1949), S. 40, bringt einen knappen Überblick über Ablauf und Ergebnisse des Münchner Historikertags und zitiert aus Gerhard Ritters Vortrag über die gegenwärtige Lage und die künftigen Aufgaben der deutschen Geschichtswissenschaft eine Passage mit der Forderung nach „Wiederherstellung eines ganzen Deutschlands" (ebenda).

[3] Otto Korfes (1889–1964), Offizier, Archivar und Historiker, Berufsoffizier (1910–1920), Archivar am Reichsarchiv Potsdam (1920–1937), anschließend erneut Offizier (1937–1945), Leiter des Staatsarchivs Potsdam und des Instituts für Archivwissenschaften in Potsdam (1948–1952), Generalmajor der Kasernierten Volkspolizei (1952–1956).

[4] Die 1950 gegründete „Historische Gesellschaft" in Berlin trat faktisch die Nachfolge des früheren „Vereins für die Geschichte der Mark Brandenburg" an; vor allem auf Betreiben Hartungs wurde mit Rücksicht auf die Zeitumstände der „neutralere" Name gewählt; vgl. Gerd Heinrich: Brandenburgische Landesgeschichte, in: Reimer Hansen/Wolfgang Ribbe (Hrsg.): Geschichtswissenschaft in Berlin im 19. und 20. Jahrhundert. Persönlichkeiten und Institutionen, Berlin/New York 1992, S. 323–363, hier S. 354 f., Anm. 66.

[5] Fritz Rörig hatte sich auf der Mitgliederversammlung des Historikerverbands im Rahmen des Münchner Historikertags nicht nur für eine engere Zusammenarbeit der deutschen Historiker in West und Ost ausgesprochen, sondern auch gegen Ritters „Bonmots" des Inhalts, die Berliner Historiker würden sich als „literarische Hinterwäldler" fühlen, festgestellt, ihm, Rörig, selbst habe „der Marxismus großen Gewinn gebracht"; zudem hatte er das „Entgegenkommen der ostzonalen Behörden" bezüglich der Reisegenehmigungen für die ostdeutschen Historiker lobend hervorgehoben; zit. nach dem ungedruckten Protokoll in: Franz Worschech: Der Weg der deutschen Geschichtswissenschaft in die institutionelle Spaltung (1945–1965), phil. Diss. Erlangen-Nürnberg 1990, S. 62 f.

Jahresberichte. Das richtet sich angeblich nicht gegen das Unternehmen, denn eine Reihe von andern gleichzeitig beantragten Lizenzen wartet auch auf die Erteilung. Augenblicklich entschuldigt man sich damit, dass nach der Gründung der ostdeutschen Republik erst festgestellt werden müsse, ob die Russen oder die Deutschen die Lizenzen zu erteilen hätten.

Dass Sie über Ihre Reisen Günstiges berichten können[1], freut mich sehr. Zumal da meine in München gegenüber einigen Leisetretern geäusserte Meinung, dass Sie wegen Ihrer Betätigung in der Nazizeit der gegebene Vorsitzende seien, dadurch als richtig bestätigt wird.

Mit den besten Grüssen, auch an Ihre verehrte Gattin[2]

Ihr Hartung

Nr. 247

An Ludwig Dehio Berlin, 15. Januar 1950

HessStA Marburg, Nl. G. Dehio, C 14. – Masch. Original
[Durchschlag: SBBPK, Nl. F. Hartung, K 37/1] mit hs. Zusätzen des Empfängers.

Sehr verehrter Herr Dehio!

Als ich vor kurzem Ihren vom 21.12. datierten, aber erst nach Neujahr abgeschickten Brief bekam[3], überlegte ich, ob er vielleicht trotz aller Liebenswürdigkeit der Form eine Ablehnung[4] meines der HZ angebotenen Aufsatzes[5] sein sollte. Da ich hier im Osten nichts drucken kann – Teubner hat mir gerade jetzt die im Ms. fertige 5. Aufl. meiner Verfassungsgeschichte zurückgegeben, damit ich sie im Westen erscheinen lassen könne – und die HZ auf weiter Flur allein steht als historisches Publikationsorgan, wusste ich nicht, wo ich den Aufsatz veröffentlichen könnte. Nun scheint mir aber Ihre Karte vom 7., die vorgestern ankam, zu zeigen, dass meine Vermutung nicht berechtigt gewesen

---

[1] In seinem Brief an Hartung vom 12.1.1949 (s. o.), berichtet Ritter von mehreren Auslandsreisen, u. a. nach Großbritannien und zu einer UNESCO-Tagung in Monaco.
[2] Gertrud Dorothea Ritter, geb. Reinhardt (1895–1972).
[3] Ludwig Dehio an Fritz Hartung, 21.12.1949, in: Nl. F. Hartung, K 37/1: „Ich darf Ihnen vertraulich sagen, daß Oldenbourg, wie so viele andere Verlage, finanziell sehr beengt ist und vermutlich die Hilfe der Notgemeinschaft für die H.Z. angehen muß. Bis zur Entscheidung wird dann aber Zeit vergehen, sodaß ich nicht in der Lage bin, den Autoren jetzt schon auch nur einen ungefähren Termin für das Erscheinen angebotener Manuskripte anzugeben. Wollen Sie es daraufhin wagen, Ihren Aufsatz in meinen Händen zu lassen, oder wünschen Sie ihn zurück? Ich würde versuchen, ihn gegebenenfalls am Ende des nächsten Bandes oder zu Beginn des folgenden zu bringen. Ich habe nämlich noch einen furchtbar langen Bismarck-Aufsatz Bornkamms (auf 2 Hefte verteilt) zu bringen u. darf das Bismarck-Thema nicht zu oft vornehmen". – Gemeint ist: Heinrich Bornkamm: Die Staatsidee im Kulturkampf, in: Historische Zeitschrift 170 (1950), S. 41–72, 273–306.
[4] „Ablehnung" von Dehio unterstrichen, mit einem Fragezeichen und einer (unleserlichen) Randbemerkung versehen.
[5] Fritz Hartung: Bismarck und Graf Harry Arnim, erschien im folgenden Jahr in: Historische Zeitschrift 171 (1951), S. 47–77.

ist; denn sonst hätten Sie wohl erst meine Entschliessung abgewartet. Da mein Aufsatz keineswegs aktuell ist[1] u. schwerlich damit gerechnet werden kann, dass mir jemand zuvorkommt, möchte ich Sie bitten, den Aufsatz zu behalten u. abzudrucken, wenn es in Ihr Programm passt[2].

Sie werden Meineckes Erinnerungsbuch gelesen haben[3]. Ich freue mich, dass er sich entschlossen hat, es noch zu seinen Lebzeiten herauszubringen, sonst wird der Kreis derjenigen, für die das Buch die Verhältnisse und Persönlichkeiten ihrer Studienzeit lebendig macht, immer kleiner. Ich war kurz vor Weihnachten wieder einmal bei Meinecke, ich fand ihn erstaunlich frisch, ein neuer Hörapparat erleichtert die Verständigung mit ihm sehr.

Vor ein paar Tagen haben wir hier mit guter Beteiligung namentlich auch aus den Kreisen der Studienräte u. der Studierenden eine Historische Gesellschaft gegründet[4]. Ich hoffe, dass es gelingen wird, sie in lebendige Wirksamkeit zu bringen. Das Interesse für die Neugestaltung unseres Geschichtsbilds, die ich in einer einleitenden Ansprache als die Aufgabe unserer Wissenschaft bezeichnet habe, scheint mir durchaus vorhanden zu sein. Hauptsache ist nun, geeignete Kräfte für Vorträge u. Diskussionen zu finden.

Indem ich Ihre freundlichen Wünsche für das neue Jahr herzlich erwidere, bin ich in der Hoffnung auf ein gelegentliches Wiedersehen hier oder in München[5]

Ihr sehr ergebener
Hartung

Nr. 248

An Gerhard Ritter   **Berlin, 5. März 1950**

BAK N 1166, Nr. 335. – Masch. Original.

Lieber Herr Ritter!

Heute will ich endlich auf Ihren Brief vom 7.2. antworten, damit kann ich zugleich die Antwort auf die Frage vom 27.[6] wegen des Akademiejubiläums

---

[1] „Aufsatz keineswegs aktuell" von Dehio unterstrichen und mit der Randbemerkung „nein" versehen.
[2] Siehe dazu die Antwortpostkarte Ludwig Dehios an Fritz Hartung, 17.1.1950 (Durchschlag in: Hessisches Staatsarchiv Marburg, Nachlass 340 Dehio, C 14): „Ich bin sehr froh, daß Sie mir den Aufsatz überlassen mit der Erlaubnis, ihn abzudrucken, wenn er in unser Programm passe. – Daß Sie in meinem Brief vom 21.12. eine versteckte Ablehnung zu spüren glaubten, ist mir ein Fingerzeig dafür, wie wenig ich noch die redaktionelle Stilistik beherrsche".
[3] Friedrich Meinecke: Straßburg – Freiburg – Berlin 1901–1919. Erinnerungen, Stuttgart 1949.
[4] Siehe oben, Brief Nr. 246.
[5] Von „in der Hoffnung" bis „in München" von Hartung handschriftlich ergänzt.
[6] Gerhard Ritter an Fritz Hartung, 7.2. und 27.2.1950, in: Nl. F. Hartung, K 46/8. – In seinem Brief vom 27.2. fragt Ritter: „Die Berliner Akademie lädt mich zu ihrem 250jahrsjubiläum ein. Meine Empfindungen sind gemischt. Man sollte keine Gelegenheit versäumen, denke

verbinden. Aus dem Tippversehen¹ können Sie ersehen, dass ich selbst schreibe, wenn ich auch einen Akademiebriefbogen² verwende.

Was zunächst das Akademiejubiläum angeht, so gebe ich offen zu, dass von Seite[n] der Regierung gewisse Bestrebungen an uns gelangen, das Fest im Sinne des Fortschritts u. der Volksdemokratie auszunutzen. Aber wir leisten mannhaft Widerstand, u. das bisher aufgestellte Programm ist unanfechtbar. Gerade darum legen wir Wert darauf, dass auch Teilnehmer aus dem Westen erscheinen. Und es bekümmert uns, dass einige Absagen, die wir bekommen haben, den Anschein erwecken, als bestehe bereits eine mehr oder minder feste Verabredung im Westen, ostentativ wegzubleiben, eine Haltung, die ich nach der erfreulichen u. gerade mit der Rücksicht auf unsere Akademie begründeten Absage der westlichen Akademien an die neue Akademie in Mainz³ nicht recht begreife. Ich würde es sehr begrüssen, wenn Sie sich zur Teilnahme entschliessen könnten. Natürlich hängt alles von der politischen Lage ab, u. erst nach Pfingsten werden wir sehen, ob der „Marsch auf Berlin", den die FDJ vorbereitet, nicht die ganze Situation verändert⁴. Aber ich möchte Sie zum mindesten bitten, sich die Entscheidung vorzubehalten u. nicht schon jetzt

---

ich, den Kollegen in der Ostzone seine enge Verbundenheit zu bezeugen. Aber handelt es sich vielleicht darum, einer roten Kultusverwaltung zu helfen, durch einen stattlichen Kranz von Gelehrten aus ganz Deutschland und dem Ausland die eigene Bosheit zu tarnen? Soll ich kommen?".

[1] Die zweite Briefzeile ist etwas verrutscht.

[2] Aufschrift wie oben auf Brief Nr. 241.

[3] Die am 9.7.1949 in Worms gegründete „Akademie der Wissenschaften und der Literatur" mit Sitz in Mainz wurde maßgeblich initiiert von dem früheren Direktor der Berliner Akademie der Wissenschaften, Helmuth Scheel, und einigen nach 1945 aus der Berliner Akademie wegen NS-Belastung ausgeschlossenen früheren Mitgliedern, darunter Carl August Emge. Die Mainzer Akademie entwickelte sich jedoch nicht, wie von Hartung anfangs befürchtet, zu einer Art von westdeutscher Ersatz- und Konkurrenzinstitution für die Berliner Akademie, sondern gewann rasch ein eigenes Profil; einige Daten zur Gründung und zur Frühgeschichte der Mainzer Akademie finden sich (zusammengestellt von der Herausgeberin) in: Petra Plättner (Hrsg.): Der schwierige Neubeginn – Vier deutsche Dichter 1949 (Akademie der Wissenschaften und der Literatur; Abhandlungen der Klasse der Literatur 2009, 4), Mainz/Stuttgart 2009, S. 66 ff.; zur Berliner Perspektive zu den Vorgängen in Worms und Mainz um 1949/50 vgl. Peter Thomas Walther: Denkraster- und Kaderpolitik der SED in der Deutschen Akademie der Wissenschaften zu [Ost-]Berlin, in: Petra Boden/ Rainer Rosenberg (Hrsg.): Deutsche Literaturwissenschaft 1945–1965. Fallstudien zu Institutionen, Diskursen, Personen, Berlin 1997, S. 161–171, hier S. 164 ff.

[4] Im Vorfeld eines von der SED-Führung für Pfingsten 1950 geplanten „Deutschlandtreffens der Jugend" in Berlin hatte der Zentralrat der FDJ einen „Marsch auf Berlin" beschlossen. In fünf Marschkolonnen sollten die mit Blauhemden uniformierten Mitglieder der DDR-Jugendorganisation in West-Berlin einmarschieren mit dem Ziel, durch diese Machtdemonstration die Bevölkerung zu verunsichern und die westlichen politischen Institutionen und Sicherungssysteme zu destabilisieren. Bereits die Ankündigung dieser FDJ-Propagandaaktion führte in den Westsektoren der Stadt zu Abwehrmaßnahmen, doch der nicht nur auf westlicher Seite befürchtete „Krieg um Berlin" blieb am Ende aus, da die SED-Führung auf Anweisung Stalins, der keine neue Berlinkrise riskieren wollte, die Aktion wieder absagen musste; vgl. Michael Lemke: Die „Gegenspiele". Weltjugendfestival und FDJ-Deutschlandtreffen in der Systemkonkurrenz 1950–1954, in: Heiner Timmermann (Hrsg.): Die DDR in Europa – zwischen Isolation und Öffnung, Münster 2005, S. 452–505, hier S. 456 ff.

abzusagen. Denn wir brauchen die Verbindung mit dem Westen, um östliche Zumutungen ablehnen zu können.

Solange wir sie haben u. uns darauf berufen können, sind wir nämlich in der Lage, Zumutungen abzulehnen. Ich habe das eben selbst wieder erfahren. Die Dokumentation der Zeit, die Ihnen bekannte Veröffentlichung des Instituts für Zeitgeschichte[1], sollte vom Akademieverlag übernommen werden, und der Direktor bei der Akademie[2], der genau wie Scheel-Mainz in der Nazizeit der politische Verbindungsmann zur Regierung ist, forderte mich zum Gutachten auf. Da das 2. Heft mindestens so einseitig wie das 1. „dokumentiert", habe ich erklärt, dass der Akademieverlag sich damit nicht befassen könne, u. bin damit durchgedrungen. Aber für all das ist es nötig, dass man uns nicht entgegenhalten kann, der Westen nehme keine Rücksicht auf uns.

Eine erfreuliche Mitteilung kann ich Ihnen machen: ich habe von einem der bisher zuständigen russischen Herrn Nachricht, dass die Lizenz für die Jahresberichte in den nächsten Tagen durch die nunmehr zuständige deutsche Stelle erteilt werde u. dass wir mit den Vorarbeiten beginnen könnten. Um rasch weiterzukommen, beabsichtige ich, zunächst den Jahrgang 1949 bearbeiten zu lassen, womit die laufende Arbeit für 1950 verbunden werden könnte. Die Frage, wie der Anschluss an den letzten Jahrgang 1939/40 hergestellt werden kann, möchte ich erst später entscheiden. Wie denken Sie darüber?

Wegen der Pol. Corr. Friedrichs des Grossen hat sich die Akademie s. Zt. auf den Standpunkt gestellt, dass der noch ausstehende Rest (1783–86) noch bearbeitet werden soll, falls das Material dafür gefunden wird[3]. Da augenblicklich in Potsdam das ehemalige Geh. Staatsarchiv Preussens wieder aufgestellt wird, lässt sich hoffentlich bald ermitteln, was an Quellen für diese Jahre noch vorhanden ist. Ich meine allerdings, dass eine gewisse Verkürzung in der Publikation durchaus angebracht wäre; die Aussenpolitik des alten Fritz scheint mir nicht so bedeutsam, dass man für jedes Jahr etwa anderthalb Bände braucht. Wenn für diese Corr. etwas geschehen kann, müsste sich zunächst die hiesige Akademie äussern. Genauer gesagt, ich müsste feststellen, ob wir bei der heutigen politischen u. finanziellen Lage die Arbeit überhaupt u. noch dazu mit einem westlichen Verlag durchführen können.

---

[1] Siehe oben, Brief Nr. 246.
[2] Josef Naas.
[3] In seinem Brief vom 7.2.1950 bemerkt Ritter: „Der Verlag Stalling in Oldenburg, jetzt Oldenburger Verlagshaus genannt, fragt bei mir an, ob nicht eine Fortsetzung der politischen Korrespondenz Friedrichs des Grossen durch die Berliner Akademie und an einen Abschluss des Werkes ‚Die auswärtige Politik Preussens 1858–71' zu denken sei. Wissen Sie etwas darüber, insbesondere ist Ihnen bekannt, ob Band 7 und Band 11 schon in Bearbeitung sind? Stalling würde die Reihe sehr gerne fortsetzen. Es wäre doch zu überlegen, ob unser Verband sich nicht dieser Sache annehmen sollte, nachdem die Historische Reichskommission verschwunden ist. Der Historischen Kommission in München traue ich nichts zu, da Goetz zweifellos überaltert ist, wie mir immer deutlicher wird und Schnabel zu indolent, um irgendeine Aktivität zu entfalten. Aber vielleicht könnte man auch eine Akademie dafür in Bewegung setzen. Es wäre doch schade, wenn das grosse Werk Fragment bliebe. Eine Fortsetzung der politischen Korrespondenz Friedrichs des Grossen ist ja wohl unter heutigen Umständen kaum möglich. Wie denken Sie darüber?".

Nr. 248. An Gerhard Ritter, 5. März 1950

Da die Auswärtige Politik Preussens[1] kein Akademieunternehmen gewesen ist, also der Gesichtspunkt des Abschlusses eines längst bestehenden Werkes hier keine Geltung hat, glaube ich nicht, dass die hiesige Akademie sich damit befassen wird. Es ist ja auch bei dem heutigen Wechselkurs von 1:7 kaum möglich, von hier aus ein Unternehmen zu finanzieren, das Reisen in den Westen oder gar ins Ausland nötig macht. Ich habe im Winter 47/48 mich einmal um die Sache bekümmert und dabei erfahren, dass Ibbeken[2] kein Material für den von ihm vorbereiteten Bd. 7 besitzt, aber überhaupt nicht geneigt ist, sich einer etwaigen Neubearbeitung zu unterziehen. Auch Michaelis[3], der Bearbeiter von Bd. 11 u. 12, hat mir damals erklärt, dass er nicht an die Möglichkeit glaube, diese Bände noch fertig zu stellen. Immerhin hat sich seither ja manches geändert. Michaelis hat, so viel ich weiss, noch keine feste Stellung, deshalb wäre er vielleicht doch zu gewinnen. Im Dahlemer Archiv ist auch Grandinger[4], der frühere Archivar des Frankschen Reichsinstituts. Der Historikerverband könnte sich der Sache wohl nur in der Form annehmen, dass er die wissenschaftliche Betreuung übernähme, das Geld aber von den einzelnen Akademien aufgebracht würde. Wenn Sie es für richtig halten, nehme ich noch einmal Fühlung mit Ibbeken, Michaelis u. Grandinger[5].

Dem Pariser Kongress weine ich persönlich keine Träne nach[6]. Wenn ich das Akademiejubiläum hinter mir habe, werde ich wohl erholungsbedürftig sein. Aber es wäre doch wichtig, dass die deutsche Vertretung nicht zu klein ausfällt. Denn dass Goetz u. Meinecke nicht hinfahren werden, halte ich auch

---

[1] „Die auswärtige Politik Preußens 1858–1871" war eine im Auftrag der Historischen Reichskommission erarbeitete Aktenedition; zwischen 1932 und 1945 erschienen von zwölf geplanten Bänden insgesamt neun: die Bände 1–6 und 8–10; Band 7 erschien erst 2008, bearbeitet von Winfried Baumgart. – Zur Entstehung und Geschichte der Edition siehe Winfried Baumgart: „Die auswärtige Politik Preußens". Zur Geschichte einer Edition, in: Hans-Christof Kraus (Hrsg.): Das Thema „Preußen" in Wissenschaft und Wissenschaftspolitik vor und nach 1945, Berlin 2013, S. 19–30.

[2] Rudolf Ibbeken (1902-?), Historiker, Mitarbeiter der Historischen Reichskommission, Dozent für Neuere Geschichte an der Universität Berlin (1942–1945).

[3] Herbert Michaelis (1904–1980), Historiker, Mitarbeiter der Historischen Reichskommission und des Reichsinstituts für Geschichte des neuen Deutschlands (1929–1939), Dozent und Professor an der Pädagogischen Hochschule in West-Berlin (1951–1968).

[4] Johannes Grandinger (1906–1962), Archivar am Reichsinstitut für Geschichte des neuen Deutschlands (1936–1945), nach 1945 Verwaltungsangestellter am Geheimen Staatsarchiv in Berlin-Dahlem.

[5] Ritter merkt am Rand handschriftlich an: „ja". – Eine Wiederaufnahme der Arbeiten kam letzten Endes jedoch nicht zustande; vgl. Fritz Hartung an Gerhard Ritter, 2.5.1950 (Nl. F. Hartung, K 46/8; Durchschlag): „In den letzten Tagen hatte ich Gelegenheit mit Michaelis und Grandinger über die Fortsetzung der Publikation zur ‚Auswärtigen Politik Preußens' zu sprechen. Auch von Ibbeken habe ich eine Antwort erhalten. Die Ergebnisse sind insofern günstig, als sowohl Ibbeken wie Michaelis für die neue Arbeit zu haben sind. Ungünstiger aber ist, daß beide ihr Material verloren haben und daß nur, wenn überhaupt, das Material durch neue kostspielige Archivreisen wieder beschafft werden kann. Die Frage, ob das überhaupt Sinn hat, muß wohl ernstlich aufgeworfen werden [...]".

[6] Gemeint ist der 9. Internationale Kongress der Historischen Wissenschaften in Paris (28.8. bis 3.9.1950).

für sicher. Rörig fragt mich ungefähr jede Woche, ob ich etwas wisse, u. hält seine Beteiligung anscheinend für ein dringendes Erfordernis.

Auf Ihr Rundschreiben wegen des Archivs für Reformationsgeschichte[1] habe ich nicht geantwortet, da ich Ihnen bei meinen augenblicklichen Arbeiten keinen Beitrag dafür in Aussicht stellen kann. Ich gratuliere Ihnen aber zu dem Erfolg u. hoffe, dass sich diese unmittelbare Zusammenarbeit mit dem Ausland als fruchtbar erweisen wird.

Hoffentlich kommen Sie, wie angekündigt, im April nach Berlin. Sie werden zwar sicherlich sehr viel in Anspruch genommen sein, aber ich hoffe doch, dass wir uns einmal sehen werden. Einsweilen herzliche Grüsse

Ihr Hartung

Nr. 249
An Wilhelm Treue   Berlin, 23. April 1950

SBBPK, Nl. F. Hartung, K 59/29. – Durchschlag (unvollständig).

Lieber Herr Treue!

Zunächst muss ich mich entschuldigen, dass ich Ihren Brief vom 11.11. nicht beantwortet u. nicht einmal den in München versprochenen Oberpräsidenten[2] geschickt habe, dann möchte ich Ihnen für den „politischen Professor"[3] u. für Ihren Brief vom 18. vielmals danken[4].

Was zunächst den Professor angeht, so stimme ich Ihnen im Ganzen zu. Im Einzelnen habe ich Droysen[5] vermisst, der doch nicht nur wegen seines starken Anteils 1848 eine Erwähnung verdient, sondern auch wegen seiner Gesch. der Preuss. Politik[6]; in dieser finde ich auch schon die von Ihnen erst bei D. Schäfer festgestellte Gefahr der Wissenschaft im Dienste der Politik. Bei Mommsen ist mir nicht ganz klar, was Sie mit der durch das glänzend moder-

---

[1] Gerhard Ritter war seit 1938 Hauptherausgeber des „Archivs für Reformationsgeschichte", das nach einer Unterbrechung von sieben Jahren erst 1951 erneut erscheinen konnte; vgl. Christoph Cornelißen: Herausgeber in schwieriger Zeit: Gerhard Ritters Beziehungen zum Archiv für Reformationsgeschichte und zur Historischen Zeitschrift, in: Matthias Middell (Hrsg.): Historische Zeitschriften im internationalen Vergleich, Leipzig 1999, S. 161–199, hier S. 168 ff. (Ritter als Herausgeber), 193 ff. (Neubegründung der Zeitschrift ab 1949/50).

[2] Fritz Hartung: Studien zur Geschichte der preußischen Verwaltung, Teil 2: Der Oberpräsident (Abhandlungen der Preußischen Akademie der Wissenschaften, Jg. 1943, Phil.-hist. Klasse, Nr. 4), Berlin 1943.

[3] Wilhelm Treue: Der politische Professor. Problematische Naturen in Vergangenheit und Gegenwart, in: Deutsche Universitätszeitung, 24.3.1950, S. 4–7.

[4] Die erwähnten Briefe Wilhelm Treues an Fritz Hartung vom 11.11.1949 und vom 18.4.1950 sind nicht überliefert.

[5] Johann Gustav Droysen (1808–1884), Historiker, Politiker und Philologe, a. o. Professor für klassische Philologie an der Universität Berlin (1835–1840), o. Professor für Geschichte an den Universitäten Kiel (1840–1851), Jena (1851–1859) und Berlin (1859–1884).

[6] Johann Gustav Droysen: Geschichte der preußischen Politik, 12 Bde., Berlin 1855–1886.

Nr. 249. An Wilhelm Treue, 23. April 1950

nisierte Porträt Cäsars verübten Kritik an Bismarck meinen, denn ich kenne nur die allerdings glänzende Schilderung Cäsars im 3. Band der röm. Gesch., aber diese stammt von 1856/7 u. wird allgemein auf Napoleon III. bezogen[1]. So weit ich unterrichtet bin, hat Mommsen die späteren Auflagen nicht wesentlich geändert, aber ich bin meiner Sache nicht sicher u. wäre für Belehrung dankbar. Bei Virchow[2] stimme ich Ihrem Urteil zu, gegen Kaehler, in dessen Urteil vielleicht etwas christliches Ressentiment gegen den Kulturkämpfer mitschwingt. Dass H. Delbrück[3] jemals Schäfers aussenpolitischen Ansichten nahegestanden habe, will mir nicht recht einleuchten; er ist doch schon in den 90er Jahren ein scharfer Gegner jeder nationalistischen Politik gewesen, z.B. in der Ostmarkenfrage wie in der Dänenpolitik der preuss. Regierung, die deswegen gegen ihn ein Disziplinarverfahren einleitete[4]; wie er zum Flottenverein[5] u. zur Marinepolitik um 1900 gestanden hat, weiss ich allerdings nicht, u. die Stellung in und nach dem Weltkrieg beweist natürlich nichts für seine Haltung vor 1914.

Ein Problem für sich wäre die Haltung der Professoren im Weltkrieg; Sie werden aber vielleicht sagen, das waren keine politischen, sondern im Gegenteil sehr unpolitische Professoren, die ihre Erklärungen in die Welt hinausgehen liessen u. über Händler u. Helden schrieben[6].

Ein weiteres Kapitel wäre die Zeit nach 1918; der Kampf der Juristen gegen die Weimarer Verfassung, z.B. Bornhak, Freytag-Loringhoven[7], Marschall v. Bieberstein[8]. Auch die Historiker haben in dieser Reihe gestanden, z.B.

---

[1] Mommsens berühmte Charakteristik Julius Caesars findet sich (auch in späteren Auflagen in der Wertung unverändert) in: Theodor Mommsen: Römische Geschichte, Bd. 3: Von Sullas Tod bis zur Schlacht von Thapsus, 8. Aufl. Berlin 1889, S. 461–469 u. passim.

[2] Rudolf Virchow (1821–1902), Mediziner und Politiker, o. Professor an den Universitäten Würzburg (1849–1856) und Berlin (1856–1902), daneben liberaler Abgeordneter in der Berliner Stadtverordnetenversammlung, im Preußischen Abgeordnetenhaus und im Deutschen Reichstag.

[3] Hans Delbrück (1848–1929), Historiker und Publizist, a.o./o. Professor an der Universität Berlin (1885/95–1921) und Herausgeber der „Preußischen Jahrbücher" (1889–1919), liberaler Abgeordneter im Preußischen Abgeordnetenhaus und im Deutschen Reichstag.

[4] Gegen Hans Delbrück, der Ende 1898 in den „Preußischen Jahrbüchern" die Politik der preußischen Regierung gegenüber der dänischen Minderheit in Schleswig in scharfer Form kritisiert hatte, wurde 1899 seitens des preußischen Kultusministeriums ein Disziplinarverfahren eingeleitet, das mit einem Verweis und einer (später jedoch erlassenen) Geldstrafe von 500 Mark endete; vgl. Annelise Thimme: Hans Delbrück als Kritiker der Wilhelminischen Epoche, Düsseldorf 1955, S. 96f.

[5] Der „Deutsche Flottenverein" (1898–1934) gehörte zu den politischen Agitationsverbänden des Deutschen Kaiserreichs und setzte sich mit großer Öffentlichkeitswirkung für die deutsche Flottenrüstung ein.

[6] Anspielung auf Werner Sombart: Händler und Helden – Patriotische Besinnungen, München/Leipzig 1915.

[7] Axel von Freytagh-Loringhoven (1878–1942), Jurist, a.o. Professor am Juristischen Lyzeum Jaroslawl/Russland (1910–1911), o. Professor an den Universitäten Dorpat (1911–1914) und Breslau (1918–1942), seit 1924 Abgeordneter des Deutschen Reichstags (DNVP, später NSDAP).

[8] Fritz Marschall von Bieberstein (1883–1939), Jurist, a.o. Professor an der Universität Halle (1913–1915), o. Professor an den Universitäten Tübingen (1915–1920) und Freiburg i.Br. (1920–1939).

A. Wahl[1], auf der Gegenseite Ziekursch. Zu untersuchen wäre auch, ob der geringe Einfluss, den die politischen Professoren (S. 7), zu denen auch W. Goetz gehört, auf die Parteien ausgeübt haben – besonders auffallend, was Sie von M. Weber sagen –, auf Schwäche der Professoren oder auf Mängel unserer Parteien zurückzuführen ist.

Noch eine Frage habe ich: gibt es in andern Ländern auch einen politischen Professor oder ist er eine Sondererscheinung des Typus: Praeceptor Germaniae? Mir fällt zunächst nur Wilson[2] ein; aber wer kennt den Lebenswandel der ausländischen Gelehrten oder die Parteigeschichte der andern Länder so genau, um darüber gleich etwas sagen zu können? Sie sehen, dass es keine blosse Höflichkeitsfloskel gewesen ist, wenn ich Ihrer Gattin[3] sagte, Ihr Aufsatz habe mich interessiert.

[...]

Nr. 250
An Wilhelm Mommsen   Berlin, 1. Mai 1950

BAK, N 1478, Nr. 385. – Masch. Original.

Sehr geehrter Herr Mommsen!

Für die freundliche Zusendung Ihres „Kampfs um das Bismarckbild"[4] danke ich Ihnen bestens. Ich bin etwas erstaunt über die wohlwollende Beurteilung von A. O. Meyers Buch[5], das ich nur als Wiederholung des Oberlehrerurteils von vor 1914 empfinde u. vor dessen posthumer Veröffentlichung ich den Verlag auch gewarnt habe[6], weil man damit dem Andenken des Verfassers keinen Dienst erweise. Im Interesse der Witwe[7], die, wie ich weiss, sehr grossen Wert auf die Veröffentlichung des Buches gelegt hat, begrüsse ich die ru-

---

[1] Adalbert Wahl (1871–1957), Historiker, a. o. Professor an der Universität Freiburg i. Br. (1905–1908), o. Professor am Kolonialinstitut Hamburg (1908–1910) und an den Universitäten Dorpat (1918–1919) und Tübingen (1910–1918, 1919–1937).

[2] Der 28. US-Präsident Woodrow Wilson (1856–1924) lehrte vor Beginn seiner politischen Karriere als Professor für Geschichte und Wirtschaftswissenschaften an der Wesleyan University in Middletown, Connecticut (1888–1890), als Dozent für Verwaltungswissenschaften an der Johns Hopkins University in Baltimore, Maryland (1887–1898) und als Professor für Rechts- und Wirtschaftswissenschaften an der Princeton University (1890–1910), wo er von 1902 bis 1910 auch das Amt des Rektors bekleidete. Siehe: John Milton Cooper, Jr: Woodrow Wilson. A Biography, New York 2009, S. 56–119.

[3] Hildegard Treue.

[4] Wilhelm Mommsen: Der Kampf um das Bismarck-Bild, in: Universitas 5 (1950), S. 273–280; erneut in: Hans Hallmann (Hrsg.): Revision des Bismarckbildes. Die Diskussion der deutschen Fachhistoriker 1945–1955, Darmstadt 1972, S. 160–168.

[5] Siehe oben, Brief Nr. 174.

[6] Die Biographie („Bismarck. Der Mensch und der Staatsmann") erschien 1949 im Text unverändert und mit einem vorgehefteten Geleitwort von Hans Rothfels (S. 3–6) im Verlag F. K. Koehler in Stuttgart, in dem auch Hartung die Nachkriegsauflagen seiner „Deutschen Verfassungsgeschichte" veröffentlichte.

[7] Bertha Meyer, geb. Thierfelder.

Nr. 250. An Wilhelm Mommsen, 1. Mai 1950

hige u., wie gesagt, wohlwollende Art, in der Sie das Buch besprechen[1]. Ich glaube, Sie richtig verstanden zu haben, wenn ich zwischen den Zeilen doch eine deutliche Kritik herausgelesen habe.

Im Ganzen bin ich durchaus Ihrer Meinung, dass man Bismarck vom Staat her, u. zwar vom preussischen Staat her verstehen muss u. zwar, wie das Rothfels in München deutlich gemacht hat[2], vom Staat des 19. Jahrhunderts aus; man muss vielleicht sogar sagen, vom frühen 19. Jahrh. aus, denn für die Kräfte des Demos, die nach 1850, zumal nach 1871 immer stärker an den Staat herandrängen, hat er bei aller Sozialpolitik, man kann auch sagen: wie gerade seine Sozialpolitik beweist, niemals das rechte Verständnis gehabt. Es geht mit ihm ähnlich wie mit Friedr. d. Gr., er beginnt mit einem geradezu revolutionären Schritt in der Aussenpolitik, versucht dann aber den aussen- wie innenpolitischen Konsequenzen dieses Schrittes zu entgehen durch eine konservative Haltung.

Von diesem Gesamturteil aus kann ich mich auch mit Ihrer Darstellung der Politik Bismarcks 1862/66 ganz einverstanden erklären. Ihr leitender Gedanke ist, etwas überspitzt ausgedrückt, die „revanche pour Olmütz", Gleichberechtigung mit Oesterreich, am besten auf der Basis einer reinlichen Scheidung der Interessensphären. Ich glaube deshalb auch an den Ernst u. die Aufrichtigkeit seiner dualistischen Politik, zumal da eine national-deutsche Politik zur Verbindung mit dem Liberalismus zwang, die nicht in das Konzept des Verfassungskonflikts hineinpasste. Allerdings trieb die Konsequenz der antiösterreichischen Politik, das gegen Oesterreich gerichtete Spielen mit dem Reichstagswahrecht von 1849 ihn dann weiter, als er ursprünglich wohl beabsichtigt hatte. Dass er bei der Gablenzschen Aktion, über die Becker in seinem auch von Ihnen erwähnten Aufsatz für mein Empfinden zu aktengläubig gehandelt hat[3], noch ernsthaft an den Ausgleich geglaubt hat, will mir nicht einleuchten.

Ganz einverstanden bin ich auch mit Ihrer Beurteilung der Alterspolitik (S. 278)[4]. Wie ich überhaupt Ihrem Aufsatz voll zustimme u. nur die Hoffnung aussprechen möchte, dass wir noch ein gegen alle Einwände haltbares Bismarckbild erleben möchten.

---

[1] Mommsen: Der Kampf um das Bismarck-Bild, S. 276 ff.
[2] Siehe oben, Brief Nr. 245.
[3] Otto Becker: Der Sinn der dualistischen Verständigungsversuche Bismarcks vor dem Kriege 1866, in: Historische Zeitschrift 169 (1949), S. 264–298; die „Gablenzsche Aktion" war ein in letzter Minute vor Ausbruch des deutsch-deutschen Krieges von 1866 unternommener Vermittlungsversuch der Brüder Anton von Gablenz (1810–1878), eines preußischen Offiziers a. D. und altliberalen Mitglieds des preußischen Herrenhauses (1863–1866), und Ludwig von Gablenz (1814–1874), eines österreichischen Generals, der in Kiel als k. k. Statthalter von Holstein amtierte (1865–1866).
[4] Mommsen: Der Kampf um das Bismarck-Bild, S. 278: „Hans Rothfels [...] weist [...] darauf hin, daß von der außenpolitischen Tradition Bismarcks kein Weg zu Wilhelm II. und Hitler führte. Das Wort von ‚Blut und Eisen' und die drei Kriege der Reichsgründungszeit haben allzu oft vergessen lassen, daß Bismarck nach 1871 eine ausgesprochene Friedenspolitik trieb und daß 1890 bei seinem Sturz die ausländischen Diplomaten für den Frieden fürchteten".

Vor etwa 8 Tagen war ich wieder einmal bei Meinecke, der immer noch erstaunlich frisch ist. Im übrigen warten wir in Berlin der Dinge, die kommen werden, u. empfinden immer wieder die Wahrheit von Oxenstjernas Satz über die geringe Weisheit, mit der die Welt regiert wird[1].

Mit freundlichen Grüssen
                Ihr ergebener
                      Hartung

Nr. 251
An Friedrich Baethgen   Berlin, 22. Mai 1950

SBBPK, Nl. F. Hartung, K 46/1. – Masch. Durchschlag.

Lieber Herr Baethgen!

[...]

Dass Sie unter diesen Umständen nicht zum Akademiejubiläum kommen wollen[2], kann ich verstehen, wenn ich es auch persönlich bedaure. Ob Ihnen dadurch viel entgeht, ist mir nicht sicher. Die Zusagen, namentlich aus dem Ausland, laufen sehr langsam u. spärlich ein, offenbar vor allem aus politischen Gründen. Vielleicht ändert sich das nach Pfingsten. Von Fachgenossen haben sich, so weit mir bekannt, bisher F. H. Schmid aus Graz u. H. Fehr[3] aus Bern angemeldet, dagegen hat Nabholz abgesagt. Barraclough[4] ist noch zweifelhaft; da er gerade mit Ritter in Fehde liegt[5], ist es vielleicht ganz gut, wenn er wegbleibt.

Das Programm der beiden Hauptfesttage ist bisher wenigstens nicht überlastet, darauf wirkt unermüdlich Erh[ard] Schmidt hin, vor allem auf Beschränkung der Glückwunschreden. Aber eine Garantie gegen die Verlesung langatmiger Reden u. Adressen lässt sich nicht geben. Man übersieht ja auch erst unmittelbar vor der Feier, wer alles gekommen ist u. reden will. Vielleicht werden wir aber im Gegenteil eher unter dem Mangel an prominenten Gratulanten zu leiden haben. Sie werden über die Stimmung, die uns gegenüber im Westen, auch in der Schweiz, seit dem Bekanntwerden eines Telegramms herrscht, besser unterrichtet sein als wir hier in Berlin, die wir von dem Tele-

---

[1] Siehe oben, Brief Nr. 225.
[2] Baethgen begründet in seinem Brief an Hartung vom 4.5.1950 (Nl. F. Hartung, K 46/1) sein Fernbleiben mit gesundheitlichen Gründen.
[3] Hans Fehr (1874–1961), Jurist und Rechtshistoriker, a.o./o. Professor an den Universitäten Jena (1906/07–1912), Halle (1912–1917), Heidelberg (1917–1924) und Bern (1924–1944).
[4] Geoffrey Barraclough (1908–1984), britischer Historiker, Dozent und Professor an den Universitäten Cambridge (1934–1940, 1962–1965), Liverpool (1945–1956), an der London School of Economics (1956–1962) sowie in den USA an der University of California (1965–1968) und der Brandeis University (1968–1981).
[5] Siehe unten, Brief Nr. 254.

Nr. 251. An Friedrich Baethgen, 22. Mai 1950

gramm erst gehört haben, als aus dem Westen Anfragen deswegen kamen[1]. Es hat deswegen eine sehr ernste Auseinandersetzung im Präsidium stattgefunden (nicht einmal der Vizepräsident[2] war von dem Telegramm unterrichtet). Eine offene Präsidentenkrise unmittelbar vor dem Jubiläum wollten wir aber doch vermeiden, zumal da die Amtsdauer von Stroux u. Stille gleich nach dem Jubiläum abläuft. Dass dann ein völliger Wechsel eintritt, steht fest, denn Stille zieht nach Hannover u. Stroux müsste schon aus Rücksicht auf seine Gesundheit auf eine Wiederwahl verzichten, an die wohl niemand mehr denkt. Auch beim Jubiläum selbst wird er nicht allzu sehr in Erscheinung treten, die eigentliche Festrede, die er zuerst selbst halten wollte, hat jetzt Mitscherlich übernommen.

Es ist natürlich ein Kuriosum, dass beim 250jährigen Jubiläum der Akademie die Historie überhaupt nicht zu Wort kommt. Aber ich glaube, es ist unter den heutigen Verhältnissen das Richtige. Zunächst bietet der Rückblick auf das letzte halbe Jahrhundert der Akademiegeschichte wenig Erfreuliches: sie hat sich beim Neubau der Staatsbibliothek, der auf ihrem Grund u. Boden errichtet worden ist[3], von dieser an die Wand drücken lassen, sie hat sich aus Bequemlichkeit der in ihr stets dominierenden alten Herren die Kaiser-Wilhelm-Institute entgehen lassen, sie hat es auch nie verstanden, eine führende Rolle in der Entwicklung der Wissenschaft zu erringen. Das liesse sich wohl aus der Struktur des geistigen Lebens in Deutschland wie aus dem Charakter der Zeit von 1900 bis 1945, in der die bürgerliche Welt des 19. Jahrhunderts sich auflöste, verständlich machen, aber eine Festrede würde daraus kaum entstehen. Ausserdem klafft zwischen der Historie, wie ich sie verstehe, u. der heutigen Politik eine solche Kluft, dass wir, um Missklänge bei der Feier zu vermeiden, uns

---

[1] Akademiepräsident Johannes Stroux hatte ohne Absprache mit dem Präsidium und dem Plenum der Akademie ein unterwürfig-lobhudelndes Glückwunschtelegramm an Stalin geschickt, in dem er im Namen der Berliner Akademie der Wissenschaften „dem großen Staatsmann von einzigartiger Autorität, dem Freunde aller friedliebenden und freiheitlichen Völker, dem Denker, der in die tiefen Gründe des geschichtlichen und staatlichen Lebens mit seherischer Klarheit vorgedrungen und zum Lehrer seines Volkes und der ganzen fortschrittlichen Menschheit geworden ist, die ehrerbietigsten Glückwünsche" übermittelte; der Text ist gedruckt in: Peter Thomas Walther: Das Akademie-Jubiläum von 1950, in: Sitzungsberichte der Leibniz-Sozietät 29 (1999), Heft 2, S. 5–15, hier S. 7f.; Durchschlag des Originals in: Archiv der Berlin-Brandenburgischen Akademie der Wissenschaften, Berlin, Bestand Akademieleitung (1945–1968), Nr. 499, Bl. 7. Nach dem Bekanntwerden dieses Vorgangs kam es in der Öffentlichkeit und auch innerhalb der Akademie hierüber zu heftigen Auseinandersetzungen; eine Reihe der im Westen wohnenden Akademiemitglieder trat aus Protest aus oder blieb dem Jubiläum fern. Stroux bot daraufhin seinen Rücktritt an, blieb jedoch – nicht zuletzt auf Wunsch der Klassensekretare – bis zum Abschluss der Jubiläumsfeierlichkeiten im Amt; siehe dazu neben Walther, ebenda, S. 8ff., auch Nötzoldt: Die Deutsche Akademie der Wissenschaften zu Berlin, S. 45ff.

[2] Hans Stille.

[3] Der 1914 fertiggestellte Neubau der Preußischen Staatsbibliothek Unter den Linden wurde auf dem Grundstück des hierfür abgerissenen früheren Akademiegebäudes errichtet; die Akademie der Wissenschaften bezog im Neubau einen Seitenflügel des vorderen Gebäudeteils.

besser auf dem politisch nicht ganz so schwierigen Gebiet der Düngungsfragen[1] bewegen werden.

Mit Zuwahlen werden wir uns sehr zurückhalten. Die von Rörig wieder angeregte Kandidatur Meusel habe ich in der letzten Sitzung mindestens für den Jubiläumstermin zu Fall gebracht, indem ich erklärte, es sollten zum Jubiläum nur Wahlen erfolgen, denen die Fachleute zustimmten; ich müsste aber, wenn die Klasse M. trotzdem wählen würde, meinen Widerspruch im Plenum nochmals vorbringen. Dagegen wird Winter-Halle wohl gewählt werden. Er ist zwar ein ehrgeiziger Streber, der das Leben in der Klasse nicht behaglicher gestalten wird, aber seine wissenschaftliche Leistung ist einwandfrei, sowohl das Buch „1000 Jahre Geisteskampf im Sudetenraum", das er 1938 noch vor dem Anschluss veröffentlicht hat[2], wie sein soeben erschienenes Buch „Rußland u. die slawischen Völker in der Diplomatie des Vatikans 1878–1903"[3]. Gegen Hofmeisters Wahl zum ord. Mitglied habe ich wegen seiner Unfruchtbarkeit Einspruch erhoben, aber korr. Migl. wird er wohl werden, ebenso Heimpel. Lintzel, der in Leipzig ord. Mitgl. geworden ist, bleibt auf Wunsch von Rörig einstweilen zurückgestellt, könnte dann aber wohl ord., nicht bloss korr. Mitglied werden. Für die neuere Gesch. habe ich Dehio vorgeschlagen. Doch müssen alle Vorschläge noch im Präsidium durchgesprochen werden, damit unter den Klassen, Fächern u. Ländern eine gewisse Harmonie besteht. Ich bin sehr gespannt, was dabei herauskommen wird.

Brackmann werde ich morgen hoffentlich in Ruhe sprechen können. Bisher kam er über den Einbruch in seinen Möbelwagen, bei dem u. a. die gesamte Garderobe seiner Frau gestohlen worden ist, noch nicht hinaus[4]. Er ist überhaupt etwas alt geworden, er neigt zum Spintisieren darüber, ob man ihn auch noch für voll ansehe, das sind Nachwirkungen seiner langen Einsamkeit in Blankenburg. Aufzeichnungen über die letzten Jahre, die jetzt gedruckt werden können, verdienen meiner Ansicht nach kaum, dass man sie druckt, wenigstens wenn man an Druck im Osten denkt. Aber ich werde mal mit ihm sprechen.

[...]

Mit den besten Grüssen u. Wünschen auch für Frau Piontek, zugleich im Namen meiner Frau

Ihr

---

[1] Anspielung darauf, dass es sich bei dem als Festredner vorgesehenen Eilhard Alfred Mitscherlich um einen Spezialisten für Pflanzenbau und Bodenkunde handelte.
[2] Siehe oben, Brief Nr. 242.
[3] Eduard Winter: Rußland und die slawischen Völker in der Diplomatie des Vatikans 1878–1903, Berlin 1950.
[4] Das Ehepaar Brackmann zog 1950 von seinem vorherigen Alterssitz Blankenburg am Harz nach Berlin (West) zurück.

Nr. 252
An Siegfried A. Kaehler Berlin, 31. Mai 1950

NStUB Göttingen, Cod. Ms. S. A. Kaehler, 1, 59. – Hs. Original.

Lieber Kaehler!

Ihr 60. Geburtstag ist infolge der Zeitumstände so sang- u. klanglos verlaufen, wenigstens für die Freunde, die ausserhalb Göttingens wohnten, daß es nur berechtigt ist, wenn Ihrem 65. besondere Bedeutung beigelegt wird[1]. Es wird Sie vielleicht wundern, daß ich unter den Gratulanten der Festschrift[2] fehle. Aber ich hatte, als ich die Anfrage bekam, nichts unter der Feder, was den Ansprüchen, wie Sie und ich sie auf unsern gemeinsamen Hallischen Jugendwanderungen an literarische Arbeiten von andern zu stellen pflegten, genügt hätte. U. da fand ich es besser, zu schweigen und meine persönlichen Wünsche für Sie nur brieflich auszusprechen.

Wenn ich an meinen Hallischen Freundeskreis denke, an Aubin, Hasenclever, Loening, so berührt es mich seltsam, daß wir beide trotz allen Fährlichkeiten der Zeit die 60er Schwelle leidlich arbeitsfähig haben überschreiten können u. uns nun sogar schon der 70er Grenze nähern, während die andern, die so viel robuster wirkten als wir, lange vor uns dahin gegangen sind[3]. Daß Sie es gesundheitlich nicht leicht gehabt haben in all den letzten Jahren, das habe ich wiederholt mit Bedauern gehört, zuletzt im vorigen Herbst in München beim Historikertag u. im Anschluß daran in Kiefersfelden[4]. Ich freue mich, daß Sie sich trotz allem tapfer halten u. Ihre Studenten nicht im Stich lassen. Wenn ich das Gefühl gehabt hätte, daß es hier sinnvoll ist, seine Kräfte an die Studenten zu wenden, hätte ich mich auch noch nicht aus der Lehrtätigkeit zurückgezogen. Jedenfalls wünsche ich Ihnen weiterhin die nötige Gesundheit, um Ihren Beruf auszufüllen. Aber überlegen Sie auch einmal, ob Sie nicht auch der Nachwelt noch manches zu sagen haben u. ob Sie nicht in ihrem Interesse bald der Lehrtätigkeit Valet sagen sollten. Aber wie Sie sich auch entscheiden werden, Sie werden in jedem Fall noch etwas Positives wirken können. Und daß das in großem Maße geschehe, daß es Ihnen Befriedigung gewähre u. daß es zur geistigen Neufundamentierung Deutschlands beitrage, das ist mein besonderer Wunsch zum 4.6.50.

Von mir kann ich das nicht sagen. Ich empfinde meine Tätigkeit im Rahmen der Akademie als wesentlich negativ, ein Verhindern von unwissenschaftlichen Neuerungen auf den Gebieten, über die ich ein Urteil habe. Es ist das das Schicksal von West-Berlin überhaupt: man wehrt, mit viel Aufwand von

---

[1] Siegfried A. Kaehler feierte am 4.6.1950 seinen 65. Geburtstag.
[2] Walther Hubatsch (Hrsg.): Schicksalswege deutscher Vergangenheit – Beiträge zur geschichtlichen Deutung der letzten hundertfünfzig Jahre. Festschrift für Siegfried A. Kaehler zu seinem 65. Geburtstag am 4. Juni 1950, Düsseldorf 1950.
[3] Karl Loening starb 1926, Adolf Hasenclever und Gustav Aubin starben beide 1938.
[4] Siehe oben, Brief Nr. 244.

Kraft, die östliche Offensive ab, wie jetzt beim Pfingsttreffen der FDJ[1]; aber daß man mit Abwehrsiegen keinen Krieg gewinnt, hätten wir schon im 1. Weltkrieg lernen können. Im Juli soll die Akademie ihr 250jähriges Jubiläum feierlich begehen. Ich bin sehr gespannt, ob die Beteiligung des Auslands einigermaßen der Bedeutung des Tages entsprechen wird, glaube aber eher, daß sie sich nach der stark gesunkenen Bedeutung der Akademie richten wird. Bis jetzt liegen noch nicht allzu viele Zusagen vor. Vorher kann ich vielleicht noch einmal nach dem Westen reisen, denn Ende Juni soll in Bonn der wiss. Beirat des Instituts für Erforschung des Nat.sozialismus zum ersten Mal zusammentreten, zu dessen Mitglied man mich berufen hat. Aber ich weiß noch nicht, ob ich den erforderlichen Paß bekomme. Im vorigen Jahr hat man ihn mir für den Historikertag auf amerikan. Anordnung wegen meiner Zugehörigkeit zur Lindenuniv. verweigert[2], worauf ich ihn prompt von den Russen bekam. Aber nach Bonn zu einer Veranstaltung, die Heuß[3] persönlich begrüßen will, werde ich von den Russen keinen Paß kriegen. Sie sehen, wir leben hier in einer seltsamen Welt. Wenn alles klappt u. die Züge günstig liegen, bleibe ich vielleicht ein paar Stunden in Göttingen; das wird aber vor allem davon abhängen, ob ich abends noch zu vernünftiger Zeit bei Tochter u. Enkelkindern in Braunschweig sein kann. Es wäre doch ganz schön, wenn wir noch gemeinsam eine Rückschau auf unsere Hallische Vergangenheit veranstalten könnten.

Hallische Erinnerungen hat neulich auch Raape heraufbeschworen, der z. Zt. Gastvorlesungen an der Freien Univ. hält. Auch Herzfeld war schon ein paar Mal hier. Kahle will zum Akademiejubiläum kommen.

Alles Gute zum 65.! Vor allem nicht bloß Rückblicksstimmung, sondern auch Kraft u. Freudigkeit zu weiterer Arbeit.

Meine Frau schließt sich meinen Wünschen an. Wir beide grüßen Sie und Ihre verehrte Gattin herzlich.
Ihr alter
F. Hartung

Nr. 253
An Carl Hinrichs Berlin, 7. Juli 1950

SBBPK, Nl. F. Hartung, K 46/7. – Masch. Durchschlag.

Verehrter Herr Hinrichs!

Die Nachricht, die Oestreich Ihnen hat zukommen lassen, dass ich zur Eröffnung des neuen historischen Instituts[4] nach Bonn reisen würde, war un-

---

[1] Siehe oben, Brief Nr. 248.
[2] Fritz Hartung war seit seinem Eintritt in den Ruhestand Emeritus der alten Berliner Universität „Unter den Linden", seit 1949 in Humboldt-Universität umbenannt.
[3] Theodor Heuss (1884–1963), liberaler Politiker, erster Bundespräsident der Bundesrepublik Deutschland (1949–1959).
[4] Gemeint ist das Münchner „Institut zur Erforschung der nationalsozialistischen Zeit", heute: Institut für Zeitgeschichte.

Nr. 253. An Carl Hinrichs, 7. Juli 1950

genau¹. Geplant war lediglich die Konstituierung des für dieses Institut geplanten „Wissenschaftlichen Rates". Aber auch dazu ist es nicht gekommen. Als ich am Sonnabend Mittag in Bonn ankam, war die Sitzung bereits abgesagt, u. daraufhin hatte Ritter auch die Ausschuss-Sitzung des Verbandes ausfallen lassen, da er nicht wusste, dass sowohl Aubin wie ich bereits unterwegs waren. Ich habe in Bonn ausser den Bonner Kollegen auch den Staatssekretär Wende kurz u. den Münchener Völkerrechtler E. Kaufmann ausgiebig gesprochen. Daraus habe ich den Eindruck gewonnen, dass die Gründung des Instituts – genauer gesagt die Uebernahme des bereits Ende 1947 von den Ländern in München errichteten, seit der Währungsreform aber nur noch von Bayern kümmerlich bezahlten Instituts auf den Bund – noch erheblichen Schwierigkeiten begegnen wird, teils wegen föderalistischer Bedenken gegen das Eingreifen des Bundes in die kulturellen Belange, teils wegen der Person des derzeitigen Leiters, der zwar ein geschätztes Mitglied der bayrischen CDU [sic] ist, aber nicht Historiker von Beruf (Dr. der Nationalökonomie) ist u. deshalb nicht damit rechnen kann, dass er als Leiter bestätigt wird². Von ihm werden immer, wenn über das Institut Beschlüsse gefasst werden sollen, worüber er aus dem bayrischen Ministerium offenbar rechtzeitig informiert wird, scharfe Zeitungsangriffe gegen Ritter gerichtet³. Inzwischen habe ich vom Staatssekretär allerdings ein Schreiben bekommen, das die plötzliche Absage der Sitzung entschuldigt u. eine neue Sitzung auf Anfang September ankündigt. Aber Verlass ist darauf natürlich nicht.

Ritter bat mich, sobald er erfahren hatte, dass ich in Bonn sei, ihn in Freiburg aufzusuchen. Das habe ich getan, u. wir haben anderthalb Tage lang alle Fragen des Instituts u. des Historikerverbandes mit ihm besprochen⁴. Er ist überzeugt, dass Rothfels trotz der erneuten Berufung Tübingen ablehnen wird; mir selbst hat Rothfels bei einem Besuch hier vor einem Jahr ausdrücklich erklärt, er fühle sich Amerika zu Dank verpflichtet u. werde keinen Ruf nach auswärts annehmen, ausserdem wolle er sich nicht von seinen Kindern, die in USA verheiratet sind u. dort zu bleiben gedächten, trennen⁵. Ritter hält auch, worüber ich keine eigene Ansicht habe, für sicher, dass die Regierung nach Ablehnung von Rothfels an Sie herantreten werde. Das wäre für Sie sicher die beste Lösung. Wir haben auch die Personalien der uns bekannten Anwärter für

---

[1] Diese Bemerkung bezieht sich auf den Brief von Carl Hinrichs an Fritz Hartung, 17.6.1950, in: Nl. F. Hartung, K 46/7.
[2] Gerhard Kroll (1910–1963), Politiker und Publizist, Abgeordneter der CSU im bayerischen Landtag (1946–1950) und Mitglied des Parlamentarischen Rates (1948–1949), vorläufiger Geschäftsführer des Instituts zur Erforschung der nationalsozialistischen Zeit (1949–1951).
[3] Von einer süddeutsch-„abendländischen" Position aus bekämpfte Gerhard Kroll das prominente Beiratsmitglied Gerhard Ritter, den er öffentlich als Vertreter einer „großpreußischen Gewaltpolitik" diffamierte; 1951 musste Kroll von seinem Amt zurücktreten; vgl. hierzu Cornelißen: Gerhard Ritter, S. 534 ff. (das Zitat S. 537).
[4] Das „wir" bezieht sich vermutlich auch auf Hermann Aubin.
[5] Hans Rothfels nahm – entgegen eigenen früheren Äußerungen – Ende 1950 einen Ruf auf den ordentlichen Lehrstuhl für mittlere und neuere Geschichte II (Nachfolge Rudolf Stadelmann) an der Universität Tübingen an; vgl. Eckel: Hans Rothfels, S. 234 ff.

das Bundesarchiv¹ u. für das Institut besprochen. Dass Sie dafür die wissenschaftliche Qualifikation haben, darüber waren wir einig, wir meinen aber beide, dass die leitende Stelle nicht mit einem ehemaligen Pg besetzt werden würde; für eine Abteilungsleiterstelle kämen Sie aber sicher in Betracht. Nur ist einstweilen gar nicht klar, wie viele Stellen überhaupt geschaffen werden u. wann es so weit sein wird.

So kann ich Ihnen einstweilen keinen andern Rat geben als abzuwarten, welche Aussicht sich zuerst realisieren wird.

Die Akademie steht unmittelbar vor ihrem 250jährigen Jubiläum. Mir ist dabei nicht ganz wohl zu Mute. Einmal sind alle Vorbereitungen viel zu spät begonnen worden, heute sind schon die ersten Gäste eingetroffen, aber das Festprogramm wird erst morgen gedruckt vorliegen. Zweitens aber fürchte ich politische Entgleisungen; sehr viele eingeladene Gäste haben abgesagt oder in letzter Stunde ihre Zusage zurückgezogen, offenbar aus der gleichen Befürchtung heraus. Man hat uns zwar beruhigende Zusagen gegeben, aber man kann ja nie wissen, ob nicht ein mit der akademischen Tradition nicht vertrauter Redner einmal seine übliche politische Platte auflegt. Sonst hat das Programm den Vorteil, dass es nicht zu viel bietet.

Mit Ritter habe ich auch die Frage des nächsten Historikertages besprochen. Er hatte dafür Bonn vorgeschlagen. Ich bin aber der Meinung, dass kein Historiker der Ostzone für eine Tagung in Bonn einen Pass bekommen wird².

Wenn Sie wieder einmal nach Berlin kommen, kann ich Ihnen vielleicht noch einige Ergänzungen geben, aber an der Hauptsache lässt sich nichts ändern, dass es noch einige Zeit dauern wird, bis etwas Positives geschieht.

Mit den besten Grüssen.

Nr. 254
An Hermann Aubin   Berlin, 8. Juli 1950

BAK, B 510 (Korrespondenzen des VHD). – Masch. Original
(mit kleinen hs. Ergänzungen).

Lieber Herr Aubin!

Ihre Sendung, die ich gestern bekommen habe³, möchte ich schon heute mit vorläufigen Bemerkungen beantworten, denn in den nächsten Tagen komme ich wegen des Akademiejubiläums doch nicht dazu.

---

[1] Das 1950 gegründete Bundesarchiv nahm 1952 in Koblenz seine Arbeit auf.
[2] Der nächste deutsche Historikertag fand 1951 in Marburg statt.
[3] Hermann Aubin an Fritz Hartung, 6.7.1950, in: Nl. F. Hartung, K 46/7: Aubin übersendet ein Exemplar der gegen Gerhard Ritter gerichteten „Denkschrift" und bittet Hartung darum, „daß Sie sich als der Sachverständigste auf diesem Gebiet, der gerade auch erst mit einer Besprechung der Ritter'schen Utopie hervorgetreten ist, mir Ihr Urteil und Ihren Rat zur Verfügung zu stellen". – Fritz Hartungs sehr positiv ausfallende Rezension von Gerhard Ritter: Die Dämonie der Macht, Stuttgart 1948 (zuerst erschienen unter dem Titel:

Nr. 254. An Hermann Aubin, 8. Juli 1950

Ich habe sehr bedauert, dass Sie unmittelbar vor meiner Ankunft in Bonn wieder abgereist sind, und verstehe es eigentlich nicht recht, weshalb Ritter die vorbereitete Sitzung des erweiterten Vorstands abgesagt hat. Denn angesichts der Lage wäre eine Aussprache in unserem Kreise sicher nützlich gewesen. Mein Besuch in Freiburg gab mir wohl Gelegenheit, alles ausführlich mit Ritter zu erörtern, ich habe ihm auch zu verstehen gegeben, dass ich sein Verhalten in München nicht immer glücklich gefunden habe u. dass ich auch seine Polemik gegen Barraclough[1] in ihrer Länge u. Ausführlichkeit nicht ganz billige[2]. Aber es wäre gut gewesen, wenn auch andere Kollegen ihm das bestätigt hätten, denn in seiner Lebhaftigkeit sprang er leicht von solchen Themen ab, u. da ist es im Gespräch nicht leicht, immer wieder auf die alte Kritik zurückzukommen. Dass er nervös ist, verstehe ich nach allem, was er erlebt hat, u. angesichts seiner ungeheuren Arbeitsleistung durchaus. Aber gerade darum wäre der mässigende Einfluss des Vorstands manchmal ganz angebracht.

Ueber das geplante Institut habe ich in Bonn kurz mit Wende u. ausführlich mit E. Kaufmann, der auch nicht mehr rechtzeitig hatte benachrichtigt werden können, gesprochen[3]. Daraus hatte ich den Eindruck, dass seine Uebernahme durch den Bund noch keineswegs gesichert sei. Die plötzliche Absage der Eröffnungssitzung des „Wissenschaftlichen Rates" geht auf Opposition der Bayern gegen die selbständige Stellung, die diesem gegenüber dem Kuratorium in wissenschaftlichen Fragen zugebilligt ist, zurück. Dahinter steckt natürlich Kroll[4], dessen Rücktritt von der Leitung wohl nur eine Geste ist, der aber niemals das zur endgültigen Berufung als Generalsekretär erforderliche „Einvernehmen" des Wiss. Rats erlangen wird. Denn auf diesen Posten gehört ein Historiker. Nach dem letzten Schreiben von Wende scheint man aber in Bonn die Hoffnung noch nicht aufzugeben, wenigstens hat er angekündigt, dass die Konstituierung des Wiss. Rats im Beisein von Heuss am 11. Sept. sein soll[5]; das schliesst natürlich nicht aus, dass noch weitere

---

Machtstaat und Utopie, München/Berlin 1940), in: Historische Zeitschrift 169 (1949), S. 559–561.

[1] Geoffrey Barraclough hatte in einer Zuschrift an das „Times Literary Supplement" vom 14.4.1950 einen scharfen Angriff gegen Gerhard Ritter gerichtet, der sich besonders auf dessen Buch „Europa und die deutsche Frage. Betrachtungen über die geschichtliche Eigenart des deutschen Staatsdenkens", München 1948, sowie auf dessen Aufsatz „Ursprung und Wesen der Menschenrechte", in: Historische Zeitschrift 169 (1950), S. 233–263, bezog. Barraclough warf Ritter u. a. antiwestliches Denken und eine Denunzierung der demokratisch-liberalen Ideen in Frankreich und Großbritannien sowie der Menschenrechte als vermeintliche Quelle des Totalitarismus vor. Ritter verteidigte sich nicht nur in einem am 24.4.1950 an Barraclough gerichteten langen Brief (auszugsweise abgedruckt in: Klaus Schwabe/Rolf Reichardt [Hrsg.]: Gerhard Ritter – Ein politischer Historiker in seinen Briefen, Boppard a. Rh. 1984, S. 460–463), sondern auch in einem Schreiben an das „Times Literary Supplement", dort erschienen am 12.5.1950. – Zum weiteren Verlauf der auch in Deutschland öffentlich geführten Kontroverse siehe die detaillierten Angaben bei Schwabe/Reichardt, ebenda, S. 462 f., Anm. 10, sowie bei Cornelißen: Gerhard Ritter, S. 465 ff.
[2] Von „dass" bis „billige" vom Empfänger unterstrichen.
[3] Siehe oben, Brief Nr. 253.
[4] In diesem Absatz mehrere Unterstreichungen des Empfängers; am Rand: „Kroll".
[5] Erich Wende an Fritz Hartung, 28.6.1950, in: Nl. F. Hartung, K 47/2.

Querschüsse u. demgemäss auch Verschiebungen der Sitzung erfolgen werden.

Ich hielt es für richtig, Sie über den Stand der Dinge, soweit er mir bekannt ist, zu informieren, bevor ich auf den Hauptpunkt Ihres Schreibens eingehe, die Denkschrift Krolls gegen Ritter[1]. Da ich sie schon in 2 Exemplaren besitze, schicke ich Ihnen Ihr Exemplar zurück[2]. Wissen Sie etwas über die Verbreitung, sind etwa alle Historischen Seminare der Bundesrepublik damit beglückt worden?

Es ist sicherlich ein sehr geschicktes Machwerk. Der Verfasser ist anscheinend in der jesuitischen Dialektik gut geschult, die C. Schmitt so ausgezeichnet zu handhaben versteht u. wie wir sie gelegentlich auch bei gescheiten Marxisten, etwa Steiniger[3], der kommunistischen Ausgabe von Schmitt[4], erleben. Sie in allen Punkten zu widerlegen, würde nicht leicht sein, vor allem zu grosser Ausführlichkeit zwingen. Dass Ritter nicht die Absicht hat, sich auf eine Polemik einzulassen, habe ich mit Befriedigung gehört. Aber er beklagte sich, dass er aus dem Kollegenkreise keine öffentlich sichtbare Unterstützung finde. Ich möchte mich nicht dazu hergeben, da man mich ja ebenfalls als „Mann engsten Nationalismus grosspreussischer Prägung"[5] ablehnen würde. Geeigneter schiene mir – u. Ritter war damit einverstanden –, wenn Dehio die Angriffe von Barraclough gegen die HZ, die mir keineswegs in allen Punkten unberechtigt erscheinen, zum Anlass nähme, sich grundsätzlich über die Aufgabe der Neugestaltung des deutschen Geschichtsbildes zu äussern, wobei ein Eingehen auf Ritters Schriften selbstverständlich wäre; wenn die HZ dadurch etwas mehr in die Aktualität gezogen würde, könnte ihr das nicht schaden[6].

---

[1] Von „Denkschrift" bis „Ritter" vom Empfänger unterstrichen; am Rand: „Kroll".

[2] Der von Gerhard Kroll lancierte, im Umdruckverfahren verbreitete anonyme Text „Zur Erneuerung des deutschen Geschichtsbildes. Denkschrift des Deutschen Instituts zur Erforschung der nationalsozialistischen Zeit zum Schrifttum von Gerhard Ritter" (vorhanden u. a. in Nl. F. Hartung, K 47/2) wurde nicht – wie Hartung in diesem Brief irrtümlich annimmt – von Kroll selbst verfasst, sondern von Karl Buchheim; vgl. Schwabe/Reichardt (Hrsg.): Gerhard Ritter, S. 464, Anm. 11.

[3] Peter Alfons Steiniger (1904–1980), marxistischer Jurist, Mitarbeiter der Deutschen Zentralverwaltung für Volksbildung (1947–1950) und Mitglied des Verfassungsausschusses des Deutschen Volksrats (1949), Dozent und o. Professor an der Humboldt-Universität Berlin (1946/48–1970).

[4] Steiniger war in den 1920er Jahren Schüler und Doktorand Carl Schmitts an der Universität Bonn gewesen; vgl. Reinhard Mehring: Kriegstechniker des Begriffs. Biographische Studien zu Carl Schmitt, Tübingen 2014, S. 31 f., Anm. 3.

[5] In dem Begleitschreiben von Gerhard Kroll zur Übersendung der Denkschrift „Zur Erneuerung des deutschen Geschichtsbildes" findet sich ein Zitat aus einem Artikel der „Süddeutschen Zeitung" vom 17.3.1950, in dem es heißt: „Dr. Kroll steht nicht allein, wenn er Professor Ritter als einen ‚Mann engsten Nationalismus' großpreußischer Prägung und Vertreter der Gewaltpolitik' bezeichnet"; Gerhard Kroll an Fritz Hartung, 26.6.1950, in: Nl. F. Hartung, K 47/2.

[6] Ludwig Dehio reagierte als Herausgeber der Historischen Zeitschrift nicht auf die Angriffe Barracloughs.

Nr. 254. An Hermann Aubin, 8. Juli 1950

Das soll nicht heissen, als wollte ich die Sache auf die lange Bank schieben. Ihr Vorschlag, dass der Vorstand oder der Ausschuss des Verbandes eine Eingabe an den Minister Heinemann[1] richten soll, leuchtet mir durchaus ein.

Da diese Eingabe, wenn sie gelesen werden soll, nicht allzu lang sein darf, möchte ich vorschlagen, vor allem den grundsätzlichen Unterschied zwischen der Geschichtsauffassung von Ritter u. von Kroll herauszustellen. Ritter zeichnet die geschichtliche Wirklichkeit, wie sie in der Neuzeit gewesen ist u. heute noch besteht. Kroll dagegen geht bei seiner Forderung nach einer Neugestaltung des deutschen Geschichtsbildes von dem (katholisch gefärbten) Wunschbild einer friedlichen Entwicklung der Welt aus u. trägt das in unsere Vergangenheit hinein. So kann er leicht die Dinge darstellen, als ob erst Friedrich II. u. Bismarck uns in kriegerische Abenteuer verwickelt hätten, als ob erst seither Eroberungskriege geführt worden wären. Um das Verhalten der Grossmächte, die ob kontinental ob insular längst vor 1740 Machtpolitik getrieben haben, kümmert sich Kroll gar nicht. Und doch wird es eine wichtige Aufgabe bei der Erneuerung des deutschen Geschichtsbildes sein, aus der nationalistischen Verengung unserer Forschungs- u. Betrachtungsweise wieder herauszukommen u. zu untersuchen, wie das Ausland auf uns u. wie wir auf das Ausland gewirkt haben.

Aber ganz allgemein wird man von der Arbeit des Instituts[2] fordern müssen, dass sie sich von unvoreingenommenem Streben nach Erforschung der Tatsachen u. ihrer Zusammenhänge, nicht aber durch ein Wunschbild leiten lasse[3]. Nur dann kann sie wahrhaft politische Bildung, die ohne nüchterne Erkenntnis der Wirklichkeit nicht möglich ist, verbreiten. Wir kommen um die Tatsache nicht herum, dass der Krieg mindestens bis zum Kellogpakt[4] ein erlaubtes Mittel der Politik gewesen ist. Es sieht auch nicht so aus, als ob das völlige Verschwinden der Macht des Deutschen Reiches daran etwas geändert hätte. Wie man es ändern könne, darüber mögen sich Politiker den Kopf zerbrechen. Eine historische Aufgabe ist es nicht. Dass die Verherrlichung des Krieges als eines gesunden „Stahlbads" usw., wie sie bei uns unter dem Eindruck der kurzen Kriege 1864/71 üblich gewesen ist, unberechtigt ist, haben uns die beiden Weltkriege wohl zur Genüge gelehrt.

---

[1] Gustav Heinemann (1899–1976), Jurist und Politiker, für die CDU erster Bundesminister des Innern (1949–1950), für die SPD Bundesminister der Justiz (1966–1969), anschließend Bundespräsident (1969–1974).
[2] „Arbeit des Instituts" vom Empfänger unterstrichen.
[3] Diese Bemerkung bezieht sich darauf, dass der von Kroll verbreitete anonyme Text Buchheims bereits im Titel als „Denkschrift des Deutschen Instituts zur Erforschung der nationalsozialistischen Zeit zum Schrifttum von Gerhard Ritter" fungierte.
[4] Der 1928 von zuerst elf Staaten (darunter auch Deutschland) vereinbarte sog. Briand-Kellogg-Pakt stellte eine internationale Vereinbarung zur Vermeidung von Kriegen dar; als völkerrechtswidrig galten dabei allerdings nur Angriffs-, nicht aber Verteidigungskriege, außerdem gab es zahlreiche Vorbehalte seitens der Siegermächte des Ersten Weltkriegs; vgl. Hans-Christof Kraus: Versailles und die Folgen. Außenpolitik zwischen Revisionismus und Verständigung 1919–1933, Berlin 2013, S. 114 ff.

Als Zweites möchte ich betonen, dass man Ritter trotz seiner Schilderung der Doppelpoligkeit der Politik u. der Dämonie der Macht keineswegs als Anhänger oder Verteidiger des Machiavellismus oder des Militarismus bezeichnen darf u. dass der Vorwurf der „Zweideutigkeit" (S. 6)[1] absolut unberechtigt ist. Im Gegenteil, schon die 1. Auflage von Machtstaat und Utopie (1940)[2] liess ganz deutlich erkennen, dass Ritter, wenn er auch als Historiker die Dinge beschrieb, „wie sie eigentlich gewesen"[3], die Schattenseiten der hemmungslosen Machtpolitik u. ihre moralische Verwerflichkeit klar erkannt hatte u. vor ihnen warnen wollte, so weit es damals möglich war[4].

Wenn Sie es wünschen, kann ich die Kritik an der „Denkschrift" noch durch viele Einzelheiten ergänzen, wo mir Schiefheiten und Fehler aufgefallen sind. Aber ich weiss nicht, ob wir uns so weit in Details einlassen sollen, habe ausserdem in diesen Tagen keine Zeit dazu[5]. So viel scheint mir sicher, dass Ritter energischer als irgend ein anderer Historiker die Gefährlichkeit der nat. soz. Politik schon während des Krieges auch öffentlich angeprangert hat u. dass er auch durch seine Schriften seit 1945 die Aufgabe der Prüfung unserer bisherigen Auffassungen u. der Neugestaltung des Geschichtsbilds mit Eifer aufgegriffen hat. Dass er dabei nicht der Neigung der Tagespolitik gefolgt ist, die den ganzen Verlauf unserer neuen Geschichte als Irrweg brandmarkt (wobei übrigens nicht einzusehen ist, weshalb nicht auch die ma.liche Kaiserpolitik dem Verdammungsurteil unterliegen soll), dass er vielmehr zu erklären versucht, wie es zu dem Schicksal unseres Volkes gekommen ist, scheint mir kein Anlass zum Tadel, denn was wir brauchen ist keine Bilderstürmerei, die uns jedes historische Fundament raubt, sondern Verständnis für den Weg, den wir im Zusammenhang der europäischen Geschichte gegangen sind, und für den Irrweg, den wir im Zeitalter Wilhelms II. begonnen haben u. unter Hitler im Amoklauf zu Ende gerannt sind. Dass Ritter noch nicht alles gesagt hat, was darüber zu sagen ist, dass man auch manche andere Ansicht aufstellen kann,

---

[1] Der Verfasser der „Denkschrift" (Hans Buchheim) behauptet dort (auf S. 6), die unter dem Titel „Die Dämonie der Macht" erschienene zweite Fassung von „Machtstaat und Utopie" sei durch „den Charakter einer gewissen Zweideutigkeit" infolge der „Unterdrückung seines Bekenntnisses zur Politik Bismarcks und Friedrichs des Großen" gekennzeichnet.

[2] Gerhard Ritter: Machtstaat und Utopie, München/Berlin 1940.

[3] Berühmte Formulierung Leopold Rankes in der Vorrede zur ersten Ausgabe seines Frühwerks „Geschichten der romanischen und germanischen Völker von 1494 bis 1514" (zuerst erschienen Leipzig/Berlin 1824), in: Leopold von Ranke's Sämmtliche Werke, Bde. 33/34, Leipzig 1874, hier Bd. 33, S. VII: „Man hat der Historie das Amt, die Vergangenheit zu richten, die Mitwelt zum Nutzen zukünftiger Jahre zu belehren, beigemessen: so hoher Aemter unterwindet sich gegenwärtiger Versuch nicht: er will blos zeigen, wie es eigentlich gewesen".

[4] Diese Bemerkung bezieht sich auf einige der Schlusspassagen in Ritter: Machtstaat und Utopie, bes. S. 133–144.

[5] Hartung hat nach dem Akademiejubiläum Anfang August 1950 eine für Aubin bestimmte sechsseitige, äußerst kritische Stellungnahme verfasst: „Bemerkungen zu der Denkschrift des Deutschen Instituts zur Erforschung der nationalsozialistischen Zeit zum Schrifttum von Gerhard Ritter" (Durchschlag in: Nl. F. Hartung, K 47/2); siehe auch den Begleitbrief Hartungs an Hermann Aubin, 9.8.1950 (Durchschlag in: Nl. F. Hartung, K 46/7).

versteht sich von selbst. Die Neugestaltung unseres Geschichtsbildes kann gar nicht in kurzer Zeit erfolgen, wenn sie Bestand haben soll. Aber dagegen können u. müssen wir uns verwahren, dass in oberflächlicher u. unhistorischer Weise Ritter die Eignung abgesprochen wird, daran in führender Stellung teilzunehmen.

Die Denkschrift Krolls wird auch dadurch nicht gerechtfertigt, dass Barraclough in der Times Ritter angegriffen hat. Denn was B. über Ritters Aufsatz über die Menschenrechte in der HZ sagt, ist ein Zerrbild. Nirgends in dem ganzen Aufsatz wird der deutsche Rechtsstaat des 19. Jahrh. als Konstitutionalismus à la Wilhelm I. und Bismarck geschildert, ebensowenig wird er der westeuropäischen Entwicklung oder gar der liberalen parlamentarischen Demokratie als überlegen gepriesen[1].

Der Schluss des Artikels von Barr[aclough] zeigt die bedauerliche Tatsache, dass jüngere deutsche Historiker, die nach Oxford eingeladen gewesen sind, die Gelegenheit benutzt haben, um den englischen Kollegen ihr Privatdozentenleid zu klagen[2]. Ich finde es unerhört, dass z. B. Ihr Privatdozent v. Rantzau[3], statt sich durch eine wirklich brauchbare wissenschaftliche Leistung hervorzutun[4], ausländischen Kollegen die Lage an den deutschen Universitäten in geradezu verleumderischer Weise darstellt, von Nationalismus, der Unmöglichkeit freier Diskussion usw. spricht u. sich als Repräsentant einer kleinen unterdrückten Gruppe von Vorkämpfern der Demokratie aufspielt[5].

Für heute Schluss! Meine Bonner u. Freiburger Reise war übrigens menschlich sehr erfreulich, da ich mit den Kollegen sehr viel eingehender sprechen konnte als z. B. während des überlasteten Historikertags. [...]

Ich hoffe auf sein Wiedersehen in München Ende September. Holtzmann schien ziemlich kriegerisch gegen Goetz zu sein.

Mit den besten Grüssen
Ihr F. Hartung

---

[1] Barraclough hatte in seiner Zuschrift an das „Times Literary Supplement" vom 14.4.1950 behauptet, nach Ritters Ansicht bestehe „the only way to check this western disease in a strong remedical dose of the German Rechtsstaat, i.e., of 'constitutionalism' à la William I and Bismarck".
[2] Von „den englischen" bis „klagen" vom Empfänger unterstrichen.
[3] Johann Albrecht von Rantzau (1900–1993), Historiker, a.o. Professor an der Universität Hamburg (1951–1954), o. Professor an der Technischen Universität Berlin (1954–1967).
[4] Außer einer Quellenedition zur Geschichte Schleswig-Holsteins hatte der 1900 geborene von Rantzau bis zum Beginn seines sechsten Lebensjahrzehnts lediglich eine knappe, 113 Druckseiten umfassende Schrift zu Wilhelm von Humboldt veröffentlicht, d. i. die Druckfassung seiner 1939 an der Universität Würzburg eingereichten Habilitationsschrift: Johann-Albrecht von Rantzau: Wilhelm von Humboldt – Der Weg seiner geistigen Entwicklung, München 1939. Die Quellenedition ist mit 440 Druckseiten umfangreicher: Johann Albrecht von Rantzau (Hrsg.): Europäische Quellen zur schleswig-holsteinischen Geschichte im 19. Jahrhundert, Teil 1: Akten aus dem Wiener Haus-, Hof- und Staatsarchiv 1818–1852, Breslau 1934.
[5] Von „statt" bis „darstellt" vom Empfänger unterstrichen.

Nr. 255
An Gerhard Ritter   Berlin, 14. Juli 1950

BAK, B 510 (Korrespondenzen des VHD). –
Masch. Original (mit handschriftl. Korrekturen).

Lieber Herr Ritter!

Gleich nach meiner Rückkehr nach Berlin habe ich mich im Bureau unseres Jubiläumsausschusses erkundigt, weshalb die angemeldeten Gäste noch kein genaues Programm bekommen hätten. Es wurde mir geantwortet, dass inzwischen alles in beste Ordnung gekommen sei, jeder habe ausser dem Programm auch die Mitteilung erhalten, dass er bis zum Bhf. Friedrichstrasse fahren u. sich dort im Empfangsbureau der Akademie melden möchte. Ich nahm an, dass damit tatsächlich alles geregelt sei. Immerhin rechnete ich gleich mit der Möglichkeit, dass trotzdem viele wegbleiben würden, denn während meiner westlichen Reise hatte Nachtsheim[1] hier den Kampf gegen die Akademie offen aufgenommen und das Strouxsche Telegramm, das seit spätestens März bekannt ist[2], öffentlich verlesen, worauf Meinecke, der das Telegramm auch längst gekannt hat, u. andere ausgetreten sind[3].

Als Sie zum Begrüssungsabend, der am Montag[4] zwanglos in der Akademie stattgefunden hat, nicht gekommen waren, nahm ich zuerst an, dass Sie auch aus diesem Grunde ferngeblieben seien. Erst am Mittwoch bekam ich Ihren Brief, der mir zu meiner Beruhigung zeigt, dass Sie nicht ohne weiteres mit uns brechen wollen[5]. Ich will Ihnen über den Verlauf des Fe-

---

[1] Hans Nachtsheim (1890–1979), Zoologe und Genetiker, a.o. Professor an der Landwirtschaftlichen Hochschule Berlin (1923–1939) und an der Universität Berlin (1939–1945), Tätigkeit am Kaiser-Wilhelm-Institut für Anthropologie (1941–1945), o. Professor an der Linden-Universität Berlin (1946–1949) und an der Freien Universität Berlin (1949–1955).
[2] Siehe oben, Brief Nr. 251.
[3] Am 20.7.1950 traten Friedrich Meinecke sowie Wolfgang Heubner, Walther Löhlein und Richard Thurnwald aus der Deutschen Akademie der Wissenschaften aus; vgl. Nötzoldt: Die Deutsche Akademie der Wissenschaften zu Berlin, S. 46, Anm. 23.
[4] Hartung schreibt versehentlich „Monat".
[5] Gerhard Ritter an Fritz Hartung, 7.7.1950, in: Nl. F. Hartung, K 46/8: „Meine Absicht, nach Berlin zu kommen, ist durchkreuzt worden. Ganz vertraulich kann ich Ihnen den Grund mitteilen: Die Ausstellung eines Interzonenpasses läuft die Gouvernement, dessen Hochschulabteilung ein Avis favorable zu geben hat. Die dort tätigen Herren verweigerten mir das Avis favorable. Auf Vorstellungen unseres Rektors gaben sie an, dass meine Persönlichkeit in Deutschland so bekannt sei und dass ich eine so wichtige Rolle spiele, dass mein Auftreten in Berlin als sehr unerwünscht erscheine, weil man auf Seiten der Ostregierung daraus Kapital zu schlagen versuchen werde. Als ich dann selbst anrief und mitteilte, dass mein Fernbleiben, nachdem ich vorher angenommen hatte, erst recht einen peinlichen Eindruck machen würde, erklärte sich der Referent plötzlich bereit, mich doch fahren zu lassen. Ich möchte indessen doch vorziehen, unter diesen Umständen nicht zu fahren in dem Bedürfnis, mich politisch noch mehr mit Gegnerschaft zu plagen, als ich ohnedies schon beladen bin, seit Herr Kroll die Zeitschriftenredaktionen und Zeitungen mit Verleumdungsartikeln gegen mich überschwemmt und ich niemanden sehe, der mir zu Hilfe kommt. [...] Es tut mir wirklich sehr leid, dass ich nicht die Gelegenheit des Jubiläums benutzen kann, um nach Berlin zu kommen und dort meine Archivstudien

stes¹ u. die hiesige Situation ganz reinen Wein einschenken. Das Jubiläum ist im allgemeinen gut verlaufen. Das sagen nicht nur wir Berliner, die vielleicht politisch schon abgestumpft sind, sondern auch die wenigen Gäste aus dem Westen wie Koschaker² u. Kuhn (Kiel, Indogermanist)³, auch Kahle u. vor allem Ficker, der als Vertreter der Wiener Akademie sehr eindrucksvoll gesprochen u. an das unter Beteiligung aller deutschen Akademien etwa 1926 gefeierte Jubiläum der Leningrader Akademie erinnert hat. Dass die östlichen Delegationen manchmal den Mund etwas voll nahmen u. die erst jetzt errungene Freiheit der Wissenschaft überschwänglich rühmten, das brauchen wir nicht zu verantworten. Von der Seite unserer Regierung ist kein Wort gefallen, das bei einem Vertreter des Westens, selbst der USA hätte Anstoss erregen können. Man sprach zwar vom Frieden als einer Grundvoraussetzung des Gedeihens der Wissenschaft, aber in einer unanfechtbaren Form, wenn auch jeder weiss, wie es gemeint ist. Sehr gut verlaufen ist auch die Akademiesitzung gestern an ihrem traditionellen Donnerstag, bei der zuerst unser Chemiker⁴ einen Vortrag hielt, der auch dem Laien den Eindruck gab, dass hier neue Wege betreten würden. In der Diskussion sprach einer der wenigen Engländer; offenbar ist man in England mit ähnlichen Problemen beschäftigt. Der 2. Vortrag wurde von einem armenischen Astrophysiker⁵ gehalten; nach dem Schlusswort unseres Astrophysikers Kienle, der keineswegs zu den Anhängern östlicher Metho-

---

durchzuführen. Ich würde dies aber sehr gerne bald nachholen und dabei zweifellos keine Schwierigkeit vonseiten der französischen Behörde finden, wie mir versichert worden ist. Der Akademie teile ich offiziell mit, dass ich durch ‚dienstliche Verpflichtungen' leider im letzten Augenblick verhindert sei, zu kommen. Sehen Sie nun einen Weg, mir eine etwas spätere Einladung, etwa Anfang August durch irgendeine geeignete Persönlichkeit zu verschaffen, die eine spätere Reise ermöglicht? Könnten Sie z. B. selbst mir schreiben, dass Sie mit mir dienstliche Rücksprache wegen der Fortsetzung der Jahresberichte haben müssten? [...] Übrigens erfuhr ich erst jetzt genaueres über das Telegramm von Stroux an Stalin. Es soll darin die Rede sein von Stalin als dem grössten Denker aller Zeiten. Wenn das wahr ist, dann muss ich mir doch ernstlich überlegen, ob ich nicht meine Mitgliedschaft in der Akademie niederlege. Herr Stroux sollte zurücktreten. Das scheint mir unbedingt erforderlich".

¹ Die Jubiläumsfeierlichkeiten fanden vom 10. bis zum 14.7.1950 statt; vgl. Rudolf Landrock: Die Deutsche Akademie der Wissenschaften zu Berlin 1945–1971, Bd. 1, Erlangen 1977, S. 39 ff.; zum Programm siehe den Jahresbericht des Akademiedirektors Josef Naas: Bericht über die Arbeit der Akademie in den Jahren 1950–1951, in: Jahrbuch der Deutschen Akademie der Wissenschaften zu Berlin 1950–1951, Berlin 1951, S. 47–153, hier S. 51 ff.
² Paul Koschaker (1879–1951), Jurist und Rechtshistoriker, a. o. Professor an der Universität Innsbruck (1908–1909), o. Professor an der Karl-Ferdinands-Universität Prag (1909–1915) und an den Universitäten Leipzig (1915–1936), Berlin (1936–1941) und Tübingen (1941–1946).
³ Hans Kuhn (1899–1988), Skandinavist und Altgermanist, a. o. Professor an der Universität Leipzig (1938–1941), o. Professor an den Universitäten Berlin (1941–1946) und Kiel (1946–1964).
⁴ Das Akademiemitglied Erich Thilo (1898–1977) sprach über „Wege zu einer Strukturchemie der Silikate"; vgl. Naas: Bericht über die Arbeit der Akademie, S. 52.
⁵ Viktor Amazaspovich Ambarzumian (1908–1996) sprach über „Die Sternassoziationen und die Entstehung der Sterne", vgl. ebenda. Dieser Vortrag erschien im darauffolgenden Jahr im Druck: W. A. Ambarzumian: Die Sternassoziationen und die Entstehung der Sterne

den gehört, eröffnete dieser Vortrag ganz neue Einblicke in das Problem der Entstehung der Milchstrasse.

Am 1. August läuft die Amtszeit von Stroux ab. Dass er nicht wiedergewählt wird, steht fest. Eine Gruppe der älteren Mitglieder will nun den Versuch machen, einen wissenschaftlich geachteten u. zugleich charakterfesten Mann zum Präsidenten zu wählen; die Naturwissenschaftler, die an der Reihe sind, haben zwei Kandidaten, die ich beide für geeignet halte; einer geht freilich wahrscheinlich nach dem Westen. Wir sind uns darüber klar, dass diese Präsidentenwahl der letzte Versuch ist, die alte Akademie zu retten. Ob wir damit in der Akademie durchdringen, wissen wir nicht; es sind allerhand komische neue Leute unter den Technikern u. Landwirten[1], dass es auch schief gehen u. ein Kandidat der Regierung gewählt werden könnte[2]. Auch bei der Bestätigung oder Nichtbestätigung der Wahl wird man sehen, ob noch Aussicht besteht, wenigstens das weitere Abgleiten zu verhindern. Bis dahin zum mindesten bitte ich Sie, nicht aus der Akademie auszutreten. Mit den Austritten ist uns gar nicht gedient. Sehr viel besser wäre es gewesen, wenn etwa Heisenberg[3], der sich offiziell im Februar an Stroux wegen des Wortlauts des Telegramms gewendet hat, sich daraufhin mit den westlichen Mitgliedern in Verbindung gesetzt u. deren Misstrauen Stroux deutlich ausgesprochen hätte. Dann hätte Stroux wohl die Konsequenz gezogen. Wir in Berlin konnten ihn nicht zum Rücktritt zwingen, denn uns hätte man das als Feindseligkeit gegen Russland ausgelegt. Aber der Westen macht es sich etwas zu einfach, wenn er bloss wegbleibt u. allenfalls austritt. Dass bezieht sich nicht bloss auf die Akademie, sondern auf das ganze Verhalten des Westens gegenüber der Ostzone.

In der Angelegenheit des Instituts habe ich von Wende einen Brief bekommen, in dem er das fortdauernde Interesse von Heuss an dem Institut betont u. eine neue Sitzung des Wissenschaftlichen Rats für den September ankündigt[4]. Gegen die Verwendung von Kroll in einer untergeordneten Stellung im Institut habe ich Bedenken, denn ich fürchte, dass er sie nur benutzen würde, um zu stänkern[5].

(Abhandlungen der Deutschen Akademie der Wissenschaften, Klasse für Mathematik und Allgemeine Naturwissenschaften, 1950, 2), Berlin[-Ost] 1951.

[1] Nach der Akademiereform verfügte die Deutsche Akademie der Wissenschaften über jeweils eigene Klassen für Technische und Landwirtschaftliche Wissenschaften; siehe oben, Briefe Nr. 234, 242.

[2] Nachfolger von Johannes Stroux als Akademiepräsident wurde der Biophysiker Walter Friedrich (1883–1968), a.o. Professor und o. Professor für medizinische Physik an den Medizinischen Fakultäten der Universitäten Freiburg i. Br. (1921–1922) und Berlin (1922–1959), der von 1949 bis 1952 auch als Rektor der Humboldt-Universität amtierte.

[3] Werner Heisenberg (1901–1976), Physiker, o. Professor an den Universitäten Leipzig (1927–1941) und Berlin (1941–1945), Direktor des Kaiser-Wilhelm-Instituts für Physik in Berlin-Dahlem (1941–1945), danach Direktor des Max-Planck-Instituts für Physik in Göttingen (1946–1958) und München (1958–1970) und jeweils zugleich Honorarprofessor an den Universitäten Göttingen und München.

[4] Siehe oben, Brief Nr. 254.

[5] Gerhard Kroll schied ein Jahr später endgültig aus dem Institut für Erforschung der nationalsozialistischen Zeit in München aus; vgl. Horst Möller: Das Institut für Zeitgeschichte

Selbstverständlich kann ich Ihnen jederzeit schreiben, dass eine Besprechung in Sachen der Jahresberichte hier nötig ist. Wollen Sie sie mit Vordruck u. Dienststempel der Akademie haben oder meinen Sie, es sei besser, wenn ich lediglich als Privatperson Sie einlade? Für den Pass brauchte man hier lange Zeit eine amtliche Bescheinigung, jetzt darf man sogar zur Erholung ohne Amtsarzt reisen. Wann ich verreise, steht noch nicht fest. Aber Sie können Ihre Archivstudien allenfalls auch betreiben, ohne dass ich hier bin. Trotzdem fände ich es schöner, wenn ich Sie hier begrüssen und die in Freiburg genossene Gastfreundschaft etwas erwidern könnte. Meine dem Verband zur Last fallenden Reisekosten betragen etwa 60 Mark.

[...]

Da Sie nicht nach Berlin gekommen sind, freue ich mich um so mehr, dass wir uns in Freiburg gründlich haben aussprechen können. Morgen will ich Meinecke aufsuchen. Es ist allerdings zweifelhaft, ob ich ihn persönlich gründlich sprechen kann, denn Dietrich Gerhard aus Amerika wird auch dabei sein, u. sobald mehrere sprechen, hört für Meinecke die Unterhaltungsmöglichkeit auf.

Ich danke Ihnen und Ihrer verehrten Gattin nochmals herzlich für die Gastfreundschaft und grüsse Sie Beide zugleich im Namen meiner Frau vielmals. Hoffentlich sehen wir uns im Lauf des Sommers oder Herbstes nochmals.

Ihr Hartung

Nr. 256
An Friedrich Baethgen Berlin, 21. August 1950

SBBNPK, Nl. F. Hartung, K 46/1. – Masch. Durchschlag.

Lieber Herr Baethgen!

Besten Dank für Ihren freundlichen Brief![1] Die Absage der Münchener Kommissionssitzung bedaure auch ich sehr, denn ich möchte im September gern mit meiner Frau verreisen und wir hatten an ein Zusammensein mit unserm südafrikanischen Schwager[2], der dieser Tage in Europa eintrifft und etwa am 10. September in Oberammergau sein will, in Oberbayern gedacht. An dem

---

1949–2009, in: Horst Möller/Udo Wengst: 60 Jahre Institut für Zeitgeschichte München/Berlin. Geschichte – Veröffentlichungen – Personalien, München 2009, S. 9–100, hier S. 24.

[1] Friedrich Baethgen an Fritz Hartung, 14.8.1950, in: Nl. F. Hartung K 46/1: Baethgen teilt mit, dass der Leipziger Germanist Theodor Frings, der als Mitglied der Zentraldirektion der Monumena Germaniae Historica im September nach München kommen werde, „die Gelegenheit der Tagung benutzen wolle, um mit Mitteis und mir die Frage der Beziehungen zu den ostdeutschen Akademien zu besprechen, die ihm große Sorge bereitet. Ich teile diese Besorgnisse und eben deshalb würde ich lebhaft wünschen, daß auch Sie bei der Besprechung dabei wären".

[2] Ernst Friedländer.

Plan, mit meiner Frau zu verreisen und den Schwager in der Westzone zu treffen, halte ich auch unbedingt fest. Und ich würde gern bei dieser Gelegenheit in München mit Ihnen, Mitteis und Frings[1] über die Akademie sprechen.

Allerdings sehe ich keine Möglichkeit, mich zu dieser Besprechung von der Akademie nach München schicken zu lassen, es sei denn, dass Frings ausdrücklich den Wunsch äussert, dass ich dazu komme. Selbst dann würde die Akademie, d. h. der Direktor[2], wahrscheinlich sagen, dass dazu Rörig ebenso gut in der Lage sei. Ich selbst möchte mich dabei zurückhalten, denn ich stehe auf dem Standpunkt, dass jetzt vor allem der Rücktritt von Stroux erzwungen werden muss. Er hat seine Zusage, sofort nach dem Jubiläum zurückzutreten – korrekter wäre es zu sagen: die fällige Neuwahl vorzunehmen, denn seine Amtszeit ist am 1. Juli abgelaufen –, nicht eingehalten, sondern sich eine provisorische Verlängerung seiner Stellung besorgt. Erh. Schmidt gegenüber hat er zugesagt, die Wahl soll im Oktober, bis dahin sind Ferien, erfolgen. Sollte er diese Zusage wieder nicht einhalten, so würde ich die Konsequenz ziehen und mein Amt als Sekretar niederlegen. Unter diesen Umständen kann ich mich nicht gut erbieten, als Vertrauensmann des Präsidenten nach München zu fahren.

Nachdem aber Ritter eine Ausschusstagung des Verbands auf den 23. September angesetzt hat, ist mir der Gedanke gekommen, mir von Ritter eine dringende Einladung dazu mit Hinweis auf meine Wichtigkeit wegen der Jahresberichte und der Ostzone überhaupt zu besorgen und damit zu versuchen, ob mir die Akademie die Reise finanziert. Dass ich, nachdem ich erst vor kurzem auf Kosten der Verbandskasse von Bonn nach Freiburg gefahren bin, bei der Ausschusstagung entbehrlich bin, ist mir völlig klar. Aber ich würde sehr gern mit Ihnen und Mitteis über die Akademie sprechen. Frings ist mir nicht ganz durchsichtig, er hat beim Jubiläum in seiner offiziellen Ansprache als Vertreter Leipzigs Stroux so warm als Freund angeredet, dass ich mir nicht sicher bin, ob er ernstlich die Interessen der Akademie vertreten wird.

Das Interesse der Akademie fordert meiner Ansicht nach zur Zeit, dass die westlichen Mitglieder nicht voreilig austreten, wohl aber deutlich zu erkennen geben, dass sie an der ihnen durch Stille im Einvernehmen mit Stroux schriftlich gegebenen Zusage festhalten, dass Str. aus dem Präsidium ausscheidet. Bei der Neuwahl des Präsidiums werden wir dann sehen, ob noch die Möglichkeit besteht, die Akademie im alten Stil weiter zu führen. Kienle scheidet leider als Kandidat aus, da er endgültig den Ruf nach Heidelberg angenommen hat und schon zum September übersiedelt. Statt seiner ist Ertel[3] unser Kandidat, ein in seiner Wissenschaft (Meteorologie) auch international – das bestätigte mir vorgestern Vasmer, der ihn in Stockholm erlebt hat – sehr angesehener

---

[1] Theodor Frings (1886–1968), Germanist, a.o./o. Professor an den Universitäten Bonn (1917/19–1927) und Leipzig (1927–1957).
[2] Josef Naas.
[3] Hans Ertel (1904–1971), Geophysiker und Meteorologe, a.o. Professor an der Universität Berlin (1941–1943), o. Professor an den Universitäten Innsbruck (1943–1946) und Berlin (1946–1971), Vizepräsident der Deutschen Akademie der Wissenschaften (1951–1961).

Mann, der sich weder vor Naas noch vor den Russen fürchtet. Er ist allerdings nicht der Kandidat von Naas, der vielmehr einen andern, bequemeren Mann haben möchte, mit mir freilich noch nicht darüber gesprochen hat. Wenn das Ministerium Ertel nicht bestätigen sollte oder wenn der Einfluss von Naas schon so gross sein sollte, dass das Plenum Ertel nicht wählt, dann wissen wir wohl alle, dass die Akademie nicht mehr zu halten ist. Dann, aber nicht früher, wäre auch der Zeitpunkt gekommen, wo die westlichen Mitglieder sich entscheiden sollten, ob sie die Mitgliedschaft fortführen oder nicht. Natürlich ist auch mit der Möglichkeit zu rechnen, dass Stroux keine Neuwahl vornehmen lässt; dann müssten Sie natürlich auch Stellung nehmen.

Sonst ist es hier ruhig. [...] Ich habe diese stillen Wochen benutzt, um die Korrekturen meiner Verfassungsgeschichte und das Register zu erledigen[1]. Das Wetter ist so schön, dass ich meist im Garten sitze; selbst die Registerarbeit kann ich hier erledigen, ohne dass mir die Zettel davon fliegen.

Vor ein paar Tagen hatten wir Brackmanns und Vasmers zum Kaffee bei uns. Ich habe die Gelegenheit benutzt, um Brackmann nach seinen Lebenserinnerungen zu fragen, anknüpfend an die von Meinecke. Er meinte, sie seien nur für die Familie bestimmt, u. fing dann an, aus seiner Jugend zu erzählen, kam aber sehr bald davon ab, sodass ich die Frage einer eventuellen Veröffentlichung im Zusammenhang mit seinem 80. Geburtstag nicht weiter erörtern konnte. Er ist recht gealtert, versteht vieles falsch und bringt die Sachen sehr durcheinander. Ich muss sehen, ob ich ihn nicht bald einmal allein sprechen kann.

Damit will ich für heute Schluss machen. Ueber meine Reisepläne gebe ich Ihnen noch Nachricht, sobald sie feststehen. Quartier habe ich in München für alle Fälle.

Mit vielen Grüssen auch von meiner Frau für Sie und Frau Piontek

Ihr

Nr. 257
An Arnold Fratzscher Berlin, 30. November 1950

SBBPK, Nl. F. Hartung, K 39/5. – Masch. Durchschlag.

Lieber Herr Doktor!

[...]

Der Optimismus, mit dem Sie bereits die Frage der neuen Auflage anschneiden[2], freut mich, wenn ich ihn auch nicht teilen kann. Immerhin bin ich mit Ihnen einig, dass die nächste Auflage, abgesehen von dem Schlusskapitel,

---

[1] Die 5., neubearbeitete Auflage von Hartungs „Deutscher Verfassungsgeschichte vom 15. Jahrhundert bis zur Gegenwart" erschien noch im gleichen Jahr (1950) im F. K. Koehler Verlag in Stuttgart.

[2] Die 6. Auflage der „Deutschen Verfassungsgeschichte" erschien 1954.

das hoffentlich gründlich verändert werden muss, keine nennenswerten Aenderungen bringen wird; sowohl die 3. (1928) wie die 4. (1933) Auflage stellen in der Hauptsache photomechanische Neudrucke der 2. (1922) dar, bei denen für neue Literatur oder gelegentliche Textverbesserungen durch Streichungen Raum geschaffen wurde. Ich habe also kein Bedenken, dass Sie Matern[1] anfertigen lassen, und wünsche Ihnen und mir, dass wir noch Gebrauch machen können.

[...]

Sie schneiden noch zwei Fragen an, auf die ich Ihnen gleich antworten kann. Die eine ist die Neubearbeitung meiner deutschen Geschichte von 1871 bis 1919[2]. Augenblicklich liegt mir meine verfassungsgeschichtliche Arbeit mehr am Herzen. Immerhin habe ich den Eindruck, dass sich die Unruhe, die durch die Katastrophe von 1945 in die deutsche Geschichtswissenschaft hineingetragen worden ist, allmählich wieder gelegt hat und dass man bald daran gehen kann, die Ergebnisse der kritischen Auseinandersetzungen festzulegen. Abwarten möchte ich aber, ob die Archivverwaltung der Ostzone ihren Plan, Aktenpublikationen zur inneren Geschichte des Bismarckreiches herauszugeben, ausführen kann[3].

Das zweite sind die Jahresberichte. Hier liegen die Dinge so: Brackmann und ich waren schon lange vor 1945 mit dem Verlag K. F. Koehler, mit dem Sie damals nichts zu tun hatten, unzufrieden und waren entschlossen, ihm nach dem Kriege zu kündigen. Diese Kündigung ist wohl Anfang 1946 erfolgt, ich habe darüber mit Dr. Köster s. Zt. freundschaftlich gesprochen. Da die Gesellschaft „Jahresberichte", die die Mittel hergegeben hatte, nicht mehr existiert und nicht mehr ins Leben zurückgerufen werden kann, hat sich Ende 1946 oder Anfang 47 die Akademie bereit erklärt, die Jahresberichte zu finanzieren; als Verlag wurde der Akademieverlag in Aussicht genommen. Die für die Herausgabe erforderliche Lizenz ist erst zu Beginn dieses Jahres erteilt worden. Seither wird, teils hier bei der Universitätsbibliothek, teils bei der Deutschen Bücherei in Leipzig, die Bibliographie im alten Umfang bearbeitet. Forschungsberichte sind nicht vorgesehen, denn mit diesen würden wir auf unübersteigbare Zensurschwierigkeiten stossen. Ob wir sie mit dem bescheideneren Unternehmen, das sich auf Bibliographie und kurze Inhaltsangaben beschränkt, vermeiden werden, steht dahin; sobald unser erstes Manuskript, das den Jahrgang 1949 umfasst, vorliegt, werden wir ja sehen, ob wir auch Bücher wie Seraphim: Die deutsch-russischen Beziehungen 1939–1941[4] anführen dürfen. Vielleicht geht dann die ganze Sache kaputt, denn wir sind alle entschlossen, die Jahresberichte nur herauszugeben, wenn wir die wissenschaftliche Verant-

---

[1] Abformung (Matrize) einer gesetzten Druckplatte, von der bei Bedarf neue Druckplatten aus Metall angefertigt werden konnten, etwa beim Nachdrucken von Büchern.
[2] Die 5. Auflage von Fritz Hartungs „Deutsche[r] Geschichte 1871–1919" war 1941 bei Koehler & Amelang in Leipzig erschienen; die 6., neubearbeitete Auflage kam 1952 bei F. K. Koehler in Stuttgart heraus.
[3] Siehe unten, Brief Nr. 258.
[4] Hans-Günther Seraphim: Die deutsch-russischen Beziehungen 1939–1941, Hamburg 1949.

wortung dafür tragen können. Wenn wir hier im Osten, wo man uns das Geld zur Verfügung gestellt hat, scheitern, kann der Westen versuchen, ob er die Jahresberichte durchführen kann. Wir haben beim Historikertag im Kreise des Verbandes der Historiker über die Frage gesprochen. Aber der Verband kann kaum die Reisekosten für die Vorstandssitzungen tragen, geschweige denn Druckosten für ein grösseres Unternehmen.

    Mit freundlichen Grüssen
                Ihr ergebener

Nr. 258

An Friedrich Baethgen   Berlin, 2. Dezember 1950

MGH, München – Archiv, Nr. O 213. – Masch. Original.

Lieber Herr Baethgen!

Besten Dank für Ihren freundlichen Brief vom 7. Nov. Inzwischen ist, wie mir Kaesser gestern in der Sitzung des Aufsichtsrats des Akademieverlags mitgeteilt hat, vom Kulturellen Beirat[1] die Genehmigung zum selbstverständlich unveränderten Abdruck Ihres Berichts für 48/9 gegeben worden. [...]

Dass die Zensur des Kulturellen Beirats ganz beseitigt werden wird, ist nicht anzunehmen. In der gestrigen Aufsichtsratssitzung teilte zwar Herr Boehm[2], der persönliche Referent von Wandel, der entgegen den Erwartungen von Brugsch doch Minister geblieben ist, aber nicht selbst zur Sitzung gekommen war, mit, dass neue Methoden gefunden seien, um die Entscheidungen des Kult. Beirats zu beschleunigen, aber keine Druckmaschine darf im Bereich der DDR in Bewegung gesetzt werden ohne Genehmigung des Beirats.

In der Sitzung regte Rompe eine grössere Aktivität des Akademieverlags an, er müsse durch entsprechende Honorarzahlungen den westdeutschen Verlegern entgegentreten. Ich wies darauf hin, dass es nicht am Honorar, sondern an dem Kulturellen Beirat liege, wenn ich mit der 5. Aufl. meiner Verf.gesch. in den Westen abgewandert sei; der Verleger Teubner habe mir das Ms. nach 8 Monaten zurückgegeben, weil er die Genehmigung des Beirats nicht bekom-

---

[1] Der sog. „Kulturelle Beirat für das Verlagswesen" stellte faktisch die erste Zensurbehörde der SBZ und der frühen DDR dar; er unterstand bis 1949 der „Deutschen Zentralverwaltung für Volksbildung", später dem „Amt für Information", und war für die Prüfung von Druckmanuskripten und für die Erteilung (oder Verweigerung) von Druckgenehmigungen zuständig; allgemeine Unzufriedenheit mit der Arbeit des Beirats führte im Juli 1951 zu dessen Auflösung; vgl. Johanna Marschall-Reiser: Zensur oder Druckgenehmigung? Administrative Anbindung und Regelungen zum Verfahren in der DDR, in: Mitteilungen aus dem Bundesarchiv 20 (2012), S. 68–84, hier S. 69ff.

[2] Rudolf Böhm (1917–?), Referent in der Zentralverwaltung für Volksbildung (1945–1949) und im Ministerium für Volksbildung der DDR (1949–1956), Chefdramaturg der „Deutschen Film-Aktiengesellschaft" (DEFA) in Potsdam-Babelsberg (1956–1958), anschließend freier Schriftsteller und Drehbuchautor.

men habe; ich hätte auch nie erfahren, was der Beitrat an dem Buch auszusetzen habe[1]. Uebrigens gehört auch Rörig zu den Geschädigten des Beirats. Eine von der Stadt Magdeburg geplante Sonderausgabe seiner übrigens recht interessanten Abhandlung über Magdeburg in den Miscellanea ist nicht genehmigt worden, weil er die Ableitung des Sklaven vom Slaven erwähnt und weil er missverständlich über den Anteil der Juden am Fernhandel schreibt![2]

In der Frage der NDB bin ich etwas anderer Ansicht als Sie. Ich bin nach wie vor überzeugt, dass sie ein unglückliches Zwitterunternehmen ist. Sie sagen, das hätte man schon 1947 sagen müssen. Das ist richtig, man hätte das Unternehmen sehr viel besser vorbereiten müssen, bevor man anfing, ausser eigenen Mitteln auch Mittel eines Verlags, die wieder zurückgezahlt werden müssen, dafür auszugeben. Aber 1947 war die finanzielle Lage noch anders, ausserdem konnte ich, der ich zum ersten Mal an einer Sitzung der Kommission teilnahm, die Lage nicht übersehen. Aber ob die Unterlassung von 1947 die Kommission nun zwingt, ein falsch angelegtes Unternehmen mit grossem Geldaufwand für lange Jahre fortzusetzen, das möchte ich doch bezweifeln[3].

Daran aber zweifle ich nicht, dass die NDB falsch angelegt ist. Für die meisten der vor 1900 verstorbenen Deutschen genügt die ADB; sie verkürzt in der NDB wiederabzudrucken lässt sich höchstens unter dem Gesichtspunkt rechtfertigen, dass das Papier der älteren Bände der ADB unverantwortlich schlecht ist und allmählich brüchig wird. Viele z. T. sehr brauchbare biograph. Artikel stehen auch in den zahlreich vorhandenen landschaftlichen Sammlungen von Lebensbildern. Dazu kommt für die Zeit nach 1900 das Biographische Jahrbuch. Hat es wirklich Sinn, über all die hier befriedigend bearbeiteten Leute nochmals einen Lexikonartikel zu bringen? Und wie soll etwa ein neuer Bismarckartikel aussehen? Soll er Eyck, Schnabel oder Ritter folgen[4] oder soll er sich mit ihnen auseinandersetzen oder soll er farblos sein? Die beiden ersten Wege verbieten sich in einem solchen Unternehmen, und ein farbloser Artikel ist zwecklos. Das gilt auch für Friedrich II. (sowohl den Hohenstaufen wie den Hohenzoller). Bei allen „grossen Deutschen", Goethe, R. Wagner, Beethoven

---

[1] Siehe oben, Brief Nr. 247.
[2] Fritz Rörig: Magdeburgs Entstehung und die ältere Handelsgeschichte, in: Miscellanea Academica Berolinensia. Gesammelte Abhandlungen zur Feier des 250jährigen Bestehens der Deutschen Akademie der Wissenschaften zu Berlin, Bd. II/1, Berlin 1950, S. 103–132; die von Hartung erwähnten inkriminierten Stellen u. a. S. 104, Anm. 4 („Judenfrage im frühen Mittelalter", vgl. auch S. 114 ff.), sowie explizit S. 111 („Nicht ohne Grund hängen die Worte ‚Sklave' und ‚Slave' auch sprachlich eng miteinander zusammen").
[3] Die Neue Deutsche Biographie (NDB) wurde als Nachfolgesammelwerk für die Allgemeine Deutsche Biographie (ADB) von der Historischen Kommission bei der Bayerischen Akademie der Wissenschaften zu München seit 1943 in Angriff genommen; die Arbeit kam nach Kriegsende jedoch erst 1949 erneut in Gang; Bd. 1 der NDB (Aachen-Behaim) erschien erst 1953; zur Frühgeschichte vgl. Hans Günter Hockerts: Vom nationalen Denkmal zum biographischen Portal. Die Geschichte von ADB und NDB 1858–2008, in: „... für deutsche Geschichts- und Quellenforschung". 150 Jahre Historische Kommission bei der Bayerischen Akademie der Wissenschaften, hrsg. v. Lothar Gall, München 2008, S. 229–269, hier S. 241 ff.
[4] Siehe dazu auch unten, Brief Nr. 261.

Nr. 258. An Friedrich Baethgen, 2. Dezember 1950

usw., auch bei Persönlichkeiten des politischen Lebens, erhebt sich die Frage, ob ein biographischer Artikel von dem Umfang, der durch die Zahl von 12 Bänden vorgeschrieben ist, sinnvoll ist. Andererseits kann ein biographisches Gesamtwerk nicht auf die grossen Namen verzichten.

Deshalb sollte meiner Ansicht nach die ganze Frage nochmals gründlich geprüft werden. Vor allem muss, bevor man mit dem Druck beginnt, ein genauer Plan für die Verteilung des Stoffes auf die einzelnen Bände gemacht werden, nicht bloss summarisch, dass man durchschnittlich auf jeden Band 2 Buchstaben rechnet, sondern man muss wissen, wer alles behandelt werden soll und wieviel Raum für jeden zur Verfügung steht. Selbst dann werden sich hinterher noch Schwierigkeiten ergeben, weil ja kaum ein Autor sich an die Raumvorschrift halten wird. Ausserdem muss das Manuskript für mindestens drei oder vier Lieferungen fertig sein, bevor man mit grosser Ankündigung eines vielbändigen Unternehmens in die Oeffentlichkeit tritt.

Erstaunt hat mich das Protokoll der Ortsausschuss-Sitzung vom 9. Nov[ember], das mir vor kurzem zugegangen ist, vor allem der Beschluss, einen Probebogen zu drucken. Unsere Septembersitzung war zwar formell nur eine Sitzung des Ortsausschusses, tatsächlich aber doch eine Plenarsitzung, denn es fehlten ausser den 80jährigen und den Schweizern nur ganz wenige Mitglieder. Wir hatten damals beschlossen, vor der Klärung der Lage nicht zu drucken; den Antrag hatte Männer[1] gestellt. Die sehr vage Mitteilung von Heuss an Goetz, er halte die Unterstellung der NDB unter die Kulturabteilung des Bundes für möglich, scheint mir keine Basis für die Beschlüsse vom 9. Nov. zu sein, um so weniger als Schnabel unter Zustimmung der Anwesenden festgestellt hat, dass die NDB bei der Kommission verbleiben soll[2].

Wenn ich mich in München gegen die Festlegung der erhofften neuen Mittel der Hist. Kommission für die NDB ausgesprochen habe, so hatte ich dabei, wie ich nicht verhehle, einen Hintergedanken: ich wollte Mittel für die auf dem Gebiete der deutschen Geschichte nach 1871 liegenden dringenden Aufgaben frei lassen. Die Möglichkeit, auf diesem Gebiet Publikationen zu veranstalten, hat sich in der Zwischenzeit allerdings so verflüchtigt, das ich an die Gefahr einer Kollision der Interessen zwischen NDB und neuester Geschichte nicht mehr glaube. Denn was an Beständen des Reichsarchivs und des ehem. Preussischen Geh. Staatsarchivs gerettet ist, ist jetzt in Potsdam und Merseburg unter der Leitung einer ostzonalen Archivverwaltung untergebracht. An der Spitze steht ein ehemaliges Mitglied des Reichsarchivs, Dr. Korfes. Er hat mich neulich besucht und seine Pläne entwickelt. Ob er sie

---

[1] Ludwig Maenner (1890–1958), Jurist, Historiker und Archivar, apl. Professor an der Universität München (1933–1958), Leiter des Geheimen Staatsarchivs München (1948–1958), Sekretär der Historischen Kommission bei der Bayerischen Akademie der Wissenschaften (1954–1958).
[2] Bundespräsident Theodor Heuss, bereits früh als Mitarbeiter an der NDB vorgesehen, nahm großes persönliches Interesse an der Erarbeitung des neuen biographischen Lexikons und vermittelte zugleich dessen finanzielle Förderung durch das Bundesministerium des Innern; vgl. Hockerts: Vom nationalen Denkmal zum biographischen Portal, S. 251 f.

ausführen kann – Geschichte des Sozialistengesetzes, des Kulturkampfs, der Sozialpolitik, des wirtschaftspolitischen Umschwungs von 1877/9 usw. – ist mir sehr zweifelhaft[1], aber das scheint mir sicher, dass die Akten für eine Publikation der Münchener Kommission nicht freigegeben werden.

Trotzdem sollte der Ortsausschuss sehr überlegen, ob es richtig ist, die noch nicht bewilligten Mittel schon jetzt der NDB zuzuweisen und dem künftigen Präsidenten die Hände zu binden.

       Mit herzlichen Grüssen
       Ihr F. Hartung

Nr. 259
An Erich Wende   **Berlin, 23. Dezember 1950**

SBBPK, Nl. F. Hartung, K 46/7. – Masch. Durchschlag.

Sehr verehrter Herr Staatssekretär!

Verzeihen Sie gütigst, wenn ich Sie in diesen Tagen zwischen den Jahren, die in der guten alten Zeit als geschäftsstill betrachtet wurden, mit einer Angelegenheit des Münchener Instituts zur Erforschung der nationalsozialistischen Zeit behellige. Angesichts der auf den 5. Januar angesetzten Sitzung von Kuratorium und Beirat ist eine Verschiebung dieses Schreibens bis nach Neujahr nicht angängig.

Es ist eine auffallende Tatsache, dass immer, wenn eine solche Sitzung geplant ist, wovon doch nur ein kleiner Kreis Kenntnis erhält, in der Presse Angriffe gegen G. Ritter erscheinen. So geschieht es auch jetzt: der Rheinische Merkur bringt in seiner Nummer vom 16. d. M. einen Artikel „Gerhard Ritter und die Geschichtsrevision", in dem von einer ernsthaften Organisationskrise des Instituts gesprochen, Ritter als „ein bisher nicht beseitigtes Hindernis für die Aufnahme der eigentlichen Arbeit des Instituts im Sinne der Gründung" bezeichnet und der „ausgezeichnete Historiker" Buchheim in kaum verhüllter Weise als der geeignete Leiter des Instituts empfohlen wird[2].

Zur Verstärkung des Angriffs auf Ritter werden dann unter Berufung auf den Hamburger Dozenten v. Rantzau die alten Vorwürfe wieder aufgewärmt

---

[1] Die einzige Quellenpublikation aus den Beständen des ehemaligen Reichsarchivs war eine (offenbar als erster Band einer größeren Edition gedachte) Sammlung von Dokumenten zur Vorgeschichte des Kulturkampfs: Die Vorgeschichte des Kulturkampfs – Quellenveröffentlichung aus dem Deutschen Zentralarchiv. Bearbeitet von Adelheid Constabel mit einer Einleitung von Fritz Hartung, hrsg. von der Staatlichen Archivverwaltung im Ministerium des Innern, Berlin[-Ost] 1956.
[2] Otto B. Roegele: Gerhard Ritter und die Geschichtsrevision, in: Rheinischer Merkur, 16.12. 1950, S. 3. – Der Verfasser des Artikels, Otto B. Roegele (1920–2005), katholischer Publizist und Kommunikationswissenschaftler, war Chefredakteur und anschließend Herausgeber des „Rheinischen Merkur" (1949/63–2005) sowie o. Professor für Zeitungswissenschaft an der Universität München (1963–1985).

Nr. 259. An Erich Wende, 23. Dezember 1950

und mit einigen neu aufgefundenen Zitaten ergänzt[1]. Aber wer in den Zeiten des dritten Reichs gelebt hat, weiss, dass damals Kritik nur geübt werden konnte, wenn sie gelegentlich mit Zustimmung zu nationalsozialistischen Anschauungen verkleidet wurde. Deshalb sind aus fast allen Schriften jener Zeit Sätze herauszureissen, die einen falschen Eindruck von der politischen Haltung des Verfassers hinterlassen. Als ich 1935 die Geschichtsklitterung von C. Schmitt über „Staatsgefüge und Zusammenbruch des zweiten Reiches" zerpflückte, musste ich auch so tun, als ob ich nichts gegen das System als solches, sondern nur etwas gegen die Methode von Schmitt hätte[2]. Und so wird man auch Ritter nicht nach wenigen, anscheinend dem Schluss einer längeren Rede entnommenen Sätzen beurteilen dürfen, sondern nur nach seiner ganzen kompromisslosen und bis zum Gefängnis bewährten Haltung gegenüber dem Nationalsozialismus.

Diese Haltung Ritters, nicht die Instinktlosigkeit seiner Kollegen, wie der Rheinische Merkur behauptet, ist es auch gewesen, die beim Münchener Historikertag 1949 zu seiner Wahl zum Vorsitzenden geführt hat. Zu dem Vorwurf des monopolistischen Anspruchs des Verbandes der Historiker und der personalpolitischen Terrorisierungsversuche wird, wie ich vermute, der Verband selbst Stellung nehmen.

Ich mache auf diese Dinge, die Ihnen wohl schon von anderer Seite her zur Kenntnis gebracht sein werden, deshalb aufmerksam, weil ich für nötig halte, bei der Sitzung Anfang Januar Klarheit zu schaffen, ob dem Institut durch die Wahl eines geeigneten Generalsekretärs endlich die Möglichkeit zu produktiver Arbeit gegeben werden kann oder nicht. Ich gestehe offen, dass ich Herrn Buchheim, den ich seit 1920 kenne, nicht als „ausgezeichneten Historiker" und erst recht nicht als den geeigneten Leiter des Instituts anzuschauen vermag. Wenn er jemals den Trieb und die Fähigkeit zu wissenschaftlicher Arbeit besessen hätte, wäre ihm, der 1889 geboren ist, wohl vor 1933 Gelegenheit geboten gewesen, seine Eignung zu beweisen. Was ich im September dieses Jahres bei einem Besuch des Münchener Instituts gesehen und von Herrn Buchheim selbst über die bisher geleistete Arbeit erfahren habe, hat mein Urteil noch ungünstiger gestaltet. Es ist möglich, dass er unter einer straf-

---

[1] Johann Albrecht von Rantzau: Individualitätsprinzip, Staatsverherrlichung und deutsche Geschichtsschreibung, in: Die Sammlung 5 (1950), S. 284–299. In diesem Text setzt sich Rantzau (S. 288 ff.) sehr kritisch mit Persönlichkeit und Werk Gerhard Ritters auseinander, dessen Gegnerschaft zum Nationalsozialismus zwar erwähnt wird, dessen Nachkriegsschriften, darunter vor allem „Europa und die deutsche Frage" von 1948, jedoch als überwiegend „apologetisch" bezeichnet werden. Wenn man, wie Ritter, so Rantzaus zentraler Vorwurf, „die nihilistische Entartung im deutschen Nationalsozialismus ignoriert und diesen ebenso wie den gesamten deutschen Nationalismus, letzten Endes auf das Schuldkonto der westlichen Massendemokratie bucht, so erweist man der in Deutschland notwendigen politischen Gesinnung einen schlechten Dienst und leistet der noch immer übergroßen nationalistischen Begriffsverwirrung Vorschub" (S. 296). Es sei nicht zu verkennen, dass der konservative Protestant Ritter zudem immer noch „allzu geneigt ist, der Obrigkeit untertan zu sein und daß sein Anspruch auf politische Freiheit allzu bescheiden, deutlich gesagt, unzulänglich ist" (S. 297).

[2] Siehe oben, Briefe Nr. 113, 116, 121.

fen Leitung, die es versteht, klare Direktiven für die Arbeit der einzelnen Abteilungen auszugeben und ihre Durchführung zu überwachen, Brauchbares wird leisten können. Seine Wahl zum Generalsekretär würde ich für ein Unglück für das Institut halten.

Ich darf versichern, dass meine Ausführungen weder durch meine Freundschaft mit Ritter noch durch eine gar nicht bestehende persönliche Abneigung gegen Buchheim beeinflusst sind, sondern lediglich aus dem sachlichen Interesse an der Durchführung der wichtigen dem Münchener Institut obliegenden Aufgabe erwachsen sind.

Ich verbinde mit diesem Schreiben meine besten Wünsche zum Jahreswechsel und verbleibe
    Ihr sehr ergebener

Nr. 260
An Hans Rothfels   Berlin, 3. März 1951

BAK N 1213, Nr. 213. – Hs. Original.

Lieber Herr Rothfels!

Es will mir noch nicht recht einleuchten, daß Sie nun auch schon jubiläumsreif werden; denn ich habe Sie auf Grund Ihrer Lebensfrische immer für wesentlich jünger gehalten, als ich selbst bin. Und dieser Eindruck hat sich mir und meiner Frau bestärkt, als Sie nach langen und auch für Sie schweren Jahren im Sommer 1949 zu uns kamen. Aber das ändert nichts an der Tatsache, daß Sie am 12. April 60 Jahre alt werden. Und ein solches Fest ist ja auch ganz schön, denn es gibt allen denen, die Ihnen nicht nur menschlich verbunden sind, sondern auch aus Ihrer wissenschaftlichen Arbeit vieles gelernt haben, erwünschten Anlaß, Ihnen für das, was Sie bisher geleistet haben, zu danken und Gesundheit und Kraft noch für viele Jahre zu wünschen.

Wenn ich mich nicht in Reih' und Glied der Gratulanten gestellt und an der geplanten Festschrift[1] nicht beteiligt bin, so ist das keine Eigenbrötelei, sondern die Konsequenz der Tatsache, daß ich s. Zt. weder für Ritters noch für Kaehlers Festschrift mitgearbeitet habe. Aber zum Kreis der Sie aufrichtig und herzlich verehrenden Kollegen rechne ich mich durchaus, und ich hoffe, daß Sie daran nicht zweifeln.

Als wir uns im Sommer 1949 sahen, war gerade die Blockade Berlins aufgehoben[2], und man durfte hoffen, daß sich die Verhältnisse in der Welt allmählich beruhigen würden. In dieser Hoffnung sind wir gründlich enttäuscht worden. Aber man lebt weiter mit der Philosophie des „Als Ob"[3]; man tut, als

---
[1] Deutschland und Europa – Historische Studien zur Völker- und Staatenordnung des Abendlandes. Festschrift für Hans Rothfels, hrsg. von Werner Conze, Düsseldorf 1951.
[2] Die Aufhebung der Blockade Berlins durch die Sowjetunion erfolgte am 12.5.1949.
[3] Siehe oben, Brief Nr. 193.

ob die eigene Tätigkeit sinnvoll sei. Auf dieser Basis läßt es sich einstweilen ganz gut leben. Wir Westberliner haben sogar Bewegungsfreiheit, sodaß ich wiederholt nach dem Westen reisen konnte. Im Beirat des Münchner Instituts für Erforschung der nationalsoz. Zeit vertrete ich mit Ritter u. Schnabel die Geschichtswissenschaft. Daß im September in Marburg Historikertag sein soll, haben Sie vermutlich gehört. Werden wir Sie bei dieser Gelegenheit begrüßen dürfen?

Meinecke wird körperlich immer hinfälliger, ist dagegen geistig noch von erstaunlicher Frische. Als ich ihn vor etwa 4 Wochen besuchte, sprach er mit mir nicht wie die meisten alten Leute von vergangenen Zeiten, sondern über das neue Buch von Srbik[1] und zwar in einer Weise, die erkennen ließ, daß er sich wesentliche Partien hatte vorlesen [lassen] und daß er sich eigene Gedanken darüber gemacht hatte.

Ich hoffe, daß es Ihnen und Ihrer verehrten Gattin seit München[2] gut ergangen ist – ein Weihnachtsgruß von Ihnen hat mich erreicht, ist aber wie vieles unbeantwortet geblieben – und daß Sie Ihren Geburtstag im engen Kreis der Familie und im weiten Kreis der Kollegen und Schüler freudig begehen können. Möge er ein reiches Jahrzehnt für Sie einleiten!

Mit herzlichen Grüßen und Wünschen, denen sich auch meine Frau anschließt,

Ihr F. Hartung

Nr. 261
An Erwin Hölzle   Berlin, 15. Mai 1951

BAK N 1323, Nr. 9. – Masch. Original.

Verehrter Herr Hölzle!

Als wir uns neulich in München kurz sprachen, stellte ich Ihnen eine ausführliche Stellungnahme zu Ihrem Aufsatz über die Reichsgründung und den Aufstieg der Weltmächte in Aussicht[3]. Heute möchte ich, nachdem ich mich in der letzten Zeit viel mit der neueren Bismarckliteratur beschäftigt habe, mein Versprechen einlösen.

Wie ich schon andeutete, halte ich Schnabels Aufsatz[4] für verfehlt. Denn er übersieht den grundlegenden Unterschied zwischen dem Staatsmann, der in

---

[1] Heinrich Ritter von Srbik: Geist und Geschichte vom deutschen Humanismus bis zur Gegenwart, Bde. 1–2, hrsg. v. Taras von Borodajkewycz, München/Salzburg 1950–1951. – Srbik war am 16.2.1951 gestorben.
[2] Gemeint ist: seit dem Münchner Historikertag 1949.
[3] Erwin Hölzle: Die Reichsgründung und der Aufstieg der Weltmächte, in: Geschichte in Wissenschaft und Unterricht 2 (1951), S. 132–147.
[4] Franz Schnabel: Das Problem Bismarck, in: Hochland 42 (1949), S. 1–27; erneut in: Lothar Gall (Hrsg.): Das Bismarck-Problem in der Geschichtsschreibung nach 1945, Köln/Berlin 1971, S. 97–118.

seiner Politik mit den ihm zur Verfügung stehenden Mitteln praktische Politik treiben muss, und dem politischen Denker, der unbeschwert durch die Realitäten seine Gedanken entwickeln und verlockende Zukunftsbilder ausmalen darf. So kann er die grossartige Konzeption von K. Frantz[1] sehr leicht der trübseligen Wirklichkeit, die heute noch vom Bismarckschen Reich vorhanden ist, gegenüberstellen.

Sie selbst sind vorsichtiger. Sie erkennen vor allem an, dass die föderalistische Lösung von Frantz keineswegs gegen kriegerische Verwicklungen gefeit gewesen wäre. Dass Föderalismus nicht notwendig friedliche Politik bedeutet, das haben die biederen Schweizer ums Jahr 1500 wohl schon bewiesen, und von den USA kann man ja auch nicht behaupten, dass sie auf aggressive Expansion jemals verzichtet hätten. Aber ich habe doch aus Ihrem Aufsatz den Eindruck gewonnen, dass Ihre Sympathie bei Frantz und nicht bei Bismarck liegt[2]. Sie lassen es dahingestellt, ob Bism[arck] nicht „doch, auf die Dauer gesehen, ein falscher Planer u. Rechner" gewesen sei; Sie sagen S. 144, dass er die nähere Zukunft gemeistert habe, die weitere aber nicht, und unterstreichen das S. 145 noch durch die Feststellung, dass er „auf lange, vielleicht für immer die Bahn zu einer europäischen Zentralmacht mit der breiten räumlichen Basis u. der Anziehungskraft föderaler Institutionen" versperrt habe.

Ich gebe gewiss, stärker als früher, zu, dass Bismarcks Politik, obwohl er die deutsche Frage im Geiste seiner Zeit, nämlich durch die Begründung eines deutschen Nationalstaats gelöst hat, im Ganzen betrachtet, sein Zeitalter abschloss, nicht den Weg in die Zukunft öffnete. Er war Kabinettspolitiker, als solcher virtuos und seinen Mitspielern überlegen, aber ohne richtige Würdigung der elementaren Kräfte der Völker, die die französische Revolution entbunden hatte und die wirtschaftliche u. soziale Entwicklung des 19. Jahrhunderts immer weiter anwachsen liess. Russland war für ihn der Zar, u. der Panslavismus berührte ihn nur so weit, wie er etwa durch höfische Intrigen Einfluss auf den Zaren erlangte. Auch war seine Politik, auch seine Gegenwarts- und Zukunftssorge des cauchemar des coalitions[3] kontinental. Aber Sie deuten es ja selbst auf S. 146 an, dass auf den späteren Generationen auch eine schwere Verantwortung liegt und dass man nicht einfach behaupten kann, mit Bismarck sei der Weg in den Abgrund unwiderruflich beschritten worden.

---

[1] Constantin Frantz (1817–1891), preußischer Diplomat und politischer Schriftsteller, Kritiker der deutschen Nationalstaatsbildung von 1866/71 und publizistischer Verfechter der Idee eines föderativ organisierten mitteleuropäischen Staatenbundes.
[2] Von „Ihre Sympathie" bis „Bismarck" vom Empfänger unterstrichen und am Rand mit einem Fragezeichen versehen.
[3] Frz. „Albtraum der Koalitionen" – ein von Bismarck aus dem Französischen übernommener Begriff im sog. „Kissinger Diktat" vom 15.6.1877, in: Die Große Politik der Europäischen Kabinette 1871–1914. Sammlung der diplomatischen Akten des Auswärtigen Amtes. Im Auftrage des Auswärtigen Amtes hrsg. v. Johannes Lepsius/Albrecht Mendelssohn Bartholdy/Friedrich Thimme, Bd. 2, Berlin 1922, S. 153–154 (Nr. 294), hier S. 154: „Ein französisches Blatt sagte neulich von mir, ich hätte ‚le cauchemar des coalitions'; diese Art Alp wird für einen deutschen Minister noch lange, und vielleicht für immer, ein sehr berechtigter bleiben".

Nr. 261. An Erwin Hölzle, 15. Mai 1951

Nicht an Bismarck, sondern am missverstandenen Bismarck ist das Deutsche Kaiserreich zugrunde gegangen.
Vor allem scheint mir auch bei Ihnen nicht recht deutlich zu werden, dass es doch gar keine so einfache Sache war, eine grossdeutsch-föderalistische Lösung herbeizuführen. Das deutsche Volk hätte sich vielleicht damit begnügt. Aber glauben Sie, dass die Tschechen (trotz Palacky[1] S. 141), die Magyaren, die Holländer usw. sich freiwillig und friedlich der grossdeutsch-mitteleuropäischen Föderation eingegliedert hätten? War die von Ihnen S. 145 genannte „europäische Zentralmacht mit der breiten räumlichen Basis" ein praktisch erreichbares Ziel? Wenn zwei Weltkriege mit wahrlich verheerenden Folgen nicht genügt haben, um alle Schranken einer europäischen Föderation hinwegzuräumen, wie alle Verhandlungen über Schumannplan[2] usw. immer wieder zeigen, dann war die Welt um 1866 dazu erst recht nicht reif. Ohne die Angst vor Sowjetrussland wäre man in Strassburg wohl überhaupt noch nicht weiter gekommen. Von der Reaktion der Mächte auf die Gründung eines solchen Zentralreichs will ich dabei ganz absehen. Es ist gewiss eine wichtige Aufgabe für uns deutsche Historiker, ein haltbares Bismarckbild zu erarbeiten und uns dabei von der Bismarckorthodoxie freizumachen. Aber ich glaube, man wird die Massstäbe mehr den Realitäten als den Ideologien des 19. oder gar des 20. Jahrhunderts entnehmen müssen.

Noch eine Einzelbemerkung: S. 142 erwähnen Sie unter Bezugnahme auf O. Becker föderative Pläne Bismarcks 1865/6. Ich habe gegen diese Arbeiten von Becker den Einwand, dass er die Akten zu ernst nimmt. Bismarck hat wohl alle Möglichkeiten durchdacht, auch noch bei der Sendung Gablenz, aber ich glaube nicht, dass er an die Möglichkeit der Realisierung geglaubt hat[3]. Er wollte wohl dem König zeigen, dass er alle Mittel einer friedlichen Lösung ausprobiert habe. Nur insofern möchte ich die Pläne ernst nehmen, als ich annehme, dass, wenn etwa wider Erwarten Oesterreich auf die Gablenzsche Vermittlung eingegangen wäre, Bismarck seinen Anerbietungen treu geblieben wäre u. sie nicht in der Weise von Hitler mit neuen Forderungen belastet hätte.

[...]

Im übrigen lebe ich das stille und geruhsame Leben eines Emeritus. Der erste Band der neuen Serie der Jahresberichte (nur Bibliographie) geht in dieser Woche zum Druck[4].

---

[1] František Palacký (1798–1876), tschechischer Historiker und Politiker.
[2] Vom französischen Außenminister Robert Schuman (1886–1963) im Mai 1950 vorgelegter Plan zur Begründung einer gemeinsamen deutsch-französischen Oberbehörde zur Kontrolle der Kohle- und Stahlproduktion Frankreichs und der Bundesrepublik Deutschlands.
[3] Siehe oben, Brief Nr. 250.
[4] Der erste Nachkriegsband der „Jahresberichte für deutsche Geschichte", ausgewiesen als „Neue Folge 1. Jahrgang 1949" und angelegt als reine Übersichtsbibliographie, erschien unter der erneuten Herausgeberschaft von Brackmann und Hartung erst im Frühjahr 1952. Er enthielt nicht nur ein von den beiden Herausgebern unterzeichnetes Vorwort (S. III–IV), sondern auch einen Nachruf von Hartung auf dem am 17.3.1952 verstorbenen Albert Brackmann (S. V–VI). Siehe auch unten, Briefe Nr. 262, 263, 273.

Mit den besten Grüssen auch von meiner Frau für Sie und Ihre Gattin[1]
Ihr F. Hartung

Nr. 262
An Hans Haussherr   Berlin, 31. Oktober 1951

Universitäts- und Landesbibliothek Sachsen-Anhalt, Halle, Nl. H. Haussherr,
Yi 48 XVI H 326. – Masch. Original mit hs. Zusätzen

Verehrter Herr Haussherr![2]

Schon lange habe ich die Absicht, Ihnen über den Verlauf des Historikertags zu schreiben und den mir gewordenen Auftrag Heffters[3], Ihnen sein Bedauern über Ihr Ausbleiben, das ich ehrlich teile, auszusprechen, endlich auszuführen[4]. Der Historikertag ist bei sehr grosser Beteiligung sehr gut verlaufen, ohne Pannen, die in München ja nicht gefehlt haben, auch friedlicher in den geschäftlichen Beratungen. Es hat sich auch sehr bewährt, dass am Vormittag jeweils nur 2 Vorträge waren. Ebenso haben die Sektionen eine Entlastung und Belebung der Nachmittagsveranstaltungen gebracht, der Besuch der Sektionssitzungen war sehr gut, auch bei dem Referat von Heffter, an das sich eine recht lebhafte und im allgemeinen auch förderliche Diskussion anschloss. Die materiellen Genüsse waren bescheidener als in München, die Stadt Marburg beschränkte sich auf eine wohlwollende Begrüssung durch den Oberbürgermeister ohne Freibier Hundhammerschen Angedenkens[5], auch ohne Tee-Empfang à la Nymphenburg. Auch die literarischen Gaben waren bescheiden, meist Buchhändlerprospekte.

Ich bin von Marburg, das als Stadt zwar reizend, aber für Leute meines Alters und meiner Kurzatmigkeit recht anstrengend ist mit dem ewigen berg-

---

[1] Grete Hölzle.
[2] Die korrekte Schreibung des Namens, die auch auf den Buchtiteln seiner Veröffentlichungen verwendet wird, ist: Haußherr.
[3] Heinrich Heffter (1903–1975), Historiker, a. o./o. Professor an der Technischen Hochschule Braunschweig (1954/56–1969).
[4] Die Teilnahme des an der Universität Halle a. S. lehrenden Hans Haußherr am Historikertag in Marburg scheiterte daran, dass ihm vom Staatssekretariat für Hochschulwesen der DDR der hierfür notwendige Pass verweigert wurde – mit dem Argument, Haußherr „hätte keine Aussicht auf Erteilung eines Passes, da der Historikertag im ganzen politische Tendenzen vertrete, die nicht von hier aus durch Absendung einer Delegation unterstützt werden könnten", so Haußherr in einem Brief an Hartung vom 1.9.1951 (in: Nl. H. Haussherr, Yi 48 XVI H 324). Hartung versuchte vergeblich, durch Einschaltung des Vizepräsidenten der Deutschen Akademie der Wissenschaften, Hans Ertel, sich für eine Passerteilung einzusetzen, doch auch das Argument, es bedeute eine „Blamage für die DDR", wenn die aus ihr kommenden Referenten (Hohl, Haußherr) und Ausschussmitglieder (Griewank) nicht nach dem Westen reisen dürften, blieb ohne Wirkung, zumal „zwischen der Akademie und dem Staatssekretariat für Hochschulwesen keine amtliche Verbindung" bestand, so Hartung in einem Brief an Hans Haußherr, 9.9.1951 (in: ebenda, Yi 48 XVI H 325).
[5] Alois Hundhammer (1900–1974), Politiker (BVP, CSU), bayerischer Kultusminister (1946–1950), Landtagspräsident (1951–1954) und Landwirtschaftsminister (1957–1969).

auf und bergab, nach Bayrischzell gefahren, um einmal ohne Kollegen zu sein. In dieses Schlaraffenland musste ich mich durch eine 12stündige Eisenbahnfahrt hineinfressen, an der von Marburg bis München noch ein Archivar teilnahm. Dafür war Bayrischzell kollegenfrei. Aber schon nach 8 Tagen musste ich wieder nach München, um bei einer Sitzung der Historischen Kommission zu erfahren, dass kein Geld zu neuen, ja kaum zur Durchführung der alten Aufgaben vorhanden ist. An dieser Sitzung hat Griewank teilnehmen können, der von Marburg auch hat fernbleiben müssen.

Von hier kann ich etwas Erfreuliches berichten: der erste Jahrgang der Jahresberichte ist im Druck. Der nächste ist schon weit vorbereitet, sodass wir hoffentlich die Spanne zwischen Berichts- u. Erscheinungsjahr, d. diesmal reichlich lang ist (1949 bis 1952), werden verkürzen können. Man hat mir sogar nahe gelegt, die Jahresberichte, die einstweilen sich auf reine Bibliographie beschränken, wieder zu Berichten auszugestalten. Ich wäre sehr dafür, sehe aber keine rechte Möglichkeit, mit den geistigen Kräften, die wir in der DDR zur Zeit haben, brauchbare Berichte zustandezubringen. Und die Heranziehung von Gelehrten aus dem Westen verbietet sich schon aus finanziellen Gründen.

Ihr behördengeschichtliches Ms.[1] liegt jetzt beim Wissenschaftlichen Beirat des Akademieverlags. Dessen Sitzung wird sich aber wohl im Zusammenhang mit dem Wechsel in der Verlagsleitung etwas verzögern.

Mit freundlichen Grüssen

Ihr Hartung

Gestern war ich bei Meinecke zum 89. Geburtstag; er ist immer noch geistig frisch[2].

Nr. 263
An Gerhard Ritter   Berlin, 18. November 1951

SBBPK, Nl. F. Hartung, K 85/2. – Masch. Durchschlag.

Lieber Herr Ritter!

Endlich komme ich dazu, Ihnen den versprochenen Bericht über die Münchener Sitzung vom 5. zu geben[3]. Hoffentlich hat sich Ihr Befinden inzwischen gebessert[4]. Nach dem, was mir mein früherer Schüler Eschenburg von seinem Besuch bei Ihnen und dem neben Ihrem Bett aufgebauten Stoss von Büchern

---
[1] Gemeint ist: Hans Haußherr: Verwaltungseinheit und Ressorttrennung vom Ende des 17. bis zum Beginn des 19. Jahrhunderts, Berlin[-Ost] 1953. – Das Buch ist „Fritz Hartung dem Forscher und Lehrer" gewidmet.
[2] Dieser Satz ist handschriftlich angefügt.
[3] Beiratssitzung des Instituts für Erforschung der nationalsozialistischen Zeit am 5.11.1951.
[4] Ritter hatte kurz vor der Münchner Beiratssitzung „einen Verkehrsunfall mit leichter Gehirnerschütterung" erlitten, so Gerhard Ritter an Alfred Vagts, 4.12.1951, in: Schwabe/Reichardt (Hrsg.): Gerhard Ritter – Ein politischer Historiker in seinen Briefen, S. 479.

erzählt hat, zweifle ich etwas daran, dass Sie ein zu absolut ruhigem Verhalten geeigneter Musterpatient sind. Umso mehr wünsche ich Ihnen, dass Sie bald wieder die Freiheit zu massvoller Lektüre und Arbeit erlangen werden.

Die Sitzung war gut besucht. Unter den Regierungsvertretern war ausser Eschenburg neu ein Vertreter von Nordwürttemberg, übrigens ein sympathischer und ruhiger Mann[1]. Unter den Beiratsmitgliedern fehlten Auerbach[2], der freiwillig ausgeschieden ist, ferner Kaufmann, Dietze, Kogon[3] u. Brill[4]. Hippels[5] Verhalten wurde von Strauss[6] scharf kritisiert. Die dadurch frei gewordene Stelle hatte das Kuratorium offenbar von sich aus mit Rothfels besetzt. Da gegen Rothfels nichts einzuwenden ist, im Gegenteil seine Anwesenheit nur nützlich sein kann, habe ich die in Bonn s. Zt. mündlich gegebenen Zusagen widersprechende Eigenmächtigkeit des Kuratoriums nicht angefochten, zumal da für die 2. freie Stelle keine Ernennung erfolgte, sondern uns Rechtsanwalt Dr. Becker[7], der Sohn des + Kultusministers[8], vorgeschlagen wurde mit Hinweis auf die erwünschte Beteiligung der jüngeren Generation. Der Vorschlag wurde einstimmig gebilligt.

Ihr an mich nach München geschickter Brief vom 2. ist mir rechtzeitig ausgehändigt worden[9]. Ich habe von ihm keinen rechten Gebrauch mehr machen können, denn dass die Veröffentlichung aller Quellen, auch solcher, die missbraucht werden könnten, ratsam ist, wurde von keiner Seite mehr angezweifelt, und für die Kritik an der Edition der Tischgespräche[10] lag ein neues

---

[1] Hans Georg Rupp (1907–1989), Jurist und Politiker (SPD), Ministerialrat und Leiter der Hochschulabteilung im Kultusministerium von Württemberg-Baden (1947–1951), Richter am Bundesverfassungsgericht (1951–1975), Honorarprofessor an der Universität Tübingen (1955–1989).

[2] Philipp Auerbach (1906–1952), Staatskommissar für „rassisch, religiös und politisch Verfolgte" der bayerischen Staatsregierung in München (1946–1951).

[3] Eugen Kogon (1903–1987), Soziologe, Publizist und Politikwissenschaftler, im Widerstand gegen den Nationalsozialismus, o. Professor an der Technischen Hochschule Darmstadt (1951–1968).

[4] Hermann Brill (1895–1959), Politiker und Parlamentarier (USPD, SPD) in Thüringen und Hessen, im Widerstand gegen den Nationalsozialismus, Leiter der hessischen Staatskanzlei (1946–1949), Mitglied des Deutschen Bundestages (1949–1953).

[5] Ernst von Hippel (1895–1984), Jurist, o. Professor an den Universitäten Rostock (1929), Königsberg (1929–1940) und Köln (1940–1965).

[6] Walter Strauß (1900–1976), Jurist und Politiker (CDU), Staatssekretär im Bundesjustizministerium (1949–1963), 1950–1962 Vertreter des Bundes im Kuratorium des Instituts für Erforschung der nationalsozialistischen Zeit; hierzu Friedemann Utz: Preuße, Protestant, Pragmatiker, Der Staatssekretär Walter Strauss und sein Staat, Tübingen 2003, S. 374–377.

[7] Hellmut Becker (1913–1993), Jurist und Bildungspolitiker, Rechtsanwalt und Verteidiger in NS-Prozessen, Gründungsdirektor des Max-Planck-Instituts für Bildungsforschung in Berlin-Dahlem (1963–1981).

[8] Carl Heinrich Becker.

[9] Nicht überliefert.

[10] Als erste Veröffentlichung des neuen Instituts für Erforschung der nationalsozialistischen Zeit war 1951 auf Empfehlung Gerhard Ritters erschienen: Henry Picker: Hitlers Tischgespräche im Führerhauptquartier 1941–1942. Im Auftrag des Deutschen Instituts für Geschichte der nationalsozialistischen Zeit geordnet, eingeleitet und veröffentlicht von Gerhard Ritter, Bonn 1951. Der Buchveröffentlichung war ein sensationell aufgemachter auszugsweiser Vorabdruck in der Illustrierten „Quick" vorausgegangen, den Ritter allerdings

Nr. 263. An Gerhard Ritter, 18. November 1951

Moment vor, die Mitteilung aus der Schweiz über die im Nachlass Bormann[1] befindliche weitere Umschrift der Pickerschen Stenogramme. Die vom Institut vorgenommene vorläufige Vergleichung beider Texte ist Ihnen wohl zugegangen[2]. Die Echtheit der Tischgespräche dürfte dadurch über allen Zweifel erhaben sein, während das Verfahren von Picker[3] mit den Gepflogenheiten wissenschaftlicher Editionen nicht recht vereinbar zu sein scheint.

Das gab nun Anlass zu einer langen und unerfreulichen Diskussion. Ueber den Vorabdruck im Quick haben sich zum Glück die Gemüter beruhigt. Aber aus der Anordnung („im Stile eines Goethebreviers") und über fehlende Kommentierung wurde viel geredet [sic], und es besteht innerhalb des Kuratoriums offenbar eine Gruppe, die Ihr Ausscheiden aus dem Beirat wünscht, vermutlich um Kroll eine nachträgliche Genugtuung zu geben[4]. Staatssekretär Strauss vertrat eine sanftere Tonart, vor allem möchte er, nachdem sich die im Sommer erregte öffentliche Meinung beruhigt und die Angelegenheit anscheinend vergessen hat, jede neue Erörterung in der Oeffentlichkeit vermeiden. Gegen die Absicht des Kuratoriums, Sie einfach abzuberufen, wurde von den wissenschaftlichen Mitgliedern, vor allem Litt und Schnabel, lebhaft protestiert; Schnabel wies darauf hin, dass ein solches Recht der Regierung keiner Akademie gegenüber bestehe. Die Angelegenheit ist schliesslich ausgegangen wie das Hornberger Schiessen, ohne einen Beschluss u. ohne Mitteilung an die Presse. Allerdings fand nach der Beiratssitzung noch eine Besprechung des Kuratoriums statt, über deren Ergebnis mir nichts bekannt ist. Ich ging nach der Sitzung mit Schnabel ein Stück Wegs gemeinsam u. wir beschlossen, in dieser Frage, konkret in der Frage, ob wir unsere Beteiligung am Beirat einstellen sollen, nur nach gegenseitiger Verständigung zu handeln. Wenn Sie vom Kuratorium irgend eine Mitteilung erhalten und daraufhin etwa aus dem Beirat ausscheiden, bitte ich um Benachrichtigung. Rothfels war am Schluss der Sitzung nicht mehr dabei, weil sein Zug früher fuhr, ich bin aber überzeugt, dass er sich Schnabel und mir anschliessen wird.

---

nicht zu verantworten hatte. Gleichwohl kam es, auch infolge der unzureichenden editorischen Qualität des Buches und einer weitgehend fehlenden Kommentierung, zu einem öffentlichen Skandal. Da diese Publikation auch seitens der Bundesregierung und der bayerischen Staatsregierung scharf kritisiert wurde, legte das Kuratorium des Instituts Ritter den Austritt aus dem Beirat nahe, was im Beirat selbst jedoch auf Kritik stieß. Am Ende einigte man sich auf einen Kompromiss: Ritter trat zwar nicht offiziell aus, verzichtete jedoch künftig auf eine Teilnahme an den Beiratssitzungen; vgl. Möller: Das Institut für Zeitgeschichte, S. 45 ff.

[1] Martin Bormann (1900–1945), nationalsozialistischer Politiker, Leiter der Parteikanzlei der NSDAP und persönlicher Sekretär Adolf Hitlers (1941–1945).
[2] Ein Vergleich der von Picker verantworteten Ausgabe mit einem weiteren überlieferten Exemplar der Texte der „Tischgespräche" ergab, dass – trotz einiger editorischer Mängel der Pickerschen Ausgabe – keinesfalls von einer aus politischen Gründen vorgenommenen inhaltlichen Manipulation der abgedruckten Texte die Rede sein konnte; dies belegte ein vom neuen Generalsekretär des Instituts, Hermann Mau, dem Kuratorium und dem Beirat vorgelegtes Gutachten; vgl. Möller: Das Institut für Zeitgeschichte, S. 47 f.
[3] Henry Picker (1912–1988), Verwaltungsjurist, 1942 als Oberregierungsrat im Führerhauptquartier und zeitweiliger Protokollant der „Tischgespräche" Adolf Hitlers.
[4] Siehe oben, Briefe Nr. 254, 255.

Nr. 263. An Gerhard Ritter, 18. November 1951

Das Buch von Foertsch[1], das Mau nach dem Klamauk um die Tischgespräche dem Beirat nochmals vorlegte, wurde genehmigt. Aber es kann auch darüber eine Pressefehde entstehen. Für alle anderen Punkte der Tagesordnung, Arbeitsberichte und Arbeitspläne, war kaum noch Zeit, die Sitzung hatte auch so schon bis gegen 20 Uhr gedauert. Die nächste Sitzung soll im März sein; ich habe, da Strauss von vierteljährlichen Sitzungen sprach, vorgeschlagen, lieber halbjährlich, aber jeweils 2 Tage zusammenzukommen, dabei würden die Mitglieder Zeit und das Institut Geld sparen. Aber vielleicht fliegt das ganze Institut auf vor der nächsten Sitzung.

Von München bin ich zum 200jährigen Akademiejubiläum nach Göttingen gefahren, da die Berliner Akademie neben ihrem Präsidenten Friedrich (Physiker) auch einen Geisteswissenschaftler abordnen wollte u. Stroux nicht für geeignet hielt. Es war ein wohlgelungenes Fest[2]. Den stärksten Eindruck machte auf mich die wissenschaftliche Sitzung, zu der die Vertreter der auswärtigen Akademien eingeladen waren. Die Vorträge hatten hohes Niveau. Als einzige Dame nahm das korr. Mitglied Frl. Dr. v. Winterfeld[3], Stadtarchivarin von Dortmund a.D., teil. Mein Freund Kaehler fragte mich, ob ich den Mut gehabt hätte, als einziger Mann in eine Versammlung von etwa 100 Frauen zu gehen. Bei der Festsitzung wirkten die drei Vertreter von Paris in ihren gestickten Fräcken mit Zweispitz u. Degen wie aus der Mottenkiste hervorgeholt. Die Royal Society war nicht vertreten.

Hier soll etwas zur Förderung der Erforschung der deutschen Geschichte geschehen. Voraussetzung für mich ist dabei eine halbwegs zuverlässige Garantie, dass wir nach wissenschaftlichen nicht nach politischen Gesichtspunkten arbeiten und unsere Arbeiten dann auch veröffentlichen können. Dass die Jahresberichte nun im Druck sind und dass sie sogar durch Referate erweitert werden sollen, schrieb ich Ihnen wohl schon. Aber ob wir wirklich sachliche Referate bringen können u. ob wir eine wirklich wissenschaftliche Arbeit über die Handhabung des Sozialistengesetzes auf Grund der Akten werden bringen können, das ist mir einstweilen sehr zweifelhaft. Ausserdem fehlt es uns an geeigneten Bearbeitern. Jetzt ist auch Dr. Kettig[4], der Bearbeiter der Jahresberichte, von der Ostbibliothek abgegangen und hat eine Stelle in Westberlin angenommen.

Sehr herzliche Grüsse und viele gute Wünsche für Ihre Erholung

---

[1] Hermann Foertsch: Schuld und Verhängnis. Die Fritsch-Krise im Frühjahr 1938 als Wendepunkt in der Geschichte der nationalsozialistischen Zeit, Stuttgart 1951. – Der Verfasser Hermann Foertsch (1895–1961) war deutscher Berufsoffizier, er diente im Zweiten Weltkrieg zuletzt im Rang eines Generals (1944–1945).
[2] Die 1751 gegründete einstige „Gesellschaft der Wissenschaften zu Göttingen" feierte 1951 ihr zweihundertjähriges Gründungsjubiläum.
[3] Luise von Winterfeld (1882–1967), Historikerin und Archivarin, Leiterin des Stadtarchivs von Dortmund (1916–1950).
[4] Konrad Kettig (1911–1999), Bibliothekar, Direktor der Bibliothek der Freien Universität Berlin (1966–1976).

Nr. 264
An Gerhard Ritter Berlin, 26. November 1951

BAK, B 510 (Korrespondenzen des VHD). – Masch. Original (mit hs. Zusätzen).

Lieber Herr Ritter!

Ihr heute eingegangener Brief in Sachen Münchener Institut, für den ich bestens danke, entspricht ganz dem, was ich nicht nur erwartet, sondern sogar in München vorausgesagt habe[1]. Als dort nämlich Staatssekr. Strauss, der sich offenbar ehrlich um einen Ausgleich bemühte, vorschlug (nachdem Bergsträsser[2] den ganz verrückten Plan gehabt hatte, man solle mit Ihnen telefonieren), es solle jemand, der Ihnen nahestehe, zu Ihnen fahren u. Ihnen den freiwilligen Rücktritt aus dem Beirat nahelegen, erklärte ich, dass ich mich auf Grund unserer Beziehungen u. nach der gemeinsamen Arbeit im Beirat für durchaus geeignet für diese Mission hielte und Ihnen aus ehrlicher Ueberzeugung zureden könnte, teils mit Rücksicht auf Ihre Gesundheit, teils wegen Ihrer geplanten Arbeiten die undankbare Arbeit im Beirat einzustellen; Sie würden mir aber vermutlich antworten, dass Sie froh wären, wenn Sie diese Arbeit loswürden, dass Sie aber im Augenblick nicht freiwillig ausscheiden könnten, da Sie in Ihrer wissenschaftlichen Ehre angegriffen worden seien, der Rücktritt also als Rückzug vor diesen Angriffen aufgefasst würde, und in diesem Fall müsse ich Ihnen Recht geben. Daraufhin verzichtete man auf meine persönliche Vermittlung. Ich habe in meinem ersten Brief diese Episode nicht erwähnt, da ich ungern von mir selbst spreche und Ihr Urteil nicht beeinflussen wollte. Um so mehr freut es mich, dass wir unabhängig von einander zu der gleichen Ansicht gekommen sind[3].

Damit ist auch Ihre Frage beantwortet, ob ich Ihrer Beurteilung der Sachlage zustimme. Dass Sie sich vom Institut zurückziehen wollen, verstehe ich durchaus. Aber es ist im Interesse des Instituts u. seines wissenschaftlichen Beirats, dass Sie es nicht jetzt tun. Das Kuratorium soll Farbe bekennen. Es ist mir sehr interessant, dass es das bis heute nicht getan hat. Anscheinend hat sich Strauss, der an Ehard[4] noch persönlich herantreten wollte, mit seiner An-

---

[1] Gerhard Ritter an Fritz Hartung, 21.11.1951, in: Nl. F. Hartung, K 85/2. In diesem vierseitigen Schreiben legt Ritter noch einmal ausführlich seine Position gegenüber dem Institut dar; siehe dazu auch sein Schreiben an den Institutsbeirat vom 22.10.1951, in: Schwabe/Reichardt (Hrsg.), Gerhard Ritter – Ein politischer Historiker in seinen Briefen, S. 475–479.
[2] Ludwig Bergsträsser (1883–1960), Politikwissenschaftler und Politiker (DDP, SPD), Dozent und Honorarprofessor an den Universitäten Greifswald (1916–1918), Berlin (1918–1923), an der Technischen Hochschule Berlin (1923–1928) sowie an den Universitäten Frankfurt a. M. (1928–1933, 1945–1950) und Bonn (1950–1960); Abgeordneter des Hessischen Landtags, des Parlamentarischen Rats und des Deutschen Bundestages (1946–1953).
[3] Ritter schreibt in seinem Brief an Hartung vom 21.11.1951: „I. Weitere Mitarbeit am Institut kommt für mich nicht mehr in Frage. II. Freiwilliger formeller Rücktritt in diesem Augenblick wäre gleichwohl falsch".
[4] Hans Ehard (1887–1980), Jurist und Politiker (BVP, CSU), bayerischer Ministerpräsident (1946–1954).

sicht durchgesetzt, dass man die halb oder ganz vergessene Sache der Tischgespräche nicht unnötig wieder aufrühren soll. Aber wenn Sie jetzt schon ausscheiden, wird es vom Kuratorium und gewissen Kreisen der Presse so aufgefasst werden, als wichen Sie vor den Angriffen zurück. Den anderen Mitgliedern des Beirats wie Schnabel, Litt u. mir, vermutlich auch Rothfels, ist dann aber die Möglichkeit genommen, unsern Rücktritt wegen Beeinträchtigung der wissenschaftlichen Freiheit zu erklären. Ich bin also nach wie vor der Ansicht, dass man abwarten soll, ob und was das Kuratorium tut. Tut es gar nichts und lädt man Sie zur nächsten Sitzung im Frühjahr ein, können Sie natürlich antworten, Sie seien verhindert zu kommen. Und wenn Sie auch zur übernächsten Sitzung nicht kommen wollen, dann können Sie ja eines Tages auf Ihren Sitz verzichten. Aber erst soll das Kuratorium deutlich gezeigt haben, dass es den Münchener Plan, Sie einfach abzuberufen, hat fallen lassen.

Vorgestern war Aubin bei mir, nachdem er vormittags das neue osteuropäische Institut der Freien Univ. miteröffnet hatte. Wir haben auch ausführlich über Ihre Situation gesprochen, er wird Ihnen bei seinem Weihnachtsbesuch berichten.

Ihr zweiter Brief, der mit dem ersten zusammen angekommen ist[1], war für mich eine Ueberraschung insofern, als ich von dem geplanten Historikertag der DDR erst gestern bei einem Besuch des Kollegen Haussherr aus Halle erfahren habe. Dieser Plan steht offenbar im Zusammenhang mit den in meinem letzten Brief bereits angedeuteten Absichten einer systematischen Förderung

---

[1] Gerhard Ritter an Fritz Hartung, 23.11.1951, in: Nl. F. Hartung, K 46/8: Ritter teilt mit, er habe von Otto Korfes unter einer Potsdamer Deckadresse ein Schreiben erhalten, in dem er gebeten werde, sich „vertraulich [...] zu folgendem Plan zu äußern: das historische Seminar Halle will am 21. und 22.1.52 eine Tagung der Historiker der DDR nach Halle einberufen. Thema: Aufgabe der Historie in der Gegenwart. Hauptreferent und Veranstalter: Leo Stern. Es sollen Diskussionsreferate gehalten werden jeweils ‚aus der Sicht der veränderten Gegenwart' über die so entstehenden neuen Aufgaben der verschiedenen Fächer. Die Historiker sollen sich ‚ohne Rücksicht auf bestimmte politische Auffassungen zur Verfügung stellen'! Die Herren Hartung, Rörig, Lintzel und andere will man zu gewinnen versuchen. Herr Stern habe ‚Verständnis für andere Auffassungen' und will mit Korfes gemeinsam am 1.1.52 die große Aktenpublikation beginnen. Er will auch westdeutsche Kollegen einladen und ihre Beteiligung an der Diskussion erbitten, fürchtet aber, Absagen und Verbote könnten eintreten und eine Verstimmung statt ‚gegenseitigen Verstehens' zur Folge haben. Ich werde gefragt, ob ich kommen würde und ob ich Persönlichkeiten nennen könnte, die eine Einladung nicht ablehnen, den VHD wolle man lieber nicht als solchen einladen, weil sonst ‚ein generelles Verbot erfolgen' könne. Auch jüngere Kollegen seien willkommen, finanzielle Belastungen würden für die Gäste nicht entstehen. Was soll ich davon halten, was will dieser Herr Stern? Will er ein [sic] Gesinnungstest von allen möglichen deutschen Historikern haben oder was steckt sonst dahinter? Warum muß Herr Korfes mir außeramtlich, ohne Kopfbogen und unter einer Deckadresse schreiben? [...] Ich kann mir etwas Fruchtbares bei der Sache schlechterdings nicht vorstellen. Es wird, fürchte ich, auf ein zweckloses Gerede hinauslaufen, bei dem man sich entweder in die Haare gerät oder wie die Katze um den heißen Brei herumgeht. Ich habe auch die Empfindung der Unsicherheit, ob man Leute wie Stern überhaupt als Wissenschaftler ernst nehmen darf, ich kenne ihn gar nicht. Er war lange in Moskau. Das ist alles, was ich von ihm weiß. Was empfehlen Sie mir zu tun? Herr Korfes hat es sehr eilig, darum bitte ich Sie herzlichst um baldige Antwort".

Nr. 264. An Gerhard Ritter, 26. November 1951

der deutschen Geschichte[1]. Die Dinge haben inzwischen etwas konkretere Formen angenommen. Der stellv. Min.präs. Ulbricht[2] hat in der Volkskammer die „Bitte" an die Akademie gerichtet, ein Institut für deutsche Geschichte zu errichten[3]. Und gleich danach hat das Zentralkomitee der SED nicht nur diesen Vorschlag wiederholt, sondern auch dahin erweitert, dass an den Universitäten Berlin und Leipzig Institute für Geschichte des deutschen Volkes errichtet werden sollen.

Ich habe gleich vorgestern, als diese Angelegenheit im Präsidium der Akademie zur Sprache kam, darauf hingewiesen, dass ich erstens keinen so grossen Unterschied zwischen deutscher Geschichte und Geschichte des deutschen Volkes sähe, dass wir dazu getrennte Institute brauchten; ferner dass wir froh sein müssten, wenn wir ein Institut anständig besetzen könnten mit den Kräften der DDR. Ausserdem müsste ich wissen, ob wir nach wissenschaftlichen Methoden arbeiten könnten. Deswegen habe ich heute Vorm. eine Aussprache mit Direktor Naas gehabt. Da er in der Präsidiumssitzung von der Geschichte der deutschen Arbeiterbewegung als einer dringlichen Aufgabe gesprochen hatte, habe ich ihm die konkrete Frage gestellt: Werden wir bei der Durchführung dieser Aufgabe die Freiheit haben, auch die von der offiziellen Partei missbilligten u. gemassregelten Richtungen wie die Lassalleaner, die Revisionisten objektiv zu würdigen oder müssen wir sie wie die Kirchengeschichte als abtrünnige Ketzer behandeln? Er versicherte, dass wir wissenschaftlich arbeiten sollten in einer Weise, dass auch der Westen, etwa die Akademie in München, unsere Arbeiten als wissenschaftlich anerkenne. Ich nahm das zur Kenntnis und werde diese Aeusserung am Donnerstag, wo die Hist. Komm. der Akad. zusammentritt, ins Protokoll aufnehmen, um sie aktenkundig zu machen. Dass es die Aufgabe der Akademie nur sein könne, das Material darzubieten, dass die Auswertung in Darstellungen namentlich bei umstrittenen Fragen der Verantwortung der einzelnen Forscher und Publizisten überlassen bleiben müsse, darüber waren wir uns einig. Ich fühle mich daraufhin berechtigt und verpflichtet, den Versuch zur Errichtung eines Hist. Instituts zu machen.

Im Zusammenhang damit wurde das Problem Meusel angeschnitten[4]. Ich erklärte, dass ich nach wie vor auf dem Standpunkt stehe, zur Wahl in die Akademie nur Leute mit ausreichenden gedruckt vorliegenden Leistungen vorzuschlagen, dass ich deshalb gegen die Wahl Meusels in die Akademie opponieren würde, falls sie jetzt wieder angeregt würde. Ich sei aber bereit mit Meusel im Rahmen eines Instituts zusammenzuarbeiten.

---

[1] Siehe oben, Brief Nr. 263.
[2] Walter Ulbricht (1893–1973), Politiker (KPD, SED), Generalsekretär des Zentralkomitees der SED (1950–1971), stellvertretender Ministerpräsident (1949–1960) und Staatsratsvorsitzender der DDR (1960–1973).
[3] Das Institut für deutsche Geschichte wurde erst Anfang 1956 gegründet, nach Überwindung mannigfacher interner Auseinandersetzungen und Konflikte, an denen auch Hartung beteiligt war. Zur äußerst komplizierten Gründungsgeschichte vgl. Martin Sabrow: Das Diktat des Konsenses. Geschichtswissenschaft in der DDR 1949–1969, München 2001, S. 38 ff.
[4] Siehe oben, Briefe Nr. 237, 238, 241, 242, 244, 251 u. a.

Nr. 264. An Gerhard Ritter, 26. November 1951

Erst jetzt kann ich auf Ihre Frage wegen des Hallischen Tags zurückkommen. Hinter den von mir eben besprochenen Plänen stehen offenbar Meusel und sein Anhang, darunter Naas. Stern[1] dagegen ist, wie mir gestern Haussherr sagte, Gegner von Meusel und versucht nun Halle einzuschalten, das im Plan der SED übergangen ist zu Gunsten von Leipzig, wo ausser Markow[2] und dem nicht in die Leipziger Akademie aufgenommenen Sproemberg[3] überhaupt kein Historiker ist, wie mir Frings vorgestern noch bestätigt hat. Stern hat die Nähe von Merseburg anscheinend auch benutzt, um Korfes auf seine Seite zu bringen. Wenn die Aktenpublikation schon am 1.1.52 anfangen soll, also heute schon weitgehend vorbereitet sein muss, sehe ich eigentlich nicht recht ein, wozu wir dann noch ein neues Institut hier gründen sollen. Ich habe Naas von diesen Dingen, die Sie mir vertraulich mitgeteilt haben, natürlich nichts gesagt, werde aber demnächst mit Korfes Fühlung nehmen. Vorläufig halte ich es für richtig, dem Sternschen Plan eines Historikertags gegenüber vorsichtig zu sein.

Die Zusammenarbeit zwischen west- und ostdeutschen Historikern hat auch Naas in seinem Gespräch mit mir berührt. Man ist anscheinend hierzulande angesichts der bevorstehenden Entscheidung über die Eingliederung der Bundesrepublik in das System der Westmächte reichlich nervös u. traut den westdeutschen Historikern einen viel grösseren Einfluss auf die Politik zu, als sie meiner Ansicht nach haben. Naas fragte mich, ob wir westdeutsche Historiker zur Mitarbeit an dem geplanten Institut gewinnen könnten. Ich meinte, wir müssten erstmal das Institut auf die Beine stellen, seine personelle Besetzung festlegen und einen genauen Arbeitsplan haben. Jetzt schon Einladungen ergehen zu lassen, wäre verfrüht. Sie werden auch noch nicht bestimmt zusagen, wenn ich Sie jetzt frage, ob Sie Mitglied dabei werden wollen. Auch scheint mir die Frage der deutschen Einheit allmählich eine ähnliche Rolle zu spielen wie der Friede, sie wird zur politischen Propaganda ausgenutzt, von manchen sicher sehr bewusst, von vielen auch wohl unbewusst. Ich glaube, dass nur ganz wenige Menschen nicht für den Frieden sind und dass auch die allermeisten für die deutsche Einheit sind. Aber Friede und SED-Friede ist zweierlei, und ebenso ist es mit der deutschen Einheit. Trotzdem halte ich es nicht für richtig, dass die Bundesrepublik sich dem gewünschten gesamtdeutschen Gespräch von vornherein entzieht. Dass das Gespräch schon beim Versuch, die Tagesordnung festzulegen, zu Ende gehen würde, davon bin ich allerdings auch überzeugt.

Wegen Halle würde ich an Korfes Vorfragen stellen, etwa mit der Begründung, dass der Besuch einer solchen Tagung mitten im Semester und noch dazu im Winter gerade den im Westen wohnenden Kollegen grosse Opfer auf-

---

[1] Leo Stern (1901–1982), marxistischer Historiker, Gastprofessor an der Universität Wien (1946–1950), o. Professor an der Universität Halle (1950–1966). Stern amtierte von 1951 bis 1953 als Prorektor, anschließend bis 1959 als Rektor der Universität Halle.
[2] Walter Markov.
[3] Heinrich Sproemberg (1889–1966), Historiker, Professor mit Lehrstuhl an den Universitäten Rostock (1946–1950) und Leipzig (1950–1958).

erlege und nur verantwortet werden könne, wenn feststehe, dass die namhaften Historiker der DDR (gibt es solche?) anwesend sein werden u. wenn man wisse, welche Diskussionsreferate und von wem sie gehalten werden. Einstweilen scheint mir die Sache eine isolierte Aktion von Stern zu sein. Griewank, der am Freitag bei mir war, wusste anscheinend auch noch nichts von dieser Tagung. Stern kenne ich nicht, im Kürschner steht er nicht, nach Halle ist er von Wien aus gekommen. Über München und die Stelle des Sekretärs hat Gr. nichts Neues gehört[1].

[...]

Diesmal habe ich Ihrer Lesefreudigkeit viel zugemutet. Hoffentlich schadet das Ihrer Gesundheit nicht. Ich lege Ihnen nochmals ans Herz, dass Sie sich recht schonen und durch geistige Ruhe die Schlaflosigkeit bekämpfen. Für jeden Tag, den Sie zu früh wieder Ihre volle Arbeit anpacken, müssen Sie hinterher eine Woche aussetzen. Ich habe leider Erfahrung.

Alle guten Wünsche und viele Grüsse auch an die verehrte Gattin, zugleich im Namen meiner Frau
  Ihr
    Hartung

Nr. 265
An Erich Wende Berlin, 5. Dezember 1951

SBBPK, Nl. F. Hartung, K 85/2. – Masch. Durchschlag.

Sehr verehrter Herr Staatssekretär!

Es ist mir nicht erinnerlich, dass ich, wie es in Ihrem Briefe vom 28. v. M. heisst[2], mich bereit erklärt hätte, mit Prof. Ritter mündlich oder schriftlich in Verbindung zu treten, um ihn über die bei der Sitzung in München zutage getretenen Gesichtspunkte zu unterrichten. Ich habe vielmehr, als Herr Staatssekretär Dr. Strauss eine mündliche Unterhandlung mit Ritter vorschlug, ausdrücklich erklärt, dass ich zwar mit ehrlicher Ueberzeugung ihm nahe legen könnte, mit Rücksicht auf seine Gesundheit und auf seine eigenen Arbeiten die undankbare Mitwirkung beim Beirat aufzugeben, dass ich ihm aber zustimmen müsste, wenn er erklären würde, dass er zwar seinen Sitz im Beirat gerne los sein würde, aber in diesem Augenblick, wo seine wissenschaftliche Ehre angegriffen sei, nicht freiwillig zurücktreten könne. Infolgedessen bin ich von München nicht nach Freiburg gefahren, habe Ritter aber nach meiner Rückkehr, die sich durch das Göttinger Jubiläum etwas verzögert hat, in einem privaten Brief Kenntnis von dem Verlauf der Münchener Sitzung gegeben[3]. Ich habe mich dabei bemüht, ihm ein möglichst objektives Bild der Beratungen zu

---

[1] Dieser Satz ist handschriftlich angefügt.
[2] Erich Wende an Fritz Hartung, 28.11.1951, in: Nl. F. Hartung, K 85/2.
[3] Siehe oben, Brief Nr. 263.

geben, um seine Entscheidung über den ihm schon vorher durch Hrn. Eschenburg überbrachten Vorschlag des freiwilligen Ausscheidens aus dem Beirat nicht zu beeinflussen. Seine Antwort ist so gewesen, wie ich sie schon in München erwartet hatte: er ist nicht bereit, in diesem Augenblick seinen Posten aufzugeben, weil ihm das als Rückzug vor den Angriffen der Oeffentlichkeit ausgelegt würde[1].

Damit sind Kuratorium und Beirat vor eine schwere Entscheidung gestellt. Ritter ist kein beliebiges Mitglied des Beirats, sondern hat sich um die Gründung des Instituts grosse Verdienste erworben und weit mehr Arbeitszeit und Kraft an diese Aufgabe gesetzt als irgend ein anderes Mitglied des Beirats. Die gegen ihn aus Anlass der Veröffentlichung der Tischgespräche erhobenen Vorwürfe sind weit übertrieben worden. Ein Verstoss gegen die Regeln der Editionstechnik oder gar gegen die erforderliche Gewissenhaftigkeit liegt nicht vor. Dass man über Einzelheiten der Ausgabe wie den Umfang der Kommentierung oder die getroffene Anordnung verschiedener Ansicht sein kann, habe ich in München selbst zugegeben. Aber die Rechtfertigung seines Verfahrens, die Ritter kurz vor der Münchener Sitzung uns hat zugehen lassen, gibt gute Gründe dafür an, über die man nicht ohne weiteres hinweggehen sollte. Keinesfalls reicht das, was man gegen die Edition der Tischgespräche vorbringen mag, dazu aus, um Ritters weitere Zugehörigkeit zum Beirat als unmöglich zu bezeichnen und seine Abberufung zu beschliessen. Ich weiss nicht, ob ein solches Recht dem Kuratorium ausdrücklich in der Satzung zugesprochen ist. Ich glaube es nicht, denn sonst wäre wohl bei der Satzungsberatung in Bonn davon gesprochen worden, zumal da, wie Hr. Schnabel neulich in München mit Recht hervorgehoben hat, eine solche Befugnis weit über das hinausgehen würde, was die Ministerien ähnlichen gelehrten Institutionen gegenüber an Rechten besitzen. Es wäre eine Gefährdung des wissenschaftlichen Charakters des Beirats, wenn seine Mitglieder jederzeit ohne einen ausdrücklichen Beschluss des Beirats bloss durch eine Verfügung des Kuratoriums und bloss aus politischen Rücksichten abberufen werden könnten. Die wissenschaftlichen Mitglieder des Beirats werden sich sehr ernsthaft überlegen müssen, ob sie unter diesen Umständen ihre weitere Beteiligung an den Sitzungen des Beirats und an den Arbeiten des Instituts mit ihrem wissenschaftlichen Gewissen noch werden vereinbaren können.

Die Herren Litt und Schnabel haben das in der Sitzung in München schon angedeutet. Ich habe mich dort zurückgehalten, um den Anschein zu vermeiden, als wollten wir irgend einen Druck ausüben. Aber ich halte mich für verpflichtet, Ihnen, sehr verehrter Herr Staatssekretär, diese Bedenken offen auszusprechen.

Ihr sehr ergebener

---

[1] Siehe oben, Brief Nr. 264.

Nr. 266
An Gerhard Ritter Berlin, 9. Dezember 1951

BAK, B 510 (Korrespondenzen des VHD). –
Masch. Original (mit hs. Zusätzen).

Lieber Herr Ritter!

Herzlichen Dank für Ihren freundlichen Brief vom 30[1]. Am gleichen Tage, an dem Ihr Brief eintraf, kam auch einer von Wende mit der Anfrage, ob meine Vermittlung bei Ihnen ein Ergebnis gehabt habe; die bayerische Regierung halte an Ihrem Standpunkt fest und so sei das Kuratorium genötigt, eine Entscheidung zu treffen. Von meiner Antwort lege ich einen Durchschlag bei[2]; ich habe auch an Litt, Rothfels und Schnabel (an diesen hat Wende gleichfalls geschrieben) je einen Durchschlag geschickt. Nun warte ich ab, was das Kuratorium tun wird.

Ueber den geplanten Ostzonenhistorikertag[3] habe ich inzwischen nur noch erfahren, dass Korfes Rörig zu einem Referat aufgefordert hat. Mit mir hat Korfes noch keinerlei Fühlung aufgenommen, weder wegen der Tagung noch wegen seiner geplanten Aktenpublikation.

Die Aktion wegen eines Historischen Instituts in Berlin ist in der vergangenen Woche auch etwas deutlicher geworden. Ich war nach meiner Unterredung mit Naas, über die ich Ihnen berichtet habe[4], der Ansicht, dass es nunmehr Sache der Akademie sei, die ausserakademischen Mitglieder für das Institut oder die Sektion zu wählen und wollte das in der nächsten Sitzung, am

---

[1] Gerhard Ritter an Fritz Hartung, 30.11.1951, in: Nl. F. Hartung, K 46/8.
[2] Siehe oben, Brief Nr. 265.
[3] Siehe oben, Brief Nr. 264; in seinem Brief an Hartung vom 30.11.1951 schreibt Ritter: „Die Einladung des Dr. Korfes beschäftigt mich nun doch sehr intensiv. Ich habe mich entschlossen, bei Minister Kaiser, den ich ja persönlich sehr gut kenne, eine Rücksprache nachzusuchen, um nicht von neuem ohne politische Rückendeckung irgendwelcher politischer Diskussion ausgesetzt zu sein [sic!]. Gerne tue ich das nicht, weil ich unseren Verband völlig freihalten möchte von dem Anschein einer offiziösen Abhängigkeit. Ich würde das auch im Gespräch mit Herrn Kaiser, wenn es stattfindet, ganz unmißverständlich zum Ausdruck bringen. Ich erwarte eigentlich von Seiten Kaisers nur Bedenken und Abwehr, möchte aber den Leuten doch klar machen, was sie durch ihre starre Haltung auch an Schaden anrichten und was für uns Geschichtswissenschaftler hier auf dem Spiele steht. Ganz ohne Fühlungnahme mit dem Bonner Ministerium möchte ich jedenfalls eine Fahrt nach Halle nicht wagen, obwohl ich das Gefühl habe, daß meine Anwesenheit dort von erheblichen [sic] Nutzen sein könnte, gerade auch im Interesse einer klaren Abgrenzung von östlichen Wissenschaftsmethoden für die Kollegen im Osten – aber nur dann, wenn es möglich wäre zu verhindern, daß die SED damit Reklame macht, daß unsereins erschienen ist. Wahrscheinlich ist das gar nicht zu verhindern. [...] Meine Beteiligung an dem von Ihnen jetzt zu gründenden Institut für deutsche Geschichte könnte ich grundsätzlich gerne zusagen, wenn ich deutlicher sehe, wie es nun aussehen und was da getrieben wird. Auf mühsame Kompromisse mit marxistischen Geschichtsauffassungen lege ich keinesfalls Wert". – Erwähnt wird hier Jakob Kaiser (1888–1961), Buchbinder, christlicher Gewerkschafter und Politiker (Zentrum, CDU), Mitglied des Deutschen Bundestages und Bundesminister für gesamtdeutsche Fragen (1949–1957).
[4] Siehe oben, Brief Nr. 264.

Nr. 266. An Gerhard Ritter, 9. Dezember 1951

13., vornehmen lassen. Statt dessen bekam ich die mündliche Mitteilung, dass noch eine weitere Besprechung bei Naas stattfinden soll, an der ausser einigen Akademiemitgliedern ein Vertreter des Ministerpräsidenten, Meusel und sein junger Mann Kamnitzer[1] und ein mir noch unbekannter Prof. Hager[2], Inhaber eines Lehrstuhls für dialektischen Materialismus, teilnehmen sollen. Ich habe gegen Kamnitzer Einspruch erhoben, da er wissenschaftlich noch nicht genügend ausgewiesen sei und für die Wahl zum ausserakad. Mitglied noch nicht in Betracht kommen könne. Die Sitzung ist inzwischen wieder verschoben worden und ich halte es nach meinen Erfahrungen für keineswegs sicher, dass sie überhaupt noch stattfinden wird. Es gehört zur Planwirtschaft, dass man vieles plant und wenig ausführt. Immerhin ist es mir interessant, dass Meusel den aktivsten SED-Historiker auf dem Gebiet der neueren Geschichte, Stern-Halle, offenbar ausschalten will[3].

Unter diesen Umständen bin ich entschlossen, einstweilen abzuwarten. Vor Weihnachten kommt doch nichts mehr zustande. Erst nach Neujahr werde ich wegen des Akademieinstituts weitere Schritte unternehmen, damit man uns nicht vorwerfen kann, wir hätten die Sache verbummelt. Auch an Korfes werde ich noch nicht herantreten.

Wegen Ihrer Beteiligung in Halle rate ich immer noch zur Vorsicht[4]. Nach Rörigs Angaben scheint Korfes die Sache mehr auf die Archive konzentrieren zu wollen; Kretzschmar-Dresden und Flach-Weimar sollen angeblich reden. Unter allen Umständen würde ich an Ihrer Stelle Vorlage eines genauen Programms verlangen.

[...]

Dass Sie mit Ihrer Gesundheit zufrieden sind, freut mich sehr. Ganz beruhigt bin ich aber erst, wenn auch Ihre Frau damit zufrieden ist. Denn ich fürchte immer, Sie muten sich zu viel zu.

Mit den besten Grüssen und Wünschen für die Weihnachtszeit

Ihr
Hartung

---

[1] Heinz Kamnitzer (1917–2001), marxistischer Schriftsteller, Professor mit vollem Lehrauftrag für „Geschichte des deutschen Volkes" an der Humboldt-Universität Berlin (1950–1954), musste seine Professur wegen eines Plagiatsskandals aufgeben.
[2] Kurt Hager (1912–1998), Politiker (KPD, SED), seit 1949 Professor mit Lehrstuhl für dialektischen und historischen Materialismus an der Humboldt-Universität Berlin, seit 1955 Sekretär des Zentralkomitees der SED, Mitglied des Politbüros (1963–1990).
[3] In einem Brief an Hans Rothfels vom 9.12.1951 (Durchschlag in: Nl. F. Hartung K 85/2) bemerkt Hartung, er erhalte bei der Beobachtung der Auseinandersetzungen unter den linientreuen DDR-Historikern „ganz nette Einblicke in die Rivalitäten innerhalb der ‚Einheitspartei', die sich von den Kämpfen unter den Nazis kaum unterscheiden".
[4] Siehe oben, Brief Nr. 264.

Nr. 267
An Friedrich Baethgen Berlin, 16. Dezember 1951

SBBPK, Nl. F. Hartung, K. 46/1. – Masch. Durchschlag.

Lieber Herr Baethgen!

Ihr freundlicher Brief vom 8.[1] kam wenige Stunden, nachdem ich das Paket mit den 5 Erdmännern an Sie abgeschickt hatte[2], bei mir ein. Es hat etwas länger gedauert, als ich selbst gewünscht hätte, aber es war zuerst nicht leicht, im Akademieverlag jemanden zu erreichen, der zuständig war, zumal nachdem die Baupolizei einen Teil der Räume des Verlags wegen Baufälligkeit gesperrt und damit 50 Angestellte obdachlos gemacht hatte. Ich halte es übrigens für möglich, dass diese Sperrung mit der Verlagskrise zusammenhängt, denn es handelt sich um Räume, deren Ausbau der frühere Direktor des Verlags[3] hatte anordnen[4] lassen, und man will ihm das anscheinend zur Last legen. Im übrigen ist die Prüfung der ganzen Angelegenheit der Akademie entzogen und einer Untersuchungskommission übertragen worden.

[...]

Hier herrscht auf dem Gebiet der Geschichte eine unheimliche Geschäftigkeit, seitdem der stellv. Ministerpräsident[5] offiziell den Wunsch nach intensiverer Forschung auf dem Gebiet der neueren deutschen Geschichte ausgesprochen und die SED ihn durch den Wunsch nach einem Institut bei der Akademie für deutsche Geschichte und zwei Universitätsinstituten in Berlin und Leipzig für Geschichte des deutschen Volkes ergänzt hat[6]. Gestern hatte ich Besuch von zwei jungen Leuten des Staatssekretärs für das Hochschulwesen, die ein Museum für deutsche Geschichte im Zeughaus einrichten sollen. Ich habe überall erklärt, dass ich froh sein würde, wenn wir <u>ein</u> Institut mit geeigneten Leitern und mit den nötigen Arbeitskräften errichten könnten und dass ich dagegen sei, viele Institute mit wissenschaftlichen Beiräten und grossartigen Arbeitsplänen ohne Arbeitskräfte auf dem Papier zu gründen. Am wichtigsten war mir eine Aussprache mit Naas. Ich habe ihn direkt gefragt, wie wir bei der gewünschten Erforschung der deutschen Arbeiterbewegung vorzugehen hätten, ob wir die neben der offiziellen Richtung Bebel-Liebknecht[7] stehende Richtung von Lassalle[8]

---

[1] Friedrich Baethgen an Fritz Hartung, 8.12.1951, in: Nl. F. Hartung, K 46/1.
[2] Carl Erdmann: Forschungen zur politischen Ideenwelt des Frühmittelalters. Aus dem Nachlaß des Verfassers hrsg. v. Friedrich Baethgen, Berlin 1951. Das Buch erschien im Ost-Berliner Akademie-Verlag.
[3] Hans Kaesser.
[4] Im Original: „ausbauen".
[5] Walter Ulbricht.
[6] Siehe oben, Brief Nr. 264.
[7] August Bebel (1840–1913), sozialistischer Politiker, Vorsitzender der SPD (1892–1913); Wilhelm Liebknecht (1826–1900), sozialistischer Politiker, Mitbegründer der SPD, Redakteur der Parteizeitung „Vorwärts".
[8] Ferdinand Lassalle (1825–1864), Jurist und sozialistischer Politiker, 1863 Begründer des Allgemeinen Deutschen Arbeitervereins.

und Schweitzer[1] und die um die Jahrhundertwende sehr stark auftretende revisionistische Richtung mit historischer Objektivität erforschen könnten oder ob wir sie im Stile früherer Kirchengeschichtsschreibung als abtrünnige Ketzer zu brandmarken hätten. Er sagte ohne Zögern, man erwarte, dass die Akademie so arbeite, dass ihre Leistungen auch in Westdeutschland als wissenschaftlich anerkannt würden.

Wohl ist mir bei der ganzen Sache trotzdem nicht. Ein gewisser Trost ist mir, dass innerhalb der SED keineswegs Harmonie herrscht. Dass Leipzig, wo überhaupt kein neuerer Historiker ist ausser Markov, ein Institut bekommen soll, Halle aber nicht, obwohl dort neben Haussherr auch der sehr aktive, von Moskau über Wien nach Halle berufene Historiker Leo Stern (von dessen Leistungen ich allerdings nichts weiss) tätig ist, beruht offenbar auf Gegensätzen zwischen Meusel und Stern. Stern bereitet augenblicklich einen Historikertag in Halle vor, der Ende Januar sein soll[2]. Näheres weiss ich noch nicht, wie überhaupt Stern und Korfes offenbar ohne die Akademie vorgehen möchten, während Meusel auf dem Wege über das Institut vermutlich seinen Einzug in die Akademie bewerkstelligen möchte. Alle diese Besprechungen nehmen entsetzlich viel Zeit in Anspruch. Auch mit Rörig, der natürlich unbedingt dabei sein möchte, aber doch eigentlich nicht Fachmann für das ist, was der sowjetische Sprachgebrauch als neuere Geschichte bezeichnet, nämlich die Zeit seit der französischen Revolution. Jablonowski[3], den Sie vielleicht noch von Berlin her kennen, hat vor kurzem einen sehr instruktiven Aufsatz über die Lage der russ. Gesch.wissenschaft nach dem 2. Weltkrieg im Saeculum verfasst[4].

[...]

Wegen der Tippfehler bitte ich um Entschuldigung, auch wegen der zeitweiligen Ladehemmung meiner Maschine, die im nächsten Jahr ihr 25jähriges Jubiläum bei mir feiern kann.

Ich wünsche Ihnen und Frau Piontek gute Gesundheit für den ganzen Winter und behagliche Feiertage.

Mit vielen Grüssen auch von meiner Frau

---

[1] Johann Baptist von Schweitzer (1833–1875), sozialistischer Politiker, Vorsitzender des Allgemeinen Deutschen Arbeitervereins (1867–1871).
[2] Siehe oben, Brief Nr. 264.
[3] Horst Jablonowski (1914–1970), Osteuropahistoriker, o. Professor an der Universität Bonn (1960–1970). Jablonowski war vor dem Ruf nach Bonn als Assistent an der Lindenuniversität (1945–1949) und an der Freien Universität Berlin (1949–1960) tätig, wo er 1954 habilitiert wurde.
[4] Horst Jablonowski: Die Lage der sowjetrussischen Geschichtswissenschaft nach dem Zweiten Weltkriege, in: Saeculum 2 (1951), S. 443–464.

Nr. 268
An Gerhard Ritter   **Berlin, 2. Januar 1952**

BAK, B 510 (Korrespondenzen des VHD). – Masch. Original.

Lieber Herr Ritter!

Meine Absicht, Ihnen umgehend auf Ihr Rundschreiben vom 20. Dez. zu antworten, habe ich leider nicht ausführen können. Zunächst nahm ich mir vor, die Frage der Oststudien mit dem Slawisten der Freien Univ. Vasmer, der mich auf den 27. Dez. eingeladen hatte, zu besprechen. Das ist auch geschehen, aber gleich am Tage danach blieb ich mit Hexenschuss im Bett und musste bis gestern liegen, weil der Hexenschuss auf einer Erkältung beruhte, die ich erst auskurieren wollte.

Ausgangspunkt meiner Besprechung mit Vasmer war die Berufung des Mainzer Professors für osteurop. Geschichte Philipp[1] an die Freie Uni. Wir waren uns einig, dass der Ausbau der Oststudien so betrieben werden müsse, wie man das auch früher schon getan hat, nämlich durch Berufung von geeigneten Professoren an geeignete Universitäten und entsprechende Ausstattung der Seminare u. Institute. Eine besondere Ostuniversität halten wir beide für falsch, die Gründe, die Aubin dagegen angeführt hat, scheinen mir absolut durchschlagend[2]. Gerade die Gefahr einer sehr einseitigen Politisierung besteht bei einer solchen Gründung sehr stark, das spürt die Freie Uni, die ja sehr stark durch die politischen Interessen von Reuter[3] und den hinter ihm stehenden Amerikanern geleitet wird, mehr als den echten Gelehrten an ihr lieb ist. Die Politisierungsgefahr besteht natürlich ebenso, wenn auch mit anderem Vorzeichen, wenn die neue Uni nach Bamberg gelegt wird. Sie scheint mir auch bei dem von Aubin geleiteten Herderinstitut[4] zu bestehen, das wenigstens unter Brackmann im Grunde ein amtliches Propagandainstitut gewesen ist[5].

---

[1] Werner Philipp (1908–1996), Osteuropahistoriker, a. o. Professor an der Universität Mainz (1946–1951), o. Professor an der Freien Universität Berlin (1951–1972).

[2] Zur Integration der von den ehemals ostdeutschen Universitäten vertriebenen Hochschullehrer und zur – auch politisch gewünschten – Etablierung einer neuen „Ostforschung" in der Bundesrepublik Deutschland wurde zeitweilig das Modell einer speziell zu diesem Zweck zu errichtenden „Ostuniversität" erwogen, das allerdings bald wieder verworfen wurde, um der Gefahr „einer unerwünschten geistigen Abkapselung der Vertriebenen" zu entgehen. Auch der an diesen Überlegungen führend beteiligte Hermann Aubin befürwortete aus diesem Grund nachdrücklich das zweite Modell einer Einfügung spezifischer „Oststudien" in die bereits bestehenden Universitäten; vgl. Mühle: Für Volk und deutschen Osten, S. 432 ff., das Zitat S. 433.

[3] Ernst Reuter (1889–1953), Politiker (KPD, SPD), Oberbürgermeister von Magdeburg (1931–1933), Emigration in die Türkei (1935–1946), Oberbürgermeister bzw. Regierender Bürgermeister von West-Berlin (1947–1953).

[4] Das 1950 in Marburg gegründete Johann-Gottfried-Herder-Institut entwickelte sich rasch zu einem Zentrum der westdeutschen Ostmitteleuropaforschung; geleitet wurde es in seinen Anfangsjahren von Hermann Aubin, dem damaligen Präsidenten des Johann-Gottfried-Herder-Forschungsrats; vgl. Mühle: Für Volk und deutschen Osten, S. 415 ff.

[5] Hartung meint hier die von Albert Brackmann geleitete Nordostdeutsche Forschungsgemeinschaft und deren Zentralstelle für Nachkriegsgeschichte (ab 1934); vgl. Sven Kriese:

Ich bin also durchaus dafür, dass man die Nachteile einer besonderen Ostuniversität sehr eindringlich den beteiligten Stellen, aber doch auch der Oeffentlichkeit, die gegen die ungeheuerliche Zunahme der aus Steuermitteln zu subventionierenden Unternehmungen einzuschreiten ein Interesse haben sollte, klar macht. Ob unser Verband sich dabei besonders exponieren soll, das weiss ich freilich nicht. Mann kann gewiss sagen, dass die Historie besonders grosse Aufgaben auf diesem Gebiet hat und durch falschen Ansatz besonders gefährdet ist. Aber Philologen, Religionswissenschaftler u. viele andere Fächer sind ebenso beteiligt, und wenn sie nicht alle zur Stellungnahme gewonnen werden können, dann kann eine alleinige Erklärung des VHD einen falschen Eindruck erwecken. Aber Sie werden das mit Aubin genügend erwogen haben, und ich schliesse mich Ihrem Ergebnis vertrauensvoll an.

Aus Bonn habe ich nichts mehr gehört. Offenbar scheint man auch dort zu der Einsicht gekommen zu sein, dass Abwarten zur Zeit das Beste ist[1]. Schnabel hat mir vor etwa 8 Tagen seine Antwort an Wende mitgeteilt. Sie ist ganz geschickt, indem sie das Grundsätzliche nicht betont, sondern mehr die praktischen Schwierigkeiten zeitgeschichtlicher Arbeiten hervorhebt und dem Kuratorium von allen Schritten abrät[2].

Der Hallische Historikertag[3] ist zunächst einmal bis Februar verschoben. Ich habe bis heute noch nichts aus Halle direkt erfahren. Korfes will mich gleich nach seinem Weihnachtsurlaub einmal aufsuchen. Da werde ich wohl alle schwebenden Fragen mit ihm erörtern können.

Mit den besten Wünschen für das neue Jahr und mit herzlichen Grüssen von Haus zu Haus

Ihr Hartung

Kampf um die ‚richtige' Nachkriegsforschung. Albert Brackmanns Zentralstelle für Nachkriegsgeschichte im Konflikt mit Erich Otto Volkmanns militärgeschichtlicher Nachkriegsforschung, in: Hans-Christof Kraus (Hrsg.): Das Thema „Preußen" in Wissenschaft und Wissenschaftspolitik vor und nach 1945, Berlin 2013, S. 133–170.

[1] Siehe oben, Brief Nr. 265.
[2] Franz Schnabel an Fritz Hartung, 22.12.1951, in: Nl. F. Hartung, K 85/2, dort auch der Durchschlag des Schreibens von Schnabel an Staatssekretär Erich Wende, 22.12.1951, in dem es u. a. heißt: „Das Kuratorium kann, wenn die Angelegenheit wirklich noch aktuell sein sollte, meines Erachtens jederzeit erklären, dass für die ‚Tischgespräche' keine Mittel des Institutes und überhaupt keine öffentlichen Mittel aufgewendet worden sind, dass bei der wissenschaftlichen Bearbeitung einer so nahen Vergangenheit über Zweckmässigkeit, Methode und Inhalt einer Publikation immer gestritten und eine so neue Aufgabe immer nur im Fortschreiten der wissenschaftlichen Arbeit ganz bewältigt werden kann, dass das Kuratorium deshalb stets bemüht sei, im wissenschaftlichen Beirat alle irgendwie gültigen wissenschaftlichen Richtungen zu Worte kommen zu lassen, und dass man, falls die Öffentlichkeit nicht gewillt ist dies zu dulden, lieber die Arbeiten einstellen wollen [sic], als die wissenschaftliche Forschung und Diskussion amtlich unter Druck zu setzen, da dies nun einmal mit wesentlichen Elementen unseres europäischen Kulturlebens in Widerspruch stehe".
[3] Siehe oben, Brief Nr. 264.

Nr. 269
An Richard Dietrich Berlin, 20. Februar 1952

SBBPK, Nl. F. Hartung, K 87/4. – Masch. Durchschlag.

Lieber Herr Dietrich!

Für Ihren Brief vom 19.[1] und die freundliche Absicht, die Sie verfolgen, danke ich Ihnen herzlich. Ihren Wunsch nach einer umgehenden Antwort erfülle ich gern, denn es liegt mir sehr daran, dass Freunde u. Schüler ein Bild von meiner Auffassung der Lage bekommen u. mich nicht einfach für charakterlos halten. Da augenblicklich das Verhältnis zwischen der hiesigen Akademie und den andern deutschen, zu denen sich seit der Göttinger Jubiläumstagung auch Wien wieder rechnet, günstig ist, z.B. die Forschungen u. Fortschritte als gemeinsames Unternehmen wieder aufleben werden[2], möchte ich die Akademie nicht ohne Not verlassen. Denn verlassen müsste ich sie, wenn ich den von Ihnen angedeuteten Weg gehen würde, und eine Not liegt augenblicklich nicht vor, wenn ich mir auch darüber völlig klar bin, dass ich an einem Abgrund entlang wandle.

Im Herbst v. J. wurde der Akademie der Wunsch nach stärkerer Betätigung auf dem Gebiet der deutschen Geschichte geäussert. Ich hatte daraufhin eine Unterredung mit der zuständigen Instanz u. stellte die Frage, ob wir die Möglichkeit zu wissenschaftlicher Forschung hätten, z.B. bei der Darstellung der Geschichte der Arbeiterbewegung neben der Bebel-Liebknechtschen auch die Lassalle-Schweizerische Richtung u. in der späteren Zeit etwa die Revisionisten um 1900 objektiv behandeln könnten oder sie in der Weise der alten Kirchengeschichte als abtrünnige Ketzer verdammen müssten. Die Antwort lautete, dass das, was die Akademie veröffentliche, auch in Westdeutschland als wissenschaftlich anerkannt werden müsse[3]. Daraufhin hat sich die Historische Kommission der Ak. bereit erklärt, Arbeiten zur Geschichte der Zeit nach 1871 in Verbindung mit dem Archiv in die Wege zu leiten.

Inzwischen wurden auf Initiative der SED weitere Institute mit unklarer Zweckbestimmung gegründet, sowohl hier wie in Leipzig; auch erfuhr ich, dass Stern in Halle bereits Arbeiten zur Geschichte der Arbeiterbewegung angefangen habe, die er durch Schüler bearbeiten lässt. All das ist zwar keine eigentliche Konkurrenz zu dem, was die Akademie leisten kann u. soll, nämlich Quellenpublikationen, höchstens hinsichtlich der Arbeitskräfte, an denen es in der ganzen DDR fehlt. Deshalb wurde – hier spielt der russische Gedanke, dass die Akademie die höchste zentrale wissenschaftliche Institution sein soll, hinein – der Versuch gemacht, die verschiedenen geplanten oder bereits eingeleiteten Arbeiten zu koordinieren. Als Form dafür ist nach dem Muster der bereits bestehenden medizinischen u. naturwissenschaftlichen Sektionen die

---
[1] Nicht überliefert.
[2] Siehe oben, Brief Nr. 229.
[3] Siehe auch oben, Brief Nr. 267.

Bildung einer historischen Sektion gewählt worden, der ausser den Historikern der Akademie auch nicht akademische Mitglieder, Korfes (Archiv), Griewank, Haussherr, Meusel, Stern-Halle angehören; auch Flach u. Kretzschmar sollen beitreten. Eine vorbereitende Sitzung hat kürzlich stattgefunden, sie zeigte, dass von vielen Seiten die Geschichte der Arbeiterbewegung angegriffen werden soll[1]; für die Akademie scheidet dieses Thema deshalb einstweilen aus. Was aus den Arbeiten der andern praktisch herauskommen wird, lässt sich natürlich noch nicht übersehen, auch nicht, was die Akademie selbst angreifen kann, denn uns fehlt es an brauchbaren Arbeitskräften, da alle unsere Schüler spätestens nach der Promotion in den Westen abwandern. Trotzdem halte ich es für richtig, der Akademie die Kontrolle über die Arbeiten und etwaige Veröffentlichungen zu erhalten. Dass es zu Konflikten kommen kann, sobald Arbeiten fertig sind u. gedruckt werden sollen, darüber bin ich mir klar.

Ich hatte am Sonntag nach der Unterredung mit Herzfeld auch noch Gelegenheit, mit Rothfels zu sprechen und fand bei ihm Verständnis für meinen Standpunkt, auszuharren, bis es nicht mehr geht, d. h. bis ich gezwungen werden soll, meinen Namen für Dinge herzugeben, die ich nicht verantworten kann. So weit ist es aber noch nicht, wenigstens nach meiner Ueberzeugung.

Das gilt auch von meinem Verhältnis zu Meusel. Ich gebe zu, dass ich sehr erstaunt war, als ich eines Tages in der Zeitung die ganze Reihe von Namen las, die er für den Beirat seines geplanten Museums bestimmt hat. Ich stehe ja auch darin, habe aber bisher keine Mitteilung über meine Ernennung bekommen[2]. Ich stehe zunächst auch hier auf dem Standpunkt, dass man der Diskussion nicht ausweichen soll. Ob es zu dieser Diskussion kommen oder der Beirat nur dekorativ sein wird, weiss ich noch nicht. Es wird sich aber wohl bald zeigen, ob eine Diskussion möglich sein wird oder ob das Museum ohne den Beirat Dinge ausführt (nicht nur ankündigt), die mit Wissenschaft nichts mehr zu tun haben. Ich glaube, dass dann die ernsthaften Mitglieder des Beirats, zu denen ich u. a. Lintzel u. Unverzagt rechne, die Konsequenzen ziehen werden.

Das ist mein Standpunkt. Ich verstehe, dass man gerade in Westberlin die Dinge anders sieht u. mich lieber auf der westlichen Seite hätte. Aber ich weiss nicht, ob die Westberliner Politik wirklich gesamtdeutsch ist. Doch über die Politik möchte ich mich nicht weiter auslassen.

Ihnen danke ich nochmals für Ihre Bemühungen, die ich um so höher Ihnen anrechne, als ich weiss, wie bedrängt Sie augenblicklich mit Ihrer Zeit sind.

Mit herzlichen Grüssen auch von meiner Frau, die wieder auf ist, und mit den besten Wünschen für Sie, Ihre Gattin und den Jungen

---

[1] Gemeint ist: in Angriff genommen werden soll.
[2] Die Nennung Hartungs und der Namen anderer „bürgerlicher" Historiker, die für den „wissenschaftlichen Rat" des Museums vorgesehen waren, erfolgte ohne deren vorherige Zustimmung, wohl um der neu zu gründenden Institution werbewirksam von vornherein ein wissenschaftliches Renommee zu sichern, und dieses Ziel wurde trotz der umgehend folgenden Distanzierung der Betroffenen erreicht; vgl. Stefan Ebenfeld: Geschichte nach Plan? Die Instrumentalisierung der Geschichtswissenschaft in der DDR am Beispiel des Museums für Deutsche Geschichte in Berlin (1950 bis 1955), Marburg 2001, S. 92.

Nr. 270
An Gerhard Ritter Berlin, 28. Februar 1952

BAK N 1166, Nr. 338. – Masch. Original (mit hs. Zusätzen).

Lieber Herr Ritter!

Länger will ich nun nicht mehr mit der Antwort auf Ihren Brief vom 5. warten, damit Sie nicht auf den Gedanken kommen, ich hätte Ihre freundschaftliche Mahnung übel genommen[1]. Ich hatte schon vor 14 Tagen einen Brief an Sie geschrieben, ihn dann aber nicht abgeschickt, weil aus Dahlem, d. h. aus Kreisen der Freien Univ. Nachrichten an mich gelangten, dass im Zusammenhang mit den ostzonalen Plänen einer Förderung der Geschichtsforschung eine Pressekampagne gegen mich bevorstehe. Ich habe deswegen eine Aussprache sowohl mit Herzfeld wie mit Rothfels, der gerade zu einem Vortrag hierher kam, gehabt. Weiter ist nichts geschehen, und nun will ich nicht länger säumen, Ihnen für Ihren Brief herzlich zu danken, den ich als Ausdruck der Sorge sehr wohl verstehe. Ich gebe ganz offen zu, dass mir bei der Friedensaktion der Akademie[2] auch nicht ganz wohl gewesen ist. Denn auch mir ist klar, dass es dabei nicht so sehr auf Frieden wie auf die Hintertreibung der Remilitarisierung der Bundesrepublik ankommt. Aber Friede ist ein sehr geschicktes Schlagwort, und für meinen sonst konsequent festgehaltenen Standpunkt, dass

---

[1] Gerhard Ritter an Fritz Hartung, 5.2.1952, in: BAK N 1166, Nr. 338 (Durchschlag): „Ich erhalte soeben die Friedenskundgebung der Akademie mit Ihrer Unterschrift. Für Frieden bin ich natürlich auch und ebenso für deutsche Einheit, aber natürlich nicht für die Friedenspropaganda der von Rußland bestimmten Mächte. Denn diese läuft doch nur auf ein Störfeuer hinaus, das den sich bildenden festen Block der Westmächte sabotieren soll. Den Satz, daß Ihr Präsidium sich von der Wiedererrichtung einer Militärmacht distanziert, kann ich nur in dem Sinne gut heißen, daß er als ein Sichdistanzieren von Rüstungsbestrebungen auf beiden Seiten verstanden wird, als[o] auch von jenen ‚Bereitschaften' der Volkspolizei, die das Kadre einer künftigen Ostarmee darstellen. [...] Sie werden nach allem verstehen, daß ich Ihre Unterschrift unter dieses Aktenstück nicht ohne Besorgnis gelesen habe – Besorgnis vor der schwierigen Lage, in die Sie allmählich doch hineingeraten, und die immer schwieriger werden wird, je mehr sich der eiserne Vorhang nun verdichtet, ein wahrhaft grauenhafter Vorgang, der doch unaufhaltsam scheint".

[2] Die „Friedensaktion" bestand in einem gedruckten Rundbrief der Deutschen Akademie der Wissenschaften zu Berlin an die „Männer und Frauen der Wissenschaft", datiert auf den 18.10.1951, mit den faksimilierten Unterschriften des Präsidiums der Akademie, darunter auch derjenigen Hartungs. „Angesichts der Gefahr eines dritten Weltkrieges", heißt es darin, erkläre die Akademieleitung „vor der deutschen Öffentlichkeit, daß die Forschung in den Instituten der Akademie nur dem friedlichen Leben der Menschen dient und daß die Akademie in ihrem Bereiche keinerlei Arbeiten dulden wird, die einem neuen Krieg förderlich sein könnten. Das Präsidium distanziert sich von den für die Zukunft des deutschen Volkes so gefährlichen Bestrebungen, die durch Wiedererrichtung einer Militärmacht und einer Kriegsindustrie die Voraussetzung für einen neuen unheilvollen Krieg schaffen"; das Präsidium der Akademie begrüße hingegen „jeden deutschen Gelehrten oder Studenten, der gewillt ist, sich dieser Erklärung oder einer von gleicher Friedensgesinnung getragenen anzuschließen"; zit. nach dem Original in: Archiv der Berlin-Brandenburgischen Akademie der Wissenschaften, Berlin, Bestand Akademieleitung (1945–1968), Nr. 523 (unpag.).

es nicht Aufgabe der Akademie sei, politische Kundgebungen zu veranstalten, fand ich dieses Mal keinerlei Unterstützung, nachdem aus dem Wortlaut der Erklärung alle direkten Aufforderungen zur Gehorsamsverweigerung an die Studenten des Westens u. alle sonstigen Spitzen gestrichen worden waren. Dass die Volkspolizei keine militärische Macht darstelle, wird selbstverständlich in allen Tonarten versichert; ob es wahr ist, kann natürlich niemand von uns beurteilen, jedenfalls nicht widerlegen[1].

Ich bin mir darüber klar, dass meine Situation allmählich immer schwieriger wird u. dass ich hart an einem Abgrund entlang gehe. Ich habe deshalb Rothfels auf eine direkte Frage geantwortet, dass ich jede Stelle im Westen, bei der für mich eine Pension u. auch für meine Witwe eine ausreichende Versorgung gesichert wäre, annehmen würde. Aber wo soll eine solche Stelle zu finden sein zumal angesichts meines Alters? Ich werde also versuchen, hier auszuhalten und werde mich Diskussionen mit marxistischen Historikern nicht entziehen. An die Freie Univ. zu gehen u. eine direkte Kampfstellung gegen die Akademie zu beziehen – Herzfeld wollte versuchen, etwa eine Honorarprofessur für mich zu erreichen, konnte aber natürlich auch nichts versprechen – halte ich unter den augenblicklichen Verhältnissen nicht für richtig.

Vor etwa 14 Tagen hat eine vorbereitende Besprechung wegen der geplanten Sektion für Geschichte stattgefunden, an der neben Rörig, Griewank und Haussherr auch Korfes, Meusel u. Stern teilgenommen haben. Stern machte auf mich einen recht guten Eindruck, er ist geistig sehr viel aufgeschlossener als Meusel, mit dem er auch gleich etwas in Fehde geriet, vermutlich auch sehr viel gefährlicher. Auch er empfindet, wie übrigens unser Verbindungsoffizier in Karlshorst Nikitin[2], das Bedürfnis nach Quellenstudium für die Studenten, um von den Phrasen der ohne Sachkenntnis bloss mit Dialektik operierenden Marxisten loszukommen. Der Historikertag soll nun im April stattfinden. Ob sich sein Besuch für Kollegen aus dem Westen empfiehlt, kann ich noch nicht beurteilen. Stern selbst sprach übrigens in sehr anerkennenden Worten über Ihre Haltung.

Politisch tut man so, als sei man fest entschlossen, freie Wahlen auch in der DDR zuzulassen, obwohl man sich bewusst ist, dass die SPD dabei die Mehrheit bekommen wird. Anscheinend rechnet man aber damit, dass in Ost u. West zusammen keine absolute Mehrheit der SPD zustandekommen wird u. dass dann eine Koalition SPD und KPD, die ja bei Wahlen im Westen nicht verboten werden kann, die Regierung übernehmen kann. Doch kann alles auch Spiegelfechterei sein, denn freie Wahlen passen nun einmal nicht zum totalen Staat.

---

[1] „jedenfalls nicht widerlegen" ist handschriftlich angefügt.
[2] Pjotr Iwanowitsch Nikitin (1912–2000), Physiker, Informatiker und sowjetrussischer Offizier, innerhalb der Sowjetischen Militäradministration in Deutschland (SMAD) zuständig für die Hochschulen und wissenschaftlichen Institutionen (1945–1952), Professor mit Lehrstuhl für Informatik an der Universität Leningrad (1963–1987).

Nr. 271. An Gerhard Ritter, 9. März 1952

Ich hoffe, Sie werden mir Ihre Freundschaft erhalten; dazu rechne ich auch mahnende u. warnende Briefe. Ich stehe hier leider ziemlich allein und habe wenig Rückhalt an den Kollegen. Drum werde ich für Unterstützung aus dem Westen (geistig, nicht materiell) stets dankbar sein.

Herzliche Grüsse
Ihr
Hartung

Nr. 271
An Gerhard Ritter **Berlin, 9. März 1952**

BAK N 1166, Nr. 339. – Masch. Original (mit hs. Zusätzen).

Lieber Herr Ritter!

Sie haben an meinem Schicksal bisher so freundschaftlichen Anteil genommen, dass ich Ihnen über den Fortgang der hiesigen Dinge wohl Bericht erstatten darf. Ich schicke voraus, dass der Angriff des Riassenders[1] gegen mich am 4. d. M. nicht etwa den Anlass dieser Mitteilung bildet, schon deswegen nicht, weil er – ich habe ihn nicht gehört, sondern nur mehr oder minder genaue Berichte darüber erhalten, die darin übereinstimmen, dass sowohl Frings wie ich ziemlich sanft angepackt worden sind, im Tone des Bedauerns, dass wir uns vom Meuselschen Museum missbrauchen lassen – erst mitten in unsere vorbereitete Aktion hineingekommen ist.

Etwa am 25. v. M. bekam ich eine Einladung zur ersten Sitzung des Wissenschaftlichen Rats des Meuselschen Museums, die am 1.3. stattfinden sollte. Ich sagte ab, weil ich schon eine andere Sitzung für diesen Tag hatte. Rörig u. Unverzagt dagegen wollten hingehen. Am 29. bekamen wir Thesen zugeschickt, die den Beratungen zugrunde liegen sollten[2]. Bevor ich sie zu Gesicht

---

[1] RIAS (Rundfunk im amerikanischen Sektor), von der amerikanischen Besatzungsmacht in West-Berlin installierter und betriebener Radiosender (1946–1993).
[2] Die „Thesen für das Museum für deutsche Geschichte" (Hartungs Exemplar in Nl. F. Hartung K 87/5), deuten die neuere, besonders auch die jüngste Geschichte Deutschlands ausschließlich im Sinne der Geschichtsideologie eines orthodoxen Marxismus-Leninismus. In den Thesen zur Epoche 1895–1918 heißt es etwa: „Besonders aggressive deutsche Außenpolitik und antidemokratische Innenpolitik. Alldeutscher Verband als Propagandaorganisation des Monopolkapitals, ideologische Kriegsvorbereitungen (Nietzsche, Chauvinismus, Kriegsziele)"; zum Zweiten Weltkrieg: „Die moralisch-politische Einheit der Völker der UdSSR, die Leistungen der sowjetischen Wirtschaft und der Heldenmut der Sowjetarmee führen die Wende des zweiten Weltkrieges [sic] in Stalingrad herbei"; zur Gegenwart: „Die Entwicklung der Deutschen Demokratischen Republik auf der Grundlage des Potsdamer Abkommens zu Wohlstand und Glück. [...] Die Nichteinhaltung der Potsdamer Beschlüsse in Westdeutschland führt zur Spaltung, zur Remilitarisierung und zum Untergang. [...] Der Kampf der friedliebenden und demokratischen Kräfte in ganz Deutschland für Einheit und Frieden, unterstützt durch das Weltfriedenslager, insbesondere durch die Sowjetunion", usw.

bekommen hatte, rief Unverzagt bei mir an – ich war in der Akademie –, dass die Thesen unmöglich seien. Wir hatten eine kurze Besprechung, in der ich seinem Urteil Recht geben musste, und einigten uns nach telefonischer Rücksprache mit Rörig, dass wir am Donnerstag (6.), dem üblichen Sitzungstag der Akademie vor der Sitzung eine Besprechung, eventuell auch mit Frings, der ebenfalls sowohl Mitglied der Akademie wie des Wiss. Rates ist, abhalten wollten. Ich lege auf die Daten wert, weil sie beweisen, dass wir unabhängig vom Rias vorgegangen sind. Die Besprechung zwischen Rörig, Unverzagt u. mir ergab Einmütigkeit darüber, dass wir auf Grund der rein propagandistischen Thesen aus dem Rat austreten müssten. Frings konnte an der Besprechung nicht teilnehmen, ich setzte ihn hinterher vom Ergebnis in Kenntnis, er war dagegen u. bat mich, beim Staatssekretär für Hochschulwesen um Vermittlung zu bitten. Da ich morgens um 6 Uhr aufgestanden war u. meine Frau zum Zuge nach Hamburg gebracht hatte, wo sie den 90. Geburtstag ihrer Pflegemutter feiern will, hinterher Sitzung des Präsidiums, die Besprechung, zwei wissenschaftliche Vorträge u. eine Plenarsitzung der Akademie mitgemacht hatte, war ich müde und sagte das zu. Aber schon zu Hause, als ich versuchte, ein Schreiben an den Staatssekretär zu entwerfen, wurde mir klar, dass eine Vermittlung nicht möglich sei. Ich hatte Rörig u. Unverzagt gebeten, mit mir am Freitag über ein solches Schreiben zu beraten. Wir haben das noch einmal sehr gründlich getan u. sind zum Ergebnis gekommen, dass eine Vermittlung keinen Sinn hat. Man wird, wenn wir gegen die Thesen Einwände erheben, uns versichern, dass sie nur als Diskussionsgrundlage gedacht seien, dass man unsere Bedenken hören werde, man wird sie vielleicht sogar zurückziehen, aber daran wird sich nichts ändern, dass das Museum nur propagandistische Absichten hat, u. während man uns mit der Aussicht auf eine Diskussion hinhält, wird am 1. Mai eine Ausstellung eröffnet, in der die Thesen als Wandsprüche erscheinen, u. wir sind als Mitglieder des Wiss. Rates mitverantwortlich. Infolgedessen haben Rörig, Unverzagt und ich beschlossen, aus dem Rat auszutreten. Ich lege Ihnen eine Abschrift meines Schreibens an Meusel bei; auch der Präsident der Akademie bekommt eine Abschrift[1].

Die Thesen sind zu lang, als dass ich sie Ihnen zuschicken könnte oder auch möchte. Sie glauben mir wohl, dass sie für einen Historiker unmöglich sind, nicht wegen vieler Fehler im Einzelnen, sondern wegen ihrer Gesamthaltung, die lediglich die demokratische Haltung der Arbeiterschaft hervorhebt,

---

[1] In seinem Schreiben an Alfred Meusel vom 10.3.1952, in: Nl. F. Hartung, K 87/4 (Durchschlag), bemerkt Hartung, er habe sich „zur Mitarbeit in dem geplanten Beirat des Museums bereiterklärt, in der Voraussetzung, dass es sich um ein wissenschaftliches Unternehmen handelt. Schon die am 19. Januar bekanntgewordene Zusammensetzung des wissenschaftlichen Rats liess erkennen, dass die politische Propaganda einen sehr wesentlichen Teil der Arbeit des Museums ausmachen wird. Die mir vor 10 Tagen zugegangenen Thesen haben diesen Eindruck verstärkt. Sie zeigen eine solche Einseitigkeit, dass sie keine Grundlage für eine fruchtbare Diskussion abgeben. Unter diesen Umständen ist mir die Mitarbeit, die ja immer auch eine Mitverantwortung bedeutet, im wissenschaftlichen Rat des Museums für deutsche Geschichte nicht möglich. Ich erkläre deshalb meinen Austritt".

aber die ganze Leistung unserer bürgerlichen Kultur totschweigt. Darüber kann man nicht diskutieren.

Natürlich kann man sagen, damit hätten wir rechnen müssen u. es wäre klüger gewesen, wenn wir uns von vornherein fern gehalten hätten. Ich bin aber heute erst recht der Meinung, es war richtig, dass wir uns nicht von vornherein der Aufgabe entzogen haben. Denn jetzt ist es deutlich, dass nicht Alter, Fülle der Amtsgeschäfte oder was man sonst vorschützt, um ein unangenehmes Amt abzulehnen, die Gründe sind, sondern der unüberbrückbare Gegensatz zwischen Wissenschaft u. politischer Propaganda.

Welche Folgen dieser Schritt auf die geplanten Arbeiten zur neueren deutschen Geschichte bei der Akademie haben wird, ahne ich noch nicht. Dass man uns aus der Akademie ausschliessen wird, was natürlich auch den Verlust der Rörig u. mir zustehenden Pension bedeuten würde, glaube ich aber nicht. Denn der Kurs der Akademie ist sehr gesamtdeutsch, die Forschungen u. Fortschritte sollen jetzt als Gesamtunternehmen der deutschen Akademien mit Einschluss von Wien wieder erscheinen, da wird man schwerlich das Odium auf sich nehmen, uns auf die Strasse zu setzen. Immerhin werde ich mir einmal das Gesetz zu Art. 131 ansehen, ob ich darauf etwa Ansprüche zu stellen hätte[1]. Bloss von der Schwerkriegsbeschädigtenrente werde ich kaum leben können.

Dass wir nicht vor Mai als Beirat des Münchener Instituts für Zeitgeschichte zusammenkommen werden, passt mir in mancher Beziehung sehr gut. Oder ist es ein Zeichen, dass das Institut langsam eingeht?

Entschuldigen Sie, bitte, den langen Brief und seien Sie herzlich gegrüßt! Hoffentlich haben Sie den Winter mit Ihrer Gesundheit gut überstanden[2].

                Stets
              Ihr F. Hartung

---

[1] Das am 1.4.1951 in Kraft getretene „Gesetz zur Regelung der Rechtsverhältnisse der unter Artikel 131 des Grundgesetzes fallenden Personen" (auch als „131er Gesetz" bezeichnet) ermöglichte in der Bundesrepublik Deutschland die Wiedereinstellung bzw. die Altersversorgung von Beamten, die bis zum 8.5.1945 im Dienst des Deutschen Reiches gestanden hatten und politisch unbelastet waren; Text im Bundesgesetzblatt, 13.5.1951, S. 307–320.

[2] Dieser Satz handschriftlich.

Nr. 272

An Siegfried A. Kaehler   Berlin, 9. März 1952[1]

NStUB Göttingen, Cod. Ms. S. A. Kaehler, 1, 59. – Masch. Original.

Lieber Kaehler!

[...]

Leider kann ich Ihren Brief augenblicklich nicht finden[2], aber ich möchte aus einem bestimmten Grund diesen Brief nicht länger hinausschieben, bis ich Ihren Brief an irgend einer abgelegenen Stelle wieder entdecke. Dieser Grund ist die mir nur aus einer Mitteilung von Rörig bekannte Notiz einer Göttinger Zeitung über seine u. meine Zugehörigkeit zu dem Museum für deutsche Geschichte des Herrn Meusel. Da auch der Rias sich dieser Tage aus dem gleichen Anlass mit mir beschäftigt hat, möchte ich Ihnen darüber Aufklärung geben, in der Hoffnung, dass Sie Verständnis für meine Lage gewinnen u. mich nicht für halt- oder gar charakterlos halten.

Bald nach meiner Rückkehr aus Göttingen[3] wurde ich gefragt, ob ich bereit sei, dem geplanten Beirat des ebenfalls nur geplanten Museums von Meusel beizutreten, eine Vorbesprechung sollte vor Weihnachten stattfinden. Da ich auf dem Standpunkt stehe, dass man sich der Diskussion wissenschaftlicher Fragen mit den Marxisten nicht von vornherein entziehen soll, erklärte ich mich bereit. Statt zu einer vorbereitenden Besprechung bekam ich am 17.1. ein Telegramm mit der Einladung zur feierlichen Eröffnung des Museums (am 19.)[4]. Da ich eine andere Sitzung zur gleichen Zeit hatte, nahm ich nicht teil u. erfuhr nur hinterher aus der Zeitung, dass ausser wirklichen Gelehrten auch reine Politiker in den Wissenschaftlichen Rat des Museums berufen worden sind. Ich erfuhr auch, dass man sich in den Kreisen um die Freie Univ. über das Museum u. meine Teilnahme sehr aufrege; es ging auch das gänzlich unbegründete Gerücht, dass die Mitglieder des Rats monatlich 7000 Ostmark bekämen. Ich beschloss abzuwarten, was aus dem Wiss. Rat würde. Seine erste Sitzung wurde auf den 1. März einberufen. Am Tage vorher wurden uns Thesen als Grundlage der Aussprache zugeschickt. Noch bevor ich sie erhalten hatte, rief unser Prähistoriker Unverzagt bei mir an u. las mir einige Proben vor. Wir beschlossen, der Sitzung fern zu bleiben und alles Weitere am 6. März vor der Akademiesitzung zu besprechen. Das Ergebnis dieser Besprechung ist,

---

[1] Die Datumsangabe im Briefkopf lautet: „den 9.3.39"; in dem Konvolut der Briefe an Kaehler ist er unter 1949 eingeordnet. Aus dem Zusammenhang des Inhalts ergibt sich aber unzweideutig, dass der Brief im März 1952 geschrieben wurde.
[2] Siegfried A. Kaehler an Fritz Hartung, 14.1.1952, in: NStUB Göttingen, Cod. Ms. Kaehler 1, 59 (Durchschlag): Kaehler gratuliert zu Hartungs 69. Geburtstag und dankt ihm zugleich dafür, „daß der lange ‚Hiatus' in der persönlichen Berührung zwischen uns nicht vermocht hat, die Erinnerung an die gemeinsamen Hallenser Jahre, in denen wir einer ungewissen Zukunft entgegenlebten, nicht hat verlöschen können und daß die alte Selbstverständlichkeit im Austausch wieder sich eingestellt hat".
[3] Siehe oben, Brief Nr. 263.
[4] „(am 19.)" am Rand eingefügt.

Nr. 272. An Siegfried A. Kaehler, 9. März 1952

dass Rörig, Unverzagt u. ich morgen unsern Austritt aus dem Rat erklären werden; dass es erst morgen sein wird, liegt lediglich daran, dass die Briefe erst geschrieben werden müssen u. ich nicht bloss wegen der Unterschrift gestern zur Akademie fahren wollte[1].

Es wäre natürlich einfacher gewesen, wenn wir von vornherein erklärt hätten, dass wir die Zusammenarbeit mit Meusel ablehnen. Aber ich bin auch jetzt noch der Ansicht, dass es richtig war, sich der Diskussion nicht von vornherein zu entziehen, jetzt aber jede Mitarbeit auf dem Boden der Thesen, die als Ganzes, nicht nur wegen vieler Fehler im einzelnen, unmöglich sind, abzulehnen. Wie sich unser Schritt auf unsere Stellung in der Akademie auswirken wird, übersehe ich noch nicht, doch glaube ich nicht, dass man uns ausschliessen wird, wozu zwei Drittelmehrheit erforderlich ist, oder dass man uns unsere Pension streichen wird. Schlimmsten Falls könnte ich vielleicht auf Grund des vielzitierten Art. 131 von der Bundesrepublik unterstützt werden[2]. Es wäre übrigens nicht ausgeschlossen, dass der Staatssekretär, dem die Akademie untersteht, sich freuen würde, dass dem Staatssekretär für das Hochschulwesen, der das Museum ins Leben gerufen hat[3], Schwierigkeiten seitens der Akademie entstehen. Wir haben nämlich zur Zeit eine ähnliche Aufspaltung der Regierung, wie sie auch unter Hitler u. wenigstens auf militärischem Gebiet auch unter Wilhelm II. bestanden hat.

Sonst habe ich den Winter ohne nennenswerte Störungen verlebt. Die neue Auflage meiner Deutschen Geschichte von 1871–1919 wird im Manuskript bald fertig sein[4], dann werde ich mich aber von der Aufgabe einer allgemeinen Verfassungsgeschichte der Neuzeit nicht mehr abhalten lassen. Meine Frau ist am Donnerstag abgereist, um den 90. Geburtstag ihrer Pflegemutter in Hamburg mitzufeiern. Um auf dem Rückweg auch die Tochter u. Enkel in Braunschweig besuchen zu können, musste sie auch die Hinreise über Helmstedt machen, statt direkt nach Hamburg zu reisen. Eine ostzonale Schikane, die sich anscheinend gut mit der Parole von der deutschen Einheit verträgt.

---

[1] Siehe oben, Brief Nr. 271; Durchschlag der Austrittserklärung von Fritz Rörig, 10.3.1952, ebenfalls in Nl. F. Hartung, K 87/4.

[2] Siehe oben, Brief Nr. 271. – In einem Schreiben an Hans Rothfels vom 10.3.1952 (Durchschlag in: Nl. F. Hartung, K 87/4) bemerkt Hartung: „Es ist nicht ganz ausgeschlossen, dass ich mich in einiger Zeit nach einem Rettungsanker umsehen muss. Die Dinge haben sich hier in den letzten 14 Tagen zugespitzt. Damit meine ich nicht den Riasvorstoss gegen mich vom vorigen Dienstag, den ich nicht selbst gehört habe, der aber nach den mir zugegangenen Berichten verhältnismässig anständig gegen mich gewesen ist. Vielmehr geht die Bewegung vom Meuselschen Museum aus".

[3] Gerhard Harig (1902–1966), Physiker und Politiker (KPD, SED), Professor mit vollem Lehrauftrag für Geschichte der Naturwissenschaften und Professor mit Lehrstuhl für Dialektischen und Historischen Materialismus an der Universität Leipzig (1947/48–1951), Staatssekretär für das Hochschulwesen (1951–1957), Professor mit Lehrstuhl für Geschichte der Naturwissenschaften an der Universität Leipzig (1957–1966). – Die Akademie unterstand nach sowjetischem Vorbild seit Juli 1951 direkt dem Ministerrat, vgl. Nötzoldt: Die Deutsche Akademie der Wissenschaften zu Berlin, S. 49 f.

[4] Siehe oben, Brief Nr. 257.

Unsere Berliner Politik lässt einen daran zweifeln, dass wir Deutschen jemals mit der Demokratie fertig werden. Der Streitpunkt, an dem die Koalition einstweilen auseinandergebrochen ist, ist die Besetzung des Schulratspostens, auf dem z. Zt. wie auf den meisten Berliner Posten ein Mann der SPD sitzt, den aber die FDP beansprucht, da der Volksbildungssenator der CDU angehört u. Senatsdirektor für Volksbildung einer von der SPD, der früher Senator war u. deshalb versorgt werden soll, werden möchte[1].

Neulich hatte ich ein längeres Gespräch mit einem Mann der KPD der Ostzone. Er behauptete, die SED meine es ehrlich mit der Forderung gesamtdeutscher Wahlen. Denn sie rechne zwar mit ihrer Niederlage in der Ostzone, aber ebenso mit einem grossen Sieg der SPD in ganz Deutschland, der ihr aber kaum die absolute Mehrheit verschaffen, sie vielmehr zur Zusammenarbeit mit der SED-KPD zwingen werde. Ich halte den Mann für sehr klug, weiss natürlich nicht, ob er mich nur einseifen wollte; immerhin könnte ich mir denken, dass die SED auf weite Sicht rechnet, die momentane Niederlage im Osten auf sich zu nehmen bereit ist und dafür die volle Bewegungsfreiheit im Westen eintauschen möchte.

Hoffentlich haben Sie den Winter, der hier allerdings jetzt erst richtig anfängt, gut überstanden. Ich wünsche Ihnen gute Ferien und grüsse Sie und Ihre Frau herzlich

Ihr
F. Hartung

Nr. 273
An Gerhard Ritter Berlin, 25. März 1952

BAK N 1166, Nr. 339. – Masch. Original.

Lieber Ritter!

Für Ihren freundschaftlichen Brief vom 13. danke ich Ihnen sehr herzlich[2]. Ihr Verständnis für meine Handlungsweise und Ihre Hilfsbereitschaft hat mir

---

[1] Im März 1952 kam es zu einer Regierungskrise im von Ernst Reuter geleiteten West-Berliner Senat, der aus Angehörigen der SPD, CDU und FDP bestand. Reuter konnte den heftigen Streit um die Verteilung der Senatsdirektorenposten zwar im April schlichten, er geriet hierdurch jedoch in eine schwere Auseinandersetzung mit der eigenen Partei, die erst Ende Mai beendet werden konnte; vgl. David E. Barclay: Schaut auf diese Stadt. Der unbekannte Ernst Reuter, Berlin 2000, S. 321 f.
[2] Gerhard Ritter an Fritz Hartung, 13.3.1952, in: Nl. F. Hartung, K 87/4: Ritter dankt dem „liebe[n] Freund Hartung" für dessen Briefe vom 28.2. und 9.3.1952: „Ich muß sagen, daß mich beide sehr bewegt haben, denn sie zeigen mir deutlich nicht nur Ihre schwierige Lage, sondern zugleich die unaufhaltsam sich zuspitzende Situation zwischen Ost und West. Ich sehe einerseits, daß Ihre Arbeit an der Berliner Akademie von unschätzbarem Wert für alle die ist, die an der Gemeinsamkeit deutscher Geschichtswissenschaft interessiert sind, gerade auch im sogen. Westen, und ich sehe in der polemischen Haltung der

Nr. 273. An Gerhard Ritter, 25. März 1952

sehr wohlgetan. Zunächst aber kann ich Sie etwas beruhigen. Die Museumssache scheint einen sehr seltsamen Weg einzuschlagen.

Unmittelbar nachdem ich am 10. den Brief an Meusel mit meiner Absage und die dazu gehörenden Briefe an den Akademiepräsidenten usw. unterschrieben hatte, suchte mich Korfes, der sich etwa 2 Tage vorher angemeldet hatte, auf u. sagte: es sei ein weitverbreiteter Eindruck, dass Meusel der Leitung des Museums nicht gewachsen sei u. er (Korfes) sei deshalb beauftragt (von wem sagte er nicht), mich zu fragen, ob ich nicht an diese Stelle treten wolle. Nach meinem Eindruck steckt Stern dahinter, der mit Korf. sehr gut u. mit Meusel sehr schlecht steht, ich habe aber gar nicht weiter nachgeforscht, sondern gleich abgelehnt mit Hinweis auf das eben abgegangene Schreiben mit meiner Austrittserklärung. Am Samstag (15.) sprach mich der Vizepräsident Ertel, mit dem ich sehr gut stehe, auf die Sache an u. ich setzte ihm kurz unsere Motive auseinander; in der Präsidiumssitzung, die sich anschloss, wurde die Angelegenheit nicht berührt. Hinterher hatte ich noch ein kurzes Gespräch mit Naas wegen etwaiger Witwenbezüge für Frau Brackmann[1], da schon bekannt war, dass Br. im Sterben lag[2]; seine Antwort war entgegenkommend, auf das Museum spielte er nicht an, obwohl er hinterher, wie ich später erfuhr, zu Unverzagt fuhr, um ihn zur Zurücknahme seines Briefes zu bewegen. Unverzagt verwies auf die Thesen, u. da Naas diese nicht kannte, blieb das Gespräch erfolglos. Am vorigen Donnerstag bat mich Naas nach der Gesamtsitzung der Ak. um eine Unterredung über das Museum, u. wir einigten uns auf den gestrigen Tag.

Bei dieser Unterredung überraschte mich Naas mit der Behauptung, es sei seiner Ansicht nach sehr gut, dass wir – wenn man auch über die Form verschiedener Ansicht sein könne – gegen die Thesen u. gegen die ganz falsche u. für die Verbindung der DDR mit dem Westen verhängnisvolle Richtung, die das Museum einzuschlagen im Begriff gewesen sei, aufgetreten seien. Anscheinend ist auch er bereit, Meusel fallen zu lassen; er will versuchen, zunächst einmal durch Gespräch in kleinem Kreise eine Basis für eine wirklich wissenschaftliche Ausrichtung des Museums zu finden. Es wird dabei sicher der Versuch gemacht werden, uns einzuseifen, aber unsere Position scheint mir durch unsere Austrittserklärung günstiger zu sein als wenn wir, wie z. B. Frings wünschte, uns von vornherein mit Verhandlungen begnügt hätten. Jedenfalls besteht keine Gefahr, dass die Regierung gegen uns vorgeht.

Freien Universität geradezu eine Gefahr. Auf der anderen Seite frage ich mich, ob nicht auf längere Sicht gesehen, doch mit ziemlicher Sicherheit erwartet werden muß, daß Ihre Stellung in Ost-Berlin unhaltbar wird und daß Sie dann in Not geraten. Wie kann man Ihnen bloß helfen? Was kann man bloß tun, um Ihre Zukunft zu sichern für den Fall eines Konflikts? Ich wollte jetzt, man hätte Sie statt des Herrn Mau, mit dem ich wenig zufrieden bin, an die Spitze des Münchner Instituts gestellt; aber das ist ja nun nicht mehr nachzuholen und hätte Sie vielleicht auch wenig befriedigt. Einstweilen kann ich nur den dringenden Wunsch haben, daß Ihnen die schwersten Entscheidungen erspart bleiben möchten".

[1] Irmgard Brackmann, geb. Jaehnigen.
[2] Albert Brackmann starb am 17.3.1952.

Die eigentliche Aufgabe des Museums soll sein, die deutsche Geschichte dem Volk plastisch darzustellen. Dass man dabei von der Propaganda sich freimachen kann, glaube ich nicht. Die grossen Quellenpublikationen soll dagegen die bei der Akademie etwa in Analogie zur Hist. Komm. in München zu gründende Sektion für deutsche Geschichte übernehmen, die bisher über eine vorbereitende Besprechung nicht hinausgekommen ist, weil es einfach an Arbeitskräften fehlt. Es will ja kein junger Mann in der DDR bleiben, so wenig Aussichten auch der Westen bieten kann. Aber je weniger wirkliche Arbeit geleistet werden kann, desto mehr wird „geplant", Museum, Sektion, Institute an den Universitäten.

An den Hallischen Historikertag glaube ich nicht mehr recht[1]. Ich warte in Ruhe ab, was aus all den Bemühungen um Organisation u. Planung herauskommen wird. Sorge macht mir allerdings die geistige Verödung, der die DDR allmählich anheimfallen muss.

Die Jahresberichte sind fertig gesetzt, aber es dauert alles furchtbar lange, „volkseigener Betrieb"!

Sie schneiden in Ihrem Brief auch die Frage eines Historikertages in Berlin an[2]. Eine gewisse Sicherheit sehe ich in der bewusst feindlichen Haltung der Freien Univ. gegen den Osten. Und ohne sie wird man die Organisationsfragen nicht bewältigen können. A. Herrmann[3], der Historiker der Technischen Universität, redet viel u. tut nichts, das Archiv in Dahlem hat keine Leute, noch weniger natürlich die Humboldtuniv. Aber mit Herzfeld könnte man mal das Ganze in Ruhe erwägen.

Mit nochmaligem Dank und herzlichen Grüssen
Ihr Hartung

Nr. 274
An Paul Menzer   Berlin, 4. April 1952

SBBPK, Nl. F. Hartung, K 37/7. – Masch. Durchschlag.

Lieber Menzer!

Es freut mich, dass der Druck Ihrer Abhandlung, wie mir Ihr freundlicher Brief vom 30. v.M. mitteilt[4], rüstig fortschreitet. Ich selbst habe noch nichts

---

[1] Siehe oben, Brief Nr. 264.
[2] Ritter bemerkt in seinem Brief an Hartung vom 13.3.1952 (Nl. F. Hartung, K 87/4), er sei bereit zu erwägen, „ob wir nicht den nächsten Historikertag in Berlin halten, d.h. in Ost- und West-Berlin zugleich. Dort könnten sich ja alle Osthistoriker einfinden. Die Leitung bliebe aber dann natürlich bei mir und nicht bei Herrn Stern. Was halten Sie davon?".
[3] Alfred Herrmann (1879–1960), Historiker, Politiker (DDP) und Publizist, Professor an der Akademie Posen (1913–1919), Honorarprofessor an der Universität Hamburg (1927–1933, 1947–1949), o. Professor an der Technischen Universität Berlin (1949–1954).
[4] Paul Menzer an Fritz Hartung, 30.3.1952, in: Nl. F. Hartung, K 37/3.

Nr. 274. An Paul Menzer, 4. April 1952

davon gesehen¹. Dass Sie es mir widmen wollen, ist sehr nett von Ihnen gedacht, ich möchte Sie aber bitten, es nicht zu tun. Erstens ist es nicht üblich, dass man bei den Abhandlungen der Akademie Widmungen hinzufügt, zweitens möchte ich vermeiden, dass durch die Widmung an mich der Eindruck erweckt wird, ich hätte die Schrift aus persönlicher Gefälligkeit der Akademie zur Annahme als Abhandlung empfohlen. Ich habe mich natürlich gefreut, dass ich Ihnen in dieser Sache behilflich sein konnte. Aber entscheidend für mich gegenüber der Akademie war, dass meiner Ueberzeugung nach die Akademie Ihnen für Ihre lange uneigennützige Mitarbeit an der Kantausgabe Dank schuldig war und ist u. dass sie, nachdem Ihre Wahl zum korr. Mitglied wegen Ihres Alters² nicht mehr sinnvoll erscheint, ihn nur in der Form zum Ausdruck bringen kann, dass sie Ihr aus dieser Arbeit für die Akademie herausgewachsenes Werk in ihren Schriften druckt. Aber da ich der Akademie gegenüber für Ihre Arbeit die Verantwortung habe³, möchte ich nicht, dass unser persönliches Verhältnis dabei so stark betont wird, wie es mit einer Widmung der Fall wäre.

Dagegen steht natürlich nichts im Wege, wenn Sie im Vorwort der Akademie für die Aufnahme in die Abhandlungen danken wollen.

[...]

Kaehlers Humboldtbuch⁴ habe ich mitentstehen sehen, als er in den Jahren 1919–21 sich in Halle auf die Habilitation vorbereitete. Ich finde seine kritische Einstellung zu Humboldts Persönlichkeit berechtigt; der erotische Einschlag ist wohl überbetont, aber die politische Impotenz, die Humboldt wohl 1814/5 wie 1819 bewiesen hat, wird bei Kaehler wirklich verständlich gemacht. Vielleicht schlägt das Pendel bei Kaehler nach der langen idealistischen Hochschätzung Humboldts nun nach der andern Seite zu stark aus. Meinecke sagte mir einmal, er habe nicht nur die Patina abgekratzt, sondern auch das Metall beschädigt⁵. Seltsam, dass Kaehler seither nichts Grösseres

---

¹ Paul Menzer: Kants Ästhetik in ihrer Entwicklung (Abhandlungen der Deutschen Akademie der Wissenschaften zu Berlin, Gesellschaftswissenschaftliche Klasse, Jg. 1950, Nr. 2), Berlin 1952.
² Paul Menzer war 79 Jahre alt.
³ Siehe oben, Brief Nr. 233.
⁴ Siegfried A. Kaehler: Wilhelm von Humboldt und der Staat. Ein Beitrag zur Geschichte deutscher Lebensgestaltung um 1800, München/Berlin 1927. – Menzer bemerkt in seinem Brief an Hartung vom 30.3.1952: „In den letzten Monaten habe ich mich mit Humboldts Ästhetik beschäftigt, da er ja zur klassischen Ästhetik gehört. Natürlich habe ich mich auch für ihn ausserdem interessiert. Wie ist Ihr Urteil über Kählers Buch? Ich hörte, dass Meinecke gesagt haben soll: ‚Sie haben uns ein Ideal zerstört'. H.s Ästhetik ist recht verworren und trotz aller Begriffsanalyse unbestimmt".
⁵ Vgl. Friedrich Meineckes Brief an Siegfried A. Kaehler vom 11.12.1927, in: Meinecke: Ausgewählter Briefwechsel, S. 338: „[...] das Humboldtbild, das Sie entwerfen, lehne ich ab. Natürlich haben Sie in der Aufweisung seiner Schwächen bei vielem Recht. Aber Sie handeln wie jemand, der unzufrieden mit dem magischen Oberlicht, das ihn bisher beleuchtete, die Lampe – nicht etwa auf den Tisch, wo man Ober- und Unterkörper gleichmäßig übersehen kann – sondern gleich auf den Fußboden setzt und von da aus denn auch die Unterhose Humboldts entdeckt. Oder ein anderes Bild. Die ätzende Säure Ihrer Kritik zerstört nicht nur die Kruste der Konvention, die auf H. lag, sondern auch lebendes Gewebe

mehr veröffentlicht hat, nur kleine Sachen, die alle sehr geistreich u. originell sind, aber eben doch am Rande der Wissenschaft bleiben. Allerdings hat er eine schlechte Gesundheit als Entschuldigung. Als ich im November beim Akademiejubiläum in Göttingen war[1], sagte er mir, er habe seine Zukunft bereits hinter sich.

Dass Sie noch so viel arbeiten, bewundere ich. Ich bin leider fast ganz an meinen alten Büchern hängen geblieben, deren Neubearbeitung wegen der gewaltigen politischen Umwälzungen bei jeder neuen Auflage viel Arbeit macht. Jetzt habe ich meine Deutsche Geschichte 1871–1919 neu durchgearbeitet, sie soll im Herbst erscheinen. Ob ich die schon in Halle geplante Allgemeine Verfassungsgeschichte der Neuzeit noch fertig bringe, ist mir zweifelhaft, obwohl sich meine Gesundheit, seitdem ich kein Kolleg mehr lese u. meine Stimme schone, sehr gebessert hat. Wie ich früher habe Bücher schreiben u. gleichzeitig Vorlesungen u. Seminar halten können, ist mir heute fast unbegreiflich, da ich ohne Vorlesungen u. Prüfungen eigentlich weniger freie Zeit habe als früher. Ich habe allerdings etwas den Eindruck, als ob sich die wissenschaftliche Arbeit mehr u. mehr in Sitzungen u. Tagungen auflöse.

Leider scheint aus der Historikertagung, die Stern für Halle geplant hat, nichts zu werden[2]. Wissenschaftlich habe ich mir zwar nie etwas davon versprochen, aber ich hätte die Gelegenheit gern benutzt, um einmal wieder nach Halle zu kommen u. Sie aufzusuchen. Ich gebe die Hoffnung aber noch nicht auf, dass wir uns doch einmal wiedersehen werden. Einstweilen danke ich Ihnen für Ihren freundschaftlichen Brief und die gute Gesinnung, die Sie mir auch nach aussen hin bekunden wollten, und grüsse Sie und die verehrte Gattin[3] sehr herzlich.

Nr. 275
An Gerhard Ritter Berlin, 16. April 1952

BAK, B 510 (Korrespondenzen des VHD). – Masch. Original.

Lieber Herr Ritter!

Zwar habe ich noch keine Gelegenheit gehabt, Griewank das für ihn bestimmte Exemplar Ihres Rundschreibens vom 1. zu geben, aber nachdem ich gestern mit Herzfeld kurz telefonisch gesprochen habe, möchte ich Ihnen meine Ansicht über den Plan, den nächsten Historikertag in Berlin abzuhalten,

---

des Menschen. Die großen positiven Werte, die H. im Laufe seines Lebens produziert hat, und die Bedeutung der Kämpfe um Preußens Schicksal 1815/19 füllen nicht, wie es sein sollte, das Zentrum des Bildes aus, sondern werden nur als sonderbar anmutende Umrahmung für das Bild eines Schwächlings benutzt. Mir ist es, als ob ein Götterbild ohne Not zerschlagen sei".

[1] Siehe oben, Brief Nr. 263.
[2] Siehe oben, Brief Nr. 264.
[3] Elisabeth Menzer (1887–1969), geb. Hallmann.

Nr. 275. An Gerhard Ritter, 16. April 1952

kurz mitteilen. Ich glaube, dass alle Berliner Historiker, sowohl die westlichen wie die östlichen, diesem Plane durchaus zustimmen können, es sei denn, dass die Kollegen in der Bundesrepublik Bedenken haben sollten, sich durch die Zonengrenze mit ihrer Passkontrolle zu bewegen. Dass wir vom Osten her Schwierigkeiten haben werden, glaube ich unter den obwaltenden Verhältnissen nicht, denn es ist immer noch laut betonte Neigung, die wissenschaftliche Zusammenarbeit mit dem Westen zu fördern. Dass sich das ganz plötzlich ändern kann, damit müssen wir natürlich rechnen, aber wenn wir die Vorbereitung für Marburg erst hätten anfangen wollen, nachdem alle politischen Dinge sich stabilisiert haben, wären wir nie in Marburg zusammen gekommen. Ich nehme an, dass Sie im Herbst die Sitzungen der Historischen Kommission u. der Monumenta in München zu einer gründlichen Ausschussbesprechung benutzen werden.

Ueber den Hallischen Historikertag habe ich gar nichts mehr gehört. Unser Vorgehen in Sachen des Museums für deutsche Geschichte hat anscheinend etwas zur Vorsicht gemahnt[1]. Meusel hat auf unsere Austrittserklärungen überhaupt noch nicht reagiert; die mir von Naas angekündigte Besprechung im kleinen Kreis mit Wandel hat auch noch nicht stattgefunden, ist auch noch nicht einmal vorbereitet. Es ist sicherlich richtig gewesen, dass wir den Austritt erklärt haben; mit Verhandlungen würde man uns hingehalten haben, u. in 14 Tagen ist der 1. Mai, an dem das Museum seine Ausstellung angeblich eröffnen wird.

Stern scheint nach Mitteilungen von Hinrichs in der Tat der [sic] NKWD[2] sehr nahe zu stehen[3]. Ich halte ihn für wesentlich gefährlicher als Markov, schon dadurch dass er geistig sehr viel beweglicher ist u. es sehr gut versteht, Einwände zunächst ernst zu nehmen, scheinbar ihnen Rechnung zu tragen u. sie dann mit vielen Worten allmählich in nichts aufzulösen. Bei Markov hatte ich immer den Eindruck, dass er im wesentlichen sein Sprüchlein aufsage.

Ich glaube auch, dass nicht nur Sie, sondern auch wir hier in Berlin die Vorlegung eines Programms zur Voraussetzung einer Teilnahme oder auch nur einer Ueberlegung, ob man teilnehmen soll, machen müssen. Der Gefahr, dass man uns nur kommunistische Propagandareden vorsetzt, dürfen wir uns nicht aussetzen. Ich halte es aber auch für richtig, dass Sie auch bei einem unverfänglichen Programm fernbleiben; denn es lässt sich gar nicht vermeiden, dass Sie als Vorsitzender des Verbandes in den Pressberichten genannt werden. Ich kann Ihren Vorschlägen deshalb vollkommen zustimmen.

[...]

[1] Siehe oben, Brief Nr. 271.
[2] Abkürzung für (russ.): „Narodnyj Kommissariat Wnutrennich Del", d. h. Volkskommissariat für innere Angelegenheiten), 1934–1946, danach: MWD (Ministerstwo Wnutrennich Del = Ministerium für innere Angelegenheiten) der UdSSR. In Deutschland – also auch hier von Hartung – verwendet als Bezeichnung der sowjetischen Geheimpolizei.
[3] Dieser Satz bezieht sich auf eine Bemerkung Gerhard Ritters in seinem Brief an Fritz Hartung, 13.3.1952, in: Nl. F. Hartung, K 87/4: „Ich erfahre, daß Herr Stern ganz enge Beziehungen zur [sic] NKWD haben soll und eine Art Tarnungsfigur darstellt, bestimmt, den westdeutschen Historikern Sand in die Augen zu streuen".

In München werden wir Sie wohl am 17. Mai entbehren müssen[1]. Ich werde voraussichtlich hinfahren, obwohl die Verbindung Berlin-München u. zurück sehr unbequem ist, mit der Bahn muss man die Nacht durchfahren ohne Schlafwagen, ein passender Autobus fährt auch nicht.

Mit den besten Grüssen, auch an die verehrte Gattin

Ihr Hartung

Nr. 276
An Gerhard Ritter   **Berlin, 31. Mai 1952**

BAK N 1166, Nr. 339. – Masch. Original.

Lieber Herr Ritter!

[...]

Heute vor 14 Tagen tagte ich in München[2]. Die Sitzung war mässig besucht, es fehlte sogar Bergsträsser, ausserdem auch Litt, während Kaufmann dabei war. Ihre Abwesenheit wurde ohne Kommentar zur Kenntnis genommen, von den bayrischen Plänen, die den Verlauf der Novembersitzung überschattet hatten, war nicht mehr die Rede[3]. Ueberhaupt war die Sitzung sehr friedlich, fast langweilig. Nur ein Vorstoss von Staatssekr. Strauss schien eine Zeit lang zu Schwierigkeiten zu führen. Nachdem Rothfels einige Namen, darunter auch zwei aus der jüngeren Generation (Erdmann[4] u. Conze[5]) genannt hatte, die er als eine Art Beirat für die geplante Zeitschrift in Aussicht genommen hat, verlangte Strauss, dass auch Brill, der nicht anwesend war, aufgenommen werde. Da Rothfels zunächst die Ansichten der anderen Herren hören wollte, von diesen aber keiner den Mund auftat, musste ich wieder einmal Opposition machen. Ich sagte höflich aber deutlich, dass Brill nur als Politiker, nicht aber als Gelehrter in der Welt bekannt sei, u. dass deshalb seine Nennung auf dem Titelblatt der Zeitschrift[6] ein falsches Licht auf die Zeitschrift werfen würde. Strauss widersprach, Brill sei Gelehrter, konnte aber die wiederholte Frage von Schnabel, auf welche Arbeiten sich dieses Urteil gründe, nicht beantworten. Rothfels erklärte ruhig aber deutlich, dass er eher die Redaktion niederlegen als Brill akzeptieren werde. Die Mittagspause sollte zu vertraulichem Gespräch darüber benutzt werden, aber erst ganz am Ende der Sitzung kam Strauss auf die Angelegenheit zurück, versicherte, dass er nur eine Anre-

---

[1] Siehe den folgenden Brief Nr. 276.
[2] Sitzung des Wissenschaftlichen Beirats des Instituts für die Erforschung der nationalsozialistischen Zeit am 17.5.1952.
[3] Siehe oben, Briefe Nr. 263, 264.
[4] Karl Dietrich Erdmann (1910–1990), Historiker, o. Professor an der Universität Kiel (1953–1978).
[5] Werner Conze (1910–1986), Historiker, a. o. Professor an der Universität Münster (1955–1957), o. Professor an der Universität Heidelberg (1957–1979).
[6] Vierteljahrshefte für Zeitgeschichte.

gung den beiden Herausgebern habe geben wollen, aber weit entfernt sei, deren freie Entscheidung anzutasten. Er bat dann, die ganze Angelegenheit streng vertraulich zu behandeln, sie wird wohl gar nicht ins Protokoll kommen, der hessische Vertreter wurde besonders gebeten, darüber nichts zu berichten[1].

Bei der Besprechung der Arbeitspläne kam wenig Positives heraus. Die Erbschaft Kroll erweist sich immer mehr als wertlos, sowohl die von Ihnen mitbegutachtete Arbeit v. Schramm[2] wie die von Ferber[3] wurden abgelehnt, bei dieser war auch Winkler[4] unabhängig von meinem Gutachten zur Ablehnung gekommen; die Arbeit Dehlinger über die Parteibauten[5] soll noch einmal umgearbeitet werden. Mit der Erschliessung des Quellenmaterials ist das Institut nicht weiter gekommen. Es hat jetzt eine Befragungsaktion eingeleitet, aber ich glaube nicht, dass man auf diese Weise viel Gescheites herausbekommen wird. Zu den befragten „Quellen" gehört auch eine Haushälterin von Hitler aus den 20er Jahren. Ich bezweifle, dass Bund u. Länder noch lange die Mittel bewilligen werden, wenn nicht bald ein wirklicher Arbeitsplan vom Institut vorgelegt wird. Im Generalvertrag[6] ist nach Auskunft von Kaufmann über die Rückgabe der Archivalien nichts gesagt.

Den Arbeitsbericht der NDB werden Sie auch mit Erstaunen gelesen haben. Ich habe jedenfalls daraus den Eindruck gewonnen, dass die Redaktion auf der Stelle tritt; das wäre unbedenklich, wenn nicht die 36 000 DM vom Bund ausdrücklich für den 1. Band bestimmt wären. Woher sollen bei diesem Arbeitstempo die Mittel für das nächste Jahr genommen werden? Das kann in München im September zu unangenehmen Debatten führen. Hoffentlich besteht dann noch die Möglichkeit zu reisen für uns Westberliner.

Einstweilen ist es hier noch ganz ruhig. Wir haben Besuch von unserem 8jährigen Enkel aus Braunschweig, der vorgestern ganz unbehelligt und sogar pünktlich angekommen ist. Störend ist, aber für beide Teile, die Abschaltung des Telefons. Die Westberliner glauben nicht recht daran, dass eine völlige

---

[1] Hermann Brill, bis 1949 Leiter der hessischen Staatskanzlei, saß zu dieser Zeit als einflussreicher Abgeordneter des Wahlkreises Frankfurt I im Deutschen Bundestag.
[2] Die Arbeit erschien später als: Wilhelm von Schramm: Der 20. Juli in Paris, Bad Wörishofen 1953; neu bearb. u. erg. Ausgabe: Aufstand der Generale. Der 20. Juli in Paris, München 1964. – Wilhelm Ritter von Schramm (1898–1983), Offizier und Militärschriftsteller.
[3] Später als knappe Skizze publiziert: Walter Ferber: Die Vorgeschichte der N.S.D.A.P. in Österreich. Ein Beitrag zur Geschichtsrevision, Konstanz 1954. – Walter Ferber (1907–1996), Journalist, im Widerstand gegen den Nationalsozialismus, seit 1942 im Schweizer Exil, engagierte sich nach 1945 für den Föderalismus und die Wiederentstehung der Zentrumspartei.
[4] Wilhelm Winkler (1893–1958), Generaldirektor der staatlichen Archive Bayerns (1947–1958).
[5] Armand Dehlinger (1907–1980), Kunsthistoriker, Mitarbeiter des Instituts für die Erforschung der nationalsozialistischen Zeit (1950–1951); er arbeitete über die nationalsozialistischen Parteibauten. Seine im Manuskript erhaltene zweibändige Studie („Architektur der Superlative. Eine kritische Betrachtung der NS Bauprogramme von München und Nürnberg") blieb ungedruckt; Archiv des Instituts für Zeitgeschichte München-Berlin, MS 8.
[6] Das als „Generalvertrag" bezeichnete Abkommen zwischen Westdeutschland und den drei westlichen Besatzungsmächten (Mai 1952) wurde von Frankreich nicht ratifiziert und trat erst in veränderter Form 1955 als „Deutschlandvertrag" in Kraft.

Sperrung des Verkehrs an den Sektorengrenzen eintreten wird, sie rechnen damit, dass der Osten die Westberliner als Käufer in den HO-Läden[1] nicht entbehren möchte.

Aus dem von Stern so oft angekündigten Historikertag ist eine von Meusel geleitete Tagung in Berlin in Verbindung mit der Eröffnung des Museums der deutschen Geschichte geworden, vielmehr soll werden [sic], die Tagung soll am 7. und 8. Juni sein[2]. An jedem Tag ist nur ein Vortrag vorgesehen, jeweils um 10 Uhr, am 1. Tag Meusel, die wissenschaftliche Behandlung der deutschen Geschichte[3], am 2. Tag Griewank über den Begriff der Revolution u. seine Wandlungen vom 16. bis 19. Jahrhundert[4]. Die Nachmittage sind für „freie Aussprache" bestimmt. Ich werde nicht hingehen wegen der Verkoppelung mit dem unmöglichen Museum. Haben Sie eine Einladung bekommen?

Am 12. Juni spreche ich in der Akademie über „das persönliche Regiment Wilhelms II."; ich werde anknüpfend an Eyck[5] oder genauer gegen ihn die Schwäche der Bismarckschen Reichsverfassung, die Uebertreibung des persönlichen Moments, auf Kosten des Institutionellen, hervorheben u. in allgemeinere Zusammenhänge stellen. Ich werde versuchen, den Vortrag in den

---

[1] „HO" war das Kürzel für die 1948 begründete staatliche „Handelsorganisation" der SBZ/DDR, der dort zwangsweise fast alle Läden, Kaufhäuser, Gaststätten und Hotels angehörten.

[2] Die Tagung, an der etwa zweihundert Personen teilnahmen, fand im Rahmen der geplanten, dann jedoch aus politischen Gründen verschobenen Eröffnung des Museums für Deutsche Geschichte im ehemaligen Berliner Zeughaus am 7. und 8.6.1952 statt und gehört in den Kontext der Bemühungen des SED-Regimes um die Etablierung eines neuen, politisch-propagandistisch instrumentalisierbaren marxistischen Geschichtsbildes in der DDR; vgl. Helmut Heinz: Die erste zentrale Tagung der Historiker der DDR 1952, in: Zeitschrift für Geschichtswissenschaft 26 (1978), S. 387–399 (hier auch S. 389f. eine Liste der Teilnehmer), sowie Ebenfeld: Geschichte nach Plan?, S. 46 mit Anm. 113.

[3] Meusels Eröffnungsvortrag wurde auszugsweise gedruckt: Alfred Meusel: Die wissenschaftliche Auffassung der deutschen Geschichte, in: Wissenschaftliche Annalen zur Verbreitung neuer Forschungsergebnisse, hrsg. v. d. Deutschen Akademie der Wissenschaften zu Berlin, Bd. 1, Berlin[-Ost] 1952, S. 397–407. In seinem explizit politisch-propagandistisch ausgerichteten Vortrag, in dem Meusel lediglich Stalin, Lenin, Engels und Marx (in dieser Reihenfolge) zitiert, fordert er den entschlossenen Kampf einer neuen sozialistischen Geschichtswissenschaft „gegen solche unwissenschaftlichen Auffassungen wie den Objektivismus und den Kosmopolitismus, die darauf hinauslaufen, die staatliche Zersplitterung Deutschlands zu verewigen und den Untergang der deutschen Nation als unvermeidlich, ja als wünschenswert hinzustellen, um den Widerstand des deutschen Volkes gegen die Weltherrschaftspläne des amerikanischen Imperialismus zu brechen" (ebenda, S. 406); zudem erfordere „die Entstehung einer fortschrittlichen deutschen Historiographie", dass alle „imperialistischen, chauvinistischen und rassischen Vorurteile [...] aus unserem Geschichtsbild verbannt werden, daß unsere Historiker den demokratischen Grundsatz des Selbstbestimmungsrechts anerkennen und ihn zur Richtlinie ihrer Untersuchungen machen" (ebenda, S. 407).

[4] Karl Griewanks (ungedruckt gebliebener) Vortrag dürfte eine Vorstudie seines Buchs über das neuzeitliche Revolutionsverständnis gewesen sein: Karl Griewank: Der neuzeitliche Revolutionsbegriff. Entstehung und Entwicklung. Aus dem Nachlaß hrsg. v. Ingeborg Horn, Weimar 1955; vgl. auch Tobias Kaiser: Karl Griewank (1900–1953) – ein deutscher Historiker im „Zeitalter der Extreme", Stuttgart 2007, S. 364ff.

[5] Erich Eyck: Das persönliche Regiment Wilhelms II. – Politische Geschichte des Deutschen Kaiserreichs von 1890 bis 1914, Erlenbach/Zürich 1948.

Sitzungsberichten abzudrucken u. bin gespannt, ob die zensurfreie Akademie das machen wird[1].

Leider kommen meine Pfingstgrüsse an Sie und Ihre Gattin etwas verspätet, aber sie sind aufrichtig gemeint.

Stets Ihr
Hartung

Nr. 277

An Eduard Spranger   **Berlin, 24. Juni 1952**

BAK N 1182, Nr. 378. – Hs. Original.

Verehrter und lieber Herr Spranger!

Es ist selbstverständlich, daß der Kollektivglückwunsch, den Ihnen die Akademie schicken wird[2], mir nicht genügt, um meine Wünsche für Sie auszusprechen. Gehen wir doch nun schon bald 50 Jahre neben einander her. In Hintzes Seminar haben wir uns kennen gelernt. Schon damals sind Sie mir bei aller Schlichtheit und Bescheidenheit Ihres äußeren Auftretens als etwas Besonderes aufgefallen; und daß dieses Urteil auch von Hintze geteilt wurde, bewies sehr bald Ihr noch vor der Promotion von ihm in die Forschungen aufgenommener Aufsatz über Altensteins Denkschrift von 1807[3], der mich bei meinen damaligen Hardenbergstudien[4] besonders interessiert hat. So wie damals ist mein Verhältnis zu Ihnen über allen Wandel der Zeit im Grunde immer geblieben. Ich habe immer mit Respekt zu Ihnen und Ihrer reichen Produktion aufgeblickt; die strenge Zucht, die verhaltene innere Leidenschaft, kurz das wissenschaftliche Ethos, das ich auch in Hintze ausgeprägt gefunden habe und das vielleicht ein ins Wissenschaftliche übersetztes Preußentum ist, hat mir immer an Ihnen imponiert. Und in den Jahren, in denen wir hier in der Fakultät und zuletzt auch in der Akademie als Kollegen gemeinsam zu wirken hatten, war es mir stets eine Beruhigung, wenn ich mit Ihnen der gleichen Meinung war, vor allem in schwierigen Fragen, wie sie mir vornehmlich in meinen Dekanaten begegnet sind.

Deshalb habe ich Ihren Weggang von Berlin auch als persönlichen Verlust empfunden. Daß Sie damit das Richtige getan haben, daran ist für mich kein Zweifel. Denn wer hier geblieben ist, kann kaum noch mehr tun, als seine

---

[1] Fritz Hartung: Das persönliche Regiment Kaiser Wilhelms II. (Sitzungsberichte der Deutschen Akademie der Wissenschaften zu Berlin, Klasse für Gesellschaftswissenschaften, Jg. 1952, Nr. 3), Berlin 1952; überarbeitete Fassung in: Hartung: Staatsbildende Kräfte der Neuzeit, S. 393–413.

[2] Eduard Spranger vollendete am 27.6.1952 sein 70. Lebensjahr.

[3] Eduard Spranger: Altensteins Denkschrift von 1807 und ihre Beziehungen zur Philosophie, in: Forschungen zur brandenburgischen und preußischen Geschichte 18 (1905), S. 107–152.

[4] Siehe oben, Brief Nr. 1.

Position verteidigen in der Hoffnung, daß der Entsatz kommt, bevor sie überrannt wird. Sie aber stehen noch mitten in fruchtbarer Arbeit. Und so darf ich meine Wünsche für Sie dahin zusammenfassen, daß es Ihnen noch lange vergönnt sein möge, als führender Mann Ihrer Wissenschaft in Freiheit zum Segen des deutschen Volkes und vor allem seiner Jugend zu wirken.

Diesen Wünschen schließt sich meine Frau an. Wir beide grüßen Sie und Ihre verehrte Gattin herzlich.

> In alter Verbundenheit
> Ihr Fritz Hartung

Nr. 278
An Gerhard Ritter　　　　　　　　　　　　　　**Berlin, 19. Juli 1952**

BAK, B 510 (Korrespondenzen des VHD). – Masch. Original.

Lieber Herr Ritter!

Dieser Tage habe ich die gewünschte Unterredung mit Korfes gehabt[1]. Irgend ein positives Ergebnis habe ich aber nicht erreicht. Das liegt zum Teil an Korfes, der immer sehr liebenswürdig und wohl auch besten Willens ist, aber nicht gern sich festlegt, sich wohl auch bewusst ist, dass er nicht viel zu sagen hat. In der Hauptsache aber liegt es an der sehr undurchsichtigen Situation Berlins. Es gehen wilde Gerüchte über eine verschärfte Absperrung zwischen Ost- u. Westberlin, die am 1.8. in Kraft treten soll, Unterbrechung der S-Bahn und dergl. Aber es handelt sich dabei wohl nicht nur um Berlin, sondern zugleich um eine verschärfte Absperrung der DDR gegen die Bundesrepublik. Korfes sagte mir, dass wahrscheinlich für den Nürnberger Archivtag[2] keine Interzonenpässe ausgegeben werden, obwohl z.B. Kretzschmar-Dresden dort reden soll. Und heute früh meldet die Zeitung, dass auch der Besuch des Kirchentags in Stuttgart[3] für die Ostzone nicht erlaubt werden soll.

Unter diesen Umständen möchte ich zunächst einmal den 1. August mit seinen vielleicht eintretenden neuen Massnahmen abwarten und mich je nach der Lage einmal mit dem Staatssekretär für das Hochschulwesen[4] über die Möglichkeit eines Historikertags in Berlin unterhalten[5]. Ich fürchte freilich, dass ich mit ihm zu keinem Ergebnis komme, er ist Sachse, höflich in der Form, verspricht alles, aber in so verschwommenen Redensarten, dass es ihm leicht wird, nichts zu halten. Dass sich die Lage bis zur Ausschusstagung im September wesentlich geklärt haben wird, glaube ich allerdings auch nicht. Es wird alles von der grossen Politik abhängen. Augenblicklich ist der Kurs der

---

[1] Siehe oben, Brief Nr. 273.
[2] 31. Deutscher Archivtag, 6. bis 7.8.1952 in Nürnberg.
[3] 4. Deutscher Evangelischer Kirchentag, 27. bis 31.8.1952 in Stuttgart.
[4] Gerhard Harig.
[5] Siehe Briefe Nr. 273, 280.

Ostregierung scharf links, auf dem SED-Parteitag hat der stellv. Ministerpräsident Ulbricht angekündigt, dass nunmehr, d. h. nach dem Generalvertrag, die DDR eine streng sozialistische Richtung einhalten werde[1].

Persönlich geht es uns ganz gut. Die Hitze hat hier nicht so lange angehalten wie bei Ihnen; dass der Leibniztag der Akademie, der dieses Mal in etwas kleinerem Rahmen als im Vorjahr begangen wurde, ausgerechnet auf den heissesten Tag fiel, war allerdings Pech. An die fehlende Telefonverbindung mit dem Osten habe ich mich rasch gewöhnt, sonst sind noch keine Sperren zwischen den Sektoren neu geschaffen worden, ich werde auch nach wie vor durch ein Akademieauto abgeholt und nach Hause gebracht. Mehreren in Westberlin wohnenden Mitgliedern u. Angestellten ist nahegelegt worden, in den Osten zu ziehen, da man nicht wissen könne, was sich noch ereignen wird. So weit ich weiss, hat sich keiner bereit erklärt. An mich, aber auch an meinen Assistenten[2], der ebenfalls im Westen wohnt, ist man noch nicht herangetreten. Bis zum 1. August könnte aber die grosse Umzugsaktion nicht durchgeführt werden. Ich warte deshalb ab, was kommt.

Bevor ich zu dem Staatssekretär Harig[3] gehe, werde ich die Möglichkeit des Historikertags noch einmal mit Herzfeld besprechen. Die mehr technischen Fragen des Autobusses u. dergl. können wohl noch etwas ruhen.

Einstweilen wünsche ich Ihnen gute Ferien, ich werde vor dem September sicher noch einmal von mir hören lassen.

Mit herzlichen Grüssen von Haus zu Haus
Ihr
Hartung

Nr. 279

An Walter Goetz   Berlin, 11. August 1952

SBBPK, Nl. F. Hartung, K 44/3. – Masch. Durchschlag.

Sehr verehrter Herr Geheimrat!

Besten Dank für Ihren freundlichen Brief vom Juli[4]. Ich bin beruhigt, dass kein Brief von Ihnen an mich verloren gegangen ist. Ihre Anfrage nach dem

---

[1] Während der 2. Parteikonferenz der SED (9. bis 12.6.1952) verkündete Walter Ulbricht im Rahmen einer ausführlichen Rede den „planmäßigen" Aufbau des Sozialismus in der DDR, wozu eine „Verschärfung des Klassenkampfes" unerlässlich und als Fernziel ein „Sturz der Bonner Regierung" anzusehen seien; vgl. Hermann Weber: Geschichte der DDR, 2. Aufl. München 2000, S. 150 f.

[2] Werner Schochow (geb. 1925), Historiker und Bibliothekar, bis 1958 Assistent Hartungs in der Redaktion der Jahresberichte für deutsche Geschichte, nach der Promotion (FU Berlin 1961) Bibliotheksreferendar (1962) sowie Bibliothekar an der Staatsbibliothek Preußischer Kulturbesitz in West-Berlin (1964–1989).

[3] Hartung schreibt „Harich".

[4] Nicht überliefert.

Schicksal der Akten der ehemaligen Historischen Reichskommission kann ich nur sehr zum Teil beantworten.

1) Kron- und Staatsministerialprotokolle Preussens bis 1871: Der Bearbeiter Prof. Frauendienst ist 1945 in Halle von den Russen verhaftet und zuletzt zu 25 Jahren Zuchthaus verurteilt worden, die er in Waldheim bei Bautzen absitzt[1]. Seine Frau[2] kann mit ihm korrespondieren, aber Genaueres ist auf diesem kontrollierten Wege nicht[3] zu erfahren.

2) Sozialpolitik Bismarcks: ich werde Rothfels bei unserm nächsten Zusammensein fragen, ob er sein Material gerettet hat[4].

3) Sozialistengesetz: Gustav Mayer ist etwa 1950 gestorben. Ueber den Nachlass ist mir nichts bekannt.

4) Auswanderungsakten: Ich habe noch eine Korrespondenz mit Müsebeck[5] aus dem Jahre 1930, bin aber nicht unterrichtet, was aus dem Plan geworden ist.

5) Am günstigsten steht es mit der Auswärtigen Politik Preussens, allerdings auch nur dadurch, dass das Franksche Reichsinstitut diese Arbeiten weitergeführt hat. Es fehlen nur noch Band 7, April bis Juli 1866, Bearbeiter Dr. Ibbeken, und Band 11 und 12, März 1869 bis 1871, Bearbeiter Dr. Michaelis. Beide Bearbeiter leben, haben aber ihr Material verloren. Dass ein Manuskript von Michaelis im Reichsarchiv gefunden sein soll, war mir unbekannt. Ich habe deshalb an ihn geschrieben, aber er selbst weiss auch nichts davon. Ich habe nunmehr bei der Archivverwaltung in Potsdam im Namen der hiesigen Akademie angefragt, ob an dem Gerücht etwas sei.

Da hier der Wunsch besteht, Publikationen über die deutsche Geschichte seit 1871 herauszubringen, habe ich mich in der letzten Zeit um den Bestand der Akten des ehemaligen Reichsarchivs gekümmert[6]. Er ist leider sehr lückenhaft, und zwar ist deutlich zu sehen, dass Akten systematisch entfernt worden sind. So fehlen z.B. die gesamten Akten über das Sozialistengesetz und über die Bekämpfung des Umsturzes, ebenso fast alles über die Parteien, die gesamten Akten der Reichskanzlei über den Ersten Weltkrieg und über die Arbeiter- und Soldatenräte 1918/19. Nach Merseburg, wo die preussischen Akten liegen, bin ich nicht mehr gekommen, da seit dem 1. Juni Westberliner nicht mehr ohne besonderen Passierschein in die Zone reisen können. Dort scheinen die Bestände besser zu sein, wenigstens lässt der kommunistische Historiker Leo Stern dort über die Geschichte der Arbeiterbewegung Arbeiten veranstalten.

---

[1] Siehe unten, Brief Nr. 282.
[2] Elli Frauendienst, geb. Möwes.
[3] Hartung schreibt versehentlich: „nichts".
[4] Hans Rothfels arbeitete seit 1926 an einer (niemals erschienenen) Aktenedition zur Geschichte der Bismarckschen Sozialpolitik; vgl. Lothar Machtan: Hans Rothfels und die sozialpolitische Geschichtsschreibung in der Weimarer Republik, in: derselbe (Hrsg.): Bismarcks Sozialstaat. Beiträge zur Geschichte der Sozialpolitik und zur sozialpolitischen Geschichtsschreibung, Frankfurt a.M./New York 1994, S. 310–384.
[5] Ernst Müsebeck (1870–1939), Archivar am Geheimen Staatsarchiv in Berlin (1908–1919), Direktor am Reichsarchiv Potsdam (1919–1935).
[6] Hartung schreibt versehentlich: „bekümmert".

Eben bekomme ich noch von Grandinger, dem jetzt beim Archiv in Dahlem beschäftigten Archivar des Frankschen Instituts die Mitteilung, dass dieses Institut seinerzeit die Akten der Historischen Reichskommission übernommen hat, dass aber alles am 3. Februar 45 verbrannt ist. Wenn ich noch weitere Auskünfte erhalte, werde ich sie Ihnen im September persönlich bringen können. Ich hoffe Sie in alter Frische wieder zu sehen.

Einstweilen verbleibe ich mit den besten Grüssen und der Bitte, mich Ihrer Frau Gemahlin[1] zu empfehlen

Nr. 280
An Gerhard Ritter   Berlin, 31. August 1952

BAK, B 510 (Korrespondenzen des VHD). – Masch. Original.

Lieber Herr Ritter!

Da der Staatssekretär für das Hochschulwesen Dr. Harig bis vor wenigen Tagen in Urlaub war, konnte ich mich erst am Freitag mit ihm über den geplanten Historikertag in Berlin unterhalten[2]. Mein Eindruck ist wenig günstig. Zwar war Harig zunächst Feuer und Flamme für die Sache, allmählich aber kam mehr und mehr heraus, dass er die ganze Tagung in den Ostsektor verlegen möchte. Räume in der Humboldtuniversität oder der Akademie würden selbstverständlich zur Verfügung gestellt werden, aber wenn wir auch im Westsektor Sitzungen abhalten wollten, bekämen wir Schwierigkeiten mit dem Westmagistrat. Ich sagte, wir würden die Freie Universität vermeiden und uns an die Technische Universität wenden. Aber er meinte, nicht mit Unrecht, dass der Rektor der TU[3] sich wegen der Erlaubnis beim Westmagistrat erkundigen werde. Also sei es das Einfachste, wenn wir auf Sitzungen im Westsektor ganz verzichten würden. Ich habe deutlich erklärt, dass der Verband sich darauf nicht einlassen wird. Auch das Tagungsbüro möchte er ganz östlich zusammensetzen, die Neutralität wäre genügend betont, wenn es in die Akademie, nicht in die Humboldtuniv. gelegt würde.

Ich glaube demnach nicht, dass wir den Plan Berlin ernsthaft weiter verfolgen können. Richten wir uns nach den „Ansichten" von Harig[4] – er hob

---

[1] Hedwig Goetz, geb. Pfister (1885–1968).
[2] Siehe oben, Briefe Nr. 273, 278.
[3] Iwan Nikolow Stranski (1897–1979), bulgarisch-deutscher Chemiker, a.o. Professor für physikalische Chemie an der Universität Sofia (1929–1935), Forschungsaufenthalt in Swerdlowsk/Sowjetunion (1935–1936), o. Professor für physikalische Chemie an den Universitäten Sofia (1937–1941) und Breslau (1941–1944), Abteilungsleiter am Kaiser-Wilhelm-Institut für Physikalische Chemie (seit 1953: Fritz-Haber-Institut der Max-Planck-Gesellschaft) in Berlin-Dahlem (1944–1967), o. Prof. an der Technischen Universität Berlin (1945–1963), seit 1949 zugleich Honorarprofessor an der Freien Universität Berlin, Rektor der Technischen Universität Berlin (1951–1953).
[4] Hartung schreibt „Harich".

hervor, dass er natürlich nur unverbindlich seine Ansicht äussern, aber keine Zusage machen könne und erst recht keine Weisungen geben wolle –, dann bekommen wir eine rein östliche Tagung, auf der dann vielleicht Stern wie in Weimar 4 Stunden Marxismus vorträgt; richten wir uns nicht danach, so bekommen wir spätestens unmittelbar vor der Tagung Verbote für die ostzonalen Historiker mit dem Ergebnis, dass sie aus dem Verband ausscheiden müssen.

Harig[1] ist übrigens echter Sachse (meissnischer[2], nicht niedersächsischer Prägung); darüber mündlich.

Ich fahre in den nächsten Tagen mit meiner Frau nach Bad Harzburg und von dort in etwa drei Wochen nach München. Da die Hist. Kommission am 25. beginnt, nehme ich an, dass unser Ausschuss am Abend des 23. zusammentreten wird. Ich freue mich auf das Zusammensein mit Ihnen und den westdeutschen Kollegen; es wird mir hoffentlich gut tun angesichts der zu erwartenden Kämpfe an der Akademie (Neuwahlen! Da ich der einzige Vertreter für Mittelalter und Neuzeit bin, ist es natürlich, dass man für dieses Gebiet Zuwahlen erwartet. Aber ausser Lintzel-Halle weiss ich niemand; Meusel u. Stern sind für mich unmöglich, aber Kuczynski, der mir eben seine neueste Arbeit „Die Bedeutung von Stalins Werk: Über den Marxismus in der Sprachwissenschaft für die Frage der Periodisierung der Geschichte, insbesondere für die Frage der Periodisierung der deutschen Geschichte" zugeschickt hat, erst recht)[3].

Herzliche Grüsse von Haus zu Haus!
Ihr
Hartung

Nr. 281

An Friedrich Baethgen   Berlin, 14. Oktober 1952

MGH, München – Archiv, Nr. A 246. – Masch. Original.

Lieber Herr Baethgen!

Nachdem ich mich von dem Schreck über die vielen zur Begutachtung während meiner Reise auf meinem Schreibtisch eingegangenen Manuskripte einigermassen erholt habe, möchte ich Ihnen zunächst sagen, dass mich Ihre

---

[1] Hartung schreibt „Harich".
[2] Hartung schreibt „meissnischen".
[3] Jürgen Kuczynski: Die Bedeutung von Stalins Werk „Über den Marxismus in der Sprachwissenschaft" für die Frage der Periodisierung der Geschichte, insbesondere für die Frage der Periodisierung der deutschen Geschichte, Berlin[-Ost] o. J [1952]. Diese sehr knappe, im Umdruckverfahren vervielfältigte Schrift umfasst nur 20 maschinenschriftliche Seiten; Kuczynski vertritt dort die Auffassung, es sei derzeit „unerhört schwer [...], die richtige Periodisierung der Geschichte zu finden", jedoch gebe das 1951 erschienene „neue grosse Werk von Stalin, seine Arbeiten über den Marxismus und die Fragen der Sprachwissenschaft, [...] uns auch in der Frage der Periodisierung ganz enorm wichtige Hinweise [...], die die Frage der Periodisierung endgültig lösen" (ebenda, S. 9).

Nr. 281. An Friedrich Baethgen, 14. Oktober 1952

Leitung der Zentraldirektionssitzung zumal im Gegensatz zu den beiden unmittelbar vorhergegangenen Sitzungen des Verbandsausschusses und der Historischen Kommission sehr wohltuend berührt hat; sie verband sichere Führung mit verbindlicher Form in sehr geschickter Weise, darüber waren sich die Kollegen, mit denen ich noch zum Mittagessen zusammen war, mit mir völlig einig.

Ich bin dann, wie geplant, zum Rechtshistorikertag nach Würzburg[1] gefahren und bin recht befriedigt von dieser Unternehmung. Er war nicht überlastet mit Vorträgen, wenigstens für mich nicht, da ich die lediglich römischrechtlichen Vorträge schwänzte. Immerhin sind die Juristen auch nicht besser als wir Historiker, denn sie hielten sich auch nicht an die vorgeschriebenen Zeiten, und bei den Diskussionen gerieten sie noch mehr in die Breite. Den stärksten Eindruck hat auf mich der Vortrag von Liermann-Erlangen[2] gemacht, der in knappem Umriss das Verhältnis zwischen Laien und geistlichem Stand in der Theorie und Praxis der ev. Kirche seit Luther behandelte; auf die modernen Probleme ist er allerdings nur in der Einleitung eingegangen[3]. Soweit ich die Dinge hier in den Zeitungen verfolge – aktiv nehme ich am kirchlichen Leben keinen Anteil –, ist hier in manchen Gemeinden eine ziemliche Opposition gegen den Führungsanspruch, den die ordinierten Geistlichen gegenüber den Laien in der Kirche, vor allem auch bei den Bestrebungen, die Kirche wieder zu einem lebendigen Faktor im öffentlichen Leben zu machen, erheben. Aus Liermanns Ausführungen ergab sich aber, dass das allgemeine Priestertum, das Luther anfangs verkündet hat, niemals praktische Bedeutung gewonnen hat.

Der Anblick von Würzburg war für mich erschütternd. Obwohl ich ein volles Jahr in Würzburg gelebt habe (1908/09)[4], fand ich mich in der völlig zerstörten Innenstadt erst allmählich zurecht. Die Residenz steht allerdings noch, aber die Flügel sind ausgebrannt. Dagegen ist das Mittelstück mit dem Treppenhaus und dem Kaisersaal erhalten, hat angeblich nur Wasserschaden erlitten und hat diesen auch in den Farben der Gemälde sehr gut überstanden oder geschickt beseitigt. Im Gartensaal der Residenz fand eines Abends ein Konzert statt, alles sehr stimmungsvoll, nur hätten die Teilnehmer und Teilnehmerinnen nicht in ihren Mänteln, sondern in festlichen Kleidern erscheinen müssen; aber dazu war es zu kalt.

[...]

Den Stellenplan für die Zuwahlen[5], den ich Ihnen wegen Lintzel einsenden soll, kann ich noch nicht vorlegen. Er soll zwar nach den Statuten im September gedruckt vorliegen, aber Naas teilte mir auf meine Anfrage mit,

---

[1] Der 9. Deutsche Rechtshistorikertag fand in Würzburg vom 29.9. bis 2.10.1952 statt.
[2] Hans Liermann (1893–1976), Jurist und Rechtshistoriker, o. Professor für Kirchenrecht und deutsche und bayerische Rechtsgeschichte an der Universität Erlangen (1929–1961).
[3] Veröffentlicht als: Hans Liermann: Laizismus und Klerikalismus in der Geschichte des evangelischen Kirchenrechts, in: Zeitschrift der Savigny-Stiftung für Rechtsgeschichte, Kanonistische Abteilung 39 (1953), S. 1–27.
[4] Siehe oben, Briefe Nr. 7 ff.
[5] Gemeint ist hier: Zuwahlen in die Berliner Akademie der Wissenschaften.

Nr. 281. An Friedrich Baethgen, 14. Oktober 1952

dass der Ministerrat ihn noch nicht genehmigt habe. Irgend etwas ist da nicht in Ordnung, das merkte ich schon, als ich im Bureau von Naas mit seltsamem Lächeln an Naas unmittelbar verwiesen wurde. Was los ist, ahne ich noch nicht. Bezeichnend ist, dass die für den 16. angesetzte Aussprache des Plenums über die Auswirkungen des neuen, rein sozialistischen Regierungsprogramms auf die Arbeiten der Akademie bis auf weiteres vertagt worden ist. Noch bezeichnender ist vielleicht, dass die Akademie vor wenigen Tagen bei der Verleihung der Nationalpreise nicht nur leer ausgegangen ist, sondern auch von Pieck[1] in der öffentlichen Rede getadelt worden ist, als ob sie daran schuld wäre, dass ihre Vorschläge von dem Ausschuss zur Verteilung der Preise nicht berücksichtigt worden sind[2]. Aeusserlich hat sich in der Lage Berlins nichts geändert, ich werde nach wie vor von der Akademie in meiner Wohnung abgeholt und zurückgebracht, bekomme auch wie die übrigen Westbewohner der Akademie meine Bezüge in bar ausgezahlt – Ostberliner werden zum bargeldlosen Verkehr erzogen und haben je nach Laune ihrer zuständigen Bankfiliale mehr oder minder grosse Schwierigkeiten, Bargeld zu erhalten. Offenbar um uns zu bestechen, sind die Gehälter der wissenschaftlichen Angestellten nochmals erhöht worden. Im Geiste der klassenlosen Gesellschaft hat das Präsidium der Akademie in einer Sitzung, bei der ich noch nicht anwesend war, beschlossen, nur die höchsten Gehälter, diese dafür aber erheblich, zu erhöhen. Frl. Dr. Kühn[3] wird davon nicht berührt, aber Irmscher[4] hat mir zugesichert, dass er für ihre bessere Einstufung sich einsetzen wird. [...]

Damit bin ich schon ins Dienstliche hineingekommen, aber ich brauche wohl nicht zu betonen, dass ich diesen Brief als Privatbrief auffasse und ihn deshalb selbst getippt habe. Von Frl. Bauer, die mir als Sekretärin die Briefe schreibt, weiss ich, dass sie Irmscher meine Briefe vorlegen muss; Frl. Thomas, die Rörigs Briefe an Sie schrieb und mir in einem stattlichen Aktenfaszikel nach seinem Tode[5] überreicht hat, hat diesen Auftrag wohl noch nicht, aber es

---

[1] Wilhelm Pieck (1876–1960), sozialistischer Politiker (SPD, USPD, KPD, SED), Mitbegründer der KPD (1919), Abgeordneter des Deutschen Reichstages (1928–1933), Emigration nach Paris und Moskau (1933–1945), Mitbegründer und Vorsitzender der SED (1946–1960), erster und einziger Präsident der DDR (1949–1960).

[2] Vgl. Wilhelm Pieck: Im Kampf für Frieden, Einheit, Demokratie und Sozialismus. Zum 3. Jahrestag der Deutschen Demokratischen Republik (7.10.1952), in: derselbe: Reden und Aufsätze, Bd. 3, Berlin[-Ost] 1954, S. 429–444. – In der gedruckten Fassung der Rede findet sich keine direkte Kritik an der (hier überhaupt unerwähnt bleibenden) Berliner Akademie der Wissenschaften, lediglich ein sehr allgemein gehaltener Hinweis darauf, „daß die neuen Aufgaben unserer Republik mit den alten Methoden und der alten Struktur des Staatsapparates nicht zu lösen" seien und dass außerdem „ein systematischer Ausbau der Hoch- und Fachschulen sowie der Forschungsinstitute" erfolgen werde (ebenda, S. 442 f.).

[3] Margarete Kühn (1894–1986), Historikerin, wissenschaftliche Mitarbeiterin der Arbeitsstelle der Monumenta Germaniae Historica in der Deutschen Akademie der Wissenschaften zu Berlin.

[4] Johannes Irmscher (1920–2000), Altphilologe und DDR-Wissenschaftsfunktionär, 1952 Referent für Gesellschaftswissenschaften an der Deutschen Akademie der Wissenschaften zu Berlin.

[5] Fritz Rörig war am 29.4.1952 verstorben.

scheint mir auch nicht nötig, dass sie unsere persönliche Korrespondenz liest und schreibt.

[...]

Heute Nachmittag gehen wir zu Meineckes zur Vorfeier des 90. Geburtstags; Kaehler ist mit seiner Frau dazu eingetroffen.

Ich hoffe, dass Sie die anstrengenden Sitzungstage gut überstanden haben und dass die Erholung von Frau Piontek Fortschritte gemacht hat. Ich soll am 7. November schon wieder nach München wegen des Instituts für Zeitgeschichte, doch weiss ich noch nicht, ob ich hinreise.

Mit herzlichen Grüssen, denen sich auch meine Frau anschliesst und die wir auch Frau Piontek auszurichten bitten,

Ihr F. Hartung

Nr. 282

An Gerhard Ritter   Berlin, 14. Dezember 1952

BAK, B 510 (Korrespondenzen des VHD). – Masch. Original.

Lieber Herr Ritter!

Sie werden vielleicht in den nächsten Tagen Kenntnis von einer Erklärung erhalten, die das Präsidium der hiesigen Akademie gegen die Bonner Verträge erlassen hat[1]. Ich habe damit nichts zu tun, habe vielmehr aus Anlass dieser Erklärung mein Amt als Sekretar der Klasse und damit meine Stellung im Präsidium niedergelegt[2]. Die Erklärung ist zwar ganz geschickt abgefasst, besonders im Vergleich zu einer in einer Massenversammlung der wissenschaftlichen Angestellten der Akademie vorgelegten und angenommenen Resolution, indem sie nur warnt, aber nicht direkt zur Sabotage in Westdeutschland auf-

---

[1] Die auf den 11.12.1952 datierte und vom Vizepräsidenten Ertel unterzeichnete öffentliche Erklärung des Akademiepräsidiums warnt vor der „sehr gefährliche[n] Entwicklung, die sich für das deutsche Volk aus einer Ratifizierung der Verträge von Bonn und Paris ergeben muss. Durch diese Verträge wird Deutschland aus der Reihe der selbständigen Staaten ausgeschlossen und über das deutsche Volk die Gefahr eines vernichtenden Bruderkrieges mit schwerster Schädigung seiner Kultur, Wissenschaft und Wirtschaft heraufbeschworen. Daher richtet das Präsidium der Deutschen Akademie der Wissenschaften zu Berlin an alle verantwortungsbewussten Deutschen die Mahnung, diese unheilvolle Entwicklung der deutschen Geschichte abzuwenden und mit allen Kräften für eine friedliche Lösung des Deutschlandproblems einzutreten"; zit. nach dem Original in: Archiv der Berlin-Brandenburgischen Akademie der Wissenschaften, Berlin, Bestand Akademieleitung (1945–1968), Nr. 523 (unpag.).

[2] Am 11.12.1952 trat Hartung von seinem Amt als Sekretar der Klasse für Gesellschaftswissenschaften der Deutschen Akademie der Wissenschaften zurück und schied damit auch aus dem Präsidium der Akademie aus – nach offizieller Lesart aus Altersgründen, so die Angabe im Jahrbuch der Deutschen Akademie der Wissenschaften zu Berlin 1952–1953, Berlin[-Ost] 1955, S. 89; vgl. auch Peter Th. Walther: Fritz Hartung und die Umgestaltung der historischen Forschung an der deutschen Akademie der Wissenschaften zu Berlin, in: Martin Sabrow/Peter Th. Walther (Hrsg.): Historische Forschung und sozialistische Diktatur. Beiträge zur Geschichtswissenschaft der DDR, Leipzig 1995, S. 59–73, hier S. 63.

fordert, aber ich kann nicht weiter nachgeben, zumal da weitere Massnahmen bevorstehen, die mich in meinem Gewissen noch mehr belasten würden. Sie haben mich vor etwa einem Jahr bei unserer „Friedenserklärung" freundschaftlich gewarnt[1], deshalb liegt mir daran, Sie zu informieren.

Im Sommer sah es zeitweise so aus, als sollte die Verbindung zwischen den beiden Teilen Deutschlands wenigstens in der Wissenschaft erhalten bleiben. Mein damals gehaltener Vortrag über das persönliche Regiment Wilhelms II. hat auch noch ohne Schwierigkeit in den Sitzungsberichten erscheinen können[2], Sie haben ihn vielleicht sogar schon erhalten. Aber für die Forschungen und Fortschritte, die Berlin gemeinsam mit allen deutschen Akademien einschliesslich Wien zum 1. Januar herausgeben will, ist die Lizenz noch immer nicht erteilt, und ich bin überzeugt, dass dahinter die gleichen Kräfte stehen, die die Forsch. u. Fortschr. im vorigen Jahr zu Fall gebracht haben.

Den Jahrgang 1950 der Jahresberichte werde ich noch herauszubringen versuchen. Er geht zu Beginn des Jahres in Druck, reichlich doppelt so stark wie der Jahrgang 1949[3]. Aber ob ich die Arbeit fortführen kann, ist mir zweifelhaft.

Zum Schluss noch etwas Erfreuliches aus der DDR: Frauendienst ist Anfang Oktober begnadigt worden und nach Halle zurückgekehrt[4]. Es geht ihm anscheinend verhältnismässig gut.

Mit den besten Wünschen für die Feiertage und das kommende Jahr
Ihr
F. Hartung

Nr. 283
An Hans Rothfels Berlin, Januar 1953

BAK N 1213, Nr. 213. – Gedruckte Danksagung für die Glückwünsche zum 70. Geburtstag mit hs. Zusatz.

Aus Anlaß meines siebzigsten Geburtstags[5] sind mir von Freunden, Kollegen und Schülern so viele Zeichen freundlichen Gedenkens in Gestalt von Briefen und Telegrammen, aber auch von Blumen, literarischen Gaben und anderen Geschenken zugegangen, daß ich nicht in der Lage bin, jedem Einzelnen persönlich zu danken. So bitte ich, auf diesem Wege die Versicherung meines tiefempfun-

---

[1] Siehe oben, Brief Nr. 270.
[2] Siehe oben, Brief Nr. 276.
[3] Hartung schreibt hier versehentlich ebenfalls „1950". – Der Jahrgang 1949 der „Jahresberichte für deutsche Geschichte" umfasst nur 80, der Folgejahrgang 1950 bereits 240 Druckseiten.
[4] Werner Frauendienst war wegen seiner Tätigkeit für das Auswärtige Amt (seit 1934) bereits 1945 von der sowjetischen Besatzungsmacht interniert und 1950 zu fünfzehn Jahren Zuchthaus verurteilt worden. Nach seiner Begnadigung im Oktober 1952 kehrte er nach Halle zurück, floh jedoch schon im folgenden Jahr in die Bundesrepublik Deutschland.
[5] 12. Januar 1953.

Nr. 283. An Hans Rothfels, Januar 1953

denen Dankes entgegen zu nehmen. Ich weiß wohl, daß bei solchen festlichen Anlässen auch der Historiker der Stimme der Kritik Schweigen gebietet und daß er, statt Licht und Schatten gerecht zu verteilen, sich gern darauf beschränkt, die positive Seite hervorzuheben. Darum überschätze ich die Worte wohlwollender Anerkennung, die mir ausgesprochen worden sind, nicht. Und doch will ich nicht leugnen, daß sie mir wohlgetan haben. Ich glaube, ihnen entnehmen zu sollen, daß die Aufgabe, die ich mir gestellt habe, Verständnis findet und daß ich, solange die Kräfte reichen, in dem Geiste meine Arbeit fortsetzen darf, in dem ich sie angefangen habe.
Berlin-Schlachtensee, Januar 1953

Lieber Herr Rothfels! Herzlichen Dank für Ihren freundlichen Glückwunsch zu meinem 70. Geburtstag. Es ist für mich beim Rückblick auf mein akademisches Leben eine besondere Freude, daß unsere Verbindung trotz allem Druck der Zeiten gehalten hat. Ich erinnere mich gerade jetzt Ihres Aufenthaltes in Berlin vor einem Jahr und der Aussprache, die ich mit Ihnen wegen der Ost-West-Stellung hatte[1]. Inzwischen ist der Druck vom Osten so stark geworden, daß ich meine Ämter in der Akademie niedergelegt habe[2]; Mitglied bleibe ich noch, schon weil ich seit einem Jahr mein Professorenruhegehalt nicht mehr von der Universität, sondern von der Akademie beziehe. Gerade jetzt sind wir wieder durch Wahl neuer Mitglieder für die Akademie einer schweren Belastungsprobe ausgesetzt. Ich bin aber überzeugt, daß die Akademie nachgeben wird.

Auf den mir gewidmeten Aufsatz „Zur Krisis des Nationalstaats"[3] bin ich zumal nach dem Aufsatz, den Sie im Meineckeheft der HZ gegeben haben[4], besonders gespannt. Überhaupt bin ich gespannt, wie sich Ihre neue Zeitschrift[5] entwickeln wird. Ich hoffe, sie wird dem immer etwas wackligen Institut eine feste Stütze werden.

Mit nochmaligem Dank und herzlichen Grüßen von Haus zu Haus
Ihr F. Hartung

---

[1] Siehe oben, Brief Nr. 269.
[2] Siehe oben, Brief Nr. 282.
[3] Hans Rothfels: Zur Krisis des Nationalstaats, in: Vierteljahrshefte für Zeitgeschichte 1 (1953), S. 138–152; der Aufsatz trägt die Widmung: „Fritz Hartung zum 70. Geburtstag (12. Januar 1953)".
[4] Hans Rothfels: Grundsätzliches zum Problem der Nationalität, in: Historische Zeitschrift 174 (1952), S. 339–358.
[5] Vierteljahrshefte für Zeitgeschichte.

Nr. 284
An Hermann Aubin   Berlin, 22. Februar 1953

BAK N 1179, Nr. 9. – Masch. Original.

Lieber Herr Aubin!

Sie haben mir zu meinem 70. Geburtstag mit einem so netten und so persönlich gehaltenen Brief gratuliert[1], dass ich Sie nicht mit dem gedruckten Dank „an alle" abspeisen möchte. Seien Sie herzlich bedankt für die warme Anerkennung meiner Arbeit und für das freundschaftliche Verständnis, das Sie für meine augenblickliche Situation gezeigt haben.

Zur Zeit ist diese noch durchaus erträglich. Einstweilen beziehen auch wir Westberliner unsere Pension von der Akademie, von der ich, solange der Wechselkurs noch einigermassen hält, durchaus leben kann. Zu Veranstaltungen und normalen Sitzungen der Akademie gehe ich nicht mehr hin. Am Donnerstag habe ich mich allerdings an den Zuwahlen beteiligt. Es ist ein Zeichen von Mut der Gesamtakademie, dass sie von den 4 rein politischen Kandidaten, die ihr mit starkem Nachdruck der Regierung zur Wahl empfohlen waren, 2 abgelehnt hat. Komischer Weise freilich sind gerade die beiden durchgefallen, deren Wahl man am ehesten hätte rechtfertigen können. Ich nenne noch keine Namen, auch nicht von Gewählten, weil ich sehr stark damit rechne, dass die Regierung die Wahlen nicht bestätigen wird, um ihre Kandidaten auf irgend eine Weise doch noch durchzusetzen[2].

Enttäuscht hat mich in den ganzen letzten Monaten Frings. Er macht einfach alles mit, was die Regierung durch ihren politischen Kommissar bei der Akademie[3] vorschlägt. Und er hätte doch gewiss ein wissenschaftliches Gewicht in die Waagschale zu legen. Ob er damit noch etwas verhindern könnte, ist mir allerdings zweifelhaft. Denn unser lange gebrauchtes Argument, dass irgend eine vorgeschlagene Massnahme die Verbindung mit den andern deutschen Akademien gefährden könne, zieht offenbar nicht mehr. Nachdem es mit viel Mühe gelungen war, die Forschungen und Fortschritte als gemeinsames Unternehmen aller deutschen Akademien mit Einschluss von Wien wieder auf die Beine zu stellen, scheitert dieses Unternehmen an der Verweigerung der Lizenz für den Akademieverlag. Ich glaube, dass für alle westdeutschen ordentlichen und korrespondierenden Mitglieder in nicht allzu ferner Zeit sich die Frage erheben wird, ob sie noch der Berliner Akademie angehören wollen und können. Am besten wäre es natürlich, wenn in einem gemeinsamen Schritt der

---

[1] Hermann Aubin an Fritz Hartung, 11.1.1953, in: Nachlass F. Hartung, K 32/1; es tue ihm leid, bemerkt Aubin in seinem Glückwunschschreiben, „daß sich für Sie gerade vor dem Tage des großen Rückblicks die durch die Zerreißung Deutschlands entstandenen persönlichen Schwierigkeiten, wie ich von G. Ritter erfuhr, gesteigert haben. Seien Sie herzlicher Teilnahme und des vollen Verständnisses für Ihre Entscheidungen gewiß, wie immer sie fallen werden".
[2] Siehe unten, Brief Nr. 286.
[3] Gerhard Harig.

Austritt vollzogen würde. Aber wie schwer sind Gelehrte unter einen Hut zu bringen, zumal wenn alles auf schriftlichem Wege geschehen müsste!

Dass Sie mir ausser Ihrem Brief auch noch eine besondere Schrift gewidmet haben[1], freut mich sehr, und ich hoffe, sie demnächst zu bekommen. Ich weiss ja aus eigener Erfahrung, dass Drucklegung und Versendung von Akademieschriften oft lange dauert. Haben Sie meinen Sitzungsbericht über das persönliche Regiment Wilhelms II.[2] bekommen? Als korr. Mitglied haben Sie Anspruch darauf, deshalb habe ich Ihnen keinen Sonderdruck zugeschickt. Sie werden daraus sehen, dass ich auch in einer Akademiepublikation keine politischen Konzessionen mache, aber ich habe jetzt die Empfindung, ich hätte die Studie doch nicht in den Sitz.ber. drucken sollen. Denn sie könnte den Eindruck erwecken, als sei in der Akademie mit der Freiheit der Wissenschaft alles aufs Beste bestellt.

[...]

Seien Sie nochmals herzlich bedankt für Ihre Glückwünsche und für die treue Freundschaft, die Sie mir seit Jahren erwiesen haben. Ich hoffe bestimmt, dass wir uns im Herbst entweder in Bremen oder in München, vielleicht auch an beiden Orten wieder sehen werden.

Mit herzlichen Grüssen, die meine Frau auch mitmacht [sic],
Ihr F. Hartung

Nr. 285
An Willy Andreas   Berlin, 8. März 1953

GLA, Karlsruhe, 69 N, Nr. 800. – Masch. Original.

Lieber Herr Andreas!

Vor ein paar Tagen war Flach bei mir und teilte mir Folgendes mit: In der Tat hat der Verlag Koehler & Amelang auf das Verlagsrecht an der Politischen Korrespondenz[3] verzichtet; aber auch nach dem s. Zt. geschlossenen Vertrag falle das Autorenrecht in diesem Falle von der Hist. Kommission an den Thüringischen Staat, dessen Rechtsnachfolger jetzt das Staatssekretariat für das Hochschulwesen der DDR ist, zurück. Er könne unter diesen Umständen deshalb nicht ohne weiteres ausdrücklich auf das Verlagsrecht verzichten. Das habe er Ihnen in einem Brief geschrieben.

---

[1] Hermann Aubin: Von den Ursachen der Freiheit der Seelande an der Nordsee, in: Nachrichten der Akademie der Wissenschaften in Göttingen, Philologisch-Historische Klasse, Jg. 1953, Nr. 1,2, S. 30–45.

[2] Siehe oben, Brief Nr. 276.

[3] Gemeint ist die seit langem von der Historischen Kommission für Thüringen vorbereitete dreibändige Edition des Politischen Briefwechsels des Herzogs und Großherzogs Carl August von Sachsen-Weimar-Eisenach, der schließlich in der Reihe der „Deutschen Geschichtsquellen des 19. und 20. Jahrhunderts" (Bde. 37–39), hrsg. v. Willy Andreas, bearbeitet v. Hans Tümmler, zwischen 1954 und 1973 in Stuttgart erschien.

Nr. 285. An Willy Andreas, 8. März 1953

Er bat mich aber, Ihnen auf dem nicht kontrollierten Luftweg zu sagen, dass er keineswegs die Absicht habe, Ihnen hinsichtlich des Neu- und Weiterdrucks der Pol. Korr. irgend welche Schwierigkeiten zu machen, denn er sei selbst überzeugt, dass es in der DDR nicht möglich sein werde, das Werk fortzusetzen; allerdings sei an einen förmlichen Verzicht des sehr expansionsbedürftigen Staatssekretariats auch nicht zu denken. Er habe Tümmlers[1] wiederholte Schreiben so aufgefasst, als bestünde in der Bundesrepublik keine Aussicht, die Geldmittel für den Druck flüssig zu machen, nur deshalb habe er die Angelegenheit in der Sektion für Geschichte bei der Akademie[2] zur Sprache gebracht. Auf Grund Ihrer Mitteilungen werde er jeden weiteren Schritt unterlassen und gebe Ihnen völlig freie Hand für die Drucklegung. Er lege auch kein Gewicht darauf, dass der Anteil der Hist. Komm. Thüringen in der künftigen Publikation erwähnt werde. Doch kann darüber ja noch korrespondiert werden, wenn die Dinge so weit gediehen sind und sich die Verhältnisse geändert haben. Er bittet Sie dafür Verständnis zu haben, dass er sich für Mitteilungen meiner Vermittlung bedient; von Weimar aus ist er ja nicht in der Lage offen zu schreiben. Er erwartet auch keine Antwort auf seinen Brief an Sie.

Ich denke, dass Ihnen diese Mitteilungen genügen werden. Flach hat sicher nicht die Absicht gehabt, sich Ihnen in den Weg zu stellen, und ohne die Unsicherheit der Ost-West-Korrespondenz wäre es überhaupt nicht zu einem Missverständnis gekommen. Da das Protokoll der Sektionssitzung die Anregung von Flach gar nicht erwähnt, weil nach Bemerkungen von Griewank und mir die Sache noch nicht spruchreif erschien, besteht für die Sektion kein Anlass mehr, sich damit zu befassen. Und Sie werden wohl auch zufrieden sein.

Mit freundlichen Grüssen

Ihr

Hartung

[*Zusatz des Empfängers*]:
Herrn Dr. Tümmler
mit der Bitte um streng vertrauliche Kenntnisnahme u. rasche Zurücksendung, W. A.

---

[1] Hans Tümmler (1906–1997), Historiker und Gymnasiallehrer in Erfurt und Essen.

[2] Die im Mai 1953 innerhalb der Deutschen Akademie der Wissenschaften ins Leben gerufene „Sektion für Geschichte", der Fritz Hartung *nicht* angehörte, stand unter der Leitung von Alfred Meusel und sollte nach eigenem Bekunden „namhafte Vertreter der bürgerlichen und sozialistischen Geschichtswissenschaft von den Hochschulen, historischen Forschungsinstituten und Landesarchiven" versammeln, um „gemeinsam an der Reorganisation auf dem Gebiete der Geschichtswissenschaft" zu arbeiten: „Die Sektion hat sich die Aufgabe gestellt, die geschichtliche Forschung zu koordinieren, einen Forschungsplan auszuarbeiten und die historische Forschung durch Sammlung der Quellen zur Geschichte des deutschen Volkes und durch Publikationen zu fördern. Unter Benutzung der wertvollen Voraussetzungen der Akademie für die gesamtdeutsche Arbeit wird die Sektion auch die wissenschaftlichen Beziehungen zu den Historikern Westdeutschlands fördern, um in gemeinsamer Arbeit die Geschichtswissenschaft zu neuer Blüte zu führen"; Jahrbuch der Deutschen Akademie der Wissenschaften zu Berlin 1952–1953, Berlin[-Ost] 1955, S. 182.

Nr. 286
An Friedrich Baethgen   **Berlin, 9. März 1953**

MGH, München – Archiv, Nr. A 246. – Masch. Original.

Lieber Herr Baethgen!

Da ich im Februar fast ganz ans Zimmer, eine Woche lang auch an das Bett gefesselt gewesen bin, habe ich mich lange in Schweigen gehüllt. Jetzt aber möchte ich unsere Korrespondenz wieder aufnehmen, zumal da die Aussicht, noch im Laufe dieses Monats zum Institut für Zeitgeschichte nach München zu kommen, sich nicht verwirklichen lässt, da es im Kuratorium anscheinend Schwierigkeiten gibt.

Zunächst möchte ich Ihnen sehr herzlich danken für die warmen Worte, die Sie mir aus Anlass meines 70. Geburtstags geschrieben haben[1]. Ich kann sie mit der Versicherung beantworten, dass auch ich mich über das harmonische und freundschaftliche Verhältnis, das sich aus der amtlichen Berührung ergeben hat, herzlich freue und hoffe, dass wir noch eine Reihe von Jahren diese gute Fühlung mit einander aufrechterhalten können.

Dass die Stichwahl für den Beirat des Hist. Instituts in Rom 11 Stimmen für mich ergeben hat, spricht in meinen Augen für das Ansehen, das Sie im Kreise der Zentraldirektion geniessen. Denn meine Beziehungen zu Italien rechtfertigen die Wahl in meinen Augen nicht. Aber wenn das Bundesinnenministerium mich berufen sollte, so werde ich mich natürlich nicht entziehen.

Die Zuwahlen zur Akademie sind keineswegs so glatt verlaufen. In der Klasse hatten wir Ende Januar noch eine Vorbesprechung. Dabei wurden Gottschaldt[2], Lintzel und Winter ohne Diskussion auf Grund der vorliegenden Anträge angenommen. Hinsichtlich der andern Kandidaten habe ich mich nach reiflicher Ueberlegung und nach Rücksprache mit Unverzagt und Hohl bereit erklärt, für Meusel und Stern zu stimmen, um die sozialistische Richtung auch bei uns zu Wort kommen zu lassen und die Stagnation im Fach der neueren Geschichte zu überwinden. Unbedingt ablehnend war ich gegen Oelsner[3], der strammer Marxist an der Parteihochschule ist, aber keinerlei

---

[1] Friedrich Baethgen an Fritz Hartung, 8.2.1953, in: Nachlass F. Hartung, K 32/1; es heißt hierin u. a.: „[...] vielleicht erlauben Sie mir, Ihnen bei dieser besonderen Gelegenheit noch zu sagen, daß mir in meiner ganzen Hochschullehrerzeit nur sehr wenige Kollegen begegnet sind, mit denen ich mich so gut verstanden habe wie mit Ihnen und deren freundschaftliche Gesinnung mir im gleiche Maße ein Gegenstand des Stolzes und der Befriedigung gewesen ist und immer bleiben wird".

[2] Kurt Gottschaldt (1902–1991), Psychologe, a. o./o. Professor an den Universitäten Berlin (1935/46–1962) und Göttingen (1962–1970).

[3] Fred Oelßner (1903–1977), sozialistischer Politiker und Funktionär (USPD, KPD, KPdSU, SED), Mitglied des Politbüros des ZK der SED (1950–1958) und dessen Sekretär für Propaganda (1950–1955), Professor für Ökonomie am Institut für Gesellschaftswissenschaften beim ZK der SED (1956–1958), Direktor des Instituts für Wirtschaftswissenschaften an der Deutschen Akademie der Wissenschaften (1958–1969) und Sekretär der Klasse für Philosophie, Staats-, Rechts- und Wirtschaftswissenschaften (1961–1968).

wissenschaftliche Ausbildung, nicht einmal den Dr.-Titel aufzuweisen hat. Zweifelhaft war ich noch bei Kuczynski, der viel Wirtschaftsgeschichtliches gearbeitet hat, aber in seiner Forschung von undurchsichtiger Unklarheit ist (seine Statistiken sind, wie er selbst sagt, „gerichtet", d. h. zurechtgemacht), der uns aber nicht als Wirtschaftshistoriker, sondern als Theoretiker von Baumgarten präsentiert wurde.

Die Abstimmungen in der Klasse fanden am 5.2. statt. Ich konnte nicht dabei sein. Zu Beginn der Sitzung erschien Frings und überbrachte den Befehl von Wandel, dass Lintzel und Winter abzusetzen, dagegen die anderen Kandidaten zu wählen seien[1]. Daraufhin hat die Klasse mit den Stimmen von Baumgarten und des Landwirts Petersen[2], anscheinend aber auch mit denen von Hohl und Unverzagt Meusel, Stern, Kuczynski und Oelsner gewählt, die Anträge wurden am gleichen Tage im Plenum verlesen.

Zur Abstimmung im Plenum bin ich hingegangen, obwohl ich noch keineswegs gesund war. Vor der Plenarsitzung hatte Frings die beiden geisteswissenschaftlichen Klassen noch zusammenberufen, um einen Beschluss des Präsidiums betr. die Wahlen mitzuteilen. Der erste betraf das Verfahren und war einwandfrei, indem er ohne eine Beeinträchtigung der Wahlfreiheit die Abstimmung über 30 Kandidaten sehr vereinfachte. Der andere war ein Befehl des Präsidiums, aus dem sehr deutlich Naas heraus zu hören war, dass die Akademie sich auch bei den Wahlen zum Aufbau des Kommunismus bekennen müsse. Daraufhin fragte Steinitz[3], weshalb Winter abgesetzt sei, und das benutzte ich, um mich deutlich über die Absetzung von Lintzel zu äussern. Ich sagte, dass durch die Streichung der beiden wissenschaftlich einwandfreien Kandidaten die ganze Wahl zu einer rein politischen Angelegenheit gemacht worden sei; es handle sich jetzt nur noch um Marxisten, nicht mehr, wie es die Absicht der Klasse gewesen sei, um die Vertretung mehrerer Richtungen.

Im Plenum wurde nur noch abgestimmt. Das Ergebnis war, dass 28 von 30 Kandidaten gewählt wurden, darunter Meusel und Oelsner, aber Stern und Kuczynski sind durchgefallen. Ich habe gegen alle 4 abgestimmt, da das Kompromiss, auf das ich mich eingelassen hatte, von der andern Seite nicht eingehalten worden ist. Ich finde es erfreulich, dass sich in der Akademie genug Gegenstimmen gefunden haben, begreife aber nicht recht, wie man Oelsner wählen und Stern ablehnen konnte.

---

[1] Den Erinnerungen von Eduard Winter ist zu entnehmen, Hartung habe ihm im März 1952 mitgeteilt, „daß gegen meine Bestätigung als Mitglied der Akademie früher Minister Wandel (1949), jetzt (1951) Direktor Dr. Naas waren, die dagegen votierten, weil man nicht wisse, was noch in der CSSR gegen mich vorliege"; Eduard Winter: Erinnerungen (1945–1976), hrsg. v. Gerhard Oberkofler, Frankfurt a. M. u. a. 1994, S. 84.

[2] Asmus Petersen (1900–1962), Agrarwissenschaftler, o. Professor an den Universitäten Jena (1934–1944), Rostock (1944–1960) und an der Humboldt-Universität Berlin (1960–1962).

[3] Wolfgang Steinitz (1905–1967), Sprachwissenschaftler, Volkskundler und sozialistischer Politiker (SPD, KPD, SED), Professor für Finno-Ugristik am Institut für Nordvölker in Leningrad (1934–1937) und an der Universität Stockholm (1938–1945), Professor mit vollem Lehrauftrag für Finno-Ugristik an der Humboldt-Universität Berlin (1949–1967) und Vizepräsident der Deutschen Akademie der Wissenschaften (1954–1963), Mitglied des Zentralkomitees der SED (1954–1958).

Nr. 286. An Friedrich Baethgen, 9. März 1953

Naas scheint zuerst daran gedacht zu haben, die beiden durchgefallenen Kandidaten doch noch irgendwie durchzubringen. Aber vernünftiger Weise hat die Regierung die Wahlen bestätigt; sie rechnet wohl damit, dass es das nächste Mal, wo die jetzt gewählten Mitglieder mit stimmen werden, besser gehen wird.

Frings machte sich im Gespräch mit mir „stark" dafür, dass Lintzel im Herbst gewählt werde. Das ist insofern sicher ehrlich, als er kein Interesse daran hat, dass der Gegner von Lintzel, der Ihnen wohl auch bekannte Sproemberg, in die Akademie kommt. Aber er ist im Politischen alles eher als ein starker Mann.

Für mich ist der Ausgang der Wahlen eine Bestätigung dafür, dass ich gut getan habe, den Posten des Sekretars niederzulegen[1]. Ich werde mich, da ich als 70jähriger keine Verpflichtungen mehr habe, völlig zurückhalten, vor allem nicht an der am 19. stattfindenden Karl-Marx-Feier[2] teilnehmen. Vielleicht wird daraus auch eine Stalin-Gedächtnisfeier[3]. Die Jahresberichte und die Monumenta werde ich einstweilen beibehalten, solange man mir nicht alle Mitarbeiter wegnimmt. Es sieht übrigens so aus, als hätte die beharrliche Weigerung fast aller westlichen Mitarbeiter der Akademieunternehmungen, in den Osten zu ziehen, doch etwas Eindruck gemacht. Denn wenn man mit den Entlassungen Ernst macht, müssen mehrere Unternehmungen einfach stillgelegt werden, weil es in der DDR keinen Nachwuchs gibt. [...] Und es scheint nicht die Absicht zu bestehen, uns Westler zu schikanieren, etwa indem man uns das Gehalt nur noch auf ein Konto überweist, von dem man das Geld nur in kleinen Posten mit viel Schereien abheben kann.

Über die Auswirkungen des Todes von Stalin zu orakeln, unterlasse ich. Dass solche eintreten werden und dass auf die Dauer mit einer Schwächung Russlands zu rechnen sein wird, glaube ich bestimmt. Aber es kann viel Zeit vergehen, bis wir die Folgen davon zu spüren bekommen, und zunächst werden die neuen Männer vielleicht nach aussen hin erst recht energisch auftreten, damit man ihnen nicht Preisgabe des Erbes von Stalin nachsagen kann.[4]

---

[1] Siehe oben, Brief Nr. 282.
[2] Die öffentlich abgehaltene Karl-Marx-Feier der Deutschen Akademie der Wissenschaften fand am 19.3.1953 anlässlich des 70. Todestages und des 135. Geburtstages statt; nach den obligatorischen Festansprachen wurde eine Karl-Marx-Büste enthüllt; vgl. den Bericht in: Jahrbuch der Deutschen Akademie der Wissenschaften zu Berlin 1952–1953, Berlin[-Ost] 1955, S. 88.
[3] Josef Stalin war am 5.3.1953 gestorben.
[4] Die letzte Seite dieses Briefes ist nicht überliefert.

Nr. 287
An Ludwig Dehio Berlin, 19. März 1953

HessStA Marburg, Nl. L. Dehio, C 14. – Hs. Original.

Verehrter, lieber Herr Dehio!

Es wird nachgerade höchste Zeit, daß ich Ihnen für Ihren freundlichen Glückwunsch zu meinem 70. Geburtstag[1] danke. Aber Sie sind an dieser Verspätung nicht ganz unschuldig. Sie haben mir so besonders warm und verständnisvoll geschrieben, daß ich mich bei Ihnen nicht mit dem gedruckten Dank begnügen wollte. Und im Februar fühlte ich mich wenig wohl, zuerst durch einen Ausschlag, dann durch eine Grippe, hinzu kam allerhand Ärger bei der Akademie, von der ich mich jetzt bis auf das monatliche Abheben meiner von ihr, nicht der Universität gezahlten Pension so gut wie ganz zurückgezogen habe. Aber jetzt, wo der Frühling sich auch in unserer nördlichen Breite durchzusetzen scheint, erwacht auch die Arbeitslust wieder, und es soll der längst geplante Brief endlich vom Stapel laufen. Seien Sie also herzlich bedankt für Ihre freundlichen und anerkennenden Worte; sie haben mir wohlgetan, ebenso wie der Besuch von Hinrichs und Dr. Kotowski[2] im Namen des Friedrich-Meinecke-Instituts der FU, weil sie mir beweisen, daß mein Versuch, bei der östlichen Akademie auszuhalten, nicht als Charakterlosigkeit ausgelegt wird. Daß Sie nicht schon wieder ein Heft der HZ in eine Festschrift umgewandelt haben, findet meinen vollen Beifall; als Abonnent würde ich ein anderes Verhalten der Redaktion entschieden mißbilligt haben. Als Autor werde ich aber der HZ treu bleiben, solange die Kräfte reichen. Wahrscheinlich schicke ich Ihnen schon in kurzer Zeit den Aufsatz über den aufgeklärten Absolutismus, über den ich schon bei unserm letzten Zusammensein in München einige Andeutungen gemacht habe[3]. Auch Ihre Mahnung, einmal einen Aufsatz über Preußen zu schreiben, bewege ich in meinem Herzen.

Ich hoffe, daß die Zugehörigkeit zu den verschiedenen Münchener Instituten uns auch in diesem Jahr gelegentlich zusammenführt, und danke Ihnen nochmals herzlich. Mit den besten Grüßen
Ihr F. Hartung

---

[1] Ludwig Dehio an Fritz Hartung, 10.1.1953, in: Nachlass F. Hartung, K 32/1.
[2] Georg Kotowski (1920–1999), Historiker und Politiker (CDU), Schüler Hartungs, o. Professor für historische Grundlagen der Politik an der Freien Universität Berlin (1966–1988), Mitglied des Abgeordnetenhauses von West-Berlin (1958–1969), Mitglied des Deutschen Bundestages (1969–1972).
[3] Fritz Hartung: Der Aufgeklärte Absolutismus, in: Historische Zeitschrift 180 (1955), S. 15–42.

Nr. 288

An Siegfried A. Kaehler   Berlin, 20. März 1953

NStUB Göttingen, Cod. Ms. S. A. Kaehler, 1, 59. – Masch. Original mit hs. Zusatz.

Lieber Kaehler!

Sie haben meines 70. Geburtstags mit so herzlichen Worten gedacht[1], dass Sie, obwohl wir uns gegenseitig nie mit raschen Antworten auf Briefe verwöhnt haben, längst ein Wort des Dankes verdient hätten. Aber zuerst erledigte ich das Gros der Glückwünsche mit einem gedruckten Dank, den ich je nach meiner Einschätzung des Adressaten wohl auch noch mit ein paar geschriebenen Worten ergänzte, aber für Sie fand ich diese Form nicht angemessen, und zwischen die Erledigung der Drucksachen und den Anfang der schriftlichen Korrespondenz schob sich bei mir allerhand körperliches Unbehagen, das zuletzt in eine Grippe sich auflöste. Da habe ich das Schreiben lieber unterlassen.

Aber mit dem herannahenden Frühjahr wächst auch bei mir die Arbeitsfreudigkeit wieder, und so bekommen Sie heute den Ihnen schon lange zugedachten Dank für Ihren Glückwunsch. Von den Freunden, die mir zu diesem Tage geschrieben haben, sind Sie einer der ältesten. Es liegt zum Teil am ersten Weltkrieg, dass ich weder aus der Schulzeit noch aus der Studentenzeit noch Freunde am Leben habe. Und es ist eine seltsame Fügung, dass z. B. aus dem Hallischen Kreis gerade wir beide, denen keiner eine lange Lebenszeit zugetraut hätte, doch noch das Jubiläumsalter erreicht haben. Dabei sind wir auch nur kurze Zeit am selben Ort zusammen gewesen. Und doch hat die Freundschaft über alle Wechselfälle der Zeit Bestand gehabt. Sie haben in Ihrem Brief einige unserer Begegnungen hervorgehoben. Hoffentlich schliessen sich an diese Reihe noch einige weitere an, wobei wir freilich die zeitlichen Abstände nicht mehr so gross werden lassen dürfen wie bisher.

Ihrer angekündigten „Festschrift" sehe ich mit Spannung entgegen. Sie erwähnen in Ihrem Brief auch meine 6. Auflage und erkennen an, dass der „noch in der 4. Aufl. stehende Dolchstoss" verschwunden ist. Ich habe Ihnen wohl seinerzeit geschrieben, dass ich das Wort erst in der 4. Auflage verwendet habe, nachdem mir Andreas in Bemerkungen zu dem ungedruckten Beitrag zur Neuen Propyläenweltgeschichte u. a. gerade das Fehlen dieses Begriffes bemängelt hätte. Ihre Bemerkungen dazu fand ich so einleuchtend, dass ich sie selbstverständlich berücksichtigte[2].

Die hiesige Akademie hat sich nun ganz offen zum Kommunismus bekannt, auch bei den im vorigen Monat erfolgten Zuwahlen neuer Mitglieder[3]. Etwas Widerstand hat sie zwar noch gezeigt, zwei Regierungskandidaten sind im Plenum durchgefallen, bei geheimer Abstimmung, merkwürdiger Weise

---

[1] Der ausführliche Geburtstagsbrief von Siegfried A. Kaehler an Fritz Hartung vom 10.1.1953 ist gedruckt in: Kaehler: Briefe 1900–1963, S. 383–386 (Nr. 120).
[2] Vgl. ebenda, S. 384 f., siehe auch oben, Brief Nr. 245.
[3] Siehe oben, Brief Nr. 246.

Nr. 288. An Siegfried A. Kaehler, 20. März 1953

nicht Herr Oelsner¹, von dem ich nur weiss, dass er strammer Marxist ist und niemals in Deutschland studiert hat, auch keinen Doktorgrad erlangt hat, wohl aber Kuczynski, der eine Reihe von wirtschaftsgeschichtlichen Werken verfasst hat, und der Hallenser Stern. Ich selbst habe mich von allen Ehrenämtern in der Akademie ganz zurückgezogen, behalte nur vorläufig die Jahresberichte bei und beschränke mich darauf, meine Pension zu verzehren. Ich bin gespannt, ob sich die westlichen Akademien noch lange an den gemeinsamen Unternehmungen beteiligen werden. Bei der Literaturzeitung² stehen sie mindestens auf dem Titelblatt. Aber nachdem der eine Herausgeber, der Hallische Theologe Aland³, verhaftet worden ist, müssten sie sich doch überlegen, ob sie das stillschweigend hinnehmen sollen. Das Schicksal der Forschungen und Fortschritte ist ja eigentlich auch eine Provokation der Akademien. Nachdem vor mehr als einem Jahr – die Verhandlungen sind z. T. während des Jubiläums in Göttingen geführt worden – beschlossen worden ist, sie als gemeinsames Unternehmen der Akademien wiederaufzunehmen, wird jetzt das Wiedererscheinen durch Verweigerung der Lizenz unmöglich gemacht. Meiner Ansicht nach geschieht das darum, weil man dem Propagandaorgan der hiesigen Akademie, ihren „Annalen"⁴, keine Konkurrenz schaffen will.

Sehr gespannt bin ich auf die Auswirkungen des gestrigen Bonner Beschlusses auf die Lage in Berlin⁵. Die Akademie hat schon fast alle ihre in Westberlin wohnenden Mitarbeiter, auch die wissenschaftlichen, entlassen oder ihnen die Entlassung angekündigt. Durch diese Massregel sind manche Unternehmungen, z. B. die Leibnizausgabe, übrigens ein uraltes Schmerzenskind der Akademie, mit Stillegung bedroht. Ich habe aber den Eindruck, als ob man, so viel auch jetzt noch von deutscher Einheit geredet wird, innerlich auf die Gemeinschaft gar keinen Wert mehr legt. Wenigstens nicht auf dem Gebiet der Geschichte, auf dem jetzt bewusst eine offene Spaltung herbeigeführt wird mit einem Verband der Historiker der DDR⁶, in den natürlich auch alle Volksschullehrer aufgenommen werden, und mit einer eigenen Zeitschrift⁷.

---

¹ Fred Oelßner; Hartung schreibt konsequent „Oelsner".
² Die 1880 gegründete „Deutsche Literaturzeitung" fungierte seit 1923 als zentrales wissenschaftliches Rezensionsorgan der deutschen Akademien der Wissenschaften; seit 1948 erschien sie erneut im Auftrag der Deutschen Akademie der Wissenschaften.
³ Kurt Aland (1915–1994), evangelischer Theologe, Neutestamentler und Kirchenhistoriker, a. o. Professor an der Lindenuniversität Berlin (1946–1947), o. Professor an den Universitäten Halle (1947–1958) und Münster (1960–1983); als Gegner des SED-Regimes wurde Aland überwacht und mehrfach verhaftet; er floh 1958 in die Bundesrepublik Deutschland.
⁴ Die „Wissenschaftlichen Annalen zur Verbreitung neuer Forschungsergebnisse", hrsg. von der Deutschen Akademie der Wissenschaften zu Berlin, erschienen seit 1952.
⁵ Am 19.3.1953 stimmte der Deutsche Bundestag in Bonn in dritter Lesung dem Deutschlandvertrag sowie dem Vertrag über die Gründung einer Europäischen Verteidigungsgemeinschaft zu; vgl. Manfred Görtemaker: Geschichte der Bundesrepublik Deutschland. Von der Gründung bis zur Gegenwart, München 1999, S. 320.
⁶ Die „Deutsche Historiker-Gesellschaft" der DDR wurde erst im März 1958 in Leipzig begründet; vgl. Sabrow: Das Diktat des Konsenses, S. 274 f.
⁷ Im Jahr 1953 erschien der erste Jahrgang der „Zeitschrift für Geschichtswissenschaft", hrsg. v. Alfred Meusel, Leo Stern und Heinz Kamnitzer.

Hoffentlich haben Sie den Winter einigermassen gut überstanden. Hier war er nicht besonders kalt, aber sehr trübselig, wochenlang ohne Sonne. Ihrer Frau lasse ich für ihre herzlichen Worte noch meinen besten Dank sagen. Ich freue mich, dass auch unsere Frauen sich gut verstehen, und ich hoffe, dass wir uns noch manchmal in diesem Leben sehen werden.

Mit herzlichen Grüssen auch von meiner Frau für Sie Beide

Ihr alter
Hartung

Haben Sie schon gehört, daß Frauendienst seit Oktober wieder in Halle ist? Er scheint seine Haft verhältnismäßig gut überstanden zu haben[1]. Ich konnte ihm durch die Akademie noch eine bezahlte Arbeit verschaffen, Bearbeitung der in Merseburg liegenden preuß. Ministerratsprotokolle, womit er schon von der Historischen Reichskommission beauftragt war[2].

Nr. 289

An Siegfried A. Kaehler   Berlin, 20. Mai 1953

NStUB Göttingen, Cod. Ms. S. A. Kaehler, 1, 59. –
Masch. Original mit hs. Zusatz.

Lieber Kaehler!

Die Ludendorff-Abhandlung, die Sie mir zum 70. gewidmet haben, habe ich mit grosser Teilnahme gelesen[3]. Es ist ein merkwürdiger Zufall, dass meine Schwester, die mit der Witwe des Oberstabsarzts Hochheimer[4] gut bekannt ist, mir zum gleichen Anlass die Schrift von Foerster[5] geschenkt hat. Diese hatte ich schon vor Ihrer Studie gelesen. Sie machte auf mich den Eindruck eines Eiertanzes[6], sie kann weder gegen Lossberg[7], der sein Buch doch offenbar an Hand von gleichzeitigen Aufzeichnungen, die allerdings seit Sommer 18 spärlicher gewesen sind, niedergeschrieben und wohl absichtlich bis zum Tod von

---

[1] Siehe oben, Brief Nr. 282.
[2] Dieser Zusatz ist handschriftlich angefügt.
[3] Siegfried A. Kaehler: Zur Beurteilung Ludendorffs im Sommer 1918, in: Nachrichten der Akademie der Wissenschaften in Göttingen, Philologisch-historische Klasse, Jg. 1953, Nr. 1, Göttingen 1953, S. 1–28 (Widmung: „Fritz Hartung Berlin. Zum 12. Januar 1953"); erneut in: derselbe: Studien zur deutschen Geschichte des 19. und 20. Jahrhunderts. Aufsätze und Vorträge, hrsg. v. Walter Bußmann, Göttingen 1961, S. 241–258, 391–394.
[4] Georg Hochheimer (1871-?), Mediziner und praktizierender Arzt, Oberstabsarzt im Ersten Weltkrieg.
[5] Wolfgang Foerster: Der Feldherr Ludendorff im Unglück. Eine Studie über seine seelische Haltung in der Endphase des ersten Weltkrieges, Wiesbaden 1952.
[6] Von „Eindruck" bis „Eiertanzes" vom Empfänger unterstrichen.
[7] Fritz von Loßberg (1868–1942), Offizier, im Ersten Weltkrieg zuletzt Generalmajor (1917–1918).

Ludendorff zurückgehalten hat¹, noch Mertz² mit ihren sehr deutlichen Angaben über die Nervenkrise des Juli etwas Ernstliches einwenden, noch wagt sie, irgend etwas zur Kritik des „Feldherrn" zu sagen. Sie haben den Mut gehabt, nicht nur die Tatsachen sehr deutlich herauszustellen, sondern auch der Entstehung der Ludendorff-Legende, wie sie in der Erklärung der vier Obersten vom 16.8.19 schon klar hervortritt, nachzugehen³. Die soziologische Erklärung, die Sie S. 25 versuchen, möchte ich nicht als „dilettantisch" bezeichnen; es handelt sich offenbar um Ausdruck eines übertriebenen „Korpsgeistes", der sich in den Jahren nach 1919 bis zur Diffamierung jedes anders denkenden ehemaligen Offiziers steigerte und der, wie das von Ihnen richtig gekennzeichnete Verhalten von Hochheimer zeigt, auch die Aerzte mehr und mehr erfasste. Ich habe ja selbst häufig darunter gelitten, dass man wenigstens in meiner bescheidenen militärischen Stellung als Unteroffizier nicht so sehr mit dem Arzt wie mit dem Sanitätsoffizier zu tun hatte.

Dass Sie diese schöne Untersuchung mir gewidmet haben, empfinde ich als ein wertvolles Zeichen echter Freundschaft, und ich danke Ihnen sehr herzlich dafür. Man wird daran sowohl nach rückwärts wie nach vorwärts anknüpfen können und einen Prozess der „Entgeistigung" des Generalstabs feststellen von Clausewitz und dem alten Moltke ausgehend über Schlieffen⁴, zu dessen Kritik mir Elzes kurzer Aufsatz⁵ sehr wesentlich erscheint, zu Ludendorff und von diesem wieder bis zu den „Strategen" des 2. Weltkriegs. Leicht wird eine solche Darstellung freilich nicht sein, man muss sich auch hüten, die immer vorhandenen geistigen Kräfte im Offizierskorps zu unterschätzen. Z.B. ist Ihr Gewährsmann v. Thaer⁶ sicherlich ein geistig sehr viel stärker bewegter Offizier gewesen als Ludendorff; dem Korpsgeist hat freilich auch er sich nicht ganz entziehen wollen und können. Es ist ja auch schwer zu sagen, wo die Verpflichtungen, die die Zugehörigkeit zu einer ehrenhaften Gemeinschaft auferlegt, ihre Grenze finden. Der Vogel, der sein eigenes Nest beschmutzt, ist gewiss kein nachahmenswertes Vorbild.

[...]

Auch Ihren Brief vom 31.3.⁷ habe ich noch zu beantworten. Ich habe mich gefreut, dass Sie über meinen Schüler Oestreich ähnlich denken wie ich. Was

---

¹ Fritz von Loßberg: Meine Tätigkeit im Weltkrieg 1914–1918, Berlin 1939.
² Hermann Mertz von Quirnheim (1866–1947), Offizier, im Ersten Weltkrieg Generalleutnant; Präsident des Reichsarchivs in Potsdam (1919–1931).
³ Kaehler rekonstruiert in seiner Hartung gewidmeten Akademieschrift anhand einer quellenkritischen Untersuchung die Entstehung der „Ludendorff-Legende", deren Vertreter den klar belegbaren psychischen Zusammenbruch Ludendorffs nach dem Scheitern der letzten Westoffensive des deutschen Heeres im August 1918 leugnen bzw. verschleiern wollten.
⁴ Alfred Graf von Schlieffen (1833–1913), Offizier, Generalfeldmarschall und Chef des deutschen Generalstabes (1891–1906).
⁵ Walter Elze: Graf Schlieffen, Breslau 1928.
⁶ Albrecht von Thaer (1868–1957), Offizier, General im Ersten Weltkrieg, 1918 in der Obersten Heeresleitung.
⁷ Siegfried A. Kaehler an Fritz Hartung, 31.3.1953 (Durchschlag), in: NStUB Göttingen, Cod. Ms. S. A. Kaehler, 1, 59: Kaehler kündigt an, Gerhard Oestreichs Verlängerungsantrag für

Rassow gegen ihn hat, weiss ich nicht. Aber nachdem die Forschungsgemeinschaft auf Empfehlung von Ritter, der mit Oe[streich] persönlich über das Thema verhandelt hat, ihm das Stipendium bewilligt hat, sollte nicht nach zwei Jahren der Einwand erhoben werden, das Thema passt uns nicht, vor allem dann nicht, wenn dabei Ergebnisse herauskommen, die Dehio selbst für wertvoll genug hält, um sie in der HZ zu veröffentlichen[1]. Der Treue von der Notgemeinschaft ist in der Tat auch ein Schüler von mir[2], jüngerer Bruder Ihres Göttinger Kollegen[3].

Ueber die Zukunft der jüngeren Kollegen und derer, die es wie Oestreich noch werden wollen, mache ich mir erhebliche Sorgen. Wo sollen die alle unterkommen? Vor wenigen Tagen schrieb mir ein mir gut bekannter philologischer Kollege aus Kiel[4] wegen der Nachfolge von O. Becker in Kiel; er legte eine Liste von 10 Namen bei, die ernsthaft in Erwägung ständen. Und davon waren meiner Ansicht nach 8, mit einer Ausnahme alles Männer über 40, schon jetzt voll zu einem Ordinariat qualifiziert. Ich habe mich vor allem für Conze u. Erdmann ausgesprochen[5]. Aber wie lange wird es dauern, bis alle 8 versorgt sind? Durch Ihre Emeritierung wird ja auch nur eine Stelle frei, oder rückt Schramm automatisch in die Neuzeit auf, mit der er sich von seinem Hamburger Standpunkt aus ja auch viel beschäftigt hat?[6]

Ich weiss nicht, wie gross unter den heutigen westlichen Verhältnissen der Unterschied zwischen Ihren jetzigen und den Emeritus-Bezügen ist. Aber ich bin überzeugt, dass die Befreiung von dem Zwang der Vorlesungen Ihrer Gesundheit gut bekommen wird.

Unsere Berliner Existenz ist äusserlich unverändert. Ja, es sieht sogar so aus, als ob die Ostzone etwas vorsichtiger würde. Die Kündigungen, die seitens der Akademie ihren in Westberlin wohnenden wissenschaftlichen Mitarbeitern angedroht worden sind, sind noch immer nicht ausgesprochen worden, anscheinend weil man eingesehen hat, dass ganze Unternehmen dadurch lahmgelegt würden[7]. Auch die Universität hat noch keinen Versuch gemacht, ihren Lehrkörper auf diese Weise zu reinigen. Aber das bedeutet nicht, dass man auf das Ziel, die Wissenschaft in die Bahn des Sozialismus zu zwingen, verzichten will. Im Gegenteil! Allerdings fehlen die geistigen Kräfte dazu. Ha-

---

ein ihm gewährtes DFG-Stipendium gegen ein negatives Votum Peter Rassows zu unterstützen.

[1] Gerhard Oestreich: Der römische Stoizismus und die oranische Heeresreform, in: Historische Zeitschrift 176 (1953), S. 17–43 (der Aufsatz ist „Fritz Hartung zum 70. Geburtstag" gewidmet).
[2] Wolfgang Treue (1916–1989), Historiker, seit 1950 Referent für Geisteswissenschaften bei der Deutschen Forschungsgemeinschaft, 1982–1986 Vorsitzender der Historischen Kommission zu Berlin.
[3] Wilhelm Treue.
[4] Brief nicht überliefert.
[5] Als Nachfolger von Otto Becker wurde 1953 Karl Dietrich Erdmann an die Universität Kiel berufen.
[6] Als Nachfolger von Siegfried A. Kaehler wurde 1955 Richard Nürnberger (1912–1999) an die Universität Göttingen berufen.
[7] Siehe oben, Brief Nr. 288.

ben Sie das erste Heft der neuen ostzonalen Zeitschrift für Geschichtswissenschaft gesehen? Man sollte doch erwarten, dass darin zunächst etwas Programmatisches gesagt würde, wie es z. B. Rothfels in den neuen Vierteljahrsheften für Zeitgeschichte getan hat[1]. Statt dessen bringt das Heft einen miserabeln, gar nichts Neues enthaltenden und einseitigen Aufsatz von Kamnitzer und eine halbe Staatsexamensarbeit[2].

Seien Sie zum Schluss nochmals herzlich bedankt. Mit vielen guten Wünschen und Grüssen auch an die verehrte Gattin (meine Frau lässt natürlich auch vielmals grüssen)

Ihr F. Hartung

Eine kleine Berichtigung zu S. 22 unten: Das „miracle de la maison de Brandebourg" ist nicht die Schwenkung der russischen Politik nach dem Tod der Zarin Elisabeth oder sonst ein Ereignis von 1763, sondern ist die verfehlte russisch-österreichische Strategie nach der Schlacht von Kunersdorf (Friedrich an den Prinzen Heinrich, 1.9.1759: je vous annonce de miracle de la maison de Br. Pol. Corr. 18, S. 561, ich zitiere nach Jany, Gesch. d. preuß. Armee, Bd. 2, 539)[3].

Nr. 290
An Wilhelm Schüssler   Berlin, 24. August 1953

SBBPK, Nl. Fritz Hartung, K 33/1. – Masch. Durchschlag.

Lieber Herr Schüssler!

Wenn ich Ihnen mitteile, dass wir am 3. August umgezogen sind und dass ich inzwischen meine gesamte Bibliothek, die ja nur geringe Verluste durch den Krieg erlitten hat – die Amerikaner haben mir fast alle meine alten Drucke

---

[1] Hans Rothfels: Zeitgeschichte als Aufgabe, in: Vierteljahrshefte für Zeitgeschichte 1 (1953), S. 1–8.
[2] Das erste Heft der neuen „Zeitschrift für Geschichtswissenschaft" beginnt, nach einem kurzen politisch-propagandistisch geprägten „Vorwort", mit einem Aufruf des ZK der SED zum „Karl-Marx-Jahr 1953", dem wiederum ein ungezeichneter Beitrag zur Bedeutung von Stalins Werk „Ökonomische Probleme des Sozialismus in der UdSSR" für die Geschichtswissenschaft folgt; vgl. Zeitschrift für Geschichtswissenschaft 1 (1953), S. 3–6, 7–11, 12–19. – Die erste einem im engeren Sinne wissenschaftlichen Thema gewidmete Abhandlung ist: Percy Stulz: Der sächsische Bauernaufstand 1790, bei der es sich (nach Ausweis der ersten Fußnote) um den „1. Teil einer Diplomarbeit" eines Schülers von Heinz Kamnitzer handelt (ebenda, S. 20–49; der zweite Teil der Arbeit erschien noch 1953 im dritten Heft des ersten Bandes der „Zeitschrift für Geschichtswissenschaft", S. 386–408). Es folgt Kamnitzers Aufsatz: Stein und das „Deutsche Comité" in Rußland 1812/13 (ebenda, S. 50–92).
[3] Dieser Zusatz handschriftlich. – Das berühmte Zitat Friedrichs findet sich in der Politischen Correspondenz, Bd. 18, S. 510! Bei dem von Hartung zitierten Geschichtswerk handelt es sich um: Curt Jany: Geschichte der Königlich Preußischen Armee bis zum Jahre 1807, auf Veranlassung der Preußischen Akademie der Wissenschaften, unterstützt durch die Notgemeinschaft der Deutschen Wissenschaft, Bde. 1–3, Berlin 1928–1929, hier Bd. 2 (1928): Die Armee Friedrichs des Großen 1740 bis 1763.

Nr. 290. An Wilhelm Schüssler, 24. August 1953

gestohlen, sonst aber fehlt nur sehr wenig –, neu aufgestellt habe, so werden Sie verstehen, dass ich Ihr neues Buch noch nicht ganz gelesen habe[1]. Aber was ich bisher davon gelesen habe, hat mich so stark beeindruckt, dass ich nicht länger mit einem Echo auf das Buch warten möchte. Zunächst herzlichen Dank dafür, dass Sie es mir geschickt haben, ebenso für den freundlichen Begleitbrief[2]. [...][3]

Mein Mindener Vortrag soll gedruckt werden und wird Ihnen dann zugehen[4]. In der Einleitung habe ich das Thema der Revision unseres Geschichtsbilds angeschnitten und, wenn auch natürlich in viel gedrängterer Kürze, ähnlich behandelt wie Sie in Ihrem neuen Buch. Dass ich in einzelnen Fragen nicht ganz der gleichen Meinung bin wie Sie, wird Sie nicht überraschen; aber was Sie sagen, hat mich sehr zum Nachdenken angeregt, und ich bedaure, dass wir keine Gelegenheit haben, uns darüber zu unterhalten. Denn das Schreiben ist dafür kein Ersatz, allzu leicht formuliert man dabei – wenn man sich überhaupt die Mühe macht, seine Meinungen schriftlich niederzulegen – seine Ansichten allzu schroff und schafft Missverständnisse, die im Gespräch sofort beseitigt werden können.

Sehr einverstanden bin ich z. B. mit S. 25, wo Sie die Notwendigkeit der Beschäftigung mit der Geschichte der Gesellschaft usw. hervorheben[5]. Aber ist es ganz richtig, dass wir uns zu wenig mit der Gesch. des „armen Mannes" beschäftigt haben? Hat der arme Mann überhaupt eine Geschichte gehabt und auf die allgemeine Geschichte, von Sonderfällen wie etwa dem Bauernkrieg abgesehen, eingewirkt? Und vor allem, reichen unsere Quellen aus, um über die Lage und die seelische Haltung des „armen Mannes" in der Vergangenheit etwas auszusagen. [sic] Ich weiss nicht, ob Sie die von Liebe besorgte Veröffentlichung von preussischen Soldatenbriefen aus dem 18. Jahrh.[6] kennen? Diese Briefe sind gewiss sehr interessant mit ihrem schlichten Gottvertrauen. Aber sind sie typisch für den preussischen Soldaten des 18. Jahrh.? Es ist doch wohl selten gewesen, dass ein einfacher Musketier überhaupt Briefe schrieb. Das Problem, auf das Sie hinweisen, hat mich bei meiner Beschäftigung mit

---

[1] Wilhelm Schüssler: Um das Geschichtsbild, Gladbeck 1953.
[2] Nicht überliefert.
[3] Hier folgt ein Bericht Hartungs über seine Begegnung mit Paul Kahle in Osnabrück, siehe dazu den folgenden Brief Nr. 291.
[4] Hartung hatte am 5.7.1953 in Minden am „Tag der westfälischen Geschichte" einen Vortrag gehalten zum Thema: „Der preußische Staat und seine westlichen Provinzen", die Druckfassung erschien in: Westfälische Forschungen 7 (1953/54), S. 5–14, ebenfalls in: Hartung: Staatsbildende Kräfte der Neuzeit, S. 414–430.
[5] Vgl. Wilhelm Schüssler: Notwendigkeit und Grenzen der Revision, in: derselbe: Um das Geschichtsbild, S. 9–35, hier S. 25: „Da der Mensch, und nicht mehr allein die großen kollektiven Gebilde, im Mittelpunkt steht, müssen wir auch die Geschichte der Gesellschaft, der Klassen und der Wirtschaft betreiben, d.h. den Menschen im Beruf und Leben erkennen. Viel zu wenig haben wir uns mit der Geschichte des ‚armen Mannes' beschäftigt. Mehr als die Hälfte aller Menschen hat ein Einkommen, das nur das Existenzminimum verbürgt".
[6] Georg Liebe: Preussische Soldatenbriefe aus dem Gebiet der Provinz Sachsen im 18. Jahrhundert, Halle a. S. 1912.

dem Marxismus schon oft beschäftigt. Ich möchte z. B. annehmen, dass dem ostelbischen erbuntertänigen Bauer des 18. Jahrh. der Klassenkampfgedanke noch völlig fernlag, dass er sein kümmerliches Dasein ertrug in stiller Ergebung in Gottes Willen, in dem Gefühl: gib, dass ich tu mit Fleiss ..., wozu mich dein Befehl in meinem Stande führet[1]. Beweisen aus Quellen lässt sich wohl weder meine noch die gegenteilige Ansicht. Aber wenn ich meine, dass der Klassenkampf von aussen, im Wesentlichen vom Marxismus in den Bauernstand hineingetragen worden ist, möchte ich keineswegs die verhängnisvollen Fehler, die Sie auf S. 26 brandmarken[2], leugnen oder auch nur beschönigen. Ich bin der festen Ueberzeugung, die ich auch in Minden, soweit das Thema Gelegenheit bot, angedeutet habe, dass der preussische Staat an den Leuten gestorben ist, die sich einbildeten, die echten Hüter des Preussentums zu sein. Ich bin deshalb auch der Meinung – über die sich in Minden manche Leute gewundert und vielleicht geärgert haben, dass Preussen nicht wieder zum Leben erweckt werden kann[3].

Entschuldigen Sie, dass ich so ins Reden hineingekommen bin. Ich habe hier wenig Gelegenheit zur Aussprache, und Ihr Buch hat stark auf mich gewirkt. Sollten Sie Gelegenheit bekommen, einmal wieder hier an der Freien Universität zu lesen, so hoffe ich stark auf Ihren Besuch. In der Akademie bin ich ja gänzlich isoliert. Augenblicklich allerdings versucht man in der Akademie die Einheit der deutschen Geschichtswissenschaft stark zu betonen, der angesagte ostzonale Historikertag, der ungefähr um die gleiche Zeit wie der

---

[1] Aus dem evangelischen Kirchenlied „O Gott, du frommer Gott", 2. Strophe: „Gib, dass ich tu mit Fleiß, was mir zu tun gebühret, wozu mich dein Befehl in meinem Stande führet". Der Choral stammt von dem schlesischen Kirchenlieddichter Johannes Heermann (1585–1647).

[2] Vgl. Schüssler: Notwendigkeit und Grenzen, S. 26: „Zweifellos hat sich die deutsche Geschichtsschreibung zu wenig mit dem Marxismus und den darin liegenden Problemen befaßt. Sonst wäre es nicht möglich, daß in der Ostzone so manche Menschen von Marxismus, Leninismus und Stalinismus innerlich überwältigt wurden, völlig kritiklos, als ob es sich um höhere Offenbarungen handelte. – Gerade bei der Betrachtung der wirtschaftlichen und Klassenkämpfe ist der Ort, wo der Christ nur sittliche Maßstäbe anlegen darf; er muss und soll von der Schuld der herrschenden Schichten sprechen, als im Industriezeitalter die Menschen viel zu lange als bloße Ware und als Mittel betrachtet wurden; als in den östlichen Provinzen die ‚Junker' durch die Verfälschung der Steinschen Bauernbefreiung es fertigbrachten, im 19. Jahrhundert noch viereinhalb Millionen Morgen Bauernland in Gutsland zu verwandeln und ein ländliches Proletariat zu schaffen, das die Kirche nicht unterstützte".

[3] Vgl. Hartung: Staatsbildende Kräfte der Neuzeit, S. 430: „[...] während das alte Preußen in Stein und Hardenberg sich die Staatsmänner selbst herangezogen hatte, die nach der Niederlage die Reform in die Hand zu nehmen vermochten, ist dem preußisch-deutschen Reich nach dem ersten Weltkrieg dieses Glück versagt geblieben. So stehen wir heute vor der Tatsache, daß der preußische Staat durch einen Beschluß der Besatzungsmächte aufgelöst worden ist, und ich glaube nicht, daß er noch einmal zum Leben erweckt werden kann. Gerade darum ist es eine ernste Aufgabe der Geschichtswissenschaft, mit möglichster Objektivität die Leistung Preußens in ihrer Größe und in ihren Grenzen zu erforschen und darzustellen. Denn in dieser Leistung stecken sittliche Werte, auf die wir beim Neubau unseres deutschen Staates nicht verzichten dürfen". Hartung spielt auf das Kontrollratsgesetz Nr. 46 über die Auflösung des Staates Preußen vom 25.2.1947 an; siehe: Amtsblatt des Alliierten Kontrollrats in Deutschland, Nr. 14 vom 31.3.1947, S. 262.

Bremer stattfinden sollte, ist abgesagt, statt dessen scheint der Besuch der Bremer Tagung durch ostzonale Historiker unterstützt zu werden. Schade, dass Sie nicht hinkommen. Aber ich habe volles Verständnis dafür. Hinterher will ich mich noch acht Tage irgendwo ausruhen, vom 28.9. bis 2. Oktober werde ich in München die Sitzung der Münchener Historischen Kommission und die der Zentraldirektion der Monumenta mitmachen. Bei den Monumenten „verwese" ich die Stelle von Rörig, bis wir einen richtigen mittelalterlichen Historiker haben. Aber ich habe in der Zentraldirektion ungefähr ebenso viel oder ebenso wenig zu suchen wie Pilatus im christlichen Glaubensbekenntnis.

[...]

Nochmals herzlichen Dank für Ihr Buch, dessen weitere Aufsätze ich auch gern lesen werde. Und viele Grüsse

Nr. 291

An Siegfried A. Kaehler   Berlin, 15. November 1953

NStUB Göttingen, Cod. Ms. S. A. Kaehler, 1, 59. – Masch. Original.

Lieber Kaehler!

Als Ihr langer Brief vom 17.8. kam[1], nahm ich mir vor, Ihnen zum 1. Oktober als dem ersten amtlichen Tag der Emeritierung zu schreiben. Aber damals war ich gerade auf Reisen, ausserdem denke ich, dass Sie während dieses Semesters sich selbst vertreten, womit hoffentlich nicht nur die Lasten, sondern auch die Emolumente des aktiven Professors verbunden sind. Der Wegfall des Kolleggelds ist natürlich empfindlich; auf die Dauer spüre ich aber noch stärker die sich rasch vollziehende Absperrung von den Studenten, die sich mir z.B. fühlbar macht, wenn ich für die Jahresberichte, das einzige Unternehmen, an dem ich noch beteiligt bin, neue Mitarbeiter brauche. Für die Gesundheit ist die Entlastung von den Vorlesungspflichten sicherlich sehr nützlich, wenigstens habe ich es nun bald 5 Jahre so empfunden.

Meine Frau wacht auch sehr streng darüber, dass ich mir nicht zu viel zumute, und hat dadurch erreicht, dass ich mich von den Nachwirkungen meiner Frühjahrsgrippe, von der ich Ihnen geschrieben habe, völlig erholt habe. So habe ich einen ziemlich bewegten Sommer mir leisten können. Am 3. Juli fuhr ich nach Bonn wegen des Instituts für Zeitgeschichte, tagte dort am 4. Vormittags [sic], fuhr hinterher gleich nach Minden, wo der Tag der westfälischen Geschichte mit Ruderregatta und einem an die schlimmsten Bombennächte erinnernden Feuerwerk eingeleitet wurde, hielt dort am 5. einen Vortrag, den ich Ihnen gedruckt zugehen lassen werde[2], machte dann im Treueschen Auto die Fahrt nach Loccum usw. mit und reiste am 6. nach Osnabrück.

---

[1] Siegfried A. Kaehler an Fritz Hartung, 17.8.1953, in: NStUB Göttingen, Cod. Ms. S. A. Kaehler, 1, 59 (Durchschlag).
[2] Siehe oben, Brief Nr. 290.

Nr. 291. An Siegfried A. Kaehler, 15. November 1953

Dort traf ich mit Kahle zusammen, der aus Oxford kam, um in Münster eine Vorlesung zu halten. Er war am Nachmittag von Oxford losgefahren, hatte ein paar Stunden auf dem Kanaldampfer geschlafen, war dann früh etwa um 6 von Hoek van Holland weitergereist und gegen Mittag in Osnabrück eingetroffen. Hier hat er mir, ohne eine Spur von Ermüdung zu zeigen – dabei ist er 78 Jahre alt – 5 Stunden lang von seinen wissenschaftlichen Plänen, Reisen nach Spanien und Rom usw. erzählt. Ich konnte über diese Unverwüstlichkeit nur staunen, ich besitze sie schon lange nicht mehr. Vierzehn Tage später fuhr ich nochmals nach dem Westen, um in Marburg zu reden über Beamtentum und Staat, im Rahmen des Studium generale[1]. Ich hatte anfangs, als ich den Vortrag übernahm, gehofft, in Göttingen Station machen zu können, das ging aber nicht, weil wir schon am 1. August umziehen mussten. Sie fragen, ob es nicht nur eine Umbenennung unserer Strasse sei; zum Glück nicht, und wenn Sie unsere bisherige Wohnung gekannt hätten, würden Sie auch von Glück sprechen. Allerdings war der Umzug nicht nur kostspielig, sondern trotz Packer usw. auch anstrengend, denn meine Bücher musste ich eben doch selbst aufstellen. Dafür erfreuen wir uns aber einer völlig abgeschlossenen Wohnung mit Zentralheizung, und ich habe wieder ein eigenes Arbeitszimmer mit fast allen meinen Büchern.

Zur Erholung fuhren meine Frau und ich nach Bremen. Der Historikertag[2] war im Grossen und Ganzen sicher eine sehr gut gelungene Veranstaltung, freilich finde ich, dass die Zahl der Teilnehmer jetzt die erwünschte Zahl überschritten hat. Es war reine Glückssache, ob man einen Bekannten, dessen Namen man in der Präsenzliste gefunden hatte, auch ausfindig machte. Alles war überfüllt, die Vorträge, die Korridore, die Restaurants. Der neue politische Kurs in der Ostzone hatte auch etwa 60 Historiker aus der DDR nach Bremen gebracht. Das brachte die Bremer etwas in Verlegenheit, denn sie hatten gedacht, das seien unterdrückte und verhungerte Gelehrte, die man mit Freiquartieren, freiem Essen usw. unterstützen müsse. Aber das traf nur für etwa die Hälfte zu; ich hatte auch zwei solche junge Gelehrte mitgebracht, die einmal richtige Wissenschaft kennen lernen sollten und es auch sehr genossen haben[3]. Aber darunter waren auch viele waschechte Marxisten, an der Spitze Herr Meusel und Kamnitzer, die ja auch an der neuen sowjetdeutschen „Zeitschrift für Gesch. wissenschaft" massgebend beteiligt sind. Zum Glück ist alles ohne Zwischenfall abgelaufen. Die Vorträge waren fast alle etwas zu lang, die Diskussionen meist unergiebig, zum Teil deswegen, weil die wohlabgewogenen Vorträge keinen rechten Ansatzpunkt zu einer grundsätzlichen Diskussion boten. Etwas

---

[1] Hartungs am 22.7.1953 an der Universität Marburg gehaltener Vortrag „Berufsbeamtentum und Staat" blieb ungedruckt; vgl. bereits seinen älteren, am 6.10.1930 an der Verwaltungsakademie Dresden gehaltenen gleichnamigen Vortrag, erschienen in: Zeitschrift für Rechtsphilosophie 5 (1930), S. 89–107, ebenfalls in: Fritz Hartung/Hans Leisegang: Berufsbeamtentum – Volksstaat und Ethik. Zwei Vorträge, Leipzig 1931, S. 1–19.
[2] Der 22. Deutsche Historikertag fand vom 16. bis 19.9.1953 in Bremen statt.
[3] Einer der „jungen Gelehrten" war Werner Schochow (mündliche Mitteilung Schochows an den Herausgeber).

Nr. 291. An Siegfried A. Kaehler, 15. November 1953

enttäuscht hat mich Ihr Kollege Bussmann[1]; auch wenn man ein Buch über Treitschke und die Politik geschrieben hat[2], darf man meiner Ansicht nach bei einem Vortrag vor dem Verband der Historiker sich nicht auf das Problem Treitschke und England beschränken[3]. Noch weniger glücklich fand ich allerdings den Vortrag von Wickert[4] über Mommsen als Politiker, der die Frage aufwarf, ob Mommsen als Gelehrter oder als Politiker mehr geleistet habe[5].

Von Bremen aus fuhren meine Frau und ich in die Lüneburger Heide; wir kannten sie beide noch nicht und nahmen an, dass wir sie schwerlich noch kennen lernen würden, wenn wir diese Gelegenheit nicht benutzen würden. [...] ich fuhr allerdings für 8 Tage nach München, wo ich die Sitzung der Hist. Kommission und die Tagung der Zentraldirektion der Monumenta mitmachte. In die Hist. Kommission haben wir endlich Rothfels gewählt. W. Goetz hat die 4 Tage Sitzungen mit grossem Fleiß mitgemacht, er ist für seine 86 Jahre noch fabelhaft.

Vor etwa 8 Tagen habe ich auch Meinecke wieder einmal besucht, zum Geburtstag habe ich ihm absichtlich nur schriftlich gratuliert. Ich fand ihn körperlich jammervoll, fast unbeweglich in seinem Stuhl sitzend, selbst das Sprechen macht ihm Mühe, da die Muskeln versagen, man muss, wenn man selbst, wie ich, nicht mehr so scharf hört wie in der Jugend, sehr aufpassen, um ihn zu verstehen. Aber was er sagt, ist konzentrierter Geist, und zwar nicht etwa Reste aus früherer Zeit, vielmehr sprach er mit mir teils über das neue Buch von Andreas[6], teils über den totalen Staat und seine Beziehungen zum Europagedanken und zum Nationalismus. Nach etwa 20 Minuten hatte ich den Eindruck, dass er genug hatte, und ging, nachdem ich noch lange mit Frau M. gesprochen hatte, die sich mit grosser Vitalität aufrecht hält.

---

[1] Walter Bußmann (1914–1993), Historiker, a. o. Professor an der Universität Göttingen (1954–1955) und an der Freien Universität Berlin (1955–1959), Professor und Abteilungsleiter an der Deutschen Hochschule für Politik Berlin (1955–1959), o. Professor am Otto-Suhr-Institut (1959–1960) und am Friedrich-Meinecke-Institut (1960–1966) der Freien Universität Berlin sowie an der Ludwig-Maximilians-Universität München (1966–1970) und an der Universität (TH) Karlsruhe (1970–1977).

[2] Walter Bußmann: Treitschke – Sein Welt- und Geschichtsbild, Göttingen 1952.

[3] Bußmanns Vortrag auf dem Bremer Historikertag erschien unter dem Titel: Treitschke als Politiker, in: Historische Zeitschrift 177 (1954), S. 249–279, erneut in: Walter Bußmann: Wandel und Kontinuität in Politik und Geschichte – Ausgewählte Aufsätze zum 60. Geburtstag, hrsg. v. Werner Pöls, Boppard a. Rh. 1973, S. 377–407.

[4] Lothar Wickert (1900–1989), Althistoriker, a. o. Professor an der Universität Königsberg (1935–1939), o. Professor an der Universität Köln (1939–1966).

[5] Der erwähnte Vortrag von Lothar Wickert blieb ungedruckt; vermutlich sind einzelne Gedankengänge und Formulierungen eingegangen in einen etwas später gehaltenen und publizierten Gedenkvortrag Wickerts: Theodor Mommsen – Lebendige Gegenwart. Gedächtnisrede, gehalten zur Feier des 50. Todestages am 1. November 1953, Berlin 1954, ebenfalls in: derselbe: Drei Vorträge über Theodor Mommsen, hrsg. v. Heinz Bellen, Frankfurt a. M. 1970, S. 11–34. – Wickert, von Haus aus Epigraphiker, war als wissenschaftlicher Mitarbeiter der Preußischen Akademie der Wissenschaften bereits 1934 mit der Anfertigung einer Biographie Mommsens beauftragt worden (vgl. Nippel: Alte Geschichte, S. 343, Anm. 94), die 1959–1980 in vier Bänden erscheinen sollte.

[6] Willy Andreas: Carl August von Weimar. Ein Leben mit Goethe 1757–1783, Stuttgart 1953.

Gelegentlich arbeite ich auch noch etwas an der längst geplanten allgemeinen Verfassungsgeschichte der Neuzeit. Aber ob ich damit noch fertig werde, wissen die Götter.

[...]

Zugleich im Namen meiner Frau möchte ich Sie und Ihre Gattin sehr herzlich grüssen. Wenn ich wieder einmal durch Göttingen komme, werde ich aussteigen; wer weiss, wie oft wir uns noch sehen können!
In alter Freundschaft
Ihr Hartung

Nr. 292
An Gerhard Ritter   Berlin, 15. November 1953
BAK N 1166, Nr. 341. – Masch. Original.

Lieber Herr Ritter!

Das Exemplar der Jahresberichte[1] habe ich mit 10% Rabatt beim Verlag für 6, 30 Ostmark bekommen und bezahlt. [...] Mit dem neuen Band habe ich übrigens noch viel Aerger gehabt, man hat meine Abwesenheit benutzt, um den Druck – ich hatte schon das Imprimatur erteilt – anzuhalten und allerhand zu bemängeln, z.B. die Aufnahme der Memoiren von Meissner[2], das Vorkommen der Bezeichnung Schlesien u. dergl. und hat die Sektion für Geschichte (Vorsitzender Meusel) mit der Durchsicht der Druckbogen beauftragt. Ich habe sofort erklärt, dass ich die Sektion (die übrigens viel zu schwerfällig wäre, um diese Aufgabe ohne riesigen Zeitverlust durchzuführen) nicht als ein mir übergeordnetes Gremium anerkennen könne und jede Beteiligung an den Jahresberichten ablehnen müsse, wenn der Beschluss, den das Präsidium gefasst hatte, nicht zurückgenommen würde. Das ist dann sofort geschehen und der Druck geht so, wie ich ihn genehmigt hatte, jetzt endlich weiter.

Mit Meusel hatte ich ein längeres Gespräch über Bremen[3], über das ich auch an Aubin als den jetzigen Vorsitzenden geschrieben habe. Meusel behauptet, sehr befriedigt zu sein, er lehne auch jede Sonderorganisation der ostdeutschen Historiker ab, sprach aber sehr deutlich den Wunsch nach einer Vertretung der marxistischen Historiker im Ausschuss aus (damals lebte Griewank noch[4]) und bedauerte, dass der nächste Historikertag erst in 3 Jahren sein soll. Er meinte, man könne vielleicht in der Zwischenzeit eine kleinere Tagung

---
[1] Jahresberichte für deutsche Geschichte.
[2] Otto Meissner (1880–1953), Jurist und Diplomat, im Rang eines Staatssekretärs Leiter der deutschen Präsidialkanzlei unter Friedrich Ebert (1919–1926), Paul von Hindenburg (1926–1934) und Adolf Hitler (1934–1945); seine Memoiren: Staatssekretär unter Ebert, Hindenburg, Hitler. Der Schicksalsweg des deutschen Volkes von 1918–1945, wie ich ihn erlebte, Hamburg 1950.
[3] Gemeint ist der Bremer Historikertag.
[4] Karl Griewank hatte am 26.10.1953 Suizid begangen.

Nr. 292. An Gerhard Ritter, 15. November 1953

abhalten. Das scheint mir auch aus anderen Gründen erwägenswert; ich finde, dass unsere Tagungen allmählich zu sehr den Charakter von Massenkundgebungen annehmen.

Die Kommissionstagung in München verlief durchaus befriedigend. Die Finanzen haben sich gebessert, so kann allmählich auch etwas flotter gearbeitet werden. Allerdings verschlingt die unglückselige Neue Deutsche Biographie unverhältnismässig viel Geld, und nach dem letzten Bericht von Stolberg befürchte ich, dass nach dem 2. Band eine Stockung eintreten wird. Bei den Wahlen stellte Heimpel erneut die Kandidatur von K. A. v. Müller auf. Ich war zunächst dadurch etwas peinlich berührt, aber es war ganz gut so, denn M. bekam nicht einmal die einfache Mehrheit, geschweige denn die jetzt erforderlichen 2/3. Damit ist diese Kandidatur wohl endgültig erledigt.

Dass Griewank sich das Leben genommen hat, haben Sie wohl gehört. Man hat natürlich viel darüber gemunkelt, politische Zumutungen östlicher Herkunft wurden mir ebenso als Motiv genannt wie Enttäuschungen durch Ausbleiben von Berufungen nach dem Westen. Inzwischen habe ich aus guten Quellen erfahren, dass offenbar erbliche Belastung vorliegt, z. B. soll sich der Grossvater auf ähnliche Weise das Leben genommen haben[1]. In Bremen und in München hat Griewank auf mich noch einen durchaus lebensfrohen Eindruck gemacht, von einer Enttäuschung über ausgebliebene Berufungen, zu der objektiv ja auch gewiss kein Anlass war, habe ich nichts gemerkt.

Vor einigen Tagen war ich bei Meinecke und konnte mich etwa 20 Minuten mit ihm unterhalten. Seine körperliche Hinfälligkeit ist erschütternd, alles Körperliche lässt langsam nach, auch das Sprechen fällt ihm neuerdings schwer. Aber der Geist ist immer noch rege, er lässt sich noch vorlesen, z. B. das neue Buch von Andreas, und im Anschluss daran sprach er über Andreas[2]. Er verabschiedete sich von mir mit den Worten, er wisse nicht, ob er sich wünschen solle, noch ein Wiedersehen mit mir zu erleben. Erstaunlich ist, dass Frau Meinecke noch immer fast die ganze Pflege, zu der ja auch das Vorlesen gehört, in unverwüstlich scheinender Frische bewältigt.

Meine Frau und ich geniessen unsere zentralgeheizte Wohnung und grüssen Sie und Ihre Gattin herzlich.

Ihr Hartung

---

[1] Die Ursachen für Griewanks überraschenden Suizid werden heute sehr differenziert eingeschätzt: Zum einen dürften erbliche Vorbelastungen und eine Anlage zur Depression fraglos mit ausschlaggebend gewesen sein, zum anderen waren vermutlich ebenfalls die Verweigerung einer legalen Übersiedlung Griewanks und seiner Familie in den Westen durch die DDR-Behörden sowie die Umstände der Sowjetisierung der Universität Jena seit 1950/51 für diesen Schritt mitverantwortlich; vgl. Kaiser: Karl Griewank, S. 13 ff., 400.

[2] Siehe oben, Brief Nr. 291.

Nr. 293
An Gerhard Ritter   Berlin, 10. Januar 1954

BAK N 1166, Nr. 342. – Masch. Original.

Die 1,40 DM für das Exemplar der Jahresberichte habe ich schon vor längerer Zeit bekommen; ich danke Ihnen dafür, bedaure aber, dass Sie sich damit noch Mühe gemacht haben. Am 15. soll nun endlich der Jahrgang 50 an den Buchhandel ausgeliefert werden; Sie bekommen natürlich auch ein Exemplar, auch wenn Sie jetzt nicht mehr Vorsitzender des Verbandes sind. Denn der Verband u. sein Vorsitzender hat formell gar nichts mit den Jahresberichten zu tun, dagegen habe ich mich Ihres lebhaften Anteils an meinen Sorgen um die Jberr. stets sehr gefreut und bitte Sie deshalb, das Ihnen zugedachte Exemplar entgegenzunehmen.

Für die neue Auflage Ihres Friedrichbuchs danke ich Ihnen herzlich. Ich habe es zum Teil mit meiner 1. Auf. verglichen und zahlreiche Verbesserungen im einzelnen entdeckt[1]. Dass Sie Ihre Anschauung im ganzen nicht zu ändern brauchten war mir von vornherein klar.

Aus meinem hiesigen Leben ist vielleicht die Aussprache der alle Historiker der DDR umfassenden Sektion für Geschichte über den Bremer Historikertag von Interesse. Sie zeigte zunächst, dass der Eindruck bei Meusel durchaus positiv gewesen ist. Vor allem hat er den von ihm überhaupt nur sehr schwach betriebenen Plan einer ostzonalen Historikervereinigung fallen lassen. Dass die Marxisten bei den Diskussionen nicht ausführlich zu Wort kamen, dass vor allem aus ihren Diskussionsbemerkungen keine ausführliche Debatte erwuchs, wurde zwar von mehreren Teilnehmern bemängelt, aber es wurde allgemein, auch von Kamnitzer, zugegeben, dass daran vor allem der Mangel an Zeit schuld war. Ein mir unbekannter Vertreter des Zentralkomités der SED, der ausdrücklich zugab, nicht in Bremen gewesen zu sein, empfand es auch als herausfordernd, dass an Ihren Vortrag keine Diskussion sich angeschlossen habe. Damit hätte sich der Verband ohne Kritik und Einschränkung mit Ihren Ausführungen einverstanden erklärt und diese als die massgebliche Ansicht des Verbandes anerkannt. Ich habe natürlich erklärt, dass an den Schlussvortrag schon aus zeitlichen Gründen sich nie eine Diskussion angeschlossen habe und dass die späte Stunde sowohl wie die grosse Zahl der auf zwei Räume verteilten Zuhörer jede Aussprache von vornherein unmöglich gemacht hätten. Ausserdem sei bisher niemand unter uns auf den Gedanken gekommen, in einem Vortrag, selbst wenn er vom Vorsitzenden gehalten wurde, etwas anderes zu sehen als die Aeusserung eines Gelehrten, an der jeder Historiker, selbst die Mitglieder des Verbandes, nach Belieben Kritik üben könne. Meusel stimmte mir zu.

Immerhin glaube ich, dass beim nächsten Historikertag – vorausgesetzt, dass er unter ähnlichen politischen Verhältnissen stattfindet wie der Bremer –

---
[1] Gerhard Ritter: Friedrich der Große – Ein historisches Profil, 3. Auf. Heidelberg 1954; die 1. Aufl. war 1936 in Leipzig erschienen.

mit stärkeren Vorstössen der Marxisten zu rechnen sein wird. Aber es lohnt sich nicht, darüber schon jetzt zu sprechen. Solange die wissenschaftlichen Leistungen der marxistischen Historiker kein höheres Niveau haben als die Aufsätze der „Zeitschrift für Geschichtswissenschaft"[1] oder die Schriften von Meusel und Stern, scheint mir überhaupt keine Basis für eine halbwegs fruchtbare Diskussion zu bestehen.

Meinecke ging es vor einigen Wochen nicht gut, er fühlte sich so schwach, dass er nicht mehr aufstehen konnte. Inzwischen hat er sich wieder etwas erholt, sodass er zeitweise ausser Bett sein kann. Aber ich weiss nicht, ob man sich darüber freuen soll.

Meiner Frau und mir geht es befriedigend, wir freuen uns der warmen zentralgeheizten Wohnung. Hoffentlich sind Sie auch gut ins neue Jahr gekommen; es ist wohl noch nicht zu spät, Ihnen alles Gute zu wünschen.

Mit herzlichen Grüssen auch an Ihre verehrte Gattin
Ihr Hartung

Nr. 294
An Antonie Meinecke   Berlin, 12. Februar 1954

GStA PK, VI. HA, Nl. Friedrich Meinecke, Nr. 286. – Hs. Original.

Sehr verehrte Frau Meinecke!

Nun ist die Stunde des endgültigen Abschieds gekommen[2], nicht unerwartet angesichts des hohen Alters Ihres Gatten, erst recht nicht für die, die das Nachlassen der körperlichen Kräfte seit langem mit Sorgen verfolgt haben, aber doch schmerzlich für die deutsche Geschichtswissenschaft, deren Nestor und getreuer Eckart der Verstorbene gewesen ist. Was er für sie bedeutet hat und noch auf lange Sicht hin bedeuten wird, das wird in ausführlichen Nachrufen gewürdigt werden. Ich darf mich darauf beschränken, zu sagen, was er für mich bedeutet hat. Mein erster Versuch, ihn kennen zu lernen, ist gescheitert. Als ich Herbst 1901 in Berlin zu studieren anfing, wollte ich auch die von ihm angekündigte Vorlesung – ich glaube über die deutsche Einheitsbewegung – hören; aber sie kam nicht zustande, weil er inzwischen nach Straßburg berufen worden war. So lernte ich ihn nur aus seinen Büchern kennen, dem Boyen[3], dann Weltbürgertum und Nationalstaat[4]. Daß er 1909, als ich noch ein ganz unbekannter, unhabilitierter Doktor war, einen Aufsatz von mir für die Historische

---

[1] Siehe dazu auch die Briefe Nr. 289, 291.
[2] Friedrich Meinecke war am 6.2.1954 gestorben.
[3] Friedrich Meinecke: Das Leben des Generalfeldmarschalls Hermann von Boyen. Bde. 1–2, Stuttgart 1896–1899.
[4] Friedrich Meinecke: Weltbürgertum und Nationalstaat. Studien zur Genesis des deutschen Nationalstaates, München/Berlin 1908.

Zeitschrift annahm[1], machte mich stolz. Und noch stolzer machte es mich, daß ich 1923 als Kollege in die Berliner Fakultät aufgenommen wurde. Auch seither habe ich viel von ihm gelernt. Wohl bin ich der Hintzeschen Richtung der Verfassungsgeschichte treu geblieben; aber ich habe von Friedrich Meinecke gelernt und in den stürmischen Jahren seit 1933 immer neu erfahren, daß die Geschichtswissenschaft es nicht nur mit Institutionen und wirtschaftlichen Vorgängen, sondern vor allem auch mit der Entwicklung der Ideen zu tun hat und daß sie auf ethischer Grundlage ruhen muß. Das hat er nicht nur gelehrt, sondern auch uns vorgelebt. Und dafür danke ich ihm über das Grab hinaus.

Was für Sie der Abschied von dem Lebensgefährten bedeutet, daran möchte ich nicht rühren. Es wird für Sie eine Genugtuung sein, daß Sie ihn bis ins höchste Alter haben umsorgen und pflegen können. Wer in Ihre Arbeit auch nur einen oberflächlichen Blick tun konnte, hat Sie stets bewundert.

Leider zwingt mich eine Erkältung, in diesen Tagen zu Hause zu bleiben. So kann ich an der Trauerfeier nicht teilnehmen. Meine Frau, die an Ihrem Schmerz herzlichen Anteil nimmt, wird an meiner Stelle einen letzten Blumengruß überbringen.

Mit der Bitte, auch Ihren Töchtern unser Beileid auszusprechen, bin ich in alter Verehrung
    Ihr sehr ergebener
    F. Hartung

Nr. 295
An Willy Andreas   Berlin, 22. Februar 1954

GLA Karlsruhe, 69 N, Nr. 800. – Masch. Original.

Lieber Herr Andreas!

Sie haben mich in der letzten Zeit reich beschenkt, zunächst durch den mir gewidmeten Aufsatz über „Frankreichs neunten November"[2], dann durch die prächtige Darstellung von Carl August[3]. Den neunten November hatte ich ja schon im Herbst in München in Korrekturfahnen gelesen, aber der Eindruck jetzt, wo ich ihn in Ruhe und in einem sauberen Druck geniessen konnte, war doch wesentlich stärker. Sie haben es ausgezeichnet verstanden, Ihren Stoff, wie Sie einleitend sagen, in epischer Gestaltung zu geben, ohne dass Sie sich durch mögliche Seitenblicke auf den deutschen neunten November hätten ablenken lassen. Gerade dadurch wirkt Ihr Aufsatz klar und überzeugend.

---

[1] Fritz Hartung: Berthold von Henneberg, Kurfürst von Mainz, in: Historische Zeitschrift 103 (1909), S. 527–551.
[2] Willy Andreas: Frankreichs neunter November – Bonapartes Staatsstreich vom 18. Brumaire, in: Geschichte in Wissenschaft und Unterricht 4 (1953), S. 724–745. Der Aufsatz trägt die Widmung „Fritz Hartung zum 70. Geburtstag".
[3] Willy Andreas: Carl August von Weimar. Ein Leben mit Goethe 1757–1783, Stuttgart 1953.

Nr. 295. An Willy Andreas, 22. Februar 1954

Dass Sie in Ihrem Carl-August-Buch meine eigenen Vorarbeiten rühmend hervorheben, hat mich natürlich besonders gefreut[1]. Denn abgesehen davon, dass es immer angenehmer ist, gelobt als getadelt zu werden, so ist der Sinn wissenschaftlicher Arbeiten ja doch, dass sie andern etwas bieten wollen und sollen[2], und gerade bei meiner Geschichte Sachsen-Weimars war mir die Aufgabe ausdrücklich gestellt, für die künftige Biographie eine Vorarbeit zu leisten. Damit ist zugleich gesagt, dass Sie die Hauptsache zu leisten hatten, nämlich die Herausarbeitung der Persönlichkeit Carl Augusts. Sie haben sie meisterhaft geleistet. Das ist nicht nur mein Urteil, sondern auch das von Meinecke. Bei meinem letzten Besuch, den ich im November bei ihm gemacht habe, sprach er mit mir über Ihr Buch, das er sich damals von seiner Frau noch vorlesen liess. Er selbst konnte ja schon lange nichts mehr lesen. Er rühmte vor allem die Kunst der Darstellung, auch den Stil, die Klarheit des Aufbaus, die Flüssigkeit der Sätze, recht im Gegensatz zu Srbiks „Geist und Geschichte", von dem er sich auch wenigstens die ihn und seinen Kreis berührenden Abschnitte[3] hatte vorlesen lassen. So sehr es ihn interessierte, sich selbst bereits historisch gewürdigt zu sehen, so hatte er damals doch über den schwerfälligen Stil mit den langen Sätzen geklagt; und es ist ja klar, dass gerade beim Vorlesen diese Mängel besonders stark empfunden werden. Mit dem Carl August war er sehr einverstanden. Es ist wohl das letzte grössere Werk, das er sich noch hat vorlesen lassen, bald danach nahmen die körperlichen Kräfte sehr ab, ich habe ihn seither auch nicht mehr gesehen.

Was ich an dem Buch besonders bewundere, ist der menschliche Takt, mit dem Sie das Verhältnis Goethe-Carl August behandeln, Sie geben wirklich eine Biographie Carl Augusts und vermeiden alle Abwege, die in die Goethebiographie führen könnten; aber zugleich vermeiden Sie es, im Interesse der Heroisierung Carl Augusts Goethe in den Schatten zu stellen.

Nur Eines macht mir etwas Sorge: Sie vermeiden, wenn ich richtig aufgepasst habe, jeden Hinweis darauf, dass es sich nur um den 1. Band handelt. Ich hoffe, dass das nur Vorsicht ist und dass die im Vorwort erwähnten weiteren Kapitel doch nicht nur die Jahre der Fürstenbundspolitik umfassen werden, sondern dass Sie uns eines Tages die ganze Biographie vorlegen können. Aber schon mit dem jetzigen Bande haben Sie sich Anspruch auf den Dank Ihrer Leser erworben, und ich persönlich danke Ihnen gerade aus der Vertrautheit mit dem Thema ganz besonders herzlich.

Die Berliner Konferenz hat mich insofern enttäuscht, als ich angenommen hatte, man würde keine Konferenz veranstalten, ohne sich vorher über einige Konzessionen auf beiden Seiten einigermassen verständigt zu haben[4]. Ich bin

---

[1] Andreas bezeichnet, ebenda, S. 571, Hartungs 1923 erschienene Monographie „Das Großherzogtum Sachsen unter der Regierung Carl Augusts 1775 bis 1828" als „immer noch maßgebend".
[2] Im Original versehentlich: „sollen und sollen".
[3] Srbik: Geist und Geschichte, Bd. 2, S. 279–293.
[4] Im Rahmen der Berliner Viermächtekonferenz (25.1. bis 18.2.1954) wurde über die Möglichkeiten eines Friedensvertrags mit Deutschland und eine deutsche Wiedervereinigung

überzeugt, dass die Russen durchaus bereit wären, die Ostzone aufzugeben, denn sie haben sie wirtschaftlich so ausgebeutet, dass sie nicht mehr viel herausholen können, und sind sich wohl auch klar, dass sie mit den bisherigen Methoden die Bevölkerung nicht gewinnen werden. Aber Vorbedingung wird immer sein, dass die EVG[1] nicht zustandekommt, dass zum mindesten die männliche Bevölkerung der Ostzone nicht in die Europaarmee eingereiht wird. Dass auch dann, wenn der Westen das garantiert, noch genug Schwierigkeiten bleiben, ist mir klar. Man braucht ja nur die Oder-Neisse-Grenze zu erwähnen. Auch traue ich den Russen durchaus zu, dass sie nach der Räumung der Ostzone eines Tages irgendwo in Deutschland Unruhen inszenieren, die sie zum Eingreifen „zwingen", bevor die Amerikaner da sein können. Was sich die Westmächte gedacht haben, als sie ohne jede Konzession nach Berlin kamen, und was man sich auf beiden Seiten bei einer Konferenz gedacht hat, bei der nur Reden zum Fenster hinaus gehalten werden, aber nicht ver- und gehandelt wird, das verstehe ich offen gesagt nicht. So wie die Dinge gelaufen sind, muss man wohl schon zufrieden sein, dass sich die Lage nicht verschärft hat; ich habe mit der Möglichkeit neuer Erschwerungen für Berlin durchaus gerechnet. Einstweilen aber hoffe ich, dass ich im Herbst zur Sitzung der Historischen Kommission nach München ohne Interzonenpass werde reisen können.

Bis dahin wünsche ich Ihnen alles Gute, vor allem Arbeitskraft und Arbeitsfreude, die vor allem dem Carl August zugute kommen mögen. Mit herzlichem Dank für Ihre schönen Gaben und mit vielen Grüssen von Haus zu Haus

Ihr F. Hartung[2]

Nr. 296

An Georg Lenz Berlin, 19. April 1954

SBBPK, Nl. F. Hartung, K 45/4. – Masch. Durchschlag.

Sehr geehrter Herr Doktor!

Für die freundliche Zusendung Ihres interessanten und für mich sehr lehrreichen Aufsatzes über Russland und Deutschland im 16. Jahrhundert[3] möchte ich Ihnen[4] wenn auch leider etwas verspätet bestens danken. Ich

---

verhandelt – am Ende ohne Ergebnis; vgl. Hermann-Josef Rupieper: Die Berliner Außenministerkonferenz 1954. Ein Höhepunkt der Ost-West-Propaganda oder die letzte Möglichkeit zur Schaffung der deutschen Einheit?, in: Vierteljahrshefte für Zeitgeschichte 34 (1986), S. 427–453.

[1] Europäische Verteidigungsgemeinschaft.
[2] Darunter von der Hand des Empfängers: „baldige Rücksendung erbeten W.A.".
[3] Georg Lenz: Rußland und Deutschland im 16. Jahrhundert, in: Forschungen und Fortschritte 27 (1953), S. 180–187.
[4] Wilhelm Theodor Georg Lenz (1906–1976), Historiker und Archivar, Gymnasiallehrer in Mitau (1929–1938), Referent beim Reichskommissar für die besetzten Ostgebiete (1941–1944), Kreisarchivar in Otterndorf (1948–1968).

Nr. 296. An Georg Lenz, 19. April 1954

stimme Ihrer gleich zu Beginn ausgesprochenen Ansicht, dass die deutschrussischen Beziehungen bei uns meist zu sehr vom Standpunkt der Ostkolonisation betrachtet worden sind, durchaus zu. Allerdings habe ich bei der östlichen Literatur, soweit sie mir durch Uebersetzungen zugänglich ist, aber ebenso bei den Aufsätzen der Zeitschrift für Geschichtswissenschaft sehr häufig den Eindruck, dass sie die Einseitigkeit der westeuropäischen, zumal der liberal eingestellten Geschichtsschreibung noch überbieten durch bewusste Tendenz, die sich nicht allein auf die Forschung und Darstellung erstreckt, sondern sich unmittelbare politische Ziele setzt und dadurch eher abstossend als gewinnend wirkt.

Nicht ganz zustimmen kann ich Ihnen, wenn Sie S. 183, Mitte der 1. Spalte, die romantisch reaktionäre Auffassung, in der Aufrechterhaltung der alten Privilegien die Grundlagen des europäischen Daseins zu sehen, als hergebracht bezeichnen. Ich glaube, einen grossen Teil der dem Absolutismus gewidmeten Literatur zu kennen, und habe darin doch meist die Ansicht gefunden, dass der Absolutismus im 16. und 17. Jahrhundert ein fortschrittliches Element gewesen sei und dass erst im 19. Jahrhundert ihn der bürgerliche Liberalismus mit der Forderung der politischen und wirtschaftlichen Freiheit überholt habe. Auf diesem Standpunkt steht z. B. selbst ein so demokratischer Mann wie Joh. Scherr[1]. Ganz besonders vertritt ihn die preussische Geschichtsschreibung, vor allem Droysen. Das andere Preussen, um diesen Ausdruck von J. Schoeps[2] zu verwenden, das reaktionäre, junkerliche Preussen, hat es in der Geschichtsschreibung nicht zu namhaften Vertretern gebracht. Dieser allgemeinen Anschauung der Geschichtswissenschaft entspricht es, dass man Philipp II.[3] nicht so sehr wegen des Absolutismus wie wegen seiner streng katholischen, die geistige Freiheit bekämpfenden Haltung kritisiert.

Trotzdem glaube ich nicht, dass man die russische Entwicklung ohne weiteres in den Rahmen der gesamteuropäischen wird eingliedern können. Die verfassungsgeschichtliche Betrachtung des Absolutismus kommt um die Berücksichtigung des Kulturgefälles nicht herum. Das gilt schon von der brandenburgisch-preussischen Geschichte. Sie versucht zwar seit dem Gr. Kurfürsten den staatlichen Vorsprung des Westens einzuholen, bleibt aber trotz aller Anstrengung bis 1806 hinter ihm zurück, weil das bürgerliche Element zu schwach ist. Noch mehr trifft das für Russland zu, wo es im 16. Jahrhundert wohl eine Kaufmannschaft, aber nicht eigentlich eine tragfähige bürgerliche Schicht gegeben hat.

---

[1] Johannes Scherr (1817–1886), Schriftsteller und Kulturhistoriker, o. Professor an der Eidgenössischen polytechnischen Schule Zürich (1860–1886).
[2] Hans-Joachim Schoeps (1909–1980), Historiker und Religionswissenschaftler, im Dritten Reich aus „rassischen" Gründen verfolgt und 1938–1946 im Exil in Schweden, 1946 Habilitation an der Universität Marburg, a. o./o. Professor für Religions- und Geistesgeschichte an der Universität Erlangen(-Nürnberg) (1947/50–1977, Ordinariat bis 1962 ad personam). – Sein Buch: Das andere Preußen, Stuttgart 1952, wurde von Hartung kritisch rezensiert in: Historische Zeitschrift 175 (1953), S. 564–567.
[3] Philipp II. (1527–1598), König von Spanien (1556–1598) und von Portugal (1580–1598).

Sie sehen, dass Ihr Aufsatz mich sehr angeregt hat, gerade auch im Hinblick auf einen „Rapport" über den Absolutismus, den ich für [den] internationalen Historikertag in Rom 1955 auszuarbeiten habe[1]. Und für diese Anregung möchte ich Ihnen bestens danken.

Ihr sehr ergebener

Nr. 297
An Willy Andreas Berlin, 23. Mai 1954

GLA Karlsruhe, 69 N, Nr. 800. – Masch. Original.

Lieber Herr Andreas!

Für Ihren freundlichen Brief vom 8. danke ich Ihnen bestens. Besonders erfreut hat mich die Nachricht, dass Sie ernsthaft mit der Fortsetzung Ihres Carl August beschäftigt sind[2]. Gewiss haben Sie darin Recht, dass Ihr erster Band in sich ein geschlossenes Ganzes bildet u. sich auch ohne Fortsetzung behaupten kann. Aber die Biographie C. A.s schreit nach einer Fortsetzung, sein Leben „ohne Goethe", wie ich einmal allzu scharf sagen möchte, ist für seine Biographie mindestens ebenso wichtig, und das, was er in diesen späteren Lebensabschnitt aus dem Umgang mit Goethe 1775 bis 1783 mit hinübergebracht hat, wird gerade der, ja nur der, der den ersten Abschnitt eindringlich durchgearbeitet hat, zum klaren Ausdruck bringen können.

[...]

Die Anzeige Ihres Buches durch Hahn im hist.-pol. Buch[3] scheint mir das Muster einer Rezension, wie sie nicht sein soll. Man erfährt daraus nicht, was in dem Buch drin steht, geschweige denn, was es Neues an Material und an Beurteilung bringt, man merkt vor allem gar nicht, dass der Rezensent das Buch gründlich gelesen hat. Wenn Hahn[4] als erster bemerkt hätte, dass Sie manche Formulierung von mir wörtlich übernommen haben, hätte er natürlich das hervorheben können. Aber da Sie das selbst sehr offen gesagt haben, glaube ich auch, dass Hahn Ihnen etwas anhängen wollte.

Ich habe mich, da ich Mitglied des freilich so gut wie nie in Aktion tretenden Redaktionsausschusses der DLZ bin, erkundigt, wer Ihr Werk zu rezensieren habe. Leider hat man dort überhaupt noch keinen Rezensenten gefunden, viele sollen es abgelehnt haben. Ich habe darauf hingewiesen, dass mir Hahn nach der eben abgelegten Probe durchaus ungeeignet dafür erscheine. Haben Sie einen Wunsch oder eine Anregung? Ich würde sie dann als von mir stam-

---

[1] Siehe unten, Brief Nr. 306.
[2] Siehe oben, Brief Nr. 295.
[3] Karl-Heinz Hahn: Rezension von: Willy Andreas: Carl August von Weimar – Ein Leben mit Goethe 1757–1783, Stuttgart 1953, in: Das Historisch-Politische Buch 2 (1954), S. 77–78.
[4] Karl-Heinz Hahn (1921–1990), Historiker, Germanist, Archivar und DDR-Kulturfunktionär, Direktor des Goethe- und Schiller-Archivs Weimar (1958–1986).

mend weitergeben. Haussherr ist sicher ein kluger und kenntnisreicher Mann, aber bei ihm besteht auch die Gefahr, dass er den Schwerpunkt auf die Verwaltungstätigkeit legt; und die Hauptsache ist doch das Menschliche.

Aland, der neue Herausgeber, ist von Haus aus Theologe, vor etwa 10 Jahren mit Spenerstudien[1] hervorgetreten, die mir zu speziell waren, als dass ich mich darum gekümmert hätte. In der 3bändigen Festschrift, die Leo Stern zum 400jährigen Jubiläum der Universität Wittenberg herausgegeben und mit den Worten: Vivat, cresceat, floreat kraftvoll, wenn auch nicht in ganz klassischem Latein geschlossen hat, hat er eine kurze Geschichte der Theolog. Fakultät geschrieben[2]. Als Neuestes gibt er eine sehr populäre Kirchengeschichte in einzelnen Lebensbildern heraus[3]. Er ist sehr betriebsam, politisch ist er mir nicht ganz durchsichtig. Die Art, wie er sich – ich glaube vor etwa anderthalb Jahren, in die Herausgabe der DLZ zunächst neben Griewank hineingedrängt hat, hat mir wenig gefallen. Dafür hat ihn der SSD vor etwa einem Jahr einmal aus dem Auto heraus verhaftet und erst nach etwa 14 Tagen wieder freigelassen[4].

Dass G. Franz und viele andere Nazis sich wieder historisch betätigen, ist mir ebenso wie Ihnen aufgefallen. Bei Franz hat mir allerdings gefallen, dass er nicht wie sehr viele sich hilfesuchend an mich mit der Bitte gewendet hat, ihm schriftlich zu bestätigen, dass er sich niemals als Nazi betätigt habe. Und seine Bücherkunde[5] scheint mir eine verbesserungsbedürftige aber auch -fähige Grundlage für eine Neubearbeitung des Dahlmann-Waitz[6] zu sein. Es musste einmal ein radikaler Schnitt gemacht werden, sonst erstickt jeder Benutzer in der Fülle der veralteten Literatur, wie sie sich schon in der letzten Auflage übermässig breit gemacht hat.

Haben Sie Gelegenheit, die sowjetzonale Zeitschrift für Geschichtswissenschaft einzusehen? Sie hat in ihrem vorletzten Heft eine Stellungnahme zum Bremer Historikertag, insbesondere zu Ritters Vortrag über den Militarismus gebracht, die ganz interessant ist[7]. Noch auffallender ist im gleichen Heft die Rektoratsrede von Leo Stern[8], die eine Auseinandersetzung mit Heimpels Rek-

---

[1] Kurt Aland: Spener-Studien, Berlin 1943.
[2] Kurt Aland: Die Theologische Fakultät Wittenberg und ihre Stellung im Gesamtzusammenhang der Leucorea während des 17. Jahrhunderts, in: 450 Jahre Martin-Luther-Universität Halle-Wittenberg, Bd. 1: Wittenberg 1502–1817, Halle a. S. o.J. [1952], S. 155–237.
[3] Kurt Aland: Kirchengeschichte in Lebensbildern, Teil 1: Die Frühzeit, Berlin-Dahlem 1953.
[4] Kurt Aland wurde im Frühjahr 1953 vom Staatssicherheitsdienst verhaftet und für zwölf Wochen inhaftiert; vgl. Hans-Gebhard Bethge: Kurt Aland (1915–1994), in: Cilliers Breytenbach/Rudolf Hoppe (Hrsg.): Neutestamentliche Wissenschaft nach 1945. Hauptvertreter der deutschsprachigen Exegese in der Darstellung ihrer Schüler, Neukirchen-Vluyn 2008, S. 113–124, hier S. 115; ausführlich Friedemann Stengel: Die Theologischen Fakultäten in der DDR als Problem der Kirchen- und Hochschulpolitik des SED-Staates bis zu ihrer Umwandlung in Sektionen 1970/71, Leipzig 1998, S. 260–294.
[5] Günther Franz: Bücherkunde zur deutschen Geschichte, München 1951.
[6] Dahlmann-Waitz: Quellenkunde der deutschen Geschichte, hrsg. u. bearb. v. Hermann Haering, Bde. 1–2, 9. Aufl. Leipzig 1931–1932.
[7] Alfred Meusel: Zum Vortrag von G. Ritter „Das Problem des ‚Militarismus' in Deutschland", in: Zeitschrift für Geschichtswissenschaft 1 (1953), S. 923–939.
[8] Leo Stern: Zur geistigen Situation der bürgerlichen Geschichtswissenschaft der Gegenwart, in: Zeitschrift für Geschichtswissenschaft 1 (1953), S. 837–849.

toratsrede¹ ist. Stern tritt mit dem ganzen Selbstbewusstsein des Marxisten auf, der nicht nur alle historischen Probleme mit seinem dialektischen Materialismus zu lösen vermag, sondern auch mit zwingender Logik die Zukunft vorausberechnen kann. Dass die bürgerliche Historie diese Fähigkeit sich nicht zutraut, ist für Stern der Beweis ihrer Hoffnungslosigkeit. Aber wenn man nun fragt, welche Früchte denn auf dem Baum der materialistischen Erkenntnis wachsen, so wird man sehr enttäuscht. Die meisten Aufsätze der Zeitschrift sind sehr dürftig, viele Staatsexamensarbeiten. Und das Buch von Meusel über Thomas Müntzer wird in dem gleichen Heft derart in Grund und Boden rezensiert, dass eigentlich nichts ausser der löblichen Tendenz, Müntzer als Vorläufer des modernen Kommunismus zu erweisen, übrig bleibt, höchstens das, was nach den Feststellungen des Rezensenten ohne Quellenangabe aus bürgerlichen Werken abgeschrieben worden ist².

Ich wünsche Ihnen einen schönen Sommer und hoffe Sie in München wiederzusehen.

Mit den besten Grüssen von Haus zu Haus

Ihr

Hartung

Nr. 298
An Gerhard Ritter   Berlin, 23. Juni 1954

BAK, N 1166, Nr. 342. – Masch. Original.

Lieber Herr Ritter!

Da ich nicht hoffen kann, Sie übermorgen in München bei der Beiratssitzung des Instituts für Zeitgeschichte zu sehen, will ich Ihren freundlichen Brief vom 11. schriftlich beantworten. Ich bedaure sehr, dass Oestreich Sie im Stich gelassen hat, ich habe ihn gestern zufällig getroffen und mit ihm deswegen ernstlich gesprochen, aber er ist, wie er schon früher bewiesen hat, ein zwar gewissenhafter aber langsamer Arbeiter, und es hätte keinen Zweck gehabt, ihn mit moralischen Argumenten zur Fortführung der Arbeit zu zwingen, denn er steckt so in seinen stoischen Lipsiusstudien³, dass er schwerlich neben der neuen Vorlesungstätigkeit an Ihrem Handbuch⁴ schnell arbeiten würde. In

---

[1] Hermann Heimpel: Entwurf einer Deutschen Geschichte, in: Die Sammlung 8 (1953), S. 405–415 (Teildruck), vollständig in: derselbe: Der Mensch in seiner Gegenwart. Sieben historische Essais, Göttingen 1954, S. 162–195, S. 205–206.
[2] Max Steinmetz: (Besprechung von): Alfred Meusel: Thomas Müntzer und seine Zeit, Berlin[-Ost] 1952, in: Zeitschrift für Geschichtswissenschaft 1 (1953), S. 968–978.
[3] Gerhard Oestreich habilitierte sich 1954 an der Freien Universität Berlin mit der Studie: „Antiker Geist und moderner Staat bei Justus Lipsius (1546–1606). Der Neustoizismus als politische Bewegung". Die Arbeit wurde erst 1989 posthum veröffentlicht.
[4] Gerhard Ritter gab in den 1950er Jahren das im Georg Westermann Verlag Braunschweig in vier Bänden erscheinende Handbuch „Geschichte der Neuzeit" heraus.

Nr. 298. An Gerhard Ritter, 23. Juni 1954

seinem Interesse würde ich es wünschen, dass er sich von der Ideengeschichte, besser gesagt: von der Biographie eines Mannes, der viel geschrieben, aber nie handelnd in die Geschichte eingegriffen hat[1], freimachen und politische Geschichte betreiben würde. Ich habe ihn auf Ihre Bemerkungen auf S. 333 von „Staatskunst und Kriegshandwerk" nachdrücklich aufmerksam gemacht[2].

Aber Sie haben mich ja nicht eigentlich nach Oestreich gefragt, sondern nach einem Ersatz für ihn. Ich habe mich ja nun im Zusammenhang mit meinem „Rapport" für Rom[3] mit der Literatur zur Geschichte des 16.–18. Jahrhunderts ziemlich befasst, aber ich habe dabei kaum deutsche Autoren gefunden. In Betracht kommt vielleicht Hubatsch[4], falls er sich von seinem skandinavischen Schwerpunkt in die allgemeine Geschichte begeben möchte; sein Referat über die neuere Lit. zum Absol. im Arch. f. Kulturgesch. 1953 kennen Sie ja wohl[5]. Ausser ihm wüsste ich nur Haussherr zu nennen, dessen Buch über Verwaltungseinheit und Ressorttrennung[6] ein sehr ausgedehntes Wissen und die Fähigkeit zur Gestaltung ebenso wie seine früheren Bücher erkennen lässt.

Haussherr ist auch mein Kandidat für die Hist. Kommission als Nachfolger Griewanks, natürlich nicht als Sekretär[7], wohl aber als Vertreter der Ostzone. Ich habe ihn ja schon im vorigen Jahr zur Diskussion gestellt, obwohl er mir menschlich nie recht sympathisch war. Aber er ist doch der wissenschaft-

---

[1] Justus Lipsius (1547–1606), flämischer Späthumanist und klassischer Philologe.
[2] Gerhard Ritter: Staatskunst und Kriegshandwerk. Das Problem des „Militarismus" in Deutschland, Bd. 1: Die altpreußische Tradition 1740–1890, München 1954, S. 333; hier bemerkt Ritter in einer längeren Anmerkung zur „Einleitung": „In diesem Zusammenhang mag noch ein Wort über die Gefahren moderner ‚Ideenhistorie' überhaupt am Platze sein. Mir scheint die neuere deutsche Historie nachgerade in Gefahr, die praktisch-politische Bedeutung der Ideen für den Machtkampf erheblich zu überschätzen. Sonst könnte es nicht geschehen, dass sehr bekannte neuere Geschichtswerke ihre Leser glauben machen wollen, verfehlte und aussichtslose politische Unternehmungen ließen sich dadurch rechtfertigen, daß man auf die Größe, Ehrwürdigkeit und allgemeine Bedeutsamkeit der darin zum Ausdruck kommenden oder doch noch irgendwie fortlebenden ‚Ideen' hinweist – mögen diese noch so abstrakt, politisch unwirksam, zuweilen gar rein gelehrten Ursprungs sein. Selbst ein so bedeutendes und verdienstliches Werk wie H. v. Srbiks ‚Deutsche Einheit' ist von dieser Neigung, wie mir scheint, nicht frei. Jedenfalls darf sich die politische Geschichtsschreibung durch das Vorbild seiner Darstellung nicht verführen lassen, zu einer Schilderung abstrakter ‚Ideenkämpfe' zu werden, sondern muß unbeirrt durch bloße Ideologien die konkreten Machtgegensätze im Auge behalten, die hinter dem schillernden Spiel immer neu auftauchender, bald aufleuchtender, bald wieder verblassender Ideen den Gang des politischen Lebens bestimmen".
[3] Siehe unten, Brief Nr. 306.
[4] Walther Hubatsch (1915–1984), Historiker, apl. Professor an der Universität Göttingen (1949–1956), a.o./o. Professor an der Universität Bonn (1956/59–1983). – Der von Hartung hier vorgeschlagene Hubatsch verfasste tatsächlich den zweiten Band von Ritters Handbuch: Walther Hubatsch: Das Zeitalter des Absolutismus 1600–1789, Braunschweig 1962.
[5] Walther Hubatsch: Das Zeitalter des Absolutismus in heutiger Sicht. Ein Forschungsbericht, in: Archiv für Kulturgeschichte 35 (1953), S. 342–371.
[6] Siehe oben, Brief Nr. 262.
[7] Griewank befand sich – worauf Hartung hier anspielt – zum Zeitpunkt seines Suizides auf dem Sprung nach München, wo Schnabel und Spindler eigens für ihn eine hauptamtliche Stelle als Sekretär der Historischen Kommission bei der Bayerischen Akademie der Wissenschaften geschaffen hatten. Vgl. dazu Tobias Kaiser: Karl Griewank, S. 380–382.

lich beste Kandidat aus der DDR, besser als Kretzschmar-Dresden oder Flach-Weimar, gegen den Andreas wohl erhebliche persönliche Einwände vorzubringen hätte. Das Verfahren, dass man 3 Unterschriften sammeln und bis zum 15.9. an Schnabel schicken soll, scheint mir etwas unnötig kompliziert, aber wir haben es so beschlossen, und so fange ich, da im August voraussichtlich viele verreist sein werden, schon jetzt an, für meinen Kandidaten zu werben.

Der Hauptzweck dieses Briefes ist aber, Ihnen für die Zusendung des 1. Bandes von Staatskunst und Kriegshandwerk herzlich zu danken und Ihnen zu dieser grossen Leistung zu gratulieren. Ich habe daraus sehr viel Neues gelernt, vor allem für den Verfassungskonflikt. Dem 2. Band sehe ich mit Spannung entgegen. Die Formulierung des Themas scheint mir präziser und darum besser als die des Bremer Vortrags, denn zum Militarismus gehört auch nach meiner Ansicht, mit der ich mich Meusel anschliesse[1], eine Behandlung des Preussens von Friedrich Wilhelm I. u. Friedr. d.G., eine Auseinandersetzung mit der Behauptung Mirabeaus[2], dass Preussen kein Staat mit einer Armee sondern eine Armee mit einem Staat sei[3].

Die Auseinandersetzung zwischen Stern und Heimpel in der Sternschen Rektoratsrede (Zeitschr. f. Gesch.wiss.) finde ich sehr bezeichnend für die Lage unserer Wissenschaft. Wenn man Stern liest, so muss man beinahe neidisch werden auf die marxistischen Historiker, die mit ihrer klaren Einsicht in die objektiven Gesetze der geschichtl. Entwicklung nicht nur die Vergangenheit exakt erforschen, sondern zugleich die zwingende Logik der wissenschaftlichen Voraussicht in die Zukunft haben. Wenn man aber versucht, diese Historiker an ihren Früchten zu erkennen, dann sieht die Sache ganz anders aus. Man braucht ja nur in dem gleichen Heft der Zeitschrift die von einem mir nicht bekannten, angeblich im Staatssekretariat für das Hochschulwesen beschäftigten Herrn Steinmetz[4] verfassten Besprechungen der Arbeiten von Meusel und Kamnitzer zu lesen[5], um zu erkennen, worin die neue Methode besteht: Man stellt auf Grund der Arbeiten von Marx und Engels das Ergebnis fest und beweist dieses dann mit Hilfe von willkürlich ausgewählten Sätzen aus der

---

[1] Vgl. Meusel: Zum Vortrag von G. Ritter „Das Problem des ‚Militarismus' in Deutschland", S. 924f., dort S. 925, Anm. 3 das Mirabeau-Zitat.
[2] Honoré-Gabriel de Riquetti, Marquis de Mirabeau (1749–1791), französischer Schriftsteller und Politiker; er verfasste u.a. die Schrift: De la Monarchie Prussienne sous Frédéric le Grand, Bde. 1–7, Londres 1788.
[3] Diese bis heute sehr häufig Mirabeau zugeschriebene Äußerung ist in seinen Schriften nicht nachweisbar.
[4] Max Steinmetz (1912–1990), Historiker, Referent bei der Deutschen Verwaltung für Volksbildung in Ost-Berlin (1949–1951), Abteilungsleiter im Staatssekretariat für Hochschulwesen der DDR (1951–1954), Lehrbeauftragter an der Humboldt-Universität Berlin (1952–1953), Professor mit Lehrauftrag an der Universität Jena (1954–1960, seit 1959 mit vollem Lehrauftrag) und Professor mit Lehrstuhl an der Universität Leipzig (1960–1977). Steinmetz, der aus Mannheim stammte, war ursprünglich ein Schüler Gerhard Ritters, bei dem er 1939 an der Universität Freiburg i. Br. promoviert worden war. Steinmetz' Habilitation erfolgte aber erst im März 1957 an der Universität Jena, als er dort bereits eine Professur innehatte.
[5] Siehe oben, Brief Nr. 297.

bürgerlichen Literatur. Die Rezension von G. Franz im letzten Heft der HZ[1] ist fast höflicher als die Steinmetzsche. Einstweilen hat meiner Ansicht nach weder die Münchener Kommission noch unser Verband einen sachlichen Grund, diese wissenschaftlich absolut sterile Richtung bei ihren Wahlen zu berücksichtigen. Die Akademie hat im vorigen Jahr Meusel gewählt, um über den toten Punkt unserer Geschichtsforschung hinwegzukommen[2]; bisher hat es aber Meusel nicht verstanden, die Forschung mit neuen Impulsen zu versehen, obwohl Stern, sein Hauptgegner und Rival[e], augenblicklich in Ungnade zu sein scheint.

Ich hoffe, Sie bei Ihrem Vortrag zu sehen und mit Ihnen wieder einmal in Ruhe über alles sprechen zu können. Einstweilen herzliche Grüsse und nochmals besten Dank!

Ihr
Hartung

Nr. 299
An Heinrich Otto Meisner Berlin, 24. August 1954

BBAdW-Archiv, Nl. H. O. Meisner, Nr. 104. – Masch. Original.

Lieber Herr Meisner!

Bei der Rückkehr von einer dreiwöchigen Gesellschaftsreise in die Hohe Tatra, die vom Wetter überaus begünstigt gewesen ist (nur 2 Tage Regen) und meiner Frau und mir sehr viel Neues u. Schönes geboten hat, finde ich Ihren Aufsatz über Bucher[3] vor[4]. Ich danke Ihnen bestens dafür, es ist sehr gut, dass Sie Ihre Studien über Bucher nicht in der NDB begraben[5], sondern auch einem etwas breiteren Publikum vorgelegt haben. Mir ist Bucher erst durch Ihren Aufsatz wirklich greifbar geworden.

---

[1] Günther Franz: Rezension von: Alfred Meusel: Thomas Müntzer und seine Zeit. Mit einer Auswahl der Dokumente des großen deutschen Bauernkrieges hrsg. v. Heinz Kamnitzer, Berlin 1952, in: Historische Zeitschrift 177 (1954), S. 543–545; Franz weist hier immerhin mit deutlichen Worten darauf hin, dass Kamnitzer in dem von ihm edierten Quellenanhang die weitaus meisten der dort präsentierten Texte, ohne dies anzugeben, einer schon 1926 von Franz edierten Sammlung ausgewählter Quellen zum Bauernkrieg entnommen habe; insofern verstoße „das Buch zweier Berliner ‚Lehrstuhlinhaber' [...] gegen die Grundsätze wissenschaftlicher Sauberkeit und Exaktheit, die über alle politischen Unterschiede hinweg Grundlage jeder wissenschaftlichen Arbeit sein sollten" (ebenda, S. 545).
[2] Siehe oben, Brief Nr. 286.
[3] Lothar Bucher (1817–1892), Jurist, Journalist, Politiker, seit 1864 im preußischen Ministerium des Äußern, seit 1870 im Auswärtigen Amt tätig, enger Mitarbeiter Bismarcks.
[4] Heinrich Otto Meisner: Lothar Bucher 25. Oktober 1817 bis 10. Oktober 1892, in: Zeitschrift für die gesamte Staatswissenschaft 110 (1954), S. 536–540.
[5] Heinrich Otto Meisner: Bucher, Adolf Lothar, in: Neue Deutsche Biographie 2 (1955), S. 698–699.

Der eigentliche Anlass zu meinem Brief ist aber mein für den Kongress in Rom übernommener u. Anfang November fälliger „Rapport" über den monarchischen Absolutismus[1]. Dabei habe ich natürlich auch Ihren Aufsatz über Staats- und Regierungsformen in Deutschland[2] mit Nutzen herangezogen und bin dabei auf eine Frage gestossen, um deren Beantwortung ich Sie bitten möchte. Sie sprechen S. 233 von Hoch- und Spätabsolutismus (was Sie S. 238 f. weiter ausführen). In Anm. 13 verweisen Sie zur Begründung Ihrer Gliederung auf Hintze, Ges. Abh. Bd. 1, S. 414 ff.[3] Dort steht aber, wenn ich halbwegs genau gelesen habe, nichts über den Spätabsolutismus. Dieser Ausdruck ist mir überhaupt bisher nicht begegnet, er erscheint mir aber als durchaus geeignet, um den Absolutismus Preussens, Oesterreichs und Russland[s] im 19. Jh. zu charakterisieren. Dieser ist eine Spätform, gegenüber dem Hochabsolutismus gekennzeichnet durch die Furcht vor der Revolution, deshalb unsicher, reaktionär, unfruchtbar; er unterscheidet sich von den gleichzeitigen absolutistischen Regierungen der beiden Napoleone dadurch, dass diese auf dem Boden der Revolution stehen. Deshalb möchte ich diese mit dem üblichen Namen des Cäsarismus weiterhin benennen. Meine Frage an Sie ist, ob Sie für den Terminus „Spätabsolutismus" Belege haben oder ob er eine glückliche Prägung von Ihnen ist. Beibehalten möchte ich ihn auf alle Fälle. Aber ich möchte mich dabei nicht mit einer fremden Feder schmücken[4].

Ich nehme im September meine Tätigkeit in Potsdam noch einmal auf, reise allerdings Ende September nach Wien zur 100-Jahrfeier des österreichischen Instituts für Gesch[ichtsforschung] und von dort nach München zur Hist. Kommission und zur Zentraldirektion der Monumenta. Den Gesamtverein[5] werde ich mir schenken, denn es ist unmöglich, alle Tagungen mitzumachen.

Mit besten Grüssen von Haus zu Haus
Ihr
Hartung

---

[1] Siehe unten, Brief Nr. 306.
[2] Heinrich Otto Meisner: Staats- und Regierungsformen in Deutschland seit dem 16. Jahrhundert, in: Archiv des öffentlichen Rechts 77 (1951/52), S. 225–265.
[3] Otto Hintze: Machtpolitik und Regierungsverfassung [zuerst 1913], in: derselbe: Gesammelte Abhandlungen, Bd. 1: Staat und Verfassung, hrsg. v. Fritz Hartung, Leipzig 1941, S. 414–446.
[4] Vgl. dazu die Antwort: Heinrich Otto Meisner an Fritz Hartung, 5.9.1954 (in: Nachlass F. Hartung, K 87/2): „Die Bezeichnung Spätabsolutismus schien mir aus dem Gegensatz zur ‚klassischen' Periode gegeben zu sein im Sinne des Absinkens einer Kurve: Fortfall der führenden monarchischen Persönlichkeit, Verlagerung der Macht auf die bisherigen ‚Handlanger', erst die zu Räten anvanzierenden [sic] Kabinettssekretäre, dann den legitimen Beratungsfaktor, wenn auch unter Wahrung des ‚monarchischen Prinzips'. Tatsächlich vollzog sich doch, vergleichsweise gesprochen, so etwas wie eine Kollegialisierung auf dem Regierungssektor anstelle des hochabsolutistischen Bürosystems, die mächtig gewordenen Minister gebrauchten ihre Macht im Sinne der Staatsreform, die prophylaktisch als Verfassungsersatz gewirkt hat. Begriffe wie Reaktion und Unfruchtbarkeit kennzeichnen dann freilich nur das zweite Menschenalter des preußischen Spätabsolutismus und auch dieses nur a potiori [sic]. Man müßte mündlich mehr dazu sagen".
[5] Die 77. Hauptversammlung des Gesamtvereins der deutschen Geschichts- und Altertumsvereine tagte vom 14. bis 16.9.1954 in Goslar.

Nr. 300
An Friedrich Baethgen   Berlin, 7. November 1954

MGH, München – Archiv, Nr. A 246. – Masch. Original.

Lieber Herr Baethgen!

[...]

In der Akademie sollen jetzt die Zuwahlen von korr. Mitgliedern stattfinden. Wegen Santifaller[1] schrieb ich Ihnen wohl schon, jedenfalls besitze ich eine Aufzeichnung von Ihnen, die als Grundlage des Wahlantrags dienen kann. Leider kann ich im Augenblick nicht feststellen, weder in meinem sehr lückenhaften Gedächtnis, noch in meinen, z. T. hier im Hause, z. T. in der Akademie befindlichen Handakten, ob und was ich Ihnen über die Zuwahl von Heimpel geschrieben habe. Heimpel ist bereits Ende 1949 von der Klasse gewählt worden, Sie haben damals wohl Ihre Zustimmung schriftlich gegeben. Vor das Plenum ist die Wahl nicht gekommen, weil man zuerst beabsichtigte, die Wahl mit andern zum Jubiläum vorzunehmen und dann überhaupt von Wahlen Abstand nahm. Die Klasse, die übrigens jetzt nach dem Rücktritt des ganz geschäftsunfähigen Baumgarten Unverzagt zum Sekretar gewählt hat, will die Frage der Rechtsgültigkeit der 1949 abgebrochenen Wahl von Heimpel nicht aufwerfen, sondern eine neue Wahl vornehmen. Ich hoffe, dass der Wahlantrag, den s. Zt. Rörig gemacht hat, gefunden wird, sonst müsste ich wohl einspringen, um keine weitere Zeit zu verlieren. Aber ich möchte Sie doch ausdrücklich fragen, ob Sie auch jetzt noch mit der Wahl einverstanden sind. In der Klasse besteht kein Widerspruch gegen ihn.

Für die neuere Geschichte habe ich 1950 Dehio vorgeschlagen, zur Wahl ist es damals nicht mehr gekommen. Ich habe jetzt die Kandidatur erneut aufgestellt, vorausgesetzt dass er bereit ist, die Wahl anzunehmen. In der Klasse ist alles mit Einschluss von Meusel dafür (trotz HZ 178, S. 151 f., wobei ich ganz der Ansicht von Dehio bin[2]). Kann ich sagen, dass auch Sie damit einver-

---

[1] Leo Santifaller (1890–1974), österreichischer Historiker (Mediävist) und Hilfswissenschaftler, o. Professor an den Universitäten Breslau (1929–1943) und Wien (1943–1962), Leiter des Instituts für Österreichische Geschichtsforschung (1945–1962).
[2] Gemeint ist Ludwig Dehios kurze und kritische Besprechung von Heft 6 des ersten Jahrgangs der Zeitschrift für Geschichtswissenschaft in: Historische Zeitschrift 178 (1954), S. 151–152.: Die Zeitschrift, „ein ostzonales Parallelunternehmen der unseren", erweise sich bei näherem Hinsehen als „ein Kentaur, dessen Rumpf der Geschichtswissenschaft zugehört, sein Kopf jedoch der Politik", der sich „den wissenschaftlichen Stoff dienstbar" mache. Zwar hätten „die erkenntnismäßigen Gesichtspunkte des Marxismus seit Generationen die freie Wissenschaft befruchtet", doch heute führe dessen „Ausbau in Leninismus und Stalinismus" zu klar erkennbarer und auch gewollter politischer Instrumentalisierung. Und eben dies verleihe den Heften der neuen Zeitschrift keinen eigentlich wissenschaftlichen, sondern in erster Linie einen „zeitgeschichtlichen Quellenwert" (alle Zitate ebenda, S. 151). „Im übrigen fühlen wir uns durch die Erfahrungen mit dem nationalsozialistischen Totalitarismus nur allzugut vorbereitet, den kommunistischen zu begreifen: eadem sed aliter. Wir lassen nicht nur wie naive Westeuropäer das Bühnenbild auf uns wirken mit seinen verschiebbaren Kulissen und wechselnden Beleuchtungseffekten: wir

standen sind? Weitere Kandidaten sind von mir nicht aufgestellt; es gäbe natürlich noch manche, die es verdienten, aber ich habe Bedenken gegen Kandidaturen, bei denen man mit einer Ablehnung von vornherein rechnen muss.

Was ist eigentlich mit Ihrem Nachruf auf Brackmann passiert? Ich erinnere mich deutlich, dass Sie mir vor langer Zeit einen auf Ihrem Münchener Nachruf aufgebauten Entwurf vorgelegt haben und dass ich damit völlig einverstanden gewesen bin. Jetzt erfahre ich plötzlich, dass Ihr Nachruf nicht in das Jahrbuch für 52/3, sondern erst in den Jahrgang 54 hineinkommen soll und dass die Jahresberichte eine Bibliographie der Brackmannschen Schriften dazu liefern sollen[1]. Da in den Aufsätzen von 1941 eine vollständige Bibliographie enthalten[2] und seither kaum etwas dazu gekommen ist, macht das keine Mühe. Aber ich wüsste gern, ob die Verzögerung des Nachrufs auf unsere Verwaltung zurückzuführen ist.

Mit herzlichen Grüssen auch von meiner Frau
Ihr
Hartung

Nr. 301
An Hans Rothfels   **Berlin, 28. Mai 1955**

BAK N 1213, Nr. 71. – Masch. Original.

Lieber Herr Rothfels!

Um die Frage „Hölzle" beneide ich Sie nicht[3]. Sehr viel weiss ich über ihn nicht, namentlich nicht viel Exaktes, aber was ich weiss, teile ich Ihnen gern

---

glauben auch zu ahnen, wie es hinter den Kulissen aussieht und können uns Maschinerie und Schnürboden vorstellen. Uns ist nicht fremd die dogmatische Unverletzlichkeit staatlichen Gedankengutes und zugleich seine Anpassungsfähigkeit an die Erfordernisse des Augenblicks, die eine wie die andere im Dienste politischer Wirkung. Wissenschaftliche Diskussion wäre natürlich nicht sinnvoll. Aus dem Holz der Wissenschaft schnitzen die Totalitarismen Keulen für den politischen Kampf, der nicht Sache unserer Zeitschrift [d. h. hier: der Historischen Zeitschrift; H.-C. K.] ist. Genauer analysiert würde das angezeigte Heft bereits in Auswirkung des Todes Stalins die Verschiebung so mancher Kulisse und die neue Beleuchtung anderer zeigen" (S. 151 f.). Letztlich sei angesichts der politischen Instrumentalisierung der historischen Wissenschaften im anderen Teil Deutschlands jedoch Resignation angesagt, denn: „Diskussion mit einem Gesprächspartner, der eingestandenermaßen die Wissenschaft politischen Zwecken dienstbar macht, läßt keine wissenschaftliche Verständigung erhoffen, wohl aber politisch Mißverständnisse befürchten" (S. 152).

[1] Siehe dazu unten, Brief Nr. 305.
[2] Albert Brackmann: Gesammelte Aufsätze, zu seinem 70. Geburtstag am 24. Juni 1941 von Freunden, Fachgenossen und Schülern als Festgabe dargebracht, Weimar 1941, S. 531–541.
[3] Erwin Hölzle, der nach dem Zweiten Weltkrieg als Regierungsrat in Stuttgart und Konstanz tätig war, versuchte sich Mitte der 1950er Jahre nach Tübingen umzuhabilitieren, was von Hans Rothfels mit Blick auf Hölzles NS-Belastung strikt abgelehnt wurde; vgl. hierzu und zum Kontext Eckel: Hans Rothfels, S. 283 f.

mit. Er ist vor 1933 mit der Habilitation in Göttingen gescheitert. Ob das seine Hinwendung zum Nationalsozialismus befördert hat, kann ich nicht sagen. Tatsache ist, dass er nach 1933 nicht nur Mitglied der Partei, sondern auch der SS wurde und sich auch demgemäss betätigte, nämlich in Rezensionen, etwa über Poll HZ 157, S. 369[1]. Genaueres weiss ich über seine Stellung in der Partei nicht, ich weiss nur, dass die ruhigeren Menschen, etwa A. O. Meyer, ihm mit einem gewissen Misstrauen gegenüberstanden, und ich habe mich auch nur sehr reserviert verhalten.

Es ist richtig, dass er in Berlin sich habilitiert hat, während des Krieges. Aber die Berliner Fakultät hat damit sehr wenig zu tun gehabt. Den Dr. habil. hat er sicher nicht hier gemacht, sondern, wenn ich mich nicht sehr irre, in Wien bei Srbik. Mir ist auch nicht erinnerlich, dass er hier die vorgeschriebenen, während des Krieges auf 1 Stunde beschränkten Probevorlesungen mit nachfolgender Abstimmung der Fakultät gehalten hat. Zulässig war ja auch die einfache Zuweisung eines von einer Fakultät angenommenen Habilitanden durch das Ministerium an eine Fakultät, die überhaupt nicht gefragt wurde.

Auch über seine Lehrtätigkeit hier weiss ich gar nichts. Ob er sie je ausgeübt hat? Zur Zeit des grossen Brandes in der Uni[2], der uns zur Räumung des Seminars zwang, war er keinesfalls in Berlin. Er war ja auch hauptamtlich im Ostministerium von Rosenberg tätig.

Das einzige, was ich sicher weiss, ist, dass er SS-Mann gewesen ist. Nach den Kampftagen in Berlin hat er mich einmal besucht, um sich zu verabschieden. Zufällig kam Baethgen auch und, als Hölzle gegangen war, waren wir beide einer Meinung, dass das die für uns erwünschteste Lösung war.

Vielleicht kann Baethgen Ihnen bessere Auskunft geben. Ich bin in der unangenehmen Lage, dass ich den Mann nicht mag, aber keine positiven Unterlagen für mein Gefühl habe.

Sehr bedaure ich, dass Sie weder nach Rom noch im Oktober zur Historischen Kommission nach München kommen werden. Wir wollen Mitte Juni für 4 Wochen nach Bad Orb reisen, wo sich mein Herz stärken soll. Zu der nächsten Sitzung des Instituts für Zeitgeschichte werde ich schwerlich kommen können.

Neulich hat Eyck hier einen Vortrag über „das Bismarckbild der Gegenwart" gehalten. Es war aber nur sein Bismarckbild; auf die Kritik, die sich daran geknüpft hat, ist er gar nicht eingegangen. Auch eine zweistündige Diskussion, die am folgenden Tag im Meineckeinstitut unter sehr geschickter

---

[1] Erwin Hölzle: Rezension von: Bernhard Poll: Deutsches Schicksal 1914–1918. Vorgeschichte und Geschichte des Weltkrieges, Berlin 1937, in: Historische Zeitschrift 157 (1938), S. 368–369. – Der Rezensent ist sichtlich bemüht, den von ihm kritisierten Autor als politisch unzuverlässig zu denunzieren, siehe ebenda, S. 369: „Deutsches Schicksal jener Zeit verlangt ein klares, entschiedenes Echo aus dem Geiste unserer nationalsozialistischen Zeit, die sogar den Widerspruch eher ertragen würde als das kluge Lavieren an den Klippen eines Standpunktes vorbei. Ein ‚junger Historiker' soll nach der Anpreisung des Verlags das Buch geschrieben haben. Wir wollen hoffen, daß ein junges Historikergeschlecht die große Aufgabe der Weltkriegsgeschichte entschiedener anfaßt und löst".
[2] Siehe oben, Brief Nr. 175.

Leitung von Herzfeld stattfand, führte nicht weiter, sie zeigte erneut sehr klar, dass Eyck Jurist, nicht Historiker ist[1].

Zum 4. werde ich mich auf einen Brief beschränken[2]. Aber wenn Sie nach Göttingen reisen könnten, wäre es sicher eine grosse Freude für den Jubilar.

Entschuldigen Sie, bitte, die Mängel meiner Schreibmaschine, der es wie mir geht, sie ist alt und kurzatmig und schafft die Zeilenabstände nicht mehr gleichmässig.

Mit herzlichen Grüssen
        Ihr
            Hartung

Nr. 302
An Siegfried A. Kaehler   **Berlin, 2. Juni 1955**

NStUB Göttingen, Cod. Ms. S. A. Kaehler, 1, 59. – Masch. Original.

Lieber Kaehler!

Nun treten also auch Sie in das biblische Alter ein. Wie fern sind die Zeiten gerückt, da wir gemeinsam in Halle spazieren gingen und unsere Glossen zum Zeitgeschehen und zu den Leistungen der Ordinarien machten! Aber unsere Freundschaft hat alle Stürme der Zeit überdauert, und wie viele aus dem Hallischen Kreis haben wir beide, die dazu gewiss nicht praedestiniert erschienen, überlebt! So werden Sie Ihren 70. Geburtstag auch mit dem Gefühl der Befriedigung, dass Sie sich nicht haben unterkriegen lassen, sondern mit Ihrem Pfunde allen äusseren Schwierigkeiten zum Trotz gewuchert haben, begehen dürfen. Und wenn die Zahl Ihrer grossen dickleibigen Werke nicht so gross ist, wie sie es bei besseren Lebensumständen sicher geworden wäre, so wird Ihnen gerade zu Ihrem Geburtstag ebenso wie vor Jahren in der Ihnen gewidmeten Festschrift[3] von Ihren Freunden und Schülern erneut gesagt werden, wie reiche Anregungen sie von Ihnen empfangen haben. Ich persönlich denke dabei vor allem an Ihre in den letzten Jahren veröffentlichten knappen, aber sehr zum Nachdenken reizenden Bemerkungen zur Geschichte Preussens[4]. Ich habe immer noch die Absicht, sie aufzugreifen und eine grössere Abhandlung über Preussens Bedeutung für die deutsche Geschichte zu schreiben[5]. Dehio mahnt mich immer wieder, es zu tun. Und in der Hoffnung, dass

---

[1] Siehe auch oben, Brief Nr. 229.
[2] Siegfried A. Kaehler wurde am 4.6.1955 siebzig Jahre alt; siehe Hartungs Geburtstagsbrief unten, Brief Nr. 302.
[3] Siehe oben, Brief Nr. 252.
[4] Siegfried A. Kaehler: Die Problematik der preußischen Geschichte im 19. Jahrhundert, in: Die Sammlung 9 (1954), S. 1–17; auch in: derselbe: Studien zur deutschen Geschichte, S. 336–352, 408–419.
[5] Hartung hat diese Abhandlung nicht mehr geschrieben.

Nr. 302. An Siegfried A. Kaehler, 2. Juni 1955

es noch dazu kommen wird, habe ich es bisher unterlassen, Ihnen ein Echo auf Ihre letzten Arbeiten zukommen zu lassen.

Freilich muss ich Ihnen offen gestehen, dass meine Arbeitskraft und -lust im Lauf des letzten Jahres sehr zurückgegangen ist. Mein Herz, das seit Jahrzehnten die Arbeit hat leisten müssen, denen meine Lungen nicht mehr gewachsen waren, will auch nicht mehr recht mittun. Mitte dieses Monats will ich mit meiner Frau nach Bad Orb reisen, um dort eine gründliche Kur durchzumachen. Wenn sie gut anschlägt, werden wir Anfang September zum Kongress nach Rom fahren, um den gemeinsam mit einem Franzosen Mousnier[1] (d. h. hauptsächlich von diesem) verfassten Rapport über den Absolutismus zu vertreten[2]. Ohne diesen Rapport, den man mir vor zwei Jahren zudiktiert hat, würde ich wohl zu Hause bleiben.

Im übrigen führe ich unter der Obhut meiner Frau ein beschauliches Dasein. Eine interessante Unterbrechung war neulich ein Vortrag von E. Eyck über „das Bismarckbild der Gegenwart", tatsächlich aber über sein Buch, denn von der Kritik, die sich an sein Buch angeschlossen hat, nahm er nicht die geringste Notiz. Und da er das, was er in den drei Bänden geschrieben hat, nun in einen kurzen Vortrag zusammendrängte, kam die Schwäche seiner Methode, die juristische Neigung, Anklagepunkte scharf herauszustellen, um darauf ein verdammendes Urteil zu begründen, besonders schroff heraus. Das wurde in einer Diskussion, die am folgenden Tag im Friedrich Meinecke-Institut stattfand, ihm zwar höflich aber deutlich namentlich von Herzfeld und Bussmann zu verstehen gegeben, aber von dieser Kritik nahm er ebenso wenig Notiz wie von den gedruckten Rezensionen seines Buchs.

Aber das gehört ja eigentlich nicht in einen Geburtstagsbrief, am wenigsten aus Anlass eines so bedeutsamen Geburtstags, wie es der 70. ist. Ich werde Ihrer am 4. sehr lebhaft gedenken, vielleicht auch mit Aubin, der an diesem Tage zur Tagung des Geschichtslehrerverbandes hier sein wird, um einen Vortrag zu halten. Mir ist es vom Arzt ausdrücklich erlaubt, Bohnenkaffee und Alkohol zu trinken. Es wäre schön, wenn wir noch einmal so gemütlich zusammen sein könnten wie vor Jahren während des Göttinger Akademie-Jubiläums in Ihrem Hause oder zur Zeit von Meineckes 90. Geburtstag hier in der Dahlemer Reblaus. Die Hoffnung gebe ich nicht auf, ich verlasse mich darauf, dass unsere Frauen in unserer Pflege, die sie nun schon lange Jahre besorgen, nicht ermatten werden und dass Sie und ich uns auch im 8. Jahrzehnte des Lebens noch behaupten werden.

Mit vielen herzlichen Grüssen und Wünschen, denen sich meine Frau anschliesst,

Ihr alter
Hartung

---

[1] Roland Mousnier (1907–1993), französischer Historiker, Professor an der Universität Straßburg (1947–1955) und an der Sorbonne in Paris (1955–1977).
[2] Siehe unten, Brief Nr. 306.

Nr. 303
An Alfred Meusel   **Berlin, o. D. (Oktober 1955)**

SBBPK, Nl. F. Hartung, K 29/6. – Masch. Durchschlag.

Sehr geehrter Herr Meusel!

Zu meinem Bedauern war es mir nicht möglich, Sie am Donnerstag nach der Sitzung noch zu sprechen. So muss ich Ihnen schriftlich auf die Aufforderung zur Mitarbeit an dem geplanten Sonderheft über den Kongress in Rom[1] antworten. Ich bin nicht in der Lage, an der Zeitschrift für Geschichtswissenschaft mitzuarbeiten, solange die Polemik gegen die bürgerliche Geschichtsschreibung in einer so unsachlichen und persönlich boshaften Weise geführt wird, wie es im letzten Heft Dr. Stern getan hat[2].

Mit vorzüglicher Hochachtung
   Ihr ergebener
      Hg

---

[1] Ein Sonderheft der Zeitschrift für Geschichtswissenschaft über den Internationalen Historikerkongress in Rom erschien nicht, jedoch ein von mehreren Autoren verfasster Sammelbericht, in dem allerdings der sehr ausführliche Abschnitt über die sowjetische Geschichtswissenschaft dominiert: [Gerhard Schilfert, Alfred Meusel, Hans Haußherr, Günter Mühlpfordt, Walter Markov]: Der X. Internationale Kongreß für Geschichtswissenschaften in Rom (4.–11. September 1955), in: Zeitschrift für Geschichtswissenschaft 4 (1956), S. 773–802. Auf Mousniers und Hartungs „Rapport" über den Absolutismus gehen Meusel und Haußherr in ihren Beiträgen ein (ebenda, S, 777–779, 779, 781).

[2] Leo Stern: Deutschlands Geschichte im Spiegel der bürgerlichen und marxistischen Geschichtsschreibung. Lehren und Schlußfolgerungen aus Walter Ulbrichts Werk „Zur Geschichte der neuesten Zeit", in: Zeitschrift für Geschichtswissenschaft 3 (1955), S. 528–551. – Es handelt sich hierbei um einen, sichtlich im Zusammenhang der DDR-Propaganda gegen den NATO-Beitritt der Bundesrepublik Deutschland stehenden, äußerst polemischen Rundumschlag gegen die westdeutsche Geschichtswissenschaft, vor allem gegen Gerhard Ritter, der, so Stern, führend daran beteiligt sei, „die mißtrauische Welt außerhalb Deutschlands als auch das deutsche Volk selbst über die imperialistische Raubtiernatur des wiedererstehenden deutschen Militarismus" (S. 531) hinwegzutäuschen. Ritters Deutung des 20. Juli 1944 verschleire die Tatsache, dass der Anschlag gegen Hitler als „Versuch der monopolistischen Spitze der deutschen Großbourgeoisie, sich durch rechtzeitigen Absprung vor dem rasend dem Abgrund zueilenden Kriegswagen Hitlers zu retten", aufgefasst werden müsse. Das politische Konzept der Verschwörer habe vor allem darin bestanden, „das Hitlerregime durch eine Militärdiktatur zu ersetzen, sich auf der Basis gemeinsamer Klasseninteressen mit dem amerikanischen und englischen Monopolkapital zu arrangieren – um gemeinsam mit diesem mit erneuter Wucht den Krieg gegen die Sowjetunion zu führen" (S. 536). Die „westdeutsche bürgerliche Geschichtswissenschaft" habe, so die Schlussfolgerung Sterns, „genau so wie die westdeutsche Bourgeoisie die Ideale der deutschen Nation für Dollars verkauft, in ‚europäischer Integration' gemacht, und die Fahne der nationalen Einheit des deutschen Volkes in den Staub getreten. Darum die Flut von historischen Machwerken aller Art [...], um das deutsche Volk wiederum ideologisch zu vernebeln, um die Herzen und Hirne der deutschen Jugend wieder zu vergiften und sie, diesmal für die Interessen der deutschen und der angloamerikanischen Imperialisten, ein drittes Mal zur Schlachtbank zu führen" (S. 550f.).

Nr. 304

An Hans Haussherr   Berlin, 17. März 1956

Universitäts- und Landesbibliothek Sachsen-Anhalt, Halle,
Nl. H. Haussherr, Yi 48 XVI H 348. – Masch. Original.

Lieber Herr Haussherr!

Zugleich im Namen meiner Frau wünsche ich Ihnen und Ihrer Frau viele gute und gesunde Jahre in der neuen Wohnung. Ich hoffe, dass der Strassenname Faulmann, unter dem ich mir als alter Hallenser allerdings nichts Konkretes vorstellen kann, einen guten Einfluss auf Ihren Arbeitseifer ausüben und Sie zum massvollen Einsatz Ihre[r] Kraft veranlassen wird. Sie haben sich sicher in den letzten Jahren übernommen; es ist mir aufgefallen, dass kaum eine Zeitschrift erscheint, in der Sie nicht eine grössere Rezension hätten. Besonders beachtlich erscheint mir Ihre Rezension von Anderson[1] im letzten Heft der HZ[2].

Von der Akademie ist nichts Besonderes zu erzählen. Unser neuer Präsident[3] ist bisher erst einmal bei einer Plenarsitzung erschienen, sonst war er krank, erst Grippe, dann Gürtelrose. So präsidiert einstweilen Herr Friedrich, und ich glaube, er tut das sehr gern. Die Jahrestagung findet in diesem Monat nicht statt, worüber ich ganz froh bin, denn ich finde, wir haben genug mit dem Leibniztag, um über die Arbeit der Akademie der Oeffentlichkeit zu berichten, zumal da die Berichte in der Regel weniger von wirklichen Leistungen sondern mehr von Plänen und Perspektivplänen sprachen.

Das Institut für Geschichte ist ins Leben getreten[4], einstweilen noch nicht einmal in den ihm zugewiesenen provisorischen Räumen, die durch Rohrbrüche unbenutzbar sind, sondern in zwei Zimmern der Jägerstrasse. Obermann[5]

---

[1] Eugene N. Anderson (1900–1984), US-amerikanischer Historiker, Professor an der University of Chicago (1932–1936), an der American University in Washington, D.C. (1936–1941), nach Kriegsdienst und anschließender Tätigkeit für das Department of State Professor an der University of Nebraska–Lincoln (1947–1955), an der University of California, Los Angeles (1955–1968) und an der University of California, Santa Barbara (1968–1970). – Ob Hartung den amerikanischen Historiker, der 1924/25 an der Berliner Universität studiert hatte, persönlich kannte, war nicht zu eruieren.

[2] Hans Haußherr: Rezension von: Eugene N. Anderson: The Social and Political Conflict in Prussia 1858–1864, Lincoln/Nebr. 1954, in: Historische Zeitschrift 181 (1956), S. 147–152.

[3] Max Volmer war am 13.1.1956 als neuer Präsident der Berliner Akademie der Wissenschaften bestätigt worden, Walter Friedrich amtierte als erster von drei Vizepräsidenten; vgl. Jahrbuch der Deutschen Akademie der Wissenschaften zu Berlin 1956, Berlin[-Ost] 1957, S. 1.

[4] Das an der Akademie der Wissenschaften angesiedelte Institut für Geschichte war seit 1951 geplant worden, konnte jedoch erst nach einer langen und komplizierten, von politischen Konflikten und Intrigen bestimmten Vorgeschichte am 1.3.1956 unter der Leitung Karl Obermanns die Arbeit aufnehmen; vgl. Sabrow: Das Diktat des Konsenses, S. 38–70, bes. S. 48 ff.

[5] Karl Obermann (1905–1987), Journalist, sozialistischer Funktionär (SPD, KPD, SED), Historiker, „Wahrnehmungsprofessor" und Professor mit vollem Lehrauftrag an der Brandenburgischen Landeshochschule Potsdam (1950/52–1953), Professor mit vollem Lehrauftrag

arbeitet bis jetzt mit Eifer und Takt am Aufbau. Bis jetzt sind 10 neue Mitarbeiter eingestellt worden, die wohl meist aus Meusels Museum stammen [...].

In der vorgestrigen Klassensitzung wurde als letzter Punkt der Tagesordnung die Bedeutung des Parteitags der KPdSU für die weitere Entwicklung der Gesellschaftswissenschaften besprochen. Die Diskussion wurde von Kuczynski und Winter bestritten; Meusel, Oelsner[1] und Stern fehlten. Klüger bin ich durch diese Aussprache auch nicht geworden. Aber das liegt wohl an mir. Das Beste daran war, dass die Aussprache nicht zu lange dauerte, sodass man vor der Plenarsitzung noch Kaffee trinken konnte und damit der einschläfernden Wirkung von zwei ganz spezialistischen medizinischen Vorträgen besser gewachsen war.

Die nächste Klassensitzung ist erst am 12. April. Es wäre schön, wenn Sie bis dahin so gesund wären, dass Sie daran teilnehmen könnten[2]. Aber Ihre Gesundheit ist wichtiger als die Klassen- und Plenarsitzungen. Selbst die Sitzungen der Historischen Kommission stelle ich weit hinter die Pflege der Gesundheit. Immerhin werden diese voraussichtlich in diesem Jahr wieder mit dem Oktoberfest vereinigt werden.

Meine Frau und ich haben den Winter bisher gut überstanden. Das dicke Ende in Gestalt einer Nachtragsforderung für die Zentralheizung steht uns allerdings noch bevor, aber wir haben wenigstens nicht zu frieren brauchen. In der Akademie war es sehr kalt, namentlich in den Räumen Unter den Linden

Mit vielen Grüssen und guten Wünschen

Ihr Hartung

Nr. 305
An Friedrich Baethgen Berlin, 29. März 1956

SBBPK, Nl. F. Hartung, K 40/12. – Masch. Durchschlag.

Lieber Herr Baethgen!

Heute komme ich zunächst mit einer etwas merkwürdigen Angelegenheit. Als ich vorgestern in der Akademie mit meinen jungen Leuten über die Beschleunigung der Arbeit an den Jahresberichten sprach, rief mich der neue Verwaltungsreferent der Klasse Dr. Streisand[3], der Nachfolger von Irmscher, an

---

und o. Professor an der Humboldt-Universität zu Berlin (1953/56–1970), Gründungsdirektor des Instituts für Geschichte an der Deutschen Akademie der Wissenschaften (1956–1960).

[1] Gemeint ist Fred Oelßner.
[2] Hans Haussherr war seit dem 18.3.1955 ordentliches Mitglied der Klasse für Philosophie, Staats-, Rechts- und Wirtschaftswissenschaften der Deutschen Akademie der Wissenschaften; vgl. Jahrbuch der Deutschen Akademie der Wissenschaften zu Berlin 1956, Berlin[-Ost] 1957, S. 15.
[3] Joachim Streisand (1920–1980), Historiker, Referent an der Deutschen Akademie der Wissenschaften (1956–1963), Direktor des Instituts für deutsche Geschichte und Professor an der Humboldt-Universität Berlin (1963–1974, seit 1969 als o. Professor und Direktor der

Nr. 305. An Friedrich Baethgen, 29. März 1956

und teilte mir mit, dass Steinitz an „meinem" Nachruf auf Brackmann gern etwas geändert hätte. Ich sagte sofort, der Nachruf stamme von Ihnen, erklärte mich aber bereit, Ihnen die Sache zu übermitteln, lediglich um im Interesse von Frau Brackmann, die natürlich auf den Nachruf Wert legt, einen Ausgleich zu versuchen.

Inzwischen hat mir Streisand einen Abzug Ihres Nachrufs geschickt. Das Bedenken von Steinitz bezieht sich auf die Erwähnung der Ostpreußischen Kriegshefte[1] auf S. 114. Da es sich nicht um eine wissenschaftliche Leistung von Br. handelt, könnten sie natürlich fehlen. Aber ich kann nicht zugeben, dass ihre Erwähnung irgendwie selbst zartbesaitete Gemüter des Ostens verletzen könnte, um so weniger als die Kriegshefte nach Ihrem wohlabgewogenen Wortlaut ja keine Kampfartikel von Brackmann, sondern Sammlungen dokumentarischen Materials enthalten. Ich würde es durchaus verstehen, wenn Sie eine Streichung der Kriegshefte ablehnen, und würde diesen Entschluß auch Steinitz gegenüber vertreten. Ich würde Ihnen nur raten, falls Steinitz auf der Aenderung besteht und eher den Nachruf weglässt, eine Entscheidung des Präsidenten oder des Praesidiums zu verlangen. Ich würde in diesem Fall versuchen, die vernünftigen Mitglieder des Präsidiums zu informieren, vor allem den neuen Präsidenten Volmer[2], mit dem ich seit 1924 durch jahrelange Hausgemeinschaft befreundet bin und der sich mir gegenüber schon sehr kritisch über unsere Feigheit gegenüber den Russen ausgesprochen hat.

Vorgestern habe ich auch endlich ein einigermassen informiertes Mitglied des Akademieverlags wegen Ihres Berichts sprechen können. Ihr Manuskript ist „in Bearbeitung", das genaue Stadium war der Dame nicht bekannt, sie entschuldigte sich mit der durch die Kälte verursachten Verzögerung aller Arbeiten in der Druckerei[3].

[...]

Entschuldigen Sie die Störung Ihrer Osterruhe. Hoffentlich haben Sie ein paar Tage zur Erholung. Mit den besten Grüssen auch von meiner Frau

Sektion Geschichte der Humboldt-Universität), Präsident der Historiker-Gesellschaft der DDR (1968–1980).

[1] Albert Brackmann gab 1915–1917 insgesamt fünf „Ostpreußische Kriegshefte auf Grund amtlicher und privater Berichte" heraus, in denen Dokumente und Berichte über die Kriegsereignisse in Ostpreußen in den Jahren 1914/15 veröffentlicht wurden.

[2] Max Volmer (1885–1965), Chemiker, a.o. Professor an der Universität Hamburg (1920–1922), o. Professor an der Technischen Hochschule Berlin-Charlottenburg (1922–1945) und an der Humboldt-Universität Berlin (1955–1958), Präsident der Deutschen Akademie der Wissenschaften (1956–1958).

[3] Friedrich Baethgens Nachruf auf seinen im März 1952 verstorbenen akademischen Lehrer Albert Brackmann erschien – offenbar unverändert – im erst 1956 ausgegebenen Jahrbuch der Deutschen Akademie der Wissenschaften zu Berlin 1954, S. 343–348; die „Ostpreußischen Kriegshefte" werden dort auf S. 345 kurz erwähnt. – Hartung hatte Steinitz am 12.4.1956 im Auftrag Baethgens mitgeteilt (Durchschlag des Schreibens in: Nl. F. Hartung, K 40/12), dass Baethgen „auf Ihren Änderungswunsch nicht eingehen kann, da er nicht einzusehen vermöchte, daß in einer rein sachlichen Feststellung, die zudem mit aller Sorgfalt formuliert sei, etwas enthalten sei, was verletzend oder provozierend wirken könne. Ich habe mir daraufhin den Wortlaut der Stelle noch einmal angesehen und muß Baethgen völlig recht geben. Die Ostpreußischen Kriegshefte 1914/15 sind Dokumentensammlungen

Nr. 306
An Siegfried A. Kaehler   Berlin, 17. April 1956

    NStUB Göttingen, Cod. Ms. S. A. Kaehler, 1, 59. –
    Masch. Original (mit hs. Zusatz).

Lieber Kaehler!

Sie haben mich zu meinem Geburtstag reich bedacht, mit einem grossen Brief, der im Anschluss an die Bibliographie meiner Schriften schon beinahe einen Nachruf auf mich enthält[1], und einen Schattenriss von Hintze[2], über den ich mich besonders gefreut habe, denn ich besass kein Bild von Hintze – so menschlich verkehrte er nicht mit mir, ausserdem liess er sich wohl ungern photographieren, wenigstens war es s. Zt. nicht leicht, für den 3. Band seiner gesammelten Aufsätze ein Bild aufzutreiben. Auch für den gedruckten Dank nach dem 70. Geburtstag habe ich Ihnen noch zu danken. Mein Dank für alles kommt, wie das bei uns so üblich ist, spät – inzwischen ist noch ein Brief von Ihnen gekommen[3] –, aber er ist aufrichtig und herzlich.

Sie haben mein Lebenswerk, wie es Schochow, mein Hauptmitarbeiter an den Jahresberichten, von denen der Doppeljahrgang 1951/52 seit einem Jahr in der Druckerei ist, verzettelt hat, liebevoll und nachsichtig gewürdigt. Schochow hatte die Bibliographie mir in Maschinenschrift zum 70. Geburtstag geschenkt; dass man so etwas drucken könne und dass gar das Friedrich Meinecke-Institut der FU sich dazu hergeben werde, habe ich mir nicht träumen lassen[4]. Ich finde auch nicht, dass es lohnt. Von einer solchen Bibliographie gilt, wie ich glaube, das gleiche wie von autobiographischen Schriften, die, nach Dove, wenn ich nicht irre, zeigen, dass man nichts anderes mehr zu sagen weiss[5]. Ich kann zur Entschuldigung von vielem Belanglosen, zumal unter den Rezensionen anführen, dass ich immer viel liegen und mir dabei die Zeit vertreiben musste, aber für die Nachwelt ist das doch völlig gleichgültig, und wenn ich jetzt die Bibliographie ansehe, so empfinde ich sie vor allem als

---

    und keine Propagandaschriften. Sollten Sie auf Ihren Bedenken trotzdem bestehen, so wünscht Herr Baethgen eine Entscheidung des Präsidiums darüber. Ich bin aber überzeugt, daß er eher den Nachruf zurückziehen, als der Streichung der Stelle zustimmen wird. Ich hoffe, daß es nicht soweit kommen wird, zumal, da das Erscheinen des Nachrufs durch ein Versehen der Redaktion um ein Jahr verzögert worden ist".

[1] Nicht überliefert.
[2] Vermutlich handelt es sich um den Schattenriss (in der Form eines Scherenschnitts) des dozierenden Otto Hintze am Katheder, abgebildet in: Otto Hintze und Hedwig Hintze: „Verzage nicht und laß nicht ab zu kämpfen...". Die Korrespondenz 1925–1940, bearb. v. Brigitta Oestreich, hrsg. v. Robert Jütte/Gerhard Hirschfeld, Essen 2004, S. 40 (Abb. 12).
[3] Nicht überliefert.
[4] Werner Schochow: Bibliographie Fritz Hartung, in: Jahrbuch für die Geschichte Mittel- und Ostdeutschlands 3 (1954), S. 211–240.
[5] Alfred Dove: Ranke's Verhältniß zur Biographie (1895), in: derselbe: Ausgewählte Schriftchen vornehmlich historischen Inhalts, Leipzig 1898, S. 205–226, hier S. 222: „Selbstbiographie ist das persönliche Bekenntniß, daß man sachlich nichts von Belang mehr vorzubringen hat".

Nr. 306. An Siegfried A. Kaehler, 17. April 1956

Vorwurf wegen vertrödelter Zeit. Ich hätte mich stärker auf die allgemeine Verfassungsgeschichte konzentrieren sollen. Ich versuche zwar gerade jetzt, sie mindestens noch für die Zeit vom 16. bis 18. Jahrhundert fertig zu stellen, stosse dabei aber auf die Schwierigkeit, dass Vieles von dem, was ich vor 30 Jahren dafür gearbeitet habe, entweder überholt oder uninteressant geworden ist. In dieser Beziehung war der Kongress in Rom[1], namentlich durch die 6 Bände Rapports, die man schon vor dem Kongress gedruckt vorgelegt bekam, interessant und lehrreich. Sonst aber fand ich den Kongress weniger gut organisiert und weniger anregend als die früheren, die ich mitgemacht habe. Zum Teil lag das natürlich an Rom, das für den, der wie ich zum ersten Mal dort war, viel zu viel zu bieten hat, als dass man 8 Tage lang vormittags und nachmittags sich in dem weit draussen liegenden Kongressgebäude hätte aufhalten mögen. Aber es lag auch daran, dass man, um langweiligen Vorträgen zu entgehen und die meist fehlende Zeit für Diskussionen zu gewinnen, überhaupt keine Vorträge mehr halten, sondern sie vorher drucken liess und nur noch darüber diskutierte. Es war gut gemeint, führte aber in der Praxis nicht etwa zu fruchtbaren Diskussionen, sondern in einer zusammenhanglosen Aneinanderreihung von Vorträgen, die mehr oder minder bekannte Leute zu Haus ausgearbeitet hatten und nun vorlasen, ohne sich viel um das zu kümmern, was in dem zu diskutierenden Rapport stand, und gar nicht um das, was in den vorhergegangenen Diskussionsbeiträgen gesagt worden war.

Ich habe also in Rom keinen Vortrag gehalten, aber nicht einmal einen Rapport vorgelegt, vielmehr stammt der von Mousnier und mir gemachte Rapport in der Hauptsache von Mousnier[2]. Ich lege Ihnen einen Abdruck bei, nachdem ich endlich die erforderlichen Exemplare bekommen habe. Die Anerkennung, die die Frankfurter Allgemeine Ztg. dem Rapport gespendet hat, ist wohlverdient, aber nur von Mousnier[3].

Das Beste in Rom war eigentlich der Empfang auf dem Kapitol, zuerst im Museum, dann bei Sonnenuntergang und später bei Mondschein in den Gärten

---

[1] Zum 10. Internationalen Historikerkongress in Rom (4.–11.9.1955), an dem Hartung teilgenommen hatte, vgl. vor allem Erdmann: Die Ökumene der Historiker, S. 299–336.

[2] Fritz Hartung/Roland Mousnier: Quelques problèmes concernant la monarchie absolue, in: Relazioni del X Congresso Internazionale di Scienze Storiche, Bd. 4: Storia Moderna, Firenze 1955, S. 1–55; zu Mousniers und Hartungs Beitrag zum Kongress in Rom und zur Debatte über den Absolutismus siehe neben Erdmann: Die Ökumene der Historiker, S. 321 f., auch Winfried Schulze: Die deutschen Historiker auf dem Internationalen Historikerkongress in Rom 1955, in: Historie und Leben. Der Historiker als Wissenschaftler und Zeitgenosse – Festschrift für Lothar Gall zum 70. Geburtstag, hrsg. v. Dieter Hein/Klaus Hildebrand/Andreas Schulz, München 2006, S. 89–102, hier S. 98 f., und Heinz Duchhardt: Der römische Weltkongress und die Absolutismusdiskussion, in: La storiografia tra passato e futuro – Il X Congresso Internazionale di Scienze Storiche (Roma 1955) cinquant'anni dopo. Atti del convegno internazionale, Roma, 21–24 settembre 2005, Roma 2008, S. 121–129.

[3] Josef Schmitz van Vorst: Auferstehung einer Sprache, in: Frankfurter Allgemeine Zeitung, 24.9.1955 (Wochenendbeilage): „Es kam nur selten zu einem freien wissenschaftlichen Gespräch. Eine glänzende Ausnahme bildete die vergleichende Verfassungsgeschichte mit einem Bericht von Mousnier, Paris, und Hartung, Berlin. Allzu viele Diskussionsteilnehmer brachten vorbereitete Manuskripte mit, aus denen ohne Rücksicht auf die vorangegangenen Interventionen abgelesen wurde".

mit herrlichem Blick auf die „Ewige Stadt". Sehr interessant war natürlich der Empfang im Vatikan. Mich störte nur, dass der Papst[1], der den Audienzsaal, ein langes Rechteck, von der rückwärtigen Schmalseite aus betrat und durch den Saal getragen wurde, von den Anwesenden mit Händeklatschen begrüsst wurde. So etwas kannte ich bisher nur aus der Ostzone, etwa wenn Vater Pieck erscheint; hier ist es dann üblich, dass der Gefeierte sich selbst beklatscht. Uebrigens machte der Papst einen durchaus gesunden Eindruck, auch seine Stimme klang kräftig.

Da der Kongress bis zum 11. September gedauert hatte und vier Wochen später die üblichen Herbstsitzungen in München stattfinden sollten, sind meine Frau und ich noch etwa 3 Wochen in Italien geblieben, um uns dann langsam über Zürich, Konstanz und Stuttgart nach München zu begeben. Bei den Sitzungen entfalten wir einen unheimlichen Fleiss, wir fingen Sonntag an – auf Anregung von Aubin wurde allerdings beschlossen, in Zukunft den Feiertag zu heiligen, den Montag als Reisetag zu nehmen und dann zwei Tage für die Monumenta und zwei für die Historische Kommission zu verwenden. Die Monumenta leitet Baethgen elegant und zielbewusst, sodass man am Abend noch frisch ist. Die Historische Kommission lässt Schnabel dahinplätschern, zwei Tage lang jeweils von 9 oder 10 bis um 19 Uhr, mit einer Mittagspause, die aber bei den Münchener Entfernungen nicht ausreicht, um sein Hotelzimmer aufzusuchen. Ob der Ertrag der Sitzungen dem Aufwand an Zeit entspricht, ist mir zweifelhaft. Dass meine Anwesenheit, für die ich rund 300 DM an Reise- und Tagegeldern bekomme, ohne dabei etwas ersparen zu können, so viel wert ist, möchte ich unbedingt bestreiten. [...]

Ihr Urteil über Krausnick[2] hat mich gefreut. Er ist nicht mein Schüler, hat seine sehr interessante Dissertation über Holsteins Geheimpolitik vielmehr bei Hoetzsch fast fertig gestellt und offenbar sehr selbständig gearbeitet[3]. Ich habe nach der plötzlichen Entlassung von Hoetzsch das Referat übernommen, aber kein weiteres Verdienst um die Arbeit. Es freut mich, dass er beim Institut für Zeitgeschichte eine Stellung gefunden hat, er war leider Pg., deshalb wurde er als Generalsekretär nach Maus Tod abgelehnt. Ueber Treue denke ich wie Sie, ich habe ihm auch ganz offen geschrieben, dass er mit seiner pausenlosen Schriftstellerei sein wissenschaftliches Renommé untergrabe, zumal da er mit seiner planmässigen Professur nicht mehr die Entschuldigung hat, er müsse schreiben, um seinen Lebensunterhalt zu verdienen. Er war ja immer ein Streber, gegen Ende seiner Studentenzeit wurde ihm nachgesagt, er habe erklärt, ihm komme es nur auf Karriere an, er gehe auch über Leichen. Jetzt kommt er aber in Gefahr, über seine eigene wissenschaftliche Leiche nach Geld zu gehen.

---

[1] Pius XII. (Eugenio Pacelli, 1876–1958), Pontifikat 1939–1958.
[2] Helmut Krausnick (1905–1990), Historiker, seit 1951 Mitarbeiter im Institut für Zeitgeschichte München, Generalsekretär und Direktor des Instituts (1959–1972), Honorarprofessor an der Ludwig-Maximilians-Universität München (1968–1990).
[3] Helmut Krausnick: Holsteins Geheimpolitik in der Ära Bismarck 1886–1890. Dargestellt vornehmlich auf Grund unveröffentlichter Akten des Wiener Haus-, Hof- und Staatsarchivs, Hamburg 1942.

Bussmann habe ich lange nicht mehr gesehen. Ich habe nur wenig Fühlung mit dem Meinecke-Institut und gar keine mit der Hochschule für Politik[1]. In der Historischen Gesellschaft, die ich im vergangenen (? augenblicklich schneit es) Winter zweimal besucht habe, war er nicht anwesend. Das eine Mal wurde über Lamprecht gesprochen aus Anlass seines 100. Geburtstags. Den Vortrag hielt der letzte Famulus und Assistent von Lamprecht, ein Prof. Schönebaum[2]. Er lebt noch ganz in der Verehrung seines Meisters, aber mir wurde dabei deutlich, wie wenig von Lamprecht übrig geblieben ist. Und wie wurde um ihn gestritten, als ich studierte!

Dass Sie wieder einmal nach Berlin kommen, damit ist wohl nicht zu rechnen. Wenn ich ein Auto hätte, würde ich sicher bei einer meiner Reisen nach München einmal bei Ihnen Station machen. Mit der Bahn finde ich es zu umständlich, auch, ja gerade wenn ich es mit einem Besuch in Braunschweig verbinden würde. Wenn ich in Kreiensen umgestiegen bin, finde ich in Göttingen nicht schon wieder Kraft zum Aussteigen mit Koffern. Und umgekehrt, wenn ich vom Süden komme, droht Kreiensen schon in Göttingen so, dass ich sitzen bleibe. Für dieses Jahr haben wir noch keine Reisepläne. Ob ich nach Ulm zum Historikertag fahre, werde ich vom Programm und dem Datum der Münchener Sitzungen abhängig machen. Vielleicht klappt es aber demnächst einmal. Allzu lange dürfen wir ja nicht mehr warten.

Nochmals herzlichen Dank, viele gute Wünsche und Grüße auch im Namen meiner Frau für Sie und Ihre Gattin[3].
Ihr F. Hartung

Nr. 307
An Hermann Aubin   Berlin, 1. Mai 1956

SBBPK, Nl. F. Hartung, K 46/7. – Masch. Durchschlag.

Lieber Herr Aubin!

Im Interesse der ostzonalen Historiker, die den Historikertag in Ulm besuchen möchten, richte ich heute an Sie als den Vorsitzenden und das mir persönlich nächststehende Mitglied des Verbandsvorstands, die Bitte, die Versendung des Programms möglichst zu beschleunigen. Den Anstoss dazu haben zwei junge Mitarbeiterinnen der Jahresberichte[4] [gegeben] mit einem an die

---

[1] Die 1920–1940 in Berlin bestehende, 1948 neu begründete Deutsche Hochschule für Politik, an der Kaehlers Schüler Walter Bußmann 1955–1960 lehrte, wurde 1959 als Otto-Suhr-Institut für Politikwissenschaft in die Freie Universität eingegliedert.
[2] Herbert Schönebaum (1888–1967), Historiker und Pädagoge, Dozent an der Hochschule für Lehrerbildung Leipzig (1938–1945), Professor für Pädagogik an der Universität Jena (1945), anschließend freier wissenschaftlicher Autor.
[3] Dieser Satz handschriftlich.
[4] Mitarbeiterinnen der mit der Erstellung der „Jahresberichte für deutsche Geschichte" beschäftigten „Arbeitsgruppe Bibliographie" innerhalb des Akademieinstituts für Geschichte

Akademie gerichteten Antrag um Genehmigung zum Besuch und um Bewilligung einer Reisebeihilfe in der Form, dass ihnen Geld im Verhältnis 1:1 umgetauscht wird. Darauf hat die Akademie Vorlage des Programms verlangt, um sich schlüssig werden zu können, ob und für wen sie die Erlaubnis gibt. Diese ist unerlässlich, um die polizeiliche Ausreisegenehmigung zu bekommen. Ohne diese würde auch eine eventuelle Reisebeihilfe aus den Mitteln des Verbandes nichts helfen.

Ich fürchte allerdings, dass die Ostzone wie nach Bremen eine linientreue Delegation schicken und meinen Mitarbeiterinnen erklären wird, für sie sei kein Geld mehr übrig. Aber ich möchte den beiden Mädchen, die seit Jahren nur bibliographische Zettel in die Hand bekommen, wenigstens durch einen rechtzeitig vorgelegten Plan die Möglichkeit geben, sich bei der Akademie eine Reiseerlaubnis zu verschaffen.

[...]

Bei den Jahresberichten ärgere ich mich mit der Druckerei herum, die vor 1 Jahr mit dem Druck des Doppeljahrgangs 1951/52 angefangen hat und immer noch nicht fertig ist, weil ihr Maschinenapparat völlig überaltert ist.

Für mich beschäftige ich mich mit der längst geplanten Allgemeinen Verfassungsgeschichte der Neuzeit. Ich habe viel Zeit gebraucht, bis ich mir über den Aufbau klar geworden bin, der Systematik und Chronologie miteinander verbinden soll. Inzwischen sind aber meine Vorarbeiten vielfach veraltet, wie mir auch in Rom deutlich geworden ist; es macht sich sehr störend bemerkbar, dass wir hier bis vor wenigen Jahren von der ausländischen Literatur fast ganz abgeschnitten waren.

Ich weiss nicht, wie weit in den Westen die Nachricht gedrungen ist, dass die Akademie hier ein Institut für Geschichte gegründet hat[1]. Ich gehöre mit den Jahresberichten finanziell dazu, lasse mir aber nicht in die Arbeit hineinreden; die Monumenta sind ganz unabhängig davon. Bei Licht besehen ist das Institut identisch mit dem Meuselschen Museum für deutsche Geschichte, aus dem bisher nichts herausgekommen ist. Ob jetzt etwas geleistet wird, wollen wir abwarten. Die Entstalinisierung scheint mit ein neuer Beweis dafür zu sein, dass man mit der von oben befohlenen Richtlinie nicht arbeiten kann, ohne die Wissenschaft zu vergewaltigen.

Das mag für heute genügen. Ich hoffe, dass es in Ulm und München wieder einmal zu einem gemütlichen Gespräch kommen wird.

Herzliche Grüsse auch von meiner Frau für Sie und die verehrte Gattin

---

waren 1956 Herta Bornemann, Inge Sandow und Ursula Tietze; vgl. Jahrbuch der Deutschen Akademie der Wissenschaften zu Berlin 1956, Berlin[-Ost] 1957, S. 426.

[1] Siehe oben, Brief Nr. 304.

Nr. 308
An Hans Haussherr   Berlin, 17. Juni 1956

Universitäts- und Landesbibliothek Sachsen-Anhalt, Halle,
Nl. H. Haussherr, Yi 48 XVI H 351. – Masch. Original mit hs. Zusätzen.

Lieber Herr Haussherr!

Sehr herzlich danke ich Ihnen für Ihren Brief vom 1. und die damit verbundenen Drucksachen[1]. Es freut mich, dass Sie über Ihr Befinden Gutes berichten können; die Ungeduld wegen des langsamen Fortschreitens der Genesung deute ich günstig als ein Zeichen wiederkehrender Schaffensfreude, die allerdings durch den eigenen Verstand und, soweit dieser nicht ausreicht, durch den liebevollen Zuspruch der Gattin und allenfalls das Machtgebot des Arztes im Zaum gehalten werden muss. Dass ich seit einer ununterbrochenen Lazarett- und Sanatoriumszeit von 18 Monaten 1916/17 für die Ungeduld volles Verständnis habe, werden Sie mir glauben.

Aus Ihren neuen Drucksachen habe ich mit Befriedigung gesehen, dass Sie an der Hardenbergbiographie ernstlich weiterarbeiten[2]. Die Gedenkrede auf Lintzel[3] hat mich sehr interessiert durch den Einblick in sein Wesen, das mir bisher nur aus seinen wissenschaftlichen Arbeiten mit ihrem gewiss reichen Ertrag, aber doch auch gelegentlich mit überscharfer Kritik und Rechthaberei greifbar gewesen ist. Sie haben seine Persönlichkeit mit Wärme und einfühlendem Verständnis, auch mit spürbarer Sympathie geschildert; dass bei Lintzel nicht alles harmonisch aufgeht, gehört zu seinem Wesen.

Auf S. 517 nennen Sie Lintzels Studie über die Entstehung des Kurfürstenkollegs „reichlich gewagt"[4]. Ich will das nicht bestreiten, möchte aber bemerken, dass die Erklärung aus der Gleichgültigkeit der meisten Fürsten, die schliesslich 7 übrig liess, an denen die Pflicht, nicht das Recht zur Wahl hängen blieb, mir plausibel erscheint, weil ich ähnliches auch bei den englischen Lords des 13./14. Jahrhunderts habe feststellen können, die in der Teilnahme an den Oberhaussitzungen keineswegs ein wertvolles politisches Recht erblickten, sondern eine lästige Pflicht. Nur ist in England die Entwicklung auf die Dauer einen andern Weg gegangen. Immerhin halte ich Lintzels Versuch,

---

[1] Der Brief ist nicht überliefert.
[2] Gemeint ist die Fortsetzung von Hans Haussherr: Die Stunde Hardenbergs, Hamburg 1943; Haussherr konnte infolge seines frühen Todes (1960) nur noch den (aus dem Nachlass herausgegebenen) ersten Band seiner geplanten Hardenberg-Biographie fertigstellen: Hans Haussherr: Hardenberg. Eine politische Biographie, I. Teil: 1750–1800, hrsg. v. Karl-Erich Born, Köln/Graz 1963.
[3] Hans Haussherr: Martin Lintzel, in: Wissenschaftliche Zeitschrift der Martin-Luther-Universität Halle-Wittenberg 5 (1956), S. 511–522.
[4] Martin Lintzel: Die Entstehung des Kurfürstenkollegs, in: derselbe: Ausgewählte Schriften, Bd. 2: Zur Karolinger- und Ottonenzeit, zum hohen und späten Mittelalter, zur Literaturgeschichte, Berlin 1961, S. 431–464; Haussherr bemerkt in seinem Nachruf, S. 517, Lintzel sei von seiner Beschäftigung mit den Königswahlen im 10. Jahrhundert „zur Entstehung des Kurfürstenkollegs gelangt, das er in eindringlicher, aber reichlich gewagter Analyse als ein Verfallsprodukt der alten Reichsverfassung deutete".

das Problem einmal von einer ganz anderen Seite aus anzupacken, für beachtenswert.

In der Akademie haben Sie in den letzten Wochen nichts versäumt. Es wird auch nicht lohnen, dass Sie zur letzten Sitzung vor den Ferien (28.6.) kommen, obwohl im Anschluss daran die schon totgeglaubte Kommission für Landesgeschichte[1] zusammentreten soll. Zur Leibnizsitzung will Baethgen in seiner Eigenschaft als Präsident der bayrischen Akademie kommen. Der Vortrag von Hertz[2] wird sicher sehr bedeutend, aber für unsereinen auch sehr unverständlich sein[3].

Ich war neulich mit meiner Frau zur Tagung der Goethegesellschaft in Weimar. Wir wohnten diesmal im Elefanten, der zum grössten Teil für die Hotelzwecke freigegeben ist[4]. Die Tagung verlief sehr glücklich, namentlich auch im Hinblick auf das Zusammenwirken von Ost u. West. Schadewaldt und H. Meyer-Leipzig[5] ergänzten sich in ihren Vorträgen sehr geschickt[6]. Wir sind mit dem Auto gefahren und dabei auch durch Halle gekommen. Wenn es nicht gerade die Zeit gewesen wäre, wo jeder vernünftige Mensch einen Mittagsschlaf hält, hätten wir nach Ihnen gesehen. Gedacht haben wir Ihrer aber sehr lebhaft, nicht nur bei der Fahrt durch Halle, sondern auch in Weimar in Erinnerung an unser Zusammentreffen 1954.

Für Ende August-Anfang September planen wir einen Aufenthalt im Schwarzwald, dann Ulm und hinterher in der letzten Septemberwoche die Sitzungen in München. Ob ich Ihnen raten soll, zur Historischen Kommission zu kommen, ist mir zweifelhaft. Ich war letztes Jahr, nachdem ich zwei Tage Zentraldirektion der Monumenta und zwei Tage Historische Kommission mitgemacht hatte, restlos erschlagen, obwohl ich mich kaum aktiv an den Verhandlungen beteiligt hatte. Allerdings versteht es Schnabel als Präsident, die

---

[1] Der Kommission für Landesgeschichte der Deutschen Akademie der Wissenschaften gehörten neben Fritz Hartung und den Akademiemitgliedern Hans Haussherr, Ernst Hohl, Jürgen Kuczynski, Leo Stern, Wilhelm Unverzagt und Eduard Winter noch elf weitere Mitglieder an, darunter Ernst Engelberg, Willy Flach, Hellmuth Kretzschmar, Heinrich Otto Meisner und Heinrich Sproemberg; vgl. Jahrbuch der deutschen Akademie der Wissenschaften zu Berlin 1956, Berlin[-Ost] 1957, S. 70.
[2] Gustav Hertz (1887–1975), Physiker, 1926 Nobelpreis für Physik, o. Professor an der Universität Halle (1925–1927), der Technischen Hochschule Berlin-Charlottenburg (1927–1935) und der Universität Leipzig (1954–1961), 1945–1954 in leitender Position am Physikalisch-Mathematischen Institut in Sochumi (Abchasien) am sowjetischen Atombombenprogramm beteiligt.
[3] Hertz sprach am Leibniztag der Akademie (1.7.1956) über „Die experimentellen Methoden der heutigen Physik"; vgl. Jahrbuch der deutschen Akademie der Wissenschaften zu Berlin 1956, Berlin[-Ost] 1957, S. 106.
[4] Gemeint ist das seit 1696 bestehende Weimarer Traditionshotel „Elephant".
[5] Hans Mayer (1907–2001), Literaturwissenschaftler und Kultursoziologe, Professor mit Lehrstuhl an der Universität Leipzig (1948–1963), o. Professor an der Technischen Hochschule (seit 1968 Technische Universität) Hannover (1965–1973), anschließend Honorarprofessor an der Universität Tübingen.
[6] Im Rahmen der Hauptversammlung der Goethe-Gesellschaft in Weimar am 26.5.1956 sprachen Hans Mayer und Wolfgang Schadewaldt beide zum gleichen Thema: „Goethes Begriff der Realität"; die Vorträge sind gedruckt in: Goethe. N. F. des Jahrbuchs der Goethe-Gesellschaft 18 (1956), S. 26–43 (Mayer) und S. 44–88 (Schadewaldt).

Verhandlungen hinzuziehen und die Debatten sich ins Uferlose zerfliessen zu lassen, während Baethgen sehr geschickt präsidiert.

Auf alle Fälle rate ich auch in Bezug auf München mehr an Ihre Gesundheit als an die Institutionen zu denken. Es sei denn, dass das Oktoberfest Sie reizen sollte, das während der Sitzungen stattfindet und die Unterkunft in den Hotels erschwert.

Nochmals herzlichen Dank, viele gute Wünsche für fortschreitende[1] Genesung und beste Grüße auch von meiner Frau für Sie und Ihre Gattin[2],

Ihr Hartung

Nr. 309
An Hermann Aubin   Berlin, 30. Juni 1956

SBBPK, Nl. F. Hartung, K 46/7. – Masch. Durchschlag.

Lieber Herr Aubin!

Der Brief betrifft zwar die Mitarbeiter der Jahresberichte und ihre geplante Reise zum Historikertag nach Ulm[3] – Mitglieder des Verbandes sind sie –, aber ich schreibe zu Hause selbst und bitte Sie, mir die Antwort an meine Wohnung zu adressieren.

Nach Ulm wird die DDR offenbar eine grössere Delegation von linientreuen Historikern unter Führung von Meusel entsenden. Von meinen Mitarbeitern stehen zwei Damen auf der Liste Meusels, da sie in Ostberlin wohnen und ohne Erlaubnis der Akademie keine Reisegenehmigung bekommen. Wie das läuft, muss sich ja bald entscheiden. Ich habe besonders betont, dass Heimpel mit den Jahresberichten über die Neubearbeitung des Dahlmann-Waitz in Ulm reden möchte.

Mein Hauptmitarbeiter Schochow steht nicht auf der Liste, denn er wohnt in Westberlin und ist wenig beliebt in der Akademie, vor allem weil er sich sehr ablehnend gegen alle politischen Beeinflussungsversuche verhält. Ich möchte ihm aber auch die Reise möglich machen. Er kann als Westberliner ohne weiteres reisen, braucht aber dazu einen Zuschuss. Kann der Verband, der in Bremen sehr grosszügig in dieser Beziehung gewesen ist, da helfend eingreifen? Es muss dabei etwas diskret vorgegangen werden. Nach dem Bremer Historikertag wurde von der Meuselgruppe der starke politische Einschlag, wie er sich auch in der etwas aufdringlichen Form der Unterstützung der Historiker aus der Zone kundgab, etwas kritisch hervorgehoben. Ich möchte deshalb bitten, nur mit mir persönlich darüber zu korrespondieren, und ich werde es dann mit Schochow mündlich besprechen, ob er nach Ulm fahren soll und kann.

---

[1] Die Hälfte des Satzes seit „fortschreitende" handschriftlich.
[2] Emmy-Luise Haußherr, geb. Krahe, (zweite) Ehefrau Hans Haußherrs.
[3] Der 23. Deutsche Historikertag versammelte sich vom 13. bis 16.9.1956 in Ulm.

Meine Frau und ich wollen in der zweiten Augusthälfte nach Bad Teinach im Schwarzwald, das meiner Frau wegen seiner Bäder sehr empfohlen worden ist. Von dort soll es dann nach Ulm und hinterher nach München gehen. Einstweilen warten wir auf den Sommer; ich sitze am elektrischen Ofen.

Da ich so viel von den Jahresberichten geschrieben habe, will ich Ihnen noch mitteilen, dass der Doppelband 1951/52 im April vorigen Jahres in die Druckerei gegangen ist. Jetzt ist der Satz endlich fertig und das Imprimatur erteilt. Ich nahm an, dass wir jetzt schnell ausdrucken könnten. Aber nun kommt erst die Papierbeschaffung. Sie konnte angeblich nicht vorher erfolgen, weil Papier als Mangelware nicht „gehortet" werden darf. Wenn ich wüsste, wem ich die Jahresberichte überlassen könnte, würde ich auf meine Stelle als Herausgeber verzichten. Aber da der Auftrag von der Akademie erteilt worden ist, muss sie meinen Nachfolger ernennen, und dann wird es sicher ein Kommunist.

Sonst geht es uns befriedigend. Mit herzlichen Grüssen auch von meiner Frau für Sie und Ihre Gattin[1]

Nr. 310
An Hermann Aubin **Berlin, 5. August 1956**

BAK, B 510 (Korrespondenzen des VHD). – Masch. Original.

Lieber Herr Aubin!

Haussherr hat mir über die letzte Sitzung des wissenschaftlichen Rats beim Staatssekretär für Hochschulwesen geschrieben[2]. Er war zwar selbst nicht dabei, hat aber das Protokoll bekommen. Danach hat Sproemberg gewünscht, dass in Ulm ein Historiker der DDR in den Vorstand des Historikerverbandes gewählt werde, und zwar „einer, der bei beiden Richtungen Vertrauen genösse". Dass er dabei an sich gedacht hat, ist sowohl Haussherr wie mir höchstwahrscheinlich. Vollen Erfolg hat er in der Sitzung anscheinend nicht gehabt, vielmehr hat der Beirat zwar der Anregung grundsätzlich zugestimmt, aber keinen bestimmten Vorschlag gemacht.

Dass Sproemberg in der von ihm eingeschlagenen Richtung in Ulm weiterarbeiten wird, ist anzunehmen. Das Stänkern gehört zu seinen Lebensbedürfnissen. Ich nehme an, dass man ihn auch im Westen genügend kennt und ihn nicht in den Vorstand oder Ausschuss wählen wird. Aber dass die Historiker der DDR im Ausschuss des Verbandes vertreten sind, wie es von Anfang bis zum Tode von Griewank und Lintzel der Fall gewesen ist, halte ich für sehr wünschenswert. Aber wen soll man wählen? An den Universitäten gibt es keinen namhaften Historiker mehr. Von den Alten ist nur noch Fr. Schneider-Jena da, aber auch schon über 70 und doch eigentlich immer etwas komische Figur. Haussherr selbst ist ein kranker Mann, wenn er jetzt auch schreibt, dass

---
[1] Vera Aubin, geb. Webner (1890–1985).
[2] Hans Haussherr an Fritz Hartung, 29.7.1956, in: Nl. F. Hartung, K 46/7.

er im September zur Kur nach Bad Elster reisen zu können hoffe und vielleicht Ende November nach Berlin kommen werde. Obermann, Schilfert[1], Engelberg[2]-Leipzig sind wissenschaftlich etwas besser als Meusel und Stern, aber selbst nach DDR-Begriffen noch nicht ordinariatsreif. Unter den Archivaren sind Flach, Kretzschmar und Meisner ganz ordentliche Leute, auch sämtlich Universitätsprofessoren, aber wir haben ja schon einen Vertreter der Archivare im Ausschuss, und ich weiss nicht, ob die Marxisten der DDR in der Wahl eines dieser bürgerlichen Archivare nicht ein Ausweichen erblicken werden.

Ich teile Ihnen das alles zur geneigten Ueberlegung mit, damit Sie nicht in Ulm durch Sproemberg oder andere mit Anregungen, Wünschen oder Forderungen überrascht werden. Die Akademie schickt eine zahlreiche „Delegation" unter Führung von Meusel; wahrscheinlich erscheint auch eine Delegation der Hochschulen oder gar von jeder Universität. Solche Delegationen sind notwendig für die Erteilung der Reiseerlaubnis und einen Zuschuss zu den Kosten, aber ich glaube, der Verband sollte sich auf den Standpunkt stellen, dass wir eine Vereinigung von Fachgenossen darstellen und dass wir keine Delegationen der Akademien, Universitäten, Historischen Kommissionen usw. mit Begrüssungsansprachen usw. kennen. Ich habe es abgelehnt, mich unter Meusels Führung delegieren zu lassen, und reise lieber auf eigene Kosten. Dafür werde ich einen Doppelband der Jahresberichte mitbringen.

Meine Frau und ich reisen am 20. nach Bad Teinach im nördl. Schwarzwald, um frisch gebadet in Ulm uns zeigen zu können.

Mit herzlichen Grüssen von Haus zu Haus
Ihr
Hartung

Nr. 311
An Hermann Aubin   Bad Teinach, 6. September 1956

BAK, B 510 (Korrespondenzen des VHD). – Hs. Original.

Lieber Herr Aubin!

Ihr gewichtiger Brief vom 27. hat mich in diesem idyllischen Badeort erreicht, wo wir uns seit 14 Tagen aufhalten u. bei wechselndem Wetter und guter Luft recht wohl fühlen. Zur Beantwortung Ihres Briefes[3] ist er weniger

---

[1] Gerhard Schilfert (1917–2001), Historiker, Professor mit vollem Lehrauftrag und o. Professor an der Humboldt-Universität Berlin (1952/56–1982).

[2] Hartung schreibt versehentlich: Engelbert.

[3] Hermann Aubin an Fritz Hartung, 27.8.1956 (Durchschlag), in: BAK, B 510 (Korrespondenzen des VHD): „Nun komme ich mit einer Bitte. Sie haben mir letzthin schon gewisse Tips über einige Historiker der Ostzone zukommen lassen. Ich möchte nun eine umfänglichere Beratung haben. Es geht um zwei Dinge, einmal um die hier in der beiliegenden Liste genannten Namen von Anmeldungen aus der SBZ. Weggelassen habe ich diejenigen, welche nach der einen oder anderen Seite schon einwandfrei charakterisiert sind. Bei manchen

Nr. 311. An Hermann Aubin, 6. September 1956

geeignet; nicht nur weil man bei der Kur zwischen Baden, Brunnentrinken, Massagen und Liegen nur schwer Zeit findet zu einem Brief, sondern auch weil mir die Kenntnisse und die Möglichkeit, sie durch Rückfragen zu ergänzen, fehlen.

So sind mir die meisten Namen der Liste unbekannt. So weit ich etwas weiß, habe ich es bemerkt u. schicke die Liste Ihnen wieder zu. Grundsätzlich, glaube ich, sollten wir in der Aufnahme von Mitgliedern aus dem Osten nicht allzu engherzig sein. Eine Unterwanderung des Verbandes durch Marxisten können wir mit formalen Mitteln (z. B. Nichtanerkennung der Aspirantur[1], die erst nach dem 1. Examen verliehen wird) doch nicht verhindern; denn je linientreuer jemand ist, desto rascher wird er Mitarbeiter eines histor. Instituts u. damit hat er Anspruch auf Zulassung zum Verband. Ich weiß aber gerade von meinen jungen Mitarbeitern, daß sie Wert auf die Verbindung mit dem Westen legen, obwohl der Verband, abgesehen von den Tagungen, ihnen kaum etwas gibt. Ob das 1. Staatsexamen der DDR als Qualifikation für den höheren Schuldienst im Westen angesehen werden kann, ist mir zweifelhaft. Aber in den Verband sollte man die, die es bestanden haben, ruhig aufnehmen. Man kann ja verlangen, daß sie eine Empfehlung ihres Professors beibringen. Aber kann der Verband, solange wir an der Einheit festhalten, Empfehlungen von Meusel, Stern usw. ablehnen?

Für den Ausschuß möchte ich, falls Haußherr ablehnt, Frl. Höß[2] empfehlen. Man kann auf ihre Verdienste um den Verband seit Griewanks Tod hinweisen, um den Vorschlag möglichst unpolitisch zu begründen.

Ich wohne in Ulm im Bundesbahnhotel; wir kommen am Nachmittag des 12. dort an. Bis dahin herzliche Grüße! Verzeihen Sie die Dürftigkeit meiner Angaben.

Stets Ihr
Hartung

---

anderen wäre es mir aber wichtig, im Vorhinein eine Vorstellung zu haben, mit wem man es zu tun hat. Ich habe diejenigen, welche uns von Frl. Höß mit der genügenden Beschreibung oder Empfehlung für die Aufnahme als Mitglieder angemeldet worden sind, mit einem roten Strich versehen. Aber auch bei diesen ist es ja nicht unwichtig, zu wissen, wie sie heute stehen, soweit Ihre Kenntnis reicht. – Die zweite Frage betrifft einen grundsätzlichen Punkt. Nach unseren Statuten können Mitglieder werden: Lehrer der Geschichte und verwandter Fächer an Hochschulen und Schulen, Mitglieder und Mitarbeiter der historischen Forschungs- und Lehrinstitute, Archivare, Bibliothekare und Museumsbeamte sowie Privatpersonen, die ein abgeschlossenes akademisches Studium oder literarische Arbeiten auf dem Gebiet der Geschichtswissenschaft gewidmet haben [sic]. – Es entsteht nun die Frage, wie ist das Staatsexamen der SBZ und wie ist die Aspirantur zu werten? Unsere westlichen Universitäten haben sich ja dahin entschlossen, daß das Abitur der SBZ nicht mehr als Ausweis für ein Studium anerkannt wird, und von der Art, wie man aus älteren Studenten durch die Aspirantur rasch Lehrbeauftragte macht, habe ich manches gehört, was mich zweifeln läßt, daß wir die Aspirantur den Abschlußprüfungen älterer Art gleichsetzen können".

[1] Die „Aspirantur" bezeichnete in der DDR nach sowjetrussischem Vorbild ein Fortsetzungsstudium nach dem ersten Studienabschluß (Examen oder Diplom) mit dem Ziel einer Promotion.

[2] Irmgard Höß (1919–2009), Historikerin, o. Professorin an der Universität Jena (1956–1958), a. o. Professorin an der Universität Erlangen-Nürnberg (1962–1985).

Nr. 312
An Hermann Aubin   **Berlin, 16. Oktober 1956**

BAK, B 510 (Korrespondenzen des VHD). – Masch. Original.

Lieber Herr Aubin!

Wir haben in Ulm über die sehr tätige „International Commission for the history of parliamentary and representative institutions" gesprochen[1]. Anbei der dort versprochene Bericht über deren deutsche Mitglieder. Nach dem Tode des Frankfurter Studienrats Dr. Ziehen[2] (etwa 1945) war ich allein übrig geblieben. An den Beratungen der sehr rührigen Kommission, deren Vorsitz Miss Cam[3] innehat, während Lousse[4] in Löwen ihr sehr schreibfreudiger Sekretär ist, konnte ich in Rom nicht teilnehmen, da ich am 3.9. vorm. noch mit äusseren Dingen zu tun hatte und am 5. vorm. durch die Sitzung über den Absolutismus beansprucht war. Nach Mitteilung von Lousse sind in Rom gewählt worden K. Bader (ist er noch reichsdeutscher Vertreter?)[5], Bosl,[6] E. Ennen[7] und Sproemberg. Seither habe ich noch ein Schreiben des Assistant Secretary Koenigsberger[8] vom Department of History der Universität Manchester bekommen mit der Mitteilung, dass auch Kienast eingeladen worden sei, Mitglied der Kommission zu werden. Das ist alles.

Sonderveranstaltungen der nationalen Unterkommissionen werden, soweit ich informiert bin, in USA und England gelegentlich einberufen. Die deutschen Mitglieder haben sich meines Wissens noch nicht als nationale Gruppe konstituiert. Das könnte Sproemberg Gelegenheit zur Initiative geben.

---

[1] Die „International Commission for the History of Parliamentary and Representative Institutions" („Commission Internationale pour l'Histoire des Assemblées d'États") wurde 1936 mit dem Ziel einer übernationalen Vernetzung der wissenschaftlichen Erforschung vornehmlich des alteuropäischen Ständewesens gegründet; vgl. John Rogister: The Commission for the History of Parliamentary and Representative Institutions: Aims and Achievements over 70 Years, in: Parliaments, Estates & Representation 27 (2007), S. 1–7.

[2] Eduard Ziehen (1896–1945), Historiker, seit 1925 Studienrat an der Musterschule in Frankfurt a. M.

[3] Helen Maud Cam (1885–1968), britische Historikerin, Fellow am Girton College der Universität Cambridge (1921–1948) und Professorin an der Harvard University (1948–1954).

[4] Émile Lousse (1905–1986), belgischer Historiker, Professor an der Universität Löwen (1934–1968).

[5] Karl Siegfried Bader (1905–1998), Jurist und Rechtshistoriker, o. Professor an den Universitäten Mainz (1951–1953) und Zürich (1953–1975).

[6] Karl Bosl (1908–1993), Historiker, o. Professor an den Universitäten Würzburg (1953–1960) und München (1960–1977).

[7] Edith Ennen (1907–1999), Historikerin und Archivarin, Leiterin des Stadtarchivs Bonn (1947–1964), Honorarprofessorin an der Universität Bonn (1961–1964), o. Professorin an den Universitäten Saarbrücken (1964–1968) und Bonn (1968–1974).

[8] Helmut Georg Koenigsberger (1918–2014), Historiker, Professor an den Universitäten Manchester (1951–1960) und Nottingham (1960–1966), an der Cornell University/USA (1966–1973) sowie am King's College der University of London (seit 1973).

Donnerstag fahre ich wieder einmal nach München zum Institut für Zeitgeschichte. Danach soll der Winterschlaf anfangen.

Mit herzlichen Grüssen von Haus zu Haus
Ihr F. Hartung

Nr. 313
An Friedrich Baethgen   Berlin, 25. Januar 1957

MGH, München – Archiv, Nr. O 213. – Masch. Original.

Lieber Herr Baethgen!

Zunächst möchte ich Ihnen für den schönen Glückwunsch zum Neuen Jahr, den Sie den Mitgliedern der Zentraldirektion haben zukommen lassen, herzlich danken und Ihre Wünsche aufrichtig erwidern.

Dann möchte ich Sie von einem Plan des Akademieinstituts für Geschichte in Kenntnis setzen. Da dieses mit der wissenschaftlichen Arbeit offenbar ebenso wenig weiter kommt wie Meusel mit seinem Museum, hat der rührige geschäftsführende Direktor Obermann den Plan ausgeheckt, den in diesem Jahr bevorstehenden 200. Geburtstag Steins festlich zu begehen. Er hat mich gefragt, ob etwa die Arbeitsstelle der MGH dabei mitmachen würde. Ich habe ihm gleich erklärt, dass die Beziehungen der Arbeitsstelle zu Stein[1] meiner Ansicht nach eine besondere Feier nicht rechtfertigen; wenn wir etwas tun wollten, könne es aber nur im Rahmen einer Feier der Zentraldirektion erfolgen. Ein Anhang an eine Feier des Instituts, das mit der Arbeitsstelle nichts zu tun hat, komme für mich nicht in Frage. Ich wollte Sie davon wenigstens informieren für den Fall, dass Obermann sich direkt an Sie wendet.

Im übrigen geht es mir nicht besonders gut, sodass ich seit Weihnachten erst 2mal in der Akademie gewesen bin. [...]

Das sind aber nur meine kleinen Sorgen. Sehr viel ernsthafter bedrückt mich die Frage, wie man bei Arbeiten über ein weitgespanntes Thema wie die Verfassungsgeschichte der Neuzeit mit der unheimlich anschwellenden Literatur fertig werden soll. Kaum habe ich die Literatur zum Absolutismus in Verbindung mit dem Rapport für Rom[2] einigermassen bewältigt, überschüttet mich der Löwener Professor Lousse mit Arbeiten und Literaturberichten über den „Etat corporatif"[3]. Selbst wenn ich noch die glückliche Unbefangenheit der Zeit besässe, wo ich die 1. Aufl. meiner deutschen Verfassungsgeschichte

---

[1] Stein, Heinrich Friedrich Karl Reichsfreiherr vom und zum (1757–1831), preußischer Beamter und Staatsmann (1780–1807), in russischen Diensten (1812–1815), Standesherr in der preußischen Provinz Westfalen (seit 1816), 1819 maßgeblich an der Gründung der „Gesellschaft für ältere deutsche Geschichtskunde", den späteren Monumenta Germaniae Historica, beteiligt.
[2] Siehe oben, Brief Nr. 306.
[3] Siehe oben, Brief Nr. 312.

schrieb, unbekümmert darum, ob ich alle Literatur noch zusammenbekam oder nicht, fehlt mir jetzt einfach die physische Kraft, um alles zu lesen und zu verarbeiten, was die fleissigen Kollegen produzieren.

Hoffentlich ersticken Sie nicht in Verwaltungskram und festlichen Empfängen.

Mit den besten Grüssen auch von meiner Frau
Ihr Hartung

Nr. 314
An Hermann Aubin   Berlin, 1. Februar 1957

BAK, B 510 (Korrespondenzen des VHD). – Masch. Original.

Lieber Herr Aubin!

Heute muss ich Sie mit einer wichtigen Angelegenheit des Verbandes der Historiker Deutschlands behelligen. Sie hat uns schon in Ulm beschäftigt, ist dort mit der Wahl von Flach und Frau Hoess in den Ausschuss mehr vertagt als erledigt worden und ist gestern von Meusel in einem eigens zu diesem Zweck herbeigeführten Gespräch mit mir wieder aufgenommen worden. Es handelt sich um die Stellung der ostdeutschen marxistischen Historiker im Verband und, da sie zum grossen Teil noch nicht Mitglieder sind, zum Verband.

Nach einer höflichen Einleitung, in der er die im allgemeinen sehr günstige Beurteilung des West-Ost-Treffens in Ulm[1] sowohl in der östlichen wie in der westlichen Berichterstattung anerkannt hatte, kam er auf sein eigentliches Thema: es genüge auf die Dauer nicht, dass den ostzonalen (= marxistischen) Historikern jeweils nur etwa 10 Minuten Redefrist in den Diskussionen eingeräumt würden, sie müssten verlangen, dass sie sowohl beim nächsten deutschen Historikertag wie in drei Jahren in Stockholm[2] mit einem repräsentativen Vortrag betraut würden. Nur dann könne er wie bisher die schon wiederholt erwogene Gründung eines eigenen Verbandes der deutschen Historiker der DDR verhindern; die Konsequenz, in den (bis jetzt noch: gesamtdeutschen) Verband der Historiker Deutschlands einzutreten, würden sie natürlich ziehen.

Meusel bat mich, Sie von diesen Erwägungen in Kenntnis zu setzen. Da er sehr bequem, auf gut deutsch faul ist, was sich auch in seinem Museum zeigt, würde er am liebsten nichts tun. Aber er steht offenbar unter Druck. Ich bitte

---

[1] Siehe oben, Briefe Nr. 309, 310.
[2] Gemeint ist der XI. Internationale Historikerkongress in Stockholm vom 21. bis 28.8.1960. – Hierzu und zur Ost-West-Problematik innerhalb der deutschen Historikerzunft im Vorfeld des Kongresses vgl. Ulrich Pfeil: Deutsche Historiker auf den internationalen Historikertagen von Stockholm (1960) und Wien (1965). Geschichtswissenschaft zwischen Internationalität und Freund-Feind-Denken im Kalten Krieg, in: Pariser Historische Studien 89 (2008), S. 305–325, bes. S. 306–313.

Sie, sich die Dinge durch den Kopf gehen zu lassen und mit den Kollegen im Westen zu besprechen. Wenn es in der DDR einen marxistischen Historiker gäbe, von dem man einen wissenschaftlichen Vortrag über ein wissenschaftliches Thema wenn auch unter marxistischen Vorzeichen erwarten könnte, dann würde ich raten, ihn auf dem nächsten Historikertag sprechen zu lassen und abzuwarten, was die Diskussion ergibt. Aber ich weiss keinen, wenn ich auch zugebe, dass die jetzt heranwachsenden Historiker mit historischer Ausbildung (nicht nur nationalökonomischer wie Stern u. Meusel) schon einen besseren Eindruck machen. Der andere Ausweg, dass wir es auf die Bildung eines besonderen Verbandes für die DDR ankommen lassen, scheint mir, soweit es sich bloss um unsere deutschen Historikertage handelt, nicht gefährlich, so unerwünscht es auch ist, die deutsche Spaltung auch hier in Erscheinung treten zu lassen. Aber wie wird der internationale Verband reagieren? Wird er den Pankower Verband als Mitglied aufnehmen wie die meisten der andern Satellitenstaaten?

Ich bitte Sie, mir Ihre Ansicht mitzuteilen, damit ich Meusel in Kenntnis setzen kann. Im Mai tagt anscheinend das Internationale Comité in Moskau, bis dahin möchte sich Meusel wohl schlüssig werden, ob er irgend etwas unternehmen muss, um zu verhindern, dass ihn etwa Stern aus der Führung verdrängt.

Von uns ist nichts Besonderes zu berichten, weder etwas Gutes, aber doch auch nichts Schlechtes. Hoffentlich geht es Ihnen gut.

Mit vielen Grüssen von Haus zu Haus
Ihr Hartung

Nr. 315
An Hermann Aubin   **Berlin, 20. Februar 1957**

BAK, B 510 (Korrespondenzen des VHD). – Masch. Original.

Lieber Herr Aubin!

Besten Dank für Ihren freundlichen Brief vom 10. Sein Inhalt hat mich keineswegs überrascht, ich hatte ihn vielmehr erwartet[1]. Nur für die weiteren Beratungen des Ausschusses und für die sich vielleicht daraus ergebende Kor-

---

[1] Hermann Aubin an Fritz Hartung, 10.2.1957, in: Nl. F. Hartung, K 46/8: „Was nun die Wünsche von Herrn Meusel betrifft, so kann ich derzeit naturgemäß keine amtliche Stellungnahme unseres Verbandes aussprechen. Ich gebe Ihnen immerhin meine persönliche Meinung zu Ihrer eigenen Unterrichtung. Ich habe sie gestern mit Ritter besprochen und dessen volle Zustimmung gefunden. Ich werde sie im März bei einer Ausschußsitzung vertreten, welche der Planung des nächsten Historikertages gewidmet sein wird. – Es liegt mir fern einen Gelehrten wegen seiner Weltanschauung von einem Historikertag ausschließen zu wollen. Es kommt aber auf zwei Dinge an: Daß er diese nicht zu politischen Zwecken vorträgt und daß er wissenschaftlichen Rang besitzt. Herrn Stern in unseren Verband aufzunehmen, habe ich mich geweigert, weil es ihm, wie man voraussehen konnte und wie

respondenz mit Meusel – allenfalls über Flach – möchte ich betonen, dass Meusel das Verlangen nach einem Redner der SED auf unserem Kongress nicht geäussert hat. Es ist vielmehr immer nur von einem Vertreter der materialistischen Geschichtsauffassung die Rede gewesen. Man könnte ihn darauf festnageln, etwa mit der Frage, wen er für einen repräsentativen Vortrag vorzuschlagen hat. Nennt er dann Stern oder sich selbst, müsste man wohl ganz offen sagen, dass die fachwissenschaftlichen Leistungen von beiden nicht das Niveau haben, das auf unsern Tagungen Voraussetzung für die Nennung ist und bleiben muss. Das gilt auch von Schilfert, Obermann oder ähnlichen sowohl wissenschaftlich wie politisch weithin unbekannten Grössen. Nur wer sich wissenschaftlich einwandfrei ausgewiesen hat, darf bei uns einen Vortrag halten.

Wenn Meusel und die hinter ihm drängenden Kräfte daraufhin einen eigenen Verband gründen, so mögen sie es tun, und man wird sehen, wie weit sie kommen.

  Mit herzlichen Grüssen
    Ihr
    Hartung

Nr. 316

An Peter Rassow   Berlin, 21. Juli 1957

  SBBPK, Nl. F. Hartung, K 46/7. – Masch. Durchschlag.

Lieber Herr Rassow!

Da Sie bei den Bonner Besprechungen über die Schaffung eines Ersatzes für die ehemalige Historische Reichskommission federführend für uns aufgetreten sind und wohl der erste Anwärter auf den Vorsitz in der geplanten „Wissenschaftlichen Vereinigung" sind, möchte ich Ihnen mitteilen, dass ich

---

er in Ulm urbi et orbi bewies, auf politische Demonstration, wenn nicht mehr, ankommt. Denn niemals kann es darum gehen, daß wir Vertretern einer politischen Partei innerhalb unseres Verbandes eine Stellung oder bestimmte Rechte einräumen. In diesem Sinne lehne ich sein Verlangen nach einem Redner der SED auf unserem Kongreß rundweg ab. – Was das andere Thema betrifft, so habe ich bisher noch keinen der kommunistischen Historiker kennen gelernt, der seit 10 Jahren eine Arbeit geschrieben hätte, die uns veranlassen könnte, ihn auf die Rednerliste des nächsten Historikertages zu setzen. Doch das mag sich bis zum Herbst ändern. Zweck unserer Ausschußtagung im März ist es, die Vortrags- und Rednerliste so vorzubereiten, daß sie im September in München endgültig festgestellt werden kann. Bei der Auswahl der Themen und der Redner werden alle geeigneten Vorschläge erörtert werden. Auch die Vertreter aus der SBZ werden im Ausschuß voll zu Worte kommen. Wir werden hören, was und wen sie uns vorzuschlagen haben – aber nicht aus politischen Gesichtspunkten. [...] Beim Internationalen Verband haben wir übrigens bereits Gespräche geführt, für den Fall, daß die SBZ-Historiker aus politischen Gründen eine eigene Gründung versuchen sollten. Ohne weiteres würden sie die internationale Anerkennung nicht gewinnen. Freilich möchten wir das Bild der deutschen Spaltung nicht zu deutlich malen. Aber es mag Fälle geben, wo sie besser ist als ein faules Nachgeben".

zu der Besprechung am 29. nicht kommen werde und Hübinger gebeten habe, von meiner Beteiligung an der Vereinigung abzusehen[1].

Meine Bedenken gegen die lockere Form einer privaten Vereinigung des bürgerlichen Rechts, die ich schon in der Besprechung Ende Mai vorgebracht habe[2], sind bei weiterem Nachdenken gewachsen. Bei aller Achtung vor den Kollegen vermisse ich doch die überragende Autorität, die uns acht Mann[3] berechtigen könnte, einen Verein für historische Forschungen zu gründen. Mit dem gleichen Recht können sich acht andere Historiker der Bundesrepublik zusammentun und öffentliche Mittel für ihre Pläne beanspruchen.

Vielleicht wird bei der nächsten Besprechung in Bonn eine Form gefunden, gegen die mein Einwand nicht erhoben werden kann. Aber ich bin nun 74 Jahre alt, und in diesem Alter soll man sich nicht mehr um Neugründungen bemühen. Alle akademischen Kommissionen stehen vor der Gefahr der Ueberalterung. Als Gegengewicht hat man jetzt meist die Bestimmung, dass – falls die Zahl der Mitglieder begrenzt ist – die 70jährigen auf diese Zahl nicht angerechnet werden. Damit ist die Möglichkeit der Verjüngung eröffnet, ohne dass man die alten Herren durch Streichung kränkt. Aber ich finde, dass die Konsequenz fordert, Leute über 70 nicht neu in eine Kommission aufzunehmen; und das gilt meiner Ansicht nach erst recht von einer Neugründung.

Deshalb werde ich jetzt nicht nach Bonn kommen, dagegen habe ich die Absicht, Anfang Oktober in München die Sitzungen der Monumenta und der Historischen Kommission mitzumachen. Ich hoffe, Sie und Ihre Gattin[4] dort zu treffen.

Mit besten Grüssen
　　　　　Ihr

---

[1] Auf den Historiker und zeitweiligen Leiter der Kulturabteilung des Bundesinnenministeriums in Bonn, Paul Egon Hübinger (1911–1987), ging die Idee zurück, mit Bundesmitteln eine – an die Tradition der alten Historischen Reichskommission anknüpfende – Historische Bundeskommission zu gründen; dies wurde im Rahmen zweier Sitzungen in Bonn (am 14.12.1956 und am 24.5.1957) besprochen, wobei Peter Rassow den Vorschlag machte, eine solche neue Kommission könne Quellenwerke zu den bedeutendsten Friedensverhandlungen der Neuzeit (von 1648 bis 1919) edieren. Die Gründung einer Bundeskommission wurde von den meisten teilnehmenden Historikern jedoch als nicht zweckmäßig erachtet, deshalb entschied man sich am Ende für die Form einer Gesellschaft bürgerlichen Rechts, die den Namen „Vereinigung zur Erforschung der Neueren Geschichte" erhielt und im Herbst 1957 gegründet wurde. Deren Arbeit beschränkte sich später allein auf eine umfängliche Edition von Akten zur Geschichte des Westfälischen Friedens; vgl. Maximilian Lanzinner: Die Acta Pacis Westphalicae und die Geschichtswissenschaft, in: Christoph Kampmann/Maximilian Lanzinner/Guido Braun/Michael Rohrschneider (Hrsg.): L'art de la paix. Kongresswesen und Friedensstiftung im Zeitalter des Westfälischen Friedens, Münster 2011, S. 31–71, hier S. 32 ff.
[2] Die Besprechung fand am 24.5.1957 in Bonn statt; vgl. ebenda, S. 35.
[3] Der von Hübinger nach Bonn eingeladene Gründungskreis bestand neben Hartung aus Max Braubach/Bonn, Werner Conze/Heidelberg, Karl Dietrich Erdmann/Kiel, Hans Herzfeld/Berlin, Richard Nürnberger/Göttingen, Peter Rassow/Köln und Hans Rothfels/Tübingen; vgl. ebenda, S. 32.
[4] Hildegard Rassow, geb. Wiggert (1899–?).

Nr. 317
An Peter Rassow   **Berlin, 20. August 1957**

SBBPK, Nl. F. Hartung, K 46/7. – Masch. Durchschlag.

Lieber Herr Rassow!

Ich danke Ihnen herzlich für Ihren freundlichen Brief vom 14.[1] Ueber das Ergebnis von Bonn hatte mir Herzfeld schon mündlich berichtet. Ich bin keineswegs grundsätzlicher Gegner einer Vereinsgründung zu wissenschaftlichen Zwecken: von 1925 bis 1945 war ich mit Brackmann zusammen Vorstand des eingetragenen Vereins Jahresberichte. Dabei ist alles glatt und ohne allzu viel Schreiberei vor sich gegangen, alle drei Jahre fragte das Gericht, ob im Vorstand eine Veränderung eingetreten sei, und das war zum Glück nie der Fall. Sonst hätten Schwierigkeiten eintreten können, da die 7 Gründungsmitglieder fast alle gestorben und neue nicht berufen worden waren.

Dass die in Bonn anwesenden Herren angesichts der Alternative, einen Verein zu gründen oder das verfügbare Geld der historischen Wissenschaft verloren gehen zu lassen, sich für die Vereinsgründung entschieden haben, verstehe ich durchaus. Ich habe nur die Sorge, dass wir allmählich zu viele Kommissionen, Vereine u. dergl. für historische Publikationen bekommen werden. Eines Tages wird es dann nötig sein, einen weiteren Verein zur Koordinierung der Arbeiten u. zur Abgrenzung der Aufgaben zu gründen.

Wenn ich mit Hinweis auf mein Alter erklärt habe, der neuen Vereinigung fern bleiben zu wollen, so habe ich das nicht etwa aus Scheu vor der Belastung getan. Ich bin mir völlig klar darüber, dass man mir nicht etwa ein neues Unternehmen zur Leitung übertragen wird, dass ich also höchstens als Beirat, der gelegentlich auf die angeblich bewährten Grundsätze der Zeit um 1910 verweisen kann, tätig zu sein hätte. Entscheidend war für mich der Eindruck früherer Jahre (auch in der Hist. Reichskomm.), dass die alten Herren in unserem ganzen akademischen Leben zu stark mitreden, obwohl sie oft genug den veränderten Aufgaben einer veränderten Zeit fremd gegenüber stehen. Solange ich noch jung war, habe ich mich oft darüber geärgert und Witze darüber gemacht. Deshalb möchte ich jetzt vermeiden, in den gleichen Fehler zu verfallen.

---

[1] Peter Rassow an Fritz Hartung, 14.8.1957, in: Nl. F. Hartung, K 46/7: Rassow bittet Hartung, seinen Entschluss zum Rückzug aus dem von Hübinger berufenen Gründungskreis der neuen historischen Vereinigung noch einmal zu überdenken: „Gegen Ihr Argument, Sie seien zu alt, um einer Neugründung Ihre Hilfe zu leihen, möchte ich einwenden, daß einer Kommission, deren Aufgabe die Erschließung neuer historischer Quellen ist, die Erfahrung derer nicht fehlen sollte, die auf diesem Felde seit langen Jahren erfolgreich, wie Sie, gearbeitet haben. Niemand in unserem Kreise wird so unbescheiden sein, von Ihnen die Leitung eines Unternehmens zu verlangen, wie es jetzt Braubach für den Westfälischen Frieden unternimmt. Aber wenn wir darüber grundsätzlich beraten und im weiteren Verlauf grundsätzliche Entscheidungen zu fällen haben werden, so würde Ihr Wort von höchstem Gewicht sein. Ich bitte Sie also ernstlich und herzlich, Ihren Entschluß rückgängig zu machen".

Herzfeld hat mir schon versichert, dass die in Bonn versammelten Kollegen auf meine Beteiligung an dem neuen Verein Wert legten. Sie schreiben dasselbe mit freundlichen Worten, für die ich dankbar bin und die mir Eindruck gemacht haben, wenn ich mir auch klar darüber bin, dass weder Sie noch Herzfeld erklären konnten, die Kollegen seien erfreut darüber, dass ich mich endlich zurückziehe. Vor einem endgültigen Entschluss möchte ich am liebsten mit Ihnen mündlich darüber sprechen. Ich hoffe, dass die Münchener Sitzung dazu Gelegenheit geben wird.

Nächste Woche reise ich mit meiner Frau nach Bad Brückenau. Von dort werde ich bestimmt, wahrscheinlich aber auch meine Frau nach München kommen.

Mit besten Grüssen auch von meiner Frau für Sie und Ihre Gattin

Nr. 318

An Siegfried A. Kaehler   Berlin, 15. November 1957

NStUB Göttingen, Cod. Ms. S. A. Kaehler, 1, 59. – Masch. Original (mit hs. Ergänzungen).

Lieber Kaehler!

Zunächst möchte ich für den behaglichen Abend, den ich neulich bei Ihnen und Ihrer Gattin verleben durfte, herzlich danken. Ich finde, der alte Goethe hat recht gehabt, als er meinte, es gehe einem mit den Jahren wie mit den sibyllinischen Büchern; je weniger man davon übrig behalte, desto wertvoller seien sie[1]. So geht es einem auch mit den alten Freunden. Und das behagliche Gefühl einer schon mehr als 40 Jahre über alle Schicksale und persönlichen Trennungen bewährten Freundschaft habe ich an jenem Abend wieder einmal gehabt.

Mein weiterer Aufenthalt in Göttingen ist programmgemäss verlaufen. Unser Colloquium bei Heimpel endete friedlich[2]. Leicht beieinander wohnen die Bücher- und Aufsatztitel zur deutschen Geschichte in unseren Diskussionen; bei der Ausarbeitung werden sie sich wohl hart im Raume stoßen[3], zumal

---

[1] Vgl. Goethe an Friedrich Maximilian von Klinger, 8.12.1811: „Das Leben ist den Sibyllinischen Büchern ganz gleich; je knapper, je teurer"; Goethes Briefe, hrsg. v. Karl Robert Mandelkow, Bd. 3, Hamburg 1965, S. 171.
[2] Hartung hatte am 18./19.10.1957 zusammen mit seinem Mitarbeiter Werner Schochow in dem von Hermann Heimpel geleiteten, soeben neu eröffneten Max-Planck-Institut für Geschichte in Göttingen an einem Colloquium über Probleme der historischen Bibliographie teilgenommen, das im Zusammenhang mit den im Institut begonnenen Arbeiten an der 10. Auflage des Dahlmann-Waitz stand (freundliche Mitteilung von Dr. Werner Schochow, Berlin).
[3] Anspielung auf das bekannte Schiller-Zitat (Wallensteins Tod, II/2, V. 787–792): „*Eng* ist die Welt und das Gehirn ist *weit*, / Leicht beieinander wohnen die Gedanken, / Doch hart im Raume stoßen sich die Sachen, / Wo *eines* Platz nimmt, muß das *andre* rücken / Wer

da Heimpel sich zu radikalen Streichungen unter der alten Literatur nicht entschliessen mag.
[...]
Unsere Heimreise verlief sehr glatt, von Kontrolle war überhaupt nichts zu spüren, weder in Helmstedt noch in Babelsberg, sodass wir sogar 1 Stunde zu früh ankamen. Die Ostgeldfrage hat sich für mich als Bezieher einer Intelligenzrente ganz harmlos gelöst, ich habe inzwischen all mein Geld in neuen Scheinen ohne Einbusse bekommen. Die in den hiesigen Zeitungen scharf kritisierten Kontrollen der Bahnpostwagen haben ergeben, dass die Kampfgruppe gegen Unmenschlichkeit[1] eine sehr dunkle Sache ist. Nicht nur, weil sie Flugblätter, die von Westdeutschland mit Luftballons in die Ostzone verschickt werden sollten, mit der Bahnpost glaubte befördern zu können, sondern auch weil sie unter ihrem Personal sehr unzuverlässige Leute hat, die den ostzonalen Grenzposten die verdächtigen Sendungen sofort verrieten. Es leben auf beiden Seiten der Zonengrenze zahlreiche dunkle Erscheinungen von der gegenseitigen Spionage und Bespitzelung.

Mein Arzt war und ist leider mit mir wenig zufrieden; er fand mich „angeschlagen" und verordnete eine Strophantinkur. Ich nehme das an sich nicht tragisch; nur finde ich es langweilig und zeitraubend, jeden zweiten Vormittag zu ihm hinzugehen, mich dort spritzen zu lassen und dann eine halbe Stunde ruhig zu sitzen. Ich benutze die Zeit zur Durchsicht der Korrekturfahnen der Jahrgänge 1953 und 54 der Jahresberichte. Davon werden Sie vielleicht auch noch profitieren. Ich habe mir natürlich Ihre Frage nach dem aktiven Wahlrecht der preussischen Soldaten durch den Kopf gehen lassen[2]. Nach meinen Ermittlungen hat das Frankfurter Parlament in dem zur Ergänzung der Reichsverfassung vom 28.3.1849 erlassenen Gesetz betreffend die Wahlen der Abgeordneten zum Volkshause vom 12.4.49 in § 11 bestimmt: der Standort der Soldaten und Militärpersonen gilt als Wohnsitz und berechtigt zur Wahl, wenn derselbe seit 3 Monaten nicht gewechselt worden ist. Dazu kommt noch ein Zusatz betr. Landwehrleute, die einberufen sind. Die dem Erfurter Parlament vorgelegte Unionsverfassung verweist in § 92 auf ein Reichs- (u. Unions) Wahlgesetz. Dessen erster Entwurf lehnt sich im Wortlaut ganz an das Gesetz von 1849 an; der zweite Entwurf, der aus den Beratungen in Erfurt hervorgegangen ist und auf die wachsende Reaktionsstimmung Rücksicht nimmt, hat aber die ganzen Sätze über die Wahlberechtigung der

---

nicht vertrieben sein will, muß vertreiben, / Da herrscht der Streit, und nur die Stärke siegt".

[1] Die „Kampfgruppe gegen Unmenschlichkeit" agierte in den Jahren 1948 bis 1959 von West-Berlin aus mit Unterstützung des amerikanischen Geheimdienstes als antikommunistische Widerstandsorganisation gegen das SED-Regime in der DDR. Mittel waren dabei neben Fluchthilfe und Propaganda auch Sabotage und Spionage; vgl. Enrico Heitzer: Die Kampfgruppe gegen Unmenschlichkeit (KgU). Widerstand und Spionage im Kalten Krieg 1948–1959, Köln/Weimar/Wien 2015.

[2] In seinem Brief an Fritz Hartung vom 29.10.1957 (Nl. F. Hartung, K 71/4) hatte Siegfried A. Kaehler eben diese Frage unter Berufung auf das ihm derzeit nicht greifbare Buch des Juristen Reinhard Höhn (1904–2000) formuliert.

Soldaten gestrichen. (Sie finden die Texte in der Bindingschen Sammlung Heft II)[1].

In Preussen ist die Frage durch die von Ihnen bereits zitierte Wahlordnung von 1849 geregelt worden. Höhn[2] sagt S. 369 dazu: Das (nach 1850) weiterhin bestehende aktive Wahlrecht der Armee war für die Verbürgerlichung des Heeres ohne Bedeutung. Ziekursch erwähnt Bd. 1, S. 61 seiner Geschichte des deutschen Kaiserreichs[3] die starke Wahlbeteiligung des damals wahlberechtigten Militärs, bei dem häufig die Ausübung des Wahlrechts als Dienstpflicht betrachtet wurde, bei den Wahlen von 1861. Als Ergänzung zu Ziekursch kann ich Ihnen heute nennen: Eugene N. Anderson, The Prussian election statistics 1862 and 1863, Lincoln (Nebr.) University of Nebraska, 1954, XXXI und 147 Seiten, 4. Ob es Ihnen weiterhelfen kann, weiss ich natürlich nicht. Ich habe nur den Titel aus den Jahresberichten[4].

Die Wahlen zum konstituierenden Reichstag 1867 fanden auf Grund des Reichswahlgesetzes von 1849 statt. Die Frage des militärischen Wahlrechts hat bei den Verfassungsberatungen, soweit mir bekannt ist, keine Rolle gespielt. Das dann auch vom Deutschen Reich übernommene Wahlgesetz vom 31.5.69 besagt in § 2: „Für Personen des Soldatenstandes des Heeres u. der Marine ruht die Berechtigung zu Wahlen so lange, als dieselben sich bei der Fahne befinden". Diese Bestimmung ist dann vom Reichsmilitärgesetz vom 2.5.1874 wiederholt und ausdrücklich auch auf die Wahlen zu einzelstaatlichen Parlamenten ausgedehnt worden (§ 49). Ob bei der Beratung des Wahlgesetzes im Norddeutschen Reichstag oder des Militärgesetzes im Deutschen Reichstag nennenswerte Debatten über das aktive Wahlrecht stattgefunden haben, kann ich mit den Mitteln meiner Bibliothek nicht feststellen, und sie werden verstehen, dass ich mich scheue, in der Staatsbibliothek die Stenographischen Berichte durchzuackern.

Eine der wenigen Unternehmungen, zu denen ich mich seit meiner Rückkehr nach Berlin aufgeschwungen habe, war der Besuch der Steinfeier[5]. Ich

---

[1] Karl Binding (Hrsg.): Deutsche Staatsgrundgesetze in diplomatisch genauem Abdrucke, Heft II: Die Verfassung des deutschen Reiches vom 28. März 1849 und die Entwürfe der sogenannten Erfurter Unionsverfassung (März und April 1850), 3. Aufl. Leipzig 1905, S. 49–91.
[2] Reinhard Höhn: Verfassungskampf und Heereseid. Der Kampf des Bürgertums um das Heer (1815–1850), Leipzig 1938.
[3] Johannes Ziekursch: Politische Geschichte des neuen deutschen Kaiserreichs, Bd. 1: Die Reichsgründung, Frankfurt a. M. 1925.
[4] Dieser Satz ist handschriftlich eingefügt.
[5] Vgl. Kaehler an Hartung, 29.10.1957: „Inzwischen haben Sie außer anderen Erlebnissen auch die Stein-Feier mitgemacht, über welche mir mein sonst zu überschwänglichen Äußerungen nicht geneigter Schüler Hubatsch schrieb: ‚Ein flammendes Schwert in der Vernebelung der Säkularfeiern'. Demnach hat R[othfels] wohl den Erwartungen entsprochen, die man diesem Redner entgegenbrachte; für ihn wird in seinem Auftreten bei dieser Gelegenheit wohl auch ein Teil des begründeten Nachholbedarfs an Geltung und Wirkung gedeckt sein, mit dem er nach Deutschland zurückgekehrt ist. Ihr Urteil über die Rede zu hören würde mich interessieren". – Hans Rothfels hatte die Berliner Festrede zur Feier des 200. Geburtstags des Freiherrn vom Stein gehalten; gedruckt als: Hans Rothfels: Politik als

kann die Begeisterung von Hubatsch über die Rede von Rothfels nicht ganz teilen. Sie wird sich sicher sehr gut lesen. Beim Vortrag fiel nicht nur mir, sondern auch andern Hörern eine gewisse Müdigkeit auf; dazu kam, dass Lautsprecher aufgebaut waren, Rothfels aber nur gelegentlich in den Lautsprecher sprach, mit dem Erfolg, dass Nebensätze überbetont wurden. Die neue Kongresshalle macht einen pompösen Eindruck, man sitzt sehr bequem, und man könnte wohl auf den Lautsprecher verzichten. Der Zweck des komischen Dachs ist mir bisher nicht aufgegangen[1].

Das war mein einziger Ausflug in die „Welt" seit der Rückkehr von Göttingen und Braunschweig. Anfang Dezember finden in München Sitzungen statt, zu denen ich eigentlich fahren müsste, Institut für Zeitgeschichte und Monumenta, die einen neuen Präsidenten brauchen[2]. Aber ich bleibe wohl brav hier.

Nochmals herzlichen Dank für den behaglichen Abend und viele Grüsse und gute Wünsche auch im Namen meiner Frau für Sie und die verehrte Gattin.

Ihr Hartung

Übersehen[3] habe ich Punkt 2 Ihres Briefes, Möglichkeit einer ständischen Verfassung in Preußen 1819[4]. Man kann aber hier wohl nur von Möglichkeiten sprechen, die von vielen Unbekannten abhängen. Daß die Unterlassung von 1819 sich 1848 gerächt hat, scheint mir zweifellos; aber damit ist nicht gesagt, daß Preußen mit einer Hardenbergischen oder Humboldtischen Verfassung glücklich geworden wäre.

---

moralisches Problem. Rede zur 200-Jahrfeier des Geburtstags des Freiherrn vom Stein, in: Merkur. Deutsche Zeitschrift für europäisches Denken 11 (1957), S. 1105–1118.
[1] Die 1957 fertiggestellte Berliner Kongresshalle (heute: Haus der Kulturen der Welt) am Tiergarten erregte wegen ihrer extravaganten Konstruktion seinerzeit großes Aufsehen.
[2] Zum Nachfolger Friedrich Baethgens als Präsident der Monumenta Germaniae Historica in München wurde 1959 der Mediävist Herbert Grundmann (1902–1970), o. Professor an den Universitäten Königsberg (1939–1944) und Münster (1944–1959) und Honorarprofessor an der Universität München (1959–1970), gewählt.
[3] Dieser Zusatz handschriftlich angefügt.
[4] Vgl. Kaehler an Hartung, 29.10.1957: „Eigentlich möchte ich noch auf den zweiten Punkt eingehen, nämlich auf die zwischen uns kurz berührte Frage, ob die Einführung einer ständischen Verfassung 1819 die Erwartungen erfüllt haben würde, welche so gute Kenner der preußischen Geschichte wie Meinecke und Sie an die Ausführung des Verfassungsversprechens von 1815 geknüpft haben. Ich kann mich trotz dieser doppelten Autorität nicht von der Stichhaltigkeit dieser Erwartungen überzeugen; mir scheint, daß Parlamentsverhandlungen von Abgeordneten aus den ganz verschiedenen Teilen der preußischen Monarchie, bevor der preußische Beamtenstaat durch ein Menschenalter die Vorarbeit, namentlich wirtschaftlicher Art, für die Zusammenschweißung dieses Staatsgebildes geleistet hatte, mit größerer Wahrscheinlichkeit als sprengendes wie als zusammenführendes Instrument der Staatswillensbildung gewirkt haben würde. Aber das ist für heute Nachmittag ein zu weites Feld, und keiner von uns kann die Verschiedenheit der Meinungen als begründet erweisen".

Nr. 319
An Heinrich Otto Meisner   Berlin, 4. Dezember 1957

BBAdW-Archiv, Nl. H. O. Meisner, Nr. 105. – Masch. Original.

Lieber Herr Meisner!

Seitdem ich während meines Septemberaufenthalts in Bad Brückenau Ihre mir freundlichst gewidmete Schrift über Militärattachés und Militärbevollmächtigte in Preussen und im Deutschen Reich mit viel Belehrung gelesen habe[1], besteht bei mir die Absicht, Ihnen ein Wort des Dankes zu schreiben. Aber bevor ich dazu kam, hat mich noch in Brückenau die Grippe erfasst. Ich musste deshalb auf die traditionelle Reise zum Oktoberfest nach München mit Sitzung der Historischen Kommission und der Zentraldirektion der Monumenta mit Wahl des neuen Vorsitzenden an Stelle des von der Altersgrenze erfassten Baethgen verzichten. Seit Anfang Oktober bin ich wieder hier, aber noch stark „angeschlagen", wie mein Arzt feststellte. Vor allem will das Herz nicht mehr recht mitmachen; einstweilen muss ich jeden 2. Tag zum Arzt, um mir eine Strophantinspritze verabfolgen zu lassen. Allmählich scheint es besser zu werden, aber ich muss mich noch sehr schonen. Zu Akademiesitzungen komme ich nur, wenn etwas Vernünftiges auf der Tagesordnung steht. Sonst halte ich mich zurück, habe z. B. kürzlich die nach langer Pause von Meusel einberufene Sitzung der Sektion für Geschichte geschwänzt und werde auch der Kommission für Landesgeschichte am kommenden Dienstag fernbleiben.

Zu den wenigen Dingen, die ich noch tue, gehört die Ueberwachung der Jahresberichte, von denen ein neuer Doppelband gerade im Satz ist. Dabei bin ich auf folgenden Titel gestossen: Hilbert, L. W., the role of military and naval attaches in the British and German service with particular reference to those in Berlin and London and their effect on Anglo-German relations 1871–1914. Leider ist es eine ungedruckte Diss. aus Cambridge von 1954 mit 392 Seiten in Maschinenschrift und einer gedruckten Inhaltsangabe in den Abstracts of Dissertations of the University of Cambridge für 1954/55[2]. Sie werden damit ebenso wenig etwas anfangen können wie ich, denn an die geschriebene Dissertation wird man nicht herankommen, und mit einem kurzen „Abstract" ist einem in der Regel nicht gedient. Aber ich wollte Ihnen doch zeigen, dass Sie mir mit Ihrer Arbeit und vor allem mit der Widmung Freude gemacht haben. Leider habe ich infolge meiner schon lange abnehmenden Arbeitskraft keine würdige Gegengabe. Wenn ich Ihnen meinen Aufgeklärten Absolutismus aus der HZ nicht s. Zt. schon geschickt hätte, könnte ich Ihnen jetzt wenigstens eine von Barraclough veranlasste englische Uebersetzung[3] schicken.

---

[1] Heinrich Otto Meisner: Militärattachés und Militärbevollmächtigte in Preußen und im Deutschen Reich. Ein Beitrag zur Geschichte der Militärdiplomatie, Berlin[-Ost] 1957.
[2] Die erwähnte Dissertation von Lothar Wilfried Hilbert (1924–2015), später Dozent und Professor für Zeitgeschichte an der Universität Tübingen (1968–1990), blieb ungedruckt.
[3] Fritz Hartung: Der Aufgeklärte Absolutismus, in: Historische Zeitschrift 180 (1955), S. 15–42; die englische Übersetzung, eingeleitet von Geoffrey Barraclough, erschien in der Reihe

Vielleicht führt uns der Archivrat der Akademie demnächst einmal zusammen[1]. Weihnachten hört meine Spritzerei auf, da werde ich mich auch leichter zu einem Weg zur Jägerstrasse bequemen als augenblicklich.

Mit besten Grüssen auch von meiner Frau für Sie und die verehrte Gattin[2]

Ihr

recht alter Hartung

Nr. 320
An Siegfried A. Kaehler **Berlin, Ende Januar 1958**

NStUB Göttingen, Cod. Ms. S. A. Kaehler, 1, 59. – Gedruckte Danksagung für die Glückwünsche zum 75. Geburtstag mit hs. Zusatz.

Zu meinem 75. Geburtstag habe ich so viele Zeichen freundschaftlichen Gedenkens erhalten, daß es mir nicht möglich ist, jedem Einzelnen in einem persönlichen Schreiben zu danken. Ich muß also bitten, mit dem gedruckten Dank vorlieb zu nehmen. Er gilt zuerst den Freunden und Schülern, die der Feier durch die Verlegung in die seit Beyme[3] und Wrangel[4] mit preußischer Tradition erfüllten Räume des Schloßhotels Huster in Berlin-Steglitz[5] einen größeren Rahmen gegeben und mich durch Ansprachen geehrt und erfreut haben. Mein Dank richtet sich ferner an die Mitarbeiter der mir gewidmeten Festschrift[6] und an die Verfasser der mir zugesandten Bücher und Abhandlungen, an die Teilnehmer der Feier und alle die, die durch Briefe und Telegramme, durch Blumen und andere Gaben mir ihre freundschaftliche Gesinnung bekundet haben. Je älter man wird, desto mehr empfindet man natürlich, wie weit die eigene Leistung hinter den einst gehegten Plänen zurückgeblieben ist. Um so dankbarer nimmt man aber auch all die Zeichen persönlicher Verbundenheit an, wie sie ein solcher Festtag bringt. In ihnen erblicke ich den schönsten Lohn meiner der akademischen Jugend gewidmeten Tätigkeit.

Berlin-Schlachtensee, Ende Januar 1958

„The Historical Association, London; General series, 36" als: Fritz Hartung: Enlightened Despotism, London 1957.

[1] Heinrich Otto Meisner amtierte als Vorsitzender des „Wissenschaftlichen Rates" des Akademiearchivs, zu dessen Mitgliedern auch Fritz Hartung gehörte; vgl. Jahrbuch der Deutschen Akademie der Wissenschaften zu Berlin 1957, Berlin[-Ost] 1959, S. 117.
[2] Margarethe Meisner, geb. Wohlgemuth (1898–?).
[3] Carl Friedrich von Beyme (1765–1838, 1816 geadelt), preußischer Staatsbeamter, Kabinettssekretär (1798–1808) für Justiz und Innere Angelegenheiten, Justizminister (1808–1810), Zivilgouverneur für Pommern (1813–1814), Minister für Gesetzesreform (1817–1819).
[4] Friedrich Graf von Wrangel (1784–1877), preußischer Generalfeldmarschall (1856), Militärgouverneur von Berlin (1849–1864).
[5] Das um 1803/04 von Carl Friedrich von Beyme erbaute und von ihm bewohnte Schlösschen in Steglitz (heute: Gutshaus Steglitz bzw. Wrangelschlösschen) wurde nach 1850 von Friedrich Graf von Wrangel mehrere Jahre als Sommersitz genutzt. Nach dem Zweiten Weltkrieg fungierte es vorübergehend als Hotel mit Restaurantbetrieb.
[6] Forschungen zu Staat und Verfassung. Festgabe für Fritz Hartung, hrsg. v. Richard Dietrich/Gerhard Oestreich, Berlin 1958.

Lieber Kaehler!

Herzlichen Dank für Ihr schönes Telegramm[1], das mich, als ich es in Ruhe lesen konnte, aus der Altersstimmung des 75jährigen in die freilich schon etwas angeschlagene, aber doch noch immer hoffnungsfrohe Stimmung der Jahre 1919/21 zurückversetzte. Es waren doch schöne Zeiten! Man hat mich an meinem Geburtstage zwar mit den üblichen Übertreibungen gefeiert, aber es ist mir gerade dabei zum Bewußtsein gekommen, daß mir seither ein wirklich großer Wurf nicht mehr geglückt ist.

Die Jahreswende war für uns etwas anstrengend. Am 28. Dez. hat unsere Tochter in Braunschweig geheiratet, dann kam der Geburtstag meiner Frau, zuletzt mein eigener, zu dem Tochter, Schwiegersohn u. die beiden Enkelkinder erschienen waren. Ich habe alles ganz gut ausgehalten, und mein Arzt ist mit mir zufrieden. Ich darf sogar die zum Geburtstag geschenkten Weine trinken. Aber die Arbeitskraft ist gering; sie erschöpft sich in Beantwortung der Glückwünsche und in der Lektüre der mir zugesandten Abhandlungen u. der mir gewidmeten Festschrift. Diese habe ich eigentlich gar nicht verdient, nachdem ich weder für Ritter noch für Aubin noch für Sie noch für Rothfels mitgearbeitet habe.

Hoffentlich geht es Ihnen einigermaßen. Mir bekommt der milde Winter ganz gut. Schön wäre es, wenn wir uns bald mal wiedersähen!

Herzliche Grüße auch von meiner Frau für Sie und Ihre Gattin

Ihr Fritz Hartung

Nr. 321
An Friedrich Baethgen   **Berlin, 14. Februar 1958**

MGH, München – Archiv, Nr. O 213. – Masch. Original.

Lieber Herr Baethgen!

Zunächst möchte ich mich persönlich bei Ihnen für Ihr freundliches Telegramm zu meinem Geburtstag bedanken, dann aber auch bei der Zentraldirektion für die wunderschöne Azalee, die mich über Fleurop pünktlich erreicht hat, von meiner Frau liebevoll gepflegt wird und bei dem milden Frühlingswetter dieser Tage viel auf unserer windgeschützten Veranda steht und immer neue Blüten treibt.

Was ich sonst zu berichten habe, ist weniger erfreulich. Dass Flach aus Weimar heimlich weggegangen und deswegen in absentia zu anderthalb Jahren Gefängnis verurteilt worden ist, werden Sie wissen[2]. Ich bedaure diese Ent-

---

[1] Das Telegramm ist im Nachlass Hartungs nicht überliefert.
[2] Willy Flach, der 1957 einen Ruf an die Universität Bonn erhalten hatte, dessen Annahme ihm die Behörden der DDR jedoch verweigerten, floh Anfang 1958 in den Westen, verkraftete jedoch die Umstände und die Folgen seiner Flucht nicht mehr und wählte am

wicklung in seinem eigenen Interesse. Wäre er in Weimar geblieben, wäre er jetzt der grosse Mann der DDR für die ma.liche Geschichte; wir waren auch bereit, ihn in die Akademie zu wählen. In Westdeutschland wird seine Stellung wohl bescheiden bleiben, denn ein grosser Gelehrter ist er bei aller Geschäftigkeit und Gewandtheit nicht, und seine Leistung beschränkt sich auf die thüringische Geschichte. [...]

Für die freie Stelle eines Mitarbeiters haben sich bei mir zwei Bewerber gemeldet. Das eine ist Frl. Höss aus Jena, die sich auf ihrem Lehrstuhl sehr bedroht fühlt[1], aber meiner Ansicht nach nur schwer in ein Arbeitsvorhaben der MGH eingliedern lässt. Sie denkt nach Rücksprache mit Frings an die Edition einer thüringischen Chronik von Spangenberg[2]; mir scheint freilich diese Aufgabe nicht gerade das Dringlichste für die MGH zu sein.

Ferner hat sich bei mir persönlich mit Vorlage seiner wichtigsten Personalpapiere gemeldet ein Dr. Wolfgang Fritz aus Halle[3], Schüler von Lintzel. Er hat in Lietzmanns[4] kleinen Texten Nr. 177 1955 Quellen zum Wormser Konkordat herausgegeben[5], die HZ 182 und DA 12 wohlwollend angezeigt sein sollen (ich habe nur die HZ zur Hand)[6]. Er ist lange Zeit Assistent von Lintzel gewesen, hat nach dessen Tod nicht nur das Seminar verwaltet, sondern auch

---

17.3.1958 im Alter von fünfundfünfzig Jahren den Freitod; vgl. Hans Patze: Willy Flach zum Gedächtnis, in: Jahrbuch für die Geschichte Mittel- und Ostdeutschlands 8 (1959), S. 349–363; Anne Chr[istine] Nagel: Im Schatten des Dritten Reichs. Mittelalterforschung in der Bundesrepublik Deutschland 1945–1970, Göttingen 2005, S. 243.

[1] Im Zuge der offensiven marxistischen Umgestaltung der Geistes- und Gesellschaftswissenschaften an den Hochschulen und Forschungseinrichtungen der DDR geriet auch die Jenaer Professorin Irmgard Höß in das Visier der SED. Nach monatelanger schwerer Drangsalierung, an der sich vor allem Max Steinmetz beteiligte, verlangte die Universitätsparteileitung von Höß die Unterzeichnung eines Aufrufs, der sich gegen eine angebliche Atomrüstung der Bundesrepublik Deutschland richtete. Nachdem sie eine Unterzeichnung verweigert hatte, wurde ihre Stellung an der Universität unhaltbar; sie selbst kündigte zum 31.3.1958. Nachdem ihr ein Verlassen der DDR auf legalem Weg verweigert worden war, floh sie am 14.5.1958 in den Westen; auf Betreiben von Steinmetz wurde ihr daraufhin von der Universität Jena ihr dort erworbener Doktortitel aberkannt. Vgl. Ilko-Sascha Kowalczuk: Historiographie in der Diktatur. Zum Wandel der Geschichtswissenschaft an der Friedrich-Schiller-Universität Jena, in: Uwe Hoßfeld/Tobias Kaiser/Heinz Mestrup (Hrsg.): Hochschule im Sozialismus. Studien zur Geschichte der Friedrich-Schiller-Universität Jena (1945–1990), Bd. 2, Köln/Weimar/Wien 2007, S. 1642–1685, hier S. 1661 ff.

[2] Cyriakus Spangenberg (1528–1604), evangelischer Theologe und Chronist.

[3] Wolfgang Dietrich Fritz (1920–1993), Historiker, seit 1958 Mitarbeiter der Arbeitsstelle Berlin der Monumenta Germaniae Historica an der Deutschen Akademie der Wissenschaften zu Berlin; vgl. Jahrbuch der Deutschen Akademie der Wissenschaften zu Berlin 1958, Berlin[-Ost] 1959, S. 238.

[4] Hans Lietzmann (1875–1942), evangelischer Theologe und Kirchenhistoriker, a.o./o. Professor an den Universitäten Jena (1905/08–1923) und Berlin (1923–1942); er begründete 1902 die Reihe „Kleine Texte für theologische [später auch: philologische] Vorlesungen und Übungen".

[5] Wolfgang Fritz (Hrsg.): Quellen zum Wormser Konkordat (Kleine Texte für Vorlesungen und Übungen, 177), Berlin 1955.

[6] Karl Jordan: Rezension von: Wolfgang Fritz (Hrsg.): Quellen zum Wormser Konkordat, Berlin 1955, in: Historische Zeitschrift 182 (1956), S. 705 f.; H. J. F.: Rezension von: Wolfgang Fritz (Hrsg.): Quellen zum Wormser Konkordat, Berlin 1955, in: Deutsches Archiv für Erforschung des Mittelalters 12 (1956), S. 229.

Vorlesungen und Übungen gehalten, fürchtet sich aber ebenso wie Frl. Höss angesichts des schärferen Kurses in der DDR, wo man eben auch Kuczinsky[1] angegriffen hat, vor Entziehung des Lehrauftrags und möchte gern in die ruhigere Editionsarbeit ausweichen. Er ist 38 Jahre alt. Nach seiner Angabe ist Stern mit seiner Bewerbung einverstanden. Ob seine Ausbildung für die selbständige Ausführung eines Editionsauftrags genügt, kann ich ebenso wenig beurteilen wie bei Frl. Höss.

Hübinger hat schon angekündigt, dass er Anfang März den Beirat des Instituts für Zeitgeschichte nach München einberufen wird. Wenn mein Befinden so bleibt, wie es jetzt nach Beendigung meiner Strophantinkur und nach Abschluss der Familienfeste (Hochzeit unserer Tochter, Geburtstag meiner Frau, dann von mir) ist, werde ich wohl die Reise nach München wagen und wir könnten uns dann vielleicht sprechen. Aber da alles unsicher ist, nicht nur mein labiles Herz sondern auch die Entschlüsse von Hübinger, schien es mir besser, Sie zunächst einmal auf diesem Wege ins Bild zu setzen.

Nochmals besten Dank und viele Grüsse auch von meiner Frau!
Ihr Hartung

Nr. 322
An Hermann Aubin   Berlin, 24. März 1958

BAK, B 510 (Korrespondenzen des VHD). – Masch. Original.

Lieber Aubin!

[...]

Sie werden gelesen haben, dass in Leipzig ein ostzonaler Historikerverband gegründet worden ist[2]. Ich nehme wenigstens an, dass es bei der gross aufgezogenen Tagung dazu gekommen ist. Der neue Verband ist insofern ehrlich, als er sich offen zum Marxismus und zum Sozialismus bekennt und damit allen anders denkenden Historikern den Beitritt unmöglich macht. Er kündigt auch an, dass er in den internationalen Gremien vertreten sein will. Darüber wird das Comité international sich eines Tages schlüssig werden müssen. Sie waren in Rom und in Ulm sehr zuversichtlich, dass das Comité eine besondere Vertretung der DDR nicht anerkennen werde. Ich habe den Eindruck, als ob in der internationalen Politik der Bonner Standpunkt des Ignorierens von Pankow nicht mehr einhellig von den westlich gesinnten Mächten vertreten würde

---

[1] Jürgen Kuczynski.
[2] Die „Deutsche Historiker-Gesellschaft" der DDR wurde auf Anweisung der SED-Führung am 18.3.1958 gegründet. In der Präambel ihrer Satzung bekannte sich die neue Gesellschaft ausdrücklich zur „sozialistischen Geschichtswissenschaft"; ihre Mitglieder wurden „zur Unterstützung des sozialistischen Aufbaus in der Deutschen Demokratischen Republik ebenso wie zur Mitarbeit an der demokratischen Wiedervereinigung im Sinne der Politik unserer Regierung" verpflichtet. Eine Doppelmitgliedschaft in beiden deutschen Verbänden war ihnen ausdrücklich untersagt; vgl. Sabrow: Das Diktat des Konsenses, S. 274 f.

und ob auch in deutschen Kreisen die Zweckmässigkeit dieses Standpunkts allmählich bezweifelt würde. Für unsere deutschen Historikertage sehe ich in der Gründung des ostzonalen Verbandes eine Erleichterung, denn ich nehme an, dass die Ostzonalen in Zukunft wegbleiben werden.

Das würde dem Kurs entsprechen, der zur Zeit in der ostzonalen Hochschulverwaltung herrscht. Man sucht den Marxismus mit Gewalt durchzusetzen und die nicht linientreuen Dozenten loszuwerden. Frl. Höss hat mich neulich aufgesucht und mir ihr Herz ausgeschüttet. Der letzte Assistent von Lintzel, der in den letzten Semestern in Halle Vorlesungen gehalten hat, sucht Zuflucht bei den Monumenten[1]. Auch ich habe Schwierigkeiten bei den Jahresberichten. In den Korrekturfahnen des Jahrgangs 1953/54 werden mehrere Nummern beanstandet, vor allem aus der zahlreich vertretenen Literatur über den 20. Juli 44; dafür dürfe keine Reklame gemacht werden. Ebenso will man von den Büchern der ehemaligen Generale usw. nichts wissen. Dabei geben die Kritiker zu, dass auch der marxistische Historiker diese „fascistische" Literatur kennen müsse, um sie widerlegen zu können. Ich glaube nicht, dass ich die Leitung der Jahresberichte noch beibehalten kann[2].
[...]
Mit vielen Grüssen auch von meiner Frau für Sie und Ihre Gattin
Ihr
Hartung

Nr. 323
An Alfred Meusel   Berlin, 6. Mai 1958

SBBPK, Nl. Fritz Hartung, K 1/5. – Masch. Durchschlag[3].

Sehr geehrter Herr Meusel!

Ihr Gutachten über die Jahresberichte[4] stellt auf S. 2 die Forderung auf, daß das Auswahlprinzip in der „Förderung der fortschrittlichen, friedens-

---

[1] Siehe oben, Brief Nr. 321.
[2] Siehe unten, Briefe Nr. 323, 324.
[3] Nicht auf Hartungs Schreibmaschine geschrieben, also vermutlich in der Akademie diktiert.
[4] Anfang 1958 holte Alfred Meusel, der noch immer als Direktor des „Museums für deutsche Geschichte" im früheren Berliner Zeughaus amtierte, zum finalen Schlag gegen Fritz Hartung und dessen Mitarbeiter an den „Jahresberichten für deutsche Geschichte", vor allem Werner Schochow, aus (die im Folgenden erwähnten Dokumente befinden sich alle in: Nl. F. Hartung, K 1/5). Zum Anlass nahm Meusel den dritten Nachkriegsband der Jahresberichte (1953/54), dessen Druck offenbar zu diesem Zweck bewusst verzögert wurde. Im Januar 1958 hatte die von dem SED-Propagandisten Albert Schreiner (1892–1979) geleitete „Abteilung 1918–1945" des Akademieinstituts für deutsche Geschichte ein Gutachten erstellt, das an der Druckvorlage für den dritten Band der Jahresberichte scharfe Kritik übte, deren Kernpunkte eine vermeintliche Bevorzugung „bürgerlicher" (sprich: westdeutscher) vor „marxistischer" historischer Literatur sowie die Aufnahme „revanchistischer" und „fa- schistischer" Neuerscheinungen betrafen, womit die Memoiren deutscher Generäle, Diplo-

freundlichen, demokratischen und sozialistischen Historiographie" liege. Demgemäß schlagen Sie S. 3 u. a. vor, „die von den Naziverbrechern und ihren Spießgesellen verfaßte Literatur" aus den Jahresberichten vollkommen auszumerzen. Auch die Zeitschriften sollen nur in Auswahl herangezogen werden.

Nach meiner festen Überzeugung kann die Aufgabe einer Bibliographie, die die Bedürfnisse der Wissenschaft befriedigen soll, nur darin liegen, die einschlägige Literatur ohne Unterscheidung nach ihrer politischen Haltung möglichst vollständig zu verzeichnen. Auch die Schriften, die auf einem anderen Boden als der von Ihnen genannten fortschrittlichen Historiographie stehen, müssen darin aufgenommen werden, sonst wird die Bibliographie wertlos, gerade auch für die fortschrittlichen Historiker, die ihre Aufgabe nur erfüllen können, wenn sie sich auch mit gegnerischen Ansichten auseinandersetzen, und zu diesem Zweck wissen müssen, welche Veröffentlichungen auf ihrem Gebiet überhaupt vorliegen. Selbst die von „Naziverbrechern" ausgegangene Literatur kann nicht einfach totgeschwiegen werden.

Sie scheinen freilich eine andere Auffassung von der Aufgabe einer Bibliographie zu haben. Wenn Sie S. 11 bei den Angaben über den 1. Weltkrieg „Literatur über die imperialistischen Gegensätze, die im Kriege aufeinander prallten" usw. vermissen, so kann ich darauf nur antworten, daß eine Bibliographie nur solche Arbeiten anführen kann, die gedruckt vorliegen, und sie muß sie mit dem Titel anführen, den sie im Original tragen, selbst wenn dieser, wie bei einigen der auf S. 12 genannten Schriften, kitschig ist. Wenn Themen, die nach Ihrer Ansicht wichtig sind, nicht bearbeitet worden sind, so liegt das nicht an den Jahresberichten, sondern allenfalls an den entsprechenden Abteilungen des Instituts für deutsche Geschichte.

Auf Einzelheiten einzugehen, scheint mir zwecklos. Auch von einer weiteren Aussprache im Wissenschaftlichen Rat verspreche ich mir nichts. Sie

---

maten und Politiker der Zeit vor 1945 gemeint waren. Die „Arbeitsgruppe Bibliographie" unter Leitung Hartungs verteidigte sich mit einer eigenen „Stellungnahme" vom 3.3.1958 gegen diese Vorwürfe. Auf der nur wenige Tage später, am 6.3.1958 stattfindenden Sitzung des „Wissenschaftlichen Rates des Instituts für Geschichte" gab es eine ausführliche Aussprache über die Jahresberichte, an der alle anwesenden Mitglieder teilnahmen (Ernst Engelberg, Fritz Hartung, Hans Haussherr, Alfred Meusel, Karl Obermann, Albert Schreiner, Joachim Streisand und Eduard Winter); das Protokoll vermerkt: „Die Herren Meusel, Engelberg, Obermann, Schreiner und Winter bestehen darauf, dass faschistische und revanchistische Literatur nicht durch Aufnahme in diese Bibliographie propagiert werden darf und dass dementsprechend auch die Annotationen zu gestalten sind". In einem weiteren Schreiben an Hartung kündigte Meusel am 21.4.1958 noch einmal ein – nunmehr von ihm selbst verfasstes – Gutachten über die Druckvorlage des dritten Bandes der Jahresberichte sowie eine erneute Sitzung des „Wissenschaftlichen Rates" an, auf der „dann ausschließlich über die Jahresberichte gesprochen würde"; er selbst halte „die Veröffentlichung in der jetzt vorliegenden oder einer leicht modifizierten Fassung für untunlich". Sein eigenes ausführliches Gutachten (21 Seiten) übersandte er am 29.4.1958 an Hartung. Meusel verschärfte darin noch die Kritik an der Vorlage und verlangte ostentativ eine grundlegend andere Ausrichtung der Jahresberichte, auch hinsichtlich der Periodisierung und Gliederung der Bibliographie, die sich künftig nach den Vorgaben der „vom Autorenkollektiv des Lehrbuchs für deutsche Geschichte und vom Institut für Gesellschaftswissenschaften erarbeitete[n] Periodisierung der deutschen Geschichte" zu richten habe.

selbst sind sich bewußt, daß für mich eine weitere Arbeit an den Jahresberichten nach den von Ihnen aufgestellten Richtlinien unmöglich ist. Deshalb haben Sie ja auch die Forderung einer Reform an Haupt und Gliedern aufgestellt. Diese kann keinen anderen Zweck haben als mich auszuschalten. Ich werde deshalb das Präsidium bitten, mich von dem Auftrage zur Herausgabe der Jahresberichte, der mir 1948 erteilt worden ist, zu entbinden.

Nr. 324

An Max Volmer **Berlin, 13. Mai 1958**

SBBPK, Nl. Fritz Hartung, K 1/5. – Masch. Durchschlag[1].

Hochverehrter Herr Präsident!

Zu Ende des Jahres 1947 wurden Herr Brackmann und ich vom Präsidium beauftragt, die seit 1925 von uns gemeinsam herausgegebenen Jahresberichte für deutsche Geschichte mit Unterstützung der Deutschen Akademie der Wissenschaften neu herauszugeben. Seit dem Tode von Herrn Brackmann (1952) bin ich der alleinige Herausgeber gewesen.

Die Jahresberichte sind seither nach Überwindung der Schwierigkeiten, die sich durch die sogar auf die Bücherbestände sich erstreckende Spaltung Deutschlands ergaben, mit den Jahrgängen 1949 und 1950, sowie einem Doppel-Jahrgang 1951/52 erschienen. Gegen den Druck des seit Dezember 1957 in Korrekturfahnen vorliegenden Doppel-Jahrgangs 1953/54 hat Herr Meusel als Vorsitzender des Wissenschaftlichen Rates des Akademie-Instituts für Geschichte Einspruch erhoben[2]. Wiederholte Aussprachen sind ohne Ergebnis geblieben. Vielmehr hat Herr Meusel die Forderung gestellt, daß die Jahresberichte, die seit 1925 eine wissenschaftliche Bibliographie der deutschen Geschichte gewesen sind und als solche Anerkennung gefunden haben, eine Auswahl der zu verzeichnenden Literatur nach politischen Gesichtspunkten vornehmen sollen. Die Erfüllung dieser Forderung bedeutet den Tod einer ernsthaften wissenschaftlichen Bibliographie. Auch der Geschichtsforschung innerhalb der DDR und der befreundeten Volksdemokratien wäre damit nicht gedient. Auch diese können ihre Aufgabe, den geschichtlichen Verlauf vom Boden der materialistischen Geschichtsforschung aus zu erforschen, nicht erfüllen, wenn sie in der maßgebenden Bibliographie nicht alle Quellen und Darstellungen finden, mit denen sie sich auseinanderzusetzen haben. Für mich ist nach den Grundsätzen, die ich bisher in der Wissenschaft vertreten habe, eine Nachgiebigkeit ausgeschlossen. Eine weitere Zusammenarbeit mit dem Wissenschaftlichen Rat, dessen Vorsitzender mir mit der Forderung einer Reform der Jahresberichte an Haupt und Gliedern sein Mißtrauen deutlich ausge-

---

[1] Dieser nicht auf Hartungs Schreibmaschine geschriebene Brief wurde vermutlich in der Akademie diktiert.
[2] Siehe oben, Brief Nr. 323.

sprochen hat, kann mir nicht zugemutet werden. Ich bitte daher das Präsidium, mich von dem seinerzeit übertragenen Auftrag zur Herausgabe der Jahresberichte für deutsche Geschichte zu entbinden.

> In ausgezeichneter Hochachtung
> Ihr sehr ergebener

Nr. 325
An Hans Ertel   Berlin, 8. Juni 1958

SBBPK, Nl. Fritz Hartung, K 1/5. – Masch. Durchschlag[1]

Lieber Herr Ertel![2]

Sie haben sich meiner Schwierigkeiten bei den Jahresberichten für deutsche Geschichte[3] mit so viel freundschaftlichem Verständnis angenommen, dass Sie wohl auch meine Bitte um eine rasche Entscheidung, noch vor der Sommerpause, über mein Gesuch um Entlassung aus der Leitung freundlich aufnehmen werden. Sie liegt im Interesse der Sache, denn das Erscheinen des nächsten Bandes hat sich durch die Einmischung von Hrn. Meusel schon um volle 6 Monate verzögert, aber auch im Interesse meiner Mitarbeiter, die erfahren müssen, nach welchen Richtlinien sie ihre Arbeit weiterführen sollen, und nicht zuletzt auch in meinem Interesse. Von weiteren Verhandlungen mit Hrn. Meusel kann ich mir nichts versprechen, ebenso wenig von einer Besprechung im Wissenschaftlichen Rat des Instituts für Geschichte, der bereits einmal darüber beraten hat.

Selbstverständlich bin ich bereit, vor dem Präsidium der Akademie Rede und Antwort zu stehen. Aber ich möchte auch die kostbare Zeit des mit vielen anderen Aufgaben belasteten Präsidiums nicht unnötig in Anspruch nehmen. Ich lege die Entscheidung über meinen Antrag vertrauensvoll in Ihre Hand und bitte nur, die Entscheidung bald zu fällen.

Mit besten Grüssen

---

[1] Dieser Brief wurde (im Gegensatz zum Brief an den Präsidenten der Akademie, Nr. 316) auf Hartungs privater Schreibmaschine geschrieben und daher nicht in der Akademie diktiert.
[2] Hans Ertel war zu diesem Zeitpunkt noch Vizepräsident der Deutschen Akademie der Wissenschaften.
[3] Siehe oben, Briefe Nr. 323, 324.

Nr. 326
An Siegfried A. Kaehler   Berlin, 29. Juli 1958

NStUB Göttingen, Cod. Ms. S. A. Kaehler, 1, 59. – Hs. Original.

Lieber Kaehler!

Ich schäme mich sehr, daß ich Sie so lange ohne Antwort und Dank für Ihren Brief vom 19. März[1] (!) und das Buch des Generals v. Thaer[2] gelassen habe. Ich will mich auch nicht entschuldigen, unsere Freundschaft ist wohl nie unterbrochen worden, dafür hat unser Briefwechsel in der Regel nur mit längeren Pausen funktioniert. Deshalb wird Sie mein Stillschweigen nicht besonders erstaunt haben.

Um mit meinen persönlichen Schicksalen anzufangen, so kann ich über meine Gesundheit nicht eigentlich klagen. Daß mir Arbeitsfreudigkeit in den letzten Monaten gefehlt hat, hängt wohl mit dem zähen, aber zuletzt erfolglosen Kampf um die Jahresberichte zusammen[3]. Seit Dezember liegen die Korrekturfahnen des neuen Doppeljahrgangs 53/54 vor, mit dem ich einen Zeitgewinn von etwa ½ Jahr zu erreichen hoffte. Aber die Zensur kam zunächst mit einzelnen Beanstandungen, und nach zähem Ringen wurde mir die Forderung gestellt, die Auswahl der Literatur unter politischen Gesichtspunkten vorzunehmen. Ich habe das natürlich abgelehnt und auf die weitere Herausgabe verzichtet. Gleich danach wurde dem Hauptmitarbeiter Schochow gekündigt. Er war längst mißliebig, zumal da er im Westen wohnt. Erfreulicher Weise hat sich Heimpel bereit erklärt, ihm ein Stipendium für Mitarbeit am Dahlmann-Waitz zu verschaffen. Er ist natürlich längst verheiratet und hat 1 Kind. Vielleicht wird für ihn diese Lösung ein Glück. Hier kam er nämlich nie zur ruhigen Arbeit an seiner Dissertation[4], obwohl ich ihm alle möglichen Erleichterungen seines 8 Stundendienstes in der Akademie gab. Hoffentlich hat Heimpel in dieser Beziehung mehr Glück.

Was die Akademie mit den Jahresberichten nun anfangen wird, weiß sie anscheinend noch nicht. Vielleicht greift der Westen ein. Aber der Osten wird die Berichte nicht einfach fallen lassen. Ich selbst aber habe nun nach mehr als 30 Jahren genug von der Bibliographie.

---

[1] Siegfried A. Kaehler an Fritz Hartung, 19.3.1958, NStUB Göttingen, Cod. Ms. Kaehler, 1, 59 (Durchschlag).

[2] Siegfried A. Kaehler (Hrsg.): Generalmajor a. D. Albrecht v. Thaer – Generalstabsdienst an der Front und in der O.H.L. Aus Briefen und Tagebuchaufzeichnungen 1915–1919 (Abhandlungen der Akademie der Wissenschaften in Göttingen, Philologisch-Historische Klasse, 3. Folge, Nr. 40), Göttingen 1958.

[3] Siehe dazu oben, Briefe Nr. 323 bis 325.

[4] Werner Schochow promovierte 1961 bei Hans Herzfeld an der FU Berlin mit der Arbeit: Deutsch-jüdische Geschichtswissenschaft. Eine Geschichte ihrer Organisationsformen unter besonderer Berücksichtigung der Fachbibliographie. Die Arbeit erschien als Buch unter dem gleichen Titel in Berlin 1969.

Nr. 326. An Siegfried A. Kaehler, 29. Juli 1958

Die Erinnerungen des Generals v. Thaer habe ich mit großem Interesse gelesen[1]. Nicht nur die Schlußabschnitte aus dem Großen Hauptquartier, auf die Sie schon in einem mir zum 70. Geburtstag gewidmeten Aufsatz hingewiesen hatten[2] und die Sie in Ihrer Einleitung erneut in ihrer Bedeutung charakterisieren[3]. Sondern auch die Berichte über die alltäglichen Erlebnisse im Stellungskrieg finde ich sehr lehrreich. Man erlebt zunächst das Versumpfen der Strategie im Schützengraben mit. Was würde Schlieffen, der schon die Oberleutnants mit Armeen operieren ließ, zu dieser Kleinarbeit eines Generalstabsoberstleutnants gesagt haben. Man erlebt auch sehr klar, wie der Stellungskrieg für uns immer verlustreicher wird u. wie sich unsere Lage allmählich hoffnungslos gestaltet. Auch die Ohnmacht wird deutlich, mit der ein kluger Offizier gegen die Macht der Tradition kämpft, die sich bei der Stellenbesetzung zeigt, aber auch gegen die Besserwisserei der OHL, die die Tanks z. B. mit souveräner Gleichgültigkeit betrachtet. Ob sich eine spätere Generation noch mit dem Interesse der Kriegsgeschichtsschreibung zuwenden wird, wie es seit langem etwa in der preußischen Armee üblich gewesen ist? Vielleicht denkt man im Zeitalter der Atomwaffen, daß man aus der alten Kriegsgeschichte nichts mehr lernen könne.

Zum Historikertag[4] werde ich nicht kommen. Mein Bedarf an Kollegen und an geistiger Nahrung wird gedeckt sein, wenn ich in der unmittelbar folgenden Woche vier Tage lang in München teils die 100 Jahrfeier der Historischen Kommission, teils die Sitzung der Zentraldirektion der Monumenta mitgemacht haben werde. Bei den Monumenten halte ich noch aus, weil die Berliner Akademie, die ich dort vertrete, keinen Ersatz für mich hat, obwohl ich gar nicht behaupte, für diese mittelalterliche Einrichtung ein qualifiziertes Mitglied zu sein. Ob diese ganze Einrichtung noch notwendig oder nützlich ist, daran sind mir in den 6 Jahren, die ich schon Mitglied bin, allerhand Zweifel gekommen. Ähnliche Zweifel könnte auch die Historische Kommission in München erwecken. Ich bin sehr gespannt, wie Schnabel in seiner Festrede sich mit den vielen steckengebliebenen Arbeiten abfinden wird (Reichstagsakten! Briefe u. Akten zur Gesch. des 30jähr. Kriegs: 11 Bände seit 1870, reichen bis 1613, dazu eine 2. Serie für 1624–28). Hoffentlich bringt Heimpel, dessen Kraft bei den Reichstagsakten der Jahre 1442–1486 auch zu erlahmen scheint,

---

[1] In seinem Brief an Hartung vom 19.3.1958 bemerkt Kaehler hierzu: „Ich befinde [sic] eine bescheidene Befriedigung darüber, daß ich auf mancherlei Umwegen dazu gekommen bin, einem klugen und höchst achtbaren Vertreter des preußisch-deutschen Offiziersstandes der Wilhelminischen Epoche zu literarischem Weiterleben habe verhelfen können. Seine Wirksamkeit, wie sie sich in diesen Aufzeichnungen spiegelt, sollte beitragen zu der Einsicht, daß an dem ‚ruhmlos verscharrten Preußen‘ (Sieburg) doch ‚etwas dran gewesen sein muß‘, was den Staat und seine Bewohner mit der Überzeugung erfüllte, durch lange Jahrzehnte wenigstens, ein durchaus berechtigtes Mitglied der europäischen Welt zu sein". – Die Anmerkung zu Friedrich Sieburg (1893–1964) bezieht sich auf eine Passage zu Preußen in dessen Buch: Die Lust am Untergang – Selbstgespräche auf Bundesebene, Hamburg 1954, S. 101.
[2] Siehe oben, Brief Nr. 289.
[3] Siegfried A. Kaehler, Einleitung des Herausgebers in: derselbe (Hrsg.): Generalmajor a.D. Albrecht v. Thaer, S. 3–20, hier S. 13 ff.
[4] Der 24. Deutsche Historikertag versammelte sich vom 25. bis 27.9.1958 in Trier.

mit seinem Max-Planck-Institut mehr zustande. Ich stehe auf dem ketzerischen Standpunkt, daß eine schlechte Publikation manchmal besser ist als eine, die überhaupt nicht zustande kommt.

Hoffentlich geht es Ihnen erträglich. Haben Sie Reisepläne? Wir werden wohl erst im September verreisen in der Hoffnung, dann beständiges Wetter zu finden.

Grüßen Sie, bitte, Ihre Gattin herzlich; meine Frau schließt sich dem an, sowohl für Ihre Gattin wie für Sie. Und ich bleibe wie vor Alters
Ihr Hartung

Nr. 327
An Hermann Aubin   Klobenstein bei Bozen, 14. September 1958

BAK, B 510 (Korrespondenzen des VHD). – Hs. Original.

Lieber Herr Aubin!

Besten Dank für Ihren freundlichen Brief vom 29., der mich noch rechtzeitig in Berlin erreicht hat[1]. Eine Änderung meines Reiseplans zugunsten eines Zusammentreffens in Trier und einer Besprechung über die Jahresberichte konnte er freilich nicht bewirken. Eine solche Besprechung scheint aber auch ohne mich zwischen Ihnen und Heimpel möglich und nützlich zu sein. Zu einer Kampfansage gegen den Osten ist es in dieser Angelegenheit noch zu früh; erst muß der Osten zeigen, wie seine Jahresberichte aussehen und wann sie erscheinen. Wohl aber müssen wir im Westen alles vorbereiten, um ohne allzu lange Wartezeit eigene Berichte herauszubringen. Grundlage für solche Vorbereitungen könnte der künftige Dahlmann-Waitz werden. Es war schon in Ulm vereinbart worden, daß Berlin für die im D.-W. zu berücksichtigenden Jahrgänge 1956/59 oder 1960 einen Durchschlag seines Zettelmaterials liefern sollte. Selbst wenn die jetzige Berliner Leitung, die einstweilen von einem offenbar ziemlich unerfahrenen Jüngling[2] ausgeübt wird, an diesem Abkommen festhält, bedarf das nach den neuen Gesichtspunkten ausgewählte Berliner Material gründlicher Kontrolle. Das könnte die Grundlage für neue westliche Jahresberichte bieten.

Was mit den Korrekturfahnen für 1953/54, die Meusels Forderung einer Reform der Jahresberr. an Haupt und Gliedern abgegeben haben [sic], einstweilen geschehen ist, entzieht sich meiner Kenntnis. Als ich mich vor meiner Abreise von meinen bisherigen Mitarbeitern verabschiedete, versicherten sie, daß offenbar noch gar nichts fest beschlossen sei u. daß anscheinend Ratlosigkeit herrsche. Ob das stimmt, kann ich nicht beurteilen. Es kann zutreffen,

---

[1] Nicht überliefert.
[2] Peter Wick (1922–1964), Historiker, als Nachfolger Werner Schochows Leiter der Arbeitsgruppe Bibliographie des Instituts für Geschichte an der Deutschen Akademie der Wissenschaften (1958–1964).

denn der neue Leiter ist auf Urlaub und von meinen bisherigen Mitarbeitern sind zur Zeit auch zwei beurlaubt, Schochow entlassen, also nur 1 Dame tätig.

Wir waren ein paar Tage in Bozen, von wo aus wir eine Dolomitenfahrt gemacht haben – für meine Frau war sie etwas Neues, für mich die Wiederauffrischung einer Fußwanderung, die ich 1910 mit dem Belowschüler Lahusen[1] von Tegernsee über Achensee, Zillertaler Alpen, Pragser Wildsee bis nach Bozen gemacht habe. Auch in Meran haben wir uns umgesehen, da es meine Frau auch noch nicht kannte. Inzwischen aber haben wir uns in die frischere Luft des Rittens zurückgezogen, wo wir uns bei herrlichem Wetter sehr wohl fühlen. Leider bin ich nur noch für ebene Spaziergänge zu brauchen.

In der Hoffnung auf ein gutes Wiedersehen in München grüßen meine Frau und ich Sie sowohl wie Ihre verehrte Gattin.

Ihr F. Hartung

Nr. 328

An Hans Haussherr   Berlin, 10. Juni 1959

GStA PK Berlin, VI. HA, Nl. Haussherr, Nr. 3. – Masch Original.

Lieber Herr Haussherr!

[...] Es freut mich, dass Sie in Köln eine Bleibe gefunden haben[2], und ich wünsche Ihnen und Ihrer Gattin herzlich, dass diese sich bald behaglicher ausgestalte, mit Wohnung und Lehrstuhl.

Seit meinem letzten Besuch in Göttingen[3] habe ich zunächst eifrig an der neuen Auflage der Verf.gesch. gearbeitet, dabei aber anscheinend meine letzten geistigen und körperlichen Kräfte verausgabt. Eine an sich sehr leichte Grippe hat mir dann den Rest gegeben, ich habe Tagelang im Bett gelegen ohne Lust, selbst harmlose Sachen zu lesen, ohne dass ich etwa besondere Schmerzen gehabt hätte. Nachdem mein Arzt mir dann wieder Strophantin eingeflösst hat, geht es mir etwas besser. Aber meine Arbeitsfreudigkeit – von -kraft will ich gar nicht mehr sprechen – ist noch nicht wiedergekehrt, und ich fürchte, sie kommt überhaupt nicht mehr zurück. Nicht einmal der Plan, eine weitere Sammlung meiner Abhandlungen zu veranstalten, hat sie wieder geweckt. Dr. Broermann[4] von Duncker & Humblot, der ja schon meine Fest-

---

[1] Johannes Lahusen (1884–1918), Historiker, Freund Hartungs, promovierte 1908 bei Georg von Below in Freiburg i. Br. mit der Arbeit: Zur Entstehung der Verfassung bairisch-österreichischer Städte, Berlin 1908. Lahusen fiel im Ersten Weltkrieg; siehe auch oben, Brief Nr. 7. – Vgl. ebenfalls den Nachruf von Oswald Redlich: Nekrolog Johannes Lahusen, in: Mitteilungen des Instituts für österreichische Geschichtsforschung 38 (1920), S. 533–534.
[2] Hans Haussherr war im November 1958 mit seiner Familie aus der DDR geflohen und zuerst in Göttingen, anschließend in Köln untergekommen; vgl. Ilko-Sascha Kowalczuk: Legitimation eines neuen Staates. Parteiarbeiter an der historischen Front – Geschichtswissenschaft in der SBZ/DDR 1945 bis 1961, Berlin 1997, S. 270 f.
[3] Siehe oben, Brief Nr. 318.
[4] Johannes Broermann (1897–1984), Jurist und Verleger, seit 1938 Inhaber des Verlags Duncker & Humblot in Berlin.

schrift verlegt hat[1], will sie herausbringen[2]. Bis jetzt bin ich damit nicht weiter gekommen als bis zum Kramen in meinen Papieren, die, je näher sie der Gegenwart kommen, desto unordentlicher sind. Es rächt sich jetzt, dass wir Jahre lang keine richtige Wohnung und eigentlich auch in unserer jetzigen Wohnung nicht genug Platz haben.

Von der Akademie ist wenig zu erzählen. Hartke[3] ist als Präsident ganz gut, so gut, wie unter den heutigen Verhältnissen ein Akademiepräsident, der sich offen zur SED bekennt, sein kann. Dass Sie die DDR verlassen haben, wird von der Akademie anscheinend ignoriert. Es könnte allerdings sein, dass es in einer Sitzung, die ich geschwänzt habe, erwähnt worden ist. Auf dem Protokollbogen, an deren Spitze die Namen der ord. Mitglieder stehen, wird Ihr Name noch ohne Zusatz geführt. Die schwierige Frage, wer die Einleitung zu den Lintzelschen Aufsätzen schreiben soll, ist einstweilen damit beantwortet, dass Frings es machen soll[4]. Ihren Nachruf anonym zu bringen hat man offenbar doch Bedenken getragen[5]. Von den Jahresberichten höre ich gar nichts mehr. An ein westliches Konkurrenzunternehmen wird aber anscheinend nicht mehr gedacht. Schochow hat sich das sehr hübsch gedacht, aber bevor Meusel einen Band der öffentlichen Kritik vorgelegt haben wird, kann man schwerlich sagen, dass er ein westliches Gegenstück herausfordere.

Reisepläne haben wir vorläufig noch nicht. Mein Ziel ist der Schwarzwald, dessen Luft mir immer sehr wohlgetan hat, aber es wird sich erst in einigen Wochen entscheiden, ob wir eine besondere Badekur oder einen einfachen Sommerfrischenaufenthalt nehmen werden. Ich selbst habe wegen meiner Kurzatmigkeit Bedenken gegen das Reisen im Gebirge, wo man immer Kraxeln muss; aber meine Frau muss unbedingt ein paar Wochen von den Haushaltslasten ausspannen. Ob ich nach München komme, steht noch nicht fest. Es wird sehr von meinem Befinden abhängen. Im allgemeinen habe ich die 4 Tage Sitzungen (2 Monumenta, 2 Hist. Kommission) immer als Strapaze empfunden. Und die Frage, ob meine Beteiligung zu den daraus erwachsenden Reisekosten in einem angemessenen Verhältnis steht, hemmt meine Reisefreudigkeit auch sehr. Aber wenn ich schon einmal wegen der Monumenta nach München komme, dann bleibe ich natürlich auch bei der Hist. Kommission.

---

[1] Siehe oben, Brief Nr. 320.
[2] Siehe unten, Brief Nr. 333.
[3] Werner Hartke (1907–1993), Klassischer Philologe und Althistoriker, a. o. Professor an der Universität Königsberg (1944–1945), Dozent an der Universität Göttingen (1945–1948), Professor mit vollem Lehrauftrag an der Universität Rostock (1948–1950), Professor mit Lehrstuhl an der Universität Rostock (1950–1955) und an der Humboldt-Universität Berlin (1955–1972), Rektor der Humboldt-Universität (1957–1959), Präsident der Deutschen Akademie der Wissenschaften (1958–1968).
[4] Die Sammlung erschien erst zwei Jahre später: Martin Lintzel: Ausgewählte Schriften, Bde. 1–2, Berlin[-Ost] 1961. Die Bände enthalten weder eine Einleitung noch eine wissenschaftliche Würdigung Lintzels.
[5] Hans Haussherrs Nachruf auf Martin Lintzel erschien im Jahrbuch der Deutschen Akademie der Wissenschaften zu Berlin 1958, Berlin[-Ost] 1959, S. 96–98.

Eben habe ich noch einmal Ihren Brief durchgelesen. Unbeantwortete Fragen habe ich dabei nicht gefunden. Aber der Hinweis, dass sie „auch schon einen Schreibtisch im Seminar" haben, hat bei mir die Erinnerung an meinen Einzug ins Historische Seminar Berlin als Ordinarius 1923 geweckt. Die 4 Ordinarien Marcks, Meinecke, Brackmann und ich, hatten zusammen ein Zimmer und zwei Schreibtische, die wir so verteilten, dass die Raucher Meinecke und Brackmann den einen und die Nichtraucher Marcks u. ich den andern bekamen.

Mit besten Grüssen und Wünschen auch von meine Frau für Sie und Ihre Gattin

Ihr Hartung

Nr. 329
An Hans Haussherr   Berlin, 11. August 1959

GStA PK Berlin, VI. HA, Nl. Haussherr, Nr. 4. – Masch Original.

Lieber Herr Haussherr!

Entschuldigen Sie, bitte, dass ich Sie so lange auf Antwort habe warten lassen[1]. Die Schuld trägt vor allem die grosse Hitze, die mich lange Zeit verhindert hat, auf dem Boden, auf dem ein Teil meiner selten oder nie gebrauchten Bücher untergebracht ist, nach meinem Hardenberg[2] zu suchen. Ich glaubte, noch ein anständiges Exemplar zu haben, das ich Ihnen schicken könnte. Ich habe aber nur ein notdürftig gebundenes Stück auftreiben können, in das ich vor langen Jahren Bemerkungen hineingeschrieben habe, als ich noch glaubte, dass die normale Fortsetzung der Dissertation die Biographie Hardenbergs werden sollte. Das Schicksal hat es anders gewollt und hat mich von Franken zur Verfassungsgeschichte geführt. Ich brauche deswegen mit dem Schicksal nicht zu hadern, denn ich habe es ja in der Verfassungsgeschichte zu etwas gebracht, und den Hardenberg weiss ich bei Ihnen in den besten Händen. So schicke ich Ihnen mein letztes Exemplar zur Unterstützung Ihrer Arbeit, in der Hoffnung, dass Sie es brauchen können. Ich glaube nicht, dass ich es noch einmal zurückhaben muss. Immerhin behalte ich mir die Rückgabe vor.

Was Sie über die in Köln greifbaren und nicht greifbaren Bücher schreiben, erinnert mich lebhaft an meine eigenen Erfahrungen in der Universitätsbibliothek Halle. Durch Berlin verwöhnt, habe ich in Halle sehr viele Enttäuschungen erlebt; die Kollegvorbereitung war weder mit der Seminarbibliothek noch mit der UB möglich. Einen Ersatz bot mir die elterliche Wohnung in

---

[1] Hans Haussherr an Fritz Hartung, 1.7.1959, in: GStA PK, VI. HA, Nl. Haussherr, Nr. 3: Haussherr bittet Hartung um die zeitweilige Überlassung eines Exemplars seiner 1906 als Buch erschienenen Dissertation über Hardenberg, die in Köln nicht aufzutreiben sei.
[2] Siehe oben, Brief Nr. 1.

Nr. 330. An Heinrich Otto Meisner, 17. November 1959

Berlin, die in den akademischen Ferien mir die Benutzung der Berliner Bibliotheken leicht machte.

Die neue Auflage der Verfassungsgeschichte ist ausgedruckt, soll aber erst im Oktober erscheinen[1]. Mit meinen Aufsätzen bin ich noch nicht ganz klar[2]. Ich spüre die sinkende Arbeitskraft doch sehr. Vielleicht geht es besser, wenn ich den geplanten Schwarzwaldaufenthalt hinter mir habe.

An diesen Aufenthalt soll sich die Reise nach München anschliessen. Dort werden wir uns hoffentlich sehen. Um die Neuwahlen habe ich mich nicht bekümmert, das überlasse ich den Jüngeren[3].

Von der Akademie ist nichts Besonderes zu berichten. Hartke als Präsident wirkt recht erfreulich, wenn er natürlich auch mit den Wölfen heulen muss. Zum 10jährigen Jubiläum der DDR werden grosse Dinge geplant. Ich werde wahrscheinlich erst hinterher nach Berlin kommen.

Hoffentlich hat sich Ihre Lage in der akademischen Welt von Köln normalisiert. Mit besten Grüssen von Haus zu Haus

Ihr F. Hartung

Nr. 330

An Heinrich Otto Meisner   Berlin, 17. November 1959

BBAdW-Archiv, Nl. H. O. Meisner, Nr. 104. – Hs. Original.

Lieber Herr Meisner!

Es hat mir sehr leid getan, daß ich Ihren Vortrag in der Akademie[4] nicht habe hören können. Er kollidierte mit den Oktoberfestsitzungen der Historischen Kommission in München. Aber, wie mir Ihr freundlich teilnehmender Brief[5] gezeigt hat, wissen Sie, daß ich außerdem gleichzeitig schwer krank war. Inzwischen bin ich (mit Auto) von München nach Berlin zurückgekehrt und habe mich mit vielen Spritzen so weit erholt, daß ich täglich ein paar Stunden außerhalb des Bettes zubringen darf. Aber zu Fahrten in die Akademie kann ich mich noch nicht entschließen.

Dort habe ich ja auch kaum noch etwas zu tun. Das Einzige, was mich reizen könnte, wäre ein Gespräch mit Ihnen. Aber das läßt sich allenfalls auch

---

[1] Die überarbeitete 7. Aufl. von Fritz Hartungs „Deutsche[r] Verfassungsgeschichte vom 15. Jahrhundert bis zur Gegenwart" erschien im Herbst 1959 im Verlag F. K. Koehler in Stuttgart.
[2] Siehe oben, Brief Nr. 328 und unten, Brief Nr. 333.
[3] Gemeint ist die Jahresversammlung der Historischen Kommission bei der Bayerischen Akademie der Wissenschaften in München.
[4] Heinrich Otto Meisner sprach in der Sitzung des Plenums der Akademie am 22.10.1959 „über das Akademiearchiv als Dokumentationsstelle", vgl. Jahrbuch der Deutschen Akademie der Wissenschaften zu Berlin 1959, Berlin[-Ost] 1960, S. 546.
[5] Nicht überliefert.

schriftlich erledigen. Persönlich habe ich mit der Angelegenheit nichts zu tun. Vielmehr steckt Rassow dahinter. Dieser hat vor Jahren sich zur Aufgabe gestellt, die Lücke in der von der Hist. Reichskommission herausgegebenen „Auswärtigen Politik Preußens", in der Bd. 7 (April-August 1866) noch fehlt, zu schließen[1]. Als eines der letzten lebenden Mitglieder der Hist. Reichskommission habe ich den Plan bei Hübinger unterstützt, und ein Schüler von Rassow hat inzwischen die außerdeutschen Akten erfolgreich gesammelt; die russischen Akten sind bereits seit den 20er oder 30er Jahren in Fotocopie vorhanden. Nun handelt es sich um die preußischen Akten in Merseburg. Rassow meint, ihre Benutzung könne jetzt wieder auch an Westdeutsche erlaubt werden, und hat deswegen an mich geschrieben[2]. Da ich mit den Archiven in Merseburg und Potsdam keinerlei Fühlung mehr habe, wäre ich Ihnen dankbar für eine kurze Mitteilung, ob es überhaupt Zweck hat, einen entsprechenden Antrag zu stellen und an wen er zu richten wäre. Der bisherige Bearbeiter, ein Dr. Segall[3], kommt für die Aktenarbeit in Merseburg nach Ansicht von Rassow nicht in Frage. Einen andern Namen hat mir Rassow nicht genannt.

Ich wäre Ihnen für eine kurze Antwort dankbar[4]: Sie können natürlich auch unmittelbar an Rassow schreiben, wenn Sie persönliche Beziehungen zu ihm haben. Er wird am 23.11. 70 Jahre alt (Köln-Lindenthal, Gyrhofstr. 22).

Dieser Tage soll die 7. Auflage meiner Verfassungsgeschichte erscheinen. Sie haben wohl die 6. s. Zt. bekommen. Die 7. ist nicht so weit umgestaltet, daß es lohnt, neben der 6. auch sie zu benutzen. Allenfalls als vollständige Ausgabe letzter Hand! Wenn Sie diese haben wollen, werde ich sie Ihnen auf dem Wege über die Arbeitsstelle der Monumenta zugehen lassen.

Mit herzlichen Grüßen von Haus zu Haus
Ihr Hartung

---

[1] Siehe oben, Brief Nr. 248.
[2] Nicht überliefert.
[3] Hermann Segall, Historiker, Schüler von Peter Rassow.
[4] Heinrich Otto Meisner an Fritz Hartung, 24.11.1959 (Durchschlag), in: Archiv der Berlin-Brandenburgischen Akademie der Wissenschaften, Nl. H. O. Meisner, Nr. 104; Meisner schreibt u. a.: „Hoffentlich sind Sie bald völlig wiederhergestellt, sodaß ich Sie in der Akademie begrüßen kann, wo ich Sie schmerzlich vermisse. Besonders bedauere ich, daß Sie bei der Diskussion um das neue ‚Lehrbuch der deutschen Geschichte', Abschnitt 1648–1789 nicht zugegen sein können. Sie hat vor vierzehn Tagen begonnen und soll am 2. Dezember fortgesetzt werden. Thema: Aufgeklärter Absolutismus und preußischer Militarismus. Sapienti sat!". Der von Meisner angesprochene „Abschnitt" des zwischen 1959 bis 1969 in 12 Bänden erscheinenden „Lehrbuches der deutschen Geschichte" kam noch im selben Jahr als 4. Beitrag heraus: Gerhard Schilfert: Deutschland von 1648–1789. Vom Westfälischen Frieden bis zum Ausbruch der Französischen Revolution, Berlin[-Ost] 1959.

Nr. 331
An Siegfried A. Kaehler Berlin, 8. Dezember 1959

NStUB Göttingen, Cod. Ms. S. A. Kaehler, 1, 59. – Hs. Original.

Lieber Kaehler!

Ihr freundschaftlicher Brief vom 18.10.[1] hat mich hier bei der Rückkehr aus München erfreut. Ich danke Ihnen herzlich dafür. Das war überhaupt eine Lichtseite meiner Erkrankung, daß sie mir viele Zeilen freundschaftlicher Gesinnung eingebracht hat. Sonst war es natürlich wenig schön, so hilflos im Hotelzimmer zu liegen. Aber durch Baethgen bekam ich einen sehr tüchtigen Arzt. Die anwesenden Damen der Historischen Kommission nahmen sich meiner Frau sehr an. Die Rückreise nach Berlin organisierte Baethgen durch telefonische Vereinbarung mit der Berliner Akademie. Er erreichte es binnen ¼ Stunde, daß die Berliner ein bequemes Auto mit einem zuverlässigen Fahrer schickten. Hier in Schlachtensee ist es aber nicht möglich, eine telefonische Verbindung mit Ostberlin zu erhalten. So bin ich eines Tages mit einer achtstündigen Autofahrt von München nach Berlin gekommen, ohne an der Zonengrenze oder bei der Einfahrt in den Westsektor Berlins irgendwie aufgehalten oder gar untersucht zu werden.

Inzwischen habe ich mich einigermaßen erholt. Ich bin den größten Teil des Tages außerhalb des Bettes, gehe auch, wenn das Wetter es erlaubt, was es zur Zeit freilich nicht tut, etwas spazieren, wozu Schlachtensee ja viele Möglichkeiten bietet, von denen praktisch aber immer nur der Weg um das Quadrat mit der Version rechts oder links herum übrig bleibt. Bis zum See bin ich noch nicht wieder vorgedrungen. Am Schreibtisch sitze ich auch von Zeit zu Zeit und versuche zu arbeiten. Mein Schüler Oestreich hat mir eine Sammlung meiner neueren Aufsätze[2] aufgetragen, indem er den Verleger meiner Festschrift Duncker u. Humblot, Dr. Broermann, hinter meinem Rücken dafür gewann u. alles vorbereitete. Freilich muß ich alles, was gedruckt werden soll, noch gründlich durchsehen. Ob ich es schaffe, ist mir noch zweifelhaft; denn ich bin nicht nur körperlich, sondern auch geistig in diesem Herbst gealtert. Wenn etwas daraus wird, bekommen Sie natürlich ein Exemplar[3].

Dagegen bin ich im Zweifel, ob ich Ihnen ein Exemplar der 7. Auflage meiner Deutschen Verfassungsgeschichte, die in diesen Tagen erschienen ist, zuschicken soll. Sie ist nicht wesentlich verändert gegenüber der 5. und 6., die Sie vermutlich besitzen, so daß Sie ein weiteres Stück nur als Belastung empfinden werden. Aber wenn Sie auch die 7. Auflage, die vermutlich die Ausgabe letzter Hand sein wird, haben möchten, dann sollen Sie als alter treuer Freund sie von mir bekommen. Aber etwas wirklich Neues werde ich schwerlich noch fertig bringen, obwohl ich körperlich offenbar auch jetzt noch besser daran bin

---

[1] Nicht überliefert.
[2] Im Original: „Sätze".
[3] Siehe unten, Brief Nr. 333.

als Sie. Denn abgesehen von Atemnot beim Treppensteigen und ähnlichen Anstrengungen und Husten habe ich keine besonderen Beschwerden oder gar Schmerzen. An Reisen denke ich einstweilen nicht mehr, nachdem die diesjährige Reise mit einem so eklatanten Mißerfolg geschlossen hat. Auch ein Besuch bei den Kindern in Hannover ist ausgeschlossen, solange diese ohne Fahrstuhl 3 Treppen hoch wohnen. Es fehlt auch ein Anlaß dazu, nachdem Ostern die letzte Konfirmation gewesen ist. Erfreulich, daß ich diese Reise wenigstens noch zu einem Abstecher nach Göttingen und zu einem Besuch bei Ihnen ausnutzen konnte.

Daß Sie den Traum von den neuralgischen Punkten der preußischen Geschichte nicht ausgestalten wollen, bedaure ich sehr[1]. Als Gemeinschaftsunternehmen würde die Aufgabe mir freilich auch kaum einleuchten. Aber als Essay aus Ihrer Feder könnte ich mir etwas sehr Schönes darunter vorstellen.

Ob Aubin noch die Kraft haben wird, der Historischen Kommission in München neue Lebenskraft zu verleihen?[2] Sie werden die im vorigen Jahr zum 100jährigen Jubiläum der Kommission erschienene Festschrift[3] schwerlich gelesen haben. Im Ganzen betrachtet ist doch in den 100 Jahren sehr viel Geld u. sehr viel Arbeitskraft nutzlos vertan worden. Das trifft vor allem auf die neuzeitlichen Publikationen zu, die ich zum Teil (Reichstagsakten, Briefe u. Akten zur Gesch. des 30jähr. Kriegs) gründlich angesehen habe. Sie sind fast alle stecken geblieben. Mit dem Mittelalter mag es besser stehen (Jahrbücher der deutschen Geschichte, die allerdings für Barbarossa[4] auch noch fehlen). Haben Sie für Ihre Vorlesungen diese dicken Wälzer jemals benutzt? Hier müßte Aubin energisch Schluß machen, sobald die letzten Mitarbeiter aus der Zeit vor 1920 ausgeschieden sind. Ob das Max-Planck-Institut für Geschichte mehr Erfolge auf die Dauer aufweisen wird, bleibt abzuwarten. Ganz sicher bin ich mir nicht.

Haben Sie schon in den Kriegstagebüchern des ehemaligen Marinekabinettschefs v. Müller[5] geblättert? Sie wirken erschütternd durch den Einblick in die künstliche Welt, die den Kaiser umgab u. ihm wesentliche Eindrücke des Kriegs verbarg. Eine höfische Scheinwelt wurde künstlich aufrecht erhalten,

---

[1] Siegfried A. Kaehler plante seit etwa Mitte der 1950er Jahre in Zusammenarbeit mit dem in Göttingen soeben neu eröffneten Max-Planck-Institut für Geschichte eine neue kritische Darstellung der preußischen Geschichte des 19. und frühen 20. Jahrhunderts, die sich besonders den „neuralgischen Punkten" der Entwicklung Preußens in dieser Zeit zuwenden sollte, das Projekt kam jedoch nicht zustande; vgl. hierzu Hans-Christof Kraus: Epilog und Requiem. Siegfried A. Kaehlers Projekt einer neuen ‚Preußischen Geschichte' nach dem Ende Preußens, in: derselbe (Hrsg.): Das Thema „Preußen" in Wissenschaft und Wissenschaftspolitik vor und nach 1945, Berlin 2013, S. 241–261.
[2] Hermann Aubin war im Rahmen der Jahresversammlung der Historischen Kommission (1.–2.10.1959) als Nachfolger Franz Schnabels zu deren Präsidenten gewählt worden.
[3] Die Historische Kommission bei der Bayerischen Akademie der Wissenschaften, Göttingen 1958.
[4] Kaiser Friedrich I. Barbarossa (1122–1190).
[5] Walter Görlitz (Hrsg.): Regierte der Kaiser? Kriegstagebücher, Aufzeichnungen und Briefe des Chefs des Marine-Kabinetts Admiral Georg Alexander von Müller 1914–1918, Göttingen/Berlin/Frankfurt a.M. 1959.

und die Wirklichkeit war ein chaotisches Ringen um die Macht. Die Vorbereitung auf den Krieg war bei 1870 stehen geblieben. Wie damals in den Landkrieg gegen Frankreich, so reiste jetzt das Große Hauptquartier zunächst an den Rhein und dann nach Luxemburg, in einer Organisation, die nicht einmal für den Krieg im Westen ausreichte.

Hoffentlich haben Sie nicht allzu sehr unter dem Wetter zu leiden. Ihnen und Ihrer Gattin recht herzliche Grüße, denen sich meine Frau anschließt.

In alter Freundschaft
Ihr Hartung

Nr. 332
An Hermann Aubin   Berlin, 19. Dezember 1959

BAK, N 1179, Nr. 9. – Hs. Original.

Lieber Herr Aubin!

In den zwei Wochen, die seit meiner Abreise aus München vergangen sind, habe ich mich ganz gut erholt. Ich liege wohl noch viel, aber ich gehe, wenn das Wetter gut ist, regelmäßig etwas spazieren und beschäftige mich auch etwas wissenschaftlich, indem ich eine weitere Sammlung von Aufsätzen vorbereite. Oestreich hat mit Dr. Broermann, dem Inhaber des Verlags Duncker & Humblot, diesen Plan ausgeheckt. Broermann ist Verleger der mir gewidmeten Festschrift und hat mit dieser anscheinend einen guten Erfolg gehabt. Da das nicht mein Verdienst ist, sondern das der beteiligten Autoren, darf ich das ja wohl erfreut hervorheben. Dagegen scheint der Verlag Koehler, obwohl er mit meiner Verfassungsgeschichte, wie die eben herausgekommene 7. Auflage beweist, auch guten Erfolg gehabt hat, keine Unternehmungslust mehr zu haben. Wenigstens hat er meine, vor etwa einem Jahr an ihn gerichtete Frage wegen einer Ergänzung der seinerzeit durch die Zensur gekürzten Aufsätze von Hintze[1] sehr ablehnend beantwortet.

Ich kann leider nicht mehr feststellen, wer von meinen Freunden welche Auflage der Verfassungsgeschichte bekommen hat. Wenn Sie die neue Auflage haben möchten, sende ich sie Ihnen gern. Ich möchte mich aber auch nicht aufdrängen.

Daß die Historische Kommission Sie zu ihrem Präsidenten gewählt hat[2], freut mich sehr. Ich hoffe, daß der frische Zug, den Sie in viele ihrer Sitzungen hineingetragen haben, sich auch auf die ganze Kommission u. zwar nicht nur auf die Sitzungen, sondern auch auf die ganzen Arbeiten auswirken wird. Viel-

---

[1] Siehe oben, Briefe Nr. 144 ff. – Die gesammelten Aufsätze von Otto Hintze wurden 1962–1967 von Gerhard Oestreich im Verlag Vandenhoeck & Ruprecht in vollständiger Fassung und ergänzt um die seinerzeit von der nationalsozialistischen Zensur gestrichenen Beiträge veröffentlicht.
[2] Siehe oben, Brief Nr. 331.

leicht bin ich gegen die Kommission u. ihre Mitarbeiter etwas ungerecht. Aber ich kann nicht darüber hinwegkommen, daß sie mit dem Unternehmen, auf dessen Fortschreiten ich seit meinen fränkischen Jugendtagen warte (Reichstagsakten ältere und mittlere Reihe), nicht weiter kommt. Auch bei den Wahlen scheint mir die Kommission nicht immer glücklich zu verfahren. Allerdings muß ich zugeben, daß ich keinen rechten Überblick über den Nachwuchs in unserer Wissenschaft habe; ich kann deshalb auch nicht sagen, welche Talente sich die Kommission in den letzten Jahren hat entgehen lassen. Aber ich habe das Vertrauen zu Ihnen, daß Sie anspornend und belebend auf die ganze Kommission wirken werden.

Einstweilen habe ich den Eindruck, daß ich die weitere Entwicklung der Kommission nur noch, wenn überhaupt, von der Ferne aus werde betrachten können. Die Reise von Berlin nach München ist doch verflucht lang. Dabei habe ich mit dem Berliner Akademieauto neulich nicht mehr als 8 Stunden vom Hotel in München bis vor unsere Haustür gebraucht.

Augenblicklich beschränkt sich mein Aktionsradius auf Schlachtensee. In der Akademie bin ich noch nicht gewesen. Die Sitzungen interessieren mich nicht, selbst wenn Schilfert über den aufgeklärten Absolutismus mit Meusel u. Stern diskutiert. Die Verbindung mit der Arbeitsstelle der Monumenta halte ich dadurch aufrecht, daß ich von Zeit zu Zeit einen Mitarbeiter in meine Wohnung kommen lasse. Dabei wirkt es sich sehr störend aus, daß es zwischen Westberlin u. Ostberlin keine Telefonverbindungen gibt, während Baethgen von München aus in ¼ Stunde die Bestellung des Autos für mich mit der Ostberliner Akademie regeln konnte[1]. Als Notbehelf gibt es nahe der Grenze ein paar Fernsprechzellen, von denen aus der Ostberliner für Ostgeld mit Westberlin telefonieren kann. Davon machen auch meine Monumentisten hier Gebrauch, wenn sie etwas von mir wissen wollen. Aber ich kann sie von hier aus nicht anrufen.

Wissenschaftlich beschäftige ich mich jetzt damit, die alten Aufsätze für den geplanten Sammelband durchzuarbeiten. So habe ich die Erinnerungen des Admirals v. Müller, des Marinekabinettschefs von Wilhelm II. jetzt gelesen[2]: sie sind vor kurzem erschienen und geben ein erschütterndes Bild von der Zerfahrenheit des Großen Hauptquartiers und dem völligen Versagen Wilhelms II. Erschütternd vor allem dadurch, daß Müller nicht zu den vielen Anklägern Wilhelms II. gehört, die von ihm schlecht behandelt worden sind und hinterher in ihren Aufzeichnungen an ihm Rache genommen haben, sondern seine Erlebnisse aufzeichnet, ohne durch den schlimmen Ausgang beeinflußt zu sein. Manches ist ja grotesk, z. B. daß Wilhelm II. eines Abends in Pleß in Hofjagduniform (mit Kriegsorden) erscheint, weil er am Tage einen Hirsch geschossen hat[3].

---

[1] Siehe oben, Brief Nr. 331.
[2] Siehe oben, Brief Nr. 331.
[3] Görlitz (Hrsg.): Regierte der Kaiser?, S. 221 (15.9.1916): „[...] Der Kaiser schießt nachm. seinen zweiten und dritten Hirsch und erscheint abends in Hofjagduniform mit Pour le Mérite, zwei Eisernen Kreuzen und Jagd-Jubiläumsabzeichen".

Leider komme ich mit der Arbeit nur langsam voran. Ich habe offenbar doch einen starken Stoß durch meine Erkrankung bekommen; auch dieser Brief ist nur in Stücken geschrieben worden. Aber wenn ich bedenke, wie viele ich schon überlebt habe, die mir seit 1916 einen Krankenbesuch gemacht haben, dann muß ich zufrieden sein.

Ich wünsche Ihnen, daß Sie das kommende Jahr in gewohnter Frische verleben möchten. Grüßen Sie, bitte, auch Ihre verehrte Gattin. Die meinige läßt natürlich auch grüßen.

Ihr F. Hartung

Nr. 333
An Gerhard Ritter Berlin, 2. März 1960

BAK, N 1166, Nr. 349. – Masch. Original.

Lieber Herr Ritter!

Ueber Band 7 von Preussens Auswärtiger Politik habe ich dieser Tage bereits an Aubin geschrieben[1]. Ich habe mit der Sache vor etwa 3 bis 4 Jahren zu tun gehabt, da der Bearbeiter Dr. Ibbeken, der hier seit einiger Zeit Oberregierungsrat ist, im Keller seines schwiegerväterlichen Hauses Exzerpte fand, die er im Kriege dort hinterlegt und lange Zeit vergessen hatte. Die Exzerpte stammen aus Moskau, Frühjahr und Sommer 1866. Er war bereit, sie einer gelehrten Gesellschaft zur Veröffentlichung zu überlassen, wollte aber etwas Geld dafür haben. Ich habe die Sache einmal mit Maenner, unserm damaligen Sekretär besprochen. Der hatte ein gemässigtes Interesse, aber kein Geld von Seiten der Münchener Kommission.

Dann schaltete sich Rassow ein. Wie er dazu kam, weiss ich nicht mehr. Er hatte einen Schüler, der die Arbeit machen sollte, und einen Geldgeber, nämlich Hübinger, der eine Zeitlang mit dem Gedanken schwanger ging, die Historische Reichskommission wieder zu beleben, freilich aus föderalistischen Rücksichten keine offizielle Bundeskommission, sondern nur einen privaten Verein gründen wollte. Ich versprach mir davon nichts und habe an den Beratungen nicht mehr teilgenommen, nachdem ich für Ibbeken die gewünschte Zahlung und von ihm die Herausgabe seines Materials erreicht hatte. Für die Fortführung der Arbeit an Band 7 hat Hübinger Rassow das nötige Geld zur Verfügung gestellt. Dass etwas geschehen ist, ersehe ich aus einer Anfrage, die Rassow Ende des vorigen Jahres an mich richtete, ob es möglich sei, Zutritt zu den Akten in Merseburg zu bekommen. Ich habe darüber mit H. O. Meisner korrespondiert; dieser nannte mir die für die Benutzungserlaubnis zuständige Dienststelle, konnte aber über die Aussichten eines Rassowschen Gesuchs auch nichts sagen.

---

[1] Siehe oben, Brief Nr. 330.

Das ist alles, was ich über die Angelegenheit weiss. Ich würde mich freuen, wenn es gelänge, die einzige Lücke in der Reihe Preussens Auswärtige Politik 1858–1871 zu schliessen. Aber dass das ein Gegenstand sein könnte, um der Münchener Historischen Kommission neues Leben einzuhauchen, bezweifle ich sehr. Als ich vor 54 Jahren in Bamberg anfing, mich mit deutscher Verfassungsgeschichte des 15. Jahrhunderts zu beschäftigen, habe ich auch die deutschen Reichstagsakten gründlich durchgearbeitet. Damals standen sie bei 1437; Band 13, der mich wegen der Kreiseinteilung von 1438 besonders interessierte, war im Druck und erschien 1925[1], heute warten wir auf das Jahr 1444. Heimpel scheint mit seinen Damen auch nicht schneller vorwärts zu kommen. Jedenfalls rechne ich nicht mehr damit, dass ich den Abschluss noch erlebe.

Ich bewundere die Vitalität von Aubin, dass er sich auf seine alten Tage noch mit der Aufgabe belädt, die Historische Kommission zu beleben. Ob er damit Glück haben wird, hängt meiner Ansicht nach von zweierlei ab, von geeigneten Aufgaben und von geeigneten Bearbeitern. Aber gibt es überhaupt geeignete Leute für die Aufgabe, ihr Leben lang Briefe und Akten zur Vorgeschichte des Westfälischen Friedens zu sammeln und zu edieren? Dass man sie besser bezahlen muss als früher und dass man sie im Alter irgendwie versorgen muss, scheint klar zu sein. Aber wie die geistige Frische lebendig erhalten werden kann, das scheint mir die wichtigste Frage zu sein. Sie wird sich ja auch bald bei den vielen Assistenten und wissenschaftlichen Räten stellen, die heutzutage an den Universitäten angestellt werden.

Von meiner Erkrankung im Herbst[2] habe ich mich ganz gut erholt. Freilich habe ich sehr stark den Eindruck, dass ich mit ihr in eine weitere Altersstufe eingetreten bin. Ich arbeite wohl noch etwas, zur Zeit bereite ich auf Wunsch von Dr. Broermann (Duncker & Humblot, Verleger meiner Festschrift, hinter dem wohl mein Schüler Oestreich steckt) eine letzte Sammlung meiner Aufsätze vor[3]. Aber es geht viel langsamer als früher, und der Zweifel, ob die Sache überhaupt noch Sinn hat, lässt mich an manchen Tagen überhaupt nicht weiter kommen.

Mit der Akademie habe ich so gut wie keine Verbindung mehr. Die Arbeitsgruppe der Monumenta, die ich von Rörig geerbt habe, leite ich wohl noch. Aber ich habe bei ihr die gleichen Zweifel wie bei den Arbeiten der Münchener Kommission: hat es noch Sinn, sich an derartigen Problemen abzumühen, die sich durch die Überfülle des Stoffs immer wieder dem Abschluss entziehen? Sie steckt jetzt bei den Konstitutionen Karls IV. Den ersten Band, 1346–48, hat noch Zeumer[4] mit seinen Mitarbeitern fertig gestellt[5]. Seither

---

[1] Der hier erwähnte Doppelband 13 erschien tatsächlich in drei Lieferungen: Deutsche Reichstagsakten, Bde. 13/I–13/II, hrsg. v. Gustav Beckmann, Gotha 1908–1925.
[2] Siehe oben, Briefe Nr. 330, 331.
[3] Fritz Hartung: Staatsbildende Kräfte der Neuzeit. Gesammelte Aufsätze, Berlin 1961.
[4] Karl Zeumer (1849–1914), Historiker und Jurist, seit 1878 Mitarbeiter der Monumenta Germaniae Historica, a. o. Professor (1889–1910) und Honorarprofessor an der Juristischen Fakultät der Universität Berlin (1910–1914).
[5] Constitutiones et acta publica imperatorum et regum inde ab a. MCCCXLV usque ad a. MCCCXLVIII (1345–1348), hrsg. v. Karl Zeumer/Richard Salomon, Berlin 1910.

Nr. 333. An Gerhard Ritter, 2. März 1960

bemüht man sich, eine geeignete Form für die Fortsetzung zu finden. Ich bin dafür nicht zuständig, die wissenschaftliche Leitung hat Stengel. Mit dem Akademieinstitut für Geschichte habe ich zum Glück auch nichts zu tun. Seine Leitung hat jetzt Engelberg-Leipzig übernommen. Für die Jahresberichte scheint noch keine geeignete neue Form gefunden zu sein[1].

Nach Stockholm werde ich bestimmt nicht reisen, obwohl es mich schon interessieren würde, einmal einen kurzen Blick in das Land zu tun[2]. München habe ich noch nicht endgültig aufgegeben, aber einen Kollaps wie im vorigen Herbst möchte ich nicht noch einmal auf einer Reise erleben.

Deshalb ergiesst sich mein Mitteilungsbedürfnis jetzt in Briefen. Hoffentlich bekommen Sie keinen Schreck angesichts dieses langen Briefes, den Ihre kurze Anfrage ausgelöst hat[3].

Mit den besten Grüssen von Haus zu Haus
                       Ihr F. Hartung

---

[1] Der dritte Nachkriegsband der „Jahresberichte für deutsche Geschichte" erschien – mit dem Publikationsdatum 1959 – als „Neue Folge 5./6. Jahrgang 1953/54", hrsg. v. Institut für Geschichte an der Deutschen Akademie der Wissenschaften in Berlin. Im Vorwort (ebenda, S. III, datiert „Berlin, den 10. März 1959") wurden die vorangegangenen schweren Konflikte um den Band (siehe oben, Briefe Nr. 323–325) mit keinem Wort erwähnt; es heißt dort u. a.: „Der bisherige Herausgeber, Prof. Dr. Fritz Hartung, ist von seinem Amt zurückgetreten. Es sei ihm an dieser Stelle für seine langjährige aufopfernde und wissenschaftlich anerkannte Tätigkeit gedankt. [...] Das Erscheinen des vorliegenden Bandes konnte auf Grund des Herausgeberwechsels leider erst mit Verspätung erfolgen. Wir hoffen jedoch, daß wir in den folgenden Jahren die nächsten Bände schneller herausbringen werden. [...] Die Hauptarbeit an dem vorliegenden Doppelband wurde noch unter der Leitung von Fritz Hartung durchgeführt. Nachträglich wurden lediglich einige Veränderungen in den Druckfahnen vorgenommen, d. h. eine geringfügige Anzahl wissenschaftlich wertloser faschistischer Propagandaschriften wurde gestrichen. Dadurch entstandene Lücken in der Nummernfolge der Titel wurden, um einen Neusatz zu vermeiden, belassen".
[2] XI. Internationaler Historikerkongress in Stockholm, 21.–28.8.1960.
[3] Gerhard Ritter an Fritz Hartung, 29.2.1960 (Durchschlag), in: BAK, N 1166, Nr. 349; Ritter antwortete u. a.: „Schönsten Dank für Ihren ausführlichen Brief, über den ich keineswegs erschrocken war, sondern über den ich mich außerordentlich gefreut habe. Sie waren ja wohl immer ein alter Skeptiker und sehr nüchtern im Hinblick auf das Tempo historischer Kommissionsarbeit. Ich sehe, daß Sie in Ihrem Alter noch skeptischer geworden sind. Mir geht es aber ähnlich, und ich befürchte auch meinerseits, daß Herr Aubin sich ein wenig zuviel vornimmt. Mir ist überhaupt die Methode, zunächst viel Geld zusammenzukratzen und dann die Frage zu stellen, wie man es verwenden will (eine Methode, die heute modern zu werden scheint, speziell auch im Heimpel'schen Institut) nicht sehr einleuchtend".

Nr. 334
An Siegfried A. Kaehler Berlin, 6. Juni 1960

NStUB Göttingen, Cod. Ms. S. A. Kaehler, 1,59. – Hs. Original.

Lieber Kaehler!

Leider gehören Sie nicht zu den ganz Großen unseres Faches, wie es offenbar Rassow, Kirn u. a. sind, auf deren bevorstehende Geburtstage man von eifrigen Schülern rechtzeitig aufmerksam gemacht wird. Sonst hätte ich rechtzeitig zum 4.6. geschrieben. Daß das keine Entschuldigung für meine Nachlässigkeit ist, dessen bin ich mir durchaus bewußt. Denn unsere Freundschaft besteht nun schon so lang, daß sie von der Aufmerksamkeit eifriger Schüler nicht abhängt. Und Sie werden diesen Brief auch jetzt noch freundlich entgegennehmen. Ich freue mich, daß Sie die 75 auch noch erreicht haben. Wer hätte um 1920 herum je geglaubt, daß wir so weit in das biblische Alter vorrücken würden, während die meisten aus dem Hallischen Freundeskreis vor dem 70. dahin gegangen sind[1]. Ich denke aber nicht nur an die Zeit um 1920, sondern auch mit Behagen an die Kaffeestunde, die ich um die Konfirmationszeit 1959 durch einen Abstecher von Hannover aus in Göttingen bei Ihnen verleben konnte.

Ob wir eine solche Kaffeestunde noch einmal gemeinsam werden veranstalten können, ist mir zweifelhaft. Nach dem Fiasco, das ich im Herbst vorigen Jahres nach vier Wochen Schwarzwald in München erlebte[2], hat meine Frau erhebliche Bedenken gegen Reisen mit mir und erst recht gegen Reisen von mir allein. Ich habe dafür viel Verständnis und bin auch gern bereit, auf die Münchener Herbsttagungen zu verzichten, so erfreulich es auch oft (nicht immer) war, mit einer Reihe von Kollegen zusammenzutreffen. Aber das Problem, meiner Frau die nötige Ausspannung von der Arbeit im Haushalt zu verschaffen, ist damit nicht gelöst.

Ich habe mich von der Akademie fast ganz gelöst und gehe kaum noch in die Sitzungen. Nur die Arbeitsstelle der Monumenta leite ich noch, um sie nicht dem Marxismus zu überlassen. Dafür stehen mir 1 unbrauchbare, 1 brauchbare und 1 sich hoffentlich auf die Dauer als brauchbar erweisende Arbeitskräfte zur Verfügung[3]. Nachdem Zeumer u. R. Salomon[4] in etwa 25 Jahren einen Band Constitutiones et Acta publica für die Jahre 1346–48 ediert haben (erschienen

---

[1] Die beiden engsten Freunde aus dem Hallischen Kreis der Jahre nach 1919, Gustav Aubin und Adolf Hasenclever, starben beide 1938 im Alter von 57 bzw. 63 Jahren.
[2] Siehe oben, Briefe Nr. 330, 331.
[3] Siehe dazu die Angaben über die Arbeitsstelle der Monumenta in: Jahrbuch der Deutschen Akademie der Wissenschaften zu Berlin 1960, Berlin[-Ost] 1961, S. 296.
[4] Richard Salomon (1884–1966), Historiker und Hilfswissenschaftler, Mitarbeiter der Monumenta Germaniae Historica (1907–1914), Professor am Kolonialinstitut Hamburg (1914–1919), o. Professor für Geschichte und Kultur Rußlands an der Universität Hamburg (1919–1934), 1937 Emigration in die USA, dort Forschungs- und Lehrtätigkeit u. a. am Kenyon College in Gambier/Ohio.

1919)¹, ist nichts mehr herausgekommen. Ich beteilige mich an der eigentlichen Arbeit nicht. Die „Töchterschulbildung" der neueren Historiker, von der Kehr einmal mit seiner gewohnten Liebenswürdigkeit gesprochen hat², reicht dafür nicht aus. Aber so weit bin ich doch schon in die Sache eingedrungen, um erhebliche Zweifel an der Zweckmäßigkeit des Unternehmens zu hegen. Ich hoffe, daß Grundmann, der seit 1 Jahr die Zentraldirektion der Monumenta in München leitet, demnächst einmal herkommt, damit ich mit ihm darüber sprechen kann. Geld bekomme ich für meine Tätigkeit nicht, aber für meine Fahrten in die Akademie, die in der Regel einmal in der Woche stattfinden, stellt diese mir ein Auto zur Verfügung; auch kann ich mir durch die Mitarbeiter bequem Bücher aus der wieder recht brauchbaren Staatsbibliothek entleihen lassen, auch für meine eigenen Arbeiten. Meine Frau begleitet mich auf diesen Fahrten und benutzt die Zeit zum Einkaufen.

Mit diesen eigenen Arbeiten bin ich lange Zeit nicht recht weiter gekommen. Zunächst wollte ich die geplante Neuausgabe von Aufsätzen³ recht gut machen, dabei fand ich, daß ich dazu doch nicht mehr den richtigen Elan habe, und ließ die Dinge liegen, in der Hoffnung, daß der Verleger durch Drängen mir etwas Impuls geben werde. Dieser aber wartete darauf, daß ich drängen würde. Durch Zufall stellten wir das fest, und nun bemühe ich mich mit möglichst geringen Änderungen die alten Aufsätze druckfertig zu machen.

Davon abgesehen habe ich mich mit einem Artikel zu Baethgens 70. Geburtstag beschäftigt⁴. Baethgen hat ja nicht allzu viel geschrieben, das man zu einer solchen Gelegenheit gelesen haben muß, aber auch eigentlich nichts, was es einem leicht machen würde, den Mund sehr voll zu nehmen. Trotzdem mag ich ihn sehr gern, und in seiner vornehmen Ruhe war er ein erwünschtes Gegengewicht gegen den immer aufgeregten Rörig. Dann habe ich noch einen Nachruf auf Götz⁵ zu schreiben. Er hat es einem mit seinem stark autobiographischen Buch „Historiker in meiner Zeit"⁶ verhältnismäßig leicht gemacht.
[...]
Von meiner Frau soll ich Ihnen und Ihrer Gattin recht herzliche Grüße ausrichten. Auch ich grüße Sie und die Gattin in alter Freundschaft.

Ihr Fritz Hartung

---

¹ Der Band erschien schon 1910, siehe oben, Brief Nr. 333.
² P[aul Fridolin] Kehr: Das Preußische Historische Institut in Rom, in: Internationale Monatsschrift für Wissenschaft, Kunst und Technik 8 (1913), Sp. 129–170, hier Sp. 165–166: „Ganz unerträglich [...] ist die Spezialisierung auf die neuere und neueste Geschichte hin mit bewußter Abkehrung von der Geschichte des Mittelalters und ihren Hilfsdisziplinen: mit solcher für Mädchenlyzeen passenden Ausbildung läßt sich keine gelehrte Forschung größeren Stiles treiben".
³ Siehe oben, Brief Nr. 333.
⁴ Fritz Hartung: Friedrich Baethgen zum 30. Juli 1960, in: Forschungen und Fortschritte 34 (1960), S. 218–219.
⁵ Fritz Hartung: Nachruf auf Walter Goetz, in: Jahrbuch der Deutschen Akademie der Wissenschaften zu Berlin 1960, Berlin[-Ost] 1961. S. 134–135.
⁶ Walter Goetz: Historiker in meiner Zeit – Gesammelte Aufsätze, Köln/Graz 1957, bes. S. 1–87 („Aus dem Leben eines deutschen Historikers").

Nr. 335
An Ludwig Dehio   Berlin, 17. Dezember 1960

Hessisches StA Marburg, Nl. L. Dehio, C 14. – Masch. Original.

Antwort persönlich erbeten[1]

Lieber Herr Dehio!

Vor mehreren Jahren haben Sie mir geschrieben, dass Sie s. Zt. für das Geh. Staatsarchiv einen Teil des Hintzeschen Manuskripts aus Pyritz erworben haben, das mit der verlorenen allg. Verf.gesch. in Zusammenhang stehen könnte. Eine Anfrage von Dr. Lötzke[2] aus Potsdam veranlasst mich, heute darauf zurückzukommen. Er hat kürzlich in Bonn mit Epstein gesprochen, der von einem Nachlassteil Hintzes in einem mecklenburgischen Dorf erzählt habe. Auf Wunsch von Epstein ist Lötzke bereit, danach recherchieren zu lassen, falls er irgend welche näheren Anhaltspunkte bekommen kann. Ich selbst weiss nur, dass die Angehörigen von Hintze den Nachlass in der Sparkasse Pyritz untergebracht haben. Das liegt zwar nicht in Mecklenburg, aber der Gewährsmann von Epstein oder Lötzke ist sich vielleicht über die Grenzziehung von Pommern und Mecklenburg nicht genau im Bilde [sic]. Ich wäre dankbar, wenn Sie mir Bescheid geben würden; natürlich bin ich auch einverstanden, dass Sie sich unmittelbar mit Lötzke in Verbindung setzen.

Von mir ist nichts Besonderes zu melden. Mein altes Lungenleiden aus dem ersten Weltkrieg ist so ziemlich ausgeheilt, aber von der Lunge ist nur noch so wenig übrig, dass das Herz doppelt so viel Arbeit leisten muss wie normal und seit längerer Zeit streikt. Ich bin deshalb kaum noch arbeitsfähig, kann auch keine grossen Reisen mehr machen, nicht nur Stockholm, das ich sehr gern noch kennen gelernt hätte[3], sondern auch München musste ich mir versagen. [...]

Hoffentlich trifft dieser Brief Sie in Gesundheit an und stört Ihre Weihnachtsstimmung nicht. Mit herzlichen Grüssen!

Ihr ergebener Hartung

---

[1] Hartung verfasste diesen Brief mit seiner eigenen Schreibmaschine auf dem Papier der Deutschen Akademie der Wissenschaften zu Berlin, das er jedoch zusätzlich mit einem Stempel seiner Privatanschrift in Berlin-Schlachtensee versah.
[2] Helmut Lötzke (1920–1984), Archivar, Direktor des Deutschen Zentralarchivs der DDR in Potsdam (1952–1984), Honorarprofessor für Archivwissenschaft an der Humboldt-Universität Berlin (1980–1984).
[3] Siehe oben, Brief Nr. 333.

Nr. 336
An Herbert Grundmann **Berlin, 30. Oktober 1961**

MGH, München – Archiv, Nr. O 213. – Masch. Original.

Lieber Herr Grundmann!

Besten Dank für Ihren freundlichen Brief vom 9. d.M. Ich habe mit der Beantwortung absichtlich bis heute gewartet, da gestern eine Sitzung der Direktoren und Leiter von Arbeitsstellen im gesellschaftswissenschaftlichen Bereich der Akademie stattgefunden hat, von der ich etwas erwartete, weil eine Aussprache über die sich aus der gegenwärtigen Situation der Akademie[1] ergebenden Fragen und Aufgaben stattfinden sollte. Auch Dr. Fritz war ausdrücklich dazu geladen.

Leider ist diese Sitzung völlig unfruchtbar verlaufen. Der Generalsekretär Rienäcker[2] (Chemiker) hielt eine lange Ansprache über die Notwendigkeit, die Zusammenarbeit mit den wissenschaftlichen Einrichtungen der befreundeten östlichen Staaten noch intensiver als bisher zu pflegen. Von den besonderen Aufgaben, die sich für viele unserer hiesigen Institute aus dem Ausscheiden der in Westberlin wohnenden Mitarbeiter ergeben – besonders betroffen sind z.B. die orientalischen Arbeiten, aber auch die Leibnizausgabe, die alle Mitarbeiter verliert – war überhaupt nicht die Rede. Die sich an dieses Referat anschliessende Diskussion war entsprechend unfruchtbar.

[...]

Nun will ich endlich auf Ihren Brief vom 9.[3] eingehen. Dass Frings mit der Erlangung eines Interzonenpasses Schwierigkeiten gehabt und die Reise nach München aufgegeben hat, hatte ich hier bereits gehört. Dass Sie das von ihm vorgeschlagene Telegramm an die Präsidenten von Berlin und Leipzig nicht abgeschickt haben, kann ich nur begrüssen. Selbst die Fassung des von Ihnen an Frings gerichteten Telegramms scheint mir der Lage nicht ganz zu entsprechen. Eine Gefährdung des Zusammenwirkens der Monumenta mit allen deutschen Akademien kann darin, dass <u>ein</u> Mitglied seines Alters wegen weggeblieben ist, noch kaum gesehen werden. Hier würde es völlig genügen, wenn die Deutsche Akademie zu Berlin einen leistungsfähigeren Vertreter in die Zentraldirektion abordnen würde. Das ist bisher unterblieben, weil unter den Mitgliedern kein geeigneter Kandidat vorhanden ist. Ich habe meine Beteiligung an den Arbeiten der Monumenta in München bei den Sitzungen und hier bei der Leitung der Arbeitsstelle nie anders als ein Platzhalter für einen richtigen Mediävisten aufgefasst. Deshalb habe ich nach der Wahl von Lintzel in die

---

[1] Diese Bemerkung bezieht sich auf die Spaltung Berlins nach dem durch das SED-Regime veranlassten Bau der Berliner Mauer am 13.8.1961.
[2] Günther Rienäcker (1904–1989), Chemiker und SED-Funktionär, a.o. Professor an der Universität Göttingen (1936–1942), o. Professor an der Universität Rostock (1942–1954) und an der Humboldt-Universität Berlin (1954–1969), Generalsekretär der Deutschen Akademie der Wissenschaften (1957–1963), Mitglied des ZK der SED (1958–1963).
[3] Nicht überliefert.

hiesige Akademie den Posten sofort an ihn abgegeben, leider ohne dass er ihn jemals eingenommen hätte. Ich habe ihn dann wieder übernommen, da ich weder Stern noch Meusel als geeignete Vertreter der hiesigen Akademie in einem so traditionsreichen Unternehmen wie der Zentraldirektion der Monumenta ansehen konnte und kann. Die Ende des Sommersemesters vorgenommenen Wahlen haben auch kaum eine bessere Situation geschaffen. Engelberg ist meiner Ueberzeugung nach politisch ebenso einseitig wie Stern, nur nicht so gescheit. Auch Markow ist ausgesprochener Marxist. Der einzige Historiker alten Schlages ist H. O. Meisner, aber er ist auch schon über 70 und hat zur Gesch. des MA wenig Beziehungen.

Ich bitte Sie, sich die Frage meines Ersatzes in der Zentraldirektion ernstlich zu überlegen. Einstweilen ist sie noch nicht dringlich, da ich trotz allen Verkehrserschwerungen wenigstens einmal die Woche in die Akademie gehe.
[...]
Mit vielen Grüssen auch im Namen meiner Frau an Sie und Ihre verehrte Gattin[1]

Ihr sehr ergebener
Hartung

Wegen der vielen Tippfehler bitte ich um Nachsicht[2].

Nr. 337
An Max Braubach   Berlin, 17. Juni 1962

UA Bonn, Nl. M. Braubach, Nr. 201. – Hs. Original (Postkarte).

Lieber Herr Braubach!

Herzlichen Dank für die neue Studie über die Geheimdiplomatie des Prinzen Eugen[3]. Hoffentlich folgt ihr die abschließende Biographie, die Sie im Vorwort nochmals versprochen haben, noch zu meinen Lebzeiten[4]. Etwas erschüttert bin ich freilich über all das Unerfreuliche, das durch die eingehende Archivforschung enthüllt wird. Was mögen die Forscher, die sich in 50 oder späteren Jahren mit unserer Gegenwart beschäftigen werden, in den Akten aus unserer Zeit an Aufschlüssen herausholen?

---

[1] Annelies Grundmann (1906–2009), geb. Scherrmann, Historikerin, wissenschaftliche Mitarbeiterin der Historischen Kommission bei der Bayerischen Akademie der Wissenschaften.
[2] Von Hartung handschriftlich angefügt.
[3] Max Braubach: Die Geheimdiplomatie des Prinzen Eugen von Savoyen (Wissenschaftliche Abhandlungen der Arbeitsgemeinschaft für Forschung des Landes Nordrhein-Westfalen, 22), Köln/Opladen 1962.
[4] Max Braubach: Prinz Eugen von Savoyen. Eine Biographie, Bde. 1–5, München 1963–1965.

Von mir ist nichts Besonderes zu berichten. Seit der Erkrankung, von der ich vor bald 3 Jahren während der Sitzungen in München befallen wurde[1], habe ich mich nicht mehr recht erholt. Vor allem fehlt mir die Arbeitsenergie. Meine Frau sorgt sehr gut für mich, so gut, daß ich gar keine Lust zum Reisen habe.

Mit nochmaligem Dank und vielen Grüßen auch von meiner Frau

Ihr F. Hartung

Nr. 338

An Herbert Grundmann   Berlin, 17. August/5. September 1962

MGH, München – Archiv, Nr. O 213. – Hs. Original.

Lieber Herr Grundmann!

Lange Zeit habe ich nichts von mir hören lassen. Zwar ist meine Krankheit in der Hauptsache überwunden, wenn auch eine Abnahme meiner Kräfte sehr zu spüren ist und wohl bleiben wird. Aber von der Arbeitsstelle der Monumenta in der Akademie bin ich durch die politische Mauer, die Ost- und Westberlin trennt, so gut wie abgeschnitten. Die Mitarbeiter Bender[2] u. Dr. Fritz dürfen den Westsektor nicht betreten. Ich könnte mit einem besonderen Ausweis das Akademiegebäude und die Arbeitsstelle der MGH betreten. Aber die physische Anstrengung des Grenzübergangs am Bahnhof Friedrichstraße mit rund 90 Treppenstufen ist mir einstweilen noch zu groß. Frl. Dr. Kühn macht sich diese Mühe und hält so eine lockere Verbindung zwischen der Arbeitsstelle und mir aufrecht. Wie lange das so weitergehen wird, ist nicht vorauszusehen. Eine telefonische Verbindung zwischen Ost und West gibt es auch nicht.

Angesichts dieser Lage scheint es mir geboten zu sein, daß ich die Leitung der Arbeitsstelle niederlege und auch meinen Posten in der Zentraldirektion aufgebe. Ich hätte das längst getan, wenn ich im Kreis der Ostberliner Historiker einen geeigneten Nachfolger sähe. Ich bin s. Zt. als Nachfolger von Rörig in die ZD eingetreten, von vornherein nur als Lückenbüßer für Lintzel, der sich aber leider das Leben genommen hat, nachdem die Akademie die gegen ihn geltend gemachten politischen Bedenken der SED überwunden und ihn zum ord. Mitglied gewählt hatte.

Nach dem neuen Satzungsentwurf (§ 3, 2) sind die Akademien verpflichtet, „sachkundige" Vertreter zu entsenden, ohne dabei an den Kreis ihrer Mitglieder gebunden zu sein. Aber ob die Berliner Akademie einen für ihre Vertretung geeigneten sachkundigen Historiker finden wird, scheint[3] mir bei dem augenblicklichen Kurs, der jetzt Hartke zum Rücktritt vom Präsidium gezwungen hat, zweifelhaft zu sein.

---

[1] Siehe oben, Briefe Nr. 330, 331.
[2] Klaus Bender (1922-?), Historiker, 1955–1964 Mitarbeiter der Arbeitsstelle der Monumenta Germaniae Historica an der Deutschen Akademie der Wissenschaften zu Berlin.
[3] Im Original: „ist".

Aber bis die neue Satzung in Kraft tritt, wird wohl noch viel Zeit vergehen. Ich nehme an, daß erst die Herbstsitzung 1963, wenn nicht gar eine spätere in der Lage sein wird, die neue Zentraldirektion zu bilden. Ich persönlich möchte aber nicht so lange warten. Ich bitte Sie, die Situation bei der bevorstehenden Sitzung mit den Kollegen zu besprechen, ohne auf meine Person besondere Rücksicht zu nehmen. Ich bin jederzeit bereit, die Vertretung Berlins in der Zentraldirektion aufzugeben. Spätestens beim Inkrafttreten der neuen Satzung wird der Verzicht ja automatisch eintreten.

Wieder aufgenommen am 5. September. Die Lage der Arbeitsstelle ist unverändert. Hartke scheint übrigens als Präsident noch zu amtieren, wenigstens Todesanzeigen von Mitgliedern zu unterzeichnen. Die Arbeitsmöglichkeit für die Mitarbeiter im Westen wird weiter eingeschränkt; die Mitnahme von Arbeitsmaterial aus dem Akademiegebäude in die Privatwohnung wird von besonderen Genehmigungen unter Verantwortung des Leiters der Arbeitsstelle abhängig gemacht. Ich sehe tatsächlich keinen andern Ausweg für mich als den Verzicht auf meine hiesige Dienststelle.

Mitgewirkt bei meinem Entschluß hat auch die Feststellung, daß der letzte Band der Constitutiones (8) 1926 mit den Indices fertig geworden ist[1]. Seither ist Band 9 in Arbeit. Es wird viel Fleiß aufgewendet, aber ich sehe noch keinen Abschluß. Ich habe sogar den Eindruck, daß auch bei der Zentral-Direktion kein rechter Glaube an die Nützlichkeit der Arbeit besteht. Der Versuch, Stengel für die Arbeit zu interessieren, scheint gescheitert zu sein. Er ist noch älter als ich; daß er noch hierher kommt und sich die geleistete Arbeit ansieht und Richtlinien für den Abschluß gibt, glaube ich nicht, zumal angesichts der politischen Lage.

Ich bitte Sie, sich ernsthaft mit dem Problem der Constitutiones zu befassen[2] und es mit der Zentraldirektion zu besprechen, ohne Rücksicht auf mich. Für die östlichen Mitarbeiter Bender u. Fritz wird sich wohl innerhalb des östlichen Sektors der Akademie eine Verwendung finden lassen. Wie Fräulein Dr. Kühn versorgt werden kann, ist mir freilich noch unklar. Entschuldigen Sie, daß ich Sie so behellige, aber ich habe allmählich ein schlechtes Gewissen angesichts des Versagens meiner Leitung.

Mit besten Grüßen an die Kollegen, die Sie bei den Münchener Tagungen sehen werden,
Ihr ergebener Hartung

Nachtrag zum Schreiben vom 7.8. und 5.9.
den 10.9.62

Bevor ich den Brief vom 17.8./5.9. abschicken konnte, erfuhr ich durch Frl. Dr. Kühn, daß das Institut für Geschichte der Akademie die beiden hauptamtlichen Mitarbeiter der Arbeitsstelle der MGH Bender u. Dr. Fritz zu sich bestellt hat. Über den Verlauf der Besprechung bin ich nicht unterrichtet. Ich

---

[1] Siehe oben, Briefe Nr. 333, 334.
[2] Im Original: „beschaffen".

nehme an, daß die Akademieverwaltung eine Art Dienstaufsicht über die Arbeitsstelle der MGH ausüben möchte. Ich stehe zwar auf dem Standpunkt, daß die angestellten Mitarbeiter keineswegs verpflichtet werden können, täglich 6–8 Stunden in ihrer Dienststelle zu arbeiten und sich zu etwaigen Besuchen der Staatsbibliothek jeweils abzumelden. Aber daß die Arbeitsstelle der MGH, die seit 1947 besteht, ohne einen Abschnitt des seit Jahren vorbereiteten Bandes 9 der Constitutiones Karls IV. einigermaßen fertig gestellt zu haben, einer gewissen Kontrolle bedarf, scheint auch mir sicher. Leider ist die Beratung der Mitarbeiter durch Stengel, die für den Herbst 1961 geplant war, an den politischen Bedenken der Akademieleitung gescheitert, und es ist nicht wahrscheinlich, daß sie in diesem Jahr stattfinden kann. Dabei wird Stengel demnächst 84 Jahre.

Ich kann leider nur die Bitte wiederholen, mich von der Leitung der Arbeitsstelle und der Zugehörigkeit zur Zentraldirektion zu entbinden.
Mit bestem Gruß!
Ihr ergebener
Hartung

Nr. 339
An Siegfried A. Kaehler Berlin, 3. Dezember 1962

NStUB Göttingen, Cod. M. S. A. Kaehler, 1, 59. – Hs. Original.

Mein lieber Kaehler!

Es ist lange her, daß ich Ihnen zuletzt geschrieben habe. Die Schuld liegt ganz allein an mir oder genauer gesagt an der Tatsache, daß ich mich im Lauf des Winters sehr wenig wohl gefühlt habe und zu Beginn des Frühjahrs sehr ernstlich krank geworden bin. Meine Frau hat mit Unterstützung durch meinen seit Jahren mit mir bekannten Arzt auch diese Krise überwunden. Aber ich merke doch sehr, daß ich älter geworden bin und mich nicht mehr so schnell erholen kann, wie es früher oft der Fall gewesen ist. Auch die wissenschaftliche Arbeit geht nicht mehr so glatt, wie ich es gern wünschen möchte. Dabei werden meine Schriften anscheinend noch immer ganz gut gekauft. Nicht weniger als drei Verleger bedrängen mich zur Zeit wegen einer neuen Auflage. Der eine ist de Gruyter, der mein um 1950 entstandenes Göschenbändchen über die deutsche Geschichte von 1519–1648[1] inzwischen sogar schon wieder gedruckt hat. Danach soll nun die kurze Betrachtung über die Menschenrechte von 1952 (Herausgeber der Sammlung ist der Göttinger Treue) an die Reihe kommen[2]. Die erste Auflage führt bis zur Deklaration der Menschenrechte durch die Uno, mit frohem Ausblick auf die damit eröffnete bessere Zukunft.

---

[1] Fritz Hartung: Deutsche Geschichte im Zeitalter der Reformation, der Gegenreformation und des 30jährigen Krieges, Berlin 1951; die 2. Aufl. erschien 1963, die 3. Aufl. 1971.
[2] Siehe oben, Brief Nr. 211.

Nr. 339. An Siegfried A. Kaehler, 3. Dezember 1962

Aber diese Zukunft ist nicht erschienen, vielmehr hat die Wirklichkeit die damaligen Hoffnungen sehr enttäuscht. Anscheinend deshalb will mein früherer Assistent[1], der das Material zur 1. Auflage zusammengestellt hat, nicht recht an die Zusammenstellung der neueren Quellen herangehen[2]. Die 3. Aufgabe, die vor mir steht, ist eine, die 8. Auflage meiner deutschen Verfassungsgeschichte[3] [sic]. Ich schwanke noch, ob ich die 7. Auflage als Grundlage für einen fotomechanischen Neudruck nehmen oder eine völlige Neubearbeitung liefern soll. Die Fotomechanik macht Textverbesserungen zwar auch möglich, wenn sie auch von dem alten Satzbild nicht abweichen kann und jede neue Literaturangabe eine frühere verdrängt.

Meine Beziehungen zur ostzonalen Akademie der Wissenschaften habe ich jetzt ganz gelöst. Sie beruhten darauf, daß ich sie in der Zentraldirektion der Monumenta Germaniae Historica in München vertrat und die kleine Arbeitsstelle der Monumenta hier beaufsichtigte. Die Aufgabe war unerfreulich, der Bestand an Mitarbeitern desgleichen, der Ertrag für die Wissenschaft gleich null[4]. Ich hatte aber den Vorteil, daß ich mir durch die Arbeitsstelle alle Bücher der Staatsbibliothek schnell besorgen lassen konnte. Aber seit die Mauer Berlin spaltet, hatte dieser Vorteil so gut wie aufgehört, denn mein Weg zur Akademie und von dieser zu meiner Wohnung war durch allerlei Kontrollen mehr und mehr erschwert worden, sodaß ich seit Januar den Besuch der Akademie einstellen mußte. Ich versuche jetzt, mit dem Historischen Seminar der Freien Universität Fühlung zu gewinnen. Leider hat mein bibliographischer Hilfsarbeiter Dr. Schochow, der mich schon bei den Jahresberichten für dte. Gesch. unterstützt hat und knapp 10 Minuten von mir entfernt wohnte und mich mit Büchern bequem unterstützen konnte, jetzt Berlin verlassen, um in Marburg sich auf den bibliothekarischen Beruf ausbilden zu lassen.

Von den vielen Historikertagungen der letzten Monate habe ich nichts mitgemacht. Die Urteile, die ich darüber gehört habe, waren meist etwas kritisch, weniger in Bezug auf die Qualität der Vorträge als in Bezug auf die Diskussionen, die in der Regel im Ablesen von vorher schriftlich ausgearbeiteten Manuskripten bestanden haben sollen. Auch die immer mehr sich durchsetzende Neigung zur Abstraction ist von manchen Teilnehmern kritisiert worden. Ich mußte dabei an ein Wort von Kehr über Meinecke denken: der Hirschsprung ist gut, aber wenn die Hasensprünge kommen, wird es schwer werden[5].

Verreist sind wir weder im vorigen noch in diesem Jahr. Ich hätte meiner Frau, die ihren Haushalt fast ohne jede Hilfe bewältigt, eine Ausspannung wohl gegönnt. Aber ich bin zu schwer beweglich, um mich in einer Sommerfrische wirklich wohl fühlen zu können. Unsere Wohnung hier in Schlachtensee (Berlin 38 heißt es bei der Post, was der Mechanisierung unseres Lebens nützlich sein mag, aber den Normalbewohner im Unklaren darüber läßt, wo er

---

[1] Ernst Schraepler.
[2] Die 3., erweiterte Aufl., deren Neubearbeitung Ernst Schraepler besorgte, erschien 1964.
[3] Die 8. Aufl. erschien 1964.
[4] Siehe oben, Briefe Nr. 328, 332, 333, 336, 338.
[5] Meinecke wohnte in Berlin-Dahlem im „Hirschsprung".

uns finden soll) liegt sehr günstig, mitten unter Villen, ganz nahe am Schlachtensee und am Grunewald, sodaß wir in den letzten Jahren uns auf die Sommerfrische auf unserer großen Veranda beschränkt haben. In diesem Sommer war das Wetter freilich sehr schlecht, während es in Süddeutschland sehr gut gewesen sein soll, wie uns gestern noch ein Münchener Kollege bei einem Besuch bestätigte.
[...]
Hoffentlich haben Sie sich gut gehalten. Grüßen Sie, bitte, Ihre verehrte Gattin. Von meiner Frau soll ich auch beste Grüße ausrichten. Mit vielen Grüßen und guten Wünschen

Ihr F. Hartung[1]

Nr. 340
An Herbert Grundmann   Berlin, 17./18. Dezember 1962

MGH, München – Archiv, Nr. O 213. – Masch. Original.

Lieber Herr Grundmann!

Für die ruhige Sicherheit, mit der Sie meine Ablösung aus der Zentraldirektion der Monumenta herbeigeführt haben, bin ich Ihnen von Herzen dankbar[2]. Als ich nach dem Tode von Rörig von der hiesigen Akademie in die Zentraldirektion delegiert wurde, hat wohl niemand geglaubt, dass ich weit über die Altersgrenze hinaus diesen Posten bekleiden würde. Dass in den zehn Jahren, die ich der Zentraldirektion als Lückenbüsser angehört habe, trotz der Vermehrung der Arbeitskräfte, kein Band oder auch nur Faszikel hat vorgelegt werden können, empfinde ich als etwas blamabel. Wenn ich mich frage, wen die Schuld an diesem Versagen trifft, nehme ich mich keineswegs dabei aus.
[...]

---

[1] Der bereits schwerkranke Kaehler antwortete am 10.12.1962 mit einem diktierten Brief an Hartung (Nl. F. Hartung, K 91) u.a.: „Lieber Hartung, lieber eine schnelle, kurze und schlechte Antwort auf Ihren staunenswerten Brief vom 5. Dezember [sic] als wieder eine stumme Hinnahme Ihres mir so wertvollen Freundesgrußes. Ihr Brief ist bewundernswert in seiner geistigen Frische, in der unveränderten wunderbar leserlichen Handschrift, und mit dem gelegentlichen Aufleuchten Ihres altbewährten Humors. Ihr Kehr-Zitat vom Hirschsprung und den Hasensprüngen gehört zu den Perlen Ihrer Witzsammlung. [...]".

[2] Herbert Grundmann an Fritz Hartung, 11.12.1962 (Nl. F. Hartung, K 46/8): Grundmann informiert Hartung über seine Besprechungen mit dem Akademiepräsidenten Werner Hartke; Nachfolger Hartungs als Leiter der MGH-Arbeitsstelle soll Theodor Frings werden. – Siehe ebenfalls Grundmanns vervielfältigten Rundbrief „An die Mitglieder der Zentraldirektion", 12.12.1962 (ebenda): „Anfang Dezember besuchte ich in Berlin Herrn Hartung. Er hat sich zu meiner Freude von seiner schweren Erkrankung erholt, bittet aber, da er am 12. Januar 1963 achtzig Jahre alt wird, und da die z. Zt. sehr beschwerliche Fahrt von seiner Wohnung in Berlin-Schlachtensee in die Deutsche Akademie in Ostberlin oder eine Reise nach München ihm nicht mehr zuzumuten ist, als Vertreter jener Akademie in der Zentraldirektion abgelöst zu werden".

Nr. 340. An Herbert Grundmann, 17./18. Dezember 1962

Aber ich will die schwierige Frage der Fortführung unser[er] grossen unter anderen Voraussetzungen begonnenen Publikationen lieber nicht erörtern, sondern mich still in den Ruhestand zurückziehen. Ich habe heute an Hartke geschrieben, eine Abschrift lege ich Ihnen bei[1]. Vielleicht ziehe ich aus der derzeitigen Entwicklung in der DDR noch die weitere Konsequenz, ganz aus der Akademie auszuscheiden[2]. Auf der mir heute zugegangenen Einladung zur Klassensitzung der Akademie am 20. ist als Beratungspunkt eine Aussprache über die weitere Arbeit der Institute des gesellschaftswissenschaftlichen Bereichs auf Grund der Erklärung und des Aufrufs des Akademiepräsidiums zum 6. Parteitag der SED[3] angekündigt.

Nach Unterbrechung gestern am 18. fortgesetzt. Ich will aber die Frage der gesellschaftswissenschaftlichen Ausrichtung der Arbeit der Akademie nicht weiter erörtern. Interessieren würde mich, ob die naturwissenschaftlichen Institute in ihren zum Teil dickleibigen Publikationen Brauchbares zu Tage bringen. Dass sie mehr kosten, als sie einbringen, ist natürlich kein Einwand gegen ihre Ergebnisse. Immerhin scheinen die Kosten allmählich die bescheidenen Kräfte der DDR zu übersteigen, denn überall wird ängstlich gespart.

Sehr erfreut hat mich die Bemerkung Ihres Briefes, dass Sie die Absicht haben, die Arbeitsstelle gelegentlich wieder aufzusuchen und nach dem Rechten zu sehen[4]. Ich hoffe, dass dabei auch für mich etwas abfallen wird. Allerdings pflegen Besuche in Berlin meist unter Zeitnot zu leiden, wozu die Weitläufigkeit der Stadt und die Umständlichkeit der Verkehrsmittel stark beitragen. Umso dankbarer bin ich Ihnen, dass Sie sich zweimal die Zeit zu einem Besuch bei mir genommen haben. So nehme ich nun Abschied von den MGH in der Hoffnung, dass die menschliche Verbindung bestehen bleibt. Ich danke Ihnen herzlich für das menschliche Wohlwollen und die Geduld, die Sie mir erwiesen haben.

---

[1] Fritz Hartung an Werner Hartke, 17.12.1962 (Nl. F. Hartung, K 46/8, Durchschlag): Hartung bittet Hartke, im Präsidium der Akademie den Beschluss für seinen Rücktritt von der Leitung der Arbeitsstelle der MGH herbeizuführen.
[2] Diesen Schritt vollzog Hartung nicht.
[3] Diese Erklärung unter dem Titel „Höchste Leistung durch höchste Qualifikation – Erklärung und Aufruf der Deutschen Akademie der Wissenschaften zu Berlin zum VI. Parteitag" ist abgedruckt in: Neues Deutschland, 4.12.1962. Zu den Themen der gesellschaftswissenschaftlichen Arbeit der Akademie, denen, wie es dort heißt, in Zukunft „besondere Aufmerksamkeit zuzuwenden" sein werde, gehörten u. a.: „Begriff, Inhalt und Wesen der Nation in der Geschichte und in der sozialistischen Gegenwart; Fragen des Verhältnisses von Arbeiterklasse und Nation; Nation und Internationalismus; Patriotismus und Internationalismus; die fortschrittlichen Traditionen in der Geschichte Deutschlands und der deutschen Arbeiterbewegung; Fragen des deutschen Imperialismus und Militarismus".
[4] Grundmann hatte in seinem Brief an Hartung vom 11.12.1962 noch angemerkt: „Herr Hartke hat mich dringend gebeten, von Zeit zu Zeit selbst wieder nach Berlin zu kommen, und das scheint auch mir unerläßlich zu sein. Ich hatte nicht den Eindruck, als ob irgendeine Beeinträchtigung der Berliner Monumenta-Arbeit seitens der Akademie zu befürchten wäre (oder seitens des Instituts für Deutsche Geschichte), sofern nur die Verbindung mit der Berliner Arbeitsstelle und mit der Akademie von hier aus nachdrücklich aufrecht erhalten wird".

Mit den besten Wünschen für die MGH und mit vielen Grüssen zugleich im Namen meiner Frau für Sie und Ihre Frau Gemahlin
Ihr sehr ergebener
Hartung

Nr. 341
An Heinrich Otto Meisner   Berlin, 10. März 1963

BBAdW – Archiv, Nl. H. O. Meisner, Nr. 104. – Hs. Original.

Lieber Herr Meisner!

Herzlichen Dank für Ihren freundlichen Glückwunsch zu meinem 80. Geburtstag, für Ihren Brief[1] und, wie ich glaube, auch für den wesentlichen Inhalt der Adresse der Akademie, die mir Herr Stresemann[2], eines der wenigen noch im Westsektor wohnenden Mitglieder, überreichte. Daß dieser Dank erst reichlich spät kommt, bitte ich mit meiner Gesundheit zu entschuldigen. Obwohl ich den Geburtstag ohne besondere Anstrengung überstanden habe – die Anzahl der Besucher überstieg nie die beschränkte Fassungskraft unserer Räume –, habe ich 8 Tage später einen leichten Schlaganfall erlitten, dessen äußere Begleiterscheinungen schon längst wieder überwunden sind (Lähmung der linken Hand), aber der mich doch zur Vorsicht und Zurückhaltung zwingt. Daß ich die Vertretung der Akademie in der Zentraldirektion der Monumenta in München aufgegeben habe, werden Sie wissen. Während Grundmann mit Hartke verabredet hatte, daß Frings meine Stelle übernehme und daß für ihn Frau Schubart-Fikentscher[3] die Vertretung von Leipzig übernehme, hat meine Klasse ausgerechnet Herrn Stern zum Nachfolger von mir gewählt. Es sieht nicht so aus, als ob Hartke an seiner Lösung festhalten würde.

In die Akademie werde ich nicht mehr kommen. Der Weg von hier aus ist zu umständlich und anstrengend für mich. Und was die Sitzungen bieten, ist kein Ausgleich für all die Mühen. Die Hoffnung, daß die Grenze innerhalb Berlins einmal wegfalle, muß man einstweilen wohl aufgeben. Wie Sie bedaure auch ich, daß wir gar nicht mehr zusammen kommen können. Es wäre sicherlich anregend, wenn wir so etwa als 3. Stufe nach Droysen und Schmoller-Hintze ein neues Bild von Preußens Stellung in der deutschen Geschichte mit- und vielleicht in Einzelheiten gegen einander erarbeiten könnten. Einstweilen will ich noch versuchen, eine weitere (die 8.) Auflage meiner Verfassungsgeschichte fertig zu stellen. Der Verlag will das bis zum Sommer haben,

---

[1] Nicht überliefert.
[2] Erwin Stresemann (1889–1972), Zoologe, seit 1921 Mitarbeiter des Zoologischen Museums der Universität Berlin (kommissarischer Direktor 1957–1959), Titularprofessor und Professor mit Lehrauftrag an der Universität Berlin (1930/46–1961).
[3] Gertrud Schubart-Fikentscher (1896–1985), Juristin und Rechtshistorikerin, Mitarbeiterin der Monumenta Germaniae Historica (1934–1945), o. Professorin für Bürgerliches Recht und Deutsche Rechtsgeschichte an der Universität Halle (1948–1956).

um das Buch zum Herbst herausbringen zu können. Aber ich muß mit meinen Kräften haushalten, und die äußeren Bedingungen der Arbeit sind für mich schwerer. Ich habe nicht mehr die jungen Mitarbeiter der MGH in der Akademie, die mir die erforderlichen Bücher aus der Stabi besorgten, ebensowenig das Akademieauto, mit dem ich sie nach Hause und wieder zurückbringen konnte.

Mit besten Grüßen, denen sich meine Frau anschließt, für Sie und Ihre Gattin

Ihr alter
F. Hartung

Nr. 342
An Gerhard Ritter Berlin, 19. März 1963
BAK, N 1166, Nr. 352. – Hs. Original.

Lieber Herr Ritter!

Herzlichen Dank für Ihren freundlichen Glückwunsch zu meinem 80. Geburtstag[1]. Ich habe den Tag mit viel Besuch und noch mehr Briefen und Telegrammen, darunter eines vom Bundespräsidenten, recht festlich verlebt. Etwa 14 Tage später stellte ich ein Unbehagen am linken Unterarm und der Hand fest, das mein Arzt kurz und streng als regelrechten Schlaganfall diagnostizierte und mit strenger Ruhe bekämpfte. Infolgedessen bin ich erst so spät zum Beantworten der Glückwünsche gekommen. Aber die Ruhe hat geholfen, ich habe die äußeren Erscheinungen des Schlaganfalls überwunden; wie es mit den Folgen für das geistige Leben steht, darüber habe ich kein Urteil.

Sie bedauern in Ihrem Brief, daß ich nicht mehr zu Konferenzen und Sitzungen komme. Ich bedaure auch, daß ich den Umgang mit alten Freunden entbehren muß, aber bei Betrachtung der Vorträge der jüngeren Generation habe ich doch das Gefühl, daß sie immer mehr in die Geschichtsphilosophie hineingeraten, und damit kann ich nur wenig anfangen.

Deshalb bin ich Ihnen besonders dankbar, daß Sie bei Ihrem letzten Aufenthalt in Berlin trotz des stark angespannten Programms sich mit Ihrer Gattin die Zeit genommen haben, uns zu besuchen.

[...]

Nochmals herzlichen Dank und viele Grüße für Sie und Ihre Gattin zugleich im Namen meiner Frau

Ihr F. Hartung

---

[1] Gerhard Ritter an Fritz Hartung, 11.1.1963, in: BAK N 1166, Nr. 352 (Durchschlag).

Nr. 343
An Gerhard Oestreich   Berlin, 13. Februar 1964

In Privatbesitz (Kopie im Besitz des Herausgebers). – Hs. Original.

Lieber Herr Oestreich!

Es hat mich sehr gefreut, einen Brief von Ihnen zu bekommen, der nichts von Krankheit, um so mehr aber von Arbeitsplänen enthält[1]. Leider kann ich Ihnen zur Sache, d. h. zu Hintze, nichts Positives sagen. Er hat in mir, so ist mein Eindruck von Anfang an gewesen, nie mehr als den Schüler gesehen. Er hat z. B. mit mir nie über meine deutsche Verfassungsgeschichte gesprochen, weder zustimmend noch kritisch. Er hielt mich wohl, und damit hat er ja im Grunde Recht gehabt, nicht für philosophisch veranlagt genug. Deshalb hat er mit mir Fachprobleme nie besprochen. Das lag zum Teil wohl mit daran, daß

---

[1] Gerhard und Brigitta Oestreich an Fritz Hartung, 3.2.1964 (Nl. F. Hartung, K 49/5): „Gegenwärtig bin ich beim Abschluß einer Einleitung zum II. Band der Gesammelten Abhandlungen Hintzes, in der ich auf das Verhältnis von Soziologie und Geschichte bei Hintze eingegangen bin. Ich hoffe, im nächsten Sommersemester ein Seminar über moderne Historiographie mit dem Mittelpunkt Hintze abhalten zu können, aus dem dann auch eine Monographie über Hintze hervorgehen soll. – Immer wieder stoße ich auf die Unzulänglichkeit unserer Überlieferung, da von Hintze kein Nachlaß, keinerlei persönliche Zeugnisse außer den wenigen Briefen an Meinecke erhalten sind. Und so möchte ich es doch wagen, an Sie die Bitte zu richten, uns etwas auch von der Persönlichkeit schildern zu wollen. Sie haben sich ja mehrfach über Hintze geäußert, zuletzt in der Einleitung zum I. Band der Neuauflage der Gesammelten Abhandlungen, aber es bleiben doch noch viele Fragen offen hinsichtlich des Verhältnisses von Hintze zu seinen Kollegen. Meinecke hat ja in beiden Bänden seiner Memoiren über Hintze Ausführungen gemacht. Aus ihnen scheint hervorzugehen, daß die Freundschaft beider zuletzt – wenn überhaupt noch vorhanden, dann mehr einseitig in einer inneren Beziehung Meineckes zu Hintze bestand. Wir haben also Meineckes Schilderung über Hintze im allgemeinen und seine Persönlichkeit, aber uns fehlt die Gegenseite. Sie haben ja in den 20er Jahren in Berlin und auch in den 30er Jahren durchaus dieses Verhältnis miterlebt. Könnten Sie nicht etwas Näheres über das Verhältnis der beiden sozusagen als Stimme aus dem Lager Hintzes oder als neutrale Stimme schildern? Erst durch eine solche Schilderung würde das Bild Hintzes wirklich abgerundet werden können. – Sodann habe ich noch eine Frage, die sich auf das Verhältnis von Hintze zu Breysig bezieht. Ich habe es immer als sehr seltsam empfunden, daß diese beiden auf universalgeschichtliche Aussagen hinarbeitenden Mitarbeiter Schmollers, die gemeinsam an den zwei großen Publikationen zur preußischen Geschichte im Archiv saßen, keine nähere Verbindung zueinander unterhalten haben. In Hintzes Werk findet sich dann überhaupt kaum eine Bezugnahme auf Breysigs großes Werk. Das hat mich immer eigenartig berührt. Frau Breysig, an die ich mich wandte, hat freundlicherweise aus Materialien für eine Biographie über ihren Mann mir ein paar Blätter zugesandt. Aus ihnen geht hervor, daß durch eine Zuträgerei Urteile Hintzes, Krauskes und Meineckes über Breysig an diesen gelangt sind, die ihn in seinem Ehrgefühl und in seiner Selbstsicherheit berührten. Daraufhin hat sich Breysig zurückgezogen und ist von den anderen totgeschwiegen worden. Erst nach dem Kriege haben sich neue Beziehungen persönlicher Natur ergeben. Aus diesen Papieren geht nichts über ein Urteil Hintzes über die universalgeschichtlichen Arbeiten Breysigs hervor noch überhaupt wie Hintze zu Breysig stand. Auch hier wäre ich Ihnen sehr dankbar, wenn Sie mir hierüber etwas aus Ihrer Erinnerung schrieben. Es ist ja sonst schwer, sich ein selbständiges Bild von Hintze zu machen". – Erwähnt wird hier Gertrud Breysig, geb. Friedburg (1883–1979).

ich ihn nur an den von seiner Frau arrangierten Teenachmittagen besuchte. Wir trafen uns wohl auch in Fakultätssitzungen, aber da saß er am Tisch der Emeriti und ging meist früher weg, nachdem er den nötigen Eintrag in die Liste der anwesenden Sedecim[1] vollzogen hatte. Noch weniger kann ich Ihnen über das Verhältnis Hintze-Meinecke sagen. Für Meinecke war ich ja lange nur der unverdient früh nach Berlin gekommene Historiker „ohne Ideen". Es tut mir leid, daß ich Ihnen nicht helfen kann.

Mit Breysig habe ich gar keine näheren Beziehungen unterhalten. Er hat offenbar niemals Wert darauf gelegt, mit mir zu sprechen, obwohl z. B. in den Fakultätssitzungen bei Behandlung von Vorschlagslisten für die Berufung eines Chemikers oder dergl. schon die Möglichkeit gewesen wäre. Daß Breysig mit Hintze, Meinecke u. Krauske, den ich nie kennen gelernt habe, persönlich nicht stand, habe ich nie geahnt; ich nehme an, daß nur ein Verhältnis gegenseitiger Mißbilligung zwischen Ihnen bestand, das sich in Ignorierung äußerte.

Es tut mir leid, daß ich Ihnen nicht mehr auf Ihre Fragen antworten kann. Aber es ist schon so, daß ich mit den großen Historikern (abgesehen von Marcks) keine rechte persönliche Fühlung hatte.

Es freut mich, daß Sie in ihrem Brief nichts von Krankheit erwähnen. Halten Sie tapfer stand, bis die Reise ins Allgäu losgeht.

[...] ich finde, neben der Inflation der Studenten gibt es wenigstens in unserm Fach auch eine Inflation der Bücher. Aber das ist wohl eine Alterserscheinung von mir, heraufbeschworen durch die Arbeit an der 8. Auflage, bei der ich die Literaturangaben radikal zu kürzen gedenke. Ende des Monats soll sie an den Verlag abgehen[2].

Viele herzliche Grüße Ihnen und Ihrer Frau[3] und gute Wünsche für die Urlaubsreise!

Ihr alter Fritz Hartung[4]

---

[1] Siehe oben, Brief Nr. 91.
[2] Die 8. Aufl. von Hartungs Deutscher Verfassungsgeschichte erschien im Herbst 1964.
[3] Brigitta Oestreich geb. Rieger (1925–2011).
[4] Gerhard Oestreich antwortete Hartung am 5.3.1964 (Nl. F. Hartung, K 49/5) u. a.: „Ihre so ganz persönlichen Zeilen bestätigen doch so eindringlich das Bild des ganz unpersönlichen, versachlichten Forschers Hintze, der nicht nur grüblerisch-philosophisch veranlagt war, sondern mit seiner Richtung auf eine Staatswissenschaft (Allg. Staats- und Gesellschaftslehre) auch stark politisch-pädagogisch engagiert war. Gerade diesen Zug in Hintzes Gelehrten-Dasein hat man wohl bisher weithin übersehen, ich bin in der Einleitung zum 2. Band der Gesammelten Abhandlungen näher auf die politische Publizistik Hintzes als Ausdruck seines Staatsdenkens eingegangen. Gerade diese Einleitung hat mir viele Fragen gestellt, die ich nicht beantworten kann. Dazu gehören eben auch die persönlichen Beziehungen Hintzes zu den Fachhistorikern und zu den Philosophen. Heinrich Maier, den ich noch selbst gehört habe, hat mit seinem Begriff der anschaulichen Abstraktion des Historikers stark bei Hintze die Webersche Auffassung vom Ideal-Typus umgewandelt. – Ist eigentlich das Universitäts-Archiv der Linden-Universität erhalten bzw. die Akten der Philos. Fakultät? Zwischen Dietrich Schäfer und Otto Hintze gab es im WS 1906/07 einen heftigen Kampf um die Habilitation von Paul Sander (Feudalstaat und bürgerliche Verfassung). Nach den Äußerungen Hintzes in einer Rezension von Sanders Buch, den Briefen Hintzes an Meinecke und auch der Rezension von Otto Gierke, die Sie in Ihrer Abhandlung über die Verfassungsgeschichtsschreibung zitieren, handelt es sich um eine Neuauf-

Nr. 343. An Gerhard Oestreich, 13. Februar 1964

---

lage des Methodenstreites der 90er Jahre. Zur weiteren Klärung wären die Gutachten von Schäfer, der die Habilitation ablehnte, und von Hintze und anderen, die die Habilitation durchsetzten, sehr wichtig. Ich würde mich dann direkt an die Fakultät wenden. [...] Herr Posner, mit dem ich über den Nachruf auf Carl Hinrichs in Verbindung kam, schickte mir eine Kollegnachschrift von Hintzes Allgemeiner Verfassungsgeschichte. Er dachte an eine Veröffentlichung. Ich kenne das Kolleg und seine Nachschrift nicht, es ist immer eine Frage, ob man nach so viel Jahren (es wären ja 50 Jahre!) eine nicht autorisierte Arbeit veröffentlichen kann. Allerdings gibt es Gegenbeispiele wie Droysens große Historik. Nun ich werde erst einmal sehen, was für eine Grundlage vorhanden ist. Vielleicht hat Herr Meisner noch eine Nachschrift; er stellte mir bereits solche über die Allgemeine Staats- und Gesellschaftslehre (Politik) und über Geschichte der politischen Theorien zur Verfügung". – Erwähnt werden hier Heinrich Maier (1867–1933), Philosoph, a. o./o. Professor an der Universität Zürich (1900/01–02), o. Professor an den Universitäten Tübingen (1902–1911), Göttingen (1911–1918), Heidelberg (1918–1922) und Berlin (1922–1933); Paul Sander (1866–1919), Historiker, 1906/07 Habilitation an der Universität Berlin, ab 1911 a. o. Professor für Wirtschaftsgeschichte an der Karl-Ferdinands-Universität Prag, er verfasste: Feudalstaat und Bürgerliche Verfassung – Ein Versuch über das Grundproblem der deutschen Verfassungsgeschichte, Berlin 1906; schließlich Otto Gierke (seit 1911: von Gierke) (1841–1921), Jurist und Rechtshistoriker, o. Professor an den Universitäten Breslau (1871–1884), Heidelberg (1884–1887) und Berlin (ab 1887, 1902–1903 Rektor).

Quellen und Literatur

I. Quellen

1. Ungedruckte Quellen

Staatsbibliothek zu Berlin – Preußischer Kulturbesitz

Nachlass Fritz Hartung, K. 1/5, 9/7, 12/1, 20/1, 20/2, 20/3, 20/4, 27/2, 29/6, 32/1, 32/2, 33/1, 33/3, 36/5, 37/1, 37/2, 37/3, 37/21, 39/4, 39/5, 40/7, 40/12, 44/3, 45/4, 46/1, 46/7, 46/8, 47/2, 49/5, 50/6, 53/3, 53/5, 59/6, 59/9, 59/11, 59/13, 59/19, 59/20, 59/22, 59/26, 59/27, 59/28, 59/29, 59/31, 61/1, 62/3, 65/10, 71/4, 71/7, 79/4, 85/2, 85/12, 87/2, 87/4, 87/5, 90, 91, 111.

Nachlass Max Lenz, K. 2.

Geheimes Staatsarchiv Preußischer Kulturbesitz Berlin

VI. HA, Nl. Albert Brackmann, Nr. 11, 89, 168, 117/2, 118/1, 118/2, 121/1, 121/2, 147, 150, 152, 155, 156, 158, 166, 168.

VI. HA, Nl. Hans Haußherr, Nr. 3, 4.

VI. HA, Nl. Friedrich Meinecke, Nr. 14, 132, 135, 137–139, 286.

VI. HA, Nl. Gustav von Schmoller, Nr. 202, 205a.

Archiv der Humboldt-Universität zu Berlin

Personalakte H 115 (Fritz Hartung), Bde. I–III.

Personalakte S 133 (Franz Alfred Six), Bd. 2 (1939/40).

NS-Dozentenschaft, Nr. 110 (Fritz Hartung).

Philosophische Fakultät,
    Nr. 791,
    Nr. 1477 (Berufungen).

Archiv der Berlin-Brandenburgischen
Akademie der Wissenschaften, Berlin

Bestand Preußische Akademie der Wissenschaften (1812–1945),
    Nr. II–III, 70.

Bestand Akademieleitung (1945–1968),
    Nr. 449, 499, 523.

Nachlass Heinrich Otto Meisner, Nr. 104, 105.

Archiv der Rheinischen Friedrich-Wilhelms-Universität, Bonn

Nachlass Max Braubach, Nr. 201.

Niedersächsische Staats- und Universitätsbibliothek Göttingen

Nachlass Karl Brandi; Cod. Ms. K. Brandi, Nr. 44.
Nachlass Siegfried August Kaehler; Cod. Ms. S. A. Kaehler, Nr. 1, 59.
Nachlass Arnold Oskar Meyer; Cod. Ms. A. O. Meyer, Nr. 175.
Nachlass Rudolf Smend; Cod. Ms. R. Smend, Nr. A 303.

Universitäts- und Landesbibliothek Sachsen-Anhalt, Halle (Saale)

Nachlass Hans Haussherr; Yi 48, III, 55; Yi 48 XVI H, 324–326, 348, 351.

Badisches Generallandesarchiv Karlsruhe

Nachlass Willy Andreas; 69 N, Nr. 800, 821, 848.

Bundesarchiv Koblenz

Nachlass Hermann Aubin; N 1179, Nr. 9.
Nachlass Richard Fester; N 1107, Nr. 44, 45, 104, 246, 249.
Nachlass Walter Goetz; N 1215, Nr. 49.
Nachlass Erwin Hölzle; N 1323, Nr. 9.
Nachlass Wilhelm Mommsen; N 1478, Nr. 235, 385, 396.
Nachlass Gerhard Ritter; N 1166, Nr. 130, 328, 330, 331, 333, 335, 338, 339, 341, 342, 349, 352, 358, 487b.
Nachlass Hans Rothfels; N 1213, Nr. 71, 213.
Nachlass Eduard Spranger; N 1182, Nr. 27, 186, 378.
Korrespondenzen des VHD; B 510.

Deutsches Literaturarchiv Marbach

Nachlass Julius Petersen, A: Petersen 66.1000.

Hessisches Staatsarchiv Marburg

Nachlass 340 Ludwig Dehio, C 14.

Bayerisches Hauptstaatsarchiv, München

Nachlass Fritz Valjavec, Südost-Institut; Nr. 57.

Historische Kommission bei der Bayerischen
Akademie der Wissenschaften, München

Mitgliederakt Fritz Hartung.

Institut für Zeitgeschichte München-Berlin

Archiv, MS 8: Manuskript von: Armand Dehlinger: Architektur der Superlative. Eine kritische Betrachtung der NS Bauprogramme von München und Nürnberg, Bde. 1–2.

Monumenta Germaniae Historica, München

MGH-Archiv, Nr. A 246, B 716, O 213.

Niedersächsisches Landesarchiv, Oldenburg

Nachlass Hermann Oncken; 271-14, Nr. 201.

2. Schriften Fritz Hartungs, die in vorliegender Edition genannt werden, in chronologischer Folge

- Hardenberg und die preußische Verwaltung in Ansbach-Bayreuth von 1792 bis 1806, Tübingen 1906.
- Berthold von Henneberg, Kurfürst von Mainz, in: Historische Zeitschrift 103 (1909), S. 527–551.
- Die Geschichte des fränkischen Kreises von 1521–1559. Darstellungen und Akten, Bd. 1: Die Geschichte des fränkischen Kreises von 1521–1559, bearb. von Fritz Hartung (Veröffentlichungen der Gesellschaft für Fränkische Geschichte. Reihe 2: Geschichte des fränkischen Kreises, Bd. 2), Leipzig 1910.
- Karl V. und die deutschen Reichsstände von 1546 bis 1555 (Historische Studien, hrsg. v. Richard Fester, Bd. 1), Halle a. S. 1910.
- Rezension von Friedrich Meinecke: Weltbürgertum und Nationalstaat, München 1908, in: Zeitschrift für Politik 4 (1910), S. 211–214.
- Deutsche Verfassungsgeschichte vom 15. Jahrhundert bis zur Gegenwart (Grundriss der Geschichtswissenschaft, hrsg. v. Aloys Meister, Reihe II, Abteilung 4), Leipzig/Berlin 1914; 2., verb. Aufl. ebenda 1922; 3. bis zur Gegenwart fortgeführte Aufl. 1928; 4. Aufl. 1933; 5., neubearbeitete Aufl. Stuttgart 1950; 6. Aufl. 1954; 7. Aufl. 1959; 8. Aufl. 1964.
- Das erste Jahrzehnt der Regierung Carl Augusts, in: Jahrbuch der Goethe-Gesellschaft 2 (1915), S. 59–139.
- Neuorientierung und auswärtige Politik, in: Deutsche Politik 2 (1917), S. 757–761.
- Konservative Politik, in: Deutsche Politik 2 (1917), S. 929–934.

Quellen und Literatur

- Die deutsche Revolution von 1848, in: Die großen Revolutionen als Entwicklungserscheinungen im Leben der Völker, hrsg. v. Heinrich Waentig (Schriften der Deutschen Gesellschaft für Politik an der Universität Halle-Wittenberg, Heft 1), Bonn/Leipzig 1920, S. 52–73.

- Deutsche Geschichte von 1871 bis 1914, Bonn/Leipzig 1920; erschien seit der 2., neu bearb. u. erw. Aufl. u. d. T.: Deutsche Geschichte von 1871 bis 1919, ebenda 1924; 3. Aufl. u. d. T.: Deutsche Geschichte vom Frankfurter Frieden bis zum Versailler Vertrag 1871–1919, ebenda 1930; 4., neubearb. u. erw. Aufl. Leipzig 1939; 5. durchgesehene Aufl. ebenda 1941; 6., neubearbeitete Aufl. Stuttgart 1952.

- Preußen und das Deutsche Reich, in: Die Grenzboten 80/3 (1921), S. 52–60.

- Zur Frage nach den burgundischen Einflüssen auf die Behördenorganisation in Österreich, in: Historische Zeitschrift 124 (1921), S. 258–264.

- Deutschlands Zusammenbruch und Erhebung im Zeitalter der französischen Revolution 1792 bis 1815, Bielefeld/Leipzig 1922.

- Goethe als Staatsmann. Festvortrag, gehalten am 10. Juni 1922, in: Jahrbuch der Goethe-Gesellschaft 9 (1922), S. 295–314.

- [Artikel], in: Politisches Handwörterbuch, hrsg. v. Paul Herre unter redaktioneller Mitwirkung von Kurt Jagow, Bde. 1–2, Leipzig 1923.

- Das Großherzogtum Sachsen unter der Regierung Carl Augusts 1775 bis 1828 (Carl August. Darstellungen und Briefe zur Geschichte des Weimarischen Fürstenhauses und Landes. Im Auftrage der Weimarischen Gebietsregierung hrsg. v. Erich Marcks, II. Abt., Bd. 2), Weimar 1923.

- Bethmann Hollweg, Theobald v., Reichskanzler a. D., in: Deutsches Biographisches Jahrbuch, hrsg. v. Verbande der deutschen Akademien, Bd. 3: Das Jahr 1921, Berlin/Leipzig 1927, S. 21–41.

- Rezension von: Ernst Jäckh: Kiderlen-Wächter. Der Staatsmann und der Mensch, 2 Bde., Stuttgart 1924, in: Deutsche Literaturzeitung 46 (1925), Sp. 1227–1229.

- Die Marokkokrise des Jahres 1911, in: Archiv für Politik und Geschichte 7 (1926), S. 54–117; ergänzter Separatdruck: Die Marokkokrise des Jahres 1911 (Einzelschriften zu Politik und Geschichte, 19), Berlin 1927.

- Moderne Demokratie, in: Zeitschrift für die gesamte Staatswissenschaft 84 (1928), S. 1–21 (Besprechung von: James Bryce: Moderne Demokratien, 3 Bde., München 1923–1926).

- Die französische Außenpolitik im Winter 1911/12, in: Berliner Monatshefte für internationale Aufklärung 8 (1930), S. 20–32.

- Berufsbeamtentum und Staat, in: Zeitschrift für Rechtsphilosophie 5 (1930), S. 89–107, ebenfalls in: Fritz Hartung/Hans Leisegang: Berufsbeamtentum – Volksstaat und Ethik. Zwei Vorträge, Leipzig 1931, S. 1–19.

- Verantwortliche Regierung, Kabinette und Nebenregierungen im konstitutionellen Preußen 1848–1918, in: Forschungen zur Brandenburgischen und Preußischen Geschichte 44 (1931/32), S. 1–45, 302–373.

- Die englische Politik in der Marokkokrise des Jahres 1911, in: Berliner Monatshefte 10 (1932), S. 752–776.
- Deutschland und Polen während des Weltkrieges, in: Albert Brackmann (Hrsg.): Deutschland und Polen. Beiträge zu ihren geschichtlichen Beziehungen, München/Berlin 1933, S. 244–258.
- Hindenburg (Reclams Universal-Bibliothek, 7260), Leipzig 1934.
- Staatsgefüge und Zusammenbruch des zweiten Reiches, in: Historische Zeitschrift 151 (1935), S. 528–544.
- Staatsverfassung und Heeresverfassung, in: Volk und Wehrkraft, Jahrbuch der Deutschen Gesellschaft für Wehrpolitik und Wehrwissenschaften 1936, Hamburg 1936, S. 54–66.
- Preußen und die deutsche Einheit, in: Forschungen zur brandenburgischen und preußischen Geschichte 49 (1937), S. 1–21.
- Die geschichtliche Bedeutung des aufgeklärten Despotismus in Preußen und in den deutschen Kleinstaaten, in: Bulletin of the International Comittee of Historical Sciences, Bd. 9, Paris 1937, S. 3–21.
- Gustav von Schmoller und die preußische Geschichtsschreibung, in: Arthur Spiethoff (Hrsg.): Gustav von Schmoller und die deutsche geschichtliche Volkswirtschaftslehre. Dem Angedenken an Gustav von Schmoller. Festgabe zur hundertsten Wiederkehr seines Geburtstages 24. Juni 1938 = Schmollers Jahrbuch für Gesetzgebung, Verwaltung und Volkswirtschaft im Deutschen Reiche 62, 2. Halbband, Berlin 1938, S. 277–302; etwas verändert in: Fritz Hartung: Staatsbildende Kräfte der Neuzeit. Gesammelte Aufsätze, Berlin 1961, S. 470–496.
- Rezension von Paul Schmitthenner: Politik und Kriegführung in der neueren Geschichte, Hamburg 1937, in: Historische Zeitschrift 158 (1938), S. 584–587.
- Die Entwicklung der konstitutionellen Monarchie in Europa, in: Historische Zeitschrift 159 (1939), S. 287–314, 499–523.
- Entgegnung, in: Historische Zeitschrift 159 (1939), S. 550–552.
- Gustav Berthold Volz (1871–1938), in: Forschungen zur brandenburgischen und preußischen Geschichte 51 (1939), S. 134–142.
- Antrittsrede, in: Jahrbuch der Preußischen Akademie der Wissenschaften, Jahrgang 1939, Berlin 1940, S. 136–138.
- Gedächtnisrede auf Erich Marcks, in: Jahrbuch der Preußischen Akademie der Wissenschaften, Jahrgang 1939, Berlin 1940, S. 167–174.
- Volk und Staat in der deutschen Geschichte. Gesammelte Abhandlungen, Leipzig 1940.
- Otto Hintze, in: Forschungen zur brandenburgischen und preußischen Geschichte 52 (1940), S. 201–233; etwas verändert auch als „Einleitung" in: Otto Hintze: Gesammelte Abhandlungen, Bd. 1: Staat und Verfassung, hrsg. v. Fritz Hartung, Leipzig 1941, S. 5–23.
- Die Krone als Symbol der monarchischen Herrschaft im ausgehenden Mittelalter (Abhandlungen der Preußischen Akademie der Wissenschaften, Jg. 1940, Phil.-hist. Klasse, Nr. 13), Berlin 1941; in überarbeiteter zweiter Fassung in: derselbe: Staatsbildende Kräfte der Neuzeit, S. 1–61.

- Rezension von: Graf Ernst zu Reventlow: Von Potsdam nach Doorn, Berlin 1940, in: Berliner Monatshefte 18 (1940), S. 814–818.
- Die Ausbildung des absoluten Staates in Österreich und Preußen, in: derselbe/ Theodor Mayer/Walter Platzhoff/Paul Ritterbusch/Fritz Rörig/Carl Schmitt/ Hans Übersberger/Hans Zeiss: Das Reich und Europa, Leipzig 1941, S. 64–78.
- Otto Hintze: Gesammelte Abhandlungen, Bd. 1: Staat und Verfassung, hrsg. v. Fritz Hartung, Leipzig 1941.
- König Friedrich Wilhelm I. – Der Begründer des preußischen Staates (Preußische Akademie der Wissenschaften, Vorträge und Schriften, 11), Berlin 1942.
- Studien zur Geschichte der preußischen Verwaltung. Teil 1: Vom 16. Jahrhundert bis zum Zusammenbruch des alten Staates im Jahre 1806 (Abhandlungen der Preußischen Akademie der Wissenschaften, Jg. 1941, Philosophisch-historische Klasse, Nr. 17), Berlin 1942.
- Otto Hintze: Gesammelte Abhandlungen, Bd. 2: Zur Theorie der Geschichte, hrsg. v. Fritz Hartung, Leipzig 1942.
- Der französisch-burgundische Einfluß auf die Entwicklung der deutschen Behördenverfassung, in: Historische Zeitschrift 167 (1943), S. 3–12.
- Nekrolog Peter Richard Rohden, in: Historische Zeitschrift 167 (1943), S. 667.
- Das Problem der einheitlichen Staatsführung in der preußisch-deutschen Monarchie, in: Forschungen und Fortschritte 19 (1943), S. 171–172.
- Studien zur Geschichte der preußischen Verwaltung. Teil 2: Der Oberpräsident (Abhandlungen der Preußischen Akademie der Wissenschaften, Jg. 1943, Philosophisch-historische Klasse, Nr. 4), Berlin 1943.
- Rezension von: Heinrich Ritter von Srbik: Deutsche Einheit. Idee und Wirklichkeit vom Heiligen Reich bis Königgrätz, Bde. 3–4, München 1942, in: Forschungen zur brandenburgischen und preußischen Geschichte 55 (1944), S. 225–227.
- Arnold Oskar Meyer †, in: Zeitschrift der Gesellschaft für Schleswig-Holsteinische Geschichte 72 (1944), S. XI–XVIII.
- Die Entwicklung der Menschen- und Bürgerrechte von 1776–1946 (Quellensammlung zur Kulturgeschichte, hrsg. v. Wilhelm Treue, Schrift 1), Berlin 1948; 2. Aufl. Göttingen 1954; 3., erw. Aufl. Göttingen 1964.
- Studien zur Geschichte der preußischen Verwaltung, Teil 3: Zur Geschichte des Beamtentums im 19. und 20. Jahrhundert (Deutsche Akademie der Wissenschaften zu Berlin, Jahrgang 1945/46. Philosophisch-historische Klasse, Nr. 8), Berlin 1948.
- Die europäische Bedeutung der Revolution von 1848, in: Forschungen und Fortschritte 24 (1948), S. 25–27.
- L'Etat c'est moi, in: Historische Zeitschrift 169 (1949), S. 1–30.
- Richard Fester (1860–1945), in: Historische Zeitschrift 169 (1949), S. 446f.
- Rezension von: Gerhard Ritter: Die Dämonie der Macht, Stuttgart 1948 (zuerst erschienen unter dem Titel: Machtstaat und Utopie, München/Berlin 1940), in: Historische Zeitschrift 169 (1949), S. 559–561.

- Bismarck und Graf Harry Arnim, in: Historische Zeitschrift 171 (1951), S. 47–77, erneut in: derselbe: Staatsbildende Kräfte der Neuzeit. Gesammelte Aufsätze, Berlin 1961, S. 345–375.

- Deutsche Geschichte im Zeitalter der Reformation, der Gegenreformation und des 30jährigen Krieges (Sammlung Göschen, 1105), Berlin 1951; 2. Aufl. 1963; 3. Auf. 1971.

- Vorwort, in: Jahresberichte für deutsche Geschichte, Neue Folge 1: 1949, Berlin[-Ost] 1952, S. III–IV. (mit Albert Brackmann)

- Nachruf auf Albert Brackmann, in: Jahresberichte für deutsche Geschichte, Neue Folge 1: 1949, Berlin[-Ost] 1952, S. V–VI.

- Das persönliche Regiment Kaiser Wilhelms II. (Sitzungsberichte der Deutschen Akademie der Wissenschaften zu Berlin, Klasse für Gesellschaftswissenschaften, Jg. 1952, Nr. 3), Berlin 1952; überarbeitete Fassung in: derselbe: Staatsbildende Kräfte der Neuzeit. Gesammelte Aufsätze, Berlin 1961, S. 393–413.

- Der preußische Staat und seine westlichen Provinzen, in: Westfälische Forschungen 7 (1953/54), S. 5–14, erneut in: Fritz Hartung: Staatsbildende Kräfte der Neuzeit. Gesammelte Aufsätze, Berlin 1961, S. 414–430.

- Art. „Arnim, Harry Kurt Eduard Carl v. A.-Suckow, Graf (seit 1870)", in: Neue Deutsche Biographie, Bd. 1 (1953), S. 373–375.

- Rezension von: Hans-Joachim Schoeps: Das andere Preußen, Stuttgart 1952, in: Historische Zeitschrift 175 (1953), S. 564–567.

- Der Aufgeklärte Absolutismus, in: Historische Zeitschrift 180 (1955), S. 15–42; [English version, prepared by H. Otto and revised by G. Barraclough:] Fritz Hartung: Enlightened Despotism (The Historical Association, London; General series, 36), London 1957.

- [zusammen mit Roland Mousnier]: Quelques problèmes concernant la monarchie absolue, in: Relazioni del X Congresso Internazionale di Scienze Storiche, Bd. 4: Storia Moderna, Firenze 1955, S. 1–55.

- Einleitung, in: Die Vorgeschichte des Kulturkampfs – Quellenveröffentlichung aus dem Deutschen Zentralarchiv. Bearbeitet von Adelheid Constabel mit einer Einleitung von Fritz Hartung, hrsg. von der Staatlichen Archivverwaltung im Ministerium des Innern (Schriftenreihe der staatlichen Archivverwaltung, Nr. 6), Berlin[-Ost] 1956, S. 7–14.

- Friedrich Baethgen zum 30. Juli 1960, in: Forschungen und Fortschritte 34 (1960), S. 218–219.

- Nachruf auf Walter Goetz, in: Jahrbuch der Deutschen Akademie der Wissenschaften zu Berlin 1960, Berlin[-Ost] 1961. S. 134–135.

- Staatsbildende Kräfte der Neuzeit. Gesammelte Aufsätze, Berlin 1961.

- Otto Hintzes Lebenswerk, in: Otto Hintze: Staat und Verfassung. Gesammelte Abhandlungen zur allgemeinen Verfassungsgeschichte (Otto Hintze: Gesammelte Abhandlungen, Bd. 1), 2., erweiterte Aufl., hrsg. v. Gerhard Oestreich. Mit einer Einleitung von Fritz Hartung, Göttingen 1962, S. 7–33.

3. Weitere gedruckte Quellen

Acton, John Emerich Edward Dalberg-Acton, First Baron of: German Schools of History, in: derselbe: Historical Essays and Studies, edited by John Neville Figgis/Reginald Vere Laurence, London 1907, S. 344–392.

Akten der Reichskanzlei – Weimarer Republik. Das Kabinett von Schleicher: 3. Dezember 1932 bis 30. Januar 1933, bearb. v. Anton Golecki, Boppard a. Rh. 1986.

Aland, Kurt: Spener-Studien, Berlin 1943.

Aland, Kurt: Die Theologische Fakultät Wittenberg und ihre Stellung im Gesamtzusammenhang der Leucorea während des 17. Jahrhunderts, in: 450 Jahre Martin-Luther-Universität Halle-Wittenberg, Bd. 1: Wittenberg 1502–1817, Halle a. S. o. J. [1952], S. 155–237.

Aland, Kurt: Kirchengeschichte in Lebensbildern, Teil 1: Die Frühzeit, Berlin-Dahlem 1953.

Ambarzumian, W[iktor] A[masaspowitsch]: Die Sternassoziationen und die Entstehung der Sterne (Abhandlungen der Deutschen Akademie der Wissenschaften, Klasse für Mathematik und Allgemeine Naturwissenschaften, 1950,2), Berlin[-Ost] 1951.

Amtliches Personalverzeichnis der Friedrich-Wilhelms-Universität zu Berlin für das 123. Rektoratsjahr 1932/33, Berlin 1932.

Anderson, Eugene N.: The Prussian Election Statistics 1862 and 1863, Lincoln/Nebraska 1954.

Anderson, Eugene N.: The Social and Political Conflict in Prussia 1858–1864, Lincoln/Nebr. 1954.

Andreas, Willy: [Rezension von:] Deutsche Geschichte von 1871–1914. Von Fritz Hartung, in: Historische Zeitschrift 126 (1922), S. 495–499.

Andreas, Willy: Kiderlen-Wächter. Randglossen zu seinem Nachlass, in: Historische Zeitschrift 132 (1925), S. 247–276.

Andreas, Willy: Andreas: Österreich und der Anschluß (Einzelschriften zur Politik und Geschichte, Heft 25), Berlin 1927.

Andreas, Willy: Die Kulturbedeutung der deutschen Reichsstadt zu Ausgang des Mittelalters, in: Deutsche Vierteljahrsschrift für Literaturwissenschaft und Geistesgeschichte 6 (1928), S. 62–113.

Andreas, Willy (Hrsg.): Briefe Heinrich von Treitschkes an Historiker und Politiker vom Oberrhein, Berlin 1934.

Andreas, Willy: Der deutsche Mensch der Reformation, in: Der deutsche Mensch. 5 Vorträge von Hans Naumann, Willy Andreas, Adolf Feulner, Gerhard Fricke, Erich Rothacker, Stuttgart/Berlin 1935, S. 35–64.

Andreas, Willy: Geist und Staat. Historische Porträts, München/Berlin 1922; 3., veränd. Aufl. Leipzig 1940.

Andreas, Willy (Hrsg.): Die Neue Propyläen Weltgeschichte, Bde. 1–3 und 5, Berlin 1940–1943.

Andreas, Willy: Deutschland vor der Reformation. Eine Zeitenwende, Stuttgart/ Berlin, 3. Aufl. 1942 [zuerst 1932].

Andreas, Willy: Staatskunst und Diplomatie der Venezianer im Spiegel ihrer Gesandtenberichte, Leipzig 1943.

Andreas, Willy: Italien und die Anfänge der neuzeitlichen Diplomatie, in: Historische Zeitschrift 167 (1943), S. 259–284, 476–496.

Andreas, Willy: Carl August von Weimar. Ein Leben mit Goethe 1757–1783, Stuttgart 1953.

Andreas, Willy: Frankreichs neunter November – Bonapartes Staatsstreich vom 18. Brumaire, in: Geschichte in Wissenschaft und Unterricht 4 (1953), S. 724–745.

[Anonym, d.i. Hans Buchheim]: Zur Erneuerung des deutschen Geschichtsbildes. Denkschrift des Deutschen Instituts zur Erforschung der nationalsozialistischen Zeit zum Schrifttum von Gerhard Ritter, 20.6.[19]50.

Arndt, Ernst Moritz: Geist der Zeit, Teile 1–4, Altona/Berlin 1806–1818.

Aubin, Hermann: Von den Ursachen der Freiheit der Seelande an der Nordsee, in: Nachrichten der Akademie der Wissenschaften in Göttingen, Philologisch-Historische Klasse, Jg. 1953, Nr. 1,2, S. 30–45.

Aulard, A[lphonse]: Politische Geschichte der Französischen Revolution. Entstehung und Entwicklung der Demokratie und der Republik 1789–1804. Berechtigte Verdeutschung von Friedrich von Oppeln-Bronikowski. Eingeleitet von Hedwig Hintze, Bde. 1–2, München/Leipzig 1924.

Baethgen, Friedrich: Dante und wir (Abhandlungen und Vorträge hrsg. v. der Wittheit zu Bremen, 18/1), Bremen 1949.

Baethgen, Friedrich: Albert Brackmann, in: Jahrbuch der Deutschen Akademie der Wissenschaften zu Berlin 1954, S. 343–348.

Baeumler, Alfred: Politik und Erziehung – Reden und Aufsätze, Berlin 1939.

Baeumler, Alfred: Männerbund und Wissenschaft, Berlin 1940.

Baron, Hans: Leonardo Bruni Aretino und der Humanismus des Quattrocento, unveröffentl. masch. Habilitationsschrift, Universität Berlin 1929.

Barraclough, Geoffrey: The ‚Historische Zeitschrift', in: Times Literary Supplement vom 14.4.1950, S. 229.

Baum, Walter: Die politischen Anschauungen Liudprands von Cremona. Seine Stellung zum Kaisertum, Würzburg 1936.

Becker, Otto: Der Sinn der dualistischen Verständigungsversuche Bismarcks vor dem Kriege 1866, in: Historische Zeitschrift 169 (1949), S. 264–298.

Belgische Aktenstücke 1905–1914. Berichte der belgischen Vertreter in Berlin, London und Paris an den Minister des Äußeren in Brüssel. Hrsg. v. Auswärtigen Amt, Berlin o.J. [1915].

Below, Georg von: Der deutsche Staat des Mittelalters. Ein Grundriß der deutschen Verfassungsgeschichte, Bd. 1: Die allgemeinen Fragen, Leipzig 1914.

Below, Georg von: Autobiographie, in: Die Geschichtswissenschaft der Gegenwart in Selbstdarstellungen, hrsg. v. Sigfrid Steinberg, Bd. 1, Leipzig 1925, S. 1–49.

Bilfinger, Carl: Verfassungsumgehung. Betrachtungen zur Auslegung der Weimarer Reichsverfassung, in: Archiv des öffentlichen Rechts 50 (1926), S. 163–191.

Binding, Karl (Hrsg.): Deutsche Staatsgrundgesetze in diplomatisch genauem Abdrucke, Heft II: Die Verfassung des deutschen Reiches vom 28. März 1849 und die Entwürfe der sogenannten Erfurter Unionsverfassung (März und April 1850), 3. Aufl. Leipzig 1905.

Bismarck, Otto Fürst von: Die politischen Reden. Kritische Ausgabe, hrsg. v. Horst Kohl, Bde. 1–14, Stuttgart 1892–1905.

Bismarck, Otto von: Die gesammelten Werke, Friedrichsruher Ausgabe, Bd. XIV/1, Berlin 1933.

Blaschke, Richard: Carl von Clausewitz. Ein Leben im Kampf (Schriften der kriegsgeschichtlichen Abteilung im Historischen Seminar der Friedrich-Wilhelms-Universität Berlin, 7), Berlin 1934.

Bonjour, Edgar: Erinnerungen, Basel/Frankfurt a.M. 1983.

Bornhak, Conrad: Deutsche Geschichte unter Kaiser Wilhelm II., Leipzig/Erlangen 1921.

Bornkamm, Heinrich: Die Staatsidee im Kulturkampf, in: Historische Zeitschrift 170 (1950), S. 41–72, 273–306.

Botzenhart, Erich: Deutsche Revolution 1806/1813 (Schriften des Reichsinstituts für Geschichte des neuen Deutschlands, [29]), Hamburg 1940.

Boveri, Margret: Sir Edward Grey und das Foreign Office (Politische Wissenschaft, H. 12), Berlin-Grunewald 1933.

Brackmann, A[lbert] (Hrsg.): Ostpreußische Kriegshefte auf Grund amtlicher und privater Berichte, Hefte 1–5, Berlin 1915–1917.

Brackmann, Albert: Gesammelte Aufsätze, zu seinem 70. Geburtstag am 24. Juni 1941 von Freunden, Fachgenossen und Schülern als Festgabe dargebracht, Weimar 1941.

Brackmann, Albert/Hartung, Fritz: Vorwort, in: Jahresberichte für deutsche Geschichte, Neue Folge 1: 1949, Berlin[-Ost] 1952, S. III–IV.

Brandenburg, Erich: Deutsche Einheit, in: Historische Vierteljahrschrift 30 (1935), S. 757–770.

Braubach, Max: Der Westfälische Friede, Münster 1948.

Braubach, Max: Die Geheimdiplomatie des Prinzen Eugen von Savoyen (Wissenschaftliche Abhandlungen der Arbeitsgemeinschaft für Forschung des Landes Nordrhein-Westfalen, 22), Köln/Opladen 1962.

Braubach, Max: Prinz Eugen von Savoyen. Eine Biographie, Bde. 1–5, München 1963–1965.

Brinkmann, Carl: Versuch einer Gesellschaftswissenschaft, München/Leipzig 1919.

Bryce, James: Moderne Demokratien, 3 Bde., München 1923–1926.

Buchheim, Karl: Eine sächsische Lebensgeschichte. Erinnerungen 1889–1972, bearb. v. Udo Wengst/Isabel F. Pantenburg (Biographische Quellen zur Zeitgeschichte, 16), München 1996.

Bücher, Karl: Lebenserinnerungen, Bd. 1: 1847–1890, Tübingen 1919.

Büchsel, Hans-Wilhelm: Das Volk im Staatsdenken Friedrichs des Großen, Breslau 1937.

Bülow, Bernhard Fürst von: Denkwürdigkeiten, hrsg. v. Franz von Stockhammern, Bd. 2: Von der Marokkokrise bis zum Abschied, Berlin 1930.

Bußmann, Walter: Treitschke – Sein Welt- und Geschichtsbild (Göttinger Bausteine zur Geschichtswissenschaft, 3/4), Göttingen 1952.

Bußmann, Walter: Treitschke als Politiker, in: Historische Zeitschrift 177 (1954), S. 249–279, erneut in: derselbe: Wandel und Kontinuität in Politik und Geschichte – Ausgewählte Aufsätze zum 60. Geburtstag, hrsg. v. Werner Pöls, Boppard a. Rh. 1973, S. 377–407.

[Carl August von Sachsen-Weimar-Eisenach:] Briefwechsel des Herzogs-Großherzogs Carl August mit Goethe, hrsg. v. Hans Wahl, Bde. 1–3, Berlin 1915–1918.

Chroust, Anton (Bearb.): Briefe und Acten zur Geschichte des Dreißigjährigen Krieges in den Zeiten des vorwaltenden Einflusses der Wittelsbacher, Bde. 9–11, München 1903–1909.

Chroust, Anton: Vorrede, in: Die Geschichte des fränkischen Kreises von 1521–1559. Darstellungen und Akten, Bd. 1: Die Geschichte des fränkischen Kreises von 1521–1559, bearb. von Fritz Hartung (Veröffentlichungen der Gesellschaft für Fränkische Geschichte. Reihe 2: Geschichte des fränkischen Kreises, Bd. 2), Leipzig 1910, S. XVII–XXIII.

Cramer, Frederick H./White, David Glenn: Is Our Occupation Policy in Germany a Failure?, in: Forum 108 (1947), S. 164–174.

Croon, Helmuth (Hrsg.): Brandenburgische Ständeakten 1: Die kurmärkischen Landstände 1571–1616 (Veröffentlichungen der Historischen Kommission für die Provinz Brandenburg und die Hauptstadt Berlin, 9/1), Berlin 1938.

Dahlmann, Friedrich Christoph: Geschichte von Dännemark, Bd. 3, Hamburg 1843.

Dahlmann-Waitz: Quellenkunde der deutschen Geschichte, hrsg. u. bearb. v. Hermann Haering, Bde. 1–2, 9. Aufl. Leipzig 1931–1932; 10. Aufl. u. d. T.: Quellenkunde zur deutschen Geschichte. Bibliographie der Quellen und der Literatur zur deutschen Geschichte, hrsg. im Max-Planck-Institut für Geschichte v. Hermann Heimpel und Herbert Geuss, Bde. 1–12, Stuttgart 1969–1999.

Das Werk des Untersuchungsausschusses der Deutschen Verfassunggebenden Nationalversammlung und des Deutschen Reichstages 1920–1926. Verhandlungen/Gutachten/Urkunden, Reihe IV, Bd. 1, Berlin 1925.

Dehio, Ludwig: Besprechung von: Zeitschrift für Geschichtswissenschaft 1 (1953), Heft 6, in: Historische Zeitschrift 178 (1954), S. 151–152.

Der Weltkrieg 1914 bis 1918. Die militärischen Operationen zu Lande, 14 Bde., Berlin 1925–1944 [„Weltkriegswerk"]; Bde. 1–9 (1925–1933) bearb. im Reichsarchiv; Bde. 10–11 (1936–1938) im Auftrage des Reichskriegsministeriums bearb. u. hrsg. von der Forschungsanstalt für Kriegs- und Heeresgeschichte; Bde. 12–14 (1939–1944) im Auftrage des Oberkommandos des Heeres bearb. u. hrsg. von der Kriegsgeschichtlichen Forschungsanstalt des Heeres.

Deutsche Reichstagsakten, hrsg. v. der Historischen Kommission bei der Bayerischen Akademie der Wissenschaften, Bd. 13/I–II: Deutsche Reichstagsakten unter König Albrecht II., 1. Abteilung: 1438, hrsg. v. Gustav Beckmann, Gotha/Stuttgart 1908–1925.

Deutsche Reichstagsakten unter Karl V. (Deutsche Reichstagsakten, Jüngere Reihe), Bde. 2–4, hrsg. v. Adolf Wrede, Gotha 1900–1905; Briefe und Akten zur Geschichte des 16. Jahrhunderts mit besonderer Rücksicht auf Bayerns Fürstenhaus, Bde. 1–4, hrsg. v. August von Druffel/Karl Brandi, München 1873–1896; Briefwechsel des Herzogs Christoph von Wirtemberg, hrsg. v. Viktor Ernst, Bde. 1–3, Stuttgart 1899–1902.

Deutschland und Europa – Historische Studien zur Völker- und Staatenordnung des Abendlandes. Festschrift für Hans Rothfels, hrsg. von Werner Conze, Düsseldorf 1951.

Die Auswärtige Politik Preußens 1858–1871. Die diplomatischen Aktenstücke, hrsg. v. der Historischen Reichskommission unter Leitung v. Erich Brandenburg/Otto Hoetzsch/Hermann Oncken, Bde. 1–3, Oldenburg i. O. 1932–1933.

Die Große Politik der europäischen Kabinette 1871–1914. Sammlung der diplomatischen Akten des Auswärtigen Amtes. Im Auftrage des Auswärtigen Amtes hrsg. v. Johannes Lepsius/Albrecht Mendelssohn Bartholdy/Friedrich Thimme, Bde. 1–6, Berlin 1922.

Die Historische Kommission bei der Bayerischen Akademie der Wissenschaften, Göttingen 1958.

Die Vorgeschichte des Kulturkampfs – Quellenveröffentlichung aus dem Deutschen Zentralarchiv. Bearbeitet von Adelheid Constabel mit einer Einleitung von Fritz Hartung, hrsg. von der Staatlichen Archivverwaltung im Ministerium des Innern (Schriftenreihe der staatlichen Archivverwaltung, Nr. 6), Berlin[-Ost] 1956.

Dietrich, Richard: Die Tripolis-Krise 1911/12 und die Erneuerung des Dreibundes 1912. Ein Beitrag zur allgemeinen Politik der Vorkriegsjahre, Würzburg 1933.

Dietrich, Richard (Hrsg.): Die politischen Testamente der Hohenzollern (Veröffentlichungen aus den Archiven Preußischer Kulturbesitz, 20), Köln/Wien 1986.

Dietrich, Richard/Oestreich, Gerhard (Hrsg.): Forschungen zu Staat und Verfassung. Festgabe für Fritz Hartung, Berlin 1958.

Domarus, Max: Hitler – Reden und Proklamationen 1932–1945. Kommentiert von einem deutschen Zeitgenossen, Bde. 1–4, Leonberg 1988.

Dove, Alfred: Ranke's Verhältniß zur Biographie (1895), in: derselbe: Ausgewählte Schriftchen vornehmlich historischen Inhalts, Leipzig 1898, S. 205–226.

Droysen, Johann Gustav: Geschichte der preußischen Politik, Bde. 1–12, Berlin 1855–1886.

Ebert, Friedrich: Reden als Reichspräsident (Schriftenreihe der Stiftung Reichspräsident-Friedrich-Ebert-Gedenkstätte. Edition Friedrich Ebert Reden, 1), hrsg. v. Walter Mühlhausen, Bonn 2017.

Ehringhaus, Friedrich: Einführung in die Deutsche Reichsverfassung und das Reichstagswahlrecht von 1920. Kurze übersichtliche Zusammenstellung der wichtigsten Bestimmungen für Jedermann, insbesondere für Beamte, Lehrer und Schüler, Göttingen 1920.

Elze, Walter: Graf Schlieffen, Breslau 1928.

Elze, Walter: Krieg und Politik von Deutschen in früher Zeit (Schriften der Kriegsgeschichtlichen Abteilung des Historischen Seminars der Friedrich-Wilhelms-Universität Berlin, 24), Berlin 1938.

Elze, Walter: Rede über die Schöpfung des Reiches, Potsdam 1941.

Elze, Walter: Der Prinz Eugen. Sein Weg, sein Werk und Englands Verrat, Stuttgart 1940.

Engelberg, Ernst: Die deutsche Sozialdemokratie und die Bismarcksche Sozialpolitik, phil. Diss. (masch.), Berlin 1934.

Enthoven, Henri Émile: Van Tanger tot Agadir, Utrecht 1929.

Erdmann, Carl: Forschungen zur politischen Ideenwelt des Frühmittelalters. Aus dem Nachlaß des Verfassers hrsg. v. Friedrich Baethgen, Berlin[-Ost] 1951.

Eschenburg, Theodor: Das Kaiserreich am Scheideweg – Bassermann, Bülow und der Block. Nach unveröffentlichten Papieren aus dem Nachlass Ernst Bassermanns, eingeleitet von Gustav Stresemann, Berlin 1929.

Eschenburg, Theodor: Ein ernstes Jubiläum. Zum Freizügigkeitsgesetz vom 1. November 1867, in: Deutsche Rechts-Zeitschrift 2 (1947), S. 353–356.

Eschenburg, Theodor: Also hören Sie mal zu. Geschichte und Geschichten 1904 bis 1933, Berlin 1995.

Eyck, Erich: Bismarck. Leben und Werk, Bde. 1–3, Erlenbach/Zürich 1941–1944.

Eyck, Erich: Das persönliche Regiment Wilhelms II. – Politische Geschichte des Deutschen Kaiserreichs von 1890 bis 1914, Erlenbach/Zürich 1948.

Febvre, Lucien/Sigman, Jean: En lisant les revues allemandes. Deux articles de l'„Historische Zeitschrift", in: Annales. Économies – sociétés – civilisations 5 (1950), S. 277–284.

Ferber, Walter: Die Vorgeschichte der N.S.D.A.P. in Österreich. Ein Beitrag zur Geschichtsrevision, Konstanz 1954.

Fester, Richard: Markgraf Bernhard I. und die Anfänge des badischen Territorialstaates (Badische Neujahrsblätter, 6), Karlsruhe 1896.

Fester, Richard: Die Säkularisation der Historie, in: Historische Vierteljahresschrift 11 (1908), S. 441–459.

Fester, Richard, Die Wandlungen der belgischen Frage, Halle a. S. 1918.

Fester, Richard: Die Neufundamentierung des geschichtlichen Wissens über die Zeit vom Frankfurter Frieden bis zum Versailler Diktat, in: Die Westmark 2 (1922), S. 719–738.

Fester, Richard: Ein Bismarckdenkmal der Novemberrevolution (Verantwortlichkeiten VII.), in: Deutsche Rundschau 195 (1923), S. 239–259.

Fester, Richard: Die Politik Kaiser Karls und der Wendepunkt des Weltkrieges, München 1925.

Fester, Richard: Geschichtliche Einkreisungen I–III, in: Deutsche Rundschau, Bd. 225 (1930), S. 1–12, 115–126, 235–247.

Fester, Richard: Auf Eyre Crowes Fälscherspuren, in: Der Weg zur Freiheit 12 (1932), S. 150–153.

Fester, Richard: Eros in Goethes Faust (Sitzungsberichte der Philosophisch-Historischen Klasse der Bayerischen Akademie der Wissenschaften, Jg. 1933, Heft 8), München 1933.

Fester, Richard: Ein Motto auf dem Lübecker Frieden von 1629, in: Zeitschrift des Vereins für Lübeckische Geschichte und Altertumskunde 28 (1936), S. 133–136.

Fester, Richard: Friderizianische Baukunst, in: Königsberger Allgemeine Zeitung, 16.8.1936.

Fester, Richard: Das Judentum als Zersetzungselement der Völker. Weltgeschichtliche Betrachtungen, in: Forschungen zur Judenfrage, Bd. 6, Hamburg 1941, S. 7–41.

Fester, Richard: Die bolschewistische Verkörperung Ahrimans, in: Deutsche Allgemeine Zeitung, 3.9.1943.

Festschrift Alexander Cartellieri zum sechzigsten Geburtstag dargebracht von Freunden und Schülern, Weimar 1927.

Festschrift, Armin Tille zum 60. Geburtstag überreicht von Freunden und Mitarbeitern, Weimar 1930.

Fischer, Fritz: Der deutsche Protestantismus und die Politik im 19. Jahrhundert, in: Historische Zeitschrift 171 (1951), S. 473–518.

Foerster, Wolfgang: Der Feldherr Ludendorff im Unglück. Eine Studie über seine seelische Haltung in der Endphase des ersten Weltkrieges, Wiesbaden 1952.

Foertsch, Hermann: Schuld und Verhängnis. Die Fritsch-Krise im Frühjahr 1938 als Wendepunkt in der Geschichte der nationalsozialistischen Zeit (Veröffentlichungen des Deutschen Instituts für Geschichte der nationalsozialistischen Zeit, 1), Stuttgart 1951.

Frank, Walter: Nationalismus und Demokratie im Frankreich der dritten Republik (1871 bis 1918), Hamburg 1933.

Frank. Walter: L'Incorruptible, eine Studie über Hermann Oncken, in: Völkischer Beobachter vom 3.2.1935.

Frank, Walter: „Apostata". Maximilian Harden und das wilhelminische Deutschland, in: Forschungen zur Judenfrage, Bd. 3, Hamburg 1938, S. 9–60.

Franz, Günther: Bücherkunde zur deutschen Geschichte, München 1951.

Franz, Günther: Rezension von: Alfred Meusel: Thomas Müntzer und seine Zeit. Mit einer Auswahl der Dokumente des großen deutschen Bauernkrieges hrsg. v. Heinz Kamnitzer, Berlin 1952, in: Historische Zeitschrift 177 (1954), S. 543–545.

Franz, Günther (Hrsg.): Staatsverfassungen. Eine Sammlung wichtiger Verfassungen der Vergangenheit und Gegenwart, 3. Aufl. Darmstadt 1975.

Frauendienst, Werner: Bismarck und das Herrenhaus, in: Forschungen zur brandenburgischen und preußischen Geschichte 45 (1933), S. 286–314.

Frauenholz, Eugen von (Hrsg.): Entwicklungsgeschichte des deutschen Heerwesens. Unter Mitarbeit von Walter Elze und Paul Schmitthenner, Bd. 5: Das Heerwesen des XIX. Jahrhunderts, München 1941.

[Friedrich der Große:] Politische Correspondenz Friedrich's des Grossen, Bde. 1–46, hrsg. v. Gustav Berthold Volz, Berlin 1879–1939,

Friedrich der Große: Briefe und Schriften. Ausgewählt, eingeleitet und erläutert von Richard Fester, Bde. 1–2, Leipzig 1926.

Friedrich-Wilhelms-Universität zu Berlin, Personal- und Vorlesungsverzeichnis Wintersemester 1942/43, Berlin 1942.

Friis, Aage: Die Aufhebung des Artikels V des Prager Friedens, in: Historische Zeitschrift 125 (1922), S. 45–62.

Fritz, Wolfgang (Hrsg.): Quellen zum Wormser Konkordat (Kleine Texte für Vorlesungen und Übungen, 177), Berlin 1955.

Gagliardi, Ernst: Bismarcks Entlassung, Bd. 1: Die Innenpolitik, Tübingen 1927; Bd. 2: Der Ausgang, Tübingen 1941.

Ganzer, Karl Richard: Das Reich als europäische Ordnungsmacht, Hamburg 1941.

Gesamtdeutsche Vergangenheit. Festgabe für Heinrich Ritter von Srbik zum 60. Geburtstag am 10. November 1938, München 1938.

Görlitz, Walter (Hrsg): Regierte der Kaiser? Kriegstagebücher, Aufzeichnungen und Briefe des Chefs des Marine-Kabinetts Admiral Georg Alexander von Müller 1914–1918, Göttingen/Berlin/Frankfurt a. M. 1959.

Goethe, Johann Wolfgang: Sämtliche Werke, Artemis-Gedenkausgabe, hrsg. v. Ernst Beutler, Zürich 1977.

Goethes Briefe (Hamburger Ausgabe). Textkritisch durchgesehen u. mit Anmerkungen versehen v. Karl Robert Mandelkow unter Mitarbeit von Bodo Morawe, Bde. 1–4, Hamburg 1962–1967.

Goetz, Walter (Bearb.): Briefe und Acten zur Geschichte des Dreißigjährigen Krieges: Die Politik Maximilians I. von Bayern und seiner Verbündeten 1618–1651, auf Veranlassung und mit Unterstützung der Historischen Kommission bei der Bayerischen Akademie der Wissenschaften. N. F., Teil 2, Bd. 1 (1623, 1624), München 1907; Bd. 2 (1625), ebda. 1918; Bd. 3 (1626, 1627), ebda. 1942; Bd. 4 (1628-Juni 1629), ebda. 1948.

Goetz, Walter: (Selbstdarstellung), in: Die Geschichtswissenschaft der Gegenwart in Selbstdarstellungen, hrsg. v. Sigfrid Steinberg, Bd. 1, Leipzig 1925, S. 129–170.

Goetz, Walter: Aus dem Leben eines deutschen Historikers, in: derselbe: Historiker in meiner Zeit – Gesammelte Aufsätze, Köln/Graz 1957, S. 1–87.

Gooch, George P[eabody]: The History of English Democratic Ideas in the Seventeenth Century (Cambridge Historical Essays, 10), Cambridge 1898.

Gooch, G[eorge] P[eabody]: Frederick the Great – The Ruler, the Writer, the Man, London 1947; dt: Friedrich der Große – Herrscher, Schriftsteller, Mensch. Berechtigte Übersetzung aus dem Englischen von Klaus Dockhorn. Mit einem Geleitwort von Willy Andreas, Göttingen 1951.

Gooch G[eorge] P[eabody]/Temperley, Harold (Hrsg): British Documents on the Origins of the War 1898–1914, 11 Bde., London 1926–1938.

Granier, Friedrich: Rezension von: Richard Blaschke: Carl von Clausewitz. Ein Leben im Kampf, Berlin 1934, in: Forschungen zur brandenburgischen und preußischen Geschichte 46 (1934), S. 204f.

Griewank, Karl: Der neuzeitliche Revolutionsbegriff. Entstehung und Entwicklung. Aus dem Nachlaß hrsg. v. Ingeborg Horn. Mit einem Nachwort von Hermann Heimpel, Weimar 1955.

Hahn, Karl-Heinz: Rezension von: Willy Andreas: Carl August von Weimar – Ein Leben mit Goethe 1757–1783, Stuttgart 1953, in: Das Historisch-Politische Buch 2 (1954), S. 77–78.

Hampe, Karl: Deutsche Kaisergeschichte in der Zeit der Salier und Staufer, Leipzig 1909 u.ö.; 7., neubearb. Aufl., hrsg. v. Friedrich Baethgen, Leipzig 1937; 9.–12. Aufl., bearb. v. Friedrich Baethgen, Heidelberg 1945–1968.

Hartkopf, Werner/Wangermann, Gert (Hrsg.): Dokumente zur Geschichte der Berliner Akademie der Wissenschaften von 1700 bis 1990, Berlin/Heidelberg/New York 1991.

Hass, Hermann: Die Agrarpolitik Friedrichs des Großen, Goslar 1937.

Hass, Hermann: Der Kanzler und das Heer. Bismarcks Weltpolitik in den Grundzügen, Berlin 1939.

Hassell, Ulrich von: Vom andern Deutschland. Aus nachgelassenen Tagebüchern 1938–1944, Zürich – Freiburg i.Br. 1946.

Haußherr, Hans: Die Stunde Hardenbergs, Hamburg 1943.

Haußherr, Hans: Verwaltungseinheit und Ressorttrennung vom Ende des 17. bis zum Beginn des 19. Jahrhunderts, Berlin[-Ost] 1953.

Haußherr, Hans: Rezension von: Eugene N. Anderson: The Social and Political Conflict in Prussia 1858–1864, Lincoln/Nebr. 1954, in: Historische Zeitschrift 181 (1956), S. 147–152.

Haussherr, Hans: Martin Lintzel, in: Wissenschaftliche Zeitschrift der Martin-Luther-Universität Halle-Wittenberg 5 (1956), S. 511–522.

Haussherr, Hans: Nachruf auf Martin Lintzel, in: Jahrbuch der Deutschen Akademie der Wissenschaften zu Berlin 1958, Berlin[-Ost] 1959, S. 96–98.

Haussherr, Hans: Hardenberg. Eine politische Biographie, I. Teil: 1750–1800, hrsg. v. Karl-Erich Born, Köln/Graz 1963.

Heidegger, Martin: Die Selbstbehauptung der deutschen Universität. Rede, gehalten bei der feierlichen Übernahme des Rektorats der Universität Freiburg i.Br. am 27.5.1933, Breslau o.J. [1933]; durchges. Neuaufl. und Erstveröffentlichung einer Niederschrift aus dem Jahre 1945, hrsg. v. Hermann Heidegger, Frankfurt a.M. 1983.

Heimpel, Hermann: Entwurf einer Deutschen Geschichte, in: Die Sammlung 8 (1953), S. 405–415 (Teildruck), vollständig in: derselbe: Der Mensch in seiner Gegenwart. Sieben historische Essais, Göttingen 1954, S. 162–195, S. 205–206.

Heimpel, Hermann: Über Organisationsformen historischer Forschung in Deutschland, in: Historische Zeitschrift 189 (1959), S. 139–222.

Heimpel, Hermann: Aspekte. Alte und neue Texte, hrsg. v. Sabine Krüger, Göttingen 1995.

Heinemann, Manfred (Hrsg.): Hochschuloffiziere und Wiederaufbau des Hochschulwesens in Deutschland 1945–1949. Die Sowjetische Besatzungszone (Edition Bildung und Wissenschaft, 4), Berlin 2000.

Heller, Abraham: Die Lage der Juden in Russland von der Märzrevolution 1917 bis zur Gegenwart (Schriften der Gesellschaft zur Förderung der Wissenschaft des Judentums, 39), Breslau 1935.

Herzfeld, Hans: Die deutsch-französische Kriegsgefahr von 1875, Berlin 1922.

Herzfeld, Hans: Deutschland und das geschlagene Frankreich 1871–1873 – Friedensschluß, Kriegsentschädigung, Besatzungszeit, Berlin 1924.

Herzfeld, Hans: Die deutsche Sozialdemokratie und die Auflösung der nationalen Einheitsfront im Weltkriege, Leipzig 1928.

Herzfeld, Hans: Johannes von Miquel. Sein Anteil am Ausbau des Deutschen Reiches bis zur Jahrhundertwende, Bde. 1–2, Detmold 1938.

Herzfeld, Hans: Rezension von: Erich Eyck: Bismarck. I, in: Deutsche Literaturzeitung 69 (1948), Sp. 328–340.

Hilbert, L[othar] W[ilfried]: The role of military and naval attachés in the British and German service, with particular reference to those in Berlin and London and their effect on Anglo-German relations, 1871–1914, masch. Ph. D. dissertation, University of Cambridge 1954.

Hiltebrandt, Philipp: Das europäische Verhängnis. Die Politik der Großmächte, ihr Wesen und ihre Folgen, Berlin 1919.

Hinrichs, Carl: Die ostfriesischen Landstände und der preußische Staat 1744–1756. Ein Beitrag zur Geschichte der inneren Staatsverwaltung Friedrichs des Großen, Teil 1: 1744–48, in: Jahrbuch für Geschichte der bildenden Kunst und vaterländische Altertümer zu Emden 22 (1927), S. 1–268.

Hinrichs, Carl: Die Wollindustrie in Preußen unter Friedrich Wilhelm I. Darstellung und Aktenbeilagen (Acta Borussica – Denkmäler der Preußischen Staatsverwaltung im 18. Jahrhundert: Die einzelnen Gebiete der Verwaltung, Teil B: Wollindustrie, [Bd. 1]), Berlin 1933.

Hinrichs, Carl: Friedrich Wilhelm I., König in Preußen – Eine Biographie. Jugend und Aufstieg, Hamburg 1941.

Hinrichs, Carl: Rankes Lutherfragment von 1817 und der Ursprung seiner universalhistorischen Anschauung, in: Festschrift für Gerhard Ritter zu seinem 60. Geburtstag [hrsg. v. Richard Nürnberger], Tübingen 1950, S. 299–321.

Hintze, Hedwig: Einleitung, in: A[lphonse] Aulard: Politische Geschichte der Französischen Revolution. Entstehung und Entwicklung der Demokratie und der

Republik 1789–1804. Berechtigte Verdeutschung von Friedrich von Oppeln-Bronikowski. Eingeleitet von Hedwig Hintze, Bd. 1, München/Leipzig 1924, S. IX–XV.

Hintze, Otto: Machtpolitik und Regierungsverfassung (1913), in: derselbe: Gesammelte Abhandlungen, Bd. 1: Staat und Verfassung, hrsg. v. Fritz Hartung, Leipzig 1941, S. 414–446.

Hintze, Otto: Soziologische und geschichtliche Staatsauffassung. Zu Franz Oppenheimers System der Soziologie, in: Zeitschrift für die gesamte Staatswissenschaft 86 (1929), H. 1, S. 35–106; erneut in: derselbe: Soziologie und Geschichte. Gesammelte Abhandlungen zur Soziologie, Politik und Theorie der Geschichte, Bd. 2, 2. Aufl., hrsg. und eingeleitet v. Gerhard Oestreich, Göttingen 1964, S. 239–305.

Hintze, Otto: Max Schelers Ansichten über Geist und Gesellschaft (1926), in: derselbe: Gesammelte Abhandlungen, Bd. 2: Soziologie und Geschichte. Gesammelte Abhandlungen zur Soziologie, Politik und Theorie der Geschichte, hrsg. und eingel. v. Gerhard Oestreich, Göttingen 1964, S. 155–192.

Hintze, Otto: Der moderne Kapitalismus als historisches Individuum. Ein kritischer Bericht über Sombarts Werk, in: Historische Zeitschrift 139 (1929), H. 2, S. 457–509; erneut in: derselbe: Gesammelte Abhandlungen, Bd. 2: Zur Theorie der Geschichte, hrsg. v. Friz Hartung, Leipzig 1942, S. 71–123.

Hintze, Otto: Kalvinismus und Staatsräson in Brandenburg zu Beginn des 17. Jahrhunderts (Sitzungsberichte der Preußischen Akademie der Wissenschaften, Philosophisch-historische Klasse, Jg. 1930, Nr. 26), erneut in: Historische Zeitschrift 144 (1931), S. 229–287, sowie in: Otto Hintze: Gesammelte Abhandlungen, Bd. 3: Geist und Epochen der preußischen Geschichte, hrsg. v. Fritz Hartung, Leipzig 1943, S. 289–346.

Hintze, Otto: Rasse und Nationalität und ihre Bedeutung für die Geschichte, in: Das Deutschtum im Auslande, März 1903; erneut in: derselbe: Historische und politische Aufsätze, Bd. 4, Berlin o. J. [1908], S. 160–182, sowie in: derselbe: Gesammelte Abhandlungen, Bd. 2: Soziologie und Geschichte. Gesammelte Abhandlungen zur Soziologie, Politik und Theorie der Geschichte, hrsg. und eingel. v. Gerhard Oestreich, Göttingen 1964, S. 46–65.

Hintze, Otto: Vorwort, in: Carl Hinrichs: Die Wollindustrie in Preußen unter Friedrich Wilhelm I. Darstellung und Aktenbeilagen (Acta Borussica – Denkmäler der Preußischen Staatsverwaltung im 18. Jahrhundert: Die einzelnen Gebiete der Verwaltung, Teil B: Wollindustrie, [Bd. 1]), Berlin 1933, S. V–VII.

Hintze, Otto: Gesammelte Abhandlungen, hrsg. v. Fritz Hartung, Bde. 1–3, Leipzig 1941–1943 [Bd. 1: Staat und Verfassung, Leipzig 1941; Bd. 2: Zur Theorie der Geschichte, Leipzig 1942; Bd. 3: Geist und Epochen der preußischen Geschichte, Leipzig 1943]; 2., erweiterte Ausgabe, hrsg. v. Gerhard Oestreich, Göttingen 1962–1967 [Bd. 1: Staat und Verfassung. Gesammelte Abhandlungen zur allgemeinen Verfassungsgeschichte, Göttingen 1962, 3. Aufl. 1970; Bd. 2: Soziologie und Geschichte. Gesammelte Abhandlungen zur Politik und Theorie der Geschichte, Göttingen 1964, 3. Aufl. 1982; Bd. 3: Regierung und Verwaltung. Gesammelte Abhandlungen zur Staats-, Rechts- und Sozialgeschichte Preußens, Göttingen 1967].

Hintze, Otto/Hintze, Hedwig: „Verzage nicht und laß nicht ab zu kämpfen...". Die Korrespondenz 1925–1940, bearb. v. Brigitta Oestreich, hrsg. v. Robert Jütte/ Gerhard Hirschfeld (Schriften der Bibliothek für Zeitgeschichte, N. F. 17), Essen 2004.

Höhn, Reinhard: Verfassungskampf und Heereseid. Der Kampf des Bürgertums um das Heer (1815–1850), Leipzig 1938.

Hölzle, Erwin: Rezension von: Bernhard Poll: Deutsches Schicksal 1914–1918. Vorgeschichte und Geschichte des Weltkrieges, Berlin 1937, in: Historische Zeitschrift 157 (1938), S. 368–369.

Hölzle, Erwin: Die Reichsgründung und der Aufstieg der Weltmächte, in: Geschichte in Wissenschaft und Unterricht 2 (1951), S. 132–147.

Hoffmann, Adolph: Die Zehn Gebote und die besitzende Klasse, Zeitz 1891.

Hohenlohe-Schillingsfürst, Chlodwig zu: Denkwürdigkeiten. Im Auftrage des Prinzen Alexander zu Hohenlohe-Schillingsfürst hrsg. v. Friedrich Curtius, 2 Bde., Stuttgart/Leipzig 1906.

Hubatsch, Walther (Hrsg.): Schicksalswege deutscher Vergangenheit – Beiträge zur geschichtlichen Deutung der letzten hundertfünfzig Jahre. Festschrift für Siegfried A. Kaehler zu seinem 65. Geburtstag am 4. Juni 1950, Düsseldorf 1950.

Hubatsch, Walther: Das Zeitalter des Absolutismus in heutiger Sicht. Ein Forschungsbericht, in: Archiv für Kulturgeschichte 35 (1953), S. 342–371.

Hubatsch, Walther: Das Zeitalter des Absolutismus 1600–1789 (Geschichte der Neuzeit, hrsg. v. Gerhard Ritter, Bd. 2), Braunschweig 1962.

Huber, Ernst Rudolf: Vom Sinn der Verfassung, Hamburg 1935.

Huber, Ernst Rudolf: Heer und Staat in der deutschen Geschichte, Hamburg 1938.

Huber, Ernst Rudolf: Der Volksgedanke in der Revolution von 1848, in: Zeitschrift für die gesamte Staatswissenschaft 99 (1939), S. 393–439.

Hübner, Rudolf: Was verlangt Deutschlands Zukunft von der neuen Reichsverfassung?, Halle (Saale) 1919.

Hund, Friedrich: Wirkungsquantum und Naturbeschreibung. Vortrag, gehalten in der Gedenkfeier für Max Planck am Leibniztage, dem 1. Juli 1948 (Deutsche Akademie der Wissenschaften zu Berlin. Vorträge und Schriften, 35), Berlin [-Ost] 1949.

[Iswolski, Alexander Petrowitsch:] Der Diplomatische Schriftwechsel Iswolskis 1911–1914. Aus den Geheimakten der russischen Staatsarchive. Im Auftrage des Deutschen Auswärtigen Amtes in deutscher Übertragung hrsg. v. Friedrich Stieve, Bde. 1–4, Berlin 1924.

[Iswolski, Alexander Petrowitsch:] Iswolski im Weltkriege. Der Diplomatische Schriftwechsel Iswolskis aus den Jahren 1914–1917. Neue Dokumente aus Geheimakten der russischen Staatsarchive. Im Auftrage des Deutschen Auswärtigen Amtes hrsg. v. Friedrich Stieve, Berlin 1924.

Jablonowski, Horst: Die Lage der sowjetrussischen Geschichtswissenschaft nach dem Zweiten Weltkriege, in: Saeculum 2 (1951), S. 443–464.

Jacobs, Hans-Haimar: Friedrich der Große und die Idee des Vaterlandes, Berlin 1939.

Jacobs, Hans-Haimar: Neue Forschungen zur Geschichte des Absolutismus in Deutschland, in: Die Welt als Geschichte 6 (1940), S. 80–92, 179–192.

Jäckh, Ernst: Kiderlen-Wächter. Der Staatsmann und der Mensch, 2 Bde., Stuttgart 1924.

Jany, Curt: Geschichte der Königlich Preußischen Armee bis zum Jahre 1807, auf Veranlassung der Preußischen Akademie der Wissenschaften, unterstützt durch die Notgemeinschaft der Deutschen Wissenschaft, Bde. 1–3, Berlin 1928–1929.

Kähler, Siegfried August: Beiträge zur Würdigung von Wilhelm v. Humboldts Entwurf einer ständischen Verfassung für Preußen vom Jahre 1819, phil. Diss. Freiburg. i. Br. 1914.

Kaehler, Siegfried A.: Randglossen zur Beamtengeschichte im Neueren Preußen. Miszelle, in: Historische Zeitschrift 124 (1921), S. 63–74 (Besprechung von: Richard Lüdicke: Die preußischen Kultusminister und ihre Beamten im ersten Jahrhundert des Ministeriums 1817–1917, Stuttgart/Berlin 1918.)

Kaehler, Siegfried A.: Das preußisch-deutsche Problem seit der Reichsgründung, in: Preußische Jahrbücher 185 (1921), S. 26–45; erneut in: derselbe: Studien zur deutschen Geschichte des 19. und 20. Jahrhunderts. Aufsätze und Vorträge, hrsg. v. Walter Bußmann, Göttingen 1961, S. 204–219, 390.

Kaehler, Siegfried A.: Wilhelm v[on] Humboldt und der Staat. Ein Beitrag zur Geschichte deutscher Lebensgestaltung um 1800, München/Berlin 1927; 2., durchges. Aufl. Göttingen 1963.

Kaehler, Siegfried A.: Bemerkungen zu einem Marginal Bismarcks von 1887, in: Historische Zeitschrift 167 (1943), S. 171–183.

Kaehler, Siegfried A.: Besprechung von: Eugen von Frauenholz (Hrsg.): Entwicklungsgeschichte des deutschen Heerwesens. Unter Mitarbeit von Walter Elze und Paul Schmitthenner, Bd. 5: Das Heerwesen des XIX. Jahrhunderts, München 1941, in: Göttingische Gelehrte Anzeigen 204 (1942), S. 391–401.

Kaehler, Siegfried A.: Vom dunklen Rätsel deutscher Geschichte. Eröffnungsstunde der Göttinger Vorlesung „Das Zeitalter des Imperialismus", gehalten am 18. September 1945, in: Die Sammlung 1 (1945/46), S. 140–153; erneut in: derselbe: Studien zur deutschen Geschichte des 19. und 20. Jahrhunderts. Aufsätze und Vorträge, hrsg. v. Walter Bußmann, Göttingen 1961, S. 363–375.

Kaehler, Siegfried A.: Darstellung und Kritik der Außenpolitik des Nationalsozialismus, in: Adolf Grimme/Otto Haase (Hrsg.): Befreiter Geist. Vorträge der kulturpolitischen Woche in Hannover vom 25. bis 27. September 1945, Hannover 1946, S. 75–125.

Kaehler, Siegfried A.: Neuere Geschichtslegenden und ihre Widerlegung, in: derselbe: Vorurteile und Tatsachen. Drei geschichtliche Vorträge, Hameln 1949, S. 5–35, 90–95.

Kaehler, Siegfried A.: Zur Beurteilung Ludendorffs im Sommer 1918, in: Nachrichten der Akademie der Wissenschaften in Göttingen, Philologisch-historische Klasse, Jg. 1953, Nr. 1, Göttingen 1953, S. 1–28; erneut in: derselbe: Studien zur deutschen Geschichte des 19. und 20. Jahrhunderts. Aufsätze und Vorträge, hrsg. v. Walter Bußmann, Göttingen 1961, S. 241–258, 391–394.

Kaehler, Siegfried A.: Die Problematik der preußischen Geschichte im 19. Jahrhundert, in: Die Sammlung 9 (1954), S. 1–17; auch in: derselbe: Studien zur deutschen Geschichte des 19. und 20. Jahrhunderts. Aufsätze und Vorträge, hrsg. v. Walter Bußmann, Göttingen 1961, S. 336–352, 408–419.

Kaehler, Siegfried A. (Hrsg.): Generalmajor a. D. Albrecht v. Thaer – Generalstabsdienst an der Front und in der O.H.L. Aus Briefen und Tagebuchaufzeichnungen 1915–1919 (Abhandlungen der Akademie der Wissenschaften in Göttingen, Philologisch-Historische Klasse, 3. Folge, Nr. 40), Göttingen 1958.

Kaehler, Siegfried A.: Studien zur deutschen Geschichte des 19. und 20. Jahrhunderts. Aufsätze und Vorträge, hrsg. v. Walter Bußmann, Göttingen 1961.

Kaehler, Siegfried A.: Briefe 1900–1963, hrsg. v. Walter Bußmann/Günther Grünthal (Deutsche Geschichtsquellen des 19. und 20. Jahrhunderts, 58), Boppard a. Rh. 1993.

Kahl, Wilhelm/Meinecke, Friedrich/Radbruch, Gustav: Die deutschen Universitäten und der heutige Staat. Referate erstattet auf der Tagung deutscher Hochschullehrer am 23. und 24. April 1926 (Recht und Staat in Geschichte und Gegenwart, 44), Tübingen 1926.

Kaiser, Peter M. (Hrsg.): Mut zum Bekenntnis. Die geheimen Tagebücher des Hauptmanns Hermann Kaiser 1941/1943, Berlin 2010.

Kaminski, Kurt: Verfassung und Verfassungskonflikt in Preußen 1862–1866. Ein Beitrag zu den politischen Kernfragen von Bismarcks Reichsgründung (Schriften der Albertus-Universität, Geisteswissenschaftliche Reihe, 13), Königsberg i. Pr./Berlin 1938.

Kamnitzer, Heinz: Stein und das „Deutsche Comité" in Rußland 1812/13, in: Zeitschrift für Geschichtswissenschaft 1 (1953), S. 50–92.

Kant, Immanuel: Kant's Gesammelte Schriften, hrsg. v. der Königlich Preußischen Akademie der Wissenschaften, Bd. 5, Berlin 1908.

Kapp, Wolfgang: Die nationalen Kreise und der Reichskanzler. Privatdruck, Königsberg i. Pr. 1916.

Karau, Käthe: Die ministerielle Verantwortlichkeit in Preussen, phil. Diss. Berlin 1932, Ohlau i. Schl. 1933.

Karl der Große oder Charlemagne? Acht Antworten deutscher Geschichtsforscher, Berlin 1935.

Kaufmann, Erich: Bismarcks Erbe in der Reichsverfassung, Berlin 1917.

Kehr, P[aul Fridolin]: Das Preußische Historische Institut in Rom, in: Internationale Monatsschrift für Wissenschaft, Kunst und Technik 8 (1913), Sp. 129–170.

Kessel, Eberhard: Die Magdeburger Geschichtsschreibung im Mittelalter bis zum Ausgang des 12. Jahrhunderts, in: Sachsen und Anhalt. Jahrbuch der Historischen Kommission für die Provinz Sachsen und für Anhalt 7 (1931), S. 109–184 (zugleich phil. Diss. Berlin 1931).

Kessel, Eberhard: Quellen und Untersuchungen zur Geschichte der Schlacht bei Torgau (Schriften der kriegsgeschichtlichen Abteilung im Historischen Seminar der Friedrich-Wilhelms-Universität Berlin, 17), Berlin 1937.

Kessel, Eberhard: Das Ende des Siebenjährigen Krieges 1760–1763, Bde. 1–2, hrsg. v. Thomas Lindner, Paderborn 2007.

Kienle, Hans: Berichtigung, in: Forschungen und Fortschritte 24 (1948), S. 272.

Klein, Fritz: Erinnerungen an die ersten Jahre der Zeitschrift für Geschichtswissenschaft 1953–1957, in: Matthias Middell (Hrsg.): Historische Zeitschriften im internationalen Vergleich (Geschichtswissenschaft und Geschichtskultur im 20. Jahrhundert, 2), Leipzig 1999, S. 331–350.

Koch, Erich: Ostpreußen, Preußen, Osten, in: Der Deutsche Student, Januarheft 1934, S. 1–11.

Koch, Franz: Goethe und die Juden, Hamburg 1937.

Koser, Reinhold: König Friedrich der Grosse, 2 Bde., Stuttgart/Berlin 1893–1903; 2. Aufl., 3 Bde. 1901–1904.

Krausnick, Helmut: Holsteins Geheimpolitik in der Ära Bismarck 1886–1890. Dargestellt vornehmlich auf Grund unveröffentlichter Akten des Wiener Haus-, Hof- und Staatsarchivs, Hamburg 1942.

Krüger, Gerhard: Von Potsdam nach Doorn. Eine Besprechung und zugleich eine deutliche Abwehr, in: Vergangenheit und Gegenwart 31 (1941), S. 95–97.

Kubicki, Karol/Lönnendonker, Siegward (Hrsg.): 50 Jahre Freie Universität Berlin (1948–1998) aus der Sicht von Zeitzeugen, Berlin 2002.

Kuczynski, Jürgen: Warum studieren wir deutsche Wirtschaftsgeschichte?, in: Aufbau 2 (1946), S. 356–361.

Kuczynski, Jürgen: Betrachtungen zur deutschen Geschichtsschreibung, in: Aufbau 2 (1946), S. 742–747.

Kuczynski, Jürgen: Die Bedeutung von Stalins Werk „Über den Marxismus in der Sprachwissenschaft" für die Frage der Periodisierung der Geschichte, insbesondere für die Frage der Periodisierung der deutschen Geschichte, Berlin[-Ost] o. J. [1952]

Kugler, Franz: Geschichte Friedrichs des Grossen, Leipzig 1840.

Kunisch, Hermann: Rainer Maria Rilke. Dasein und Dichtung, Berlin 1944.

Lahusen, Johannes: Zur Entstehung der Verfassung bairisch-österreichischer Städte (Abhandlungen zur mittleren und neueren Geschichte, 5), Berlin 1908.

Lamprecht, Karl: Deutsche Geschichte, 12 Bde. und 3 Ergänzungsbde., Berlin 1891–1911.

Lamprecht, Karl: Entwicklungen des geistigen Weltverkehrs, in: Vossische Zeitung, 21.6.1912.

Lancken-Wakenitz, Oscar Freiherr von der: Meine Dreissig Dienstjahre 1888–1918. Potsdam – Paris – Brüssel, Berlin 1931.

Lehmann, Max: Bismarck. Eine Charakteristik, hrsg. v. Gertrud Lehmann (Beiträge zur Erneuerung des Geschichtlichen Denkens, [1]), Berlin 1948.

Lenz, Georg: Demokratie und Diktatur in der englischen Revolution 1640–1660, München/Berlin 1933.

Lenz, Georg: Rußland und Deutschland im 16. Jahrhundert, in: Forschungen und Fortschritte 27 (1953), S. 180–187.

Lenz, Max: Geschichte Bismarcks, Leipzig 1902.

Lenz, Max: Geschichte der Königlichen Friedrich-Wilhelms-Universität zu Berlin, Bde. 1–4, Halle an der Saale 1910–1918.

Lenz, Max: Bismarcks Plan einer Gegenrevolution im März 1848, Berlin 1930.

Liebe, Georg: Preussische Soldatenbriefe aus dem Gebiet der Provinz Sachsen im 18. Jahrhundert, Halle a. S. 1912.

Liermann, Hans: Laizismus und Klerikalismus in der Geschichte des evangelischen Kirchenrechts, in: Zeitschrift der Savigny-Stiftung für Rechtsgeschichte, Kanonistische Abteilung 39 (1953), S. 1–27.

Linnebach, Karl (Hrsg.): Scharnhorsts Briefe, Bd. 1: Privatbriefe, München/Leipzig 1914.

Lintzel, Martin: Zur Beurteilung Widukinds und Karls des Großen, in: Vergangenheit und Gegenwart 24 (1934), S. 652–660.

Lintzel, Martin: Karl der Große, in: Die Großen Deutschen – Neue Deutsche Biographie, hrsg. v. Willy Andreas/Wilhelm von Scholz, Bd. 1, Berlin 1935, S. 40–57.

Lintzel, Martin: Ausgewählte Schriften, Bde. 1–2, Berlin[-Ost] 1961.

Lintzel, Martin: Die Entstehung des Kurfürstenkollegs, in: derselbe: Ausgewählte Schriften, Bd. 2: Zur Karolinger- und Ottonenzeit, zum hohen und späten Mittelalter, zur Literaturgeschichte, Berlin 1961, S. 431–464.

Loßberg, Fritz von: Meine Tätigkeit im Weltkrieg 1914–1918, Berlin 1939.

Ludendorff, Erich: Meine Kriegserinnerungen 1914–1918, Berlin 1919.

Ludwig, Emil: Bismarck: ein psychologischer Versuch. Erw. Ausg., Stuttgart 1921.

Lüdicke, Richard: Die preußischen Kultusminister und ihre Beamten im ersten Jahrhundert des Ministeriums 1817–1917, Stuttgart/Berlin 1918.

Lüth, Erich: Deutsch-französische Realität, in: „Der Tagesspiegel" vom 11.6.1949, S. 1–2.

Macaulay, Thomas Babington: History of England from the accession of James II., Bde. 1–5, London 1848–1855.

Malycha, Andreas (Hrsg.): Geplante Wissenschaft. Eine Quellenedition zur DDR-Wissenschaftsgeschichte 1945–1961 (Beiträge zur DDR-Wissenschaftsgeschichte, A/1), o.O. [Leipzig] 2003.

Mann, Thomas: Der Zauberberg. Roman, Bde. 1–2, Berlin 1924.

Marcks, Erich: Kaiser Wilhelm I., Leipzig 1897.

Marcks, Erich: Bismarck – Eine Biographie, Bd. 1: Bismarcks Jugend 1815–1848, Stuttgart/Berlin 1909.

Marcks, Erich: Bismarck und die deutsche Revolution 1848–1851. Aus dem Nachlass hrsg. u. eingeleitet v. Willy Andreas, Stuttgart/Berlin 1939.

Marcks, Erich: Vorwort zum Gesamtwerke, in: Briefwechsel des Herzog-Großherzogs Carl August mit Goethe, hrsg. v. Hans Wahl, Bd. 1: 1775–1806, Berlin 1915, S. V–X.

Marcks, Erich: Karl August. Festvortrag, gehalten am 6. Juni 1925, in: Jahrbuch der Goethe-Gesellschaft 11 (1925), S. 329–357.

Marcks, Erich: Der Aufstieg des Reiches. Deutsche Geschichte von 1807–1871/78, Bde. 1–2, Stuttgart/Berlin 1936.

Markov, Walter M.: Serbien zwischen Österreich und Rußland 1897–1908 (Beiträge zur Geschichte der nachbismarckischen Zeit und des Weltkriegs, 28 = N. F., 8), Stuttgart 1934.

Masur, Gerhard: Das ungewisse Herz. Berichte aus Berlin – über die Suche nach dem Freien, Holyoke, Mass. 1978.

Mayer, Hans: Goethes Begriff der Realität, in: Goethe. N. F. des Jahrbuchs der Goethe-Gesellschaft 18 (1956), S. 26–43.

Mayer, Theodor: Das deutsche Königtum und sein Wirkungsbereich, in: Fritz Hartung/Theodor Mayer/Walter Platzhoff/Paul Ritterbusch/Fritz Rörig/Carl Schmitt/Hans Übersberger/Hans Zeiss: Das Reich und Europa, Leipzig 1941, S. 51–63.

Meinecke, Friedrich: Das Leben des Generalfeldmarschalls Hermann von Boyen, Bde. 1–2, Stuttgart 1896–1899.

Meinecke, Friedrich: Weltbürgertum und Nationalstaat. Studien zur Genesis des deutschen Nationalstaates, München/Berlin 1908.

Meinecke, Friedrich: Die Idee der Staatsräson in der neueren Geschichte, München 1924.

Meinecke, Friedrich: Die Entstehung des Historismus, Bde. 1–2, München 1936, erneut als: derselbe: Werke, Bd. 3, hrsg. v. Carl Hinrichs, München 1965.

Meinecke, Friedrich: Erlebtes 1862–1901, Leipzig 1941; erneut in: derselbe: Autobiographische Schriften, hrsg. v. Eberhard Kessel (Friedrich Meinecke: Werke, Bd. 8), Stuttgart 1969, S. 1–134.

Meinecke, Friedrich: Militarismus und Hitlerismus, in: Die Sammlung 1 (1945/46), S. 344–351.

Meinecke, Friedrich: Die deutsche Katastrophe. Betrachtungen und Erinnerungen, Wiesbaden 1946.

Meinecke, Friedrich: Ranke und Burckhardt (Deutsche Akademie der Wissenschaften zu Berlin. Vorträge und Schriften, 27), Berlin 1948.

Meinecke, Friedrich: Straßburg – Freiburg – Berlin 1901–1919. Erinnerungen, Stuttgart 1949.

Meinecke, Friedrich: Ausgewählter Briefwechsel, hrsg. u. eingel. v. Ludwig Dehio/Peter Classen (Friedrich Meinecke: Werke, Bd. 6), Stuttgart 1962.

Meinecke, Friedrich: Autobiographische Schriften, hrsg. v. Eberhard Kessel (Friedrich Meinecke: Werke, Bd. 8), Stuttgart 1969.

Meinecke, Friedrich: Akademischer Lehrer und emigrierte Schüler. Briefe und Aufzeichnungen 1910–1977, eingel. u. bearb. von Gerhard A. Ritter (Biographische Quellen zur Zeitgeschichte, 23). München 2006.

Meinecke, Friedrich: Neue Briefe und Dokumente, hrsg. u. bearb. von Gisela Bock und Gerhard A. Ritter in Zusammenarbeit mit Stefan Meineke und Volker Hunecke (Friedrich Meinecke: Werke, Bd. 10). München 2012.

Meisner, Heinrich Otto: Preußische Geschichte, in: Preußische Jahrbücher 240 (1935), S. 162–173.

Meisner, Heinrich Otto: Staats- und Regierungsformen in Deutschland seit dem 16. Jahrhundert, in: Archiv des öffentlichen Rechts 77 (1951/52), S. 225–265.

Meisner, Heinrich Otto: Lothar Bucher 25. Oktober 1817 bis 10. Oktober 1892, in: Zeitschrift für die gesamte Staatswissenschaft 110 (1954), S. 536–540.

Meisner, Heinrich Otto: Bucher, Adolf Lothar, in: Neue Deutsche Biographie 2 (1955), S. 698–699.

Meisner, Heinrich Otto: Militärattachés und Militärbevollmächtigte in Preußen und im Deutschen Reich. Ein Beitrag zur Geschichte der Militärdiplomatie (Neue Beiträge zur Geschichtswissenschaft, 2), Berlin[-Ost] 1957.

Meissner, Otto: Staatssekretär unter Ebert, Hindenburg, Hitler. Der Schicksalsweg des deutschen Volkes von 1918–1945, wie ich ihn erlebte, Hamburg 1950.

Meister, Aloys: Deutsche Verfassungsgeschichte von den Anfängen bis ins 15. Jahrhundert (Grundriss der Geschichtswissenschaft, II. Reihe, 3. Abteilung), 3. Aufl. Leipzig/Berlin 1922. (1. Aufl. 1907)

Melcher, Marianne: Vernunftideal und Staatsräson bei Friedrich dem Großen, phil. Diss. (masch.), Berlin [1946].

Mentz, Georg: Johann Friedrich der Großmütige 1503–1554. Festschrift zum 400jährigen Geburtstage des Kurfürsten, namens des Vereins für Thüringische Geschichte und Altertumskunde hrsg. v. der Thüringischen Historischen Kommission, Bde. 1–3, Jena 1903–1908.

Mentz, Georg: Weimarische Staats- und Regentengeschichte vom Westfälischen Frieden bis zum Regierungsantritt Carl Augusts (Carl August. Darstellung und Briefe zur Geschichte des Weimarischen Fürstenhauses und Landes, Abteilung 1, 1), Jena 1936.

Menzer, Paul: Kants Ästhetik in ihrer Entwicklung (Abhandlungen der Deutschen Akademie der Wissenschaften zu Berlin, Gesellschaftswissenschaftliche Klasse, Jg. 1950, Nr. 2), Berlin 1952.

Meusel, Alfred: Nationale Probleme in der deutschen Revolution von 1848, in: Aufbau 2 (1946), S. 771–777.

Meusel, Alfred: Das europäische Sturmjahr, Berlin 1948.

Meusel, Alfred: Die deutsche Revolution von 1848, Berlin 1948.

Meusel, Alfred: Die große englische Revolution. Vom Ende des ersten bis zum Ausbruch des zweiten Bürgerkrieges, in: Gegenwartsprobleme der Soziologie. Alfred Vierkandt zum 80. Geburtstag, hrsg. v. Gottfried Eisermann, Potsdam 1949, S. 24–44.

Meusel, Alfred: Die wissenschaftliche Auffassung der deutschen Geschichte, in: Wissenschaftliche Annalen zur Verbreitung neuer Forschungsergebnisse, hrsg. v. d. Deutschen Akademie der Wissenschaften zu Berlin, Bd. 1, Berlin[-Ost] 1952, S. 397–407.

Meusel, Alfred: Thomas Müntzer und seine Zeit. Mit einer Auswahl der Dokumente des großen deutschen Bauernkrieges, hrsg. v. Heinz Kamnitzer, Berlin[-Ost] 1952.

Meusel, Alfred: Zum Vortrag von G. Ritter „Das Problem des ‚Militarismus' in Deutschland", in: Zeitschrift für Geschichtswissenschaft 1 (1953), S. 923–939.

Meyer, Arnold Oskar: Die Universität Kiel und Schleswig-Holstein in Vergangenheit und Gegenwart. Vortrag, gehalten in der ersten Mitgliederversammlung der Schleswig-Holsteinischen Universitäts-Gesellschaft, Sonnabend, den 25. Oktober 1919 in der Aula der Universität, Kiel 1919.

Meyer, Arnold Oskar: Kants Ethik und der preußische Staat, in: Vom staatlichen Werden und Wesen. Erich Marcks zum 60. Geburtstage dargebracht, Stuttgart/Berlin 1921, S. 1–23.

Meyer, Arnold Oskar: Cromwell, in: Meister der Politik. Eine weltgeschichtliche Reihe von Bildnissen, hrsg. v. Erich Marcks/Karl Alexander von Müller, Bd. 1, Stuttgart/Berlin 1922, S. 665–704.

Meyer, Arnold Oskar: [Rezension von:] Heinrich Ritter von Srbik: Metternich, der Staatsmann und der Mensch, München 1925, in: Göttingische Gelehrte Anzeigen 191 (1929), S. 385–397.

Meyer, Arnold Oskar: Bismarck. Der Mensch und der Staatsmann, Stuttgart 1949.

Mirabeau, [Honoré-Gabriel de Riquetti] Comte de: De la Monarchie Prussienne sous Frédéric le Grand. Avec un appendice contenant des recherches sur la situation actuelle des principales contrées de l'Allemagne, Bde. 1–7, Londres 1788.

Mommsen, Theodor: Römische Geschichte, Bd. 3: Von Sullas Tod bis zur Schlacht von Thapsus, 8. Aufl. Berlin 1889.

Mommsen, Wilhelm: Johannes Miquel, Bd. 1: 1828–1866, Stuttgart/Berlin 1928.

Mommsen, Wilhelm: Politische Geschichte von Bismarck bis zur Gegenwart 1850–1933, Frankfurt a. M. 1935.

Mommsen, Wilhelm: Der Kampf um das Bismarck-Bild, in: Universitas 5 (1950), S. 273–280; erneut in: Hans Hallmann (Hrsg.): Revision des Bismarckbildes. Die Diskussion der deutschen Fachhistoriker 1945–1955 (Wege der Forschung, 285), Darmstadt 1972, S. 160–168.

Mühle, Eduard (Hrsg.), Briefe des Ostforschers Hermann Aubin aus den Jahren 1910–1968 (Quellen zur Geschichte und Landeskunde Ostmitteleuropas, 7), Marburg 2008.

Müller, Karl Alexander von: Der ältere Pitt, in: Meister der Politik. Eine weltgeschichtliche Reihe von Bildnissen, hrsg. v. Erich Marcks/Karl Alexander von Müller, Bd. 2, Stuttgart/Berlin 1923, S. 553–664.

Müller, Karl Alexander von/Rohden, Peter Richard (Hrsg.): Knaurs Weltgeschichte. Von der Urzeit bis zur Gegenwart, Berlin 1935 u. ö.

Müller-Armack, Alfred: Genealogie der Wirtschaftsstile. Die geistesgeschichtlichen Ursprünge der Staats- und Wirtschaftsformen bis zum Ausgang des 18. Jahrhunderts, Stuttgart 1941.

Muncy, Lysbeth Walker: The Junker in the Prussian Administration under William II, 1888–1914, Providence 1944.

Mundt, Hans: Die Heer- und Handelsstraßen der Mark Brandenburg vom Zeitalter der ostdeutschen Kolonisation bis zum Ende des 18. Jahrhunderts, Berlin 1932.

Naas, Josef: Bericht über die Arbeit der Akademie seit 1. August 1946, in: Jahrbuch der Deutschen Akademie der Wissenschaften zu Berlin 1946–1949, Berlin[-Ost] 1950, S. 45–120.

Naas, Josef: Bericht über die Arbeit der Akademie in den Jahren 1950–1951, in: Jahrbuch der Deutschen Akademie der Wissenschaften zu Berlin 1950–1951, Berlin[-Ost] 1951, S. 47–153.

Niedhart, Gottfried (Hrsg.): Gustav Mayer. Als deutsch-jüdischer Historiker in Krieg und Revolution 1914–1920 (Deutsche Geschichtsquellen des 19. und 20. Jahrhunderts, 65), München 2009.

Niemann, Alfred: Revolution von oben – Umsturz von unten. Entwicklung und Verlauf der Staatsumwälzung in Deutschland 1914–1918, Berlin 1927.

Nietzsche, Friedrich: Unzeitgemäße Betrachtungen. Zweites Stück: Vom Nutzen und Nachtheil der Historie für das Leben [1874], in: derselbe: Sämtliche Werke. Kritische Studienausgabe, Bd. 1, München 1988, S. 243–334.

Nikitin, Pjotr I.: Zwischen Dogma und gesundem Menschenverstand: Wie ich die Universitäten der deutschen Besatzungszone „sowjetisierte". Erinnerungen des Sektorleiters Hochschulen und Wissenschaft in der Sowjetischen Militäradministration in Deutschland, Berlin 1997.

Oberdörfer, Eckhard (Hrsg.): Noch 100 Tage bis Hitler. Die Erinnerungen des Reichskommissars Wilhelm Kähler (Abhandlungen zum Studenten- und Hochschulwesen, 4), Schernfeld 1993.

Österreich-Ungarns Außenpolitik von der Bosnischen Krise 1908 bis zum Kriegsausbruch 1914. Diplomatische Aktenstücke des österreichisch-ungarischen Ministeriums des Äußern. Ausgewählt v. Ludwig Bittner/Alfred F. Pribram/Heinrich Srbik/Hans Uebersberger, Bde. 1–9, Wien/Leipzig 1930.

Oestreich, Gerhard: Der brandenburgisch-preußische Geheime Rat vom Regierungsantritt des Großen Kurfürsten bis zu der Neuordnung im Jahre 1651. Eine behördengeschichtliche Studie (Berliner Studien zur neueren Geschichte, hrsg. v. Fritz Hartung, Heft 1), Würzburg-Aumühle 1937.

Oestreich, Gerhard: Vom Wesen der Wehrgeschichte, in: Historische Zeitschrift 162 (1940), S. 231–257.

Oestreich, Gerhard: Nachwort zu Schmitthenners „Wehrpolitik, Wehrpolitische Geschichte, Wehrgeschichte", in: Historische Zeitschrift 163 (1941), S. 231–257.

Oestreich, Gerhard: Der römische Stoizismus und die oranische Heeresreform, in: Historische Zeitschrift 176 (1953), S. 17–43.

Oestreich, Gerhard: Antiker Geist und moderner Staat bei Justus Lipsius (1546–1606). Der Neustoizismus als politische Bewegung, hrsg. u. eingeleitet v. Nicolette Mout (Schriftenreihe der Historischen Kommission bei der Bayerischen Akademie der Wissenschaften, 38), Göttingen 1989.

Oldenburg-Januschau, Elard von: Erinnerungen, Leipzig 1936.

Oncken, Hermann: Lassalle, Stuttgart 1904 (4. Aufl.: Lassalle. Eine politische Biographie, Stuttgart 1923).

Oncken, Hermann: Rudolf von Bennigsen. Ein deutscher liberaler Politiker; nach seinen Briefen und hinterlassenen Papieren, Bde. 1–2, Stuttgart 1910.

Oncken, Hermann: Das Deutsche Reich und die Vorgeschichte des Weltkrieges, Bde. 1–2, Leipzig/München 1933.

Oncken, Hermann: Zur Einführung, in: Vorgeschichte und Begründung des deutschen Zollvereins 1815–1834, bearb. v. Eisenhart Roethe/Anton Ritthaler, Bd. 1, Berlin 1934, S. IX–XCIX.

Oncken, Hermann: Wandlungen des Geschichtsbildes in revolutionären Epochen, in: Deutsche Allgemeine Zeitung vom 13.1.1935; vollständiger Neuabdruck in: Historische Zeitschrift 189 (1959), S. 124–138.

Oncken, Hermann: Hindenburg im Lichte der europäischen Geschichte. Zu seinem Hingang am 2. August 1934, in: Europäische Revue 10 (1934) S. 561–571, ebenfalls in: derselbe: Nation und Geschichte. Reden und Aufsätze 1919–1935, Berlin 1935, S. 119–132.

Patriarcheas, Angelika N.: Die Erziehung der Spartanerin in ihrer politischen Wirklichkeit. Prolegomena zu jeder künftigen weiblichen Erziehung, phil. Diss. (masch.) Berlin 1943.

Petersen, Carl: Die Geschichte des Kreises Beeskow-Storkow, Beeskow/Mark 1922; ND Neuenhagen 2002.

Petersen, Julius: Die Sehnsucht nach dem Dritten Reich in deutscher Sage und Dichtung, Stuttgart 1934.

Picker, Henry: Hitlers Tischgespräche im Führerhauptquartier 1941–1942. Im Auftrag des Deutschen Instituts für Geschichte der nationalsozialistischen Zeit geordnet, eingeleitet und veröffentlicht von Gerhard Ritter, Bonn 1951.

Pieck, Wilhelm: Im Kampf für Frieden, Einheit, Demokratie und Sozialismus. Zum 3. Jahrestag der Deutschen Demokratischen Republik (7.10.1952), in: derselbe: Reden und Aufsätze, Bd. 3, Berlin[-Ost] 1954, S. 429–444.

Politischer Briefwechsel des Herzogs und Grossherzogs Carl August von Weimar, hrsg. von Willy Andreas, bearb. v. Hans Tümmler, Bde. 1–3 (Deutsche Geschichtsquellen des 19. und 20. Jahrhunderts, 37–39), Stuttgart 1954–1973.

Poll, Bernhard: Deutsches Schicksal 1914–1918. Vorgeschichte und Geschichte des Weltkrieges, Berlin 1937.

Quidde, Ludwig: Caligula. Eine Studie über römischen Cäsarenwahnsinn, Leipzig 1894 u. ö.

[Rachfahl, Felix (Hrsg.)]: Der Fall Valentin. Die amtlichen Urkunden, im Auftrage der Philosophischen Fakultät zu Freiburg i. Br. hrsg. und eingeleitet von Felix Rachfahl, München/Leipzig 1920.

Ranke, Leopold: Geschichten der romanischen und germanischen Völker von 1494 bis 1514, Leipzig/Berlin 1824; erneut in: Leopold von Ranke's Sämmtliche Werke, Bde. 33/34, Leipzig 1874.

Ranke, Leopold von (Hrsg.): Denkwürdigkeiten des Staatskanzlers Fürsten von Hardenberg, 5 Bde., Leipzig 1877.

Ranke, Leopold von: Sämmtliche Werke, Bd. 31/32: Die deutschen Mächte und der Fürstenbund. Deutsche Geschichte von 1780–1790 [zuerst 1871/72], Leipzig 1875.

Rantzau, Johann Albrecht von (Hrsg.): Europäische Quellen zur schleswig-holsteinischen Geschichte im 19. Jahrhundert, Teil 1: Akten aus dem Wiener Haus-, Hof- und Staatsarchiv 1818–1852 (Veröffentlichungen der Schleswig-Holsteinischen Universitätsgesellschaft, Reihe 1: Beiträge zur schleswig-holsteinischen Sippenkunde und Bevölkerungsgeschichte, 43, zugleich: Schriften der Baltischen Historischen Kommission zu Kiel, 23), Breslau 1934.

Rantzau, Johann-Albrecht von: Wilhelm von Humboldt – Der Weg seiner geistigen Entwicklung, München 1939.

Rantzau, Johann Albrecht von: Individualitätsprinzip, Staatsverherrlichung und deutsche Geschichtsschreibung, in: Die Sammlung 5 (1950), S. 284–299.

Rauch, Karl (Hrsg.): Traktat über den Reichstag im 16. Jahrhundert. Eine offiziöse Darstellung aus der Kurmainzischen Kanzlei (Quellen und Studien zur Verfassungsgeschichte des Deutschen Reiches in Mittelalter und Neuzeit, Bd. 1, H. 1), Weimar 1905.

Redlich, Oswald: Nekrolog Johannes Lahusen, in: Mitteilungen des Instituts für österreichische Geschichtsforschung 38 (1920), S. 533–534.

Reventlow, Ernst Graf zu: Von Potsdam nach Doorn, Berlin 1940.

Riehl, W[ilhelm] H[einrich]: Die Naturgeschichte des Volkes als Grundlage einer deutschen Social-Politik, Bd. 1: Land und Leute. Zweite vermehrte Aufl., Stuttgart/Augsburg 1855.

Ritter, Gerhard: Friedrich der Große – Ein historisches Profil, Leipzig 1936; 3. Aufl. Heidelberg 1954.

Ritter, Gerhard: Machtstaat und Utopie. Vom Streit um die Dämonie der Macht seit Machiavelli und Morus, München/Berlin 1940; ab 5. Aufl. (Stuttgart 1948) u. d. T.: Die Dämonie der Macht. Betrachtungen über Geschichte und Wesen des Machtproblems im politischen Denken der Neuzeit.

Ritter, Gerhard: Lebendige Vergangenheit. Beiträge zur historischen Selbstbesinnung, Leipzig 1944; [2. Aufl.], zum 70. Geburtstag des Verfassers hrsg. v. Freunden und Schülern, München 1958.

Ritter, Gerhard: Der deutsche Professor im „Dritten Reich", in: Die Gegenwart 1 (1945), S. 23–26.

Ritter, Gerhard: Geschichte als Bildungsmacht. Ein Beitrag zur historisch-politischen Neubesinnung, Stuttgart 1946.

Ritter, Gerhard: Zum Gedächtnis an Hermann Oncken † 28. XII. 1945, in: Geistige Welt. Vierteljahresschrift für Kultur- und Geisteswissenschaften 1 (1946), H. 3, S. 26–30.

Ritter, Gerhard: Europa und die deutsche Frage. Betrachtungen über die geschichtliche Eigenart des deutschen Staatsdenkens, München 1948.

Ritter, Gerhard: Ursprung und Wesen der Menschenrechte, in: Historische Zeitschrift 169 (1950), S. 233–263.

Ritter, Gerhard: The ‚Historische Zeitschrift', in: Times Literary Supplement, May 12, 1950, p. 293.

Ritter, Gerhard: Staatskunst und Kriegshandwerk, Bd. 1, München 1954.

Roegele, Otto B.: Gerhard Ritter und die Geschichtsrevision, in: Rheinischer Merkur, 16.12.1950, S. 3.

Rörig, Fritz: Der Markt von Lübeck. Topographisch-statistische Untersuchungen zur deutschen Sozial- und Wirtschaftsgeschichte, in: Lübische Forschungen. Jahrhundertgabe des Vereins für Lübeckische Geschichte und Altertumskunde, Lübeck 1921, S. 157–253; Sonderabruck Leipzig 1922.

Rörig, Fritz: Ursachen und Auswirkungen des deutschen Partikularismus (Recht und Staat in Geschichte und Gegenwart. Eine Sammlung von Vorträgen und Schriften aus dem Gebiet der Gesamten Staatswissenschaften, 120), Tübingen 1937.

Rörig, Fritz: Mittelalterliches Kaisertum und die Wende der europäischen Ordnung (1197), in: Fritz Hartung/Theodor Mayer/Walter Platzhoff/Paul Ritterbusch/Fritz Rörig/Carl Schmitt/Hans Übersberger/Hans Zeiss: Das Reich und Europa, Leipzig 1941, S. 22–50.

Rörig, Fritz: Geschichte und Gegenwart. Eine Aufsatzfolge aus der „Täglichen Rundschau", Berlin 1946.

Rörig, Fritz: Geblütsrecht und freie Wahl in ihrer Auswirkung auf die deutsche Geschichte – Untersuchungen zur Geschichte der deutschen Königserhebungen (911–1198) (Abhandlungen der Deutschen Akademie der Wissenschaften zu Berlin, Jahrgang 1945/46, Phil.-hist. Klasse, Nr. 6), Berlin 1948; erneut: in: Eduard Hlawitschka (Hrsg.): Königswahl und Thronfolge in ottonisch-frühdeutscher Zeit (Wege der Forschung, 178). Darmstadt 1971, S. 71–147.

Rörig, Fritz: Magdeburgs Entstehung und die ältere Handelsgeschichte, in: Miscellanea Academica Berolinensia. Gesammelte Abhandlungen zur Feier des 250jährigen Bestehens der Deutschen Akademie der Wissenschaften zu Berlin, Bd. II/1, Berlin 1950, S. 103–132.

Rohden, Peter Richard: Robespierre. Die Tragödie des politischen Ideologen, Berlin 1935.

Rosenberg, Alfred: Die Protokolle der Weisen von Zion und die jüdische Weltpolitik, München 1923.

Rosenberg, Alfred: Der Mythus des 20. Jahrhunderts – Eine Wertung der seelisch-geistigen Gestaltenkämpfe unserer Zeit, München 1930 u. ö.

Rothfels, Hans: Theodor von Schön, Friedrich Wilhelm IV. und die Revolution von 1848 (Schriften der Königsberger Gelehrten Gesellschaft; Geisteswissenschaftliche Klasse, Nr. 13, 2), Halle a. S. 1937.

Rothfels, Hans: Problems of a Bismarck Biography, in: The Review of Politics 9 (1947), S. 362–380.

Rothfels, Hans: The German Opposition to Hitler. An Appraisal, Hinsdale, Ill. 1948.

Rothfels, Hans: Probleme einer Bismarck-Biographie, in: Deutsche Beiträge 1 (1948), S. 162–183.

Rothfels, Hans: Geleitwort, in: Arnold Oskar Meyer: Bismarck. Der Mensch und der Staatsmann, Stuttgart 1949, S. 3–6.

Rothfels, Hans: Bismarck und das neunzehnte Jahrhundert, in: Walther Hubatsch (Hrsg.): Schicksalswege deutscher Vergangenheit – Beiträge zur geschichtlichen Deutung der letzten hundertfünfzig Jahre. Festschrift für Siegfried A. Kaehler zu seinem 65. Geburtstag am 4. Juni 1950, Düsseldorf 1950, S. 233–248; gekürzt auch in: Hans Rothfels: Zeitgeschichtliche Betrachtungen. Vorträge und Aufsätze, Göttingen 1959, S. 54–70.

Rothfels, Hans: Zur Krisis des Nationalstaats, in: Vierteljahrshefte für Zeitgeschichte 1 (1953), S. 138–152.

Rothfels, Hans: Grundsätzliches zum Problem der Nationalität, in: Historische Zeitschrift 174 (1952), S. 339–358.

Rothfels, Hans: Zeitgeschichte als Aufgabe, in: Vierteljahrshefte für Zeitgeschichte 1 (1953), S. 1–8.

Rothfels, Hans: Politik als moralisches Problem. Rede zur 200-Jahrfeier des Geburtstags des Freiherrn vom Stein, in: Merkur. Deutsche Zeitschrift für europäisches Denken 11 (1957), S. 1105–1118.

Rüstow, Alexander: Die Konfession in der Wirtschaftsgeschichte, in: Revue de la Faculté des Sciences Economiques de l'Universite d'Istanbul 3, Nr. 3/4, Istanbul 1942, S. 362–389.

Rüstow, Alexander: Die Ursachen des Verfalls der abendländischen Baukunst im 19. Jahrhundert, in: Archiv für Philosophie 2 (1947), S. 123–190.

Sander, Paul: Feudalstaat und Bürgerliche Verfassung. Ein Versuch über das Grundproblem der deutschen Verfassungsgeschichte, Berlin 1906.

Schadewaldt, Wolfgang: Goethes Begriff der Realität, in: Goethe. N. F. des Jahrbuchs der Goethe-Gesellschaft 18 (1956), S. 44–88.

Schäfer, Dietrich: Weltgeschichte der Neuzeit, Bde. 1–2, Berlin 1907 (11. Aufl. 1922).

[Schilfert, Gerhard/Meusel, Alfred/Haußherr, Hans/Mühlpfordt, Günter/Markov, Walter]: Der X. Internationale Kongreß für Geschichtswissenschaften in Rom (4.–11. September 1955), in: Zeitschrift für Geschichtswissenschaft 4 (1956), S. 773–802.

Schilfert, Gerhard: Deutschland von 1648–1789. Vom Westfälischen Frieden bis zum Ausbruch der Französischen Revolution (Lehrbuch der deutschen Geschichte, hg. vom Autorenkollektiv, 4), Berlin[-Ost] 1959.

Schiller, Friedrich: Sämtliche Werke. Auf Grund der Originaldrucke hrsg. v. Gerhard Fricke/Herbert G. Göpfert in Verbindung mit Herbert Stubenrauch, Bd. 1: Gedichte, Dramen I, 8. Aufl. München 1987.

Schimpke, Friedrich: Die deutsch-französischen Beziehungen von Faschoda bis zum Abschluß der Entente cordiale vom 8. April 1904, Emsdetten 1935.

Schmitt, Carl: Staatsgefüge und Zusammenbruch des zweiten Reiches. Der Sieg des Bürgers über den Soldaten, Hamburg 1934; Neuausgabe, hrsg., mit einem Vorw. u. Anm. versehen v. Günther Maschke, Berlin 2011.

Schmitt, Carl: Staatliche Souveränität und freies Meer, in: Fritz Hartung/Theodor Mayer/Walter Platzhoff/Paul Ritterbusch/Fritz Rörig/Carl Schmitt/Hans Übersberger/Hans Zeiss: Das Reich und Europa, Leipzig 1941, S. 79–105.

Schmitthenner, Paul: Politik und Kriegführung in der neueren Geschichte, Hamburg 1937, 2. Aufl. 1943.

Schmitthenner, Paul: Politik und Kriegführung als wehrpolitisches Problem. Eine grundsätzliche Erwiderung, in: Historische Zeitschrift 159 (1939), S. 538–550.

Schmitthenner, Paul: Wehrpolitik, Wehrpolitische Geschichte, Wehrgeschichte. Entgegnung und Entwirrung, in: Historische Zeitschrift 163 (1941), S. 316–327.

Schmitz van Vorst, Josef: Auferstehung einer Sprache, in: Frankfurter Allgemeine Zeitung, 24.9.1955.

Schnabel, Franz: Deutsche Geschichte im neunzehnten Jahrhundert, Bd. 2: Monarchie und Volkssouveränität, Freiburg i. Br. 1933.

Schnabel, Franz: Das Problem Bismarck, in: Hochland 42 (1949/50), S. 1–27; erneut in: Lothar Gall (Hrsg.): Das Bismarck-Problem in der Geschichtsschreibung nach 1945, Köln/Berlin 1971, S. 97–118.

Schochow, Werner: Bibliographie Fritz Hartung, in: Jahrbuch für die Geschichte Mittel- und Ostdeutschlands 3 (1954), S. 211–240.

Schochow, Werner: Deutsch-jüdische Geschichtswissenschaft. Eine Geschichte ihrer Organisationsformen unter besonderer Berücksichtigung der Fachbibliographie. Mit einem Geleitwort von Guido Kisch, 2., überarb. u. erw. Ausg. (Einzelveröffentlichungen der Historischen Kommission zu Berlin beim Friedrich-Meinecke-Institut der Freien Universität Berlin, 3), Berlin 1969.

Schoeps, Hans-Joachim: Das andere Preußen, Stuttgart 1952.

Schraepler, Ernst: Preußens auswärtige Politik im zweiten Koalitionskrieg 1799–1802. Ein Beitrag zur Geschichte des preußischen Machtverfalls zu Beginn des 19. Jahrhunderts, phil. Diss. (masch.), Berlin 1947.

Schramm, Wilhelm [Ritter] von: Der 20. Juli in Paris, Bad Wörishofen 1953; neu bearb. u. erg. Ausg. u. d. T.: Aufstand der Generale. Der 20. Juli in Paris, München 1964.

Schuchhardt, Carl: Vorgeschichte von Deutschland, München/Berlin 1928.

Schünemann, Konrad: Die Entstehung des Städtewesens in Südosteuropa (Südosteuropäische Bibliothek, 1), Breslau 1929.

Schüßler, Wilhelm (Hrsg.): Die Tagebücher des Freiherrn Reinhard v. Dalwigk zu Lichtenfels aus den Jahren 1860–71 (Deutsche Geschichtsquellen des 19. Jahrhunderts, 2), Stuttgart 1920.

Schüssler, Wilhelm: Rußland, Reich und Europa, Münster 1943.

Schüssler, Wilhelm: Um das Geschichtsbild (Glaube und Forschung, 5), Gladbeck 1953.

Schüssler, Wilhelm: Notwendigkeit und Grenzen der Revision, in: derselbe: Um das Geschichtsbild, S. 9–35.

Schulze, Berthold: Rezension von: Hans Mundt: Die Heer- und Handelsstraßen der Mark Brandenburg vom Zeitalter der Kolonisation bis zum Ende des 18. Jahrhunderts, Berlin 1932, in: Forschungen zur brandenburgischen und preußischen Geschichte 45 (1933), S. 201 f.

Schwabe, Klaus (Hrsg.): Quellen zum Friedensschluss von Versailles (Ausgewählte Quellen zur deutschen Geschichte der Neuzeit, 30), Darmstadt 1997.

Schwabe, Klaus/Reichardt, Rolf (Hrsg.): Gerhard Ritter – Ein politischer Historiker in seinen Briefen (Schriften des Bundesarchivs, 33), Boppard a. Rh. 1984.

Seeckt, Hans von: Aus meinem Leben 1866–1917. Unter Verwendung des schriftlichen Nachlasses im Auftr. von Frau Dorothee von Seeckt hrsg. v. Friedrich von Rabenau, Leipzig 1938. (Teil 2: Friedrich von Rabenau: Seeckt. Aus seinem Leben 1918–1936. Unter Verwendung des schriftlichen Nachlasses im Auftr. v. Frau Dorothee von Seeckt, Leipzig 1940).

Selection from the Papers Found in the Possession of Captain Von Papen, Late German Military Attaché at Washington, Falmouth, January 2&3, 1916, London 1916.

Seraphim, Hans-Günther: Die deutsch-russischen Beziehungen 1939–1941 (Göttinger Beiträge für Gegenwartsfragen, 1), Hamburg 1949.

Sieburg, Friedrich: Die Lust am Untergang – Selbstgespräche auf Bundesebene, Hamburg 1954.

Six, F[ranz] A[lfred]: Pressefreiheit und internationale Zusammenarbeit, Hamburg 1937.

Six, F[ranz]: A[lfred]: Die Presse in Polen, Berlin 1938.

Six, F[ranz]: A[lfred]: Freimaurerei und Judenemanzipation, Hamburg 1938.

Sombart, Werner: Die Juden und das Wirtschaftsleben (1. Aufl. 1911), München/Leipzig 1928.

Sombart, Werner: Händler und Helden. Patriotische Besinnungen, München/Leipzig 1915.

Spengler, Oswald: Der Untergang des Abendlandes. Umrisse einer Morphologie der Weltgeschichte, Bd. 1: Gestalt und Wirklichkeit, Wien 1918; Bd. 2: Welthistorische Perspektiven, München 1922.

Spenkuch, Hartwin: Wissenschaftspolitik in der Weimarer Republik. Dokumente zur Hochschulentwicklung im Freistaat Preußen und zu ausgewählten Professorenberufungen in sechs Disziplinen (1918–1933) (Acta Borussica N. F., 2. Reihe: Preußen als Kulturstaat, hrsg. v. Wolfgang Neugebauer, Abt. II, 9), Berlin/Boston 2016.

Spranger, Eduard: Altensteins Denkschrift von 1807 und ihre Beziehungen zur Philosophie, in: Forschungen zur brandenburgischen und preußischen Geschichte 18 (1905), S. 107–152.

Spranger, Eduard: Mein Konflikt mit der national-sozialistischen Regierung, in: Universitas 10 (1955), S. 457–473.

Spranger, Eduard: Die Universität Berlin nach Kriegsende 1945 (Aufgrund von Aufzeichnungen aus dem Jahr 1945 geschrieben 1953), in: derselbe: Gesammelte Schriften, Bd. 10: Hochschule und Gesellschaft, hrsg. v. Walter Sachs, Heidelberg 1973, S. 273–321.

Srbik, Heinrich Ritter von: Österreich in der deutschen Geschichte, München 1936.

Srbik, Heinrich Ritter von: Mitteleuropa. Das Problem und die Versuche seiner Lösung in der deutschen Geschichte, Weimar 1937.

Srbik, Heinrich Ritter: Zur gesamtdeutschen Geschichtsauffassung. Ein Versuch und sein Schicksal, in: Historische Zeitschrift 156 (1937), S. 229–262.

Srbik, Heinrich Ritter von: Metternich. Der Staatsmann und der Mensch, Bde. 1–2, München 1925.

Srbik, Heinrich Ritter von: Deutsche Einheit. Idee und Wirklichkeit vom Heiligen Reich bis Königgrätz, Bde. 1–2, München 1935; Bde. 3–4, ebenda 1942.

Srbik, Heinrich Ritter von: Zur gesamtdeutschen Geschichtsauffassung. Ein Versuch und sein Schicksal, in: Historische Zeitschrift 156 (1937), S. 229–262.

Srbik, Heinrich Ritter von: Geist und Geschichte vom deutschen Humanismus bis zur Gegenwart, Bde. 1–2, hrsg. v. Taras von Borodajkewycz, München/Salzburg 1950–1951.

Srbik, Heinrich Ritter von: Die wissenschaftliche Korrespondenz des Historikers, hrsg. v. Jürgen Kämmerer (Deutsche Geschichtsquellen des 19. und 20. Jahrhunderts, 55), Boppard a. Rh. 1988.

Stählin, Karl: Geschichte Russlands von den Anfängen bis zur Gegenwart, Bde. 1–4, Stuttgart/Berlin 1923–1939.

Steding, Christoph: Das Reich und die Krankheit der europäischen Kultur (Schriften des Reichsinstituts für Geschichte des neuen Deutschlands, [18]), Hamburg 1938 u. ö.

Steding. Christoph: Kulturgeschichte und politische Geschichte, in: Reich und Reichsfeinde, Bd. 1, Hamburg 1941, S. 59–79.

Steinmetz, Max: (Besprechung von): Alfred Meusel: Thomas Müntzer und seine Zeit, Berlin[-Ost] 1952, in: Zeitschrift für Geschichtswissenschaft 1 (1953), S. 968–978.

Stern, Alfred: Geschichte Europas seit den Verträgen von 1815 bis zum Frankfurter Frieden von 1871, Bde. 1–10, Stuttgart/Berlin 1894–1925.

Stern, Leo: Zur geistigen Situation der bürgerlichen Geschichtswissenschaft der Gegenwart, in: Zeitschrift für Geschichtswissenschaft 1 (1953), S. 837–849.

Stern, Leo: Deutschlands Geschichte im Spiegel der bürgerlichen und marxistischen Geschichtsschreibung. Lehren und Schlußfolgerungen aus Walter Ulbrichts Werk „Zur Geschichte der neuesten Zeit", in: Zeitschrift für Geschichtswissenschaft 3 (1955), S. 528–551.

Stieve, Friedrich: Iswolski und der Weltkrieg. Auf Grund der neuen Dokumenten-Veröffentlichung des Deutschen Auswärtigen Amtes, Berlin 1924.

Stieve, Friedrich: Die Tragödie der Bundesgenossen Deutschland und Österreich-Ungarn 1908–1914, München 1930.

Stieve, Friedrich: Geschichte des deutschen Volkes, München 1934.

Stieve, Friedrich: Wendepunkte europäischer Geschichte vom Dreißigjährigen Krieg bis zur Gegenwart, Leipzig 1940.

Stieve, Friedrich: Elfhundert Jahre Verdun. Deutschland und Europa im Laufe der Geschichte, in: Jahrbuch der Preußischen Akademie der Wissenschaften, Jahrgang 1943, Berlin 1944, S. 99–113.

Studien zum Mythus des 20. Jahrhunderts, Köln o. J. [1934]

Stulz, Percy: Der sächsische Bauernaufstand 1790, in: Zeitschrift für Geschichtswissenschaft 1 (1953), Heft 1, S. 20–49 und Heft 3, S. 386–408.

Sudermann, Hermann: Heimat. Schauspiel in 4 Akten, Stuttgart 1893 u. ö.

Thimme, Annelise (Hrsg.): Friedrich Thimme 1868–1938. Ein politischer Historiker, Publizist und Schriftsteller in seinen Briefen (Schriften des Bundesarchivs, 46), Boppard a. Rh. 1994.

[Thüringisches Volksbildungsministerium, Weimar]: Das Carl-August-Werk, in: Zeitschrift des Vereins für Thüringische Geschichte und Altertumskunde 38 (1932), S. 720–722.

Treitschke, Heinrich von: Deutsche Geschichte im neunzehnten Jahrhundert, Bd. 1 [zuerst 1879], Leipzig 1927.

Treue, Wilhelm: Der politische Professor. Problematische Naturen in Vergangenheit und Gegenwart, in: Deutsche Universitätszeitung, 24.3.1950, S. 4–7.

Um ein antifaschistisch-demokratisches Deutschland. Dokumente aus den Jahren 1945–1949, Berlin[-Ost] 1968.

Vaihinger, Hans: Philosophie des Als Ob. System der theoretischen, praktischen und religiösen Fiktionen der Menschheit auf Grund eines idealistischen Positivismus. Mit einem Anhang über Kant und Nietzsche, Berlin 1911.

Valentin, Veit: Geschichte der Deutschen, Berlin 1947.

Valjavec, Fritz: Der deutsche Kultureinfluss im nahen Südosten. Unter besonderer Berücksichtigung Ungarns (Veröffentlichungen des Südost-Instituts, München, 21), München 1940.

Valjavec, Fritz: Der Josephinismus. Zur geistigen Entwicklung Österreichs im 18. und 19. Jahrhundert, Brünn 1944; 2. Aufl. München 1945.

Valjavec, Fritz: Die Entstehung der politischen Strömungen in Deutschland 1770–1815, München 1951.

Vezényi, Pál: Abhandlungen und Sitzungsberichte der Deutschen Akademie der Wissenschaften (Königl. Preußische Akademie) zu Berlin 1900–1960, München 1968.

Vigener, Fritz: Ketteler. Ein deutsches Bischofsleben des 19. Jahrhunderts, München/Berlin 1924.

Vogel, Walther: Über den Rhythmus im geschichtlichen Leben des abendländischen Europa, in: Historische Zeitschrift 129 (1924), S. 1–68.

Volz, Gustav Berthold: Rezension von: Friedrich der Große: Briefe und Schriften. Ausgewählt, eingeleitet und erläutert v. Richard Fester, Bde. 1–2, Leipzig 1926, in: Forschungen zur Brandenburgischen und Preußischen Geschichte 41 (1926), S. 160–164.

Wagner, Fritz: Kaiser Karl VII. und die großen Mächte 1740–1745, Stuttgart 1938.

Wahl, Hans (Hrsg.): Briefwechsel des Herzogs-Großherzogs Carl August mit Goethe, Bde. 1–3, Berlin 1915–1918.

Webster, Charles: The Congress of Vienna 1814–1815, London 1919.

Webster, Charles: The Foreign Policy of Castlereagh, 1815–1822, London 1925.

Wegele, Franz X[aver] von: Geschichte der deutschen Historiographie seit dem Auftreten des Humanismus (Geschichte der Wissenschaften in Deutschland. Neueste Zeit. Auf Veranlassung Sr. Majestät des Königs von Bayern hrsg. durch die historische Kommission bei der königlichen Akademie der Wissenschaften, 20), München/Leipzig 1885.

Wendehorst, Alfred (Hrsg.): Dokumente zur Geschichte der Gesellschaft für fränkische Geschichte und ihres Umfeldes 1905–1961 (Veröffentlichungen der Gesellschaft für fränkische Geschichte, Reihe XIII, 48), Würzburg 2006.

Wendt, Hermann: Der italienische Kriegsschauplatz in europäischen Konflikten – seine Bedeutung für die Kriegführung an Frankreichs Nordostgrenzen (Schriften der kriegsgeschichtlichen Abteilung im historischen Seminar der Friedrich-Wilhelms-Universität Berlin, 11), Berlin 1936.

Westphal, Otto: Theologie der deutschen Geschichte?, Hamburg 1933.

Westphal, Otto: Das Reich. Aufgang und Vollendung, Bd. 1: Germanentum und Kaisertum, Stuttgart 1941.

Wichtl, Friedrich: Weltfreimaurerei, Weltrevolution, Weltrepublik, München 1919.

Wichtl, Friedrich: Freimaurer-Morde, Wien 1920.

Wichtl, Friedrich: Freimaurerei, Zionismus, Kommunismus, Spartakismus, Bolschewismus, Wien 1921.

Wickert, Lothar: Theodor Mommsen – Lebendige Gegenwart. Gedächtnisrede, gehalten zur Feier des 50. Todestages am 1. November 1953, Berlin 1954, ebenfalls in: derselbe: Drei Vorträge über Theodor Mommsen. Zum 70. Geburtstag des Verfassers, 31.7.1970, hrsg. v. Heinz Bellen, Frankfurt a. M. 1970, S. 11–34.

Wickert, Lothar: Theodor Mommsen. Eine Biographie. Bde. 1–4, Frankfurt a. M. 1959–1980.

W[iese], L[eopold] v[on]: Rezension von: Carl Brinkmann: Versuch einer Gesellschaftswissenschaft, München/Leipzig 1919, in: Kölner Vierteljahreshefte für Sozialwissenschaften 1921, S. 71–73.

Windelband, Wolfgang: Berlin – Madrid – Rom. Bismarck und die Reise des deutschen Kronprinzen 1883. Auf Grund unveröffentlichter Akten, Essen 1939.

Winkel, Richard: Erddynamische Ursachen der Eiswanderung im Eiszeitalter, in: Forschungen und Fortschritte 24 (1948), S. 238–240.

Winter, Eduard: Tausend Jahre Geisteskampf im Sudetenraum. Das religiöse Ringen zweier Völker, Salzburg – Leipzig 1938.

Winter, Eduard: Rußland und die slawischen Völker in der Diplomatie des Vatikans 1878–1903, Berlin 1950.

Winter, Eduard: Erinnerungen (1945–1976), hrsg. v. Gerhard Oberkofler, Frankfurt a. M. u. a. 1994.

Wittram, Reinhard: Geschichte der baltischen Deutschen – Grundzüge und Durchblicke, Stuttgart 1939.

Zeumer, Karl/Salomon, Richard (Hrsg.): Constitutiones et acta publica imperatorum et regum inde ab a. MCCCXLV usque ad a. MCCCXLVIII [1345–1348] (Monumenta Germaniae Historica, Legum Sectio IV: Constitutiones et acta publica imperatorum et regnorum, tomus VIII.), Berlin 1910.

Ziekursch, Johannes: Politische Geschichte des neuen deutschen Kaiserreichs, Bd. 1: Die Reichsgründung, Frankfurt a. M. 1925.

Zwiedineck-Südenhorst, Otto von: Weltanschauung und Wirtschaft. Kritisches und Positives zu Müller-Armacks Genealogie der Wirtschaftsstile, vorgetragen am 25. Oktober 1941 (Sitzungsberichte der Bayerischen Akademie der Wissenschaften, Philosophisch-Historische Abteilung, 1942, Nr. 2), München 1942.

II. Sekundärliteratur

Alexander, Matthias: Die Freikonservative Partei 1890–1918. Gemäßigter Konservatismus in der konstitutionellen Monarchie (Beiträge zur Geschichte des Parlamentarismus und der politischen Parteien, 121), Düsseldorf 2000.

Auerbach, Hellmuth: Die Gründung des Instituts für Zeitgeschichte, in: Vierteljahrshefte für Zeitgeschichte 18 (1970), S. 529–554.

Barclay, David E.: Schaut auf diese Stadt. Der unbekannte Ernst Reuter, Berlin 2000.

Barth, Boris: Intellektuelle „Selbstzensur" im akademischen Bürgertum der Weimarer Republik, in: Michal Anděl/Detlef Brandes/Alfons Labisch/Jiří Pešek/Thomas Ruzicka (Hrsg.): Propaganda, (Selbst-)Zensur, Sensation. Grenzen von Presse- und Wissenschaftsfreiheit in Deutschland und Tschechien seit 1871 (Veröffentlichungen zur Kultur und Geschichte im östlichen Europa, 27), Essen 2005, S. 71–88.

Bauerkämper, Arnd (Hrsg.): Junkerland in Bauernhand? Durchführung, Auswirkungen und Stellenwert der Bodenreform in der Sowjetischen Besatzungszone (Historische Mitteilungen, Beiheft 20), Stuttgart 1996.

Baumgart, Peter: Richard Dietrich zum Gedächtnis, in: Forschungen zur brandenburgischen und preußischen Geschichte N. F. 3 (1993), S. 141–143.

Baumgart, Winfried: Quellenkunde zur deutschen Geschichte der Neuzeit von 1500 bis zur Gegenwart, Bd. 5/1: Das Zeitalter des Imperialismus und des Ersten Weltkrieges (1871–1918), 2. Aufl. Darmstadt 1991.

Baumgart, Winfried: „Die auswärtige Politik Preußens". Zur Geschichte einer Edition, in: Hans-Christof Kraus (Hrsg.): Das Thema „Preußen" in Wissenschaft und Wissenschaftspolitik vor und nach 1945 (Forschungen zur brandenburgischen und preußischen Geschichte N.F., Beiheft 12), Berlin 2013, S. 19–30.

Beckers, Thomas: Abkehr von Preußen. Ludwig Dehio und die deutsche Geschichtswissenschaft nach 1945, Aichach o.J. [2001].

Berg, Matthias: Karl Alexander von Müller. Historiker für den Nationalsozialismus (Schriftenreihe der Historischen Kommission bei der Bayerischen Akademie der Wissenschaften, 88), Göttingen 2014.

Berg, Nicolas: Zwischen individuellem und historiographischem Gedächtnis: Der Nationalsozialismus in Autobiographien deutscher Historiker nach 1945, in: Bios 13 (2000), S. 181–207.

Berthold, Werner: Zur Geschichte der Geschichtswissenschaft der DDR. Vorgeschichte, Konfrontation und Kooperation, in: Deutsche Geschichtswissenschaft nach dem Zweiten Weltkrieg (1945–1965), hrsg. v. Ernst Schulin/Elisabeth Müller-Luckner (Schriften des Historischen Kollegs; Kolloquien 14), München 1989, S. 39–51.

Bethge, Hans-Gebhard: Kurt Aland (1915–1994), in: Cilliers Breytenbach/Rudolf Hoppe (Hrsg.): Neutestamentliche Wissenschaft nach 1945. Hauptvertreter der deutschsprachigen Exegese in der Darstellung ihrer Schüler, Neukirchen-Vluyn 2008, S. 113–124.

Betker, René: Das Historische Seminar der Berliner Universität im „Dritten Reich", unter besonderer Berücksichtigung der Professoren, MA-Arbeit, TU Berlin (3. Version), 2006.

Blasius, Dirk: Carl Schmitt und der „Heereskonflikt" des Dritten Reiches 1934, in: Historische Zeitschrift 281 (2005), S. 659–682.

Bleek, Wilhelm: Friedrich Christoph Dahlmann. Eine Biographie, München 2010.

Boehm, Laetitia: Langzeitvorhaben als Akademieaufgabe. Geschichtswissenschaft in Berlin und München, in: Wolfram Fischer/Rainer Hohlfeld/Peter Nötzoldt (Hrsg.): Die Preußische Akademie der Wissenschaften zu Berlin 1914–1945 (Forschungsberichte der Interdisziplinären Arbeitsgruppen der Berlin-Brandenburgischen Akademie der Wissenschaften, 8), Berlin 2000, S. 391–434.

Boie, Jenni: Volkstumsarbeit und Grenzregion. Volkskundliches Wissen als Ressource ethnischer Identitätspolitik in Schleswig-Holstein 1920–1930 (Kieler Studien zur Volkskunde und Kulturgeschichte, 9), Münster 2013.

Boockmann, Hartmut: Der Historiker Hermann Heimpel, Göttingen 1990.

Borst, Arno: Das Karlsbild der Geschichtswissenschaft vom Humanismus bis heute, in: Wolfgang Braunfels (Hrsg.): Karl der Große – Lebenswerk und Nachleben, Bd. 4: Das Nachleben, Düsseldorf 1967, S. 364–402.

Bracher, Karl-Dietrich: Gleichschaltung der Universität, in: derselbe: Das deutsche Dilemma. Leidenswege der politischen Emanzipation, München 1971, S. 125–145.

Brandes, Detlef/Míšková, Alena: Vom Osteuropa-Lehrstuhl ins Prager Rathaus. Josef Pfitzner 1901–1945, Essen/Praha 2013.

Bremm, Klaus-Jürgen: Propaganda im Ersten Weltkrieg, Darmstadt 2013.

Bruch, Rüdiger vom: Die Staatswissenschaftliche Gesellschaft. Bestimmungsfaktoren, Voraussetzungen und Grundzüge ihrer Entwicklung 1883–1919, in: Hundert Jahre Staatswissenschaftliche Gesellschaft zu Berlin 1883–1983, hrsg. v. Vorstand der Staatswissenschaftlichen Gesellschaft, Berlin 1983. S. 9–69.

Bruch, Rüdiger vom: Die Stadt als Stätte der Begegnung. Gelehrte Geselligkeit im Berlin des 19. und 20. Jahrhunderts, in: derselbe: Gelehrtenpolitik, Sozialwissenschaften und akademische Diskurse in Deutschland im 19. und 20. Jahrhundert, hrsg. v. Björn Hofmeister/Hans-Christoph Liess, Stuttgart 2006, S. 169–185.

Burleigh, Michael: Germany Turns Eastward. A Study of Ostforschung in the Third Reich, London 2002.

Busch, Matthias: Staatsbürgerkunde in der Weimarer Republik. Genese einer demokratischen Fachdidaktik, Bad Heilbrunn 2016.

Canis, Konrad: Der Weg in den Abgrund. Deutsche Außenpolitik 1902–1914, Paderborn 2011.

Châtellier, Hildegard: Deutsche Geschichtsschreibung der Zwischenkriegszeit: vom Historismus zur Volksgeschichte, in: Leben und Geschichte. Anthropologische und ethnologische Diskurse der Zwischenkriegszeit, hrsg. v. Thomas Keller/Wolfgang Eßbach (Übergänge, 53), München 2006, S. 291–308.

Cooper, John Milton, Jr: Woodrow Wilson. A Biography, New York 2009.

Cornelißen, Christoph: Herausgeber in schwieriger Zeit: Gerhard Ritters Beziehungen zum Archiv für Reformationsgeschichte und zur Historischen Zeitschrift, in: Matthias Middell (Hrsg.): Historische Zeitschriften im internationalen Vergleich (Geschichtswissenschaft und Geschichtskultur im 20. Jahrhundert, 2), Leipzig 1999, S. 161–199.

Cornelißen, Christoph: Gerhard Ritter – Geschichtswissenschaft und Politik im 20. Jahrhundert (Schriften des Bundesarchivs, 58), Düsseldorf 2001.

Cornelißen, Christoph: Die Frontgeneration deutscher Historiker und der Erste Weltkrieg, in: Jost Dülffer/Gerd Krumeich (Hrsg.): Der verlorene Frieden. Politik und Kriegskultur nach 1918 (Schriften der Bibliothek für Zeitgeschichte. N. F., 15), Essen 2002, S. 311–337.

Cornelißen, Christoph: Deutsche Geschichtswissenschaft nach 1945. Zwischen nationalen Traditionen und transnationalen Öffnungen, in: Ulrich Pfeil (Hrsg.): Die Rückkehr der deutschen Geschichtswissenschaft in die „Ökumene der Historiker". Ein wissenschaftsgeschichtlicher Ansatz (Pariser Historische Studien, 89), München 2008, S. 17–34.

Cymorek, Hans: Georg von Below und die deutsche Geschichtswissenschaft um 1900 (Vierteljahrschrift für Sozial- und Wirtschaftsgeschichte, Beiheft 142), Stuttgart 1998.

Defrance, Corine: Die internationalen Historikertreffen von Speyer. Erste Kontaktaufnahme zwischen deutschen und französischen Historikern nach dem Zweiten Weltkrieg, in: Ulrich Pfeil (Hrsg.): Die Rückkehr der deutschen Geschichtswissenschaft in die „Ökumene der Historiker". Ein wissenschaftsgeschichtlicher Ansatz (Pariser Historische Studien, 89), München 2008, S. 213–237.

Demandt, Alexander: Eduard Meyer und Oswald Spengler, in: Eduard Meyer. Leben und Leistung eines Universalhistorikers, hrsg. v. William M. Calder III/ Alexander Demandt (Mnemosyne. Bibliotheca Classica Batava, Supplement 112), Leiden/New York/Kopenhagen/Köln 1990, S. 159–181.

Dietrich, Richard: Fritz Hartung zum Gedächtnis, in: Jahrbuch für die Geschichte Mittel- und Ostdeutschlands 16/17 (1968), S. 721–729.

Dietrich, Richard: Fritz Hartung †, in: Historische Zeitschrift 206 (1968), S. 525–528.

Dietrich, Richard/Oestreich, Gerhard (Hrsg.): Forschungen zu Staat und Verfassung – Festgabe für Fritz Hartung, Berlin 1958.

Döring, Herbert: Der Weimarer Kreis. Studien zum politischen Bewußtsein verfassungstreuer Hochschullehrer in der Weimarer Republik (Mannheimer sozialwissenschaftliche Studien, 10), Meisenheim a. Glan 1975.

Donner, Wolf: Propaganda und Film im „Dritten Reich", Berlin 1995.

Dorpalen, Andreas: Die Geschichtswissenschaft in der DDR, in: Bernd Faulenbach (Hrsg.): Geschichtswissenschaft in Deutschland. Traditionelle Positionen und gegenwärtige Aufgaben, München 1974, S. 121–137, 184–186.

Dreier, Claudia: Verfemte Vorgeschichte: Die HU 1945 bis 1948, in: Jessica Hoffmann/Helena Seidel/Nils Baratella (Hrsg.), Geschichte der Freien Universität Berlin. Ereignisse – Orte – Personen, Berlin 2008, S. 33–41.

Drost, Yvonne: Hans Herzfeld, in: Friedemann Stengel (Hrsg.): Ausgeschlossen. Zum Gedenken an die 1933–1945 entlassenen Hochschullehrer der Martin-Luther-Universität Halle-Wittenberg, Halle (Saale) 2013, S. 193–202.

Duchhardt, Heinz: Der römische Weltkongress und die Absolutismusdiskussion, in: La storiografia tra passato e futuro – Il X Congresso Internazionale di Scienze Storiche (Roma 1955) cinquant'anni dopo. Atti del convegno internazionale, Roma, 21–24 settembre 2005, Roma 2008, S. 121–129.

Düwell, Kurt: Geschichte, in: Wissenschaften in Berlin, hrsg. v. Tilmann Buddensieg/Kurt Düwell/Klaus-Jürgen Sembach, Bd. 2: Disziplinen, Berlin 1987, S. 110–115.

Dumoulin, Olivier: Le rôle social de l'historien. De la chaire au prétoire, Paris 2003.

Dunkhase, Jan Eike: Werner Conze. Ein deutscher Historiker im 20. Jahrhundert (Kritische Studien zur Geschichtswissenschaft, 194), Göttingen 2010.

Ebenfeld, Stefan: Geschichte nach Plan? Die Instrumentalisierung der Geschichtswissenschaft in der DDR am Beispiel des Museums für Deutsche Geschichte in Berlin (1950 bis 1955), Marburg 2001.

Eberle, Henrik: Die Martin-Luther-Universität in der Zeit des Nationalsozialismus 1933–1945, Halle (Saale) 2002.

Eckel, Jan: Hans Rothfels. Eine intellektuelle Biographie im 20. Jahrhundert (Moderne Zeit. Neue Forschungen zur Gesellschafts- und Kulturgeschichte des 19. und 20. Jahrhunderts, 10), Göttingen 2005.

Eckert, Astrid M.: Notwendige Kooperation. Westdeutsche Zeitgeschichte als transnationales Projekt in den 1950er Jahren, in: Ulrich Pfeil (Hrsg.): Die Rückkehr der deutschen Geschichtswissenschaft in die „Ökumene der Historiker". Ein wissenschaftsgeschichtlicher Ansatz (Pariser Historische Studien, 89), München 2008, S. 133–152.

Enders, Liselott: Historisches Ortslexikon für Brandenburg, Teil II: Ruppin, Weimar 1970.

Engeli, Christian/Ribbe, Wolfgang: Berlin in der NS-Zeit (1933–1945), in: Wolfgang Ribbe (Hrsg.): Geschichte Berlins, Bd. 2: Von der Märzrevolution bis zur Gegenwart, 2. Aufl. München 1988, S. 925–1024.

Engler, Jürgen: „Geistige Führer" und „arme Poeten". Autorenbilder in der Nachkriegszeit, in: Ursula Heukenkamp (Hrsg.): Unterm Notdach. Nachkriegsliteratur in Berlin 1945–1949, Berlin 1996, S. 47–87.

Epstein, Fritz T.: Rezension von: Fritz Hartung: Staatsbildende Kräfte der Neuzeit, Berlin 1961, in: Journal of Central European Affairs 22 (1962), S. 231–234.

Erdmann, Karl Dietrich: Wissenschaft im Dritten Reich, in: derselbe: Geschichte, Politik und Pädagogik – Aufsätze und Reden, Stuttgart 1970, S. 325–340.

Erdmann, Karl-Dietrich: Die Ökumene der Historiker. Geschichte der Internationalen Historikerkongresse und des Comité International des Sciences Historiques (Abhandlungen der Akademie der Wissenschaften in Göttingen, Philologisch-Historische Klasse, III, 158), Göttingen 1987.

Erkens, Franz-Reiner: Erich Caspar, in: Hans-Christof Kraus (Hrsg.): Berlinische Lebensbilder, Bd. 10: Geisteswissenschaftler II, Berlin 2012, S. 281–305.

Escher, Alfred: Neukantianische Rechtsphilosophie, teleologische Verbrechensdogmatik und modernes Präventionsstrafrecht. Eine biographische und wissenschaftsgeschichtliche Untersuchung zu Alexander Graf zu Dohna (1876–1944) (Schriften zur Rechtstheorie, 162), Berlin 1993.

Faulenbach, Bernd: Deutsche Geschichtswissenschaft zwischen Kaiserreich und NS-Diktatur, in: derselbe (Hrsg.): Geschichtswissenschaft in Deutschland. Traditionelle Positionen und gegenwärtige Aufgaben, München 1974, S. 66–85, 176–178.

Faulenbach, Bernd: Ideologie des deutschen Weges. Die deutsche Geschichte in der Historiographie zwischen Kaiserreich und Nationalsozialismus, München 1980.

Faulenbach, Bernd: Historische Tradition und politische Neuorientierung. Zur Geschichtswissenschaft nach der „deutschen Katastrophe", in: Walter H. Pehle/Peter Sillem (Hrsg.): Wissenschaft im geteilten Deutschland. Restauration oder Neubeginn nach 1945?, Frankfurt a.M. 1992, S. 191–204, 245–247.

Fehrenbach, Elisabeth: Rankerenaissance und Imperialismus in der wilhelminischen Zeit, in: Bernd Faulenbach (Hrsg.): Geschichtswissenschaft in Deutschland. Traditionelle Positionen und gegenwärtige Aufgaben, München 1974, S. 54–65, 173–175.

Fischer, Wolfram: Die Vorträge vor der Staatswissenschaftlichen Gesellschaft als Spiegel ihrer Zeit, 1919–1945, in: Hundert Jahre Staatswissenschaftliche Gesellschaft zu Berlin 1883–1983, hrsg. v. Vorstand der Staatswissenschaftlichen Gesellschaft, Berlin 1983, S. 71–84.

Fischer, Wolfram/Hohlfeld, Rainer/Nötzoldt, Peter: Die Berliner Akademie in Republik und Diktatur, in: dieselben (Hrsg.): Die Preußische Akademie der Wissenschaften zu Berlin 1914–1945 (Interdisziplinäre Arbeitsgruppe, Forschungsberichte, 8), Berlin 2000, S. 517–566.

Flachowsky, Sören: Neuaufbau und Wiederbeginn. Der Wissenschaftsorganisator Johannes Stroux an der Berliner Universität 1945–1947, in: Jahrbuch für Universitätsgeschichte 7 (2004), 191–214.

Flick, Caroline: Werner Hegemann (1881–1936) – Stadtplanung, Architektur, Politik. Ein Arbeitsleben in Europa und den USA (Einzelveröffentlichungen der Historischen Kommission zu Berlin, 84), Bde. 1–2, München 2005.

Fock, Jan: Das Segelschulschiff der Reichsmarine „Gorch Fock" und ihre Schwestern. Ein Zeitbild (Historische Schiffahrt, 5), Bremen 2009.

Forsbach, Ralf: Alfred von Kiderlen-Wächter (1852–1912). Ein Diplomatenleben im Kaiserreich (Schriftenreihe der Historischen Kommission bei der Bayerischen Akademie der Wissenschaften, 59), Göttingen 1997.

Franz, Günther: Das Geschichtsbild des Nationalsozialismus und die deutsche Geschichtswissenschaft, in: Geschichte und Geschichtsbewußtsein, hrsg. v. Oswald Hauser, Göttingen/Zürich 1981, S. 91–111.

Friedrich, Jörg: Der Brand. Deutschland im Bombenkrieg 1940–1945, Berlin 2004.

Fuhrmann, Horst: „Sind eben alles Menschen gewesen" – Gelehrtenleben im 19. und 20. Jahrhundert. Dargestellt am Beispiel der Monumenta Germaniae Historica und ihrer Mitarbeiter, München 1996.

Gelberg, Karl-Ulrich: Die ordentlichen Mitglieder der Historischen Kommission bei der Bayerischen Akademie der Wissenschaften, in: Lothar Gall (Hrsg.): „… für deutsche Geschichts- und Quellenforschung". 150 Jahre Historische Kommission bei der Bayerischen Akademie der Wissenschaften, München 2008, S. 271–303.

Gertzen, Thomas L.: Die Berliner Schule der Ägyptologie im Dritten Reich. Begegnung mit Hermann Grapow (1885–1967), Berlin 2015.

Geyer, Martin H., Teuerungsprotest und Teuerungsunruhen 1914–1923. Selbsthilfegesellschaft und Geldentwertung, in Manfred Gailus/Heinrich Volkmann (Hrsg.), Der Kampf um das tägliche Brot. Nahrungsmangel, Versorgungspolitik und Protest 1770–1990 (Schriften des Zentralinstituts für sozialwissenschaftliche Forschung der Freien Universität Berlin, 74), Opladen 1994, S. 319–345.

Görtemaker, Heike: Ein deutsches Leben. Die Geschichte der Margret Boveri 1900–1975, München 2005.

Görtemaker, Manfred: Geschichte der Bundesrepublik Deutschland. Von der Gründung bis zur Gegenwart, München 1999.

Goetz, Walter: Die Historische Reichskommission von 1928, in: derselbe: Historiker in meiner Zeit – Gesammelte Aufsätze, Köln/Graz 1957, 405–414.

Grothe, Ewald: Deutsche Verfassungsgeschichtsschreibung im 20. Jahrhundert im Spannungsfeld von Wissenschaft und Politik, in: Kritische Vierteljahresschrift für Gesetzgebung und Rechtswissenschaft 88 (2005), S. 13–29.

Grothe, Ewald: Von Preußen nach Japan und zurück. Otto Hintze, Fritz Hartung und die deutsche Verfassungsgeschichtsschreibung, in: Andrea Gawrich/Hans J. Lietzmann (Hrsg.): Politik und Geschichte. „Gute Politik" und ihre Zeit. Wilhelm Bleek zum 65. Geburtstag, Münster 2005, S. 76–93.

Grothe, Ewald: Zwischen Geschichte und Recht. Deutsche Verfassungsgeschichtsschreibung 1900–1970 (Ordnungssysteme. Studien zur Ideengeschichte der Neuzeit, 16), München 2005.

Grünthal, Günther: Siegfried A. Kaehler – Lebensdaten, in: Siegfried A. Kaehler: Briefe 1900–1963, hrsg. v. Walter Bußmann/Günther Grünthal, Boppard a. Rh. 1993, S. 7–14.

Grüttner, Michael: Studenten im Dritten Reich, Paderborn/München/Wien/Zürich 1995.

Grüttner, Michael: Die Universität in der Weimarer Republik, in: Geschichte der Universität Unter den Linden 1810–2010, Bd. 2: Die Berliner Universität zwischen den Weltkriegen 1918–1945, hrsg. v. Heinz-Elmar Tenorth, Berlin 2012, S. 67–134.

Grüttner, Michael: Der Lehrkörper 1918–1932, in: Geschichte der Universität Unter den Linden 1810–2010, Bd. 2: Die Berliner Universität zwischen den Weltkriegen 1918–1945, hrsg. v. Heinz-Elmar Tenorth, Berlin 2012, S. 135–185.

Grüttner, Michael: Die Studentenschaft in Demokratie und Diktatur, in: Geschichte der Universität Unter den Linden 1810–2010, Bd. 2: Die Berliner Universität zwischen den Weltkriegen 1918–1945, hrsg. v. Heinz-Elmar Tenorth, Berlin 2012, S. 187–294.

Grüttner, Michael/Kinas, Sven: Die Vertreibung von Wissenschaftlern aus den deutschen Universitäten, in: Vierteljahrshefte für Zeitgeschichte 55 (2007), S. 123–186.

Hachmeister, Lutz: Der Gegnerforscher. Die Karriere des SS-Führers Franz Alfred Six, München 1998.

Hagenlücke, Heinz: Deutsche Vaterlandspartei. Die nationale Rechte am Ende des Kaiserreiches (Beiträge zur Geschichte des Parlamentarismus und der politischen Parteien, 108), Düsseldorf 1997.

Hammerstein, Notker: Eine verwickelt vielschichtige Zeitgenossenschaft. Kurt Rheindorf und die Frankfurter Universität, in: Historie und Leben – Der Historiker als Wissenschaftler und Zeitgenosse. Festschrift für Lothar Gall zum 70. Geburtstag, hrsg. v. Dieter Hein/Klaus Hildebrand/Andreas Schulz, München 2006, S. 467–478.

Hansen, Reimer: Von der Friedrich-Wilhelms- zur Humboldt-Universität zu Berlin, in: Geschichte der Universität Unter den Linden, Bd. 3: Sozialistisches Experiment und Erneuerung der Demokratie – die Humboldt-Universität zu Berlin 1945–2010, hrsg. v. Heinz-Elmar Tenorth, Berlin 2012, S. 17–123.

Hardtwig, Wolfgang: Neuzeithistorie in Berlin 1810–1918, in: Geschichte der Universität Unter den Linden 1810–2010, Bd. 4: Genese der Disziplinen. Die Konstitution der Universität, hrsg. v. Heinz-Elmar Tenorth, Berlin 2010, S. 291–315.

Hardtwig, Wolfgang: Neuzeit-Geschichtswissenschaften 1918–1945, in: Geschichte der Universität Unter den Linden 1810–2010, Bd. 5: Transformation der Wissensordnung, hrsg. v. Heinz-Elmar Tenorth, Berlin 2010, S. 413–434.

Hardtwig, Wolfgang/Thomas, Alexander: Forschungen und Parteilichkeit. Die Neuzeithistorie an der Berliner Universität nach 1945, in: Geschichte der Universität Unter den Linden 1810–2010, Bd. 6: Selbstbehauptung einer Vision, hrsg. v. Heinz-Elmar Tenorth, Berlin 2010, S. 333–359.

Harten, Hans-Christian: De-Kulturation und Germanisierung. Die nationalsozialistische Rassen- und Erziehungspolitik in Polen 1939–1945, Frankfurt a. M./New York 1996.

Hartkopf, Werner: Die Akademie der Wissenschaften der DDR. Ein Beitrag zu ihrer Geschichte – Biographischer Index, Berlin[-Ost] 1983.

Haupts, Leo: Die Universität zu Köln im Übergang vom Nationalsozialismus zur Bundesrepublik (Studien zur Geschichte der Universität zu Köln, 18), Köln/Weimar/Wien 2007.

Hausmann, Frank-Rutger: „Deutsche Geisteswissenschaft" im Zweiten Weltkrieg. Die „Aktion Ritterbusch" (1940–1945) (Schriften zur Wissenschafts- und Universitätsgeschichte, 1), Dresden 1998.

Haverkamp, Alfred: Zwölftes Jahrhundert 1125–1198 (Gebhardt. Handbuch der deutschen Geschichte, 10. Aufl., Bd. 5), Stuttgart 2003.

Hehl, Ulrich von: Katholische Kirche und Nationalsozialismus im Erzbistum Köln 1933–1945 (Veröffentlichungen der Kommission für Zeitgeschichte, B 23), Mainz 1977.

Heiber, Helmut: Walter Frank und sein Reichsinstitut für Geschichte des neuen Deutschlands (Quellen und Darstellungen zur Zeitgeschichte, 15), Stuttgart 1966.

Heiber, Helmut: Universität unterm Hakenkreuz, Bde. 1–2/2, München/London/New York/Paris 1991–1994.

Heinemann, Manfred (Hrsg.): Hochschuloffiziere und Wiederaufbau des Hochschulwesens in Deutschland 1945–1949. Die sowjetische Besatzungszone (Edition Bildung und Wissenschaft, 4), Berlin 2000.

Heinemann, Ulrich: Die verdrängte Niederlage. Politische Öffentlichkeit und Kriegsschuldfrage in der Weimarer Republik (Kritische Studien zur Geschichtswissenschaft, 59), Göttingen 1983.

Heinrich, Gerd: Otto Hintze und sein Beitrag zur institutionalisierten Preußenforschung, in: Otto Büsch/Michael Erbe (Hrsg.): Otto Hintze und die moderne Geschichtswissenschaft, Berlin 1983, S. 43–59.

Heinrich, Gerd: Brandenburgische Landesgeschichte, in: Reimer Hansen/Wolfgang Ribbe (Hrsg.): Geschichtswissenschaft in Berlin im 19. und 20. Jahrhundert. Persönlichkeiten und Institutionen (Veröffentlichungen der Historischen Kommission zu Berlin, 82), Berlin/New York 1992, S. 323–363.

Heinz, Helmut: Die erste zentrale Tagung der Historiker der DDR 1952, in: Zeitschrift für Geschichtswissenschaft 26 (1978), S. 387–399.

Heinzel, Reto: Theodor Mayer. Ein Mittelalterhistoriker im Banne des „Volkstums" 1920–1960, Paderborn 2016.

Heitzer, Enrico: Die Kampfgruppe gegen Unmenschlichkeit (KgU). Widerstand und Spionage im Kalten Krieg 1948–1959 (Zeithistorische Studien, 53), Köln/Weimar/Wien 2015.

Helmrath, Johannes: Geschichte des Mittelalters an der Berliner Universität von der Jahrhundertwende bis 1945, in: Geschichte der Universität Unter den Linden 1810–2010, Bd. 5: Transformation der Wissensordnung, hrsg. v. Heinz-Elmar Tenorth, Berlin 2010, S. 371–411.

Henning, Eckart: Die Historischen Hilfswissenschaften in Berlin, in: Reimer Hansen/Wolfgang Ribbe (Hrsg.): Geschichtswissenschaft in Berlin im 19. und 20. Jahrhundert. Persönlichkeiten und Institutionen (Veröffentlichungen der Historischen Kommission zu Berlin, 82), Berlin/New York 1992, S. 365–408.

Herde, Peter: Anton Chroust. Mitbegründer der Gesellschaft für fränkische Geschichte. Ein österreichischer Historiker im deutschen akademischen Umfeld von der Wilhelminischen Zeit bis zum Nationalsozialismus, in: Nachdenken über fränkische Geschichte. Vorträge aus Anlass des 100. Gründungsjubiläums der Gesellschaft für fränkische Geschichte vom 16.–19. September 2004 (Veröffentlichungen der Gesellschaft für fränkische Geschichte, Reihe IX, 50), Neustadt an der Aisch 2005, S. 39–56.

Herde, Peter: Kontinuitäten und Diskontinuitäten im Übergang vom Nationalsozialismus zum demokratischen Neubeginn. Die gescheiterten Berufungen von Hermann Heimpel nach München (1944–1946) und von Franz Schnabel nach Heidelberg (1946–1947), München 2007.

Hertz-Eichenrode, Dieter: Die „Neuere Geschichte" an der Berliner Universität. Historiker und Geschichtsschreibung im 19./20. Jahrhundert, in: Reimer Hansen/Wolfgang Ribbe (Hrsg.): Geschichtswissenschaft in Berlin im 19. und 20. Jahrhundert. Persönlichkeiten und Institutionen (Veröffentlichungen der Historischen Kommission zu Berlin, 82), Berlin/New York 1992, S. 261–322.

Hibbert, Christopher: Edward VII – The Last Victorian King, New York, N. Y. 2007.
Hildebrand, Klaus: Das vergangene Reich. Deutsche Außenpolitik von Bismarck bis Hitler, Stuttgart 1995.
Hildebrand, Klaus: Universitäten im „Dritten Reich", in: derselbe: Der Flug des Ikarus. Studien zur deutschen Geschichte und internationalen Politik, hrsg. v. Joachim Scholtyseck/Christoph Studt, München 2011, S. 321–328.
Hinrichs, Carl: Fritz Hartung zum 75. Geburtstag, in: derselbe: Preußen als historisches Problem. Gesammelte Abhandlungen, hrsg. v. Gerhard Oestreich (Veröffentlichungen der Historischen Kommission zu Berlin, 10), Berlin 1964, S. 398–411.
Hockerts, Hans Günter: Vom nationalen Denkmal zum biographischen Portal. Die Geschichte von ADB und NDB 1858–2008, in: „… für deutsche Geschichts- und Quellenforschung". 150 Jahre Historische Kommission bei der Bayerischen Akademie der Wissenschaften, hrsg. v. Lothar Gall, München 2008, S. 229–269.
Hölsken, Heinz Dieter: Die V-Waffen. Entstehung – Propaganda – Kriegseinsatz (Studien zur Zeitgeschichte, 27), Stuttgart 1984.
Höppner, Wolfgang: Das Berliner Germanische Seminar in den Jahren 1933 bis 1945, in: Holger Dainat/Lutz Danneberg (Hrsg.): Literaturwissenschaft und Nationalsozialismus (Studien und Texte zur Sozialgeschichte der Literatur, 99), Tübingen 2003, S. 87–106.
Huber, Ernst Rudolf: Deutsche Verfassungsgeschichte seit 1789, Bd. 6, Stuttgart 1981.
Huschner, Anke: Deutsche Historiker 1946. Aus dem Protokoll der ersten Historiker-Tagung in der deutschen Nachkriegsgeschichte vom 21. bis 23. Mai 1946, in: Zeitschrift für Geschichtswissenschaft 41 (1993), S. 884–918.
Ilgen, Volker: CARE-Pakete & Co. Von der Liebesgabe zum Westpaket, Darmstadt 2008.
Isenmann, Eberhard: Die deutsche Stadt im Mittelalter 1150–1550. Stadtgestalt, Recht, Verfassung, Stadtregiment, Kirche, Gesellschaft, Wirtschaft, 2. Aufl. Köln/Weimar/Wien 2014.
Jahr, Christoph: Rektor ohne Führung? Willy Hoppe und die Wissenschaftspolitik an der Friedrich-Wilhelms-Universität zu Berlin in der NS-Zeit, in: „…immer im Forschen bleiben". Rüdiger vom Bruch zum 60. Geburtstag, hrsg. v. Marc Schalenberg/Peter Th. Walther, Stuttgart 2004, S. 179–198.
Jahr, Christoph: „Das ‚Führen' ist ein sehr schwieriges Ding". Anspruch und Wirklichkeit der „Führeruniversität" in Berlin 1933–1945, in: Die Berliner Universität in der NS-Zeit, Bd. 1: Strukturen und Personen, hrsg. v. Christoph Jahr/Rebecca Schaarschmidt, Stuttgart 2005, S. 17–36.
Jahr, Christoph: Die nationalsozialistische Machtübernahme und ihre Folgen, in: Geschichte der Universität Unter den Linden, Bd. 2: Die Berliner Universität zwischen den Weltkriegen 1918–1945, hrsg. v. Heinz-Elmar Tenorth, Berlin 2012, S. 295–324.
Jarausch, Konrad H.: Die Vertreibung der jüdischen Studenten und Professoren von der Berliner Universität unter dem NS-Regime, in: Jahrbuch für Universitätsgeschichte 1 (1998), S. 112–133.

Jessen, Ralph: Wissenschaftsfreiheit und kommunistische Diktatur in der DDR, in: Rainer Albert Müller/Rainer Christoph Schwinges (Hrsg.): Wissenschaftsfreiheit in Vergangenheit und Gegenwart (Veröffentlichungen der Gesellschaft für Universitäts- und Wissenschaftsgeschichte, 9), Basel 2008, S. 185–206.

Jordan, Carlo: Kaderschmiede Humboldt-Universität zu Berlin. Aufbegehren, Säuberungen und Militarisierung 1945–1989, Berlin 2001.

Jordan, Karl: Geschichtswissenschaft, in: Geschichte der Christian-Albrechts-Universität Kiel 1665–1965, Bd. V/2, Neumünster 1969, S. 7–101.

Kaiser, Tobias: Karl Griewank (1900–1953) – ein deutscher Historiker im „Zeitalter der Extreme" (Pallas Athene – Beiträge zur Universitäts- und Wissenschaftsgeschichte, 23), Stuttgart 2007.

Kaiser, Tobias/Kaudelka, Steffen/Steinbach, Matthias (Hrsg.): Historisches Denken und gesellschaftlicher Wandel. Studien zur Geschichtswissenschaft zwischen Kaiserreich und deutscher Zweistaatlichkeit, Berlin 2004.

Karitzky, Holger: Eduard Kohlrausch – Kriminalpolitik in vier Systemen (Berliner Juristische Universitätsschriften. Strafrecht, 15), Berlin 2002.

Kater, Michael H.: Das „Ahnenerbe" der SS 1935–1945. Ein Beitrag zur Kulturpolitik des Dritten Reiches (Studien zur Zeitgeschichte, 6), Stuttgart 1974.

Kater, Michael H.: Die nationalsozialistische Machtergreifung an den deutschen Hochschulen. Zum politischen Verhalten akademischer Lehrer bis 1939, in: Die Freiheit des anderen. Festschrift für Martin Hirsch, hrsg. v. Hans Jochen Vogel/Helmut Simon/Adalbert Podlech, Baden-Baden 1981, S. 49–75.

Keegan, John: Der Zweite Weltkrieg, Berlin 2004.

Keßler, Mario: Exilerfahrung in Wissenschaft und Politik. Remigrierte Historiker in der frühen DDR (Zeithistorische Studien, 18), Köln/Weimar/Wien 2001.

Keßler, Mario: Arthur Rosenberg. Ein Historiker im Zeitalter der Katastrophen (1889–1943) (Zeithistorische Studien, 24), Köln/Weimar/Wien 2003.

Keßler, Mario: Geschichtswissenschaft nach 1945. Personelle Beharrung, Brüche und Neuanfang in beiden deutschen Staaten, in: Ulrich Pfeil (Hrsg.): Die Rückkehr der deutschen Geschichtswissenschaft in die „Ökumene der Historiker". Ein wissenschaftsgeschichtlicher Ansatz (Pariser Historische Studien, 89), München 2008, S. 267–285.

Keßler, Mario: Alfred Meusel. Soziologe und Historiker zwischen Bürgertum und Marxismus (1896–1960), Berlin 2016.

Kinas, Sven: Massenentlassungen und Emigration, in: Geschichte der Universität Unter den Linden 1810–2010, Bd. 2: Die Berliner Universität zwischen den Weltkriegen 1918–1945, hrsg. v. Heinz-Elmar Tenorth, Berlin 2012, S. 325–403.

King, William Francis Henry: Classical and Foreign Quotations. Law Termms and Maxims, Proverbs, Mottoes, Phrases, and Expressions in French, German, Greek, Italian, Latin, Spanish and Portuguese, With Translations, References, Explanatory Notes and Indexes, new. ed. London 1889.

Klein, Helmut (Hrsg.): Humboldt-Universität zu Berlin. Überblick 1810–1985. Von einem Autorenkollektiv unter Leitung von Adolf Rüger, Berlin[-Ost] 1985.

Kloosterhuis, Jürgen: Staatsarchiv ohne Staat. Das GStA in den ersten Nachkriegsjahren, 1945 bis 1947. Eine archivgeschichtliche Dokumentation, in: Sven Kriese (Hrsg.): Archivarbeit im und für den Nationalsozialismus. Die preußischen Staatsarchive vor und nach dem Machtwechsel von 1933 (Veröffentlichungen aus den Archiven Preußischer Kulturbesitz; Forschungen, 12), Berlin 2015, S. 479–599.

Klüßendorf, Niklot: Walter Hävernick (1905–1983), in: Walter Hävernick: Das ältere Münzwesen der Wetterau bis zum Ausgang des 13. Jahrhunderts (Veröffentlichungen der Historischen Kommission für Hessen, 18,1), neu hrsg. v. Niklot Klüßendorf, Marburg 2014, S. 3*-30*.

Klumpjan, Helmut: Die amerikanischen Parteien. Von ihren Anfängen bis zur Gegenwart, Opladen 1998.

Knötke, Wolf: Die Theologische Fakultät der Humboldt-Universität zu Berlin 1945–2010, in: Geschichte der Universität Unter den Linden 1810–2010, Bd. 6: Selbstbehauptung einer Vision, hrsg. v. Heinz-Elmar Tenorth, Berlin 2010, S. 47–87.

Kocka, Jürgen/Nötzoldt, Peter/Walther, Peter Th[omas]: Die Berliner Akademien 1945–1990, in: Jürgen Kocka/Peter Nötzoldt/Peter Th. Walther (Hrsg.): Die Berliner Akademien der Wissenschaften im geteilten Deutschland 1945–1990 (Interdisziplinäre Arbeitsgruppen, Forschungsberichte, 9), Berlin 2002, S. 365–453.

Köhler, Henning: Arbeitsdienst in Deutschland. Pläne und Verwirklichungsformen bis zur Einführung der Arbeitsdienstpflicht im Jahre 1935 (Schriften zur Wirtschafts- und Sozialgeschichte, 10), Berlin 1967.

Köhler, Henning: Die Neuere Geschichte am Friedrich-Meinecke-Institut, in: Karol Kubicki/Siegward Lönnendonker (Hrsg.): Die Geschichtswissenschaften an der Freien Universität Berlin (Beiträge zur Wissenschaftsgeschichte der Freien Universität Berlin, 2), Göttingen 2008, S. 62–75.

Köpf, Peter: Die Mommsens. Von 1848 bis heute – die Geschichte einer Familie ist die Geschichte der Deutschen, Hamburg/Leipzig/Wien 2004.

Körner, Heiko: Carl Brinkmann. Eine wissenschaftsbiographische Skizze, in: Reinhard Blomert/Hans Ulrich Eßlinger/Norbert Giovanni (Hrsg.): Heidelberger Sozial- und Staatswissenschaften. Das Institut für Sozial- und Staatswissenschaften zwischen 1918 und 1958, Marburg 1997, S. 159–165.

Kolář, Pavel: Nährboden fachlicher Innovation? Verfassungs- und Wirtschaftsgeschichte im Seminarunterricht an der Berliner, Wiener und Prager Deutschen Universität im Zeitalter des universitären Großbetriebs (1900–1930), in: Gabriele Lingelbach (Hrsg.): Vorlesung, Seminar, Repetitorium. Universitäre geschichtswissenschaftliche Lehre im historischen Vergleich, München 2006, S. 89–128.

Kolář, Pavel: Constitutional and Economic History at the University of Berlin, 1890–1933, in: The Many Faces of Clio. Cross-cultural Approaches to Historiography, Essays in Honor of Georg G. Iggers, hrsg. v. Q. Edward Wang/Franz L. Fillafer, New York/Oxford 2007, S. 346–365.

Kolář, Pavel: Geschichtswissenschaft in Zentraleuropa. Die Universitäten Prag, Wien und Berlin um 1900 (Geschichtswissenschaft und Geschichtskultur im 20. Jahrhundert, 9), Berlin 2008.

Koppe, Wilhelm: Fritz Rörig und sein Werk, in: Städtewesen und Bürgertum als geschichtliche Kräfte. Gedächtnisschrift für Fritz Rörig, hrsg. v. Ahasver von Brandt/Wilhelm Koppe, Lübeck 1953, S. 9–24.

Kowalczuk, Ilko-Sascha: Legitimation eines neuen Staates. Parteiarbeiter an der historischen Front – Geschichtswissenschaft in der SBZ/DDR 1945 bis 1961, Berlin 1997.

Kowalczuk, Ilko-Sascha: Geist im Dienste der Macht. Hochschulpolitik in der SBZ/DDR 1945 bis 1961, Berlin 2003.

Kowalczuk, Ilko-Sascha: Historiographie in der Diktatur. Zum Wandel der Geschichtswissenschaft an der Friedrich-Schiller-Universität Jena, in: Uwe Hoßfeld/Tobias Kaiser/Heinz Mestrup (Hrsg.): Hochschule im Sozialismus. Studien zur Geschichte der Friedrich-Schiller-Universität Jena (1945–1990), Bd. 2, Köln/Weimar/Wien 2007, S. 1642–1685.

Kramer, Ferdinand: Der Lehrstuhl für bayerische Landesgeschichte von 1917 bis 1977, in: Wilhelm Volkert/Walter Ziegler (Hrsg.): Im Dienst der bayerischen Geschichte. 70 Jahre Kommission für bayerische Landesgeschichte – 50 Jahre Institut für Bayerische Geschichte (Schriftenreihe zur bayerischen Landesgeschichte, 111), München 1999, S. 351–406.

Kraus, Hans-Christof: Soldatenstaat oder Verfassungsstaat? – Zur Kontroverse zwischen Carl Schmitt und Fritz Hartung über den preußisch-deutschen Konstitutionalismus (1934/35), in: Jahrbuch für die Geschichte Mittel- und Ostdeutschlands 45 (1999), S. 275–310.

Kraus, Hans-Christof: Verfassungslehre und Verfassungsgeschichte – Otto Hintze und Fritz Hartung als Kritiker Carl Schmitts, in: Staat – Souveränität – Verfassung. Festschrift für Helmut Quaritsch zum 70. Geburtstag, hrsg. v. Dietrich Murswiek/Ulrich Storost/Heinrich A. Wolff, Berlin 2000, S. 637–661.

Kraus, Hans-Christof: Von Hohenlohe zu Papen. Bemerkungen zu den Memoiren deutscher Reichskanzler zwischen der wilhelminischen Ära und dem Ende der Weimarer Republik, in: Franz Bosbach/Magnus Brechtken (Hrsg.): Politische Memoiren in deutscher und britischer Perspektive. Political Memoirs in Anglo-German Context (Prinz-Albert-Studien, 23), München 2005, S. 87–112.

Kraus, Hans-Christof: Freiheitskriege als heilige Kriege. 1792–1815, in: Heilige Kriege. Religiöse Begründungen militärischer Gewaltanwendung: Judentum, Christentum und Islam im Vergleich (Schriften des Historischen Kollegs. Kolloquien, 78), hrsg. v. Klaus Schreiner unter Mitarbeit v. Elisabeth Müller-Luckner, München 2008, S. 193–218.

Kraus, Hans-Christof: Die alten Reichskreise als Forschungsthema im Kaiserreich. Richard Festers Bemühungen um eine Geschichte der Reichskreisverfassung (1907/08), in: Studien zur politischen Kultur Alteuropas. Festschrift für Helmut Neuhaus zum 65. Geburtstag, hrsg. v. Axel Gotthard/Andreas Jakob/Thomas Nicklas (Historische Forschungen, 91), Berlin 2009, S. 51–75.

Kraus, Hans-Christof: Fritz Hartung als Historiker des deutschen Parlamentarismus, in: Assemblées et Parlements dans le Monde, du Moyen Âge à nos Jours. 57ᵉ Conférence de la Commission Internationale pour l'Histoire des Assemblées d'État, [Paris 2010], Bd. 2, S. 1431–1444.

Kraus, Hans-Christof: Fritz Hartung in: derselbe (Hrsg.): Berlinische Lebensbilder, Bd. 10: Geisteswissenschaftler II, Berlin 2012, S. 307–327.

Kraus, Hans-Christof: Arnold Oskar Meyer, in: derselbe (Hrsg.): Berlinische Lebensbilder, Bd. 10: Geisteswissenschaftler II, Berlin 2012, S. 245–262.

Kraus, Hans-Christof: Kleindeutsch – Großdeutsch – Gesamtdeutsch? Eine Historikerkontroverse der Zwischenkriegszeit, in: Alexander Gallus/Thomas Schubert/Tom Thieme (Hrsg.): Deutsche Kontroversen. Festschrift für Eckhard Jesse, Baden-Baden 2013, S. 71–86.

Kraus, Hans-Christof: Epilog und Requiem. Siegfried A. Kaehlers Projekt einer neuen ‚Preußischen Geschichte' nach dem Ende Preußens, in: derselbe (Hrsg.): Das Thema „Preußen" in Wissenschaft und Wissenschaftspolitik vor und nach 1945 (Forschungen zur brandenburgischen und preußischen Geschichte N. F., Beiheft 12), Berlin 2013, S. 241–261.

Kraus, Hans-Christof: Versailles und die Folgen. Außenpolitik zwischen Revisionismus und Verständigung 1919–1933 (Deutsche Geschichte im 20. Jahrhundert, 4), Berlin 2013.

Kriese, Sven: Kampf um die ‚richtige' Nachkriegsforschung. Albert Brackmanns Zentralstelle für Nachkriegsgeschichte im Konflikt mit Erich Otto Volkmanns militärgeschichtlicher Nachkriegsforschung, in: Hans-Christof Kraus (Hrsg.): Das Thema „Preußen" in Wissenschaft und Wissenschaftspolitik vor und nach 1945 (Forschungen zur brandenburgischen und preußischen Geschichte N. F., Beiheft 12), Berlin 2013, S. 133–170.

Kriese, Sven: Albert Brackmann und Ernst Zipfel. Die Generaldirektoren im Vergleich, in: derselbe (Hrsg.): Archivarbeit im und für den Nationalsozialismus. Die preußischen Staatsarchive vor und nach dem Machtwechsel von 1933 (Veröffentlichungen aus den Archiven Preußischer Kulturbesitz. Forschungen, 12), Berlin 2015, S. 17–94.

Kroll, Frank-Lothar: Kultur, Bildung und Wissenschaft im 20. Jahrhundert (Enzyklopädie deutscher Geschichte, 65), München 2003.

Kunisch, Johannes: Der Historikerstreit um den Ausbruch des Siebenjährigen Krieges (1756), in: derselbe: Friedrich der Große in seiner Zeit. Essays, München 2008, S. 48–105, 208–231.

Ladwig, Perdita: Das Renaissancebild deutscher Historiker 1898–1933, Frankfurt a. M./New York 2004.

Lambert, Peter: Generations of German Historians: patronage, censorship and the containment of generation conflict, 1918–1945, in: Mark Roseman (Hrsg.): Generations in conflict. Youth revolt and generation formation in Germany 1770–1968, Cambridge 1995, S. 164–183.

Landrock, Rudolf: Die Deutsche Akademie der Wissenschaften zu Berlin 1945–1971, Bde. 1–3, Erlangen 1977.

Lanzinner, Maximilian: Die Acta Pacis Westphalicae und die Geschichtswissenschaft, in: Christoph Kampmann/Maximilian Lanzinner/Guido Braun/Michael Rohrschneider (Hrsg.): L'art de la paix. Kongresswesen und Friedensstiftung im Zeitalter des Westfälischen Friedens (Schriftenreihe der Vereinigung zur Erforschung der Neueren Geschichte, 34), Münster 2011, S. 31–71.

Lanzinner, Maximilian: Das Editionsprojekt der Acta Pacis Westphalicae, in: Historische Zeitschrift 298 (2014), S. 29–60.

Lehnert, Detlef: Kommunalfreisinn, Ringstraßen-Liberalismus und Progressives. Berlin, Wien und London vor dem Ersten Weltkrieg, in: derselbe (Hrsg.): Kommunaler Liberalismus in Europa. Großstadtprofile um 1900 (Historische Demokratieforschung, 6), Köln/Weimar/Wien 2014, S. 73–112.

Lemberg, Joseph: Der Historiker ohne Eigenschaften. Eine Problemgeschichte des Mediävisten Friedrich Baethgen (Campus Historische Studien, 71), Frankfurt a. M./New York 2015.

Lemke, Michael: Die „Gegenspiele". Weltjugendfestival und FDJ-Deutschlandtreffen in der Systemkonkurrenz 1950–1954, in: Heiner Timmermann (Hrsg.): Die DDR in Europa – zwischen Isolation und Öffnung (Schriften der Europäischen Akademie Otzenhausen, 140), Münster 2005, S. 452–505.

Lerchenmueller, Joachim: ‚Keltischer Sprengstoff'. Eine wissenschaftsgeschichtliche Studie über die deutsche Keltologe von 1900 bis 1945, Tübingen 1997.

Lerchenmueller, Joachim: Die Geschichtswissenschaft in den Planungen des Sicherheitsdienstes der SS. Der SD-Historiker Hermann Löffler und seine Denkschrift „Entwicklung und Aufgaben der Geschichtswissenschaft in Deutschland" (Archiv für Sozialgeschichte, Beiheft 21), Bonn 2001.

Liem, Alexander: „Fordert Gerechtigkeit, Ordnung und Sicherheit": Die Gründung der FU, in: Jessica Hoffmann/Helena Seidel/Nils Baratella (Hrsg.): Geschichte der Freien Universität Berlin. Ereignisse – Orte – Personen, Berlin 2008, S. 43–54.

Lill, Rudolf: Geschichte Italiens in der Neuzeit, 4. Aufl. Darmstadt 1988.

Liulevicius, Vejas Gabriel: Kriegsland im Osten. Eroberung, Kolonisierung und Militärherrschaft im Ersten Weltkrieg, Hamburg 2002.

Llanque, Markus: Demokratisches Denken im Krieg. Die deutsche Debatte im Ersten Weltkrieg (Politische Ideen, 11), Berlin 2000.

Lösch, Anna-Maria Gräfin von: Der nackte Geist. Die Juristische Fakultät der Berliner Universität im Umbruch von 1933 (Beiträge zur Rechtsgeschichte des 20. Jahrhunderts, 26), Tübingen 1999.

Loose, Ingo: Verfemt und vergessen. Abraham Hellers Dissertation „Die Lage der Juden in Rußland von der Märzrevolution 1917 bis zur Gegenwart" an der Berliner Universität 1934–1992, in: Jahrbuch für Antisemitismusforschung 14 (2005), S. 219–241.

Loth, Wilfried: Die Teilung der Welt. Geschichte des Kalten Krieges 1941–1955, München 1980.

Lübbe, Anna: Die deutsche Verfassungsgeschichtsschreibung unter dem Einfluß der nationalsozialistischen Machtergreifung, in: Michael Stolleis/Dieter Simon (Hrsg.): Rechtsgeschichte im Nationalsozialismus. Beiträge zur Geschichte einer Disziplin (Beiträge zur Rechtsgeschichte im 20. Jahrhundert, 2), Tübingen 1989, S. 63–78.

Luft, Ines: Eduard Winter zwischen Gott, Kirche und Karriere. Vom böhmischen katholischen Jugendbundführer zum DDR-Historiker, Leipzig 2016.

Machtan, Lothar: Hans Rothfels und die sozialpolitische Geschichtsschreibung in der Weimarer Republik, in: derselbe (Hrsg.): Bismarcks Sozialstaat. Beiträge zur Geschichte der Sozialpolitik und zur sozialpolitischen Geschichtsschreibung, Frankfurt a. M./New York 1994, S. 310–384.

Mai, Gunther: Das Ende des Kaiserreichs. Politik und Kriegführung im Ersten Weltkrieg (Deutsche Geschichte der neuesten Zeit vom 19. Jahrhundert bis zur Gegenwart, 10), München 1987.

Mai, Gunther: Der Alliierte Kontrollrat in Deutschland 1945–1948. Alliierte Einheit – Deutsche Teilung? (Quellen und Darstellungen zur Zeitgeschichte, 37), München/Wien 1995.

Marschall-Reiser, Johanna: Zensur oder Druckgenehmigung? Administrative Anbindung und Regelungen zum Verfahren in der DDR, in: Mitteilungen aus dem Bundesarchiv 20 (2012), S. 68–84.

Matsch, Erwin: Der Auswärtige Dienst von Österreich(-Ungarn) 1720–1920, Wien/Köln/Graz 1986.

Mauersberger, Volker: Rudolf Pechel und die „Deutsche Rundschau" (1919–1933). Eine Studie zur konservativ-revolutionären Publizistik in der Weimarer Republik (Studien zur Publizistik, 16), Bremen 1971.

Maurer, Michael: Eberhard Gothein (1853–1923). Leben und Werk zwischen Kulturgeschichte und Nationalökonomie, Köln/Weimar/Wien 2007.

McClelland, Charles E.: Die disziplinär organisierte Forschungsuniversität, 1860–1918, in: Geschichte der Universität Unter den Linden 1810–2010, Bd. 1: Gründung und Blütezeit der Universität zu Berlin 1810–1918, hrsg. v. Heinz-Elmar Tenorth/Charles E. McClelland, Berlin 2012, S. 425–654.

Mehring, Reinhard: Carl Schmitt. Aufstieg und Fall, München 2009.

Mehring, Reinhard: Kriegstechniker des Begriffs. Biographische Studien zu Carl Schmitt (Beiträge zur Rechtsgeschichte des 20. Jahrhunderts, 78), Tübingen 2014.

Mertens, Lothar: „Nur politisch Würdige". Die DFG-Forschungsförderung im Dritten Reich 1933–1937, Berlin 2004.

Meuthen, Erich: Die ‚Epistolae obscurorum virorum', in: Walter Brandmüller/Herbert Immenkötter/Erwin Iserloh (Hrsg.): Ecclesia militans. Studien zur Konzilien- und Reformationsgeschichte. Remigius Bäumer zum 70. Geburtstag gewidmet, Bd. 2: Zur Reformationsgeschichte, Paderborn 1988, S. 53–80.

Michaelis, Herbert/Schraepler, Ernst (Hrsg.): Ursachen und Folgen. Vom deutschen Zusammenbruch 1918 und 1945 bis zur staatlichen Neuordnung Deutschlands in der Gegenwart. Eine Urkunden- und Dokumentensammlung zur Zeitgeschichte, 27 Bde., Berlin 1958–1979.

Miller, Peter N.: Nazis and Neo-Stoics: Otto Brunner and Gerhard Oestreich before and after the Second World War, in: Past & Present, Nr. 176 (2002), S. 144–186.

Mirow, Jürgen: Das alte Preußen im deutschen Geschichtsbild seit der Reichsgründung (Historische Forschungen, 18), Berlin 1981.

Mitteis, Heinrich: Rezension von: Fritz Hartung: Die Krone als Symbol der monarchischen Herrschaft im ausgehenden Mittelalter, Berlin 1941, in: Historische Zeitschrift 166 (1942), S. 129–132.

Möller, Horst: Die Rückkehr der Emigranten nach Berlin, in: Schlaglichter Preußen – Westeuropa. Festschrift für Ilja Mieck zum 65. Geburtstag, hrsg. v. Ursula Fuhrich-Grubert/Angelus H. Johansen (Berliner Historische Studien, 25), Berlin 1997, S. 103–119.

Möller, Horst: Das Institut für Zeitgeschichte 1949–2009, in: Horst Möller/Udo Wengst: 60 Jahre Institut für Zeitgeschichte München/Berlin. Geschichte – Veröffentlichungen – Personalien, München 2009, S. 9–100.

Morsey, Rudolf: Die Bundesrepublik Deutschland. Entstehung und Entwicklung bis 1969 (Oldenbourg-Grundriss der Geschichte, 19), 5. Aufl. München 2007.

Mühle, Eduard: Für Volk und deutschen Osten. Der Historiker Hermann Aubin und die deutsche Ostforschung (Schriften des Bundesarchivs, 65), Düsseldorf 2005.

Müller, Laurenz: Diktatur und Revolution. Reformation und Bauernkrieg in der Geschichtsschreibung des ‚Dritten Reiches' und der DDR (Quellen und Forschungen zur Agrargeschichte, 50), Stuttgart 2004.

Müller, Marianne/Erwin, Egon: „... stürmt die Festung Wissenschaft!". Die Sowjetisierung der mitteldeutschen Universitäten seit 1945, Berlin-Dahlem 1953.

Mütter, Bernd: Aloys Meister (1866–1925), in: Westfälische Zeitschrift 121 (1971), S. 173–247.

Munke, Martin: „... die Interessen des deutschen Volkstums zu stützen und zu fördern". Die Publikationsstelle Berlin-Dahlem 1931/33 bis 1943/47, in: Sven Kriese (Hrsg.): Archivarbeit im und für den Nationalsozialismus. Die preußischen Staatsarchive vor und nach dem Machtwechsel von 1933 (Veröffentlichungen aus den Archiven Preußischer Kulturbesitz. Forschungen, 12), Berlin 2015, S. 259–293.

Nagel, Anne Christine: „Der Prototyp der Leute, die man entfernen soll, ist Mommsen". Entnazifizierung in der Provinz oder die Ambiguität moralischer Gewißheit, in: Jahrbuch zur Liberalismus-Forschung 10 (1998), S. 55–91.

Nagel, Anne C[hristine]: Von der Schwierigkeit, in Krisenzeiten liberal zu sein. Der Fall Wilhelm Mommsen, in: Ewald Grothe/Ulrich Sieg (Hrsg.): Liberalismus als Feindbild, Göttingen 2014, S. 229–251.

Nagel, Anne Christine: „Er ist der Schrecken überhaupt der Hochschule". Der Nationalsozialistische Deutsche Dozentenbund in der Wissenschaftspolitik des Dritten Reiches, in: Joachim Scholtyseck/Christoph Studt (Hrsg.): Universitäten und Studenten im Dritten Reich. Bejahung, Anpassung, Widerstand (Schriftenreihe der Forschungsgemeinschaft 20. Juli, 9), Münster 2008, S. 115–132.

Nagel, Anne Chr[istine]: Im Schatten des Dritten Reichs. Mittelalterforschung in der Bundesrepublik Deutschland 1945–1970, Göttingen 2005.

Nagel, Anne Christine: Die Universität im Dritten Reich, in: Geschichte der Universität Unter den Linden 1810–2010, Bd. 2: Die Berliner Universität zwischen den Weltkriegen 1918–1945, hrsg. v. Heinz-Elmar Tenorth, Berlin 2012, S. 405–464.

Nagel, Anne C[hristine]: Hitlers Bildungsreformer. Das Reichsministerium für Wissenschaft, Erziehung und Volksbildung 1934–1945, Frankfurt a. M. 2012.

Nagel, Anne C[hristine]: Johannes Popitz (1884–1945). Görings Finanzminister und Verschwörer gegen Hitler – Eine Biographie, Köln/Weimar/Wien 2015.

Nebelin, Manfred: Ludendorff. Diktator im Ersten Weltkrieg, München 2010.

Neitmann, Klaus: Geschichtsvereine und Historische Kommissionen als Organisationsformen der Landesgeschichtsforschung, dargestellt am Beispiel der preußischen Provinz Brandenburg, in: Wolfgang Neugebauer (Hrsg.), Das Thema „Preußen" in Wissenschaft und Wissenschaftspolitik des 19. und 20. Jahrhunderts (Forschungen zur brandenburgischen und preußischen Geschichte N. F., Beiheft 8), Berlin 2006, S. 115–181.

Neitmann, Klaus: Willy Hoppe (1884–1960). Brandenburgischer Landeshistoriker, Bibliothekar, in: Friedrich Beck/Klaus Neitmann (Hrsg.): Lebensbilder brandenburgischer Archivare und Landeshistoriker. Landes- und Kirchenarchivare, Landes-, Regional- und Kirchenhistoriker, Archäologen, Historische Geografen, Landes- und Volkskundler des 19. und 20. Jahrhunderts (Brandenburgische Historische Studien, 16), Berlin 2013, S. 108–119.

Neitmann, Klaus: Preußische Geschichtswissenschaft während der Weimarer Republik und des Nationalsozialismus im Spiegel der „Forschungen zur Brandenburgischen und Preußischen Geschichte", in: derselbe: Land und Landeshistoriographie. Beiträge zur Geschichte der brandenburgisch-preußischen und deutschen Landesgeschichtsforschung, hrsg. v. Hans-Christof Kraus/Uwe Schaper, Berlin/Boston 2015, S. 171–244.

Neitmann, Klaus: Willy Hoppe, die brandenburgische Landesgeschichtsforschung und der Gesamtverein der deutschen Geschichts- und Altertumsvereine in der NS-Zeit, in: in: derselbe: Land und Landeshistoriographie. Beiträge zur Geschichte der brandenburgisch-preußischen und deutschen Landesgeschichtsforschung, hrsg. v. Hans-Christof Kraus/Uwe Schaper, Berlin/Boston 2015, S. 245–292.

Neugebauer, Wolfgang: Das Kaiser-Wilhelm-Institut für Deutsche Geschichte im Zeitalter der Weltkriege, in: Historisches Jahrbuch 113 (1993), S. 60–97.

Neugebauer, Wolfgang: Zum schwierigen Verhältnis von Geschichts-, Staats- und Wirtschaftswissenschaften am Beispiel der Acta Borussica, in: Jürgen Kocka/Rainer Hohlfeld/Peter Th. Walther (Hrsg.), Die Königlich Preußische Akademie der Wissenschaften zu Berlin im Kaiserreich (Forschungsberichte der Interdisziplinären Arbeitsgruppen der Berlin-Brandenburgischen Akademie der Wissenschaften, 7), Berlin 1999, S. 235–275.

Neugebauer, Wolfgang: Zur preußischen Geschichtswissenschaft zwischen den Weltkriegen am Beispiel der Acta Borussica, in: Jahrbuch für brandenburgische Landesgeschichte 50 (1999), S. 169–196.

Neugebauer, Wolfgang: Die preußischen Staatshistoriographen des 19. und 20. Jahrhunderts, in: derselbe (Hrsg.): Das Thema „Preußen" in Wissenschaft und Wissenschaftspolitik des 19. und 20. Jahrhunderts, Berlin 2006, S. 17–60

Neugebauer, Wolfgang: Preußen in der Historiographie. Epochen und Forschungsprobleme der Preußischen Geschichte, in: derselbe (Hrsg.): Handbuch der Preußischen Geschichte, Bd. 1: Das 17. und 18. Jahrhundert und Große Themen der Geschichte Preußens, Berlin/New York 2009, S. 1–109.

Neugebauer, Wolfgang: Brandenburg-Preußen in der Frühen Neuzeit. Politik und Staatsbildung im 17. und 18. Jahrhundert, in: derselbe (Hrsg.): Handbuch der Preußischen Geschichte, Bd. 1: Das 17. und 18. Jahrhundert und Große Themen der Geschichte Preußens, Berlin/New York 2009, S. 113–407.

Neugebauer, Wolfgang: Otto Hintze. Denkräume und Sozialwelten eines Historikers in der Globalisierung 1861–1940, Paderborn 2015.

Neugebauer, Wolfgang: Die „Strafversetzung" von Carl Hinrichs. Politischer Eklat oder Professionalisierungskonflikt?, in: Sven Kriese (Hrsg.): Archivarbeit im und für den Nationalsozialismus. Die preußischen Staatsarchive vor und nach dem Machtwechsel von 1933 (Veröffentlichungen aus den Archiven Preußischer Kulturbesitz. Forschungen, 12), Berlin 2015, S. 95–110.

Neuhäußer-Wespy, Ulrich: Die SED und die Historie. Die Etablierung der marxistisch-leninistischen Geschichtswissenschaft der DDR in den fünfziger und sechziger Jahren, Bonn 1996.

Neuhäußer-Wespy, Ulrich: Zur Gleichschaltung der Geschichtswissenschaft in der DDR. Die Historikerkonferenzen der SED 1956–1958, in: Heiner Timmermann (Hrsg.): Diktaturen in Europa im 20. Jahrhundert – der Fall DDR (Dokumente und Schriften der Europäischen Akademie Otzenhausen, 79), Berlin 1996, S. 539–552.

Neuhaus, Helmut: 150 Jahre Historische Kommission bei der Bayerischen Akademie der Wissenschaften. Eine Chronik, München 2008.

Niedbalski, Bernd: Deutsche Zentralverwaltungen und Deutsche Wirtschaftskommission (DWK). Ansätze zur zentralen Wirtschaftsplanung in der SBZ 1945–1948, in: Vierteljahrshefte für Zeitgeschichte 33 (1985), S. 456–477.

Niedhart, Gottfried: Einsam als Jude und Deutscher: Gustav Mayer 1871–1948, in: derselbe (Hrsg.): Gustav Mayer. Als deutsch-jüdischer Historiker in Krieg und Revolution 1914–1920. Tagebücher, Aufzeichnungen, Briefe (Deutsche Geschichtsquellen des 19. und 20. Jahrhunderts, 65), München 2009, S. 17–82.

Nippel, Wilfried: Alte Geschichte 1885–1945, in: Geschichte der Universität Unter den Linden 1810–2010, Bd. 5: Transformation der Wissensordnung, hrsg. v. Heinz-Elmar Tenorth, Berlin 2010, S. 323–343.

Nipperdey, Thomas: Deutsche Geschichte 1866–1918, Bd. 2: Machtstaat vor der Demokratie, München 1998.

Nötzoldt, Peter: Die Deutsche Akademie der Wissenschaften zu Berlin in Gesellschaft und Politik. Gelehrtengesellschaft und Großorganisation außeruniversitärer Forschung 1946–1972, in: Jürgen Kocka/Peter Nötzoldt/Peter Th. Walther (Hrsg.): Die Berliner Akademien der Wissenschaften im geteilten Deutschland 1945–1990 (Interdisziplinäre Arbeitsgruppen, Forschungsberichte, 9), Berlin 2002, S. 39–80.

Nötzoldt, Peter/Walther, Peter Thomas: (Auto-)Biographische Korrekturen um 1945, in: Gegenworte. Zeitschrift für den Disput über Wissen, H. 2 (1998), S. 53–57.

Nordalm, Jens: Historismus und moderne Welt. Erich Marcks (1861–1938) in der deutschen Geschichtswissenschaft (Historische Forschungen, 76), Berlin 2003.

Nordalm, Jens: Vom Staatssozialismus zum Nationalsozialismus. Der Historiker Erich Marcks (1861–1938) zwischen Bismarck und Hitler, in: Joachim Scholtyseck/Christoph Studt (Hrsg.): Universitäten und Studenten im Dritten Reich. Bejahung, Anpassung, Widerstand (Schriftenreihe der Forschungsgemeinschaft 20. Juli, 9), Münster 2008, S. 55–73.

Oberkrome, Willi: Geistige Leibgardisten und völkische Neuordner. Varianten der Berliner universitären Geschichtswissenschaft im Nationalsozialismus, in: Die Berliner Universität in der NS-Zeit, Bd. 2: Fachbereiche und Fakultäten, hrsg. v. Rüdiger vom Bruch/Rebecca Schaarschmidt, Stuttgart 2005, S. 123–132.

Oberländer, Erwin: Zur Wirkungsgeschichte historischer Fälschungen. Das „Testament" Peters des Großen, in: Jahrbücher für Geschichte Osteuropas N. F. 21 (1971), S. 46–60.

Ó Dochartaigh, Pól: Germans, Celts and Nationalism. Julius Pokorny, 1887–1970, Dublin 2004.

Oestreich, Brigitta: Hedwig und Otto Hintze – Eine biographische Skizze, in: Geschichte und Gesellschaft 11 (1985), S. 397–419.

Oestreich, Gerhard: Fritz Hartung als Verfassungshistoriker (1883–1967), in: derselbe: Strukturprobleme der frühen Neuzeit. Ausgewählte Aufsätze, hrsg. v. Brigitta Oestreich, Berlin 1980, S. 34–56.

Oestreich, Gerhard: Die Fachhistorie und die Anfänge der sozialgeschichtlichen Forschung in Deutschland, in: derselbe: Strukturprobleme der frühen Neuzeit. Ausgewählte Aufsätze, hrsg. v. Brigitta Oestreich, Berlin 1980, S. 57–95.

Papen, Patricia von: Schützenhilfe nationalsozialistischer Judenpolitik. Die ‚Judenforschung' des „Reichsinstituts für Geschichte des neuen Deutschland" 1935–1945, in: Fritz Bauer Institut (Hrsg.): „Beseitigung des jüdischen Einflusses...". Antisemitische Forschung, Eliten und Karrieren im Nationalsozialismus (Jahrbuch zur Geschichte und Wirkung des Holocaust 1998/99), Frankfurt a. M./New York 1999, S. 17–42.

Patemann, Reinhard: Der Kampf um die preußische Wahlreform im Ersten Weltkrieg (Beiträge zur Geschichte des Parlamentarismus und der politischen Parteien, 26), Düsseldorf 1964.

Patze, Hans: Willy Flach zum Gedächtnis, in: Jahrbuch für die Geschichte Mittel- und Ostdeutschlands 8 (1959), S. 349–363.

Patzig, Günther: Nicolai Hartmanns Göttinger Zeit (1945–1950), in: derselbe u. a.: Symposium zum Gedenken an Nicolai Hartmann (1882–1950) (Göttinger Universitätsreden, 68), Göttingen 1982, S. 9–12.

Perkow, Maxim A.: Verwaltung Information, in: SMAD-Handbuch. Die sowjetische Militäradministration in Deutschland 1945–1949, hrsg. v. Horst Möller/ Alexandr O. Tschubarjan in Zusammenarbeit mit Wladimir P. Koslow/Sergei W. Mironienko/Hartmut Weber, München 2009, S. 243–271.

Pfeil, Ulrich: Deutsche Historiker auf den internationalen Historikertagen von Stockholm (1960) und Wien (1965). Geschichtswissenschaft zwischen Internationalität und Freund-Feind-Denken im Kalten Krieg, in: derselbe (Hrsg.): Die Rückkehr der deutschen Geschichtswissenschaft in die „Ökumene der Historiker". Ein wissenschaftsgeschichtlicher Ansatz (Pariser Historische Studien, 89), München 2008, S. 305–326.

Plättner, Petra (Hrsg.): Der schwierige Neubeginn – Vier deutsche Dichter 1949. Beiträge von Heinrich Detering, Dirk von Petersdorff, Hans Dieter Schäfer und Albert von Schirnding. Anlässlich des 60jährigen Bestehens der Klasse der Literatur (Akademie der Wissenschaften und der Literatur, Abhandlungen der Klasse der Literatur 2009, 4), Mainz/Stuttgart 2009.

Pöhlmann, Markus: Kriegsgeschichte und Geschichtspolitik: Der Erste Weltkrieg. Die amtliche deutsche Militärgeschichtsschreibung 1914–1956 (Krieg in der Geschichte, 12), Paderborn/München/Wien/Zürich 2002.

Puppel, Pauline: Die „Heranziehung und Ausbildung des archivalischen Nachwuchses". – Die Ausbildung am Institut für Archivwissenschaft und geschichtswissenschaftliche Fortbildung in Berlin-Dahlem (1930–1945), in: Sven Kriese (Hrsg.): Archivarbeit im und für den Nationalsozialismus. Die preußischen Staatsarchive vor und nach dem Machtwechsel von 1933 (Veröffentlichungen aus den Archiven Preußischer Kulturbesitz. Forschungen, 12), Berlin 2015, S. 335–370.

Pyta, Wolfram: Walter Elze und Preußen, in: Das Thema „Preußen" in Wissenschaft und Wissenschaftspolitik vor und nach 1945, hrsg. v. Hans-Christof Kraus (Forschungen zur brandenburgischen und preußischen Geschichte N. F., Beiheft 12), Berlin 2013, S. 119–132.

Quaritsch, Helmut (Red.): Gegenstand und Begriffe der Verfassungsgeschichtsschreibung. Tagung der Vereinigung für Verfassungsgeschichte in Hofgeismar am 30./31. März 1981 (Beihefte zu „Der Staat", 6), Berlin 1983.

Rebenich, Stefan: Zwischen Anpassung und Widerstand? Die Berliner Akademie der Wissenschaften von 1933 bis 1945, in: Beat Näf (Hrsg.): Antike und Altertumswissenschaft in der Zeit von Faschismus und Nationalsozialismus. Kolloquium Universität Zürich 14.–17. Oktober 1998 (Texts and Studies in the History of Humanities, 1), Mandelbachtal/Cambridge 2001, S. 203–244.

Reichert, Folker: Gelehrtes Leben. Karl Hampe, das Mittelalter und die Geschichte der Deutschen (Schriftenreihe der Historischen Kommission bei der Bayerischen Akademie der Wissenschaften, 79), Göttingen 2009.

Reichherzer, Frank: „Alles ist Front!" – Wehrwissenschaften in Deutschland und die Bellifizierung der Gesellschaft vom Ersten Weltkrieg bis in den Kalten Krieg (Krieg in der Geschichte, 68), Paderborn/München/Wien/Zürich 2012.

Reiling, Johannes: Deutschland – Safe for Democracy? Deutsch-amerikanische Beziehungen aus dem Tätigkeitsbereich Heinrich F. Alberts, kaiserlicher Geheimrat in Amerika, erster Staatssekretär der Reichskanzlei der Weimarer Republik, Reichsminister, Betreuer der Ford-Gesellschaften im Herrschaftsgebiet des Dritten Reiches 1914 bis 1945, Stuttgart 1997.

Reinermann, Lothar: Art. „Richter, Werner", in: Neue Deutsche Biographie 21 (2003), S. 539f.

Ribbe, Wolfgang: Berlin als brandenburgisch-preußische Residenz und Hauptstadt Preußens und des Reiches, in: Handbuch der Preußischen Geschichte, Bd. 1, hrsg. v. Wolfgang Neugebauer, Berlin/New York 2009, S. 933–1123.

Ribbe, Wolfgang: Berlin zwischen Ost und West (1945 bis zur Gegenwart), in: derselbe (Hrsg.): Geschichte Berlins, Bd. 2: Von der Märzrevolution bis zur Gegenwart, 2. Aufl. München 1988, S. 1025–1124.

Ritter, Gerhard: Staatskunst und Kriegshandwerk. Das Problem des „Militarismus" in Deutschland, Bde. 1–3, München 1954–1964.

Ritter, Gerhard A.: Hans Herzfeld – Persönlichkeit und Werk, in: Otto Büsch (Hrsg.): Hans Herzfeld – Persönlichkeit und Werk (Einzelveröffentlichungen der Historischen Kommission zu Berlin, 41), Berlin 1983, S. 13–91.

Ritter, Gerhard A.: Die Verdrängung von Friedrich Meinecke als Herausgeber der Historischen Zeitschrift 1933–1935, in: Historie und Leben – Der Historiker als Wissenschaftler und Zeitgenosse. Festschrift für Lothar Gall zum 70. Geburtstag, hrsg. v. Dieter Hein/Klaus Hildebrand/Andreas Schulz, München 2006, S. 65–88.

Ritter, Gerhard A.: Einleitung, in: Friedrich Meinecke, Akademischer Lehrer und emigrierte Schüler. Briefe und Aufzeichnungen 1910–1977. Eingeleitet u. bearb. v. Gerhard A. Ritter (Biographische Quellen zur Zeitgeschichte, 23), München 2006, S. 13–112.

Ritter, Gerhard A.: Friedrich Meinecke, die Gründung der Freien Universität Berlin und das Friedrich-Meinecke-Institut, in: Gisela Bock/Daniel Schönpflug (Hrsg.): Friedrich Meinecke in seiner Zeit. Studien zu Leben und Werk (Pallas Athene, 19), Stuttgart 2006, S. 193–210.

Ritter, Gerhard A.: Friedrich Meinecke und der Oldenbourg Verlag, in: Friedrich Meinecke, Neue Briefe und Dokumente (Friedrich Meinecke: Werke, Bd. 10), hrsg. u. bearb. v. Gisela Bock/Gerhard A. Ritter, München 2012, S. 24–52.

Röhl, John C. G.: Wilhelm II. Bd. 3: Der Weg in den Abgrund 1900–1941, München 2009.

Rogister, John: The Commission for the History of Parliamentary and Representative Institutions: Aims and Achievements over 70 Years, in: Parliaments, Estates & Representation 27 (2007), S. 1–7.

Rohstock, Anne: Kein Vollzeitrepublikaner – die Erfindung des Demokraten Theodor Eschenburg (1904–1999), in: Bastian Hein/Manfred Kittel/Horst Möller

(Hrsg.): Gesichter der Demokratie – Porträts zur deutschen Zeitgeschichte, München 2012, S. 193–210.

Roth, Regina: Staat und Wirtschaft im Ersten Weltkrieg. Kriegsgesellschaften als kriegswirtschaftliche Steuerungselemente (Schriften zur Sozial- und Wirtschaftsgeschichte, 51), Berlin 1997.

Rupieper, Hermann-Josef: Die Berliner Außenministerkonferenz 1954. Ein Höhepunkt der Ost-West-Propaganda oder die letzte Möglichkeit zur Schaffung der deutschen Einheit?, in: Vierteljahrshefte für Zeitgeschichte 34 (1986), S. 427–453.

Sabrow, Martin: Klio mit dem Januskopf. Die Zeitschrift für Geschichtswissenschaft, in: Matthias Middell (Hrsg.): Historische Zeitschriften im internationalen Vergleich (Geschichtswissenschaft und Geschichtskultur im 20. Jahrhundert, 2), Leipzig 1999, S. 297–329.

Sabrow, Martin: Das Diktat des Konsenses. Geschichtswissenschaft in der DDR 1949–1969 (Ordnungssysteme – Studien zur Ideengeschichte der Neuzeit, 8), München 2001.

Sabrow, Martin: Die Ohnmacht der Objektivierung. Deutsche Historiker und ihre Umbruchserinnerungen nach 1945 und nach 1989, in: Aus Politik und Zeitgeschichte B 28/2001, S. 31–42.

Sabrow, Martin: Der Historiker als Zeitzeuge. Autobiographische Umbruchsreflexionen deutscher Fachgelehrter nach 1945 und 1989, in: Konrad H. Jarausch/Martin Sabrow (Hrsg.): Verletztes Gedächtnis. Erinnerungskultur und Zeitgeschichte im Konflikt, Frankfurt a.M. 2002, S. 125–152.

Sabrow, Martin: Die deutsch-deutschen Historikerbeziehungen zwischen Abschließung und Öffnung, in: Ulrich Pfeil (Hrsg.): Die Rückkehr der deutschen Geschichtswissenschaft in die „Ökumene der Historiker". Ein wissenschaftsgeschichtlicher Ansatz (Pariser Historische Studien, 89), München 2008, S. 287–304.

Sachse, Arnold: Friedrich Althoff und sein Werk, Berlin 1928.

Saehrendt, Christian: Studentischer Extremismus und politische Gewalt an der Berliner Universität 1918–1933, in: Jahrbuch für Universitätsgeschichte 9 (2006), S. 213–233.

Safranski, Rüdiger: Ein Meister aus Deutschland. Heidegger und seine Zeit, München 1994.

Salewski, Michael: Deutschland und der Zweite Weltkrieg, Paderborn 2005.

Schaller, Hans Wilhelm: Die „Publikationsstelle Berlin-Dahlem" und die deutsche Osteuropaforschung in der Zeit von 1933 bis 1945, in: Historische Mitteilungen 20 (2007), S. 193–216.

Schieder, Theodor: Nekrolog Hans Haussherr, in: Historische Zeitschrift 193 (1961), S. 512–514.

Schildt, Axel: Zur Hochkonjunktur des „christlichen Abendlandes" in der westdeutschen Geschichtsschreibung, in: Ulrich Pfeil (Hrsg.): Die Rückkehr der deutschen Geschichtswissenschaft in die „Ökumene der Historiker". Ein wissenschaftsgeschichtlicher Ansatz (Pariser Historische Studien, 89), München 2008, S. 49–70.

Schleier, Hans: Die bürgerliche deutsche Geschichtsschreibung der Weimarer Republik, Berlin[-Ost] 1975.

Schleier, Hans: Vergangenheitsbewältigung und Traditionserneuerung? Geschichtswissenschaft nach 1945, in: Walter H. Pehle/Peter Sillem (Hrsg.): Wissenschaft im geteilten Deutschland. Restauration oder Neubeginn nach 1945?, Frankfurt a. M. 1992, S. 205–219, 248–250.

Schleier, Hans: Die Berliner Geschichtswissenschaft – Kontinuitäten und Diskontinuitäten 1918–1952, in: Wolfram Fischer/Klaus Hierholzer/Michael Hubenstorf/Peter Th. Walther/Rolf Winau (Hrsg.): Exodus von Wissenschaften aus Berlin. Fragestellungen – Ergebnisse – Desiderate. Entwicklungen vor und nach 1933 (Akademie der Wissenschaften zu Berlin; Forschungsbericht 7), Berlin/ New York 1994, S. 198–220.

Schmitz, Wolfgang: Deutsche Bibliotheksgeschichte (Germanistische Lehrbuchsammlung, 52), Bern/Frankfurt a. M./New York 1984.

Schneider, Barbara: Erich Maschke. Im Beziehungsgeflecht von Politik und Geschichtswissenschaft (Schriftenreihe der Historischen Kommission bei der Bayerischen Akademie der Wissenschaften, 90), Göttingen 2016.

Schochow, Werner: Bibliographie Fritz Hartung, in: Jahrbuch für die Geschichte Mittel- und Ostdeutschlands 3 (1954), S. 211–240.

Schochow, Werner: Nachtrag zur Bibliographie Fritz Hartung, in: Dietrich, Richard/ Ostreich, Gerhard (Hrsg.): Forschungen zu Staat und Verfassung – Festgabe für Fritz Hartung, Berlin 1958, S. 537–538.

Schochow, Werner: Die landesgeschichtliche Bibliographie in Mitteldeutschland seit dem Zweiten Weltkrieg, in: Jahrbuch für die Geschichte Mittel- und Ostdeutschlands 7 (1958), S. 359–378.

Schochow, Werner: Die Jahresberichte im Spannungsfeld zwischen Ost und West. Bericht und Dokumentation zum letzten Jahrgang, in: Jahrbuch für die Geschichte Mittel- und Ostdeutschlands 9/10 (1961), S. 319–324.

Schochow, Werner: Zweiter Nachtrag zur Bibliographie Fritz Hartung, in: Jahrbuch für die Geschichte Mittel- und Ostdeutschlands 16/17 (1968), S. 729–732.

Schochow, Werner: Ein Historiker in der Zeit – Versuch über Fritz Hartung (1883– 1967), in: Jahrbuch für die Geschichte Mittel- und Ostdeutschlands 32 (1983), S. 219–250.

Schochow, Werner: Die Berliner Staatsbibliothek und ihr Umfeld. 20 Kapitel preußisch-deutscher Bibliotheksgeschichte. Mit einem Geleitwort von Peter Vodosek (Zeitschrift für Bibliothekswesen und Bibliographie, Sonderheft 87), Frankfurt a. M. 2005.

Schöbel, Thomas: Albert Brackmann und die Publikationsstelle Berlin-Dahlem, in: Jessica Hoffmann/Anja Megel/Robert Parzer/Helena Seidel (Hrsg.): Dahlemer Erinnerungsorte, Berlin 2007, S. 229–243.

Schöttler, Peter: Die „Annales"-Historiker und die deutsche Geschichtswissenschaft, Tübingen 2015.

Scholder, Klaus: Die evangelische Kirche in der Sicht der nationalsozialistischen Führung bis zum Kriegsausbruch, in: Vierteljahrshefte für Zeitgeschichte 16 (1968), S. 15–35.

Schulin, Ernst: Traditionskritik und Rekonstruktionsversuch – Studien zur Entwicklung von Geschichtswissenschaft und historischem Denken, Göttingen 1979.

Schulin, Ernst: Weltkriegserfahrung und Historikerreaktion, in: Wolfgang Küttler/Jörn Rüsen/Ernst Schulin (Hrsg.): Geschichtsdiskurs, Bd. 4: Krisenbewußtsein, Katastrophenerfahrungen und Innovationen 1880–1945, Frankfurt a. M. 1997, S. 165–188.

Schulze, Winfried: Deutsche Geschichtswissenschaft nach 1945, München 1989.

Schulze, Winfried: Der Neubeginn der deutschen Geschichtswissenschaft nach 1945: Einsichten und Absichtserklärungen der Historiker nach der Katastrophe, in: Deutsche Geschichtswissenschaft nach dem Zweiten Weltkrieg (1945–1965), hrsg. v. Ernst Schulin unter Mitarbeit von Elisabeth Müller-Luckner (Schriften des Historischen Kollegs. Kolloquien 14), München 1989, S. 1–37.

Schulze, Winfried: Berliner Geschichtswissenschaft in den Nachkriegsjahren, in: Wolfram Fischer/Klaus Hierholzer/Michael Hubenstorf/Peter Th. Walther/Rolf Winau (Hrsg.): Exodus von Wissenschaften aus Berlin. Fragestellungen – Ergebnisse – Desiderate. Entwicklungen vor und nach 1933 (Akademie der Wissenschaften zu Berlin; Forschungsbericht 7), Berlin/New York 1994, S. 184–197.

Schulze, Winfried: German Historiography from the 1930s to the 1950s, in: Hartmut Lehmann/James Van Horn Melton (Hrsg.): Paths of Continuity. Central European Historiography from the 1930s to the 1950s, Cambridge/New York 1994, S. 19–42.

Schulze, Winfried: Die deutschen Historiker auf dem Internationalen Historikerkongress in Rom 1955, in: Historie und Leben. Der Historiker als Wissenschaftler und Zeitgenosse – Festschrift für Lothar Gall zum 70. Geburtstag, hrsg. v. Dieter Hein/Klaus Hildebrand/Andreas Schulz, München 2006, S. 89–102.

Schumann, Peter: Die deutschen Historikertage von 1893 bis 1937. Die Geschichte einer fachhistorischen Institution im Spiegel der Presse, Göttingen 1975.

Schwabe, Klaus: Ritter, Gerhard Georg Bernhard, in: Baden-Württembergische Biographien, Bd. 1, Stuttgart 1994, S. 299–303.

Schwabe, Klaus: Geschichtswissenschaft als Oppositionswissenschaft im nationalsozialistischen Deutschland. Gerhard Ritter und das „Reichsinstitut für die Geschichte des Neuen Deutschland", in: Jürgen Elvert/Susanne Krauß (Hrsg.): Historische Debatten und Kontroversen im 19. und 20. Jahrhundert (Historische Mitteilungen der Ranke-Gesellschaft, Beiheft 46), Stuttgart 2003, S. 82–95.

Schwarz, Hans-Peter: Ein Leitfossil der frühen Bundesrepublik – Theodor Eschenburg (1904–1999), in: Bastian Hein/Manfred Kittel/Horst Möller (Hrsg.): Gesichter der Demokratie – Porträts zur deutschen Zeigeschichte. Eine Veröffentlichung des Instituts für Zeitgeschichte München-Berlin, München 2012, S. 175–192.

Schwensen, Broder: Der Schleswig-Holsteiner Bund 1919–1933. Ein Beitrag zur Geschichte der nationalpolitischen Verbände im deutsch-dänischen Grenzland (Kieler Werkstücke A, Beiträge zur schleswig-holsteinischen und skandinavischen Geschichte, 9), Frankfurt a. M. 1993.

Sehlmeyer, Markus/Walter, Uwe: Unberührt von jedem Umbruch? Der Althistoriker Ernst Hohl zwischen Kaiserreich und früher DDR, Frankfurt a. M. 2005.

Seidler, Franz W.: Die Organisation Todt. Bauen für Staat und Wehrmacht 1938–1945, Koblenz 1987, 2. Aufl. Bonn 1998.

Seier, Hellmut: Der Rektor als Führer. Zur Hochschulpolitik des Reichserziehungsministeriums 1934–1945, in: Vierteljahrshefte für Zeitgeschichte 12 (1964), S. 105–146.

Smith, Leonard S.: The Expert's Historian. Otto Hintze and the Nature of Modern Historical Thought, Eugene/Oregon 2017.

Sösemann, Bernd: „Auf Bajonetten läßt sich schlecht sitzen". Propaganda und Gesellschaft in der Anfangsphase der nationalsozialistischen Diktatur, in: Thomas Stamm-Kuhlmann/Jürgen Elvert/Birgit Aschmann/Jens Hohensee (Hrsg.): Geschichtsbilder. Festschrift für Michael Salewski zum 65. Geburtstag (Historische Mitteilungen der Ranke-Gesellschaft, Beiheft 47), Stuttgart 2003, S. 381–409.

Sprengel, Peter: Gerhart Hauptmann – Bürgerlichkeit und großer Traum, München 2012.

Steinhoff, Friedrich: Albert Brackmann 1871–1952, in: Niedersächsische Lebensbilder, Bd. 2, hrsg. v. Otto Heinrich May, Hildesheim 1954, S. 20–36.

Steininger, Rolf: Deutsche Geschichte. Darstellung und Dokumente in vier Bänden, Bde. 1–4, Frankfurt a. M. 2002.

Stengel, Friedemann: Die Theologischen Fakultäten in der DDR als Problem der Kirchen- und Hochschulpolitik des SED-Staates bis zu ihrer Umwandlung in Sektionen 1970/71 (Arbeiten zur Kirchen- und Theologiegeschichte, 3), Leipzig 1998.

Stengel, Friedemann: Georg Brodnitz, in: derselbe (Hrsg.): Ausgeschlossen. Zum Gedenken an die 1933–1945 entlassenen Hochschullehrer der Martin-Luther-Universität Halle-Wittenberg, Halle (Saale) 2013, S. 53–58.

Stolleis, Michael: Geschichte des öffentlichen Rechts in Deutschland, Bd. 3: Staats- und Verwaltungsrechtswissenschaft in Republik und Diktatur 1914–1945, München 1999.

Strazhas, Abba: Deutsche Ostpolitik im Ersten Weltkrieg. Der Fall Ober-Ost 1915–1917 (Veröffentlichungen des Osteuropa-Institutes München. Reihe Geschichte, 61), Wiesbaden 1993.

Sünderhauf, Esther Sophia: „Am Schaltwerk der deutschen Archäologie" – Gerhart Rodenwaldts Wirken in der Zeit des Nationalsozialismus, in: Jahrbuch des Deutschen Archäologischen Instituts 123 (2008), S. 283–362.

Tashiro, Takahiro: Affinität und Distanz. Eduard Spranger und der Nationalsozialismus, in: Pädagogische Rundschau 53 (1999), S. 43–58.

Taylor, A[lan] J[ohn] P[ercevale]: The Course of German History. A Survey of the Development of Germany Since 1815, London 1945.

Tenorth, Heinz-Elmar: Eduard Sprangers hochschulpolitischer Konflikt 1933. Politisches Handeln eines preußischen Gelehrten, in: Zeitschrift für Pädagogik 36 (1990), S. 573–596.

Tenorth, Heinz-Elmar: Geschichte der Universität zu Berlin, 1810 bis 2010. Zur Einleitung, in: Geschichte der Universität Unter den Linden 1810–2010, Bd. 1: Gründung und Blütezeit der Universität zu Berlin 1810–1918, hrsg. v. Heinz-Elmar Tenorth/Charles E. McClelland, Berlin 2012, S. XV–XLIII.

Tenorth, Heinz-Elmar: Transformationen der Wissensordnung. Die Berliner Universität vom ausgehenden 19. Jahrhundert bis 1945, in: Geschichte der Universität Unter den Linden 1810–2010, Bd. 5: Transformation der Wissensordnung, hrsg. v. Heinz-Elmar Tenorth, Berlin 2010, S. 9–49.

Tenorth, Heinz-Elmar: Von der ‚Kultur- und Staatswissenschaft' zur ‚Politischen Pädagogik' – Berliner Universitätspädagogik bis 1945, in: Geschichte der Universität Unter den Linden 1810–2010, Bd. 5: Transformation der Wissensordnung, hrsg. v. Heinz-Elmar Tenorth, Berlin 2010, S. 237–256.

Tenorth, Heinz-Elmar: Pädagogik seit 1945: Sozialistische Tradition, ideologisierter Alltag, forschende Sozialwissenschaft, in: Geschichte der Universität Unter den Linden 1810–2010, Bd. 6: Selbstbehauptung einer Vision, hrsg. v. Heinz-Elmar Tenorth, Berlin 2010, S. 209–231.

Tent, James F.: Freie Universität Berlin 1948–1988. Eine deutsche Hochschule im Zeitgeschehen, Berlin 1988.

Teuteberg, Hans Jürgen: Wilhelm Treue als Nestor der Unternehmensgeschichte, in: Zeitschrift für Unternehmensgeschichte 47 (1992), S. 123–157.

Thalheim, Karl C.: Die Staatswissenschaftliche Gesellschaft seit der Reaktivierung im Jahre 1957, in: Hundert Jahre Staatswissenschaftliche Gesellschaft zu Berlin 1883–1983, hrsg. v. Vorstand der Staatswissenschaftlichen Gesellschaft, Berlin 1983, S. 85–92.

Thiel, Jens: Der Lehrkörper der Friedrich-Wilhelms-Universität im Nationalsozialismus, in: Geschichte der Universität Unter den Linden 1810–2010, Bd. 2: Die Berliner Universität zwischen den Weltkriegen 1918–1945, hrsg. v. Heinz-Elmar Tenorth, Berlin 2012, S. 465–538.

Thierbach, Hans (Hrsg.): Adolf Grabowsky – Leben und Werk, Köln/Berlin/Bonn/München 1963.

Thiessenhusen, Karen: Politische Kommentare deutscher Historiker zur Revolution und Neuordnung 1918/19, in: Aus Politik und Zeitgeschichte B 45/69, 8.11.1969, S. 3–63.

Thimme, Annelise: Hans Delbrück als Kritiker der Wilhelminischen Epoche (Beiträge zur Geschichte des Parlamentarismus und der politischen Parteien, 6), Düsseldorf 1955.

Thimme, David: Percy Ernst Schramm und das Mittelalter. Wandlungen eines Geschichtsbildes (Schriftenreihe der Historischen Kommission bei der Bayerischen Akademie der Wissenschaften, 75), Göttingen 2006.

Thomas, Rüdiger: Zum Projekt einer Kulturgeschichte der DDR, in: Heiner Timmermann (Hrsg.): Diktaturen in Europa im 20. Jahrhundert – der Fall DDR (Dokumente und Schriften der Europäischen Akademie Otzenhausen, 79), Berlin 1996, S. 481–510.

Tidwell, Thomas T.: Wilhelm Schlenk: The Man Behind the Flask, in: Angewandte Chemie 40 (2001), S. 331–337.

Titze, Hartmut: Hochschulen, in: Handbuch der deutschen Bildungsgeschichte, Bd. 4: 1918–1945. Die Weimarer Republik und die nationalsozialistische Diktatur, hrsg. v. Dieter Langewiesche/Heinz-Elmar Tenorth, München 1989, S. 209–240.

Töpner, Kurt: Gelehrte Politiker und politisierende Gelehrte. Die Revolution von 1918 im Urteil deutscher Hochschullehrer (Veröffentlichungen der Gesellschaft für Geistesgeschichte, 3), Göttingen/Zürich/Frankfurt a. M. 1970.

Toppe, Andreas: Militär und Kriegsvölkerrecht. Rechtsnorm, Fachdiskurs und Kriegspraxis in Deutschland 1899–1940, München 2008.

Utz, Friedemann: Preuße, Protestant, Pragmatiker. Der Staatssekretär Walter Strauß und sein Staat (Beiträge zur Rechtsgeschichte des 20. Jahrhunderts, 40), Tübingen 2003.

Vezényi, Pál: Abhandlungen und Sitzungsberichte der Deutschen Akademie der Wissenschaften (Königl. Preußische Akademie) zu Berlin 1900–1960. Bibliographie, München 1968.

Vogt, Annette: Vom Wiederaufbau der Universität bis zum Universitäts-Jubiläum 1960, in: Geschichte der Universität Unter den Linden, Bd. 3: Sozialistisches Experiment und Erneuerung der Demokratie – die Humboldt-Universität zu Berlin 1945–2010, hrsg. v. Heinz-Elmar Tenorth, Berlin 2012, S. 125–250.

Voigt, Gerd: Otto Hoetzsch 1876–1946. Wissenschaft und Politik im Leben eines deutschen Historikers (Quellen und Studien zur Geschichte Osteuropas, 21), Berlin[-Ost] 1978.

Vorländer, Herwart: Die NSV – Darstellung und Dokumentation einer nationalsozialistischen Organisation (Schriften des Bundesarchivs, 35), Boppard a. Rh. 1988.

Voss, Ingrid: Die preußische Ausrichtung der deutschen Historiographie im 19. Jahrhundert, in: Gérard Raulet (Hrsg.): Historismus, Sonderweg und dritte Wege (Schriften zur politischen Kultur der Weimarer Republik, 5), Frankfurt am Main 2001, S. 32–50.

Walther, Peter Thomas: Von Meinecke zu Beard?: Die nach 1933 in die USA emigrierten deutschen Neuhistoriker, phil. Diss., State University of New York, Buffalo 1989.

Walther, Peter Thomas: Zur Entwicklung der Geschichtswissenschaften in Berlin: Von der Weimarer Republik zur Vier-Sektoren-Stadt, in: Wolfram Fischer/Klaus Hierholzer/Michael Hubenstorf/Peter Th. Walther/Rolf Winau (Hrsg.): Exodus von Wissenschaften aus Berlin. Fragestellungen – Ergebnisse – Desiderate. Entwicklungen vor und nach 1933 (Akademie der Wissenschaften zu Berlin; Forschungsbericht 7), Berlin/New York 1994, S. 153–183.

Walther, Peter Th[omas]: Fritz Hartung und die Umgestaltung der historischen Forschung an der Deutschen Akademie der Wissenschaften zu Berlin, in: Martin Sabrow/Peter Th. Walther (Hrsg.): Historische Forschung und sozialistische Diktatur. Beiträge zur Geschichtswissenschaft der DDR (Beiträge zur Universalgeschichte und vergleichenden Gesellschaftsforschung, 13), Leipzig 1995, S. 59–73.

Walther, Peter Thomas: Denkraster- und Kaderpolitik der SED in der Deutschen Akademie der Wissenschaften zu [Ost-]Berlin, in: Petra Boden/Rainer Rosenberg (Hrsg.): Deutsche Literaturwissenschaft 1945–1965. Fallstudien zu Institutionen, Diskursen, Personen, Berlin 1997, S. 161–171.

Walther, Peter Thomas: Das Akademie-Jubiläum von 1950, in: Sitzungsberichte der Leibniz-Sozietät 29 (1999), H. 2, S. 5–15.

Walther, Peter Thomas: „Arisierung", Nazifizierung und Militarisierung. Die Akademie im „Dritten Reich", in: Wolfram Fischer/Rainer Hohlfeld/Peter Nötzoldt (Hrsg.): Die Preußische Akademie der Wissenschaften zu Berlin 1914–1945 (Interdisziplinäre Arbeitsgruppe, Forschungsberichte, 8), Berlin 2000, S. 87–118.

Weber, Hermann: Geschichte der DDR, 2. Aufl. München 2000.

Weber, Wolfgang E. J.: Biographisches Lexikon zur Geschichtswissenschaft in Deutschland, Österreich und der Schweiz. Die Lehrstuhlinhaber für Geschichte von den Anfängen das Faches bis 1970, Frankfurt a. M./Bern/New York/Nancy 1984.

Weber, Wolfgang E. J.: Sozialgeschichtliche Aspekte des historiographischen Wandels 1880–1945, in: Wolfgang Küttler/Jörn Rüsen/Ernst Schulin (Hrsg.): Geschichtsdiskurs, Bd. 4: Krisenbewußtsein, Katastrophenerfahrungen und Innovationen 1880–1945, Frankfurt a. M. 1997, S. 90–107.

Wegeler, Cornelia: Das Institut für Altertumskunde der Universität Göttingen 1921–1962: Ein Beitrag zur Geschichte der Klassischen Philologie seit Wilamowitz, in: Heinrich Becker/Hans-Joachim Dahms/Cornelia Wegeler (Hrsg.): Die Universität Göttingen unter dem Nationalsozialismus, München/London/New York/Oxford/Paris 1987, S. 246–271.

Wehrs, Nikolai, Demokratie durch Diktatur? Friedrich Meinecke als Vernunftrepublikaner in der Weimarer Republik, in: Gisela Bock/Daniel Schönpflug (Hrsg.): Friedrich Meinecke in seiner Zeit (Pallas Athene, 19), Stuttgart 2006, S. 95–118.

Weigand, Katharina: Geschichtsschreibung zwischen Wissenschaft und nationaler Vereinnahmung: der Verdun-Preis, in: dieselbe/Jörg Zedler/Florian Schuller (Hrsg): Die Prinzregentenzeit. Abenddämmerung der bayerischen Monarchie?, Regensburg 2013, S. 105–127.

Weigand, Wolf Volker: Walter Wilhelm Goetz 1867–1958. Eine biographische Studie über den Historiker, Politiker und Publizisten (Schriften des Bundesarchivs, 40), Boppard a. Rh. 1992.

Weiser, Johanna: Geschichte der preußischen Archivverwaltung und ihrer Leiter. Von den Anfängen unter Staatskanzler von Hardenberg bis zur Auflösung im

Jahre 1945 (Veröffentlichungen aus den Archiven Preußischer Kulturbesitz, Beiheft 7), Köln/Weimar/Wien 2000.

Weisert, Hermann: Die Verfassung der Universität Heidelberg. Überblick 1386–1952 (Abhandlungen der Heidelberger Akademie der Wissenschaften. Philosophisch-Historische Klasse, Jg. 1974, 2), Heidelberg 1974.

Welsh, Helga A.: Deutsche Zentralverwaltung für Volksbildung (DVV), in: Martin Broszat/Hermann Weber (Hrsg.): SBZ-Handbuch. Staatliche Verwaltungen, Parteien, gesellschaftliche Organisationen und ihre Führungskräfte in der Sowjetischen Besatzungszone Deutschlands 1945–1949, München 1990, S. 229–238.

Welzbacher, Christian: Edwin Redslob – Biografie eines unverbesserlichen Idealisten, Berlin 2009.

Wende, Erich: C. H. Becker – Mensch und Politiker. Ein Beitrag zur Kulturgeschichte der Weimarer Republik, Stuttgart 1959.

Wendehorst, Alfred: Hundert Jahre Gesellschaft für fränkische Geschichte, in: Nachdenken über fränkische Geschichte. Vorträge aus Anlass des 100. Gründungsjubiläums der Gesellschaft für fränkische Geschichte vom 16.–19. September 2004 (Veröffentlichungen der Gesellschaft für fränkische Geschichte, Reihe IX, 50), Neustadt an der Aisch 2005, S. 11–37.

Wengst, Udo: Theodor Eschenburg – Biographie einer politischen Leitfigur 1904–1999, Berlin/München/Boston 2015.

Werner, Karl Ferdinand: Das NS-Geschichtsbild und die deutsche Geschichtswissenschaft, Stuttgart/Berlin/Köln/Mainz 1967.

Werner, Karl Ferdinand: Die deutsche Historiographie unter Hitler, in: Bernd Faulenbach (Hrsg.): Geschichtswissenschaft in Deutschland. Traditionelle Positionen und gegenwärtige Aufgaben, München 1974, S. 86–96, 179–180.

White, David Glen: Einige Kapitel aus der Großen Politik zur Zeit der Ruhrbesetzung, phil. Diss., Berlin 1939.

Wiggershaus-Müller, Ursula: Nationalsozialismus und Geschichtswissenschaft. Die Geschichte der Historischen Zeitschrift und des Historischen Jahrbuchs 1933–1945 (Studien zur Zeitgeschichte, 127), Hamburg 1998.

Wilson, W. Daniel: Das Goethe-Tabu. Protest und Menschenrechte im klassischen Weimar, 2. Aufl. München 1999.

Wirsching, Andreas: Demokratisches Denken in der Geschichtswissenschaft der Weimarer Republik, in: Christoph Gusy (Hrsg.): Demokratisches Denken in der Weimarer Republik (Interdisziplinäre Studien zu Recht und Staat, 16), Baden-Baden 2000, S. 71–95.

Wiwjorra, Ingo: Herman Wirth – Ein gescheiterter Ideologe zwischen „Ahnenerbe" und Atlantis, in: Barbara Danckwortt/Thorsten Querg/Claudia Schöningh (Hrsg.): Historische Rassismusforschung. Ideologen – Täter – Opfer, Hamburg 1995, S. 91–112.

Wolbring, Barbara: Trümmerfeld der bürgerlichen Welt. Universität in den gesellschaftlichen Reformdiskursen der westlichen Besatzungszonen (1945–1949) (Schriftenreihe der Historischen Kommission bei der Bayerischen Akademie der Wissenschaften, 87), Göttingen 2014.

Wolf, Ursula: Litteris et Patriae. Das Janusgesicht der Historie (Frankfurter Historische Abhandlungen, 37), Stuttgart 1996.

Wolf, Ursula: Die Zeiger der Geschichte rückten in eine neue Stunde vor, in: Wolfgang Bialas/Manfred Gangl (Hrsg.): Intellektuelle im Nationalsozialismus (Schriften zur politischen Kultur der Weimarer Republik, 4), Frankfurt a.M. 2000, S. 325–355.

Wolgast, Eike: Die Universität Heidelberg 1386–1986, Berlin 1986.

Wolgast, Eike: Andreas, Willy, in: Badische Biographien, N.F., Bd. 2, Stuttgart 1987, S. 4–7.

Wolgast, Eike: Schmitthenner, Ludwig Wilhelm Martin, in: Badische Biographien, N.F., Bd. 3, Stuttgart 1990, S. 239–243.

Wolgast, Eike: Geschichtswissenschaft in Heidelberg 1933–1945, in: Nationalsozialismus in den Kulturwissenschaften, Bd. 1: Fächer – Milieus – Karrieren, hrsg. v. Hartmut Lehmann/Otto Gerhard Oexle (Veröffentlichungen des Max-Planck-Instituts für Geschichte, 200), Göttingen 2004, S. 145–168.

Wolgast, Eike: Mittlere und Neuere Geschichte, in: Wolfgang U. Eckart/Volker Sellin/Eike Wolgast (Hrsg.): Die Universität Heidelberg im Nationalsozialismus, Heidelberg 2006, S. 491–516.

Worschech, Franz: Der Weg der deutschen Geschichtswissenschaft in die institutionelle Spaltung (1945–1965), phil. Diss. Erlangen-Nürnberg 1990.

Zala, Sacha: Geschichte unter der Schere politischer Zensur. Amtliche Aktensammlungen im internationalen Vergleich, München 2001.

Zboralski, Dietrich: Zur Geschichte der ökonomischen Lehre und Forschung an der Berliner Universität von 1810 bis 1945 (Beiträge zur Geschichte der Humboldt-Universität zu Berlin, 15), Berlin[-Ost] 1986.

Namensregister

Abel, Rudolf (1868–1942), Mediziner (Bakteriologe und Hygieniker), o. Professor an der Universität Jena (1915–1935); 1916 Referent im Kriegsernährungsamt 130, *131*

Abert, Hermann (1871–1927), Musikwissenschaftler, Professor an den Universitäten Halle (1909–1919), Heidelberg (1919–1920), Leipzig (1920–1923) und Berlin (1923–1927) 181, *181*

Achelis, Hans (1865–1937), evangelischer Theologe, a. o. Professor an den Universitäten Königsberg (1901–1907) und Halle (1907–1913), o. Professor an den Universitäten Halle (1913–1916), Bonn (1916–1919) und Leipzig (1919–1935) 240

Achelis, Johann Daniel (1898–1963), Mediziner, Ministerialrat und Personalreferent im preußischen Ministerium für Wissenschaft, Erziehung und Volksbildung (März 1933 bis September 1934), o. Professor an der Universität Heidelberg (1934–1945) 240, *240*, 246f., 249, 253–255, 261f., 263, 278, 283

Achilles, Albrecht (1914–1943), Marineoffizier, Schwiegersohn Hartungs 374, *384*, 400, 402, 460

Acton, Lord John Emerich Edward Dalberg-Acton (1834–1902), englischer Schriftsteller, Historiker und Politiker, Parlamentarier, seit 1869 erbliches Mitglied des Oberhauses, seit 1896 Regius Professor of Modern History an der Universität Cambridge 148, *148*

Agamemnon, König von Mykene, griechischer Heerführer *148*

Aland, Kurt (1915–1994), evangelischer Theologe, Neutestamentler und Kirchenhistoriker, a. o. Professor an der Linden-Universität Berlin (1946–1947), o. Professor an den Universitäten Halle (1947–1958) und Münster (1960–1983) 659, *659*, 678, *678*

Albrecht II. Alcibiades (1522–1557), Markgraf von Brandenburg-Kulmbach 58, *58*

Altenstein, Karl Sigmund Freiherr vom Stein zum A. (1770–1840), preußischer Staatsmann, 1808–1810 Finanzminister, 1817–1838 Kultusminister 149, *149*, 640

Althoff, Friedrich (1839–1908), Jurist und Wissenschaftspolitiker, a.o./o. Professor an der Universität Straßburg (1872/80), seit 1882 Universitätsreferent, ab 1897 Ministerialdirektor im Preußischen Kultusministerium in Berlin, einflussreicher Wissenschaftspolitiker 58, *58*, 87

Ambarzumian, Viktor (1908–1996), sowjetischer (armenischer) Astronom, Professor an der Universität Leningrad (1934–1943) und Präsident der Akademie der Wissenschaften der Armenischen SSR (1947–1993) *590*

Anderson, Eugene N. (1900–1984), US-amerikanischer Historiker, Professor an der University of Chicago (1932–1936), an der American University in Washington, D.C. (1936–1941), nach Kriegsdienst und anschließender Tätigkeit für das

Department of State Professor an der University of Nebraska–Lincoln (1947–1955), an der University of California, Los Angeles (1955–1968) und an der University of California, Santa Barbara (1968–1970) *690*

Andreas, Gerta, geb. Marcks (1897–1985), Ehefrau von Willy Andreas, Tochter von Erich Marcks, sen. *407*

Andreas, Willy (1884–1967), Historiker, a. o. Professor an der Technischen Hochschule Karlsruhe (1914–1919), o. Professor an den Universitäten Rostock (1919–1922), Berlin (1922–1923) und Heidelberg (1923–1945) 9f., *10*, *24*, 42–45, 48f., *61*, *160*, 164, 167, *167*, *180*, 197f., *197*, 201, *201*, 203, 209, 281f., 288, 295, *295f.*, 300, *300*, 307, *307*, 345, *345*, 349, *348f.*, 375, *376*, 384, *384f.*, 392, 405, *405*, 505, 564, *564*, 652, *652*, 658, 668, 673, *673f.*, 677, *677*, 681

Andres, Hans (1901–1953), Archivar im Auswärtigen Amt *324*

Anrich, Ernst (1906–2001), nationalsozialistischer Historiker, a. o. Professor an der Universität Bonn (1938–1940), o. Professor an den Universitäten Hamburg (1940–1941) und Straßburg (1941–1945) 314, *314*

Aristoteles (384 v. Chr.–322 v. Chr.) 330

Arndt, Ernst Moritz (1769–1860), politischer Schriftsteller, Dichter und Historiker, Privatdozent und a. o. Professor an der Universität Greifswald (1801–1806, 1806–1808), o. Professor an der Universität Bonn (1818–1826, 1840–1854) 164, *164*

Arnim-Suckow, Harry Graf von (1824–1881), preußisch-deutscher Diplomat, Gesandter in Lissabon (1862–1864), am päpstlichen Stuhl in Rom (1864–1871) und in Paris (1871–1874) 481, *481*, 568

Asquith, Herbert Henry (1852–1928), liberaler britischer Politiker, Premierminister des Vereinigten Königreichs (1908–1916) *100*

Atatürk, Mustaf Kemal (1881–1938), türkischer Staatsmann *182*

Attlee, Clement (1883–1967), sozialistischer britischer Politiker, Premierminister des Vereinigten Königreichs (1945–1951) 426, *426*

Aubin, Gustav (1881–1938), Staatswissenschaftler, Nationalökonom und Wirtschaftshistoriker, o. Professor an den Universitäten Halle (1912–1933) und Göttingen (1934–1938) 9, *15*, 43, 152, *152*, 154, 171, 188f., 222, 233, *233*, 244, 247, 257, 260, 265, 270, 292f., *292*, *294*, 311, *311*, 333, *580*, *739*

Aubin, Hermann (1885–1969), Historiker, a. o. Professor an der Universität Bonn (1922–1925), o. Professor an den Universitäten Gießen (1925–1929), Breslau (1929–1945) und Hamburg (1946–1954) 9, *33f.*, 48f., 50, *152*, *272*, 365, 397, 419f., *420*, 428, 430, *518*, 525, 534, *544f.*, 580, 582f., *582f.*, *587*, 611, 620f., *620*, 651, *651*, 669, 688, 695f., 700–702, *702*, 704, 706f., *707*, 717, 719, 726, 733f., 736f., *738*

Aubin, Vera, geb. Webner (1890–1985), Ehefrau von Hermann Aubin 263, 343, *420*, *701*

Auerbach, Philipp (1906–1952), Staatskommissar für „rassisch, religiös und politisch Verfolgte" der bayerischen Staatsregierung in München (1946–1951) 607, *607*

Auguste Victoria von Schleswig-Holstein-Sonderburg-Augustenburg (1858–1921), Gattin Kaiser Wilhelms II., Königin von Preußen, Deutsche Kaiserin 141, *141*

Aulard, François Alphonse (1849–1928), französischer Historiker, seit

1887 Professor an der Pariser Sorbonne 346, *346*

Bader, Karl Siegfried (1905–1998), Jurist und Rechtshistoriker, o. Professor an den Universitäten Mainz (1951–1953) und Zürich (1953–1975) 704, *704*

Badoglio, Pietro (1871–1956), italienischer Offizier und Politiker, Marschall von Italien, Ministerpräsident des Königreichs Italien (1943–1944) 393, *393*, 395

Baethgen, Friedrich (1890–1972), Historiker und Mediävist, a. o. Professor an der Universität Heidelberg (1924–1927), Honorarprofessor an der Universität Berlin (1927–1929), o. Professor an den Universitäten Königsberg (1929–1939) und Berlin (1939–1948), anschließend Präsident der Monumenta Germaniae Historica in München (1948–1959), Honorarprofessor an der Ludwig-Maximilians-Universität München (1948–1972) und Präsident der Bayerischen Akademie der Wissenschaften (1956–1964) *28f.*, *31*, 34, 47–50, 223, *223*, *272*, 325, *325*, 390, 395, 421, 427, *427*, 429f., *429*, 432f., *434*, 436, 438–442, 447f., 452, 454, 457, 474, *474*, 488, *488*, 511, *511*, 516, 518, *518*, 547, 549, *549*, 556, *556*, 577, *577*, 592, *592*, 596, 618, *618*, 645, 654, *654*, 684, 686, 691, 692, *692f.*, 695, 699f., 705, *714*, 715, 717, 732, 735, 740, *740*

Baeumler, Alfred (1887–1968), Philosoph und Pädagoge, a. o./o. Professor an der Technischen Hochschule Dresden (1928/29–1933) und o. Professor an der Universität Berlin (1933–1945) 14, 232, *232*, 233–236, *236*, 239, 248, 250, 258f., *259*, 260f., *261*, *263*, 264

Bailleu, Paul (1853–1922), Archivar und Historiker, Geheimer Archivrat am Geheimen Staatsarchiv in Berlin (seit 1900), zweiter Direktor der preußischen Staatsarchive (1906–1921) 178, *178*

Baron, Hans (1900–1988), Historiker, 1929 Habilitation an der Universität Berlin, 1935 Emigration über Italien und Großbritannien in die USA, dort wissenschaftliche Tätigkeit an verschiedenen Universitäten und Forschungseinrichtungen 202f., *202f.*, 224

Barraclough, Geoffrey (1908–1984), britischer Historiker, Dozent und Professor an den Universitäten Cambridge (1934–1940, 1962–1965), Liverpool (1945–1956), an der London School of Economics (1956–1962) sowie in den USA an der University of California (1965–1968) und der Brandeis University (1968–1981) 577, *577*, 584f., *584f.*, 588, *588*

Bartholdy, Salomon (1779–1825), preußischer Staatsbeamter und Diplomat 419, *419*

Bassermann, Ernst (1854–1917), Politiker und nationalliberaler Parlamentarier, Mitglied des Reichstages (1893–1917) *11*, 495, *495*

Batocki-Friebe, Adolf Tortilowicz von (1868–1944), Verwaltungsbeamter und Politiker, Oberpräsident der Provinz Ostpreußen (1914–1916, 1918–1919), Staatssekretär im Reichsernährungsamt (1916–1917) 129, *129*

Bauer, Max (1879–1929), Offizier, zuletzt Oberst; 1914–1918 Angehöriger der Obersten Heeresleitung 395, *395*, 398

Bauer, Wilhelm (1877–1953), österreichischer Historiker, a. o. Professor an der Universität Wien (1917–1945) *200*, 209

Namensregister

Baum, Walter (1914–?), Historiker, Studienrat in Wilhelmshaven 556, *556*

Baumgarten, Arthur (1884–1966), Jurist und marxistischer Rechtsphilosoph, a. o. Professor an der Universität Genf (1909–1920), o. Professor an den Universitäten Köln (1920–1923), Basel (1923–1930), Frankfurt a. M. (1930–1933) und Basel (1934–1946), Gastprofessor an der Universität Leipzig und an der Humboldt-Universität Berlin (1947–1949), o. Professor an der Humboldt-Universität Berlin (1949–1953), Rektor der Brandenburgischen Landeshochschule Potsdam (1951–1952) 548, *548*, 554, 557, 655

Baumgarten, Fritz (1856–1913), Gymnasiallehrer, Klassischer Archäologe und Kunsthistoriker, Lehrer Hartungs am Berthold-Gymnasium in Freiburg i. Br., seit 1911 Honorarprofessor an der dortigen Universität 74, *74*

Bebel, August (1840–1913), sozialistischer Politiker, Vorsitzender der SPD (1892–1913) 618, *618*, 622

Bechtel, Friedrich (1855–1924), Sprachwissenschaftler, a. o. Professor an der Universität Göttingen (1884–1895), o. Professor an der Universität Halle (1895–1924) 460, *460*

Becker, Carl Heinrich (1876–1931), Orientalist und Bildungspolitiker, a. o. Professor an der Universität Heidelberg (1906–1908), o. Professor am Hamburger Kolonialinstitut (1908–1913) und an den Universitäten Bonn (1913–1916) und Berlin (ab 1916); seit 1916 tätig im Berliner Kultusministerium; preußischer Kultusminister (April bis November 1921 und Februar 1925 bis Januar 1930) *151*, *159*, 174, 183, *208*, 212, 223, 242, 607

Becker, Hellmut (1913–1993), Jurist und Bildungspolitiker, Rechtsanwalt und Verteidiger in NS-Prozessen, Gründungsdirektor des Max-Planck-Instituts für Bildungsforschung in Berlin-Dahlem (1963–1981) 607, *607*

Becker, Otto (1885–1955), Historiker, o. Professor an den Universitäten Halle (1927–1931) und Kiel (1931–1953) 245, *245*, 254, 576, *576*, 604, 662, *662*

Beethoven, Ludwig van (1770–1827) 597

Bell, Sir (Harold) Idris (1869–1967), britischer Papyrologe, Direktor der Handschriftenabteilung des Britischen Museums in London (1929–1944), Präsident der British Academy (1946–1950) *483*

Below, Georg von (1858–1927), Historiker, a. o. Professor an der Universität Königsberg (1889–1891), o. Professor an der Akademie Münster (1891–1897) und an den Universitäten Marburg (1897–1901), Tübingen (1901–1905) und Freiburg i. Br. (1905–1924) 64, *64*, 127, *127*, *131*, 152, *152*, 184, *184*, 727, *727*

Bender, Klaus (1922–?), Historiker, 1955–1964 Mitarbeiter der Arbeitsstelle der Monumenta Germaniae Historica an der Deutschen Akademie der Wissenschaften zu Berlin 744f., *744*

Bennigsen, Rudolf von (1824–1902), liberaler Politiker, 1867 Mitbegründer der Nationalliberalen Partei, Abgeordneter in der Ständeversammlung des Königreichs Hannover, im Preußischen Abgeordnetenhaus und im Norddeutschen bzw. Deutschen Reichstag 324, *324*

Bergsträsser, Ludwig (1883–1960), Politikwissenschaftler und Politiker (DDP, SPD), Dozent und Honorarprofessor an den Universitäten Greifswald (1916–1918), Berlin (1918–1923), an der Technischen Hochschule Berlin (1923–1928) sowie an den Universitäten Frankfurt a. M. (1928–1933, 1945–1950) und Bonn (1950–1960) 610, *610*, 637

Bernhard, Ludwig (1875–1935), Staatswissenschaftler und Nationalökonom, Professor an der Akademie Posen (1904–1906), o. Professor an den Universitäten Greifswald (1906–1907), Kiel (1907–1909) und Berlin (1909–1935) 237, *237*

Bethmann Hollweg, Theobald von (1856–1921), Politiker, preußischer Innenminister (1905–1907), Staatssekretär im Reichsamt des Innern (1907–1919), deutscher Reichskanzler (1909–1917) *118–121*, 119–121, 123, *124*, 127, 131, *132*, 134, 136, *136*, 140, 188, *189*, 198 f., 208, 211, 313 f.

Beyerhaus, Gisbert (1882–1960), Historiker, Privatdozent und a. o. Professor an der Universität Bonn (1920/27–1932), o. Professor an der Universität Breslau (1932–1945) 225, *225*, 465, 467, *467*, 480, 561

Beyme, Carl Friedrich von (1765–1838, 1816 geadelt), preußischer Staatsbeamter, Kabinettssekretär (1798–1808) für Justiz und Innere Angelegenheiten, Justizminister (1808–1810), Zivilgouverneur für Pommern (1813–1814), Minister für Gesetzesreform (1817–1819) 716, *716*

Bibl, Viktor (1870–1947), österreichischer Historiker, a. o./o. Professor an der Universität Wien (1913/26–1945) *200*, 209

Bieberbach, Ludwig (1886–1982), Mathematiker, o. Professor an den Universitäten Basel (1913–1915), Frankfurt a. M. (1915–1921) und Berlin (1921–1945) *268*, *292*, 357, 359, 550

Birke, Ernst (1908–1980), Historiker, a. o. Professor an der Universität Breslau (1944–1945), Mitarbeiter des Herder-Instituts in Marburg (1955–1963), Direktor des Gerhart-Hauptmann-Hauses Düsseldorf (1963–1966), o. Professor an der Pädagogischen Hochschule Ruhr/Duisburg (1966–1974) 565, *565*

Bismarck, Otto von (1815–1898) 8, 13, 19, 36, 61 f., *61 f.*, 123, 134, 137, *137*, 140, 142 f., *142*, 146, *146*, 154, *157*, 168, *168*, 216, *181*, *234*, 239, *275*, 281, *282*, 284, 290, 296, 299, 304, 312 f., *312 f.*, 315, 321, *322*, 329, *329*, 331 f., *365 f.*, 368, *368*, *387*, 403, *403*, 408, 410, 419 f., *419 f.*, *427*, *462*, 477, 481, *481*, 485, 506, 528, *528*, *541*, *568*, 574–576, *576*, 586, *587*, 588, 595, 597, 602–604, *602–604*, 639, 643, *643*, *682*, 686, 688

Bismarck-Bohlen, Caroline von, geb. Gräfin Bohlen (1798–1858), gen. „Lienchen", Cousine von Otto von Bismarck 312, *312*

Bismarck-Schönhausen, Karl Wilhelm Ferdinand von (1771–1845), Vater von Otto von Bismarck 312, *312*

Bittel, Karl (1892–1969), marxistischer Journalist, Schriftsteller und Historiker, Leiter des Deutschen Instituts für Zeitgeschichte in Ost-Berlin (1949–1957) und o. Professor an der Humboldt-Universität (1957–1964) *566 f.*, 567

Böhm, Rudolf (1917–?), Referent in der Zentralverwaltung für Volksbildung (1945–1949) und im Ministerium für Volksbildung der DDR (1949–1956) *596*

Börner, Hans, 1933 nationalsozialistischer Studentenführer an der Universität Halle 235, *235*

Bollnow, Otto Friedrich (1903–1991), Philosoph, a.o. Professor an der Universität Göttingen (1938–1939), o. Professor an den Universitäten Gießen (1939–1945), Mainz (1946–1953) und Tübingen (1953–1970) 450, *450*

Bormann, Martin (1900–1945), nationalsozialistischer Politiker, Leiter der Parteikanzlei der NSDAP und persönlicher Sekretär Adolf Hitlers (1941–1945) 365, *365*, 608, *608*

Bornemann, Herta, Mitarbeiterin Hartungs in der „Arbeitsgruppe Bibliographie" (Jahresberichte für deutsche Geschichte) des Instituts für Geschichte der Deutschen Akademie der Wissenschaften *697*

Bornhak, Conrad (1861–1944), Jurist und Rechtshistoriker, Amtsrichter in Prenzlau (1893–1900), a.o. Professor an der Universität Berlin (1897–1924, 1931–1940), Dozent an der Universität Kairo (1928–1931) 159, *159*, 574

Bornkamm, Heinrich (1901–1977), evangelischer Theologe und Kirchenhistoriker, o. Professor an den Universitäten Gießen (1927–1935), Leipzig (1935–1945) und Heidelberg (1948–1969) *568*

Bosl, Karl (1908–1993), Historiker, o. Professor an den Universitäten Würzburg (1953–1960) und München (1960–1977) 704, *704*

Botzenhart, Erich (1901–1956), nationalsozialistischer Historiker, Mitarbeiter des Reichsinstituts für Geschichte des neuen Deutschlands (1935–1939), a.o. Professor an der Universität Göttingen (1939–1945) *313*, 366, *366*, 431

Boveri, Margret (1900–1975), Historikerin, Journalistin und Schriftstellerin *231*

Brackmann, Albert (1871–1952), Historiker, Archivdirektor und Wissenschaftsorganisator, a.o. Professor an der Universität Marburg (1905–1913), o. Professor an den Universitäten Königsberg (1913–1920), Marburg (1920–1922) und Berlin (1922–1936), dazu Generaldirektor der preußischen Staatsarchive und Erster Direktor des Geheimen Staatsarchivs (1929–1936) 11f., *11f.*, *20*, 42–47, 177, *177*, 182, *182*, *187*, 190, 193, *193*, 202, 209, *209*, 212, 217, 221, *221*, 224, *224*, 228, *243*, 244, 248, 250, 266, *266*, 271, *272*, 275, 283, 292, 300, 326, 335, 355, *355*, 358f., *359*, 370f., 390, 394f., *396*, 438, 447, *447*, 454, 466, *466*, 474, *475*, 484, 487, *487*, 520, 533, *533*, 542, *544*, 559, 562, 579, *579*, 594f., *604*, 620, *620f.*, *632*, 685, 692, *692*, 710, 722, 729

Brackmann, Irmgard, geb. Jaehnigen, Ehefrau Albert Brackmanns 579, *579*, 594, 632, *632*, 692

Brandenburg, Erich (1868–1946), Historiker, a.o./o. Professor an der Universität Leipzig (1899/1904–1935) 19, 218, 218, 276, 283, 301, 283, *283*, 297, *297*, 301, *302*, 340

Brandi, Karl (1868–1946), Historiker, a.o. Professor an der Universität Marburg (1897–1902), o. Professor an der Universität Göttingen (1902–1936) 42, 44, 69, 180, *180*, 191, 194, 212–214, 218, *262*, 310, 357, *358*, *373*

Brandt, Ebba (1887–1975), geb. von Bartholin, Übersetzerin, Gattin von Otto Brandt 161, *161*

Brandt, Otto (1892–1935), Historiker, Privatdozent an der Universität Kiel (1920–1928), a.o./o. Professor an der Universität Erlangen (1928/34–1935) 161f., *161*, 168, 170, 177, 184

Braubach, Max (1899–1975), Historiker, o. Professor an der Universität Bonn (1928–1967)   46, 50, 493, *493*, *710*, 743

Brauchitsch, Walther von (1881–1948), Offizier, 1938 Generaloberst, 1940 Generalfeldmarschall, 1938–1941 Oberbefehlshaber des Heeres   311, *311*

Braun, Otto (1872–1955), Politiker (SPD), preußischer Ministerpräsident (1921–1932)   226, *226*, 231, 244

Braune, Walther (1900–1989), Orientalist und Religionswissenschaftler, o. Professor an der Freien Universität Berlin (1948–1968)   521, *521*

Bremer, Otto (1862–1936), Germanist, a. o. Professor (1899–1928), o. Professor (1928–1934) an der Universität Halle   97, *97*

Breysig, Gertrud, geb. Friedburg (1883–1979), (vierte) Ehefrau und Erbin von Kurt Breysig   *752*

Breysig, Kurt (1866–1940), Historiker, seit 1896 a. o., seit 1923 o. Professor für Universalgeschichte und Gesellschaftslehre an der Universität Berlin, 1933 emeritiert   182, *182*, *752*, 753

Brill, Hermann (1895–1959), Politiker und Parlamentarier (USPD, SPD) in Thüringen und Hessen, Widerständler gegen den Nationalsozialismus, Leiter der hessischen Staatskanzlei (1946–1949), Mitglied des Deutschen Bundestages (1949–1953)   607, *607*, 637, *638*

Brinkmann, Carl (1885–1954), Nationalökonom, Wirtschaftshistoriker und Soziologe, a. o. Professor an der Universität Berlin (1921–1923), o. Professor an den Universitäten Heidelberg (1923–1942), Berlin (1942–1946), und Tübingen (1947–1954)   151 f., *151*

Brodnitz, Georg (1876–1941), Nationalökonom und Wirtschaftshistoriker, a. o. Professor an der Universität Halle (1909–1933), Herausgeber der „Zeitschrift für die gesamte Staatswissenschaft" (1924–1934)   9, 15, 151 f., *151*, 163, 171, 259, 292

Broermann, Johannes (1897–1984), Jurist und Verleger, seit 1938 Inhaber des Verlags Duncker & Humblot in Berlin   35, 727, *727*, 732, 734, 737

Brüning, Heinrich (1885–1970), Politiker (Zentrum), Reichskanzler (März 1930 bis Mai 1932)   226, *226*, *230*

Brugsch, Theodor (1878–1963), Mediziner, a. o. Professor an der Universität Berlin (1921–1927), o. Professor an den Universitäten Halle (1927–1935) und Berlin (1945–1957), Abgeordneter der Volkskammer der DDR, Vizepräsident des Kulturbundes   517, *517*, 537, 557, 596

Bucher, Lothar (1817–1892), Jurist, Journalist, Politiker, seit 1864 im preußischen Ministerium des Äußern, seit 1870 im Auswärtigen Amt tätig, enger Mitarbeiter Bismarcks   682, *682*

Buchheim, Karl (1889–1982), Philosoph und Historiker, Dozent für Geschichte an der Universität Leipzig (1946–1950), a. o. Professor für Neuere Geschichte an der Technischen Hochschule München (1950–1957)   443, *443*, *585 f.*

Buchweitz, Gerhard (1910–1943), Archivar im Auswärtigen Amt   324

Bücher, Karl (1847–1930), Nationalökonom, Wirtschaftshistoriker und Zeitungswissenschaftler, Redakteur der „Frankfurter Zeitung", o. Professor an den Universitäten Dorpat (1882–1883), Basel (1883–1890), an der Technischen Hochschule

Karlsruhe (1890–1892) und an der
Universität Leipzig (1892–1917)
153, *153*
Büchsel, Hans-Wilhelm (1910–1943),
Historiker, Privatdozent an der
Universität Breslau (1940–1943)
366, *366*
Büchsel, Karl (1885–1965), Verwaltungsjurist, Kurator der Universität
Berlin (1936–1944) *393*
Bülow, Bernhard Fürst von (1849–
1929), deutscher Reichskanzler
(1900–1909) 282, *282*, 495, *495*
Burckhardt, Jacob (1818–1897),
Historiker und Kunsthistoriker,
a. o. Professor an der Universität
Basel (1845–1855), o. Professor am
Eidgenössischen Polytechnikum in
Zürich (1855–1858) und an der
Universität Basel (1858–1893)
473, 475, 483, 497
Busch, Wilhelm (1861–1929), Historiker, a. o. Professor an der Universität
Leipzig (1890–1893), o. Professor an
der Technischen Hochschule
Dresden (1893–1894) und an den
Universitäten Freiburg i. Br. (1894–
1896), Tübingen (1896–1910) und
Marburg (1910–1929)
169 f., *169*, 172
Bußmann, Walter (1914–1993),
Historiker, a. o. Professor an der
Universität Göttingen (1954–1955)
und an der Freien Universität Berlin
(1955–1959), Professor an der
Deutschen Hochschule für Politik
Berlin (1955–1959), o. Professor am
Otto-Suhr-Institut (1959–1960) und
am Friedrich-Meinecke-Institut
(1960–1966) der Freien Universität
Berlin, an der Ludwig-Maximilians-
Universität München (1966–1970)
und an der Universität (TH) Karlsruhe (1970–1977) 668, *668*, 688,
696, *696*
Busz, Christel (1917–?), verh. Achilles
(1.), Pulßt (2.), Stieftochter Fritz

Hartungs 180, *180*, 240, 260, 265,
299, *374*, 392, 400, 402, 406 f., 411,
421, 426, 460, 510, 527, 556, 581,
630, 717, 719
Busz, Eick (1912–1932), Offiziersanwärter in der Reichsmarine, Stiefsohn Fritz Hartungs *223*, 180, *180*
Buttmann, Rudolf (1885–1947), Jurist,
Bibliothekar und Politiker (Nationalliberale Partei, DNVP, NSDAP),
Ministerialdirektor in der kulturpolitischen Abteilung des Reichsinnenministeriums (1933–1935), Generaldirektor der Bayerischen Staatsbibliothek in München (1935–1945)
327, *327*

Cam, Helen Maud (1885–1968),
Historikerin, Fellow am Girton
College der Universität Cambridge
(1921–1948) und Professorin an der
Harvard University (1948–1954)
704, *704*
Carnegie, Sir Lancelot (1861–1933),
britischer Diplomat und Politiker
231, *231*
Caron, Pierre (1875–1952), französischer Historiker und Archivar,
Direktor der Archives Nationales in
Paris (1937–1941) 519, *519*
Cartellieri, Alexander (1867–1955),
Historiker, a. o./o. Professor an der
Universität Jena (1902/04–1935)
215, *215*, 543, *543*
Caspar, Erich (1879–1935), Historiker
und Mediävist, a. o. Professor an der
Universität Berlin (1914–1920),
o. Professor an den Universitäten
Königsberg (1920–1929), Freiburg
i. Br. (1929–1930) und Berlin (1930–
1935) 213, *213*, 217, 278, *278*, 281
Castlereagh, Robert Stuart, Marquess of
Londonderry, Viscount C. (1769–
1822), britischer Politiker, Außenminister (1812–1822) 479, *479*

Cervantes, Miguel de C. Saavedra (1547–1616) *148*
Chamberlain, Houston Stewart (1855–1927), kulturhistorischer Schriftsteller und Rassentheoretiker *347*
Chamberlain, Joseph (1836–1914), britischer Politiker, Führer der liberalen Unionisten, Kolonialminister (1895–1903) 209, *209*
Christ, Karl (1878–1943), Romanist und Bibliothekar, Direktor der Universitätsbibliotheken in Halle (1921–1927) und Breslau (1927–1932), Leiter der Handschriftenabteilung der Staatsbibliothek zu Berlin (1932–1943) 404, *404*
Chroust, Anton (1864–1945), Historiker, a. o./o. Professor an der Universität Würzburg (1898/1902–1934); wissenschaftlicher Leiter der Gesellschaft für fränkische Geschichte 55–58, *55*, 61, 63, *63*, 65–68, 70 f., 73 f., 76, *77*, 148, 184, *184 f.*, 497 f.
Clemenceau, Georges (1841–1929), radikal-sozialistischer, nationalistischer, revanchistischer und laizistischer französischer Journalist und Politiker; Innenminister (1906), Premierminister (1906–1909, 1917–1920) und Kriegsminister (1917–1920) der III. Französischen Republik 26
Conrad von Hötzendorf, Franz (1852–1925), österreichischer Militär, Generalstabschef der Habsburgermonarchie (1914–1917), 1916 Generalfeldmarschall 314, *314*
Conze, Werner (1910–1986), Historiker, a. o. Professor an der Universität Münster (1955–1957), o. Professor an der Universität Heidelberg (1957–1979) 637, *637*, 662
Cordes, Gerhard (1908–1985), Germanist und Niederlandist, o. Professor an den Universitäten Berlin (1942–1946) und Kiel (1952–1974) *377*

Cossmann, Paul Nikolaus (1869–1942), Publizist und Schriftsteller, Herausgeber der „Süddeutschen Monatshefte" in München *131*
Cramer, Ernst, Schwager Hartungs 40, 84, *84*, *155*
Cramer, Martha, geb. Hartung, Schwester Hartungs 40, 84, *84*, 122, *122*
Cromwell, Oliver (1599–1658), Lordprotektor des Commonwealth of England, Scotland and Ireland 156, 158, 272
Croon, Helmuth (1906–1994), Schüler Hartungs, Archivar in Bochum (1956–1971), seit 1965 Lehrbeauftragter und 1971 Honorarprofessor an der dortigen Universität 35, *284*, 498
Crotus Rubianus (1480-ca. 1545), deutscher Humanist und römisch-katholischer Theologe *376*
Crowe, Eyre Alexander (1864–1925), britischer Diplomat und Politiker, seit 1885 im Londoner Foreign Office tätig 231, *231*
Curtius, Friedrich (1851–1933), Jurist und Verwaltungsbeamter, Herausgeber der Memoiren des Reichskanzlers Hohenlohe-Schillingsfürst *62*

Dahlmann, Friedrich Christoph (1785–1860), Historiker und Staatswissenschaftler, a. o. Professor an der Universität Kiel (1813–1829), o. Professor an den Universitäten Göttingen (1829–1837) und Bonn (1842–1860) *186*
Dante Alighieri (1265–1321) 556, *556*
Dehio, Ludwig (1888–1963), Archivar und Historiker, Archivrat am Preußischen Geheimen Staatsarchiv in Berlin (1921–1945), Direktor des Staatsarchivs Marburg und Honorarprofessor an der dortigen Universität (1946–1954), Herausgeber der Historischen Zeitschrift (1948–1957)

32, 46–48, 50, 486, 489, 491, 505, 505f., 529, 541, *541*, 568, *568f.*, 579, 585, *585*, 657, 662, 684, *684*, 687, 741

Dehlinger, Armand (1907–1980), Kunsthistoriker, Mitarbeiter des Instituts für die Erforschung der nationalsozialistischen Zeit (1950–1951) 638, *638*

Dehn, Günther (1882–1970), evangelischer praktischer Theologe, seit 1911 Pastor in Berlin, o. Professor an der Universität Halle (1931–1932), nach 1933 als Gegner des Nationalsozialismus verfolgt, o. Professor an der Universität Bonn (1946–1954) 225, *225*, *233*, 260

Delbrück, Hans (1848–1929), Historiker und Publizist, a.o./o. Professor an der Universität Berlin (1885/95–1921) und Herausgeber der „Preußischen Jahrbücher" (1889–1919), liberaler Abgeordneter im Preußischen Abgeordnetenhaus und im Deutschen Reichstag 3, *152*, 574, *574*

Dersch, Hermann (1883–1961), Jurist, a.o./o. Professor an der Universität Berlin (1929/31–1937, 1946–1951) 459, *459*, *488*, 506, *506*, 508, *508*, 517, *535*

Desiderius Erasmus von Rotterdam (um 1467–1536), Theologe und Humanist 376, *376*

Dessoir, Max (1867–1947), Psychologe und Philosoph, a.o./o. Professor an der Universität Berlin (1897/1920–1934) 46, 229, *229*, 251, 449, *451*

Deubner, Ludwig August (1877–1946), Altphilologe, a.o./o. Professor an den Universitäten Königsberg (1906/12–1917), Freiburg i.Br. (1917–1927) und Berlin (1927–1946) *430*, 438, 451

Dewey, Thomas E. (1902–1971), US-amerikanischer Politiker, republikanischer Präsidentschaftskandidat 1948 *506*

Diepgen, Paul (1879–1966), Medizinhistoriker, Privatdozent und a.o. Professor an der Universität Freiburg i.Br. (1910/20–1929), o. Professor an der Universität Berlin (1929–1944) und a.o./o. Professor an der Universität Mainz (1947/49–1966) 391, *391*

Dietrich, Richard (1909–1993), Historiker, seit 1948 Lehrbeauftragter, anschließend Dozent und apl. Professor an der Freien Universität Berlin (1953/59–1974) 11, 35f., 42, 48, 219, *219f.*, *537*, 622

Dietze, Constantin von (1891–1973), Jurist, Agrarwissenschaftler und Nationalökonom, a.o./o. Professor an der Universität Rostock (1925/26–1927), o. Professor an den Universitäten Jena (1927–1933), Berlin (1933–1937) und Freiburg i.Br. (1937–1959) 266, *266*, 607

Dilthey, Wilhelm (1833–1911), Philosoph und Geisteshistoriker, o. Professor an den Universitäten Basel (1866–1868), Kiel (1868–1871), Breslau (1871–1882) und Berlin (1882–1905) 3

Dönitz, Karl (1891–1980), Marineoffizier, während des Zweiten Weltkriegs Befehlshaber der U-Bootwaffe (1939–1943), Großadmiral und Oberkommandierender der Kriegsmarine (1943–1945) 391, *391*, 402

Dohna-Schlodien, Alexander Graf zu (1876–1944), Jurist, Strafrechtler und Politiker (DVP), a.o./o. Professor an der Universität Königsberg (1906/13–1918), o. Professor an den Universitäten Heidelberg (1920–1926) und Bonn (1926–1939), 1920 Mitglied des Reichstages 44, 320, *320*

Donnevert, Max (1872–1936), Verwaltungsjurist und Politiker, tätig in verschiedenen Funktionen im Reichsinnenministerium (1920–1936) 193, *193*

Dovifat, Emil (1890–1969), Zeitungswissenschaftler und Mitbegründer der wissenschaftlichen Publizistik, a. o. Professor an der Universität Berlin (1926–1948), o. Professor an der Freien Universität (1948–1959) 516, *516*, 521, 523

Droysen, Johann Gustav (1808–1884), Historiker, Politiker und Philologe, a. o. Professor an der Universität Berlin (1835–1840), o. Professor an den Universitäten Kiel (1840–1851), Jena (1851–1859) und Berlin (1859–1884) 573, *573*, 676, 750, *754*

Dumba, Konstantin (1856–1947), österreichisch-ungarischer Diplomat, Botschafter in Washington, D.C. (1913–1915) *121*

Ebert, Friedrich (1871–1925), SPD-Politiker, deutscher Reichspräsident (1919–1925) 163, *163*, 166, *526*, *669*

Ebert, Friedrich (1894–1979), SED-Politiker, Sohn des gleichnamigen Reichspräsidenten, Oberbürgermeister von Ost-Berlin (1948–1967) 526, *526*

Eckhardt, Karl August (1901–1979), Jurist, Rechtshistoriker und Mediävist, 1934–1936 Referent im Reichsministerium für Wissenschaft, Erziehung und Volksbildung, o. Professor an der Universität Kiel (1928–1930), der Handelshochschule Berlin (1930–1932) sowie den Universitäten Bonn (1932–1933), Kiel (1933–1934), Berlin (1935–1937) und Bonn (1937–1945) 276, *276*, *283*

Eduard VII. (1841–1910), seit 1901 König von Großbritannien und Irland 414, *414*

Ehard, Hans (1887–1980), Jurist und Politiker (BVP, CSU), bayerischer Ministerpräsident (1946–1954) 610, *610*

Ehringhaus, Friedrich (Fritz) (1875–1936), evangelischer Theologe, Oberlehrer (1908–1931) und Studienrat (seit 1931) in Kassel, Schulbuchautor und Publizist *153*

Eichstädt, Volkmar (1909–1945), Bibliothekar, 1938–1939 Leiter der Zeitschriftenabteilung der Preußischen Staatsbibliothek Berlin 326, *326*, 474

Eicken, Carl Otto von (1873–1960), Mediziner, a. o. Professor an den Universitäten Freiburg i. Br. (1909–1910) und Gießen (1910–1911), o. Professor an den Universitäten Gießen (1911–1922) und Berlin (1922–1950), Leiter der Hals-Nasen-Ohren-Klinik an der Berliner Charité (1926–1950), Generalarzt des Heeres der Wehrmacht (1943–1945) 557, *557*

Eitel, Wilhelm (1891–1979), Mineraloge, a. o. Professor an der Universität Leipzig (1920–1921), o. Professor an der Universität Königsberg (1921–1926) und an der Technischen Hochschule Berlin, dort zugleich Direktor des Kaiser-Wilhelm-Instituts für Silikatforschung (1926–1945); nach 1945 in den USA tätig 551, *551*

Elisabeth Christine von Braunschweig-Wolfenbüttel-Bevern (1715–1797), Königin in (seit 1773: von) Preußen 431, *431*

Elster, Ludwig (1856–1935), Nationalökonom, Dozent und Professor an der Technischen Hochschule Aachen (1883), a. o. Professor an der Universität Königsberg (1883–1887) und o. Professor an der Universität Breslau (1887–1897), Vortragender

833

Rat für Hochschulfragen im Preußischen Kultusministerium in Berlin (1897–1916), ab 1916 Honorarprofessor an der Universität Jena 87, *87*

Elze, Walter (1891–1979), Militärhistoriker, Privatdozent und o. Professor an der Universität Berlin (1928/33–1945) *237*, 256, *256*, *263*, 267, 273, 303, *303*, 335, 379, *379*, 399, 422, 438, 452, 661

Emge, Carl August (1886–1970), Jurist und Rechtsphilosoph, a. o. Professor an den Universitäten Gießen (1922–1928) und Jena (1928–1933), o. Professor an den Universitäten Jena (1933–1935), Berlin (1935–1945) und Würzburg (1949–1957) *549f.*, 550f., *576*

Engel, Wilhelm (1905–1964), Historiker und nationalsozialistischer Wissenschaftsfunktionär, Personalreferent im Reichsministerium für Erziehung, Wissenschaft und Volksbildung (1935–1937), a. o. Professor an der Universität Berlin (1936–1937), o. Professor an der Universität Würzburg (1937–1945) *300*, 303–305, *303*, 477

Engelberg, Ernst (1909–2010), Historiker, Emigration (1934–1948), Professor an der Universität Leipzig (1949–1960, ab 1957 mit Lehrstuhl) und Direktor des Akademieinstituts für deutsche Geschichte in Ost-Berlin (1960–1974) 15, *489*, *699*, 702, *721*, 738, 743

Engels, Friedrich (1820–1895), Unternehmer, Ökonom, Theoretiker des Sozialismus und Kommunismus 462, *462*, 639, *681*

Ennen, Edith (1907–1999), Historikerin und Archivarin, Leiterin des Stadtarchivs Bonn (1947–1964), Honorarprofessorin an der Universität Bonn (1961–1964), o. Professorin an den Universitäten Saarbrücken (1964–1968) und Bonn (1968–1974) 704, *704*

Enthoven, Henri Émile (1903–1950), niederländischer Historiker, Komponist und Musikschriftsteller, seit 1929 Dozent für Geschichte an den Universitäten Leiden und Amsterdam 310f., *310*

Epstein, Fritz T. (1898–1979), Historiker, 1933 nach Großbritannien emigriert, seit 1937 Lehr- und Forschungstätigkeit an US-amerikanischen Universitäten und Forschungsinstitutionen (1937–1943 Harvard University, 1948–1951 Stanford University, 1951–1960 Library of Congress in Washington, D.C., seit 1962 als Professor an der Indiana University in Bloomington), 1969 Rückkehr nach Deutschland 485, *485*, 489, 491f., 741

Erdmann, Carl (1898–1945), Historiker, Mediävist, wissenschaftlicher Mitarbeiter am Preußischen Historischen Institut in Rom (1926–1934) und bei den Monumenta Germaniae Historica (1934–1943), Privatdozent an der Universität Berlin (1932–1936) *184*, *272*, 618

Erdmann, Karl Dietrich (1910–1990), Historiker, o. Professor an der Universität Kiel (1953–1978) 637, *637*, 662, *662*

Ernst II. (1818–1893), Herzog von Sachsen-Coburg und Gotha (1844–1893) 328, *328*

Ernst August I. (1688–1748), Herzog von Sachsen-Weimar (1707–1748) und von Sachsen-Eisenach (1741–1748) *89*

Ernstberger, Anton (1894–1966), Historiker, a.o./o. Professor an der Deutschen Karl-Ferdinands-Universität Prag (1935/42–1945) und o. Professor an der Universität Erlangen (1947–1961) *200*

Ertel, Hans (1904–1971), Geophysiker und Meteorologe, a. o. Professor an der Universität Berlin (1941–1943), o. Professor an den Universitäten Innsbruck (1943–1946) und Berlin (1946–1971), Vizepräsident der Deutschen Akademie der Wissenschaften (1951–1961) *33*, 50, 593 f., *593*, *605*, 632, *648*, 723, *723*

Erzberger, Matthias (1875–1921), Politiker, Angehöriger der Zentrumspartei, seit 1903 Mitglied des Reichstages, im November 1918 Leiter der deutschen Waffenstillstandskommission, Reichsminister ohne Geschäftsbereich, anschließend Reichsfinanzminister (Juni 1919 bis März 1920) 144 f., *144*

Eschenburg, Johann Georg (1844–1936), Jurist und Senator in Lübeck, Bürgermeister (1905–1906, 1909–1910, 1913–1914) *496*

Eschenburg, Theodor (1904–1999), Historiker und Politikwissenschaftler, Verbandsfunktionär und Politiker, o. Professor an der Universität Tübingen (1952–1973) 11, 33, 35, 46, *472*, 486, *486*, 495, 497, *498*, 606 f., 615

Eyck, Erich (1878–1964), Jurist und Historiker, Rechtsanwalt in Berlin, 1937 Emigration nach Großbritannien 528, *528*, 597, 639, 686–688.

Falkenhayn, Erich von (1861–1922), General, preußischer Kriegsminister (1913–1915) und Chef des deutschen Generalstabs (1914–1916) 120, *120*, 314

Fawtier, Robert (1885–1966), französischer Historiker, Professor an den Universitäten Kairo (1926–1928), Bordeaux (1928–1949) und Paris (1949–1958) 546, *546*

Feder, Gottfried (1883–1941), nationalsozialistischer Politiker und Wirtschaftstheoretiker, Staatssekretär im Reichsministerium für Wirtschaft (Juni 1933 bis Dezember 1934) und Reichskommissar für das Siedlungswesen (März bis Dezember 1934), Honorarprofessor und a. o. Professor an der Technischen Hochschule Berlin (1934/36–1941) 259, *259*

Feger, Otto (1905–1968) Archivar und Historiker, Leiter des Stadtarchivs von Konstanz (1945–1965) *511*

Fehr, Hans (1874–1961), Jurist und Rechtshistoriker, a. o./o. Professor an den Universitäten Jena (1906/07–1912), Halle (1912–1917), Heidelberg (1917–1924) und Bern (1924–1944) 577, *577*

Ferber, Walter (1907–1996), Journalist, im Widerstand gegen den Nationalsozialismus, seit 1942 im Schweizer Exil, nach 1945 für den Föderalismus und die Wiederentstehung der Zentrumspartei engagiert 638, *638*

Fester, Marianne (1915–?), Tochter Richard Festers 129, 181, 183, 192, 265, 306, 411, 413, *413*

Fester, Marie, geb Ruckdeschel (1871–?), Ehefrau Richard Festers 55, *55*, 65, 83, 88, 129, 181, 183, 192, 215, 265, 306, 354, 383, 411, 413

Fester, Michael (1574–1644), Kaufmann in Lübeck, Ahnherr von Richard Fester *372*

Fester, Richard (1860–1945), Historiker, a. o. Professor an der Universität Erlangen (1896–1899), o. Professor an den Universitäten Erlangen (1896–1907), Kiel (1907/08) und Halle (1908–1926) 4, 6, *7 f.*, 9, 18, *18*, *21*, 24, *24*, 40–45, 53–57, *53*, *55*, *58*, 59–67, *67*, *104*, 121 f., 124–128, *124*, 129 f., 132–136, 138–146, *165*, 166–169, 179–185, *181*, *185*, 190–192, 199–201, 204–212, 215–218, *217*, 224–232, 241–246, *245*, 264 f., 267–269, 289–292, *291*, 298, *298*,

835

304–306, 310, 323–326, 337–339, 343–347, *347*, 353, *354*, 362–364, *363*, 371–373, *372*, 382–384, *382f.*, 388f., 402–404, *402*, 410–416, 419, *419*, 497f., *529*

Fichte, Johann Gottlieb (1762–1814) 260

Ficker, Gerhard (1865–1934), evangelischer Theologe und Kirchenhistoriker, a.o. Professor an der Universität Halle (1903–1906), o. Professor an der Universität Kiel (1906–1934) 170, *170*

Ficker, Heinrich von (1881–1957), Meteorologe, a.o./o. Professor an den Universitäten Graz (1911/19–1923), Berlin (1923–1937) und Wien (1937–1952) 562, *562*, 590

Fiesel, Ludolf Otto (1888–1979), Gymnasiallehrer, Archivar und Lehrbeauftragter an der Universität Rostock 441, *441*, 443

Finke, Heinrich (1865–1938), Historiker, Mediävist, a.o./o. Professor an der Akademie Münster (1891/97–1899) und an der Universität Freiburg i.Br. (1899–1928) 283f., *283*

Fischer, Eugen (1874–1967), Mediziner und Anthropologe, a.o. Professor an den Universitäten Freiburg i.Br. (1904–1912, 1914–1918) und Würzburg (1912–1914), o. Professor an den Universitäten Freiburg i.Br. (1918–1927) und Berlin (1927–1942), Rektor der Universität Berlin (1933–1934) 235, 257f., 260, *391*, 391

Fischer, Fritz (1908–1999), Historiker, a.o./o. Professor an der Universität Hamburg (1942/48–1973) *538*, 561, *561*, 565

Fischer, Kuno (1824–1907), Philosoph und Philosophiehistoriker, Honorarprofessor und o. Professor an der Universität Jena (1856/57–1872, dort 1862 und 1868–1869 Rektor), o. Professor an der Universität Heidelberg (1872–1906)

Flach, Willy (1903–1958), Landeshistoriker, historischer Hilfswissenschaftler und Archivar, Direktor des Staatsarchivs Weimar und der Thüringischen Staatsarchive (1934–1958), Honorarprofessor an der Universität Jena (1942–1945), Dozent am Institut für Archivwissenschaft Potsdam (1950–1953) und Professor mit vollem Lehrauftrag an der Humboldt-Universität Berlin (1953–1958) 3

Foerster, Wolfgang (1875–1963), Offizier und Militärhistoriker, seit 1920 am Reichsarchiv, Direktor der Kriegsgeschichtlichen Forschungsanstalt des Heeres (1935–1945) 313–315, *313*, 387, 660

Foertsch, Hermann (1895–1961), deutscher Berufsoffizier, im Zweiten Weltkrieg General (1944–1945) 609, *609*

Franck, Hans Heinrich (1888–1961), Chemiker und Technologe, a.o. Professor an der Technischen Hochschule Berlin (1927–1937), o. Professor an der Technischen Universität Berlin (1946–1950) und an der Humboldt-Universität Berlin (1950–1959) 557, *557*

Frank, Walter (1905–1945), nationalsozialistischer Historiker, Präsident des Reichsinstituts für Geschichte des neuen Deutschlands (1935–1941) 18, *252*, 276f., *277f.*, 279, 287f., *287*, *290*, 291–293, *291*, 297f., 305, *305*, 307f., *307*, 310–312, *312f.*, 315f., 325, 338, *338*, 340, *340*, *347*, 352–354, 364f., *364*, *369*, 433, 477, 572, 643f.

Franke, Otto (1863–1946), Sinologe, o. Professor am Kolonialinstitut bzw. der späteren Universität Hamburg

(1910–1923) und an der Universität Berlin (1923–1931) 355, *355*, 391, 438

Frantz, Constantin (1817–1891), preußischer Diplomat und politischer Schriftsteller 603, *603*

Franz, Günther (1902–1992), nationalsozialistischer Agrarhistoriker, o. Professor an den Universitäten Heidelberg (1935–1936), Jena (1936–1941), Straßburg (1941–1945) und an der Landwirtschaftlichen Hochschule Stuttgart-Hohenheim (1957–1967) 307, *307*, 317, *317*

Franz Ferdinand von Österreich-Este (1863–1914), österreichisch-ungarischer Thronfolger 64

Franz Joseph (1830–1916), Kaiser von Österreich, König von Ungarn 62, *62*, 64, 128, *128*

Fratzscher, Arnold (1900–1975), Verlagslektor in Leipzig, Stuttgart und Göttingen 48, *349*, 594–596.

Frauendienst, Elli (Elisabeth), geb. Möwes, Ehefrau von Werner Frauendienst 643, *643*

Frauendienst, Werner (1901–1966), Historiker und Archivar, wissenschaftliche Tätigkeit im Auswärtigen Amt (1926–1938), o. Professor an den Universitäten Halle (1938–1942) und Berlin (1942–1945), 1945–1952 in der SBZ/DDR interniert, seit 1954 wissenschaftliche Tätigkeit am Institut für Europäische Geschichte in Mainz 239, *239*, 252, 301, 324, *324*, 350, 367, 382, 422, 424, 431, 444, 643, 649, *649*, 660

Frauenholz, Eugen von (1882–1949), Offizier und Militärhistoriker, Syndikus der Bayerischen Akademie der Wissenschaften (seit 1927) und Honorarprofessor an der Universität München (1929–1945) 397, *397*

Frey, Hermann-Walter (1888–1968), Verwaltungsjurist, 1935–1945 Referent im Amt Wissenschaft des Reichsministeriums für Erziehung, Wissenschaft und Volksbildung 327, *327*, 359

Freytagh-Loringhoven, Axel von (1878–1942), Jurist, a. o. Professor am Juristischen Lyzeum Jaroslawl/Russland (1910–1911), o. Professor an den Universitäten Dorpat (1911–1914) und Breslau (1918–1942), seit 1924 Abgeordneter des Deutschen Reichstages (DNVP, später NSDAP) 574, *574*

Friedlaender, Aenne, Ehefrau von Ernst Friedlaender 503, *503*

Friedlaender, Ernst (1878–1957), Germanist, seit 1921 Professor an der Universität Stellenbosch/Südafrika; Schwager von Fritz Hartung 46, 471–473, *471*, 499–503, 513f., *514*, 592f., *592*, *549*

Friedrich I. Barbarossa (1122–1190), römisch-deutscher König und Kaiser (1152/55–1190) 733, *733*

Friedrich I., König in Preußen, bis 1701 als Kurfürst von Brandenburg: Friedrich III. (1657–1713) 510, *510*

Friedrich II. von Hohenstaufen (1194–1250), König von Sizilien, römisch-deutscher König und Kaiser 597

Friedrich II., der Große (1712–1786), König in (seit 1772: von) Preußen (1740–1786) *78*, 79, 101, 143, 206, 298, 304f., 316, 331f., 350, 366, 388, 423, *423*, 431, *431*, *456*, 464f., *464f.*, 480, 485, 506, 571, *571*, 576, 586, *587*, 597, 681

Friedrich, Walter (1883–1968), Biophysiker, a. o. und o. Professor für medizinische Physik an den Medizinischen Fakultäten der Universitäten Freiburg i. Br. (1921–1922) und Berlin (1922–1959), Rektor der Humboldt-Universität (1949–1952), Präsident der Deutschen Akademie der Wissenschaften zu Berlin (1951–1956) *591*, *690*,

Friedrich Wilhelm III. (1620–1688), Kurfürst von Brandenburg und Herzog in Preußen (1640–1688) 79, 381, 676

Friedrich Wilhelm I. (1688–1740), König in Preußen (1713–1740) 376, *376*, 381, 505 f., 559, 681

Friedrich Wilhelm III. (1770–1840), seit 1797 König von Preußen *334*

Friedrich Wilhelm IV. (1795–1861), seit 1840 König von Preußen *387*

Friedrich Wilhelm von Preußen (1831–1888), seit 1861 preußischer Kronprinz, Deutscher und preußischer Kronprinz (1871–1888), als Friedrich III. Deutscher Kaiser und König von Preußen (1888) *329*

Friese, Christian (1902–1973), Historiker, Akteneditor, Studienrat in Berlin; Dozent und Professor für Didaktik der Geschichte an der Pädagogischen Hochschule in Berlin-West (1953–1970) 302, *302*

Friis, Aage (1870–1949), dänischer Historiker, Professor an der Universität Kopenhagen (1913–1935) 164 f., *164*, 490

Frings, Theodor (1886–1968), Germanist, a. o./o. Professor an den Universitäten Bonn (1917/19–1927) und Leipzig (1927–1957) 593, *592 f.*, 613, 626 f., 632, 651, 655 f., 718, 728, 742, *748*, 750

Fritz, Wolfgang Dietrich (1920–1993), Historiker, seit 1958 Mitarbeiter der Arbeitsstelle Berlin der Monumenta Germaniae Historica an der Deutschen Akademie der Wissenschaften zu Berlin 718, *718*

Froelich, Gustav (1879–1940), Agrarwissenschaftler, a. o. Professor an der Universität Jena (1910–1912), o. Professor an den Universitäten Göttingen (1912–1915) und Halle (1915–1938) 243, *243*

Gablenz, Anton von (1810–1878), preußischer Offizier und altliberales Mitglied des preußischen Abgeordnetenhauses (1863–1866) 576, *576*, 604

Gablenz, Ludwig von (1814–1874), österreichischer General, k. k. Statthalter von Holstein (1865–1866) 576, *576*, 604

Gackenholz, Hermann (1808–1974), Militärhistoriker, 1932–1936 Assistent von Hartung an der Universität Berlin; seit 1936 Tätigkeit an der Forschungsanstalt des Heeres; Professor für Geschichte an der Pädagogischen Hochschule Lüneburg (1950–1974) 35, *237*, *281*

Gagliardi, Ernst (1882–1940), schweizerischer Historiker, o. Professor an der Universität Zürich (1919–1940) 368, *368*

Gaius Iulius Caesar (100–44 v. Chr.) 574, *574*

Gamillscheg, Ernst (1887–1971), Romanist, a. o./o. Professor an den Universitäten Innsbruck (1916/19–1925), Berlin (1925–1940) und Tübingen (1946–1956), Direktor des Deutschen Wissenschaftlichen Instituts in Bukarest (1940–1944) 341, *341*, 551

Ganser, Wilhelm Hubert (1907–?), nationalsozialistischer Historiker, Dozent an der Universität Heidelberg (1940–1945) 348, *348*

Ganzer, Karl Richard (1909–1943), nationalsozialistischer Historiker, Leiter der Münchner Abteilung des Reichsinstituts für Geschichte des neuen Deutschlands (1938–1941), kommissarischer Leiter des Reichsinstituts (1941–1943) 313, *313*, 340, 364, *364*, 366, *366*, 404, *404*

Gelzer, Matthias (1886–1974), Althistoriker, o. Professor an den Universitäten Greifswald (1915–1918), Straßburg (1918–1919) und Frankfurt a. M. (1919–1955) 194, *194*, *544f.*

Georg Wilhelm (1595–1640), seit 1619 Kurfürst von Brandenburg und Herzog in Preußen 381, *381*

George, Stefan (1868–1933) 172, *172*

Gerhard, Dietrich (1896–1985), Historiker, Privatdozent an der Universität Berlin (1931–1935), 1935 Emigration in die USA, dort seit 1936 Professor an der Washington University in St. Louis/Missouri, 1955–1961 o. Professor an der Universität Köln, 1961–1968 Leiter der Neuzeitabteilung des Max-Planck-Instituts für Geschichte in Göttingen *224*, 241, *241*, 592

Gersdorff, Ernst Christian August Freiherr von (1781–1852), 1811–1819 Präsident des Kammerkollegiums, 1819–1848 Präsident des Staatsministeriums im Großherzogtum Sachsen-Weimar-Eisenach 89, *89*

Gerullis, Georg (1888–1945), Philologe (baltische Sprachen) und Politiker (NSDAP), a. o. Professor an der Universität Leipzig (1922–1933), o. Professor an den Universitäten Königsberg (1934–1937) und Berlin (1937–1945), Ministerialdirektor im preußischen Ministerium für Wissenschaft, Kunst und Volksbildung (Mai bis November 1933) 235, *235*, 247, 250, 254f., 258, 278

Gierke, Otto (seit 1911: von Gierke) (1841–1921), Jurist und Rechtshistoriker, o. Professor an den Universitäten Breslau (1871–1884), Heidelberg (1884–1887) und Berlin (ab 1887, 1902/03 Rektor) *753f.*

Gieseke, Ludwig (1853–1920), Rechtsanwalt und Notar in Halle *459*

Gieseke, Paul (1888–1967), Jurist, o. Professor an der Universität Rostock (1922–1929), an der Handelshochschule Berlin (1929–1934), sodann an den Universitäten Marburg (1934–1939), Berlin (1939–1945), Saarbrücken (1950–1952) und Bonn (1952–1955) 459, *459*

Gladstone, William Ewart (1809–1898), britischer liberaler Politiker, mehrfach Premierminister (1868–1874, 1880–1886, 1892–1894) 208, *208*

Gleitze, Bruno (1903–1980), Wirtschaftswissenschaftler und Politiker (SPD), o. Professor an der Universität Berlin (1946–1948), anschließend Tätigkeit am Deutschen Institut für Wirtschaftsforschung in West-Berlin sowie am Wirtschaftswissenschaftlichen Institut des Deutschen Gewerkschaftsbundes (1949–1968), Wirtschaftsminister des Landes Nordrhein-Westfalen (1966/67) *535*

Glum, Friedrich (1891–1974), Jurist und Wissenschaftspolitiker, Direktor der Kaiser-Wilhelm-Gesellschaft zur Förderung der Wissenschaften (1922–1937), Ministerialdirigent in der Bayerischen Staatskanzlei in München (1946–1952) 496, *496*

Gobineau, Arthur de (1816–1882), französischer Diplomat und Schriftsteller *347*

Goebbels, Joseph (1897–1945), nationalsozialistischer Politiker *309*, *326*, 383, 392, *392f.*, 395, 527

Goerdeler, Carl Friedrich (1884–1945), Jurist und Politiker (DNVP), zweiter Bürgermeister von Königsberg i. Pr. (1920–1930), Oberbürgermeister von Leipzig (1930–1937), im Widerstand gegen das NS-Regime, vom Volksgerichtshof zum Tode verurteilt und hingerichtet *419*

Göring, Hermann (1893–1946), nationalsozialistischer Politiker 285, *285*, *327*, *383*
Goethe, Johann Wolfgang von (1749–1832) 5, *68*, *73f.*, 74, *78*, *80*, 82f., *82*, 87, 89f., *89*, *135f.*, *139*, *156f.*, 158f., *159*, 162f., 173, *185*, 186, 189, 264, 446, 448, 464, *464*, 473, *473*, 564, *564*, 597, 608, 674, 677, 699, 711
Goethert, Friedrich Wilhelm (1907–1978), Archäologe, Professor mit Lehrauftrag an der Universität Berlin (1946–1948), o. Professor an der Freien Universität (1948–1977) 521, *521*
Goetz, Hedwig, geb. Pfister (1885–1968), zweite Ehefrau von Walter Goetz 644, *644*
Goetz, Walter (1867–1958), Historiker und Politiker (DDP), Privatdozent an den Universitäten Leipzig (1895–1901) und München (1901–1905), o. Professor an den Universitäten Tübingen (1905–1913), Straßburg (1913–1915), Leipzig (1915–1933), Mitglied des Reichstages (1920–1928), später Lehrstuhlvertreter (1946–1948), apl. Professor (1948–1952) und Honorarprofessor (1952–1958) an der Universität München 46, 48, 184, *184*, 213, 433, *433*, 439–441, *440*, 480, 483, 486, 495f., *496*, 498, 557, *571*, 572, 575, 588, 598, 642–644, 668, 740
Goltz, Robert Graf von der (1817–1869), preußischer Politiker und Diplomat, Gesandter in Athen (1857–1859), Konstantinopel (1859–1862), Sankt Petersburg (1862–1863) und Paris (1863–1869) 481, *481*
Gooch, George Peabody (1873–1968), britischer Historiker und liberaler Politiker; seit 1926 Herausgeber der „British Documents on the Origins of the War" 208, *208*, 480, 555

Gothein, Eberhard (1853–1923), Nationalökonom, Wirtschafts- und Kulturhistoriker, o. Professor an der Technischen Hochschule Karlsruhe (1885–1890) sowie an den Universitäten Bonn (1890–1904) und Heidelberg (1904–1923) 144, *144*
Gottschaldt, Kurt (1902–1991), Psychologe, a. o./o. Professor an den Universitäten Berlin (1935/46–1962) und Göttingen (1962–1970) 654, *654*
Grabowsky, Adolf (1880–1969), Jurist, Politikwissenschaftler und Publizist, Herausgeber der „Zeitschrift für Politik" (1907–1933 und 1954–1969), Dozent für Außen- und Geopolitik an der Deutschen Hochschule für Politik in Berlin (1921–1933) und an der Technischen Hochschule Berlin (1930–1933), Emigration in die Schweiz, dann Lehrbeauftragter an der Universität Marburg und der Hochschule für Bodenkultur und Veterinärmedizin Gießen (1949/52–1967) 7, *7*
Grandinger, Johannes (1906–1962), Archivar am Reichsinstitut für Geschichte des neuen Deutschlands (1936–1945), nach 1945 Verwaltungsangestellter am Geheimen Staatsarchiv in Berlin-Dahlem 572, *644*
Granier, Friedrich (1893–1946), Militärhistoriker und Archivar *278*
Grapow, Hermann (1885–1967), Ägyptologe, Honorarprofessor und o. Professor an der Universität Berlin (1928/38–1945) 356–358, *356*, 360, 370f., 390f., *391*, *411*, 447, 551
Grau, Wilhelm (1910–2000), nationalsozialistischer Historiker, 1936–1938 Mitarbeiter im Reichsinstitut für die Geschichte des neuen Deutschlands in München, 1940–1942 tätig bei der

„Dienststelle Rosenberg" 307 f., *307*, *353*

Grey, Sir Edward (1862–1933), britischer Politiker (Liberaler), Außenminister (1905–1916) 199, *199*, 208, 231

Griewank, Karl (1900–1953), Historiker, Professor mit vollem Lehrauftrag an der Universität Berlin (1946–1947), o. Professor an der Universität Jena (1947–1953), Sekretär der Historischen Kommission bei der Bayerischen Akademie der Wissenschaften (1951–1953) *434*, 439, *439*, 444, *444*, 452, 457, 464, 467, 525, 529, 539, 543, 545, 548, 557, *605*, 606, 614, 623, 625, 635, 639, *639*, 653, 669, *669*, 670, *670*, 678, 680, *680*, 701, 703

Grimme, Adolf (1889–1963), Politiker (SPD), Kultusminister in Preußen (1930–1932) und Niedersachsen (1946–1948), Generaldirektor des Nordwestdeutschen Rundfunks (1948–1956) und Präsident der Studienstiftung des Deutschen Volkes (1948–1963) 231, *231*, 248, 250, *425*, 560, *560*

Grimmelshausen, Jakob Christoffel von (ca. 1622–1676) 450

Groener, Wilhelm (1867–1939), Offizier und (parteiloser) Politiker, Reichswehrminister (1928–1932) und Reichsinnenminister (1931–1932) 226, *226*, 229

Groh, Wilhelm (1890–1964), Jurist, a.o./o. Professor an den Universitäten Heidelberg (1927/33–1939) und Berlin (1939–1945), Referent und Leiter des Amtes Wissenschaft im Reichsministerium für Erziehung, Wissenschaft und Volksbildung (1937–1941, 1942–1945) 333, *333*

Groos, Otto (1882–1970), Marineoffizier, 1934 Vizeadmiral, 1941 Admiral z. S., 1925 Dr. phil h. c. der Universität Bonn, Verfasser diverser Schriften zur Seekriegsgeschichte 273, *273*

Gruehn, Werner (1887–1961), evangelischer Theologe, Privatdozent an der Universität Dorpat (1920), a. o. Professor (1928–1931) an der Universität Berlin, Rektor des deutschen Theologisch-Philosophischen Luther-Instituts in Dorpat (1931–1936), o. Professor für Systematische Theologie und Religionspsychologie (1937–1945) an der Universität Berlin *213*

Grundmann, Annelies (1906–2009), geb. Scherrmann, Historikerin, wissenschaftliche Mitarbeiterin der Historischen Kommission bei der Bayerischen Akademie der Wissenschaften, Ehefrau von Herbert Grundmann 743, *743*, 750

Grundmann, Herbert (1902–1970), Historiker, o. Professor an den Universitäten Königsberg (1939–1944) und Münster (1944–1959), Honorarprofessor an der Universität München (1959–1970), Präsident der Monumenta Germaniae Historica (1959–1970) 50, *420*, *518*, *538*, 539, 543, *544 f.*, *714*, 740, 742–745, 748–750, *748–750*.

Gundling, Jakob Paul Freiherr von (1673–1731), Hofrat und Historiograph König Friedrich Wilhelms I. in Preußen, Präsident der Preußischen Akademie der Wissenschaften (1718–1731) *376*

Gustav I. Wasa (1496–1560), seit 1523 König von Schweden *269*

Guthnick, Paul (1879–1947), Astronom, a.o./o. Professor für Astrophysik an der Universität Berlin (1916/21–1945) und Direktor der Sternwarte Babelsberg (1921–1946) 447, *447*

Haake, Paul (1873–1950), Historiker, a. o. Professor an der Universität Berlin (1921–1938) 202, *202*

Hadermann, Ernst (1896–1968), Kulturpolitiker und Germanist, Leiter der Schulabteilung der Deutschen Zentralverwaltung für Volksbildung (1945–1948), Professor mit Lehrstuhl an der Brandenburgischen Landeshochschule (seit 1951: Pädagogische Hochschule „Karl Liebknecht") Potsdam (1950–1955) und an der Universität Halle (1955–1962) 519, *519*

Häpke, Rudolf (1884–1930), Historiker, a. o. Professor an der Universität Marburg (1923–1930) 177, *177*

Hävernick, Walter (1905–1983), Numismatiker und Volkskundler, Professor an der Universität Hamburg (1947–1973) 318, *318*

Hager, Kurt (1912–1998), Politiker (KPD, SED), seit 1949 Professor mit Lehrstuhl für dialektischen und historischen Materialismus an der Humboldt-Universität, seit 1955 Sekretär des Zentralkomitees der SED, Mitglied des Politbüros (1963–1990) 33, 617, *617*

Hahn, Karl-Heinz (1921–1990), Historiker, Germanist, Archivar und DDR-Kulturfunktionär, Direktor des Goethe- und Schiller-Archivs Weimar (1958–1986) 677, *677*

Hahn, Otto (1879–1968), Chemiker, a. o. Professor an der Universität Berlin (1910–1934), Direktor am Kaiser-Wilhelm-Institut für Chemie in Berlin (1928–1944), 1944 Nobelpreis für Chemie, Präsident der Max-Planck-Gesellschaft zur Förderung der Wissenschaften in Göttingen (1948–1960) 551, *551*

Hallmann, Marianne (1856–1932), geb. Reuschle, Schwiegermutter Paul Menzers 154, *154*

Hampe, Karl (1869–1936), Historiker, Mediävist, a. o. Professor an der Universität Bonn (1901–1903), o. Professor an der Universität Heidelberg (1903–1934) 151, *272*, 474, *474*

Hannibal (ca. 247 v.Chr.–83 v.Chr.), karthagischer Feldherr *295*

Harden, Maximilian (1861–1927), eigentlich Felix Ernst Witkowski, Journalist, Herausgeber der politischen Wochenzeitschrift „Die Zukunft" 308, *308*

Hardenberg, Karl August von (1750–1822, seit 1814: Fürst von H.), preußischer Politiker, während der Reform- und Befreiungskriegszeit Staatskanzler (1810–1822) 3, 53, *75*, 79, 120, *120*, *149f.*, 366, *419*, 640, *665*, 698, 714, 729, *729*

Harig, Gerhard (1902–1966), Physiker und Politiker (KPD, SED), Professor mit vollem Lehrauftrag für Geschichte der Naturwissenschaften und Professor mit Lehrstuhl für Dialektischen und Historischen Materialismus an der Universität Leipzig (1947/48–1951), Staatssekretär für das Hochschulwesen (1951–1957), Professor mit Lehrstuhl für Geschichte der Naturwissenschaften an der Universität Leipzig (1957–1966) *630*, *641*, 642, 644f., 651

Harmjanz, Heinrich (1904–1994), Volkskundler und nationalsozialistischer Wissenschaftsfunktionär, o. Professor an den Universitäten Königsberg (1937–1938) und Frankfurt a. M. (1938–1943), Referent für Geisteswissenschaften im Reichministerium für Erziehung, Wissenschaft und Volksbildung (1937–1943) 359f., *659*, *369*

Harms, Bernhard (1876–1939), Nationalökonom, a. o. Professor an der Universität Jena (1906–1907),

o. Professor an der Landwirtschaftlichen Hochschule Hohenheim (1907–1908) und an der Universität Kiel (1908–1933), Gründer und Direktor des dortigen Instituts für Weltwirtschaft 176, *176*, 180, 205 f.

Harnack, Adolf von (1851–1930, 1914 geadelt), evangelischer Theologe, Kirchenhistoriker und Wissenschaftsorganisator, a. o. Professor an der Universität Leipzig (1876–1879), o. Professor an den Universitäten Gießen (1879–1886), Marburg (1886–1888) und Berlin (1888–1924), Generaldirektor der Berliner Staatsbibliothek (1905–1921), Präsident der Kaiser-Wilhelm-Gesellschaft (1911–1930) 426, *426*

Hartke, Werner (1907–1993), Klassischer Philologe und Althistoriker, a. o. Professor an der Universität Königsberg (1944–1945), Dozent an der Universität Göttingen (1945–1948), Professor mit vollem Lehrauftrag an der Universität Rostock (1948–1950), Professor mit Lehrstuhl an der Universität Rostock (1950–1955) und an der Humboldt-Universität Berlin (1955–1972), Rektor der Humboldt-Universität (1957–1959), Präsident der Deutschen Akademie der Wissenschaften (1958–1968) 33, *33*, 728, *728*, 730, 744 f., *748 f.*, 749

Hartmann, Nicolai (1882–1950), Philosoph, a. o./o. Professor an den Universitäten Marburg (1920/22–1925), Köln (1925–1931), Berlin (1931–1945) und Göttingen (1945–1950) 27, 47, *359*, 426, *426 f.*, 449, 507 f., *507*, 551, 554

Hartung, Anni (Anna Christel Henriette, 1888–1976), geb. von Reiche, verwitwete Busz, Ehefrau Fritz Hartungs (seit 1923) 10, 25, 180, *180*, 183, 190, 201, 215, 224, 228, 237, 240, 260, 265, 273, 294, 301, 328, 330, 347, 354, 360, 362 f., 369, 373, 383, *383*, 388 f., 392–394, *390*, 398–401, 404, 407–409, 411, 413 f., 416, 418, 423–426, 428, 431, 438 f., 444 f., 451, 453, 455, 460, 466–468, 470 f., 476, 478, 481 f., 483, 487, 489, 492, 494, 499, 502 f., 510, 514, 516, 519, 527, 529, 533 f., 536, 538, 541 f., 544, 549, 551, 556, 563, 566, 579, 581, 592 f., 594, 602, 627, 630, 641, 648, 652, 663, 666–668, 670, 673, 688, 691, 695, 701 f., 711, 719, 726–729, 734, 739 f., 744, 746, 751

Hartung, Gertrud, Schwester Fritz Hartungs 101, *101*, 164, 660

Hartung, Marie (1856–1938), geb. Eckardt, Mutter Fritz Hartungs 3, 6, 21, 41, 90–92, *90*, 96 f., 99 f., 104, 109, 112–114, 117–124, *124*, 127–131, 133, 164, *383*

Hartung, Paul (1847–1913), Geheimer Oberbaurat und Vortragender Rat im Preußischen Kriegsministerium, Vater Fritz Hartungs 3, 6, 71, *71*, 73, 96, *96*, 145

Hasenclever, Adolf (1875–1938), Historiker, Privatdozent und a. o. Professor an der Universität Halle (1905/13–1929), o. Professor an der Universität Göttingen (1929–1938) 9, 85, *85*, 87, *87*, 94, 97, 122, 130, 144 f., 152, 154, 165, *165*, 169, 171, 176, 179 f., 183 f., 189, 200, *200*, 209, 212, *212*, 214, 292, *294*, 311, *311*, 580, *580*, *739*

Hasenclever, Brigitte (1911–1991), Gymnasialdirektorin in Lüneburg (1949–1976), Tochter von Adolf Hasenclever 85, 565, *565*

Hasenclever, Ilse, Tochter von Adolf Hasenclever 85

Hasenclever, Luise, geb. Jobst, Ehefrau von Adolf Hasenclever 85, 87, 130, 343, 419, 421, *421*

Hashagen, Justus (1877–1961), Historiker, Privatdozent und a. o. Professor an der Universität Bonn (1908/13–1920), o. Professor an den Universitäten Köln (1920–1925) und Hamburg (1925–1936), wegen seiner Gegnerschaft zum Nationalsozialismus zwangspensioniert 251, *251*

Hass, Hermann, Historiker und Agrarschriftsteller 366, *366*

Hassell, Ulrich von (1881–1944), deutscher Diplomat und Widerstandskämpfer, diplomatische Tätigkeit in Barcelona (1921–1926), Kopenhagen (1926–1930) und Belgrad (1930–1932), anschließend Botschafter beim Königreich Italien in Rom (1932–1938) 485, *485*

Haupt, Joachim (1900–1989), Lehrer und Journalist, seit 1922 Mitglied und studentischer Aktivist der NSDAP, Ministerialrat im Preußischen bzw. Reichsministerium für Wissenschaft, Erziehung und Volksbildung (1933–1935) 254, *254*

Hauptmann, Gerhart (1862–1946) 229, *229*

Haußherr, Emmy-Luise, geb. Krahe, (zweite) Ehefrau von Hans Haußherr 690, 700, *700*

Haußherr, Hans (1898–1960), Historiker, seit 1926 Studienrat in Berlin, Habilitation 1937, o. Professor an den Universitäten Halle (1946–1958) und Köln (1958–1960) 35, 48–50, 366, *366*, *373*, 441, 443, 540, 561, 605f., *605f.*, 611, 613, 619, 623, 625, 678, 680, *689*, 690f., *691*, 698f., *698f.*, 701, *721*, 727–729, *727f.*

Hedemann, Justus Wilhelm (1878–1963), Jurist, o. Professor an den Universitäten Jena (1909–1936) und Berlin (1936–1945) 459, *459*

Hedemann-Heespen, Paul von (1869–1937), Gutsbesitzer, Verwaltungsjurist und schleswig-holsteinischer Landeshistoriker 161, *161*

Heermann, Johannes (1585–1647), evangelischer Theologe und Kirchenlieddichter *665*

Heffter, Heinrich (1903–1975), Historiker, a.o./o. Professor an der Technischen Hochschule Braunschweig (1954/56–1969) 605, *605*

Hegel, Georg Wilhelm Friedrich (1770–1831) *229*, 450

Heidegger, Martin (1889–1876), Philosoph, a.o. Professor an der Universität Marburg (1923–1927) und o. Professor an der Universität Freiburg i.Br. (1927–1945), 1933–1934 Rektor der Universität 248, *248*, 250, *250*

Heigel, Karl Theodor von (1842–1915), Historiker, o. Professor an der Technischen Hochschule München (1883–1885) und an der Ludwig-Maximilians-Universität München (1885–1915), Präsident der Bayerischen Akademie der Wissenschaften (1904–1915) 66, *66*

Heimpel, Hermann (1901–1988), Historiker, o. Professor an den Universitäten Freiburg i.Br. (1931–1934), Leipzig (1934–1941), Straßburg (1941–1944) und Göttingen (1946–1965), Gründungsdirektor des Göttinger Max-Planck-Instituts für Geschichte (1956) 45, 47, *325*, 417, *417*, *425*, 429, 432f., *432*, *518*, 529–532, 538, 543, *544f.*, 564, 579, 670, 678, 681, 684, 700, 711f., *711*, *724–726*, *737*, 738

Heimsoeth, Heinz (1886–1975), Philosoph, a.o. Professor an der Universität Marburg (1921–1923), o. Professor an den Universitäten Königsberg (1923–1931) und Köln (1931–1954) 450, *450*

Heinemann, Gustav (1899–1976), Jurist und Politiker (CDU, Gesamtdeutsche Volkspartei, SPD), erster Bundesminister des Innern (1949–1950),

Bundesminister der Justiz (1966–1969) und Bundespräsident (1969–1974) 586, *586*

Heinrich VI. (1165–1197), römisch-deutscher Kaiser (1191–1197) und König von Sizilien (1194–1197) 341, *341*, 354

Heise, Wilhelm (1897–1949), Pädagoge, seit August 1945 Leiter der Schulabteilung des deutschen Erziehungsrates für Volksbildung, Professor mit vollem Lehrauftrag an der Universität Berlin (1946–1949), gleichzeitig seit 1946 Dekan der Pädagogischen Fakultät 517, *517*, 520, *520*

Heisenberg, Werner (1901–1976), Physiker, o. Professor an den Universitäten Leipzig (1927–1942) und Berlin (1941–1945), Direktor des Kaiser-Wilhelm-Instituts für Physik in Berlin-Dahlem (1941–1945), danach Direktor des Max-Planck-Instituts für Physik in Göttingen (1946–1958) und München (1958–1970) und jeweils zugleich Honorarprofessor an den Universitäten Göttingen und München 591, *591*

Heldmann, Karl (1869–1943), Historiker, a. o. Professor an der Universität Halle (1903–1933) 127, *127*

Helfferich, Karl (1872–1924), Nationalökonom und Politiker, Mitglied des Präsidiums der Deutschen Bank (1908–1915), Staatssekretär im Reichsschatzamt (1915–1916) und im Reichsamt des Innern (1916–1917), in letzter Funktion zugleich deutscher Vizekanzler 132, *132*

Heller, Abraham (1911–?), Historiker und Judaist, in Berlin Schüler von Otto Hoetzsch, 1934 Emigration nach Litauen, später nach Palästina, dort bis 1973 als Gymnasiallehrer tätig 16, *287*

Helmholtz, Hermann von (1821–1894), Mediziner und Physiker, Lehrer für Anatomie an der Berliner Kunstakademie (1848–1849), a. o./o. Professor für Physiologie an den Universitäten Königsberg (1849/52–1855), Bonn (1855–1858) und Heidelberg (1858–1871), o. Professor für Physik an der Universität Berlin (1871–1894) 278, *278*

Henneberg, Berthold von (1441–1504), seit 1484 Erzbischof und Kurfürst von Mainz, Erzkanzler des Heiligen Römischen Reiches Deutscher Nation 5, 75 f., *75*

Herder, Johann Gottfried (1744–1803, geadelt 1801) 74

Herre, Paul (1876–1962), Historiker, a. o. Professor an der Universität Leipzig (1912–1920), später Tätigkeit im Auswärtigen Amt (1919–1921) und als Direktor im Reichsarchiv Potsdam (1921–1923), anschließend als freier Publizist tätig 153, *153*, 176, 179 f., 184

Herrmann, Alfred (1879–1960), Historiker, Politiker (DDP) und Publizist, Professor an der Akademie Posen (1913–1919), Honorarprofessor an der Universität Hamburg (1927–1933, 1947–1949), o. Professor an der Technischen Universität Berlin (1949–1954) 633, *633*

Herrmann, Max (1865–1942), Germanist und Theaterwissenschaftler, a. o./o. Professor an der Universität Berlin (1919/30–1933), aus „rassischen" Gründen aus dem Amt entfernt 250, *250*

Hertling, Georg Graf von (1843–1919), bayerischer Ministerpräsident (1912–1918), deutscher Reichskanzler (1. 11. 1917 bis 3. 10. 1918) 141, *141*

Hertz, Gustav (1887–1975), Physiker, 1926 Nobelpreis für Physik, o. Professor an der Universität Halle (1925–1927), der Technischen Hochschule Berlin-Charlottenburg (1927–1935) und der Universität Leipzig (1954–1961), 1945–1954 in der Sowjetunion 699, *699*

Herzfeld, Hans (1892–1982), Historiker, a. o. Professor an den Universitäten Halle (1929–1938) und Freiburg i. Br. (1946–1950), o. Professor an der Freien Universität Berlin (1950–1960) 15, *15*, 36, 185, *185*, 206, 209, 225, 240, 242, 244, 254, 257, 265, 292, 304–306, *306*, 309, *309*, 324, 329, 444, 528, 560, *560*, 581, 623–625, 633, 635, 642, 687f., 710f., *724*

Herzfeld, Irmela, geb. Minck (1903–1947), erste Ehefrau von Hans Herzfeld 248, 306, *306*

Heubner, Wolfgang (1877–1957), Pharmakologe, o. Professor an der Universität Göttingen (1908–1929), der Medizinischen Akademie Düsseldorf (1929–1930) und den Universitäten Heidelberg (1930–1932), Berlin (1932–1948) und an der Freien Universität Berlin (1949–1953) 519, *519*, 550, *550*, 589

Heuss, Theodor (1884–1963), liberaler Politiker, erster Bundespräsident der Bundesrepublik Deutschland (1949–1959) 581, *581*, 584, 591, 598, *598*

Heymann, Ernst (1870–1946), Jurist, a. o. Professor an der Universität Berlin (1899–1902), o. Professor an den Universitäten Königsberg (1902–1904), Marburg (1904–1914) und Berlin (1914–1943) 357, *357*, 370f., *376*, 390

Hilbert, Lothar Wilfried (1924–2015), Historiker und Jurist, Dozent an der École des hautes études commerciales de Paris und an der Faculté de Droit der Universität Paris (1963–1968), Wissenschaftlicher Rat und Professor für Zeitgeschichte an der Universität Tübingen (1968–1990) 715, *715*

Hiltebrandt, Philipp (1879–1958), Historiker und Schriftsteller, 1906–1918 wissenschaftlicher Mitarbeiter am Preußischen Historischen Institut in Rom, seit 1919 als freier Schriftsteller und Journalist tätig 150, *150*

Hindenburg, Paul von (1847–1934) 17, 126, 131, *131*, 141, 225 f., *225*, 270, 273, 314, *669*

Hinneberg, Paul (1862–1934), Staatswissenschaftler, Historiker und Publizist, Herausgeber der Enzyklopädie „Die Kultur der Gegenwart", der „Internationalen Wochenschrift [später: Monatsschrift] für Wissenschaft, Kunst und Technik" sowie der „Deutschen Literaturzeitung" 185, *185*

Hinrichs, Carl (1900–1962), Historiker und Archivar, Tätigkeit am Geheimen Staatsarchiv Berlin (1933–1938) und am Staatsarchiv Königsberg (1938–1944); a. o. Professor an der Universität Halle (1944–1951) und o. Professor an der Freien Universität Berlin (1951–1962) 36, 47, 317, *317*, 441, 443, *524*, 540, *540*, 559f., *559*, 581f., *582*, 636, 657, *754*

Hintze, Hedwig, geb. Guggenheimer (1884–1942), Historikerin, seit 1912 Gattin Otto Hintzes, Privatdozentin an der Universität Berlin (1928–1933), 1939 Emigration in die Niederlande 23, 202, *202*, *224*, 243, *243*, 250, 290, *290*, 325, *325*, 335, *335*, 338, 342, 346, *346*, 349, 753

Hintze, Konrad (†1945), Arzt in Pyritz/Pommern, Bruder Otto Hintzes 342, *342*, *349*, 350

Hintze, Otto (1861–1940), Historiker, a. o./o. Professor für Verfassungs-, Wirtschafts-, Verwaltungsgeschichte und Politik an der Universität Berlin

(1899/1902–1920) 1, 3f., *4*, 9f., 17, *17*, 21, 23, 36, *53*, 75, *75*, 78, 96, 151, *151*, 155, *155*, 160, *172*, 174–176, *174*, 178, 216–218, 243, *243*, 290, 325, *325*, 335, *335*, 338, 342, *342*, 345f., *345–347*, 349f., *349*, 361, 363, 367f., *368*, 371, 375, 377, 379, 381, *384*, 403, *403*, 409, 417, *417*, 559, 640, 673, 683, 693, *693*, 734, *734*, 741, 750, 752f., *752–754*

Hinz, Walther (1906–1992), Islamwissenschaftler, Orientalist und Iranist, 1934–1937 Referent im Reichsministerium für Wissenschaft, Erziehung und Volksbildung, später o. Professor an der Universität Göttingen (1937–1945, 1957–1975) 283f., *283*

Hippel, Ernst von (1895–1984), Jurist, o. Professor an den Universitäten Rostock (1929), Königsberg (1929–1940) und Köln (1940–1965) 607, *607*

Hirsch, Hans (1878–1940), Historiker und Mediävist, a.o. Professor an der Universität Wien (1914–1918), o. Professor an der Deutschen Universität Prag (1918–1926) und an der Universität Wien (1926–1940), seit 1929 Leiter des Österreichischen Instituts für Geschichtsforschung 213, *213*

Hirt, Ferdinand (1810–1879), Verlagsbuchhändler *147*

Hitler, Adolf (1889–1945) 13, 16, 26, 226, *233f.*, 249, 261, *263*, 271, *271*, 273, 275, 279, 284f., *284f.*, 286, *287*, 293, *293*, *315*, 319, *327*, *329*, 332, 365, *365*, 406, *413*, *415f.*, *425*, 435, *435*, 437, 464, 473, 485, 494, 513, 528, *576*, 587, 604, *608*, 630, 638, *669*, 689

Hobohm, Martin (1883–1942), Historiker und Archivar, Habilitation an der Universität Berlin (1913), Tätigkeit im Dienst des Auswärtigen Amts (1915–1918), Archivar im Reichsarchiv (1920–1933) und a.o. Professor für Geschichte des Kriegswesens an der Universität Berlin (1923–1933) 151, *152*, 250

Hochheimer, Georg (1871–?), Mediziner und praktizierender Arzt, Oberstabsarzt im Ersten Weltkrieg 660f., *660*

Höhn, Reinhard (1904–2000), nationalsozialistischer Jurist, a.o./o. Professor an der Universität Berlin (1935/39–1945), ab 1956 Leiter der Akademie für Führungskräfte der Wirtschaft in Bad Harzburg 321, *712*, 713

Hölzle, Erwin (1901–1976), Historiker, Dozent an der Universität Berlin (1944–1945), seit 1945 Regierungsrat im Statistischen Landesamt in Stuttgart 48, 252, *252*, 565, 602–605, 685f., *685*

Hölzle, Grete, Ehefrau von Erwin Hölzle 605, *605*

Höß, Irmgard (1919–2009), Historikerin, o. Professorin an der Universität Jena (1956–1958), a.o. Professorin an der Universität Erlangen-Nürnberg (1962–1985) 703, *703*, 718–720, *718*

Hoetzsch, Otto (1876–1946), Osteuropahistoriker und Politiker, Professor an der Akademie Posen (1906–1913), a.o./o. Professor an der Universität Berlin (1913/20–1936), 1920–1930 Mitglied des Reichstages (DNVP) 16, *252*, 283, *283*, 287, *287*, 289, *302*, 324, 438, 452, *452*, 493, 695

Hoffmann, Adolph (1858–1930), sozialdemokratischer Politiker, 1917 Mitbegründer der USPD, preußischer Kultusminister (12.11.1918 bis 3.1.1919) 143, *143*

Hofmann, Paul (1880–1947), Philosoph, a.o./o. Professor an der Universität Berlin (1922–1937/1946–1947) 449f., *449*

Hofmeister, Adolf (1883–1956), Historiker, a. o. Professor an der Universität Berlin (1912–1921), o. Professor an der Universität Greifswald (1921–1955) 441, *441*, 443, 543, 548, 552, 579

Hohenlohe-Schillingsfürst, Alexander Fürst zu (1862–1924), Diplomat und Politiker *62*

Hohenlohe-Schillingsfürst, Chlodwig Fürst zu (1819–1901), zwischen 1894 und 1900 deutscher Reichskanzler 62, *62*

Hohl, Ernst (1886–1957), Althistoriker, a. o./o. Professor an der Universität Rostock (1919/29–1950) und an der Humboldt-Universität Berlin (1950–1953) 441, *441*, 443, 544, *544*, 548, 552, 605, 654f., 699

Holborn, Hajo (1902–1969), Historiker, 1926 Habilitation in Heidelberg, Professor an der Deutschen Hochschule für Politik in Berlin (1931–1933), 1933 Emigration über Großbritannien in die USA, dort seit 1934 Dozent und später Professor an der Yale University 204, *204*, 224f., *224*, 231, *231*, 251, 255

Holl, Karl (1866–1926), evangelischer Theologe und Kirchenhistoriker, a. o. Professor an der Universität Tübingen (1901–1906), o. Professor an der Universität Berlin (1906–1926) 187, *187*

Holstein, Friedrich August von (1837–1909), preußischer und deutscher Diplomat 333, *333*

Holtzmann, Robert (1873–1946), Historiker, a. o. Professor an der Universität Straßburg (1907–1913), o. Professor an den Universitäten Gießen (1913–1916), Breslau (1916–1923), Halle (1923–1930) und Berlin (1930–1939) 210, *210*, 215, 217, 265, 303f., 325, *325*, 359, 422, 438, 454, *454*, *556*, 588

Hoover, Herbert (1874–1964), 31. Präsident der USA (1929–1933) 220, *220*

Hoppe, Willy (1884–1960), brandenburgischer Landeshistoriker, a. o. Professor (1929–1935) und o. Professor (1935–1945) an der Universität Berlin, Rektor der Universität (1937–1942) 22f., 31, 194, *194*, 251, *251*, 283f., *283*, *291*, 292, 297, 302, *302*, 312, *312*, 316, *334*, 355, *355*, 357–360, *358*, *361*, *367*, *369*, 370, 396, *396*, 438, 452

Horn, Wilhelm (1876–1952), Anglist, a. o./o. Professor an der Universität Gießen (1902/08–1926), o. Professor an den Universitäten Breslau (1926–1933) und Berlin (1933–1945) 266, *266*, 268

Hubatsch, Walther (1915–1984), Historiker, Professor an der Universität Bonn (1956–1983) 680, *680*, *713*, 714

Huber, Ernst Rudolf (1903–1990), Jurist, führender nationalsozialistischer Staats- und Verfassungsrechtler, o. Professor an den Universitäten Kiel (1933–1937), Leipzig (1937–1941), Straßburg (1941–1945), Honorarprofessor an der Universität Freiburg i. Br. (1952–1957), o. Professor an der Hochschule für Sozialwissenschaften in Wilhelmshaven (1957–1962) und an der Universität Göttingen (1962–1968) 43f., 285, *285*, 320–323, *320f.*, 330–332, *331*

Hübinger, Paul Egon (1911–1987), Historiker, Archivar und Wissenschaftspolitiker, a. o. Professor an der Universität Bonn (1950–1951), o. Professor an den Universitäten Münster (1951–1954) und Bonn (1959–1979), Ministerialdirektor im Bundesministerium des Innern (1954–1959) 30, 709, *709f.*, 719, 731

Hübner, Rudolf (1864–1945), Jurist und Rechtshistoriker, a. o. Professor an der Universität Bonn (1895–1904), o. Professor an den Universitäten Rostock (1904–1913), Gießen (1913–1917), Halle (1917–1921) und Jena (1921–1934) 152, *152*

Hübner, Walter (1884–1970), Anglist und Schulrat in Berlin, Honorarprofessor und o. Professor an der Freien Universität Berlin (1948–1954) 521, *521*

Hugenberg, Alfred (1865–1951), Industrieller und Politiker, Vorsitzender der Deutschnationalen Volkspartei (1928–1933), Reichswirtschaftsminister (Januar bis Juni 1933) 226, *226*

Humboldt, Alexander von (1769–1859) 74, *74*

Humboldt, Wilhelm von (1767–1835), preußischer Gelehrter, Diplomat und Staatsmann 148, *148*, 158, 195, 564, *588*, 634, *634*, 714

Hund, Friedrich (1896–1997), Physiker, a. o./o. Professor an der Universität Rostock (1927/28–1929), o. Professor an den Universitäten Leipzig (1929–1946), Jena (1946–1951, 1948 Rektor), Frankfurt a. M. (1951–1957) und Göttingen (1957–1964) *511*

Hundhammer, Alois (1900–1974), Politiker (BVP, CSU), bayerischer Kultusminister (1946–1950), Landtagspräsident (1951–1954) und Landwirtschaftsminister (1957–1969) 605, *605*

Hutten, Ulrich von (1488–1523), deutscher Reichsritter, Humanist und Dichter *376*

Ibbeken, Rudolf (1902–?), Historiker, wissenschaftlicher Mitarbeiter der Historischen Reichskommission, Dozent für Neuere Geschichte an der Universität Berlin (1942–1945) 572, *572*, 643, 736

Ibsen, Henrik (1828–1906) 269, *269*

Irmscher, Johannes (1920–2000), Altphilologe und DDR-Wissenschaftsfunktionär, Direktor des Instituts für Griechisch-Römische Altertumskunde (1964–1968), anschließend Bereichsleiter am Zentralinstitut für Alte Geschichte und Archäologie der Deutschen Akademie der Wissenschaften (1969–1985) 647, *647*, 691

Iswolski, Alexander Petrowitsch (1856–1919), russischer Diplomat und Politiker, 1906–1910 Außenminister, 1910–1917 Botschafter in Paris 370, *370*

Jablonowski, Horst (1914–1970), Osteuropahistoriker, o. Professor an der Universität Bonn (1960–1970) 619, *619*

Jacob, Georg (1862–1937), Orientalist, a. o./o. Professor an der Universität Erlangen (1896/1910–1911) und o. Professor an der Universität Kiel (1911–1937) 161 f., *161*, 166

Jacob-Friesen, Karl Hermann (1886–1960), Prähistoriker, Honorarprofessor an der Universität Göttingen (1922–1945), Direktor des Provinzialmuseums Hannover *262*

Jacobs, Hans-Haimar (1902–1944), Historiker, o. Professor an der Universität Jena (1942–1944) 366, *366*

Jäckh, Ernst (1875–1959), Orientalist und Publizist, Dozent an der Handelshochschule Berlin (1915–1919), seit 1916 Titularprofessor für türkische Geschichte an der Universität Berlin, Mitbegründer der und Dozent an der Deutschen Hochschule für Politik (1920–1933), nach 1933 Emigration nach Großbritannien und

849

in die USA, dort ab 1940 Professor an der Columbia University in New York City 197, 209, *209*

Jagow, Gottlieb von (1863–1935), deutscher Diplomat und Politiker, Botschafter in Italien (1909–1913), Staatssekretär im Auswärtigen Amt (1913–1916) 121, *121*, 127, *127*, *132*

Jesus Christus 72, 473

Joachimsen, Paul (1867–1930), Historiker, Honorarprofessor und a. o. Professor an der Universität München (1916/25–1930) *184*

Johann Friedrich I. von Sachsen (1503–1554), sächsischer Kurfürst (1532–1547) und Herzog (1547–1554) 83

Johann Sigismund (1563–1620), 1608–1619 Kurfürst von Brandenburg und Herzog in Preußen 381, *381*

Jonina, Marina de, französische Adlige, befreundet mit Alfred von Kiderlen-Wächter *197*

Joseph II. (1741–1790), Erwählter Römischer Kaiser (1765–1790), alleinregierender Erzherzog von Österreich, König von Böhmen und König von Ungarn (1780–1790) *78*

Kaegi, Werner (1901–1979), schweizerischer Historiker, o. Professor an der Universität Basel (1935–1971) *278*

Kaehler, Ilse, geb. Gräfin Clairon d'Haussonville (1897–1966), Ehefrau Siegfried A. Kaehlers *222*, 224, 270, 343, 409, 419–421, 423, 428, 431, 445, 563, 566, 581, 648, 660

Kaehler, Siegfried August (1885–1963), Historiker, Privatdozent und a. o. Professor an der Universität Marburg (1927–1928), o. Professor an den Universitäten Breslau (1928–1932), Halle (1932–1936), Jena (1936) und Göttingen (1936–1953) 7, 9, 14, *15*, *18*, 21–25, *21f.*, *25*, 34f., *34*, 41–50,

147–155, *147*, 159f., *159*, 163–165, 169–174, 188f., 195f., *196*, 222f., *222*, 225, 228, *229*, 230, 237–241, 254–256, 259, 264, 270, 277–279, 291–294, *293f.*, 299f., *306*, 307–309, 311–317, 328f., 333–335, *336*, 339–342, *339f.*, 365–369, *373*, 377–379, *377–379*, 385–387, *385–387*, 397–401, *397*, *400*, *403*, 407–409, 411, 417–431, *417*, *419*, *421*, *423*, *425*, *428*, 439, 442–444, *442*, 563–565, *563*, 574, 580, *580*, 601, 609, 629f., *629*, 634, *634*, 648, 658–662, *658*, 661f., 666–668, 687f., *687*, 696–693, *696*, 711–714, *712f.*, 716f., 724f., *725*, 732f., *733*, 739f., 746–748, *748*

Kähler, Wilhelm (1871–1934), Nationalökonom und Politiker (Deutschnationale Volkspartei), o. Professor an der Technischen Hochschule Aachen (1901–1914) und an der Universität Greifswald (1914–1934), Reichskommissar in Preußen und kommissarischer Kultusminister (Oktober 1932 bis Februar 1933) 230, *230*

Kaesser, Hans (1905–?), Verlagskaufmann, Leiter des Akademie-Verlags in Ost-Berlin (1946–1951) 466f., *466*, 596, *618*

Kahle, Paul (1875–1964), Orientalist und evangelischer Theologe, o. Professor an den Universitäten Gießen (1918–1923) und Bonn (1923–1939), 1939 Emigration nach England und Tätigkeit an der Universität Oxford 510, *510*, 581, 590, *664*, 667

Kahrstedt, Ulrich (1888–1962), Althistoriker, o. Professor an der Universität Göttingen (1921–1952) 261f., *261*

Kaiser, Hermann (1885–1945), Gymnasiallehrer, Offizier und Widerstandskämpfer, seit 1912 Studienrat an der Oranienschule Wiesbaden, Stabsoffizier beim Oberkommando des Heeres in Berlin (1940–1944) 25

Kaiser, Jakob (1888–1961), Buchbinder, christlicher Gewerkschafter und Politiker (Zentrum, CDU), Mitglied des Deutschen Bundestages und Bundesminister für gesamtdeutsche Fragen (1949–1957) *616*

Kamnitzer, Heinz (1917–2001), marxistischer Historiker und Schriftsteller, Professor mit vollem Lehrauftrag an der Humboldt-Universität Berlin (1950–1954) 617, *617*, *659*, 663, *663*, 667, 671, 681, *682*

Kant, Immanuel (1724–1804) 27, 29, 158, *158*, 536, *536*, 634

Kantorowicz, Ernst Hartwig (1895–1963), Historiker, Honorarprofessor und o. Professor an der Universität Frankfurt a. M. (1930/32–1934), 1938 Emigration über Großbritannien in die USA, Professor an der Universität Berkeley (1945–1949), später Tätigkeit am Institute for Advanced Study in Princeton (1951–1963) 223, *223*

Kapp, Wolfgang (1858–1922), Verwaltungsbeamter, Generallandschaftsdirektor von Ostpreußen (1907–1916, 1917–1920), führender Vertreter des radikalen Nationalismus im Ersten Weltkrieg 123, *124*, 227, *227*, 240, *241*

Karau, Käthe (Kate), geb. Wagner (1900–?), Schülerin von Fritz Hartung 330, *330*

Karl Alexander von Brandenburg-Ansbach-Bayreuth (1736–1806), regierender Markgraf von Brandenburg-Ansbach (1757–1791) und Brandenburg-Bayreuth (1769–1791) *150*

Karl der Große (747–814), König der Franken und der Langobarden, römischer Kaiser 272, *272*, 282, *282*, 292, 368

Karl I. (1887–1922), Kaiser von Österreich und – als Károly IV. – König von Ungarn (1916–1918) 309

Karl V. (1500–1558), römisch-deutscher König, Erwählter Römischer Kaiser, König von Spanien 4, 68 f., *68*, 76, 134 f., *134*

Karl Albrecht von Bayern (1697–1745), Kurfürst von Bayern (1726–1745), König von Böhmen (1741–1743) und als Karl VII. Erwählter Römischer Kaiser (1742–1745) 476

Karl XII. von Pfalz-Zweibrücken-Birkenfeld (1682–1718), seit 1697 König von Schweden 269, *269*

Karl August (1757–1828), Herzog und (seit 1815) Großherzog von Sachsen-Weimar-Eisenach, Freund und Förderer Goethes 78, *78*, 80 f., *80*, 138, 149, 155, 158, 162, *464*, *652*, 673–675, 677

Kaufmann, Erich (1880–1972), Jurist, Staats- und Völkerrechtler, a. o. Professor an der Universität Kiel (1912–1913), o. Professor an den Universitäten Königsberg (1913–1917), Berlin (1917–1920) und Bonn (1920–1927), Honorar- und o. Professor an der Universität Berlin (1927–1934, 1933/34), Emigration in die Niederlande (1938–1946), nach der Rückkehr o. Professor an der Universität München (1947–1950) und Honorarprofessor in Bonn (1950–1958) 137, *137*, 538, 540, 582, 584, 607, 637 f.

Kaufmann, Georg (1842–1929), Historiker, o. Professor an der Akademie Münster (1888–1891) und an der Universität Breslau (1891–1921) 133, *133*

Kehr, Paul Fridolin (1866–1944), Historiker und Wissenschaftsorganisator, a. o. Professor für Mittelalterliche Geschichte an der Universität Marburg (1893–1895), o. Professor an der Universität Göttingen (1895–1915), Leiter des Preußischen Historischen Instituts in Rom

(1903–1915, 1924–1936), Generaldirektor der Preußischen Staatsarchive in Berlin (1915–1929), Direktor des Kaiser-Wilhelm-Instituts für deutsche Geschichte (1917–1944), Vorsitzender der Zentraldirektion der Monumenta Germaniae Historica (1919–1935)   133, *133–135*, 135, 143, *145*, 166, *166*, *184*, *209*, 440, *440*

Keitel, Wilhelm (1882–1946), Offizier, seit November 1938 Generaloberst und Chef des Oberkommandos der Wehrmacht, 1940 Generalfeldmarschall   311, *311*

Kern, Fritz (1884–1950), Historiker, a.o. Professor an der Universität Kiel (1913–1914), o. Professor an den Universitäten Frankfurt a.M. (1914–1922) und Bonn (1922–1947)   493, *493*

Kessel, Eberhard (1907–1986), Historiker, a.o. Professor an der Universität Marburg (1954–1962), o. Professor an der Universität Mainz (1962–1972)   303, *303*

Kettig, Konrad (1911–1999), Bibliothekar, Direktor der Bibliothek der Freien Universität Berlin (1966–1976)   605, *605*

Keudell, Walter von (1884–1973), Jurist und Politiker, Landrat in Königsberg/Neumark (1916–1920, 1941–1943), Reichstagsabgeordneter und Reichsinnenminister der DNVP (1927/28)   411 f., *411*

Keutgen, Friedrich (1861–1936), Historiker, Mediävist, a.o. Professor an der Universität Jena (1900–1904), Gastprofessor an der Johns Hopkins University in Baltimore (1904–1905), o. Professor am Kolonialinstitut Hamburg (1910–1919) und an der Universität Hamburg (1919–1933)   251, *251*

Kiderlen-Waechter, Alfred von (1852–1912), Diplomat und Politiker, 1908–1910 stellvertretender Staatssekretär im Auswärtigen Amt, 1910–1912 Leiter des Auswärtigen Amtes als Staatssekretär   197 f., *197*

Kiefl, Franz Xaver (1869–1928), katholischer Theologe, Professor an den Lyzeen Dillingen an der Donau (1900–1903) und Passau (1903–1905), o. Professor an der Universität Würzburg (1905–1911)   72, *72*

Kienast, Walther (1896–1985), Historiker und Mediävist, o. Professor an der Universität Graz (1939–1945), a.o. und o. Professor an der Universität Frankfurt a.M. (1953–1954 und 1954–1962)   340, *340*, *351*, 411, 522, 529, 544, 546, 704

Kienle, Hans (Johann Georg) (1895–1975), Astronom, a.o./o. Professor an der Universität Göttingen (1924/27–1939), o. Professor an den Universitäten Berlin (1939–1950) und Heidelberg (1950–1965)   532, *532*, 550, *550*, 590, 593

Kipling, Rudyard (1865–1936), englischer Dichter   *366*

Kirn, Paul (1890–1965), Historiker und Mediävist, a.o. Professor an der Universität Leipzig (1932–1935), o. Professor an der Universität Frankfurt a.M. (1935–1959)   223, *223*, 739

Kirsch, Johann Peter (1861–1941), luxemburgischer katholischer Kirchenhistoriker und Archäologe, Leiter des Historischen Instituts der Görres-Gesellschaft in Rom (1888–1890), o. Professor an der Universität Freiburg i. Üe./Schweiz (1890–1932), Rektor des Pontificio Istituto di Archeologia Cristiana in Rom (1925–1941)   193, *193*

Kittel, Gerhard (1888–1948), evangelischer Theologe, Neutestamentler und

Religionshistoriker, a. o. Professor an der Universität Leipzig (1921), o. Professor an den Universitäten Greifswald (1921–1926) und Tübingen (1926–1945), 1939–1943 zugleich an der Universität Wien   316, *316*

Kleist, Heinrich von (1777–1811)   *268*

Klinger, Friedrich Maximilian von (1752–1831), Dichter und Dramatiker   *711*

Kluke, Paul (1908–1990), Historiker, Lehrbeauftragter und Dozent an der Freien Universität Berlin (1949–1952), Generalsekretär des Instituts für Zeitgeschichte in München (1952–1959), a. o./o. Professor an der Universität Frankfurt a. M. (1958/63–1974), Direktor des Deutschen Historischen Instituts London (1976–1977)   *537*

Kneib, Philipp (1870–1915), katholischer Theologe, o. Professor an der Universität Würzburg (1906–1915)   72, *72*

Knudsen, Hans (1886–1971), Journalist und Theaterwissenschaftler, a. o. Professor an der Universität Berlin (1944–1948), o. Professor an der Freien Universität (1948–1956)   516, *516*, 521

Koch, Erich (1896–1986), nationalsozialistischer Politiker, Gauleiter von Ostpreußen (1928–1945)   *263*

Koch, Franz (1888–1969), Germanist, Privatdozent und a. o. Professor an der Universität Wien (1926/32–1935), a. o./o. Professor an der Universität Berlin (1935/36–1945), lebte ab 1952 in Tübingen, an der dortigen Universität Tübingen 1960 emeritiert   *20*, 44, 46, 318 f., *318*, 360, *360*, 371, 445 f., *445*, 448, 550

Koenigsberger, Helmut Georg (1918–2014), Historiker, Professor an den Universitäten Manchester (1951–1960) und Nottingham (1960–1966), an der Cornell University/USA (1966–1973) sowie am King's College der University of London (seit 1973)   704, *704*

Köster, Hellmut (1898–1963), Historiker und Verlagslektor, Leiter des Verlags Koehler & Amelang in Leipzig (1939–1945)   *403*, 441, 443, 457, 595

Kötzschke, Rudolf (1867–1949), Historiker, a. o./o. Professor an der Universität Leipzig (1906/30–1935)   441, *441*, 443, 525

Kogon, Eugen (1903–1987), Soziologe, Publizist und Politikwissenschaftler, im Widerstand gegen den Nationalsozialismus, o. Professor an der Technischen Hochschule Darmstadt (1951–1968)   607, *607*

Kohlrausch, Eduard (1874–1948), Jurist, Strafrechtler, a. o./o. Professor an der Universität Königsberg (1904/06–1913), o. Professor an den Universitäten Straßburg (1913–1918) und Berlin (1919–1948), Rektor der Universität Berlin (1932–1933)   229, 234, *234*, 459

Kolde, Theodor (seit 1910: Th. Ritter von Kolde, 1850–1913), evangelischer Theologe und Kirchenhistoriker, seit 1881 o. Professor für Historische Theologie an der Universität Erlangen   55, *55*, 57

Kopff, August (1882–1960), Astronom, Privatdozent und a. o. Professor an der Universität Heidelberg (1907/12–1924), o. Professor an den Universitäten Berlin (1924–1944) und Heidelberg (1947–1950)   266, *266*

Korfes, Otto (1889–1964), Offizier, Archivar und Historiker, Berufsoffizier (1910–1920), Archivar am Reichsarchiv Potsdam (1920–1937), anschließend erneut Offizier (1937–1945) – seit 1942 als Generalmajor der 6. Armee der Wehrmacht –, Leiter des Staatsarchivs Potsdam und des Instituts für Archivwissenschaften in Potsdam (1948–1952), Generalmajor der Kasernierten Volkspolizei (1952–1956) 567, *567*, 598, *611*, 613, 616f., *616*, 619, 621, 623, 625, 632, 641

Koschaker, Paul (1879–1951), Jurist und Rechtshistoriker, a. o. Professor an der Universität Innsbruck (1908–1909), o. Professor an der Karl-Ferdinands-Universität Prag (1909–1915) und an den Universitäten Leipzig (1915–1936), Berlin (1936–1941) und Tübingen (1941–1946) 590, *590*

Koser, Reinhold (1852–1914), Archivar und Historiker, 1882 Archivar am Geheimen Staatsarchiv Berlin, a. o. Professor an der Universität Berlin (1884–1891), o. Professor an der Universität Bonn (1891–1896), seit 1896 Direktor des Geheimen Staatsarchivs Berlin 59, *59*, 316

Kotowski, Georg (1920–1999), Historiker und Politiker (CDU), Schüler Hartungs, o. Professor für historische Grundlagen der Politik an der Freien Universität Berlin (1966–1988), Mitglied des Abgeordnetenhauses von West-Berlin (1958–1969), Mitglied des Deutschen Bundestages (1969–1972) 657, *657*

Krauske, Otto (1859–1930), Historiker, a. o. Professor an der Universität Göttingen (1895–1902), o. Professor an der Universität Königsberg (1902–1925) 361, *361*, *752*, 753

Krausnick, Helmut (1905–1990), Historiker, seit 1951 Mitarbeiter im Institut für Zeitgeschichte München, Generalsekretär und Direktor des Instituts (1959–1972), Honorarprofessor an der Ludwig-Maximilians-Universität München (1968–1990) 11, 33, 35, 695, *695*

Kress von Kressenstein, Georg (1840–1911), Jurist, Patron des Vereins für fränkische Geschichte 57, *57*

Kretzschmar, Hellmut (1893–1965), Landeshistoriker und Archivar am Hauptstaatsarchiv Dresden (1928–1958), seit 1937 Archivdirektor 46, 461f., *461*, 617, 623, 641, 681, *699*, 702

Kreuz, Lothar (1888–1969), Mediziner (Orthopäde), a. o./o. Professor an der Universität Berlin (1930/37–1945), 1942–1945 letzter Rektor der Friedrich-Wilhelms-Universität Berlin, nach dem Zweiten Weltkrieg Honorarprofessor und o. Professor an der Universität Tübingen (1949/52–1964) 389, 399

Kroll, Gerhard (1910–1963), Politiker (CSU) und Publizist, Abgeordneter im bayerischen Landtag (1946–1950) und Mitglied des Parlamentarischen Rates (1948–1949), vorläufiger Geschäftsführer des Instituts zur Erforschung der nationalsozialistischen Zeit in München (1949–1951) 33f., *582*, 584–586, *585f.*, 588, *589*, 591, *591*, 608, 638

Krüger, Gerhard (1908–1994), nationalsozialistischer Studenten- und Parteifunktionär, 1936–1942 Amtsleiter der „Parteiamtlichen Prüfungskommission zum Schutze des NS-Schrifttums" 326f., *326*, 369, *369*

Kuczynski, Jürgen (1904–1997), Statistiker und marxistischer Wirtschaftshistoriker, Professor an der Humboldt-Universität Berlin (1946–1968) 461f., *461f.*, 645, *645*, 655, 659, 691, *699*

Kühn, Johannes (1887–1973), Historiker, a. o. Professor an der Universität Leipzig (1927–1928), o. Professor an der Technischen Hochschule Dresden (1928–1945) und an den

Universitäten Leipzig (1947–1949) und Heidelberg (1949–1955) 525, *525*
Kühn, Margarete (1894–1986), Historikerin, wissenschaftliche Mitarbeiterin der Arbeitsstelle der Monumenta Germaniae Historica in der Deutschen Akademie der Wissenschaften zu Berlin 647, *647*, 744f.
Kugler, Franz (1808–1858), Historiker, Kunsthistoriker und Dichter, seit 1835 Professor an der Berliner Akademie der Künste, seit 1843 Referent für Kunstangelegenheiten im preußischen Kultusministerium 316, *316*, 430
Kuhn, Hans (1899–1988), Skandinavist und Altgermanist, a. o. Professor an der Universität Leipzig (1938–1941), o. Professor an den Universitäten Berlin (1941–1946) und Kiel (1946–1964) 448, *448*, 590
Kuhn, Karl-Georg (1906–1976), evangelischer Theologe und Orientalist, Dozent und apl. Professor in der Philosophischen Fakultät der Universität Tübingen (1939/42–1945, 1946–1949), a. o./o. Professor für Neues Testament in den Theologischen Fakultäten der Universitäten Göttingen (1949–1954) und Heidelberg (1954–1971) 313, *313*
Kunisch, Hermann (1901–1991), Germanist, o. Professor an der Universität Berlin (1947–1948), der Freien Universität Berlin (1948–1955) und der Universität München (1955–1969) 501, *501*, 516f., 521
Kuske, Bruno (1876–1964), Wirtschaftshistoriker, Dozent an der Handelshochschule Köln (1912–1919), anschließend o. Professor an der dort neu gegründeten Universität (1919–1951) 263, *263*, 265

Lahusen, Johannes (1884–1918), Historiker, Freund Hartungs, im Ersten Weltkrieg gefallen *64*, 727, *727*
Lamprecht, Karl (1856–1915), Historiker, a. o. Professor an der Universität Bonn (1885–1890), o. Professor an den Universitäten Marburg (1890/91) und Leipzig (1891–1915) 64, *64*, 368, 696
Lancken-Wakenitz, Oskar Freiherr von der (1867–1939), Diplomat, 1894–1919 im deutschen Auswärtigen Dienst, u. a. in Lissabon, Rom, Paris, Brüssel 211, *211*, 214, 310, *310*
Lansdowne, Henry Petty-Fitzmaurice, Marquess of (1845–1927), britischer konservativer Politiker, Außenminister (1900–1905) 208, *208*
Largiadèr, Anton (1893–1974), schweizerischer Archivar und Historiker, Staatsarchivar von Zürich (1931–1958), a. o. Professor an der Universität Zürich (1944–1958) 46, 453, *453*, 481–483, *483*, 503–505
Largiadèr, Lydia, geb. Reinhart, Ehefrau von Anton Largiadèr 482, 505, *505*
Lassalle, Ferdinand (1825–1864), Jurist und sozialistischer Politiker, 1863 Begründer des Allgemeinen Deutschen Arbeitervereins 336, 612, 618, *618*, 622
Laue, Max von (1879–1960), Physiker, a. o. Professor an der Universität Zürich (1912–1914), 1914 Nobelpreis für Physik, o. Professor an den Universitäten Frankfurt a. M. (1914–1919) und Berlin (1919–1943), Direktor am Fritz-Haber-Institut der Max-Planck-Gesellschaft in Berlin (1951–1960) 551, *551*
Lederer, Emil (1882–1939), Ökonom und Sozialwissenschaftler, a. o./o. Professor an der Universität Heidelberg (1918/22–1931) und o. Professor an der Universität Berlin (1931–1933); aus „rassischen" und politischen Gründen entlassen,

Emigration in die USA, dort Professor an der New School for Social Research in New York City 250, *250*

Lehmann, Gertrud, Tochter von Max Lehmann 528, *528*

Lehmann, Max (1845–1929), Historiker, Dozent an der Preußischen Kriegsakademie in Berlin (1879–1888), o. Professor an den Universitäten Marburg (1888–1892), Leipzig (1892–1893) und Göttingen (1893–1921) 212, *212*, 361, *361*, 528

Leibniz, Gottfried Wilhelm (1646–1716) 21, 325, *325*, 393, 447, *491*, 511, 542, 642, 659, 690, 699, *699*, 742

Leidinger, Georg (1870–1945), Historiker und Bibliothekar, stellvertretender Generaldirektor der Bayerischen Staatsbibliothek in München und Honorarprofessor für Bibliothekswissenschaften an der dortigen Universität (1922–1936) 193, *193*

Leisegang, Hans (1890–1951), Philosoph und Physiker, a. o. Professor an der Universität Leipzig (1925–1930), o. Professor an der Universität Jena (1930–1934, 1945–1948) und an der Freien Universität Berlin (1948–1951) 450, *450*

Lenin, eigentlich Wladimir Iljitsch Uljanow (1870–1924) *639*

Lenz, Friedrich (1885–1968), Wirtschaftswissenschaftler, a. o. Professor an der Technischen Hochschule Braunschweig (1912–1919), a. o./o. Professor an der Universität Gießen (1919/21–1933), o. Professor an der Universität Berlin (1947–1948), Gastprofessor an der Hochschule für Arbeit, Politik und Wirtschaft Wilhelmshaven (1948–1953), danach Honorarprofessor ebenda und seit 1962 an der Universität Göttingen *31*, 47, *535*, 554f.

Lenz, Georg Wilhelm Theodor (1906–1976), Historiker und Archivar, Gymnasiallehrer in Mitau (1929–1938), Referent beim Reichskommissar für die besetzten Ostgebiete (1941–1944), Kreisarchivar in Otterndorf (1948–1968) 49, 555, *555*, 675f., *675*

Lenz, Max (1850–1932), Historiker, Habilitation und a. o. Professor an der Universität Marburg (1876, 1876–1881), o. Professor an den Universitäten Marburg (1881–1890) und Berlin (1890–1914) sowie am Hamburgischen Kolonialinstitut (seit 1919 Universität, 1914–1922) 3f., 41, 53, *53*, *61*, 75, *75*, 78, 146, *170*, 173, *174*, 176, 100, 200, 216, 337, *535*, *554*

Leo XIII. (Vincenzo Gioacchino Pecci, 1810–1903), Papst (1878–1903) *329*

Lepsius, Johannes (1858–1926), Theologe und Orientalist, Miteditor der Aktenpublikation des Auswärtigen Amtes seit 1922 168

Leuze, Oskar (1874–1934), Althistoriker, Privatdozent an der Universität Halle (1912–1914, 1919–1921), a. o. Professor an der Universität Czernowitz (1914–1918), o. Professor an der Universität Königsberg (1921–1934) 154, *154*

Levison, Wilhelm (1876–1947), Historiker, a. o./o. Professor an der Universität Bonn (1912/20–1935), 1939 Emigration nach Großbritannien und Tätigkeit an der Universität Durham 213, *213*, 292

Ley, Robert (1890–1945), nationalsozialistischer Funktionär und Politiker, Reichsorganisationsleiter der NSDAP (1932–1945), Leiter der „Deutschen Arbeitsfront" und der NS-Gemeinschaft „Kraft durch Freude" (1933–1945) 26

Lhéritier, Michel (1889–1951), französischer Historiker, Generalsekretär des Comité International des Sciences Historiques, Professor an der Sorbonne in Paris (1942–1944) 205, *205*, 483, *483*

Liebert, Arthur (1878–1946, bis 1911: Arthur Levy), Philosoph, a.o./o. Professor an der Universität Berlin (1928/31–1933, 1946) 449, *449*

Liebknecht, Wilhelm (1826–1900), sozialistischer Politiker, Mitbegründer der SPD, Redakteur der Parteizeitung „Vorwärts" *519f.*, 618, *618*

Liermann, Hans (1893–1976), Jurist und Rechtshistoriker, o. Professor an der Universität Erlangen (1929–1961) 646, *646*

Lietzmann, Hans (1875–1942), evangelischer Theologe und Kirchenhistoriker, a.o./o. Professor an den Universitäten Jena (1905/08–1923) und Berlin (1923–1942) 718, *718*

Lindner, Theodor (1843–1919), Historiker, Professor an der Akademie Münster (1876–1888) und an der Universität Halle (1888–1919) 78, *78*

Linnebach, Karl (1879–1961), Militärhistoriker, Archivar am Heeresarchiv in Potsdam 302, *302*

Lintzel, Martin (1901–1955), Historiker, a.o. Professor an den Universitäten Kiel (1935–1936) und Halle (1936–1942), o. Professor an der Universität Halle (1942–1955) *272*, 282, *282*, 441, *441*, 443, 543, *543*, 545, 548, 579, *611*, 623, 645f., 654–656, 698, 701, 718, 720, 728, *728*, 742, 744

Lipsius, Justus (1547–1606), flämischer Späthumanist und klassischer Philologe 679, *680*

Litt, Theodor (1880–1962), Philosoph und Pädagoge, a.o. Professor an der Universität Bonn (1919–1920), o. Professor an den Universitäten Leipzig (1920–1937, 1945–1947) und Bonn (1947–1962) 191, *191*, 608, 611, 615f., 637

Lloyd George, David (1863–1945), liberaler britischer Politiker, Premierminister des Vereinigten Königreichs (1916–1922) *100*

Löhlein, Walther (1882–1954), Mediziner (Ophthalmologe), Professor an den Universitäten Greifswald (1921–1924), Jena (1924–1932), Freiburg i.Br. (1932–1934), Berlin (1934–1949) sowie an der Freien Universität Berlin (1949–1953) *589*

Loening, Hermann (1885–1943), Jurist und Verwaltungsbeamter, 1934 Emigration nach Südwestafrika *259*

Loening, Karl (1877–1926), Mediziner (Internist), seit 1911 Leiter der Inneren Abteilung des evangelischen Diakonissenhauses in Halle (Saale), a.o. Professor an der Universität Halle (1921–1926) 9, 15, 133, *133*, 154, 580, *580*

Loening, Susanne († 1950), Ehefrau von Karl Loening 259, *259*

Lötzke, Helmut (1920–1984), Archivar, Direktor des Deutschen Zentralarchivs der DDR in Potsdam (1952–1984), Honorarprofessor für Archivwissenschaft an der Humboldt-Universität Berlin (1980–1984) 741, *741*

Loewe, Victor (1871–1933), Bibliograph und Archivar in Breslau 193, *193*

Lortzing, Albert (1801–1851), Komponist *70*

Loßberg, Fritz von (1868–1942), Offizier, im Ersten Weltkrieg zuletzt Generalmajor (1917–1918) 660, *660*

Lousse, Émile (1905–1986), belgischer Historiker, Professor an der Universität Löwen (1934–1968) 704f., *704*

Luckwaldt, Friedrich (1875–1945), Historiker, o. Professor an der Technischen Hochschule Danzig (1907–1935) 176, *176*, 179, 196, 422, 444

Ludendorff, Erich (1865–1937), Militär und Politiker, Generalquartiermeister im Ersten Weltkrieg, zusammen mit Hindenburg Chef der Dritten Obersten Heeresleitung (1916–1918) *138*, 141, 296, 313 f., 386, *386*, 395, 660 f., *661*

Ludin, Adolf (1879–1968), Ingenieur, o. Professor für Flussbau, Wasserwirtschaft und Kulturbau an der Technischen Hochschule Berlin (1923–1945) 447, *447*

Ludwig, Emil (1881–1948), Schriftsteller und Biograph 154, *154*

Lüdtke, Franz (1882–1945), nationalsozialistischer Funktionär und Volkstumspolitiker, Vorsitzender des „Bundes Deutscher Osten" *252*

Lüpke, Helmut (1905–1994), Historiker, seit 1933 Studienleiter an der Deutschen Hochschule für Politik, Privatdozent für Geschichte an der Auslandswissenschaftlichen Fakultät der Universität Berlin (1942–1945) 367, *367*

Lüth, Erich (1902–1989), Journalist *552*

Luther, Martin (1483–1546) *72*, *171*, 646

Macaulay, Thomas Babington (1800–1859), britischer Historiker und liberaler Politiker *322*, 326, *322*

Machiavelli, Niccolò (1469–1527) 342, 505, 587

Maenner, Ludwig (1890–1958), Jurist, Historiker und Archivar, apl. Professor an der Universität München (1933–1958), Leiter des Geheimen Staatsarchivs München (1948–1958), Sekretär der Historischen Kommission bei der Bayerischen Akademie der Wissenschaften (1954–1958) 598, *598*, 736

Maier, Heinrich (1867–1933), Philosoph, a. o./o. Professor an der Universität Zürich (1900/01–02), o. Professor an den Universitäten Tübingen (1902–1911), Göttingen (1911–1918), Heidelberg (1918–1922) und Berlin (1922–1933) *753 f.*

Mann, Thomas (1875–1955) 270, *270*

Mannich, Carl (1877–1947), Chemiker und Pharmazeut, a. o. Professor an den Universitäten Berlin (1910–1911) und Göttingen (1911–1919), o. Professor an den Universitäten Frankfurt a. M. (1919–1927), Berlin (1927–1943) und an der Technischen Hochschule Karlsruhe (1946–1947), 1932–1934 Präsident der Deutschen Pharmazeutischen Gesellschaft 253, *253*

Marcks, Erich (1861–1938), Historiker, o. Professor an den Universitäten Freiburg i. Br. (1893–1894), Leipzig (1894–1901), Heidelberg (1901–1907), an der Hamburgischen Wissenschaftlichen Stiftung (1907–1913) sowie an den Universitäten München (1913–1922) und Berlin (1922–1928) 3, 5, 9 f., 13, 16, 18, 61, *61*, 76, *80*, 81, 90, 131 f., *131*, 155, *155*, *160*, 167, 174, 178, 182, 187, 189, *196*, 217, 225, *225*, *291*, *297*, 300, *300*, 312, 325, *336*, 405, *405*, 729, 753

Marcks, Erich (1891–1944), Sohn des gleichnamigen Historikers, Offizier, zeitweilig im Reichswehrministerium und als Reichspressechef tätig, als General im Zweiten Weltkrieg gefallen 188, *188*, 225

Marcks, Friederike, geb. von Sellin (1865–1951), Ehefrau von Erich Marcks sen. 405, *405*, 406

Markov, Walter (1909–1993), Historiker, o. Professor an der Universität Leipzig (1949–1974) 493, *493*, 613, *613*, 619, 636, 743

Marschall von Bieberstein, Fritz (1883–1939), Jurist, a.o. Professor an der Universität Halle (1913–1915), o. Professor an den Universitäten Tübingen (1915–1920) und Freiburg i.Br. (1920–1939) 574, *574*

Martiny, Fritz (1913–1945), Historiker, Assistent an der Universität Göttingen 336, *336*

Marwitz, Friedrich August von der (1777–1837), preußischer Generalleutnant, Landmarschall des brandenburgischen Provinziallandtages 345

Marx, Karl (1818–1883), Ökonom und Philosoph, Theoretiker des Sozialismus und Kommunismus 462, *462*, *537*, *639*, 656, *656*, *663*, 681

Maschke, Erich (1900–1982), Historiker, a.o. Professor an der Universität Königsberg (1935–1937), o. Professor an den Universitäten Jena (1937–1942), Leipzig (1942–1945) und Heidelberg (1956–1968) 422, *422*

Masur, Gerhard (1901–1975), Historiker, Schüler Friedrich Meineckes, Privatdozent an der Universität Berlin (1930–1935), Emigration nach Südamerika, Professor an der Escuela Normal Superior in Bogotá/Kolumbien (1938–1947), anschließend bis 1966 Professor am Sweet Briar College/Virginia, USA, Gastprofessor an der Freien Universität Berlin (1965–1966) und an der University of California in Los Angeles (1966–1968) 224, 240, *240f.*

Mattiat, Eugen (1901–1976), evangelischer Pastor, Referent im Reichsministerium für Erziehung, Wissenschaft und Volksbildung (1934–1937), o. Professor für Praktische Theologie an der Universität Berlin (1935–1938) sowie für Religiöse Volkskunde in der Philosophischen Fakultät der Universität Göttingen (1938–1945) 441, *441*, 443, *608*, 609, *632*, 695,

Mau, Hermann (1913–1952), Historiker, Dozent an den Universitäten Jena (1944–1945), Leipzig (1945–1947) und München (1951–1952), seit 1951 Generalsekretär des Instituts für Geschichte der nationalsozialistischen Zeit in München 441, *441*, 443, *608*, 609, *632*, 695

Maximilian I. (1459–1519), römisch-deutscher König und Erwählter Römischer Kaiser 4, 58, *58*, 68f., *75*, 76, 79, *79*, *153*

Mayer, Gustav (1871–1948), Historiker, a.o. Professor für Geschichte der politischen Parteien an der Universität Berlin (1921–1933), aus „rassischen" Gründen entlassen, anschließend Emigration nach Großbritannien 16, *16*, 250, *250*, 252, 489, *489*, 643

Mayer, Hans (1907–2001), Literaturwissenschaftler und Kultursoziologe, Professor mit Lehrstuhl an der Universität Leipzig (1948–1963), o. Professor an der Technischen Hochschule (seit 1968 Technische Universität) Hannover (1965–1973), anschließend Honorarprofessor an der Universität Tübingen 699, *699*

Mayer, Theodor (1883–1972), Historiker und Wissenschaftsorganisator, a.o. Professor an der Universität Wien (1922–1923), a.o./o. Professor an der Deutschen Universität Prag (1923–1930) und an den Universitäten Gießen (1930–1934), Freiburg i.Br. (1934–1938) und Marburg (1938–1942); Präsident der Monumenta Germaniae Historica und zugleich Direktor des Deutschen Historischen Instituts in Rom (1942–1945), Honorarprofessor an der Universität Berlin (1943–1945) 341, *341*, 352, 354, 390, 422, 448, 511, *511*, 550 f.

Mehring, Franz (1846–1919), sozialdemokratischer Politiker, Theoretiker und Schriftsteller 351, *351*, 462

Meinecke, Antonie, geb. Delhaes (1875–1971), Ehefrau Friedrich Meineckes 49, 335, *335*, 338, 362, 387, 439, 448, 492, 541 f., 553, 668, 670, 672, 674

Meinecke, Friedrich (1862–1954), Historiker, o. Professor an den Universitäten Straßburg (1901–1906), Freiburg i. Br. (1906–1914) und Berlin (1914–1932)   10, 12 f., 15, 21, 25, 27, *29*, 44–47, 49, *75*, *148*, 151 f., *151*, *160*, 170, 178, 180, 182, 185, *185*, 187–189, *187–189*, 191 f., *191*, 195 f., *196*, 199, *202 f.*, 204, *204*, 209, 217, 224, *224 f.*, 228–230, *228 f.*, *231*, 240, *240 f.*, 243, *243*, 252, *252*, 255, 284, 290, *294*, 300, *300*, *302*, *305*, 309, 324, 335, 338, *339*, 340, 350, 358, 360 f., 363, *366*, 370, 373, 375, 377 f., 385, *385*, 387, *387*, 409, 437 f., 448, *448*, 451 f., 454, 456, 465, 470, 473, *473*, 475, 480, 483, 489 f., *490*, 491 f., *492*, 497, 511 f., *512*, 514, 516, *516*, *520 f.*, *523 f.*, *529*, 529, 531, 537, 540 f., 547, 550, 552 f., 564, 569, 572, 577, 589, *589*, 592, 594, 602, 606, 634, *634*, 648, 650, 668, 670, 672, *672 f.*, 674, 688, *714*, 729, 747, *747*, *752 f.*, 753

Meiner, Felix (1883–1965), Verlagsbuchhändler   *273*, *410*

Meisner, Heinrich Otto (1890–1976), Historiker und Archivar, tätig am Preußischen Geheimen Staatsarchiv Berlin (1914–1935) und am Reichsarchiv in Potsdam (1935–1945), Dozent am Institut für Archivwissenschaften in Potsdam (1950–1953) und Professor mit vollem Lehrauftrag an der Humboldt-Universität Berlin (1953–1961)   *34*, 45, 49 f., 315, *315*, *368*, 424, *424*, 682 f., *699*, 702, 715, *716*, *730 f.*, 730 f., 736, 743, 750, *754*

Meisner, Margarethe, geb. Wohlgemuth (1898–?), Ehefrau Heinrich Otto Meisners   424, *424*, *716*

Meissner, Otto (1880–1953), Jurist und Diplomat, im Rang eines Staatssekretärs Leiter der deutschen Präsidialkanzlei unter Friedrich Ebert (1919–1926), Paul von Hindenburg (1926–1934) und Adolf Hitler (1934–1945)   669, *669*

Meister, Aloys (1866–1925), Historiker, seit 1899 a. o. Professor an der Akademie Münster (seit 1902 Universität), 1903–1909 Ordinarius ad personam, seit 1909 o. Prof. ebendort   5, 96, *96*, 147, *147*, 372, *372*

Melcher, Marianne, Historikerin, Schülerin von Fritz Hartung   456, *456*

Melzer, Wilhelm, Abgeordneter der Siebenbürger Sachsen im ungarischen Reichstag   64, *64*

Mendelssohn Bartholdy, Albrecht (1874–1936), Jurist und Völkerrechtler, a. o. Professor an der Universität Leipzig (1904–1905), o. Professor an den Universitäten Würzburg (1905–1920) und Hamburg (1920–1933), Miteditor der Aktenpublikation des Auswärtigen Amtes seit 1922, 1934 Emigration nach Großbritannien, dort Senior Fellow am Balliol College der Universität Oxford   *168*

Mentz, Georg Hugo (1870–1943), Historiker, a. o. Professor (1910–1923) und o. Professor (1923–1935) an der Universität Jena   83, *83*

Menzel, Adolph (1815–1905, seit 1898: von Menzel), Maler und Illustrator *316*

Menzer, Elisabeth (1887–1969), geb. Hallmann, Ehefrau Paul Menzers 635, *635*

Menzer, Paul (1873–1960), Philosoph, a. o. Professor an der Universität Marburg (1906–1908), o. Professor an der Universität Halle (1908–1938, 1945–1948), 1920/21 Rektor der Universität Halle 9, 48, 145, *145*, 154, 160, 261, *536*, 633, *633f.*

Merck, Johann Heinrich (1741–1791), Schriftsteller und Kritiker der deutschen Spätaufklärung, Freund Goethes *465*

Mertz von Quirnheim, Hermann (1866–1947), Offizier, im Ersten Weltkrieg Generalleutnant; Präsident des Reichsarchivs in Potsdam (1919–1931) 661, *661*

Metternich, Klemens Wenzel Lothar von (1773–1859) 214, 284, 290

Meusel, Alfred (1896–1960), marxistischer Ökonom, Soziologe und Historiker, a. o./o. Professor an der Technischen Hochschule Aachen (1925/30–1933), o. Professor an der Universität Berlin (1946–1960), seit 1952 Direktor des Museums für Deutsche Geschichte in Ost-Berlin 30–32, *30*, *33*, 49f., 464f., *464*, 509, 514, 517f., 521, 525, 540, 547f., 554f., 557, 562, 579, 612f., 617, 619, 623, 625–627, *627*, 629, *630*, 632, 636, 639, *639*, 645, *653*, 654f., *659*, 667, 669, 671f., 679, 681f., 684, 689, *689*, 691, 697, 700, 702f., 705–708, *707*, 715, 720, *720f.*, *721*, 722f., 726, 728, 735, 743

Meyer, Arnold Oskar (1877–1944), Historiker, a. o. Professor an der Universität Rostock (1913–1915), o. Professor an den Universitäten Kiel (1915–1922), Göttingen (1922–1929), München (1929–1936) und Berlin (1936–1944) 10, 25, 27, 41f., 87, *87*, *88*, 155f., *160*, 161f., 169, 171, 175f., 180, 186f., 206, *206*, 212–214, 257, *287*, 288, 290, *291*, 292, 294, 296f., 300, *302*, 304f., 347, *358*, 370, 378, *379*, 383, 390f., 403, *403*, 411f., *411*, 413, 417, 420, *420*, 455, 457, 462, 465, 467, 480, 504, 528f., 575, 686

Meyer, Bertha, geb. Thierfelder, Ehefrau Arnold Oskar Meyers 162, *162*, 215, *379*, 412, 575, *575*

Meyer, Eduard (1855–1930), Althistoriker und Altertumswissenschaftler, a. o. Professor an der Universität Leipzig (1885), o. Professor an den Universitäten Breslau (1885–1889), Halle (1889–1902) und Berlin (1902–1923) 3, 74, *74*, 182

Meyer, Eugen (1893–1972), Archivar und Historiker, a. o./o. Professor an den Universitäten Berlin (1939/46–1949) und Saarbrücken (1949–1961) *427*, 439, *439*, 452, 455, 488, 525, *525*, 543

Meyer, Herbert (1875–1941), Jurist und Rechtshistoriker, a. o. Professor an der Universität Jena (1904–1906), o. Professor an den Universitäten Breslau (1906–1918), Göttingen (1918–1937) und Berlin (1937–1941) 358, *358*, 699

Meyer, Konrad (1901–1973), nationalsozialistischer Agrarwissenschaftler und Raumplaner, o. Professor an den Universitäten Jena (1934), Berlin (1934–1945) und an der Technischen Hochschule Hannover (1956–1968) 550, *550*

Meyer, Otto (1906–2000), Historiker, kommissarischer Leiter der Monumenta Germaniae Historica in Pommersfelden, Dozent und a. o. Professor an der Philosophisch-Theologischen Hochschule Bamberg

(1947–1962), o. Professor an der Universität Würzburg (1962–1974) *433*, 440f., *440*

Michaelis, Herbert (1904–1980), Historiker, Mitarbeiter der Historischen Reichskommission und des Reichsinstituts für Geschichte des neuen Deutschlands (1929–1939), Dozent und Professor an der Pädagogischen Hochschule in West-Berlin (1951–1968) 572, *572*, 643

Mirabeau, Honoré-Gabriel de Riquetti, Marquis de (1749–1791), französischer Schriftsteller und Politiker 681, *681*

Mises, Richard von (1883–1953), Mathematiker, a. o. Professor an der Universität Straßburg (1909–1918), o. Professor an der Technischen Hochschule Dresden (1918–1919) und an der Universität Berlin (1919–1933); Emigration in die Türkei (1933) und in die USA (1939), Professor an der Universität Istanbul (1933–1939), später an der Harvard University 223

Mitscherlich, Eilhard Alfred (1874–1956), Agrarwissenschaftler, o. Professor an den Universitäten Königsberg (1906–1941) und Berlin (1946–1956) 518, *518*, 557, 578, *579*

Mitteis, Heinrich (1889–1952), Jurist und Rechtshistoriker, o. Professor an den Universitäten Köln (1921–1924), Heidelberg (1924–1934), München (1934–1936), Wien (1936–1938), Rostock (1940–1946), Berlin (1946–1948), München (1948–1952) und Zürich (1952) 459, *459*, 481, 512, *592*, 593

Mittwoch, Eugen (1876–1942), Orientalist und Islamwissenschaftler, a. o. Professor an der Universität Berlin (1915–1917), o. Professor an den Universitäten Greifswald (1917–1919) und Berlin (1919–1935),

1938 Emigration nach Frankreich und Großbritannien 223, *223*, 236

Molo, Walter von (1880–1958), Schriftsteller, seit 1926 Mitglied der Preußischen Akademie der Künste 13

Moltke, Helmuth von (1800–1891), preußischer Generalstabschef und Generalfeldmarschall 296, 313, *313*, 661

Mommsen, Konrad (1891–1946), Sohn Theodor Mommsens, Marineoffizier, 1927 Admiral *451*

Mommsen, Theodor (1817–1903), Jurist, Altertumswissenschaftler, Historiker und liberaler Politiker, a. o. Professor in der Juristischen Fakultät der Universität Leipzig (1848–1851), o. Professor in den Juristischen Fakultäten der Universitäten Zürich (1852–1854) und Breslau (1854–1858); Forschungsprofessor an der Preußischen Akademie der Wissenschaften in Berlin (1858–1885) – dort 1874–1895 auch Sekretar der Historisch-Philologischen Sektion – und o. Professor in der Philosophischen Fakultät der Universität Berlin (1861–1887), 1874/75 Rektor *74*, *451*, *492*, 573f., *573*, 668, *668*

Mommsen, Wilhelm, Historiker (1892–1966), Privatdozent und a. o. Professor an der Universität Göttingen (1923/28–1929), persönlicher o. Professor an der Universität Marburg (1929–1945) 46f., 196, *196*, 206, 209, *224*, 279, 304, *305*, 373, *427*, 451f., *451*, *453*, 476, 522f., 575f.

Morus, Thomas (1478–1535), englischer Jurist, Politiker und Humanist 348, 376, *376*

Mousnier, Roland (1907–1993), französischer Historiker, Professor an der Universität Straßburg (1947–

1955) und an der Sorbonne in Paris (1955–1977) 34, 688, *688f.*, 694, *694*

Müller, Karl Alexander von (1882–1964), Historiker, Honorarprofessor und o. Professor an der Universität München (1917/28–1945) 180, *180*, 183, 200, *200*, 257, 288, *291*, 308, 316, 339, *339f.*, *351*, 358, 373, *373*, *387*, *490*, 670

Müller, Ludwig (1883–1945), evangelischer Theologe, seit 1934 Reichsbischof der „Deutschen Evangelischen Kirche" 271

Müller-Armack, Alfred (1901–1978), Nationalökonom, Soziologe und Politiker (CDU), a.o. Professor an den Universitäten Köln (1934–1938) und Münster (1938–1940), o. Professor an den Universitäten Münster (1940–1950) und Köln (1950–1952), anschließend Ministerialbeamter und Staatssekretär im Bundesministerium für Wirtschaft (1952/58–1963) 380, *380*

Müller-Freienfels, Richard (1882–1949), Philosoph und Psychologe, Lehrbeauftragter für Psychologie an der Handelshochschule Berlin (1933–1938), Professor an der Universität Berlin (1946–1948) 507, *507*

Münchhausen, Hieronymus von (1720–1797), Offizier in russischen Diensten, später bekannt geworden als Erzähler abenteuerlicher „Lügengeschichten" 465, *465*

Müsebeck, Ernst (1870–1939), Archivar am Geheimen Staatsarchiv in Berlin (1908–1919), Direktor am Reichsarchiv Potsdam (1919–1935) 643, *643*

Mulert, Hermann (1879–1950), evangelischer Theologe und Kirchenhistoriker, a.o./o. Professor an der Universität Kiel (1917/20–1935), Lehrbeauftragter an den Universitäten Jena (1945–1946) und Leipzig (1948–1950) 558, *558*

Mundt, Hans (Johannes) (1886–1970), Offizier, bis Sommer 1941 Kommandeur der 168. Infanterie-Division im Rang eines Generalleutnants, Historiker, Schüler Fritz Hartungs *350*, 352

Muralt, Leonhard von (1900–1970), schweizerischer Historiker, o. Professor an der Universität Zürich (1940–1970) 453, *453*, 455, 481

Mussolini, Benito (1883–1945) *393*, 395, *395*, 398

Naas, Josef (1906–1993), Mathematiker, Direktor der Deutschen Akademie der Wissenschaften (1946–1953), Professor an der Akademie (1953–1971) 518, *518*, *571*, *590*, *593*, 594, 612f., 616–618, 632, 636, 646f., 655f., *655*

Nabholz, Hans (1874–1961), schweizerischer Archivar und Historiker, Tätigkeit am Staatsarchiv Zürich (1903–1931), a.o./o. Professor an der Universität Zürich (1924/31–1945) 46, 453–455, *453*, 468–470, *468–470*, 481, 483, 577

Nachtsheim, Hans (1890–1979), Zoologe und Genetiker, a.o. Professor an der Landwirtschaftlichen Hochschule Berlin (1923–1939) und an der Universität Berlin (1939–1945), Tätigkeit am Kaiser-Wilhelm-Institut für Anthropologie (1941–1945), o. Professor an der Linden-Universität Berlin (1946–1949) und an der Freien Universität Berlin (1949–1955) 589, *589*

Napoleon I. (1769–1821), Kaiser der Franzosen 101, 245, 272, 314, 504, 683

Napoleon III. (1808–1873), Kaiser der Franzosen 272, 574, 683

Naudé, Albert (1858–1896), Historiker, a. o. Professor an der Universität Berlin (1890–1893), o. Professor an der Universität Marburg (1893–1896) 361, *361*

Naumann, Hans (1886–1951), Germanist und Volkskundler, Professor an den Universitäten Jena (1919–1921), Frankfurt a. M. (1921–1932) und Bonn (1932–1945) 272, *288*

Nernst, Walter (1864–1941), Physiker und Chemiker, a. o./o. Professor für physikalische Chemie an den Universitäten Göttingen (1891/95–1905) und Berlin (1905–1924), anschließend (bis 1932) o. Professor für Physik ebendort 278, *278*, 283

Nesselrode, Karl Robert Graf von (1780–1862), russischer Diplomat und Politiker deutschbaltischer Herkunft, 1816–1845 Außenminister und 1845–1856 Kanzler des Russischen Kaiserreiches 150, *150*

Niemann, Alfred (1876–1946), Generalstabsoffizier, Major, Vertreter der Obersten Heeresleitung beim Kaiser (1918) 398, *398*

Nietzsche, Friedrich (1844–1900) 1, *229*, *626*

Nikitin, Pjotr Iwanowitsch (1912–2000), Physiker, Informatiker und sowjetrussischer Offizier, innerhalb der Sowjetischen Militäradministration in Deutschland (SMAD) zuständig für die Hochschulen und wissenschaftlichen Institutionen (1945–1952), Professor mit Lehrstuhl für Informatik an der Universität Leningrad (1963–1987) 625, *625*

Noack, Ferdinand (1865–1931), Klassischer Archäologe, a. o. Professor an der Universität Jena (1899–1904), o. Professor an den Universitäten Kiel (1904–1908), Tübingen (1908–1916) und Berlin (1916–1931) 306, *306*

Noack, Ulrich (1899–1974), Historiker, a. o. Professor an der Universität Greifswald (1942–1945), o. Professor an der Universität Würzburg (1946–1964) *224*, 306, *306*, 444, *444*

Norden, Walter (1876–1937), Historiker und Verwaltungswissenschaftler, a. o. Professor für Kommunalverwaltungslehre an der Universität Berlin, seit 1928 Leiter des dortigen Kommunalwissenschaftlichen Instituts, 1933 aus „rassischen" Gründen entlassen 250, *250*

Nürnberger, Richard (1912–1999), Historiker, a. o. Professor an der Universität Bonn (1949–1955), o. Professor an der Universität Göttingen (1955–1980) *662*

Obermann, Karl (1905–1987), Journalist, sozialistischer Funktionär (SPD, KPD, SED), Historiker, „Wahrnehmungsprofessor" und Professor mit vollem Lehrauftrag an der Brandenburgischen Landeshochschule Potsdam (1950/52–1953), Professor mit vollem Lehrauftrag und o. Professor an der Humboldt-Universität Berlin (1953/56–1970), Gründungsdirektor des Instituts für Geschichte an der Deutschen Akademie der Wissenschaften (1956–1960) 690, *690*, 702, 705, 708, *721*

Oelßner, Fred (1903–1977), sozialistischer Politiker und Funktionär (USPD, KPD, KPdSU, SED), Mitglied des Politbüros des ZK der SED (1950–1958) und dessen Sekretär für Propaganda (1950–1955), Professor für Ökonomie am Institut für Gesellschaftswissenschaften beim ZK der SED (1956–1958), Direktor des Instituts für Wirtschaftswissenschaften an der Deutschen Akademie der Wissenschaften (1958–1969) 31, *31*, 654 f., *654*, 659, *659*, 691, *691*

Oertel, Friedrich (1884–1975), Althistoriker, o. Professor an den Universitäten Graz (1922–1929) und Bonn (1929–1952) 218, *218*

Oestreich, Brigitta, geb. Rieger (1925–2011), Ehefrau von Gerhard Oestreich *752f.*, 753

Oestreich, Gerhard (1910–1978), Historiker, Dozent und apl. Professor an der Freien Universität Berlin und an der Deutschen Hochschule für Politik Berlin (1954/58–1960), a.o./o. Professor an der Freien Universität Berlin (1959–1962) sowie an den Universitäten Hamburg (1962–1966) und Marburg (1966–1975) 4, 11, 35f., 44, 50, 302, *302*, 351f., *351*, 368, 474, 484, 581, 661f., *661*, 679f., *679*, 732, 734, *734*, 737, 752f., *752*

Oldenburg-Januschau, Elard von (1855–1937), Rittergutsbesitzer in Ostpreußen, Politiker, Reichstagsabgeordneter der Deutschkonservativen Partei (1902–1912) und der Deutschnationalen Volkspartei (1930–1932) 301, *301*

Olga von Griechenland und Dänemark (1903–1997), Gemahlin des Prinzregenten Paul von Jugoslawien *327*

Oncken, Dirk (geb. 1919), Sohn Hermann Onckens, deutscher Diplomat, Botschafter in Indien, Griechenland und der Türkei 378, *378*

Oncken, Hermann (1869–1945), Historiker, o. Professor an den Universitäten Gießen (1906–1907), Heidelberg (1907–1923), München (1923–1928) und Berlin (1928–1935) 13, 16, *20*, 42–44, 167, *167*, 169, *170*, 196, *196*, 198, 200, 202, 205, 210, 213, 217, *225*, 231, *231*, 239f., 245, *252*, 255, 267, 272–274, 276–282, *277f.*, *283f.*, 284, 287f., *287*, 290, *290*, 292, 296, 302, 312, 316f., 324, 330, *330*, 335f., 356, 358, 419, 454, *454*, 486, *489*, 520

Oncken, Margarete, geb. Weber (1876–1954), Gattin Hermann Onckens 169, *169*, 290, 419

Oppenheimer, Franz (1864–1943), Mediziner, Nationalökonom und Soziologe, a.o. Professor an der Universität Berlin (1917–1919), o. Professor an der Universität Frankfurt a.M. (1919–1929), 1934 Emigration, seit 1940 in den USA 23, 368, *368*, 377

Oxenstierna, Axel (1583–1654), schwedischer Staatsmann 515, *515*, 577

Oxenstierna, Johan (1611–1657), schwedischer Diplomat, Sohn Axel Oxenstiernas *515*

Palacký, František (1798–1876), tschechischer Historiker und Politiker 604, *604*

Papen, Franz von (1879–1969), deutscher Diplomat und Politiker, Reichskanzler (Juni bis Dezember 1932) *121*, 226, *226*, 230

Paul (1893–1976), Prinzregent von Jugoslawien (1934–1941) *327*

Paul, Jean (1763–1825) *445*

Pauls, Volquart (1884–1954), seit 1919 Bibliothekar an der schleswig-holsteinischen Landesbibliothek in Kiel, Honorarprofessor an der Universität Kiel (1939–1948) 161, *161*

Paulsen, Friedrich (1846–1908), Philosoph und Pädagoge, a.o./o. Professor an der Universität Berlin (1878/94–1908) 3

Perels, Ernst (1882–1945), Historiker, Mediävist und Hilfswissenschaftler, a.o. Professor und o. Professor ad personam an der Universität Berlin (1923–1931, 1931–1935) 15, 210, *210*, 217, 245, 292

Pertz, Georg Heinrich (1795–1876), Historiker, Archivar und Bibliothekar, Leiter der Monumenta Germaniae Historica (1823–1873), seit 1842 zugleich Oberbibliothekar an der Königlichen Bibliothek Berlin 429, *429*, 433

Peters, Hans (1896–1966), Jurist, Wissenschaftsorganisator und Politiker (Zentrum, CDU), a.o./o. Professor an den Universitäten Berlin (1928/46–1949) und Köln (1949–1966), Vorsitzender der Görres-Gesellschaft zur Pflege der Wissenschaft im katholischen Deutschland (1940/41, 1945–1966) 459, *459*, 494

Petersen, Asmus (1900–1962), Agrarwissenschaftler, o. Professor an den Universitäten Jena (1934–1944), Rostock (1944–1960) und an der Humboldt-Universität Berlin (1960–1962) 655, *655*

Petersen, Carl (1885–1942), Historiker, apl. Professor an den Universitäten Kiel (1927–1939) und Greifswald (1939–1942) 168, *168*, 172, 407

Petersen, Friedrich (1856–1930), Generalsuperintendent der evangelischen Kirche von Schleswig (1917–1925) *172*

Petersen, Julius (1878–1941), Germanist, a.o. Professor an der Universität München (1911–1912), Visiting Professor an der Yale University in New Haven/Connecticut, USA (1912), o. Professor an den Universitäten Basel (1912–1914), Frankfurt a.M. (1914–1921) und Berlin (1921–1941) 43, 269, *269 f.*

Pfitzner, Josef (1901–1945), Historiker und nationalsozialistischer Politiker, a.o./o. Professor an der Deutschen Universität Prag (1930/35–1945), Vize-Bürgermeister von Prag (1939–1945) 221 f., *221*

Philipp II. (1527–1598), König von Spanien (1556–1598) und von Portugal (1580–1598) 676, *676*

Philipp, Werner (1908–1996), Osteuropahistoriker, a.o. Professor an der Universität Mainz (1946–1951), o. Professor an der Freien Universität Berlin (1951–1972) 620, *620*

Picker, Henry (1912–1988), Verwaltungsjurist, 1942 als Oberregierungsrat im Führerhauptquartier und zeitweiliger Protokollant der „Tischgespräche" Adolf Hitlers 608, *608*

Pieck, Wilhelm (1876–1960), sozialistischer Politiker (SPD, USPD, KPD, SED), Mitbegründer der KPD (1919), Abgeordneter des Deutschen Reichstages (1928–1933), Emigration in Paris und Moskau (1933–1945), Mitbegründer und Vorsitzender der SED (1946–1960), erster und einziger Präsident der DDR (1949–1960) 647, *647*, 695

Pinder, Wilhelm (1878–1947), Kunsthistoriker, o. Professor an der Technischen Hochschule Darmstadt (1911–1916) und an den Universitäten Breslau (1916–1918, 1919–1920), Straßburg (1918–1919), Leipzig (1920–1927), München (1927–1935) und Berlin (1935–1945) 422, *422*, 475, *475*

Pius XII. (Eugenio Pacelli, 1876–1958), Papst (1939–1958) *329*, 695, *695*

Planck, Max (1858–1947), Physiker, a.o. Professor an der Universität Kiel (1885–1889), a.o./o. Professor an der Universität Berlin (1889/92–1926), „beständiger Sekretar" der Physikalisch-mathematischen Klasse der Preußischen Akademie der Wissenschaften (1912–1938) 511, *511*

Platon (427–348 v.Chr.) 330

Platzhoff, Walter (1881–1969), Historiker, a.o. Professor an der Universität Bonn (1919–1923), o. Professor an

der Universität Frankfurt a.M.
(1923–1945) 179, *179*, 341, 354
Pleyer, Kleo (eig. Kleophas Franz)
(1898–1942), nationalsozialistischer
Historiker, Privatdozent an der
Universität Berlin (1934–1937) und
Mitarbeiter des Reichsinstituts für
Geschichte des neuen Deutschlands,
o. Professor an den Universitäten
Königsberg (1937–1939) und Innsbruck (1939–1942) 301, *301*, 316, 340
Pokorny, Julius (1887–1970), Sprachwissenschaftler und Keltologe,
a.o./o. Professor an der Universität
Berlin (1920/28–1935), 1943 Emigration in die Schweiz, ab 1944 Lehre
an den Universitäten Zürich, Bern
und Fribourg, ab 1954 an der
Universität München – dort seit
1955 als Honorarprofessor 236, *236*, 246 f., *247*
Poll, Bernhard (1901–1981), Historiker
und Archivar, seit 1927 am Reichsarchiv und am Heeresarchiv Potsdam, Leiter des Zentralarchivs der
SBZ (1945–1946), Direktor des
Stadtarchivs Aachen (1948–1966) 686
Popitz, Johannes (1884–1945), Jurist
und Politiker, Staatssekretär im
Reichsfinanzministerium (1925–1929), Reichsminister ohne Geschäftsbereich (1932/33), preußischer
Finanzminister (1932–1944), seit
1922 Honorarprofessor für Steuerrecht und Finanzwissenschaft an der
Juristischen Fakultät der Universität
Berlin, 1931/32 auch an der Philosophischen Fakultät der Universität
Berlin; wegen Beteiligung am
Widerstand gegen das NS-Regime
zum Tode verurteilt und hingerichtet
24 f., 397, *397*, 515, *515*
Posner, Ernst (1892–1980), Historiker
und Archivar am Preußischen
Geheimen Staatsarchiv (1921–1935),
nach Haft im Konzentrationslager
Sachsenhausen (1938/39) Emigration
in die USA, Professor an der American University in Washington, D.C.
(1940–1961), später Rückkehr nach
Europa 217, *217*, 317, 544, *754*
Preuß, Georg Friedrich (1867–1914),
Historiker, a.o. Professor an der
Universität München (1906–1907),
a.o. Professor (1907–1908), seit 1908
o. Professor an der Universität
Breslau *106*, 125, *125*, *152*
Preuß, Hugo (1860–1925), Jurist,
Publizist und Politiker (DDP),
Privatdozent an der Universität
Berlin (1889–1906), o. Professor an
der Handelshochschule Berlin
(1906–1925), Staatssekretär im
Reichsamt des Innern (November
1918 bis Februar 1919), Reichsinnenminister (Februar bis Juni 1919),
Schöpfer der Weimarer Reichsverfassung *152*, *159*
Prinz, Hugo (1883–1934), Althistoriker,
o. Professor an der Universität Kiel
(1915–1934) 176, *176*
Puschkin, Georgi Maximowitsch
(1909–1963), sowjetischer Diplomat,
erster diplomatischer Vertreter der
Sowjetunion in der DDR (1949–1952)
558

Quidde, Ludwig (1858–1941), Historiker und Politiker *333*

Raape, Leo (1878–1964), Jurist,
a.o./o. Professor an den Universitäten Halle (1908/15–1924) und
Hamburg (1924–1948) 9, 46, 458 f.,
458, 460, 581
Rabel, Ernst (1874–1955), Jurist,
a.o. Professor an der Universität
Leipzig (1904–1906), o. Professor an
den Universitäten Basel (1906–1910),
Kiel (1910–1911), Göttingen (1911–1916), München (1916–1926) und

Berlin (1926–1935); aus „rassischen" Gründen aus dem Universitätsdienst entlassen, 1939 Emigration in die USA, 1950 Rückkehr nach Deutschland, Forschungstätigkeit in Tübingen, an der dortigen Universität seit 1951 Honorarprofessor, 1952 o. Professor an der Freien Universität Berlin 291, *291*

Rabenau, Friedrich von (1884–1945), Offizier (1936 General) und Militärhistoriker, 1936–1942 Chef der deutschen Heeresarchive, im Widerstand gegen den Nationalsozialismus 315, *315*, 334, *334*, 338

Rabl, Sabine, geb. Meinecke (1903–1981), Tochter Friedrich Meineckes *338*

Rachfahl, Felix (1867–1925), Historiker, a. o. Professor an der Universität Halle (1898–1903), o. Professor an den Universitäten Königsberg (1903–1907), Gießen (1907–1914) und Freiburg i. Br. (1914–1925) *153*

Radbruch, Gustav (1878–1949), Jurist und Politiker (SPD), a. o. Professor an der Universität Heidelberg (1910–1914), o. Professor an den Universitäten Königsberg (1914–1919), Kiel (1919–1926) und Heidelberg (1926–1933, 1945–1949); 1921/22 und 1923 Reichsjustizminister 192, *192*

Raeder, Erich (1876–1960), Marineoffizier, 1939 Großadmiral, 1935–1943 Oberbefehlshaber der Kriegsmarine 311, *311*

Ranke, Leopold von (1795–1886, 1865 geadelt), führender und einflussreichster deutscher Historiker des 19. Jahrhunderts, seit 1825 a. o., von 1834–1871 o. Professor an der Universität Berlin 74, *74*, 79, *79*, 229, 278, 331, 452, *461f.*, 473, 475, 483, 497, 555, *587*

Rantzau, Johann Albrecht von (1900–1993), Historiker, a. o. Professor an der Universität Hamburg (1951–

1954), o. Professor an der Technischen Universität Berlin (1951–1967) 588, *588*, 599, *600*

Raschdau, Ludwig (1849–1943), Diplomat, nach mehreren Außenstationen Vortragender Rat im Auswärtigen Amt (1886–1894) und preußischer Gesandter in Weimar (1894–1897) 200, *200*, 211

Rassow, Hildegard, geb. Wiggert (1899–?), Ehefrau von Peter Rassow 709, *709*

Rassow, Peter (1889–1961), Historiker, a. o. Professor an der Universität Breslau (1936–1941), o. Professor an der Universität Köln (1941–1958) 24, 49, *373*, 465, *465*, 662, *662*, 708–710, *709f.*, 731, *731*, 736, 739

Rauch, Karl (1880–1953), Jurist, Rechtshistoriker, Politiker und Verleger, o. Professor an den Universitäten Jena (1912–1918), Kiel (1932–1942) und Graz (1942–1948) 59, *60*

Redlich, Oswald (1858–1944), Archivar, Hilfswissenschaftler und Historiker, a. o./o. Professor an der Universität Wien (1893/97–1929), Vorstand des Instituts für Österreichische Geschichtsforschung (1926–1929) 59, *59*

Redslob, Edwin (1884–1973), Kunsthistoriker und Kulturpolitiker, Reichskunstwart (1920–1933), Honorarprofessor an der Linden-Universität Berlin (1945–1946), Honorarprofessor und o. Professor an der Technischen Universität Berlin-Charlottenburg (1946/47–1948), geschäftsführender Gründungsrektor der Freien Universität (1948–1950) und o. Professor für Kunstgeschichte (1948–1954) *29*, 516, *516*, *520*, 523 f.

Reese, Werner (1909–1941), Historiker und Mediävist, 1939 Habilitation an der Universität Berlin, dortiger

NS-Dozentenführer, Referent in der Kulturpolitischen Abteilung bei der Militärverwaltung für Belgien und Nordfrankreich in Brüssel (1940–1941) *23*

Reicke, Siegfried (1897–1972), Jurist, Rechtshistoriker und Kirchenrechtler, o. Professor an den Universitäten Königsberg (1933–1936), Marburg (1936–1941), Berlin (1941–1945), Marburg (1945–1946), Göttingen (1946–1949) und Heidelberg (1949–1965) 460, *460*

Rein, Gustav Adolf (1885–1979), Historiker und nationalsozialistischer Wissenschaftspolitiker, a.o./o. Professor an der Universität Hamburg (1927/33–1945), 1933 Staatskommissar in Hamburg, 1934–1938 Rektor der Universität 255, *255*

Reincke-Bloch, Hermann (1867–1929), Historiker und Politiker (DVP), a.o. Professor an der Universität Straßburg (1901–1904), o. Professor an den Universitäten Rostock (1904–1923) und Breslau (1923–1929), Ministerpräsident (1920–1921) und Kultusminister (1921–1922) in Mecklenburg-Schwerin 195f., *195*, 210

Reinherz, Heinz Wilhelm (1904–1960), Historiker, Schriftsteller und Journalist 566, *566*

Renouvin, Pierre (1893–1974), französischer Historiker, Dozent und Professor an der Sorbonne in Paris (1922–1963) 310, *310*

Reuchlin, Johannes (1455–1522, 1492 geadelt), deutscher Jurist und Humanist *376*

Reuter, Ernst (1889–1953), Politiker (KPD, SPD), Oberbürgermeister von Magdeburg (1931–1933), Emigration in die Türkei (1935–1946), Oberbürgermeister bzw. Regierender Bürgermeister von West-Berlin (1947–1953) 620, *620*, 631

Reventlow, Ernst Graf zu (1869–1943), alldeutscher, später nationalsozialistischer Schriftsteller, Journalist und Politiker 22f., *131*, 368, *368f.*

Rheindorf, Kurt (1897–1977), Historiker, Privatdozent und a.o. Professor an der Universität Frankfurt a.M. (1923/32–1933) 255, *255*

Richard I. Löwenherz (1157–1199), König von England (1189–1199) *341*

Richter, Liselotte (1906–1968), Philosophin und Theologin, o. Professorin an der Humboldt-Universität Berlin (1948–1968) 449, *449*, 507

Richter, Werner (1887–1960), Germanist und Wissenschaftsorganisator, 1919–1920 a.o./o. Professor für neuere deutsche Literaturgeschichte an der Universität Greifswald, Ministerialrat und Ministerialdirektor im preußischen Ministerium für Wissenschaft, Kunst und Volksbildung (1920–1932), 1925–1932 Leiter der dortigen Hochschulabteilung, 1932/33 o. Professor für Germanistik an der Universität Berlin, 1939 Emigration in die USA, 1949–1955 o. Professor für ältere Germanistik an der Universität Bonn (1951–1953 Rektor), 1954–1959 Präsident des Deutschen Akademischen Austauschdienstes 174f., *174*, 190, 193f., 206, 222f., *223*, 225, 228, 237, 242, 245, 250, 259, 263, 265, 330, *330*

Richthofen, Bolko Freiherr von (1899–1983), Prähistoriker, o. Professor an den Universitäten Königsberg (1933–1943) und Leipzig (1943–1945) *268*

Riefenstahl, Leni (1902–2003), Regisseurin, Fotografin und Schauspielerin *285*

Riehl, Wilhelm Heinrich (1823–1897, seit 1883: von Riehl), evangelischer Theologe, Journalist, Kulturhistoriker und Schriftsteller, Honorarprofessor und o. Professor an der Staatswirtschaftlichen Fakultät der Universität München (1854/59–1897), seit 1885 Direktor des Bayerischen Nationalmuseums in München und Generalkonservator der Kunstdenkmäler und Altertümer Bayerns 245, *245*

Rienäcker, Günther (1904–1989), Chemiker und SED-Funktionär, a.o. Professor an der Universität Göttingen (1936–1942), o. Professor an der Universität Rostock (1942–1954) und an der Humboldt-Universität Berlin (1954–1969), Generalsekretär der Deutschen Akademie der Wissenschaften (1957–1963), Mitglied des ZK der SED (1958–1963) 742, *742*

Rilke, Rainer Maria (1875–1926) 501

Ritter, Gerhard (1888–1967), Historiker, o. Professor an den Universitäten Hamburg (1924–1925) und Freiburg i.Br. (1925–1956) 24, 29, *29*, 31–35, *31–35*, 44, 46–50, *170*, 177, *177*, 179f., 278, *278*, 282, 296, 301–303, *309*, 348, 351, 356, *373*, 409, 419, *419*, 431, *431*, 456f., *457*, 462, 465, 484–486, *484*, 489–491, *518*, 524–529, *524*, *529*, 532, 534, 538–540, *540f.*, 544–546, *544f.*, 552f., *553*, 560, 565–567, *566–569*, 569–573, *571–573*, 577, 582–592, *582–589*, 593, 597, 599–602, *600*, 606–617, *606–608*, *610f.*, *616*, 620f., 624–628, *624*, 631, *631*, 631f., *633*, 635–639, *636*, 641, 644, 648, *651*, 662, 669–671, 678–681, *679–681*, *689*, *707*, 717, 736–738, *738*, 751

Ritter, Gertrud Dorothea (1895–1972), geb. Reinhardt, Ehefrau von Gerhard Ritter 301, 568, *568*, 617

Ritter, Moriz (1840–1923), Historiker, a.o. Professor an der Universität München (1873) und o. Professor an der Universität Bonn (1873–1911); Präsident der Historischen Kommission bei der Bayerischen Akademie der Wissenschaften (1908–1923) 70, *70*

Ritterbusch, Paul (1900–1945), Jurist und nationalsozialistischer Wissenschaftsfunktionär, o. Professor an den Universitäten Königsberg (1933–1935), Kiel (1935–1942) und Berlin (1942–1945) 340, *340f.*, 349, *351*, 460, *460*

Robespierre, Maximilien de (1758–1794) 301

Rodenberg, Carl (1854–1926), Historiker, Privatdozent an der Universität Berlin (1885–1892), a.o./o. Professor an der Universität Kiel (1892/99–1926) 83, *83*, 166, 170, 177, 192, *192*

Rodenwaldt, Gerhard (1886–1945), klassischer Archäologe, o. Professor an der Universität Gießen (1917–1922), Direktor des Deutschen Archäologischen Instituts in Berlin (1922–1932) und o. Professor an der Universität Berlin (1932–1945) *268*

Roegele, Otto B. (1920–2005), Mediziner, Publizist und Kommunikationswissenschaftler, Chefredakteur und Herausgeber des „Rheinischen Merkur" (1949/63–2005), o. Professor für Zeitungswissenschaft an der Universität München (1963–1985) *599*

Rörig, Fritz (1882–1952), Historiker, a.o. Professor an der Universität Leipzig (1918–1923), o. Professor an den Universitäten Kiel (1923–1935) und Berlin (1935–1952) 29, 43, 45f., 166, *166*, 177, 183, 213, 286f., 296, 304, 328, 352, 354, 370, 376, 390f., 421, 427, 429, 432, 434–436, *434–*

437, 438, 452, 454, 468, 488, *488*, 519, 522, 525, 543, 545–548, 553, 557 f., *558*, 567, *567*, 573, 579, 593, 597, *611*, 616 f., 619, 625–630, *630*, 647, *647*, 666, 684, 737, 740, 744, 748

Roethe, Gustav (1859–1926), Germanist, a. o. Professor an der Universität Göttingen (1898–1902), o. Professor an der Universität Berlin (1902–1926) 185, *185*

Rogge, Helmuth (1891–1976), Historiker und Archivar, tätig am Reichsarchiv Potsdam (1921–1945), Leiter des Archivs des Presse- und Informationsamts der Bundesregierung in Bonn (1952–1956) 315, *315*

Rohde, Hans-Heinrich (1914–2005), Assistent Fritz Hartungs 374

Rohden, Peter Richard (1891–1942), Historiker, seit 1927 Privatdozent an der Universität Berlin 224, 300 f., *300*, *302*, 335

Rohrbach, Paul (1869–1956), politischer Schriftsteller und Publizist 334, *334*

Roloff, Gustav (1866–1952), Historiker, o. Professor an der Universität Gießen (1909–1935), Honorarprofessor an der Freien Universität Berlin (1948–1952) 199, *199*, 231, 537, *537*

Rompe, Robert (1905–1993), Physiker und Wissenschaftspolitiker in der SBZ/DDR, o. Professor an der Humboldt-Universität Berlin (1946–1968) und Leiter der Hauptabteilung für Hochschulen und wissenschaftliche Institutionen in der Zentralverwaltung für Volksbildung (1945–1949) 554, *554*, 557, 596

Roosevelt, Theodore (1858–1919), 26. Präsident der Vereinigten Staaten von Amerika (1901–1909) *231*

Rosen, Friedrich (1856–1935), Orientalist, Diplomat und Politiker, deutscher Gesandter in Bukarest (1910–1912), Lissabon (1912–1916), Den Haag (1916–1921), Reichsminister des Äußeren (Mai bis Oktober 1921) 200, *200*

Rosenberg, Alfred (1893–1946), nationalsozialistischer Politiker und Ideologe, 1933 Reichsleiter der NSDAP, 1941 Minister für die besetzten Ostgebiete 272, 274 f., *274 f.*, 293, *307*, *324*, 353, 365, 686

Rosenberg, Hans (1904–1988), Historiker, emigrierte 1935 in die Vereinigten Staaten von Amerika, dort Professor am Brooklyn College New York City (1938–1959) und an der University of California, Berkeley (1959–1972) 544, *544*

Rothfels, Hans (1891–1976), Historiker, o. Professor an der Universität Königsberg (1926–1934), 1938 Emigration über Großbritannien in die USA, Professor an der Universität Chicago (1946–1951), anschließend Rückkehr nach Deutschland und o. Professor an der Universität Tübingen (1951–1961) 15, *15*, 32, 47–49, 173, *173*, 199, 218, *224*, 229, 240, *240*, *251*, 270, *270*, 278, 291, 294, 308 f., *329*, 513–515, 528, *528*, *530*, 558, 565, *575 f.*, 576, 582, *582*, 601, 607 f., 611, 616, 623–625, *630*, 637, 643, *643*, 649 f., 663, 668, 685 f., *685*, *709*, *713*, 714, 717

Rothfels, Hildegard, geb. Consbruch (1893–1961), Ehefrau von Hans Rothfels *240*, 558, *558*

Rotteck, Karl von (1774–1840, Reichsadel seit 1789, bis dahin: Karl Rodeckher), Jurist, Historiker, Staatswissenschaftler und liberaler Politiker, o. Professor für „Weltgeschichte" (1798–1818) und für Rechts- und Staatswissenschaften (1818–1832, 1840) an der Universität Freiburg i. Br., Abgeordneter der Ersten Kammer (1819/20 und

1822/23) und Zweiten Kammer (1831–1840) der Badischen Ständeversammlung; Fritz Hartungs Urgroßvater mütterlicherseits 3

Rubens, Heinrich (1865–1922), Physiker, a. o./o. Professor an der Technischen Hochschule Charlottenburg (1895/1900–1903), an der Militärtechnischen Akademie Berlin (1903–1906) und an der Universität Berlin (1906–1922) 278, *278*

Rüstow, Alexander (1885–1963), Soziologe und Nationalökonom, zuerst Referent im Reichswirtschaftsministerium und Verbandsfunktionär, o. Professor an den Universitäten Istanbul (1933–1949) und Heidelberg (1950–1956) 45 f., 380 f., *380*, 477 f., *479*

Rüstow, Hans Adolf (1858–1943), Offizier, Generalleutnant der Artillerie *381*

Rundstedt, Gerd von (1875–1953), deutscher Offizier, Generalfeldmarschall 413, *413*

Rupp, Hans Georg (1907–1989), Jurist und Politiker (SPD), Ministerialrat im Kultusministerium von Württemberg-Baden (1947–1951), Richter am Bundesverfassungsgericht (1951–1975), ab 1955 Honorarprofessor an der Universität Tübingen 607

Ruppert, Karl (1886–1953), Archivar, Leiter des Heeresarchivs in Potsdam (1937–1945), Chef der deutschen Heeresarchive (1942–1945) 315, *315*, 387

Rupprecht von Bayern (1869–1955), letzter bayerischer Kronprinz, Generalfeldmarschall und Heerführer im Ersten Weltkrieg 480, *480*

Rust, Bernhard (1883–1945), Politiker (NSDAP), preußischer (1933–1934) und Reichsminister für Wissenschaft, Erziehung und Volksbildung (1934–1945) 16, *20*, 22 f., *232*, *234*, 245, *256*, *262*, *266*, 287, *298*, *303*, *319*, 365, *393*, 408, *408*, *411*, 436

Saemisch, Friedrich Ernst Moritz (1869–1945), Jurist und Finanzpolitiker, preußischer Finanzminister (April bis November 1921), Präsident des Reichsrechnungshofes (1922–1938) und Reichssparkommissar (1922–1934) *150*, 205, *205*

Salomo, König von Israel (ca. 970–931 v. Chr.) 310

Salomon, Richard (1884–1966), Historiker und Hilfswissenschaftler, Mitarbeiter der Monumenta Germaniae Historica (1907–1914), Professor am Kolonialinstitut Hamburg (1914–1919), o. Professor für Geschichte und Kultur Russlands an der Universität Hamburg (1919–1934), 1937 Emigration in die USA, dort Forschungs- und Lehrtätigkeit u. a. am Kenyon College in Gambier/Ohio 739, *739*

Sander, Paul (1866–1919), Historiker, 1906/07 Habilitation an der Universität Berlin, ab 1911 a. o. Professor für Wirtschaftsgeschichte an der Karl-Ferdinands-Universität Prag *753 f.*

Sandow, Inge, Mitarbeiterin Hartungs in der „Arbeitsgruppe Bibliographie" (Jahresberichte für deutsche Geschichte) des Instituts für Geschichte der Deutschen Akademie der Wissenschaften *697*

Santifaller, Leo (1890–1974), österreichischer Historiker (Mediävist) und Hilfswissenschaftler, o. Professor an den Universitäten Breslau (1929–1943) und Wien (1943–1962), Leiter des Instituts für Österreichische Geschichtsforschung (1945–1962) 684, *684*

Sattler, Paul (1901–1945), Bibliotheksrat, seit 1933 Schriftleiter in der

Redaktion der „Jahresberichte für deutsche Geschichte" 474, *474*

Sauckel, Fritz (1894–1946), nationalsozialistischer Politiker, Gauleiter und Reichsstatthalter von Thüringen 378, *378*

Schacht, Hjalmar (1877–1970), Politiker (DDP, parteilos) und Bankier, Reichsbankpräsident (1923–1930, 1933–1939) und Reichswirtschaftsminister (1934–1937) 237 f., *237*

Schadewaldt, Wolfgang (1900–1974), Klassischer Philologe, o. Professor an den Universitäten Königsberg (1928–1929), Freiburg i. Br. (1929–1934), Leipzig (1934–1941), Berlin (1941–1950) und Tübingen (1950–1968) 457, *457*, 540, 699, *699*

Schaeder, Hans Heinrich (1896–1957), Orientalist, a. o. Professor an der Universität Breslau (1924–1926), o. Professor an den Universitäten Königsberg (1926–1930), Leipzig (1930–1931), Berlin (1931–1946) und Göttingen (1946–1957) 391, *391*

Schäfer, Dietrich (1845–1929), Historiker, a. o. Professor an der Universität Jena (1877–1883), o. Professor an den Universitäten Jena (1883–1885), Breslau (1885–1888), Tübingen (1888–1896), Heidelberg (1896–1903) und Berlin (1903–1921) 3, 10, 75, *75*, 96, 182, 187, *187*, 201, 328, 573 f., *753 f.*

Schäfer, Theobald von (1876–1961), Militärhistoriker und Archivar, Direktor an der Kriegsgeschichtlichen Forschungsanstalt des Heeres in Potsdam (1937–1945) 387, *387*

Schantz, Reinhard (1907–1979), Philosoph und Medizinhistoriker, Privatdozent an der Universität Würzburg (1948) 449, *449*, 451

Scharnhorst, Gerhard von (1755–1813), preußischer Generalleutnant, seit 1807 Chef des Kriegsdepartments und des Generalstabes 302, *302*

Scheel, Günter (1924–2011), Historiker, Archivar und Editor, Mitarbeiter der Deutschen Akademie der Wissenschaften in Ost-Berlin (1952–1961), anschließend im niedersächsischen Archivdienst, Direktor des Niedersächsischen Staatsarchivs Wolfenbüttel (1979–1989); Schüler Fritz Hartungs 35

Scheel, Helmuth (1895–1961), Orientalist, Dozent und Honorarprofessor an der Universität Berlin (1933/41–1945), Direktor der Preußischen Akademie der Wissenschaften (1938–1946), o. Professor an der Universität Mainz (1946–1963), Mitbegründer und erster Generalsekretär der dortigen Akademie der Wissenschaften und der Literatur 548, *548 f.*, 551, *570*, 571

Scheinis, Sinowi Saweljewitsch (1913–?), Major der Roten Armee, ab 1945 Leiter der Abteilungen Propaganda und Innenpolitik bei der „Täglichen Rundschau" 434, *434*

Scheler, Max (1874–1928), Philosoph und Soziologe, o. Professor an der Universität Köln (1919–1928) 23, 368, *368*, 377

Schemann, Ludwig (1852–1938), Bibliothekar, Übersetzer und antisemitischer Schriftsteller *347*

Scherr, Johannes (1817–1886), Schriftsteller und Kulturhistoriker, o. Professor an der Eidgenössischen polytechnischen Schule Zürich (1860–1886) 676, *676*

Schick, Hans (1889–?), nationalsozialistischer Historiker und Funktionär, zunächst katholischer Priester (1913–1932), seit 1933 NS- und SS-Funktionär, seit 1934 Mitarbeiter und Referatsleiter des „Sicherheitsdienstes des Reichsführer SS" (SD),

Assistent und Dozent an der Auslandswissenschaftlichen Fakultät der Universität Berlin (1940/43–1945) 24

Schieder, Theodor (1908–1984), Historiker, Professor an den Universitäten Königsberg (1942–1945) und Köln (1948–1976) 366, *366*

Schiffer, Eugen (1860–1954), Politiker (Nationalliberale, Deutsche Demokratische Partei), Reichsjustizminister (Oktober 1919 bis März 1920, Mai bis Oktober 1921) 229, *229*

Schilfert, Gerhard (1917–2001), Historiker, Professor mit vollem Lehrauftrag und o. Professor an der Humboldt-Universität Berlin (1952/56–1982) 702, *702*, 708, *731*, 735

Schiller, Friedrich (1759–1805) 149, *160*, *245*, *308*, 401, *401*, *473*, *711*

Schimpke, Friedrich (1911–?), Schüler Fritz Hartungs 280, *280*

Schittenhelm, Alfred (1874–1954), Mediziner (Internist), a. o. Professor an der Universität Erlangen (1907–1912), o. Professor an den Universitäten Königsberg (1912–1916), Kiel (1916–1934) und München (1934–1949) 175, *175*

Schlegel, August Wilhelm (1767–1845) *344*, *466*

Schleicher, Kurt von (1882–1934), General und (parteiloser) Politiker, Reichswehrminister (Juni bis Dezember 1932) und Reichskanzler (Dezember 1932 bis Januar 1933) 226, *226*, 230

Schleiermacher, Friedrich Daniel Ernst (1768–1834), evangelischer Theologe, Philosoph und Philologe, a. o./o. Professor an den Universitäten Halle (1804/06–1806) und Berlin (1810–1834) 558, *558*, 561

Schlenk, Wilhelm (1879–1943), Chemiker, a. o. Professor an der Universität Jena (1913–1918), o. Professor an den Universitäten Wien (1918–1921), Berlin (1902–1935) und Tübingen (1935–1943) 43, 253, *253*

Schlieffen, Alfred Graf von (1833–1913), Offizier, Generalfeldmarschall und Chef des deutschen Generalstabes (1891–1906) 661, *661*, 725

Schmeidler, Bernhard (1879–1959), Historiker, Privatdozent und apl. Professor an der Universität Leipzig (1916–1921), o. Professor an der Universität Erlangen (1921–1936) 166, *166*

Schmid, Heinrich Felix (1896–1963), Slawist und Osteuropahistoriker, a. o./o. Professor an der Universität Graz (1923/29–1938, 1945–1948), o. Professor an der Universität Wien (1948–1963) *221 f.*, 222, 577

Schmid, Hermann Ludwig (1908–1956), Mathematiker, o. Professor an den Universitäten Berlin (1946–1953) und Würzburg (1953–1956) *519*

Schmidt, Adolf (1865–1918), Mediziner (Internist), ab 1907 o. Professor an der Universität Halle, 1916/17 Rektor der Universität 125, *125*

Schmidt, Erhard (1876–1959), Mathematiker, o. Professor an den Universitäten Zürich (1908–1910), Erlangen (1910–1911), Breslau (1911–1917) und Berlin (1917–1950) 519, *519*, 577, 593

Schmitt, Carl (1888–1985), Jurist, Dozent an der Handelshochschule München (1920–1921), o. Professor an den Universitäten Greifswald (1921–1922) und Bonn (1922–1928), an der Handelshochschule Berlin (1928–1933) sowie an den Universitäten Köln (1933) und Berlin (1933–1945), 1933 Preußischer Staatsrat 17, *17*, 248, *248*, 261, 263, *263*, 275,

276, 281, 291, *305*, *320*, 321, 352, 459, *459*, 585, *585*, 600

Schmitt, Richard (1858–1940), Historiker, a.o. Professor an der Universität Berlin (1898–1925) 202, *202*

Schmitthenner, Paul (1884–1963), nationalsozialistischer Militärhistoriker und Politiker, a.o./o. Professor an der Universität Heidelberg (1933–1945), Rektor der Universität Heidelberg (1938–1945) und geschäftsführender badischer Kultusminister (1940–1945) 20, 321, *321f.*, *329*, *348*, 351, *351*

Schmoller, Gustav von (1838–1917, 1908 geadelt), Nationalökonom, Staatswissenschaftler und Wissenschaftsorganisator, o. Professor an den Universitäten Halle (1864–1872), Straßburg (1872–1882) und Berlin (ab 1882), akademischer Lehrer Hartungs 3, 21, 36, 40, 78, *78*, 80f., *80*, 127, *127*, *151*, *172*, 178, 198, *316*, 317, 323, *346*, 750, *752*

Schnabel, Franz (1887–1966), Historiker, o. Professor an der Technischen Hochschule Karlsruhe (1922–1936) und an der Universität München (1947–1962) 30, 34, 239, *239*, 457, 465, 565, *571*, 597f., 602, 608, 611, 615f., 621, *621*, 637, *680*, 681, 695, 699, 725, *733*

Schneider, Friedrich (1887–1962), Historiker, a.o./o. Professor an der Universität Jena (1924/47–1956) 441, *441*, 443, 543, 548, 701

Schober, Johann (1874–1932), österreichischer Politiker (Christlich-Soziale Partei), Bundeskanzler (1921–1922 und 1929–1930) 284

Schochow, Werner (geb. 1925), Historiker und Bibliothekar, bis 1958 Assistent Hartungs in der Redaktion der „Jahresberichte für deutsche Geschichte", später Bibliothekar an der Staatsbibliothek Preußischer Kulturbesitz in West-Berlin (1964–1989) 25, *25*, 33, 38, *642*, *667*, 693, 700, *711*, *720*, 724, *724*, *726*, 727f., 747

Schön, Theodor von (1773–1856), preußischer Verwaltungsbeamter und Politiker, 1807/08 Mitarbeiter des Freiherrn vom Stein, 1809 Regierungspräsident in Gumbinnen, seit 1815 Oberpräsident von Westpreußen, 1824–1842 Oberpräsident der neu geschaffenen Provinz Preußen (West- und Ostpreußen) 71f., *71*

Schönebaum, Herbert (1888–1967), Historiker und Pädagoge, Dozent an der Hochschule für Lehrerbildung Leipzig (1938–1945), Professor für Pädagogik an der Universität Jena (1945), anschließend freier wissenschaftlicher Autor 696, *696*

Schoeps, Hans-Joachim (1909–1980), Historiker und Religionswissenschaftler, a.o./o. Professor für Religions- und Geistesgeschichte an der Universität Erlangen(-Nürnberg) (1947/50–1977) 676, *676*

Scholtz, Friedrich von (1851–1927), preußischer General, seit August 1914 Befehlshaber des XX. deutschen Armeekorps *112*

Scholtz, Rudolf von (1890–1956), Philologe, Diplomat, Rundfunkjournalist und freier Autor, Oberbürgermeister von Passau, Intendant von Radio München und des Bayerischen Rundfunks *112f.*

Schraepler, Ernst (1912–1998), Historiker, Akademischer Rat und Professor an der Technischen Universität Berlin (1963–1977) 35, *486*, 491, 747

Schramm, Percy Ernst (1894–1970), Historiker, o. Professor an der Universität Göttingen (1929–1963) 214, *214*, *262*, *325*, 391, 662

Schramm, Wilhelm Ritter von (1898–1983), Offizier und Militärschriftsteller 638, *638*

Schreiner, Albert (1892–1979), KPD/SED-Funktionär und -Propagandist, sozialistischer Schriftsteller und Historiker, Professor mit Lehrstuhl für Staatenkunde und internationale Beziehungen an der Universität Leipzig (1947–1951), Mitarbeiter am „Museum für deutsche Geschichte" (1952–1956), Leiter der „Abteilung 1918–1945" des Akademieinstituts für deutsche Geschichte an der Deutschen Akademie der Wissenschaften (1956–1960) in Ost-Berlin *720f.*

Schroetter, Friedrich Leopold von (1743–1815), preußischer Oberpräsident und Minister *120*

Schrötter, Georg (1870–1949), Archivar, Leiter des königl. bayerischen Kreisarchivs Nürnberg 55, *55*, 58

Schubart-Fikentscher, Gertrud (1896–1985), Juristin und Rechtshistorikerin, Mitarbeiterin der Monumenta Germaniae Historica (1934–1945), o. Professorin für Bürgerliches Recht und Deutsche Rechtsgeschichte an der Universität Halle (1948–1956) 750, *750*

Schuchhardt, Carl (1859–1943), Prähistoriker, Tätigkeit an diversen Museen, leitete 1908–1925 die Vorgeschichtliche Abteilung des Berliner Museums für Völkerkunde 276, *276*

Schünemann, Konrad (1900–1940), Historiker, a.o. Professor für Mittelalterliche Geschichte an der Universität Kiel (1937–1940) 341, *341*

Schüßler, Wilhelm (1888–1965), Historiker, a.o./o. Professor an der Universität Rostock (1922/25–1935), o. Professor an den Universitäten Würzburg (1935–1936) und Berlin (1936–1945), später Stiftsrat an der Evangelischen Forschungsakademie in Hemer/Westf. (1947–1958) und Emeritus an der Technischen Hochschule Darmstadt (1959–1965) 27, *28*, 46, 176, *176*, 179f., *224*, 228, *291*, 294, *294*, 296f., 299, 304, 326, 340, *340*, *373*, 399, 421, *422*, 438, 452, 455, 463–465, *463*, 480, 504, 509–511, 520f., *520*, 559, 663–665

Schulte, Aloys (1857–1941), Historiker und Archivar, o. Professor an den Universitäten Freiburg i.Br. (1892–1896), Breslau (1896–1903) und Bonn (1903–1928), 1901–1903 Leiter des Königlich Preußischen Historischen Instituts in Rom 283, *283*

Schultze, Johannes (1881–1976), Archivar und Historiker, seit 1914 am Preußischen Geheimen Staatsarchiv *298*

Schulze, Berthold (1904–1963), Landeshistoriker und Archivar am Preußischen Geheimen Staatsarchiv (1930–1963) 352, *352*

Schulze, Wilhelm (1863–1935), Klassischer Philologe und Indogermanist, a.o. Professor für Klassische Philologie an der Universität Marburg (1892–1895), o. Professor für Vergleichende Sprachwissenschaft an den Universitäten Göttingen (1895–1902) und Berlin (1902–1935) 43, 246, *246f.*,

Schumacher, Hermann (1868–1952), Staatswissenschaftler und Nationalökonom, a.o. Professor an den Universitäten Kiel (1899–1901) und Bonn (1901–1904), o. Professor an den Universitäten Bonn (1904–1917) und Berlin (1917–1935) 186, *186*

Schumacher, Johann Daniel (1690–1761), Generalsekretär, Bibliothekar und Kanzleidirektor der Russischen Akademie der Wissenschaften in Sankt Petersburg *487*

Schuman, Robert (1886–1963), französischer Politiker, Ministerpräsident (1947) und Außenminister (1948–1952) *604*

Schur, Issai (1875–1941), Mathematiker, Privatdozent an der Universität Berlin (1903–1913), a.o. Professor an den Universitäten Bonn (1913–1916) und Berlin (1916–1919), o. Professor an der Universität Berlin (1919–1935, bis 1921 ad personam); aus „rassischen" Gründen entlassen, 1939 Emigration nach Palästina 236, *236*

Schweitzer, Johann Baptist von (1833–1875), sozialistischer Politiker, Vorsitzender des Allgemeinen Deutschen Arbeitervereins (1867–1871) 619, *619*, 622

Schwietering, Julius (1884–1962), Germanist und Volkskundler, a.o. Professor an der Universität Leipzig (1924–1928), o. Professor an den Universitäten Münster (1928–1932), Frankfurt a.M. (1932–1938, 1945–1952) und Berlin (1938–1945) 390, 548, *548*, 551

Sebert, Joseph, Archivar, Leiter des königl. bayerischen Kreisarchivs Bamberg 58, *58*

Sée, Henri Eugene (1864–1936), französischer Wirtschaftshistoriker, Professor an der Universität Rennes (1893–1920) 346, *346*

Seeberg, Erich (1888–1945), evangelischer Theologe und Kirchenhistoriker, a.o. Professor an der Universität Breslau (1919–1920), o. Professor an den Universitäten Königsberg (1920–1924), Breslau (1924–1926), Halle (1926–1927) und Berlin (1927–1945) *237*

Seeberg, Reinhold (1859–1935), evangelischer Theologe, a.o. Professor an der Universität Dorpat (1885–1889), o. Professor an den Universitäten Erlangen (1889–1898) und Berlin (1898–1927) 15, 237, *237*

Seeckt, Hans von (1866–1936), General und Chef der Heeresleitung der Reichswehr (1920–1926) 334, *334*

Segall, Hermann, Historiker, Schüler von Peter Rassow 731, *731*

Severing, Carl (1875–1952), Politiker (SPD), preußischer Innenminister (1920–1926, 1930–1932), Reichsinnenminister (1928–1930) 226, *227*

Shakespeare, William (1564–1616) *344*, *402*, *466*

Sieburg, Friedrich (1893–1964), Journalist, Literaturkritiker und Schriftsteller, Auslandskorrespondent der „Frankfurter Zeitung" in Kopenhagen und Paris (1923–1939), 1939–1945 im Auswärtigen Dienst in Brüssel und Paris, Leiter des „Literaturblattes" der „Frankfurter Allgemeinen Zeitung" (1956–1964) *725*

Six, Franz Alfred (1909–1975), nationalsozialistischer Funktionär und SS-Offizier, Zeitungswissenschaftler und nationalsozialistischer „Gegnerforscher", a.o. Professor an den Universitäten Königsberg (1938/39) und Berlin (1939–1940), Amtsleiter im Reichssicherheitshauptamt Berlin (1939–1942), o. Professor für Außenpolitik und Auslandskunde an der Auslandswissenschaftlichen Fakultät der Universität Berlin (1940–1943), Leiter der Kulturpolitischen Abteilung im Auswärtigen Amt (1942–1945) 20, *317*, 318f., *318f.*, 476

Skalweit, August (1879–1960), Nationalökonom, o. Professor an der Universität Gießen (1913–1921), an der Landwirtschaftlichen Hochschule Bonn-Poppelsdorf (1921–1923) und an den Universitäten Kiel (1923–1933) und Frankfurt a.M. (1933–1945) 13

Smend, Leopold (1890–1987), Jurist, Rechtsanwalt und Notar in Göttingen 111, *111*, 113f.

Smend, Rudolf (1882–1975), Jurist, Staats- und Kirchenrechtler, a.o. Professor an der Universität Greifswald (1909–1911), o. Professor an den Universitäten Tübingen (1911–1915), Bonn (1915–1922), Berlin (1922–1935) und Göttingen (1935–1951) 41, *111*, 137

Sokolowski, Wassili Danilowitsch (1897–1960), sowjetischer Marschall, Chef der Sowjetischen Militäradministration in Deutschland (1946–1949) 526, *526*

Sombart, Werner (1863–1941), Nationalökonom und Wirtschaftshistoriker, a.o. Professor an der Universität Breslau (1890–1906), Dozent an der Handelshochschule Berlin (1906–1918) und o. Professor an der Universität Berlin (1917/18–1931) 16, 293, *341*, 368, *368*, 381, 462, *574*

Sommerlad, Theo (1869–1940), Historiker, seit 1893 Privatdozent für mittelalterliche Geschichte und Wirtschaftsgeschichte an der Universität Halle, 1908–1935 dort Honorarprofessor und Lehrbeauftragter 160, *160*, 170

Spahn, Martin (1875–1945), Historiker, a.o. Professor an der Universität Bonn (1901–1902), o. Professor an den Universitäten Straßburg (1902–1918) und Köln (1920–1945) 476, *476*

Spamer, Adolf (1883–1953), Germanist und Volkskundler, a.o. Professor an der Technischen Hochschule Dresden (1926–1936), o. Professor an der Universität Berlin (1936–1945), an der Technischen Hochschule Dresden (1947–1950) und an der Universität Leipzig (1950–1951) 548, *548*

Spangenberg, Cyriakus (1528–1604), evangelischer Theologe und Chronist 718, *718*

Specht, Franz (1888–1949), Sprachwissenschaftler, o. Professor an den Universitäten Halle (1923–1937), Breslau (1937–1943), Berlin (1943–1945) und Mainz (1946–1949) 448, *448*, 460, *460*, 551

Speer, Albert (1905–1981), nationalsozialistischer Architekt und Politiker *305*

Spengler, Oswald (1880–1936), Geschichtsphilosoph und politischer Schriftsteller 259, *259*

Spindler, Max (1894–1986), bayerischer Landeshistoriker, o. Professor an der Universität München (1946–1959) 556, *556*, *680*

Spranger, Eduard (1882–1963), Philosoph und Pädagoge, o. Professor an den Universitäten Leipzig (1911–1919), Berlin (1919–1946) und Tübingen (1946–1950) 14, 27, 38, 43, 47f., 191, *191*, 232, *232*, 234, 247, *430*, 445, 449f., *449*, 455, 459f., 536f., *536*, 551, 554, 558–562, *561f.*, 640, *640*

Spranger, Susanne, geb. Conrad (1890–1963), Ehefrau von Eduard Spranger 538, 563, *563*, 641

Sproemberg, Heinrich (1889–1966), Historiker, Professor mit Lehrstuhl an den Universitäten Rostock (1946–1950) und Leipzig (1950–1958) 543, *543*, 548, 613, *613*, 656, *699*, 701f., 704

Srbik, Heinrich Ritter von (1878–1951), österreichischer Historiker, a.o./o. Professor an den Universitäten Graz (1912/17–1922) und Wien (1922–1945), Bundesminister für Unterricht (1929–1930) 18–20, *19f.*, 44, 165, *165*, 205, 214, 284, *284*, *287*, 288, 290, *290f.*, 292, 297f., *297*, 300, 303, *305*, 316, 339f., *339f.*, 357f.,

358, 379, 387, *403*, 602, *602*, 674, *680*, 686
Stadelmann, Rudolf (1902–1949), Historiker, o. Professor an den Universitäten Gießen (1936–1938) und Tübingen (1938–1949) 24, *373*, 457, *457*, 465, *518*, *538*, *543*, 558 f., *558*, 561, *582*
Stählin, Karl (1865–1939), Historiker, a. o. Professor an der Universität Heidelberg (1910–1914), o. Professor an den Universitäten Straßburg (1914–1919) und Berlin (1920–1933) 16, 464, *464*, 487
Stalin, Josef Wissarionowitsch (1878–1953) 28, 426, *426*, *570*, *578*, *590*, *639*, 645, *645*, 656, *656*, *663*, *685*
Starck, Liselotte († 1949), Bibliothekarin an der Universitätsbibliothek Berlin 474, *474*
Steding, Christoph (1903–1938), nationalsozialistischer Historiker, seit 1936 Forschungsstipendiat des Reichsinstituts für Geschichte des neuen Deutschlands 312, *312*, 324, *324*
Stein, Charlotte von (1742–1827), Weimarer Hofdame, Freundin Goethes 159, *465*
Stein, Gottlob Friedrich von (1772–1844), genannt Fritz, Sohn der Charlotte von Stein und zeitweiliger Ziehsohn Goethes, seit 1798 als hoher preußischer Staatsbeamter in verschiedenen Funktionen in Breslau tätig 159, *159*
Stein, Heinrich Friedrich Karl Reichsfreiherr vom und zum (1757–1831), preußischer Beamter und Staatsmann (1780–1807), in russischen Diensten (1812–1815), Standesherr in der preußischen Provinz Westfalen (seit 1816), 1819 maßgeblich an der Gründung der „Gesellschaft für ältere deutsche Geschichtskunde", der späteren Monumenta Germaniae Historica, beteiligt 223, 705, *705*

Steinacker, Harold (1875–1965), österreichischer Historiker, a. o. Professor an der Universität Innsbruck (1909–1916), o. Professor an der Deutschen Karl-Ferdinands-Universität Prag (1916–1918) und an der Universität Innsbruck (1918–1945) 223, *223*, 316
Steiniger, Peter Alfons (1904–1980), marxistischer Jurist, Mitarbeiter der Deutschen Zentralverwaltung für Volksbildung (1947–1950) und Mitglied des Verfassungsausschusses des Deutschen Volksrats (1949), Dozent und o. Professor an der Humboldt-Universität Berlin (1946/48–1970) 585, *585*
Steinitz, Wolfgang (1905–1967), Sprachwissenschaftler, Volkskundler und sozialistischer Politiker (SPD, KPD, SED), Professor für Finno-Ugristik am Institut für Nordvölker in Leningrad (1934–1937) und an der Universität Stockholm (1938–1945), Professor mit vollem Lehrauftrag für Finno-Ugristik an der Humboldt-Universität Berlin (1949–1967) und Vizepräsident der Deutschen Akademie der Wissenschaften (1954–1963), Mitglied des Zentralkomitees der SED (1954–1958) 655, *655*, 692, *692*
Steinmetz, Max (1912–1990), Historiker, Referent bei der Deutschen Verwaltung für Volksbildung in Ost-Berlin (1949–1951), Abteilungsleiter im Staatssekretariat für Hochschulwesen der DDR (1951–1954), Lehrbeauftragter an der Humboldt-Universität Berlin (1952–1953), Professor mit Lehrauftrag an der Universität Jena (1954–1960, seit 1959 mit vollem Lehrauftrag) und Professor mit Lehrstuhl an der Universität Leipzig (1960–1977) 681 f., *681*, *718*
Stenbock-Fermor, Alexander Graf von (1902–1972), Schriftsteller, Wider-

standskämpfer gegen den Nationalsozialismus, nach 1945 Verlagslektor und Drehbuchautor in der SBZ und DDR 464, *464*

Stengel, Edmund (1879–1968), Historiker, a. o./o. Professor an der Universität Marburg (1914/22–1938, 1942–1946), Präsident des Reichsinstituts für ältere deutsche Geschichtskunde in Berlin (1938–1942) 169, *169*, 738, 745 f.

Stern, Alfred (1846–1936), Historiker, a. o./o. Professor an der Universität Bern (1873/78–1887) und an der Eidgenössischen Technischen Hochschule Zürich (1887–1928) 150, *150*, *322*

Stern, Leo (1901–1982), marxistischer Historiker, Gastprofessor an der Universität Wien (1946–1950), o. Professor an der Universität Halle (1950–1966) *611*, 613 f., *613*, 617, 619, 622 f., 625, 632, *633*, 635 f., *636*, 639, 643, 645, 654 f., 659, *659*, 672, 678 f., 681 f., 689, *689*, 691, *699*, 702 f., 707 f., *707*, 719, 735, 743, 750

Sternfeld, Richard (1858–1926), Historiker und Musikschriftsteller, seit 1899 a. o. Professor an der Universität Berlin 182, *182*

Stieve, Friedrich (1884–1966), Diplomat und Historiker, deutscher Botschafter in Riga (1928–1932), anschließend Leiter der Kulturpolitischen Abteilung und des Archivs des Auswärtigen Amtes (1932–1945) 370 f., *370*, 376, *387*, 390, 550, *550*

Stieve, Hermann (1886–1952), Mediziner, o. Professor für Anatomie an den Universitäten Halle (1921–1935) und Berlin (1935–1952) 243, *243*

Stille, Hans (1876–1966), Geologe, o. Professor an der Technischen Hochschule Hannover (1908–1912) und an den Universitäten Leipzig (1912–1913), Göttingen (1913–1932)

und Berlin (1932–1950) 519, *519*, 578, *578*, 593

Stoeckel, Walter (1871–1961), Mediziner, Gynäkologe, a. o. Professor an der Universität Berlin, o. Professor an den Universitäten Marburg (1907–1910), Kiel (1910–1922), Leipzig (1922–1926) und Berlin (1926–1936), Direktor der Berliner Universitätsfrauenklinik (1928–1951) 557, *557*

Stolberg-Wernigerode, Otto Graf zu (1893–1984), Historiker, a. o./o. Professor an der Universität Rostock (1936/42–1945), apl. Professor und – nach § 131 GG – o. Professor „zur Wiederverwendung" für Europäische Geschichte mit besonderer Berücksichtigung Westeuropas an der Universität München (1950/55–1960) 46, 444, *444*, 479 f., 670

Stolte, Heinz (1914–1992), Germanist, a. o./o. Professor an der Universität Jena (1946–1949, 1949), o. Professor an der Humboldt-Universität Berlin (1949–1950), anschließend Flucht in den Westen, dort Tätigkeit als Lehrer und Studienrat, später als Dozent sowie als Wissenschaftlicher Rat und Professor an der Universität Hamburg (1957/70–1976) *501*

Stranski, Iwan Nikolow (1897–1979), bulgarischer Chemiker, a. o. Professor für physikalische Chemie an den Universitäten Sofia (1929–1941) und Breslau (1941–1944), Abteilungsleiter am Kaiser-Wilhelm-Institut für Physikalische Chemie in Berlin-Dahlem (1944–1967), o. Professor an der Technischen Universität Berlin (1945–1963), seit 1949 zugleich Honorarprofessor an der Freien Universität Berlin, Rektor der Technischen Universität Berlin (1951–1953) *644*

Strauß, Walter (1900–1976), Jurist und Politiker (CDU), Staatssekretär im Bundesjustizministerium (1949–1963)   607–610, *607*, 614, 637

Streicher, Julius (1885–1946), nationalsozialistischer Politiker und antisemitischer Agitator, Gauleiter von Franken (1925–1940)   308, *308*

Streisand, Joachim (1920–1980), Historiker, Referent an der Deutschen Akademie der Wissenschaften (1956–1963), Direktor des Instituts für deutsche Geschichte und Professor an der Humboldt-Universität Berlin (1963–1974, seit 1969 als o. Professor und Direktor der Sektion Geschichte der Humboldt-Universität), Präsident der Historiker-Gesellschaft der DDR (1968–1980)   691 f., *691*, 721

Stresemann, Erwin (1889–1972), Zoologe, seit 1921 Mitarbeiter des Zoologischen Museums der Universität Berlin (kommissarischer Direktor 1957–1959), Titularprofessor und Professor mit Lehrauftrag an der Universität Berlin (1930/46–1961)   750, *750*

Stresemann, Gustav (1878–1929), Politiker (Nationalliberale Partei, DVP), Reichskanzler (1923), Reichsaußenminister (1923–1929)   495, *495*

Stroux, Johannes (1886–1954), Klassischer Philologe, a. o./o. Professor an der Universität Basel (1914/17–1922), o. Professor an den Universitäten Kiel (1922–1923), Jena (1923–1924), München (1924–1935) und Berlin (1935–1954), Rektor der Universität Berlin (1945–1947) und Präsident der Deutschen (ehemals Preußischen) Akademie der Wissenschaften zu Berlin (1945–1951)   441, *441*, 446 f., 452, 454, 467, 475, 487, *488*, 518, 534, 539, *540*, 542 f., 545, 551, 562, 578, *578*, 589, *590*, 591, *591*, 593 f., 609

Stroux, Paula, geb. Speiser(-Sarasin) (1892–1954), Violonistin, Ehefrau von Johannes Stroux   454, *454*

Stulz, Percy (1928–2018), sozialistischer Historiker, Publizist und Funktionär, Direktor des Referats für kulturelles Erbe im Sekretariat der Organisation der Vereinten Nationen für Erziehung, Wissenschaft und Kultur (UNESCO) in Paris (1975–1980)   *663*

Sudermann, Hermann (1857–1928), Dichter und Schriftsteller   55, *55*

Thaer, Albrecht von (1868–1957), Offizier, General im Ersten Weltkrieg, 1918 in der Obersten Heeresleitung   661, *661*, 724 f.

Thiessen, Peter Adolf (1899–1990), Chemiker, Direktor am Kaiser-Wilhelm-Institut für physikalische Chemie in Berlin (1935–1945), Leiter einer Arbeitsgruppe zum sowjetischen Atomprogramm in der UdSSR (1945–1956), Direktor des Instituts für physikalische Chemie an der Deutschen Akademie der Wissenschaften in Ost-Berlin und o. Professor an der Humboldt-Universität (1956–1964), Vorsitzender des Forschungsrats der DDR (1957–1965)   550, *550*

Thilo, Erich (1898–1977), Chemiker, a. o. Professor an der Universität Berlin (1938–1943), o. Professor an der Universität Graz (1943–1946) und an der Linden-/Humboldt-Universität Berlin (1946–1967)   *590*

Thimme, Friedrich (1868–1938), Historiker, Bibliothekar, Haupteditor der Aktenpublikation des Auswärtigen Amtes (1922–1927)   *186*

Thode, Henry (1857–1920), Kunsthistoriker, Direktor der Sammlungen des Städelschen Kunstinstituts in Frankfurt am Main (1889–1891), a.o./o. Professor an der Universität Heidelberg (1894/96–1911) 3

Thüngen, Rudolf Freiherr von (1855–1929), Patron der Gesellschaft für fränkische Geschichte 55, *55*

Thurmond, Strom (1902–2003), US-amerikanischer Politiker, Gouverneur von South Carolina (1947–1951) und US-Senator (1954–2003) 506

Thurnwald, Richard (1869–1954), Jurist und Völkerkundler, Honorarprofessor an der Universität Berlin (1937–1948) und an der Freien Universität (1949–1954) 518, *518*, *589*

Tietze, Ursula, Mitarbeiterin Hartungs in der „Arbeitsgruppe Bibliographie" (Jahresberichte für deutsche Geschichte) des Instituts für Geschichte der Deutschen Akademie der Wissenschaften *697*

Tille, Armin (1870–1941), Historiker und Archivar, Direktor der Staatsarchive des Landes Thüringen (1926–1934) 215, *215*

Tirpitz, Alfred von (1849–1930), Großadmiral, Staatssekretär im Reichsmarineamt (1897–1916) 119, *119*, 131 f., *131*

Todt, Fritz (1891–1942), Ingenieur und nationalsozialistischer Politiker, erster Reichsminister für Bewaffnung und Munition (1940–1942) 388, *388*

Traube, Wilhelm (1866–1942), Chemiker, a.o./o. Professor an der Universität Berlin (1911/29–1935) 253, *253*

Treitschke, Heinrich von (1834–1896), Historiker und Politiker, a.o. Professor an der Universität Freiburg i.Br. (1863–1866), o. Professor an den Universitäten Kiel (1866–1867), Heidelberg (1867–1873) und Berlin (seit 1873) 187, *187*, 281, *419*, 668, *668*

Treue, Hildegard, Ehefrau von Wilhelm Treue *575*

Treue, Wilhelm (1909–1992), Historiker, Dozent an der Marineschule Mürwik (1943–1945), a.o./o. Professor an der Technischen Hochschule Hannover (1948/54–1975), gleichzeitig Honorarprofessor an der Universität Göttingen, später an der Universität Salzburg (1978–1988) 11, 47, 302, *302f.*, 382, 431, *431*, 444, *486*, 540, 561, 563, 573 f., *573*, *662*, 695, 746

Treue, Wolfgang (1916–1989), Historiker, seit 1950 Referent für Geisteswissenschaften bei der Deutschen Forschungsgemeinschaft 11, 662, *662*

Triepel, Heinrich (1868–1946), Jurist, Staats- und Völkerrechtler, a.o. Professor an der Universität Leipzig (1899–1900), o. Professor an den Universitäten Tübingen (1900–1909), Kiel (1909–1913) und Berlin (1913–1944) 204, *204*, 438

Tritsch, Walther (1892–1961), österreichischer Schriftsteller und Historiker, 1938 Emigration, Professor am Katholischen Institut in Paris (1938–1941, 1946–1952) 540, *540*, *546*

Troeltsch, Ernst (1865–1923), evangelischer Theologe und Philosoph, o. Professor an den Universitäten Bonn (1892–1894), Heidelberg (1894–1915) und Berlin (1915–1923) 368, *368*

Truman, Harry S. (1884–1972), 33. Präsident der USA (1945–1953) 462, *462*, *506*

Tümmler, Hans (1906–1997), Historiker und Gymnasiallehrer in Erfurt und Essen 653, *653*

Uebersberger, Hans (1877–1962), Osteuropahistoriker, Professor an den Universitäten Wien (1910–1934), Breslau (1934–1935) und Berlin (1935–1945) 287, *150*, 354

Uhlendahl, Heinrich (1886–1954), Bibliothekar, Generaldirektor der Deutschen Bücherei Leipzig (1938–1954) 518, *518*

Ulbricht, Walter (1893–1973), Politiker (KPD, SED), Generalsekretär des Zentralkomitees der SED (1950–1971), stellvertretender Ministerpräsident (1949–1960) und Staatsratsvorsitzender der DDR (1960–1973) 31, *31*, 612, *612*, *618*, 642, *642*

Ullrich, Johannes (1902–1965), Archivar im Auswärtigen Amt *324*

Unverzagt, Wilhelm (1892–1971), Prähistoriker, seit 1926 Direktor am Berliner Museum für Ur- und Frühgeschichte, Honorarprofessor an der Universität Berlin (1932–1945); Direktor des Instituts für Vor- und Frühgeschichte der Deutschen Akademie der Wissenschaften in Ost-Berlin (1953–1964) und Sekretar der Klasse für Philosophie, Geschichte, Staats-, Rechts- und Wirtschaftswissenschaften der Akademie (1954–1958) 391, *391*, 467 f., 548, 623, 626 f., 629 f., 632, 654 f., 684, *699*

Vahlen, Theodor (1869–1945), Mathematiker und nationalsozialistischer Politiker, a.o./o. Professor an der Universität Greifswald (1904/11–1927), 1927 aus dem Staatsdienst entlassen, o. Professor an der Technischen Hochschule Wien (1930–1933), wiederum an der Universität Greifswald (1933–1934) und an der Universität Berlin (1934–1937), Chef des Amtes Wissenschaft im Reichsministerium für Erziehung, Wissenschaft und Volksbildung (1934–1937), kommissarischer Präsident der Akademie der Wissenschaften zu Berlin (1939–1943) *334*, 357, 373, *373*, 376, *376*, *391*, *411*, 550

Vaihinger, Hans (1852–1933), Philosoph, a. o. Professor an den Universitäten Straßburg (1883–1884) und Halle (1884–1894), o. Professor an der Universität Halle (1894–1906) *443*, 458, *458*

Valentin, Veit (1885–1947), Historiker, Privatdozent und a. o. Professor an der Universität Freiburg i. Br. (1910–1916), später Archivar und Dozent an der Handelshochschule Berlin; 1933 Emigration in die USA 131, *131*, 167, 423, 485

Valjavec, Fritz (1909–1960), Historiker, a. o. Professor an der Universität Berlin (1943–1945), o. Professor an der Universität München (1958–1960); Leiter des Münchner Südost-Instituts (1955–1960) 47, 463, *463*, 474, 535, 559, *560*

Valsecchi, Franco (1903–1991), italienischer Historiker, nach Lehrtätigkeit an den Universitäten Leipzig und Wien Professor an den Universitäten Palermo (1939–1942), Pavia (1942–1947), Mailand (1947–1959) und Rom (1959–1973) 367, *367*

Vasmer, Max (1886–1962), Slawist, Professor an der Frauenhochschule (Bestuschewskije kursy) in Sankt Petersburg (1912–1917) und o. Professor an den Universitäten Saratow (1917–1919), Dorpat (1919–1921), Leipzig (1921–1925), Berlin (1925–1947) sowie an der Freien Universität Berlin (1949–1956) 16, *445*, 593 f., 620

Vassel, Philipp (1873–1951), Diplomat, vor dem Ersten Weltkrieg deutscher Konsul in Tanger und Casablanca, beteiligt an der Beilegung der zweiten Marokkokrise; Vetter Fritz Hartungs 198, *198*

Veit, Johann (1852–1917), Mediziner und Gynäkologe, nach Professuren an den Universitäten Berlin, Leiden und Erlangen seit 1904 o. Professor an der Universität Halle *104*

Verdi, Giuseppe (1813–1901), Komponist *431*

Vergil (Publius Vergilius Maro, 70–19 v. Chr.) *456*

Vierkandt, Alfred (1867–1953), Soziologe, a.o./o. Professor an der Universität Berlin (1921/25–1934) 438, *438*, 451, 555

Vigener, Fritz (1879–1925), Historiker, o. Professor für Mittelalterliche Geschichte an der Universität Gießen (1918–1925), seit 1909 Mitherausgeber der Historischen Zeitschrift 127, *127*, 164, 187f., *188*

Viktor Emanuel III. von Savoyen (1869–1947), König von Italien (1900–1946) 393, *393*

Villa, Pancho (1878–1923), mexikanischer Revolutionär, General der Revolutionsarmee *118*

Virchow, Rudolf (1821–1902), Mediziner (Pathologe) und Politiker, o. Professor an den Universitäten Würzburg (1849–1856) und Berlin (1856–1902), liberaler Abgeordneter in der Berliner Stadtverordnetenversammlung, im Preußischen Abgeordnetenhaus und im Deutschen Reichstag 574, *574*

Vogel, Walther (1880–1938), Historiker und Geograph, a.o./o. Professor für Staatenkunde und Historische Geographie an der Universität Berlin (1917/21–1938) 350, *350*, 352, 359f., 487

Voigt, Christian Gottlob von (1743–1819), Geheimer Rat der Sachsen-Weimar-Eisenachischen Staatsregierung, 1807–1815 Oberkammerpräsident, 1815–1819 Präsident des Staatsministeriums 89, *89*

Volmer, Max (1885–1965), Chemiker, a.o. Professor an der Universität Hamburg (1920–1922), o. Professor an der Technischen Hochschule Berlin-Charlottenburg (1922–1945) und an der Humboldt-Universität Berlin (1955–1958), Präsident der Deutschen Akademie der Wissenschaften (1956–1958) *33*, 50, *690*, 692, *692*, 722

Volpe, Gioacchino (1876–1971), italienischer Historiker, Professor an den Universitäten Mailand (1906–1924) und Rom (1924–1940), führender Historiker des faschistischen Italien 205, *205*

Volz, Gustav Berthold (1871–1938), Historiker und Archivar in Berlin 206f., *206*, 304, *304*, 311, 323, *423*

Voretzsch, Karl (1867–1947), Romanist, a.o./o. Professor an der Universität Tübingen (1892/1903–1909), o. Professor an den Universitäten Kiel (1909–1913) und Halle (1913–1935) 256, *256*

Vossler, Otto (1902–1987), Historiker, 1929 Habilitation an der Universität Berlin, a.o. Professor an der Universität Leipzig (1930–1938), o. Professor an den Universitäten Leipzig (1938–1945) und Frankfurt a.M. (1946–1967) *28*, 47, *373*, 512, *512*

Wacker, Otto (1899–1940), nationalsozialistischer Politiker, badischer Kultusminister (1933–1940), kommissarischer Leiter des Amtes Wissenschaft im Reichsministerium für Erziehung, Wissenschaft und Volksbildung (1937–1939) *303*

Waentig, Heinrich (1870–1943), Nationalökonom und Politiker (SPD), a.o. Professor an der Universität Marburg (1896–1899), o. Professor an den Universitäten Greifswald (1899–1902), Münster (1902–1904), Halle (1904–1909), Tokio (1909–1913), Halle (1913–1933), preußischer Innenminister (1930) 192, *192*, 217, 244

Wätjen, Hermann (1876–1944), Historiker, a.o. Professor an der Universität Heidelberg (1914–1918), o. Professor an der Technischen Hochschule Karlsruhe (1918–1922) und an der Universität Münster (1922–1944) 176, *176*

Wagner, Adolph (1835–1917), Nationalökonom und Staatswissenschaftler, Professor an der Handelsakademie Wien (1858–1863) und an der Höheren Kaufmännischen Lehranstalt in Hamburg (1863–1865), o. Professor an den Universitäten Dorpat (1865–1868), Freiburg i. Br. (1868–1870) und Berlin (seit 1870, dort 1895–1896 Rektor) 3

Wagner, Friedrich (1907–1974), Philosoph und Soziologe, a.o. Professor an der Auslandswissenschaftlichen Fakultät der Universität Berlin (1943–1945) 476, *476*

Wagner, Fritz (1908–2003), Historiker, o. Professor an den Universitäten Marburg (1946–1966) und München (1966–1974) 476, *476*

Wagner, Richard (1813–1883), Komponist 597

Wahl, Adalbert (1871–1957), Historiker, a.o. Professor an der Universität Freiburg i. Br. (1905–1908), o. Professor am Kolonialinstitut Hamburg (1908–1910) und an den Universitäten Dorpat (1918–1919) und Tübingen (1910–1918, 1919–1937) 575, *575*

Walther, Andreas (1879–1960), Historiker und Soziologe, seit 1911 Privatdozent für Geschichte in Berlin, a.o. Professor für Soziologie an der Universität Göttingen (1921–1927), o. Professor für Soziologie an der Universität Hamburg (1927–1944) 153, *153*

Wandel, Paul (1905–1995), kommunistischer Politiker, Leiter der Zentralverwaltung für Volksbildung in der Sowjetischen Besatzungszone (1945–1949) und erster Minister für Volksbildung der DDR (1949–1952) *31*, *430*, 517, *517*, 548, 596, 636, 640, 655, *655*

Wartburg, Wolfgang von (1914–1997), schweizerischer Historiker und Pädagoge, a.o. Professor an der Universität Basel (seit 1965) 504, *504*

Weber, Max (1864–1920), Jurist, Nationalökonom, Wirtschaftshistoriker und Soziologe, a.o. Professor an der Universität Berlin (1893–1894), o. Professor an den Universitäten Freiburg i. Br. (1894–1896) und Heidelberg (1896–1903), Honorarprofessor an der Universität Heidelberg (1903–1917), o. Professor an den Universitäten Wien (1917–1918) und München (1919–1920) *137*, 377, 462, *462*, 575, *753*

Weber, Ottokar (1860–1927), Historiker, a.o./o. Professor an der Deutschen Karl-Ferdinands-Universität Prag (1893/1900–1927) 200

Weber, Wilhelm (1882–1948), Althistoriker, o. Professor an den Universitäten Groningen (1911–1916), Frankfurt a.M. (1916–1918), Tübingen (1918–1925), Halle (1925–1931) und Berlin (1931–1945) 194, *194*, 225, 265, 438, 452, 521

Webster, Charles (1886–1961), britischer Historiker, Professor an den Universitäten Liverpool (1914–1922), Cardiff (1922–1932) und an der London School of Economics (1932–1953), Präsident der British

Academy (1950–1954) 479, *479*, 482
Wegele, Franz Xaver von (1823–1897), Historiker, a. o. Professor an der Universität Jena (1851–1857), o. Professor an der Universität Würzburg (1857–1897) 148, *148*
Wegerer, Alfred von (1880–1945), Major, nach 1919 Aktivist im Kampf gegen die „Kriegsschuldlüge" 199, *199*, 211, 231, *231*
Wehnelt, Arthur (1871–1944), Physiker, a. o. Professor an der Universität Erlangen (1904–1906), o. Professor an der Universität Berlin (1906–1937) *279*
Weinbaum, Martin (1902–1990), Historiker, Privatdozent für mittelalterliche Geschichte an der Universität Berlin (1929–1933), Emigration nach Großbritannien 250, *250*
Welser, Ludwig Freiherr von (1841–1931), Jurist und bayerischer Staatsbeamter, erster Vorsitzender der Gesellschaft für fränkische Geschichte 57, *57*
Wende, Erich (1884–1966), Jurist und Verwaltungsbeamter, tätig im preußischen Kultusministerium (1917–1923, 1927–1933), Leiter der Kulturabteilung im Bundesinnenministerium (1950–1953) 48, 151, *151*, 582, 584, *584*, 591, 599f., 614–616, 621, *621*
Wendland, Ulrich (1897–1957), Historiker und Archivar, Berufstätigkeit in Danzig (1934–1945), Berlin (1945–1947) und Lüneburg (1952–1957) 487, *487*
Wendt, Hermann (1909–1940), Militärhistoriker, Dozent an der Universität Tübingen und der Technischen Hochschule Danzig (1933–1940) 314, *314*, 341
Wentz, Gottfried (1894–1945), Historiker und Archivar, Tätigkeit am Preußischen Historischen Institut Rom (1924–1927) und am Geheimen Staatsarchiv Berlin (1928–1945) 440, *440*
Wentzcke, Paul (1879–1960), Archivar und Historiker in Düsseldorf und Frankfurt a. M., Honorarprofessor an den Universitäten Köln (1933–1935) und Frankfurt a. M. (1935–1956) 316, *316*
Westphal, Otto (1891–1950), Historiker, Privatdozent und a. o. Professor an der Universität Hamburg (1923/30–1932), a. o. Professor an der Universität Göttingen (1932–1933), o. Professor an der Universität Hamburg (1933–1936), Lehrstuhlvertreter an der Universität Königsberg (1936/37), anschließend freier Autor 251, *251*, 255, 287f., *291*, 294, 379, *379*
Wetzell, Georg (1869–1947), Offizier (1927 General), militärpolitischer Schriftsteller, tätig in der Obersten Heeresleitung (1916–1918) und im Reichswehrministerium (1921–1927) 313f., *313*
White, David Glen (1909–1974), amerikanischer Historiker und Psychologe, Schüler Fritz Hartungs und Hermann Onckens 330, *330*, 421, *421*, 432, *432*, 446, 541, *541*
Wichtl, Friedrich (1872–1922), österreichischer Jurist, Schullehrer, Politiker und völkischer Schriftsteller 319, *319*
Wick, Peter (1922–1964), Historiker, Leiter der Arbeitsgruppe Bibliographie des Instituts für Geschichte an der Deutschen Akademie der Wissenschaften in Ost-Berlin (1958–1964) *726*
Wickert, Lothar (1900–1989), Althistoriker, a. o. Professor an der Universität Königsberg (1935–1939), o. Pro-

fessor an der Universität Köln (1939–1966) 668, *668*

Wiese, Leopold von W. und Kaiserswaldau (1876–1969), Nationalökonom und Soziologe, pl. Professor an der Akademie Posen (1906–1908), o. Professor an der Technischen Hochschule Hannover (1908–1912), an der Verwaltungsakademie Düsseldorf (1912–1915) und an der Handelshochschule sowie an der Universität Köln (1915–1949) 151, *151*

Wilamowitz-Moellendorff, Ulrich von (1848–1931), Klassischer Philologe und Wissenschaftsorganisator, o. Professor an den Universitäten Greifswald (1876–1883), Göttingen (1883–1897) und Berlin (1897–1921, dort 1915–1916 Rektor) 3

Wildhagen, Eduard (1890–1970), promovierter Philosoph, seit 1920 erster Referent der Notgemeinschaft der deutschen Wissenschaft, 1923–1926 Lektor an der Hochschule Okayama/Japan, von 1934 bis 1936 Vizepräsident der Deutschen Forschungsgemeinschaft 312, *312*

Wilhelm IV. (1765–1837), 1830–1837 König von Großbritannien und Irland, König von Hannover 328, *328*

Wilhelm I. (1797–1888), König von Preußen, Deutscher Kaiser 61, *134*, 313, 331, 400, *400*, 588

Wilhelm II. (1859–1941), König von Preußen, Deutscher Kaiser 61, *62*, *118*, *128*, 131, *131*, *132*, 141, *141*, 143, *163*, 197, 266, 279, 313 f., 323, *333*, 398, *398*, *416*, 496, *576*, *587*, 630, 639, 649, 652, 733, 735, *735*

Willikens, Werner (1893–1961), nationalsozialistischer Politiker, Staatssekretär im Reichsministerium für Ernährung und Landwirtschaft (1935–1945) 360, *360*

Willing, Willi (1907–1983), Elektrotechniker, a. o./o. Professor an der Technischen Hochschule Berlin (1937/40–1945) 360, *360*

Wilson, Woodrow (1856–1924), 28. Präsident der USA (1913–1921) 118, *118*, 575, *575*

Windelband, Wolfgang (1886–1945), Historiker, a. o. Professor an der Universität Heidelberg (1922–1925), o. Professor an den Universitäten Königsberg (1925–1933), Berlin (1933–1935) und Halle (1935–1936), 1926–1933 gleichzeitig Ministerialrat im preußischen Ministerium für Wissenschaft, Kunst und Volksbildung 13, 177, *177*, 184, 212, 240, 245, 267, *272*, 278, 282, *294*, *306*, 329, *329*

Winkel, Richard, Ingenieur und Wasserbauer, Regierungs- und Baurat in Eberswalde, o. Professor an der Technischen Hochschule Danzig, seit 1945 Lehrbeauftragter an der Technischen Hochschule Braunschweig *532*

Winkler, Wilhelm (1893–1958), Generaldirektor der staatlichen Archive Bayerns (1947–1958) 638, *638*

Winter, Eduard (1886–1982), katholischer Theologe, Philosoph und Historiker, a. o. Professor für Christliche Philosophie (1927–1934) und o. Professor für Kirchengeschichte und Patristik (1934–1941) in der Katholisch-Theologischen Fakultät der Deutschen Universität Prag, anschließend bis 1945 o. Professor für Europäische Geistesgeschichte in der dortigen Philosophischen Fakultät; o. Professor für Osteuropäische Geschichte an der Universität Halle (1947–1951) und an der Humboldt-Universität Berlin (1951–1966) 557, *557*, 579, 654 f., *655*, 691, *699*, *721*

Winterfeld, Detlof Sigismund von (1867–1940), Offizier und Diplomat, Militärattaché an der deutschen Botschaft in Paris (1909–1914), General im Ersten Weltkrieg 211, *211*

Winterfeld, Luise von (1882–1967), Historikerin und Archivarin, Leiterin des Stadtarchivs von Dortmund (1916–1950) 609, *609*

Wintgen, Robert (1882–1966), Chemiker, a.o. Professor an der Universität Göttingen (1922–1924), o. Professor an der Universität Köln (1924–1950) *476*

Wirth, Herman (1885–1981), niederländischer Ur- und Frühhistoriker, seit 1925 NSDAP-Mitglied, 1935 Mitbegründer der SS-Forschungsgemeinschaft „Ahnenerbe" 256, *256*, 262, *262*, 268, *268*

Wittram, Reinhard (1902–1973), Historiker, a.o./o. Professor am Herder-Institut Riga (1935/38–1941), o. Professor an den Universitäten Posen (1941–1945) und Göttingen (1955–1970) 474, *474*

Wolff, Martin (1873–1952), Jurist, a.o. Professor an der Universität Berlin (1903–1914), o. Professor an den Universitäten Marburg (1914–1919), Bonn (1919–1921) und Berlin (1921–1934), aus „rassischen" Gründen entlassen, 1938 Emigration nach Großbritannien, wissenschaftliche Tätigkeit in Oxford 236, *236*, 291

Wolters, Friedrich (1876–1930), Historiker und Schriftsteller, Privatdozent an der Universität Berlin (1914–1920), a.o. Professor an der Universität Marburg (1920–1923), o. Professor an der Universität Kiel (1923–1930) 172, *172*, 179, *179*, 183

Wostry, Wilhelm (1877–1951), Historiker, a.o./o. Professor an der Deutschen Universität Prag (1922/27–1945) 316, *316*

Wrangel, Friedrich Graf von (1784–1877), preußischer Generalfeldmarschall (1856), Militärgouverneur von Berlin (1849–1864) 716, *716*

Wüst, Ewald (1875–1934), Geologe und Paläontologe, Privatdozent in Halle (1903–1910), a.o./o. Professor an der Universität Kiel (1910/20–1934) 169f., *169*

Wundt, Max (1879–1963), Philosoph, a.o. Professor an den Universitäten Marburg (1918–1920) und Dorpat (1918/19), o. Professor an den Universitäten Jena (1920–1929) und Tübingen (1929–1945) 450, *450*

Zachariae, Theodor (1851–1934), Indologe, Volkskundler und Sprachwissenschaftler, apl. Professor an der Universität Greifswald (1883–1890), a.o. Professor (1890–1921) und o. Professor (1921) an der Universität Halle 97, *97*

Zechlin, Egmont (1896–1992), Historiker, a.o. Professor an der Universität Marburg (1934–1936), Lehrstuhlvertreter an der Universität Hamburg (1936–1939), o. Professor an den Universitäten Berlin (1939–1945) und Hamburg (1947–1967) 540, *540*, 565

Zeumer, Karl (1849–1914), Historiker und Jurist, Mitarbeiter der Monumenta Germaniae Historica (1878–1914), a.o. Professor (1889–1910) und Honorarprofessor an der Universität Berlin (1910–1914) 737, *737*, 739

Ziegler, Wilhelm (1892–1967), Historiker, seit 1933 Referent im Ministerium für Volksaufklärung und Propaganda, Honorarprofessor für Neuere Geschichte an der Universität Berlin (1941–1945) 367, *367*, 406, *406*

Ziehen, Eduard (1896–1945), Historiker, Studienrat an der Musterschule in Frankfurt a. M. 704, *704*

Ziekursch, Johannes (1876–1945), Historiker, a. o. Professor und Ordinarius ad personam an der Universität Breslau (1912/17–1927) und o. Professor an der Universität Köln (1927–1943) *125*, 133, 196, *196*, 476, 575, 713

Zimmermann, Arthur (1864–1940), Diplomat und Politiker, Staatssekretär im Auswärtigen Amt (1916–1917) *132*, 311, *311*

Zipfel, Ernst (1891–1966), Archivar, Direktor des Reichsarchivs in Potsdam (1935–1945) und Generaldirektor der Preußischen Staatsarchive (1938–1945) 315, *315*, 559

Zwiedineck-Südenhorst, Otto von (1871–1957), Nationalökonom, a. o./o. Professor an der Technischen Hochschule Karlsruhe (1902/03–1920), o. Professor an den Universitäten Breslau (1920–1921) und München (1921–1938) 380, *380*